UNION

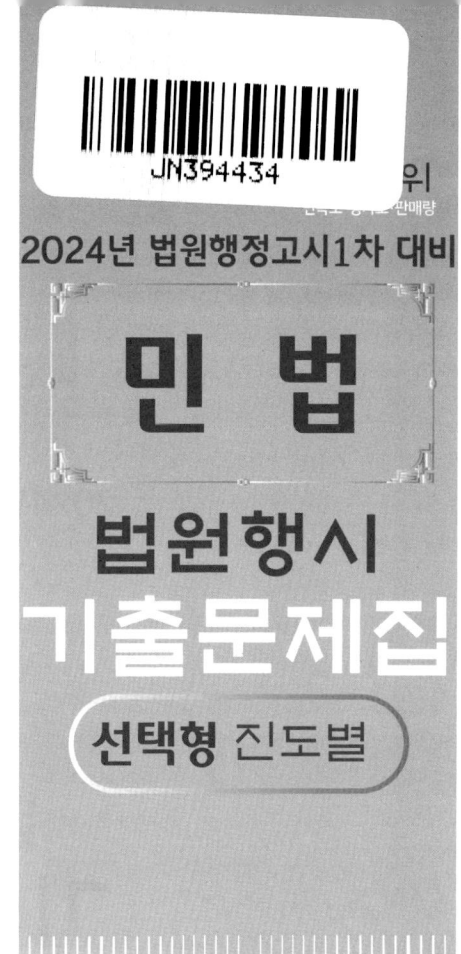

2024년 법원행정고시1차 대비

민 법

법원행시 기출문제집

선택형 진도별

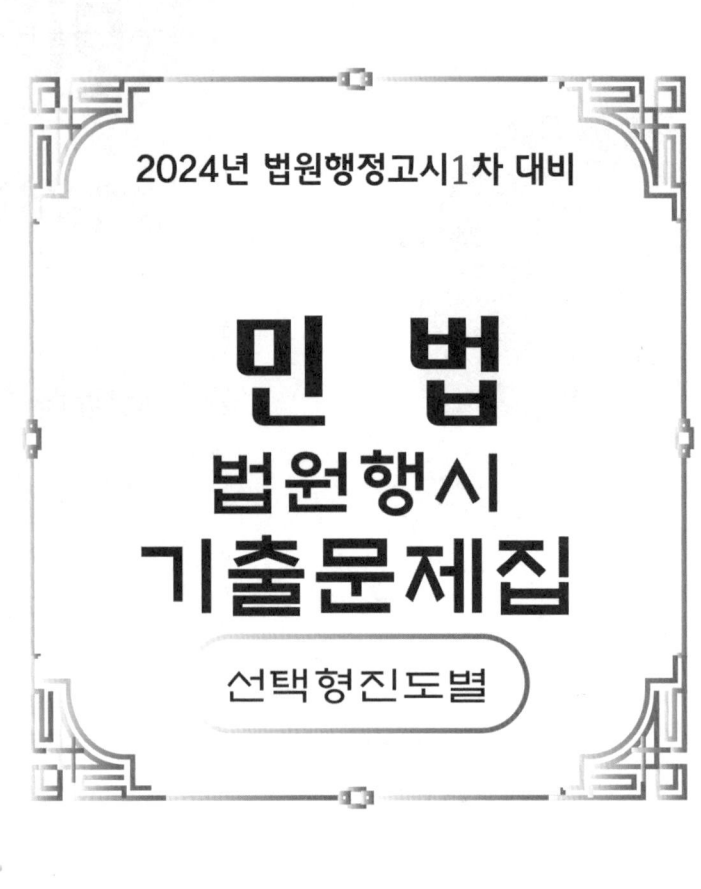

2024년 법원행정고시1차 대비

민 법
법원행시 기출문제집
선택형진도별

PREFACE

『UNION 법원행시 기출문제집』은 가장 신뢰할 수 있는 법원행시 준비를 위한 수험서라고 생각합니다. 그 이유는 최근 실시된 기출문제에 대하여 단 하나의 지문도 빠짐없이 집단토론과 반복된 검수작업을 통하여 명쾌하고 신뢰성 있는 해설을 제시하고 있을 뿐만 아니라 기존 기출문제라 할지라도 제·개정된 법·조문을 꼼꼼하게 반영하고 전수검토를 통하여 업그레이드 하고 있기 때문입니다. 보다 구체적인 본 교재의 특징을 간단히 살펴보면 다음과 같습니다.

첫째, 최근 출제된 8년간 기출문제(2016~2023)를 수록하였습니다.

둘째, 제·개정된 법조문과 판례 변경사항(2023.11.) 등을 꼼꼼하게 반영하였습니다.

셋째, 논쟁의 여지가 있는 문제에 대해서는 집단토론과 숙의과정을 통하여 해설을 완성하였습니다.

넷째, MGI Point를 통하여 수험효과성이 극대화될 수 있도록 입체화하였습니다.

모쪼록 본 교재를 통하여 합격의 영광이 있기를 간절히 바랍니다. 도서출판인해 역시 수험생의 의견을 최우선시 하여 더 좋은 교재가 될 수 있도록 노력을 멈추지 않을 것임을 약속드립니다.

2023.11. 희망이 오는 길목에서
MGI 메가고시 연구소 일

CONTENTS

제1편 민법총칙 ◆ 09

제1장 | 민법 서론 ◆ 10
제❶절 | 민법의 의의 ◆ 10
제❷절 | 민법의 법원 ◆ 10

제2장 | 법률관계와 권리의무 ◆ 10
제❶절 | 법률관계 ◆ 10
제❷절 | 신의성실의 원칙 ◆ 10

제3장 | 권리의 주체 ◆ 17
제❶절 | 자연인 ◆ 17
   제1관 자연인의 권리능력·행위능력 ◆ 17
   제2관 부재와 실종 ◆ 20
제❷절 | 법인 ◆ 22
   제1관 권리능력 없는 사단 ◆ 22
   제2관 법인의 설립 ◆ 26
   제3관 법인의 능력 ◆ 29
   제4관 법인의 기관 ◆ 29
   제5관 법인의 소멸 ◆ 29
   제6관 법인에 관한 그 밖의 규정들 ◆ 29

제4장 | 권리의 객체 ◆ 30

제5장 | 권리의 변동 ◆ 35
제❶절 | 법률행위 ◆ 35
   제1관 법률행위의 종류 ◆ 35
   제2관 법률행위의 목적 ◆ 35
   제3관 법률행위의 해석 ◆ 40
제❷절 | 의사표시 ◆ 46
   제1관 진의 아닌 의사표시 ◆ 46
   제2관 통정한 허위의 의사표시 ◆ 48
   제3관 착오에 의한 의사표시 ◆ 55
   제4관 사기·강박에 의한 의사표시 ◆ 56

제❸절 | 법률행위의 대리 ◆ 58
   제1관 대리권 일반 ◆ 58
   제2관 복대리 ◆ 59
   제3관 표현대리 ◆ 59
   제4관 협의의 무권대리 ◆ 64
제❹절 | 법률행위의 무효와 취소 ◆ 72
   제1관 법률행위의 무효 ◆ 72
   제2관 법률행위의 취소 ◆ 80
제❺절 | 법률행위의 부관(조건과 기한) ◆ 80

제6장 | 기간 ◆ 84

제7장 | 소멸시효 ◆ 86

제2편 물권법 ◆ 109

제1장 | 물권법 서론 ◆ 110

제2장 | 물권의 변동 ◆ 110
제❶절 | 물권변동 총설 ◆ 110
제❷절 | 부동산물권의 변동 ◆ 110
   제1관 법률행위에 의한 부동산물권의 변동 ◆ 110
   제2관 법률행위에 의하지 않은 부동산물권의 변동 ◆ 113
   제3관 부동산 등기 ◆ 113
제❸절 | 동산물권의 변동 ◆ 122
   제1관 권리자로부터의 취득 ◆ 122
   제2관 무권리자로부터의 취득(선의취득) ◆ 122
제❹절 | 명인방법에 의한 부동산물권의 변동 ◆ 122
제❺절 | 물권의 소멸 ◆ 122

제3장 | 기본물권 ◆ 123
　제❶절 | 점유권 ◆ 123
　　제1관 점유 ◆ 123
　　제2관 점유권의 득실 ◆ 129
　　제3관 점유권의 효력 ◆ 129
　제❷절 | 소유권 ◆ 132
　　제1관 소유권의 내용과 범위 ◆ 132
　　제2관 소유권의 취득 ◆ 139
　　제3관 소유권자의 물권적 청구권 ◆ 153
　　제4관 공동소유 ◆ 164
　　제5관 명의신탁 ◆ 180

제4장 | 용익물권 ◆ 186
　제❶절 | 지상권 ◆ 186
　제❷절 | 지역권 ◆ 194
　제❸절 | 전세권 ◆ 194

제5장 | 담보물권 ◆ 200
　제❶절 | 유치권 ◆ 200
　제❷절 | 질권 ◆ 213
　제❸절 | 저당권 ◆ 217
　　제1관 저당권의 범위와 효력 ◆ 217
　　제2관 제366조의 법정지상권 ◆ 228
　　제3관 특수한 저당권(근저당권, 공동저당권) ◆ 232
　제❹절 | 비전형담보물권 ◆ 242
　　제1관 가등기담보 ◆ 242
　　제2관 양도담보 ◆ 244

┃ 제3편 채권총론 ◆ 249

　제1장 | 채권의 목적과 종류 ◆ 250

　제2장 | 채무불이행과 채권자지체 ◆ 254

　제❶절 | 이행지체 ◆ 254
　제❷절 | 이행불능 ◆ 264
　제❸절 | 불완전이행 ◆ 268
　제❹절 | 채무불이행의 효과 ◆ 268
　　제1관 강제이행 ◆ 268
　　제2관 손해배상 ◆ 268
　제❺절 | 채권자지체 ◆ 276

제3장 | 책임재산의 보전 ◆ 277
　제❶절 | 채권자대위권 ◆ 277
　제❷절 | 채권자취소권 ◆ 287
　제❸절 | 제3자에 의한 채권침해(채권의 대외적 효력) ◆ 299

제4장 | 다수당사자의 채권관계 ◆ 304
　제❶절 | 분할채무 ◆ 304
　제❷절 | 불가분채무 ◆ 304
　제❸절 | 연대채무 ◆ 306
　　제1관 연대채무 ◆ 306
　　제2관 부진정연대채무 ◆ 306
　제❹절 | 보증채무 ◆ 307

제5장 | 채권양도와 채무인수 ◆ 315
　제❶절 | 채권양도 ◆ 315
　제❷절 | 채무인수 ◆ 325

제6장 | 채권의 소멸 ◆ 329
　제❶절 | 변제 ◆ 329
　　제1관 변제일반 ◆ 329
　　제2관 변제의 제공 ◆ 335
　　제3관 변제의 충당 ◆ 335
　　제4관 변제자 대위 ◆ 339
　제❷절 | 상계 ◆ 344
　제❸절 | 그 외 채권의 소멸사유(대물변제·공탁·경개·면제·혼동) ◆ 353

CONTENTS

제4편 채권각론 ◆ 357

제1장 | 계약총론 ◆ 358
　제❶절 | 계약자유의 원칙과 제한 ◆ 358
　제❷절 | 계약의 성립 ◆ 358
　제❸절 | 계약의 효력 ◆ 360
　　제1관 동시이행의 항변권 ◆ 362
　　제2관 위험부담 ◆ 370
　　제3관 제3자를 위한 계약 ◆ 371
　제❹절 | 계약의 해제와 해지 ◆ 376

제2장 | 계약각론 ◆ 387
　제❶절 | 증여 ◆ 387
　제❷절 | 매매 ◆ 393
　　제1관 매매의 성립 ◆ 393
　　제2관 매매의 효력 ◆ 399
　　제3관 담보책임 ◆ 400
　　제4관 소비대차 ◆ 404
　제❸절 | 임대차 ◆ 406
　　제1관 민법상 임대차 ◆ 406
　　제2관 주택임대차보호법 ◆ 413
　　제3관 상가임대차보호법 ◆ 422
　제❹절 | 도급 ◆ 425
　제❺절 | 조합 ◆ 431
　제❻절 | 여행계약 ◆ 440
　제❼절 | 그 외의 전형계약들 ◆ 442

제3장 | 사무관리 ◆ 448

제4장 | 부당이득 ◆ 451
　제❶절 | 부당이득반환의 요건과 반환범위 ◆ 451
　제❷절 | 부당이득의 특례 ◆ 462
　　제1관 비채변제 ◆ 462
　　제2관 불법원인급여 ◆ 462

제5장 | 불법행위 ◆ 464
　제❶절 | 일반불법행위 ◆ 464
　제❷절 | 특수한 불법행위 ◆ 470
　　제1관 감독자의 책임 ◆ 470
　　제2관 사용자책임 ◆ 470
　　제3관 공동불법행위 ◆ 475
　　제4관 공작물 책임 ◆ 480
　　제5관 현대형 불법행위 ◆ 480

제5편 친족 · 상속법 ◆ 483

제1장 | 가족법 서론 ◆ 484

제2장 | 친족법 ◆ 484
　제❶절 | 서설 ◆ 484
　제❷절 | 친족의 범위 및 자의 성과 본 ◆ 484
　제❸절 | 혼인 ◆ 484
　　제1관 혼인의 성립 ◆ 484
　　제2관 혼인의 무효와 취소 ◆ 484
　　제3관 혼인의 효과 ◆ 484
　　제4관 이혼 ◆ 490
　　제5관 사실혼 ◆ 499
　제❹절 | 부모와 자 ◆ 500
　　제1관 친생자 ◆ 502
　　제2관 양자 ◆ 506
　　제3관 친양자 ◆ 506
　　제4관 친권 ◆ 507
　제❺절 | 후견, 부양 ◆ 509

제3장 | 상속법 ♦ 512
  제❶절 | 상속 ♦ 512
    제1관 상속인 ♦ 516
    제2관 상속회복청구권 ♦ 517
    제3관 상속분 ♦ 520
    제4관 상속재산의 분할 ♦ 520
    제5관 상속의 승인 및 포기 ♦ 527
    제6관 상속재산의 분리 ♦ 528
    제7관 상속인의 부존재 ♦ 528
  제❷절 | 유언 ♦ 528
    제1관 유언의 방식 및 집행 ♦ 528
    제2관 유언의 효력 ♦ 530
  제❸절 | 유류분 ♦ 531

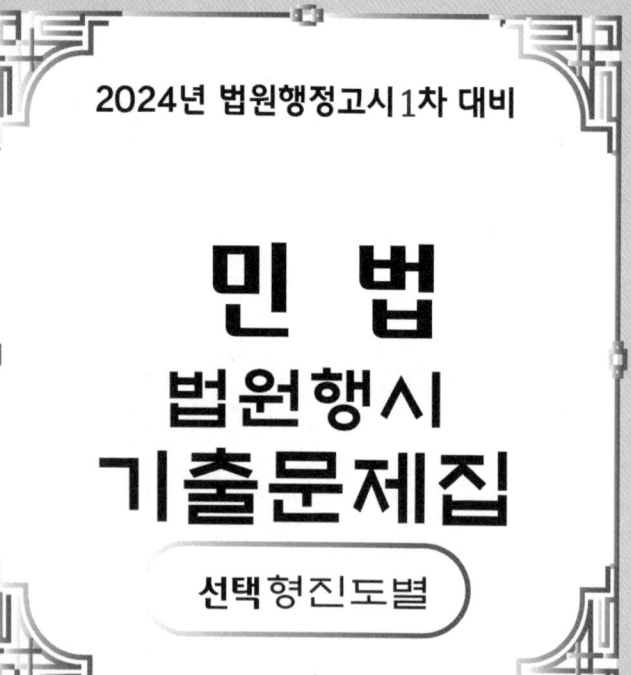

제1편 민법총칙

제1장 | 민법 서론
제2장 | 법률관계와 권리의무
제3장 | 권리의 주체
제4장 | 권리의 객체
제5장 | 권리의 변동
제6장 | 기간
제7장 | 소멸시효

제1장 민법 서론

제❶절 | 민법의 의의

제❷절 | 민법의 법원

제2장 법률관계와 권리의무

제❶절 | 법률관계

제❷절 | 신의성실의 원칙

문 1

신의칙 또는 권리남용에 관한 다음 설명 중 가장 옳지 않은 것은? [2022년 38번]

① 특별한 사정이 없는 한 강행법규를 위반한 자가 약정의 무효를 주장하는 것만으로는 신의칙에 반하는 것이 아니다. 이는 무효 주장이 거래관계에 있는 당사자의 신뢰를 배신하고 정의의 관념에 반할 것 같은 예외적인 경우에 해당하지 않는 한, 의사무능력자 법률행위 무효의 경우에도 마찬가지이다.

② 유효하게 성립한 계약상의 책임을 공평의 이념 또는 신의칙과 같은 일반원칙에 의하여 제한하는 것은 사적 자치의 원칙이나 법적 안정성에 대한 중대한 위협이 될 수 있으므로, 채권자가 유효하게 성립한 계약에 따른 급부의 이행을 청구하는 때에 법원이 그 급부의 일부를 감축하는 것은 원칙적으로 허용되지 않는다.

③ 변호사의 소송위임 사무처리 보수에 관하여 변호사와 의뢰인 사이에 약정이 있는 경우 위임사무를 완료한 변호사는 약정 보수액 전부를 청구할 수 있다. 신의칙과 관련하여서는 민법 제2조 제1항에서 "권리의 행사와 의무의 이행은 신의에 좇아 성실히 하여야 한다."라고 규정하고, 제2항에서 "권리는 남용하지 못한다."라고 규정할 뿐 이를 법률행위의 무효사유로 규정하고 있지 않다. 그러므로 민법 제2조의 신의칙 또는 민법에 규정되어 있지 않은 형평의 관념은 당사자 사이에 체결된 계약을 무효로 선언할 수 있는 근거가 될 수 없다. 따라서 신의칙과 형평의 관념 등 일반 원칙에 의해 개별 약정의 효력을 제약하려고 시도해서는 안되며 신의칙이나 형평의 관념에 근거하여 당사자가 계약으로 정한 변호사보수액이 부당하게 과다하다며 이를 감액할 수는 없다.

④ 어떤 토지가 개설경위를 불문하고 일반 공중의 통행에 공용되는 도로, 즉 공로가 되면 그 부지의 소유권 행사는 제약을 받게 되며, 이는 소유자가 수인하여야만 하는 재산권의 사회적 제약에 해당한다. 따라서 공로 부지의 소유자가 이를 점유관리하는 지방자치단체를 상대로 공로로 제공된 도로의 철거, 점유 이전 또는 통행금지를 청구하는 것은 법질서상 원칙적으로 허용될 수 없는 '권리남용'이라고 보아야 한다.

⑤ 소멸시효를 이유로 한 항변권의 행사도 민법의 대원칙인 신의성실의 원칙과 권리남용금지의 원칙의 지배를 받는 것이어서 채무자가 소멸시효 완성 후 시효를 원용하지 아니할 것 같은 태도를 보여 권리자로 하여금 이를 신뢰하게 하였고, 채무자가 그로부터 권리행사를 기대할 수 있는 상당한 기간 내에 자신의 권리를 행사하였다면, 채무자가 소멸시효 완성을 주장하는 것은 신의성실 원칙에 반하는 권리남용으로 허용될 수 없다.

MGI Point 신의칙 · 권리남용 ★★

- 의사무능력자가 자신이 체결한 계약의 무효를 주장하는 것 ⇨ 신의칙에 반하는 것 ×
- 채권자가 유효하게 성립한 계약에 따른 급부의 이행을 청구하는 때에 법원이 이를 감액하는 것 ⇨ 원칙적으로 허용 ×
- 변호사가 약정 보수액을 청구하는 경우 ⇨ 원칙적으로 약정 보수액 전부를 청구 可, but 신의성실의 원칙이나 형평의 관념에 반한다고 볼 만한 특별한 사정이 있는 경우에는 감액 可
- 공로 부지의 소유자가 이를 점유·관리하는 지방자치단체를 상대로 공로로 제공된 도로의 철거, 점유 이전 또는 통행 금지를 청구하는 것 ⇨ 권리남용으로 허용 ×
- 채무자가 소멸시효 완성 후 시효를 원용하지 아니할 것 같은 태도를 보여 권리자로 하여금 이를 신뢰하게 하였고, 채무자가 그로부터 권리행사를 기대할 수 있는 상당한 기간 내에 자신의 권리를 행사 ⇨ 채무자가 소멸시효 완성을 주장하는 것은 권리남용으로 허용 ×

① (○) 의사무능력자가 사실상의 후견인이었던 아버지의 보조를 받아 자신의 명의로 대출계약을 체결하고 자신 소유의 부동산에 관하여 근저당권을 설정한 후, 의사무능력자의 여동생이 특별대리인으로 선임되어 위 대출계약 및 근저당권설정계약의 효력을 부인하는 경우에, 이러한 무효 주장이 거래관계에 있는 당사자의 신뢰를 배신하고 정의의 관념에 반하는 예외적인 경우에 해당하지 않는 한, 의사무능력자에 의하여 행하여진 법률행위의 무효를 주장하는 것이 신의칙에 반하여 허용되지 않는다고 할 수 없다(대판 2006.09.22. 2004다51627).

> **참조판례** 강행법규에 위반한 자가 스스로 그 약정의 무효를 주장하는 것이 신의칙에 위반되는 권리의 행사라는 이유로 그 주장을 배척한다면, 이는 오히려 강행법규에 의하여 배제하려는 결과를 실현시키는 셈이 되어 입법취지를 완전히 몰각하게 되므로 달리 특별한 사정이 없는 한 위와 같은 주장은 신의칙에 반하는 것이라고 할 수 없고, 한편 신의성실의 원칙에 위배된다는 이유로 그 권리의 행사를 부정하기 위해서는 상대방에게 신의를 공여하였다거나 객관적으로 보아 상대방이 신의를 가짐이 정당한 상태에 있어야 하며, 이러한 상대방의 신의에 반하여 권리를 행사하는 것이 정의관념에 비추어 용인될 수 없는 정도의 상태에 이르러야 한다(대판 2004.06.11. 2003다1601).

② (○) 유효하게 성립한 계약상의 책임을 공평의 이념 또는 신의칙과 같은 일반원칙에 의하여 제한하는 것은 사적 자치의 원칙이나 법적 안정성에 대한 중대한 위협이 될 수 있으므로, 채권자가 유효하게 성립한 계약에 따른 급부의 이행을 청구하는 때에 법원이 급부의 일부를 감축하는 것은 원칙적으로 허용되지 않는다(대판 2016.12.01. 2016다240543).

③ (X) 변호사의 소송위임 사무처리 보수에 관하여 변호사와 의뢰인 사이에 약정이 있는 경우 위임사무를 완료한 변호사는 원칙적으로 약정 보수액 전부를 청구할 수 있다. 다만 의뢰인과의 평소 관계, 사건 수임 경위, 사건처리 경과와 난이도, 노력의 정도, 소송물 가액, 의뢰인이 승소로 인하여 얻게 된 구체적 이익, 그 밖에 변론에 나타난 여러 사정을 고려하여, 약정 보수액이 부당하게 과다하여 신의성실의 원칙이나 형평의 관념에 반한다고 볼 만한 특별한 사정이 있는 경우에는 예외적으로 적당하다고 인정되는 범위 내의 보수액만을 청구할 수 있다. 그런데 이러한 보수 청구의 제한은 어디까지나 계약자유의 원칙에 대한 예외를 인정하는 것이므로, 법원은 그에 관한 합리적인 근거를 명확히 밝혀야 한다(대판 2018.05.17. 2016다35833(전합)).

④ (○) 어떤 토지가 그 개설경위를 불문하고 일반 공중의 통행에 공용되는 도로, 즉 공로가 되면 그 부지의 소유권 행사는 제약을 받게 되며, 이는 소유자가 수인하여야만 하는 재산권의 사회적 제약에 해당한다. 따라서 공로 부지의 소유자가 이를 점유·관리하는 지방자치단체를 상대로 공로로 제공된 도로의 철거, 점유 이전 또는 통행금지를 청구하는 것은 법질서상 원칙적으로 허용될 수 없는 '권리남용'이라고 보아야 한다(대판 2021.10.14. 2021다242154).

⑤ (○) 소멸시효를 이유로 한 항변권의 행사도 민법의 대원칙인 신의성실의 원칙과 권리남용금지의 원칙의 지배를 받으므로, 채무자가 소멸시효 완성 후 시효를 원용하지 아니할 것 같은 태도를 보여 권리자로 하여금 이를 신뢰하게 하였고, 그로부터 권리행사를 기대할 수 있는 상당한 기간 내에 채권자가 자신의 권리를 행사하였다면, 채무자가 소멸시효 완성을 주장하는 것은 신의성실 원칙에 반하는 권리남용으로 허용될 수 없다(대판 2013.09.26. 2013다205624).

정답 ③

문 2

법령상 금지규정에 위반한 법률행위의 효력에 관한 다음 설명 중 가장 옳지 않은 것은? [2018년 4번]

① 중개사무소 개설등록에 관한 구 부동산중개업법 관련 규정들은 공인중개사 자격이 없는 자가 중개사무소 개설등록을 하지 아니한 채 부동산중개업을 하면서 체결한 중개수수료 지급약정의 효력을 제한하는 강행법규이다.

② 공인중개사 자격이 없는 자가 우연한 기회에 단 1회 타인 간의 거래행위를 중개한 경우 등과 같이 '중개를 업으로 한' 것이 아니라면 그에 따른 중개수수료 지급약정은 유효하다.

③ 개업공인중개사 등이 중개의뢰인과 직접 거래를 하는 행위를 금지하는 공인중개사법 제33조 제6호는 단속규정이 아니라 강행법규이다.

④ 특별한 사정이 없는 한 강행법규에 위반한 자가 스스로 그 약정의 무효를 주장하는 것은 신의칙에 반하는 것이라고 할 수 없다.

⑤ 법률행위의 일부가 강행법규인 효력규정에 위반되어 무효가 되는 경우 그 부분의 무효가 나머지 부분의 유효·무효에 영향을 미치는가의 여부를 판단함에 있어서는 개별 법령이 일부무효의 효력에 관한 규정을 두고 있는 경우에는 그에 따라야 한다.

해설

① (○) 구 부동산중개업법은 부동산중개업을 건전하게 지도·육성하고 부동산중개업무를 적절히 규율함으로써 부동산중개업자의 공신력을 높이고 공정한 부동산거래질서를 확립하여 국민의 재산권 보호에 기여함을 입법목적으로 하고 있으므로(동법 제1조), 공인중개사 자격이 없는 자가 중개사무소 개설등록을 하지 아니한 채 부동산중개업을 하면서 체결한 중개수수료 지급약정의 효력은 이와 같은 입법목적에 비추어 해석되어야 한다. 그런데 공인중개사 자격이 없는 자가 부동산중개업 관련법령을 위반하여 중개사무소 개설등록을 하지 아니한 채 부동산중개업을 하면서 체결한 중개수수료 지급약정에 따라 수수료를 받는 행위는 투기적·탈법적 거래를 조장하여 부동산거래질서의 공정성을 해할 우려가 있다. 또한 부동산중개업 관련 법령의 주된 규율 대상인 부동산이 그 거래가격이 상대적으로 높은 점에 비추어 전문성을 갖춘 공인중개사가 부동산거래를 중

개하는 것은 부동산거래사고를 사전에 예방하고, 만약의 경우 사고가 발생하더라도 보증보험 등에 의한 손해전보를 보장할 수 있는 등 국민 개개인의 재산적 이해관계 및 국민생활의 편의에 미치는 영향이 매우 커서 이에 대한 규제가 강하게 요청된다. 이러한 사정을 종합적으로 고려하여 보면, 공인중개사 자격이 없어 중개사무소 개설등록을 하지 아니한 채 부동산중개업을 한 자에게 형사적 제재를 가하는 것만으로는 부족하고 그가 체결한 중개수수료 지급약정에 의한 경제적 이익이 귀속되는 것을 방지하여야 할 필요가 있고, 따라서 중개사무소 개설등록에 관한 구 부동산중개업법 관련 규정들은 공인중개사 자격이 없는 자가 중개사무소 개설등록을 하지 아니한 채 부동산중개업을 하면서 체결한 중개수수료 지급약정의 효력을 제한하는 이른바 강행법규에 해당된다(대판 2010.12.23. 2008다75119).

② (○) 공인중개사 자격이 없는 자가 우연한 기회에 단 1회 타인 간의 거래행위를 중개한 경우 등과 같이 '중개를 업으로 한' 것이 아니라면 그에 따른 중개수수료 지급약정이 강행법규에 위배되어 무효라고 할 것은 아니고, 다만 중개수수료 약정이 부당하게 과다하여 민법상 신의성실 원칙이나 형평 원칙에 반한다고 볼만한 사정이 있는 경우에는 상당하다고 인정되는 범위 내로 감액된 보수액만을 청구할 수 있다(대판 2012.06.14. 2010다86525).

③ (X) 개업공인중개사 등이 중개의뢰인과 직접 거래를 하는 행위를 금지하는 공인중개사법 제33조 제6호의 규정취지는 개업공인중개사 등이 거래상 알게 된 정보를 자신의 이익을 꾀하는데 이용하여 중개의뢰인의 이익을 해하는 경우가 있으므로 이를 방지하여 중개의뢰인을 보호하고자 함에 있는바, 위 규정에 위반하여 한 거래행위가 사법상의 효력까지도 부인하지 않으면 안 될 정도로 현저히 반사회성, 반도덕성을 지닌 것이라고 할 수 없을 뿐만 아니라 행위의 사법상의 효력을 부인하여야만 비로소 입법목적을 달성할 수 있다고 볼 수 없고, 위 규정을 효력규정으로 보아 이에 위반한 거래행위를 일률적으로 무효라고 할 경우 중개의뢰인이 직접 거래임을 알면서도 자신의 이익을 위해 한 거래도 단지 직접거래라는 이유로 효력이 부인되어 거래의 안전을 해칠 우려가 있으므로, 위 규정은 강행규정이 아니라 단속규정이다(대판 2017.02.03. 2016다259677).

④ (○) 신의성실의 원칙은 법률관계의 당사자가 상대방의 이익을 배려하여 형평에 어긋나거나, 신뢰를 저버리는 내용 또는 방법으로 권리를 행사하거나 의무를 이행하여서는 아니 된다는 추상적 규범으로서, 신의성실의 원칙에 위배된다는 이유로 그 권리의 행사를 부정하기 위해서는 상대방에게 신의를 공여하였다거나, 객관적으로 보아 상대방이 신의를 가짐이 정당한 상태에 있어야 하고, 이러한 상대방의 신의에 반하여 권리를 행사하는 것이 정의관념에 비추어 용인될 수 없는 정도의 상태에 이르러야 할 것인바, 특별한 사정이 없는 한, 법령에 위반되어 무효임을 알고서도 그 법률행위를 한 자가 강행법규 위반을 이유로 무효를 주장한다 하여 신의칙 또는 금반언의 원칙에 반하거나 권리남용에 해당된다고 볼 수는 없다(대판 2002.03.15. 2001다67126).

⑤ (○) 민법 제137조는 '임의규정'으로서 의사자치의 원칙이 지배하는 영역에서 적용된다고 할 것이므로, 법률행위의 일부가 강행법규인 효력규정에 위반되어 무효가 되는 경우 그 부분의 무효가 나머지 부분의 유효·무효에 영향을 미치는가의 여부를 판단함에 있어서는 개별법령이 일부무효의 효력에 관한 규정을 두고 있는 경우에는 그에 따라야 하고, 그러한 규정이 없다면 원칙적으로 민법 제137조가 적용될 것이나 당해 효력규정 및 그 효력규정을 둔 법의 입법취지를 고려하여 볼 때 나머지 부분을 무효로 한다면 당해 효력규정 및 그 법의 취지에 명백히 반하는 결과가 초래되는 경우에는 나머지 부분까지 무효가 된다고 할 수는 없다(대판 2004.06.11. 2003다1601).

정답 ③

문 3

신의칙 또는 권리남용에 관한 다음 설명 중 가장 옳지 않은 것은? [2018년 31번]

① 상계권의 행사가 법적으로 보호받을 만한 가치가 없는 경우에는 그 상계권의 행사는 권리남용으로서 허용되지 않으며, 이 경우 일반적인 권리남용의 경우에 요구되는 주관적 요건은 필요로 하지 않는다.

② 확정판결에 기한 집행이 현저히 부당하고 상대방에게 그 집행을 수인하도록 하는 것이 정의에 반함이 명백하여 사회생활상 용인할 수 없다고 인정되는 경우에 그 집행은 권리남용으로서 허용되지 않는다.

③ 인지청구권의 행사가 상속재산에 대한 이해관계에서 비롯되었다 하더라도 정당한 신분관계를 확정하기 위해서라면 신의칙에 반하는 것이라 하여 막을 수 없다.

④ 명의수탁자와 제3자 사이의 인낙조서에 의해 명의신탁된 토지의 소유권이 제3자에게 이전되었으나 인낙조서의 성립이 명의수탁자의 불법행위에 기한 것이고 제3자가 불법행위에 적극 가담하였다고 하더라도, 제3자가 토지의 소유자임을 전제로 명의신탁자에게 토지의 점유·사용으로 인한 부당이득반환청구를 하는 것을 두고 권리남용이라고 할 수는 없다.

⑤ 이미 채무자 소유의 목적물에 저당권이 설정되어 있어서 유치권의 성립에 의하여 저당권자가 그 채권 만족상의 불이익을 입을 것을 잘 알면서도 자기 채권의 우선적 만족을 위하여 취약한 재정적 지위에 있는 채무자와의 사이에 의도적으로 유치권의 성립요건을 충족하는 내용의 거래를 일으키고 그에 기하여 목적물을 점유하게 된 경우, 유치권자가 저당권자에 대하여 유치권을 주장하는 것은 다른 특별한 사정이 없는 한 신의칙에 반하는 권리행사로서 허용되지 아니한다.

해설 ★★

① (○) 일반적으로 당사자 사이에 상계적상이 있는 채권이 병존하고 있는 경우에는 이를 상계할 수 있는 것이 원칙이고, 이러한 상계의 대상이 되는 채권은 상대방과 사이에서 직접 발생한 채권에 한하는 것이 아니라, 제3자로부터 양수 등을 원인으로 하여 취득한 채권도 포함한다 할 것인바, 이러한 상계권자의 지위가 법률상 보호를 받는 것은, 원래 상계제도가 서로 대립하는 채권·채무를 간이한 방법에 의하여 결제함으로써 양자의 채권채무관계를 원활하고 공평하게 처리함을 목적으로 하고 있고, 상계권을 행사하려고 하는 자에 대하여는 수동채권의 존재가 사실상 자동채권에 대한 담보로서의 기능을 하는 것이어서 그 담보적 기능에 대한 당사자의 합리적 기대가 법적으로 보호받을 만한 가치가 있음에 근거하는 것이므로 당사자가 상계의 대상이 되는 채권이나 채무를 취득하게 된 목적과 경위, 상계권을 행사함에 이른 구체적·개별적 사정에 비추어, 그것이 위와 같은 상계제도의 목적이나 기능을 일탈하고, 법적으로 보호받을 만한 가치가 없는 경우에는, 그 상계권의 행사는 신의칙에 반하거나 상계에 관한 권리를 남용하는 것으로서 허용되지 않는다고 함이 상당하고, 상계권 행사를 제한하는 위와 같은 근거에 비추어 볼 때 일반적인 권리남용의 경우에 요구되는 주관적 요건을 필요로 하는 것은 아니다(대판 2003.04.11. 2002다59481).

② (○) 확정판결의 내용이 실체적 권리관계에 배치되는 경우 그 판결에 의하여 집행할 수 있는 것으로 확정된 권리의 성질과 그 내용, 판결의 성립경위 및 판결성립 후 집행에 이르기까지의 사정, 그 집행이 당사자에게 미치는 영향 등 제반사정을 종합하여 볼 때, 그 확정판결에 기한 집행이 현저히 부당하고 상대방으로 하여금 그 집행을 수인하도록 하는 것이 정의에 반함이 명백하여 사회생활상 용인할 수 없다고 인정되는 경우에는 그 집행은 권리남용으로서 허용되지 않는다(대판 2001.11.13. 99다32899).

③ (○) 인지청구권은 본인의 일신전속적인 신분관계상의 권리로서 포기할 수도 없으며 포기하였더라도 그 효력이 발생할 수 없는 것이고, 이와 같이 인지청구권의 포기가 허용되지 않는 이상 거기에 실효의 법리가 적용될 여지도 없으며, 또한 설사 인지청구권의 행사가 상속재산에 대한 이해관계에서 비롯되었다 하더라도 정당한 신분관계를 확정하기 위해서라면 신의칙에 반하는 것이라 하여 막을 수도 없다 할 것이다(대판 2001.11.27. 2001므1353).

④ (X) 명의수탁자로부터 그 신탁재산을 취득한 제3자는 그 재산이 신탁재산인지의 여부에 대한 선의·악의를 불문하고 신탁재산에 대한 소유권을 취득하나(필자주-부동산실명법 제4조 3항), 권리의 행사는 신의에 좇아 성실히 하여야 하는바, 제3자가 취득한 신탁재산의 소유권이 확정판결에 의한 것이라 하더라도 그 권리의 행사가 권리남용이 되는 경우에는 이를 허용할 수 없다 할 것이다. 따라서 명의수탁자와 제3자 사이의 인락조서에 의해 명의신탁된 토지의 소유권이 제3자에게 이전되었으나 인낙조서의 성립이 명의수탁자의 불법행위에 기한 것이고 제3자가 불법행위에 적극 가담하였다면, 제3자가 토지의 소유자임을 전제로 명의신탁자에게 토지의 점유·사용으로 인한 부당이득반환청구를 하는 것은 권리남용에 해당된다(대판 2001.05.08. 2000다43284).

⑤ (○) 채무자가 채무초과의 상태에 이미 빠졌거나 그러한 상태가 임박함으로써 채권자가 원래라면 자기 채권의 충분한 만족을 얻을 가능성이 현저히 낮아진 상태에서 이미 채무자 소유의 목적물에 저당권 기타 담보물권이 설정되어 있어서 유치권의 성립에 의하여 저당권자 등이 그 채권 만족상의 불이익을 입을 것을 잘 알면서 자기 채권의 우선적 만족을 위하여 위와 같이 취약한 재정적 지위에 있는 채무자와의 사이에 의도적으로 유치권의 성립요건을 충족하는 내용의 거래를 일으키고 그에 기하여 목적물을 점유하게 됨으로써 유치권이 성립하였다면, 유치권자가 그 유치권을 저당권자 등에 대하여 주장하는 것은 다른 특별한 사정이 없는 한 신의칙에 반하는 권리행사 또는 권리남용으로서 허용되지 아니한다. 그리고 저당권자 등은 경매절차 기타 채권실행절차에서 위와 같은 유치권을 배제하기 위하여 그 부존재의 확인 등을 소로써 청구할 수 있다고 할 것이다(대판 2011.12.22. 2011다84298).

정답 ④

문 4

신의성실의 원칙에 관한 다음 설명 중 가장 옳지 않은 것은?(다툼이 있는 경우 판례에 의함)
[2017년 27번]

① 주택 경매절차에서 1순위 근저당권자보다 우선하는 주택임차인이 권리신고 및 배당요구를 하였으나 1순위 근저당권자에게 작성해 준 무상거주확인서로 인하여 배당을 받지 못하게 된 경우, 주택임차인은 임차보증금반환채무를 인수하지 않을 것을 신뢰하면서 주택을 낙찰받은 매수인에게 주택임대차보호법상 대항력을 주장할 수 없다.

② A가 아들인 B 소유의 부동산을 B의 대리인인 것처럼 행세하면서 C에게 매도하였고, 이후 B가 사망하여 A가 B를 단독상속하게 된 경우, A가 자신의 매매행위가 무권대리행위여서 무효였다는 이유로 C를 상대로 부동산소유권이전등기의 말소를 구하는 것은 금반언의 원칙이나 신의성실의 원칙에 반하여 허용될 수 없다.

③ 강행법규를 위반한 자가 스스로 그 약정의 무효를 주장하는 것은 특별한 사정이 없는 한 신의칙에 위배되는 권리의 행사이다.

④ 신의성실의 원칙에서 파생되는 실효의 원칙은 항소권과 같은 소송법상의 권리에 대하여도 적용될 수 있다.

⑤ 상속인 중 1인이 피상속인의 생존시에 피상속인에 대하여 상속을 포기하기로 약정하였다고 하더라도, 상속개시 후 민법이 정하는 절차와 방식에 따라 상속포기를 하지 아니한 이상, 상속개시 후에 자신의 상속권을 주장하는 것이 권리남용에 해당하거나 또는 신의칙에 반하는 권리의 행사라고 할 수 없다.

해설 ★★★

① (○) 주택임차인이 주택에 관하여 개시된 경매절차에서 임차보증금 액수, 주택인도일, 주민등록일(전입신고일), 임대차계약서상 확정일자 등 대항력 및 우선변제권 관련 사항을 밝히고 권리신고 및 배당요구를 한 경우 그 내용은 매각물건명세서에 기재되어 공시되므로, 매수희망자는 보통 이를 기초로 매각기일에서 신고할 매수가격을 정하게 된다. 따라서 주택 경매절차의 매수인이 권리신고 및 배당요구를 한 주택임차인의 배당순위가 1순위 근저당권자보다 우선한다고 신뢰하여 임차보증금 전액이 매각대금에서 배당되어 임차보증금 반환채무를 인수하지 않는다는 전제 아래 매수가격을 정하여 낙찰을 받아 주택에 관한 소유권을 취득하였다면, 설령 주택임차인이 1순위 근저당권자에게 무상거주확인서를 작성해 준 사실이 있어 임차보증금을 배당받지 못하게 되었다고 하더라도, 그러한 사정을 들어 주택의 인도를 구하는 매수인에게 주택임대차보호법상 대항력을 주장하는 것은 신의칙에 위반되어 허용될 수 없다(대판 2017.04.07. 2016다248431).

② (○) 무권대리인이 대리권 없이 본인 소유 부동산을 제3자에게 매도하여 부동산소유권이전등기등에관한특별조치법에 의하여 소유권이전등기를 마쳐주었다면 그 매매계약은 무효이고 이에 터잡은 이전등기 역시 무효가 되나, 무권대리인으로서 민법 제135조 제1항의 규정에 의하여 제3자에게 부동산에 대한 소유권이전등기를 이행할 의무가 있으므로 그러한 지위에 있는 무권대리인이 본인으로부터 부동산을 상속받아 그 소유자가 되어 소유권이전등기이행의무를 이행하는 것이 가능하게 된 시점에서 자신이 소유자라고 하여 자신으로부터 부동산을 전전매수한 자에게 원래 자신의 매매행위가 무권대리행위여서 무효였다는 이유로 그 앞으로 경료된 소유권이전등기가 무효의 등기라고 주장하여 그 등기의 말소를 청구하거나 부동산의 점유로 인한 부당이득금의 반환을 구하는 것은 금반언의 원칙이나 신의성실의 원칙에 반하여 허용될 수 없다(대판 1994.09.27. 94다20617).

③ (X) 강행법규에 위반하여 무효인 수익보장약정이 투자신탁회사가 먼저 고객에게 제의를 함으로써 체결된 것이라고 하더라도, 이러한 경우에 강행법규를 위반한 투자신탁회사 스스로가 그 약정의 무효를 주장함이 신의칙에 위반되는 권리의 행사라는 이유로 그 주장을 배척한다면, 이는 오히려 강행법규에 의하여 배제하려는 결과를 실현시키는 셈이 되어 입법취지를 완전히 몰각하게 되므로, 달리 특별한 사정이 없는 한 위와 같은 주장이 신의성실의 원칙에 반하는 것이라고 할 수 없다(대판 1999.03.23. 99다4405).

④ (○) 실효의 원칙이라 함은 권리자가 장기간에 걸쳐 그 권리를 행사하지 아니함에 따라 그 의무자인 상대방이 더 이상 권리자가 권리를 행사하지 아니할 것으로 신뢰할 만한 정당한 기대를 가지게 된 경우에 새삼스럽게 권리자가 그 권리를 행사하는 것은 법질서 전체를 지배하는 신의성실의 원칙에 위반되어 허용되지 아니한다는 것을 의미하고, 항소권과 같은 소송법상의 권리에 대하여도 이러한 원칙은 적용될 수 있다고 할 것이다(대판 1996.07.30. 94다51840).

⑤ (○) 유류분을 포함한 상속의 포기는 상속이 개시된 후 일정한 기간 내에만 가능하고 가정법원에 신고하는 등 일정한 절차와 방식을 따라야만 그 효력이 있으므로, 상속개시 전에 한 상속포기약정은 그와 같은 절차와 방식에 따르지 아니한 것으로 효력이 없다. 따라서 상속인 중의 1인이 피상속인의 생존시에 피상속인에 대하여 상속을 포기하기로 약정하였다고 하더라도, 상속개시 후 민법이 정하는 절차와 방식에 따라 상속포기를 하지 아니한 이상, 상속개시 후에 자신의 상속권을 주장하는 것은 정당한 권리행사로서 권리남용에 해당하거나 또는 신의칙에 반하는 권리의 행사라고 할 수 없다(대판 1998.07.24. 98다9021).

정답 ③

제3장 권리의 주체

제❶절 ┃ 자연인

제1관 자연인의 권리능력·행위능력

문 5

태아의 권리능력에 관한 다음 설명 중 가장 옳지 않은 것은? [2022년 10번]

① 태아는 상속순위에 관하여 이미 출생한 것으로 보고, 유증에 관하여도 마찬가지이다.
② 태아도 손해배상청구권에 관하여는 이미 출생한 것으로 보는 바, 부(父)가 교통사고로 상해를 입을 당시 태아가 출생하지 않았다 하더라도 그 뒤에 출생한 이상 부(父)의 부상으로 인하여 입게 될 정신적 고통에 대한 위자료를 청구할 수 있다.
③ 태아가 특정한 권리에 있어서 이미 태어난 것으로 본다는 것은 살아서 출생한 때에 출생시기가 문제의 사건의 시기까지 소급하여 그때에 태아가 출생한 것과 같이 법률상 보아 준다고 해석하여야 상당하므로 그가 모체와 같이 사망하여 출생의 기회를 못 가진 이상 모체와 같이 사망한 태아에게 손해배상청구권을 인정할 수 없다.
④ 계약자유의 원칙상 태아를 피보험자로 하는 상해보험계약은 유효하고, 그 보험계약이 정한 바에 따라 보험기간이 개시된 이상 출생 전이라도 태아가 보험계약에서 정한 우연한 사고로 상해를 입었다면 이는 보험기간 중에 발생한 보험사고에 해당한다.
⑤ 태아인 동안에는 권리능력이 없지만 살아서 출생하면 문제된 사건의 시기까지 소급하여 그때에 출생한 것과 같이 법률상 볼 수 있다. 따라서 태아의 모(母)가 태아를 대리하여 부동산을 증여받고, 이후 태아가 살아서 출생하였다면 태아였던 자는 증여를 원인으로 한 소유권이전등기를 청구할 수 있다.

> **MGI Point 태아의 권리능력** ★★
>
> ■ 태아 ⇨ 상속순위, 유증에 관하여 이미 출생한 것으로 봄
> ■ 부의 교통사고 후에 출생한 태아의 위자료 청구권 ⇨ 살아서 출생한 이상 인정됨
> ■ 출생하지 못한 태아 ⇨ 손해배상청구권 인정 ×
> ■ 태아를 피보험자로 하는 상해보험계약 ⇨ 유효, 출생 전이라도 상해 입었다면 보험기간 중 보험사고에 해당됨
> ■ 태아인 동안에는 법정대리인이 있을 수 없음

① (○) 민법 제1000조 제3항, 제1064조 참조.

> 민법 제1000조(상속의 순위) ③ 태아는 상속순위에 관하여는 이미 출생한 것으로 본다.
> 민법 제1064조(유언과 태아, 상속결격자) 제1000조제3항, 제1004조의 규정은 수증자에 준용한다.

② (○) 태아는 이미 출생한 것으로 본다의 의미에 관하여 정지조건설을 취하고 있는 판례에 의하면 태아가 출생한 이상 불법행위시로 소급하여 출생한 것과 마찬가지로 보므로 태아 본인의 정신적 고통에 대한 위자료 청구권이 인정된다.

③ (○) 태아가 특정한 권리에 있어서 이미 태어난 것으로 본다는 것은 살아서 출생한 때에 출생시기가 문제의 사건의 시기까지 소급하여 그 때에 태아가 출생한 것과 같이 법률상 보아 준다고 해석하여야 상당하므로 그가 모체와 같이 사망하여 출생의 기회를 못가진 이상 배상청구권을 논할 여지 없다(대판 1976.09.14. 76다1365).
④ (○) 계약자유의 원칙상 태아를 피보험자로 하는 상해보험계약은 유효하고, 그 보험계약이 정한 바에 따라 보험기간이 개시된 이상 출생 전이라도 태아가 보험계약에서 정한 우연한 사고로 상해를 입었다면 이는 보험기간 중에 발생한 보험사고에 해당한다(대판 2019.03.28. 2016다211224).
⑤ (X) 의용 민법이나 구관습하에 태아에게는 일반적으로 권리능력이 인정되지 아니하고 손해배상청구권 또는 상속 등 특별한 경우에 한하여 제한된 권리능력을 인정하였을 따름이므로 증여에 관하여는 태아의 수증능력이 인정되지 아니하였고, 또 태아인 동안에는 법정대리인이 있을 수 없으므로 법정대리인에 의한 수증행위도 할 수 없다(대판 1982.02.09. 81다534).

정답 ⑤

문 6

미성년자의 행위능력에 관한 다음 설명 중 가장 옳지 않은 것은?(다툼이 있는 경우 판례에 의하고, 전원합의체 판결의 경우 다수의견에 의함. 이하 같음) [2018년 1번]

① 미성년자가 법률행위를 하려면 원칙적으로 법정대리인의 동의를 얻어야 한다. 미성년자가 동의를 얻지 않고 한 행위는 미성년자 또는 그 법정대리인이 취소할 수 있다.
② 미성년자가 법률행위를 함에 있어서 요구되는 법정대리인의 동의는 언제나 명시적이어야 하는 것은 아니고 묵시적으로도 가능한 것이며, 미성년자의 행위가 위와 같이 법정대리인의 묵시적 동의가 인정되거나 처분허락이 있는 재산의 처분 등에 해당하는 경우라면, 미성년자로서는 더 이상 행위무능력을 이유로 그 법률행위를 취소할 수 없다.
③ 미성년자가 신용카드발행인과 사이에 신용카드 이용계약을 체결하여 신용카드거래를 하다가 신용카드 이용계약을 취소하는 경우, 미성년자는 그 행위로 인하여 받은 이익이 현존하는 한도에서 상환할 책임이 있다.
④ 위 ③의 경우, 미성년자가 신용카드발행인에게 부당이득으로 반환하여야 할 대상은 미성년자가 가맹점과의 매매계약을 통하여 취득한 물품과 제공받은 용역이다.
⑤ 법정대리인의 동의 없이 신용구매계약을 체결한 미성년자가 사후에 법정대리인의 동의 없음을 사유로 들어 이를 취소하는 것이 신의칙에 위배된 것이라고 할 수 없다.

해설 ★

① (○) 민법 제5조 제1항, 제140조 참조.

> 민법 제5조(미성년자의 능력) ① 미성년자가 법률행위를 함에는 법정대리인의 동의를 얻어야 한다. 그러나 권리만을 얻거나 의무만을 면하는 행위는 그러하지 아니하다.
> ② 전항의 규정에 위반한 행위는 취소할 수 있다.
> 민법 제140조(법률행위의 취소권자) 취소할 수 있는 법률행위는 제한능력자, 착오로 인하거나 사기·강박에 의하여 의사표시를 한 자, 그의 대리인 또는 승계인만이 취소할 수 있다.

② (○) 미성년자가 법률행위를 함에 있어서 요구되는 법정대리인의 동의는 언제나 명시적이어야 하는 것은 아니고 묵시적으로도 가능한 것이며, 미성년자의 행위가 위와 같이 법정대리인의 묵시적 동의가 인정되거나 처분허락이 있는 재산의 처분 등에 해당하는 경우라면, 미성년자로서는 더 이상 행위무능력을 이유로 그 법률행위를 취소할 수 없다(대판 2007.11.16. 2005다71659).

③ (○) 민법 제141조 참조.

> 민법 제141조(취소의 효과) 취소된 법률행위는 처음부터 무효인 것으로 본다. 다만, 제한능력자는 그 행위로 인하여 받은 이익이 현존하는 한도에서 상환할 책임이 있다.

④ (X) 미성년자가 신용카드발행인과 사이에 신용카드 이용계약을 체결하여 신용카드거래를 하다가 신용카드 이용계약을 취소하는 경우 미성년자는 그 행위로 인하여 받은 이익이 현존하는 한도에서 상환할 책임이 있는바, 신용카드 이용계약이 취소됨에도 불구하고 신용카드회원과 해당 가맹점 사이에 체결된 개별적인 매매계약은 특별한 사정이 없는 한 신용카드 이용계약 취소와 무관하게 유효하게 존속한다 할 것이고, 신용카드 발행인이 가맹점들에 대하여 그 신용카드 사용대금을 지급한 것은 신용카드 이용계약과는 별개로 신용카드 발행인과 가맹점 사이에 체결된 가맹점 계약에 따른 것으로서 유효하므로, 신용카드 발행인의 가맹점에 대한 신용카드 이용대금의 지급으로써 신용카드회원은 자신의 가맹점에 대한 매매대금 지급채무를 법률상 원인 없이 면제받는 이익을 얻었으며, 이러한 이익은 '금전상의 이득'으로서 특별한 사정이 없는 한 현존하는 것으로 추정된다(대판 2005.04.15. 2003다60297).

⑤ (○) 행위무능력자제도는 사적 자치의 원칙이라는 민법의 기본이념, 특히, 자기책임원칙의 구현을 가능케 하는 도구로서 인정되는 것이고, 거래의 안전을 희생시키더라도 행위무능력자를 보호하고자 함에 근본적인 입법취지가 있는바, 행위무능력자제도의 이러한 성격과 입법취지 등에 비추어 볼 때, 신용카드 가맹점이 미성년자와 신용구매계약을 체결할 당시 향후 그 미성년자가 법정대리인의 동의가 없었음을 들어 스스로 위 계약을 취소하지는 않으리라고 신뢰하였다 하더라도 그 신뢰가 객관적으로 정당한 것이라고 할 수 있을지 의문일 뿐만 아니라, 그 미성년자가 가맹점의 이러한 신뢰에 반하여 취소권을 행사하는 것이 정의관념에 비추어 용인될 수 없는 정도의 상태라고 보기도 어려우며, 미성년자의 법률행위에 법정대리인의 동의를 요하도록 하는 것은 강행규정인데, 위 규정에 반하여 이루어진 신용구매계약을 미성년자 스스로 취소하는 것을 신의칙 위반을 이유로 배척한다면, 이는 오히려 위 규정에 의해 배제하려는 결과를 실현시키는 셈이 되어 미성년자 제도의 입법취지를 몰각시킬 우려가 있으므로, 법정대리인의 동의 없이 신용구매계약을 체결한 미성년자가 사후에 법정대리인의 동의 없음을 사유로 들어 이를 취소하는 것이 신의칙에 위배된 것이라고 할 수 없다(대판 2007.11.16. 2005다71659).

정답 ④

문 7

민법상 미성년자 등의 행위능력에 관한 다음 설명 중 옳지 않은 것을 모두 고른 것은?(다툼이 있는 경우 판례에 의함) [2016년 30번]

> ㉠ 의사능력 있는 미성년자가 타인으로부터 대리권을 수여받아 부모의 동의 없이 대리인으로 매매계약을 체결한 경우에는 행위무능력을 이유로 그 대리행위를 취소할 수 없다.
> ㉡ 미성년자가 법률행위를 함에 있어서 요구되는 법정대리인의 동의는 묵시적으로도 가능한데, 미성년자가 경제활동을 통해 일정 소득을 얻고 있었으며, 각 신용구매계약이 일상적인 거래행위였을 뿐만 아니라, 대부분 할부구매로 월 소득 범위를 넘지 아니하였다면, 스스로 얻고

있던 소득에 대하여는 법정대리인의 묵시적 처분허락이 있었고, 위 신용구매계약은 처분허락을 받은 재산범위 내의 처분행위에 해당한다.
ⓒ 법률행위의 대리권과 재산관리권이 없는 친권자를 제외하고는 미성년자에게 친권을 행사하는 부모는 유언으로 미성년후견인을 지정할 수 있다.
ⓔ 피후견인의 신상과 재산에 관한 모든 사정을 고려할 때, 성년후견인과 마찬가지로 미성년후견인도 여러 명 둘 수 있다.
ⓕ 후견인과 피후견인인 미성년자 사이에 이해상반되는 행위를 하는 경우, 후견감독인이 선임된 때에도 후견인은 특별대리인의 선임을 청구하여야 한다.

① ㉠, ㉢   ② ㉢, ㉣   ③ ㉣, ㉤   ④ ㉡, ㉤   ⑤ ㉢, ㉤

해설 ★★

㉠ (O) 대리행위의 효과는 본인에게 귀속하기 때문에 대리인은 행위능력자임을 요하지 않는다(민법 제117조). 따라서 부모의 동의 없이 대리권을 수여받아 법률행위를 한 경우 그 대리행위를 취소할 수 없다.

㉡ (O) 미성년자가 법률행위를 함에 있어서 요구되는 법정대리인의 동의는 언제나 명시적이어야 하는 것은 아니고 묵시적으로도 가능한 것이며, 미성년자의 행위가 위와 같이 법정대리인의 묵시적 동의가 인정되거나 처분허락이 있는 재산의 처분 등에 해당하는 경우라면, 미성년자로서는 더 이상 행위무능력을 이유로 그 법률행위를 취소할 수 없다. 미성년자의 법률행위에 있어서 법정대리인의 묵시적 동의나 처분허락이 있다고 볼 수 있는지 여부를 판단함에 있어서는, 미성년자의 연령·지능·직업·경력, 법정대리인과의 동거 여부, 독자적인 소득의 유무와 그 금액, 경제활동의 여부, 계약의 성질·체결경위·내용, 기타 제반 사정을 종합적으로 고려하여야 할 것이고, 위와 같은 법리는 묵시적 동의 또는 처분허락을 받은 재산의 범위 내라면 특별한 사정이 없는 한 신용카드를 이용하여 재화와 용역을 신용구매한 후 사후에 결제하려는 경우와 곧바로 현금구매하는 경우를 달리 볼 필요는 없다(대판 2007.11.16. 2005다71659).

㉢ (O) 미성년자에게 친권을 행사하는 부모는 유언으로 미성년후견인을 지정할 수 있다. 다만, 법률행위의 대리권과 재산관리권이 없는 친권자는 그러하지 아니하다(민법 제931조 제1항).

㉣ (X) 미성년후견인의 수는 한 명으로 한다(민법 제930조 제1항). ▶성년후견인의 경우는 여러 명을 둘 수 있고, 법인도 될 수 있음에 유의.

㉤ (X) 후견인에 대하여는 제921조를 준용한다. 다만, 후견감독인이 있는 경우에는 그러하지 아니하다(민법 제949조의3).

정답 ③

제2관 부재와 실종

문 1

실종선고에 관한 다음 설명 중 가장 옳은 것은?[2023년 4번]

① 부재자의 생사가 3년간 분명하지 아니한 때에는 법원은 이해관계인이나 검사의 청구에 의하여 실종선고를 하여야 한다.
② 실종선고를 받은 자는 선고를 받고 1년이 경과한 때에 사망한 것으로 본다.

③ 실종선고의 취소사유가 있으면 실종선고의 취소가 있기 전에도 실종선고로 인하여 개시된 상속의 효력을 부인할 수 있다.
④ 실종선고의 취소사유가 증명되어 실종선고가 취소된 경우에도 실종선고 후 그 취소 전에 선의로 한 행위의 효력에는 영향이 없다.
⑤ 부재자가 사망할 경우 제1순위의 상속인뿐만 아니라 후순위의 상속인들도 특별한 사정이 없는 한 이해관계인으로서 실종선고를 청구할 수 있다.

MGI Point 실종선고 ★★

- 보통실종선고 기간 ⇨ 5년
- 실종선고시 사망한 것으로 보는 시기 ⇨ 실종기간이 만료한 때
- 실종선고로 인하여 개시된 상속의 효력 부인 ⇨ 실종선고가 취소된 경우에만 可
- 실종선고가 취소된 경우에 실종선고 후 그 취소 전에 선의로 한 행위의 효력 ⇨ 영향×
- 실종선고 청구권자 ⇨ 후순위 상속인×

① (X)

> 민법
> 제27조(실종의 선고) ① 부재자의 생사가 5년간 분명하지 아니한 때에는 법원은 이해관계인이나 검사의 청구에 의하여 실종선고를 하여야 한다.

② (X)

> 민법
> 제28조(실종선고의 효과) 실종선고를 받은 자는 전조의 기간이 만료한 때에 사망한 것으로 본다.

③ (X) 실종선고를 받은 자는 실종기간이 만료한 때에 사망한 것으로 간주되는 것이므로, 실종선고로 인하여 실종기간 만료시를 기준으로 하여 상속이 개시된 이상 설사 이후 실종선고가 취소되어야 할 사유가 생겼다고 하더라도 실제로 실종선고가 취소되지 아니하는 한, 임의로 실종기간이 만료하여 사망한 때로 간주되는 시점과는 달리 사망시점을 정하여 이미 개시된 상속을 부정하고 이와 다른 상속관계를 인정할 수는 없다(대법원 1994. 9. 27. 선고 94다21542).

④ (○)

> 민법
> 제29조(실종선고의 취소) ①실종자의 생존한 사실 또는 전조의 규정과 상이한 때에 사망한 사실의 증명이 있으면 법원은 본인, 이해관계인 또는 검사의 청구에 의하여 실종선고를 취소하여야 한다. 그러나 실종선고후 그 취소전에 선의로 한 행위의 효력에 영향을 미치지 아니한다.

⑤ (X) 부재자의 자매로서 제2순위 상속인에 불과한 자는 부재자에 대한 실종선고의 여부에 따라 상속지분에 차이가 생긴다고 하더라도 이는 부재자의 사망 간주시기에 따른 간접적인 영향에 불과하고 부재자의 실종선고 자체를 원인으로 한 직접적인 결과는 아니므로 부재자에 대한 실종선고를 청구할 이해관계인이 될 수 없다(대법원 1986. 10. 10.자 86스20 결정).

정답 ④

제❷절 ┃ 법인

제1관 권리능력 없는 사단

문 8

법인 또는 비법인사단에 관한 다음 설명 중 가장 옳은 것은? [2021년 2번]

① 비법인사단이 타인 간의 금전채무를 보증하는 행위는 총유물의 관리·처분행위에 해당한다.
② 외형상 법인의 대표자의 직무행위라고 인정된 것이 대표자 개인의 사리를 도모하기 위한 것이었거나 법령의 규정에 위배된 것이었다면, 이러한 행위는 직무에 관한 행위에 해당하지 않으므로 이에 대하여는 법인이 그 대표자의 불법행위로 인한 손해배상의무를 부담하지 않는다.
③ 적법한 대표자 자격이 없는 비법인 사단의 대표자가 한 소송행위는 후에 대표자 자격을 적법하게 취득한 대표자가 그 소송행위를 추인하더라도 이를 유효하게 할 수는 없다.
④ 불법행위로 인한 손해배상청구권의 단기소멸시효의 기산점과 관련하여, 법인의 대표자가 법인에 대하여 불법행위를 한 경우에는, 법인의 대표자가 그 손해 및 가해자를 아는 것만으로는 부족하고 적어도 법인의 이익을 정당하게 보전할 권한을 가진 다른 대표자, 임원 또는 사원이나 직원 등이 손해배상청구권을 행사할 수 있을 정도로 이를 안 때에 비로소 단기소멸시효가 진행한다고 할 수 있다.
⑤ 비법인사단에 해산사유가 발생하면 곧바로 당사자능력이 소멸하게 되고, 청산사무가 완료될 때까지 청산의 목적범위 내에서 권리·의무의 주체가 된다고 볼 수는 없다.

> **MGI Point 법인 또는 비법인사단**   ★★
>
> ■ 비법인사단이 타인 간의 금전채무를 보증하는 행위 ⇨ 총유물의 관리·처분행위 ×, 총유물 그 자체의 관리·처분이 따르지 아니하는 단순한 채무부담행위에 불과 ○
> ■ 외형상 법인 대표자의 직무행위라고 인정할 수 있는 경우 ⇨ 그것이 대표자 개인의 사리를 도모하기 위한 것이었거나 혹은 법령의 규정에 위배된 것이었다 하더라도 직무에 관한 행위에 해당 ○
> ■ 적법한 대표자 자격이 없는 비법인 사단의 대표자가 한 소송행위를 후에 대표자 자격을 적법하게 취득한 대표자가 추인한 경우 ⇨ 행위시에 소급하여 효력 가짐
> ■ 법인의 경우 불법행위로 인한 손해배상청구권의 단기 소멸시효의 기산점인 '손해 및 가해자를 안 날'
>   ⇨ 단지 그 대표자가 손해 및 가해자를 아는 것으론 부족, 적어도 법인의 이익을 정당하게 보전할 권한을 가진 다른 임원 또는 사원이나 직원 등이 손해배상청구권을 행사할 수 있을 정도로 이를 안 때 의미 ○
> ■ 비법인사단에 해산사유가 발생한 경우 ⇨ 곧바로 당사자능력 소멸 ×

① (X) 민법 제275조, 제276조 제1항에서 말하는 총유물의 관리 및 처분이라 함은 총유물 그 자체에 관한 이용·개량행위나 법률적·사실적 처분행위를 의미하는 것이므로, 비법인사단이 타인 간의 금전채무를 보증하는 행위는 총유물 그 자체의 관리·처분이 따르지 아니하는 단순한 채무부담행위에 불과하여 이를 총유물의 관리·처분행위라고 볼 수는 없다(대판 2007.04.19. 2004다60072).
② (X) 법인이 그 대표자의 불법행위로 인하여 손해배상의무를 지는 것은 그 대표자의 직무에 관한 행위로 인하여 손해가 발생한 것임을 요한다 할 것이나, 그 직무에 관한 것이라는 의미는 행위의 외형상 법인의 대표자의 직무행위라고 인정할 수 있는 것이라면 설사 그것이 대표자 개인의 사리를 도모하기 위한 것이었거나 혹은 법령의 규정에 위배된 것이었다 하더라도 위의 직무에 관한 행위에 해당한다고 보아야 한다(대판 2004.02.27. 2003다15280).

③ (X) 적법한 대표자 자격이 없는 비법인 사단의 대표자가 한 소송행위는 후에 대표자 자격을 적법하게 취득한 대표자가 그 소송행위를 추인하면 행위시에 소급하여 효력을 갖게 되고, 이러한 추인은 상고심에서도 할 수 있다(대판 1997.03.14. 96다25227).

④ (○) 법인의 경우 불법행위로 인한 손해배상청구권의 단기 소멸시효의 기산점인 '손해 및 가해자를 안 날'이라 함은 통상 대표자가 이를 안 날을 뜻하지만, 법인의 대표자가 가해자에 가담하여 법인에 대하여 공동불법행위가 성립하는 경우에는, 법인과 그 대표자는 이익이 상반하게 되므로 현실로 그로 인한 손해배상청구권을 행사하리라고 기대하기 어려울 뿐만 아니라 일반적으로 그 대표권도 부인된다고 할 것이므로, 단지 그 대표자가 손해 및 가해자를 아는 것만으로는 부족하고, 적어도 법인의 이익을 정당하게 보전할 권한을 가진 다른 임원 또는 사원이나 직원 등이 손해배상청구권을 행사할 수 있을 정도로 이를 안 때에 비로소 위 단기시효가 진행한다고 해석함이 상당하다(대판 1998.11.10. 98다34126).

⑤ (X) 비법인사단에 해산사유가 발생하였다고 하더라도 곧바로 당사자능력이 소멸하는 것이 아니라 청산사무가 완료될 때까지 청산의 목적범위 내에서 권리·의무의 주체가 되고, 이 경우 청산 중의 비법인사단은 해산 전의 비법인사단과 동일한 사단이고 다만 그 목적이 청산 범위 내로 축소된 데 지나지 않는다(대판 2007.11.16. 2006다41297).

정답 ④

문 9

비법인사단에 관한 다음 설명 중 가장 옳은 것은? [2019년 11번]

① 비법인사단인 종교단체의 대표자 또는 구성원의 지위에 관한 확인소송에서 그 단체를 상대로 한 청구뿐만 아니라, 대표자 또는 구성원 개인을 상대로 한 청구도 원칙적으로 확인의 이익이 있다.

② 비법인사단이 총유재산에 관한 소송을 제기함에 있어서 사원총회의 결의를 거치지 아니하였다고 하더라도 소송요건이 흠결된 것으로서 부적법하다고 볼 것은 아니다.

③ 비법인사단의 대표자가 행한 타인에 대한 업무의 포괄적 위임과 그에 따른 포괄적 수임인의 대행행위는 민법 제62조의 규정에 위반된 것이어서 비법인사단에 대하여 그 효력이 미치지 아니한다.

④ 비법인사단은 민법상의 사단법인과 달리 그 구성원들의 집단적 탈퇴로써 2개로 분열되고, 분열되기 전의 비법인사단의 재산이 분열된 비법인사단들의 구성원들에게 각각 총유적으로 귀속되는 형태의 비법인사단의 분열이 허용된다.

⑤ 학교나 노인요양원, 노인요양센터는 일반적으로 대표자 있는 비법인사단에 해당하므로, 원칙적으로 민사소송에서 당사자능력이 인정된다.

MGI Point 비법인사단 ★★

- 법인 아닌 사단인 종교단체의 대표자 또는 구성원의 지위에 관한 확인소송 ⇨ 단체가 아닌 대표자 또는 구성원 개인을 상대로 제기할 확인의 이익 ×
- 비법인사단이 총유재산에 관한 소송을 제기 ⇨ 특별한 사정이 없는 한 사원총회 결의를 거쳐야 함
- 민법 제62조를 비법인 사단에 유추적용 ○ : 포괄적 수임인의 대행행위의 효력이 비법인 사단에 미치지 ×
- 법인 아닌 사단이 2개로 분열되고 분열되기 전 사단의 재산이 분열된 각 사단의 구성원들에게 각각 총유적으로 귀속되는 형태의 「분열」은 인정 ×
- 노인요양원, 노인요양센터 ⇨ 당사자능력 ×

① (X) 법인 아닌 사단인 종교단체의 대표자 또는 구성원의 지위에 관한 확인소송에서 그 대표자 또는 구성원 개인을 상대로 제소하는 경우에는 그 청구를 인용하는 판결이 내려진다 하더라도 그 판결의 효력이 해당 단체에 미친다고 할 수 없기 때문에 대표자 또는 구성원의 지위를 둘러싼 당사자들 사이의 분쟁을 근본적으로 해결하는 가장 유효적절한 방법이 될 수 없으므로, 그 단체를 상대로 하지 않고 대표자 또는 구성원 개인을 상대로 한 청구는 확인의 이익이 없어 부적법하다(대판 2015.02.16. 2011다101155).

② (X) 비법인사단이 총유재산에 관한 소송을 제기할 때에는 정관에 다른 정함이 있다는 등의 특별한 사정이 없는 한 사원총회 결의를 거쳐야 하는 것이므로, 비법인사단이 이러한 사원총회 결의 없이 그 명의로 제기한 소송은 소송요건이 흠결된 것으로서 부적법하다(대판 2011.07.28. 2010다97044)

③ (○) 비법인사단에 대하여는 사단법인에 관한 민법 규정 가운데 법인격을 전제로 하는 것을 제외하고는 이를 유추적용하여야 하는데, 민법 제62조에 비추어 보면 비법인사단의 대표자는 정관 또는 총회의 결의로 금지하지 아니한 사항에 한하여 타인으로 하여금 특정한 행위를 대리하게 할 수 있을 뿐 비법인사단의 제반 업무처리를 포괄적으로 위임할 수는 없으므로 비법인사단 대표자가 행한 타인에 대한 업무의 포괄적 위임과 그에 따른 포괄적 수임인의 대행행위는 민법 제62조를 위반한 것이어서 비법인사단에 대하여 그 효력이 미치지 않는다(대판 2011.04.28. 2008다15438).

④ (X) 우리민법이 사단법인에 있어서 구성원의 탈퇴나 해산은 인정하지만 사단법인의 구성원들이 2개의 법인으로 나뉘어 각각 독립한 법인으로 존속하면서 종전 사단법인에게 귀속되었던 재산을 소유하는 방식의 사단법인의 분열은 인정하지 아니한다. 그 법리는 법인 아닌 사단에 대하여도 동일하게 적용되며, 법인 아닌 사단의 구성원들의 집단적 탈퇴로써 사단이 2개로 분열되고 분열되기 前 사단의 재산이 분열된 각 사단들의 구성원들에게 각각 총유적으로 귀속되는 결과를 초래하는 형태의 법인 아닌 사단의 분열은 허용되지 않는다(대판 2006.04.20. 2004다37775(전합)).

⑤ (X) 민사소송법 제51조는 '당사자능력은 이 법에 특별한 규정이 없으면 민법, 그 밖의 법률에 따른다.'고 정하고, 제52조는 '법인이 아닌 사단이나 재단은 대표자 또는 관리인이 있는 경우에는 그 사단이나 재단의 이름으로 당사자가 될 수 있다.'고 정하고 있다. 따라서 권리능력이 있는 자연인과 법인은 원칙적으로 민사소송의 주체가 될 수 있는 당사자능력이 있으나, 법인이 아닌 사단과 재단은 대표자 또는 관리인이 있는 경우에 한하여 당사자능력이 인정된다. 노인요양원이나 노인요양센터는 일반적으로 노인성질환 등으로 도움을 필요로 하는 노인을 위하여 급식·요양과 그 밖에 일상생활에 필요한 편의를 제공함을 목적으로 하는 시설, 즉 노인의료복지시설을 가리킨다. 이는 법인이 아님이 분명하고 대표자 있는 비법인 사단 또는 재단도 아니므로, 원칙적으로 민사소송에서 당사자능력이 인정되지 않는다(대판 2018.08.01. 2018다227865).

정답 ③

문 10

권리능력 없는 사단에 관한 다음 설명 중 가장 옳지 않은 것은?(다툼이 있는 경우 판례에 따르고 전원합의체 판결의 경우 다수의견에 의함) [2017년 37번]

① 권리능력 없는 사단이 총유물에 관한 매매계약에 의하여 부담하고 있는 채무의 존재를 인식하고 있다는 뜻을 표시하는 소멸시효 중단사유로서의 승인은 총유물의 관리행위에 해당한다.

② 권리능력 없는 사단의 정관에 특별한 규정이 없는 경우 권리능력 없는 사단의 대표자가 타인 간의 금전채무를 보증하기 위하여 사원총회 결의를 거칠 필요는 없다.

③ 권리능력 없는 사단이 그 명의로 총유재산에 관한 소송을 제기할 때에는 정관에 다른 정함이 있다는 등의 특별한 사정이 없는 한 사원총회 결의를 거쳐 하거나 또는 그 구성원 전원이 당사자가

되어 필수적 공동소송의 형태로 할 수 있을 뿐이며, 이는 보존행위로서 소를 제기하는 경우에도 마찬가지이다.
④ 정관이나 규약에 정함이 없는 이상 사원총회의 결의를 거치지 않은 총유물의 관리 및 처분행위는 무효라고 할 것이나, 총유물의 관리 및 처분행위라 함은 총유물 그 자체에 관한 법률적·사실적 처분행위와 이용, 개량행위를 말하는 것으로서 재건축조합이 재건축사업의 시행을 위하여 설계용역계약을 체결하는 것은 단순한 채무부담행위에 불과하여 총유물 그 자체에 대한 관리 및 처분행위라고 볼 수 없다.
⑤ 권리능력 없는 사단의 채권자가 채권자대위권에 기하여 권리능력 없는 사단의 총유재산에 대한 권리를 대위 행사하는 경우, 사원총회의 결의 등 권리능력 없는 사단의 내부적 의사결정 절차를 거칠 필요가 없다.

해설 ★★

① (X) 비법인사단이 총유물에 관한 매매계약을 체결하는 행위는 총유물 그 자체의 처분이 따르는 채무부담행위로서 총유물의 처분행위에 해당하나, 그 매매계약에 의하여 부담하고 있는 채무의 존재를 인식하고 있다는 뜻을 표시하는 데 불과한 소멸시효 중단사유로서의 승인은 총유물 그 자체의 관리·처분이 따르는 행위가 아니어서 총유물의 관리·처분행위라고 볼 수 없다(대판 2009.11.26. 2009다64383).

② (○) 민법 제275조, 제276조 제1항에서 말하는 총유물의 관리 및 처분이라 함은 총유물 그 자체에 관한 이용·개량행위나 법률적·사실적 처분행위를 의미하는 것이므로, 비법인사단이 타인 간의 금전채무를 보증하는 행위는 총유물 그 자체의 관리·처분이 따르지 아니하는 단순한 채무부담행위에 불과하여 이를 총유물의 관리·처분행위라고 볼 수는 없다. 따라서 비법인사단인 재건축조합의 조합장이 채무보증계약을 체결하면서 조합규약에서 정한 조합 임원회의 결의를 거치지 아니하였다거나 조합원총회 결의를 거치지 않았다고 하더라도 그것만으로 바로 그 보증계약이 무효라고 할 수는 없다. 다만, 이와 같은 경우에 조합 임원회의의 결의 등을 거치도록 한 조합규약은 조합장의 대표권을 제한하는 규정에 해당하는 것이므로, 거래 상대방이 그와 같은 대표권 제한 및 그 위반 사실을 알았거나 과실로 인하여 이를 알지 못한 때에는 그 거래행위가 무효로 된다고 봄이 상당하며, 이 경우 그 거래 상대방이 대표권 제한 및 그 위반 사실을 알았거나 알지 못한 데에 과실이 있다는 사정은 그 거래의 무효를 주장하는 측이 이를 주장·입증하여야 한다(대판 2007.04.19. 2004다60072(전합)).

③ (○) 민법 제276조 제1항은 "총유물의 관리 및 처분은 사원총회의 결의에 의한다.", 같은 조 제2항은 "각 사원은 정관 기타의 규약에 좇아 총유물을 사용·수익할 수 있다."라고 규정하고 있을 뿐 공유나 합유의 경우처럼 보존행위는 그 구성원 각자가 할 수 있다는 민법 제265조 단서 또는 제272조 단서와 같은 규정을 두고 있지 아니한바, 이는 법인 아닌 사단의 소유형태인 총유가 공유나 합유에 비하여 단체성이 강하고 구성원 개인들의 총유재산에 대한 지분권이 인정되지 아니하는 데에서 나온 당연한 귀결이라고 할 것이므로 총유재산에 관한 소송은 법인 아닌 사단이 그 명의로 사원총회의 결의를 거쳐 하거나 또는 그 구성원 전원이 당사자가 되어 필수적 공동소송의 형태로 할 수 있을 뿐 그 사단의 구성원은 설령 그가 사단의 대표자라거나 사원총회의 결의를 거쳤다 하더라도 그 소송의 당사자가 될 수 없고, 이러한 법리는 총유재산의 보존행위로서 소를 제기하는 경우에도 마찬가지라 할 것이다(대판 2005.09.15. 2004다44971(전합)).

④ (○) 주택건설촉진법에 의하여 설립된 재건축조합은 민법상의 비법인사단에 해당하고, 총유물의 관리 및 처분에 관하여는 정관이나 규약에 정한 바가 있으면 이에 따라야 하고, 그에 관한 정관이나 규약이 없으면 사원 총회의 결의에 의하여 하는 것이므로 정관이나 규약에 정함이 없는 이상 사원총회의 결의를 거치지 않은 총유물의 관리 및 처분행위는 무효라고 할 것이나, 총유물의 관리 및 처분행위라 함은 총유물 그 자체에 관

한 법률적·사실적 처분행위와 이용, 개량행위를 말하는 것으로서 재건축조합이 재건축사업의 시행을 위하여 설계용역계약을 체결하는 것은 단순한 채무부담행위에 불과하여 총유물 그 자체에 대한 관리 및 처분행위라고 볼 수 없다(대판 2003.07.22. 2002다64780).

⑤ (○) 비법인사단이 총유재산에 관한 소를 제기할 때에는 정관에 다른 정함이 있는 등의 특별한 사정이 없는 한 사원총회의 결의를 거쳐야 하지만, 이는 비법인사단의 대표자가 비법인사단 명의로 총유재산에 관한 소를 제기하는 경우에 비법인사단의 의사결정과 특별수권을 위하여 필요한 내부적인 절차이다. 채권자대위권은 채무자가 스스로 자기의 권리를 행사하지 아니하는 때에 채권자가 채무자에 대한 채권을 보전하기 위하여 채무자의 의사와는 상관없이 채무자의 권리를 대위하여 행사할 수 있는 권리로서 그 권리행사에 채무자의 동의를 필요로 하는 것은 아니므로, 비법인사단이 총유재산에 관한 권리를 행사하지 아니하고 있어 비법인사단의 채권자가 채권자대위권에 기하여 비법인사단의 총유재산에 관한 권리를 대위행사하는 경우에는 사원총회의 결의 등 비법인사단의 내부적인 의사결정절차를 거칠 필요가 없다(대판 2014.09.25. 2014다211336).

정답 ①

제2관 법인의 설립

문 11

재단법인 등에 관한 다음 설명 중 가장 옳지 않은 것은?(다툼이 있는 경우 판례에 의함) [2017년 39번]

① 채무자인 재단법인에 다른 재산이 없어 기본재산을 처분하지 않고는 채무의 변제가 불가능하다고 하더라도, 재단법인으로부터 기본재산을 양수한 자도 아니고 금전채권자들에 불과한 자에게는 강제이행청구권의 실질적인 실현을 위하여 필요하다는 사유만으로 기본재산의 처분을 희망하지도 않는 재단법인을 상대로 주무관청에 대하여 기본재산에 대한 처분허가신청절차를 이행할 것을 청구할 권한이 없다.

② 민법 제47조 제1항에 의하여 생전처분으로 재단법인을 설립하는 때에 준용되는 민법 제555조는 "증여의 의사가 서면으로 표시되지 아니한 경우에는 각 당사자는 이를 해제할 수 있다."고 함으로써 서면에 의한 증여(출연)의 해제를 제한하고 있으나, 그 해제는 민법 총칙상의 취소와는 요건과 효과가 다르므로 서면에 의한 출연이더라도 민법 총칙규정에 따라 출연자가 착오에 기한 의사표시라는 이유로 출연의 의사표시를 취소할 수 있고, 상대방 없는 단독행위인 재단법인에 대한 출연행위라고 하여 달리 볼 것은 아니다.

③ 재단법인의 대표자가 그 법인의 채무를 부담하는 계약을 함에 있어서 이사회의 결의를 거쳐 노회와 설립자의 승인을 얻고 주무관청의 인가를 받도록 정관에 규정되어 있다면 그와 같은 규정은 법인 대표권의 제한에 관한 규정으로서 이러한 제한은 등기하지 아니하면 제3자에게 대항할 수 없다.

④ 학교법인이 감독청의 허가 없이 기본재산인 부동산에 관한 매매계약을 체결하고, 그 부동산에서 운영하던 학교를 당국의 인가를 받아 신축교사로 이전하였다 하더라도, 위 매매계약은 감독청의 허가 없이 체결되어 아직은 효력이 없다할 것이므로 매수인은 감독청의 허가를 조건으로 그 부동산에 관한 소유권이전등기절차의 이행을 청구할 수 없다.

⑤ 재단법인의 기본재산 처분은 정관변경을 요하는 것이므로 주무관청의 허가를 받아야 하며, 허가가 없으면 그 처분행위는 물권계약으로 무효일 뿐 아니라 채권계약으로서도 무효이다.

∷ 해설

① (○) 재단법인이 정관의 변경을 초래하는 기본재산의 처분을 위하여 주무관청의 허가를 신청할 것인지 여부는 특별한 사정이 없는 한 재단법인의 의사에 맡겨져 있다고 할 것이므로, 채무자인 재단법인에 다른 재산이 없어 기본재산을 처분하지 않고는 채무의 변제가 불가능하다고 하더라도, 재단법인으로부터 기본재산을 양수한 자도 아니고 금전채권자들에 불과한 자에게는 강제이행청구권의 실질적인 실현을 위하여 필요하다는 사유만으로 기본재산의 처분을 희망하지도 않는 재단법인을 상대로 주무관청에 대하여 기본재산에 대한 처분허가신청절차를 이행할 것을 청구할 권한이 없다(대판 1998.08.21. 98다19202).

② (○) 민법 제47조 제1항에 의하여 생전처분으로 재단법인을 설립하는 때에 준용되는 민법 제555조는 "증여의 의사가 서면으로 표시되지 아니한 경우에는 각 당사자는 이를 해제할 수 있다."고 함으로써 서면에 의한 증여(출연)의 해제를 제한하고 있으나, 그 해제는 민법 총칙상의 취소와는 요건과 효과가 다르므로 서면에 의한 출연이더라도 민법 총칙규정에 따라 출연자가 착오에 기한 의사표시라는 이유로 출연의 의사표시를 취소할 수 있고, 상대방 없는 단독행위인 재단법인에 대한 출연행위라고 하여 달리 볼 것은 아니다(대판 1999.07.09. 98다9045).

③ (○) 재단법인의 대표자가 그 법인의 채무를 부담하는 계약을 함에 있어서 이사회의 결의를 거쳐 노회와 설립자의 승인을 얻고 주무관청의 인가를 받도록 정관에 규정되어 있다면 그와 같은 규정은 법인 대표권의 제한에 관한 규정으로서 이러한 제한은 등기하지 아니하면 제3자에게 대항할 수 없다. 법인의 정관에 법인 대표권의 제한에 관한 규정이 있으나 그와 같은 취지가 등기되어 있지 않다면 법인은 그와 같은 정관의 규정에 대하여 선의냐 악의냐에 관계없이 제3자에 대하여 대항할 수 없다(대판 1992.02.14. 91다24564).

④ (X) 학교법인이 감독청의 허가 없이 기본재산인 부동산에 관한 매매계약을 체결하는 한편 그 부동산에서 운영하던 학교를 당국의 인가를 받아 신축교사로 이전하고 준공검사까지 마친 경우, 위 매매계약이 감독청의 허가 없이 체결되어 아직은 효력이 없다고 하더라도 위 매매계약에 기한 소유권이전등기절차이행청구권의 기초가 되는 법률관계는 이미 존재한다고 볼 수 있고 장차 감독청의 허가에 따라 그 청구권이 발생할 개연성 또한 충분하므로, 매수인으로서는 미리 그 청구를 할 필요가 있는 한, 감독청의 허가를 조건으로 그 부동산에 관한 소유권이전등기절차의 이행을 청구할 수 있다(대판 1998.07.24. 96다27988).

⑤ (○) 재단법인의 기본재산의 처분은 정관변경을 요하는 것이므로 주무관청의 허가가 없으면 그 처분행위는 물권계약으로 무효일 뿐 아니라 채권계약으로서도 무효이나(대판 1974.06.11. 73다1975).

정답 ④

문 12

민법상 법인에 관한 다음 설명 중 가장 옳은 것은?(다툼이 있는 경우 판례에 의함) [2016년 6번]

① 사적자치의 원칙에는 '단체결성의 자유'도 포함되므로, 민법상 비영리법인의 경우 설립이나 설립 후의 활동이 관련 법령에 저촉되지 아니하면 족하고, 설립 자체에 주무관청의 허가 등이 필요한 것은 아니다.
② 사단법인의 정관도 결국 사원들 사이의 약속으로서 계약의 성질을 가지므로, 어느 시점의 사단법인의 사원들이 정관의 규범적인 의미 내용과 다른 해석을 사원총회의 결의라는 방법으로 표명하였다면 그 결의에 의한 해석은 그 사단법인의 구성원인 사원들을 구속한다.
③ 법인에 있어서 그 대표자가 직무에 관하여 불법행위를 한 경우에는 민법 제35조 제1항에 의하여, 법인의 피용자가 사무집행에 관하여 불법행위를 한 경우에는 민법 제756조 제1항에 의하여 각기 손해배상책임을 부담한다.
④ 사단법인의 의사결정기관은 사원총회이고, 총회의 결의는 민법 또는 정관에 다른 규정이 없으면 사원 과반수의 출석과 출석사원의 결의권의 과반수로써 하는데, 이 때 각 사원의 결의권 행사에 관한 의사의 진정성을 담보하기 위하여 결의권을 서면으로 행사하는 것은 금지된다.
⑤ 재단법인의 기본재산 처분은 정관변경행위인바, 재단법인의 기본재산에 대하여 집합건물의 소유 및 관리에 관한 법률상의 매도청구가 있는 경우 그 기본재산에 대한 매매계약은 성립하지만, 기본재산의 변경을 내용으로 하는 재단법인의 정관의 변경까지 강제할 수는 없으므로, 결국 위 매도청구는 목적을 달성할 수 없게 된다.

:: 해설 ★★

① (X) 비영리법인의 설립에 관하여 민법은 제31조에서 자유설립주의를 배제하고, 제32조에서 허가주의를 채택하고 있다.

> 민법 제31조(법인성립의 준칙) 법인은 법률의 규정에 의함이 아니면 성립하지 못한다.
> 민법 제32조(비영리법인의 설립과 허가) 학술, 종교, 자선, 기예, 사교 기타 영리아닌 사업을 목적으로 하는 사단 또는 재단은 주무관청의 허가를 얻어 이를 법인으로 할 수 있다.

② (X) 사단법인의 정관은 이를 작성한 사원뿐만 아니라 그 후에 가입한 사원이나 사단법인의 기관 등도 구속하는 점에 비추어 보면 그 법적 성질은 계약이 아니라 자치법규로 보는 것이 타당하므로, 이는 어디까지나 객관적인 기준에 따라 그 규범적인 의미 내용을 확정하는 법규해석의 방법으로 해석되어야 하는 것이지, 작성자의 주관이나 해석 당시의 사원의 다수결에 의한 방법으로 자의적으로 해석될 수는 없다 할 것이어서, 어느 시점의 사단법인의 사원들이 정관의 규범적인 의미 내용과 다른 해석을 사원총회의 결의라는 방법으로 표명하였다 하더라도 그 결의에 의한 해석은 그 사단법인의 구성원인 사원들이나 법원을 구속하는 효력이 없다(대판 2000.11.24. 99다12437).

③ (○) 민법 제35조 제1항은 "법인은 이사 기타 대표자가 그 직무에 관하여 개인에게 가한 손해를 배상할 책임이 있다"고 규정하고 있고, 민법 제756조 제1항은 "타인을 사용하여 어느 사무에 종사하게 한 자는 피용자가 그 사무집행에 관하여 제3자에게 가한 손해를 배상할 책임이 있다"고 규정하고 있다. 따라서 법인에 있어서 그 대표자가 직무에 관하여 불법행위를 한 경우에는 민법 제35조 제1항에 의하여, 법인의 피용자가 사무집행에 관하여 불법행위를 한 경우에는 민법 제756조 제1항에 의하여 각기 손해배상책임을 부담한다(대판 2009.11.26. 2009다57033).

④ (X) 사원총회는 사단법인의 의사결정기관으로 사단법인에 있어서만 필요기관이다. 민법 제75조 제1항에서 총회의 결의는 민법 또는 정관에 다른 규정이 없으면 사원 과반수의 출석과 출석사원의 결의권 과반수로써 한다고 규정하고 있으며, 동법 제73조 제2항에서 서면이나 대리인으로 결의권을 행사할 수 있다고 규정하고 있다.

⑤ (X) 집합건물의 소유 및 관리에 관한 법률 제48조 제4항에 정한 매도청구권은 재건축사업의 원활한 진행을 위하여 같은 법이 재건축 불참자의 의사에 반하여 그 재산권을 박탈할 수 있도록 특별히 규정한 것으로서, 그 실질이 헌법 제23조 제3항의 공용수용과 같다고 볼 수 있는데, 재단법인의 기본재산에 대하여 집합건물의 소유 및 관리에 관한 법률에 의하여 매도청구를 하는 경우에도 위 기본재산을 취득하기 위해서는 재단법인의 정관변경이 별도로 필요하다고 보면, 재단법인이 스스로 그 기본재산을 처분하는 내용으로 정관변경을 하지 않는 이상 매도청구를 한 사람이 재단법인의 기본재산을 취득할 수 없게 되어 매도청구 대상자의 의사에 반하여 그 재산권을 박탈하도록 한 매도청구권의 본질에 반하게 된다. 따라서 재단법인의 기본재산에 대하여 집합건물의 소유 및 관리에 관한 법률상의 매도청구가 있는 경우에는 그 기본재산에 대한 매매계약의 성립뿐만 아니라 기본재산의 변경을 내용으로 하는 재단법인의 정관의 변경까지 강제된다(대판 2008.07.10. 2008다12453).

정답 ③

제3관 법인의 능력
제4관 법인의 기관
제5관 법인의 소멸
제6관 법인에 관한 그 밖의 규정들

제4장 권리의 객체

문 13

"종물은 주물의 처분에 따른다."는 민법 제100조 제2항에 관한 다음 설명 중 가장 옳지 않은 것은? [2021년 6번]

① 저당권의 효력은 저당부동산에 부합된 물건과 종물에 미치는 것이므로 건물의 소유를 목적으로 하여 토지를 임차한 사람이 그 토지 위에 소유하는 건물에 저당권을 설정하고 그 저당권이 실행되어 매수인이 경매에 의해 건물의 소유권을 취득한 때에는 특별한 사정이 없는 한 건물의 소유를 목적으로 한 토지의 임차권도 함께 취득한다.
② 횟집으로 사용할 점포 건물에 거의 붙여서 횟감용 생선을 보관하기 위하여 신축한 수족관 건물은 독립한 부동산이지만 점포 건물의 종물에 해당한다.
③ 민법 제100조 제2항의 규정은 주된 권리와 종된 권리 상호간에 유추적용되므로 원본채권이 양도되면 특별한 사정이 없는 한 변제기에 도달한 이자채권도 함께 양도된다.
④ 민법 제100조 제2항은 임의규정이므로 당사자는 주물을 처분할 때에 특약으로 종물을 제외할 수 있고 종물만을 별도로 처분할 수도 있다.
⑤ 구분건물의 전유부분에 대한 소유권보존등기만 경료되고 대지지분에 대한 등기가 경료되기 전에 전유부분만에 대해 내려진 가압류결정의 효력은, 대지사용권의 분리처분이 가능하도록 규약으로 정하였다는 등의 특별한 사정이 없는 한, 종물 내지 종된 권리인 그 대지권에까지 미친다.

MGI Point 물건 ★

- 건물에 대한 저당권이 실행되어 경락인이 건물의 소유권을 취득한 경우 건물의 소유를 목적으로 한 토지의 임차권도 건물의 소유권과 함께 경락인에게 이전 ○
- 횟집으로 사용할 점포 건물에 거의 붙여서 횟감용 생선 보관용으로 신축한 수족관 ⇨ 점포 건물의 종물 ○
- 이자채권은 원본채권에 대하여 종속성 있으나 이미 변제기에 도달한 이자채권은 원본채권과 분리하여 양도 가능
- 주물을 처분할 때에 특약으로 종물을 제외하거나 종물만을 별도로 처분 가능
- 구분건물의 전유부분에 대한 소유권보존등기만 경료되고 대지지분에 대한 등기가 경료되기 전에 전유부분만에 대해 내려진 가압류결정의 효력 ⇨ 특별한 사정이 없는 한 그 대지권에까지 미침

① (○) 건물의 소유를 목적으로 하여 토지를 임차한 사람이 그 토지 위에 소유하는 건물에 저당권을 설정한 때에는 민법 제358조 본문에 따라서 저당권의 효력이 건물뿐만 아니라 건물의 소유를 목적으로 한 토지의 임차권에도 미친다고 보아야 할 것이므로, 건물에 대한 저당권이 실행되어 경락인이 건물의 소유권을 취득한 때에는 특별한 다른 사정이 없는 한 건물의 소유를 목적으로 한 토지의 임차권도 건물의 소유권과 함께 경락인에게 이전된다(대판 1993.04.13. 92다24950).
② (○) 횟집으로 사용할 점포 건물에 거의 붙여서 횟감용 생선을 보관하기 위하여 즉 위 점포 건물의 상용에 공하기 위하여 신축한 수족관 건물은 위 점포 건물의 종물이라고 해석할 것이다(대판 1993.02.12. 92도3234).
③ (X) 이자채권은 원본채권에 대하여 종속성을 갖고 있으나 이미 변제기에 도달한 이자채권은 원본채권과 분리하여 양도할 수 있고 원본채권과 별도로 변제할 수 있으며 시효로 인하여 소멸되기도 하는 등 어느 정도 독립성을 갖게 되는 것이므로, 원본채권이 양도된 경우 이미 변제기에 도달한 이자채권은 원본채권의 양도당시 그 이자채권도 양도한다는 의사표시가 없는 한 당연히 양도되지는 않는다(대판 1989.03.28. 88다카12803).

④ (○) 종물은 주물의 처분에 수반된다는 민법 제100조 제2항은 임의규정이므로, 당사자는 주물을 처분할 때에 특약으로 종물을 제외할 수 있고 종물만을 별도로 처분할 수도 있다(대판 2012.01.26. 2009다76546).

⑤ (○) 민법 제100조 제2항의 종물과 주물의 관계에 관한 법리는 물건 상호간의 관계뿐 아니라 권리 상호간에도 적용되고, 위 규정에서의 처분은 처분행위에 의한 권리변동뿐 아니라 주물의 권리관계가 압류와 같은 공법상의 처분 등에 의하여 생긴 경우에도 적용되어야 하는 점, 저당권의 효력이 종물에 대하여도 미친다는 민법 제358조 본문 규정은 같은 법 제100조 제2항과 이론적 기초를 같이하는 점, 집합건물의 소유 및 관리에 관한 법률 제20조 제1항, 제2항에 의하면 구분건물의 대지사용권은 전유부분과 종속적 일체불가분성이 인정되는 점 등에 비추어 볼 때, 구분건물의 전유부분에 대한 소유권보존등기만 경료되고 대지지분에 대한 등기가 경료되기 전에 전유부분만에 대해 내려진 가압류결정의 효력은, 대지사용권의 분리처분이 가능하도록 규약으로 정하였다는 등의 특별한 사정이 없는 한, 종물 내지 종된 권리인 그 대지권에까지 미친다(대판 2006.10.26. 2006다29020).

정답 ③

문 14

부합물 또는 종물에 관한 다음 설명 중 옳은 것은 모두 몇 개인가? [2020년 33번]

ㄱ. 부동산에 부합된 물건이 사실상 분리복구가 불가능하여 거래상 독립한 권리의 객체성을 상실하고 그 부동산과 일체를 이루는 부동산의 구성부분이 된 경우에는 타인이 권원에 의하여 이를 부합시켰더라도 그 물건의 소유권은 부동산의 소유자에게 귀속된다.

ㄴ. 동일인의 소유에 속하는 전유부분과 대지지분 중 전유부분만에 관하여 설정된 저당권에 기한 경매절차에서 전유부분을 매수한 매수인은 대지지분에 대한 소유권을 함께 취득하고, 설령 대지사용권의 성립 이전에 대지에 관하여 설정된 저당권이라고 하더라도 대지지분의 범위에서는 매각으로 소멸한다. 그러나 전유부분에 관한 경매절차에서 대지지분에 대한 평가액이 반영되지 않았다거나 대지의 저당권자가 배당받지 못한 경우에는 달리 보아야 한다.

ㄷ. 구분건물의 전유부분에 대한 소유권보존등기만 경료되고 대지지분에 대한 등기가 경료되기 전에 전유부분만에 대해 내려진 가압류결정의 효력은, 대지사용권의 분리처분이 가능하도록 규약으로 정한 경우에도 그 대지권에까지 미친다.

ㄹ. 건물의 증축 부분이 기존건물에 부합한 경우 기존건물에 대한 근저당권은 민법 제358조에 의하여 부합된 증축 부분에도 효력이 미치는 것이므로 기존건물에 대한 경매절차에서 경매목적물로 평가되지 아니하였다고 할지라도 경락인은 부합된 증축 부분의 소유권을 취득한다.

ㅁ. 종물은 주물의 처분에 수반된다는 민법 제100조 제2항은 강행규정이므로, 당사자는 주물을 처분할 때에 특약으로 종물을 제외할 수 없고 종물만을 별도로 처분할 수 없다.

ㅂ. 종물은 주물의 상용에 이바지되어야 하는 관계가 있어야 하므로, 주물의 소유자나 이용자의 상용에 공여되고 있으면 족하고 주물 그 자체의 경제적 효용과는 직접 관계가 없는 물건도 종물로 볼 수 있다.

① 1개 ② 2개 ③ 3개
④ 4개 ⑤ 5개

> MGI Point　**부합물·종물** ★★
>
> - 부동산에 부합된 물건이 사실상 분리복구가 불가능하여 거래상 독립한 권리의 객체성을 상실하고 그 부동산과 일체를 이루는 부동산의 구성부분이 된 경우 그 물건의 소유권의 귀속 ⇨ 부동산의 소유자
> - 전유부분에 관하여 설정된 저당권에 기한 경매절차에서 전유부분을 매수한 매수인 ⇨ 경매절차에서 대지지분에 대한 평가액 미반영 or 대지의 저당권자가 배당받지 못한 경우라도 대지지분에 대한 소유권 함께 취득
> - 구분건물의 전유부분에 대한 소유권보존등기만 경료되고 대지지분에 대한 등기가 경료되기 전에 전유부분만에 대해 내려진 가압류결정의 효력
>   - 원칙적으로 종물 내지 종된 권리인 그 대지권에 효력 미침 ○
>   - 단, 대지사용권의 분리처분이 가능하도록 규약으로 정한 경우에는 대지권에 효력 미치지 ×
> - 기존건물에 부합된 건물의 증축 부분이 건물에 대한 경매절차에서 경매목적물로 평가되지 아니한 경우 ⇨ 경락인이 소유권 취득 ○ (민법 제358조)
> - 종물은 주물의 처분에 수반된다는 민법 제100조 제2항은 임의규정 ⇨ 주물을 처분할 때에 특약으로 종물을 제외할 수 있고 종물만을 별도로 처분 可
> - 주물 그 자체의 효용과는 직접 관계없는 물건 ⇨ 종물 ×

ㄱ. (○) 부동산에 부합된 물건이 사실상 분리복구가 불가능하여 거래상 독립한 권리의 객체성을 상실하고 그 부동산과 일체를 이루는 부동산의 구성부분이 된 경우에는 타인이 권원에 의하여 이를 부합시켰더라도 그 물건의 소유권은 부동산의 소유자에게 귀속된다(대판 2008.05.08. 2007다36933).

ㄴ. (X) 동일인의 소유에 속하는 전유부분과 대지지분 중 전유부분만에 관하여 설정된 저당권의 효력은 규약이나 공정증서로써 달리 정하는 등의 특별한 사정이 없는 한 종물 내지 종된 권리인 대지지분에까지 미치므로, 전유부분에 관하여 설정된 저당권에 기한 경매절차에서 전유부분을 매수한 매수인은 대지지분에 대한 소유권을 함께 취득하고, 그 경매절차에서 대지에 관한 저당권을 존속시켜 매수인이 인수하게 한다는 특별매각조건이 정하여져 있지 않았던 이상 설사 대지사용권의 성립 이전에 대지에 관하여 설정된 저당권이라고 하더라도 대지지분의 범위에서는 민사집행법 제91조 제2항이 정한 '매각부동산 위의 저당권'에 해당하여 매각으로 소멸하는 것이며, 이러한 대지지분에 대한 소유권의 취득이나 대지에 설정된 저당권의 소멸은 전유부분에 관한 경매절차에서 대지지분에 대한 평가액이 반영되지 않았다거나 대지의 저당권자가 배당받지 못하였다고 하더라도 달리 볼 것은 아니다(대판 2013.11.28. 2012다103325).

ㄷ. (X) 민법 제100조 제2항의 종물과 주물의 관계에 관한 법리는 물건 상호간의 관계뿐 아니라 권리 상호간에도 적용되고, 위 규정에서의 처분은 처분행위에 의한 권리변동뿐 아니라 주물의 권리관계가 압류와 같은 공법상의 처분 등에 의하여 생긴 경우에도 적용되어야 하는 점, 저당권의 효력이 종물에 대하여도 미친다는 민법 제358조 본문 규정은 같은 법 제100조 제2항과 이론적 기초를 같이하는 점, 집합건물의 소유 및 관리에 관한 법률 제20조 제1항, 제2항에 의하면 구분건물의 대지사용권은 전유부분과 종속적 일체불가분성이 인정되는 점 등에 비추어 볼 때, 구분건물의 전유부분에 대한 소유권보존등기만 경료되고 대지지분에 대한 등기가 경료되기 전에 전유부분만에 대해 내려진 가압류결정의 효력은, 대지사용권의 분리처분이 가능하도록 규약으로 정하였다는 등의 특별한 사정이 없는 한, 종물 내지 종된 권리인 그 대지권에까지 미친다(대판 2006.10.26. 2006다29020).

ㄹ. (○) 건물의 증축 부분이 기존건물에 부합하여 기존건물과 분리하여서는 별개의 독립물로서의 효용을 갖지 못하는 이상 기존건물에 대한 근저당권은 민법 제358조에 의하여 부합된 증축 부분에도 효력이 미치는 것이므로 기존건물에 대한 경매절차에서 경매목적물로 평가되지 아니하였다고 할지라도 경락인은 부합된 증축 부분의 소유권을 취득한다(대판 2002.10.25. 2000다63110).

ㅁ. (X) 종물은 주물의 처분에 수반된다는 민법 제100조 제2항은 임의규정이므로, 당사자는 주물을 처분할 때에 특약으로 종물을 제외할 수 있고 종물만을 별도로 처분할 수도 있다(대판 2012.01.26. 2009다76546).

ㅂ. (X) 저당권의 효력이 미치는 저당부동산의 종물이라 함은 민법 제100조가 규정하는 종물과 같은 의미로서 종물이기 위하여는 주물의 상용에 이바지 되어야 하는 관계가 있어야 하는바 여기에서 주물의 상용에 이바지 한다 함은 주물 그 자체의 경제적 효용을 다하게 하는 작용을 하는 것을 말하는 것으로서 주물의 소유자나 이용자의 상용에 공여되고 있더라도 주물 그 자체의 효용과는 직접 관계없는 물건은 종물이 아니다(대판 1985.03.26. 84다카269).

정답 ②

문 15

주물과 종물에 관한 판례의 태도로서 가장 옳지 않은 것은? [2016년 17번]

① 저당권의 실행으로 개시된 경매절차에서 건물을 경락받은 자는 종물의 성격을 가지는 물건이 그 건물에 부속될 당시 소유자를 달리하여 종물의 요건을 갖추지 못하고 있는 경우에, 주물인 건물의 소유권을 취득하였다고 하여도 특별한 사정이 없는 한 위 물건의 소유권까지 취득할 수는 없지만, 낙찰자가 선의이고 과실이 없으면 위 물건이 경매의 목적이 되었는지와 관계없이 소유권을 취득할 수 있다.
② 주유소의 주유기가 주유소 영업을 위한 건물이 있는 토지의 지상에 설치되었고 그것이 설치된 건물은 당초부터 주유소 영업을 위한 건물로 건축되었다면, 위 주유기는 위 건물에 부속시킨 종물이다.
③ 구분건물의 전유부분에 대한 소유권보존등기만 경료 되고 대지지분에 대한 등기가 경료되기 전에 전유부분만에 대해 내려진 가압류결정의 효력은, 대지사용권의 분리처분이 가능하도록 규약으로 정하였다는 등의 특별한 사정이 없는 한, 종물 내지 종된 권리인 그 대지권에까지 미친다.
④ 민법 제100조는 종물에 관하여 '자기 소유인 다른 물건'이라고 규정하고 있어 종물이 주물 소유자의 소유물인 것을 전제로 하고 있지만, 종물이 타인의 소유라고 하더라도 그 타인의 권리를 해하시 아니하는 범위에서 민법 제100조가 적용되므로, 주물이 처분된 경우에 종물의 소유자가 동의 또는 추인하거나, 종물이 동산인 경우에 상대방이 선의취득의 요건을 갖추면 송물의 소유권을 취득하게 된다.
⑤ 횟집으로 사용할 점포 건물에 거의 붙여서 횟감용 생선을 보관하기 위하여 신축한 수족관 건물은 위 점포 건물의 종물이다.

해설

① (X) 저당권의 실행으로 부동산이 경매된 경우에 그 부동산에 부합된 물건은 그것이 부합될 당시에 누구의 소유이었는지를 가릴 것 없이 그 부동산을 낙찰받은 사람이 소유권을 취득하지만, 그 부동산의 상용에 공하여진 물건일지라도 그 물건이 부동산의 소유자가 아닌 다른 사람의 소유인 때에는 이를 종물이라고 할 수 없으므로 부동산에 대한 저당권의 효력에 미칠 수 없어 부동산의 낙찰자가 당연히 그 소유권을 취득하는 것은 아니며, 나아가 부동산의 낙찰자가 그 물건을 선의취득하였다고 할 수 있으려면 그 물건이 경매의 목적물로 되었고 낙찰자가 선의이며 과실 없이 그 물건을 점유하는 등으로 선의취득의 요건을 구비하여야 한다(대판 2008.05.08. 2007다36933).

② (○) 주유소의 주유기가 비록 독립된 물건이기는 하나 유류저장탱크에 연결되어 유류를 수요자에게 공급하는 기구로서 주유소 영업을 위한 건물이 있는 토지의 지상에 설치되었고 그 주유기가 설치된 건물은 당초부터 주유소 영업을 위한 건물로 건축되었다는 점 등을 종합하여 볼 때, 그 주유기는 계속해서 주유소 건물 자체의 경제적 효용을 다하게 하는 작용을 하고 있으므로 주유소건물의 상용에 공하기 위하여 부속시킨 종물이다(대판 1995.06.29. 94다6345).

③ (○) 민법 제100조 제2항의 종물과 주물의 관계에 관한 법리는 물건 상호간의 관계뿐 아니라 권리 상호간에도 적용되고, 위 규정에서의 처분은 처분행위에 의한 권리변동뿐 아니라 주물의 권리관계가 압류와 같은 공법상의 처분 등에 의하여 생긴 경우에도 적용되어야 하는 점, 저당권의 효력이 종물에 대하여도 미친다는 민법 제358조 본문 규정은 같은 법 제100조 제2항과 이론적 기초를 같이하는 점, 집합건물의 소유 및 관리에 관한 법률 제20조 제1항, 제2항에 의하면 구분건물의 대지사용권은 전유부분과 종속적 일체불가분성이 인정되는 점 등에 비추어 볼 때, 구분건물의 전유부분에 대한 소유권보존등기만 경료 되고 대지지분에 대한 등기가 경료되기 전에 전유부분만에 대해 내려진 가압류결정의 효력은, 대지사용권의 분리처분이 가능하도록 규약으로 정하였다는 등의 특별한 사정이 없는 한, 종물 내지 종된 권리인 그 대지권에까지 미친다(대판 2006.10.26. 2006다29020).

④ (○) 종물은 주물 소유자의 소유물인 것을 전제로 하고 있지만, 종물이 타인의 소유라고 하더라도 그 타인의 권리를 해하지 않는 범위 내에서 제100조가 적용된다고 할 것이고, 주물이 처분된 경우에 종물의 소유자가 동의 또는 추인하거나 종물이 동산인 경우에 상대방이 선의취득의 요건을 갖추면 종물의 소유권을 취득하는 것이며, 동산의 선의취득을 주장하는 자는 점유취득시에 무과실이었다는 점을 주장·증명해야 한다(대판 2002.02.05. 2000다38527).

⑤ (○) 횟집으로 사용할 점포 건물에 거의 붙여서 횟감용 생선을 보관하기 위하여 즉 위 점포 건물의 상용에 공하기 위하여 신축한 수족관 건물은 위 점포 건물의 종물이다(대판 1993.02.12. 92도3234).

정답 ①

제5장 권리의 변동

제❶절 | 법률행위

제1관 법률행위의 종류
제2관 법률행위의 목적

문 2

강행규정에 관한 다음 설명 중 옳은 것은 모두 몇 개인가? [2023년 31번]

ㄱ. 개업공인중개사 등이 중개의뢰인과 직접 거래를 하는 행위를 금지하는 공인중개사법 제33조 제6호는 강행규정이 아니라 단속규정이다.

ㄴ. 변호사가 아닌 소외 1이 원고가 소외 2를 상대로 제소한 소유권이전등기말소 청구사건과 소외 3 등이 원고를 상대로 제소한 소유권이전등기 청구사건에 관하여 원고를 승소시켜 주고 원고로부터 그 대가를 받기로 하는 것을 내용으로 하는 원고와 소외 1 사이의 위 양도약정은 강행법규인 변호사법 규정에 위반되는 반사회적 법률행위로서 무효라 할 것이다.

ㄷ. 甲이 乙과 매매계약체결 당시에 정당한 대가를 지급하고 목적물을 매수하는 계약을 체결하였더라도, 그 후 목적물이 범죄행위로 취득된 것을 알게 되었다면, 특별한 사정이 없더라도 乙에 대하여 당초의 매매계약에 기하여 목적물에 대한 소유권이전등기를 구하는 것은 민법 제103조의 공서양속에 반하는 행위라고 보는 것이 신의칙상 타당하다.

ㄹ. 타인의 소송에서 사실을 증언하는 증인이 그 증언을 조건으로 그 소송의 일방 당사자 등으로부터 통상적으로 용인될 수 있는 일당 및 여비 정도를 넘어서는 대가를 제공받기로 하는 약정은 반사회적 법률행위에 해당하여 무효라고 할 것이지만, 증언거부권이 있는 증인이 그 증언거부권을 포기하고 증언을 하는 경우에는 달리 볼 수 있다.

ㅁ. 농지임대차가 강행규정인 구 농지법에 위반되어 계약의 효력을 인정받을 수 없는 경우, 농지 임대인 甲이 임대차기간 동안 임차인 乙의 권원 없는 점용을 이유로 손해배상을 청구한 데 대하여 임차인 乙은 원칙적으로 불법원인급여의 법리를 이유로 반환을 거부할 수 있다.

① 1개   ② 2개   ③ 3개   ④ 4개   ⑤ 5개

MGI Point 강행규정 ★★

- 개업공인중개사 등이 중개의뢰인과 직접 거래를 하는 행위를 금지하는 규정 ⇨ 단속규정
- 변호사 아닌 자가 소유권이전등기 청구사건에 관하여 원고를 승소시켜 주고 대가를 받기로 하는 약정 ⇨ 무효
- 매매계약 체결 후 목적물이 범죄행위로 취득된 것을 알게 된 경우 ⇨ 매매계약에 기하여 소유권이전등기 청구 可
- 증언을 조건으로 그 소송의 일방 당사자 등으로부터 통상적으로 용인될 수 있는 일당 및 여비 정도를 넘어서는 대가를 제공받기로 하는 약정 ⇨ 반사회적 법률행위 ⇨ 무효
- 강행규정에 위반하여 무효인 농지임대차 ⇨ 임차인은 불법원인급여를 이유로 부당이득반환 거부할 수 없음이 원칙

ㄱ. (○) 개업공인중개사 등이 중개의뢰인과 직접 거래를 하는 행위를 금지하는 공인중개사법 제33조 제6호의 규정 취지는 개업공인중개사 등이 거래상 알게 된 정보를 자신의 이익을 꾀하는데 이용하여 중개의뢰인의 이익을 해하는 경우가 있으므로 이를 방지하여 중개의뢰인을 보호하고자 함에 있는바, 위 규정에 위반하여 한 거래행위가 사법상의 효력까지도 부인하지 않으면 안 될 정도로 현저히 반사회성, 반도덕성을 지닌 것이라고 할 수 없을 뿐만 아니라 행위의 사법상의 효력을 부인하여야만 비로소 입법 목적을 달성할 수 있다고 볼 수 없고, 위 규정을 효력규정으로 보아 이에 위반한 거래행위를 일률적으로 무효라고 할 경우 중개의뢰인이 직접 거래임을 알면서도 자신의 이익을 위해 한 거래도 단지 직접 거래라는 이유로 효력이 부인되어 거래의 안전을 해칠 우려가 있으므로, 위 규정은 강행규정이 아니라 단속규정이다(대법원 2017. 2. 3. 2016다259677).

ㄴ. (○) 변호사 아닌 갑과 소송당사자인 을이 갑은 을이 소송당사자로 된 민사소송사건에 관하여 을을 승소시켜주고 을은 소송물의 일부인 임야지분을 그 대가로 갑에게 양도하기로 약정한 경우 위 약정은 강행법규인 변호사법 제78조 제2호에 위반되는 반사회적 법률행위로서 무효이다(대법원 1990. 5. 11. 89다카10514).

ㄷ. (X) 매매계약체결 당시에 정당한 대가를 지급하고 목적물을 매수하는 계약을 체결하였다면, 비록 그 후 목적물이 범죄행위로 취득된 것을 알게 되었다고 하더라도, 계약의 이행을 구하는 것 자체가 선량한 풍속 기타 사회질서에 위반하는 것으로 볼 만한 특별한 사정이 없는 한, 그러한 사유만으로 당초의 매매계약에 기하여 목적물에 대한 소유권이전등기를 구하는 것이 민법 제103조의 공서양속에 반하는 행위라고 단정할 수 없다(대법원 2001. 11. 9. 2001다44987).

ㄹ. (X) 타인의 소송에서 사실을 증언하는 증인이 그 증언을 조건으로 그 소송의 일방 당사자 등으로부터 통상적으로 용인될 수 있는 수준(예컨대 증인에게 일당 및 여비가 지급되기는 하지만 증인이 증언을 위하여 법원에 출석함으로써 입게 되는 손해에는 미치지 못하는 경우 그러한 손해를 전보하여 주는 정도)을 넘어서는 대가를 제공받기로 하는 약정은 국민의 사법참여행위가 대가와 결부됨으로써 사법작용의 불가매수성 내지 대가무관성이 본질적으로 침해되는 경우로서 반사회적 법률행위에 해당하여 무효라고 할 것이다. 이는 증언거부권이 있는 증인이 그 증언거부권을 포기하고 증언을 하는 경우라고 하여 달리 볼 것이 아니다(대법원 2010. 7. 29. 2009다56283).

ㅁ. (X) 농지임대차가 구 농지법에 위반되어 계약의 효력을 인정받을 수 없다고 하더라도, 임대 목적이 농지로 보전되기 어려운 용도에 제공하기 위한 것으로서 농지로서의 기능을 상실하게 하는 경우라거나 임대인이 자경할 의사가 전혀 없이 오로지 투기의 대상으로 취득한 농지를 투하자본 회수의 일환으로 임대하는 경우 등 사회통념으로 볼 때 헌법 제121조 제2항이 농지 임대의 정당한 목적으로 규정한 농업생산성의 제고 및 농지의 합리적 이용과 전혀 관련성이 없고 구 농지법의 이념에 정면으로 배치되어 반사회성이 현저하다고 볼 수 있는 특별한 사정이 있는 경우가 아니라면, 농지 임대인이 임대차기간 동안 임차인의 권원 없는 점용을 이유로 손해배상을 청구한 데 대하여 임차인이 불법원인급여의 법리를 이유로 반환을 거부할 수는 없다(대법원 2017. 3. 15. 2013다79887(본소), 2013다79894(반소)).

정답 ②

문 16

반사회질서 행위 내지 강행법규 위반과 관련한 다음 설명 중 가장 옳지 않은 것은? [2020년 38번]

① 양도소득세의 일부를 회피할 목적으로 매매계약서에 실제로 거래한 가액을 매매대금으로 기재하지 아니하고 그보다 낮은 금액을 매매대금으로 기재하였다 하여, 그것만으로 그 매매계약이 사회질서에 반하는 법률행위로서 무효로 된다고 할 수는 없다.

② 공동상속인 甲이 제3자 丙에게 A토지를 매도한 뒤 그 앞으로 소유권이전등기를 마치기 전에 甲과 다른 공동상속인들 사이에 A토지를 공동상속인 乙의 소유로 하는 내용의 상속재산 협의분할이 이루어져 그 앞으로 소유권이전등기를 마친 경우, 乙이 협의분할 이전에 甲이 A토지를 丙에게 매도한 사실을 알면서도 상속재산 협의분할을 하였을 뿐 아니라, 甲의 배임행위를 유인, 교사하거나 이에 협력하는 등 적극적으로 가담한 경우에는 A토지에 대한 협의분할 중 甲의 법정상속분에 관한 부분은 민법 제103조 소정의 반사회질서의 법률행위에 해당한다.

③ 농지의 임대를 금지한 구 농지법 제23조의 규정은 강행규정이다. 따라서 구 농지법 제23조가 규정한 예외사유에 해당하지 아니함에도 이를 위반하여 농지를 임대하기로 한 임대차계약은 무효이다.

④ 변호사가 아닌 자가 법률사무의 취급에 관여하는 것을 금지하는 변호사법 제109조 제1호와 법무사 아닌 자가 법무사의 사무를 업으로 하는 것 등을 금지하는 법무사법 제3조 제1항 및 제74조 제1항 제1호는 모두 강행법규이고, 이를 위반하는 내용을 목적으로 하는 계약은 그 자체가 반사회적 성질을 띠게 되어 사법적 효력도 부정된다.

⑤ 최종 퇴직 시 발생하는 퇴직금청구권을 미리 포기하는 것은 강행법규인 근로기준법, 근로자퇴직급여 보장법에 위반되어 무효이고, 근로자가 퇴직하여 더 이상 근로계약관계에 있지 않은 상황에서 퇴직 시 발생한 퇴직금청구권을 나중에 포기하는 것도 강행법규에 위반된다.

MGI Point 반사회질서 행위·강행법규 위반 ★★

- **반사회질서 법률행위로서 무효인지 여부**
  - 양도소득세의 일부를 회피할 목적으로 매매계약서에 실제로 거래한 가액보다 낮은 금액을 매매대금으로 기재한 매매계약 ×
  - 공동상속인 중 1인이 제3자에게 상속 부동산을 매도한 뒤 그 앞으로 소유권이전등기가 경료되기 전에 그 매도인과 다른 공동상속인들 간에 그 부동산을 매도인 외의 다른 상속인 1인의 소유로 하는 내용의 상속재산 협의분할이 이루어져 그 앞으로 소유권이전등기를 한 경우 ⇨ 상속재산 협의분할로 부동산을 단독으로 상속한 자가 협의분할 이전에 공동상속인 중 1인이 그 부동산을 제3자에게 매도한 사실을 알면서도 상속재산 협의분할을 하였을 뿐 아니라, 그 매도인의 배임행위(또는 배신행위)를 유인, 교사하거나 이에 협력하는 등 적극적으로 가담한 경우 상속재산 협의분할 중 그 매도인의 법정상속분에 관한 부분 ○
  - 변호사법 제109조 제1호와 법무사법 제3조 제1항 및 제74조 제1항 제1호에 위반하는 내용을 목적으로 하는 계약 ○
- **강행법규 위반의 법률행위로서 무효인지 여부**
  - 농지의 임대를 금지한 구 농지법 제23조의 규정은 강행법규 ⇨ 동 규정을 위반하여 농지를 임대하기로 한 임대차계약은 무효
  - 최종 퇴직 시 발생하는 퇴직금청구권을 미리 포기하는 것 ⇨ 강행법규 위반으로 무효
  - 근로자가 퇴직한 이후 퇴직 시 발생한 퇴직금청구권을 나중에 포기하는 것 ⇨ 강행법규 위반 ×

① (○) 소득세법령의 규정에 의하여 당해 자산의 양도 당시의 기준시가가 아닌 양도자와 양수자간에 실제로 거래한 가액을 양도가액으로 하는 경우, 양도소득세의 일부를 회피할 목적으로 매매계약서에 실제로 거래한

가액을 매매대금으로 기재하지 아니하고 그보다 낮은 금액을 매매대금으로 기재하였다 하여, 그것만으로 그 매매계약이 사회질서에 반하는 법률행위로서 무효로 된다고 할 수는 없다(대판 2007.06.14. 2007다3285).

② (○) 공동상속인 중 1인이 제3자에게 상속 부동산을 매도한 뒤 그 앞으로 소유권이전등기가 경료되기 전에 그 매도인과 다른 공동상속인들 간에 그 부동산을 매도인 외의 다른 상속인 1인의 소유로 하는 내용의 상속재산 협의분할이 이루어져 그 앞으로 소유권이전등기를 한 경우에, 그 상속재산 협의분할은 상속개시된 때에 소급하여 효력이 발생하고 등기를 경료하지 아니한 제3자는 민법 제1015조 단서 소정의 소급효가 제한되는 제3자에 해당하지 아니하는바, 이 경우 상속재산 협의분할로 부동산을 단독으로 상속한 자가 협의분할 이전에 공동상속인 중 1인이 그 부동산을 제3자에게 매도한 사실을 알면서도 상속재산 협의분할을 하였을 뿐 아니라, 그 매도인의 배임행위(또는 배신행위)를 유인, 교사하거나 이에 협력하는 등 적극적으로 가담한 경우에는 그 상속재산 협의분할 중 그 매도인의 법정상속분에 관한 부분은 민법 제103조 소정의 반사회질서의 법률행위에 해당한다(대판 1996.04.26. 95다54426).

③ (○) 구 농지법이 농지임대를 원칙적으로 금지하는 취지는, 농지는 농민이 경작 목적으로 이용함으로써 농지로 보전될 수 있도록 하고, 또한 외부자본이 투기 등 목적으로 농지를 취득할 유인을 제거하여 지가를 안정시킴으로써 농민이 농지를 취득하는 것을 용이하게 하여 궁극적으로 경자유전의 원칙을 실현하려는 데에 있다. 그리고 그와 같은 입법 취지를 달성하기 위해서는 위반행위에 대하여 형사 처벌을 하는 것과 별도로 농지임대차계약의 효력 자체를 부정하여 계약 내용에 따른 경제적 이익을 실현하지는 못하도록 함이 상당하므로, 농지의 임대를 금지한 구 농지법 제23조의 규정은 강행규정이다. 따라서 구 농지법 제23조가 규정한 예외사유에 해당하지 아니함에도 이를 위반하여 농지를 임대하기로 한 임대차계약은 무효이다(대판 2017.03.15. 2013다79887).

④ (○) 변호사법 제109조 제1호와 법무사법 제3조 제1항 및 제74조 제1항 제1호는 모두 강행법규이고, 이를 위반하는 내용을 목적으로 하는 계약은 그 자체가 반사회적 성질을 띠게 되어 사법적 효력도 부정된다(대판 2018.08.01. 2016다242716).

⑤ (X) 퇴직금은 사용자가 일정 기간을 계속근로하고 퇴직하는 근로자에게 계속근로에 대한 대가로서 지급하는 후불적 임금의 성질을 띤 금원으로서 구체적인 퇴직금청구권은 근로관계가 끝나는 퇴직이라는 사실을 요건으로 발생한다. 최종 퇴직 시 발생하는 퇴직금청구권을 미리 포기하는 것은 강행법규인 근로기준법, 근로자퇴직급여 보장법에 위반되어 무효이다. 그러나 근로자가 퇴직하여 더 이상 근로계약관계에 있지 않은 상황에서 퇴직 시 발생한 퇴직금청구권을 나중에 포기하는 것은 허용되고, 이러한 약정이 강행법규에 위반된다고 볼 수 없다(대판 2018.07.12. 2018다21821).

정답 ⑤

문 17

민법 제103조의 반사회질서행위에 관한 다음 설명 중 가장 옳지 않은 것은?(다툼이 있는 경우 판례에 의함) [2016년 24번]

① 어떠한 사실을 알고 있는 사람과의 사이에 소송에서 사실대로 증언하여 줄 것을 조건으로 어떠한 급부를 할 것을 약정한 경우에는 허위의 증언을 부탁한 경우와는 달리 민법 제103조 소정의 반사회질서행위에 해당할 여지가 없다.

② 부동산에 관한 취득시효가 완성된 후 시효취득을 주장하는 권리자가 취득시효를 주장하면서 소유권이전등기청구소송을 제기하여 그에 관한 입증까지 마쳤다면 부동산 소유자가 부동산을 제3자에게 처분하여 소유권이전등기를 넘겨주는 것은 불법행위에 해당하고, 부동산을 취득한 제3자

가 부동산 소유자의 이와 같은 불법행위에 적극 가담하였다면 이는 사회질서에 반하는 행위로서 무효라 할 것이다.
③ 양도소득세의 일부를 회피할 목적으로 매매계약서에 실제로 거래한 가액을 매매대금으로 기재하지 아니하고 그보다 낮은 금액을 매매대금으로 기재하였다 하여, 그것만으로 그 매매계약이 사회질서에 반하는 법률행위로서 무효로 된다고 할 수는 없다.
④ 강제집행을 면할 목적으로 부동산에 허위의 근저당권설정등기를 경료하는 행위는 민법 제103조의 선량한 풍속 기타 사회질서에 위반한 사항을 내용으로 하는 법률행위로 볼 수 없다.
⑤ 형사사건에 관한 성공보수약정은 선량한 풍속 기타 사회질서에 위배되는 것으로 평가할 수 있다.

해설

① (X) 어떠한 사실을 알고 있는 사람과의 사이에 소송에서 사실대로 증언하여 줄 것을 조건으로 어떠한 급부를 할 것을 약정한 경우, 증인은 법률에 의하여 증언거부권이 인정되지 않는 한 진실을 진술할 의무가 있는 것이고, 이러한 당연한 의무의 이행을 조건으로 상당한 정도의 급부를 받기로 하는 약정은 증인에게 부당하게 이익을 부여하는 것이라고 할 것이고, 그러한 급부의 내용이 통상적으로 용인될 수 있는 수준(예컨대 증인에게 일당 및 여비가 지급되기는 하지만 증인이 증언을 위하여 법원에 출석함으로써 입게되는 손해에는 미치지 못하는 경우 그러한 손해를 전보하여 주는 경우 정도)을 넘어서, 어느 당사자가 그 증언이 필요함을 기화로 증언하여 주는 대가로 용인될 수 있는 정도를 초과하는 급부를 제공받기로 한 약정은 반사회질서적인 금전적 대가가 결부된 경우로 그러한 약정은 민법 제103조 소정의 반사회질서행위에 해당하여 무효로 된다(대판 1994.03.11. 93다40522).

② (○) 부동산에 관한 취득시효가 완성된 후 취득시효를 주장하거나 이로 인한 소유권이전등기청구를 하기 이전에는 등기명의인인 부동산 소유자로서는 특별한 사정이 없는 한 시효취득사실을 알 수 없는 것이므로 이를 제3자에게 처분하였다 하더라도 불법행위가 성립할 수 없다 할 것이나, 시효취득을 주장하는 권리자가 취득시효를 주장하면서 소유권이전등기청구소송을 제기하여 그에 관한 입증까지 마쳤다면 부동산 소유자로서는 시효취득사실+을 알 수 있다 할 것이고 이러한 경우에 부동산 소유자가 부동산을 제3자에게 처분하여 소유권이전등기를 넘겨 줌으로써 취득시효완성을 원인으로 한 소유권이전등기의무가 이행불능에 빠짐으로써 시효취득을 주장하는 자가 손해를 입었다면 불법행위를 구성한다고 할 것이며, 부동산을 취득한 제3자가 부동산 소유자의 이와 같은 불법행위에 적극 가담하였다면 이는 사회질서에 반하는 행위로서 무효라 할 것이다(대판 1992.02.09. 92다47892).

③ (○) 양도소득세의 일부를 회피할 목적으로 매매계약서에 실제로 거래한 가액을 매매대금으로 기재하지 아니하고 그보다 낮은 금액을 매매대금으로 기재하였다 하여, 그것만으로 그 매매계약이 사회질서에 반하는 법률행위로서 무효로 된다고 할 수는 없다(대판 2007.06.14. 2007다3285).

④ (○) 강제집행을 면할 목적으로 부동산에 허위의 근저당권설정등기를 경료하는 행위는 민법 제103조의 선량한 풍속 기타 사회질서에 위반한 사항을 내용으로 하는 법률행위로 볼 수 없다(대판 2004.05.28. 2003다70041).

⑤ (○) 형사사건에 관하여 체결된 성공보수약정이 가져오는 여러 가지 사회적 폐단과 부작용 등을 고려하면, 구속영장청구 기각, 보석 석방, 집행유예나 무죄 판결 등과 같이 의뢰인에게 유리한 결과를 얻어내기 위한 변호사의 변론활동이나 직무수행 그 자체는 정당하다 하더라도, 형사사건에서의 성공보수약정은 수사·재판의 결과를 금전적인 대가와 결부시킴으로써, 기본적 인권의 옹호와 사회정의의 실현을 사명으로 하는 변호사 직무의 공공성을 저해하고, 의뢰인과 일반 국민의 사법제도에 대한 신뢰를 현저히 떨어뜨릴 위험이 있으므로, 선량한 풍속 기타 사회질서에 위배되는 것으로 평가할 수 있다(대판 2015.07.23. 2015다200111(전합)).

정답 ①

제3관 법률행위의 해석

문 18

다음 설명 중 옳은 것은 모두 몇 개인가? [2021년 37번]

> 가. 일반적으로 매매거래에서 매수인은 목적물을 염가로 구입할 것을 희망하고 매도인은 목적물을 고가로 처분하기를 희망하는 이해상반의 지위에 있으며, 각자가 자신의 지식과 경험을 이용하여 최대한으로 자신의 이익을 도모할 것으로 예상되기 때문에, 당사자 일방이 알고 있는 정보를 상대방에게 사실대로 고지하여야 할 신의칙상 의무가 인정된다고 볼만한 특별한 사정이 없는 한, 매수인이 목적물의 시가를 묵비하여 매도인에게 고지하지 아니하거나 혹은 시가보다 낮은 가액을 시가라고 고지하였다 하더라도, 상대방의 의사결정에 불법적인 간섭을 하였다고 볼 수 없으므로 불법행위가 성립한다고 볼 수 없다.
>
> 나. 민법 제574조에서 규정하는 '수량을 지정한 매매'라 함은 당사자가 매매의 목적인 특정물이 일정한 수량을 가지고 있다는 데 주안을 두고 대금도 그 수량을 기준으로 하여 정한 경우를 말하는 것이므로, 토지의 매매에 있어서 목적물을 공부상의 평수에 따라 특정하고 단위면적당 가액을 결정하여 단위면적당 가액에 공부상의 면적을 곱하는 방법으로 매매대금을 결정한 경우가 바로 '수량을 지정한 매매'에 해당한다.
>
> 다. 매매계약은 매도인이 재산권을 이전하는 것과 매수인이 대금을 지급하는 것에 관하여 쌍방 당사자가 합의함으로써 성립하므로 매매계약 체결 당시에 반드시 매매목적물과 대금, 매매계약의 당사자인 매도인과 매수인이 구체적으로 특정되어 있어야만 매매계약이 성립할 수 있다.
>
> 라. 토지의 매수인이 아직 소유권이전등기를 경료받지 아니하였다 하여도 매매계약의 이행으로 그 토지를 인도받은 때에는 매매계약의 효력으로서 이를 점유·사용할 권리가 생기게 된 것으로 보아야 하고, 또 매수인으로부터 위 토지를 다시 매수한 자는 위와 같은 토지의 점유사용권을 취득한 것으로 봄이 상당하므로 매도인은 매수인으로부터 다시 위 토지를 매수한 자에 대하여 토지 소유권에 기한 물권적청구권을 행사할 수 없다.
>
> 마. 매매의 목적물에 하자가 있는 경우 매도인의 하자담보책임과 채무불이행책임은 별개의 권원에 의하여 경합적으로 인정된다. 이 경우 특별한 사정이 없는 한 하자를 보수하기 위한 비용은 매도인의 하자담보책임과 채무불이행책임에서 말하는 손해에 해당한다. 따라서 매매 목적물인 토지에 폐기물이 매립되어 있고 매수인이 폐기물을 처리하기 위해 비용이 발생한다면 매수인은 그 비용을 민법 제390조에 따라 채무불이행으로 인한 손해배상으로 청구할 수도 있고, 민법 제580조 제1항에 따라 하자담보책임으로 인한 손해배상으로 청구할 수도 있다.

① 없음
② 1개
③ 2개
④ 3개
⑤ 4개

MGI Point 종합문제 ★★

- 매매거래의 매수인이 목적물의 시가를 묵비하여 매도인에게 고지하지 아니하거나 시가보다 낮은 가액을 시가라고 고지한 경우 ⇨ 원칙적으로 불법행위가 성립 × (∵ 상대방의 의사결정에 불법적인 간섭 無)
- 수량을 지정한 매매(민법 제574조) : 매매 목적인 특정물이 일정한 수량을 가지고 있다는 데 주안을 두고 대금도 그 수량을 기준으로 하여 정한 경우를 의미 ○
  ⇨ 토지의 매매에 있어서 목적물을 공부상의 평수에 따라 특정하고 단위면적당 가액을 결정하여 단위면적당 가액에 공부상의 면적을 곱하는 방법으로 매매대금을 결정한 경우에는 수량을 지정한 매매 ×
- 매매계약의 성립
  ⇨ 계약 체결 후 나중에라도 구체적으로 특정할 수 있는 방법과 기준이 정해져 있으면 足
  ⇨ 매매계약 체결 당시에 반드시 매매목적물과 대금, 매매계약의 당사자인 매도인과 매수인이 구체적 특정 不要
- 매수인으로부터 다시 위 토지를 매수한 자에 대해 매도인의 토지 소유권에 기한 물권적청구권 행사 不可
- 매매 목적물인 토지에 폐기물이 매립 되어 매수인이 폐기물을 처리하기 위해 비용 발생한 경우 매수인의 손해배상청구 근거 ⇨ 채무불이행책임(민법 제390조)와 하자담보책임(민법 제580조 제1항)의 경합

가. (○) 일반적으로 매매거래에서 매수인은 목적물을 염가로 구입할 것을 희망하고 매도인은 목적물을 고가로 처분하기를 희망하는 이해상반의 지위에 있으며, 각자가 자신의 지식과 경험을 이용하여 최대한으로 자신의 이익을 도모할 것으로 예상되기 때문에, 당사자 일방이 알고 있는 정보를 상대방에게 사실대로 고지하여야 할 신의칙상 의무가 인정된다고 볼만한 특별한 사정이 없는 한, 매수인이 목적물의 시가를 묵비하여 매도인에게 고지하지 아니하거나 혹은 시가보다 낮은 가액을 시가라고 고지하였다 하더라도, 상대방의 의사결정에 불법적인 간섭을 하였다고 볼 수 없으므로 불법행위가 성립한다고 볼 수 없다(대판 2014.04.10. 2012다54997).

나. (X) 민법 제574조에서 규정하는 '수량을 지정한 매매'라 함은 당사자가 매매의 목적인 특정물이 일정한 수량을 가지고 있다는 데 주안을 두고 대금도 그 수량을 기준으로 하여 정한 경우를 말하는 것이므로, 토지의 매매에 있어서 목적물을 공부상의 평수에 따라 특정하고 단위면적당 가액을 결정하여 단위면적당 가액에 공부상의 면적을 곱하는 방법으로 매매대금을 결정하였다고 하더라도 이러한 사정만으로 곧바로 그 토지의 매매를 '수량을 지정한 매매'라고 할 수는 없는 것이고, 만일 당사자가 그 지정된 구획을 전체로서 평가하였고 평수에 의한 계산이 하나의 표준에 지나지 아니하여 그것이 당사자들 사이에 대상 토지를 특정하고 대금을 결정하기 위한 방편이었다고 보일 때에는 '수량을 지정한 매매'가 아니라고 할 것이며, 반면 매수인이 일정한 면적이 있는 것으로 믿고 매도인도 그 면적이 있는 것을 명시적 또는 묵시적으로 표시하고, 나아가 당사자들이 면적을 가격 결정 요소 중 가장 중요한 요소로 파악하고 그 객관적인 수치를 기준으로 가격을 정하였다면 그 매매는 '수량을 지정한 매매'라고 하여야 할 것이다(대판 1998.06.26. 98다13914).

다. (X) 매매는 당사자 일방이 재산권을 상대방에게 이전할 것을 약정하고 상대방이 그 대금을 지급할 것을 약정함으로써 그 효력이 생긴다(민법 제563조). 매매계약은 매도인이 재산권을 이전하는 것과 매수인이 대금을 지급하는 것에 관하여 쌍방 당사자가 합의함으로써 성립한다. 매매목적물과 대금은 반드시 계약 체결 당시에 구체적으로 특정할 필요는 없고, 이를 나중에라도 구체적으로 특정할 수 있는 방법과 기준이 정해져 있으면 충분하다(대판 2020.04.09. 2017다20371).

라. (○) 토지의 매수인이 아직 소유권이전등기를 경료받지 아니하였다 하여도 매매계약의 이행으로 그 토지를 인도받은 때에는 매매계약의 효력으로서 이를 점유사용할 권리가 생기게 된 것으로 보아야 하고 또 매수인이 그 토지 위에 건축한 건물을 취득한 자는 그 토지에 대한 매수인의 위와 같은 점유사용권까지 아울러 취득한 것으로 봄이 상당하므로 매도인은 매매계약의 이행으로서 인도한 토지 위에 매수인이 건축한 건물을 취득한 자에 대하여 토지소유권에 기한 물권적청구권을 행사할 수 없다(대판 1988.04.25. 87다카1682).

마. (○) 매매의 목적물에 하자가 있는 경우 매도인의 하자담보책임과 채무불이행책임은 별개의 권원에 의하여 경합적으로 인정된다. 이 경우 특별한 사정이 없는 한 하자를 보수하기 위한 비용은 매도인의 하자담보책임과 채무불이행책임에서 말하는 손해에 해당한다. 따라서 매매 목적물인 토지에 폐기물이 매립되어 있고 매수인이 폐기물을 처리하기 위해 비용이 발생한다면 매수인은 그 비용을 민법 제390조에 따라 채무불이행으로 인한 손해배상으로 청구할 수도 있고, 민법 제580조 제1항에 따라 하자담보책임으로 인한 손해배상으로 청구할 수도 있다(대판 2021.04.08. 2017다202050).

정답 ④

문 19

법률행위의 해석 등에 관한 다음 설명 중 가장 옳지 않은 것은? [2020년 9번]

① 어떤 토지가 지적법에 의하여 1필지의 토지로 지적공부에 등록되면 그 토지는 특별한 사정이 없는 한 그 등록으로써 특정되고 그 소유권의 범위는 현실의 경계와 관계없이 공부상의 경계에 의하여 확정되는 것이고, 지적도상의 경계표시가 분할측량의 잘못 등으로 사실상의 경계와 다르게 표시되었다 하더라도 그 토지에 대한 매매도 특별한 사정이 없는 한 현실의 경계와 관계없이 지적공부상의 경계와 지적에 의하여 소유권의 범위가 확정된 토지를 매매 대상으로 하는 것으로 보아야 한다.

② 매매대금은 매매계약의 중요부분인 목적물의 성질에 대응하는 것으로서, 매매 목적물과 대금은 매매계약 체결 당시에 구체적으로 확정되어야 하는 것이므로 당사자가 매매대금의 액수를 1개월 후의 시가에 의하기로 합의하였다면 매매예약이라고 볼 여지는 있을지언정 매매계약이 성립되었다고 보기는 어렵다.

③ 법률행위의 해석은 당사자가 그 표시행위에 부여한 객관적인 의미를 명백하게 확정하는 것으로서, 어디까지나 당사자의 내심의 의사가 어떤지에 관계없이 그 문언의 내용에 의하여 당사자가 그 표시행위에 부여한 객관적 의미를 합리적으로 해석하여야 하는 것이고, 당사자가 표시한 문언에 의하여 그 객관적인 의미가 명확하게 드러나지 않는 경우에는 그 문언의 형식과 내용, 법률행위의 동기, 거래 관행 등을 종합적으로 고려하여 논리와 경험칙 그리고 사회일반의 상식과 거래의 통념에 따라 합리적으로 해석하여야 한다.

④ 매매계약을 체결함에 있어 쌍방 당사자가 A 토지를 계약의 목적물로 삼았으나 그 토지의 지번을 착오하여 계약서에는 B 토지로 표시하고 B 토지에 관하여 소유권이전등기까지 마친 경우 매매계약은 A 토지에 관하여 성립한 것으로 보아야 하고 B 토지에 관한 등기는 원인무효의 등기로서 말소되어야 한다.

⑤ 당사자들이 공통적으로 의사표시를 명확하게 인식하고 있다면, 그것이 당사자가 표시한 문언과 다르더라도 당사자들의 공통적인 인식에 따라 의사표시를 해석하여야 한다. 그러나 의사표시를 한 사람이 생각한 의미가 상대방이 생각한 의미와 다른 경우에는 의사표시를 수령한 상대방이 합리적인 사람이라면 표시된 내용을 어떻게 이해하였다고 볼 수 있는지를 고려하여 의사표시를 객관적·규범적으로 해석하여야 한다.

> **MGI Point 법률행위의 해석 등** ★★
>
> ■ 토지의 지적도상의 경계표시가 사실상의 경계와 다르게 표시된 경우 ⇨ 토지에 대한 매매는 특별한 사정이 없는 한 현실의 경계와 관계없이 지적공부상의 경계와 지적에 의하여 소유권의 범위가 확정된 토지를 대상으로 함
> ■ 매매계약의 성립을 위한 매매목적물과 대금의 특정 ⇨ 반드시 계약 체결 당시에 구체적으로 특정할 필요 ×, 나중에라도 구체적으로 특정할 수 있는 방법과 기준이 정해져 있으면 충분 ○
> ■ 법률행위 해석의 원칙 ⇨ 당사자가 그 표시행위에 부여한 객관적인 의미를 명백하게 확정하는 것 (내심의 의사 고려 ×)
> ■ 계약의 목적물 확정 : 자연적 해석 우선 ⇨ 의사합치된 목적물 ○, 착오에 따른 계약서상의 목적물 ×
> ■ 의사표시를 한 사람이 생각한 의미가 상대방이 생각한 의미와 다른 경우 ⇨ 객관적·규범적으로 해석

① (○) 어떤 토지가 지적법에 의하여 1필지의 토지로 지적공부에 등록되면 그 토지는 특별한 사정이 없는 한 그 등록으로써 특정되고 그 소유권의 범위는 현실의 경계와 관계없이 공부상의 경계에 의하여 확정되는 것

이고, 지적도상의 경계표시가 분할측량의 잘못 등으로 사실상의 경계와 다르게 표시되었다 하더라도 그 토지에 대한 매매도 특별한 사정이 없는 한 현실의 경계와 관계없이 지적공부상의 경계와 지적에 의하여 소유권의 범위가 확정된 토지를 매매 대상으로 하는 것으로 보아야 하고, 다만 지적도를 작성함에 있어서 기술적인 착오로 인하여 지적도상의 경계선이 진실한 경계선과 다르게 작성되었기 때문에 경계와 지적이 실제의 것과 일치하지 않게 되었고, 그 토지들이 전전매도되면서도 당사자들이 사실상의 경계대로 토지를 매매할 의사를 가지고 거래한 경우 등과 같이 특별한 사정이 있는 경우에 한하여 그 토지의 경계는 실제의 경계에 의하여야 한다(대판 1996.07.09. 95다55597).

② (X) 매매대금의 액수를 일정기간이 지난 후일의 싯가에 의하여 정하기로 하였다고 하여 그와 같은 사유만을 들어 매매계약이 아닌 매매예약이라고 속단할 수 없다(대판 1978.06.27. 78다551).

> **판례** 매매는 당사자 일방이 재산권을 상대방에게 이전할 것을 약정하고 상대방이 그 대금을 지급할 것을 약정함으로써 그 효력이 생긴다(민법 제563조). 매매계약은 매도인이 재산권을 이전하는 것과 매수인이 대금을 지급하는 것에 관하여 쌍방 당사자가 합의함으로써 성립한다. <u>매매목적물과 대금은 반드시 계약 체결 당시에 구체적으로 특정할 필요는 없고, 이를 나중에라도 구체적으로 특정할 수 있는 방법과 기준이 정해져 있으면 충분하다</u>(대판 2020.04.09. 2017다20371).

③ (○) 법률행위의 해석은 당사자가 그 표시행위에 부여한 객관적인 의미를 명백하게 확정하는 것으로서, 사용된 문언에만 구애받는 것은 아니지만, 어디까지나 당사자의 내심의 의사가 어떤지에 관계없이 그 문언의 내용에 의하여 당사자가 그 표시행위에 부여한 객관적 의미를 합리적으로 해석하여야 하는 것이고, 당사자가 표시한 문언에 의하여 그 객관적인 의미가 명확하게 드러나지 않는 경우에는 그 문언의 형식과 내용, 그 법률행위가 이루어진 동기 및 경위, 당사자가 그 법률행위에 의하여 달성하려는 목적과 진정한 의사, 거래의 관행 등을 종합적으로 고려하여 사회정의와 형평의 이념에 맞도록 논리와 경험의 법칙, 그리고 사회일반의 상식과 거래의 통념에 따라 합리적으로 해석하여야 한다(대판 2010.10.14. 2009다67313).

④ (○) 부동산의 매매계약에 있어 쌍방당사자가 모두 특정의 갑 토지를 계약의 목적물로 삼았으나 그 목적물의 지번 등에 관하여 착오를 일으켜 계약을 체결함에 있어서는 계약서상 그 목적물을 갑 토지와는 별개인 을 토지로 표시하였다 하여도 갑 토지에 관하여 이를 매매의 목적물로 한다는 쌍방당사자의 의사합치가 있은 이상 위 매매계약은 갑 토지에 관하여 성립한 것으로 보아야 할 것이고 을 토지에 관하여 매매계약이 체결된 것으로 보아서는 안 될 것이며, 만일 을 토지에 관하여 위 매매계약을 원인으로 하여 매수인 명의로 소유권이전등기가 경료되었다면 이는 원인이 없이 경료된 것으로서 무효이다(대판 1993.10.26. 93다2629).

⑤ (○) 당사자들이 공통적으로 의사표시를 명확하게 인식하고 있다면, 그것이 당사자가 표시한 문언과 다르더라도 당사자들의 공통적인 인식에 따라 의사표시를 해석하여야 한다. 그러나 의사표시를 한 사람이 생각한 의미가 상대방이 생각한 의미와 다른 경우에는 의사표시를 수령한 상대방이 합리적인 사람이라면 표시된 내용을 어떻게 이해하였다고 볼 수 있는지를 고려하여 의사표시를 객관적·규범적으로 해석하여야 한다(대판 2017.02.15. 2014다19776).

정답 ②

문 20

법률행위와 의사표시에 관한 다음 설명 중 가장 옳지 않은 것은? [2019년 30번]

① 단지 법률행위의 성립과정에 강박이라는 불법적 방법이 사용된 데에 불과한 경우, 강박에 의한 의사표시의 하자나 의사의 흠결을 이유로 효력을 논의할 수는 있어도, 그 자체로 민법 제103조에 의하여 반사회질서의 법률행위로서 무효라고 할 수는 없다.

② 일반적인 매매거래에서는, 특별한 사정이 없는 한 매수인이 목적물의 시가를 묵비하여 매도인에게 고지하지 아니하거나 혹은 시가보다 낮은 가액을 시가라고 고지하였다 하더라도, 상대방의 의사결정에 불법적인 간섭을 하였다고 볼 수 없다.

③ 동일한 사항에 관하여 내용을 달리하는 문서가 중복하여 작성된 경우에는 마지막에 작성된 문서에 작성자의 최종적인 의사가 담겨 있다고 해석하는 것이 일반적이라고 할 수 있지만, 마지막에 작성된 문서에 의한 법률행위가 최종적으로 완성되지 아니하는 등의 사유로 종전에 작성된 문서에 의한 법률행위가 철회되었다고 보기 어려운 사정이 있는 경우에는 그와 같이 해석할 수 없다.

④ 신원보증서류에 서명날인한다는 착각에 빠진 상태로 연대보증의 서면에 서명날인한 경우, 위와 같은 행위는 표시상의 착오에 해당하므로, 비록 위와 같은 착오가 제3자의 기망행위에 의하여 일어난 것이라 하더라도 그에 관하여는 사기에 의한 의사표시에 관한 법리, 특히 상대방이 그러한 제3자의 기망행위 사실을 알았거나 알 수 있었을 경우가 아닌 한 의사표시자가 취소권을 행사할 수 없다는 민법 제110조 제2항의 규정을 적용할 것이 아니라, 착오에 의한 의사표시에 관한 법리만을 적용하여 취소권 행사의 가부를 가려야 한다.

⑤ 강박에 의하여 甲에게 부동산을 증여한 乙이 그 취소권을 행사하지 않은 채 그 부동산을 丙에게 이중양도하고 취소권의 제척기간이 도과한 후 그 이중양도계약에 기하여 丙에게 부동산에 관한 소유권이전등기를 경료하여 준 경우, 甲에 대한 증여계약상의 소유권이전등기의무는 이행불능이 되어 증여계약에 대한 채무불이행이 성립하더라도, 乙의 위와 같은 이중양도행위는 甲의 강박에 기인한 것이므로 위법하다고 할 수 없다.

MGI Point 법률행위와 의사표시 ★★

- 단지 법률행위의 성립과정에 강박이라는 불법적 방법이 사용된 데 불과한 경우 ⇨ 반사회질서의 법률행위 × (즉 의사표시의 하자나 의사표시 흠결에 기한 취소·무효의 문제에 불과)
- 매수인이 목적물의 시가를 묵비하여 매도인에게 고지하지 아니하거나 혹은 시가보다 낮은 가액을 시가라고 고지한 경우 ⇨ 기망행위 ×, 불법행위책임 × (∵매도인에게는 신의칙상의 고지의무 ×)
- 동일내용 내용다른 문서중복 ⇨ 원칙 마지막 작성문서 최종적 의사
- 제3자의 기망행위에 의해 신원보증서류에 서명날인한다는 착각에 빠진 상태로 연대보증의 서면에 서명날인한 경우 ⇨ 기명날인의 착오 ○
  1. 즉 제3자 사기의 문제 × - 따라서 상대방의 知·不知을 불문하고 착오취소 可
  2. 동기의 착오도 × (단지 의사표시상의 착오)
- 강박에 의하여 원고에게 부동산에 관한 증여의 의사표시 후 이중양도 ⇨ 취소권의 제척기간 도과 후 3자에게 소유권이전등기 경료시 위법성 有

① (○) 민법 제103조에 의하여 무효로 되는 반사회질서행위는 법률행위의 목적인 권리의무의 내용이 선량한 풍속 기타 사회질서에 위반되는 경우뿐 아니라 그 내용 자체는 반사회질서적인것이 아니라고 하여도 법률적으로 이를 강제하거나 법률행위에 반사회질서적인 조건 또는 금전적 대가가 결부됨으로써 반사회질서적 성질을 띠게 되는 경우 및 표시되거나 상대방에게 알려진 법률행위의 동기가 반사회질서적인 경우를 포함하는 바, 이상의 각 요건에 해당하지 아니하고 단지 법률행위의 성립과정에서 강박이라는 불법적 방법이 사용된 데 불과한 때에는 강박에 의한 의사표시의 하자나 의사의 흠결을 이유로 효력을 논의할 수는 있을지언정 반사회질서의 법률행위로서 무효라고 할 수는 없다(대판 1992.11.27. 92다7719).

② (○) 일반적으로 매매거래에서 매수인은 목적물을 염가로 구입할 것을 희망하고 매도인은 목적물을 고가로 처분하기를 희망하는 이해상반의 지위에 있으며, 각자가 자신의 지식과 경험을 이용하여 최대한으로 자신의 이익을 도모할 것으로 예상되기 때문에, 당사자 일방이 알고 있는 정보를 상대방에게 사실대로 고지하여야 할 신의칙상 의무가 인정된다고 볼만한 특별한 사정이 없는 한, 매수인이 목적물의 시가를 묵비하여 매도인에게 고지하지 아니하거나 혹은 시가보다 낮은 가액을 시가라고 고지하였다 하더라도, 상대방의 의사결정에 불법적인 간섭을 하였다고 볼 수 없으므로 불법행위가 성립한다고 볼 수 없다(대판 2014.04.10. 2012다54997).

③ (○) 동일한 사항에 관하여 내용을 달리하는 문서가 중복하여 작성된 경우에는 마지막에 작성된 문서에 작성자의 최종적인 의사가 담겨 있다고 해석하는 것이 일반적이라고 할 수 있지만, 마지막에 작성된 문서에 의한 법률행위가 최종적으로 완성되지 아니하는 등의 사유로 종전에 작성된 문서에 의한 법률행위가 철회되었다고 보기 어려운 사정이 있는 경우에는 그와 같이 해석할 수 없다(2013.01.16. 2011다102776).

④ (○) 사기에 의한 의사표시란 타인의 기망행위로 말미암아 착오에 빠지게 된 결과 어떠한 의사표시를 하게 되는 경우이므로 거기에는 의사와 표시의 불일치가 있을 수 없고, 단지 의사의 형성과정 즉 의사표시의 동기에 착오가 있는 것에 불과하며, 이 점에서 고유한 의미의 착오에 의한 의사표시와 구분되는데, 이 사건의 경우 피고 한상운은 신원보증서류에 서명날인한다는 착각에 빠진 상태로 연대보증의 서면에 서명날인한 것으로서, 결국 위와 같은 행위는 강학상 기명날인의 착오(또는 서명의 착오), 즉 어떤 사람이 자신의 의사와 다른 법률효과를 발생시키는 내용의 서면에, 그것을 읽지 않거나 올바르게 이해하지 못한 채 기명날인을 하는 이른바 표시상의 착오에 해당하므로, 비록 위와 같은 착오가 제3자의 기망행위에 의하여 일어난 것이라 하더라도 그에 관하여는 사기에 의한 의사표시에 관한 법리, 특히 상대방이 그러한 제3자의 기망행위 사실을 알았거나 알 수 있었을 경우가 아닌 한 의사표시자가 취소권을 행사할 수 없다는 민법 제110조 제2항의 규정을 적용할 것이 아니라, 착오에 의한 의사표시에 관한 법리만을 적용하여 취소권 행사의 가부를 가려야 할 것이다(대판 2005.05.27. 2004다43824).

⑤ (X) 강박에 의하여 원고에게 부동산에 관한 증여의 의사표시를 한 피고가 그 취소권을 행사하지 않은 채 그 부동산을 제3자에게 이중양도하고 취소권의 제척기간 마저 도과하여 버린 후 그 이중양도계약에 기하여 제3자에게 부동산에 관한 소유권이전등기를 경료하여 줌으로써 원고에 대한 증여계약상의 소유권이전등기의무를 이행불능케 한 경우, 피고의 원고에 대한 증여계약 자체에 대한 채무불이행이 성립하고, 피고의 위와 같은 이중양도행위가 사회상규에 위배되지 않는 정당행위 등에 해당하여 위법성이 조각된다고 볼 수 없다(대판 2002.12.27. 2000다47361).

정답 ⑤

제❷절 | 의사표시

제1관 진의 아닌 의사표시

문 21

의사와 표시의 불일치로 인한 무효(비진의표시, 통정허위표시)에 관한 다음 설명 중 가장 옳지 않은 것은? [2022년 29번]

① 통정한 허위표시에 의하여 외형상 형성된 법률관계로 생긴 채권을 가압류한 경우, 그 가압류권자는 허위표시에 기초하여 새로운 법률상 이해관계를 가지게 되므로 민법 제108조 제2항의 제3자에 해당한다고 봄이 상당하고, 또한 민법 제108조 제2항의 제3자는 선의이면 족하고 무과실은 요건이 아니다.

② 비진의의사표시에 있어서의 진의란 특정한 내용의 의사표시를 하고자 하는 표의자의 생각을 말하는 것이지 표의자가 진정으로 마음속에서 바라는 사항을 뜻하는 것은 아니라고 할 것이므로, 비록 재산을 강제로 뺏긴다는 것이 표의자의 본심으로 잠재되어 있었다 하여도 표의자가 강박에 의하여서나마 증여를 하기로 하고 그에 따른 증여의 의사표시를 한 이상 증여의 내심의 효과의사가 결여된 것이라고 할 수는 없다.

③ 임대차보증금반환채권이 양도된 후 양수인 甲의 채권자 A가 임대차보증금반환채권에 대하여 채권압류 및 추심명령을 받았는데 임대차보증금반환채권 양도계약이 허위표시로서 무효인 경우, 가장양수인인 甲의 일반채권자로서 위 임대차보증금반환채권에 대한 추심권을 취득한 자에 불과한 A는 민법 제108조 제2항의 제3자에 해당하지 않는다.

④ 보증인이 주채무자의 기망행위에 의하여 주채무가 있는 것으로 믿고 주채무자와 보증계약을 체결한 다음 그에 따라 보증채무자로서 그 채무까지 이행한 경우, 그 보증인은 주채무자에 대한 구상권 취득에 관하여 법률상의 이해관계를 가지게 되었고 그 구상권 취득에는 보증의 부종성으로 인하여 주채무가 유효하게 존재할 것을 필요로 한다는 이유로 결국 그 보증인은 주채무자의 채권자에 대한 채무 부담행위라는 허위표시에 기초하여 구상권 취득에 관한 법률상 이해관계를 가지게 되었다고 보아 민법 제108조 제2항 소정의 '제3자'에 해당한다.

⑤ 발행인과 수취인이 통모하여 진정한 어음채무 부담이나 어음채권 취득에 관한 의사 없이 단지 발행인의 채권자에게서 채권 추심이나 강제집행을 받는 것을 회피하기 위하여 형식적으로만 약속어음의 발행을 가장한 경우 이러한 어음발행행위는 통정허위표시로서 무효이다.

MGI Point 비진의표시, 통정허위표시 ★★

- 통정한 허위표시에 의하여 생긴 채권을 가압류한 자 ⇨ 민법 제108조 제2항의 제3자에 해당, 선의면 足
- 비진의의사표시에 있어서의 진의 ⇨ 특정한 내용의 의사표시를 하고자 하는 표의자의 생각을 말함
- 통정허위표시로 양도된 임대차보증금반환채권에 대하여 채권압류 및 추심명령을 받은 자 ⇨ 민법 제108조 제2항의 제3자에 해당
- 주채무가 있는 것으로 믿고 보증채무를 이행한 보증인 ⇨ 민법 제108조 제2항의 제3자에 해당
- 발행인과 수취인이 통모하여 강제집행을 받는 것을 회피하기 위하여 형식적으로만 약속어음의 발행을 가장 경우 ⇨ 통정허위표시로서 무효

① (○) 통정한 허위표시에 의하여 외형상 형성된 법률관계로 생긴 채권을 가압류한 경우 그 가압류권자는 허위표시에 기초하여 새로이 법률상 이해관계를 가지게 된 제3자에 해당하므로, 그가 선의인 이상 위 통정허위표시의 무효를 그에 대하여 주장할 수 없다(대판 2010.03.25. 2009다35743).

② (○) 비진의의사표시에 있어서의 진의란 특정한 내용의 의사표시를 하고자 하는 표의자의 생각을 말하는 것이지 표의자가 진정으로 마음속에서 바라는 사항을 뜻하는 것은 아니라고 할 것이므로, 비록 재산을 강제로 뺏긴다는 것이 표의자의 본심으로 잠재되어 있었다 하여도 표의자가 강박에 의하여서나마 증여를 하기로 하고 그에 따른 증여의 의사표시를 한 이상 증여의 내심의 효과의사가 결여된 것이라고 할 수는 없다(대판 1993.07.16. 92다41528).

③ (X) 임대차보증금반환채권이 양도된 후 양수인의 채권자가 임대차보증금반환채권에 대하여 채권압류 및 추심명령을 받았는데 임대차보증금반환채권 양도계약이 허위표시로서 무효인 경우 채권자는 그로 인해 외형상 형성된 법률관계를 기초로 실질적으로 새로운 법률상 이해관계를 맺은 제3자에 해당한다(대판 2014.04.10. 2013다59753).

④ (○) 보증인이 주채무자의 기망행위에 의하여 주채무가 있는 것으로 믿고 주채무자와 보증계약을 체결한 다음 그에 따라 보증채무자로서 그 채무까지 이행한 경우, 그 보증인은 주채무자에 대한 구상권 취득에 관하여 법률상의 이해관계를 가지게 되었고 그 구상권 취득에는 보증의 부종성으로 인하여 주채무가 유효하게 존재할 것을 필요로 한다는 이유로 결국 그 보증인은 주채무자의 채권자에 대한 채무 부담행위라는 허위표시에 기초하여 구상권 취득에 관한 법률상 이해관계를 가지게 되었다고 보아 민법 제108조 제2항 소정의 '제3자'에 해당한다(대판 2000.07.06. 99다51258).

⑤ (○) 발행인과 수취인이 통모하여 진정한 어음채무 부담이나 어음채권 취득에 관한 의사 없이 단지 발행인의 채권자에게서 채권 추심이나 강제집행을 받는 것을 회피하기 위하여 형식적으로만 약속어음의 발행을 가장한 경우 이러한 어음발행행위는 통정허위표시로서 무효이다. 이 경우에도 어음발행행위 등 어떠한 의사표시가 통정허위표시로서 무효라고 주장하는 자에게 그 사유에 해당하는 사실을 증명할 책임이 있다(대판 2017.08.18. 2014다87595).

정답 ③

제2관 통정한 허위의 의사표시

문 3

민법상 의사와 표시의 불일치에 관한 다음 설명 중 옳은 것(O)과 옳지 않은 것(X)을 올바르게 조합한 것은? [2023년 39번]

> ㄱ. 착오로 인한 취소 제도와 매도인의 하자담보책임 제도는 취지가 서로 다르고, 요건과 효과도 구별되므로, 매매계약 내용의 중요 부분에 착오가 있는 경우 매수인은 매도인의 하자담보책임이 성립하는지와 상관없이 착오를 이유로 매매계약을 취소할 수 있다.
> ㄴ. 실제로는 전세권설정계약이 없으면서도 금융기관으로부터 자금을 융통할 목적으로 임차인 甲과 임대인 乙 사이의 합의에 따라 甲 명의로 전세권설정등기를 경료한 후 그 전세권에 대하여 근저당권이 설정된 경우, 당해 전세권설정계약은 통정허위표시에 해당하여 무효이므로, 위 전세권근저당권자에 대하여도 그와 같은 사정을 알고 있었는지와 상관없이 무효를 주장할 수 있다.
> ㄷ. 통정허위표시에 의하여 경료된 근저당권에 대하여 배당이 이루어진 경우, 먼저 채권자취소의 소로써 취소된 이후라야만 그 무효를 주장하여 그에 기한 채권의 존부, 범위, 순위에 관한 배당이의의 소를 제기할 수 있다고 할 것이다.
> ㄹ. 민법 제108조 제2항에서 상대방과 통정한 허위의 의사표시의 무효는 선의의 제3자에게 대항하지 못한다고 규정하고 있는데, 여기에서 제3자는 특별한 사정이 없는 한 선의로 추정할 것이므로, 제3자가 악의라는 사실에 관한 주장·입증책임은 그 허위표시의 무효를 주장하는 자에게 있다.
> ㅁ. 계약당사자 쌍방이 계약의 전제나 기초가 되는 사항에 관하여 같은 내용으로 착오가 있고 이로 인하여 그에 관한 구체적 약정을 하지 아니하였다면, 당사자가 그러한 착오가 없을 때에 약정하였을 것으로 보이는 내용으로 당사자의 의사를 보충하여 계약을 해석할 수 있는바, 여기서 보충되는 당사자의 의사는 당사자의 실제 의사를 말한다.

① ㄱ(O), ㄴ(X), ㄷ(O), ㄹ(O), ㅁ(X)
② ㄱ(O), ㄴ(O), ㄷ(O), ㄹ(O), ㅁ(X)
③ ㄱ(O), ㄴ(X), ㄷ(X), ㄹ(O), ㅁ(X)
④ ㄱ(X), ㄴ(O), ㄷ(X), ㄹ(X), ㅁ(O)
⑤ ㄱ(X), ㄴ(X), ㄷ(O), ㄹ(X), ㅁ(O)

MGI Point 의사표시 ★★

- 매도인의 하자담보책임이 성립하는 경우 착오로 인한 취소권의 가부 ⇨ 加
- 담보의 목적 등으로 당사자 사이의 합의에 따라 임차인 명의로 전세권설정등기를 경료한 후 그 전세권에 대하여 근저당권이 설정된 경우 ⇨ 임대인은 선의의 근저당권자에게 통정허위표시로 대항 不可
- 허위의 근저당권에 대하여 배당이 이루어진 경우 ⇨ 배당채권자는 채권자취소의 소로써 통정허위표시를 취소하지 않고서도 배당이의의 소 제기 可
- 통정허위표시를 기초로 하여 이해관계를 맺은 제3자 ⇨ 선의로 추정
- 계약 당사자의 의사를 보충하여 계약을 해석하는 경우 ⇨ 보충되는 당사자의 의사는 객관적으로 추인되는 정당한 이익조정 의사를 말함(당사자의 실제 의사 내지 주관적 의사×)

ㄱ. (○) 민법 제109조 제1항에 의하면 법률행위 내용의 중요 부분에 착오가 있는 경우 착오에 중대한 과실이 없는 표의자는 법률행위를 취소할 수 있고, 민법 제580조 제1항, 제575조 제1항에 의하면 매매의 목적물에 하자가 있는 경우 하자가 있는 사실을 과실 없이 알지 못한 매수인은 매도인에 대하여 하자담보책임을 물어 계약을 해제하거나 손해배상을 청구할 수 있다. 착오로 인한 취소 제도와 매도인의 하자담보책임 제도는 취지가 서로 다르고, 요건과 효과도 구별된다. 따라서 매매계약 내용의 중요 부분에 착오가 있는 경우 매수인은 매도인의 하자담보책임이 성립하는지와 상관없이 착오를 이유로 매매계약을 취소할 수 있다(대법원 2018. 9. 13. 2015다78703).

ㄴ. (X) 실제로는 전세권설정계약이 없음에도 담보의 목적 등으로 당사자 사이의 합의에 따라 임차인 명의로 전세권설정등기를 경료한 후 그 전세권에 대하여 근저당권이 설정된 경우, 임대인이 그와 같은 사정을 알지 못한 근저당권자에게 위 전세권설정계약이 통정허위표시로서 무효라고 주장할 수 없다(대법원 2008. 3. 13. 2006다58912).

ㄷ. (X) 허위의 근저당권에 대하여 배당이 이루어진 경우, 통정한 허위의 의사표시는 당사자 사이에서는 물론 제3자에 대하여도 무효이고 다만, 선의의 제3자에 대하여만 이를 대항하지 못한다고 할 것이므로, 배당채권자는 채권자취소의 소로써 통정허위표시를 취소하지 않았다 하더라도 그 무효를 주장하여 그에 기한 채권의 존부, 범위, 순위에 관한 배당이의의 소를 제기할 수 있다(대법원 2001. 5. 8. 2000다9611).

ㄹ. (○) 민법 제108조 제1항에서 상대방과 통정한 허위의 의사표시를 무효로 규정하고, 제2항에서 그 의사표시의 무효는 선의의 제3자에게 대항하지 못한다고 규정하고 있는데, 여기에서 제3자는 특별한 사정이 없는 한 선의로 추정할 것이므로, 제3자가 악의라는 사실에 관한 주장·입증책임은 그 허위표시의 무효를 주장하는 자에게 있다(대법원 2006. 3. 10. 2002다1321).

ㅁ. (X) 계약당사자 쌍방이 계약의 전제나 기초가 되는 사항에 관하여 같은 내용으로 착오를 하고 이로 인하여 그에 관한 구체적 약정을 하지 아니하였다면, 당사자가 그러한 착오가 없을 때에 약정하였을 것으로 보이는 내용으로 당사자의 의사를 보충하여 계약을 해석할 수도 있으나, 여기서 보충되는 당사자의 의사란 당사자의 실제 의사 내지 주관적 의사가 아니라 계약의 목적, 거래관행, 적용법규, 신의칙 등에 비추어 객관적으로 추인되는 정당한 이익조정 의사를 말한다고 할 것이다(대법원 2014. 4. 24. 2013다218620).

정답 ③

문 22

허위표시에 관한 다음 설명 중 가장 옳지 않은 것은? [2019년 14번]

① 실제로는 전세권설정계약을 체결하지 않았으면서 임차인의 임차보증금반환채권을 담보하기 위해 임대인과 임차인이 합의 아래 임차인 명의로 전세권설정등기를 마쳤는데, 甲이 이러한 사정을 알면서 임차인에 대한 채권을 담보하기 위하여 위 전세권에 대하여 전세권근저당권설정등기를 마쳤고, 乙이 甲의 전세권근저당권부 채권을 가압류하였다가 이를 본압류로 이전하는 압류명령을 받은 경우, 乙이 임대인과 임차인 사이의 통정허위표시에 관하여 선의라면 비록 甲이 악의라 하더라도 임대인과 임차인은 전세권이 통정허위표시에 의한 것이라는 이유로 대항할 수 없다.

② 甲이 乙로부터 돈을 차용하고 그 담보로 甲의 부동산에 가등기를 하기로 약정하였는데 채권자들의 강제집행을 우려 하여 丙에게 가장양도하고 乙앞으로 가등기를 해준 경우, 위 가등기는 실질적인 새로운 법률상 원인에 의하여 이루어진 것이 아니므로, 乙은 甲과 丙사이의 통정허위표시에 의한 가장양도에 있어 제3자에 해당하지 않는다.

③ 동일인에 대한 대출액 한도를 제한한 법령이나 금융기관 내부규정의 적용을 회피하기 위하여 실질적인 주채무자가 실제 대출받고자 하는 채무액에 대하여 제3자를 형식상 주채무자로 내세우고, 금융기관도 이를 양해하여 제3자에 대하여는 채무자로서 책임을 지우지 않을 의도로 제3자 명의로 대출관계서류를 작성받은 경우, 제3자는 형식상 명의대여자에 불과하므로 제3자 명의로 되어 있는 대출약정은 통정허위표시에 해당하는 무효의 법률행위이다.

④ 허위의 근저당권에 대하여 배당이 이루어진 경우, 통정한 허위의 의사표시는 당사자 사이에서는 물론 제3자에 대하여도 무효이고 다만, 선의의 제3자에 대하여는 이를 대항하지 못한다고 할 것이나, 다른 배당채권자는 채권자취소의 소로써 통정허위표시를 취소하지 않는 이상 그 무효를 주장하여 그에 기한 채권의 존부, 범위, 순위에 관한 배당이의의 소를 제기할 수는 없다.

⑤ 무효인 통정허위표시더라도 선의의 제3자에게 이를 대항하지 못하는데, 여기에서 제3자는 특별한 사정이 없는 한 선의로 추정할 것이므로, 제3자가 악의라는 사실에 관한 주장·증명책임은 그 허위표시의 무효를 주장하는 자에게 있고, 제3자의 선의여부를 판단함에 있어 이에 관한 과실 유무를 따질 것은 아니다.

MGI Point 통정허위표시 ★★

- 통정허위표시에 따라 형성된 법률관계에 기초하여 새로운 이해관계를 맺은 제3자가 악의, 전득자는 선의인 경우
  ⇨ 선의의 전득자에 대해서는 통정허위표시 무효로 대항 불가
- 부동산의 매수자금을 차용하고 담보조로 가등기를 경료하기로 약정한 후 채권자들의 강제집행을 우려, 제3자에게 가장양도가 이루어진 후 그 제3자로부터 가등기를 경료받은 자 : 통정허위표시에서의 제3자 ×
- 법령적용을 회피하여 대출받고자 형식상 주채무자를 내세우고, 금융기관이 양해하여 체결한 대출계약 ⇨ 통정허위표시로 무효
- 허위의 근저당권에 대하여 배당이 이루어진 경우 ⇨ 배당채권자는 채권자취소의 소에 의하지 않고도 배당이의의 소로써 그 시정 可
- 민법 제108조 제2항에 규정된 통정허위표시에 있어서의 제3자 ⇨ 선의 要 / 과실 유무 무관

① (○) 실제로는 전세권설정계약을 체결하지 아니하였으면서도 임대차계약에 기한 임차보증금반환채권을 담보할 목적 또는 금융기관으로부터 자금을 융통할 목적으로 임차인과 임대인 사이의 합의에 따라 임차인 명

의로 전세권설정등기를 경료한 경우에, 위 전세권설정계약이 통정허위표시에 해당하여 무효라 하더라도 위 전세권설정계약에 의하여 형성된 법률관계에 기초하여 새로이 법률상 이해관계를 가지게 된 제3자에 대하여는 그 제3자가 그와 같은 사정을 알고 있었던 경우에만 그 무효를 주장할 수 있다. 그리고 여기에서 선의의 제3자가 보호될 수 있는 법률상 이해관계는 위 전세권설정계약의 당사자를 상대로 하여 직접 법률상 이해관계를 가지는 경우 외에도 그 법률상 이해관계를 바탕으로 하여 다시 위 전세권설정계약에 의하여 형성된 법률관계와 새로이 법률상 이해관계를 가지게 되는 경우도 포함된다(대판 2013.02.15. 2012다49292).
▶ 甲이 乙의 임차보증금반환채권을 담보하기 위하여 통정허위표시로 乙에게 전세권설정등기를 마친 후 丙이 이러한 사정을 알면서도 乙에 대한 채권을 담보하기 위하여 위 전세권에 대하여 전세권근저당권설정등기를 마쳤는데, 그 후 丁이 丙의 전세권근저당권부 채권을 가압류하였다가 이를 본압류로 이전하는 압류명령을 받은 사안에서, 丙의 전세권근저당권부 채권은 통정허위표시에 의하여 외형상 형성된 전세권을 목적물로 하는 전세권근저당권의 피담보채권이고, 丁은 이러한 병의 전세권근저당권부 채권을 가압류하고 압류명령을 얻음으로써 그 채권에 관한 담보권인 전세권근저당권의 목적물에 해당하는 전세권에 대하여 새로이 법률상 이해관계를 가지게 되었으므로, 丁이 통정허위표시에 관하여 선의라면 비록 丙이 악의라 하더라도 허위표시자는 그에 대하여 전세권이 통정허위표시에 의한 것이라는 이유로 대항할 수 없음에도, 이와 달리 본 원심판결에 법리오해의 위법이 있다고 한 사례.

② (○) 甲이 부동산의 매수자금을 乙로부터 차용하고 담보조로 가등기를 경료하기로 약정한 후 채권자들의 강제집행을 우려하여 丙에게 가장양도한 후 乙 앞으로 가등기를 경료케 한 경우에 있어서 乙은 형식상은 가장양수인으로부터 가등기를 경료 받은 것으로 되어 있으나 실질적인 새로운 법률원인에 의한 것이 아니므로 통정허위 표시에서의 제3자로 볼 수 없다(대판 1982.05.25. 80다1403). ▶ 이 경우 판례는 乙명의 본건 가등기는 실체관계에 부합하여 유효하다고 하였다.

③ (○) 동일인에 대한 대출액 한도를 제한한 법령이나 금융기관 내부규정의 적용을 회피하기 위하여 실질적인 주채무자가 실제 대출받고자 하는 채무액에 대하여 제3자를 형식상의 주채무자로 내세우고, 금융기관도 이를 양해하여 제3자에 대하여는 채무자로서의 책임을 지우지 않을 의도하에 제3자 명의로 대출관계서류를 작성받은 경우, 제3자는 형식상의 명의만을 빌려 준 자에 불과하고 그 대출계약의 실질적인 당사자는 금융기관과 실질적 주채무자이므로, 제3자 명의로 되어 있는 대출약정은 그 금융기관의 양해하에 그에 따른 채무부담의 의사 없이 형식적으로 이루어진 것에 불과하여 통정허위표시에 해당하는 무효의 법률행위이다(대판 2001.05.29. 2001다11765).

④ (X) 허위의 근저당권에 대하여 배당이 이루어진 경우, 통정한 허위의 의사표시는 당사자 사이에서는 물론 제3자에 대하여도 무효이고, 다만 선의의 제3자에 대하여만 이를 대항하지 못한다고 할 것이므로, 배당채권자는 채권자취소의 소로써 통정허위표시를 취소하지 않았다 하더라도 그 무효를 주장하여 그에 기한 채권의 존부, 범위, 순위에 관한 배당이의의 소를 제기할 수 있다(대판 2001.05.08. 2000다9611).

⑤ (○) 민법 제108조 제2항에 규정된 통정허위표시에 있어서의 제3자는 그 선의 여부가 문제이지 이에 관한 과실 유무를 따질 것이 아니다(대판 2006.03.10. 2002다1321).

정답 ④

문 23

의사표시와 법률행위의 효력에 관한 다음 설명 중 가장 옳지 않은 것은?(다툼이 있는 경우 판례에 의함) [2017년 13번]

① 신용협동조합과 대출약정을 체결하고 그 대출금을 담보하기 위하여 자기 소유 부동산에 근저당권을 설정하였는데, 조합의 이사장이 근저당권설정자에게 '대출금의 실제 채무자는 근저당권설정자가 아니고 이사장과 조합이 대출금을 책임지겠다'는 확인서를 작성하여 주고 대출금을 인출하여 조합의 부실채권 상환에 사용하고 대출금의 이자도 납입한 경우, 대출약정은 통정허위표시로서 무효이고, 그 담보 목적의 근저당권설정등기도 무효이다.

② 금융기관의 직원이 사적인 용도로 사용할 목적으로 예금 명목으로 돈을 교부받은 경우, 예금주가 그러한 사정을 알았다고 하더라도 민법 제107조 제1항 단서를 적용할 수는 없으므로 금융기관은 그러한 예금에 대하여 예금계약에 기한 반환책임을 진다.
③ 근로자가 명예퇴직을 신청하면서 진정으로 마음속에서 명예퇴직을 바란 것은 아니지만 당시 상황에서 명예퇴직을 하는 것이 최선이라고 판단하여 명예퇴직을 신청한 것은 진의 아닌 의사표시라고 할 수 없다.
④ 임대차보증금반환채권이 양도된 후 양수인의 채권자가 임대차보증금반환채권에 대하여 채권압류 및 추심명령을 받았는데 임대차보증금반환채권 양도계약이 허위표시로서 무효인 경우 채권자는 그로 인해 외형상 형성된 법률관계를 기초로 실질적으로 새로운 법률상 이해관계를 맺은 제3자에 해당한다.
⑤ 파산관재인은 통정허위표시에 있어 민법 제108조 제2항의 제3자에 해당하는데, 파산관재인이 개인적으로 파산자의 계약이 통정허위표시로서 무효임을 알았다고 하더라도 파산채권자 모두가 악의로 되지 않는 한 파산관재인은 악의의 제3자라고 할 수 없다.

해설 ★

① (○) 이 사건 대출약정 이전인 2003. 3. 19.경 피고조합의 이사장이던 소외인이 원고에게, 원고는 이 사건 대출금의 실제 채무자가 아니며, 피고조합에 대한 감독기관의 감사가 끝난 후 지체없이 이 사건 근저당권설정등기를 말소해 주겠다는 취지의 각서를 작성·교부해 준 점, 그 후 2004. 1. 26.경에는 이 사건 대출금을 자신과 피고조합 등이 연대하여 책임지겠다는 취지로 피고조합 명의의 확인서를 작성해 줌으로써 이 사건 대출금으로 인해 원고에게 피해가 가지 않도록 하겠다는 뜻을 다시 한 번 분명히 했던 점, 이 사건 대출금은 소외인이 인출하여 모두 피고조합의 부실채권 상환에 사용하였고, 이자도 원고가 아닌 소외인이 납부하였으며, 피고조합은 원고와는 무관하게 대출이율을 낮추기도 하였던 점 등에 비추어 보면, 원고는 명목상의 대출명의자에 불과할 뿐 실제로는 피고조합이 원고에 대하여 이 사건 대출로 인한 책임을 묻지 않기로 하는 의사의 합치가 있었다고 봄이 상당하므로, 이 사건 대출약정은 통정허위표시에 해당하여 무효이고, 따라서 그 담보 목적으로 경료된 이 사건 근저당권설정등기 역시 원인무효이다(대판 2006.04.28. 2005다76265).
② (X) 진의 아닌 의사표시가 대리인에 의하여 이루어지고 그 대리인의 진의가 본인의 이익이나 의사에 반하여 자기 또는 제3자의 이익을 위한 배임적인 것임을 그 상대방이 알았거나 알 수 있었을 경우에는 민법 제107조 제1항 단서의 유추해석상 그 대리인의 행위에 대하여 본인은 책임을 지지 아니하므로, 금융기관의 임·직원이 예금 명목으로 돈을 교부받을 때의 진의가 예금주와 예금계약을 맺으려는 것이 아니라 그 돈을 사적인 용도로 사용하거나 비정상적인 방법으로 운용하는 데 있었던 경우에 예금주가 그 임·직원의 예금에 관한 비진의 내지 배임적 의사를 알았거나 알 수 있었다면 금융기관은 그러한 예금에 대하여 예금계약에 기한 반환책임을 지지 아니한다(대판 2007.04.12. 2004다51542).
③ (○) 진의 아닌 의사표시에 있어서의 '진의'란 특정한 내용의 의사표시를 하고자 하는 표의자의 생각을 말하는 것이지 표의자가 진정으로 마음 속에서 바라는 사항을 뜻하는 것은 아니므로 표의자가 의사표시의 내용을 진정으로 마음 속에서 바라지는 아니하였다고 하더라도 당시의 상황에서는 그것이 최선이라고 판단하여 그 의사표시를 하였을 경우에는 이를 내심의 효과의사가 결여된 진의 아닌 의사표시라고 할 수 없다(대판 2003.04.25. 2002다11458).
④ (○) 상대방과 통정한 허위의 의사표시는 무효이고 누구든지 그 무효를 주장할 수 있는 것이 원칙이나, 허위표시의 당사자와 포괄승계인 이외의 자로서 허위표시에 의하여 외형상 형성된 법률관계를 토대로 실질적으로 새로운 법률상 이해관계를 맺은 선의의 제3자에 대하여는 허위표시의 당사자뿐만 아니라 그 누구도 허위

표시의 무효를 대항하지 못하는 것인데, 허위표시를 선의의 제3자에게 대항하지 못하게 한 취지는 이를 기초로 하여 별개의 법률원인에 의하여 고유한 법률상의 이익을 갖는 법률관계에 들어간 자를 보호하기 위한 것으로서, 제3자의 범위는 권리관계에 기초하여 형식적으로만 파악할 것이 아니라 허위표시행위를 기초로 하여 새로운 법률상 이해관계를 맺었는지 여부에 따라 실질적으로 파악하여야 할 것이다. 따라서 임대차보증금반환채권이 양도된 후 그 양수인의 채권자가 임대차보증금반환채권에 대하여 채권압류 및 추심명령을 받았는데 그 임대차보증금반환채권 양도계약이 허위표시로서 무효인 경우 그 채권자는 그로 인해 외형상 형성된 법률관계를 기초로 실질적으로 새로운 법률상 이해관계를 맺은 제3자에 해당한다고 보아야 한다(대판 2014.04.10. 2013다59753).

⑤ (○) 파산관재인이 민법 제108조 제2항의 경우 등에 있어 제3자에 해당하는 것은 파산관재인은 파산채권자 전체의 공동의 이익을 위하여 선량한 관리자의 주의로써 그 직무를 행하여야 하는 지위에 있기 때문이므로, 그 선의·악의도 파산관재인 개인의 선의·악의를 기준으로 할 수는 없고 총파산채권자를 기준으로 하여 파산채권자 모두가 악의로 되지 않는 한 파산관재인은 선의의 제3자라고 할 수밖에 없다(대판 2006.11.10. 2004다10299).

정답 ②

문 24

상대방과 통정한 허위의 의사표시에 관한 다음 설명 중 가장 옳지 않은 것은?(다툼이 있는 경우 판례에 의함) [2016년 23번]

① 甲이 그 소유의 부동산에 대한 강제집행을 면할 목적으로, 乙과 허위로 매매계약을 체결하고 乙 명의로 소유권이전등기를 한 것은 통정허위표시에 해당하여 무효이나, 불법원인급여에는 해당하지 않으므로 甲은 乙에게 부동산의 반환을 청구할 수 있다.
② 甲이 통정허위표시로 乙에게 전세권설정등기를 마친 후 丙이 이러한 사정을 알면서도 乙에 대한 채권을 담보하기 위하여 위 전세권에 대하여 전세권근저당권설정등기를 마쳤는데, 그 후 丁이 선의로 丙의 전세권근저당권부 채권에 대하여 압류명령을 받은 경우, 丁은 위 전세권설정계약을 기초로 직접 이해관계를 맺은 제3자는 아니므로 보호받을 수 없다.
③ 종중이 탈법 목적 없이 그 보유 부동산을 타인에게 명의신탁하면서 명의수탁자가 이를 임의로 처분할 것에 대비하여 종중 명의로 소유권이전등기청구권보전을 위한 가등기를 경료한 경우, 그와 같은 가등기를 하기로 하는 합의는 통정허위표시가 아니다.
④ 근로자 甲이 乙 회사에 대한 퇴직금채권을 丙에게 가장양도했으나, 乙 회사가 아직 퇴직금을 가장양수인에게 지급하지 않고 있던 중, 위 퇴직금채권이 법원의 전부명령에 의하여 丁에게 이전된 경우, 퇴직금채무자인 乙 회사는 통정허위표시로 인한 선의의 제3자에 해당한다는 이유로 丁에게 지급을 거절할 수 없다.
⑤ 차주와 통정하여 금전소비대차를 체결한 금융기관으로부터 구 상호신용금고법 소정의 계약이전에 따라 금융기관으로부터 계약을 인수한 자는 법률상 새로운 이해관계를 가진 제3자에 해당하지 않는다.

:: 해설   ★★★

① (○) (1) 불법원인급여를 규정한 민법 제746조 소정의 "불법의 원인"이라 함은 재산을 급여한 원인이 선량한 풍속 기타 사회질서에 위반하는 경우를 가리키는 것으로서, 강제집행을 면할 목적으로 부동산의 소유자 명의를 신탁하는 것이 위와 같은 불법원인급여에 해당한다고 볼 수는 없다(대판 1994.04.15. 93다61307). (2) 강제집행을 면할 목적으로 부동산에 허위의 근저당권설정등기를 경료하는 행위는 민법 제103조의 선량한 풍속 기타 사회질서에 위반한 사항을 내용으로 하는 법률행위로 볼 수 없다(대판 2004.05.28. 2003다70041). 즉, 허위표시 그 자체는 반사회성을 띠지 않으므로, 허위표시에 의한 급부의 이행이 불법원인급여에 해당하지 않는다.

② (X) 甲이 乙의 임차보증금반환채권을 담보하기 위하여 통정허위표시로 乙에게 전세권설정등기를 마친 후 丙이 이러한 사정을 알면서도 乙에 대한 채권을 담보하기 위하여 위 전세권에 대하여 전세권근저당권설정등기를 마쳤는데, 그 후 丁이 丙의 전세권근저당권부 채권을 가압류하였다가 이를 본압류로 이전하는 압류명령을 받은 사안에서, 丙의 전세권근저당권부 채권은 통정허위표시에 의하여 외형상 형성된 전세권을 목적물로 하는 전세권근저당권의 피담보채권이고, 丁은 이러한 丙의 전세권근저당권부 채권을 가압류하고 압류명령을 얻음으로써 그 채권에 관한 담보권인 전세권근저당권의 목적물에 해당하는 전세권에 대하여 새로이 법률상 이해관계를 가지게 되었으므로, 丁이 통정허위표시에 관하여 선의라면 비록 丙이 악의라 하더라도 허위표시자는 그에 대하여 전세권이 통정허위표시에 의한 것이라는 이유로 대항할 수 없다(대판 2013.02.15. 2012다49292).

③ (○) 명의신탁 부동산을 명의수탁자가 임의로 처분할 경우에 대비하여 명의신탁자가 명의수탁자와 합의하여 자신의 명의로, 혹은 명의신탁자 이외의 다른 사람 명의로 소유권이전등기청구권 보전을 위한 가등기를 경료한 것이라면 비록 그 가등기의 등기원인을 매매예약으로 하고 있으며 명의신탁자와 명의수탁자 사이에 그와 같은 매매예약이 체결된 바 없다 하더라도 그와 같은 가등기를 하기로 하는 명의신탁자와 명의수탁자의 합의가 통정허위표시로서 무효라고 할 수 없다(대판 1997.09.30. 95다39526).

④ (○) 민법 제108조 제2항에서 말하는 제3자는 허위표시의 당사자와 그의 포괄승계인 이외의 자 모두를 가리키는 것이 아니고 그 가운데서 허위표시행위를 기초로 하여 새로운 이해관계를 맺은 자를 한정해서 가리키는 것으로 새겨야 할 것이므로 이 사건 퇴직금 채무자인 乙 회사는 원채권자인 甲이 丙에게 퇴직금채권을 양도했다고 하더라도 그 퇴직금을 양수인에게 지급하지 않고 있는 동안에 위 양도계약이 허위표시란 것이 밝혀진 이상 위 허위표시의 선의의 제3자임을 내세워 진정한 퇴직금전부채권자인 丁에게 그 지급을 거절할 수 없다(대판 1983.01.18. 82다594).

⑤ (○) 구 상호신용금고법 소정의 계약이전은 금융거래에서 발생한 계약상의 지위가 이전되는 사법상의 법률효과를 가져오는 것이므로, 계약이전을 받은 금융기관은 계약이전을 요구받은 금융기관과 대출채무자 사이의 통정허위표시에 따라 형성된 법률관계를 기초로 하여 새로운 법률상 이해관계를 가지게 된 민법 제108조 제2항의 제3자에 해당하지 않는다(대판 2004.11.15. 2002다31537).

정답 ②

제3관 착오에 의한 의사표시

문 25

착오에 의한 의사표시에 관한 다음 설명 중 가장 옳지 않은 것은?(다툼이 있는 경우 판례에 의함) [2017년 29번]

① 매매계약 당시 장차 도시계획이 변경되어 공동주택, 호텔 등의 신축에 대한 인·허가를 받을 수 있을 것이라고 생각하였으나 그 후 생각대로 되지 않은 경우, 이는 법률행위 당시를 기준으로 장래의 미필적 사실의 발생에 대한 기대나 예상이 빗나간 것에 불과할 뿐 착오라고 할 수는 없다.
② 주채무자의 차용금반환채무를 보증할 의사로 공정증서에 연대보증인으로 서명·날인하였으나 그 공정증서가 주채무자의 기존의 구상금채무 등에 관한 준소비대차계약의 공정증서였던 경우, 연대보증인은 주채무자가 채권자에게 부담하는 차용금반환채무를 연대보증할 의사가 있었다하더라도, 그 피담보채무를 달리하므로 연대보증계약의 중요 부분의 착오가 있는 때에 해당한다.
③ 동기의 착오가 법률행위의 내용의 중요부분의 착오에 해당함을 이유로 표의자가 법률행위를 취소하려면 그 동기를 당해 의사표시의 내용으로 삼을 것을 상대방에게 표시하고 의사표시의 해석상 법률행위의 내용으로 되어 있다고 인정되어야 한다.
④ 원고 소송대리인으로부터 소송대리인 사임신고서 제출을 지시받은 사무원은 원고 소송대리인의 표시기관에 해당되어 그의 착오는 원고 소송대리인의 착오라고 보아야 하므로, 사무원의 착오로 원고 소송대리인의 의사에 반하여 소를 취하하였다고 하여도 이를 무효라고 볼 수는 없다.
⑤ 토지매매에 있어서 시가에 관한 착오는 토지를 매수하려는 의사를 결정함에 있어 그 동기의 착오에 불과할 뿐 법률행위의 중요부분에 관한 착오라 할 수 없다.

해설 ★★★

① (○) 매매계약 당시 장차 도시계획이 변경되어 공동주택, 호텔 등의 신축에 대한 인·허가를 받을 수 있을 것이라고 생각하였으나 그 후 생각대로 되지 않은 경우, 이는 법률행위 당시를 기준으로 장래의 미필적 사실의 발생에 대한 기대나 예상이 빗나간 것에 불과할 뿐 착오라고 할 수는 없다(대판 2007.08.23. 2006다1575).
② (X) 주채무자의 차용금반환채무를 보증할 의사로 공정증서에 연대보증인으로 서명·날인하였으나 그 공정증서가 주채무자의 기존의 구상금채무 등에 관한 준소비대차계약의 공정증서이었던 경우, 소비대차계약과 준소비대차계약의 법률효과는 동일하므로 공정증서가 연대보증인의 의사와 다른 법률효과를 발생시키는 내용의 서면이라고 할 수 없어 표시와 의사의 불일치가 객관적으로 현저한 경우에 해당하지 않을 뿐만 아니라, 연대보증인은 주채무자가 채권자에게 부담하는 차용금반환채무를 연대보증할 의사가 있었던 이상 착오로 인하여 경제적인 불이익을 입었거나 장차 불이익을 당할 염려도 없으므로 위와 같은 착오는 연대보증계약의 중요 부분의 착오가 아니다(대판 2006.12.07. 2006다41457).
③ (○) 동기의 착오가 법률행위의 내용의 중요부분의 착오에 해당함을 이유로 표의자가 법률행위를 취소하려면 그 동기를 당해 의사표시의 내용으로 삼을 것을 상대방에게 표시하고 의사표시의 해석상 법률행위의 내용으로 되어 있다고 인정되면 충분하고 당사자들 사이에 별도로 그 동기를 의사표시의 내용으로 삼기로 하는 합의까지 이루어질 필요는 없지만, 그 법률행위의 내용의 착오는 보통 일반인이 표의자의 입장에 섰더라면 그와 같은 의사표시를 하지 아니하였으리라고 여겨질 정도로 그 착오가 중요한 부분에 관한 것이어야 한다(대판 2000.05.12. 2000다12259).

④ (○) 소의 취하는 원고가 제기한 소를 철회하여 소송계속을 소멸시키는 원고의 법원에 대한 소송행위이고 소송행위는 일반 사법상의 행위와는 달리 내심의 의사보다 그 표시를 기준으로 하여 그 효력 유무를 판정할 수밖에 없는 것인바, 원고 소송대리인으로부터 소송대리인 사임신고서 제출을 지시받은 사무원은 원고 소송대리인의 표시기관에 해당되어 그의 착오는 원고 소송대리인의 착오라고 보아야 하므로, 그 사무원의 착오로 원고 소송대리인의 의사에 반하여 이 사건 소를 취하하였다고 하여도 이를 무효라고 볼 수는 없다(대판 1997.06.27. 97다6124).
⑤ (○) 부동산의 매매에 있어 시가에 관한 착오는 그 동기의 착오에 불과할 뿐 법률행위의 중요부분에 관한 착오라고는 할 수 없다(대판 1991.02.12. 90다17927).

정답 ②

제4관 사기·강박에 의한 의사표시

문 26

다음 설명 중 옳지 않은 것은 모두 몇 개인가? [2021년 12번]

가. 상대방 있는 의사표시에 관하여 제3자가 사기나 강박을 한 경우에는 상대방이 그 사실을 알았거나 알 수 있었을 경우에 한하여 그 의사표시를 취소할 수 있으나, 상대방의 대리인 등 상대방과 동일시할 수 있는 자의 사기나 강박은 제3자의 사기·강박에 해당하지 아니한다.
나. 동기의 착오가 법률행위의 내용 중 중요부분의 착오에 해당함을 이유로 표의자가 법률행위를 취소하려면 당사자들 사이에 별도로 그 동기를 의사표시의 내용으로 삼기로 하는 합의가 이루어져야 하는 것 외에, 그 법률행위의 내용의 착오가 보통 일반인이 표의자의 처지에 있었더라면 그와 같은 의사표시를 하지 아니하였으리라고 여겨질 정도로 중요한 부분에 관한 것이어야 한다.
다. 상품의 선전 광고에 있어서 거래의 중요한 사항에 관하여 구체적 사실을 신의성실의 의무에 비추어 비난받을 정도의 방법으로 허위로 고지한 경우에는 기망행위에 해당한다고 할 것이나, 그 선전 광고에 다소의 과장 허위가 수반되는 것은 그것이 일반 상거래의 관행과 신의칙에 비추어 시인될 수 있는 것이라면 기망행위라고 할 수 없다.
라. 강박에 의한 법률행위가 하자 있는 의사표시로서 취소되는 것에 그치지 않고 나아가 무효로 되기 위해서는, 의사표시자로 하여금 의사결정을 스스로 할 수 있는 여지를 완전히 박탈한 상태에서 의사표시가 이루어져 단지 법률행위의 외형만이 만들어진 것에 불과한 정도에 이를 것을 요하는 것은 아니다.
마. 강박에 의한 의사표시라고 하려면 상대방이 불법으로 어떤 해악을 고지함으로 말미암아 공포를 느끼고 의사표시를 한 것이어야 하는바, 여기서 어떤 해악을 고지하는 강박행위가 위법하다고 하기 위하여는 강박행위 당시의 거래관념과 제반 사정에 비추어 해악의 고지로써 추구하는 이익이 정당하지 아니하거나 강박의 수단으로 상대방에게 고지하는 해악의 내용이 법질서에 위배된 경우 또는 어떤 해악의 고지가 거래관념상 그 해악의 고지로써 추구하는 이익의 달성을 위한 수단으로 부적당한 경우 등에 해당하여야 한다.

① 없음　　　　　② 1개　　　　　③ 2개
④ 3개　　　　　⑤ 4개

> **MGI Point** **의사표시** ★★
>
> - 상대방의 대리인 등 상대방과 동일시할 수 있는 자의 사기 또는 강박 ⇨ 민법 제110조 제2항 소정의 제3자에 의한 사기·강박에 해당 ✕
> - 동기 착오의 취소요건 : ⅰ) 동기를 의사표시의 내용으로 삼을 것을 상대방에게 표시하고, ⅱ) 의사표시의 해석상 법률행위의 내용으로 되어 있음이 인정, 그러나 합의까지는 不要
> - 상품의 선전, 광고에 있어 다소의 과장이나 허위가 수반되는 것은 그것이 일반 상거래의 관행과 신의칙에 비추어 시인될 수 있는 경우 ⇨ 기망성 결여된 것 ○
> - 강박에 의한 법률행위가 무효로 되기 위한 요건 ⇨ 의사표시자로 하여금 의사결정을 스스로 할 수 있는 여지를 완전히 박탈한 상태에서 의사표시가 이루어져 단지 법률행위의 외형만이 만들어진 것에 불과한 정도이어야 함
> - 어떤 해악을 고지하는 강박행위가 위법하다고 하기 위해서는
>   ⅰ) 강박행위 당시 거래관념과 제반 사정에 비추어 해악의 고지로써 추구하는 이익이 정당하지 않거나 ⅱ) 강박의 수단으로 상대방에게 고지하는 해악의 내용이 법질서에 위배된 경우 또는 ⅲ) 어떤 해악의 고지가 거래관념상 그 해악의 고지로써 추구하는 이익의 달성을 위한 수단으로 부적당한 경우

가. (○) 상대방 있는 의사표시에 관하여 제3자가 사기나 강박을 한 경우에는 상대방이 그 사실을 알았거나 알 수 있었을 경우에 한하여 그 의사표시를 취소할 수 있으나, 상대방의 대리인 등 상대방과 동일시할 수 있는 자의 사기나 강박은 제3자의 사기·강박에 해당하지 아니한다(대판 1999.02.23. 98다60828).

나. (✕) 동기의 착오가 법률행위의 내용의 중요 부분의 착오에 해당함을 이유로 표의자가 법률행위를 취소하려면 그 동기를 당해 의사표시의 내용으로 삼을 것을 상대방에게 표시하고 의사표시의 해석상 법률행위의 내용으로 되어 있다고 인정되면 충분하고 당사자들 사이에 별도로 그 동기를 의사표시의 내용으로 삼기로 하는 합의까지 이루어질 필요는 없지만, 그 법률행위의 내용의 착오는 보통 일반인이 표의자의 입장에 섰더라면 그와 같은 의사표시를 하지 아니하였으리라고 여겨질 정도로 그 착오가 중요한 부분에 관한 것이어야 한다(대판 1997.09.30. 97다26210).

다. (○) 상품의 선전, 광고에 있어 다소의 과장이나 허위가 수반되는 것은 그것이 일반 상거래의 관행과 신의칙에 비추어 시인될 수 있는 한 기망성이 결여된다고 하겠으나, 거래에 있어서 중요한 사항에 관하여 구체적 사실을 신의성실의 의무에 비추어 비난받을 정도의 방법으로 허위로 고지한 경우에는 기망행위에 해당한다(대판 1993.08.13. 92다52665).

라. (✕) 강박에 의한 법률행위가 하자 있는 의사표시로서 취소되는 것에 그치지 않고 나아가 무효로 되기 위하여는, 강박의 정도가 단순한 불법적 해악의 고지로 상대방으로 하여금 공포를 느끼도록 하는 정도가 아니고, 의사표시자로 하여금 의사결정을 스스로 할 수 있는 여지를 완전히 박탈한 상태에서 의사표시가 이루어져 단지 법률행위의 외형만이 만들어진 것에 불과한 정도이어야 한다(대판 2003.05.13. 2002다73708).

마. (○) 강박에 의한 의사표시라고 하려면 상대방이 불법으로 어떤 해악을 고지함으로 말미암아 공포를 느끼고 의사표시를 한 것이어야 하는바, 여기서 어떤 해악을 고지하는 강박행위가 위법하다고 하기 위하여는, 강박행위 당시의 거래관념과 제반 사정에 비추어 해악의 고지로써 추구하는 이익이 정당하지 아니하거나 강박의 수단으로 상대방에게 고지하는 해악의 내용이 법질서에 위배된 경우 또는 어떤 해악의 고지가 거래관념상 그 해악의 고지로써 추구하는 이익의 달성을 위한 수단으로 부적당한 경우 등에 해당하여야 한다(대판 2000.03.23. 99다64049).

정답 ③

제❸절 ┃ 법률행위의 대리

제1관 대리권 일반

문 27

대리권에 관한 다음 설명 중 가장 옳지 않은 것은? [2021년 8번]

① 대리인이 본인을 대리하여 부동산을 이중으로 매수함에 있어서 이중매매라는 사정을 잘 알고 그 배임행위에 적극적으로 가담하였다고 하더라도 본인이 아무런 과실 없이 그러한 사정을 몰랐다면 그 이중매매행위를 반사회적 법률행위로서 무효라고 볼 수 없다.
② 계약이 적법한 대리인에 의해 체결되었다면 특별한 사정이 없는 한 대리인은 본인을 위하여 계약상 급부를 변제로서 수령할 권한을 가지며, 그 법률효과는 직접 본인에게 귀속된다.
③ 계약을 대리하여 체결하였던 대리인이 체결된 계약을 해제할 수 있는 권한과 상대방의 의사를 수령할 권한까지 가지고 있다고 볼 수는 없다.
④ 甲이 乙 소유의 부동산에 관하여 乙의 위임이나 동의 없이 무단으로 乙을 대리하여 丙과 매매계약을 체결하고 등기를 넘겨준 사안에서, 乙이 丙 명의의 소유권이전등기가 원인무효임을 이유로 丙을 상대로 그 말소를 청구할 경우에 甲에게 대리권이 없었다는 사실에 대한 증명책임은 乙에게 있다.
⑤ 대리권한 없이 타인의 부동산을 매도한 자가 그 부동산을 상속한 후 소유자의 지위에서 자신의 대리행위가 무권대리로 무효임을 주장하여 등기말소를 구하는 것은 신의칙에 반하여 허용될 수 없다.

MGI Point 대리권 ★★

- 대리인이 부동산을 이중으로 매수한 경우, 대리행위의 하자 유무는 대리인을 표준으로 판단 ○
- 계약이 적법한 대리인에 의하여 체결된 경우 ⇨ 대리인은 특별한 사정이 없는 한 본인을 위하여 계약상 급부를 변제로서 수령할 권한 있으며 그 법률효과는 본인에게 귀속됨
- 계약 체결에 관한 권한을 수여받은 대리인 ⇨ 계약의 해제 등 일체의 처분권과 상대방의 의사 수령 권한 없음
- 위임이나 동의 없이 무단으로 대리하여 부동산계약이 체결된 경우 무권대리에 대한 입증책임 ⇨ 전등기명의인
- 대리권한 없이 타인의 부동산을 매도한 자가 그 부동산을 상속한 후 소유자의 지위에서 자신의 대리행위가 무권대리로 무효임을 주장하여 등기말소 등을 구하는 경우 ⇨ 금반언원칙이나 신의칙상 허용 불가

---

① (X) 대리인이 본인을 대리하여 매매계약을 체결함에 있어서 매매대상 토지에 관한 저간의 사정을 잘 알고 그 배임행위에 가담하였다면, 대리행위의 하자 유무는 대리인을 표준으로 판단하여야 하므로, 설사 본인이 미리 그러한 사정을 몰랐거나 반사회성을 야기한 것이 아니라고 할지라도 그로 인하여 매매계약이 가지는 사회질서에 반한다는 장애사유가 부정되는 것은 아니다(대판 1998.02.27. 97다45532).

② (○) 계약이 적법한 대리인에 의하여 체결된 경우에 대리인은 다른 특별한 사정이 없는 한 본인을 위하여 계약상 급부를 변제로서 수령할 권한도 가진다. 그리고 대리인이 그 권한에 기하여 계약상 급부를 수령한 경우에, 그 법률효과는 계약 자체에서와 마찬가지로 직접 본인에게 귀속되고 대리인에게 돌아가지 아니한다. 따라서 계약상 채무의 불이행을 이유로 계약이 상대방 당사자에 의하여 유효하게 해제되었다면, 해제로 인한 원상회복의무는 대리인이 아니라 계약의 당사자인 본인이 부담한다. 이는 본인이 대리인으로부터 그 수령한 급부를 현실적으로 인도받지 못하였다거나 해제의 원인이 된 계약상 채무의 불이행에 관하여 대리인에게 책임 있는 사유가 있다고 하여도 다른 특별한 사정이 없는 한 마찬가지라고 할 것이다(대판 2011.08.18. 2011다30871).

③ (○) 어떠한 계약의 체결에 관한 대리권을 수여받은 대리인이 수권된 법률행위를 하게 되면 그것으로 대리권의 원인된 법률관계는 원칙적으로 목적을 달성하여 종료하는 것이고, 법률행위에 의하여 수여된 대리권은 그 원인된 법률관계의 종료에 의하여 소멸하는 것이므로(민법 제128조), 그 계약을 대리하여 체결하였던 대리인이 체결된 계약의 해제 등 일체의 처분권과 상대방의 의사를 수령할 권한까지 가지고 있다고 볼 수는 없다(대판 2008.06.12. 2008다11276).

④ (○) 소유권이전등기가 전등기명의인의 직접적인 처분행위에 의한 것이 아니라 제3자가 그 처분행위에 개입된 경우에 현등기명의인이 그 제3자를 전등기명의인의 대리인이라고 주장하거나 또는 그 제3자가 전등기명의인과 부부 또는 부자 등의 특수한 신분관계에 있는 자인 경우에는 굳이 현등기명의인이 그를 전등기명의인의 대리인이라고 주장하지 아니하더라도 현등기명의인의 등기가 적법하게 이루어진 것으로 추정되므로, 그 등기가 원인무효임을 이유로 말소를 구하는 전등기명의인으로서는 그 반대사실 즉, 그 제3자에게 전등기명의인을 대리할 권한이 없었다거나 또는 그 제3자가 전등기명의인의 등기서류를 위조하였다는 등의 무효사실에 대한 입증책임을 진다(대판 1995.05.09. 94다41010).

⑤ (○) 갑이 대리권 없이 을 소유 부동산을 병에게 매도하여 부동산소유권이전등기등에관한특별조치법에 의하여 소유권이전등기를 마쳐주었다면 그 매매계약은 무효이고 이에 터잡은 이전등기 역시 무효가 되나, 갑은 을의 무권대리인으로서 민법 제135조 제1항의 규정에 의하여 매수인 병에게 부동산에 대한 소유권이전등기를 이행할 의무가 있으므로 그러한 지위에 있는 갑이 을로부터 부동산을 상속받아 그 소유자가 되어 소유권이전등기이행의무를 이행하는 것이 가능하게 된 시점에서 자신이 소유자라고 하여 자신으로부터 부동산을 전전매수한 정에게 원래 자신의 매매행위가 무권대리행위여서 무효였다는 이유로 정 앞으로 경료된 소유권이전등기가 무효의 등기라고 주장하여 그 등기의 말소를 청구하거나 부동산의 점유로 인한 부당이득금의 반환을 구하는 것은 금반언의 원칙이나 신의성실의 원칙에 반하여 허용될 수 없다(대판 1994.09.27. 94다20617).

정답 ①

제2관 복대리
제3관 표현대리

문 28

표현대리에 관한 다음 설명 중 옳은 것을 모두 고른 것은? [2020년 6번]

> ㄱ. 대리권한 없는 자가 대리문구를 어음 상에 기재하지 않고 직접 본인 명의로 기명날인을 하여 어음행위를 했다면 이는 어음행위의 무권대리가 아니라 어음의 위조행위에 해당하는 것이므로 민법상의 표현대리 규정을 유추적용하여 본인에게 그 책임을 물을 수 없다.
> ㄴ. 처가 甲과 공모하여 남편의 주민등록증에 甲의 사진을 붙인 다음 남편인 것처럼 가장시켜 은행에서 대출을 받은 경우 은행은 남편에게 민법 제126조 표현대리책임을 유추적용하여 대출금의 반환을 청구할 수 있다.
> ㄷ. 민법 제125조가 규정하는 대리권 수여의 표시에 의한 표현대리에서 본인에 의한 대리권 수여의 표시는 반드시 대리권 또는 대리인이라는 말을 사용하여야 하는 것이 아니라 사회통념상 대리권을 추단할 수 있는 직함이나 명칭 등의 사용을 승낙 또는 묵인한 경우에도 대리권 수여의 표시가 있은 것으로 볼 수가 있다.

ㄹ. 표현대리행위가 성립하는 경우에 그 본인은 표현대리행위에 의하여 전적인 책임을 져야 하고, 상대방에게 과실이 있다고 하더라도 과실상계의 법리를 유추적용하여 본인의 책임을 경감할 수 없다.
ㅁ. 대리인이 복대리인 선임권이 없이 복대리인을 선임하여 그 자를 통하여 권한 외의 법률행위를 한 경우에는 상대방이 그 행위자를 정당한 대리권을 가진 대리인으로 믿었고 또한 그렇게 믿은 데에 정당한 이유가 있더라도 표현대리가 성립할 수 없다.

① ㄱ   ② ㄱ, ㄷ   ③ ㄷ, ㄹ
④ ㄷ, ㄹ, ㅁ   ⑤ ㄱ, ㄴ, ㅁ

MGI Point 표현대리 ★★

- 기관 방식 또는 서명대리 방식의 어음행위가 권한 없는 자에 의하여 행하여진 경우 ⇨ 어음의 위조 ○, 민법상의 표현대리 규정 유추적용 可
- 처가 제3자를 남편으로 가장시켜 관련 서류를 위조하여 남편 소유의 부동산을 담보로 금원을 대출받은 경우 ⇨ 남편에 대한 민법 제126조의 표현대리책임 부정
- 민법 제125조의 대리권 수여 표시의 방법 ⇨ 사회통념상 대리권을 추단할 수 있는 직함·명칭 등의 사용을 승낙 또는 묵인한 경우도 포함
- 표현대리행위가 성립하는 경우 ⇨ 과실상계의 법리 유추적용 ×
- 대리인이 사자 내지 임의로 선임한 복대리인을 통하여 권한 외의 법률행위를 한 경우 ⇨ 민법 제126조의 적용에 있어 기본대리권의 흠결 ×

ㄱ. (X) 다른 사람이 본인을 위하여 한다는 대리문구를 어음 상에 기재하지 않고 직접 본인 명의로 기명날인을 하여 어음행위를 하는 이른바 기관 방식 또는 서명대리 방식의 어음행위가 권한 없는 자에 의하여 행하여졌다면 이는 어음행위의 무권대리가 아니라 어음의 위조에 해당하는 것이기는 하나, 그 경우에도 제3자가 어음행위를 실제로 한 자에게 그와 같은 어음행위를 할 수 있는 권한이 있다고 믿을 만한 사유가 있고, 본인에게 책임을 질 만한 사유가 있는 때에는 대리방식에 의한 어음행위의 경우와 마찬가지로 민법상의 표현대리 규정을 유추적용하여 본인에게 그 책임을 물을 수 있다(대판 2000.03.23. 99다50385).

ㄴ. (X) [1] 민법 제126조의 표현대리는 대리인이 본인을 위한다는 의사를 명시 혹은 묵시적으로 표시하거나 대리의사를 가지고 권한 외의 행위를 하는 경우에 성립하고, 사술을 써서 위와 같은 대리행위의 표시를 하지 아니하고 단지 본인의 성명을 모용하여 자기가 마치 본인인 것처럼 기망하여 본인 명의로 직접 법률행위를 한 경우에는 특별한 사정이 없는 한 위 법조 소정의 표현대리는 성립될 수 없다. [2] 처가 제3자를 남편으로 가장시켜 관련 서류를 위조하여 남편 소유의 부동산을 담보로 금원을 대출받은 경우, 남편에 대한 민법 제126조 소정의 표현대리책임을 부정한 사례(대판 2002.06.28. 2001다49814).

ㄷ. (○) 민법 제125조가 규정하는 대리권 수여의 표시에 의한 표현대리는 본인과 대리행위를 한 자 사이의 기본적인 법률관계의 성질이나 그 효력의 유무와는 직접적인 관계가 없어 어떤 자가 본인을 대리하여 제3자와 법률행위를 함에 있어 본인이 그 자에게 대리권을 수여하였다는 표시를 제3자에게 한 경우에는 성립될 수가 있고, 또 본인에 의한 대리권 수여의 표시는 반드시 대리권 또는 대리인이라는 말을 사용하여야 하는 것이 아니라 사회통념상 대리권을 추단할 수 있는 직함이나 명칭 등의 사용을 승낙 또는 묵인한 경우에도 대리권 수여의 표시가 있는 것으로 볼 수 있다(대판 1998.06.12. 97다53762).

ㄹ. (○) 표현대리행위가 성립하는 경우에 본인은 표현대리행위에 기하여 전적인 책임을 져야 하는 것이고 상대방에게 과실이 있다고 하더라도 과실상계의 법리를 유추적용하여 본인의 책임을 감경할 수 없는 것이다(대판 1994.12.22. 94다24985).

ㅁ. (X) 대리인이 사자 내지 임의로 선임한 복대리인을 통하여 권한 외의 법률행위를 한 경우, 상대방이 그 행위자를 대리권을 가진 대리인으로 믿었고 또한 그렇게 믿는 데에 정당한 이유가 있는 때에는, 복대리인 선임권이 없는 대리인에 의하여 선임된 복대리인의 권한도 기본대리권이 될 수 있을 뿐만 아니라, 그 행위자가 사자라고 하더라도 대리행위의 주체가 되는 대리인이 별도로 있고 그들에게 본인으로부터 기본대리권이 수여된 이상, 민법 제126조를 적용함에 있어서 기본대리권의 흠결 문제는 생기지 않는다(대판 1998.03.27. 97다48982).

정답 ③

문 29

표현대리에 관한 다음 설명 중 옳지 않은 것을 모두 고른 것은? [2019년 9번]

ㄱ. 민법 제126조의 권한을 넘은 표현대리는 현재에 대리권을 가진 자가 그 권한을 넘은 경우에 성립하는 것이고, 과거에 가졌던 대리권을 넘는 경우에는 민법 제126조는 적용되지 않는다.
ㄴ. 민법 제129조의 대리권 소멸 후의 표현대리가 인정되는 경우에, 그 표현대리의 권한을 넘는 대리행위가 있을 때에도 기본대리권은 과거에 가졌던 대리권이므로, 민법 제126조의 권한을 넘은 표현대리는 성립될 수 없다.
ㄷ. 민법 제125조의 대리권 수여의 표시에 의한 표현대리는 어떤 자가 본인을 대리하여 제3자와 법률행위를 함에 있어 본인이 그 자에게 대리권을 수여하였다는 표시를 제3자에게 한 경우에는 성립될 수가 있으나, 대리권을 추단할 수 있는 직함이나 명칭의 사용을 승낙한 것만으로는 대리권 수여의 표시가 있는 것으로 볼 수 없다.
ㄹ. 사술을 써서 대리행위의 표시를 하지 아니하고 단지 본인의 성명을 모용하여 자기가 마치 본인인 것처럼 기망하여 본인 명의로 직접 법률행위를 한 경우에는 특별한 사정이 없는 한 민법 제126조의 표현대리는 성립될 수 없다.
ㅁ. 민법 제126조의 표현대리에 있어서 정당한 이유의 유무는 사실심의 변론종결시, 즉 정당한 이유의 유무를 판단할 때까지 존재하는 일체의 사정을 고려하여 판단하여야 한다.
ㅂ. 아내가 남편 소유 부동산을 타인에게 양도한 경우에 민법 제126조의 표현대리가 되려면 그 아내에게 가사대리권이 있었다는 것 뿐만 아니라 상대방이 남편이 그 아내에게 그 행위에 관한 대리권을 주었다고 믿었음을 정당화할 만한 객관적인 사정이 있었어야 한다.
ㅅ. 부동산 매도를 위임받은 대리인이 자신의 채무 지급에 갈음하여 그 부동산에 관하여 대물변제계약을 체결하고, 그 계약 체결 이후에 본인으로부터 소유권이전등기에 필요한 서류와 인감도장을 교부받았다면, 상대방이 대리인에게 위 부동산을 대물변제로 제공할 대리권이 있다고 믿은 데에 민법 제126조의 표현대리에 있어서 정당한 이유가 있다고 볼 수 있다.

① ㄱ, ㄷ, ㅁ, ㅅ　② ㄴ, ㄹ, ㅂ　③ ㄴ, ㄷ, ㅁ, ㅅ
④ ㄴ, ㄷ, ㅁ　⑤ ㄷ, ㅁ

| MGI Point | **표현대리** | ★★★ |

- 민법 제126조 표현대리 ⇨ 현재에 대리권을 가진 자가 권한을 넘은 경우에 성립 ○ / 과거에 가졌던 대리권을 넘는 경우에는 적용 ×
- 민법 제129조의 대리권 소멸 후의 표현대리로 인정되는 경우 ⇨ 그 표현대리의 권한을 넘는 대리행위가 있을 때에는 제126조의 표현대리 성립 可
- 민법 제125조의 대리권 수여 표시의 방법 ⇨ 사회통념상 대리권을 추단할 수 있는 직함·명칭 등의 사용을 승낙 또는 묵인한 경우도 포함
- 본인 성명모용의 무권한의 법률행위 ⇨ 특별한 사정이 없는 한 표현대리 성립 ×
- 정당한 이유 존부의 판단시기 : 대리행위가 행하여질 때에 존재하는 모든 사정을 객관적으로 관찰하여 판단
- 일상가사대리권을 기본대리권으로 한 민법 제126조 성립 可

ㄱ. (○), ㄴ. (×) 민법 제126조에서 말하는 권한을 넘은 표현대리는 현재에 대리권을 가진 자가, 그 권한을 넘은 경우에 성립하는 것이지, 현재에 아무런 대리권도 가지지 아니한 자가, 본인을 위하여 한 어떤 대리행위가 과거에 이미 가졌던 대리권을 넘은 경우에까지, 성립하는 것은 아니라고 할 것이고, 한편 과거에 가졌던 대리권이 소멸되어 민법 제129조에 의하여, 표현대리로 인정되는 경우에, 그 표현대리의 권한을 넘는 대리행위가 있을 때에는 민법 제126조에 의한 표현대리가 성립할 수 있다(대판 1979.03.27. 79다234).

ㄷ. (×) 민법 제125조가 규정하는 대리권 수여의 표시에 의한 표현대리는 본인과 대리행위를 한 자 사이의 기본적인 법률관계의 성질이나 그 효력의 유무와는 직접적인 관계가 없이 어떤 자가 본인을 대리하여 제3자와 법률행위를 함에 있어 본인이 그 자에게 대리권을 수여하였다는 표시를 제3자에게 한 경우에는 성립될 수가 있고, 또 본인에 의한 대리권 수여의 표시는 반드시 대리권 또는 대리인이라는 말을 사용하여야 하는 것이 아니라 사회통념상 대리권을 추단할 수 있는 직함이나 명칭 등의 사용을 승낙 또는 묵인한 경우에도 대리권 수여의 표시가 있는 것으로 볼 수 있다(대판 1998.06.12. 97다53762).

ㄹ. (○) 민법 제126조의 표현대리는 대리인이 본인을 위한다는 의사를 명시 혹은 묵시적으로 표시하거나 대리의사를 가지고 권한 외의 행위를 하는 경우에 성립하고, 사술을 써서 대리행위의 표시를 하지 아니하고 단지 본인의 성명을 모용하여 자기가 마치 본인인 것처럼 기망하여 본인 명의로 직접 법률행위를 한 경우에는 특별한 사정이 없는 한 위 법조 소정의 표현대리는 성립할 수 없고, 다만 특별한 사정이 있는 경우에 한하여 민법 제126조 소정의 표현대리의 법리를 유추적용 할 수 있다(대판 2002.06.28. 2001다49814).

ㅁ. (×) 민법 제126조에서 말하는 정당한 이유의 존부는 자칭 대리인의 대리행위가 행하여질 때에 존재하는 모든 사정을 객관적으로 관찰하여 판단하여야 한다(대판 2009.11.12. 2009다46828).

ㅂ. (○) 처가 부 소유 부동산을 타인에게 양도하거나 근저당권을 설정한 경우에 민법 제126조의 표현대리가 되려면 그 아내에게 가사대리권이 있었다는 것 뿐만 아니라 상대방이 남편이 그 아내에게 그 행위에 관한 대리권을 주었다고 믿었음을 정당화할 만한 객관적인 사정이 있었어야 한다(대판 1968.11.26. 68다1727).

ㅅ. (×) 부동산 매도를 위임받은 대리인이 자신의 채무 지급에 갈음하여 그 부동산에 관하여 대물변제계약을 체결한 경우, 그 계약 체결 이후에 비로소 본인으로부터 소유권이전등기에 필요한 서류와 인감도장을 교부받았다면 상대방이 대리인에게 위 부동산을 대물변제로 제공할 대리권이 있다고 믿은 데에 정당한 이유가 있다고 할 수 없다(대판 2009.11.12. 2009다46828).

정답 ③

문 30

대리 또는 표현대리에 관한 다음 설명 중 가장 옳지 않은 것은? [2018년 7번]

① 민법 제125조가 규정하는 대리권 수여의 표시에 의한 표현대리는 본인과 대리행위를 한 자 사이의 기본적인 법률관계의 성질이나 그 효력의 유무와는 관계가 없이 어떤 자가 본인을 대리하여 제3자와 법률행위를 함에 있어 본인이 그 자에게 대리권을 수여하였다는 표시를 제3자에게 한 경우에 성립하는 것이고, 이때 서류를 교부하는 방법으로 민법 제125조 소정의 대리권 수여의 표시가 있었다고 하기 위하여는 본인을 대리한다고 하는 자가 제출하거나 소지하고 있는 서류의 내용과 그러한 서류가 작성되어 교부된 경위나 형태 및 대리행위라고 주장하는 행위의 종류와 성질 등을 종합하여 판단하여야 할 것이다.

② 무권대리 행위의 추인은 무권대리 행위가 있음을 알고 행위의 효과를 자기에게 귀속시키도록 하는 단독행위로서 의사표시의 방법에 관하여 일정한 방식이 요구되는 것이 아니므로 묵시적인 방법으로도 할 수 있지만, 묵시적 추인을 인정하기 위해서는 본인이 그 행위로 처하게 된 법적 지위를 충분히 이해하고 그럼에도 진의에 기하여 행위의 결과가 자기에게 귀속된다는 것을 승인한 것으로 볼 만한 사정이 있어야 한다.

③ 법정대리인인 친권자의 대리행위가 객관적으로 볼 때 미성년자 본인에게는 경제적인 손실만을 초래하는 반면, 친권자나 제3자에게는 경제적인 이익을 가져오는 행위이고 그 행위의 상대방이 이러한 사실을 알았거나 알 수 있었을 때에는 민법 제107조 제1항 단서의 규정을 유추적용하여 행위의 효과가 자에게는 미치지 않는다고 해석함이 타당하나, 그에 따라 외형상 형성된 법률관계를 기초로 하여 새로운 법률상 이해관계를 맺은 선의의 제3자에 대하여는 같은 조 제2항의 규정을 유추적용하여 누구도 그와 같은 사정을 들어 대항할 수 없다.

④ 민법 제126조 소정의 권한을 넘는 표현대리 규정은 거래의 안전을 도모하여 거래상대방의 이익을 보호하려는 데에 있으므로 법정대리라고 하여 임의대리와는 달리 그 적용이 없다고 할 수 없다. 다만 구 민법상 한정치산자의 후견인이 친족회의 동의를 얻지 않고 피후견인의 부동산을 처분하는 행위를 한 경우에 상대방이 친족회의 동의가 있다고 믿은 데에 정당한 사유가 있다는 것만으로는 본인인 한정치산자에게 그 효력이 미친다고 볼 수 없다.

⑤ 비법인사단인 교회의 대표자는 총유물인 교회 재산의 처분에 관하여 교인총회의 결의를 거치지 않고는 이를 대표하여 행할 권한이 없다. 그리고 교회의 대표자가 권한 없이 행한 교회 재산의 처분행위에 대하여는 민법 제126조의 표현대리에 관한 규정이 준용되지 않는다.

해설

① (○) 민법 제125조가 규정하는 대리권 수여의 표시에 의한 표현대리는 본인과 대리행위를 한 자 사이의 기본적인 법률관계의 성질이나 그 효력의 유무와는 관계가 없이 어떤 자가 본인을 대리하여 제3자와 법률행위를 함에 있어 본인이 그 자에게 대리권을 수여하였다는 표시를 제3자에게 한 경우에 성립하는 것이고, 이때 서류를 교부하는 방법으로 민법 제125조 소정의 대리권 수여의 표시가 있었다고 하기 위하여는 본인을 대리한다고 하는 자가 제출하거나 소지하고 있는 서류의 내용과 그러한 서류가 작성되어 교부된 경위나 형태 및 대리행위라고 주장하는 행위의 종류와 성질 등을 종합하여 판단하여야 할 것이다(대판 2001.08.21. 2001다31264).

② (○) 무효행위 또는 무권대리 행위의 추인은 무효행위 등이 있음을 알고 행위의 효과를 자기에게 귀속시키도록 하는 단독행위로서 의사표시의 방법에 관하여 일정한 방식이 요구되는 것이 아니므로 묵시적인 방법으로

로도 할 수 있지만, 묵시적 추인을 인정하기 위해서는 본인이 그 행위로 처하게 된 법적 지위를 충분히 이해하고 그럼에도 진의에 기하여 행위의 결과가 자기에게 귀속된다는 것을 승인한 것으로 볼 만한 사정이 있어야 할 것이다(대판 2014.02.13. 2012다112299).

③ (○) 법정대리인인 친권자의 대리행위가 객관적으로 볼 때 미성년자 본인에게는 경제적인 손실만을 초래하는 반면, 친권자나 제3자에게는 경제적인 이익을 가져오는 행위이고 행위의 상대방이 이러한 사실을 알았거나 알 수 있었을 때에는 민법 제107조 제1항 단서의 규정을 유추적용하여 행위의 효과가 자(子)에게는 미치지 않는다고 해석함이 타당하나, 그에 따라 외형상 형성된 법률관계를 기초로 하여 새로운 법률상 이해관계를 맺은 선의의 제3자에 대하여는 같은 조 제2항의 규정을 유추적용하여 누구도 그와 같은 사정을 들어 대항할 수 없으며, 제3자가 악의라는 사실에 관한 주장·증명책임은 무효를 주장하는 자에게 있다(대판 2018.04.26. 2016다3201).

④ (X) 민법 제126조 소정의 권한을 넘는 표현대리 규정은 거래의 안전을 도모하여 거래상대방의 이익을 보호하려는 데에 그 취지가 있으므로 법정대리라고 하여 임의대리와는 달리 그 적용이 없다고 할 수 없고, 따라서 한정치산자의 후견인이 친족회의 동의를 얻지 않고 피후견인의 부동산을 처분하는 행위를 한 경우에도 상대방이 친족회의 동의가 있다고 믿은 데에 정당한 사유가 있는 때에는 본인인 한정치산자에게 그 효력이 미친다(대판 1997.06.27. 97다3828).

⑤ (○) [1] 기독교 단체인 교회에 있어서 교인들의 연보, 헌금 기타 교회의 수입으로 이루어진 재산은 특별한 사정이 없는 한 그 교회 소속 교인들의 총유에 속한다. 따라서 그 재산의 처분은 그 교회의 정관 기타 규약에 의하거나 그것이 없는 경우에는 그 교회 소속 교인들로 구성된 총회의 결의에 따라야 한다. [2] 비법인사단인 교회의 대표자는 총유물인 교회재산의 처분에 관하여 교인총회의 결의를 거치지 아니하고는 이를 대표하여 행할 권한이 없다. 그리고 교회의 대표자가 권한 없이 행한 교회재산의 처분행위에 대하여는 민법 제126조의 표현대리에 관한 규정이 준용되지 아니한다(대판 2009.02.12. 2006다23312).

정답 ④

제4관 협의의 무권대리

문 31

다음 설명 중 옳지 않은 것은 모두 몇 개인가? [2022년 30번]

> ㄱ. 법률행위에 따라 권리가 이전되려면 권리자 또는 처분권한이 있는 자의 처분행위가 있어야 하므로, 무권리자가 타인의 권리를 처분한 경우에는 특별한 사정이 없는 한 권리가 이전되지 않는다.
> ㄴ. 권리자가 무권리자의 처분을 추인하는 것도 자신의 법률관계를 스스로의 의사에 따라 형성할 수 있다는 사적 자치의 원칙에 따라 허용된다.
> ㄷ. 무권리자의 처분에 대한 권리자의 추인은 무권리자의 처분이 있음을 알고 해야 하고, 명시적으로 또는 묵시적으로 할 수 있으나, 그 의사표시는 무권리자에 대하여 하는 것만으로는 부족하고 반드시 처분 상대방에 대하여 이루어져야 한다.
> ㄹ. 권리자가 무권리자의 처분을 추인하면 무권대리에 대해 본인이 추인을 한 경우와 당사자들 사이의 이익상황이 유사하므로, 무권대리의 추인에 관한 민법 제130조, 제133조 등을 무권리자의 추인에 유추 적용할 수 있다.

ㄷ. 무권리자의 처분이 계약으로 이루어진 경우에 권리자가 이를 추인하면 원칙적으로 그 계약의 효과는 추인 시점부터 장래를 향하여 권리자에게 귀속된다.

ㅂ. 소유자가 제3자에게 그가 소유하는 물건을 제3자의 소유물로 처분할 수 있는 권한을 유효하게 수여하는 이른바 처분수권의 경우에도 제3자의 처분이 실제로 유효하게 행하여지지 아니하고 있는 동안에는 소유자는 처분수권이 제3자에게 행하여졌다는 것만으로 그가 원래 가지는 처분권능에 제한을 받지 않으므로, 소유자는 처분권한을 수여받은 제3자와의 관계에서 처분수권의 원인이 된 채권적 계약관계 등에 기하여 채권적인 책임을 져야 하는 것을 별론으로 하고, 자신의 소유물을 여전히 유효하게 처분할 수 있고, 또한 소유권에 기하여 소유물에 대한 방해 등을 배제할 수 있는 민법 제213조, 제214조의 물권적 청구권을 가진다.

① 없음　② 1개　③ 2개
④ 3개　⑤ 4개

MGI Point 무권리자의 처분　★★

- 무권리자에 의한 처분 ⇨ 권리이전적 효력 ×
- 권리자는 사적 자치의 원칙에 따라 무권리자의 처분을 추인 可
- 권리자에 의한 추인 ⇨ 소급효 有, 무권리자나 상대방에 대한 의사표시로 可
- 무권대리의 추인에 관한 민법 제130조, 제133조 등을 무권리자의 추인에 유추 적용 可
- 처분수권의 경우 ⇨ 소유자는 여전이 민법 제213조, 제214조의 물권적 청구권 보유함

ㄱ. (○), ㄴ. (○), ㄷ. (X) 법률행위에 따라 권리가 이전되려면 권리자 또는 처분권한이 있는 자의 처분행위가 있어야 한다. 무권리자가 타인의 권리를 처분한 경우에는 특별한 사정이 없는 한 권리가 이전되지 않는다. 그러나 이러한 경우에 권리자가 무권리자의 처분을 추인하는 것도 자신의 법률관계를 스스로의 의사에 따라 형성할 수 있다는 사적 자치의 원칙에 따라 허용된다. 이러한 추인은 무권리자의 처분이 있음을 알고 해야 하고, 명시적으로 또는 묵시적으로 할 수 있으며, 그 의사표시는 무권리자나 그 상대방 어느 쪽에 해도 무방하다(대판 2017.06.08. 2017다3499).

ㄹ. (○), ㅁ. (X) 권리자가 무권리자의 처분을 추인하면 무권대리에 대해 본인이 추인을 한 경우와 당사자들 사이의 이익상황이 유사하므로, 무권대리의 추인에 관한 민법 제130조, 제133조 등을 무권리자의 추인에 유추 적용할 수 있다. 따라서 무권리자의 처분이 계약으로 이루어진 경우에 권리자가 이를 추인하면 원칙적으로 계약의 효과가 계약을 체결했을 때에 소급하여 권리자에게 귀속된다고 보아야 한다(대판 2017.06.08. 2017다3499).

ㅂ. (○) 소유자는 제3자에게 그 물건을 제3자의 소유물로 처분할 수 있는 권한을 유효하게 수여할 수 있다고 할 것인데, 그와 같은 이른바 '처분수권'의 경우에도 그 수권에 기하여 행하여진 제3자의 처분행위(부동산의 경우에 처분행위가 유효하게 성립하려면 단지 양도 기타 처분을 한다는 의사표시만으로는 부족하고, 처분의 상대방 앞으로 그 권리 취득에 관한 등기가 있어야 한다. 민법 제186조 참조)가 대세적으로 효력을 가지게 되고 그로 말미암아 소유자가 소유권을 상실하거나 제한받게 될 수는 있다고 하더라도, 그러한 제3자의 처분이 실제로 유효하게 행하여지지 아니하고 있는 동안에는 소유자는 처분수권이 제3자에게 행하여졌다는 것만으로 그가 원래 가지는 처분권능에 제한을 받지 아니한다. 따라서 그는, 처분권한을 수여받은 제3자와의 관계에서 처분수권의 원인이 된 채권적 계약관계 등에 기하여 채권적인 책임을 져야 하는 것을 별론으로 하고, 자신의 소유물을 여전히 유효하게 처분할 수 있고, 또한 소유권에 기하여 소유물에 대한 방해 등을 배제할 수 있는 민법 제213조, 제214조의 물권적 청구권을 가진다(대판 2014.03.13. 2009다105215).

정답 ③

문 32

甲은 乙의 대리인임을 표시하면서 丙에게 乙소유의 X토지를 대금 1억 원에 매도하는 계약(이하 '이 사건 계약'이라 한다)을 체결하면서 대금지급기일과 소유권이전등기의 이행기일을 2019. 6. 30.로 정하였다. 이에 관한 법률관계 중 옳은 것은 모두 몇 개인가? (각 지문은 독립적임) [2020년 27번]

ㄱ. 丙은 이행기일에 乙로부터 이 사건 계약 체결에 관한 대리권을 수여받은 甲에게 대금 1억 원을 지급하였으나 甲이 위 1억 원을 乙에게 전달하지 않았다. 乙은 특별한 사정이 없는 한 대금이 지급되지 않았음을 이유로 丙의 소유권이전등기청구에 대해 그 이행을 거절할 수 있다.

ㄴ. 乙로부터 이 사건 계약 체결에 관한 대리권을 수여받은 甲은 丙의 대금지급의무불이행을 이유로 乙의 해제권을 대리하여 행사할 수 없으나, 乙의 소유권이전등기의무 불이행을 이유로 한 丙의 해제의사표시를 수령할 권한은 갖는다.

ㄷ. 乙이 이 사건 계약에 따른 이행기일에 丙에게 소유권이전등기를 마쳐준 다음 丙에 대한 매매대금채권을 丁에게 양도하였다. 乙로부터 채권양도통지권한을 위임받은 丁이 채권양도통지를 하면서 대리관계를 현명하지 않고 丁 명의로 된 채권양도통지서를 발송하면 이는 효력이 없으나, 채권양도통지를 둘러싼 여러 사정에 비추어 丁이 대리인으로서 통지한 것임을 丙이 알았거나 알 수 있었을 때에는 유효하다.

ㄹ. 乙이 甲의 대리권 없음을 이유로 丙을 상대로 위 매매계약을 원인으로 마쳐진 소유권이전등기의 말소를 구하는 소를 제기하는 경우, 丙은 甲의 대리권 존재를 증명하여야 한다.

ㅁ. 甲이 이 사건 계약체결에 관한 대리권을 수여받지 않았고, 丙이 이를 이유로 이 사건 계약에 대한 유효한 철회의 의사표시를 하면 이 사건 계약은 확정적으로 무효가 되어 그 후 乙은 甲의 무권대리행위를 추인할 수 없다.

ㅂ. 무권대리인 甲에 의해 이 사건 계약이 체결되었으나 甲이 乙의 추인을 받지 못하자 丙이 계약이행을 선택하였고, 이 사건 계약에는 乙의 채무불이행에 대비한 손해배상액이 예정되어 있다. 이 경우 甲이 계약에서 정한 채무를 이행하지 않으면 丙에게 채무불이행에 따른 손해를 배상할 책임을 부담하나, 특별한 사정이 없는 한 이 사건 계약에서 정한 손해배상액의 예정에 따라 정해질 것은 아니다.

① 1개   ② 2개   ③ 3개
④ 4개   ⑤ 5개

MGI Point 대리 ★★★

■ 계약이 적법한 대리인에 의하여 체결된 경우
  • 대리인은 다른 특별한 사정이 없는 한 본인을 위하여 계약상 급부를 변제로서 수령할 권한 ○
  • 대리인이 그 권한에 기하여 계약상 급부를 수령한 경우 ⇨ 법률효과는 직접 본인에게 귀속
■ 매매계약 체결의 대리권을 가진 자 ⇨ 매수인을 대리하여 매매계약의 해제 내지 해제의사표시를 수령할 권한 ×
■ 채권양도통지를 함에 있어 현명을 하지 아니한 경우 ⇨ 양수인이 대리인으로서 통지한 것임을 상대방이 알았거나 알 수 있었을 때 유효
■ 등기의 추정력으로 현 소유명의인의 등기가 적법히 이루어진 것으로 추정 ⇨ 말소를 청구하는 전 소유명의인이 무효사실에 대한 입증책임 ○

- 상대방이 무권대리행위를 유효하게 철회시 무권대리행위는 확정적으로 무효 ⇨ 그 후 본인은 무권대리행위 추인 불가
- 무권대리인이 계약에서 정한 채무를 이행하지 않은 경우, 채무불이행에 대비하여 손해배상액의 예정에 관한 조항을 둔 경우 ⇨ 특별한 사정이 없는 한 무권대리인은 조항에서 정한 바에 따라 산정한 손해액을 지급 ○, 민법 제398조 적용

ㄱ. (X) 계약이 적법한 대리인에 의하여 체결된 경우에 대리인은 다른 특별한 사정이 없는 한 본인을 위하여 계약상 급부를 변제로서 수령할 권한도 가진다. 그리고 대리인이 그 권한에 기하여 계약상 급부를 수령한 경우에, 그 법률효과는 계약 자체에서와 마찬가지로 직접 본인에게 귀속되고 대리인에게 돌아가지 아니한다. 따라서 계약상 채무의 불이행을 이유로 계약이 상대방 당사자에 의하여 유효하게 해제되었다면, 해제로 인한 원상회복의무는 대리인이 아니라 계약의 당사자인 본인이 부담한다. 이는 본인이 대리인으로부터 그 수령한 급부를 현실적으로 인도받지 못하였다거나 해제의 원인이 된 계약상 채무의 불이행에 관하여 대리인에게 책임 있는 사유가 있다고 하여도 다른 특별한 사정이 없는 한 마찬가지라고 할 것이다(대판 2011.08.18. 2011다30871).

ㄴ. (X) 어떠한 계약의 체결에 관한 대리권을 수여받은 대리인이 수권된 법률행위를 하게 되면 그것으로 대리권의 원인된 법률관계는 원칙적으로 목적을 달성하여 종료하는 것이고, 법률행위에 의하여 수여된 대리권은 그 원인된 법률관계의 종료에 의하여 소멸하는 것이므로(민법 제128조), 그 계약을 대리하여 체결하였던 대리인이 체결된 계약의 해제 등 일체의 처분권과 상대방의 의사를 수령할 권한까지 가지고 있다고 볼 수는 없다(대판 2008.06.12. 2008다11276).

ㄷ. (○) 채권양도통지 권한을 위임받은 양수인이 양도인을 대리하여 채권양도통지를 함에 있어서는 민법 제114조 제1항의 규정에 따라 양도인 본인과 대리인을 표시하여야 하는 것이므로, 양수인이 서면으로 채권양도통지를 함에 있어 대리관계의 현명을 하지 아니한 채 양수인 명의로 된 채권양도통지서를 채무자에게 발송하여 도달되었다 하더라도 이는 효력이 없다고 할 것이다. 대리에 있어 본인을 위한 것임을 표시하는 이른바 현명은 반드시 명시적으로만 할 필요는 없고 묵시적으로도 할 수 있는 것이고, 채권양도통지를 함에 있어 현명을 하지 아니한 경우라도 채권양도통지를 둘러싼 여러 사정에 비추어 양수인이 대리인으로서 통지한 것임을 상대방이 알았거나 알 수 있었을 때에는 민법 제115조 단서의 규정에 의하여 유효하다(대판 2004.02.13. 2003다43490).

ㄹ. (X) 소유권이전등기가 전 등기명의인의 직접적인 처분행위에 의한 것이 아니라 제3자가 그 처분행위에 개입된 경우 현 등기명의인이 그 제3자가 전 등기명의인의 대리인이라고 주장하더라도 현 소유명의인이 등기가 적법히 이루어진 것으로 추정되므로, 그 등기가 원인무효임을 이유로 그 말소를 청구하는 전 소유명의인으로서는 그 반대사실 즉, 그 제3자에게 전 소유명의인을 대리할 권한이 없었다던가, 또는 제3자가 전 소유명의인의 등기서류를 위조하였다는 등 무효사실에 대한 입증책임을 진다(대판 1997.04.08. 97다416).

ㅁ. (○) 민법 제134조는 "대리권 없는 자가 한 계약은 본인의 추인이 있을 때까지 상대방은 본인이나 그 대리인에 대하여 이를 철회할 수 있다. 그러나 계약 당시에 상대방이 대리권 없음을 안 때에는 그러하지 아니하다."고 규정하고 있다. 민법 제134조에서 정한 상대방의 철회권은, 무권대리행위가 본인의 추인에 따라 효력이 좌우되어 상대방이 불안정한 지위에 놓이게 됨을 고려하여 대리권이 없었음을 알지 못한 상대방을 보호하기 위하여 상대방에게 부여된 권리로서, 상대방이 유효한 철회를 하면 무권대리행위는 확정적으로 무효가 되어 그 후에는 본인이 무권대리행위를 추인할 수 없다(대판 2017.06.29. 2017다213838).

ㅂ. (X) 무권대리인이 계약에서 정한 채무를 이행하지 않으면 상대방에게 채무불이행에 따른 손해를 배상할 책임을 진다. 위 계약에서 채무불이행에 대비하여 손해배상액의 예정에 관한 조항을 둔 때에는 특별한 사정이 없는 한 무권대리인은 조항에서 정한 바에 따라 산정한 손해액을 지급하여야 한다. 이 경우에도 손해배상액의 예정에 관한 민법 제398조가 적용됨은 물론이다(대판 2018.06.28. 2018다210775).

정답 ②

문 33

무권리자에 의한 처분행위 또는 무권대리에 관한 다음 설명 중 가장 옳지 않은 것은? [2019년 32번]

① 무권리자가 타인의 권리를 자기의 이름으로 또는 자기의 권리로 처분한 경우에, 권리자는 이를 추인함으로써 그 처분행위를 인정할 수 있고, 이 경우 추인은 명시적으로뿐만 아니라 묵시적인 방법으로도 가능하며 그 의사표시는 무권리자나 그 상대방 어느 쪽에 하여도 무방하다.

② 권리자가 무권리자의 처분을 추인한 경우 무권대리에 대해 본인이 추인을 한 경우와 유사하므로, 무권대리 추인의 소급효에 관한 민법 제133조를 유추 적용하여 계약으로 이루어진 무권리자의 처분을 권리자가 추인하면 원칙적으로 그 계약의 효과가 계약을 체결했을 때에 소급하여 권리자에게 귀속된다.

③ 甲이 乙의 도장을 도용하여 변호사에게 丙에 대한 소송행위를 위임하여 소송을 진행한 결과 1심에서 원고(乙)가 승소하였고, 이에 피고(丙)가 항소하여 항소심이 계속되던 중 甲이 소를 취하하였으나 乙은 위와 같은 일련의 소송행위 중에서 소취하행위만을 제외하고 나머지 소송행위 전부를 추인한 경우, 무권대리인이 행한 소송행위의 추인은 소송행위 전체를 대상으로 하여야 하므로, 소취하행위만을 다른 소송행위에서 분리하여 일부만 추인하는 乙의 위와 같은 추인행위는 허용되지 않는다.

④ 채권자가 채무자 소유의 부동산에 대하여 강제경매신청을 하여 자녀들 명의로 이를 낙찰 받았다면 그 소유자는 자녀들이므로, 채권자가 그 후 채무자와 사이에 채권액의 일부를 지급받고 자녀들 명의의 소유권이전등기를 말소하여 주기로 합의한 후 채권자의 사망으로 인하여 자녀들이 상속지분에 따라 채권자의 의무를 상속하게 되었다고 하더라도, 부동산 소유자인 자녀들은 신의칙에 반하는 것으로 인정할만한 특별한 사정이 없는 한 원칙적으로 위 합의에 따른 의무의 이행을 거절할 수 있다.

⑤ 무권대리인이 그 대리권이 있음을 증명하지 못하거나 본인의 추인을 얻지 못하였을 때에는 무권대리인의 과실유무를 묻지 않고 상대방의 선택에 따라 계약의 이행 또는 손해를 배상할 책임을 지지만, 상대방이 대리권이 없음을 알았거나 알 수 있었던 경우까지 상대방을 보호할 필요는 없는데, 이 경우 상대방의 악의나 과실에 대한 증명책임은 무권대리인이 부담한다.

MGI Point 무권대리 및 무권리자의 처분 ★★

- 무권대리규정
  - 무권리자의 처분행위에도 유추적용 ○
  - 추인·거절의 상대방은 무권대리행위로 인한 권리 또는 법률관계의 승계인도 포함 ○
- 무권대리인이 행한 소송행위의 추인 ⇨ 소취하 행위만을 제외하고 나머지 소송행위를 추인 可
- 갑이 을 소유의 부동산을 병에게 처분한 후 사망하고 을이 갑의 지위를 상속한 경우 ⇨ 을은 병에게 위 처분계약에 따른 이행의무 부담 ×
- 대리권 부존재에 대한 상대방의 惡意·過失 증명책임 소재 ⇨ 무권대리인

① (○) 무권리자가 타인의 권리를 자기의 이름으로 또는 자기의 권리로 처분한 경우에, 권리자는 후일 이를 추인함으로써 그 처분행위를 인정할 수 있고, 특별한 사정이 없는 한 이로써 권리자 본인에게 위 처분행위의 효력이 발생함은 사적 자치의 원칙에 비추어 당연하고, 이 경우 추인은 명시적으로뿐만 아니라 묵시적인 방법으로도 가능하며 그 의사표시는 무권대리인이나 그 상대방 어느 쪽에 하여도 무방하다(대판 2001.11.09. 2001다44291).

② (○) 권리자가 무권리자의 처분을 추인하면 무권대리에 대해 본인이 추인을 한 경우와 당사자들 사이의 이익상황이 유사하므로, 무권대리의 추인에 관한 민법 제130조, 제133조 등을 무권리자의 추인에 유추 적용할 수 있다. 따라서 무권리자의 처분이 계약으로 이루어진 경우에 권리자가 이를 추인하면 원칙적으로 계약의 효과가 계약을 체결했을 때에 소급하여 권리자에게 귀속된다고 보아야 한다(대판 2017.06.08. 2017다3499).

③ (X) 무권대리인이 행한 소송행위의 추인은 소송행위의 전체를 일괄하여 하여야 하는 것이나 무권대리인이 변호사에게 위임하여 소를 제기하여서 승소하고 상대방의 항소로 소송이 2심에 계속 중 그 소를 취하한 일련의 소송행위 중 소취하 행위만을 제외하고 나머지 소송행위를 추인함은 소송의 혼란을 일으킬 우려없고 소송경제상으로도 적절하여 그 추인은 유효하다(대판 1973.07.24. 69다60).

④ (○) 채권자가 채무자 소유의 부동산에 대하여 강제경매신청을 하여 자녀들 명의로 이를 경락받았다면 그 소유자는 경락인인 자녀들이라 할 것이므로, 채권자가 그 후 채무자와 사이에 채권액의 일부를 지급받고 자녀들 명의의 소유권이전등기를 말소하여 주기로 합의하였다 하더라도 이는 일종의 타인의 권리의 처분행위에 해당하여 비록 양자 사이에서 위 합의는 유효하고 채권자는 자녀들로부터 위 부동산을 취득하여 채무자에게 그 소유권이전등기를 마쳐주어야 할 의무를 부담하지만 자녀들은 원래 부동산의 소유자로서 타인의 권리에 대한 계약을 체결한 채무자에 대하여 그 이행에 관한 아무런 의무가 없고 이행을 거절할 수 있는 자유가 있었던 것이므로, 채권자의 사망으로 인하여 자녀들이 상속지분에 따라 채권자의 의무를 상속하게 되었다고 하더라도 그들은 신의칙에 반하는 것으로 인정할 만한 특별한 사정이 없는 한 원칙적으로 위 합의에 따른 의무의 이행을 거절할 수 있다(대판 2001.09.25. 99다19698).

⑤ (○) 민법 제135조 제2항의 상대방이 대리권이 없음을 알았거나 알 수 있었을 것이라는 사실에 관하여 무권대리인의 무과실책임원칙에 관한 규정인 제1항의 예외적 규정이라고 할 것이므로 상대방이 대리권이 없음을 알았다는 사실 또는 알 수 있었음에도 불구하고 알지 못하였다는 사실에 관한 입증책임은 무권대리인 자신에게 있다(대판 1962.04.12. 4294민상1021).

 ③

문 34

무권대리와 표현대리에 관한 다음 설명 중 가장 옳지 않은 것은?(다툼이 있는 경우 판례에 의함)
[2017년 11번]

① 일방 당사자가 대리인을 통하여 계약을 체결하는 경우에 있어서 계약의 상대방이 대리인을 통하여 본인과 사이에 계약을 체결하려는 데 의사가 일치하였다면 대리인의 대리권 존부 문제와는 무관하게 상대방과 본인이 그 계약의 당사자이다.

② 대리인이 사자 내지 임의로 선임한 복대리인을 통하여 권한 외의 법률행위를 한 경우, 상대방이 그 행위자를 대리권을 가진 대리인으로 믿었고 또한 그렇게 믿는 데에 정당한 이유가 있는 때에는, 복대리인 선임권이 없는 대리인에 의하여 선임된 복대리인의 권한도 기본대리권이 될 수 있을 뿐만 아니라, 그 행위자가 사자라고 하더라도 대리행위의 주체가 되는 대리인이 별도로 있고 그들에게 본인으로부터 기본대리권이 수여된 이상, 권한을 넘은 표현대리에 있어서 기본대리권의 흠결 문제는 생기지 않는다.

③ 권한을 넘은 표현대리는 대리인이 본인을 위한다는 의사를 명시 혹은 묵시적으로 표시하거나 대리의사를 가지고 권한 외의 행위를 하는 경우에 성립하고, 사술을 써서 위와 같은 대리행위의 표시를 하지 아니하고 단지 본인의 성명을 모용하여 자기가 마치 본인인 것처럼 기망하여 본인 명의로 직접 법률행위를 한 경우에는 특별한 사정이 없는 한 권한을 넘은 표현대리는 성립될 수 없다.

④ 원고와 피고 사이의 매매계약을 소외인이 자의로 해제한 후 반환받은 금원으로 매수한 대지의 등기관계서류를 원고가 위 소외인으로부터 교부받아 자기 남편명의로 위 대지에 관한 소유권이전등기를 경료한 경우에는, 원고가 소외인이 한 매매계약의 해제행위를 추인한 것으로 볼 것이다.
⑤ 표현대리는 무권대리행위의 효과를 본인에게 미치게 하는 제도로서, 표현대리가 성립하면 무권대리의 성질이 유권대리로 전환되므로, 유권대리에 관한 주장 속에는 표현대리의 주장이 포함되어 있다.

::해설   ★★

① (○) 계약을 체결하는 행위자가 타인의 이름으로 법률행위를 한 경우에 행위자 또는 명의인 가운데 누구를 계약의 당사자로 볼 것인가에 관하여는, 우선 행위자와 상대방의 의사가 일치한 경우에는 그 일치한 의사대로 행위자 또는 명의인을 계약의 당사자로 확정해야 하고, 행위자와 상대방의 의사가 일치하지 않는 경우에는 그 계약의 성질·내용·목적·체결 경위 등 그 계약 체결 전후의 구체적인 제반 사정을 토대로 상대방이 합리적인 사람이라면 행위자와 명의자 중 누구를 계약 당사자로 이해할 것인가에 의하여 당사자를 결정하여야 한다. 그러므로 일방 당사자가 대리인을 통하여 계약을 체결하는 경우에 있어서 계약의 상대방이 대리인을 통하여 본인과 사이에 계약을 체결하려는 데 의사가 일치하였다면 대리인의 대리권 존부 문제와는 무관하게 상대방과 본인이 그 계약의 당사자라고 할 것이다(대판 2003.12.12. 2003다44059).
② (○) 대리인이 사자 내지 임의로 선임한 복대리인을 통하여 권한 외의 법률행위를 한 경우, 상대방이 그 행위자를 대리권을 가진 대리인으로 믿었고 또한 그렇게 믿는 데에 정당한 이유가 있는 때에는, 복대리인 선임권이 없는 대리인에 의하여 선임된 복대리인의 권한도 기본대리권이 될 수 있을 뿐만 아니라, 그 행위자가 사자라고 하더라도 대리행위의 주체가 되는 대리인이 별도로 있고 그들에게 본인으로부터 기본대리권이 수여된 이상, 민법 제126조를 적용함에 있어서 기본대리권의 흠결 문제는 생기지 않는다(대판 1988.03.27. 97다48982).
③ (○) 민법 제126조의 표현대리는 대리인이 본인을 위한다는 의사를 명시 혹은 묵시적으로 표시하거나 대리의 사를 가지고 권한 외의 행위를 하는 경우에 성립하고, 사술을 써서 위와 같은 대리행위의 표시를 하지 아니하고 단지 본인의 성명을 모용하여 자기가 마치 본인인 것처럼 기망하여 본인명의로 직접 법률행위를 한 경우에는 특별한 사정이 없는 한 위 제126조 소정의 표현대리는 성립될 수 없다(대판 1988.02.09. 87다카273).
④ (○) 원심은 원고가 소외 甲이 피고로부터 이건 매매계약 해제로 인하여 반환받은 금원으로 매수한 서울 서대문구 홍제동 대지의 등기관계서류를 교부받고 이를 남편인 소외 乙 명의로 소유권이전등기를 거쳤다는 원판시 사실인정에서 나타난 원고의 일련의 행위에 의하여 원고는 소외 甲의 1977.10.7자 위 매매계약 해제 행위를 추인한 것이라 볼 것이라고 한 다음 원고가 잔대금 공탁은 위 매매계약 해제후의 것으로서 원고 주장은 이유 없다는 취지로 판단하고 있는 바, 원심이 설시하고 있는 증거취사 관계를 검토하여 보면 원판시 사실인정이 적법함에 따라 수긍되는 정당한 판단이라 할 것이고 원심이 받아들이지 아니한 주장을 들고 논리의 모순내지 비약있다고 하거나 원심의 사실인정을 비의하는 전제에서의 논지는 이유 없다(대판 1979.12.28. 79다1824).
⑤ (X) 유권대리에 있어서는 본인이 대리인에게 수여한 대리권의 효력에 의하여 법률효과가 발생하는 반면 표현대리에 있어서는 대리권이 없음에도 불구하고 법률이 특히 거래상대방 보호와 거래안전유지를 위하여 본래 무효인 무권대리행위의 효과를 본인에게 미치게 한 것으로서 표현대리가 성립된다고 하여 무권대리의 성질이 유권대리로 전환되는 것은 아니므로, 양자의 구성요건 해당사실 즉 주요사실은 다르다고 볼 수 밖에 없으니 유권대리에 관한 주장 속에 무권대리에 속하는 표현대리의 주장이 포함되어 있다고 볼 수 없다(대판 1983.12.13. 83다카1489(전합)).

정답 ⑤

문 35

무권대리와 표현대리에 관한 다음 설명 중 옳은 것은 모두 몇 개인가?(각 지문은 독립적이며, 다툼이 있는 경우 판례에 의함) [2016년 37번]

> ㉠ X 부동산 소유자 甲이 대리인인 乙을 통하여 丙과 매매계약을 체결하는 경우, 乙을 통하여 甲과의 사이에 계약을 체결하려는 丙의 의사만 인정되면, 乙의 대리권의 존부와 관계없이 계약의 당사자는 甲과 丙이 된다.
> ㉡ 무권대리인 乙이 본인 甲의 부동산을 무권대리임을 모르는 丙에게 임의로 매도하여 소유권이전등기를 마친 경우, 乙이 甲을 상속하였음을 이유로 乙 스스로 위 부동산 매매계약이 무권대리행위임을 주장하여 이미 경료된 소유권이전등기의 말소를 청구하는 것은 신의칙에 반한다.
> ㉢ 무권대리인 乙이 본인 甲을 위해서 계약상대방이자 부동산 매수인 丙과의 매매계약을 해제한 경우, 해제의 의사표시 당시에 丙이 그에 동의하거나 대리권을 다투지 아니한 때에는 계약의 무권대리 규정이 준용된다.
> ㉣ 부동산 시행사업을 하는 甲은 오피스텔을 준공 후 '오피스텔 분양업무'를 乙에게 위임하고 대리권을 수여하였는데, 乙이 甲과 상의도 없이 위 분양업무에 관해 丙을 복대리인으로 선임한 경우, 丙이 복대리인으로서 한 위 분양업무의 법률효과는 원칙상 甲에게 미치지 않는다.
> ㉤ 채무담보의 목적으로 채무자 乙을 대리하여 乙의 X 부동산을 매도할 권한을 위임받은 채권자 甲은 X의 가치를 임의로 평가하여 자신의 채권자인 丙에게 대물변제할 권한도 있다.
> ㉥ 甲의 대리인 乙이 대리행위로서 丙으로부터 X 부동산을 매수하는 계약을 체결하였는데, 乙이 계약을 체결하기 전에 이미 성년후견이 개시된 경우, 丙이 이에 관하여 선의·무과실인 때에는 甲에게 그 계약의 효력을 주장할 수 있다.

① 1개 ② 2개 ③ 3개
④ 4개 ⑤ 5개

해설 ★★

㉠ (○) 계약을 체결하는 행위자가 타인의 이름으로 법률행위를 한 경우에 행위자 또는 명의인 가운데 누구를 계약의 당사자로 볼 것인가에 관하여는, 우선 행위자와 상대방의 의사가 일치한 경우에는 그 일치한 의사대로 행위자 또는 명의인을 계약의 당사자로 확정해야 하고, 행위자와 상대방의 의사가 일치하지 않는 경우에는 그 계약의 성질·내용·목적·체결 경위 등 그 계약 체결 전후의 구체적인 제반 사정을 토대로 상대방이 합리적인 사람이라면 행위자와 명의자 중 누구를 계약 당사자로 이해할 것인가에 의하여 당사자를 결정하여야 한다. 그러므로 일방 당사자가 대리인을 통하여 계약을 체결하는 경우에 있어서 계약의 상대방이 대리인을 통하여 본인과 사이에 계약을 체결하려는 데 의사가 일치하였다면 대리인의 대리권 존부 문제와는 무관하게 상대방과 본인이 그 계약의 당사자라고 할 것이다(대판 2009.12.10. 2009다27513).

㉡ (○) 갑이 대리권 없이 을 소유 부동산을 병에게 매도하여 부동산소유권이전등기등에관한특별조치법에 의하여 소유권이전등기를 마쳐주었다면 그 매매계약은 무효이고 이에 터잡은 이전등기 역시 무효가 되나, 갑은 을의 무권대리인으로서 민법 제135조 제1항의 규정에 의하여 매수인인 병에게 부동산에 대한 소유권이전등기를 이행할 의무가 있으므로 그러한 지위에 있는 갑이 을로부터 부동산을 상속받아 그 소유자가 되어 소유권이전등기이행의무를 이행하는 것이 가능하게 된 시점에서 자신이 소유자라고 하여 자신으로부터 부동산을

전전매수한 정에게 원래 자신의 매매행위가 무권대리행위여서 무효였다는 이유로 정 앞으로 경료된 소유권이 전등기가 무효의 등기라고 주장하여 그 등기의 말소를 청구하거나 부동산의 점유로 인한 부당이득금의 반환을 구하는 것은 금반언의 원칙이나 신의성실의 원칙에 반하여 허용될 수 없다(대판 1994.09.27. 94다20617).

ⓒ (○) 해제의 의사표시는 단독행위이다. 단독행위에는 그 행위당시에 상대방이 대리인이라 칭하는 자의 대리권없는 행위에 동의하거나 그 대리권을 다투지 아니한 때에 한하여 무권대리의 규정을 준용한다(민법 제136조 제1문).

㉣ (○) [1] 대리의 목적인 법률행위의 성질상 대리인 자신에 의한 처리가 필요하지 아니한 경우에는 본인이 복대리 금지의 의사를 명시하지 아니하는 한 복대리인의 선임에 관하여 묵시적인 승낙이 있는 것으로 보는 것이 타당하다. [2] 오피스텔의 분양업무는 그 성질상 분양을 위임받은 대리인이 광고를 내거나 그 직원 또는 주변의 부동산중개인을 동원하여 분양사실을 널리 알리고, 분양사무실을 찾아온 사람들에게 오피스텔의 분양가격, 교통 등 입지조건, 오피스텔의 용도, 관리방법 등 분양에 필요한 제반 사항을 설명하고 청약을 유인함으로써 분양계약을 성사시키는 것으로서 대리인의 능력에 따라 본인의 분양사업의 성공 여부가 결정되는 것이므로, 사무처리의 주체가 별로 중요하지 아니한 경우에 해당한다고 보기 어렵다(대판 1996.01.26. 94다30690).

㉤ (X) 채권자가 채무의 담보의 목적으로 채무자를 대리하여 부동산에 관한 매매 등의 처분행위를 할 수 있는 권한을 위임받은 경우, 채권자는 채무자에 대한 채권의 회수를 위하여 선량한 관리자로서의 주의를 다하여 채무자가 직접 부동산을 처분하는 것과 같이 널리 원매자를 물색하여 부동산을 매매 등의 방법으로 적정한 시기에 매도한 다음 그 대가로 자신의 채권에 충당하고 나머지가 있으면 채무자에게 이를 정산할 의무가 있는 것이지, 자신의 개인적인 채무를 변제하기 위하여 그 채권자와의 사이에 임의로 부동산의 가치를 협의·평가하여 그 가액 상당의 채무에 대한 대물변제조로 양도할 권한이 있는 것은 아니다(대판 1997.09.09. 97다22720).

㉥ (○) 대리권은 성년후견의 개시로 소멸된다(민법 제127조 제2호). 대리권의 소멸은 선의의 제3자에게 대항하지 못한다. 그러나 제3자가 과실로 인하여 그 사실을 알지 못한 때에는 그러하지 아니하다(동법 제129조).
▶ 따라서 丙이 乙의 성년후견 개시에 관하여 선의·무과실인 때에는 표현대리로써 계약의 효력을 주장할 수 있다.

정답 ⑤

제4절 ┃ 법률행위의 무효와 취소

제1관 법률행위의 무효

문 36

다음 중 무효인 것은 모두 몇 개인가? [2022년 14번]

ㄱ. 관계법령에서 정한 한도를 초과하여 지급하기로 한 부동산 중개수수료 약정 중 법정한도를 초과하는 부분
ㄴ. 부첩관계의 종료를 해제조건으로 하는 증여계약
ㄷ. 농성기간 중의 행위에 대하여 근로자들에게 민·형사상의 책임이나 신분상 불이익처분 등 일체의 책임을 묻지 않기로 한 노사간 합의
ㄹ. 주택매매계약에 있어서 매도인으로 하여금 양도소득세를 부과받지 않게 할 목적으로 소유권이전등기는 3년 후에 넘겨 받기로 한 약정
ㅁ. 청원권 행사의 일환으로 이루어진 진정을 이용하여 타인을 궁지에 빠뜨린 다음 이를 취하하는 것을 조건으로 거액의 급부를 제공받기로 한 약정

① 1개　　　　　　　② 2개　　　　　　　③ 3개
④ 4개　　　　　　　⑤ 5개

MGI Point 무효　★★

- 법정 한도를 초과한 부동산 중개수수료 약정 ⇨ 법정 한도 초과하는 범위는 무효
- 부첩관계의 종료를 해제조건으로 하는 증여계약 ⇨ 무효
- 농성기간 중 근로자들의 민·형사상 책임 등 면제 합의 ⇨ 반사회질서행위 ×
- 양도소득세 부과 받지 않기 위해 소유권이전등기는 3년 후에 넘겨 받기로 하는 약정 ⇨ 유효
- 진정을 이용하여 타인을 궁지에 빠뜨린 다음 취하를 조건으로 급부 제공받기로 한 약정 ⇨ 반사회질서행위 ○ (무효)

ㄱ. (무효) 앞서 본 입법목적을 달성하기 위해서는 고액의 수수료를 수령한 부동산 중개업자에게 행정적 제재나 형사적 처벌을 가하는 것만으로는 부족하고 구 부동산중개업법 등 관련 법령에 정한 한도를 초과한 중개수수료 약정에 의한 경제적 이익이 귀속되는 것을 방지하여야 할 필요가 있으므로, 부동산 중개수수료에 관한 위와 같은 규정들은 중개수수료 약정 중 소정의 한도를 초과하는 부분에 대한 사법상의 효력을 제한하는 이른바 강행법규에 해당하고, 따라서 구 부동산중개업법 등 관련 법령에서 정한 한도를 초과하는 부동산 중개수수료 약정은 그 한도를 초과하는 범위 내에서 무효이다(대판 2007.12.20. 2005다32159(전합)).

ㄴ. (무효) 부첩관계인 부부생활의 종료를 해제조건으로 하는 증여계약은 그 조건만이 무효인 것이 아니라 증여계약 자체가 무효이다(대판 1966.06.21. 66다530).

ㄷ. (유효) 농성기간 중의 행위에 대하여 근로자들에게 일체의 책임을 묻지 않기로 노사간에 합의한 경우 그 면책합의가 압력 등에 의하여 궁지에 몰린 회사가 어쩔 수 없이 응한 것이라고 하여도 그것이 민법 제104조 소정의 요건을 충족하는 경우에 불공정한 법률행위로서 무효라고 봄은 별문제로 하고 민법 제103조 소정의 반사회질서행위라고 보기는 어려우며, 또 위 면책합의는 회사의 근로자들에 대한 민·형사상 책임 추궁이나 고용계약상의 불이익처분을 하지 않겠다는 취지이지 회사에게 권한이 없는 법률상 책임의 면제를 약속한 취지는 아니어서 선량한 풍속 기타 사회질서에 위반한 내용이라고 볼 수 없다(대판 1992.07.28. 92다14786).

ㄹ. (유효) 주택매매계약에 있어서 매도인으로 하여금 주택의 보유기간이 3년 이상으로 되게 함으로써 양도소득세를 부과받지 않게 할 목적으로 매매를 원인으로 한 소유권이전등기는 3년 후에 넘겨 받기로 특약을 하였다고 하더라도, 그와 같은 목적은 위 특약의 연유나 동기에 불과한 것이어서 위 특약 자체가 사회질서나 신의칙에 위반한 것이라고는 볼 수 없다(대판 1991.05.14. 91다6627).

ㅁ. (무효) 민법 제103조에 의하여 무효로 되는 반사회질서 행위는 법률행위의 목적인 권리의무의 내용이 선량한 풍속 기타 사회질서에 위반되는 경우뿐만 아니라, 그 내용 자체는 반사회질서적인 것이 아니라고 하여도 법률적으로 이를 강제하거나 법률행위에 반사회질서적인 조건 또는 금전적인 대가가 결부됨으로써 반사회질서적 성질을 띠게 되는 경우 및 표시되거나 상대방에게 알려진 법률행위의 동기가 반사회질서적인 경우를 포함한다. … 행정기관에 진정서를 제출하여 상대방을 궁지에 빠뜨린 다음 이를 취하하는 조건으로 거액의 급부를 제공받기로 약정한 경우, 민법 제103조 소정의 반사회질서의 법률행위에 해당한다(대판 2000.02.11. 99다56833).

정답 ③

문 37

법률행위의 무효 및 무효행위의 전환에 관한 다음 설명 중 가장 옳지 않은 것은? (다툼이 있는 경우 판례에 의하고, 전원합의체 판결의 경우 다수의견에 의함. 이하 같음) [2020년 1번]

① 상속재산을 공동상속인 1인에게 상속시킬 방편으로 나머지 상속인들이 한 상속포기 신고가 민법 제1019조 제1항의 기간을 경과한 후에 신고된 경우 상속포기로서의 효력이 없고, 공동상속인 1인이 고유의 상속분을 초과하여 상속재산 전부를 취득하고 나머지 상속인들은 이를 전혀 취득하지 않기로 하는 내용의 상속재산에 관한 협의분할이 이루어진 것으로 볼 수도 없다.
② 사용자가 근로자의 임금 지급에 갈음하여 사용자가 제3자에 대하여 가지는 채권을 근로자에게 양도하기로 하는 약정은 전부 무효임이 원칙이다. 다만 당사자 쌍방이 위와 같은 무효를 알았더라면 임금의 지급에 갈음하는 것이 아니라 지급을 위하여 채권을 양도하는 것을 의욕하였으리라고 인정될 때에는 그 채권양도 약정은 '임금의 지급을 위하여 한 것'으로서 효력을 가질 수 있다.
③ 복수의 당사자 사이에 어떠한 합의를 한 경우 그 합의는 전체로서 일체성을 가지는 것이므로, 그 중 한 당사자의 의사표시가 무효인 것으로 판명된 경우 나머지 당사자 사이의 합의가 유효한지의 여부는 민법 제137조에 정한 바에 따라 당사자가 그 무효 부분이 없더라도 법률행위를 하였을 것이라고 인정되는지의 여부에 의하여 판정되어야 한다.
④ 무효인 입양과 같은 무효인 신분행위는 추인에 의하여 소급적으로 유효하게 되나, 당사자 간에 무효인 신고행위에 상응하는 신분관계가 실질적으로 형성되어 있지 아니한 경우에는 무효인 신분행위에 대한 추인의 의사표시만으로 그 무효행위의 효력을 인정할 수 없다.
⑤ 위약벌의 약정은 채무의 이행을 확보하기 위하여 정하는 것으로서 손해배상의 예정과 다르므로 손해배상의 예정에 관한 민법 제398조 제2항을 유추 적용하여 그 액을 감액할 수 없고, 다만 의무의 강제로 얻는 채권자의 이익에 비하여 약정된 벌이 과도하게 무거울 때에는 일부 또는 전부가 공서양속에 반하여 무효로 된다.

MGI Point 법률행위의 무효 및 무효행위의 전환 ★★

- 공동상속인 1인에게 상속시킬 방편으로 상속포기기간 경과 후 나머지 상속인들이 한 상속포기 신고 ⇨ 공동상속재산을 상속인들 중 1인이 단독소유하기로 하는 협의분할이 이루어진 것
- 임금 지급에 갈음하여 사용자가 제3자에 대한 채권을 근로자에게 양도하는 약정의 효력
  - 원칙적 무효
  - 무효행위 전환의 법리(민법 제138조)에 따라 채권양도 약정은 '임금의 지급을 위하여 한 것'으로서 효력 可
- 복수 당사자 사이의 합의 중 일부 당사자의 의사표시가 무효인 경우, 나머지 당사자 사이의 합의가 유효한지 여부 ⇨ 민법 제137조에 정한 바에 따라 당사자가 그 무효 부분이 없더라도 법률행위를 하였을 것이라고 인정되는지의 여부에 의하여 판정
- 혼인, 입양 등의 신분행위의 당사자 간에 무효인 신고행위에 상응하는 신분관계가 실질적으로 형성되어 있지 아니한 경우 ⇨ 무효인 신분행위에 대한 추인의 의사표시만으로 무효행위의 효력 인정 ×
- 위약벌 약정 ⇨ 민법 제398조 제2항 유추적용하여 감액 ×

① (X) 상속재산을 공동상속인 1인에게 상속시킬 방편으로 나머지 상속인들이 한 상속포기 신고가 민법 제1019조 제1항 소정의 기간을 경과한 후에 신고된 것이어서 상속포기로서의 효력이 없다고 하더라도, 공동상속인들 사이에서는 1인이 고유의 상속분을 초과하여 상속재산 전부를 취득하고 나머지 상속인들은 이를 전혀 취득하지 않기로 하는 내용의 상속재산에 관한 협의분할이 이루어진 것으로 보아야 한다(대판 1996.03.26. 95다45545).

② (○) 임금은 법령 또는 단체협약에 특별한 규정이 있는 경우를 제외하고는 통화로 직접 근로자에게 전액을 지급하여야 한다(근로기준법 제43조 제1항). 따라서 사용자가 근로자의 임금 지급에 갈음하여 사용자가 제3자에 대하여 가지는 채권을 근로자에게 양도하기로 하는 약정은 전부 무효임이 원칙이다. 다만 당사자 쌍방이 위와 같은 무효를 알았더라면 임금의 지급에 갈음하는 것이 아니라 지급을 위하여 채권을 양도하는 것을 의욕하였으리라고 인정될 때에는 무효행위 전환의 법리(민법 제138조)에 따라 그 채권양도 약정은 '임금의 지급을 위하여 한 것'으로서 효력을 가질 수 있다(대판 2012.03.29. 2011다101308).

③ (○) 복수의 당사자 사이에 어떠한 합의를 한 경우 그 합의는 전체로서 일체성을 가지는 것이므로, 그 중 한 당사자의 의사표시가 무효인 것으로 판명된 경우 나머지 당사자 사이의 합의가 유효한지의 여부는 민법 제137조에 정한 바에 따라 당사자가 그 무효 부분이 없더라도 법률행위를 하였을 것이라고 인정되는지의 여부에 의하여 판정되어야 하고, 그 당사자의 의사는 실재하는 의사가 아니라 법률행위의 일부분이 무효임을 법률행위 당시에 알았다면 당사자 쌍방이 이에 대비하여 의욕하였을 가정적 의사를 말하는 것이지만, 한편 그와 같은 경우에 있어서 나머지 당사자들이 처음부터 한 당사자의 의사표시가 무효가 되더라도 자신들은 약정내용대로 이행하기로 하였다면 무효가 되는 부분을 제외한 나머지 부분만을 유효로 하겠다는 것이 당사자의 의사라고 보아야 할 것이므로, 그 당사자들 사이에서는 가정적 의사가 무엇인지 가릴 것 없이 무효 부분을 제외한 나머지 부분은 그대로 유효하다고 할 것이다(대판 2010.03.25. 2009다41465).

④ (○) 혼인, 입양 등의 신분행위에 관하여 민법 제139조 본문을 적용하지 않고 추인에 의하여 소급적 효력을 인정하는 것은 무효인 신분행위 후 그 내용에 맞는 신분관계가 실질적으로 형성되어 쌍방 당사자가 이의 없이 그 신분관계를 계속하여 왔다면, 그 신고가 부적법하다는 이유로 이미 형성되어 있는 신분관계의 효력을 부인하는 것은 당사자의 의사에 반하고 그 이익을 해칠 뿐 아니라 그 실질적 신분관계의 외형과 호적의 기재를 믿은 제3자의 이익도 침해할 우려가 있기 때문에 추인에 의하여 소급적으로 신분행위의 효력을 인정함으로써 신분관계의 형성이라는 신분관계의 본질적 요소를 보호하는 것이 타당하다는 데에 그 근거가 있다고 할 것이므로, 당사자 간에 무효인 신고행위에 상응하는 신분관계가 실질적으로 형성되어 있지도 아니하고 또 앞으로도 그럴 가망이 없는 경우에는 무효의 신분행위에 대한 추인의 의사표시만으로 그 무효행위의 효력을 인정할 수 없다(대판 1991.12.27. 91므30). ▶ 양모와 15세 미만인 양자의 대낙권자인 생부 사이에 양자가 양모와 동거하지도 않고 그 보호, 감독 및 교양을 받지도 않으며 입양의 본래 목적인 종손의 역할도 장차 장성하면 조상의 봉제사를 하기로 하는 입양의 합의 후 불과 1개월여 만에 양모가 그 입양의사를 철회하였음에도 위 생부가 일방적으로 입양신고를 하여 호적부에 입양이 등재되자 다시 양모와 생부가 이를 추인하기로 합의하였으나 입양의 실체가 전혀 이루어지지 않아, 당사자 간에 추인의 합의가 있었다는 사정만으로는 무효인 입양신고가 소급하여 유효하게 된다고 할 수 없다고 본 사례.

⑤ (○) 위약벌의 약정은 채무의 이행을 확보하기 위하여 정해지는 것으로서 손해배상의 예정과는 그 내용이 다르므로 손해배상의 예정에 관한 민법 제398조 제2항을 유추적용하여 그 액을 감액할 수는 없고, 다만 그 의무의 강제에 의하여 얻어지는 채권자의 이익에 비하여 약정된 벌이 과도하게 무거울 때에는 그 일부 또는 전부가 공서양속에 반하여 무효로 된다(대판 2002.04.23. 2000다56976).

정답 ①

문 38

무효와 취소에 관한 다음 설명 중 가장 옳지 않은 것은? [2019년 2번]

① 무효행위를 추인한 때에는 달리 소급효를 인정하는 법률규정이 없는 한 새로운 법률행위를 한 것으로 보아야 한다.
② 민법 제109조 제1항 단서는 의사표시의 착오가 표의자의 중대한 과실로 인한 때에는 그 의사표시를 취소하지 못한다고 규정하고 있는데, 상대방이 표의자의 착오를 알고 이를 이용한 경우에는 그 착오가 표의자의 중대한 과실로 인한 것이라고 하더라도 표의자는 그 의사표시를 취소할 수 있다.
③ 법률행위의 일부가 강행법규인 효력규정에 위반되어 무효가 되는 경우 그 부분의 무효가 나머지 부분의 유효·무효에 영향을 미치는가의 여부를 판단함에 있어서는 개별 법령이 일부무효의 효력에 관한 규정을 두고 있는 경우에는 그에 따라야 하고, 그러한 규정이 없다면 원칙적으로 민법 제137조가 적용될 것이나 당해 효력규정 및 그 효력규정을 둔 법의 입법 취지를 고려하여 볼 때 나머지 부분을 무효로 한다면 당해 효력규정 및 그 법의 취지에 명백히 반하는 결과가 초래되는 경우에는 나머지 부분까지 무효가 된다고 할 수 없다.
④ 매매계약 내용의 중요 부분에 착오가 있는 경우 매수인은 매도인의 하자담보책임이 성립하는지와 상관없이 착오를 이유로 매매계약을 취소할 수 있다.
⑤ 당사자의 합의로 착오로 인한 의사표시 취소에 관한 민법 제109조 제1항의 적용을 배제하는 것은 허용되지 않는다.

MGI Point 무효와 취소 ★★

- 무효행위의 추인 ⇨ 새로운 법률행위로 간주 (소급효 ×)
- 상대방이 표의자의 착오를 알고 이를 이용한 경우 ⇨ 표의자에게 중대한 과실이 있더라도 착오취소 可
- 법률행위의 일부가 강행법규인 효력규정에 위반되어 무효가 되는 경우
  · 개별법령에 일부무효의 효력에 관한 규정이 없는 경우 ⇨ 민법 제137조 적용
  · 나머지 부분을 무효로 한다면 당해 효력규정 및 입법취지에 명백히 반하는 경우 ⇨ 나머지 부분까지 무효 ×
- 매매계약 내용의 중요 부분에 착오가 있는 경우 ⇨ 하자담보책임이 성립하는지와 상관없이 착오를 이유로 취소 可
- 당사자의 합의로 민법 제109조 제1항의 적용 배제 可

---

① (○) 무효행위를 추인한 경우 그 때부터 새로운 법률행위가 될 뿐이지 소급효가 없다.

> 민법 제139조(무효행위의 추인) 무효인 법률행위는 추인하여도 그 효력이 생기지 아니한다. 그러나 당사자가 그 무효임을 알고 추인한 때에는 새로운 법률행위로 본다.

② (○) 민법 제109조 제1항 단서는 의사표시의 착오가 표의자의 중대한 과실로 인한 때에는 그 의사표시를 취소하지 못한다고 규정하고 있는데, 위 단서 규정은 표의자의 상대방의 이익을 보호하기 위한 것이므로, 상대방이 표의자의 착오를 알고 이를 이용한 경우에는 착오가 표의자의 중대한 과실로 인한 것이라고 하더라도 표의자는 의사표시를 취소할 수 있다(대판 2014.11.27. 2013다49794).

③ (○) 민법 제137조는 임의규정으로서 의사자치의 원칙이 지배하는 영역에서 적용된다고 할 것이므로, 법률행위의 일부가 강행법규인 효력규정에 위반되어 무효가 되는 경우 그 부분의 무효가 나머지 부분의 유효·무효에 영향을 미치는가의 여부를 판단함에 있어서는 개별 법령이 일부무효의 효력에 관한 규정을 두고 있는 경우에는 그에 따라야 하고, 그러한 규정이 없다면 원칙적으로 민법 제137조가 적용될 것이나 당해 효력규정 및 그 효력규정을 둔 법의 입법취지를 고려하여 볼 때 나머지 부분을 무효로 한다면 당해 효력규정 및

그 법의 취지에 명백히 반하는 결과가 초래되는 경우에는 나머지 부분까지 무효가 된다고 할 수는 없다 (대판 2004.06.11. 2003다1601).

④ (○) 민법 제109조 제1항에 의하면 법률행위 내용의 중요 부분에 착오가 있는 경우 착오에 중대한 과실이 없는 표의자는 법률행위를 취소할 수 있고, 민법 제580조 제1항, 제575조 제1항에 의하면 매매의 목적물에 하자가 있는 경우 하자가 있는 사실을 과실 없이 알지 못한 매수인은 매도인에 대하여 하자담보책임을 물어 계약을 해제하거나 손해배상을 청구할 수 있다. 착오로 인한 취소 제도와 매도인의 하자담보책임 제도는 취지가 서로 다르고, 요건과 효과도 구별된다. 따라서 매매계약 내용의 중요 부분에 착오가 있는 경우 매수인은 매도인의 하자담보책임이 성립하는지와 상관없이 착오를 이유로 매매계약을 취소할 수 있다(대판 2018.09.13. 2015다78703).

⑤ (X) 의사표시는 법률행위의 내용의 중요 부분에 착오가 있는 때에는 취소할 수 있고, 의사표시의 동기에 착오가 있는 경우에는 당사자 사이에 그 동기를 의사표시의 내용으로 삼았을 때에 한하여 의사표시의 내용의 착오가 되어 취소할 수 있는 것이다. 그리고 당사자의 합의로 착오로 인한 의사표시 취소에 관한 민법 제109조 제1항의 적용을 배제할 수 있다(대판 2016.04.15. 2013다97694).

 정답 ⑤

문 39

법률행위의 무효 및 취소에 관한 다음 설명 중 가장 옳지 않은 것은?(다툼이 있는 경우 판례에 의함)
[2017년 7번]

① 타인의 사망을 보험사고로 하는 보험계약의 경우, 보험계약 성립 당시 피보험자의 서면동의가 없다면 그 보험계약은 확정적으로 무효가 되고, 피보험자가 이미 무효가 된 보험계약을 추인하였다고 하더라도 그 보험계약이 유효로 될 수 없다.
② 매매계약이 약정된 매매대금의 과다로 말미암아 민법 제104조에서 정하는 '불공정한 법률행위'에 해당하여 무효인 경우에는 무효행위의 전환에 관한 민법 제138조가 적용될 수 없다.
③ 토지거래허가를 받지 아니하여 유동적 무효 상태에 있는 계약이라고 하더라도 일단 서래허가신청을 하여 불허되었다면 특별한 사정이 없는 한 불허가된 때로부터 그 거래계약은 확정적으로 무효로 되었다고 할 것이지만, 그 불허가의 취지가 미비된 요건의 보정을 명하는 데에 있고 그러한 흠결된 요건을 보정하는 것이 객관적으로 불가능하지도 아니한 경우라면 그 불허가로 인하여 거래계약이 확정적으로 무효가 되는 것은 아니다.
④ 강박에 의한 의사표시에 대한 취소권은 형성권의 일종으로서 그 행사기간을 제척기간으로 보아야 하고, 취소권자가 취소의 의사표시를 담은 반소장 부본을 원고에게 송달함으로써 취소권을 재판상 행사하는 경우에는 반소장 부본이 원고에게 도달한 때에 비로소 취소권 행사의 효력이 발생하므로, 취소의 의사표시가 담긴 반소장 부본이 제척기간 내에 송달되어야만 취소권자가 제척기간 내에 적법하게 취소권을 행사하였다고 할 것이다.
⑤ 채권자와 연대보증인 사이의 연대보증계약이 주채무자의 기망에 의하여 체결되어 적법하게 취소되었으나, 그 보증책임이 금전채무로서 채무의 성격상 가분적이고 연대보증인에게 보증한도를 일정 금액으로 하는 보증의사가 있다면, 연대보증인의 연대보증계약의 취소는 그 일정 금액을 초과하는 범위 내에서만 효력이 생긴다.

해설 ★★★

① (○) 상법 제731조 제1항에 의하면 타인의 생명보험에서 피보험자가 서면으로 동의의 의사표시를 하여야 하는 시점은 '보험계약 체결시까지'이고, 이는 강행규정으로서 이에 위반한 보험계약은 무효이므로, 타인의 생명보험계약 성립 당시 피보험자의 서면동의가 없다면 그 보험계약은 확정적으로 무효가 되고, 피보험자가 이미 무효가 된 보험계약을 추인하였다고 하더라도 그 보험계약이 유효로 될 수는 없다(대판 2006.09.22. 2004다56677).

② (X) 매매계약이 약정된 매매대금의 과다로 말미암아 민법 제104조에서 정하는 '불공정한 법률행위'에 해당하여 무효인 경우에도 무효행위의 전환에 관한 민법 제138조가 적용될 수 있다. 따라서 당사자 쌍방이 위와 같은 무효를 알았더라면 대금을 다른 액으로 정하여 매매계약에 합의하였을 것이라고 예외적으로 인정되는 경우에는, 그 대금액을 내용으로 하는 매매계약이 유효하게 성립한다(대판 2010.07.15. 2009다50308).

③ (○) 토지거래허가를 받지 아니하여 유동적 무효의 상태에 있는 매매계약이라고 하더라도 일단 토지거래허가신청을 하여 불허가되었다면 특별한 사정이 없는 한 불허가된 때로부터 그 매매계약은 확정적으로 무효가 되지만, 그 불허가의 취지가 미비된 요건의 보정을 명하는 데에 있고 그러한 흠결된 요건을 보정하는 것이 객관적으로 불가능하지도 아니한 경우라면 그 불허가로 인하여 매매계약이 확정적으로 무효가 되는 것은 아니다(대판 2010.02.11. 2008다88795).

④ (○) 강박에 의한 의사표시에 대한 취소권은 형성권의 일종으로서 그 행사기간을 제척기간으로 보아야 하고, 위 취소권은 재판상이든 재판외든 그 기간 내에 행사하면 되는 것으로서, 취소권자가 취소의 의사표시를 담은 반소장 부본을 원고에게 송달함으로써 취소권을 재판상 행사하는 경우에는 반소장 부본이 원고에게 도달한 때에 비로소 취소권 행사의 효력이 발생하여 취소권자와 원고 사이에 취소의 효력이 생기므로, 취소의 의사표시가 담긴 반소장 부본이 제척기간 내에 송달되어야만 취소권자가 제척기간 내에 적법하게 취소권을 행사였다고 할 것이다(대판 2008.09.11. 2008다27301).

⑤ (○) 피고와 원고 사이에 체결된 이 사건 연대보증계약이 박찬현의 기망행위에 의하여 체결되어 적법하게 취소되었다고 할 것이나 이 사건 연대보증계약에 따른 보증책임이 금전채무로서 채무의 성격상 가분적이고, 원고에게 보증한도를 금 30,000,000원으로 하는 보증의사가 있었던 이상 원고의 이 사건 연대보증계약의 취소는 금 30,000,000원을 초과하는 범위 내에서만 그 효력이 생긴다고 판단한 조치는 정당하고, 거기에 채증법칙 위반으로 인한 사실오인이나 일부취소의 대상이 되는 법률행위 및 반사회질서의 법률행위에 관한 법리오해 등의 위법이 있다고 볼 수 없다(대판 2002.09.10. 2002다21509).

정답 ②

문 40

무효에 관한 다음 설명 중 옳지 않은 것을 모두 고른 것은?(다툼이 있는 경우 판례에 의함) [2016년 5번]

㉠ 법률행위의 일부가 강행법규의 위반으로 무효인 경우, 그 법규가 일부무효의 효력을 규정하는 경우에는 그에 의하고, 그 규정이 없으면 원칙적으로 일부무효에 관한 민법 제137조의 규정이 적용될 것이나, 당해 효력규정과 그 규정을 둔 법의 입법취지를 고려하여 나머지 부분의 무효 여부를 결정하여야 한다.

ⓛ 재건축사업부지에 포함된 토지에 대하여 재건축사업조합과 토지의 소유자가 체결한 매매계약이 매매대금의 과다로 말미암아 불공정한 법률행위에 해당한다면, 해당 매매계약은 전부 무효가 되는 것이고, 적정한 매매대금으로 감액된 내용으로 유효하다고 볼 수는 없다.
ⓒ 상속재산 전부를 상속인 중 1인에게 상속시킬 방편으로 나머지 상속인들 전원이 상속포기신고를 하였으나, 그 상속포기가 민법 제1019조 제1항의 기간을 도과한 후에 신고된 것이어서 상속포기로서의 효력이 없는 경우에도 상속재산분할협의로서의 효력은 인정될 수 있다.
ⓔ 불공정한 법률행위는 피해자가 그 무효임을 알고 추인한 때에는 그 때로부터 유효한 법률행위가 된다.
ⓜ 임금지급에 갈음하여 사용자가 제3자에게 가지는 채권을 근로자에게 양도하는 것은 전부무효이나, 무효행위의 전환의 법리에 따라 그 채권양도약정은 '임금의 지급을 위하여 한 것'으로 효력을 가질 수 있다.

① ㉠, ㉢ ② ㉡, ㉢ ③ ㉢, ㉣
④ ㉣, ㉤ ⑤ ㉡, ㉣

해설 ★★

㉠ (○) 민법 제137조는 임의규정으로서 의사자치의 원칙이 지배하는 영역에서 적용된다고 할 것이므로, 법률행위의 일부가 강행법규인 효력규정에 위배되어 무효가 되는 경우 그 부분의 무효가 나머지 부분의 유효·무효에 영향을 미치는가의 여부를 판단함에 있어서는 개별 법령이 일부무효의 효력에 관한 규정을 두고 있는 경우에는 그에 따라야 하고, 그러한 규정이 없다면 원칙적으로 민법 제137조가 적용될 것이나, 당해 효력규정 및 그 효력규정을 둔 법의 입법 취지를 고려하여 볼 때 나머지 부분을 무효로 한다면 당해 효력규정 및 그 법의 취지에 명백히 반하는 결과가 초래되는 경우에는 나머지 부분까지 무효가 된다고 할 수는 없다(대판 2007.06.28. 2006다38161).

㉡ (X) 매매계약이 약정된 매매대금의 과다로 말미암아 민법 제104조에서 정하는 '불공정한 법률행위'에 해당하여 무효인 경우에도 무효행위의 전환에 관한 민법 제138조가 적용될 수 있다. 따라서 당사자 쌍방이 위와 같은 무효를 알았더라면 대금을 다른 액으로 정하여 매매계약에 합의하였을 것이라고 예외적으로 인정되는 경우에는, 그 대금액을 내용으로 하는 매매계약이 유효하게 성립한다. 재건축사업부지에 포함된 토지에 대하여 재건축사업조합과 토지의 소유자가 체결한 매매계약이 매매대금의 과다로 말미암아 불공정한 법률행위에 해당하지만, 그 매매대금을 적정한 금액으로 감액하여 매매계약의 유효성이 인정된다(대판 2010.07.15. 2009다50308).

㉢ (○) 상속재산 전부를 상속인 중 1인에게 상속시킬 방편으로 나머지 상속인들 전원이 상속포기신고를 하였으나, 그 상속포기가 민법 제1019조 제1항의 기간을 도과한 후에 신고된 것이어서 상속포기로서의 효력이 없는 경우에도 상속재산분할협의로서의 효력은 인정될 수 있다(대판 1991.12.24. 90누5986).

㉣ (X) 불공정한 법률행위로서 무효인 경우에는 추인에 의하여 무효인 법률행위가 유효로 될 수 없다(대판 1994.06.24. 94다10900).

㉤ (○) 임금은 법령 또는 단체협약에 특별한 규정이 있는 경우를 제외하고는 통화로 직접 근로자에게 전액을 지급하여야 한다(근로기준법 제43조 제1항). 따라서 사용자가 근로자의 임금 지급에 갈음하여 사용자가 제3자에 대하여 가지는 채권을 근로자에게 양도하기로 하는 약정은 전부 무효임이 원칙이다. 다만 당사자 쌍방이 위와 같은 무효를 알았더라면 임금의 지급에 갈음하는 것이 아니라 지급을 위하여 채권을 양도하는 것을 의욕하였으리라고 인정될 때에는 무효행위 전환의 법리(민법 제138조)에 따라 그 채권양도 약정은 '임금의 지급을 위하여 한 것'으로서 효력을 가질 수 있다(대판 2012.03.29. 2011다101308).

정답 ⑤

제2관 법률행위의 취소

제❺절 ┃ 법률행위의 부관(조건과 기한)

문 4

조건과 기한에 관한 다음 설명 중 옳은 것을 모두 고른 것은?[2023년 28번]

> ㄱ. 법률행위에 붙은 부관이 조건인지 기한인지가 명확하지 않은 경우 법률행위의 해석을 통해서 이를 결정해야 하는데, 부관에 표시된 사실이 발생한 때에는 물론이고 반대로 발생하지 않는 것이 확정된 때에도 채무를 이행하여야 한다고 보는 것이 합리적인 경우에는 표시된 사실의 발생 여부가 확정되는 것을 조건으로 정한 것으로 보아야 한다.
> ㄴ. 기한을 정하지 않은 채무에 정지조건이 있는 경우, 정지조건이 객관적으로 성취되고 그 후에 채권자가 이행을 청구하면 바로 지체책임이 발생한다.
> ㄷ. 일반적으로 기한이익 상실의 특약이 채권자를 위하여 둔 것인 점에 비추어 명백히 형성권적 기한이익 상실의 특약이라고 볼 만한 특별한 사정이 없는 이상 정지조건부 기한이익 상실의 특약으로 추정하는 것이 타당하다.
> ㄹ. 형성권적 기한이익 상실 특약이 있는 할부채무에 있어서는 1회의 불이행이 있더라도 각 할부금에 대해 그 각 변제기의 도래시마다 그 때부터 순차로 소멸시효가 진행하고 채권자가 특히 잔존 채무 전액의 변제를 구하는 취지의 의사를 표시한 경우에 한하여 전액에 대하여 그 때부터 소멸시효가 진행한다.
> ㅁ. 지연손해금은 금전채무의 이행지체에 따른 손해배상으로서 기한이 없는 채무에 해당하므로, 판결에 의하여 확정된 지연손해금에 대하여 채권자가 이행청구를 하면 채무자는 그에 대한 지체책임을 부담하게 된다.

① ㄱ, ㄴ, ㄷ　　② ㄱ, ㄷ, ㄹ　　③ ㄴ, ㄷ, ㅁ
④ ㄴ, ㄹ, ㅁ　　⑤ ㄷ, ㄹ, ㅁ

MGI Point 조건과 기한　★★★

- 부관에 표시된 사실이 발생한 때에는 물론이고 반대로 발생하지 않는 것이 확정된 때에도 채무를 이행하여야 하는 경우에 부관의 성질 ⇨ 불확정기한
- 기한을 정하지 않은 채무에 정지조건이 있는 경우에 이행지체의 성립시기 ⇨ 정지조건이 성취되고 채권자의 이행청구가 있는 때
- 기한이익 상실의 특약의 해석 ⇨ 형성권적 기한이익 상실의 특약으로 추정
- 형성권적 기한이익 상실 특약이 있는 할부채무에 있어서 1회의 불이행 ⇨ 잔존 채무 전액의 변제를 구하는 취지의 의사를 표시한 경우에 한하여 전액에 대하여 그 때부터 소멸시효가 진행
- 확정판결에 의하여 인정된 지연손해금의 이행지체 성립시기 ⇨ 채권자가 이행청구를 한 때

ㄱ. (X) 법률행위에 붙은 부관이 조건인지 기한인지가 명확하지 않은 경우 법률행위의 해석을 통해서 이를 결정해야 한다. 부관에 표시된 사실이 발생하지 않으면 채무를 이행하지 않아도 된다고 보는 것이 합리적인 경우에는 조건으로 보아야 한다. 그러나 부관에 표시된 사실이 발생한 때에는 물론이고 반대로 발생하지 않

는 것이 확정된 때에도 채무를 이행하여야 한다고 보는 것이 합리적인 경우에는 표시된 사실의 발생 여부가 확정되는 것을 불확정기한으로 정한 것으로 보아야 한다(대법원 2018. 6. 28. 2018다201702).
ㄴ. (○) 기한을 정하지 않은 채무에 정지조건이 있는 경우, 정지조건이 객관적으로 성취되고 그 후에 채권자가 이행을 청구하면 바로 지체책임이 발생한다. 조건과 기한은 하나의 법률행위에 독립적으로 작용하는 부관이므로, '조건의 성취'는 '기한이 없는 채무에서 이행기의 도래'와는 별개의 문제이기 때문이다(대법원 2018. 7. 20. 선고 2015다207044).
ㄷ. (X) 기한이익 상실의 특약은 그 내용에 의하여 일정한 사유가 발생하면 채권자의 청구 등을 요함이 없이 당연히 기한의 이익이 상실되어 이행기가 도래하는 것으로 하는 정지조건부 기한이익 상실의 특약과 일정한 사유가 발생한 후 채권자의 통지나 청구 등 채권자의 의사행위를 기다려야 비로소 이행기가 도래하는 것으로 하는 형성권적 기한이익 상실의 특약의 두 가지로 대별할 수 있고, 기한이익 상실의 특약이 위의 양자 중 어느 것에 해당하느냐는 당사자의 의사해석의 문제이지만 일반적으로 기한이익 상실의 특약이 채권자를 위하여 둔 것인 점에 비추어 명백히 정지조건부 기한이익 상실의 특약이라고 볼 만한 특별한 사정이 없는 이상 형성권적 기한이익 상실의 특약으로 추정하는 것이 타당하다(대법원 2010. 8. 26. 2008다42416,42423).
ㄹ. (○) 형성권적 기한이익 상실의 특약이 있는 경우에는 그 특약은 채권자의 이익을 위한 것으로서 기한이익의 상실 사유가 발생하였다고 하더라도 채권자가 나머지 전액을 일시에 청구할 것인가 또는 종래대로 할부변제를 청구할 것인가를 자유로이 선택할 수 있으므로, 이와 같은 기한이익 상실의 특약이 있는 할부채무에 있어서는 1회의 불이행이 있더라도 각 할부금에 대해 그 각 변제기의 도래시마다 그 때부터 순차로 소멸시효가 진행하고 채권자가 특히 잔존 채무 전액의 변제를 구하는 취지의 의사를 표시한 경우에 한하여 전액에 대하여 그 때부터 소멸시효가 진행한다(대법원 2002. 9. 4. 2002다28340).
ㅁ. (○) 금전채무의 지연손해금채무는 금전채무의 이행지체로 인한 손해배상채무로서 이행기의 정함이 없는 채무에 해당하므로, 채무자는 확정된 지연손해금채무에 대하여 채권자로부터 이행청구를 받은 때부터 지체책임을 부담하게 된다(대법원 2022. 4. 14. 선고 2020다268760).

정답 ④

문 41

조건에 관한 다음 설명 중 가장 옳지 않은 것은?(다툼이 있는 경우 판례에 의함) [2017년 6번]

① 수표나 어음의 배서에는 조건을 붙여서는 안 되고, 배서에 붙인 조건은 무효이므로 그 배서행위는 무효인 배서행위가 된다.
② 일반적으로 가족법상 행위는 조건에 친하지 않은 법률행위라고 할 수 있으나, 유언에는 조건을 붙일 수 있다.
③ 당사자 사이에 정지조건부 법률행위가 이루어진 경우, 그 법률행위는 당해 조건이 성취되어야만 유효하고 당해 조건이 성취되지 아니하면 그 법률행위는 무효로 확정된다.
④ 조건부 법률행위에 있어 조건의 내용 자체가 불법적인 것이어서 무효일 경우 또는 조건을 붙이는 것이 허용되지 아니하는 법률행위에 조건을 붙인 경우 그 조건만을 분리하여 무효로 할 수는 없고 그 법률행위 전부가 무효로 된다.
⑤ 교회의 담임 목사가 자진사임을 조건으로 부동산을 증여받기로 하였다면, 그 담임 목사는 교회를 상대로 부동산의 소유권이전등기청구를 함에 있어 자신의 자진사임 의사를 증명할 책임을 부담한다.

:: 해설   ★★★

① (X) 어음·수표의 배서에 조건을 붙이면 조건만 무효이다. 즉 조건 없는 배서가 된다(어음법 제12조 제1항 및 제77조 제1항 제1호, 수표법 제15조 제1항 참조).

> 어음법 제12조(배서의 요건) ① 배서에는 조건을 붙여서는 아니 된다. 배서에 붙인 조건은 적지 아니한 것으로 본다.
> 어음법 제77조(환어음에 관한 규정의 준용) ① 제77조(환어음에 관한 규정의 준용) 약속어음에 대하여는 약속어음의 성질에 상반되지 아니하는 한도에서 다음 각 호의 사항에 관한 환어음에 대한 규정을 준용한다.
>   1. 배서(제11조부터 제20조까지)
> 수표법 제15조(배서의 요건) ① 배서에는 조건을 붙여서는 아니 된다. 배서에 붙인 조건은 적지 아니한 것으로 본다.

② (○) 민법 제1073조 제2항 참조.

> 민법 제1073조(유언의 효력발생시기) ② 유언에 정지조건이 있는 경우에 그 조건이 유언자의 사망후에 성취한 때에는 그 조건성취한 때로부터 유언의 효력이 생긴다.

③ (○) 당사자 사이에 어떠한 조건부 법률행위가 이루어진 경우, 그 법률행위는 당해 조건이 성취되어야만 유효하고 당해 조건이 성취되지 아니하면 그 법률행위 역시 무효로 확정되는 것이다(대판 2006.12.07. 2004도3319).

④ (○) 조건부 법률행위에 있어 조건의 내용 자체가 불법적인 것이어서 무효일 경우 또는 조건을 붙이는 것이 허용되지 아니하는 법률행위에 조건을 붙인 경우 그 조건만을 분리하여 무효로 할 수는 없고 그 법률행위 전부가 무효로 된다(대판 2005.11.08. 2005마541).

⑤ (○) 원고가 피고 교회의 담임 목사직을 자진은퇴하겠다는 의사를 표명한데 대하여 피고 교회에서 은퇴위로금으로 이건 부동산을 증여하기로 한 것이라면 이 증여는 원고의 자진사임을 조건으로 한 증여라고 보아야 할 것이므로 원고가 위 증여계약을 원인으로 피고에게 소유권이전등기를 구하려면 적어도 그후 자진사임함으로써 그 조건이 성취되었음을 입증할 책임이 있다(대판 1984.09.25. 84다카967).

정답 ①

문 42

조건과 기한에 관한 다음 설명 중 가장 옳지 않은 것은?(다툼이 있는 경우 판례에 의함) [2016년 18번]

① 당사자가 불확정한 사실이 발생한 때를 이행기한으로 정한 경우 그 사실의 발생이 불가능하게 된 때에도 이행기한은 도래한 것으로 보아야 한다.
② 조건이 선량한 풍속 기타 사회질서에 위반한 것인 때에는 그 조건이 정지조건이면 조건 없는 법률행위로 한다.
③ 부관이 붙은 법률행위에 있어서 부관에 표시된 사실이 발생하지 아니하면 채무를 이행하지 아니하여도 된다고 보는 것이 상당한 경우에는 조건으로 보아야 하고, 표시된 사실이 발생한 때에는 물론이고 반대로 발생하지 아니하는 것이 확정된 때에도 그 채무를 이행하여야 한다고 보는 것이 상당한 경우에는 표시된 사실의 발생 여부가 확정되는 것을 불확정기한으로 정한 것으로 보아야 한다.
④ 이미 부담하고 있는 채무의 변제에 관하여 일정한 사실이 부관으로 붙여진 경우에는 특별한 사정이 없는 한 불확정기한으로 보아야 한다.
⑤ 재건축사업을 추진하던 자들과 사업 진행에 필요한 운전자금을 출자하고 사업상의 이익에 참여하기로 하는 등의 공동사업계약을 체결하고 그들에게 운전자금을 지급한 자가, 그 후 사업진행이

순조롭지 않자 공동사업관계에서 탈퇴하면서 '스폰서가 영입되거나 사업권을 넘길 경우나 사업을 진행할 때'에는 위 출자금을 반환받기로 하는 청산약정을 체결한 경우 위 부관은 불확정기한으로 보아야 한다.

해설 ★★

① (○) 당사자가 불확정한 사실이 발생한 때를 이행기한으로 정한 경우에 있어서 그 사실이 발생한 때는 물론 그 사실의 발생이 불가능하게 된 때에도 이행기한은 도래한 것으로 보아야 한다(대판 1989.06.27. 88다카10579).

② (X) 조건이 선량한 풍속 기타 사회질서에 위반한 것인 때에는 그 법률행위는 무효로 한다(민법 제151조 제1항). 즉 그 조건만 무효가 아니라 법률행위 전부가 무효가 된다.

③ (○) 이미 부담하고 있는 채무에 관하여 부관에 표시된 사실이 발생하지 아니하면 채무를 이행하지 아니하여도 되는 경우에는 조건이고, 표시된 사실이 발생한 때에는 물론이고 반대로 발생하지 아니하는 것이 확정된 때에도 그 채무를 이행하여야 한다면 표시된 사실의 발생 여부가 확정되는 것을 불확정기한으로 정한 것이다(대판 2003.08.19. 2003다24215).

④ (○) 이미 부담하고 있는 채무의 변제에 관하여 일정한 사실이 부관으로 붙여진 경우에는 특별한 사정이 없는 한 그것은 변제기를 유예한 것으로서 그 사실이 발생한 때 또는 발생하지 아니하는 것으로 확정된 때에 기한이 도래한다(대판 2003.08.19. 2003다24215).

⑤ (○) 재건축사업을 추진하던 자들과 사업 진행에 필요한 운전자금을 출자하고 사업상의 이익에 참여하기로 하는 등의 공동사업계약을 체결하고 그들에게 운전자금을 지급한 자, 그 후 사업진행이 순조롭지 않자 공동사업관계에서 탈퇴하면서 '스폰서가 영입되거나 사업권을 넘길 경우나 사업을 진행할 때'에는 위 출자금을 반환받기로 하는 청산약정을 체결한 경우, 위 부관의 법적 성질을 거기서 정해진 사유가 발생하지 않는 한 언제까지라도 위 투자금을 반환할 의무가 성립하지 않는 정지조건이라기보다는 불확정기한으로 보아, 출자금반환의무는 위 약정사유가 발생하는 때는 물론이고 상당한 기간 내에 위 약정사유가 발생하지 않는 때에도 성립한다고 해석하는 것이 타당하다(대판 2009.05.14. 2009다16643).

정답 ②

제6장 기간

문 5
기간에 관한 다음 설명 중 옳은 것을 모두 고른 것은?[2023년 17번]

ㄱ. 민법상 수급인의 하자담보책임에 관한 기간은 제척기간으로서 재판상 또는 재판외의 권리행사기간이며 재판상 청구를 위한 출소기간이다.
ㄴ. 친생부인의 소는 부(夫) 또는 처(妻)가 다른 일방 또는 자(子)를 상대로 하여 그 사유가 있음을 안 날부터 1년내에 이를 제기하여야 하고, 이 경우에 상대방이 될 자가 모두 사망한 때에는 그 사망을 안 날부터 1년내에 검사를 상대로 하여 친생부인의 소를 제기할 수 있다.
ㄷ. 재판상 파양청구권은 양부모가 양자를 학대 또는 유기한 경우 그 사유가 있음을 안 날부터 6개월, 그 사유가 있었던 날부터 3년이 지나면 파양을 청구할 수 없다.
ㄹ. 자가 부 또는 모를 상대로 하여 인지청구의 소를 제기함에 있어서는 특별한 제척기간이 없으나, 부 또는 모가 사망하여 검사를 상대로 하여 인지청구의 소를 제기할 때에는 그 사망을 안 날로부터 2년내에 하여야 한다.
ㅁ. 집합건물인 아파트의 입주자대표회의가 스스로 하자담보추급에 의한 손해배상청구권을 가짐을 전제로 하여 직접 아파트의 분양자를 상대로 손해배상청구소송을 제기하였다가, 소송 계속 중에 정당한 권리자인 구분소유자들에게서 손해배상채권을 양도받고 분양자에게 통지가 마쳐진 후 그에 따라 소를 변경한 경우, 위 손해배상청구권은 입주자대표회의의 채권양도통지 시점에 행사된 것으로 보아야 한다.

① ㄱ, ㄷ   ② ㄴ, ㄷ   ③ ㄴ, ㄹ
④ ㄷ, ㄹ   ⑤ ㄹ, ㅁ

MGI Point 기간 ★★★

- 민법상 수급인의 하자담보책임에 관한 기간 ⇨ 제척기간○, 출소기간×
- 친생부인의 소의 기간 ⇨ 사유가 있음을 안 날로부터 2년, 상대방 모두 사망하였음을 안 날로부터 2년
- 재판상 파양청구권의 기간 ⇨ 사유가 있음을 안 날부터 6개월, 그 사유가 있었던 날부터 3년
- 인지청구의 소의 기간 ⇨ 자가 부모를 상대로 하는 경우:제한無, 자가 검사를 상대로 하는 경우: 사망을 안날로부터 2년
- 입주자대표회의가 직접 아파트의 분양자를 상대로 손해배상청구소송을 제기하였다가, 소송 계속 중에 구분소유자들에게서 손해배상채권을 양도받고 분양자에게 통지가 마쳐진 후 그에 따라 소를 변경한 경우에 권리의 행사시점 ⇨소 변경시

ㄱ. (X) 민법상 수급인의 하자담보책임에 관한 기간은 제척기간으로서 재판상 또는 재판외의 권리행사기간이며 재판상 청구를 위한 출소기간이 아니다(대법원 2004. 1. 27. 2001다24891).

ㄴ. (X)

> 민법
> 제847조(친생부인의 소) ① 친생부인(親生否認)의 소(訴)는 부(夫) 또는 처(妻)가 다른 일방 또는 자(子)를 상대로 하여 그 사유가 있음을 안 날부터 2년내에 이를 제기하여야 한다.
> ② 제1항의 경우에 상대방이 될 자가 모두 사망한 때에는 그 사망을 안 날부터 2년내에 검사를 상대로 하여 친생부인의 소를 제기할 수 있다

ㄷ. (○)

> 민법
> 제907조(파양 청구권의 소멸) 파양 청구권자는 제905조제1호·제2호·제4호의 사유가 있음을 안 날부터 6개월, 그 사유가 있었던 날부터 3년이 지나면 파양을 청구할 수 없다.

ㄹ. (○)

> 민법
> 제864조(부모의 사망과 인지청구의 소) 제862조 및 제863조의 경우에 부 또는 모가 사망한 때에는 그 사망을 안 날로부터 2년내에 검사를 상대로 하여 인지에 대한 이의 또는 인지청구의 소를 제기할 수 있다.

ㅁ. (X) 집합건물인 아파트의 입주자대표회의가 스스로 하자담보추급에 의한 손해배상청구권을 가짐을 전제로 하여 직접 아파트의 분양자를 상대로 손해배상청구소송을 제기하였다가, 소송 계속 중에 정당한 권리자인 구분소유자들에게서 손해배상채권을 양도받고 분양자에게 통지가 마쳐진 후 그에 따라 소를 변경한 경우에는, 채권양도통지에 채권양도의 사실을 알리는 것 외에 이행을 청구하는 뜻이 별도로 덧붙여지거나 그 밖에 구분소유자들이 재판외에서 권리를 행사하였다는 등 특별한 사정이 없는 한, 위 손해배상청구권은 입주자대표회의가 위와 같이 소를 변경한 시점에 비로소 행사된 것으로 보아야 한다(대법원 2012. 3. 22. 2010다28840 전원합의체).

정답 ④

제7장 소멸시효

문 6

다음 중 3년의 단기소멸시효가 적용되는 채권이 아닌 것은 모두 몇 개인가? [2023년 2번]

> ㄱ. 금전소비대차계약에 따라 1년 이내의 정기로 지급하기로 한 이자채권
> ㄴ. 세무사의 직무에 관한 용역비채권
> ㄷ. 의사의 치료비 채권
> ㄹ. 변호사의 직무에 관한 보수채권
> ㅁ. 공사를 도급받아 수행한 건설업자의 공사대금채권

① 없음   ② 1개   ③ 2개   ④ 3개   ⑤ 4개

MGI Point 단기소멸시효 ★★

- 세무사의 직무에 관한 용역비채권 ⇨ 10년의 소멸시효
- 의사의 치료비 채권, 변호사의 직무에 관한 보수채권, 수급인의 공사대금채권, 1년 이내의 정기로 지급하기로 한 이자채권 ⇨ 3년의 단기소멸시효

ㄱ. (○), ㄷ. (○), ㄹ. (○), ㅁ. (○)

> 민법
> 제163조(3년의 단기소멸시효) 다음 각호의 채권은 3년간 행사하지 아니하면 소멸시효가 완성한다.
> 1. 이자, 부양료, 급료, 사용료 기타 1년 이내의 기간으로 정한 금전 또는 물건의 지급을 목적으로 한 채권
> 2. 의사, 조산사, 간호사 및 약사의 치료, 근로 및 조제에 관한 채권
> 3. 도급받은 자, 기사 기타 공사의 설계 또는 감독에 종사하는 자의 공사에 관한 채권
> 4. 변호사, 변리사, 공증인, 공인회계사 및 법무사에 대한 직무상 보관한 서류의 반환을 청구하는 채권
> 5. 변호사, 변리사, 공증인, 공인회계사 및 법무사의 직무에 관한 채권
> 6. 생산자 및 상인이 판매한 생산물 및 상품의 대가
> 7. 수공업자 및 제조자의 업무에 관한 채권

ㄴ. (X) 세무사의 직무에 관하여 고도의 공공성과 윤리성을 강조하고 있는 세무사법의 여러 규정에 비추어 보면, 개별 사안에 따라 전문적인 세무지식을 활용하여 직무를 수행하는 세무사의 활동은 간이·신속하고 외관을 중시하는 정형적인 영업활동, 자유로운 광고·선전을 통한 영업의 활성화 도모, 인적·물적 영업기반의 자유로운 확충을 통한 최대한의 효율적인 영리 추구 허용 등을 특징으로 하는 상인의 영업활동과는 본질적으로 차이가 있다. 그리고 세무사의 직무와 관련하여 형성된 법률관계에 대하여는 상인의 영업활동 및 그로 인해 형성된 법률관계와 동일하게 상법을 적용하여야 할 특별한 사회경제적 필요 내지 요청이 있다고 볼 수도 없다. 따라서 세무사를 상법 제4조 또는 제5조 제1항이 규정하는 상인이라고 볼 수 없고, 세무사의 직무에 관한 채권이 상사채권에 해당한다고 볼 수 없으므로, 세무사의 직무에 관한 채권에 대하여는 민법 제162조 제1항에 따라 10년의 소멸시효가 적용된다(대법원 2022. 8. 25. 선고 2021다311111).

정답 ②

문 7

소멸시효에 관한 다음 설명 중 가장 옳은 것은? [2023년 10번]

① 임대차 종료 후 임차인 甲이 보증금을 반환받기 위해 목적물을 점유하되 임대인 乙에 대하여 직접적인 이행청구를 하지 않았다면 보증금반환채권에 대한 권리를 행사하는 것으로 볼 수 없으므로, 권리의 불행사라는 상태가 계속되고 있다고 보아야 한다.

② 실제로 발생하지 않은 보험사고의 발생을 가장하여 청구·수령된 보험금 상당 부당이득반환청구권은 상법 제64조가 유추적용되어 같은 조항이 정한 5년의 상사 소멸시효기간에 걸린다.

③ 소송에서 법원이 판결로 소송비용의 부담을 정하는 재판을 하면서 그 액수를 정하지 않았더라도 소송비용부담의 재판이 확정됨으로써 소송비용상환의무의 존재가 확정되고 그 의무의 이행기가 도래한다.

④ 민법 제495조는 "소멸시효가 완성된 채권이 그 완성 전에 상계할 수 있었던 것이면 그 채권자는 상계할 수 있다."라고 규정하고 있다. 따라서 임대차 존속 중 임대인의 구상금채권의 소멸시효가 완성된 이후에 임대인이 이미 소멸시효가 완성된 구상금채권을 자동채권으로 삼아 임차인의 유익비상환채권과 상계하는 것은 민법 제495조에 의해 인정될 수 있다.

⑤ 주택임대차보호법은 임차권등기명령의 신청에 대한 재판절차와 임차권등기명령의 집행 등에 관하여 민사집행법상 가압류에 관한 절차규정을 일부 준용하고 있으므로, 임차권등기명령에 따른 임차권등기에도 민법 제168조 제2호에서 정하는 소멸시효 중단사유인 압류 또는 가압류, 가처분에 준하는 효력이 있다고 볼 수 있다.

MGI Point 소멸시효 ★★★

- 임대차 종료 후 임차인 甲이 보증금을 반환받기 위해 목적물을 점유하는 경우 ⇨ 보증금반환채권 소멸시효 진행×
- 실제로 발생하지 않은 보험사고의 발생을 가장하여 청구·수령된 보험금 상당 부당이득반환청구권 ⇨ 5년의 상사 소멸시효기간 적용
- 소송비용부담의 재판이 확정된 경우 ⇨ 소송비용액확정결정 전까지는 이행기가 도래×
- 임대인이 이미 소멸시효가 완성된 구상금채권을 자동채권으로 삼아 임차인의 유익비상환채권과 상계하는 것 ⇨ 허용×
- 주택임대차보호법상 임차권등기명령 ⇨ 소멸시효 중단사유인 압류 또는 가압류, 가처분에 준하는 효력×

① (X) 임대차가 종료함에 따라 발생한 임차인의 목적물반환의무와 임대인의 보증금반환의무는 동시이행관계에 있다. 임차인이 임대차 종료 후 동시이행항변권을 근거로 임차목적물을 계속 점유하는 것은 임대인에 대한 보증금반환채권에 기초한 권능을 행사한 것으로서 보증금을 반환받으려는 계속적인 권리행사의 모습이 분명하게 표시되었다고 볼 수 있다. 따라서 임대차 종료 후 임차인이 보증금을 반환받기 위해 목적물을 점유하는 경우 보증금반환채권에 대한 권리를 행사하는 것으로 보아야 하고, 임차인이 임대인에 대하여 직접적인 이행청구를 하지 않았다고 해서 권리의 불행사라는 상태가 계속되고 있다고 볼 수 없다(대법원 2020. 7. 9. 선고 2016다244224(본소), 2016다244231(반소)).

② (○) 상행위인 계약의 무효로 인한 부당이득반환청구권은 민법 제741조의 부당이득 규정에 따라 발생한 것으로서 특별한 사정이 없는 한 민법 제162조 제1항이 정하는 10년의 민사 소멸시효기간이 적용되나, 부당이득반환청구권이 상행위인 계약에 기초하여 이루어진 급부 자체의 반환을 구하는 것으로서 채권의 발생 경위나 원인, 당사자의 지위와 관계 등에 비추어 법률관계를 상거래 관계와 같은 정도로 신속하게 해결할 필요성이 있는 경우 등에는 상법 제64조가 유추적용되어 같은 조항이 정한 5년의 상사 소멸시효기간에 걸린다. 이

러한 법리는 실제로 발생하지 않은 보험사고의 발생을 가장하여 청구·수령된 보험금 상당 부당이득반환청구권의 경우에도 마찬가지로 적용할 수 있다(대법원 2021. 8. 19. 선고 2018다258074).

③ (X) 소송에서 법원이 판결로 소송비용의 부담을 정하는 재판을 하면서 그 액수를 정하지 않은 경우 소송비용부담의 재판이 확정됨으로써 소송비용상환의무의 존재가 확정되지만, 당사자의 신청에 따라 별도로 민사소송법 제110조에서 정한 소송비용액확정결정으로 구체적인 소송비용 액수가 정해지기 전까지는 그 의무의 이행기가 도래한다고 볼 수 없고 이행기의 정함이 없는 상태로 유지된다(대법원 2021. 7. 29.자 2019마6152 결정).

④ (X) 민법 제626조 제2항은 임차인이 유익비를 지출한 경우에는 임대인은 임대차 종료 시에 그 가액의 증가가 현존한 때에 한하여 임차인의 지출한 금액이나 그 증가액을 상환하여야 한다고 규정하고 있으므로, 임차인의 유익비상환채권은 임대차계약이 종료한 때에 비로소 발생한다고 보아야 한다. 따라서 임대차 존속 중 임대인의 구상금채권의 소멸시효가 완성된 경우에는 위 구상금채권과 임차인의 유익비상환채권이 상계할 수 있는 상태에 있었다고 할 수 없으므로, 그 이후에 임대인이 이미 소멸시효가 완성된 구상금채권을 자동채권으로 삼아 임차인의 유익비상환채권과 상계하는 것은 민법 제495조에 의하더라도 인정될 수 없다(대법원 2021. 2. 10. 선고 2017다258787).

⑤ (X) 주택임대차보호법 제3조의3에서 정한 임차권등기명령에 따른 임차권등기는 특정 목적물에 대한 구체적 집행행위나 보전처분의 실행을 내용으로 하는 압류 또는 가압류, 가처분과 달리 어디까지나 주택임차인이 주택임대차보호법에 따른 대항력이나 우선변제권을 취득하거나 이미 취득한 대항력이나 우선변제권을 유지하도록 해 주는 담보적 기능을 주목적으로 한다. 비록 주택임대차보호법이 임차권등기명령의 신청에 대한 재판절차와 임차권등기명령의 집행 등에 관하여 민사집행법상 가압류에 관한 절차규정을 일부 준용하고 있지만, 이는 일방 당사자의 신청에 따라 법원이 심리·결정한 다음 등기를 촉탁하는 일련의 절차가 서로 비슷한 데서 비롯된 것일 뿐 이를 이유로 임차권등기명령에 따른 임차권등기가 본래의 담보적 기능을 넘어서 채무자의 일반재산에 대한 강제집행을 보전하기 위한 처분의 성질을 가진다고 볼 수는 없다. 그렇다면 임차권등기명령에 따른 임차권등기에는 민법 제168조 제2호에서 정하는 소멸시효 중단사유인 압류 또는 가압류, 가처분에 준하는 효력이 있다고 볼 수 없다(대법원 2019. 5. 16. 선고 2017다226629).

정답 ②

문 43

소멸시효에 관한 다음 설명 중 가장 옳지 않은 것은? [2022년 33번]

① 소멸시효 이익의 포기는 상대적 효과가 있을 뿐이어서 다른 사람에게는 영향을 미치지 아니함이 원칙이나, 소멸시효 이익의 포기 당시에는 그 권리의 소멸에 의하여 직접 이익을 받을 수 있는 이해관계를 맺은 적이 없다가 나중에 시효이익을 이미 포기한 자와의 법률관계를 통하여 비로소 시효이익을 원용할 이해관계를 형성한 자는 이미 이루어진 시효이익 포기의 효력을 부정할 수 없다.

② 소멸시효가 완성된 채무를 피담보채무로 하는 근저당권이 실행되어 채무자 소유의 부동산이 경락되고 그 대금이 배당되어 채무의 일부 변제에 충당될 때까지 채무자가 아무런 이의를 제기하지 아니하였다면, 경매절차의 진행을 채무자가 알지 못하였다는 등 다른 특별한 사정이 없는 한, 채무자는 시효완성의 사실을 알고 그 채무를 묵시적으로 승인하여 시효의 이익을 포기한 것으로 볼 수 있고, 이는 채무자의 다른 일반채권자가 배당절차에서 이의를 제기하고 채무자를 대위하여 소멸시효 완성의 주장을 원용한 경우라도 마찬가지이다.

③ 소멸시효가 완성된 경우 이를 주장할 수 있는 사람은 시효로 채무가 소멸되는 결과 직접적인 이익을 받는 사람에 한정되는데, 후순위 담보권자는 선순위 담보권의 피담보채권이 소멸하면 담보권의 순위가 상승하고 이에 따라 피담보채권에 대한 배당액이 증가할 수 있지만 이러한 배당액 증가에 대한 기대는 담보권의 순위 상승에 따른 반사적 이익에 지나지 않으므로, 후순위 담보권자는 선순위 담보권의 피담보채권 소멸로 직접 이익을 받는 자에 해당하지 않아 선순위 담보권의 피담보채권에 관한 소멸시효가 완성되었다고 주장할 수 없다.
④ 채권자에게 권리의 행사를 기대할 수 없는 객관적인 사실상의 장애사유가 있었던 경우 그러한 장애가 해소된 때에는 그로부터 상당한 기간 내에 권리를 행사하여야만 채무자의 소멸시효의 항변을 저지할 수 있다.
⑤ 원인채권의 지급을 확보하기 위하여 어음이 수수된 당사자 사이에서 채권자가 어음채권을 피보전권리로 하여 채무자의 재산을 가압류한 경우 그 원인채권의 소멸시효를 중단시키는 효력이 인정되지만, 가압류 결정 이전에 이미 피보전권리인 어음채권의 시효가 완성되어 소멸된 경우에는 그 가압류 결정에 의하여 그 원인채권의 소멸시효를 중단시키는 효력이 인정되지 않는다.

MGI Point 소멸시효 ★★

- 시효이익을 이미 포기한 자와의 법률관계를 통하여 비로소 시효이익을 원용할 이해관계를 형성한 자 ⇨ 시효이익 포기의 효력을 부정 불가
- 소멸시효가 완성된 채무의 채무자가 경매절차에서 아무런 이의 제기하지 않은 경우 ⇨ 다른 채권자가 이의제기하고 소멸시효 완성의 주장을 원용하였다면 시효이익의 묵시적 포기 불인정
- 후순위 담보권자 ⇨ 시효이익을 원용할 자 ×
- 채권자는 권리의 행사를 기대할 수 없는 객관적인 사실상의 장애가 해소된 때부터 상당한 기간 내에 권리 행사하여야 채무자의 소멸시효의 항변 저지 可
- 시효완성된 어음채권에 기한 가압류 ⇨ 원인채권의 소멸시효 중단효 ×

① (○) 소멸시효 이익의 포기는 상대적 효력이 있을 뿐이어서 다른 사람에게는 영향을 미치지 아니함이 원칙이나, 소멸시효 이익의 포기 당시에는 권리의 소멸에 의하여 직접 이익을 받을 수 있는 이해관계를 맺은 적이 없다가 나중에 시효이익을 이미 포기한 자와의 법률관계를 통하여 비로소 시효이익을 원용할 이해관계를 형성한 자는 이미 이루어진 시효이익 포기의 효력을 부정할 수 없다(대판 2015.06.11. 2015다200227).

② (X) 채무자가 소멸시효 완성 후 채무를 일부 변제한 때에는 액수에 관하여 다툼이 없는 한 채무 전체를 묵시적으로 승인한 것으로 보아야 하고, 이 경우 시효완성의 사실을 알고 이익을 포기한 것으로 추정되므로, 소멸시효가 완성된 채무를 피담보채무로 하는 근저당권이 실행되어 채무자 소유의 부동산이 경락되고 대금이 배당되어 채무의 일부 변제에 충당될 때까지 채무자가 아무런 이의를 제기하지 아니하였다면, 경매절차의 진행을 채무자가 알지 못하였다는 등 다른 특별한 사정이 없는 한, 채무자는 시효완성의 사실을 알고 채무를 묵시적으로 승인하여 시효의 이익을 포기한 것으로 볼 수 있기는 하다. 그러나 소멸시효가 완성된 경우 채무자에 대한 일반채권자는 채권자의 지위에서 독자적으로 소멸시효의 주장을 할 수는 없지만 자기의 채권을 보전하기 위하여 필요한 한도 내에서 채무자를 대위하여 소멸시효 주장을 할 수 있으므로 <u>채무자가 배당절차에서 이의를 제기하지 아니하였다고 하더라도 채무자의 다른 채권자가 이의를 제기하고 채무자를 대위하여 소멸시효 완성의 주장을 원용하였다면, 시효의 이익을 묵시적으로 포기한 것으로 볼 수 없다</u>(대판 2017.07.11. 2014다32458).

③ (○) 소멸시효가 완성된 경우 이를 주장할 수 있는 사람은 시효로 채무가 소멸되는 결과 직접적인 이익을 받는 사람에 한정된다. 후순위 담보권자는 선순위 담보권의 피담보채권이 소멸하면 담보권의 순위가 상승하고 이에 따라 피담보채권에 대한 배당액이 증가할 수 있지만, 이러한 배당액 증가에 대한 기대는 담보권의

순위 상승에 따른 반사적 이익에 지나지 않는다. 후순위 담보권자는 선순위 담보권의 피담보채권 소멸로 직접 이익을 받는 자에 해당하지 않아 선순위 담보권의 피담보채권에 관한 소멸시효가 완성되었다고 주장할 수 없다고 보아야 한다(대판 2021.02.25. 2016다232597).

④ (○) 소멸시효를 이유로 한 항변권의 행사도 민법의 대원칙인 신의성실의 원칙과 권리남용금지 원칙의 지배를 받는 것이어서, 시효완성 전에 객관적으로 권리를 행사할 수 없는 사실상의 장애사유가 있어 권리행사를 기대할 수 없는 특별한 사정이 있는 경우에는 채무자가 소멸시효의 완성을 주장하는 것은 신의성실의 원칙에 반하는 권리남용으로서 허용될 수 없다. 한편, 위와 같이 채권자에게 권리의 행사를 기대할 수 없는 객관적인 사실상의 장애사유가 있었던 경우에도 그러한 장애가 해소된 때에는 그로부터 상당한 기간 내에 권리를 행사하여야만 채무자의 소멸시효 항변을 저지할 수 있다(대판 2014.04.10. 2013다215973).

⑤ (○) 원인채권의 지급을 확보하기 위하여 어음이 수수된 당사자 사이에서 채권자가 어음채권을 피보전권리로 하여 채무자의 재산을 가압류함으로써 그 권리를 행사한 경우에는 그 원인채권의 소멸시효를 중단시키는 효력을 인정하고 있는데, 원래 위 두 채권이 독립된 것임에도 불구하고 이와 같은 효력을 인정하는 이유는 이러한 어음은 경제적으로 동일한 급부를 위하여 원인채권의 지급수단으로 수수된 것으로서 그 어음채권의 행사는 원인채권을 실현하기 위한 것일 뿐만 아니라 어음수수 당사자 사이에서 원인채권의 시효소멸은 어음금 청구에 대하여 어음채무자가 대항할 수 있는 인적항변 사유에 해당하므로 채권자가 어음채권의 소멸시효를 중단하여 두어도 원인채권의 시효소멸로 인한 인적항변에 따라 그 권리를 실현할 수 없게 되는 불합리한 결과가 발생하게 되기 때문이다. 그러나 이미 소멸시효가 완성된 후에는 그 채권이 소멸되고 시효 중단을 인정할 여지가 없으므로, 이미 시효로 소멸된 어음채권을 피보전권리로 하여 가압류 결정을 받는다고 하더라도 이를 어음채권 내지는 원인채권을 실현하기 위한 적법한 권리행사로 볼 수 없을 뿐 아니라, 더 이상 원인채권에 관한 시효 중단 여부가 어음채권의 권리 실현에 영향을 주지 못하여 어떠한 불합리한 결과가 발생하지 아니한다는 점을 함께 참작하여 보면, 가압류 결정 이전에 이미 피보전권리인 어음채권의 시효가 완성되어 소멸된 경우에는 그 가압류 결정에 의하여 그 원인채권의 소멸시효를 중단시키는 효력을 인정할 수 없다고 할 것이다(대판 2007.09.20. 2006다68902).

정답 ②

문 44

소멸시효 중단에 관한 다음 설명 중 가장 옳지 않은 것은? [2021년 16번]

① 채권양도의 대항요건을 갖추지 못한 채권의 양수인이 채무자를 상대로 재판상 청구를 한 경우에도 소멸시효는 중단된다.
② 민법 제168조에서 시효중단사유의 하나로 규정하고 있는 '재판상 청구'에는 이행의 소를 제기하는 경우는 물론, 시효를 주장하는 자가 원고가 되어 소를 제기한 데 대하여 피고로서 응소하여 그 소송에서 적극적으로 권리를 주장하고 그것이 받아들여진 경우도 포함되고, 이 경우 시효중단의 효력은 피고가 현실적으로 권리를 행사하여 응소한 때, 즉 답변서를 제출한 때 발생한다.
③ 금전채권자가 채무자의 재산을 가압류한 경우에는 소멸시효가 중단되고 가압류를 취하하면 취하서를 제출한 시점부터 중단된 시효기간이 다시 진행하게 된다.
④ 최고를 여러 번 거듭하다가 재판상 청구 등을 한 경우에 있어서의 시효중단의 효력은 항상 최초의 최고시에 발생하는 것이 아니라 재판상 청구 등을 한 시점을 기준으로 하여 이로부터 소급하여 6월 이내에 한 최고시에 발생한다.

⑤ 채권자가 물상보증인에 대하여 임의경매를 신청하여 경매법원이 경매개시결정을 하고 경매절차의 이해관계인으로서의 채무자에게 그 결정이 송달되거나 경매기일이 통지된 경우에는 소멸시효의 진행이 중단된다.

> **MGI Point | 소멸시효 중단** ★★
>
> - 채권양도의 대항요건을 갖추지 못한 채권의 양수인이 채무자를 상대로 재판상 청구 한 경우 ⇨ 소멸시효 중단
> - 채권자가 피고로서 응소하여 적극적으로 권리를 주장하고 그것이 받아들여진 경우 ⇨ 시효중단사유인 재판상의 청구에 해당 ○, 응소행위로 인한 시효중단의 효력은 피고가 현실적으로 권리를 행사하여 응소한 때에 발생함
> - 금전채권의 보전을 위하여 채무자의 금전채권에 대하여 가압류가 행하여진 후 채권자의 신청에 의하여 그 집행이 취소된 경우 ⇨ 가압류에 의한 소멸시효 중단의 효과는 소급적으로 소멸됨
> - 최고를 거듭하다가 재판상 청구를 한 경우에 소멸시효중단의 기준시점 ⇨ 재판상 청구 등을 한 시점을 기준으로 하여 이로부터 소급하여 6월 이내에 한 최고시에 발생함
> - 채권자가 물상보증인에 대해 경매를 신청하여 그 경매개시결정이 채무자에게 송달된 경우
>   ⇨ 채무자에 대한 소멸시효 중단 발생 ○

① (○) 채권양도는 구 채권자인 양도인과 신 채권자인 양수인 사이에 채권을 그 동일성을 유지하면서 전자로부터 후자에게로 이전시킬 것을 목적으로 하는 계약을 말한다 할 것이고, 채권양도에 의하여 채권은 그 동일성을 잃지 않고 양도인으로부터 양수인에게 이전되며, 이러한 법리는 채권양도의 대항요건을 갖추지 못하였다고 하더라도 마찬가지인 점, 민법 제149조의 "조건의 성취가 미정한 권리의무는 일반규정에 의하여 처분, 상속, 보존 또는 담보로 할 수 있다."는 규정은 대항요건을 갖추지 못하여 채무자에게 대항하지 못한다고 하더라도 채권양도에 의하여 채권을 이전받은 양수인의 경우에도 그대로 준용될 수 있는 점, 채무자를 상대로 재판상의 청구를 한 채권의 양수인을 '권리 위에 잠자는 자'라고 할 수 없는 점 등에 비추어 보면, 비록 대항요건을 갖추지 못하여 채무자에게 대항하지 못한다고 하더라도 채권의 양수인이 채무자를 상대로 재판상 청구를 하였다면 이는 소멸시효 중단사유인 재판상의 청구에 해당한다고 보아야 한다(대판 2005.11.10. 2005다41818).

② (○) 민법 제168조 제1호, 제170조 제1항에서 시효중단사유의 하나로 규정하고 있는 재판상의 청구라 함은, 통상적으로는 권리자가 원고로서 시효를 주장하는 자를 피고로 하여 소송물인 권리를 소의 형식으로 주장하는 경우를 가리키지만, 이와 반대로 시효를 주장하는 자가 원고가 되어 소를 제기한 데 대하여 피고로서 응소하여 그 소송에서 적극적으로 권리를 주장하고 그것이 받아들여진 경우도 이에 포함되고, 위와 같은 응소행위로 인한 시효중단의 효력은 피고가 현실적으로 권리를 행사하여 응소한 때에 발생한다. … 원고가 피고들이 제기한 본소에 응소하여 답변서를 제출한 2005. 6. 17. 이 사건 각 대출금채권에 관한 소멸시효는 중단되었고 … (대판 2010.08.26. 2008다42416).

③ (X) 금전채권의 보전을 위하여 채무자의 금전채권에 대하여 가압류가 행하여진 경우에 그 후 채권자의 신청에 의하여 그 집행이 취소되었다면, 다른 특별한 사정이 없는 한 가압류에 의한 소멸시효 중단의 효과는 소급적으로 소멸된다. 민법 제175조는 가압류가 '권리자의 청구에 의하여 취소된 때에는' 소멸시효 중단의 효력이 없다고 정한다. 가압류의 집행 후에 행하여진 채권자의 집행취소 또는 집행해제의 신청은 실질적으로 집행신청의 취하에 해당하고, 이는 다른 특별한 사정이 없는 한 가압류 자체의 신청을 취하하는 것과 마찬가지로 그에게 권리행사의 의사가 없음을 객관적으로 표명하는 행위로서 위 법 규정에 의하여 시효중단의 효력이 소멸한다고 봄이 상당하다. 이러한 점은 위와 같은 집행취소의 경우 그 취소의 효력이 단지 장래에 대하여만 발생한다는 것에 의하여 달라지지 아니한다(대판 2010.10.14. 2010다53273).

④ (○) 최고를 여러번 거듭하다가 재판상 청구 등을 한 경우에 있어서의 시효중단의 효력은 항상 최초의 최고시에 발생하는 것이 아니라 재판상 청구 등을 한 시점을 기준으로 하여 이로부터 소급하여 6월 이내에 한 최고시에 발생한다(대판 1987.12.22. 87다카2337).

⑤ (○) 채권자가 물상보증인에 대하여 그 피담보채권의 실행으로서 임의경매를 신청하여 경매법원이 경매개시 결정을 하고 경매절차의 이해관계인으로서의 채무자에게 그 결정이 송달되거나 또는 경매기일이 통지된 경우에는 시효의 이익을 받는 채무자는 민법 제176조에 의하여 당해 피담보채권의 소멸시효 중단의 효과를 받는다(대판 1997.08.29. 97다12990).

정답 ③

문 45

소멸시효에 관한 다음 설명 중 가장 옳지 않은 것은? [2020년 12번]

① 소멸시효 중단사유로서의 채무승인은 시효이익을 받는 당사자인 채무자가 소멸시효의 완성으로 채권을 상실하게 될 자에 대하여 상대방의 권리 또는 자신의 채무가 있음을 알고 있다는 뜻을 표시함으로써 성립하는 이른바 관념의 통지로 여기에 어떠한 효과의사가 필요하지 않다.
② 부진정연대채무에서 채무자 1인에 대한 재판상 청구 또는 채무자 1인이 행한 채무의 승인 등 소멸시효의 중단사유나 시효이익의 포기는 다른 채무자에게도 효력이 미친다.
③ 채무자가 소멸시효 완성 후 채무를 일부 변제한 때에는 그 액수에 관하여 다툼이 없는 한 그 채무 전체를 묵시적으로 승인한 것으로 보아야 하고, 이 경우 시효완성의 사실을 알고 그 이익을 포기한 것으로 추정된다.
④ 소멸시효가 완성된 경우 채무자에 대한 일반채권자는 채권자의 지위에서 독자적으로 소멸시효의 주장을 할 수는 없지만 자기의 채권을 보전하기 위하여 필요한 한도 내에서 채무자를 대위하여 소멸시효 주장을 할 수 있다.
⑤ 시효완성 후 시효이익의 포기가 인정되려면 시효이익을 받는 채무자가 시효의 완성으로 인한 법적인 이익을 받지 않겠다는 효과의사가 필요하기 때문에 시효완성 후 소멸시효 중단사유에 해당하는 채무의 승인이 있었다 하더라도 그것만으로는 곧바로 소멸시효 이익의 포기라는 의사표시가 있었다고 단정할 수 없다.

MGI Point 소멸시효 ★★

- 소멸시효 중단사유로서 채무승인 ⇨ 관념의 통지 (효과의사 不要)
- 시효완성 후 소멸시효 중단사유에 해당하는 채무의 승인이 있는 경우 ⇨ 그것만으로는 곧바로 소멸시효 이익의 포기라는 의사표시 ×
- 부진정연대채무자 중 1인에 관한 소멸시효의 중단사유나 시효이익의 포기 ⇨ 상대적 효력
- 소멸시효 완성 후 채무의 일부 변제 ⇨ 원칙적으로 채무 전체 묵시적 승인한 것 ○
- 소멸시효 완성이익과 채무자의 일반채권자 ⇨ 직접원용 ×, 대위해서 주장 ○

① (○), ⑤ (○) 소멸시효 중단사유로서의 채무승인은 시효이익을 받는 당사자인 채무자가 소멸시효의 완성으로 채권을 상실하게 될 자에 대하여 상대방의 권리 또는 자신의 채무가 있음을 알고 있다는 뜻을 표시함으로써 성립하는 이른바 관념의 통지로 여기에 어떠한 효과의사가 필요하지 않다. 이에 반하여 시효완성 후 시효이익의 포기가 인정되려면 시효이익을 받는 채무자가 시효의 완성으로 인한 법적인 이익을 받지 않겠다는 효과의사가 필요하기 때문에 시효완성 후 소멸시효 중단사유에 해당하는 채무의 승인이 있었다 하더라도 그것만으로는 곧바로 소멸시효 이익의 포기라는 의사표시가 있었다고 단정할 수 없다(대판 2013.02.28. 2011다21556).

② (X) 부진정연대채무에서 채무자 1인에 대한 재판상 청구 또는 채무자 1인이 행한 채무의 승인 등 소멸시효의 중단사유나 시효이익의 포기는 다른 채무자에게 효력을 미치지 않는다(대판 2017.09.12. 2017다865).

③ (○), ④ (○) 채무자회생법 제32조 제3호에서는 개인회생채권자 목록을 제출한 경우 시효중단의 효력이 있다고 규정하고 있다. 한편 채무자가 소멸시효 완성 후 채무를 일부 변제한 때에는 액수에 관하여 다툼이 없는 한 채무 전체를 묵시적으로 승인한 것으로 보아야 하고, 이 경우 시효완성의 사실을 알고 이익을 포기한 것으로 추정되므로, 소멸시효가 완성된 채무를 피담보채무로 하는 근저당권이 실행되어 채무자 소유의 부동산이 경락되고 대금이 배당되어 채무의 일부 변제에 충당될 때까지 채무자가 아무런 이의를 제기하지 아니하였다면, 경매절차의 진행을 채무자가 알지 못하였다는 등 다른 특별한 사정이 없는 한, 채무자는 시효완성의 사실을 알고 채무를 묵시적으로 승인하여 시효의 이익을 포기한 것으로 볼 수 있기는 하다. 그러나 소멸시효가 완성된 경우 채무자에 대한 일반 채권자는 채권자의 지위에서 독자적으로 소멸시효의 주장을 할 수는 없지만 자기의 채권을 보전하기 위하여 필요한 한도 내에서 채무자를 대위하여 소멸시효 주장을 할 수 있으므로 채무자가 배당절차에서 이의를 제기하지 아니하였다고 하더라도 채무자의 다른 채권자가 이의를 제기하고 채무자를 대위하여 소멸시효 완성의 주장을 원용하였다면, 시효의 이익을 묵시적으로 포기한 것으로 볼 수 없다(대판 2017.07.11. 2014다32458).

정답 ②

문 46

소멸시효에 관한 다음 설명 중 옳지 않은 것을 모두 고른 것은? [2019년 12번]

> ㄱ. 당선자와 일정한 계약을 체결할 의무를 지는 우수현상 광고의 광고자가 그 의무를 위반하여 계약의 종국적인 체결에 이르지 못함으로써 상대방이 채무불이행을 원인으로 손해배상을 청구하는 경우, 그 손해배상청구권의 소멸시효기간은 계약이 체결되었다면 취득하게 될 이행청구권에 적용되는 소멸시효기간에 따르고, 그 소멸시효는 채무불이행시부터 진행한다.
> ㄴ. 보험사고가 발생한 것인지의 여부가 객관적으로 분명하지 아니하여 보험금청구권자가 과실 없이 보험사고의 발생을 알 수 없었던 특별한 사정이 있는 경우에는 보험사고의 발생을 알았거나 알 수 있었을 때부터 보험금청구권의 소멸시효가 진행한다.
> ㄷ. 현존하지 아니하는 장래의 채권을 미리 승인하는 것도 채무자가 그 권리의 존재를 인식하고 있다는 뜻을 표시한 것이므로, 소멸시효의 중단사유로서의 승인으로 허용된다.
> ㄹ. 부동산 실권리자명의 등기에 관한 법률 시행 전에 이루어진 명의신탁 부동산에 관하여 유예기간 내에 실명화 조치를 취하지 않아 명의신탁자가 명의수탁자에 대하여 부당이득반환으로 그 부동산에 관한 소유권이전등기청구권을 행사하는 경우, 그 등기청구권은 명의신탁자가 명의신탁 부동산을 계속 점유·사용하여 왔더라도 소멸시효가 진행한다.
> ㅁ. 채권자가 채무자를 상대로 공동불법행위자에 대한 구상금 청구의 소를 제기하였다면, 이로써 채권자의 사무관리로 인한 비용상환청구권의 소멸시효도 중단된다.
> ㅂ. 甲과 乙이 丙에 대해 부진정연대채무를 부담하고 있는 경우, 丙의 甲에 대한 이행의 청구는 乙의 채무에 대해 시효중단의 효력이 발생하지 않는다.

① ㄱ, ㄴ, ㄹ   ② ㄴ, ㄹ   ③ ㄷ, ㄹ, ㅁ
④ ㄷ, ㅁ   ⑤ ㄷ, ㅁ, ㅂ

> MGI Point **소멸시효** ★★
>
> - 우수현상광고의 광고자로서 당선자와 계약을 체결할 의무 있는 자가 이를 이행하지 아니한 경우, 당선자의 손해배상청구권의 소멸시효기간 ⇨ 계약이 체결되었을 때 취득하게 될 이행청구권에 적용되는 소멸시효기간
> - 보험금청구권의 소멸시효의 기산점 ⇨ 원칙 : 보험사고가 발생한 때 / 예외 : 객관적으로 보험사고 발생사실을 알 수 없는 경우에는 보험사고의 발생을 알았거나 알 수 있었던 때
> - 소멸시효 중단사유로서의 승인시기 ⇨ 시효개시 後 시효완성 前 (사전 승인 ×)
> - 부실법 전에 이루어진 명의신탁 부동산에 관하여 실명화 등의 조치 없이 유예기간이 경과하여 명의신탁자가 소유권이전등기 청구권 행사하는 경우 ⇨ 명의신탁자가 부동산을 계속 점유·사용한 경우에도 소멸시효가 진행
> - 채권자가 채무자를 상대로 공동불법행위자에 대한 구상금 청구의 소를 제기 ⇨ 채권자의 사무관리로 인한 비용상환청구권의 소멸시효가 중단 ×
> - 부진정연대채무자 1인에 대한 이행 청구로 인한 시효중단의 효력은 다른 채무자에게 미치지 ×

ㄱ. (○) 우수현상광고의 광고자로서 당선자에게 일정한 계약을 체결할 의무가 있는 자가 그 의무를 위반함으로써 계약의 종국적인 체결에 이르지 않게 되어 상대방이 그러한 계약체결의무의 채무불이행을 원인으로 하는 손해배상을 청구한 경우 그 손해배상청구권은 계약이 체결되었을 경우에 취득하게 될 계약상의 이행청구권과 실질적이고 경제적으로 밀접한 관계가 형성되어 있기 때문에, 그 손해배상청구권의 소멸시효기간은 계약이 체결되었을 때 취득하게 될 이행청구권에 적용되는 소멸시효기간을 따르며, 채무불이행으로 인한 손해배상청구권의 소멸시효는 채무불이행시로부터 진행한다(대판 2005.01.14. 2002다57119).

ㄴ. (○) 특별한 다른 사정이 없는 한 원칙적으로 보험금청구권의 소멸시효는 보험사고가 발생한 때로부터 진행한다고 해석해야 한다. 다만 보험사고가 발생한 것인지 여부가 객관적으로 분명하지 아니하여 보험금청구권자가 과실 없이 보험사고의 발생을 알 수 없었던 경우에도 보험사고가 발생한 때로부터 보험금청구권의 소멸시효가 진행한다고 해석하면 보험금청구권자에게 너무 가혹하여 사회정의와 형평의 이념에 반할 뿐만 아니라 소멸시효제도의 존재이유에 부합된다고 볼 수도 없으므로, 이와 같이 객관적으로 보아 보험사고가 발생한 사실을 확인할 수 없는 사정이 있는 경우에는 보험금청구권자가 보험사고의 발생을 알았거나 알 수 있었던 때부터 보험금청구권의 소멸시효가 진행한다고 해석할 것이다(대판 2012.09.27. 2010다101776).

ㄷ. (×) 소멸시효의 중단사유로서의 승인은 시효이익을 받을 당사자인 채무자가 그 권리의 존재를 인식하고 있다는 뜻을 표시함으로써 성립하는 것이므로 이는 소멸시효의 진행이 개시된 이후에만 가능하고 그 이전에 승인을 하더라도 시효가 중단되지는 않는다고 할 것이고, 또한 현존하지 아니하는 장래의 채권을 미리 승인하는 것은 채무자가 그 권리의 존재를 인식하고서 한 것이라고 볼 수 없어 허용되지 않는다고 할 것이다(대판 2001.11.09. 2001다52568).

ㄹ. (○) 명의신탁계약 및 그에 기한 등기를 무효로 하고 그 위반행위에 대하여 형사처벌까지 규정한 부동산 실권리자명의 등기에 관한 법률의 시행에 따라 그 권리를 상실하게 된 위 법률 시행 이전의 명의신탁자가 그 대신에 부당이득의 법리에 따라 법률상 취득하게 된 명의신탁 부동산에 대한 부당이득반환청구권의 경우, 무효로 된 명의신탁 약정에 기하여 처음부터 명의신탁자가 그 부동산의 점유 및 사용 등 권리를 행사하고 있다 하여 위 부당이득반환청구권 자체의 실질적 행사가 있다고 볼 수 없을 뿐만 아니라, 명의신탁자가 그 부동산을 점유·사용하여 온 경우에는 명의신탁자의 명의수탁자에 대한 부당이득반환청구권에 기한 등기청구권의 소멸시효가 진행되지 않는다고 보아야 한다면, 이는 명의신탁자가 부동산 실권리자명의 등기에 관한 법률의 유예기간 및 시효기간 경과 후 여전히 실명전환을 하지 않아 위 법률을 위반한 경우임에도 그 권리를 보호하여 주는 결과로 되어 부동산 거래의 실정 및 부동산 실권리자명의 등기에 관한 법률 등 관련법률의 취지에도 맞지 않는다(대판 2009.07.09. 2009다23313).

ㅁ. (×) 채권자가 동일한 목적을 달성하기 위하여 복수의 채권을 갖고 있는 경우, 채권자로서는 그 선택에 따라 권리를 행사할 수 있되, 그 중 어느 하나의 청구를 한 것만으로는 다른 채권 그 자체를 행사한 것으로 볼 수는 없으므로, 특별한 사정이 없는 한 그 다른 채권에 대한 소멸시효 중단의 효력은 없는 것이고, 채권자가

채무자를 상대로 공동불법행위자에 대한 구상금 청구의 소를 제기하였다고 하여 이로써 채권자의 사무관리로 인한 비용상환청구권의 소멸시효가 중단될 수는 없다(대판 2001.03.23. 2001다6145).
ㅂ. (○) 부진정연대채무에 있어 채무자 1인에 대한 이행의 청구는 타 채무자에 대하여 그 효력이 미치지 않으므로, 하천구역으로 편입된 토지의 소유자가 서울특별시장에게 보상금지급 청구를 하였다 하더라도 부진정연대채무관계에 있는 국가에 대하여 시효중단의 효과가 발생한다고 할 수 없다(대판 1997.09.12. 95다42027).

정답 ④

문 47

소멸시효에 관한 다음 설명 중 옳은 것을 모두 고른 것은? [2019년 18번]

> ㄱ. 임차권등기명령에 따른 임차권등기에는 민법 제168조제2호에서 정하는 소멸시효 중단사유인 압류 또는 가압류, 가처분에 준하는 효력이 있다.
> ㄴ. 민법 제247조 제2항은 '소멸시효의 중단에 관한 규정은 점유로 인한 부동산소유권의 시효취득기간에 준용한다.'고 규정하고, 민법 제168조 제2호는 소멸시효 중단사유로 '압류 또는 가압류, 가처분'을 규정하고 있으므로, 취득시효기간의 완성 전에 부동산에 압류 또는 가압류 조치가 이루어졌다면 이는 취득시효의 중단사유가 될 수 있다.
> ㄷ. 어떠한 계약상의 채무를 채무자가 이행하지 않았다고 하더라도 채권자는 여전히 해당 계약에서 정한 채권을 보유하고 있으므로, 특별한 사정이 없는 한 채무자가 그 채무를 이행하지 않고 있다고 하여 채무자가 법률상 원인 없이 이득을 얻었다고 할 수는 없고, 설령 그 채권이 시효로 소멸하게 되었다 하더라도 달리 볼 수 없다.
> ㄹ. 채무불이행으로 인한 손해배상채권은 본래의 채권이 확장된 것이거나 본래의 채권의 내용이 변경된 것이므로 본래의 채권이 시효로 소멸한 때에는 손해배상채권도 함께 소멸한다.
> ㅁ. 법원은 당사자가 주장하는 기산일과 다른 날짜를 소멸시효의 기산일로 삼을 수 있다.

① ㄱ, ㄷ
② ㄱ, ㄹ
③ ㄴ, ㄹ
④ ㄷ, ㄹ
⑤ ㄷ, ㅁ

MGI Point 소멸시효 ★★

- 임차권등기명령에 따른 임차권등기 ⇨ 민법 제168조 제2호에서 정하는 소멸시효 중단사유인 압류 또는 가압류, 가처분에 준하는 효력 ×
- 점유로 인한 부동산소유권의 시효취득에 있어 취득시효의 중단사유 ⇨ 민법 제168조 제2호 '압류 또는 가압류' × (∵ 종래의 점유상태의 계속이 파괴×)
- 채무자의 채무불이행 상태 ⇨ 채무자의 부당이득은 × ∵ 채권자는 채권 보유 (채권이 시효로 소멸한 경우도 동일)
- 본래의 채권이 시효로 소멸할 때 손해배상채권도 함께 소멸 (∵ 동일성)
- 변론주의의 대상인 주요사실 ⇨ 소멸시효 기산일 ○ / 소멸시효기간 × 취득시효기산일 ×

ㄱ. (X) 주택임대차보호법 제3조의3에서 정한 임차권등기명령에 따른 임차권등기는 특정 목적물에 대한 구체적 집행행위나 보전처분의 실행을 내용으로 하는 압류 또는 가압류, 가처분과 달리 어디까지나 주택임차인

이 주택임대차보호법에 따른 대항력이나 우선변제권을 취득하거나 이미 취득한 대항력이나 우선변제권을 유지하도록 해 주는 담보적 기능을 주목적으로 한다. 비록 주택임대차보호법이 임차권등기명령의 신청에 대한 재판절차와 임차권등기명령의 집행 등에 관하여 민사집행법상 가압류에 관한 절차규정을 일부 준용하고 있지만, 이는 일방 당사자의 신청에 따라 법원이 심리·결정한 다음 등기를 촉탁하는 일련의 절차가 서로 비슷한 데서 비롯된 것일 뿐 이를 이유로 임차권등기명령에 따른 임차권등기가 본래의 담보적 기능을 넘어서 채무자의 일반재산에 대한 강제집행을 보전하기 위한 처분의 성질을 가진다고 볼 수는 없다. 그렇다면 임차권등기명령에 따른 임차권등기에는 민법 제168조 제2호에서 정하는 소멸시효 중단사유인 압류 또는 가압류, 가처분에 준하는 효력이 있다고 볼 수 없다(대판 2019.05.16. 2017다226629).

ㄴ. (X) 민법 제247조 제2항은 '소멸시효의 중단에 관한 규정은 점유로 인한 부동산소유권의 시효취득기간에 준용한다.'고 규정하고, 민법 제168조 제2호는 소멸시효 중단사유로 '압류 또는 가압류, 가처분'을 규정하고 있다. 점유로 인한 부동산소유권의 시효취득에 있어 취득시효의 중단사유는 종래의 점유상태의 계속을 파괴하는 것으로 인정될 수 있는 사유이어야 하는데, 민법 제168조 제2호에서 정하는 '압류 또는 가압류'는 금전채권의 강제집행을 위한 수단이거나 그 보전수단에 불과하여 취득시효기간의 완성 전에 부동산에 압류 또는 가압류 조치가 이루어졌다고 하더라도 이로써 종래의 점유상태의 계속이 파괴되었다고는 할 수 없으므로 이는 취득시효의 중단사유가 될 수 없다(대판 2019.04.03 2018다296878).

ㄷ. (○) ㄹ. (○) 채무불이행으로 인한 손해배상채권은 본래의 채권이 확장된 것이거나 본래의 채권의 내용이 변경된 것이므로 본래의 채권과 동일성을 가진다. 따라서 본래의 채권이 시효로 소멸한 때에는 손해배상채권도 함께 소멸한다. 한편 어떠한 계약상의 채무를 채무자가 이행하지 않았다고 하더라도 채권자는 여전히 해당 계약에서 정한 채권을 보유하고 있으므로, 특별한 사정이 없는 한 채무자가 채무를 이행하지 않고 있다고 하여 채무자가 법률상 원인 없이 이득을 얻었다고 할 수는 없고, 설령 채권이 시효로 소멸하게 되었다 하더라도 달리 볼 수 없다(대판 2018.02.28. 2016다45779).

ㅁ. (X) 소멸시효의 기산일은 채무의 소멸이라고 하는 법률효과 발생의 요건에 해당하는 소멸시효 기간 계산의 시발점으로서 소멸시효 항변의 법률요건을 구성하는 구체적인 사실에 해당하므로 이는 변론주의의 적용 대상이고, 따라서 본래의 소멸시효 기산일과 당사자가 주장하는 기산일이 서로 다른 경우에는 변론주의의 원칙상 법원은 당사자가 주장하는 기산일을 기준으로 소멸시효를 계산하여야 하는데, 이는 당사자가 본래의 기산일보다 뒤의 날짜를 기산일로 하여 주장하는 경우는 물론이고 특별한 사정이 없는 한 그 반대의 경우에 있어서도 마찬가지이다(대판 1995.08.25. 94다35886).

정답 ④

문 48

제척기간에 관한 다음 설명 중 옳은 것(○)과 옳지 않은 것(X)을 올바르게 표시한 것은? [2019년 6번]

ㄱ. 아파트 입주자대표회의가 스스로 하자담보추급에 의한 손해배상청구권을 가짐을 전제로 직접 아파트 분양자를 상대로 손해배상청구소송을 제기하였다가, 소송 계속 중에 정당한 권리자인 구분소유자들로부터 손해배상청구권을 양도받고 분양자에게 양도통지가 이루어진 후 그에 따라 양수금으로 소를 변경한 경우, 특별한 사정이 없는 한 위 손해배상청구권은 분양자에게 채권양도의 통지가 이루어진 시점에 제척기간 준수에 필요한 권리의 행사가 있었던 것으로 보아야 한다.

ㄴ. 민법 제670조에서 규정하는 수급인의 하자담보책임에 관한 기간은 제척기간으로서 재판 외에서 권리를 행사하는 것으로 족한 기간이 아니라, 반드시 그 기간 내에 소를 제기하여야 하는 출소기간이다.

ㄷ. 민법 제204조 제3항의 점유침탈자에 대한 청구권은 그 점유를 침탈 당한 날로부터 1년 내에 행사하여야 하는 것으로 규정되어 있는데, 위의 제척기간은 재판 외에서 권리를 행사하는 것으로 족한 기간이 아니라 반드시 그 기간 내에 소를 제기하여야 하는 출소기간이다.

ㄹ. 보험계약의 해지권은 형성권이고, 위 해지권의 행사기간은 제척기간이며, 해지의 의사표시가 담긴 소장이 제척기간 내에 법원에 접수되었다면 비록 그 소장 부본이 제척기간 후에 피고에게 송달되었다고 하더라도, 해지권자가 제척기간 내에 적법하게 해지권을 행사하였다고 볼 것이다.

ㅁ. 매도인에 대한 하자담보에 기한 손해배상청구권에 대하여는 민법 제582조에서 정한 6월의 제척기간이 적용되고, 이는 법률관계의 조속한 안정을 도모하고자 하는데에 취지가 있으므로, 하자담보에 기한 매수인의 손해배상청구권에는 민법 제162조 제1항에서 정한 10년의 채권 소멸시효기간의 적용은 배제된다.

ㅂ. 매매예약의 완결권은 형성권으로서 당사자 사이에 그 행사기간을 약정한 때에는 그 기간 내에, 그러한 약정이 없는 때에는 그 예약이 성립한 때로부터 10년 내에 이를 행사하여야 하고, 그 기간 진행의 기산점은 특별한 사정이 없는 한 원칙적으로 권리가 발생한 때이며, 당사자 사이에 매매예약 완결권을 행사할 수 있는 시기를 특별히 약정한 경우에도 그 제척기간은 당초 권리의 발생일로부터 10년의 기간이 경과하면 만료된다.

① ㄱ(X), ㄴ(X), ㄷ(○), ㄹ(X), ㅁ(○), ㅂ(○)
② ㄱ(X), ㄴ(X), ㄷ(○), ㄹ(○), ㅁ(X), ㅂ(○)
③ ㄱ(X), ㄴ(X), ㄷ(○), ㄹ(X), ㅁ(X), ㅂ(○)
④ ㄱ(○), ㄴ(X), ㄷ(○), ㄹ(X), ㅁ(X), ㅂ(○)
⑤ ㄱ(○), ㄴ(○), ㄷ(X), ㄹ(○), ㅁ(○), ㅂ(X)

MGI Point 제척기간 ★★

- 채권양도 통지만으로는 제척기간 준수에 필요한 권리의 재판외 행사 ×
- 출소기간 ⇨ 점유보호청구권의 행사기간 ○ / 수급인의 하자담보책임에 관한 제척기간 ×
- 해지권을 재판상 행사하는 경우 ⇨ 해지의 의사표시가 담긴 소장 부본이 제척기간 내에 피고에게 송달되어야만 적법하게 해지권을 행사
- 하자담보에 기한 매수인의 손해배상청구권 ⇨ 소멸시효의 대상 ○
- 매매예약의 완결권 ⇨ 행사기간을 약정한 때에는 그 기간 내에, 약정이 없는 때에는 예약이 성립한 때로부터 10년 내에 이를 행사하여야 함

ㄱ. (X) 채권양도의 통지는 양도인이 채권이 양도되었다는 사실을 채무자에게 알리는 것에 그치는 행위이므로, 그것만으로 제척기간 준수에 필요한 권리의 재판외 행사에 해당한다고 할 수 없다. 따라서 집합건물인 아파트의 입주자대표회의가 스스로 하자담보추급에 의한 손해배상청구권을 가짐을 전제로 하여 직접 아파트의 분양자를 상대로 손해배상청구소송을 제기하였다가, 소송 계속 중에 정당한 권리자인 구분소유자들에게서 손해배상채권을 양도받고 분양자에게 통지가 마쳐진 후 그에 따라 소를 변경한 경우에는, 채권양도통지에 채권양도의 사실을 알리는 것 외에 이행을 청구하는 뜻이 별도로 덧붙여지거나 그 밖에 구분소유자들이 재

판외에서 권리를 행사하였다는 등 특별한 사정이 없는 한, 위 손해배상청구권은 입주자대표회의가 위와 같이 소를 변경한 시점에 비로소 행사된 것으로 보아야 한다(대판 2012.03.22. 2010다28840).

ㄴ. (X) 민법상 수급인의 하자담보책임에 관한 기간은 제척기간으로서 재판상 또는 재판 외의 권리행사기간이며 재판상 청구를 위한 출소기간이 아니라고 할 것이다(대판 2000.06.09. 2000다15371).

ㄷ. (O) 민법 제204조 제3항과 제205조 제2항에 의하면 점유를 침탈 당하거나 방해를 받은 자의 침탈자 또는 방해자에 대한 청구권은 그 점유를 침탈 당한 날 또는 점유의 방해행위가 종료된 날로부터 1년 내에 행사하여야 하는 것으로 규정되어 있는데, 여기에서 제척기간의 대상이 되는 권리는 형성권이 아니라 통상의 청구권인 점과 점유의 침탈 또는 방해의 상태가 일정한 기간을 지나게 되면 그대로 사회의 평온한 상태가 되고 이를 복구하는 것이 오히려 평화질서의 교란으로 볼 수 있게 되므로 일정한 기간을 지난 후에는 원상회복을 허용하지 않는 것이 점유제도의 이상에 맞고 여기에 점유의 회수 또는 방해제거 등 청구권에 단기의 제척기간을 두는 이유가 있는 점 등에 비추어 볼 때, 위의 제척기간은 재판외에서 권리행사하는 것으로 족한 기간이 아니라 반드시 그 기간 내에 소를 제기하여야 하는 이른바 출소기간으로 해석함이 상당하다(대판 2002.04.26. 2001다8097).

ㄹ. (X) 보험계약의 해지권은 형성권이고, 해지권 행사기간은 제척기간이며, 해지권은 재판상이든 재판외이든 그 기간 내에 행사하면 되는 것이나 해지의 의사표시는 민법의 일반원칙에 따라 보험계약자 또는 그의 대리인에 대한 일방적 의사표시에 의하며, 그 의사표시의 효력은 상대방에게 도달한 때에 발생하므로 해지권자가 해지의 의사표시를 담은 소장 부본을 피고에게 송달함으로써 해지권을 재판상 행사하는 경우에는 그 소장 부본이 피고에게 도달할 때에 비로소 해지권 행사의 효력이 발생한다 할 것이어서, 해지의 의사표시가 담긴 소장 부본이 제척기간 내에 피고에게 송달되어야만 해지권자가 제척기간 내에 적법하게 해지권을 행사하였다고 할 것이고, 그 소장이 제척기간 내에 법원에 접수되었다고 하여 달리 볼 것은 아니다(대판 2000.01.28. 99다50712).

ㅁ. (X) 매도인에 대한 하자담보에 기한 손해배상청구권에 대하여는 민법 제582조의 제척기간이 적용되고, 이는 법률관계의 조속한 안정을 도모하고자 하는 데에 취지가 있다. 그런데 하자담보에 기한 매수인의 손해배상청구권은 권리의 내용·성질 및 취지에 비추어 민법 제162조 제1항의 채권 소멸시효의 규정이 적용되고, 민법 제582조의 제척기간 규정으로 인하여 소멸시효 규정의 적용이 배제된다고 볼 수 없으며, 이때 다른 특별한 사정이 없는 한 무엇보다도 매수인이 매매 목적물을 인도받은 때부터 소멸시효가 진행한다고 해석함이 타당하다(대판 2011.10.13 2011다10266).

ㅂ. (O) 가. 매매의 일방예약에서 예약자의 상대방이 매매예약 완결의 의사표시를 하여 매매의 효력을 생기게 하는 권리, 즉 매매예약의 완결권은 일종의 형성권으로서 당사자 사이에 그 행사기간을 약정한 때에는 그 기간 내에, 그러한 약정이 없는 때에는 그 예약이 성립한 때로부터 10년 내에 이를 행사하여야 하고, 그 기간을 지난 때에는 예약 완결권은 제척기간의 경과로 인하여 소멸한다. 나. 제척기간은 권리자로 하여금 당해 권리를 신속하게 행사하도록 함으로써 법률관계를 조속히 확정시키려는 데 그 제도의 취지가 있는 것으로서, 소멸시효가 일정한 기간의 경과와 권리의 불행사라는 사정에 의하여 권리 소멸의 효과를 가져오는 것과는 달리 그 기간의 경과 자체만으로 곧 권리 소멸의 효과를 가져오게 하는 것이므로 그 기간 진행의 기산점은 특별한 사정이 없는 한 원칙적으로 권리가 발생한 때이고, 당사자 사이에 매매예약 완결권을 행사할 수 있는 시기를 특별히 약정한 경우에도 그 제척기간은 당초 권리의 발생일로부터 10년간의 기간이 경과되면 만료되는 것이지 그 기간을 넘어서 그 약정에 따라 권리를 행사할 수 있는 때로부터 10년이 되는 날까지로 연장된다고 볼 수 없다(대판 1995.11.10. 94다22682).

정답 ③

문 49

소멸시효에 관한 다음 설명 중 옳지 않은 것을 모두 고른 것은? [2018년 8번]

> ㄱ. 과세처분의 취소를 구하였으나 재판과정에서 그 과세처분이 무효로 밝혀진 경우, 무효선언으로서의 취소판결이 확정된 때로부터 과오납한 조세에 대한 부당이득반환청구권의 소멸시효가 진행한다.
> ㄴ. 피해자가 스스로 자동차를 운전하다가 사망한 사고에 관해 보험회사가 보험금청구권자에게 그 사고는 면책 대상이어서 보험금을 지급할 수 없다는 내용의 잘못된 통보를 하였다면, 그와 같은 사유는 보험금청구권을 행사할 수 없는 법률상의 장애사유라고 보아야 한다.
> ㄷ. 민법 제163조 제2호 소정의 '의사의 치료에 관한 채권'에 있어서는, 특약이 없는 한 그 개개의 진료가 종료될 때마다 각각의 당해 진료에 필요한 비용의 이행기가 도래하여 그에 대한 소멸시효가 진행된다.
> ㄹ. 주식회사인 부동산 매수인이 의료법인인 매도인과의 부동산매매계약의 이행으로서 그 매매대금을 매도인에게 지급하였으나, 매도인 법인을 대표하여 위 매매계약을 체결한 대표자의 선임에 관한 이사회의가 부존재하는 것으로 확정됨에 따라 위 매매계약이 무효로 되었음을 이유로 매도인에게 이미 지급하였던 매매대금 상당액의 반환을 구하는 부당이득반환청구의 경우, 위 부당이득반환청구권은 상법 제64조가 적용되어 5년간 행사하지 아니하면 소멸시효가 완성한다.
> ㅁ. 민법 제165조가 판결에 의하여 확정된 채권은 단기의 소멸시효에 해당한 것이라도 그 소멸시효는 10년으로 한다고 규정하는 것은 당해 판결의 당사자 사이에 한하여 발생하는 효력에 관한 것이므로, 유치권이 성립된 부동산의 매수인은 유치권의 피담보채권의 소멸시효기간이 확정판결에 의하여 10년으로 연장된 경우 그 채권의 소멸시효기간이 연장된 효과를 부정하고 종전의 단기소멸시효기간을 원용할 수 있다.
> ㅂ. 권리자인 피고가 응소하여 권리를 주장하였으나 그 소가 취하되어 본안에서 그 권리주장에 관한 판단 없이 소송이 종료된 경우, 민법 제170조 제2항을 유추적용하여 그때부터 6월 이내에 재판상의 청구를 하면 응소시에 소급하여 시효중단의 효력이 있다.

① ㄱ, ㅁ, ㅂ　　② ㄱ, ㄴ, ㄹ, ㅁ　　③ ㄴ, ㄷ, ㄹ
④ ㄹ, ㅁ, ㅂ　　⑤ ㄱ, ㄴ, ㄹ, ㅁ, ㅂ

해설 ★★

ㄱ. (X) 과세처분이 부존재하거나 당연무효인 경우에 이 과세처분에 의하여 납세의무자가 납부하거나 징수당한 오납금은 국가가 법률상 원인 없이 취득한 부당이득에 해당하고, 이러한 오납금에 대한 납세의무자의 부당이득반환청구권은 처음부터 법률상 원인이 없이 납부 또는 징수된 것이므로 납부 또는 징수시에 발생하여 확정된다. 이 경우 소멸시효는 객관적으로 권리가 발생하여 그 권리를 행사할 수 있는 때로부터 진행하고 그 권리를 행사할 수 없는 동안만은 진행하지 않는바, '권리를 행사할 수 없는' 경우라 함은 그 권리행사에 법률상의 장애사유, 예컨대 기간의 미도래나 조건불성취 등이 있는 경우를 말하는 것이고, 사실상 권리의 존재나 권리행사가능성을 알지 못하였고 알지 못함에 과실이 없다고 하여도 이러한 사유는 법률상 장애사유에 해당

하지 않는다. 그런데 과세처분의 하자가 중대하고 명백하여 당연무효에 해당하는 여부를 당사자로서는 현실적으로 판단하기 어렵다거나, 당사자에게 처음부터 과세처분의 취소소송과 부당이득반환청구소송을 동시에 제기할 것을 기대할 수 없다고 하여도 이러한 사유는 법률상 장애사유가 아니라 사실상의 장애사유에 지나지 않는다. 따라서 과세처분의 취소를 구하였으나 재판과정에서 그 과세처분이 무효로 밝혀졌다고 하여도 그 과세처분은 처음부터 무효이고 무효선언으로서의 취소판결이 확정됨으로써 비로소 무효로 되는 것은 아니므로 오납시부터 그 반환청구권의 소멸시효가 진행한다(대판 1992.03.31. 91다32053(전합)).

ㄴ. (X) 피해자가 스스로 자동차를 운전하다가 사망한 사고에 관해 보험회사가 보험금청구권자에게 그 사고는 면책 대상이어서 보험금을 지급할 수 없다는 내용의 잘못된 통보를 하였다고 하더라도 그와 같은 사유는 보험금청구권을 행사하는 데 있어서 법률상의 장애사유가 될 수 없고, 또 이로 인하여 보험금청구권자가 보험사고가 발생하였다는 것을 알 수 없게 되었다고 볼 수도 없으므로 보험회사의 보험계약상의 보험금 지급채무는 사고 발생시로부터 2년의 기간이 경과함으로써 시효소멸한다(대판 1997.11.11. 97다36521).

ㄷ. (○) 민법 제163조 제2호 소정의 '의사의 치료에 관한 채권'에 있어서는, 특약이 없는 한 '그 개개의 진료가 종료될 때마다' 각각의 당해 진료에 필요한 비용의 이행기가 도래하여 그에 대한 소멸시효가 진행된다고 해석함이 상당하고, 장기간 입원치료를 받는 경우라 하더라도 다른 특약이 없는 한 입원 치료 중에 환자에 대하여 치료비를 청구함에 아무런 장애가 없으므로 퇴원시부터 소멸시효가 진행된다고 볼 수는 없다(대판 2001.11.09. 2001다52568).

ㄹ. (X) 주식회사인 부동산 매수인이 의료법인인 매도인과의 부동산매매계약의 이행으로서 그 매매대금을 매도인에게 지급하였으나, 매도인 법인을 대표하여 위 매매계약을 체결한 대표자의 선임에 관한 이사회결의가 부존재하는 것으로 확정됨에 따라 위 매매계약이 무효로 되었음을 이유로 민법의 규정에 따라 매도인에게 이미 지급하였던 매매대금 상당액의 반환을 구하는 부당이득반환청구의 경우, 거기에 상거래 관계와 같은 정도로 신속하게 해결할 필요성이 있다고 볼 만한 합리적인 근거도 없으므로 위 부당이득반환청구권에는 상법 제64조가 적용되지 아니하고, 그 소멸시효기간은 민법 제162조 제1항에 따라 10년이다(대판 2003.4.8. 2002다64957).

ㅁ. (X) 유치권이 성립된 부동산의 매수인은 피담보채권의 소멸시효가 완성되면 시효로 인하여 채무가 소멸되는 결과 직접적인 이익을 받는 자에 해당하므로 소멸시효의 완성을 원용할 수 있는 지위에 있다고 할 것이나, 매수인은 유치권자에게 채무자의 채무와는 별개의 독립된 채무를 부담하는 것이 아니라 단지 채무자의 채무를 변제할 책임을 부담하는 점 등에 비추어 보면, 유치권의 피담보채권의 소멸시효기간이 확정판결 등에 의하여 10년으로 연장된 경우 매수인은 그 채권의 소멸시효기간이 연장된 효과를 부정하고 종전의 단기소멸시효기간을 원용할 수는 없다(대판 2009.09.24. 2009다39530).

ㅂ. (○) 민법 제168조 제1호, 제170조 제1항에서 시효중단사유의 하나로 규정하고 있는 재판상의 청구라 함은, 통상적으로는 권리자가 원고로서 시효를 주장하는 자를 피고로 하여 소송물인 권리를 소의 형식으로 주장하는 경우를 가리키지만, 이와 반대로 시효를 주장하는 자가 원고가 되어 소를 제기한 데 대하여 피고로서 응소하여 그 소송에서 적극적으로 권리를 주장하고 그것이 받아들여진 경우도 이에 포함되고, 위와 같은 응소행위로 인한 시효중단의 효력은 피고가 현실적으로 권리를 행사하여 응소한 때에 발생한다. 한편, 권리자인 피고가 응소하여 권리를 주장하였으나 그 소가 각하되거나 취하되는 등의 사유로 본안에서 그 권리주장에 관한 판단 없이 소송이 종료된 경우에도 민법 제170조 제2항을 유추적용하여 그때부터 6월 이내에 재판상의 청구 등 다른 시효중단조치를 취하면 응소시에 소급하여 시효중단의 효력이 있는 것으로 봄이 상당하다(대판 2010.08.26. 2008다42416).

정답 ②

문 50

소멸시효에 관한 다음 설명 중 가장 옳지 않은 것은?(다툼이 있는 경우 판례에 의함) [2017년 4번]

① 공사도급계약에서 소멸시효의 기산점이 되는 보수청구권의 지급시기는 특약이나 관습이 없으면 공사를 마친 때이다.
② 가압류에 의한 시효중단 효력의 발생시기는 가압류를 신청한 때에 소급한다.
③ 이행인수인이 채권자에 대하여 채무자의 채무를 승인하면 시효중단 사유가 되는 채무승인의 효력이 발생한다.
④ 기존 채권의 존재를 전제로 이를 포함하는 새로운 약정을 하고 그에 따른 권리를 재판상 청구의 방법으로 행사한 경우, 새로운 약정이 무효로 되는 등의 사정으로 그에 근거한 권리행사가 저지됨에 따라 다시 기존 채권을 행사하게 되었다면, 기존 채권의 소멸시효는 새로운 약정에 의한 권리를 행사한 때에 중단되었다.
⑤ 회생절차 내에서 이루어진 변제기 유예 합의도 채무에 대한 승인이 전제된 것이므로 채무승인의 효력이 있다.

해설 ★★★

① (○) 공사도급계약에서 소멸시효의 기산점이 되는 보수청구권의 지급시기는, 당사자 사이에 특약이 있으면 그에 따르고, 특약이 없으면 관습에 의하며(민법 제665조 제2항, 제656조 제2항), 특약이나 관습이 없으면 공사를 마친 때로 보아야 한다(대판 2017.04.07. 2016다35451).
② (○) 민법 제168조 제2호에서 가압류를 시효중단사유로 정하고 있지만, 가압류로 인한 시효중단의 효력이 언제 발생하는지에 관해서는 명시적으로 규정되어 있지 않다. 민사소송법 제265조에 의하면, 시효중단사유 중 하나인 '재판상의 청구'(민법 제168조 제1호, 제170조)는 소를 제기한 때 시효중단의 효력이 발생한다. 이는 소장 송달 등으로 채무자가 소 제기 사실을 알기 전에 시효중단의 효력을 인정한 것이다. 가압류에 관해서도 위 민사소송법 규정을 유추적용하여 '재판상의 청구'와 유사하게 가압류를 신청한 때 시효중단의 효력이 생긴다고 보아야 한다. '가압류'는 법원의 가압류명령을 얻기 위한 재판절차와 가압류명령의 집행절차를 포함하는데, 가압류도 재판상의 청구와 마찬가지로 법원에 신청을 함으로써 이루어지고(민사집행법 제279조), 가압류명령에 따른 집행이나 가압류명령의 송달을 통해서 채무자에게 고지가 이루어지기 때문이다. 가압류를 시효중단사유로 규정한 이유는 가압류에 의하여 채권자가 권리를 행사하였다고 할 수 있기 때문이다. 가압류채권자의 권리행사는 가압류를 신청한 때에 시작되므로, 이 점에서도 가압류에 의한 시효중단의 효력은 가압류신청을 한 때에 소급한다(대판 2017.04.07. 2016다35451).
③ (X) 이행인수는 채무자와 인수인 사이의 계약에 따라 인수인이 채권자에 대한 채무를 변제하기로 약정하는 것을 말한다. 이 경우 인수인은 채무자의 채무를 변제하는 등으로 면책시킬 의무를 부담하지만 채권자에 대한 관계에서 직접 이행의무를 부담하게 되는 것은 아니다. 한편 소멸시효 중단사유인 채무의 승인은 시효이익을 받을 당사자나 대리인만 할 수 있으므로 이행인수인이 채권자에 대하여 채무자의 채무를 승인하더라도 다른 특별한 사정이 없는 한 시효중단 사유가 되는 채무승인의 효력은 발생하지 않는다(대판 2016.10.27. 2015다239744).
④ (○) 소멸시효의 중단과 관련하여 소멸 대상인 권리 자체의 이행청구나 확인청구를 하는 경우뿐 아니라 권리가 발생한 기본적 법률관계에 관한 청구를 하는 경우 또는 그 권리를 기초로 하거나 그것을 포함하여 형성된 후속 법률관계에 관한 청구를 하는 경우에도 그로써 권리 실행의 의사를 표명한 것으로 볼 수 있을 때에

는 시효중단 사유인 재판상의 청구에 포함된다. 따라서 기존 채권의 존재를 전제로 이를 포함하는 새로운 약정을 하고 그에 따른 권리를 재판상 청구의 방법으로 행사한 경우에는 기존 채권을 실현하고자 하는 뜻까지 포함하여 객관적으로 표명한 것이므로, 새로운 약정이 무효로 되는 등의 사정으로 그에 근거한 권리행사가 저지됨에 따라 다시 기존 채권을 행사하게 되었다면, 기존 채권의 소멸시효는 새로운 약정에 의한 권리를 행사한 때에 중단되었다고 보아야 한다(대판 2016.10.27. 2016다25140).

⑤ (○) 회생절차 내에서 이루어진 변제기 유예 합의도 채무에 대한 승인이 전제된 것이므로 채무승인의 효력이 있다(대판 2016.08.29. 2016다208303).

정답 ③

문 51

소멸시효의 기산점에 관한 다음 설명 중 가장 옳지 않은 것은?(다툼이 있는 경우 판례에 의함)
[2017년 22번]

① 기한을 정하지 않은 권리의 경우, 소멸시효의 기산점은 권리가 발생한 때이다.
② 소유권이전등기의무의 이행불능으로 인한 전보배상청구권의 소멸시효는 이전등기의무가 이행불능 상태인 때부터 진행되므로, 그 부동산에 대하여 제3자의 처분금지가처분등기가 기입되고 이후 그 제3자 명의로 소유권이전등기까지 마쳐진 경우, 처분금지가처분등기가 기입된 때부터 이행불능으로 인한 전보배상청구권의 소멸시효가 진행한다.
③ 부동산에 대한 매매대금채권은 그 채권에 동시이행의 항변권이 붙어 있다 하더라도, 매매대금의 지급기일 이후에는 소멸시효가 진행한다.
④ 소멸시효에서 '권리를 행사할 수 없는 때'는 권리행사에 법률상의 장애사유가 있는 경우를 말하고, 사실상 권리의 존부나 권리행사의 가능성을 알지 못하였거나 알지 못함에 과실이 없다는 사유는 법률상 장애사유에 해당하지 않는다.
⑤ 기한이 있는 채권의 소멸시효는 이행기가 도래한 때부터 진행하지만, 이행기가 도래한 후 채권자와 채무자가 기한을 유예하기로 합의한 경우에는 이행기가 변경되어 소멸시효는 변경된 이행기가 도래한 때부터 다시 진행한다.

해설 ★★★

① (○) 기한을 정하지 않은 권리의 경우에 권리자는 언제든지 청구를 할 수 있으므로, 소멸시효의 기산점은 권리가 발생한 때이다(지원림, 민법강의 제17판, p.392).
② (X) 소유권이전등기의무의 이행불능으로 인한 전보배상청구권의 소멸시효는 이전등기의무가 이행불능 상태에 돌아간 때로부터 진행된다고 할 것이고, 매매의 목적이 된 부동산에 관하여 제3자의 처분금지가처분의 등기가 기입되었다 할지라도, 이는 단지 그에 저촉되는 범위 내에서 가처분채권자에게 대항할 수 없는 효과가 있다는 것일 뿐 그것에 의하여 곧바로 부동산 위에 어떤 지배관계가 생겨서 채무자가 그 부동산을 임의로 타에 처분하는 행위 자체를 금지하는 것은 아니라 하겠으므로, 그 가처분등기로 인하여 바로 계약이 이행불능으로 되는 것은 아니라, 제3자 앞으로 소유권이전등기가 경료되는 등 사회거래의 통념에 비추어 계약의 이행이 극히 곤란한 사정이 발생하는 때에 비로소 이행불능으로 된다(대판 2002.12.27. 2000다47361).

③ (○) 부동산에 대한 매매대금 채권이 소유권이전등기청구권과 동시이행의 관계에 있다고 할지라도 매도인은 매매대금의 지급기일 이후 언제라도 그 대금의 지급을 청구할 수 있는 것이며, 다만 매수인은 매도인으로부터 그 이전등기에 관한 이행의 제공을 받기까지 그 지급을 거절할 수 있는 데 지나지 아니하므로 매매대금청구권은 그 지급기일 이후 시효의 진행에 걸린다(대판 2002.12.27. 2000다47361).
④ (○) 소멸시효는 객관적으로 권리가 발생하여 그 권리를 행사할 수 있는 때로부터 진행하고 그 권리를 행사할 수 없는 동안만은 진행하지 않는바, '권리를 행사할 수 없는' 경우라 함은 그 권리행사에 법률상의 장애사유, 예컨대 기간의 미도래나 조건불성취 등이 있는 경우를 말하는 것이고, 사실상 권리의 존재나 권리행사가능성을 알지 못하였고 알지 못함에 과실이 없다고 하여도 이러한 사유는 법률상 장애사유에 해당하지 않는다(대판 1992.03.31. 91다32053(전합)).
⑤ (○) 채권의 소멸시효는 이행기가 도래한 때로부터 진행되지만 이행기일이 도래한 후에 채권자가 채무자에 대하여 기한을 유예한 경우에는 유예시까지 진행된 시효는 포기한 것으로서 유예한 이행기일로부터 다시 시효가 진행된다(대판 1992.12.22. 92다40211).

정답 ②

문 52

소멸시효의 중단사유에 관한 다음 설명 중 가장 옳지 않은 것은?(다툼이 있는 경우 판례에 의함)
[2016년 16번]

① 재판상의 청구는 소송의 각하, 기각 또는 취하의 경우에는 시효중단의 효력이 없다.
② 재판상의 청구에는 시효를 주장하는 자가 원고가 되어 소를 제기한 데 대하여 피고로서 응소하여 소송에서 적극적으로 권리를 주장하고 그것이 받아들여진 경우도 이에 포함된다.
③ 甲이 자신의 차량을 운전하던 중 乙 주식회사 소유의 차량을 충돌하여 상해를 입었는데, 甲 차량의 보험자인 丙 주식회사가 甲에게 보험금을 지급한 후 乙 회사를 상대로 구상금청구의 소를 제기하였고 甲이 丙 회사 측 보조참가인으로 참가하여 乙 회사의 과실 존부 등에 관하여 적극적으로 다투었다면, 甲의 손해배상청구권의 소멸시효는 위 보조참가로 중단된다.
④ 원고가 채권자대위권에 기해 청구를 하다가 당해 피대위채권 자체를 양수하여 양수금청구로 소를 변경한 경우 당초의 채권자대위소송으로 인한 시효중단의 효력이 소멸하지 않는다.
⑤ 재판상의 청구로 인하여 중단한 시효는 재판이 확정된 때로부터 새로이 진행하고, 가압류로 인하여 중단된 시효는 가압류 결정이 있은 때로부터 새로이 진행한다.

해설 ★★

① (○) 재판상의 청구는 소송의 각하, 기각 또는 취하의 경우에는 시효중단의 효력이 없다(민법 제170조 제1항).
② (○) [1] 취득시효를 주장하는 자가 원고가 되어 소를 제기한 데 대하여 권리자가 피고로서 응소하고 그 소송에서 적극적으로 권리를 주장하여 그것이 받아들여진 경우에는 민법 제247조 제2항에 의하여 취득시효기간에 준용되는 민법 제168조 제1호, 제170조 제1항에서 시효중단사유의 하나로 규정하고 있는 재판상 청구에 포함된다. [2] 시효를 주장하는 자가 원고가 되어 소를 제기한 경우에 있어서, 피고가 응소행위를 하였다고 하여 바로 시효중단의 효과가 발생하는 것은 아니고, 변론주의 원칙상 시효중단의 효과를 원하는 피고로

서는 당해 소송 또는 다른 소송에서의 응소행위로서 시효가 중단되었다고 주장하지 않으면 아니되고, 피고가 변론에서 시효중단의 주장 또는 이러한 취지가 포함되었다고 볼 만한 주장을 하지 아니하는 한, 피고의 응소행위가 있었다는 사정만으로 당연히 시효중단의 효력이 발생한다고 할 수는 없는 것이나, <u>응소행위로 인한 시효중단의 주장은 취득시효가 완성된 후라도 사실심 변론종결 전에는 언제든지 할 수 있다</u>(대판 2003.06.13. 2003다17927).

③ (○) (1) 시효제도의 존재이유는 영속된 사실상태를 존중하고 권리 위에 잠자는 자를 보호하지 않는다는 데 있고 특히 소멸시효는 후자의 의미가 강하므로, 권리자가 재판상 그 권리를 주장하여 권리 위에 잠자는 것이 아님을 표명한 때에는 시효중단사유인 재판상 청구에 해당한다. (2) 원심은, ㉠ 원고는 2007. 5. 1. 자신의 차량을 운전하던 중 경주시 외동읍 모화리 외동개발중기 앞 편도 2차로 도로에 이르러 그 오른쪽 갓길에 주차되어 있던 피고 소유의 차량을 충돌하였고, 그로 인해 늑골 다발성 골절 등의 상해를 입은 사실, ㉡ 원고 차량의 보험자인 현대해상화재보험 주식회사는 원고에게 보험 약정에 따라 치료비로 보험금 중 5,200만 원 상당을 지급한 후 2007. 5. 30. 피고를 상대로 구상금청구의 소를 제기한 사실, ㉢ 원고는 해당 소제기의 항소심 계속 중인 2008. 10. 7. 현대해상 측 보조참가인으로 참가하여 피고 과실의 존부 및 그 범위에 관하여 적극적으로 다툰 사실을 인정한 다음, 이 사건 사고가 2007. 5. 1. 발생하였으므로 원고의 손해배상청구권의 소멸시효가 그때부터 진행한다고 할 것이나, 현대해상이 피고를 상대로 제기한 구상금청구의 소는 실질적으로 원고가 피고에 대하여 가지는 손해배상청구권을 이전받아 대위행사하는 성격을 띠고, 원고가 2008. 10. 7. 위와 같이 보조참가하여 이 사건 사고에 피고의 과실이 개입되었음을 다툰 것은 원고가 재판상 그 권리를 주장하여 권리 위에 잠자는 것이 아님을 표명한 것으로 보기에 충분하다는 이유로, 이 사건 소멸시효는 원고의 위와 같은 보조참가로 인해 중단되었다고 판단하였다. 위 법리 및 기록에 비추어 살펴보면, 원심의 위와 같은 판단은 정당한 것으로 수긍이 가고, 거기에 소멸시효 중단에 관한 법리를 오해한 잘못이 없다(대판 2014.04.24. 2012다105314).

④ (○) 원고가 채권자대위권에 기해 청구를 하다가 당해 피대위채권 자체를 양수하여 양수금청구로 소를 변경한 경우, 이는 청구원인의 교환적 변경으로서 채권자대위권에 기한 구 청구는 취하된 것으로 보아야 하나, 그 채권자대위소송의 소송물은 채무자의 제3채무자에 대한 계약금반환청구권인데 위 양수금청구는 원고가 위 계약금반환청구권 자체를 양수하였다는 것이어서 양 청구는 동일한 소송물에 관한 권리의무의 특정승계가 있을 뿐 그 소송물은 동일한 점, 시효중단의 효력은 특정승계인에게도 미치는 점, 계속 중인 소송에 소송목적인 권리 또는 의무의 전부나 일부를 승계한 특정승계인이 소송참가하거나 소송인수한 경우에는 소송이 법원에 처음 계속된 때에 소급하여 시효중단의 효력이 생기는 점, 원고는 위 계약금반환채권을 채권자대위권에 기해 행사하다 다시 이를 양수받아 직접 행사한 것이어서 위 계약금반환채권과 관련하여 원고를 '권리 위에 잠자는 자'로 볼 수 없는 점 등에 비추어 볼 때, <u>당초의 채권자대위소송으로 인한 시효중단의 효력이 소멸하지 않는다</u>(대판 2010.06.24. 2010다17284).

⑤ (×) 재판상의 청구로 인하여 중단한 시효는 재판이 확정된 때로부터 새로이 진행하며(민법 제178조 제2항), 압류·가압류·가처분으로 시효가 중단된 경우에는 <u>압류 등의 집행절차 종료시부터</u> 새로이 진행한다.

> **판례** 민법 제168조에서 가압류를 시효중단사유로 정하고 있는 것은 가압류에 의하여 채권자가 권리를 행사하였다고 할 수 있기 때문인데 가압류에 의한 집행보전의 효력이 존속하는 동안은 가압류채권자에 의한 권리행사가 계속되고 있다고 보아야 할 것이므로 가압류에 의한 시효중단의 효력은 가압류 집행보전의 효력이 존속하는 동안은 계속된다. 따라서 유체동산에 대한 가압류결정을 집행한 경우 가압류에 의한 시효중단 효력은 가압류 집행보전의 효력이 존속하는 동안 계속된다. 그러나 유체동산에 대한 가압류 집행절차에 착수하지 않은 경우에는 시효중단 효력이 없고, 집행절차를 개시하였으나 가압류할 동산이 없기 때문에 집행불능이 된 경우에는 집행절차가 종료된 때로부터 시효가 새로이 진행된다(대판 2011.05.13. 2011다10044).

정답 ⑤

문 53

스마트폰 도매상을 하는 甲은 대리점 운영자인 乙에게 최신 스마트폰 100대를 외상으로 판매하여 물품대금채권이 있다. 甲이 乙을 상대로 물품대금지급청구의 소를 제기한 경우, 다음 설명 중 옳은 것을 모두 고른 것은?(각 지문은 독립적이고, 다툼이 있는 경우 판례에 의함) [2016년 26번]

> ㉠ 乙이 물품대금채권의 변제기를 2010. 3. 6.이라고 주장한 경우, 증거조사결과 변제기가 2009. 4. 11.인 사실이 인정되더라도, 법원은 2009. 4. 11.을 소멸시효의 기산일로 삼아 소멸시효 완성 여부를 판단할 수 없다.
> ㉡ 乙이 물품대금채권의 변제기를 2011. 3. 6.이라고 주장한 경우, 증거조사결과 변제기가 2012. 4. 11.인 사실이 인정된다면, 법원은 2012. 4. 11.을 소멸시효의 기산일로 삼아 소멸시효 완성 여부를 판단할 수 있다.
> ㉢ 법원은 심리결과 甲의 물품대금채권의 소멸시효가 완성된 것으로 보이더라도, 乙의 원용이 없는 한 직권으로 물품대금채권의 소멸시효가 완성되었다고 인정할 수 없다.
> ㉣ 소송에서 甲이 소구채권의 소멸시효기간은 상사시효에 따라 5년이라고 주장하고, 乙도 5년의 시효기간을 인정하였다면, 법원은 소멸시효기간을 5년으로 보아 시효완성여부를 판단하여야 한다.
> ㉤ 소송에서 위 소구채권에 대한 '소멸시효 중단' 여부가 다툼이 되었는데, 증거조사결과 시효기간 중 甲이 乙을 사기죄로 고소하여 현재까지 형사재판이 진행 중인 사실이 밝혀졌더라도 이러한 형사고소는 시효의 중단사유인 재판상 청구로 보기는 어렵다.

① ㉠, ㉢
② ㉠, ㉡, ㉢
③ ㉠, ㉢, ㉤
④ ㉢, ㉣, ㉤
⑤ ㉡, ㉢, ㉤

해설

㉠ (○), ㉡ (X) 소멸시효의 기산일은 채권의 소멸이라고 하는 법률효과 발생의 요건에 해당하는 소멸시효기간 계산의 시발점으로서 시효소멸 항변의 법률요건을 구성하는 구체적인 사실에 해당하므로 이는 변론주의의 적용대상이라 할 것이고, 따라서 본래의 소멸시효 기산일과 당사자가 주장하는 기산일이 서로 다른 경우에는 변론주의의 원칙상 법원은 당사자가 주장하는 기산일을 기준으로 소멸시효를 계산하여야 하는데, 이는 당사자가 본래의 기산일보다 뒤의 날짜를 기산일로 하여 주장하는 경우는 물론이고, 특별한 사정이 없는 한 그 반대의 경우에 있어서도 마찬가지라고 보아야 할 것이다(대판 2009.12.24. 2009다60244). ▶ 취득시효의 기산점은 간접사실에 불과하므로 당사자의 주장에 구속되지 않음에 유의

㉢ (○) 소멸시효에 있어서 그 시효기간이 만료되면 권리는 당연히 소멸하는 것이지만 그 시효의 이익을 받는 자가 소송에서 소멸시효의 주장을 하지 아니하면 그 의사에 반하여 재판할 수 없는 것이고, 그 시효이익을 받는 자는 시효기간 만료로 인하여 소멸하는 권리의 의무자를 말한다고 할 것이다(대판 1991.07.26. 91다5631).

㉣ (X) 어떤 권리의 소멸시효기간이 얼마나 되는지에 관한 주장은 단순한 법률상의 주장에 불과하므로 변론주의의 적용대상이 되지 않고 법원이 직권으로 판단할 수 있다(대판 2013.02.15. 2012다68217).

㉤ (○) 형사소송은 피고인에 대한 국가형벌권의 행사를 그 목적으로 하는 것이므로, 피해자가 형사소송에서 소송촉진등에관한 특례법에서 정한 배상명령을 신청한 경우를 제외하고는 단지 피해자가 가해자를 상대로 고소하거나 그 고소에 기하여 형사재판이 개시되어도 이를 가지고 소멸시효의 중단사유인 재판상의 청구로 볼 수는 없다(대판 1999.03.12. 98다18124).

정답 ③

문 54

제척기간에 관한 다음 설명 중 옳은 것을 모두 고른 것은?(다툼이 있는 경우 판례에 의함) [2016년 38번]

> ㉠ 미성년자의 법률행위 취소권의 행사기간, 수급인의 하자담보책임의 존속기간, 상속회복청구권은 제척기간이지만 출소기간은 아니고, 점유보호청구권의 행사기간은 출소기간이다.
> ㉡ 법인의 대표자가 법인에 대하여 불법행위를 한 경우에 대표자에 대한 법인의 손해배상청구권을 피보전권리로 하여 법인이 채권자취소권을 행사하는 경우 제척기간의 기산점인 '취소원인을 안 날'은 다른 대표자, 임원 또는 사원이나 직원 등이 이를 안 때를 기준으로 하여야 한다.
> ㉢ 甲은 2015. 1. 1. 乙에게 토지를 매도하는 매매예약을 하면서 예약완결권은 乙이 2016. 1. 1.까지 행사하기로 하고, 예약 당일 예약금을 지급받으면서 乙 명의의 가등기를 마쳐주었다면 乙은 2016. 1. 1.부터 10년 내 예약완결권을 행사하지 않으면 매매예약 완결권이 소멸한다.
> ㉣ 위 ㉢ 사례에서 乙이 2016. 7. 30. 위 매매예약을 적법하게 해제하고 예약금의 반환을 청구한다면 甲의 예약금반환채무는 위 반환청구가 있는 때 이행지체에 빠진다.
> ㉤ 집합건물의 아파트 입주자대표회의가 스스로 하자담보추급에 의한 손해배상청구권이 있음을 전제로 직접 아파트의 분양자를 상대로 손해배상청구를 하였다가, 그 소송계속 중에 정당한 권리자인 구분소유자들로부터 그 손해배상채권을 양도받고 분양자에게 그 통지가 마쳐진 후 그에 따라 소를 변경한 경우, 소 변경 시점에 권리를 행사한 것으로 볼 수 있다.

① ㉠, ㉣
② ㉡, ㉤
③ ㉡, ㉢
④ ㉣, ㉤
⑤ ㉠, ㉡

해설 ★

㉠ (X) (1) 미성년자 또는 친족회가 민법 제950조 제2항에 따라 제1항의 규정에 위반한 법률행위를 취소할 수 있는 권리는 형성권으로서 민법 제146조에 규정된 취소권의 존속기간은 제척기간이라고 보아야 할 것이지만, 그 제척기간 내에 소를 제기하는 방법으로 권리를 재판상 행사하여야만 되는 것은 아니고, 재판 외에서 의사표시를 하는 방법으로도 권리를 행사할 수 있다고 보아야 한다(대판 1993.07.27. 92다52795). (2) 민법상 수급인의 하자담보책임에 관한 기간은 제척기간으로서 재판상 또는 재판 외의 권리행사기간이며 재판상 청구를 위한 출소기간이 아니라고 할 것이다(대판 2000.06.09. 2000다15371). (3) 민법 제204조 제3항과 제205조 제2항에 의하면 점유를 침탈당하거나 방해를 받은 자의 침탈자 또는 방해자에 대한 청구권은 그 점유를 침탈당한 날 또는 점유의 방해행위가 종료된 날로부터 1년 내에 행사하여야 하는 것으로 규정되어 있는데, 여기에서 제척기간의 대상이 되는 권리는 형성권이 아니라 통상의 청구권인 점과 점유의 침탈 또는 방해의 상태가 일정한 기간을 지나게 되면 그대로 사회의 평온한 상태가 되고 이를 복구하는 것이 오히려 평화질서의 교란으로 볼 수 있게 되므로 일정한 기간을 지난 후에는 원상회복을 허용하지 않는 것이 점유제도의 이상에 맞고 여기에 점유의 회수 또는 방해제거 등 청구권에 단기의 제척기간을 두는 이유가 있는 점 등에 비추어 볼 때, 위의 제척기간은 재판외에서 권리행사하는 것으로 족한 기간이 아니라 반드시 그 기간 내에 소를 제기하여야 하는 이른바 출소기간으로 해석함이 상당하다(대판 2002.04.26. 2001다8097). (4) 상속회복의 소는 상속권의 침해를 안 날부터 3년, 상속개시된 날로부터 10년 내에 제기하도록 제척기간을 정하고 있는바, 이 기간은 제소기간으로 볼 것이므로, 상속회복청구의 소에 있어서는 법원이 제척기간의 준

수 여부에 관하여 직권으로 조사한 후 기간도과 후에 제기된 소는 부적법한 소로서 흠결을 보정할 수 없으므로 각하하여야 할 것이다(대판 1993.02.26. 92다3083). ▶ 상속회복청구권에 관한 부분이 틀림

ⓒ (○) 불법행위로 인한 손해배상청구권의 단기소멸시효의 기산점은 '손해 및 가해자를 안 날'부터 진행되며, 법인의 경우에 손해 및 가해자를 안 날은 통상 대표자가 이를 안 날을 뜻한다. 그렇지만 법인의 대표자가 법인에 대하여 불법행위를 한 경우에는, 법인과 대표자의 이익은 상반되므로 법인의 대표자가 그로 인한 손해배상청구권을 행사하리라고 기대하기 어려울 뿐만 아니라 일반적으로 대표권도 부인된다고 할 것이어서 법인의 대표자가 손해 및 가해자를 아는 것만으로는 부족하다. 따라서 이러한 경우에는 적어도 법인의 이익을 정당하게 보전할 권한을 가진 다른 대표자, 임원 또는 사원이나 직원 등이 손해배상청구권을 행사할 수 있을 정도로 이를 안 때에 비로소 단기소멸시효가 진행하고, 만약 다른 대표자나 임원 등이 법인의 대표자와 공동불법행위를 한 경우에는 그 다른 대표자나 임원 등을 배제하고 단기소멸시효 기산점을 판단하여야 한다. 그리고 이는 법인의 대표자의 불법행위로 인한 법인의 대표자에 대한 손해배상청구권을 피보전권리로 하여 법인이 채권자취소권을 행사하는 경우의 제척기간의 기산점인 '취소원인을 안 날'을 판단할 때에도 마찬가지이다(대판 2015.01.15. 2013다50435).

ⓒ (×) 제척기간은 권리자로 하여금 당해 권리를 신속하게 행사하도록 함으로써 법률관계를 조속히 확정시키려는 데 그 제도의 취지가 있는 것으로서, 소멸시효가 일정한 기간의 경과와 권리의 불행사라는 사정에 의하여 권리 소멸의 효과를 가져오는 것과는 달리 그 기간의 경과 자체만으로 곧 권리 소멸의 효과를 가져오게 하는 것이므로 그 기간 진행의 기산점은 특별한 사정이 없는 한 원칙적으로 권리가 발생한 때이고, 당사자 사이에 매매예약 완결권을 행사할 수 있는 시기를 특별히 약정한 경우에도 그 제척기간은 당초 권리의 발생일로부터 10년간의 기간이 경과되면 만료되는 것이지 그 기간을 넘어서 그 약정에 따라 권리를 행사할 수 있는 때로부터 10년이 되는 날까지로 연장된다고 볼 수 없다(대판 1995.11.10. 94다22682). ▶ 기산점은 2015. 1. 1.이다.

ⓔ (×) 해제로 인한 원상회복의무는 이행기의 정함이 없는 채무이므로 원상회복청구권자의 반환청구(최고)가 있어야 비로소 이행지체에 빠지지만(민법 제387조 제2항), 양 당사자의 원상회복의무가 동시이행관계에 있으므로, 원상회복청구권자가 자기 채무의 이행 또는 이행제공을 하였음에도 상대방이 유책적으로 원상회복의무를 이행하지 않았어야 한다(동법 제536조). ▶ 사안에서 乙은 매매예약을 적법하게 해제하고 예약반환청구 뿐만 아니라 가등기를 말소하는 등 자기 채무의 이행 또는 이행의 제공을 하여 甲의 동시이행항변권을 상실시켜야 비로소 甲의 예약금반환채무는 이행지체에 빠지게 된다.

> **참고판례** 쌍무계약에서 쌍방의 채무가 동시이행관계에 있는 경우 일방의 채무의 이행기가 도래하더라도 상대방 채무의 이행제공이 있을 때까지는 그 채무를 이행하지 않아도 이행지체의 책임을 지지 않는 것이고, 이와 같은 효과는 이행지체의 책임이 없다고 주장하는 자가 반드시 동시이행의 항변권을 행사하여야만 발생하는 것은 아니다(대판 1998.03.13. 97다54604).

ⓜ (○) 집합건물인 아파트의 입주자대표회의가 스스로 하자담보추급에 의한 손해배상청구권을 가짐을 전제로 하여 직접 아파트의 분양자를 상대로 손해배상청구소송을 제기하였다가, 그 소송 계속 중에 정당한 권리자인 구분소유자들로부터 그 손해배상채권을 양도받고 분양자에게 그 통지가 마쳐진 후 그에 따라 소를 변경한 경우에는, 그 채권양도통지에 채권양도의 사실을 알리는 것 외에 그 이행을 청구하는 뜻이 별도로 덧붙여지거나 그 밖에 구분소유자들이 재판외에서 그 권리를 행사하였다는 등의 특별한 사정이 없는 한, 위 손해배상청구권은 입주자대표회의가 위와 같이 소를 변경한 시점에 비로소 행사된 것으로 보아야 할 것이다(대판 2012.04.12. 2010다65399).

정답 ②

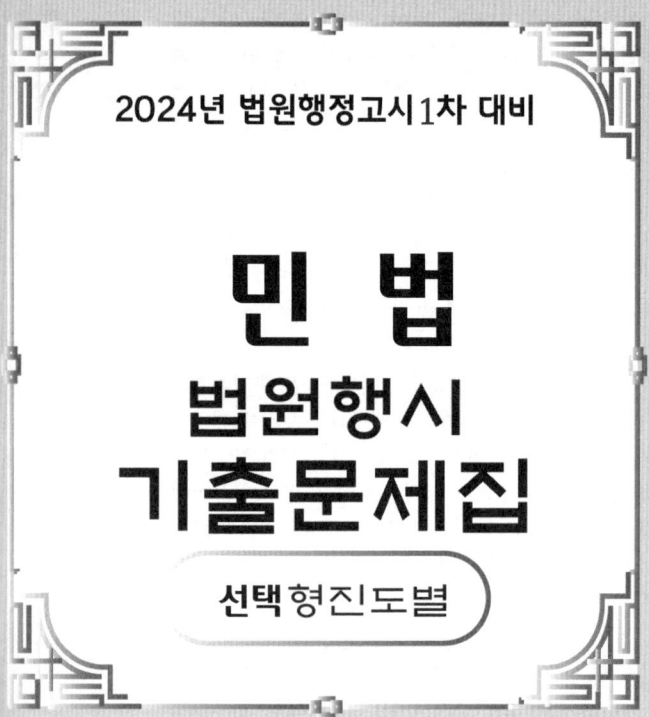

제2편 물권법

제1장 | 물권법 서론
제2장 | 물권의 변동
제3장 | 기본물권
제4장 | 용익물권
제5장 | 담보물권

제1장 물권법 서론

제2장 물권의 변동

제❶절 | 물권변동 총설

제❷절 | 부동산물권의 변동

제1관 법률행위에 의한 부동산물권의 변동

문 1

甲은 그 소유 X토지와 Y토지를 乙에게 매도하였고, 乙은 위 두 토지를 다시 丙에게 매도하였다. X토지에 관하여는 乙의 등기를 생략한 채 직접 丙 앞으로 소유권이전등기가 이루어졌고, Y토지에 관하여는 아직 乙 또는 丙 앞으로 소유권이전등기가 이루어지지 않았다. 다음 설명 중 가장 옳은 것은? (각 지문은 상호 독립적임) [2019년 38번]

① X토지에 관한 甲과 乙의 매매계약 및 乙과 丙의 매매계약이 각각 유효하고, 甲과 乙및 乙과 丙사이에 각각 매매대금이 지급되었더라도, 甲, 乙, 丙사이에 중간생략등기에 관한 합의가 없었다면 X토지에 관하여 경료된 丙의 소유권이전등기는 무효이다.

② X토지가 토지거래허가구역 내에 있는 토지인 경우, 甲과 乙 및 乙과 丙은 각각의 매매계약에 관하여 토지거래허가를 받아야 하나, 甲, 乙, 丙사이에 중간생략등기의 합의가 있고, 丙이 자신과 甲을 매매당사자로 하는 토지거래허가를 받아 丙앞으로 소유권이전등기를 마쳤다면, 丙의 등기는 실체관계에 부합하여 유효하다.

③ Y토지에 관하여 乙이 甲에 대하여 가지는 소유권이전등기청구권을 丙에게 양도한 후 甲에게 이 사실을 통지만 한 경우, 丙은 甲에게 직접 자기 앞으로 Y토지의 소유권이전등기를 청구할 수 있다.

④ Y토지에 관한 甲, 乙, 丙사이에 중간생략등기의 합의가 없었다면, 丙은 甲에게 직접 자기 앞으로 Y토지의 소유권이전등기를 청구할 수는 없고, 이 경우 丙은 乙을 대위하여 甲에게 乙앞으로 그 소유권이전등기를 청구할 수 있다.

⑤ Y토지에 관한 甲, 乙, 丙사이에 중간생략등기의 합의가 있은 후 甲과 乙사이에 Y토지의 매매대금을 인상하기로 약정한 경우, 甲과 乙사이의 약정은 丙에게 미치지 않으므로 甲은 인상된 매매대금이 지급되지 않았음을 이유로 丙명의로의 소유권이전등기의무의 이행을 거절할 수 없다.

MGI Point — 중간생략등기 ★★

- 당사자 간의 합의 없이 이미 경료된 중간생략등기의 효력 ⇨ 각 매매계약이 적법하게 성립되어 이행된 이상 실체관계에 부합하여 유효 ○
- 토지거래허가구역 내의 토지에 대해 최초매도인과 최종매수인 간의 토지거래허가만을 받아 이루어진 중간생략등기의 효력 ⇨ 무효 (즉 각 매매계약의 당사자 각각의 허가 要)
- 중간매수인의 소유권이전등기청구권을 최종매수인에게 양도하고 중간매수인이 최초매도인에게 채권양도의 통지를 한 경우 ⇨ 당사자 전원에 의한 의사합치 × (따라서 최초매도인의 동의 要)
- 제3자가 중간 매수인의 최초 매도인에 대한 소유권이전등기청구권을 대위하는 등의 방법으로 행사 ⇨ 최초 매도인은 이에 응할 의무 ○
- 중간생략등기의 합의 後 최초매도인과 중간매수인 간에 매매대금 인상약정이 체결 ⇨ 최초매도인은 인상된 매매대금이 지급되지 않았음을 이유로 최종매수인의 소유권이전등기청구 거절 可

① (X) 최종 양수인이 중간생략등기의 합의를 이유로 최초 양도인에게 직접 중간생략등기를 청구하기 위하여는 관계 당사자 전원의 의사합치가 필요하지만, 당사자 사이에 적법한 원인행위가 성립되어 일단 중간생략등기가 이루어진 이상 중간생략등기에 관한 합의가 없었다는 이유만으로는 중간생략등기가 무효라고 할 수는 없다(대판 2005.09.29. 2003다40651).

② (X) 토지거래허가구역 내의 토지가 토지거래허가 없이 소유자인 최초 매도인으로부터 중간 매수인에게, 다시 중간 매수인으로부터 최종 매수인에게 순차로 매도되었다면 각 매매계약의 당사자는 각각의 매매계약에 관하여 토지거래허가를 받아야 하며, 위 당사자들 사이에 최초의 매도인이 최종 매수인 앞으로 직접 소유권이전등기를 경료하기로 하는 중간생략등기의 합의가 있었다고 하더라도 이러한 중간생략등기의 합의란 부동산이 전전 매도된 경우 각 매매계약이 유효하게 성립함을 전제로 그 이행의 편의상 최초의 매도인으로부터 최종의 매수인 앞으로 소유권이전등기를 경료하기로 한다는 당사자 사이의 합의에 불과할 뿐, 그러한 합의가 있었다고 하여 최초의 매도인과 최종의 매수인 사이에 매매계약이 체결되었다는 것을 의미하는 것은 아니므로 최초의 매도인과 최종 매수인 사이에 매매계약이 체결되었다고 볼 수 없고, 설사 최종 매수인이 자신과 최초 매도인을 매매 당사자로 하는 토지거래허가를 받아 자신 앞으로 소유권이전등기를 경료하였다고 하더라도 이는 적법한 토지거래허가 없이 경료된 등기로서 무효이다(대판 1997.11.11. 97다33218).

③ (X) 부동산의 매매로 인한 소유권이전등기청구권은 물권의 이전을 목적으로 하는 매매의 효과로서 매도인이 부담하는 재산권이전의무의 한 내용을 이루는 것이고, 매도인이 물권행위의 성립요건을 갖추도록 의무를 부담하는 경우에 발생하는 채권적 청구권으로 그 이행과정에 신뢰관계가 따르므로, 소유권이전등기청구권을 매수인으로부터 양도받은 양수인은 매도인이 그 양도에 대하여 동의하지 않고 있다면 매도인에 대하여 채권양도를 원인으로 하여 소유권이전등기절차의 이행을 청구할 수 없고, 따라서 매매로 인한 소유권이전등기청구권은 특별한 사정이 없는 이상 그 권리의 성질상 양도가 제한되고 그 양도에 채무자의 승낙이나 동의를 요한다고 할 것이므로 통상의 채권양도와 달리 양도인의 채무자에 대한 통지만으로는 채무자에 대한 대항력이 생기지 않으며 반드시 채무자의 동의나 승낙을 받아야 대항력이 생긴다(대판 2005.03.10. 2004다67653).

④ (○) 중간생략등기의 합의가 없다면 부동산의 전전매수인은 매도인을 대위하여 그 전매도인인 등기명의자에게 매도인 앞으로의 소유권이전등기를 구할 수는 있을지언정 직접 자기 앞으로의 소유권이전등기를 구할 수는 없다 할 것이다(대판 1969.10.28. 69다1351).

⑤ (X) 최초 매도인과 중간 매수인, 중간 매수인과 최종 매수인 사이에 순차로 매매계약이 체결되고 이들 간에 중간생략등기의 합의가 있은 후에 최초 매도인과 중간 매수인 간에 매매대금을 인상하는 약정이 체결된 경우, 최초 매도인은 인상된 매매대금이 지급되지 않았음을 이유로 최종 매수인 명의로의 소유권이전등기의무의 이행을 거절할 수 있다(대판 2005.04.29. 2003다66431).

정답 ④

문 2

부동산 물권변동에 관한 다음 설명 중 가장 옳지 않은 것은?(다툼이 있는 경우 판례에 의함)
[2017년 32번]

① 합유지분권자가 합유지분을 포기한 경우 그 포기된 합유지분은 나머지 잔존 합유지분권자들에게 균분하여 귀속되므로, 합유지분권이전등기가 이루어지지 않았다고 하더라도 합유지분권을 포기한 자는 합유물을 점유하는 제3자에게 합유물의 반환을 구할 수 없다.
② 건축주의 사정으로 공사가 중단된 미완성 건물을 인도받아 나머지 공사를 한 경우, 그 공사 중단 시점에 이미 사회통념상 독립한 건물이라고 볼 수 있는 정도의 형태와 구조를 갖춘 경우가 아닌 한, 미완성 건물을 인도받아 자기의 비용과 노력으로 완공한 자가 그 건물의 원시취득자가 된다.
③ 수급인이 자기의 노력과 출재로 완성한 건물의 소유권은 도급인과 수급인 사이의 특약에 의하여 달리 정하거나 기타 특별한 사정이 없는 한 수급인에게 귀속된다.
④ 포괄적 유증을 받은 자는 민법 제187조에 의하여 법률상 당연히 유증받은 부동산의 소유권을 취득하게 된다.
⑤ 건축업자가 타인의 대지를 매수하여 계약금만 지급한 채 그 지상에 자기의 노력과 비용으로 건물을 건축하면서 나머지 매매대금의 담보를 위하여 건축허가 명의를 대지소유자로 하는 경우, 완성된 건물의 소유권은 일단 이를 건축한 건축업자에게 원시적으로 귀속한다.

해설

① (X) 합유지분 포기가 적법하다면 그 포기된 합유지분은 나머지 잔존 합유지분권자들에게 균분으로 귀속하게 되지만 그와 같은 물권변동은 합유지분권의 포기라고 하는 법률행위에 의한 것이므로 등기하여야 효력이 있고 지분을 포기한 합유지분권자로부터 잔존 합유지분권자들에게 합유지분권 이전등기가 이루어지지 아니하는 한 지분을 포기한 지분권자는 제3자에 대하여 여전히 합유지분권자로서의 지위를 가지고 있다고 보아야 한다(대판 1997.09.09. 96다16896).
② (○) 자기의 비용과 노력으로 건물을 신축한 자는 그 건축허가가 타인의 명의로 된 여부에 관계없이 그 소유권을 원시취득하게 되는바, 따라서 건축주의 사정으로 건축공사가 중단된 미완성의 건물을 인도받아 나머지 공사를 하게 된 경우에는 그 공사의 중단 시점에 이미 사회통념상 독립한 건물이라고 볼 수 있는 정도의 형태와 구조를 갖춘 경우가 아닌 한 이를 인도받아 자기의 비용과 노력으로 완공한 자가 그 건물의 원시취득자가 된다(대판 2006.05.12. 2005다68783).
③ (○) 수급인이 자기의 노력과 출재로 완성한 건물의 소유권은 도급인과 수급인 사이의 특약에 의하여 달리 정하거나 기타 특별한 사정이 없는 한 수급인에게 귀속된다(대판 1990.02.13. 89다카11401).
④ (○) 민법 제187조, 제1078조 참조.

> 민법 제187조(등기를 요하지 아니하는 부동산물권취득) 상속, 공용징수, 판결, 경매 기타 법률의 규정에 의한 부동산에 관한 물권의 취득은 등기를 요하지 아니한다. 그러나 등기를 하지 아니하면 이를 처분하지 못한다.
> 민법 제1078조(포괄적 수증자의 권리의무) 포괄적 유증을 받은 자는 상속인과 동일한 권리의무가 있다.

⑤ (○) 건축업자가 타인의 대지를 매수하여 계약금만 지급하거나 대금을 전혀 지급하지 아니한 채 그 지상에 자기의 노력과 비용으로 건물을 건축하면서 그 건물의 건축허가 명의를 대지소유자로 하는 경우에는 그 목적이 대지 대금채무를 담보하기 위한 경우가 일반적이고, 채무의 담보를 위하여 채무자가 자기의 비용과 노력으로 신축하는 건물의 건축허가 명의를 채권자 명의로 하였다면 이는 완성될 건물을 담보로 제공하기로

하는 합의로서 법률행위에 의한 담보물권의 설정이라고 할 것이므로, 완성된 건물의 소유권은 일단 이를 건축한 채무자가 원시적으로 취득한 후 채권자 명의로 소유권보존등기를 마침으로써 담보목적의 범위 안에서 채권자에게 그 소유권이 이전된다(대판 2001.06.26. 99다47501).

정답 ①

제2관 법률행위에 의하지 않은 부동산물권의 변동

제3관 부동산 등기

문 8

등기의 추정력에 관한 다음 설명 중 옳은 것은 모두 몇 개인가?[2023년 29번]

ㄱ. 소유권이전등기가 등기부 멸실 후 회복등기절차에 따라 이루어졌으나 소유권이전등기의 멸실 회복등기에 있어서 전등기의 접수연월일, 접수번호 및 원인일자가 각 공란으로 되어 있다면 그 회복등기는 등기공무원에 의하여 적법하게 수리되어 처리된 것으로 추정되지 않는다.

ㄴ. 사망자 명의로 신청하여 이루어진 이전등기는 일단 원인무효의 등기라고 볼 것이어서 등기의 추정력을 인정할 여지가 없으므로, 등기의 유효를 주장하는 자가 현재의 실체관계와 부합함을 증명할 책임이 있다.

ㄷ. 소유권보존등기 명의인을 상대로 한 소유권보존등기 말소청구 소송을 제기하여 승소판결을 받은 자가 그 판결에 기하여 기존의 소유권보존등기를 말소한 후 자신의 명의로 마친 소유권보존등기는 일응 적법한 절차에 따라 마쳐진 소유권보존등기라 할 것이므로 다른 특별한 사정이 없는 한 원고가 이 사건 부동산의 적법한 소유자라는 점이 인정된다고 보아야 할 것이지만, 위 판결이 공시송달 절차에 의하여 선고된 판결이라면 달리 보아야 한다.

ㄹ. 전등기명의인의 직접적인 처분행위에 의한 것이 아니라 제3자가 그 처분행위에 개입된 경우 그 등기가 원인무효임을 이유로 말소를 청구하는 전등기명의인으로서는 그 반대사실 즉, 그 제3자에게 전등기명의인을 대리할 권한이 없었다든지, 또는 그 제3자가 전등기명의인의 등기서류를 위조하였다는 등의 무효사실에 대한 입증책임을 진다.

ㅁ. 등기가 원인 없이 말소된 경우에는 그 물권의 효력에 아무런 영향이 없고, 그 회복등기가 마쳐지기 전이라도 말소된 등기의 등기명의인은 적법한 권리자로 추정되므로 원인 없이 말소된 등기의 효력을 다투는 쪽에서 그 무효 사유를 주장·입증하여야 한다.

① 1개 ② 2개 ③ 3개 ④ 4개 ⑤ 5개

> **MGI Point** 등기의 추정력 ★★
>
> - 소유권이전등기의 멸실회복등기에 있어서 전등기의 접수연월일, 접수번호 및 원인일자가 각 공란으로 되어 있는 경우 등기의 추정력 ⇨ 인정
> - 사망자 명의로 신청하여 이루어진 이전등기의 추정력 ⇨ 인정×
> - 소유권보존등기 말소청구 소송을 제기하여 승소판결을 받은 원고가 그 판결에 기하여 기존의 소유권보존등기를 말소한 후 자신의 명의로 마친 소유권보존등기의 추정력 ⇨ 공시송달절차에 의한 것이라고 하더라도 인정
> - 등기의 추정력의 범위 ⇨ 적법한 대리권의 존재에도 미침
> - 등기가 원인 없이 말소된 경우 ⇨ 그 물권의 효력에 아무런 영향×

ㄱ. (X) 소유권이전등기가 등기부 멸실 후 회복등기절차에 따라 이루어진 경우에 그 회복등기는 등기공무원에 의하여 적법하게 수리되어 처리된 것으로 추정되므로 소유권이전등기의 멸실회복등기에 있어서 전등기의 접수연월일, 접수번호 및 원인일자가 각 공란으로 되어 있다고 하더라도 특별한 사정이 없는 한 멸실회복등기의 실시요강에 따라 등기공무원이 토지대장등본 등 전등기의 권리를 증명할 공문서가 첨부된 등기신청서에 의하여 적법하게 처리한 것이라고 추정된다(대법원 2003. 12. 12. 2003다44615,44622).

ㄴ. (○) 사망자 명의로 신청하여 이루어진 이전등기는 일단 원인무효의 등기라고 볼 것이어서 등기의 추정력을 인정할 여지가 없으므로, 등기의 유효를 주장하는 자가 현재의 실체관계와 부합함을 증명할 책임이 있다(대법원 2018. 11. 29. 2018다200730).

ㄷ. (X) 부동산등기법 제130조의 규정과 등기예규 제1026호에 의하면 소유권보존등기 명의인을 상대로 한 소유권보존등기 말소청구 소송을 제기하여 승소판결을 받은 원고가 그 판결에 기하여 기존의 소유권보존등기를 말소한 후 자신의 명의로 마친 소유권보존등기는 일단 적법한 절차에 따라 마쳐진 소유권보존등기라고 추정하여야 하고, 위 판결이 공시송달 절차에 의하여 선고되었다고 하여 달리 볼 것이 아니다(대법원 2006. 9. 8. 2006다17485).

ㄹ. (○) 소유권이전등기가 전 등기명의인의 직접적인 처분행위에 의한 것이 아니라 제3자가 그 처분행위에 개입된 경우 현 등기명의인이 그 제3자가 전 등기명의인의 대리인이라고 주장하더라도 현 소유명의인의 등기가 적법히 이루어진 것으로 추정되므로, 그 등기가 원인무효임을 이유로 그 말소를 청구하는 전 소유명의인으로서는 그 반대사실 즉, 그 제3자에게 전 소유명의인을 대리할 권한이 없었다던가, 또는 제3자가 전 소유명의인의 등기서류를 위조하였다는 등의 무효사실에 대한 입증책임을 진다(대법원 1997. 4. 8. 97다416).

ㅁ. (○) 등기는 물권의 효력 발생 요건이고 존속 요건은 아니어서 등기가 원인 없이 말소된 경우에는 그 물권의 효력에 아무런 영향이 없고, 그 회복등기가 마쳐지기 전이라도 말소된 등기의 등기명의인은 적법한 권리자로 추정되므로 원인 없이 말소된 등기의 효력을 다투는 쪽에서 그 무효 사유를 주장·입증하여야 한다(대법원 1997. 9. 30. 95다39526).

정답 ③

문 3

보존등기에 관한 다음 설명 중 옳지 않은 것은 모두 몇 개인가? [2022년 23번]

> ㄱ. 甲이 건축허가서상의 건축주 명의를 편의상 乙 앞으로 하여 두고 甲의 비용으로 신축한 건물에 대하여 丙이 乙로부터 丙에 대한 채무의 변제에 갈음하여 그 건물에 대한 건축주 명의를 이전하여 주겠다는 제의를 받아 丙 앞으로 건축주 명의를 변경한 후, 건물이 완공되어 건축물 관리대장이 편제되자 丙 명의로 소유권보존등기를 마쳤다면 丙 명의로 이루어진 소유권보존등기의 추정력은 깨어진다.

ㄴ. 동일 부동산에 관하여 동일인 명의로 소유권보존등기가 중복되어 있는 경우에는 먼저 경료된 소유권보존등기가 유효하고, 나중의 소유권보존등기는 그것이 실체관계에 부합하는 여부를 가릴 것 없이 무효이다.
ㄷ. 민법 제245조 제2항 등기부취득시효에서 말하는 '등기'는 1부동산 1용지주의에 위배되지 아니한 등기를 말하는 것이므로, 무효인 중복보존등기나 이에 터 잡은 소유권이전등기를 근거로 하여서는 등기부취득시효의 완성을 주장할 수 없다.
ㄹ. 멸실된 건물의 보존등기를 신축된 건물의 보존등기로 갈음하는 것은 허용되지 않는다.

① 없음   ② 1개   ③ 2개   ④ 3개   ⑤ 4개

MGI Point 보존등기 ★★

- 제3자가 건축허가서상의 건축주 명의수탁자로부터 건축주 명의를 이전받아 소유권보존등기를 경료한 경우 ⇨ 그 등기의 권리 추정력은 깨짐
- 동일 부동산에 관하여 동일인 명의로 소유권보존등기가 중복 ⇨ 후행 보존등기는 무효
- 중복등기 중 선등기가 원인무효가 아니어서 후등기가 무효로 된 경우 ⇨ 후등기를 근거로 등기부취득시효의 완성을 주장할 수 없음
- 멸실된 건물의 보존등기를 신축된 건물의 보존등기로 갈음 ⇨ 불가

ㄱ. (○) [1] 신축된 건물의 소유권은 이를 건축한 사람이 원시취득하는 것이므로, 건물 소유권보존등기의 명의자가 이를 신축한 것이 아니라면 그 등기의 권리 추정력은 깨어지고, 등기 명의자가 스스로 적법하게 그 소유권을 취득한 사실을 입증하여야 한다. [2] 갑이 건축허가서상의 건축주 명의를 편의상 을 앞으로 하여 두고 갑의 비용으로 신축한 건물에 대하여, 병이 을로부터 병에 대한 채무의 변제에 갈음하여 그 건물에 대한 건축주 명의를 이전하여 주겠다는 제의를 받아 병 앞으로 건축주 명의를 변경한 후, 건물이 완공되어 건축물 관리대장이 편제되자 이를 사용하여 병 명의로 소유권보존등기를 경료하기에 이르렀다면, 병 명의로 이루어진 소유권보존등기의 추정력은 깨어지고, 병이 대외적인 소유권을 가지지 못한 을로부터 이를 양수하여 소유권보존등기를 마친 것만으로는 그 소유권을 적법하게 취득하지 못한다(대판 1996.07.30. 95다30734).

ㄴ. (○) 동일 부동산에 관하여 등기명의인을 달리하여 중복하여 보존등기가 이루어진 경우와는 달리 동일인 명의로 소유권보존등기가 중복되어 있는 경우에는 먼저 경료된 등기가 유효하고 뒤에 경료된 중복등기는 그것이 실체관계에 부합하는 여부를 가릴 것 없이 무효이다(대판 1981.11.18. 81다1340).

ㄷ. (○) 민법 제245조 제2항은 부동산의 소유자로 등기한 자가 10년간 소유의 의사로 평온·공연하게 선의이며 과실 없이 그 부동산을 점유한 때에는 소유권을 취득한다고 규정하고 있는바, 위 법 조항의 '등기'는 부동산등기법 제15조가 규정한 1부동산 1용지주의에 위배되지 아니한 등기를 말하므로, 어느 부동산에 관하여 등기명의인을 달리하여 소유권보존등기가 2중으로 경료된 경우 먼저 이루어진 소유권보존등기가 원인무효가 아니어서 뒤에 된 소유권보존등기가 무효로 되는 때에는, 뒤에 된 소유권보존등기나 이에 터잡은 소유권이전등기를 근거로 하여서는 등기부취득시효의 완성을 주장할 수 없다(대판 1996.10.17. 96다12511(전합)).

ㄹ. (○) 멸실된 건물과 신축된 건물이 위치나 기타 여러가지 면에서 서로 같다고 하더라도 그 두 건물이 동일한 건물이라고는 할 수 없으므로 신축건물의 물권변동에 관한 등기를 멸실건물의 등기부에 등재하여도 그 등기는 무효이고 가사 신축건물의 소유자가 멸실건물의 등기를 신축건물의 등기로 전용할 의사로써 멸실건물의 등기부상 표시를 신축건물의 내용으로 표시 변경 등기를 하였다고 하더라도 그 등기가 무효임에는 변함이 없다(대판 1980.11.11. 80다441).

정답 ①

문 4

아래의 사례에 관한 다음 설명 중 가장 옳지 않은 것은? (각 설명은 독립적임) [2020년 24번]

[사실관계]
○ 甲은 그 소유인 X토지를 乙에게 매도하고 매매대금 전액을 지급받았으나 아직 등기는 넘겨주지 않고 있다.
○ 한편 乙은 丙은행으로부터 대출을 받았으나 변제기가 지나서도 원리금을 변제하지 못하고 있다.
○ 丙은행은 乙에 대한 대출금채권을 보전하기 위하여 乙의 甲에 대한 소유권이전등기청구권을 가압류하였고, 이후 乙이 甲을 상대로 X토지에 관하여 매매를 원인으로 하는 소유권이전등기청구의 소를 제기하였다.

① 채권에 대한 가압류가 있더라도 이는 채무자가 제3채무자로부터 현실로 급부를 추심하는 것만을 금지하는 것일 뿐, 채무자는 제3채무자를 상대로 그 이행을 구하는 소송을 제기할 수 있는 것이므로 乙의 소제기는 적법하다.
② 소유권이전등기청구권의 가압류는 청구권의 목적물인 부동산의 처분을 금지하는 대물적 효력이 있으므로 甲이나 乙로부터 소유권이전등기를 마친 제3자가 있을 경우 丙은 가압류의 효력을 들어 그 등기의 말소를 청구할 수 있다.
③ 소유권이전등기청구의 소에서 乙이 전부인용판결을 받아 확정되면 乙은 이 판결을 가지고 단독으로 X토지에 대하여 자기 명의로 소유권이전등기를 마칠 수 있게 된다.
④ 甲이 乙의 소제기에 대하여 아무런 응소를 하지 아니하여 乙이 자백간주에 의한 전부승소판결을 선고받아 그 판결이 확정됨으로써 丙이 피보전채권을 집행하지 못하게 되는 손해를 입는다면 甲은 불법행위에 따른 손해배상책임을 지게 된다.
⑤ 甲은 소송에 응소하여 소유권이전등기청구권이 가압류된 사실을 주장하고 자신이 송달받은 가압류결정을 제출하는 방법으로 이를 입증하여야 할 의무가 있고, 이 경우 법원은 가압류의 해제를 조건으로 하지 않는 한 乙의 청구를 인용하여서는 안된다.

MGI Point 가압류 ★★

- 채권에 대한 가압류가 있는 경우 ⇨ 채무자는 제3채무자를 상대로 그 이행을 구하는 소송 제기 可
- 소유권이전등기청구의 소에서 전부인용판결 확정 ⇨ 승소한 등기권리자 또는 등기의무자가 단독으로 등기 신청 可
- 소유권이전등기청구권에 대한 압류나 가압류가 있는 경우
  - 당해 채권자와 채무자 및 제3채무자 사이에만 효력 ○ ⇨ 제3채무자나 채무자로부터 소유권이전등기를 넘겨받은 제3자에 대해 등기말소 청구 不可
  - 제3채무자가 고의 또는 과실로 위 소유권이전등기 청구소송에 응소하지 아니한 결과 의제자백에 의한 판결이 선고되어 확정되어 채무자에게 소유권이전등기가 경료되고 다시 제3자에게 처분된 결과 채권자에게 손해 발생 ⇨ 제3채무자의 불법행위 구성 ○
  - 제3채무자는 소유권이전등기 청구소송에 응소하여 그 소유권이전등기청구권이 가압류된 사실을 주장하고 자신이 송달받은 가압류결정을 제출하는 방법으로 입증하여야 할 의무 有 ⇨ 제3채무자가 의무 이행시 가압류의 해제를 조건으로 하지 않는 한 법원은 인용 不可

---

① (○) 일반적으로 채권에 대한 가압류가 있더라도 이는 채무자가 제3채무자로부터 현실로 급부를 추심하는 것만을 금지하는 것일 뿐 채무자는 제3채무자를 상대로 그 이행을 구하는 소송을 제기할 수 있고 법원은 가압류가 되어 있음을 이유로 이를 배척할 수는 없는 것이 원칙이다. 왜냐하면 채무자로서는 제3채무자에 대

한 그의 채권이 가압류되어 있다 하더라도 채무명의를 취득할 필요가 있고 또는 시효를 중단할 필요도 있는 경우도 있을 것이며 또한 소송 계속 중에 가압류가 행하여진 경우에 이를 이유로 청구가 배척된다면 장차 가압류가 취소된 후 다시 소를 제기하여야 하는 불편함이 있는데 반하여 제3채무자로서는 이행을 명하는 판결이 있더라도 집행단계에서 이를 저지하면 될 것이기 때문이다(대판 2002.04.26. 2001다59033).

② (×) 소유권이전등기청구권에 대한 압류나 가압류는 채권에 대한 것이지 등기청구권의 목적물인 부동산에 대한 것이 아니고, 채무자와 제3채무자에게 그 결정을 송달하는 외에 현행법상 등기부에 이를 공시하는 방법이 없는 것으로서 당해 채권자와 채무자 및 제3채무자 사이에만 효력을 갖는 것이고, 압류나 가압류와 관계가 없는 제3자에 대하여는 압류나 가압류의 처분금지적 효력을 주장할 수 없는 것이다. 따라서 소유권이전등기청구권의 압류나 가압류는 청구권의 목적물인 부동산 자체의 처분을 금지하는 대물적 효력은 없다고 할 것이고, 제3채무자나 채무자로부터 소유권이전등기를 넘겨받은 제3자에 대하여는 그 취득한 등기가 원인무효라고 주장하여 그 말소를 청구할 수 없다고 보아야 할 것이다(대판 1992.11.10. 92다4680(전합)).

③ (○) 부동산등기법은 등기는 등기권리자와 등기의무자가 공동으로 신청하여야 함을 원칙으로 하면서도(제28조), 제29조(현행 부동산등기법 제23조 제4항)에서 '판결에 의한 등기는 승소한 등기권리자 또는 등기의무자만으로' 신청할 수 있도록 규정하고 있는바, 위 법조에서 승소한 등기권리자 외에 등기의무자도 단독으로 등기를 신청할 수 있게 한 것은, 통상의 채권채무 관계에서는 채권자가 수령을 지체하는 경우 채무자는 공탁 등에 의한 방법으로 채무부담에서 벗어날 수 있으나 등기에 관한 채권채무 관계에 있어서는 이러한 방법을 사용할 수 없으므로, 등기의무자가 자기 명의로 있어서는 안 될 등기가 자기 명의로 있음으로 인하여 사회생활상 또는 법상 불이익을 입을 우려가 있는 경우에는 소의 방법으로 등기권리자를 상대로 등기를 인수받아 갈 것을 구하고 그 판결을 받아 등기를 강제로 실현할 수 있도록 한 것이다(대판 2001.02.09. 2000다60708).

> 부동산등기법 제23조(등기신청인) ④ 등기절차의 이행 또는 인수를 명하는 판결에 의한 등기는 승소한 등기권리자 또는 등기의무자가 **단독으로 신청**하고, 공유물을 분할하는 판결에 의한 등기는 등기권리자 또는 등기의무자가 단독으로 신청한다.

④ (○) 소유권이전등기청구권이 가압류된 경우에는 변제금지의 효력이 미치고 있는 제3채무자로서는 일반채권이 가압류된 경우와는 달리 채무자 또는 그 채무자를 대위한 자로부터 제기된 소유권이전등기 청구소송에 응소하여 그 소유권이전등기청구권이 가압류된 사실을 주장하고 자신이 송달받은 가압류결정을 제출하는 방법으로 입증하여야 할 의무가 있다고 할 것이고, 만일 제3채무자가 고의 또는 과실로 위 소유권이전등기 청구소송에 응소하지 아니한 결과 의제자백에 의한 판결이 선고되어 확정됨에 따라 채무자에게 소유권이전등기가 경료되고 다시 제3자에게 처분된 결과 채권자가 손해를 입었다면, 이러한 경우는 제3채무자가 채무자에게 임의로 소유권이전등기를 경료하여 준 것과 마찬가지로 불법행위를 구성한다고 보아야 한다(대판 1999.06.11. 98다22963).

⑤ (○) 소유권이전등기를 명하는 판결은 의사의 진술을 명하는 판결로서 이것이 확정되면 채무자는 일방적으로 이전등기를 신청할 수 있고 제3채무자는 이를 저지할 방법이 없으므로, 소유권이전등기청구권이 가압류된 경우에는 변제금지의 효력이 미치고 있는 제3채무자로서는 일반채권이 가압류된 경우와는 달리 채무자 또는 그 채무자를 대위한 자로부터 제기된 소유권이전등기 청구소송에 응소하여 그 소유권이전등기청구권이 가압류된 사실을 주장하고 자신이 송달받은 가압류결정을 제출하는 방법으로 입증하여야 할 의무가 있다(대판 1999.06.11. 98다22963). 채권에 대한 가압류가 있더라도 이는 채무자가 제3채무자로부터 현실로 급부를 추심하는 것만을 금지하는 것이므로 채무자는 제3채무자를 상대로 그 이행을 구하는 소송을 제기할 수 있고 법원은 가압류가 되어 있음을 이유로 이를 배척할 수는 없는 것이지만, 소유권이전등기를 명하는 판결은 의사의 진술을 명하는 판결로서 이것이 확정되면 채무자는 일방적으로 이전등기를 신청할 수 있고 제3채무자는 이를 저지할 방법이 없게 되므로 위와 같이 볼 수는 없고 이와 같은 경우에는 가압류의 해제를 조건으로 하지 않는 한 법원은 이를 인용하여서는 안되는 것이며, 가처분이 있는 경우도 이와 마찬가지로 그 가처분의 해제를 조건으로 하여야만 소유권이전등기절차의 이행을 명할 수 있다(대판 1999.02.09. 98다42615).

정답 ②

문 5

등기에 관한 다음 설명 중 옳지 않은 것을 모두 고른 것은? [2018년 38번]

ㄱ. 부동산에 관하여 마쳐진 가압류등기가 원인 없이 말소된 이후에 부동산의 소유권이 제3자에게 이전되고 그 후 제3취득자의 채권자의 신청에 따라 경매절차가 진행되어 매각허가결정이 확정되고 매수인이 매각대금을 다 낸 때에는, 특별한 사정이 없는 한 원인 없이 말소된 가압류의 효력은 소멸한다.

ㄴ. 등기명의인의 경정등기는 명의인의 동일성이 인정되는 범위를 벗어나면 허용되지 아니하므로 명의인의 동일성이 인정되지 않는 위법한 경정등기가 마쳐졌다면, 그것이 일단 마쳐져서 경정 후의 명의인의 권리관계를 표상하는 결과에 이르렀고 그 등기가 실체관계에도 부합한다고 하더라도 그 등기를 유효하다고 볼 수는 없다.

ㄷ. 채권자 아닌 제3자 명의의 근저당권설정등기가 경료된 부동산에 소유권이전청구권 가등기가 경료되고 그 후 다시 채권자 명의의 위 근저당권이전의 부기등기가 경료되었다면 그 때부터 위 근저당권설정등기는 실체관계에 부합하는 유효한 등기로 볼 수 있다.

ㄹ. 선행보존등기로부터 경료된 원고 명의의 소유권이전등기가 원인무효의 등기라면 특별한 사정이 없는 한 원고로서는 피고 명의의 후행보존등기에 대하여 그 말소를 청구할 권원이 없다.

ㅁ. 가등기가 이루어진 부동산에 관하여 제3취득자 앞으로 소유권이전등기가 마쳐진 후 그 가등기가 말소된 경우 그와 같이 말소된 가등기의 회복등기절차에서 회복등기의무자는 가등기가 이루어질 당시의 부동산 소유자이므로, 제3취득자를 상대로 한 가등기의 회복등기청구는 부적법하다.

① ㄱ, ㄴ   ② ㄴ, ㄹ   ③ ㄱ, ㄴ, ㅁ
④ ㄷ, ㅁ   ⑤ ㄴ, ㄷ, ㅁ

해설 ★★★

ㄱ. (○) 부동산에 관하여 가압류등기가 마쳐졌다가 등기가 아무런 원인 없이 말소되었다는 사정만으로는 곧바로 가압류의 효력이 소멸하는 것은 아니지만, 가압류등기가 원인 없이 말소된 이후에 부동산의 소유권이 제3자에게 이전되고 그 후 제3취득자의 채권자 등 다른 권리자의 신청에 따라 경매절차가 진행되어 매각허가결정이 확정되고 매수인이 매각대금을 다 낸 때에는, 경매절차에서 집행법원이 가압류의 부담을 매수인이 인수할 것을 특별매각조건으로 삼지 않은 이상 원인 없이 말소된 가압류의 효력은 소멸한다(대판 2017.1.25. 2016다28897).

ㄴ. (X) 등기명의인의 경정등기는 명의인의 동일성이 인정되는 범위를 벗어나면 허용되지 아니한다. 그렇지만 등기명의인의 동일성 유무가 명백하지 아니하여 경정등기 신청이 받아들여진 결과 명의인의 동일성이 인정되지 않는 위법한 경정등기가 마쳐졌다 하더라도, 그것이 일단 마쳐져서 경정 후의 명의인의 권리관계를 표상하는 결과에 이르렀고 그 등기가 실체관계에도 부합하는 것이라면 등기는 유효하다. 이러한 경우에 경정등기의 효력은 소급하지 않고 경정 후 명의인의 권리취득을 공시할 뿐이므로, 경정 전의 등기 역시 원인무효의 등기가 아닌 이상 경정 전 당시의 등기명의인의 권리관계를 표상하는 등기로서 유효하고, 경정 전에 실제로 존재하였던 경정 전 등기명의인의 권리관계가 소급적으로 소멸하거나 존재하지 않았던 것으로 되지도 아니한다(대판 2015.05.21. 2012다952).

ㄷ. (X) 등기가 실체적 권리관계에 부합한다고 하는 것은 그 등기절차에 어떤 하자가 있더라도 진실한 권리관계와 합치되는 것을 의미하는바, 채권자가 채무자와 사이에 근저당권설정계약을 체결하였으나 그 계약에 기한 근저당권설정등기가 채권자가 아닌 제3자의 명의로 경료되고 그 후 다시 채권자가 위 근저당권설정등기에 대한 부기등기의 방법으로 위 근저당권을 이전받았다면 특별한 사정이 없는 한 그 때부터 위 근저당권설정등기는 실체관계에 부합하는 유효한 등기로 볼 수 있다. 그런데 채권자 아닌 제3자 명의의 근저당권설정등기가 경료된 부동산에 소유권이전청구권 가등기가 경료되고 그 후 다시 채권자 명의의 위 근저당권이전의 부기등기가 경료된 경우라면, 채권자는 위 부기등기가 경료된 시점에 비로소 근저당권을 취득하는데, 부기등기의 순위가 주등기의 순위에 의하도록 되어 있는 부동산등기법 제6조 제1항에 따라 등기부상으로는 채권자가 위 제3자 명의의 근저당권설정등기가 경료된 시점에 근저당권을 취득한 것이 되어 위 가등기보다 그 순위가 앞서게 되므로, 결국 위 근저당권설정등기는 실체관계에 부합하는 유효한 등기라고 볼 수 없다 (대판 2007.01.11. 2006다50055).

ㄹ. (○) 선행보존등기로부터 경료된 원고명의의 소유권이전등기가 원인무효의 등기인 이상 특단의 사정이 없는 한 원고로서는 피고 명의의 후행보존등기에 대하여 그 말소를 청구할 권원이 없다고 할 것이므로, 아무리 후행보존등기가 무효라고 하여도 아무런 권원이 없는 원고의 말소등기청구를 받아들여 그 말소를 명할 수는 없다(대판 2007.05.10. 2007다3612).

ㅁ. (X) 말소된 등기의 회복등기절차의 이행을 구하는 소에서는 회복등기의무자에게만 피고적격이 있는바, 가등기가 이루어진 부동산에 관하여 제3취득자 앞으로 소유권이전등기가 마쳐진 후 그 가등기가 말소된 경우 그와 같이 말소된 가등기의 회복등기절차에서 회복등기의무자는 가등기가 말소될 당시의 소유자인 제3취득자이므로, 그 가등기의 회복등기청구는 회복등기의무자인 제3취득자를 상대로 하여야 한다(대판 2009.10.15. 2006다43903).

정답 ⑤

문6

등기의 추정력에 관한 다음 설명 중 가장 옳지 않은 것은? [2018년 23번]

① 사망자 명의의 신청으로 이루어진 이전등기는 원인무효의 등기로서 등기의 추정력을 인정할 여지가 없으므로 등기의 유효를 주장하는 자가 현재의 실체관계와 부합함을 증명할 책임이 있다.
② 부동산등기는 그것이 형식적으로 존재하는 것 자체로부터 적법한 등기원인에 의하여 마쳐진 것으로 추정되고, 타인에게 명의를 신탁하여 등기하였다고 주장하는 사람은 그 명의신탁 사실에 대하여 증명할 책임을 진다.
③ 부동산소유권 이전등기 등에 관한 특별조치법에 의한 소유권이전등기는 실체적 권리관계에 부합하는 등기로 추정되고, 비록 그 전 등기명의인이 무권리자이기 때문에 그로부터의 소유권이전등기가 원인무효로서 말소되어야 할 경우라고 하더라도 등기의 추정력은 깨어지지 아니한다.
④ 소유권이전등기가 경료되어 있는 경우 등기명의자는 제3자에 대하여서 뿐만 아니라 전 소유자에 대하여서도 적법한 등기원인에 의하여 소유권을 취득한 것으로 추정되므로, 전 소유자가 이를 부인하고 등기원인의 무효를 주장하여 소유권이전등기의 말소를 구하려면 무효원인이 되는 사실을 주장하고 증명할 책임이 있다.
⑤ 토지에 관한 소유권보존등기의 추정력은 그 토지를 사정받은 사람이 따로 있음이 밝혀진 경우에는 깨어지고 등기명의인이 구체적으로 그 승계취득 사실을 주장·입증하지 못하는 한 그 등기는 원인무효이다.

해설

① (○) 전 소유자가 사망한 이후에 그 명의의 신청에 의하여 이루어진 이전등기는 일단 원인무효의 등기라고 볼 것이어서 등기의 추정력을 인정할 여지가 없으므로, 그 등기의 유효를 주장하는 자가 현재의 실체관계와 부합함을 입증할 책임이 있다(대판 1983.08.23. 83다카597).

② (○) 부동산등기는 그것이 형식적으로 존재하는 것 자체로부터 적법한 등기원인에 의하여 마쳐진 것으로 추정되고, 타인에게 명의를 신탁하여 등기하였다고 주장하는 사람은 그 명의신탁 사실에 대하여 증명할 책임을 진다(대판 2016.07.22. 2016다207928).

③ (X) 구 부동산소유권 이전등기 등에 관한 특별조치법에 의한 소유권이전등기는 실체적 권리관계에 부합하는 등기로 추정되지만 그 소유권이전등기도 전 등기명의인으로부터 소유권을 승계취득하였음을 원인으로 하는 것이고 보증서 및 확인서 역시 그 승계취득사실을 보증 내지 확인하는 것이므로 그 전 등기명의인이 무권리자이기 때문에 그로부터의 소유권이전등기가 원인무효로서 말소되어야 할 경우라면, 그 등기의 추정력은 번복된다(대판 2018.06.15., 2016다246145).

④ (○) 부동산에 관하여 소유권이전등기가 마쳐져 있는 경우에는 등기명의자는 제3자에 대하여서 뿐 아니라 전 소유자에 대하여서도 적법한 등기원인에 의하여 소유권을 취득한 것으로 추정되는 것이므로, 이를 다투는 측에서 무효사유를 주장·입증하여야 한다(대판 1993.05.11. 92다46059).

⑤ (○) 토지에 관한 소유권보존등기는 그 토지를 사정받은 사람이 따로 있다는 사실이 밝혀진 경우에는 추정력이 없어지고, 등기명의인이 구체적으로 승계취득 사실을 주장·증명하지 못하는 한 그 등기는 원인무효이다. 그러나 그처럼 소유권보존등기의 추정력이 깨어진 경우에도, 그 부동산을 자신이 명의신탁한 것이라고 주장하면서 등기명의인을 상대로 명의신탁 해지를 원인으로 한 소유권의 회복을 구하거나 당해 부동산의 수용으로 인한 보상금에 관한 권리 귀속의 확인을 구하려면, 그 전제로서 자신에게 그러한 청구를 할 수 있는 권원이 있음을 주장·증명하여야 한다. 권원이 인정되지 않는다면 설령 타인 명의의 등기가 원인무효라고 하더라도 그 청구를 인용할 수는 없다(대판 2016.12.29. 2014다67782).

정답 ③

문 7

(가)등기와 대장의 효력에 관한 다음 설명 중 옳은 것을 모두 고른 것은?(다툼이 있는 경우 판례에 의함) [2016년 15번]

㉠ 어떤 토지에 대하여 농지분배 절차가 진행되어 상환증서가 발급되고 상환완료를 원인으로 하는 소유권이전등기가 경료되었다면 특별한 사정이 없는 한 그 토지는 적법하게 농지분배 되었다고 추정된다.

㉡ 집합건물의 구분소유권은 원칙적으로 건물 전체가 완성되어 당해 건물에 관한 건축물대장에 구분건물로 등록된 시점에 성립한다.

㉢ 가등기는 원칙상 순위보전적 효력만이 있을 뿐이고, 가등기만으로는 아무런 실체법상 효력을 갖지 아니하나, 그 가등기에 기한 본등기를 명하는 판결이 확정된 경우라면 비로소 가등기의 원인이 된 청구권의 존재를 추단할 수 있다.

㉣ 소유권이전청구권 보전을 위한 가등기 이후에 가압류등기가 마쳐지고 위 가등기에 기한 본등기가 이루어지는 경우, 등기관이 위 가압류등기를 직권으로 말소할 수 있다.

ⓜ 멸실에 의한 회복등기가 등기부에 기재되었다면 별다른 사정이 없는 한 이는 등기관에 의하여 적법하게 수리되고 처리된 것이라고 일응 추정함이 타당하나, 전등기의 접수년월일 및 번호란이 불명으로 기재되어 있다면 회복등기절차에 하자가 있는 것으로 볼 수밖에 없다.

① ㉠, ㉡
② ㉠, ㉡, ㉢
③ ㉠, ㉢, ㉣
④ ㉠, ㉣, ㉤
⑤ ㉠, ㉣

해설 ★★

㉠ (○) 어떤 토지에 대하여 농지분배 절차가 진행되어 상환증서가 발급되고 상환완료를 원인으로 하는 소유권이전등기가 경료된 경우, 그 대상 토지가 농지가 아니었다거나 구 농지개혁법 제5조 각 호에 해당하지 않는다는 등의 특별한 사정이 없는 한 그 토지는 적법하게 농지분배되었다고 추정된다(대판 1996.04.26. 95다40007).

㉡ (X) 1동의 건물에 대하여 구분소유가 성립하기 위해서는 객관적·물리적인 측면에서 1동의 건물이 존재하고, 구분된 건물부분이 구조상·이용상 독립성을 갖추어야 할 뿐 아니라, 1동의 건물 중 물리적으로 구획된 건물부분을 각각 구분소유권의 객체로 하려는 구분행위가 있어야 한다. 여기서 구분행위는 건물의 물리적 형질에 변경을 가함이 없이 법률관념상 건물의 특정 부분을 구분하여 별개의 소유권의 객체로 하려는 일종의 법률행위로서, 그 시기나 방식에 특별한 제한이 있는 것은 아니고 처분권자의 구분의사가 객관적으로 외부에 표시되면 인정된다. 따라서 구분건물이 물리적으로 완성되기 전에도 건축허가신청이나 분양계약 등을 통하여 장래 신축되는 건물을 구분건물로 하겠다는 구분의사가 객관적으로 표시되면 구분행위의 존재를 인정할 수 있고, 이후 1동의 건물 및 그 구분행위에 상응하는 구분건물이 객관적·물리적으로 완성되면 아직 그 건물이 집합건축물대장에 등록되거나 구분건물로서 등기부에 등기되지 않았더라도 그 시점에서 구분소유가 성립한다(대판 2013.01.17. 2010다71578(전합)).

㉢ (X) 가등기는 부동산등기법 제6조 제2항의 규정에 의하여 그 본등기시에 본등기의 순위를 가등기의 순위에 의하도록 하는 순위보전적 효력만이 있을 뿐이고, 가등기만으로는 아무런 실체법상 효력을 갖지 아니하고 그 본등기를 명하는 판결이 확정된 경우라도 본등기를 경료하기까지는 마찬가지이므로, 중복된 소유권보존등기가 무효이더라도 가등기권리자는 그 말소를 청구할 권리가 없다(대판 2001.03.23. 2000다51285).

㉣ (○) 소유권이전청구권의 보전을 위한 가등기는 부동산의 물권변동에 있어 순위보전의 효력이 있는 것이므로, 그 가등기에 의한 소유권이전의 본등기가 마쳐진 경우에는 그 가등기 후 본등기 전에 행하여진 가압류등기는 가등기권자의 본등기 취득으로 인한 등기순위 보전 및 물권의 배타성에 의하여 실질적으로 등기의 효력을 상실하게 되는 것이다. 따라서 등기공무원은 부동산등기법 제175조 내지 제177조 및 제55조 제2호에 의하여 위 가압류등기를 직권으로 말소할 수 있다(대결 2010.03.19. 2008마1883).

㉤ (X) 멸실에 의한 회복등기가 등기부에 기재되었다면 별다른 사정이 없는 한 이는 등기공무원에 의하여 적법하게 수리되고 처리된 것이라고 일응 추정함이 타당하고, 전등기의 접수년월일 및 번호란이 불명으로 기재되어 있다는 것만으로는 회복등기절차에 하자가 있는 것으로 볼 수 없다(대판 1992.08.18. 92다8736).

정답 ⑤

제❸절 | 동산물권의 변동

제1관 권리자로부터의 취득
제2관 무권리자로부터의 취득(선의취득)

제❹절 | 명인방법에 의한 부동산물권의 변동

제❺절 | 물권의 소멸

제3장 기본물권

제❶절 ǀ 점유권

제1관 점유

문 8

취득시효 및 점유에 관한 다음 설명 중 가장 옳지 않은 것은? [2021년 4번]

① 토지의 점유자가 이전에 소유자를 상대로 그 토지에 관하여 소유권이전등기말소절차의 이행을 구하는 소를 제기하였다가 패소하고 그 판결이 확정되었다는 사정만으로는 토지 점유자의 자주점유의 추정이 번복되어 타주점유로 전환된다고 할 수 없다.

② 상속에 의하여 점유권을 취득한 경우에는 상속인이 새로운 권원에 의하여 자기 고유의 점유를 시작하지 않는 한 피상속인의 점유를 떠나 자기만의 점유를 주장할 수 없다.

③ 부동산에 관하여 적법·유효한 등기를 마치고 소유권을 취득한 사람이 자기 소유의 부동산을 점유하는 경우 그러한 점유는 취득시효의 기초가 되는 점유라고 할 수 없고, 다만 그 상태에서 다른 사람 명의로 소유권이전등기가 되는 등으로 소유권의 변동이 있는 때에 비로소 취득시효의 요건인 점유가 개시된다고 볼 수 있을 뿐이다.

④ 부동산의 점유권원의 성질이 분명하지 않을 때에는 민법 제197조 제1항에 의하여 점유자는 소유의 의사로 선의, 평온 및 공연하게 점유한 것으로 추정되는 것이지만, 이러한 추정은 지적공부 등의 관리주체인 국가나 지방자치단체가 점유하는 경우에는 적용될 수 없다.

⑤ 집합건물의 소유 및 관리에 관한 법률의 적용을 받는 집합건물의 공용부분은 취득시효에 의한 소유권 취득의 대상이 될 수 없다.

MGI Point 취득시효 및 점유 ★★

- 토지의 점유자가 소유자를 상대로 소유권이전등기말소청구의 소 제기 후 패소하고 그 판결이 확정된 경우
  ⇨ 자주점유의 추정이 번복되어 타주점유로 전환되지 않음
- 상속에 의해 점유승계가 이루어진 경우 ⇨ 새로운 권원에 의하여 자기 고유의 점유를 개시하지 않는 한 자기만의 점유 주장 불가
- 부동산에 관하여 적법·유효한 등기를 마치고 소유권을 취득한 사람이 부동산을 점유하는 경우
  - 위 점유는 취득시효의 기초가 되는 점유 ✕
  - 취득시효의 요건인 점유가 개시되는 시점 ⇨ 소유권 변동 시
- 부동산 점유권원의 성질이 불분명한 경우 ⇨ 점유자는 소유의 의사로 선의, 평온 및 공연하게 점유한 것으로 추정됨(민197①), 지적공부 등의 관리주체인 국가나 지방자치단체가 점유하는 경우에도 마찬가지로 적용 ○
- 집합건물의 공용부분은 취득시효에 의한 소유권 취득의 대상 ✕

① (○) 토지의 점유자가 이전에 소유자를 상대로 그 토지에 관하여 소유권이전등기말소절차의 이행을 구하는 소를 제기하였다가 패소하고 그 판결이 확정되었다 하더라도 그 소송은 점유자가 소유자를 상대로 소유권이전등기의 말소를 구하는 것이므로 그 패소판결의 확정으로 점유자의 소유자에 대한 말소등기청구권이 부정될 뿐, 그로써 점유자가 소유자에 대하여 어떠한 의무를 부담하게 되었다든가 그러한 의무가 확인되었다고 볼 수는 없고, 따라서 점유자가 그 소송에서 패소하고 그 판결이 확정되었다는 사정만으로는 토지 점유자의 자주점유의 추정이 번복되어 타주점유로 전환된다고 할 수 없다(대판 1999.09.17. 98다63018).

② (○) 상속에 의하여 점유권을 취득한 경우에는 상속인은 새로운 권원에 의하여 자기 고유의 점유를 개시하지 않는 한 피상속인의 점유를 떠나 자기만의 점유를 주장할 수 없고, 선대의 점유가 타주점유인 경우 선대로부터 상속에 의하여 점유를 승계한 자의 점유도 상속 전과 그 성질 내지 태양을 달리하지 않으므로 특단의 사정이 없는 한 그 점유가 자주점유로는 될 수 없고, 그 점유가 자주점유가 되기 위하여는 점유자가 소유자에 대하여 소유의 의사가 있는 것을 표시하거나 새로운 권원에 의하여 다시 소유의 의사로써 점유를 시작하여야 한다(대판 1996.09.20. 96다25319).

③ (○) 부동산에 대한 취득시효 제도의 존재이유는 부동산을 점유하는 상태가 오랫동안 계속된 경우 권리자로서의 외형을 지닌 사실상태를 존중하여 이를 진실한 권리관계로 높여 보호함으로써 법질서의 안정을 기하고, 장기간 지속된 사실상태는 진실한 권리관계와 일치될 개연성이 높다는 점을 고려하여 권리관계에 관한 분쟁이 생긴 경우 점유자의 증명곤란을 구제하려는 데에 있다. 그런데 부동산에 관하여 적법·유효한 등기를 마치고 소유권을 취득한 사람이 자기 소유의 부동산을 점유하는 경우에는 특별한 사정이 없는 한 사실상태를 권리관계로 높여 보호할 필요가 없고, 부동산의 소유명의자는 부동산에 대한 소유권을 적법하게 보유하는 것으로 추정되어 소유권에 대한 증명의 곤란을 구제할 필요 역시 없으므로, 그러한 점유는 취득시효의 기초가 되는 점유라고 할 수 없다. 다만 그 상태에서 다른 사람 명의로 소유권이전등기가 되는 등으로 소유권의 변동이 있는 때에 비로소 취득시효의 요건인 점유가 개시된다고 볼 수 있을 뿐이다(대판 2016.10.27. 2016다224596).

④ (X) 부동산의 점유권원의 성질이 분명하지 않을 때에는 민법 제197조 제1항에 의하여 점유자는 소유의 의사로 선의, 평온 및 공연하게 점유한 것으로 추정되는 것이며, 이러한 추정은 지적공부 등의 관리주체인 국가나 지방자치단체가 점유하는 경우에도 마찬가지로 적용된다. 그리고 부동산 취득시효에 있어서 점유자가 그 성질상 소유의 의사가 없는 것으로 보이는 권원에 바탕을 두고 점유를 취득한 사실이 증명되었거나, 점유자가 진정한 소유자라면 통상 취하지 아니할 태도를 나타내거나 소유자라면 당연히 취했을 것으로 보이는 행동을 취하지 아니한 경우 등 외형적·객관적으로 보아 점유자가 타인의 소유권을 배척하고 점유할 의사를 갖고 있지 아니하였던 것이라고 볼 만한 사정이 증명된 경우에 비로소 소유의 의사로 점유한 것이라는 위의 추정이 깨어지는 것이다(대판 2009.11.26. 2009다50421).

⑤ (○) 집합건물의 공용부분은 구분소유자 전원의 공유에 속하나(집합건물법 제10조 제1항), 그 공유는 민법상의 공유와는 달리 건물의 구분소유라고 하는 공동의 목적을 위하여 인정되는 것으로 집합건물법 제13조는 공용부분에 대한 공유자의 지분은 그가 가지는 전유부분의 처분에 따를 뿐 전유부분과 분리하여 처분할 수 없도록 규정하고 있다. 또한 공용부분을 전유부분으로 변경하기 위하여는 집합건물법 제15조에 따른 구분소유자들의 집회결의와 그 공용부분의 변경으로 특별한 영향을 받게 되는 구분소유자의 승낙을 얻어야 한다. 그런데 공용부분에 대하여 취득시효의 완성을 인정하여 그 부분에 대한 소유권취득을 인정한다면 전유부분과 분리하여 공용부분의 처분을 허용하고 일정 기간의 점유로 인하여 공용부분이 전유부분으로 변경되는 결과가 되어 집합건물법의 취지에 어긋나게 된다. 따라서 집합건물의 공용부분은 취득시효에 의한 소유권 취득의 대상이 될 수 없다고 봄이 타당하다(대판 2013.12.12. 2011다78200).

정답 ④

문 9

점유 또는 점유권에 관한 다음 설명 중 가장 옳지 않은 것은? [2020년 11번]

① 민법 제203조 제2항에서 유익비의 상환범위는 '점유자가 유익비로 지출한 금액'과 '현존하는 증가액' 중에서 회복자가 선택하는 것이며, 그 실제 지출금액 및 현존 증가액에 관한 증명책임은 모두 유익비의 상환을 구하는 점유자에게 있다.

② 부동산 매매계약이 취소된 경우 부동산을 인도받은 선의의 매수인에게 민법 제201조가 적용되어 과실취득권이 인정되는 이상 선의의 매도인에게도 민법 제587조의 유추적용에 의하여 대금의 운용이익 내지 법정이자의 반환을 부정함이 형평에 맞다.

③ 대지의 소유자로 등기한 자는 보통의 경우 등기할 때에 대지를 인도받아 점유를 얻은 것으로 보아야 하므로 등기사실을 인정하면서 특별한 사정의 설시 없이 점유사실을 인정할 수 없다고 판단해서는 안 된다. 이는 임야나 대지 등이 매매 등을 원인으로 양도되고 이에 따라 소유권이전등기가 마쳐진 경우뿐만 아니라 소유권보존등기의 경우에도 마찬가지이다.

④ 민법 제201조 제1항은 "선의의 점유자는 점유물의 과실을 취득한다."라고 규정하고 있는바, 여기서 선의의 점유자라 함은 과실수취권을 포함하는 권원이 있다고 오신한 점유자를 말하고, 다만 그와 같은 오신을 함에는 오신할 만한 정당한 근거가 있어야 한다.

⑤ 구분소유적 공유관계에서 어느 특정된 부분만을 소유·점유하고 있는 공유자가 매매 등과 같이 종전의 공유지분권과는 별도의 자주점유가 가능한 권원에 의하여 다른 공유자가 소유·점유하는 특정된 부분을 취득하여 점유를 개시하였다고 주장하는 경우에는 취득 권원이 인정되지 않는다고 하더라도 그 사유만으로 자주점유의 추정이 번복된다거나 점유권원의 성질상 타주점유라고 할 수 없고, 상대방에게 타주점유에 대하여 증명할 책임이 있다.

MGI Point 점유 또는 점유권 ★★

- 유익비(민법 제203조 제2항)
  - 상환범위 ⇨ '점유자가 유익비로 지출한 금액'과 '현존하는 증가액' 중에서 회복자가 선택하는 것
  - 실제 지출금액 및 현존 증가액에 관한 증명책임의 소재 ⇨ 유익비의 상환을 구하는 점유자
- 쌍무계약이 취소된 경우 선의의 매도인 ⇨ 대금의 운용이익 내지 법정이자 반환 ×
- 대지의 소유자로 이전등기(소유권보존등기 ×)한 사실이 인정되는 경우 ⇨ 점유사실 인정 ○
- 선의점유자 - 과실 취득 가 (민법 제201조 제1항)
  - 선의 : 과실취득권을 포함하는 권원(질권·유치권 ×)이 있다고 오신한 점유자
  - ⇨ 이 경우 오신함에는 오신할 만한 정당한 근거 필요
- 구분소유적 공유관계에 있는 공유자가 매매 등과 같이 종전의 공유지분권과는 별도의 자주점유가 가능한 권원에 의하여 다른 공유자가 소유·점유하는 특정된 부분을 취득하여 점유를 개시하였다고 주장하였으나, 그 취득 권원이 인정되지 않은 경우 ⇨ 그러한 사유만으로 자주점유 추정 번복 × (타주점유에 대한 증명책임 : 상대방)

---

① (○) 유익비상환청구에 관하여 민법 제203조 제2항은 "점유자가 점유물을 개량하기 위하여 지출한 금액 기타 유익비에 관하여는 그 가액의 증가가 현존한 경우에 한하여 회복자의 선택에 좇아 그 지출금액이나 증가액의 상환을 청구할 수 있다."라고 규정하고 있다. 즉 유익비의 상환범위는 '점유자가 유익비로 지출한 금액'과 '현존하는 증가액' 중에서 회복자가 선택하는 것으로 정해진다. 위와 같은 실제 지출금액 및 현존 증가액에 관한 증명책임은 모두 유익비의 상환을 구하는 점유자에게 있다(대판 2018.06.15. 2018다206707).

② (○) 쌍무계약이 취소된 경우 선의의 매수인에게 민법 제201조가 적용되어 과실취득권이 인정되는 이상 선의의 매도인에게도 민법 제587조의 유추적용에 의하여 대금의 운용이익 내지 법정이자의 반환을 부정함이 형평에 맞다(대판 1993.05.14. 92다45025).

③ (X) 물건에 대한 점유란 사회관념상 어떤 사람의 사실적 지배 아래에 있는 객관적 상태를 말하는 것으로서, 사실적 지배가 있다고 하기 위해서는 반드시 물건을 물리적, 현실적으로 지배하는 것만을 의미하는 것이 아니고, 물건과 사람과의 시간적, 공간적 관계와 본권 관계, 타인지배의 배제 가능성 등을 고려하여 사회관념에 따라 합목적으로 판단하여야 한다. 특히 임야에 대한 점유의 이전이나 점유의 계속은 반드시 물리적이고 현실적인 지배를 요한다고 볼 것은 아니고, 관리나 이용의 이전이 있으면 인도가 있었다고 보아야 하고, 임야에 대한 소유권을 양도하는 경우라면 그에 대한 지배권도 넘겨지는 것이 거래에서 통상적인 형태라고 할 것이다. 또한 대지의 소유자로 등기한 자는 보통의 경우 등기할 때에 대지를 인도받아 점유를 얻은 것으로 보아야 하므로 등기사실을 인정하면서 특별한 사정의 설시 없이 점유사실을 인정할 수 없다고 판단해서는 아니 된다. 그러나 이는 임야나 대지 등이 매매 등을 원인으로 양도되고 이에 따라 소유권이전등기가 마쳐진 경우에 그렇다는 것이지, 소유권보존등기의 경우에도 마찬가지라고 볼 수는 없다. 소유권보존등기는 이전등기와 달리 해당 토지의 양도를 전제로 하는 것이 아니어서, 보존등기를 마쳤다고 하여 일반적으로 등기명의자가 그 무렵 다른 사람으로부터 점유를 이전받는다고 볼 수는 없기 때문이다(대판 2013.07.11. 2012다201410).

④ (○) 민법 제201조 제1항은 "선의의 점유자는 점유물의 과실을 취득한다."라고 규정하고 있는바, 여기서 선의의 점유자라 함은 과실수취권을 포함하는 권원이 있다고 오신한 점유자를 말하고, 다만 그와 같은 오신을 함에는 오신할 만한 정당한 근거가 있어야 한다(대판 1995.08.25. 94다27069).

⑤ (○) 공유부동산의 경우에 공유자 중의 1인이 공유지분권에 기초하여 부동산 전부를 점유하고 있다고 하여도 다른 특별한 사정이 없는 한 권원의 성질상 다른 공유자의 지분비율의 범위 내에서는 타주점유라고 할 것이다. 그렇지만 이와 달리 구분소유적 공유관계에서 어느 특정된 부분만을 소유·점유하고 있는 공유자가 매매 등과 같이 종전의 공유지분권과는 별도의 자주점유가 가능한 권원에 의하여 다른 공유자가 소유·점유하는 특정된 부분을 취득하여 점유를 개시하였다고 주장하는 경우에는 타인 소유의 부동산을 매수·점유하였다고 주장하는 경우와 달리 볼 필요가 없으므로, 취득권원이 인정되지 않는다고 하더라도 그 사유만으로 자주점유의 추정이 번복된다거나 점유권원의 성질상 타주점유라고 할 수 없고, 상대방에게 타주점유에 대하여 증명할 책임이 있다(대판 2013.03.28. 2012다68750).

정답 ③

문 10

점유 또는 점유권에 관한 다음 설명 중 가장 옳지 않은 것은?(다툼이 있는 경우 판례에 따르고 전원합의체 판결의 경우 다수의견에 의함) [2017년 20번]

① 상속에 의하여 피상속인의 점유권은 상속인에게 이전하고, 거기에 의사표시나 점유의 이전을 요하지 않는다.

② 부동산을 취득시효기간 만료 당시의 점유자로부터 양수하여 점유를 승계한 현 점유자는 민법 제199조가 정하는 바에 따라 전 점유자의 점유를 아울러 주장할 수 있으므로, 전 점유자의 취득시효 완성의 효과를 주장하여 직접 자기에게 소유권이전등기를 청구할 수 있다.

③ 신축건물 공사에 관한 하수급인들이 유치권 행사를 위하여 건물경비업체를 통해 건물의 방범활동을 하도록 하고, 직원들을 현장사무실에 상주하도록 하면서 주차장 외벽 등에 현수막을 거는 등 건물임차인들의 영업과 배치되지 않는 방법으로 신축건물을 관리하였다면, 그 무렵부터 위 신축건물을 점유하기 시작하였다고 볼 수 있다.
④ 건물의 소유자는 그가 현실적으로 건물이나 그 부지를 점거하고 있지 아니하고 있더라도, 그 건물의 소유를 위하여 그 부지를 점유한다고 보아야 한다.
⑤ 타인 소유의 임야에 분묘를 설치하여 관리하고 그 임야에서 땔감을 채취한 것만으로는 그 임야를 소유의 의사로 배타적으로 점유하였다고 볼 수 없다.

해설 ★★★

① (○) 점유권은 상속인에 이전한다(민법 제193조).

② (X) 전 점유자의 점유를 승계한 자는 그 점유 자체와 하자만을 승계하는 것이지 그 점유로 인한 법률효과까지 승계하는 것은 아니므로 부동산을 취득시효기간 만료 당시의 점유자로부터 양수하여 점유를 승계한 현 점유자는 자신의 전 점유자에 대한 소유권이전등기청구권을 보전하기 위하여 전 점유자의 소유자에 대한 소유권이전등기청구권을 대위행사할 수 있을 뿐, 전 점유자의 취득시효 완성의 효과를 주장하여 직접 자기에게 소유권이전등기를 청구할 권원은 없다(대판 1995.03.28. 93다47745(전합)).

③ (○) 점유라고 함은 물건이 사회통념상 그 사람의 사실적 지배에 속한다고 보여지는 객관적 관계에 있는 것을 말하고 사실상의 지배가 있다고 하기 위하여는 반드시 물건을 물리적, 현실적으로 지배하는 것만을 의미하는 것이 아니고 물건과 사람과의 시간적, 공간적 관계와 본권관계, 타인지배의 배제가능성 등을 고려하여 사회관념에 따라 합목적적으로 판단하여야 한다. 원심은, 그 채택한 증거에 의하여 피고들이 2003. 8. 29. 현장사무실에서 이 사건 건물을 점유하면서 유치권을 행사하기로 결의한 다음 건물경비업체를 통하여 이 사건 건물의 방범활동을 하도록 하고, 피고들의 직원들이 현장사무실에 상주하도록 하면서 주차장 외벽 등에 현수막을 걸고 건물임차인들의 영업과 서로 배치되지 아니하는 방법으로 이 사건 건물을 점유·관리하였다고 보아 피고들이 이 사건 경매절차 개시 전에 이 사건 건물을 점유하기 시작하였다고 판단하였는바, 앞서 본 법리 및 기록에 비추어 살펴보면 원심의 위와 같은 인정 및 판단은 정당한 것으로 수긍이 가고, 거기에 상고이유로 주장하는 바와 같은 점유의 개시 및 적법성추정에 관한 법리오해, 심리미진, 채증법칙 위반의 위법이 없다(대판 2009.09.24. 2009다39530).

④ (○) 사회통념상 건물은 그 부지를 떠나서는 존재할 수 없으므로 건물의 부지가 된 토지는 건물의 소유자가 점유하는 것이고, 이 경우 건물의 소유자가 현실적으로 건물이나 그 부지를 점거하고 있지 않다 하더라도 건물의 소유를 위하여 그 부지를 점유한다고 보아야 한다(대판 2009.09.10. 2009다28462).

⑤ (○) 물건에 대한 점유란 사회관념상 어떤 사람의 사실적 지배에 있다고 보이는 객관적 관계를 말하는 것으로서 사실상 지배가 있다고 하기 위하여는 반드시 물건을 물리적, 현실적으로 지배하는 것만을 의미하는 것이 아니고, 물건과 사람과의 시간적, 공간적 관계와 본권관계, 타인지배의 가능성 등을 고려하여 사회관념에 따라 합목적적으로 판단하여야 하며, 타인 소유의 임야에 분묘를 설치하여 관리하고 그 임야에서 땔감을 채취한 것만으로는 그 임야를 소유의 의사로 배타적으로 점유하였다고 볼 수 없다 할 것이다(대판 1999.06.11. 99다2553).

정답 ②

문 11

점유(권)에 관한 다음 설명 중 가장 옳지 않은 것은?(다툼이 있는 경우 판례에 의함) [2016년 12번]

① 점유자의 권리추정의 규정은 특별한 사정이 없는 한 부동산 물권에 대하여는 적용되지 아니하고 다만 그 등기에 대하여서만 추정력이 부여된다.
② 지방자치단체가 도로개설사업을 시행하면서 소유자로부터 그 도로의 부지로 지정된 토지의 매도승낙서 등을 교부받는 등 매수절차를 진행하였음이 인정되나 매매계약서 등의 관련 자료를 보관하지 않은 경우, 위 토지의 후속 취득절차에 관한 서류들을 제출하지 못하고 있다는 사정만으로 위 토지에 관한 자주점유의 추정이 번복된다고 할 수 없다.
③ 진정 소유자가 자신의 소유권을 주장하여 점유자를 상대로 소유권이전등기의 말소등기청구소송을 제기하여 점유자의 패소로 확정된 경우, 그 소송의 제기 시부터는 점유자의 점유가 타주점유로 전환된다.
④ 토지에 대한 취득시효완성으로 인한 소유권이전등기청구권은 그 토지에 대한 점유가 계속되는 한 시효로 소멸하지 아니하고, 여기서 말하는 점유에는 직접점유뿐만 아니라 간접점유도 포함한다.
⑤ 공동상속인의 1인이 상속재산인 부동산을 전부 점유한다고 하더라도 달리 특별한 사정이 없는 한 다른 공유자의 지분비율의 범위에서는 타주점유로 보아야 한다.

해설 ★★

① (○) 점유자의 권리추정의 규정은 특별한 사정이 없는 한 부동산 물권에 대하여는 적용되지 아니하고 다만 그 등기에 대하여서만 추정력이 부여된다(대판 1982.04.13. 81다780).
② (○) 지방자치단체가 도로개설사업을 시행하면서 소유자로부터 그 도로의 부지로 지정된 토지의 매도승낙서 등을 교부받는 등 매수절차를 진행하였음이 인정되나 매매계약서, 매매대금 영수증 등의 관련 자료를 보관하지 않고 있는 사안에서, 위 지방자치단체가 법령에서 정한 공공용 재산의 취득절차를 밟거나 소유자의 사용승낙을 받는 등 위 토지를 점유할 수 있는 일정한 권원에 의하여 위 토지를 도로부지에 편입시켰을 가능성을 배제할 수 없으므로 위 토지의 후속 취득절차에 관한 서류들을 제출하지 못하고 있다는 사정만으로 위 토지에 관한 자주점유의 추정이 번복된다고 할 수 없다(대판 2010.08.19. 2010다33866).
③ (X) 진정 소유자가 자신의 소유권을 주장하며 점유자 명의의 소유권이전등기는 원인무효의 등기라 하여 점유자를 상대로 토지에 관한 점유자 명의의 소유권이전등기의 말소등기청구소송을 제기하여 그 소송사건이 점유자의 패소로 확정되었다면, 점유자는 민법 제197조 제2항의 규정에 의하여 그 소유권이전등기말소등기청구소송의 제기시부터는 토지에 대한 악의의 점유자로 간주된다(대판 1996.10.11. 96다19857).
④ (○) 토지에 대한 취득시효완성으로 인한 소유권이전등기청구권은 그 토지에 대한 점유가 계속되는 한 시효로 소멸하지 아니하고, 여기서 말하는 점유에는 직접점유뿐만 아니라 간접점유도 포함한다고 해석하여야 한다(대판 1995.02.10. 94다28468).
⑤ (○) 공동상속인의 1인이 상속재산인 부동산을 전부 점유한다고 하더라도 달리 특별한 사정이 없는 한 다른 공유자의 지분비율의 범위에서는 타주점유로 보아야 한다(대판 1997.06.24. 97다2993).

정답 ③

제2관 점유권의 득실

제3관 점유권의 효력

문 12

점유의 소와 본권의 소에 관한 다음 설명 중 가장 옳지 않은 것은? [2022년 25번]

① 점유자가 점유의 침탈을 당한 때에는 그 물건의 반환 등을 청구할 수 있고 이러한 점유회수의 청구에 있어서는 점유를 침탈당하였다고 주장하는 당시에 점유하고 있었는지의 여부만을 살피면 된다.

② 점유권에 기인한 소와 본권에 기인한 소는 서로 영향을 미치지 않으므로, 점유를 침탈당한 자가 점유권에 기한 점유회수의 소를 제기하고, 본권자가 그 점유회수의 소가 인용될 것에 대비하여 본권에 기초한 장래이행의 소로서 별소를 제기한 경우, 점유를 침탈당한 자가 위 점유권에 기한 점유회수소송에서 승소판결을 얻고 가집행선고가 되었더라도 현실 점유를 회복하지 않았다면 본권자가 제기한 위 본권에 기한 장래이행의 소는 부적법하다고 보아야 한다.

③ 점유회수의 청구에 대하여 점유침탈자가 점유물에 대한 본권이 있다는 주장으로 점유회수를 배척할 수 없다.

④ 점유권에 기한 본소에 대하여 본권자가 본소청구 인용에 대비하여 본권에 기한 예비적 반소를 제기하고 양 청구가 모두 이유 있는 경우, 법원은 점유권에 기한 본소와 본권에 기한 예비적 반소를 모두 인용해야 하고 점유권에 기한 본소를 본권에 관한 이유로 배척할 수 없다.

⑤ 점유회수의 청구에 있어 점유란 물건이 사회통념상 그 사람의 사실적 지배에 속한다고 보여지는 객관적 관계에 있는 것을 말하고 사실상의 지배가 있다고 하기 위하여는 반드시 물건을 물리적, 현실적으로 지배하는 것만을 의미하는 것이 아니고 물건과 사람과의 시간적, 공간적 관계와 본권관계, 타인지배의 배제가능성 등을 고려하여 사회관념에 따라 합목적적으로 판단하여야 한다.

MGI Point **점유의 소와 본권의 소** ★★

- 점유회수 청구의 심리 ⇨ 점유를 침탈당하였다고 주장하는 당시에 점유하고 있었는지의 여부만을 살피면 족
- 본권자가 그 점유회수의 소가 인용될 것에 대비하여 본권에 기초한 장래이행의 소로서 별소를 제기한 경우 ⇨ 점유회수소송에서 승소판결을 얻고 가집행선고가 되었더라도 적법
- 점유회수의 청구의 기각 사유 ⇨ 점유침탈자가 점유물에 대한 본권이 있다는 사유로 불가
- 점유권에 기한 본소에 대하여 본권자가 본소청구 인용에 대비하여 본권에 기한 예비적 반소를 제기하고 양 청구가 모두 이유 있는 경우 ⇨ 점유권에 기한 본소를 본권에 관한 이유로 배척 불가
- 점유회수의 청구에 있어 점유 ⇨ 사회통념상 그 사람의 사실적 지배에 속한다고 보여지는 객관적 관계에 있는 것을 말함, 사회관념에 따라 합목적적으로 판단

① (○), ③ (○), ⑤ (○) 점유자가 점유의 침탈을 당한 때에는 그 물건의 반환 등을 청구할 수 있다(민법 제204조 제1항 참조). 이러한 점유회수의 청구에 있어서는 점유를 침탈당하였다고 주장하는 당시에 점유하고 있었는지의 여부만을 살피면 되는 것이고, 여기서 점유라고 함은 물건이 사회통념상 그 사람의 사실적 지배에 속한다고 보여지는 객관적 관계에 있는 것을 말하고 사실상의 지배가 있다고 하기 위하여는 반드시 물건을 물리적, 현실적으로 지배하는 것만을 의미하는 것이 아니고 물건과 사람과의 시간적, 공간적 관계와 본권관계, 타인지배의 배제가능성 등을 고려하여 사회관념에 따라 합목적적으로 판단하여야 하는 것이다. 그리고

점유회수의 청구에 대하여 점유침탈자가 점유물에 대한 본권이 있다는 주장으로 점유회수를 배척할 수 없다(대판 2010.07.15. 2010다18294).

② (X), ④ (○) 점유권을 기초로 한 본소에 대하여 본권자가 본소청구의 인용에 대비하여 본권에 기초한 장래이행의 소로서 예비적 반소를 제기하고 양 청구가 모두 이유 있는 경우, 법원은 점유권에 기초한 본소와 본권에 기초한 예비적 반소를 모두 인용해야 하고 점유권에 기초한 본소를 본권에 관한 이유로 배척할 수 없다. 이러한 법리는 점유를 침탈당한 자가 점유권에 기한 점유회수의 소를 제기하고, 본권자가 그 점유회수의 소가 인용될 것에 대비하여 본권에 기초한 장래이행의 소로서 별소를 제기한 경우에도 마찬가지로 적용된다(대판 2021.03.25. 2019다208441).

정답 ②

문 13

점유자와 회복자의 관계에 관한 다음 설명 중 가장 옳지 않은 것은? [2019년 28번]

① 민법 제201조 제1항에 의해 선의의 점유자는 점유물의 과실(果實)을 취득할 권리가 있다고 하더라도, 점유자의 점유물에 대한 점유에 과실(過失)이 있어 진정한 소유자에 대하여 불법행위를 구성한다면 선의의 점유자라도 그 불법행위로 인한 손해배상책임이 배제되지 않는다.

② 민법 제201조 제2항에 의해 악의의 점유자는 수취한 과실을 반환하여야 하며, 악의 수익자가 반환하여야 할 범위는 민법 제748조 제2항에 따라 정하여지는 결과 그 받은 이익에 이자를 붙여 반환하여야 하며, 위 이자의 이행지체로 인한 지연손해금도 지급하여야 한다.

③ 민법 제203조에 의한 점유자의 비용상환청구권은 점유자가 소유자에게서 점유물 반환을 청구받은 때에 비로소 이를 행사할 수 있고, 점유자가 점유물에 대하여 그 비용을 지출할 당시의 소유자에 대하여 행사하여야 한다.

④ 유효한 도급계약에 기하여 수급인이 도급인으로부터 제3자 소유 물건의 점유를 이전받아 이를 수리한 결과 그 물건의 가치가 증가한 경우, 수급인은 소유자에 대하여 민법 제203조에 의한 비용상환청구권을 행사할 수 없다.

⑤ 민법 제204조 제1항에 의한 점유회수의 소의 점유에는 직접 점유뿐만 아니라 간접점유도 포함되나, 간접점유를 인정하기 위해서는 간접점유자와 직접점유자 사이에 점유매개관계가 필요하다.

MGI Point 점유자와 회복자 ★★

- **선의점유자 - 과실 취득 可 (201①)**
  - 선의 : 과실취득권을 포함하는 권원(질권·유치권 ×)이 있다고 오신한 점유자
    ⇨ 이 경우 오신함에는 오신할 만한 정당한 근거 필요
- **악의점유자 - 과실취득권 × (201②)**
  - 소비하였거나 과실로 인하여 훼손 또는 수취하지 못한 경우에는 ⇨ 그 과실의 대가 보상 要 (201②)
  - 민법 제201조 2항은 제748조 2항에 대한 특칙 × ⇨ 따라서 악의점유자는 '받은 이익 + 이자 + 그 이행지체로 인한 지연손해금'도 반환 要
- 민법 제203조 비용상환청구권 행사의 상대방 ⇨ 점유회복 당시의 소유자, 도급계약에서의 도급인
- 민법 제204조 제1항의 점유 ⇨ 간접점유자 ○ (단, 점유매개관계가 필요)

① (○) 본건 토지의 선의의 점유자로 그 과실을 취득할 권리가 있어 경작한 농작물의 소유권을 취득할 수 있다 하더라도 법령의 부지로 상속인이 될 수 없는 사람을 상속인이라고 생각하여 본건 토지를 점유하였다면 피고에게 과실이 있다고 아니할 수 없고 따라서 피고의 본건 토지의 점유는 진정한 소유자에 대하여 불법행위를 구성하는 것이라 아니할 수 없는 것이고 피고에게는 그 불법행위로 인한 손해배상의 책임이 있는 것이며 선의의 점유자도 과실취득권이 있다하여 불법행위로 인한 손해배상책임이 배제되는 것은 아니다(대판 1966. 07.19. 66다994).

② (○) 타인 소유물을 권원 없이 점유함으로써 얻은 사용이익을 반환하는 경우 민법은 선의 점유자를 보호하기 위하여 제201조 제1항을 두어 선의 점유자에게 과실수취권을 인정함에 대하여, 이러한 보호의 필요성이 없는 악의 점유자에 관하여는 민법 제201조 제2항을 두어 과실수취권이 인정되지 않는다는 취지를 규정하는 것으로 해석되는바, 따라서 악의 수익자가 반환하여야 할 범위는 민법 제748조 제2항에 따라 정하여지는 결과 그는 받은 이익에 이자를 붙여 반환하여야 하며, 위 이자의 이행지체로 인한 지연손해금도 지급하여야 한다(대판 2003.11.14. 2001다61869).

③ (X) 민법 제203조 제2항에 의한 점유자의 회복자에 대한 유익비상환청구권은 점유자가 계약관계 등 적법하게 점유할 권리를 가지지 않아 소유자의 소유물반환청구에 응하여야 할 의무가 있는 경우에 성립되는 것으로서, 이 경우 점유자는 그 비용을 지출할 당시의 소유자가 누구이었는지 관계없이 점유회복 당시의 소유자 즉 회복자에 대하여 비용상환청구권을 행사할 수 있는 것이나, 점유자가 유익비를 지출할 당시 계약관계 등 적법한 점유의 권원을 가진 경우에 그 지출비용의 상환에 관하여는 그 계약관계를 규율하는 법조항이나 법리 등이 적용되는 것이어서, 점유자는 그 계약관계 등의 상대방에 대하여 해당 법조항이나 법리에 따른 비용상환청구권을 행사할 수 있을 뿐 계약관계 등의 상대방이 아닌 점유회복 당시의 소유자에 대하여 민법 제203조 제2항에 따른 지출비용의 상환을 구할 수는 없다(대판 2003.07.25. 2001다64752).

④ (○) 유효한 도급계약에 기하여 수급인이 도급인으로부터 제3자 소유 물건의 점유를 이전받아 이를 수리한 결과 그 물건의 가치가 증가한 경우, 도급인이 그 물건을 간접점유하면서 궁극적으로 자신의 계산으로 비용지출과정을 관리한 것이므로, 도급인만이 소유자에 대한 관계에 있어서 민법 제203조에 의한 비용상환청구권을 행사할 수 있는 비용지출자라고 할 것이고, 수급인은 그러한 비용지출자에 해당하지 않는다고 보아야 한다(대판 2002.08.23. 99다66564).

⑤ (○) 점유자가 점유의 침탈을 당한 때에는 그 물건의 반환 등을 청구할 수 있다(민법 제204조 제1항 참조). 이러한 점유회수의 소는 점유를 침탈당하였다고 주장하는 당시에 점유하고 있었는지만을 살피면 되는 것이고, 여기서 점유란 물건이 사회통념상 사람의 사실적 지배에 속한다고 보이는 객관적 관계에 있는 것을 말하고 사실상의 지배가 있다고 하기 위하여는 반드시 물건을 물리적·현실적으로 지배하는 것만을 의미하는 것이 아니고 물건과 사람 사이의 시간적·공간적 관계와 본권관계, 타인지배의 배제가능성 등을 고려하여 사회관념에 따라 합목적적으로 판단하여야 한다. 그리고 점유회수의 소의 점유에는 직접점유뿐만 아니라 간접점유도 포함되나, 간접점유를 인정하기 위해서는 간접점유자와 직접점유를 하는 자 사이에 일정한 법률관계, 즉 점유매개관계가 필요하다. 이러한 점유매개관계는 직접점유자가 자신의 점유를 간접점유자의 반환청구권을 승인하면서 행사하는 경우에 인정된다(대판 2012.02.23. 2011다61424).

정답 ③

제❷절 | 소유권

제1관 소유권의 내용과 범위

문 14

주위토지통행권에 관한 다음 설명 중 가장 옳지 않은 것은? [2021년 7번]

① 주위토지통행권이 인정된다고 하더라도 통로를 상시적으로 개방하여 제한 없이 이용할 수 있도록 하거나 피통행지 소유자의 관리권이 배제되어야만 하는 것은 아니므로, 쌍방 토지의 용도 및 이용 상황, 통행로 이용의 목적 등에 비추어 토지의 용도에 적합한 범위에서 통행 시기나 횟수, 통행방법 등을 제한하여 인정할 수도 있다.

② 주위토지통행권은 법정의 요건이 없어지게 되면 당연히 소멸하므로 포위된 토지가 사정변경에 의하여 공로에 접하게 되거나 포위된 토지의 소유자가 주위의 토지를 취득함으로써 주위토지통행권을 인정할 필요성이 없어지게 된 경우에는 통행권은 소멸한다.

③ 주위토지통행권은 어느 토지가 타인 소유의 토지에 둘러싸여 공로에 통할 수 없는 경우뿐만 아니라, 이미 기존의 통로가 있더라도 그것이 당해 토지의 이용에 부적합하여 실제로 통로로서의 충분한 기능을 하지 못하고 있는 경우에도 인정된다.

④ 토지에 관한 개발행위허가를 받은 명의신탁자에게도 주위토지통행권이 인정된다.

⑤ 타인 소유의 토지를 법률상 권원 없이 점유함으로 인하여 그 토지소유자가 입은 통상의 손해는 특별한 사정이 없는 한 그 점유토지의 임료 상당액이지만, 주위토지통행권자가 단지 통로로서 통행지를 통행함에 그치고 통행지 소유자의 점유를 배제할 정도의 배타적인 점유를 하고 있지 않다면 임료 상당액 전부가 통행지 소유자의 손해액이 된다고 볼 수는 없고 구체적인 이용상태 기타 제반사정을 고려하여 손해액을 산정해야 한다.

MGI Point 주위토지통행권 ★★

- 주위토지통행권이 인정된다고 하더라도 토지의 용도에 적합한 범위에서 통행 시기나 횟수, 통행방법 등을 제한하여 인정 가능
- 포위된 토지가 공로에 접하게 되는 등으로 주위토지통행권을 인정할 필요성이 없어진 경우 ⇨ 통행권 소멸 ○
- 기존 통로가 있는 경우에도 실제로 통로로서의 충분한 기능을 못하는 경우 ⇨ 주위토지통행권의 인정 ○
- 명의신탁자의 주위토지통행권 인정 ×
- 주위토지통행권자가 단지 통행지를 통행함에 그치고 통행지 소유자의 점유를 배제할 정도의 배타적인 점유를 하지 않은 경우 ⇨ 임료 상당액 전부가 통행지 소유자의 손해액이 된다고 볼 수는 없음

---

① (○) 주위토지통행권은 공로와 사이에 토지의 용도에 필요한 통로가 없는 경우에 피통행지 소유자의 손해를 무릅쓰고 특별히 인정하는 것이므로, 통행로의 폭이나 위치, 통행방법 등은 피통행지 소유자에게 손해가 가장 적게 되도록 하여야 하고, 이는 구체적 사안에서 쌍방 토지의 지형적·위치적 형상과 이용관계, 부근의 지리 상황, 인접 토지 이용자의 이해관계 기타 관련 사정을 두루 살펴 사회통념에 따라 판단하여야 한다. 그리고 주위토지통행권이 인정된다고 하더라도 통로를 상시적으로 개방하여 제한 없이 이용할 수 있도록 하거나 피통행지 소유자의 관리권이 배제되어야만 하는 것은 아니므로, 쌍방 토지의 용도 및 이용 상황, 통행로 이용의 목적 등에 비추어 토지의 용도에 적합한 범위에서 통행 시기나 횟수, 통행방법 등을 제한하여 인정할 수도 있다(대판 2017.01.12. 2016다39422).

② (○) 주위토지통행권은 법정의 요건을 충족하면 당연히 성립하고 요건이 없어지게 되면 당연히 소멸한다. 따라서 포위된 토지가 사정변경에 의하여 공로에 접하게 되거나 포위된 토지의 소유자가 주위의 토지를 취득함으로써 주위토지통행권을 인정할 필요성이 없어지게 된 경우에는 통행권은 소멸한다(대판 2014.12.24. 2013다11669).

③ (○) 주위토지통행권은 어느 토지가 타인 소유의 토지에 둘러싸여 공로에 통할 수 없는 경우뿐만 아니라, 이미 기존의 통로가 있더라도 그것이 당해 토지의 이용에 부적합하여 실제로 통로로서의 충분한 기능을 하지 못하고 있는 경우에도 인정된다(대판 2003.08.19. 2002다53469).

④ (X) 민법 제219조에 정한 주위토지통행권은 인접한 토지의 상호이용의 조절에 기한 권리로서 토지의 소유자 또는 지상권자, 전세권자 등 토지사용권을 가진 자에게 인정되는 권리이다. 따라서 명의신탁자에게는 주위토지통행권이 인정되지 아니한다(대판 2008.05.08. 2007다22767).

⑤ (○) 민법 제219조는 어느 토지와 공로 사이에 그 토지의 용도에 필요한 통로가 없는 경우에 그 토지소유자에게 그 주위의 토지통행권을 인정하면서 그 통행권자로 하여금 통행지 소유자의 손해를 보상하도록 규정하고 있다. 그런데 타인 소유의 토지를 법률상 권원 없이 점유함으로 인하여 그 토지소유자가 입은 통상의 손해는 특별한 사정이 없는 한 그 점유토지의 임료 상당액이라고 할 것이지만(대법원 1994. 6. 28. 선고 93다51539 판결 참조), 주위토지통행권자가 단지 공로에 이르는 통로로서 통행지를 통행함에 그치고 통행지 소유자의 점유를 배제할 정도의 배타적인 점유를 하고 있지 않다면 통행지 소유자가 통행지를 그 본래 목적대로 사용·수익할 수 없게 되는 경우의 손해액이라 할 수 있는 임료 상당액 전부가 통행지 소유자의 손해액이 된다고 볼 수는 없다(대판 2014.12.24. 2013다11669).

 ④

문 15

상린관계에 관한 다음 설명 중 가장 옳지 않은 것은? [2020년 17번]

① 주위토지통행권이 있음을 주장하여 확인을 구하는 특정의 통로 부분이 민법 제219조에 정한 요건을 충족하지 못할 경우에는 다른 토지 부분에 주위토지통행권이 인정된다고 할지라도 원칙적으로 청구를 기각할 수밖에 없다. 통행권의 확인을 구하는 특정의 통로 부분 중 일부분이 민법 제219조에 정한 요건을 충족하거나 특정의 통로 부분에 대하여 일정한 시기나 횟수를 제한하여 주위토지통행권을 인정하는 것이 가능한 경우에도 마찬가지이다.

② 인접한 타인의 토지를 통과하지 않고도 시설을 하고 물을 소통할 수 있는 경우에는 스스로 그와 같은 시설을 하는 것이 타인의 토지 등을 이용하는 것보다 비용이 더 든다는 등의 사정이 있다는 이유만으로 상린관계에 관한 민법 규정을 유추적용하여 이웃토지 소유자에게 그 토지의 사용 또는 그가 설치·보유한 시설의 공동사용을 수인하라고 요구할 수 있는 권리는 인정될 수 없다.

③ 민법 제218조 제1항에서 정한 수도 등 시설권은 법정의 요건을 갖추면 당연히 인정되는 것이고, 그 시설권에 근거하여 수도 등 시설공사를 시행하기 위해 따로 수도 등이 통과하는 토지 소유자의 동의나 승낙을 받아야 하는 것이 아니다.

④ 확정판결이나 화해조서 등에 의하여 특정의 구체적 구역이 주위토지통행권의 요건에 맞는 통행로로 인정되었더라도 그 이후 그 전제가 되는 포위된 토지나 주위토지 등의 현황이나 구체적 이용상황에 변동이 생긴 경우에는 일방이 상대방에 대하여 기존의 확정판결이나 화해조서 등이 인정한 통행장소와 다른 곳을 통행로로 삼아 주위토지통행권의 확인이나 통행방해의 배제·예방 또

는 통행 금지 등을 소로써 구하더라도 그 청구가 위 확정판결이나 화해조서 등의 기판력에 저촉된다고 볼 수 없다.
⑤ 무상주위통행권에 관한 민법 제220조의 규정은 토지의 직접 분할자 또는 일부 양도의 당사자 사이에만 적용되고 포위된 토지 또는 피통행지의 특정승계인에게는 적용되지 않는다. 이는 분할자 또는 일부 양도의 당사자가 무상주위통행권에 기하여 이미 통로를 개설해 놓은 다음 특정승계가 이루어진 경우에도 마찬가지이다.

> **MGI Point 상린관계** ★★
>
> ■ 주위토지통행권의 확인을 구하는 특정의 통로 부분 중 일부분이 민법 제219조에 정한 요건을 충족하는 경우
>   ⇨ 그 일부분에 대해서만 통행권의 확인을 구할 의사는 없음이 명백한 경우가 아닌 한 전부 기각 ×, 그 부분에 한정하여 청구 인용 ○
> ■ 인접한 타인의 토지를 통과하지 않고도 전선 등 시설을 하고 물을 소통할 수 있는 경우 ⇨ 그와 같은 시설을 하는 것이 타인의 토지 등을 이용하는 것보다 비용이 더 든다는 등의 이유만으로 상린관계에 관한 민법 규정 유추적용 ×
> ■ 민법 제218조 제1항에서 정한 수도 등 시설권에 근거하여 시설공사를 시행하는 경우 ⇨ 수도 등이 통과하는 토지 소유자의 동의나 승낙 不要
> ■ 주위토지의 현황이나 구체적 이용상황에 변동이 생긴 경우 ⇨ 기존의 확정판결 등이 인정한 통행장소와 다른 곳을 통행로로 삼아 다시 통행권확인 등의 소를 제기하는 것이 확정판결 등의 기판력에 저촉 ×
> ■ 무상주위통행권에 관한 민법 제220조의 규정
>   ▪ 토지의 직접 분할자 또는 일부 양도의 당사자 사이에만 적용 ○
>   ▪ 포위된 토지 또는 피통행지의 특정승계인에게는 적용 × ⇨ 분할자 또는 일부 양도의 당사자가 무상주위통행권에 기하여 이미 통로를 개설해 놓은 다음 특정승계가 이루어진 경우도 적용 ×

① (X) 주위토지통행권의 확인을 구하기 위해서는 통행의 장소와 방법을 특정하여 청구취지로써 이를 명시하여야 하고, 또한 민법 제219조에 정한 요건을 주장·입증하여야 하며, 따라서 주위토지통행권이 있음을 주장하여 확인을 구하는 특정의 통로 부분이 민법 제219조에 정한 요건을 충족한다고 인정되지 아니할 경우에는 다른 토지 부분에 주위토지통행권이 인정된다고 할지라도 원칙적으로 그 청구를 기각할 수밖에 없으나, 이와 달리 통행권의 확인을 구하는 특정의 통로 부분 중 일부분이 민법 제219조에 정한 요건을 충족하여 주위토지통행권이 인정된다면, 그 일부분에 대해서만 통행권의 확인을 구할 의사는 없음이 명백한 경우가 아닌 한 그 청구를 전부 기각할 것이 아니라, 그 부분에 한정하여 청구를 인용함이 상당하다(대판 2006.06.02. 2005다70144).

② (○) 인접하는 토지 상호간의 이용의 조절을 위한 상린관계에 관한 민법 등의 규정은 인접지 소유자에게 소유권에 대한 제한을 수인할 의무를 부담하게 하는 것이므로 적용 요건을 함부로 완화하거나 유추하여 적용할 수는 없고, 상린관계 규정에 의한 수인의무의 범위를 넘는 토지이용관계의 조정은 사적자치의 원칙에 맡겨야 한다. 그러므로 어느 토지소유자가 타인의 토지를 통과하지 아니하면 필요한 전선 등을 시설할 수 없거나 과다한 비용을 요하는 경우에는 타인은 자기 토지를 통과하여 시설을 하는 데 대하여 수인할 의무가 있고(민법 제218조 참조), 또한 소유지의 물을 소통하기 위하여 이웃토지 소유자가 시설한 공작물을 사용할 수 있지만(민법 제227조), 이는 타인의 토지를 통과하지 않고는 전선 등 불가피한 시설을 할 수가 없거나 타인의 토지를 통하지 않으면 물을 소통할 수 없는 합리적 사정이 있어야만 인정되는 것이다. 인접한 타인의 토지를 통과하지 않고도 시설을 하고 물을 소통할 수 있는 경우에는 스스로 그와 같은 시설을 하는 것이 타인의 토지 등을 이용하는 것보다 비용이 더 든다는 등의 사정이 있다는 이유만으로 이웃토지 소유자에게 그 토지의 사용 또는 그가 설치·보유한 시설의 공동사용을 수인하라고 요구할 수 있는 권리는 인정될 수 없다. 따라서 위와 같은 경우에는 주위토지통행권에 관한 민법 제219조나 유수용공작물(流水用工作物)의 사용권에 관한 민법 제227조 또는 타인의 토지 또는 배수설비의 사용에 관하여 규정한 하수도법 제29조 등 상린관

계에 관한 규정의 유추적용에 의하여 타인의 토지나 타인이 시설한 전선 등에 대한 사용권을 갖게 된다고 볼 여지는 없다(대판 2012.12.27. 2010다103086).

③ (○) 민법 제218조 제1항 본문은 "토지 소유자는 타인의 토지를 통과하지 아니하면 필요한 수도, 소수(소수)관, 까스관, 전선 등을 시설할 수 없거나 과다한 비용을 요하는 경우에는 타인의 토지를 통과하여 이를 시설할 수 있다."라고 규정하고 있는데, 이와 같은 수도 등 시설권은 법정의 요건을 갖추면 당연히 인정되는 것이고, 시설권에 근거하여 수도 등 시설공사를 시행하기 위해 따로 수도 등이 통과하는 토지 소유자의 동의나 승낙을 받아야 하는 것이 아니다. 따라서 토지 소유자의 동의나 승낙은 민법 제218조에 기초한 수도 등 시설권의 성립이나 효력 등에 어떠한 영향을 미치는 법률행위나 준법률행위라고 볼 수 없다(대판 2016.12.15. 2015다247325).

④ (○) 주위토지통행권은 통행을 위한 지역권과는 달리 통행로가 항상 특정한 장소로 고정되어 있는 것은 아니고, 주위토지의 현황이나 사용방법이 달라졌을 때에는 주위토지 통행권자는 주위토지 소유자를 위하여 보다 손해가 적은 다른 장소로 옮겨 통행할 수밖에 없는 경우도 있으므로, 일단 확정판결이나 화해조서 등에 의하여 특정의 구체적 구역이 위 요건에 맞는 통행로로 인정되었더라도 그 이후 그 전제가 되는 포위된 토지나 주위토지 등의 현황이나 구체적 이용상황에 변동이 생긴 경우에는 민법 제219조의 입법 취지나 신의성실의 원칙 등에 비추어 구체적 상황에 맞게 통행로를 변경할 수 있는 것이고, 그 과정에서 포위된 토지와 주위토지의 각 소유자 간에 원만한 합의가 이루어지지 아니하는 경우 일방이 상대방에 대하여 기존의 확정판결이나 화해조서 등이 인정한 통행장소와 다른 곳을 통행로로 삼아 주위토지통행권의 확인이나 통행방해의 배제·예방 또는 통행 금지 등을 소로써 구하더라도 그 청구가 위 확정판결이나 화해조서 등의 기판력에 저촉된다고 볼 수 없다(대판 2004.05.13. 2004다10268).

⑤ (○) 무상주위통행권에 관한 민법 제220조의 규정은 토지의 직접 분할자 또는 일부 양도의 당사자 사이에만 적용되고 포위된 토지 또는 피통행지의 특정승계인에게는 적용되지 않는바, 이러한 법리는 분할자 또는 일부 양도의 당사자가 무상주위통행권에 기하여 이미 통로를 개설해 놓은 다음 특정승계가 이루어진 경우라 하더라도 마찬가지라 할 것이다(대판 2002.05.31. 2002다9202).

정답 ①

문 16

주위토지통행권에 관한 다음 설명 중 가장 옳지 않은 것은?(다툼이 있는 경우 판례에 의함) [2017년 36번]

① 명의신탁자에게는 민법 제219조에 정한 주위토지통행권이 인정되지 아니한다.
② 주위토지통행권자는 통행지 소유권자에게 손해를 보상하여야 하는데, 통행지 소유권자가 유료주차장으로 사용하는 토지 부분의 일부를 공로에 이르는 통로로 이용하는 경우에는, 통행지 소유권자의 손해액을 산정함에 있어 도로로서의 임료 상당액을 기준으로 한다.
③ 주위토지통행권의 본래적 기능발휘를 위하여는 그 통행에 방해가 되는 담장과 같은 축조물도 통행권 행사에 의하여 철거되어야 하고, 그 담장이 당초에는 적법하게 설치되었던 것이라 하더라도 철거의무에는 영향이 없다.
④ 피통행지의 소유자 이외의 제3자가 일정한 지위나 이해관계에서 통행권을 부인하고 그 행사를 방해할 때에는 그 제3자를 상대로 통행권의 확인 및 방해금지 청구를 할 수 있다.
⑤ 주위토지통행권은 피통행지가 공로에 통할 수 없는 경우 뿐만 아니라 이미 기존의 통로가 있더라도 그것이 당해 토지의 이용에 부적합하여 실제로 통로로서의 충분한 기능을 하지 못하고 있는 경우에도 인정된다.

해설

① (○) 민법 제219조에 정한 주위토지통행권은 인접한 토지의 상호이용의 조절에 기한 권리로서 토지의 소유자 또는 지상권자, 전세권자 등 토지사용권을 가진 자에게 인정되는 권리이다. 따라서 명의신탁자에게는 주위토지통행권이 인정되지 아니한다(대판 2008.05.08. 2007다22767).

② (X) 주위토지통행권자가 통행지 소유자에게 보상해야 할 손해액은 주위토지통행권이 인정되는 당시의 현실적 이용 상태에 따른 통행지의 임료 상당액을 기준으로 하여, 구체적인 사안에서 사회통념에 따라 쌍방 토지의 토지소유권 취득 시기와 가격, 통행지에 부과되는 재산세, 본래 용도에의 사용 가능성, 통행지를 공동으로 이용하는 사람이 있는지를 비롯하여 통행 횟수·방법 등의 이용태양, 쌍방 토지의 지형적·위치적 형상과 이용관계, 부근의 환경, 상린지 이용자의 이해득실 기타 제반 사정을 고려하여 이를 감경할 수 있고, 단지 주위토지통행권이 인정되어 통행하고 있다는 사정만으로 통행지를 '도로'로 평가하여 산정한 임료 상당액이 통행지 소유자의 손해액이 된다고 볼 수 없다(대판 2014.12.24. 2013다11669).

③ (○) 주위토지통행권의 본래적 기능발휘를 위하여는 그 통행에 방해가 되는 담장과 같은 축조물도 위 통행권의 행사에 의하여 철거되어야 하는 것이고, 그 담장이 비록 당초에는 적법하게 설치되었던 것이라 하더라도 그 철거의 의무에는 영향이 없다(대판 1990.11.13. 90다5238).

④ (○) 통상 주위토지통행권에 관한 분쟁은 통행권자와 피통행지의 소유자 사이에 발생하나, 피통행지의 소유자 이외의 제3자가 일정한 지위나 이해관계에서 통행권을 부인하고 그 행사를 방해할 때에는 그 제3자를 상대로 통행권의 확인 및 방해금지 청구를 하는 것이 통행권자의 지위나 권리를 보전하는 데에 유효·적절한 수단이 될 수 있다(대판 2005.07.14. 2003다18661).

⑤ (○) 주위토지통행권은 어느 토지가 타인 소유의 토지에 둘러싸여 공로에 통할 수 없는 경우뿐만 아니라, 이미 기존의 통로가 있더라도 그것이 당해 토지의 이용에 부적합하여 실제로 통로로서의 충분한 기능을 하지 못하고 있는 경우에도 인정된다(대판 2003.08.19. 2002다53469).

정답 ②

문 17

건물의 구분소유에 관한 다음 설명 중 가장 옳지 않은 것은?(다툼이 있는 경우 판례에 의함)
[2017년 23번]

① 구분소유가 성립될 당시 객관적 용도가 공용부분인 건물부분을 나중에 임의로 개조하는 등으로 이용 상황을 변경하거나 집합건축물대장에 전유부분으로 등록하고 소유권보존등기를 하였다고 하더라도 그로써 공용부분이 전유부분이 되어 어느 구분소유자의 전속적인 소유권의 객체가 되지는 않는다.

② 구분건물이 완성되기 전에 분양계약 등을 통해 구분의사를 표시함으로써 구분행위를 한 다음 그에 상응하는 구분건물이 객관적·물리적으로 완성되면 그 시점에 구분소유가 성립하고, 이후 소유권자가 분양계약을 전부 해지하고 1동 건물의 전체를 1개의 건물로 소유권보존등기를 마치면 이는 구분폐지행위로서 원칙적으로 구분소유권은 소멸하나, 구분폐지 전에 개개의 구분건물에 대하여 유치권이 성립한 경우에는 구분소유권이 소멸하지 않는다.

③ 구분소유권의 객체로서 적합한 물리적 요건을 갖추지 못한 건물의 일부는 그에 관한 구분소유권이 성립될 수 없는 것이어서, 건축물관리대장상 독립한 별개의 구분건물로 등재되고, 등기부상에도 구분소유권의 목적으로 등기되어 있어, 이러한 등기에 기초하여 경매절차가 진행되어 이를 낙찰받았다고 하더라도 위 등기는 그 자체로 무효이므로 매수인은 그 소유권을 취득할 수 없다.

④ 집합건물이 아닌 일반건물로 등기된 기존의 건물이 구분건물로 변경등기되기 전이라도 구분된 건물부분이 구조상·이용상 독립성을 갖추고 구분행위가 있으면 구분소유권이 성립하는데, 일반건물로 등기되었던 기존의 건물에 관하여 실제로 건축물대장의 전환등록절차를 거쳐 구분건물로 변경등기까지 마쳐진 경우라면 특별한 사정이 없는 한 전환등록 시점에는 구분행위가 있었다고 봄이 상당하므로, 그 때부터 구분소유가 성립한다고 볼 수 있다.
⑤ 집합건물의 공용부분은 취득시효에 의한 소유권 취득의 대상이 될 수 없다.

해설 ★★

① (○) 집합건물 중 여러 개의 전유부분으로 통하는 복도, 계단, 그밖에 구조상 구분소유자의 전원 또는 일부의 공용에 제공되는 건물부분은 공용부분으로서 구분소유권의 목적으로 할 수 없다. 이때 건물의 어느 부분이 구분소유자의 전원 또는 일부의 공용에 제공되는지 여부는 소유자들 사이에 특단의 합의가 없는 한 그 건물의 구조에 따른 객관적인 용도에 의하여 결정된다. 따라서 구분건물에 관하여 구분소유가 성립될 당시 객관적인 용도가 공용부분인 건물부분을 나중에 임의로 개조하는 등으로 이용 상황을 변경하거나 집합건축물대장에 전유부분으로 등록하고 소유권보존등기를 하였다고 하더라도 그로써 공용부분이 전유부분이 되어 어느 구분소유자의 전속적인 소유권의 객체가 되지는 않는다(대판 2016.05.27. 2015다77212).

② (X) 1동 건물의 구분된 각 부분이 구조상·이용상 독립성을 가지는 경우 각 부분을 구분건물로 할지 1동 전체를 1개의 건물로 할지는 소유자의 의사에 의하여 자유롭게 결정할 수 있는 점에 비추어 보면, 구분건물이 물리적으로 완성되기 전에 분양계약 등을 통하여 장래 신축되는 건물을 구분건물로 하겠다는 구분의사를 표시함으로써 구분행위를 한 다음 1동의 건물 및 구분행위에 상응하는 구분건물이 객관적·물리적으로 완성되면 그 시점에서 구분소유가 성립하지만, 이후 소유권자가 분양계약을 전부 해지하고 1동 건물의 전체를 1개의 건물로 소유권보존등기를 마쳤다면 이는 구분폐지행위를 한 것으로서 구분소유권은 소멸한다. 그리고 이러한 법리는 구분폐지가 있기 전에 개개의 구분건물에 대하여 유치권이 성립한 경우라 하여 달리 볼 것은 아니다(대판 2016.01.14. 2013다219142).

③ (○) 1동의 건물의 일부분이 구분소유권의 객체가 될 수 있으려면 그 부분이 구조상으로나 이용상으로 다른 부분과 구분되는 독립성이 있어야 하고, 그 이용 상황 내지 이용 형태에 따라 구조상의 독립성 판단의 엄격성에 차이가 있을 수 있으나, 구조상의 독립성은 주로 소유권의 목적이 되는 객체에 대한 물적 지배의 범위를 명확히 할 필요성 때문에 요구된다고 할 것이므로 구조상의 구분에 의하여 구분소유권의 객체 범위를 확정할 수 없는 경우에는 구조상의 독립성이 있다고 할 수 없다. 그리고 구분소유권의 객체로서 적합한 물리적 요건을 갖추지 못한 건물의 일부는 그에 관한 구분소유권이 성립될 수 없는 것이어서, 건축물관리대장상 독립한 별개의 구분건물로 등재되고 등기부상에도 구분소유권의 목적으로 등기되어 있어 이러한 등기에 기초하여 경매절차가 진행되어 이를 낙찰받았다고 하더라도, 그 등기는 그 자체로 무효이므로 낙찰자는 그 소유권을 취득할 수 없다(대판 1999.11.09. 99다46096).

④ (○) 1동의 건물에 대하여 구분소유가 성립하기 위해서는 객관적·물리적인 측면에서 1동의 건물이 존재하고, 구분된 건물부분이 구조상·이용상 독립성을 갖추어야 할 뿐 아니라, 1동의 건물 중 물리적으로 구획된 건물부분을 각각 구분소유권의 객체로 하려는 구분행위가 있어야 한다. 여기서 구분행위는 건물의 물리적 형질에 변경을 가함이 없이 법률관념상 건물의 특정 부분을 구분하여 별개의 소유권의 객체로 하려는 일종의 법률행위로서, 그 시기나 방식에 특별한 제한이 있는 것은 아니고 처분권자의 구분의사가 객관적으로 외부에 표시되면 인정된다. 따라서 집합건물이 아닌 일반건물로 등기된 기존의 건물이 구분건물로 변경등기되기 전이라도, 구분된 건물부분이 구조상·이용상 독립성을 갖추고 그 건물을 구분건물로 하겠다는 처분권자의 구분의사가 객관적으로 외부에 표시되는 구분행위가 있으면 구분소유권이 성립한다. 그리고 일반건물로 등기되었던 기존의 건물에 관하여 실제로 건축물대장의 전환등록절차를 거쳐 구분건물로 변경등기까지 마

처진 경우라면 특별한 사정이 없는 한 위 전환등록 시점에는 구분행위가 있었던 것으로 봄이 타당하다(대판 2016.06.28. 2016다1854).
⑤ (○) 공용부분에 대하여 취득시효의 완성을 인정하여 그 부분에 대한 소유권취득을 인정한다면 전유부분과 분리하여 공용부분의 처분을 허용하고 일정 기간의 점유로 인하여 공용부분이 전유부분으로 변경되는 결과가 되어 집합건물법의 취지에 어긋나게 된다. 따라서 집합건물의 공용부분은 취득시효에 의한 소유권 취득의 대상이 될 수 없다(대판 2013.12.12. 2011다78200).

정답 ②

문 18

토지의 경계와 소유권에 관한 다음 설명 중 가장 옳은 것은?(다툼이 있는 경우 판례에 의함) [2016년 13번]

① 지적공부를 작성함에 있어 기점을 잘못 선택하는 등의 기술적인 착오로 말미암아 지적공부상의 경계가 진실한 경계선과 다르게 잘못 작성되었다는 등의 특별한 사정이 있는 경우에도 그 토지의 경계는 지적공부에 의하여 확정하여야 한다.
② 토지의 지번과 지적을 등기부의 표제부에 등재된 대로 표시하여 경매하였으나 실제 면적이 그보다 넓은 경우, 등기부상의 지적을 넘는 면적 부분은 원칙적으로 경매 목적물인 토지의 일부가 될 수 없다.
③ 토지가 지적공부에 1필지의 토지로 등록되면 그 토지의 소재, 지번, 지적 및 경계는 다른 특별한 사정이 없는 한 이 등록으로써 특정되고 그 소유권의 범위는 현실의 경계와 관계없이 공부상의 경계에 의하여 확정되는 것이고, 토지에 대한 매매도 특별한 사정이 없는 한 현실의 경계와 관계없이 지적공부상의 경계와 지적에 의하여 확정된 토지를 매매의 대상으로 하는 것으로 보아야 할 것이다.
④ 경계확정소송의 대상이 되는 '경계'란 사적 소유권의 경계선을 가리키는 것이다.
⑤ 경계확정소송에 있어서 법원은 당사자 쌍방이 주장하는 경계선에 기속되고 제3의 경계선을 인정할 수 없다.

해설

① (X) 지적법에 의하여 어떤 토지가 지적공부에 1필지의 토지로 등록되면 그 토지의 경계는 다른 특별한 사정이 없는 한 이 등록으로써 특정되고, 다만 지적공부를 작성함에 있어 기점을 잘못 선택하는 등의 기술적인 착오로 말미암아 지적공부상의 경계가 진실한 경계선과 다르게 잘못 작성되었다는 등의 특별한 사정이 있는 경우에는 그 토지의 경계는 지적공부에 의하지 않고 실제의 경계에 의하여 확정하여야 하지만, 그 후 그 토지에 인접한 토지의 소유자 등 이해관계인들이 그 토지의 실제의 경계선을 지적공부상의 경계선에 일치시키기로 합의하였다면 적어도 그 때부터는 지적공부상의 경계에 의하여 그 토지의 공간적 범위가 특정된다(대판 2006.09.22. 2006다24971).
② (X) 어느 토지의 지번과 지적을 등기부의 표제부에 등재된 대로 표시하여 경매하였으나 그 토지의 임야도나 지적도의 경계에 따라 측량한 실제 면적이 등기부의 표제부에 등재된 것보다 넓더라도, 집행법원이 직권으로 또는 이해관계인의 집행절차상 불복을 받아들여 별도의 재판을 하지 않은 이상, 등기부상의 지적을 넘는 면

적은 경매의 목적물인 토지의 일부로서, 매각허가결정 및 그에 따른 매각대금의 납입에 따라 등기부상의 면적과 함께 매수인에게 귀속되는 것이고, 매각 목적물인 토지와 등기된 토지 사이에 동일성이 없어 경매가 무효라거나, 매각 목적물의 등기부상 표시 면적이 그 토지의 실제 면적에서 차지하는 비율만큼의 지분만 경매되었다고 볼 수는 없다(대판 2005.12.23. 2004다1691).

③ (○) 어떤 토지가 지적공부에 1필지의 토지로 등록되면 그 토지의 소재, 지번, 지적 및 경계는 다른 특별한 사정이 없는 한 이 등록으로써 특정되고 그 소유권의 범위는 현실의 경계와 관계없이 공부상의 경계에 의하여 확정되는 것이고, 이 토지에 대한 매매도 특별한 사정이 없는 한 현실의 경계와 관계없이 지적공부상의 경계와 지적에 의하여 확정된 토지를 매매의 대상으로 하는 것으로 보아야 할 것이며, 다만 지적도를 작성함에 있어서 그 기점을 잘못 선택하는 등 기술적인 착오로 말미암아 지적도상의 경계선이 진실한 경계선과 다르게 작성되었기 때문에 경계와 지적이 실제의 것과 일치하지 않게 되었고, 그 토지들이 전전매도되면서도 당사자들이 사실상의 경계대로의 토지를 매매할 의사를 가지고 거래를 한 경우 등과 같은 특별한 사정이 있는 경우에는 그 토지의 경계는 실제의 경계에 의하여야 할 것이다(대판 1993.11.09. 93다22845).

④ (X) 경계확정소송의 대상이 되는 '경계'란 공적으로 설정 인증된 지번과 지번과의 경계선을 가리키는 것이고, 사적인 소유권의 경계선을 가리키는 것은 아니다(대판 1997.07.08. 96다36517).

⑤ (X) 서로 인접한 토지의 경계선에 관하여 다툼이 있어서 토지 경계확정의 소가 제기되면 법원은 당사자 쌍방이 주장하는 경계선에 구속되지 않고 스스로 진실하다고 인정되는 바에 따라 경계를 확정하여야 하고, 소송 도중에 당사자 쌍방이 경계에 관하여 합의를 도출해냈다고 하더라도 원고가 그 소를 취하하지 않고 법원의 판결에 의하여 경계를 확정할 의사를 유지하고 있는 한, 법원은 그 합의에 구속되지 아니하고 진실한 경계를 확정하여야 하는 것이므로, 소송 도중에 진실한 경계에 관하여 당사자의 주장이 일치하게 되었다는 사실만으로 경계확정의 소가 권리보호의 이익이 없어 부적법하다고 할 수 없다(대판 1996.04.23. 95다54761).

정답 ③

제2관 소유권의 취득

문 19

취득시효에 관한 다음 설명 중 가장 옳지 않은 것은? [2022년 22번]

① 부동산에 대한 취득시효가 완성되면 점유자는 소유명의자에 대하여 취득시효완성을 원인으로 한 소유권이전등기절차의 이행을 청구할 수 있고 소유명의자는 이에 응할 의무가 있으므로 점유자가 그 명의로 소유권이전등기를 마치지 않아 아직 소유권을 취득하지 못하였다고 하더라도 소유명의자는 점유자에 대하여 점유로 인한 부당이득반환청구를 할 수 없다.

② 甲 소유 토지에 대해 취득시효를 완성한 乙로부터 토지를 양수하여 점유를 승계한 丙은 甲에게 乙의 취득시효 완성의 효과를 주장하며 직접 자기에게 소유권이전등기를 해줄 것을 청구할 수 있다.

③ 점유취득시효기간이 완성되고 그에 따라 소유권이전등기가 마쳐졌다면 취득시효의 기간 진행 중에 체결되어 소유권이전등기청구권가등기에 의하여 보전된 매매예약상의 매수인의 지위는 소멸된다.

④ 2000. 1. 12. 법률 제6158호로 전부 개정된 구 장사 등에 관한 법률의 시행일인 2001. 1. 13. 이전에 타인의 토지에 분묘를 설치한 다음 20년간 평온·공연하게 분묘의 기지를 점유함으로써 시효로 분묘기지권을 취득한 사람은 토지소유자가 분묘기지에 관한 지료를 청구하면 그 청구한 날부터의 지료를 지급하여야 한다.

⑤ 20년간 소유의 의사로 평온, 공연하게 집합건물을 구분소유한 사람은 이를 등기함으로써 건물의 대지에 대한 소유권까지도 취득할 수 있다.

| MGI Point | **취득시효** ★★★

- 부동산에 대한 취득시효 완성 후 등기 전 ⇨ 소유명의자는 점유자에 대하여 점유로 인한 부당이득반환청구 불가
- 시효완성 후 점유를 이전 받은 자 ⇨ 소유자에게 직접 자기에게 소유권이전등기를 해줄 것을 청구 불가
- 시효완성을 이유로 한 소유권이전등기 경료 ⇨ 취득시효의 기간 진행 중에 체결되어 소유권이전등기청구권가등기에 의하여 보전된 매매예약상의 매수인의 지위는 소멸
- 분묘기지권을 시효취득한 경우 지료지급의무 ⇨ 토지소유자가 청구한 날부터 발생
- 집합건물의 구분소유 부분을 시효취득하여 등기 경료 ⇨ 대지에 대한 소유권까지 취득

① (○) 부동산에 대한 취득시효가 완성되면 점유자는 소유명의자에 대하여 취득시효완성을 원인으로 한 소유권이전등기절차의 이행을 청구할 수 있고 소유명의자는 이에 응할 의무가 있으므로 점유자가 그 명의로 소유권이전등기를 경료하지 아니하여 아직 소유권을 취득하지 못하였다고 하더라도 소유명의자는 점유자에 대하여 점유로 인한 부당이득반환청구를 할 수 없다(대판 1993.05.25. 92다51280).

② (X) 전 점유자의 점유를 승계한 자는 그 점유 자체와 하자만을 승계하는 것이지 그 점유로 인한 법률효과까지 승계하는 것은 아니므로 부동산을 취득시효기간 만료 당시의 점유자로부터 양수하여 점유를 승계한 현 점유자는 자신의 전 점유자에 대한 소유권이전등기청구권을 보전하기 위하여 전 점유자의 소유자에 대한 소유권이전등기청구권을 대위행사할 수 있을 뿐, 전 점유자의 취득시효 완성의 효과를 주장하여 직접 자기에게 소유권이전등기를 청구할 권원은 없다(대판 1995.03.28. 93다47745(전합)).

③ (○) 부동산점유취득시효는 20년의 시효기간이 완성한 것만으로 점유자가 곧바로 소유권을 취득하는 것은 아니고 민법 제245조에 따라 점유자 명의로 등기를 함으로써 소유권을 취득하게 되며, 이는 원시취득에 해당하므로 특별한 사정이 없는 한 원소유자의 소유권에 가하여진 각종 제한에 의하여 영향을 받지 아니하는 완전한 내용의 소유권을 취득하게 되고, 이와 같은 소유권취득의 반사적 효과로서 그 부동산에 관하여 취득시효의 기간이 진행중에 체결되어 소유권이전등기청구권가등기에 의하여 보전된 매매예약상의 매수인의 지위는 소멸된다고 할 것이지만, 시효기간이 완성되었다고 하더라도 점유자 앞으로 등기를 마치지 아니한 이상 전 소유권에 붙어 있는 위와 같은 부담은 소멸되지 아니한다(대판 2004.09.24. 2004다31463).

④ (○) 취득시효형 분묘기지권이 관습법으로 인정되어 온 역사적·사회적 배경, 분묘를 둘러싸고 형성된 기존의 사실관계에 대한 당사자의 신뢰와 법적 안정성, 관습법상 권리로서의 분묘기지권의 특수성, 조리와 신의성실의 원칙 및 부동산의 계속적 용익관계에 관하여 이러한 가치를 구체화한 민법상 지료증감청구권 규정의 취지 등을 종합하여 볼 때, 시효로 분묘기지권을 취득한 사람은 토지소유자가 분묘기지에 관한 지료를 청구하면 그 청구한 날부터의 지료를 지급하여야 한다고 봄이 타당하다(대판 2021.04.29. 2017다228007(전합)).

⑤ (○) 1동의 건물의 구분소유자들은 전유부분을 구분소유하면서 공용부분을 공유하므로 특별한 사정이 없는 한 건물의 대지 전체를 공동으로 점유한다. 이는 집합건물의 대지에 관한 점유취득시효에서 말하는 '점유'에도 적용되므로, 20년간 소유의 의사로 평온, 공연하게 집합건물을 구분소유한 사람은 등기함으로써 대지의 소유권을 취득할 수 있다. 이와 같이 점유취득시효가 완성된 경우에 집합건물의 구분소유자들이 취득하는 대지의 소유권은 전유부분을 소유하기 위한 대지사용권에 해당한다(대판 2017.01.25. 2012다72469).

정답 ②

문 20

취득시효에 관한 다음 설명 중 옳지 않은 것을 모두 고른 것은?(각 지문은 상호 독립적임) [2019년 5번]

> ㄱ. 甲소유의 X토지를 丙이 점유하여 그 취득시효가 완성된 후 丙이 그 등기를 하기 전에, 乙이 丙의 취득시효완성 전에 이미 설정되어 있던 가등기에 기하여 소유권이전의 본등기를 마친 경우, 丙은 乙에게 시효취득을 주장할 수 없다.
>
> ㄴ. 甲소유의 X토지를 丙이 점유하여 그 취득시효가 완성된 후 丙이 그 등기를 하기 전에, 甲이 乙에게 소유권이전등기청구권 보전의 가등기를 마쳐준 경우, 乙이 그 가등기에 기해 본등기를 마치기 전이라도 甲의 丙에 대한 소유권이전등기의무는 이행불능이 된다.
>
> ㄷ. 甲과 乙이 구분소유적 공유관계에 있는 X토지 중 乙의 특정 구분소유 부분에 관하여 丙의 점유취득시효가 완성된 후, 甲이 그의 특정 구분소유 부분을 丁에게 양도하고 그에 따라 X토지 전체의 공유지분에 관한 지분이전등기를 경료해 준 경우, 丙은 자신이 점유한 乙의 특정 구분소유 부분에 관해서는 소유 명의자의 변동이 없으므로 그 취득시효의 기산점을 임의로 선택하여 주장할 수 있다.
>
> ㄹ. X토지에 관하여 甲명의의 선행 보존등기와 乙명의의 후행 보존등기가 마쳐지고, 乙의 보존등기에 기해 소유권이전등기를 마친 丙이 X토지를 20년간 소유의 의사로 평온·공연하게 점유하여 점유취득시효가 완성된 경우, 甲의 보존등기에 원인무효 사유가 없다면 甲은 丙에 대하여 소유권이전등기의 말소를 청구할 수 있다.
>
> ㅁ. 甲이 X토지에 관하여 乙에게 양도담보를 설정하고 이에 따라 乙에게 소유권이전등기를 마쳐주었는데, 甲이 X토지를 20년간 소유의 의사로 평온·공연하게 점유하여 점유취득시효가 완성된 경우, 甲은 乙에게 점유취득 시효를 원인으로 하여 담보목적으로 마쳐진 乙명의의 소유권이전등기의 말소를 청구할 수 있다.
>
> ㅂ. 甲소유의 X토지를 점유하던 乙이 甲을 상대로 매매를 원인으로 한 소유권이전등기청구 소송을 제기하자, 甲이 이에 응소하여 乙의 청구를 기각하는 판결을 구하면서 乙주장의 매매 사실을 부인한 결과 乙이 패소하고 그 판결이 확정된 경우, 甲의 응소행위로 인해 乙의 점유취득시효의 진행은 중단된다.

① ㄱ, ㄴ, ㄹ, ㅂ ② ㄴ, ㅁ ③ ㄴ, ㄷ, ㅁ, ㅂ
④ ㄷ, ㅂ ⑤ ㄴ, ㄷ, ㄹ, ㅁ, ㅂ

> **MGI Point 취득시효** ★★★
>
> ■ 취득시효 완성 전에 가등기를 하였다가 취득시효 완성 후 가등기에 기한 본등기를 경료 ⇨ 시효취득 주장 ×
> ■ 제3자에게 가등기를 경료한 것만으로 소유권이전등기의무가 이행불능되는 것은 아님
> ■ 특정 구분소유부분에 관한 점유취득시효 완성된 경우
>   • 다른 공유자의 특정 구분소유부분 양도 및 공유지분이전 등기경료 ⇨ 소유명의자가 변동된 경우에 해당
> ■ 등기명의인이 다른 중복보존등기 ⇨ 무효인 후등기에 기초한 등기부취득시효 불가
> ■ 양도담보권설정자가 양도담보부동산을 20년간 소유의 의사로 평온, 공연하게 점유 ⇨ 점유취득시효를 원인으로 담보 목적으로 경료된 소유권이전등기 말소 청구 不可
> ■ 점유자가 소유자를 상대로 매매를 청구원인으로 주장하면서 소유권이전등기 청구소송을 제기하자 소유자가 응소하여 청구기각 판결을 구하면서 원고의 주장 사실을 부인 ⇨ 시효중단사유인 재판상 청구에 해당 ×

ㄱ. (O) 취득시효완성에 의한 등기를 하기 전에 먼저 소유권이전등기를 경료하여 부동산 소유권을 취득한 제3자에 대하여는 그 제3자 명의의 등기가 무효가 아닌 한 시효취득을 주장할 수 없다고 함이 당원의 판례이고, 한편 가등기는 그 성질상 본등기의 순위보전의 효력만이 있어 후일 본 등기가 경료된 때에는 본등기의 순위가 가등기한 때로 소급하는 것 뿐이지 본등기에 의한 물권변동의 효력이 가등기한 때로 소급하여 발생하는 것은 아니므로, 원고들을 위하여 이 사건 토지에 관한 취득시효가 완성된 후 원고들이 그 등기를 하기 전에 피고가 취득시효완성 전에 이미 설정되어 있던 가등기에 기하여 소유권이전의 본등기를 경료하였다면 그 가등기나 본등기를 무효로 볼 수 있는 경우가 아닌 한 원고들은 시효완성 후 부동산소유권을 취득한 제3자인 피고에 대하여 시효취득을 주장할 수 없다 할 것이고, 따라서 결국 토지소유자인 피고의 원고들에 대한 시효취득을 원인으로 한 소유권이전등기의무도 특별한 사정이 없는 한 이행불능으로 된 것으로 볼 수 밖에 없는 것이다(대판 1992.09.25. 92다21258).

ㄴ. (X) 소유권이전등기의무자가 그 부동산상에 제3자 명의로 가등기를 마쳐 주었다 하여도 가등기는 본등기의 순위보전의 효력을 가지는 것에 불과하고, 또한 그 소유권이전등기의무자의 처분권한이 상실되는 것도 아니므로 그 가등기만으로는 소유권이전등기의무가 이행불능이 된다고 할 수 없다(대판 1993.09.14. 93다12268).

ㄷ. (X) 구분소유적 공유관계에 있는 토지 중 공유자 1인의 특정 구분소유 부분에 관한 점유취득시효가 완성된 경우 다른 공유자의 특정 구분소유 부분이 다른 사람에게 양도되고 그에 따라 토지 전체의 공유지분에 관한 지분이전등기가 경료되었다면 대외적인 관계에서는 점유취득시효가 완성된 특정 구분소유 부분 중 다른 공유자 명의의 지분에 관하여는 소유 명의자가 변동된 경우에 해당하므로, 점유자는 취득시효의 기산점을 임의로 선택하여 주장할 수 없다(대판 2006.10.12. 2006다44753).

ㄹ. (O) 동일 부동산에 대하여 이미 소유권이전등기가 경료되어 있음에도 그 후 중복하여 소유권보존등기를 경료한 자가 그 부동산을 20년간 소유의 의사로 평온·공연하게 점유하여 점유취득시효가 완성되었더라도, 선등기인 소유권이전등기의 토대가 된 소유권보존등기가 원인무효라고 볼 아무런 주장·입증이 없는 이상, 뒤에 경료된 소유권보존등기는 실체적 권리관계에 부합하는지의 여부에 관계없이 무효이다(대판 1996.09.20. 93다20177).

ㅁ. (X) 부동산점유취득시효는 원시취득에 해당하므로 특별한 사정이 없는 한 원소유자의 소유권에 가하여진 각종 제한에 의하여 영향을 받지 아니하는 완전한 내용의 소유권을 취득하는 것이지만, 진정한 권리자가 아니었던 채무자 또는 물상보증인이 채무담보의 목적으로 채권자에게 부동산에 관하여 저당권설정등기를 경료해 준 후 그 부동산을 시효취득하는 경우에는, 채무자 또는 물상보증인은 피담보채권의 변제의무 내지 책임이 있는 사람으로서 이미 저당권의 존재를 용인하고 점유하여 온 것이므로, 저당목적물의 시효취득으로 저당권자의 권리는 소멸하지 않는다. 이러한 법리는 부동산 양도담보의 경우에도 마찬가지이므로, 양도담보권설정자가 양도담보부동산을 20년간 소유의 의사로 평온, 공연하게 점유하였다고 하더라도, 양도담보권자를 상대로 피담보채권의 시효소멸을 주장하면서 담보 목적으로 경료된 소유권이전등기의 말소를 구하는 것은 별론으로 하고, 점유취득시효를 원인으로 하여 담보 목적으로 경료된 소유권이전등기의 말소를 구할 수 없고, 이와 같은 효과가 있는 양도담보권설정자 명의로의 소유권이전등기를 구할 수도 없다(대판 2015.02.26. 2014다21649).

ㅂ. (X) 점유자가 소유자를 상대로 소유권이전등기 청구소송을 제기하면서 그 청구원인으로 '취득시효 완성'이 아닌 '매매'를 주장함에 대하여, 소유자가 이에 응소하여 원고 청구기각의 판결을 구하면서 원고의 주장 사실을 부인하는 경우에는, 이는 원고 주장의 매매 사실을 부인하여 원고에게 그 매매로 인한 소유권이전등기 청구권이 없음을 주장함에 불과한 것이고 소유자가 자신의 소유권을 적극적으로 주장한 것이라 볼 수 없으므로 시효중단사유의 하나인 재판상의 청구에 해당한다고 할 수 없다(대판 1997.12.12. 97다30288).

정답 ③

문 21

자주점유에 관한 다음 설명 중 가장 옳지 않은 것은? [2018년 27번]

① 점유자가 취득시효를 주장할 때 자신이 소유의 의사로 점유하였음을 증명할 책임은 없고, 오히려 점유가 소유의 의사로 이루어진 것이 아님을 주장하여 점유자의 취득시효의 성립을 부정하려는 사람이 증명책임을 부담하는 것이 원칙이다.
② 국가나 지방자치단체가 자신의 부담이나 기부의 채납 등 국유재산법 또는 지방재정법 등에 정한 공공용 재산의 취득절차를 밟거나 그 소유자들의 사용승낙을 받는 등 토지를 점유할 수 있는 일정한 권원 없이 사유토지를 점유·사용하였다면 특별한 사정이 없는 한 자주점유의 추정은 깨어진다.
③ 국가나 지방자치단체가 점유 개시 당시 공공용 재산의 취득절차를 거쳐서 적법하게 소유권을 취득하였을 가능성을 배제할 수 없다고 보이더라도, 국가나 지방자치단체가 취득시효의 완성을 주장하는 토지의 취득절차에 관한 서류를 제출하지 못하고 있으면 자주점유의 추정은 깨어진다.
④ 점유자가 스스로 매매나 증여와 같이 자주점유의 권원을 주장하였는데, 이것이 인정되지 않는다는 사유만으로는 자주점유의 추정이 깨진다고 볼 수 없다.
⑤ 점유자가 점유 개시 당시에 소유권 취득의 원인이 될 수 있는 법률행위 기타 법률요건이 없이 그와 같은 법률요건이 없다는 사실을 잘 알면서 타인 소유의 부동산을 무단점유한 것임이 입증된 경우에는 특별한 사정이 없는 한 자주점유의 추정은 깨어진다.

해설

① (○) 점유자는 소유의 의사로 선의, 평온 및 공연하게 점유한 것으로 추정되므로(민법 제197조 제1항), 점유자가 취득시효를 주장할 때 자신이 소유의 의사로 점유하였음을 증명할 책임은 없고, 오히려 점유가 소유의 의사로 이루어진 것이 아님을 주장하여 점유자의 취득시효의 성립을 부정하려는 사람이 증명책임을 부담하는 것이 원칙이다(대판 2017.09.07. 2017다228342).
② (○) 점유자가 점유 개시 당시에 소유권 취득의 원인이 될 수 있는 법률행위 기타 법률요건이 없이 그와 같은 법률요건이 없다는 사실을 잘 알면서 타인소유의 부동산을 무단점유한 것임이 입증된 경우, 특별한 사정이 없는 한 점유자는 타인의 소유권을 배척하고 점유할 의사를 갖고 있지 않다고 보아야 하므로, 이로써 소유의 의사가 있는 점유라는 추정은 깨어지고, 또한 지방자치단체나 국가가 자신의 부담이나 기부의 채납 등 지방재정법 또는 국유재산법 등에 정한 공공용재산의 취득절차를 밟거나 그 소유자들의 사용승낙을 받는 등 토지를 점유할 수 있는 일정한 권원 없이 사유토지를 도로부지에 편입시킨 경우에도 자주점유의 추정은 깨어진다고 보아야 할 것이다(대판 2001.03.27. 2000다64472).

③ (X) 국가가 등기부 및 지적공부가 6·25 전란으로 모두 소실되어 지적공부만 복구된 토지를 군부대, 야전병원, 산림청 육종원 등의 용도로 점유하기 시작하여 현재까지도 점유·사용하고 있는 경우, 비록 국가가 토지의 취득절차에 관련된 서류를 제출하지 못하고 있다고 하더라도, 토지에 관한 지적공부 등이 전란으로 모두 소실된 점과 국가의 점유용도 및 점유개시의 사정 등에 비추어 국가가 소유권 취득의 법률요건이 없음을 잘 알면서 각 토지를 무단으로 점유하였다는 점이 증명되었다고 보기는 어려우며, 또 국가가 토지에 대하여 상속인 부존재 혹은 상속인 불명시의 상속재산 국유귀속절차를 거치지 않았다 하여 자주점유의 추정이 번복되는 것은 아니라 할 것이다(대판 2005.12.09. 2005다33541).

④ (○) 점유자가 스스로 매매 또는 증여와 같은 자주점유의 권원을 주장하였으나 이것이 인정되지 않는 경우에도 원래 이와 같은 자주점유의 권원에 관한 입증책임이 점유자에게 있지 아니한 이상 그 점유권원이 인정되지 않는다는 사유만으로 자주점유의 추정이 번복된다거나 또는 점유권원의 성질상 타주점유라고는 볼 수 없다(대판 1983.07.12. 82다708).

⑤ (○) 점유자가 점유개시 당시에 소유권 취득의 원인이 될 수 있는 법률행위 기타 법률요건이 없이 그와 같은 법률요건이 없다는 사실을 잘 알면서 타인소유의 부동산을 무단점유한 것임이 입증된 경우에도 특별한 사정이 없는 한 점유자는 타인의 소유권을 배척하고 점유할 의사를 갖고 있지 않다고 보아야 할 것이어서 이로써 소유의 의사가 있는 점유라는 추정은 깨어진다(대판 1997.08.21. 95다28625).

정답 ③

문 22

취득시효에 관한 다음 설명 중 옳은 것은 모두 몇 개인가? [2021년 22번]

> 가. 취득시효가 완성된 후 점유자가 그 취득시효를 주장하거나 이로 인한 소유권이전등기청구를 하기 이전에는, 특별한 사정이 없는 한 그 등기명의인 부동산 소유자로서는 그 시효취득 사실을 알 수 없는 것이므로, 이를 제3자에게 처분하였다고 하더라도 불법행위가 성립하는 것은 아니다. 또한 부동산 점유자에게 시효취득으로 인한 소유권이전등기청구권이 있다고 하더라도 이로 인하여 부동산 소유자와 시효취득자 사이에 계약상의 채권·채무관계가 성립하는 것은 아니므로, 그 부동산을 처분한 소유자에게 채무불이행 책임을 물을 수 없다.
>
> 나. 취득시효의 기초가 되는 점유가 법정기간 이상으로 계속되는 경우, 취득시효는 그 기초가 되는 점유가 개시된 때를 기산점으로 하여야 하고 취득시효를 주장하는 사람이 임의로 기산일을 선택할 수는 없으나, 점유가 순차 승계된 경우에 있어서는 취득시효의 완성을 주장하는 자는 자기의 점유만을 주장하거나 또는 자기의 점유와 전 점유자의 점유를 아울러 주장할 수 있는 선택권이 있으며, 전 점유자의 점유를 아울러 주장하는 경우에도 어느 단계의 점유자의 점유까지를 아울러 주장할 것인가도 이를 주장하는 사람에게 선택권이 있고, 다만 전 점유자의 점유를 아울러 주장하는 경우에는 그 점유의 개시 시기를 어느 점유자의 점유기간 중의 임의의 시점으로 선택할 수 없는 것인바, 이와 같은 법리는 반드시 소유자의 변동이 없는 경우에만 적용되는 것으로 볼 수 없다.
>
> 다. 민법 제197조 제1항에 의하면, 물건의 점유자는 소유의 의사로 점유한 것으로 추정되므로 점유자가 취득시효를 주장하는 경우에 있어서 스스로 소유의 의사를 입증할 책임은 없고, 오

히려 그 점유자의 점유가 소유의 의사가 없는 점유임을 주장하여 점유자의 취득시효의 성립을 부정하는 자에게 그 입증책임이 있는 것이고, 따라서 점유자가 성질상 소유의 의사가 없는 것으로 보이는 권원에 바탕을 두고 점유를 취득한 사실이 증명되었거나, 점유자가 타인의 소유권을 배제하여 자기의 소유물처럼 배타적 지배를 행사하는 의사를 가지고 점유하는 것으로 볼 수 없는 객관적 사정, 즉 외형적·객관적으로 보아 점유자가 타인의 소유권을 배척하고 점유할 의사를 갖고 있지 아니하였던 것이라고 볼 만한 사정이 증명된 경우에 그 추정이 깨어진다.

라. 취득시효가 완성된 후 점유자가 그 등기를 하기 전에 제3자가 소유권이전등기를 경료한 경우에는 점유자는 그 제3자에 대하여는 시효취득을 주장할 수 없는 것이 원칙이기는 하지만 이는 어디까지나 그 제3자 명의의 등기가 적법 유효함을 전제로 하는 것으로서 위 제3자 명의의 등기가 원인무효인 경우에는 점유자는 취득시효 완성 당시의 소유자를 대위하여 위 제3자 앞으로 경료된 원인무효인 등기의 말소를 구함과 아울러 위 소유자에게 취득시효 완성을 원인으로 한 소유권이전등기를 구할 수 있고, 또 위 제3자가 취득시효 완성 당시의 소유자의 상속인인 경우에는 그 상속분에 한하여는 위 제3자에 대하여 직접 취득시효 완성을 원인으로 한 소유권이전등기를 구할 수 있다.

마. 취득시효기간 중 계속해서 등기명의자가 동일한 경우에는 그 기산점을 어디에 두든지 간에 취득시효의 완성을 주장할 수 있는 시점에서 보아 그 기간이 경과한 사실만 확정되면 충분하나, 전 점유자의 점유를 승계하여 자신의 점유기간을 통산하여 20년이 경과한 경우에 있어서는 전 점유자가 점유를 개시한 이후의 임의의 시점을 그 기산점으로 삼을 수 없다.

① 없음 ② 1개 ③ 2개
④ 3개 ⑤ 4개

MGI Point 취득시효 ★★

- 취득시효 완성 후 점유자가 그 취득시효를 주장하거나 이로 인한 소유권이전등기청구를 하기 이전에 부동산 소유자가 완성된 부동산을 제3자에게 처분한 경우 ⇨ 불법행위 ×, 채무불이행 책임 ×
- 시효취득을 주장하는 점유승계인이 전 점유자의 점유를 원용하는 경우 ⇨ 원용 단계 선택 가능, 다만 전 점유자의 점유기간 중의 임의시점 선택 불가
- 취득시효에 있어서 '소유의 의사'의 입증책임 ⇨ 점유자의 취득시효의 성립을 부정하는 자
- 점유자의 '소유의 의사'의 추정이 깨어지는 경우
  - 점유자가 성질상 소유의 의사가 없는 것으로 보이는 권원에 바탕을 두고 점유를 취득한 사실이 증명된 경우
  - 외형적·객관적으로 보아 점유자가 타인의 소유권을 배척하고 점유 의사를 갖고 있지 아니하였던 것이라고 볼 만한 사정이 증명된 경우
- 취득시효 완성 후 제3자 앞으로 경료된 소유권이전등기가 원인무효인 경우 ⇨ 점유자가 시효취득 주장 가능
  제3자가 취득시효 완성 당시 소유자의 상속인인 경우 ⇨ 직접 제3자에 대하여 취득시효 완성을 원인으로 한 소유권이전등기를 구할 수 있음
- 토지 소유자 변동 이후의 전 점유자의 점유기간을 통산하여 20년이 경과한 경우 ⇨ 전 점유자의 점유기간 중 임의의 시점을 기산점으로 선택 可

가. (○) 가. 취득시효가 완성된 후 점유자가 그 취득시효를 주장하거나 이로 인한 소유권이전등기청구를 하기 이전에는, 특별한 사정이 없는 한 그 등기명의인인 부동산 소유자로서는 그 시효취득 사실을 알 수 없는 것

이므로, 이를 제3자에게 처분하였다고 하더라도 불법행위가 성립하는 것은 아니다. 다. 부동산 점유자에게 시효취득으로 인한 소유권이전등기청구권이 있다고 하더라도 이로 인하여 부동산 소유자와 시효취득자 사이에 계약상의 채권·채무관계가 성립하는 것은 아니므로, 그 부동산을 처분한 소유자에게 채무불이행 책임을 물을 수 없다(대판 1995.07.11. 94다4509).

나. (○) 취득시효의 기초가 되는 점유가 법정기간 이상으로 계속되는 경우, 취득시효는 그 기초가 되는 점유가 개시된 때를 기산점으로 하여야 하고 취득시효를 주장하는 사람이 임의로 기산일을 선택할 수는 없으나, 점유가 순차 승계된 경우에 있어서는 취득시효의 완성을 주장하는 자는 자기의 점유만을 주장하거나 또는 자기의 점유와 전 점유자의 점유를 아울러 주장할 수 있는 선택권이 있으며, 전 점유자의 점유를 아울러 주장하는 경우에도 어느 단계의 점유자의 점유까지를 아울러 주장할 것인가도 이를 주장하는 사람에게 선택권이 있고, 다만 전 점유자의 점유를 아울러 주장하는 경우에는 그 점유의 개시 시기를 어느 점유자의 점유기간 중의 임의의 시점으로 선택할 수 없는 것인바, 이와 같은 법리는 반드시 소유자의 변동이 없는 경우에만 적용되는 것으로 볼 수 없다(대판 1998.04.10. 97다56822).

다. (○) [1] 민법 제197조 제1항에 의하면 물건의 점유자는 소유의 의사로 점유한 것으로 추정되므로 점유자가 취득시효를 주장하는 경우에 있어서 스스로 소유의 의사를 입증할 책임은 없고, 오히려 그 점유자의 점유가 소유의 의사가 없는 점유임을 주장하여 점유자의 취득시효의 성립을 부정하는 자에게 그 입증책임이 있다. [2] 점유자의 점유가 소유의 의사 있는 자주점유인지 아니면 소유의 의사 없는 타주점유인지의 여부는 점유자의 내심의 의사에 의하여 결정되는 것이 아니라 점유 취득의 원인이 된 권원의 성질이나 점유와 관계가 있는 모든 사정에 의하여 외형적·객관적으로 결정되어야 하는 것이기 때문에 점유자가 성질상 소유의 의사가 없는 것으로 보이는 권원에 바탕을 두고 점유를 취득한 사실이 증명되었거나, 점유자가 타인의 소유권을 배제하여 자기의 소유물처럼 배타적 지배를 행사하는 의사를 가지고 점유하는 것으로 볼 수 없는 객관적 사정, 즉 점유자가 진정한 소유자라면 통상 취하지 아니할 태도를 나타내거나 소유자라면 당연히 취했을 것으로 보이는 행동을 취하지 아니한 경우 등 외형적·객관적으로 보아 점유자가 타인의 소유권을 배척하고 점유할 의사를 갖고 있지 아니하였던 것이라고 볼 만한 사정이 증명된 경우에도 그 추정은 깨어진다(대판 1997.08.21. 95다28625(전합)).

라. (○) 취득시효가 완성된 후 점유자가 그 등기를 하기 전에 제3자가 소유권이전등기를 경료한 경우에는 점유자는 그 제3자에 대하여는 시효취득을 주장할 수 없는 것이 원칙이기는 하지만 이는 어디까지나 그 제3자 명의의 등기가 적법 유효함을 전제로 하는 것으로서 위 제3자 명의의 등기가 원인무효인 경우에는 점유자는 취득시효 완성 당시의 소유자를 대위하여 위 제3자 앞으로 경료된 원인무효인 등기의 말소를 구함과 아울러 위 소유자에게 취득시효 완성을 원인으로 한 소유권이전등기를 구할 수 있고, 또 위 제3자가 취득시효 완성 당시의 소유자의 상속인인 경우에는 그 상속분에 한하여는 위 제3자에 대하여 직접 취득시효 완성을 원인으로 한 소유권이전등기를 구할 수 있다(대판 2002.03.15. 2001다77352).

마. (X) 취득시효기간 중 계속해서 등기명의자가 동일한 경우에는 그 기산점을 어디에 두든지 간에 취득시효의 완성을 주장할 수 있는 시점에서 보아 그 기간이 경과한 사실만 확정되면 충분하므로, 전 점유자의 점유를 승계하여 자신의 점유기간과 통산하면 20년이 경과한 경우에 있어서도 전 점유자가 점유를 개시한 이후의 임의의 시점을 그 기산점으로 삼아 취득시효의 완성을 주장할 수 있고 이는 소유권에 변동이 있더라도 그 이후 계속해서 취득시효기간이 경과하도록 등기명의자가 동일하다면 그 소유권 변동 이후 전 점유자의 점유기간과 자신의 점유기간을 통산하여 20년이 경과한 경우에 있어서도 마찬가지이다(대판 1998.05.12. 97다34037).

정답 ⑤

문 23

취득시효 완성의 효과에 관한 다음 설명 중 가장 옳지 않은 것은? [2018년 28번]

① 점유로 인한 부동산 소유권 취득기간 만료를 원인으로 한 등기청구권이 이행불능으로 되었다고 하여 대상청구권을 행사하기 위하여는, 그 이행불능 전에 등기명의자에 대하여 점유로 인한 부동산 소유권 취득기간이 만료되었음을 이유로 그 권리를 주장하였거나 그 취득기간 만료를 원인으로 한 등기청구권을 행사하였어야 한다.

② 점유취득시효 완성 후 그 등기 전에 원소유자에 의하여 토지에 설정된 근저당권의 피담보채무를 시효취득자가 변제하였다고 하더라도, 위 변제액 상당에 대하여 원소유자에게 대위변제를 이유로 구상권을 행사하거나 부당이득을 이유로 반환청구권을 행사할 수 없다.

③ 점유취득시효 완성 후에 원래의 소유자인 소유명의자의 위탁에 의하여 소유권이전등기를 마친 신탁법상의 수탁자는 시효권리자가 시효취득을 주장할 수 없는 새로운 이해관계인인 제3자에 해당한다.

④ 양도담보권설정자가 양도담보부동산을 20년간 소유의 의사로 평온, 공연하게 점유하였다고 하더라도, 점유취득시효를 원인으로 하여 담보 목적으로 경료된 소유권이전등기의 말소를 구할 수 없다.

⑤ 취득시효 완성을 알고 있는 종전 소유자가 그 부동산에 대하여 제3자 명의로 가등기만 경료한 경우 시효취득자명의의 소유권이전등기 자체는 불가능하지 않으므로, 시효취득자는 특별한 사정이 없는 한 그가 이전받을 부동산에 대하여 손해를 입은 것이라고 볼 수는 없다.

해설

① (○) 민법상 이행불능의 효과로서 채권자의 전보배상청구권과 계약해제권 외에 별도로 대상청구권을 규정하고 있지는 않으나 해석상 대상청구권을 부정할 이유는 없는 것이지만, 점유로 인한 부동산 소유권 취득기간 만료를 원인으로 한 등기청구권이 이행불능으로 되었다고 하여 대상청구권을 행사하기 위하여는, 그 이행불능 전에 등기명의자에 대하여 점유로 인한 부동산 소유권 취득기간이 만료되었음을 이유로 그 권리를 주장하였거나 그 취득기간 만료를 원인으로 한 등기청구권을 행사하였어야 하고, 그 이행불능 전에 그와 같은 권리의 주장이나 행사에 이르지 않았다면 대상청구권을 행사할 수 없다고 봄이 공평의 관념에 부합한다(대판 1996.12.10. 94다43825).

② (○) 타인의 토지를 20년간 소유의 의사로 평온·공연하게 점유한 자는 등기를 함으로써 비로소 그 소유권을 취득하게 되므로 점유자가 원소유자에 대하여 점유로 인한 취득시효기간이 만료되었음을 원인으로 소유권이전등기청구를 하는 등 그 권리행사를 하거나 원소유자가 취득시효완성 사실을 알고 점유자의 권리취득을 방해하려고 하는 등의 특별한 사정이 없는 한 원소유자는 점유자 명의로 소유권이전등기가 마쳐지기까지는 소유자로서 그 토지에 관한 적법한 권리를 행사할 수 있다. 따라서 원소유자가 취득시효의 완성 이후 그 등기가 있기 전에 그 토지를 제3자에게 처분하거나 제한물권의 설정, 토지의 현상변경 등 소유자로서의 권리를 행사하였다 하여 시효취득자에 대한 관계에서 불법행위가 성립하는 것이 아님은 물론 위 처분행위를 통하여 그 토지의 소유권이나 제한물권 등을 취득한 제3자에 대하여 취득시효의 완성 및 그 권리취득의 소급효를 들어 대항할 수도 없다 할 것이니, 이 경우 시효취득자로서는 원소유자의 적법한 권리행사로 인한 현상의 변경이나 제한물권의 설정 등이 이루어진 그 토지의 사실상 혹은 법률상 현상 그대로의 상태에서 등기에 의하여 그 소유권을 취득하게 된다. 따라서 시효취득자가 원소유자에 의하여 그 토지에 설정된 근저당권의 피담보채무를 변제하는 것은 시효취득자가 용인하여야 할 그 토지상의 부담을 제거하여 완전한 소유권을 확보하기 위한 것

으로서 그 자신의 이익을 위한 행위라 할 것이니, 위 변제액 상당에 대하여 원소유자에게 대위변제를 이유로 구상권을 행사하거나 부당이득을 이유로 그 반환청구권을 행사할 수는 없다(대판 2006.05.12. 2005다75910).

③ (○) 부동산에 관한 점유취득시효기간이 경과한 후 원래의 소유자의 위탁에 의하여 소유권이전등기를 마친 신탁법상의 수탁자는 그 점유자가 시효취득을 주장할 수 없는 새로운 이해관계인인 제3자에 해당하고, 그 수탁자가 해당 부동산의 공유자들을 조합원으로 한 비법인사단인 재건축조합이라고 하여 달리 볼 것도 아니다(대판 2003.08.19. 2001다47467).

④ (○) 부동산점유취득시효는 원시취득에 해당하므로 특별한 사정이 없는 한 원소유자의 소유권에 가하여진 각종 제한에 의하여 영향을 받지 아니하는 완전한 내용의 소유권을 취득하는 것이지만, 진정한 권리자가 아니었던 채무자 또는 물상보증인이 채권담보의 목적으로 채권자에게 부동산에 관하여 저당권설정등기를 경료해 준 후 그 부동산을 시효취득하는 경우에는, 채무자 또는 물상보증인은 피담보채권의 변제의무 내지 책임이 있는 사람으로서 이미 저당권의 존재를 용인하고 점유하여 온 것이므로, 저당목적물의 시효취득으로 저당권자의 권리는 소멸하지 않는다. 이러한 법리는 부동산 양도담보의 경우에도 마찬가지이므로, 양도담보권설정자가 양도담보부동산을 20년간 소유의 의사로 평온, 공연하게 점유하였다고 하더라도, 양도담보권자를 상대로 피담보채권의 시효소멸을 주장하면서 담보목적으로 경료된 소유권이전등기의 말소를 구하는 것은 별론으로 하고, 점유취득시효를 원인으로 하여 담보목적으로 경료된 소유권이전등기의 말소를 구할 수 없고, 이와 같은 효과가 있는 양도담보권설정자 명의로의 소유권이전등기를 구할 수도 없다(대판 2015.02.26. 2014다21649).

⑤ (X) 부동산의 시효취득자가 취득시효완성을 주장하고 이전등기청구소송을 제기하여 제1심에서 승소까지 하였다면 종전 소유자로서는 시효완성을 주장하는 권리자와 그 경위를 알고 있는 터이므로 그 부동산을 제3자에게 처분하여 가등기나 본등기를 해주는 것은 시효취득자에 대한 이전등기의무를 면탈하기 위한 것으로서 위법이고 이로 인하여 시효취득자가 손해를 입었다면 종전 소유자에게 불법행위책임이 있다. 그리고 취득시효가 완성된 부동산에 대하여 제3자 명의로 가등기만 경료한 경우, 시효취득자 명의의 소유권이전등기 자체는 불가능하지 않다고 하더라도 시효취득자는 특별한 사정이 없는 한 그가 이전 받을 부동산에 대하여 가등기를 부담하게 됨으로 인한 손해를 입은 것이라고 보아야 한다(대판 1989.04.11. 88다카8217).

정답 ⑤

문 24

취득시효에 관한 다음 설명 중 가장 옳지 않은 것은?(다툼이 있는 경우 판례에 의함) [2017년 35번]

① 부동산의 소유명의자는 그 부동산에 대해 점유취득시효가 완성된 자에게 소유권이전등기를 하여 줄 의무를 부담하지만 그 시효가 완성된 자가 시효완성 후에 어떤 사정에 의하여 그 점유를 잃었다고 해서 그 점유자로부터 점유를 회수하여 다시 이를 시효가 완성된 자에게 돌려 줄 의무까지 부담한다고 할 수 없다.

② 점유취득시효완성을 원인으로 한 소유권이전등기청구는 시효완성 당시의 소유자를 상대로 하여야 하므로 시효완성 당시의 소유권보존등기 또는 이전등기가 무효라면 원칙적으로 그 등기명의인은 시효취득을 원인으로 한 소유권이전등기청구의 상대방이 될 수 없고, 이 경우 시효취득자는 소유자를 대위하여 위 무효등기의 말소를 구하고 다시 위 소유자를 상대로 취득시효완성을 이유로 한 소유권이전등기를 구하여야 한다.

③ 취득시효가 완성된 점유자는 점유권에 기하여 등기부상의 명의인을 상대로 점유방해의 배제를 청구할 수 있다.

④ 취득시효 완성 당시 그 부동산의 등기부상 소유자의 등기가 원인 무효의 흠결이 있더라도 등기부상 소유자가 진정한 소유자를 상대로 제기한 소유권이전등기 청구소송의 기판력 있는 확정판결에 의하여 위 등기가 경료된 경우, 위 확정판결의 기판력에 따라 진정한 소유자를 대위하여 등기부상 소유자를 상대로 위 등기의 말소를 구할 수 없고, 직접 현재 등기부상 소유자를 상대로 취득시효를 원인으로 한 소유권이전등기를 청구할 수도 없다.
⑤ 부동산에 대한 취득시효가 완성된 점유자가 그 명의로 소유권이전등기를 경료하지 아니하여 아직 소유권을 취득하지 못하였다고 하더라도 소유명의자는 점유자에 대하여 점유로 인한 부당이득반환청구를 할 수 없다.

해설

① (○) 부동산의 소유명의자는 그 부동산에 대해 점유취득시효가 완성된 자에게 소유권이전등기를 하여 줄 의무를 부담하지만 그 시효가 완성된 자가 시효완성 후에 어떤 사정에 의하여 그 점유를 잃었다고 해서 그 점유자로부터 점유를 회수하여 다시 이를 시효가 완성된 자에게 돌려 줄 의무까지 부담한다고 할 수 없다(대판 1997.03.28. 96다10638).

② (○) 점유취득시효완성을 원인으로 한 소유권이전등기청구는 시효완성 당시의 소유자를 상대로 하여야 하므로 시효완성 당시의 소유권보존등기 또는 이전등기가 무효라면 원칙적으로 그 등기명의인은 시효취득을 원인으로 한 소유권이전등기청구의 상대방이 될 수 없고, 이 경우 시효취득자는 소유자를 대위하여 위 무효등기의 말소를 구하고 다시 위 소유자를 상대로 취득시효완성을 이유로 한 소유권이전등기를 구하여야 한다(대판 2005.05.26. 2002다43417).

③ (○) 취득시효가 완성된 점유자는 점유권에 기하여 등기부상의 명의인을 상대로 점유방해의 배제를 청구할 수 있다 할 것인데, 시효취득자가 점유취득시효의 완성을 원인으로 하여 소유권이전등기를 청구하면서, 그와 동시에 시효 완성 후에 토지소유자가 멋대로 설치한 담장 등의 철거를 구하고 있을 뿐, 소유권에 기한 방해배제청구권에 기하여 위 담장 등의 철거를 구한 바 없고, 오히려 "토지소유자가 기존의 담장을 허물고 새로운 담장을 쌓은 것은 시효취득자의 점유를 침탈한 행위에 해당한다."고 주장하였으며, 원심의 변론종결 직전에는 소유권에 기한 주장은 하지 아니하고 담장 등 철거 청구도 시효취득에 의하여서만 구하는 것이라고 진술하였는바, 그렇다면 시효취득자는 점유권에 기한 방해배제청구권의 행사로서 토지소유자를 상대로 담장 등의 철거를 청구하고 있는 것으로 보아야 한다(대판 2005.03.25. 2004다23899).

④ (X) 부동산의 점유로 인한 시효취득자는 취득시효 완성 당시의 소유자에 대하여 소유권이전등기를 청구할 수 있다고 할 것인바, 취득시효 완성 당시 그 부동산의 등기부상 소유명의자의 등기가 원인 무효의 흠결이 있다 하더라도 그 등기명의 소유자가 진정한 소유자를 상대로 제기한 소유권이전등기 청구소송의 기판력 있는 확정판결에 의하여 소유권이전등기를 경료하였던 것이고, 따라서 시효취득자가 진정한 소유자를 대위하여 등기부상 소유자를 상대로 위 등기의 말소를 구하는 것은 위 판결의 기판력 때문에 극히 어려운 것이고, 그 등기명의를 둔 채 진정한 소유자를 상대로 시효취득을 원인으로 한 이전등기를 구하여 판결을 받더라도 위 등기가 말소되지 않는 한 그 판결이 이행될 수 없는 것이라면 특별한 사정이 없는 한 시효취득자는 그 등기부상 소유명의자를 상대로 취득시효를 원인으로 한 소유권이전등기를 청구할 수 있다고 보아야 할 것이다(대판 1999.07.09. 98다29575).

⑤ (○) 부동산에 대한 취득시효가 완성되면 점유자는 소유명의자에 대하여 취득시효완성을 원인으로 한 소유권이전등기절차의 이행을 청구할 수 있고 소유명의자는 이에 응할 의무가 있으므로 점유자가 그 명의로 소유권이전등기를 경료하지 아니하여 아직 소유권을 취득하지 못하였다고 하더라도 소유명의자는 점유자에 대하여 점유로 인한 부당이득반환청구를 할 수 없다(대판 1993.05.25. 92다51280).

정답 ④

문 25

취득시효에 관한 다음 설명 중 옳은 것을 모두 고른 것은?(다툼이 있는 경우 판례에 의함) [2016년 35번]

> ㉠ 취득시효이익의 포기는 특별한 사정이 없는 한 원인무효인 등기의 등기부상 소유자가 아니라 취득시효 완성 당시의 진정한 소유자에 대하여 하여야 한다.
> ㉡ 점유자 甲이 1990. 6.부터 2014. 8.까지 X토지 중 일부를 점유하여 왔는데 그 토지에 대하여 2005. 6. 환지예정지 지정(제자리 환지)이 있었고 2007. 6. X토지의 특정 점유 부분이 환지예정지나 환지 확정된 토지 내에 위치하게 되었다면 점유자는 2014. 8. 현재 점유취득시효가 완성되었다고 주장할 수 있다.
> ㉢ 건물의 공유자 중 일부만이 당해 건물을 점유하고 있다면, 그 건물 부지 전체에 대한 점유취득시효 완성에 따른 소유권이전등기청구권은 당해 건물을 현실적으로 점유하는 자에게 귀속된다.
> ㉣ 甲이 乙명의로 소유권보존등기가 마쳐진 X토지를 乙로부터 매수하여 소유권이전등기를 마치지 아니한 채 20년 넘게 점유하고 있는 경우, 甲이 그 점유기간이 20년이 되기 전에 乙을 상대로 X토지에 관하여 매매를 원인으로 한 소유권이전등기를 구하는 소를 제기하였다가 패소판결을 받고 그 판결이 확정되었다고 하더라도 현재 甲이 乙을 상대로 X토지에 관하여 취득시효 완성을 원인으로 한 소유권이전등기를 구하는 소를 제기하면 승소할 수 있다.
> ㉤ 乙은 甲 명의로 등기되어 있는 A토지를 1965. 5. 1.부터 점유하여 2006. 5. 현재에 이르고 있는데, A토지와 인접한 곳에 거주하고 있는 甲이 乙로부터 시효취득을 원인으로 한 소유권이전등기를 구하는 소장 부본을 받은 다음 A토지를 丙에게 매도하여 소유권이전등기를 넘겨줌으로써 乙에 대한 취득시효완성을 원인으로 한 소유권이전등기의무가 이행불능에 빠진 경우 甲은 이로 인하여 乙이 입은 손해를 배상할 책임이 있다.

① ㉢, ㉣, ㉤   ② ㉠, ㉡   ③ ㉢, ㉣
④ ㉠, ㉣, ㉤   ⑤ ㉠, ㉢, ㉤

:: 해설   ★★★

㉠ (○) 취득시효 완성으로 인한 권리변동의 당사자는 시효취득자와 취득시효 완성 당시의 진정한 소유자이므로, 시효이익의 포기는 특별한 사정이 없는 한 시효취득자가 취득시효 완성 당시의 진정한 소유자에 대하여 하여야 그 효력이 발생한다(대판 2009.12.10. 2006다19177).

㉡ (X) 환지처분이 있는 경우에는 비록 그것이 제자리환지라고 할지라도 종전 토지는 환지로 인하여 전체 토지의 지적·모양 및 위치에 변동이 생기는 것이므로, 종전 토지의 일부 특정 부분을 점유하고 있던 중 취득시효 완성 전에 환지예정지 지정이 있고 환지가 확정된 경우, 그것이 제자리환지로서 종전 토지의 특정 점유 부분이 환지예정지나 환지 확정된 토지 내에 위치하게 되었다고 하더라도 특단의 사정이 없는 한 종전 토지의 특정 부분의 점유자가 환지예정지 지정 이전에도 환지예정지나 환지된 토지상의 당해 특정 부분을 점유하였다고 볼 수 없다(대판 2003.03.25. 2002다72781).

관련판례 [1] 종전 토지의 특정 부분을 점유하고 있던 중 부동산 소유권의 취득시효기간 만료 전에 환지예정지의 지정이 있는 경우, 그것이 제자리환지라고 할지라도 감보가 수반되는 한 종전 토지의 특정 부분은 환지예정지의 지정을 전후하여 동일하다고 볼 수 없다. [2] 위 [1]의 경우, 환지예정지의 지정 즉 그 효력 발생일 이후에는 종전 토지에 대한 점유와 분리된 새로운 점유가 개시되고 그 효력 발생일을 기산점으로 하여 부동산소유권의 취득시효기간이 새롭게 진행하는 것으로 볼 수 있다(대판 1996.11.29. 94다53785).

ⓒ (X) 건물 공유자 중 일부만이 당해 건물을 점유하고 있는 경우라도 그 건물의 부지는 건물 소유를 위하여 공유명의자 전원이 공동으로 이를 점유하고 있는 것으로 볼 것이며, 건물 공유자들이 건물부지의 공동점유로 인하여 건물부지에 대한 소유권을 시효취득하는 경우라면 그 취득시효 완성을 원인으로 한 소유권이전등기청구권은 당해 건물의 공유지분비율과 같은 비율로 건물 공유자들에게 귀속된다(대판 2003.11.13. 2002다57935).

ⓔ (○) 타인의 부동산을 점유하는 사람은 일응 소유의 의사로 점유하는 것으로 추정되고 그 추정을 번복할 만한 특별한 사정이 있는 경우에 한하여 타주점유로 인정할 수 있는바, 토지의 점유자가 이전에 토지 소유자를 상대로 그 토지에 관하여 매매를 원인으로 한 소유권이전등기청구소송을 제기하였다가 패소하고 그 판결이 확정되었다 하더라도 그 사정만을 들어서는 토지 점유자의 자주점유의 추정이 번복되어 타주점유로 전환된다고 할 수 없다(대판 2009.12.10. 2006다19177). ▶ 타주점유로 전환되지 않으므로 시효취득을 주장할 수 있다.

비교판례 [1] 진정 소유자가 자신의 소유권을 주장하며 점유자 명의의 소유권이전등기는 원인무효의 등기라 하여 점유자를 상대로 토지에 관한 점유자 명의의 소유권이전등기의 말소등기청구소송을 제기하여 그 소송사건이 점유자의 패소로 확정되었다면, 점유자는 민법 제197조 제2항의 규정에 의하여 그 소유권이전등기말소등기청구소송의 제기시부터는 토지에 대한 악의의 점유자로 간주된다. [2] 위 [1]항의 경우, 토지 점유자가 소유권이전등기말소등기청구소송의 직접 당사자가 되어 소송을 수행하였고 결국 그 소송을 통해 대지의 정당한 소유자를 알게 되었으며, 나아가 패소판결의 확정으로 점유자로서는 토지에 관한 점유자 명의의 소유권이전등기에 관하여 정당한 소유자에 대하여 말소등기의무를 부담하게 되었음이 확정되었으므로, 단순한 악의점유의 상태와는 달리 객관적으로 그와 같은 의무를 부담하고 있는 점유자로 변한 것이어서 점유자의 토지에 대한 점유는 패소판결 확정 후부터는 타주점유로 전환되었다고 보아야 한다(대판 1996.10.11. 96다19857).

ⓜ (○) 부동산에 관한 점유취득시효가 완성된 후에 그 취득시효를 주장하거나 이로 인한 소유권이전등기청구를 하기 이전에는 그 등기명의인인 부동산 소유자로서는 특별한 사정이 없는 한 그 시효취득 사실을 알 수 없는 것이므로 이를 제3자에게 처분하였다 하더라도 그로 인한 손해배상책임을 부담하지 않는 것이나, 등기명의인인 부동산 소유자가 그 부동산의 인근에 거주하는 등으로 그 부동산의 점유·사용관계를 잘 알고 있고, 시효취득을 주장하는 권리자가 등기명의인을 상대로 취득시효완성을 원인으로 한 소유권이전등기 청구소송을 제기하여 등기명의인이 그 소장 부본을 송달받은 경우에는 등기명의인이 그 부동산의 취득시효완성 사실을 알았거나 알 수 있었다고 봄이 상당하므로, 그 이후 등기명의인이 그 부동산을 제3자에게 매도하거나 근저당권을 설정하는 등 처분하여 취득시효완성을 원인으로 한 소유권이전등기의무가 이행불능에 빠졌다면 그러한 등기명의인의 처분행위는 시효취득자에 대한 소유권이전등기의무를 면탈하기 위하여 한 것으로서 위법하고, 부동산을 처분한 등기명의인은 이로 인하여 시효취득자가 입은 손해를 배상할 책임이 있다(대판 1999.09.03. 99다20926).

정답 ④

문 26

부합에 관한 다음 설명 중 가장 옳지 않은 것은?(다툼이 있는 경우 판례에 의함) [2017년 30번]

① 건물이 증축되어 증축부분이 본래 건물에 부합된 경우, 증축부분에 관하여 별도로 보존등기가 경료되었고 본래 건물에 대한 경매절차에서 경매목적물로 평가되지 않았더라도 매수인은 그 부합된 증축부분의 소유권을 취득한다.
② 저당 토지에 대한 경매절차에서 제3자 소유의 독립된 지상 건물을 토지의 부합물 내지 종물로 보아 경매법원에서 저당 토지와 함께 경매를 진행하고 매각허가결정을 하였다고 하더라도 그 건물의 소유권에는 변동이 없다.
③ 토지소유자의 승낙을 받지는 않았으나 토지임차인의 승낙을 받아 그 부동산에 사철나무를 심었다면, 특별한 사정이 없는 한 토지소유자에 대하여 그 나무의 소유권을 주장할 수 있다.
④ 민법 제256조 단서의 규정은 타인이 그 권원에 의하여 부속시킨 물건이라 할지라도 그 부속된 물건이 분리하여 경제적 가치가 있는 경우에 한하여 부속시킨 타인의 권리에 영향이 없다는 취지이고, 분리하여도 경제적 가치가 없는 경우에는 원래의 부동산 소유자의 소유에 귀속된다.
⑤ 민법 제261조는 첨부로 소유권 취득이 인정된 경우에 "손해를 받은 자는 부당이득에 관한 규정에 의하여 보상을 청구할 수 있다"라고 규정하고 있는바, 이러한 보상청구가 인정되기 위해서는 민법 제261조의 요건 외에 부당이득 법리에 따른 판단에 의하여 부당이득의 요건이 모두 충족되어야 한다.

해설 ★★★

① (○) 건물이 증축된 경우에 증축부분이 본래의 건물에 부합되어 본래의 건물과 분리하여서는 전혀 별개의 독립물로서의 효용을 갖지 않는다면, 위 증축부분에 관하여 별도로 보존등기가 경료되었고 본래의 건물에 대한 경매절차에서 경매목적물로 평가되지 아니하였다고 할지라도 경락인은 그 부합된 증축부분의 소유권을 취득한다(대판 1981.11.10. 80다2757).
② (○) 저당권은 법률에 특별한 규정이 있거나 설정행위에 다른 약정이 있는 경우를 제외하고 그 저당 부동산에 부합된 물건과 종물 이외에까지 그 효력이 미치는 것이 아니므로, 토지에 대한 경매절차에서 그 지상 건물을 토지의 부합물 내지 종물로 보아 경매법원에서 저당 토지와 함께 경매를 진행하고 경락허가를 하였다고 하여 그 건물의 소유권에 변동이 초래될 수 없다(대판 1997.09.26. 97다10314).
③ (X) 민법 제256조 단서 소정의 "권원"이라 함은 지상권, 전세권, 임차권 등과 같이 타인의 부동산에 자기의 동산을 부속시켜서 그 부동산을 이용할 수 있는 권리를 뜻하므로 그와 같은 권원이 없는 자가 토지소유자의 승낙을 받음이 없이 그 임차인의 승낙만을 받아 그 부동산 위에 나무를 심었다면 특별한 사정이 없는 한 토지소유자에 대하여 그 나무의 소유권을 주장할 수 없다(대판 1989.07.11. 88다카9067).
④ (○) 부합물에 관한 소유권귀속의 예외를 규정한 민법 제256조 단서의 규정은 타인이 그 권원에 의하여 부속시킨 물건이라 할지라도 그 부속된 물건이 분리하여 경제적 가치가 있는 경우에 한하여 부속시킨 타인의 권리에 영향이 없다는 취지이지 분리하여도 경제적 가치가 없는 경우에는 원래의 부동산소유자의 소유에 귀속되는 것이고 경제적 가치의 판단은 부속시킨 물건에 대한 일반 사회통념상의 경제적 효용의 독립성 유무를 그 기준으로 하여야 한다(대판 1975.04.08. 74다1743).
⑤ (○) 민법 제261조에서 첨부로 법률규정에 의한 소유권 취득(민법 제256조 내지 제260조)이 인정된 경우에 "손해를 받은 자는 부당이득에 관한 규정에 의하여 보상을 청구할 수 있다"라고 규정하고 있는바, 이러한 보상청구가 인정되기 위해서는 민법 제261조 자체의 요건만이 아니라, 부당이득 법리에 따른 판단에 의하여

부당이득의 요건이 모두 충족되었음이 인정되어야 한다. 매도인에게 소유권이 유보된 자재가 제3자와 매수인 사이에 이루어진 도급계약의 이행으로 제3자 소유 건물의 건축에 사용되어 부합된 경우 보상청구를 거부할 법률상 원인이 있다고 할 수 없지만, 제3자가 도급계약에 의하여 제공된 자재의 소유권이 유보된 사실에 관하여 과실 없이 알지 못한 경우라면 선의취득의 경우와 마찬가지로 제3자가 그 자재의 귀속으로 인한 이익을 보유할 수 있는 법률상 원인이 있다고 봄이 상당하므로, 매도인으로서는 그에 관한 보상청구를 할 수 없다(대판 2009.09.24. 2009다15602).

정답 ③

제3관 소유권자의 물권적 청구권

문 27

다음 설명 중 가장 옳지 않은 것은 모두 몇 개인가? [2022년 7번]

> ㄱ. 불법점유를 이유로 인도를 청구하려면 현실적으로 그 목적물을 점유하고 있는 자를 상대로 하여야 하고 불법점유를 하고 있었던 자라 하여도 이미 다른 사람에게 그 물건을 인도하여 현실적으로 점유하고 있지 않다면 그 자를 상대로 인도를 청구할 수는 없다.
> ㄴ. 건물의 임대인이 건물의 존립을 위한 토지사용권을 가지지 못하여 그가 토지 소유자의 건물 철거청구에 대항할 수 없는 경우라면 건물에 대한 대항력 있는 임차권자 역시 토지 소유자의 퇴거청구 등의 권리행사에 대항할 수 없다.
> ㄷ. 건물의 소유자가 그 건물의 소유를 통하여 타인 소유의 토지를 점유하고 있다고 하더라도 그 토지 소유자로서는 그 건물의 철거와 그 대지 부분의 인도를 청구할 수 있을 뿐, 자기 소유의 건물을 점유하고 있는 자에 대하여 그 건물에서 퇴거할 것을 청구할 수는 없다.
> ㄹ. 원고가 미등기 건물을 매수하였으나 소유권이전등기를 하지 못한 경우에는 위 건물의 소유권을 원시취득한 매도인을 대위하여 불법점유자에 대하여 인도청구를 할 수 있고, 이때 원고는 불법점유자에 대하여 직접 자기에게 인도할 것을 청구할 수도 있다.

① 없음   ② 1개   ③ 2개   ④ 3개   ⑤ 4개

MGI Point **인도청구권** ★★★

- 불법점유자라 하여도 그 물건을 다른 사람에게 인도하여 현실적으로 점유를 하고 있지 않는 경우
  ⇨ 그 자를 상대로 한 인도 또는 명도청구는 부당 ○
- 건물의 임대인이 토지사용권 없는 경우 ⇨ 토지소유자는 건물철거 가능, 건물 임차인의 임차권이 대항력이 있는 것이라도 마찬가지
- 건물의 소유자가 건물을 점유함으로써 권원 없이 타인의 토지를 점유하는 경우 ⇨ 토지소유자는 대지의 인도만을 청구 可
- 미등기 건물의 매수인 ⇨ 매도인을 대위하여 불법점유자에 대하여 자기에게 인도할 것 청구 可

ㄱ. (○) 불법점유를 이유로 하여 그 명도 또는 인도를 청구하려면 현실적으로 그 목적물을 점유하고 있는 자를 상대로 하여야 하고 불법점유자라 하여도 그 물건을 다른 사람에게 인도하여 현실적으로 점유를 하고 있지 않은 이상 그 자를 상대로 한 인도 또는 명도청구는 부당하다(대판 1970.09.29. 70다1508).

ㄴ. (○) 건물이 그 존립을 위한 토지사용권을 갖추지 못하여 토지의 소유자가 건물의 소유자에 대하여 당해 건물의 철거 및 그 대지의 인도를 청구할 수 있는 경우에라도 건물소유자가 아닌 사람이 건물을 점유하고 있다면 토지소유자는 그 건물 점유를 제거하지 아니하는 한 위의 건물 철거 등을 실행할 수 없다. 따라서 그때 토지소유권은 위와 같은 점유에 의하여 그 원만한 실현을 방해당하고 있다고 할 것이므로, 토지소유자는 자신의 소유권에 기한 방해배제로서 건물점유자에 대하여 건물로부터의 퇴출을 청구할 수 있다. 그리고 이는 건물점유자가 건물소유자로부터의 임차인으로서 그 건물임차권이 이른바 대항력을 가진다고 해서 달라지지 아니한다(대판 2010.08.19. 2010다43801).

ㄷ. (○) 건물의 소유자가 그 건물의 소유를 통하여 타인 소유의 토지를 점유하고 있다고 하더라도 그 토지 소유자로서는 그 건물의 철거와 그 대지 부분의 인도를 청구할 수 있을 뿐, 자기 소유의 건물을 점유하고 있는 자에 대하여 그 건물에서 퇴거할 것을 청구할 수는 없다(대판 1999.07.09. 98다57457).

ㄹ. (○) 건물을 신축하여 원시적으로 그 소유권을 취득한 자로부터 그 건물을 등기않은 채 매수한 자가 일단 매도인으로부터 그 건물을 인도받았다 하더라도 매도인은 장차 적법한 소유권이전등기를 하여줄 의무와 그 건물에 대한 완전한 권리행사를 함에 지장이 없도록 협력하여 줄 의무가 있다할 것이므로 매수인은 그 건물의 불법점거자에 대하여 매도인을 대위하여 명도청구를 할 수 있다 할 것이다(대판 1973.07.24. 73다114).

정답 ①

문 28

다음 설명 중 옳은 것은 모두 몇 개인가? [2021년 3번]

> 가. 지상권을 설정한 토지소유권자는 불법점유자에 대하여 물권적청구권을 행사할 수 있으나, 지상권이 존속하는 한 토지를 사용 수익할 수 없으므로 특별한 사정이 없는 한 불법점유자에게 손해배상은 청구할 수 없다.
> 나. 구분소유자 중 일부가 정당한 권원 없이 집합건물의 복도, 계단 등과 같은 공용부분을 배타적으로 점유사용함으로써 이익을 얻고, 그로 인하여 다른 구분소유자들이 해당 공용부분을 사용할 수 없게 되었다면, 공용부분을 무단점유한 구분소유자는 특별한 사정이 없는 한 해당 공용부분을 점유사용함으로써 얻은 이익을 부당이득으로 반환할 의무가 있다. 해당 공용부분이 구조상 이를 별개 용도로 사용하거나 다른 목적으로 임대할 수 있는 대상이 아니더라도, 무단점유로 인하여 다른 구분소유자들이 해당 공용부분을 사용·수익할 권리가 침해되었고 이는 그 자체로 민법 제741조에서 정한 손해로 볼 수 있다.
> 다. 타인 소유물을 권원 없이 점유함으로써 얻은 사용이익을 반환하는 경우 민법은 선의 점유자를 보호하기 위하여 제201조 제1항을 두어 선의 점유자에게 과실수취권을 인정함에 대하여, 이러한 보호의 필요성이 없는 악의 점유자에 관하여는 민법 제201조 제2항을 두어 과실수취권이 인정되지 않는다는 취지를 규정하는 것으로 해석되는바, 따라서 악의 수익자가 반환하여야 할 범위는 민법 제748조 제2항에 따라 정하여지는 결과 그는 받은 이익에 이자를 붙여 반환하여야 하며, 위 이자의 이행지체로 인한 지연손해금도 지급하여야 한다.
> 라. 임대차계약이 종료되면 임차인은 목적물을 반환하고 임대인은 연체차임을 공제한 나머지 보증금을 반환해야 한다. 이러한 임차인의 목적물반환의무와 임대인의 보증금반환의무는 동시이행관계에 있으므로, 임대인이 임대차보증금의 반환의무를 이행하거나 적법하게 이행제공을

하는 등으로 임차인의 동시이행항변권을 상실시키지 않은 이상, 임대차계약 종료 후 임차인이 목적물을 계속 점유하더라도 그 점유를 불법점유라고 할 수 없고 임차인은 이에 대한 손해배상의무를 지지 않는다. 그러나 임차인이 그러한 동시이행항변권을 상실하였는데도 목적물의 반환을 계속 거부하면서 점유하고 있다면, 달리 점유에 관한 적법한 권원이 인정될 수 있는 특별한 사정이 없는 한 이러한 점유는 적어도 과실에 의한 점유로서 불법행위를 구성한다.

마. 일반적으로 부동산을 채권담보의 목적으로 양도한 경우 특별한 사정이 없는 한 목적부동산에 대한 사용수익권은 채무자인 양도담보설정자에게 있으므로, 양도담보권자는 사용수익할 수 있는 정당한 권한이 있는 채무자나 채무자로부터 그 사용수익할 수 있는 권한을 승계한 자에 대하여는 사용수익을 하지 못한 것을 이유로 임료 상당의 손해배상이나 부당이득반환청구를 할 수 없다.

① 1개　　　　　② 2개　　　　　③ 3개
④ 4개　　　　　⑤ 5개

MGI Point 종합문제　★★★

- 지상권을 설정한 토지소유권자 ⇨ 불법점유자에 대하여 물권적청구권 행사 가능, 다만 지상권이 존속하는 한 토지를 사용 수익할 수 없으므로 특별한 사정이 없는 한 불법점유자에게 손해배상 청구 불가
- 구분소유자 중 일부가 정당한 권원 없이 집합건물의 공용부분을 배타적으로 점유·사용한 경우
  ⇨ 해당 공용부분을 점유·사용함으로써 얻은 이익을 부당이득으로 반환할 의무 ○, 이는 해당 공용부분이 구조상 이를 별개 용도로 사용하거나 다른 목적으로 임대할 수 있는 대상이 아닌 경우에도 마찬가지임
- 타인 소유물을 권원 없이 점유함으로써 얻은 사용이익을 반환하는 경우 악의 점유자의 반환범위
  ⇨ 받은 이익에 이자를 붙여 반환할 것 요함, 위 이자의 이행지체로 인한 지연손해금도 지급 要
- 임대차계약 종료 후 임차인이 동시이행항변권을 상실하였는데도 목적물의 반환을 계속 거부하면서 점유하고 있는 경우
  ⇨ 이러한 점유는 적어도 과실에 의한 점유로서 불법행위를 구성 ○
- 부동산양도담보에 있어서 목적부동산의 사용수익권자 ⇨ 양도담보설정자 ○, 따라서 양도담보권자는 사용수익할 수 있는 정당한 권한자에게 사용수익을 하지 못한 것을 이유로 임료상당의 손해배상이나 부당이득반환청구 불가

가. (○) 1. 지상권을 설정한 토지소유권자는 불법점유자에 대하여 물권적청구권을 행사할 수 있다. 2. 지상권을 설정한 토지소유권자는 지상권이 존속하는 한 토지를 사용 수익할 수 없으므로 특별한 사정이 없는 한 불법점유자에게 손해배상을 청구할 수 없다(대판 1974.11.12. 74다1150).

나. (○) 구분소유자 중 일부가 정당한 권원 없이 집합건물의 복도, 계단 등과 같은 공용부분을 배타적으로 점유·사용함으로써 이익을 얻고, 그로 인하여 다른 구분소유자들이 해당 공용부분을 사용할 수 없게 되었다면, 공용부분을 무단점유한 구분소유자는 특별한 사정이 없는 한 해당 공용부분을 점유·사용함으로써 얻은 이익을 부당이득으로 반환할 의무가 있다. 해당 공용부분이 구조상 이를 별개 용도로 사용하거나 다른 목적으로 임대할 수 있는 대상이 아니더라도, 무단점유로 인하여 다른 구분소유자들이 해당 공용부분을 사용·수익할 권리가 침해되었고 이는 그 자체로 민법 제741조에서 정한 손해로 볼 수 있다(대판 2020.05.21. 2017다220744).

다. (○) 타인 소유물을 권원 없이 점유함으로써 얻은 사용이익을 반환하는 경우 민법은 선의 점유자를 보호하기 위하여 제201조 제1항을 두어 선의 점유자에게 과실수취권을 인정함에 대하여, 이러한 보호의 필요성이 없는 악의 점유자에 관하여는 민법 제201조 제2항을 두어 과실수취권이 인정되지 않는다는 취지를 규정하는 것으로 해석되는바, 따라서 악의 수익자가 반환하여야 할 범위는 민법 제748조 제2항에 따라 정하여지는 결과 그는 받은 이익에 이자를 붙여 반환하여야 하며, 위 이자의 이행지체로 인한 지연손해금도 지급하여야 한다(대판 2003.11.14. 2001다61869).

라. (○) 임대차계약이 종료되면 임차인은 목적물을 반환하고 임대인은 연체차임을 공제한 나머지 보증금을 반환해야 한다. 이러한 임차인의 목적물반환의무와 임대인의 보증금반환의무는 동시이행관계에 있으므로, 임대인이 임대차보증금의 반환의무를 이행하거나 적법하게 이행제공을 하는 등으로 임차인의 동시이행항변권을 상실시키지 않은 이상, 임대차계약 종료 후 임차인이 목적물을 계속 점유하더라도 그 점유를 불법점유라고 할 수 없고 임차인은 이에 대한 손해배상의무를 지지 않는다. 그러나 임차인이 그러한 동시이행항변권을 상실하였는데도 목적물의 반환을 계속 거부하면서 점유하고 있다면, 달리 점유에 관한 적법한 권원이 인정될 수 있는 특별한 사정이 없는 한 이러한 점유는 적어도 과실에 의한 점유로서 불법행위를 구성한다(대판 2020.05.14. 2019다252042).

마. (○) 일반적으로 부동산을 채권담보의 목적으로 양도한 경우 특별한 사정이 없는 한 목적부동산에 대한 사용수익권은 채무자인 양도담보설정자에게 있는 것이므로 양도담보권자는 사용수익할 수 있는 정당한 권한이 있는 채무자나 채무자로부터 그 사용수익할 수 있는 권한을 승계한 자에 대하여는 사용수익을 하지 못한 것을 이유로 임료상당의 손해배상이나 부당이득반환청구는 할 수 없다(대판 1988.11.22. 87다카2555).

정답 ⑤

문 29

다음 설명 중 옳지 않은 것은 모두 몇 개인가? [2021년 19번]

가. 토지 소유자가 그 소유의 토지를 도로, 수도시설의 매설 부지 등 일반 공중을 위한 용도로 제공한 경우에 소유자가 그 토지에 대한 독점적·배타적인 사용·수익권을 포기한 것으로 볼 수 있다면, 타인이 그 토지를 점유·사용하고 있다 하더라도 특별한 사정이 없는 한 그로 인해 토지 소유자에게 어떤 손해가 생긴다고 볼 수 없으므로, 토지 소유자는 그 타인을 상대로 부당이득반환을 청구할 수 없고, 토지의 인도 등을 구할 수도 없다. 다만 그 타인이 국가, 지방자치단체인 경우 부당이득반환을 청구할 수는 있다.

나. 토지 소유자의 독점적·배타적인 사용·수익권 행사의 제한은 해당 토지가 일반 공중의 이용에 제공됨으로 인한 공공의 이익을 전제로 하는 것이므로, 토지 소유자가 공공의 목적을 위해 그 토지를 제공할 당시의 객관적인 토지이용현황이 유지되는 한도 내에서만 존속한다고 보아야 한다. 따라서 토지 소유자가 그 소유 토지를 일반 공중의 이용에 제공함으로써 자신의 의사에 부합하는 토지이용상태가 형성되어 그에 대한 독점적·배타적인 사용·수익권의 행사가 제한된다고 하더라도, 그 후 토지이용상태에 중대한 변화가 생기는 등으로 독점적·배타적인 사용·수익권의 행사를 제한하는 기초가 된 객관적인 사정이 현저히 변경되고, 소유자가 일반 공중의 사용을 위하여 그 토지를 제공할 당시 이러한 변화를 예견할 수 없었으며, 사용·수익권 행사가 계속하여 제한된다고 보는 것이 당사자의 이해에 중대한 불균형을 초래하는 경우에는, 토지 소유자는 그와 같은 사정변경이 있은 때부터는 다시 사용·수익 권능을 포함한 완전한 소유권에 기한 권리를 주장할 수 있다고 보아야 한다.

다. 토지 소유자의 독점적·배타적인 사용·수익권의 행사가 제한되는 것으로 해석되는 경우 특별한 사정이 없는 한 그 지하 부분에 대한 독점적이고 배타적인 사용·수익권의 행사 역시 제한되는 것으로 해석함이 타당하다.

라. 피상속인이 사망 전에 그 소유 토지를 일반 공중의 이용에 제공하여 독점적·배타적인 사용·수익

권을 포기한 것으로 볼 수 있고 그 토지가 상속재산에 해당하는 경우에는, 피상속인의 사망 후 그 토지에 대한 상속인의 독점적·배타적인 사용·수익권의 행사 역시 제한된다고 보아야 한다.

마. 원소유자의 독점적·배타적인 사용·수익권의 행사가 제한되는 토지의 소유권을 경매에 의하여 특정승계한 자는, 특별한 사정이 없는 한 그와 같은 사용·수익의 제한이라는 부담이 있다는 사정을 용인하거나 적어도 그러한 사정이 있음을 알고서 그 토지의 소유권을 취득하였다고 볼 수 없으므로, 그러한 특정승계인은 그 토지 부분에 대하여 독점적이고 배타적인 사용·수익권을 행사할 수 있다고 보아야 한다.

① 1개 ② 2개 ③ 3개
④ 4개 ⑤ 5개

MGI Point 토지 소유자의 독점적·배타적 사용·수익권 ★★★

- 토지 소유자가 그 토지에 대한 독점적·배타적인 사용·수익권을 포기한 것으로 볼 수 있는 경우
  ⇨ 타인 [국가, 지방자치단체 可]이 그 토지를 점유·사용하고 있다 하더라도 특별한 사정이 없는 한 토지 소유자는 그 타인을 상대로 부당이득반환 청구 不可, 토지의 인도 등도 不可
- 토지 소유자가 독점적·배타적인 사용·수익권의 행사가 제한되는 토지의 사정변경이 있는 경우
  ⇨ 토지 소유자는 다시 사용·수익 권능을 포함한 완전한 소유권에 기한 권리 주장 可
- 토지 소유자의 독점적·배타적인 사용·수익권의 행사가 제한되는 것으로 해석되는 경우
  ⇨ 특별한 사정이 없는 한 그 지하 부분에 대한 독점적이고 배타적인 사용·수익권의 행사 역시 제한 ○
- 피상속인이 사망 전 소유 토지를 일반 공중의 이용에 제공하여 독점적·배타적인 사용·수익권의 포기로 볼 수 있고 그 토지가 상속재산인 경우 ⇨ 토지 상속인의 독점적·배타적인 사용·수익권의 행사 역시 제한 ○
- 원소유자의 독점적·배타적인 사용·수익권의 행사가 제한되는 토지의 소유권을 경매, 매매, 대물변제 등에 의하여 특정승계한 자 ⇨ 그 토지 부분에 대한 독점적이고 배타적인 사용·수익권의 행사 不可

가. (X) 토지 소유자가 그 소유의 토지를 도로, 수도시설의 매설 부지 등 일반 공중을 위한 용도로 제공한 경우에, 소유자가 토지를 소유하게 된 경위와 보유기간, 소유자가 토지를 공공의 사용에 제공한 경위와 그 규모, 도지의 제공에 따른 소유자의 이익 또는 편의의 유무, 해당 토지 부분의 위치나 형태, 인근의 다른 토지들과의 관계, 주위 환경 등 여러 사정을 종합적으로 고찰하고, 토지 소유자의 소유권 보장과 공공의 이익 사이의 비교형량을 한 결과, 소유자가 그 토지에 대한 독점적·배타적인 사용·수익권을 포기한 것으로 볼 수 있다면, 타인[사인(私人)뿐만 아니라 국가, 지방자치단체도 이에 해당할 수 있다, 이하 같다]이 그 토지를 점유·사용하고 있다 하더라도 특별한 사정이 없는 한 그로 인해 토지 소유자에게 어떤 손해가 생긴다고 볼 수 없으므로, 토지 소유자는 그 타인을 상대로 부당이득반환을 청구할 수 없고, 토지의 인도 등을 구할 수도 없다(대판 2021.01.14. 2020다246630).

나. (○) 토지 소유자가 그 소유 토지를 일반 공중의 이용에 제공함으로써 자신의 의사에 부합하는 토지이용상태가 형성되어 그에 대한 독점적·배타적인 사용·수익권의 행사가 제한된다고 하더라도, 그 후 토지이용상태에 중대한 변화가 생기는 등으로 독점적·배타적인 사용·수익권의 행사를 제한하는 기초가 된 객관적인 사정이 현저히 변경되고, 소유자가 일반 공중의 사용을 위하여 그 토지를 제공할 당시 이러한 변화를 예견할 수 없었으며, 사용·수익권 행사가 계속하여 제한된다고 보는 것이 당사자의 이해에 중대한 불균형을 초래하는 경우에는, 토지 소유자는 그와 같은 사정변경이 있은 때부터는 다시 사용·수익 권능을 포함한 완전한 소유권에 기한 권리를 주장할 수 있다고 보아야 한다(대판 2019.01.24. 2016다264556(전합)).

다. (○), 라. (○), 마. (X) ① 토지 소유자의 독점적·배타적인 사용·수익권의 행사가 제한되는 것으로 해석되는 경우 특별한 사정이 없는 한 그 지하 부분에 대한 독점적이고 배타적인 사용·수익권의 행사 역시 제한되는 것으로 해석함이 타당하다. ② 상속인은 피상속인의 일신에 전속한 것이 아닌 한 상속이 개시된 때로부터 피상속인의 재산에 관한 포괄적 권리·의무를 승계하므로(민법 제1005조), 피상속인이 사망 전에 그 소유 토지를 일반 공중의 이용에 제공하여 독점적·배타적인 사용·수익권을 포기한 것으로 볼 수 있고 그 토지가 상속재산에 해당하는 경우에는, 피상속인의 사망 후 그 토지에 대한 상속인의 독점적·배타적인 사용·수익권의 행사 역시 제한된다고 보아야 한다. ③ 원소유자의 독점적·배타적인 사용·수익권의 행사가 제한되는 토지의 소유권을 경매, 매매, 대물변제 등에 의하여 특정승계한 자는, 특별한 사정이 없는 한 그와 같은 사용·수익의 제한이라는 부담이 있다는 사정을 용인하거나 적어도 그러한 사정이 있음을 알고서 그 토지의 소유권을 취득하였다고 봄이 타당하므로, 그러한 특정승계인은 그 토지 부분에 대하여 독점적이고 배타적인 사용·수익권을 행사할 수 없다(대판 2019.01.24. 2016다264556(전합)).

정답 ②

문 30

아래의 사실관계에서 丁은 Y건물을 철거하고자 한다. 다음 설명 중 옳은 것을 모두 고른 것은?
[2021년 20번]

[사실관계]
○ 甲은 자신의 소유인 X토지 위에 Y건물을 신축하였으나 건물에 관하여 보존등기를 하지 않은 상태에서 토지와 건물을 乙에게 매도하고 인도하여 준 후, X토지에 관해서만 소유권이전등기절차를 마쳐 주었다.
○ 그 후 乙은 丙으로부터 금전을 차용하면서 X토지에 관해 저당권을 설정해 주었는데, 乙이 차용금을 변제하지 못하자 丙은 저당권을 실행하였고, 그 경매절차에서 X토지는 丁에게 매각되었다.

ㄱ. X토지에 대한 경매절차에서 Y건물을 X토지의 부합물 내지 종물로 보아 경매법원에서 토지와 함께 경매를 진행하고 매각결정을 하였다면 丁은 Y건물의 소유권을 취득한다.
ㄴ. 건물의 철거는 소유권의 종국적 처분에 해당하는 사실행위로서 법률상 소유자인 등기명의자에게만 철거처분권이 있으므로 丁은 Y건물을 매수하여 등기를 마치지 못한 채 점유만을 하고 있는 乙을 상대로 건물의 철거를 구할 수는 없다.
ㄷ. 토지와 건물은 모두 甲 소유였다가 매매로 인하여 소유자가 달라진 것이므로 甲은 Y건물을 위한 관습법상의 법정지상권을 취득하였고, 乙은 甲을 대위하여 관습법상의 법정지상권을 행사할 수 있다.
ㄹ. 저당권의 실행을 위한 경매로 토지와 건물이 다른 사람의 소유에 속하게 되었으므로 乙은 민법 제366조 소정의 법정지상권을 취득하였다.
ㅁ. 丁이 경매절차에서 X토지를 매수할 때 그 지상에 Y건물이 존재한다는 사실을 알고 있었다면 Y건물을 위한 지상권을 묵시적으로 승인한 것으로 볼 수 있다.

① ㄱ, ㄴ　　　　　　② ㄱ, ㄷ　　　　　　③ ㄹ
④ ㅁ　　　　　　　⑤ 없음

> **MGI Point** **소유권, 지상권** ★★★
>
> ■ 토지에 대한 경매절차에서 그 지상 건물을 토지의 종물 내지 부합물로 보고 경매를 진행하여 경락된 경우
>   ⇨ 경락인이 건물에 대한 소유권 취득 불가
> ■ 건물철거 처분권자 ⇨ 소유자(민법상 원칙적으로는 등기명의자)가 원칙, 예외적으로 건물을 전소유자로부터 매수하여 점유 중인 건물에 대하여 법률상 또는 사실상 처분을 할 수 있는 지위에 있는 자에게도 철거처분권 有
> ■ 미등기건물을 그 대지와 함께 매도한 경우 ⇨ 매도인에게 관습상의 법정지상권 발생 ×
> ■ 미등기 건물을 대지와 함께 양수한 자가 대지에 관하여서만 소유권이전등기를 경료한 상태에서 대지의 경매로 소유자가 달라지게 된 경우 ⇨ 미등기 건물 양수인의 관습상의 법정지상권 발생 ×
> ■ 토지와 그 위의 건물 소유자가 각기 달리하고 있던 중 토지 또는 건물만이 경매기타 원인으로 다시 다른 사람에게 소유권이 이전된 경우 ⇨ 법정지상권의 발생 ×

ㄱ. (X) 저당권은 법률에 특별한 규정이 있거나 설정행위에 다른 약정이 있는 경우를 제외하고 그 저당 부동산에 부합된 물건과 종물 이외까지 그 효력이 미치는 것이 아니므로, 토지에 대한 경매절차에서 그 지상 건물을 토지의 부합물 내지 종물로 보아 경매법원에서 저당 토지와 함께 경매를 진행하고 경락허가를 하였다고 하여 그 건물의 소유권에 변동이 초래될 수 없다(대판 1997.09.26. 97다10314).

ㄴ. (X) 건물철거는 그 소유권의 종국적 처분에 해당되는 사실행위이므로 원칙으로는 그 소유자(민법상 원칙적으로는 등기명의자)에게만 그 철거처분권이 있다 할 것이고, 예외적으로 건물을 전소유자로부터 매수하여 점유하고 있는 등 그 권리의 범위 내에서 그 점유중인 건물에 대하여 법률상 또는 사실상 처분을 할 수 있는 지위에 있는 자에게도 그 철거처분권이 있다(대판 2003.01.24. 2002다61521).

ㄷ. (X) 관습상의 법정지상권은 동일인의 소유이던 토지와 그 지상건물이 매매 기타 원인으로 인하여 각각 소유자를 달리하게 되었으나 그 건물을 철거한다는 등의 특약이 없으면 건물 소유자로 하여금 토지를 계속 사용하게 하려는 것이 당사자의 의사라고 보아 인정되는 것이므로 토지의 점유·사용에 관하여 당사자 사이에 약정이 있는 것으로 볼 수 있거나 토지 소유자가 건물의 처분권까지 함께 취득한 경우에는 관습상의 법정지상권을 인정할 까닭이 없다 할 것이어서, 미등기건물을 그 대지와 함께 매도하였다면 비록 매수인에게 그 대지에 관하여만 소유권이전등기가 경료되고 건물에 관하여는 등기가 경료되지 아니하여 형식적으로 대지와 건물이 그 소유 명의자를 달리하게 되었다 하더라도 매도인에게 관습상의 법정지상권을 인정할 이유가 없다(대판 2002.06.20. 2002다9660(전합)).

ㄹ. (X) 미등기 건물을 그 대지와 함께 양수한 사람이 그 대지에 관하여서만 소유권이전등기를 넘겨받고 건물에 대하여는 그 등기를 이전받지 못하고 있는 상태에서 그 대지가 경매되어 소유자가 달라지게 된 경우에는, 미등기 건물의 양수인은 미등기 건물을 처분할 수 있는 권리는 있을지언정 소유권은 가지고 있지 아니하므로 대지와 건물이 동일인의 소유에 속한 것이라고 볼 수 없어 법정지상권이 발생할 수 없다(대판 1998.04.24. 98다4798).

ㅁ. (X) 민법 제366조에 의한 법정지상권 또는 관습에 의한 법정지상권이 인정되려면 동일인의 소유에 속하는 토지와 그 위에 있는 가옥이 경매 기타 적법한 원인행위로 인하여 각기 그 소유자를 달리하는 경우에 발생하는 것이고 토지와 그 위의 가옥의 소유자가 각기 달리하고 있던 중 토지 또는 가옥만이 경매기타 원인으로 다시 다른 사람에게 소유권이 이전된 경우에는 인정할 수 없다(대판 1988.09.27. 88다카4017).

정답 ⑤

문 31

민법상 물권적 청구권에 관한 다음 설명 중 가장 옳지 않은 것은? [2019년 17번]

① 소유자가 자신의 소유권에 기하여 실체관계에 부합하지 아니하는 등기의 명의인을 상대로 그 등기말소나 진정명의회복 등을 청구할 권리는 물권적 청구권으로서 방해배제청구권에 해당하므로, 그 후 소유자가 소유권을 상실하여 등기말소 등을 청구할 수 없게 되었다고 하더라도 그 권리의 이행불능을 이유로 한 손해배상청구권을 가지는 것은 아니다.

② 소유자는 제3자에게 그 물건을 제3자의 소유물로 처분할 수 있는 권한을 유효하게 수여할 수 있으나, 그 물건에 대한 제3자의 처분이 행하여지지 아니하고 있는 동안에는 그 제3자에 대해 채권적인 책임을 지는 것과는 별개로 자신의 소유물을 유효하게 처분할 수 있고 소유권에 기한 방해배제청구와 같은 물권적 청구권도 행사할 수 있다.

③ 유치권자로부터 유치물을 유치하기 위한 방법으로 유치물의 점유 내지 보관을 위탁받은 자는 특별한 사정이 없는 한 점유할 권리가 있음을 들어 소유자의 소유물반환청구를 거부할 수 있다.

④ 건물을 신축하여 그 소유권을 원시취득한 자로부터 그 건물을 매수하였으나 그 건물이 미등기 무허가건물이어서 아직 소유권이전등기를 갖추지 못한 자는 그 건물의 불법점유자에 대하여 직접 자신에게 인도할 것을 청구할 수는 없다.

⑤ 甲소유 토지 아래에 乙이 생활쓰레기와 산업쓰레기 등을 매립하였는데, 그 쓰레기 등이 부패, 소멸되지 않고 현재도 토지 지하에 그대로 남아 있다면, 甲이 그 쓰레기 매립에 동의하지 않은 이상 쓰레기 매립 후 상당한 시간이 경과하였다고 하더라도 甲은 乙을 상대로 소유권에 기한 방해배제청구권을 행사하여 쓰레기의 수거 및 원상복구를 청구할 수 있다.

MGI Point **물권적 청구권** ★★

- 물권적 청구권의 이행불능으로 인한 전보배상청구권 인정 ✕
- 소유권자가 제3자에게 처분권한을 수여, 제3자가 아직 유효한 처분을 하지 않고 있는 경우
  ⇨ 소유자는 자신의 소유물을 여전히 유효하게 처분 가능, 물권적 청구권 행사 가능
- 유치권자로부터 유치물의 점유나 보관을 위탁받은 자 ⇨ 소유자의 소유물반환청구 거부 가능
- 미등기·무허가건물의 양수인 ⇨ 불법점거자에 대하여 직접 자신에게 명도 청구 ✕
- 쓰레기 매립으로 조성한 토지에 소유자가 매립에 동의하지 않은 쓰레기가 매립되어 있다 하더라도 소유권에 기한 방해배제청구권 행사 불가 (소유권에 기한 방해배제청구권의 '방해'는 현재에도 지속되고 있는 침해를 의미, 법익 침해가 과거에 일어나서 이미 종결된 경우는 '손해'에 해당)

---

① (○) 소유자가 자신의 소유권에 기하여 실체관계에 부합하지 아니하는 등기의 명의인을 상대로 그 등기말소나 진정명의회복 등을 청구하는 경우에, 그 권리는 물권적 청구권으로서의 방해배제청구권(민법 제214조)의 성질을 가진다. 그러므로 소유자가 그 후에 소유권을 상실함으로써 이제 등기말소 등을 청구할 수 없게 되었다면, 이를 위와 같은 청구권의 실현이 객관적으로 불능이 되었다고 파악하여 등기말소 등 의무자에 대하여 그 권리의 이행불능을 이유로 민법 제390조상의 손해배상청구권을 가진다고 말할 수 없다. 위 법규정에서 정하는 채무불이행을 이유로 하는 손해배상청구권은 계약 또는 법률에 기하여 이미 성립하여 있는 채권관계에서 본래의 채권이 동일성을 유지하면서 그 내용이 확장되거나 변경된 것으로서 발생한다. 그러나 위와 같은 등기말소청구권 등의 물권적 청구권은 그 권리자인 소유자가 소유권을 상실하면 이제 그 발생의 기반이 아예 없게 되어 더 이상 그 존재 자체가 인정되지 아니하는 것이다. 이러한 법리는 선행소송에서 소

유권보존등기의 말소등기청구가 확정되었다고 하더라도 그 청구권의 법적 성질이 채권적 청구권으로 바뀌지 아니하므로 마찬가지이다. 국가 명의로 소유권보존등기가 경료된 토지의 일부 지분에 관하여 甲 등 명의의 소유권이전등기가 경료되었는데, 乙이 등기말소를 구하는 소를 제기하여 국가는 乙에게 원인무효인 등기의 말소등기절차를 이행할 의무가 있고 甲 등 명의의 소유권이전등기는 등기부취득시효 완성을 이유로 유효하다는 취지의 판결이 확정되자, 乙이 국가를 상대로 손해배상을 구한 사안에서, 甲 등의 등기부취득시효 완성으로 토지에 관한 소유권을 상실한 乙이 불법행위를 이유로 소유권 상실로 인한 손해배상을 청구할 수 있음은 별론으로 하고, 애초 국가의 등기말소의무 이행불능으로 인한 채무불이행책임을 논할 여지는 없고, 또한 토지의 소유권 상실로 인한 손해배상을 구하는 乙의 청구에 대하여 당사자가 주장하지 아니한 소유권보존등기 말소등기절차 이행의무의 이행불능으로 인한 손해배상책임을 인정할 수 없음에도, 이와 달리 손해배상책임을 인정한 원심판결에 법리오해와 처분권주의 위반의 위법이 있다(대판 2012.05.17. 2010다28604(전합)).

② (○) 소유자는 제3자에게 그 물건을 제3자의 소유물로 처분할 수 있는 권한을 유효하게 수여할 수 있다고 할 것인데, 그와 같은 이른바 '처분수권'의 경우에도 그 수권에 기하여 행하여진 제3자의 처분행위(부동산의 경우에 처분행위가 유효하게 성립하려면 단지 양도 기타의 처분을 한다는 의사표시만으로는 부족하고, 처분의 상대방 앞으로 그 권리 취득에 관한 등기가 있어야 한다. 민법 제186조 참조)가 대세적으로 효력을 가지게 되고 그로 말미암아 소유자가 소유권을 상실하거나 제한받게 될 수는 있다고 하더라도, 그러한 제3자의 처분이 실제로 유효하게 행하여지지 아니하고 있는 동안에는 소유자는 처분수권이 제3자에게 행하여졌다는 것만으로 그가 원래 가지는 처분권능에 제한을 받지 아니한다. 따라서 그는, 처분권한을 수여받은 제3자와의 관계에서 처분수권의 원인이 된 채권적 계약관계 등에 기하여 채권적인 책임을 져야 하는 것을 별론으로 하고, 자신의 소유물을 여전히 유효하게 처분할 수 있고, 또한 소유권에 기하여 소유물에 대한 방해 등을 배제할 수 있는 민법 제213조, 제214조의 물권적 청구권을 가진다(대판 2014.03.13. 2009다105215).

③ (○) 「소유자는 그 소유에 속한 물건을 점유한 자에 대하여 반환을 청구할 수 있다. 그러나 점유자가 그 물건을 점유할 권리가 있는 때에는 반환을 거부할 수 있다」(민법 제213조). 여기서 반환을 거부할 수 있는 점유할 권리에는 유치권도 포함되고, 유치권자로부터 유치물을 유치하기 위한 방법으로 유치물의 점유 내지 보관을 위탁받은 자는 특별한 사정이 없는 한 점유할 권리가 있음을 들어 소유자의 소유물반환청구를 거부할 수 있다(대판 2014.12.24. 2011다62618).

④ (○) 미등기 무허가건물의 양수인이라 할지라도 그 소유권이전등기를 경료받지 않는 한 그 건물에 대한 소유권을 취득할 수 없고, 그러한 상태의 건물 양수인에게 소유권에 준하는 관습상의 물권이 있다고 볼 수도 없으므로, 건물을 신축하여 그 소유권을 원시취득한 자로부터 그 건물을 매수하였으나 아직 소유권이전등기를 갖추지 못한 자는 그 건물의 불법점거자에 대하여 직접 자신의 소유권 등에 기하여 명도를 청구할 수는 없다(대판 2007.06.15. 2007다11347).

⑤ (X) [1] 소유권에 기한 방해배제청구권에 있어서 '방해'라 함은 현재에도 지속되고 있는 침해를 의미하고, 법익 침해가 과거에 일어나서 이미 종결된 경우에 해당하는 '손해'의 개념과는 다르다 할 것이어서, 소유권에 기한 방해배제청구권은 방해결과의 제거를 내용으로 하는 것이 되어서는 아니 되며(이는 손해배상의 영역에 해당한다 할 것이다) 현재 계속되고 있는 방해의 원인을 제거하는 것을 내용으로 한다. [2] 쓰레기 매립으로 조성한 토지에 소유권자가 매립에 동의하지 않은 쓰레기가 매립되어 있다 하더라도 이는 과거의 위법한 매립공사로 인하여 생긴 결과로서 소유권자가 입은 손해에 해당한다 할 것일 뿐, 그 쓰레기가 현재 소유권에 대하여 별도의 침해를 지속하고 있다고 볼 수 없다는 이유로 소유권에 기한 방해배제청구권을 행사할 수 없다(대판 2003.03.28. 2003다5917).

정답 ⑤

문 32

미등기건물 매수인의 권리관계에 관한 다음 설명 중 가장 옳지 않은 것은?(다툼이 있는 경우 판례에 의함) [2017년 14번]

① 미등기건물이 건축된 토지의 소유자는 미등기건물의 매수인으로서 그 건물을 매도인으로부터 인도받아 불법점유하고 있는 자를 상대로 그 건물의 철거를 구할 수 있다.
② 미등기건물의 양수인이라도 그 소유권이전등기를 마치지 않는 한 그 건물의 소유권을 취득할 수 없고, 소유권에 준하는 관습상의 물권이 있다고도 할 수 없으므로, 미등기건물의 양수인은 소유권에 기한 방해제거청구를 할 수 없다.
③ 미등기건물의 매수인은 미등기건물의 불법점유자에 대하여 매도인을 대위하여 미등기건물의 인도청구를 할 수 있는데 이때 직접 자기에게 미등기건물을 인도할 것을 청구할 수는 없다.
④ 미등기건물을 매수하여 사실상 소유자로서의 권리를 행사하고 있는 매수인은 미등기건물의 전소유자로부터 위 건물의 일부를 임차한 자에 대한 관계에서 주택임대차보호법 제3조 제4항이 정하는 주택의 양수인으로서 임대인의 지위를 승계하였다고 볼 수 있다.
⑤ 미등기건물을 그 대지와 함께 양수한 사람이 그 대지에 대하여서만 소유권이전등기를 넘겨받고 건물에 대하여는 등기를 이전받지 못한 상태에서 그 대지가 경매되어 소유자가 달라지게 된 경우에는 법정지상권이 발생할 수 없다.

해설 ★★★

① (O) 건물철거는 그 소유권의 종국적 처분에 해당하는 사실행위이므로 원칙으로는 그 소유자(등기명의자)에게만 그 철거처분권이 있다고 할 것이나, 그 건물을 매수하여 점유하고 있는 자는 등기부상 아직 소유자로서의 등기명의가 없다고 하더라도 그 권리의 범위내에서 점유 중인 건물에 대하여 법률상, 사실상 처분을 할 수 있는 지위에 있으므로 그 건물의 건립으로 불법점유를 당하고 있는 토지소유자는 위와 같은 지위에 있는 건물점유자에게 그 철거를 구할 수 있다고 해석하여야 한다(대판 1988.05.10. 87다카1737).
② (O) 미등기 무허가건물의 양수인이라 할지라도 그 소유권이전등기를 경료받지 않는 한 그 건물에 대한 소유권을 취득할 수 없고, 그러한 상태의 건물 양수인에게 소유권에 준하는 관습상의 물권이 있다고 볼 수도 없으므로, 건물을 신축하여 그 소유권을 원시취득한 자로부터 그 건물을 매수하였으나 아직 소유권이전등기를 갖추지 못한 자는 그 건물의 불법점거자에 대하여 직접 자신의 소유권 등에 기하여 명도를 청구할 수는 없다(대판 2007.06.15. 2007다11347).
③ (X) 원고가 미등기 건물을 매수하였으나 소유권이전등기를 하지 못한 경우에는 위 건물의 소유권을 원시취득한 매도인을 대위하여 불법점유자에 대하여 명도청구를 할 수 있고 이때 원고는 불법점유자에 대하여 직접 자기에게 명도할 것을 청구할 수도 있다(대판 1980.07.08. 79다1928).
④ (O) 주택임대차보호법의 목적과 동법 제3조 제2항의 규정에 비추어 볼 때, 건물이 미등기인 관계로 그 건물에 대하여 아직 소유권이전등기를 경료하지는 못하였지만 그 건물에 대하여 사실상 소유자로서의 권리를 행사하고 있는 자는 전소유자로부터 위 건물의 일부를 임차한 자에 대한 관계에서는 위 사실상 소유자가 동법 제3조 제2항 소정의 주택의 양수인으로서 임대인의 지위를 승계하였다고 볼 수 있다(대판 1987.03.24. 86다카164).
⑤ (O) 미등기건물을 그 대지와 함께 양수한 사람이 그 대지에 대하여서만 소유권이전등기를 넘겨 받고 건물에 대하여는 그 등기를 이전받지 못하고 있는 상태에서 그 대지가 경매되어 소유자가 달라지게 된 경우에는 법정지상권이 발생할 수 없는 것이다(대판 1991.08.27. 91다16730).

정답 ③

문 33

대금을 완납하고 부동산을 인도받았으나, 등기를 마치지 아니한 부동산 매수인의 법적 지위에 관한 다음 설명 중 가장 옳은 것은?(다툼이 있는 경우 판례에 의함) [2016년 25번]

① 소유자는 여전히 매도인이므로 매도인은 당해 부동산을 점유하고 있는 매수인을 상대로 소유권에 기한 반환청구를 할 수 있다.
② 매도인은 매수인으로부터 다시 위 토지를 매수한 자에 대하여 토지 소유권에 기한 물권적 청구권을 행사할 수 있다.
③ 부동산의 매수인이 목적물을 인도받아 계속 점유하는 경우에는 매도인에 대한 소유권이전등기청구권은 소멸시효가 진행되지 아니하나, 이러한 법리는 3자간 등기명의신탁에 의한 등기가 유효기간의 경과로 무효로 된 경우에는 적용되지 아니하므로, 이 경우 목적 부동산을 인도받아 점유하고 있는 명의신탁자의 매도인에 대한 소유권이전등기청구권은 소멸시효가 진행한다.
④ 부동산 매수인이 부동산을 인도받아 사용·수익하다가 제3자에게 그 부동산을 처분하고 점유를 승계하여 준 경우, 점유를 상실한 이상 매수인의 소유권이전등기청구권은 소멸시효가 진행한다.
⑤ 매도인은 매수인을 상대로 당해 부동산에 대한 차임 상당의 부당이득반환청구를 할 수 없다.

해설 ★★★

① (X), ② (X) 토지의 매수인이 아직 소유권이전등기를 경료받지 아니하였다 하여도 매매계약의 이행으로 그 토지를 인도받은 때에는 매매계약의 효력으로서 이를 점유·사용할 권리가 생기게 된 것으로 보아야 하고, 또 매수인으로부터 위 토지를 다시 매수한 자는 위와 같은 토지의 점유사용권을 취득한 것으로 봄이 상당하므로 매도인은 매수인으로부터 다시 위 토지를 매수한 자에 대하여 토지 소유권에 기한 물권적 청구권을 행사하거나 그 점유·사용을 법률상 원인이 없는 이익이라고 하여 부당이득반환청구를 할 수는 없다(대판 2001.12.11. 2001다45355). ▶ 미등기매수인과 미등기매수인으로부터 다시 위 토지를 매수한 자는 '민법 제213조 단서의 점유할 권리가 있으므로, 매도인의 청구는 부정된다.

③ (X) 부동산의 매수인이 목적물을 인도받아 계속 점유하는 경우에는 매도인에 대한 소유권이전등기청구권은 소멸시효가 진행되지 않고, 이러한 법리는 3자간 등기명의신탁에 의한 등기가 유효기간의 경과로 무효로 된 경우에도 마찬가지로 적용된다. 따라서 그 경우 목적 부동산을 인도받아 점유하고 있는 명의신탁자의 매도인에 대한 소유권이전등기청구권 역시 소멸시효가 진행되지 않는다(대판 2013.12.12. 2013다26647).

④ (X) [1] 부동산에 관하여 인도, 등기 등의 어느 한 쪽만에 대하여서라도 권리를 행사하는 자는 전체적으로 보아 그 부동산에 관하여 권리 위에 잠자는 자라고 할 수 없다 할 것이므로, 매수인이 목적 부동산을 인도받아 계속 점유하는 경우에는 그 소유권이전등기청구권의 소멸시효가 진행하지 않는다. [2] 부동산의 매수인이 그 부동산을 인도받은 이상 이를 사용·수익하다가 그 부동산에 대한 보다 적극적인 권리 행사의 일환으로 다른 사람에게 그 부동산을 처분하고 그 점유를 승계하여 준 경우에도 그 이전등기청구권의 행사 여부에 관하여 그가 그 부동산을 스스로 계속 사용·수익만 하고 있는 경우와 특별히 다를 바 없으므로 위 두 어느 경우에나 이전등기청구권의 소멸시효는 진행되지 않는다고 보아야 한다(대판 1999.03.18. 98다32175(전합)).

⑤ (○) 부당이득이란 '법률상 원인 없이 타인의 재산 또는 노무로 인하여 이익을 얻고 이로 인하여 타인에게 손해를 가하는 경우를' 말하는 바(민법 제741조), 대금을 완납하고 부동산을 인도받아 점유하고 있는 미등기매수인은 점유할 권리가 있으며, 유효한 매매계약을 원인으로 점유하는 것이므로 그 점유는 '법률상 원인'이 있다. 따라서 매도인의 부당이득반환청구는 부정된다.

정답 ⑤

제4관 공동소유

문 9

공유에 관한 다음 설명 중 옳지 않은 것을 모두 고른 것은?[2023년 5번]

> ㄱ. 재판에 의한 공유물분할에 있어 법원은 공유물분할청구자가 바라는 방법에 따른 현물분할을 하는 것이 부적당하거나 이 방법에 따르면 그 가액이 현저히 감손될 염려가 있다면 대금분할을 명하여야 하고, 다른 방법에 의한 현물분할을 명하는 것은 가능하지 않다.
> ㄴ. 구체적인 사용·수익 방법에 관하여 공유자들 甲, 乙, 丙 사이에 지분 과반수의 합의가 없다면, 甲이 특정 부분을 배타적으로 점유·사용하는 경우, 비록 그 특정 부분의 면적이 甲 자신의 지분 비율에 상당하는 면적 범위 내라고 할지라도, 다른 공유자들 중 지분은 있으나 사용·수익은 전혀 하지 않고 있는 乙, 丙에 대하여는 그 자들의 지분에 상응하는 부당이득을 하고 있다고 보아야 할 것이다.
> ㄷ. 수인이 공동으로 소유하는 부동산에 관한 멸실회복등기는 공유자 중 1인이 공유자 전원의 이름으로 그 회복등기신청을 할 수 있고, 등기권리자가 사망한 경우에는 상속인의 명의가 아니라 피상속인의 이름으로 회복등기를 하여야 하는 것이므로, 회복등기신청 당시 등기명의인이 이미 사망하였다고 하더라도 그 멸실회복등기의 추정력이 깨어지지 아니한다.
> ㄹ. 건축허가나 신고 없이 건축된 미등기 건물이라 할지라도 경매에 의한 공유물분할은 허용된다.
> ㅁ. 공로에 통할 수 있는 자기의 공유토지를 두고 공로에의 통로라 하여 남의 토지를 통행한다는 것은 민법 제219조, 제220조에 비추어 허용될 수 없다. 그러나 위 공유토지가 구분소유적 공유관계에 있고 공로에 접하는 공유 부분을 다른 공유자가 배타적으로 사용, 수익하고 있는 경우에는 그러하지 아니하다.

① ㄱ, ㄴ, ㄷ   ② ㄱ, ㄷ, ㄹ   ③ ㄱ, ㄹ, ㅁ
④ ㄱ, ㄷ, ㄹ, ㅁ   ⑤ ㄴ, ㄷ, ㄹ, ㅁ

MGI Point 공유 ★★★

- 재판에 의한 공유물분할에 있어 공유물분할청구자가 바라는 방법에 따른 현물분할을 하는 것이 부적당하거나 가액이 현저히 감손될 염려가 있는 경우 ⇨ 다른 방법에 의한 현물분할 명하는 것 可
- 과반수 지분 없는 공유자가 공유물 일부(전부)를 배타적으로 사용하는 경우 ⇨ 다른 공유자 지분 상당의 부당이득을 하고 있는 것
- 회복등기신청 당시 등기명의인이 이미 사망 ⇨ 멸실회복등기의 추정력 인정
- 건축허가나 신고 없이 건축된 미등기 건물 ⇨ 경매에 의한 공유물분할은 허용×
- 공유토지가 구분소유적 공유관계에 있고 공로에 접하는 공유 부분을 다른 공유자가 배타적으로 사용, 수익하고 있는 경우 ⇨ 제3자 토지 통행권 인정×

ㄱ. (X) 공유물분할의 소는 형성의 소이며, 법원은 공유물분할을 청구하는 자가 구하는 방법에 구애받지 아니하고 자유로운 재량에 따라 합리적인 방법으로 공유물을 분할할 수 있는 것이므로, 분할청구자가 바라는 방법에 따른 현물분할을 하는 것이 부적당하거나 이 방법에 따르면 그 가액이 현저히 감손될 염려가 있다고 하여 이를 이유로 막바로 대금분할을 명할 것은 아니고, 다른 방법에 의한 합리적인 현물분할이 가능하면 법

원은 그 방법에 따른 현물분할을 명하는 것도 가능하다. 일정한 요건이 갖추어진 경우에는 공유자 상호간에 금전으로 경제적 가치의 과부족을 조정하게 하여 분할을 하는 것도 현물분할의 한 방법으로 허용되는 것이며 여러사람이 공유하는 물건을 현물분할하는 경우에는 분할청구자의 지분한도 안에서 현물분할을 하고 분할을 원하지 않는 나머지 공유자는 공유자로 남는 방법도 허용될 수 있다(대법원 1991. 11. 12. 선고 91다27228).

ㄴ. (○) 토지의 공유자는 각자의 지분 비율에 따라 토지 전체를 사용·수익할 수 있지만, 그 구체적인 사용·수익 방법에 관하여 공유자들 사이에 지분 과반수의 합의가 없는 이상, 1인이 그 전부를 배타적으로 점유·사용할 수 없는 것이므로, 공유자 중의 일부가 그 전부를 배타적으로 점유·사용하고 있다면, 다른 공유자들 중 지분은 있으나 사용·수익은 전혀 하지 않고 있는 자에 대하여는 그 자의 지분에 상응하는 부당이득을 하고 있다(대법원 2002. 10. 11. 선고 2000다17803).

ㄷ. (○) 수인이 공동으로 소유하는 부동산에 관한 멸실회복등기는 공유자 중 1인이 공유자 전원의 이름으로 그 회복등기신청을 할 수 있고, 등기권리자가 사망한 경우에는 상속인의 명의가 아니라 피상속인의 이름으로 회복등기를 하여야 하는 것이므로, 회복등기신청 당시 등기명의인이 이미 사망하였다고 하더라도 그 멸실회복등기의 추정력이 깨어지지 아니한다(대법원 2003. 12. 12. 선고 2003다44615,44622).

ㄹ. (X) 민사집행법 제81조 제1항 제2호 단서는 등기되지 아니한 건물에 대한 강제경매신청서에는 그 건물에 관한 건축허가 또는 건축신고를 증명할 서류를 첨부하여야 한다고 규정함으로써 적법하게 건축허가나 건축신고를 마친 건물이 사용승인을 받지 못한 경우에 한하여 부동산 집행을 위한 보존등기를 할 수 있게 하였고, 같은 법 제274조 제1항은 공유물분할을 위한 경매와 같은 형식적 경매는 담보권 실행을 위한 경매의 예에 따라 실시한다고 규정하며, 같은 법 제268조는 부동산을 목적으로 하는 담보권 실행을 위한 경매절차에는 같은 법 제79조 내지 제162조의 규정을 준용한다고 규정하고 있으므로, 건축허가나 신고 없이 건축된 미등기 건물에 대하여는 경매에 의한 공유물분할이 허용되지 않는다(대법원 2013. 9. 13. 선고 2011다69190).

ㅁ. (X) 공로에 통할 수 있는 자기의 공유토지를 두고 공로에의 통로라 하여 남의 토지를 통행한다는 것은 민법 제219조, 제220조에 비추어 허용될 수 없다. 설령 위 공유토지가 구분소유적 공유관계에 있고 공로에 접하는 공유 부분을 다른 공유자가 배타적으로 사용, 수익하고 있다고 하더라도 마찬가지이다(대법원 2021. 9. 30. 선고 2021다245443(본소), 2021다245450(반소)).

정답 ③

문 10

다음 설명 중 가장 옳지 않은 것은?[2023년 26번]

① 물권의 객체인 토지 1필지의 공간적 범위를 특정하는 것은 지적도나 임야도의 경계이지 등기부의 표제부나 임야대장·토지대장에 등재된 면적이 아니므로, 토지등기부의 표제부에 토지의 면적이 실제와 다르게 등재되어 있다 하여도, 이러한 등기는 해당 토지를 표상하는 등기로서 유효하다.

② 공유자 간의 공유물에 대한 사용수익·관리에 관한 특약은 공유자의 특정승계인에 대하여도 원칙적으로 승계된다고 할 것이므로, 공유자 중 1인이 자신의 지분 중 일부를 다른 공유자에게 양도하기로 하는 공유자 간의 지분의 처분에 관한 약정도 공유자의 특정승계인에게 당연히 승계되는 것으로 보아야 한다.

③ 건물에 관한 구분소유적 공유지분에 대한 입찰을 실시하는 집행법원으로서는 감정인에게 위 건물의 지분에 대한 평가가 아닌 특정 구분소유 목적물에 대한 평가를 하게 하고 그 평가액을 참작하여 최저입찰가격을 정한 후 입찰을 실시하여야 한다.

④ 甲 주식회사가 건물신축 공사대금 일부를 지급받지 못하자 건물을 점유하면서 유치권을 행사해 왔는데, 그 후 乙이 경매절차에서 건물 중 일부 상가를 매수하여 소유권이전등기를 마친 다음 甲 회사의 점유를 침탈하여 丙에게 임대한 사안에서, 乙의 점유침탈로 甲 회사가 점유를 상실한 이상 유치권은 소멸하고, 甲 회사가 점유회수의 소를 제기하여 승소판결을 받아 점유를 회복하면 점유를 상실하지 않았던 것으로 되어 유치권이 되살아난다.

⑤ 저당권의 실행으로 부동산이 경매된 경우에 그 부동산의 상용에 공하여진 물건이 부동산의 소유자가 아닌 다른 사람의 소유인 때에는 부동산의 낙찰자가 당연히 그 소유권을 취득하는 것은 아니며, 부동산의 낙찰자가 그 물건을 선의취득하였다고 할 수 있으려면 그 물건이 경매의 목적물로 되었고 낙찰자가 선의이며 과실 없이 그 물건을 점유하는 등으로 선의취득의 요건을 구비하여야 한다.

> **MGI Point 공유** ★★
> - 부동산등기부의 표제부에 토지의 면적이 실제와 다르게 등재되어 있는 경우 ⇨ 이러한 등기는 해당 토지를 표상하는 등기로서 유효
> - 공유자 간의 지분의 처분에 관한 약정 ⇨ 공유자의 특정승계인에게 당연히 승계×
> - 건물에 관한 구분소유적 공유지분에 대한 입찰시 최저입찰가격의 산정방법 ⇨ 특정 구분소유 목적물에 대한 평가를 기준으로 하여야
> - 유치권자가 점유회수의 소를 제기하여 점유를 회복한 경우 ⇨ 유치권은 되살아남
> - 부동산의 종물을 경매로 취득하기 위한 요건 ⇨ 선의취득의 요건을 구비하여야

① (○) 물권의 객체인 토지 1필지의 공간적 범위를 특정하는 것은 지적도나 임야도의 경계이지 등기부의 표제부나 임야대장·토지대장에 등재된 면적이 아니므로, 부동산등기부의 표제부에 토지의 면적이 실제와 다르게 등재되어 있어도 이러한 등기는 해당 토지를 표상하는 등기로서 유효하다. 또한 부동산등기부의 표시에 따라 지번과 지적을 표시하고 1필지의 토지를 양도하였으나 양도된 토지의 실측상 지적이 등기부에 표시된 것보다 넓은 경우 등기부상 지적을 넘는 토지 부분은 양도된 지번과 일체를 이루는 것으로서 양수인의 소유에 속한다(대법원 2016. 6. 28. 2016다1793).

② (×) 공유자 간의 공유물에 대한 사용수익·관리에 관한 특약은 공유자의 특정승계인에 대하여도 당연히 승계된다고 할 것이나, 공유자 중 1인이 자신의 지분 중 일부를 다른 공유자에게 양도하기로 하는 공유자 간의 지분의 처분에 관한 약정까지 공유자의 특정승계인에게 당연히 승계되는 것으로 볼 수는 없다(대법원 2007. 11. 29. 2007다64167).

③ (○) 1동의 건물 중 위치 및 면적이 특정되고 구조상 및 이용상 독립성이 있는 일부분씩을 2인 이상이 구분소유하기로 하는 약정을 하고 등기만은 편의상 각 구분소유의 면적에 해당하는 비율로 공유지분등기를 하여 놓은 경우 공유자들 사이에 상호 명의신탁관계에 있는 이른바 구분소유적 공유관계에 해당하고, 낙찰에 의한 소유권취득은 성질상 승계취득이어서 1동의 건물 중 특정부분에 대한 구분소유적 공유관계를 표상하는 공유지분을 목적으로 하는 근저당권이 설정된 후 그 근저당권의 실행에 의하여 위 공유지분을 취득한 낙찰자는 구분소유적 공유지분을 그대로 취득하는 것이므로, 건물에 관한 구분소유적 공유지분에 대한 입찰을 실시하는 집행법원으로서는 감정인에게 위 건물의 지분에 대한 평가가 아닌 특정 구분소유 목적물에 대한 평가를 하게 하고 그 평가액을 참작하여 최저입찰가격을 정한 후 입찰을 실시하여야 한다(대법원 2001. 6. 15. 2000마2633 결정).

④ (○) 甲 주식회사가 건물신축 공사대금 일부를 지급받지 못하자 건물을 점유하면서 유치권을 행사해 왔는데, 그 후 乙이 경매절차에서 건물 중 일부 상가를 매수하여 소유권이전등기를 마친 다음 甲 회사의 점유를 침탈하여 丙에게 임대한 사안에서, 乙의 점유침탈로 甲 회사가 점유를 상실한 이상 유치권은 소멸하고, 甲 회사가 점유회수의 소를 제기하여 승소판결을 받아 점유를 회복하면 점유를 상실하지 않았던 것으로 되어 유치권이 되살아나지만, 위와 같은 방법으로 점유를 회복하기 전에는 유치권이 되살아나는 것이 아님에도, 甲 회사가 상가에 대한 점유를 회복하였는지를 심리하지 아니한 채 점유회수의 소를 제기하여 점유를 회복할 수 있다는 사정만으로 甲 회사의 유치권이 소멸하지 않았다고 본 원심판결에 점유상실로 인한 유치권 소멸에 관한 법리오해의 위법이 있다고 한 사례(대법원 2012. 2. 9. 2011다72189).

⑤ (○) 저당권의 실행으로 부동산이 경매된 경우에 그 부동산에 부합된 물건은 그것이 부합될 당시에 누구의 소유이었는지를 가릴 것 없이 그 부동산을 낙찰받은 사람이 소유권을 취득하지만, 그 부동산의 상용에 공하여진 물건일지라도 그 물건이 부동산의 소유자가 아닌 다른 사람의 소유인 때에는 이를 종물이라고 할 수 없으므로 부동산에 대한 저당권의 효력에 미칠 수 없어 부동산의 낙찰자가 당연히 그 소유권을 취득하는 것은 아니며, 나아가 부동산의 낙찰자가 그 물건을 선의취득하였다고 할 수 있으려면 그 물건이 경매의 목적물로 되었고 낙찰자가 선의이며 과실 없이 그 물건을 점유하는 등으로 선의취득의 요건을 구비하여야 한다(대법원 2008. 5. 8. 2007다36933,36940).

정답 ②

문 11

합유 및 총유에 관한 다음 설명 중 가장 옳지 않은 것은?[2023년 11번]

① 부동산의 합유자 중 일부가 사망한 경우 합유자 사이에 특별한 약정이 없다면, 해당 부동산은 잔존 합유자가 2인 이상일 경우에는 잔존 합유자의 합유로 귀속되고 잔존 합유자가 1인인 경우에는 잔존 합유자의 단독소유로 귀속된다.

② 종중 소유의 재산은 종중원의 총유에 속하는 것이므로 그 관리 및 처분에 관하여 먼저 종중규약에 정하는 바가 있으면 이에 따라야 하고, 그 점에 관한 종중규약이 없으면 종중총회의 결의에 의하여야 한다.

③ 총유재산에 관한 소송은 법인 아닌 사단이 그 명의로 사원총회의 결의를 거쳐 하거나 또는 그 구성원 전원이 당사자가 되어 필수적 공동소송의 형태로 할 수 있고, 그 사단의 구성원이 총유재산의 보존행위로서 소를 제기하는 경우에는 그가 사단의 대표자이거나 또는 사원총회의 결의를 거쳤다면 그 소송의 당사자가 될 수 있다.

④ 합유로 소유권이전등기가 된 부동산에 관하여 명의신탁 해지를 원인으로 한 소유권이전등기절차의 이행을 구하는 소송은 조합재산인 합유물의 처분에 관한 소송으로서 합유자 전원을 피고로 하여야 할 뿐 아니라 합유자 전원에 대하여 합일적으로 확정되어야 하는 고유필수적 공동소송에 해당한다.

⑤ 동업약정에 따라 동업자 甲, 乙이 공동으로 토지를 매수하였다면 그 토지는 동업자 甲, 乙을 조합원으로 하는 동업체에서 토지를 매수한 것이므로 甲, 乙은 토지에 대한 소유권이전등기청구권을 준합유하는 관계에 있고, 그 매매계약에 기하여 소유권이전등기의 이행을 구하는 소를 제기하려면 甲, 乙이 공동으로 해야 한다.

> **MGI Point** 합유, 총유　　★★
>
> - 부동산의 합유자 중 일부가 사망한 경우 ⇨ 잔존 합유자가 2인 이상이면 잔존자들의 합유, 1인이면 잔존자의 단독소유
> - 종중 소유 재산의 관리 및 처분 ⇨ 종중규약이 없다면 종중총회의 결의에 따라야
> - 총유재산에 관한 소송 ⇨ 필수적 공동소송의 형태로만 可
> - 합유로 소유권이전등기가 된 부동산에 관하여 명의신탁 해지를 원인으로 한 소유권이전등기절차의 이행을 구하는 소송 ⇨ 고유필수적 공동소송
> - 동업관계에 있는 자들의 소유권이전등기청구권 행사 ⇨ 공동으로 하여야

① (○) 부동산의 합유자 중 일부가 사망한 경우 합유자 사이에 특별한 약정이 없는 한 사망한 합유자의 상속인은 합유자로서의 지위를 승계하지 못하므로, 해당 부동산은 잔존 합유자가 2인 이상일 경우에는 잔존 합유자의 합유로 귀속되고 잔존 합유자가 1인인 경우에는 잔존 합유자의 단독소유로 귀속된다(대법원 1996. 12. 10. 96다23238).

② (○) 종중 소유의 재산은 종중원의 총유에 속하는 것이므로 그 관리 및 처분에 관하여 먼저 종중 규약에 정하는 바가 있으면 이에 따라야 하고, 그 점에 관한 종중 규약이 없으면 종중 총회의 결의에 의하여야 하므로 비록 종중 대표자에 의한 종중 재산의 처분이라고 하더라도 그러한 절차를 거치지 아니한 채 한 행위는 무효이다(대법원 2000. 10. 27. 2000다22881).

③ (X) 민법 제276조 제1항은 "총유물의 관리 및 처분은 사원총회의 결의에 의한다.", 같은 조 제2항은 "각 사원은 정관 기타의 규약에 좇아 총유물을 사용·수익할 수 있다."라고 규정하고 있을 뿐 공유나 합유의 경우처럼 보존행위는 그 구성원 각자가 할 수 있다는 민법 제265조 단서 또는 제272조 단서와 같은 규정을 두고 있지 아니한바, 이는 법인 아닌 사단의 소유형태인 총유가 공유나 합유에 비하여 단체성이 강하고 구성원 개인들의 총유재산에 대한 지분권이 인정되지 아니하는 데에서 나온 당연한 귀결이라고 할 것이므로 총유재산에 관한 소송은 법인 아닌 사단이 그 명의로 사원총회의 결의를 거쳐 하거나 또는 그 구성원 전원이 당사자가 되어 필수적 공동소송의 형태로 할 수 있을 뿐 그 사단의 구성원은 설령 그가 사단의 대표자라거나 사원총회의 결의를 거쳤다 하더라도 그 소송의 당사자가 될 수 없고, 이러한 법리는 총유재산의 보존행위로서 소를 제기하는 경우에도 마찬가지라 할 것이다(대법원 2005. 9. 15. 2004다44971 전원합의체).

④ (○) 합유로 소유권이전등기가 된 부동산에 관하여 명의신탁 해지를 원인으로 한 소유권이전등기절차의 이행을 구하는 소송은 조합재산인 합유물의 처분에 관한 소송으로서 합유자 전원을 피고로 하여야 할 뿐 아니라 합유자 전원에 대하여 합일적으로 확정되어야 하는 고유필수적 공동소송에 해당하며, 그 명의신탁 해지를 구하는 당사자가 합유자 중의 1인이라는 사유만으로 달리 볼 것은 아니다(대법원 2015. 9. 10. 2014다73794,73800).

⑤ (○) 동업약정에 따라 동업자 공동으로 토지를 매수하였다면 그 토지는 동업자들을 조합원으로 하는 동업체에서 토지를 매수한 것이므로 그 동업자들은 토지에 대한 소유권이전등기청구권을 준합유하는 관계에 있고, 합유재산에 관한 소는 이른바 고유필요적공동소송이라 할 것이므로 그 매매계약에 기하여 소유권이전등기의 이행을 구하는 소를 제기하려면 동업자들이 공동으로 하지 않으면 안된다(대법원 1994. 10. 25. 93다54064).

정답 ③

문 12

구분소유권에 관한 다음 설명 중 옳은 것(O)과 옳지 않은 것(X)을 올바르게 조합한 것은?[2023년 30번]

> ㄱ. 집합건물의소유및관리에관한법률 제23조 제1항 소정의 관리단은 어떠한 조직행위를 거쳐야 비로소 성립되는 단체가 아니라 구분소유관계가 성립하는 건물이 있는 경우 당연히 그 구분소유자 전원을 구성원으로 하여 성립되는 단체라 할 것이다.
> ㄴ. 구분소유권의 객체로서 적합한 물리적 요건을 갖추지 못한 건물의 일부는 그에 관한 구분소유권이 성립될 수 없는 것이지만, 건축물관리대장상 독립한 별개의 구분건물로 등재되고 등기부상에도 구분소유권의 목적으로 등기되어 있어 이러한 등기에 기초하여 경매절차가 진행되어 이를 낙찰받았다면 낙찰자는 그 소유권을 취득할 수 있다.
> ㄷ. 1동 건물의 구분소유자들이 건물의 대지를 공유하고 있는 경우, 각 구분소유자는 별도의 규약이 존재하는 등 특별한 사정이 없는 한 대지에 대하여 가지는 공유지분의 비율에 관계없이 건물의 대지 전부를 용도에 따라 사용할 수 있는 적법한 권원을 가진다.
> ㄹ. 아파트의 관리규약에서 체납관리비 채권 전체에 대하여 입주자의 지위를 승계한 자에 대하여도 행사할 수 있도록 규정하고 있다 하더라도, 아파트의 특별승계인은 전 입주자의 체납관리비 중 공용부분에 한하여 이를 승계하여야 한다고 봄이 타당하다.
> ㅁ. 전 구분소유자의 특별승계인이 체납된 공용부분 관리비를 승계한다는 것은 곧 전 구분소유자가 관리비 납부를 연체함으로 인해 이미 발생하게 된 법률효과까지 그대로 승계하는 것이라 할 것이므로, 공용부분 관리비에 대한 연체료 또한 특별승계인에게 승계되는 공용부분 관리비에 포함된다.

① ㄱ(O), ㄴ(X), ㄷ(O), ㄹ(O), ㅁ(X)
② ㄱ(O), ㄴ(O), ㄷ(O), ㄹ(O), ㅁ(X)
③ ㄱ(O), ㄴ(X), ㄷ(X), ㄹ(O), ㅁ(X)
④ ㄱ(X), ㄴ(O), ㄷ(X), ㄹ(X), ㅁ(O)
⑤ ㄱ(X), ㄴ(X), ㄷ(O), ㄹ(X), ㅁ(O)

MGI Point 구분소유권 ★★

- 집합건물의 관리단의 성립 ⇨ 조직행위 不要, 당연히 그 구분소유자 전원을 구성원으로 하여 성립되는 단체
- 구분소유권의 객체로서 적합한 물리적 요건을 갖추지 못한 건물의 일부의 낙찰자 ⇨ 소유권 취득×
- 1동 건물의 구분소유자들은 공유지분의 비율에 관계없이 건물의 대지 전부를 용도에 따라 사용할 수 있는 적법한 권원 가짐
- 체납된 관리비의 승계 ⇨ 전유부분에 대한 것×, 공용부분에 대한 것O
- 체납된 공용관리비의 연체료의 승계 ⇨ ×

ㄱ. (O) 집합건물의 소유 및 관리에 관한 법률(이하 '집합건물법'이라고 한다) 제23조 제1항은 "건물에 대하여 구분소유 관계가 성립되면 구분소유자 전원을 구성원으로 하여 건물과 그 대지 및 부속시설의 관리에 관한 사업의 시행을 목적으로 하는 관리단이 설립된다."라고 규정하고 있다. 이러한 관리단은 어떠한 조직행위를 거쳐야 비로소 성립되는 단체가 아니라 구분소유 관계가 성립하는 건물이 있는 경우 당연히 그 구분소

유자 전원을 구성원으로 하여 성립되는 단체이고, 구분소유자로 구성되어 있는 단체로서 집합건물법 제23조 제1항의 취지에 부합하는 것이면 그 존립형식이나 명칭에 불구하고 관리단으로서의 역할을 수행할 수 있으며, 구분소유자와 구분소유자가 아닌 자로 구성된 단체라 하더라도 구분소유자만으로 구성된 관리단의 성격을 겸유할 수도 있다(대법원 2017. 9. 21. 2015다47310).

ㄴ. (X) 1동의 건물의 일부분이 구분소유권의 객체가 될 수 있으려면 그 부분이 구조상으로나 이용상으로 다른 부분과 구분되는 독립성이 있어야 하고, 그 이용 상황 내지 이용 형태에 따라 구조상의 독립성 판단의 엄격성에 차이가 있을 수 있으나, 구조상의 독립성은 주로 소유권의 목적이 되는 객체에 대한 물적 지배의 범위를 명확히 할 필요성 때문에 요구된다고 할 것이므로 구조상의 구분에 의하여 구분소유권의 객체 범위를 확정할 수 없는 경우에는 구조상의 독립성이 있다고 할 수 없다. 그리고 구분소유권의 객체로서 적합한 물리적 요건을 갖추지 못한 건물의 일부는 그에 관한 구분소유권이 성립될 수 없는 것이어서, 건축물관리대장상 독립한 별개의 구분건물로 등재되고 등기부상에도 구분소유권의 목적으로 등기되어 있어 이러한 등기에 기초하여 경매절차가 진행되어 이를 낙찰받았다고 하더라도, 그 등기는 그 자체로 무효이므로 낙찰자는 그 소유권을 취득할 수 없다(대법원 2008. 9. 11.자 2008마696 결정).

ㄷ. (O) 1동 건물의 구분소유자들이 건물의 대지를 공유하고 있는 경우, 각 구분소유자는 별도의 규약이 존재하는 등 특별한 사정이 없는 한 대지에 대하여 가지는 공유지분의 비율에 관계없이 건물의 대지 전부를 용도에 따라 사용할 수 있는 적법한 권원을 가진다. 이러한 법리는 한 필지 또는 여러 필지의 토지 위에 축조된 여러 동 건물의 구분소유자들이 토지를 공유하고 있는 경우에도 마찬가지로 적용된다(대법원 2012. 12. 13. 선고 2011다89910,89927).

ㄹ. (O) 집합건물의 공용부분은 전체 공유자의 이익에 공여하는 것이어서 공동으로 유지·관리해야 하고 그에 대한 적정한 유지·관리를 도모하기 위하여는 소요되는 경비에 대한 공유자 간의 채권은 이를 특히 보장할 필요가 있어 공유자의 특별승계인에게 그 승계의사의 유무에 관계없이 청구할 수 있도록 집합건물법 제18조에서 특별규정을 두고 있는바, 위 관리규약 중 공용부분 관리비에 관한 부분은 위 규정에 터잡은 것으로서 유효하다고 할 것이므로, 아파트의 특별승계인은 전 입주자의 체납관리비 중 공용부분에 관하여는 이를 승계하여야 한다고 봄이 타당하다(대법원 2001. 9. 20. 2001다8677 전원합의체).

ㅁ. (X) 집합건물의 전(前) 구분소유자의 특정승계인에게 승계되는 공용부분 관리비에는 집합건물의 공용부분 그 자체의 직접적인 유지·관리를 위하여 지출되는 비용뿐만 아니라, 전유부분을 포함한 집합건물 전체의 유지·관리를 위해 지출되는 비용 가운데에서도 입주자 전체의 공동의 이익을 위하여 집합건물을 통일적으로 유지·관리해야 할 필요가 있어 이를 일률적으로 지출하지 않으면 안 되는 성격의 비용은 그것이 입주자 각자의 개별적인 이익을 위하여 현실적·구체적으로 귀속되는 부분에 사용되는 비용으로 명확히 구분될 수 있는 것이 아니라면, 모두 이에 포함되는 것으로 봄이 상당하다. 한편, 관리비 납부를 연체할 경우 부과되는 연체료는 위약벌의 일종이고, 전(前) 구분소유자의 특별승계인이 체납된 공용부분 관리비를 승계한다고 하여 전 구분소유자가 관리비 납부를 연체함으로 인해 이미 발생하게 된 법률효과까지 그대로 승계하는 것은 아니라 할 것이어서, 공용부분 관리비에 대한 연체료는 특별승계인에게 승계되는 공용부분 관리비에 포함되지 않는다(대법원 2006. 6. 29. 2004다3598,3604).

정답 ①

문 34

공동소유에 관한 다음 설명 중 가장 옳지 않은 것은? (각 지문은 독립적임) [2020년 37번]

① 甲이 乙, 丙과 함께 X 토지를 각 1/3지분으로 공유하고 있는 사안에서, 甲은 공유물에 관한 보존행위를 이유로 乙 명의의 1/3 지분에 관하여 원인 없이 丁 앞으로 마쳐진 소유권이전등기의 말소를 구할 수 없으나, 丁이 X 토지 전부에 관하여 원인무효의 소유권이전등기를 마쳤다면 甲은 그 등기 전부의 말소를 청구할 수 있다.
② 공유물분할의 소송절차 또는 조정절차에서 공유자 사이에 공유토지에 관한 현물분할의 협의가 성립하여 그 합의사항을 조서에 기재함으로써 조정이 성립하였다고 하더라도, 공유자들이 협의한 바에 따라 토지의 분필절차를 마친 후 각 단독소유로 하기로 한 부분에 관하여 다른 공유자의 공유지분을 이전받아 등기를 마침으로써 비로소 그 부분에 대한 소유권을 취득하게 된다.
③ 공유자 사이에 이미 분할에 관한 협의가 성립된 경우에는 일부 공유자가 분할에 따른 이전등기에 협조하지 않거나 분할에 관하여 다툼이 있더라도 그 분할된 부분에 대한 소유권이전등기를 청구하든가 소유권확인을 구함은 별문제이나 또다시 소로써 그 분할을 청구하거나 이미 제기한 공유물분할의 소를 유지함은 허용되지 않는다.
④ 합유재산을 합유자 1인의 단독소유로 소유권보존등기를 한 경우에는 소유권보존등기가 실질관계에 부합하지 않는 원인무효의 등기이므로, 다른 합유자는 등기명의인인 합유자를 상대로 소유권보존등기 말소청구의 소를 제기하는 등의 방법으로 원인무효의 등기를 말소시킨 다음 새로이 합유의 소유권보존등기를 신청할 수 있다.
⑤ 공유물의 보존에 관한 민법 제265조의 규정은 총유물의 보존에 관하여도 적용되므로, 甲 종중의 종중원 乙은 그 종중원들의 총유에 속하는 X 토지를 무단으로 점유하고 있는 丙을 상대로 총유물의 보존행위를 이유로 단독으로 X 토지의 인도를 구할 수 있다.

MGI Point 공동소유 ★★

- 부동산에 관하여 제3자 명의로 원인무효의 소유권이전등기가 경료되어 있는 경우
  - 부동산 전부에 관하여 원인무효의 등기가 된 경우 ⇨ 공유물에 관한 보존행위로서 제3자에 대하여 그 등기 전부의 말소를 구할 수 ○
  - 자신의 소유지분을 침해하는 지분 범위를 초과하는 부분 ⇨ 공유물에 관한 보존행위로서 그 부분 등기의 말소를 구할 수 × (다른 공유자의 지분권 대외적 주장 不可)
- 공유물분할의 소송절차 또는 조정절차에서 공유자 사이에 조정이 성립시 부동산 소유권 취득시기 ⇨ 등기시
- 공유자 사이에 이미 분할에 관한 협의가 성립된 경우 ⇨ 소로써 그 분할을 청구하거나 이미 제기한 공유물분할의 소를 유지함은 허용 ×
- 합유재산을 합유자 1인의 단독소유로 소유권보존등기를 한 경우 ⇨ 등기명의인인 합유자를 상대로 원인무효의 등기를 말소시킨 이후 새로이 합유의 소유권보존등기 신청 可
- 총유재산에 관한 소송 방법 ⇨ 법인 아닌 사단이 그 명의로 사원총회의 결의를 거쳐 소제기 or 구성원 전원이 당사자가 되어 필수적 공동소송의 형태로 소제기

① (○) 원고가 피고에 대하여 피고 명의로 마쳐진 소유권보존등기의 말소를 구하려면 먼저 원고에게 그 말소를 청구할 수 있는 권원이 있음을 적극적으로 주장·증명하여야 하며, 만일 원고에게 이러한 권원이 있음이 인정되지 않는다면 설사 피고 명의의 소유권보존등기가 말소되어야 할 무효의 등기라고 하더라도 원고의 청구를 인용할 수 없다 할 것인바, 부동산의 공유자의 1인은 당해 부동산에 관하여 제3자 명의로 원인무효의 소유권이전등기가 경료되어 있는 경우 공유물에 관한 보존행위로서 제3자에 대하여 그 등기 전부의 말소를 구할 수 있으나, 공유자가 다른 공유자의 지분권을 대외적으로 주장하는 것을 공유물의 멸실·훼손을 방지하고 공유물의 현상을 유지하는 사실적·법률적 행위인 공유물의 보존행위에 속한다고 할 수 없으므로, 자신의 소유지분을 침해하는 지분 범위를 초과하는 부분에 대하여 공유물에 관한 보존행위로서 무효라고 주장하면서 그 부분 등기의 말소를 구할 수는 없다(대판 2010.01.14. 2009다67429).

② (○) 공유물분할의 소송절차 또는 조정절차에서 공유자 사이에 공유토지에 관한 현물분할의 협의가 성립하여 그 합의사항을 조서에 기재함으로써 조정이 성립하였다고 하더라도, 그와 같은 사정만으로 재판에 의한 공유물분할의 경우와 마찬가지로 그 즉시 공유관계가 소멸하고 각 공유자에게 그 협의에 따른 새로운 법률관계가 창설되는 것은 아니고, 공유자들이 협의한 바에 따라 토지의 분필절차를 마친 후 각 단독소유로 하기로 한 부분에 관하여 다른 공유자의 공유지분을 이전받아 등기를 마침으로써 비로소 그 부분에 대한 대세적 권리로서의 소유권을 취득하게 된다고 보아야 한다(대판 2013.11.21. 2011두1917(전합)).

③ (○) 공유물분할은 협의분할을 원칙으로 하고 협의가 성립되지 아니한 때에는 재판상 분할을 청구할 수 있으므로 공유자 사이에 이미 분할에 관한 협의가 성립된 경우에는 일부 공유자가 분할에 따른 이전등기에 협조하지 않거나 분할에 관하여 다툼이 있더라도 그 분할된 부분에 대한 소유권이전등기를 청구하든가 소유권확인을 구함은 별문제이나 또 다시 소로써 그 분할을 청구하거나 이미 제기한 공유물분할의 소를 유지함은 허용되지 않는다(대판 1995.01.12. 94다30348).

④ (○) 합유재산을 합유자 1인의 단독소유로 소유권보존등기를 한 경우에는 소유권보존등기가 실질관계에 부합하지 않는 원인무효의 등기이므로, 다른 합유자는 등기명의인인 합유자를 상대로 소유권보존등기 말소청구의 소를 제기하는 등의 방법으로 원인무효의 등기를 말소시킨 다음 새로이 합유의 소유권보존등기를 신청할 수 있다(대판 2017.08.18. 2016다6309).

⑤ (X) 민법 제276조 제1항은 "총유물의 관리 및 처분은 사원총회의 결의에 의한다.", 같은 조 제2항은 "각 사원은 정관 기타의 규약에 좇아 총유물을 사용·수익할 수 있다."라고 규정하고 있을 뿐 공유나 합유의 경우처럼 보존행위는 그 구성원 각자가 할 수 있다는 민법 제265조 단서 또는 제272조 단서와 같은 규정을 두고 있지 아니한바, 이는 법인 아닌 사단의 소유형태인 총유가 공유나 합유에 비하여 단체성이 강하고 구성원 개인들의 총유재산에 대한 지분권이 인정되지 아니하는 데에서 나온 당연한 귀결이라고 할 것이므로 총유재산에 관한 소송은 법인 아닌 사단이 그 명의로 사원총회의 결의를 거쳐 하거나 또는 그 구성원 전원이 당사자가 되어 필수적 공동소송의 형태로 할 수 있을 뿐 그 사단의 구성원은 설령 그가 사단의 대표자라거나 사원총회의 결의를 거쳤다 하더라도 그 소송의 당사자가 될 수 없고, 이러한 법리는 총유재산의 보존행위로서 소를 제기하는 경우에도 마찬가지라 할 것이다(대판 2005.09.15. 2004다44971(전합)).

정답 ⑤

문 35

甲과 乙은 X토지를 공동으로 매수하여 각 1/2씩 공유지분등기를 하면서, X토지 내의 위치 및 1/2의 면적을 특정하여(A | B) 甲은 A부분을, 乙은 B부분을 배타적으로 각 용수익하기로 하였다. 다음 설명 중 옳지 않은 것을 모두 고른 것은? (각 지문은 상호 독립적임) [2019년 37번]

ㄱ. 甲이 A지상에 Y건물을 신축하여 소유하고 오던 중 강제경매에 의하여 乙이 甲의 X토지에 대한 1/2지분을 취득하였다면, 甲은 Y건물을 위한 관습법상의 법정지상권을 취득한다.
ㄴ. 제3자 丙이 권원 없이 X토지 전체를 점유하고 있다면, 乙은 B부분뿐만 아니라 A부분에 대하여도 공유물의 보존행위로서 丙의 방해행위의 배제를 구할 수 있다.
ㄷ. 제3자 丁이 권원 없이 A부분을 점유함으로써 법률상원인 없이 그 임료 상당의 이익을 얻었다면, 甲은 丁에 대하여 A부분에 대한 임료 상당액 전부를 부당이득으로 구할 수 있다.
ㄹ. 제3자 戊가 乙로부터 X토지의 1/2지분을 매수하여 그 공유지분이전등기를 마치고 B부분을 특정하여 10년 이상 평온·공연·선의·무과실로 점유하여 왔다면, 그 공유지분이전등기가 무효라고 하더라도 戊는 B부분 전부에 대해 등기부취득시효에 의하여 소유권을 취득한다.
ㅁ. 甲이 X토지의 1/2지분에 대하여 己에게 근저당권을 설정한 후에 X토지가 A부분과 B부분으로 각 분필되고, 甲과 乙이 상호간에 지분이전등기를 하여 甲이 A토지를, 乙이 B토지를 각 단독으로 소유하게 된 경우, 己의 근저당권은 甲소유의 A토지에 집중되어 존속한다.

① ㄱ, ㄴ, ㄷ   ② ㄴ, ㄷ, ㄹ   ③ ㄷ, ㅁ
④ ㄹ, ㅁ   ⑤ ㄷ, ㄹ, ㅁ

MGI Point 구분소유적 공유 ★★

- 구분소유적 공유 ⇨ 내부적으로 배타적 단독소유 / 외부적으로 공유
  - 내부적 공유자 1인 그 건물 or 토지 저당권 설정한 경우 ⇨ 366조의 요건인 건물, 토지 동일소유 ○
- 구분소유적 공유물에 대한 제3자의 방해행위가 있는 경우 ⇨ 각 공유자는 자신의 구분소유 부분뿐만 아니라 전체 공유물에 대해서도 보존행위로써 방해배제 청구 ○
- 제3자의 공유물 불법점유시 ⇨ 공유자 1인은 단독으로 공유물 전부에 대한 인도청구 ○ / But 부당이득반환청구 내지 불법손배청구는 지분범위 내에서만 ○ (불가분채권 ×)
- 공유자 중 1인이 1필지 토지 중 특정부분만을 점유 ⇨ 특정부분에 대한 공유지분의 범위 내에서만 등기부취득시효 ○
- 구분소유적 공유지분 위에 근저당권이 설정된 후 구분소유하고 있는 특정 부분별로 분필되고 구분소유적 공유관계가 해소된 경우 ⇨ 근저당권은 종전의 구분소유적 공유지분의 비율대로 분할된 토지들 전부 위에 그대로 존속 ○ (근저당권설정자의 단독소유로 분할된 토지에 집중 ×)

ㄱ. (○) 공유로 등기된 토지의 소유관계가 구분소유적 공유관계에 있는 경우에는 공유자 중 1인이 소유하고 있는 건물과 그 대지는 다른 공유자와의 내부관계에 있어서는 그 공유자의 단독소유로 되었다 할 것이므로 건물을 소유하고 있는 공유자가 그 건물 또는 토지지분에 대하여 저당권을 설정하였다가 그 후 저당권의 실행으로 소유자가 달라지게 되면 건물 소유자는 그 건물의 소유를 위한 법정지상권을 취득하게 되며, 이는 구분소유적 공유관계에 있는 토지의 공유자들이 그 토지 위에 각자 독자적으로 별개의 건물을 소유하면서 그 토지 전체에 대하여 저당권을 설정하였다가 그 저당권의 실행으로 토지와 건물의 소유자가 달라지게 된 경우에도 마찬가지라 할 것이다(대판 2004.06.11. 2004다13533).

ㄴ. (○) 1필지의 토지 중 일부를 특정하여 매수하고 다만 그 소유권이전등기는 그 필지 전체에 관하여 공유지분권이전등기를 한 경우에는 그 특정부분 이외의 부분에 관한 등기는 상호 명의신탁을 하고 있는 것으로서, 그 지분권자는 내부관계에 있어서는 특정부분에 한하여 소유권을 취득하고 이를 배타적으로 사용, 수익할 수 있고, 다른 구분소유자의 방해행위에 대하여는 소유권에 터잡아 그 배제를 구할 수 있으나, 외부관계에 있어서는 1필지 전체에 관하여 공유관계가 성립되고 공유자로서의 권리만을 주장할 수 있는 것이므로, 제3자의 방해행위가 있는 경우에는 자기의 구분소유 부분뿐 아니라 전체토지에 대하여 공유물의 보존행위로서 그 배제를 구할 수 있다(대판 1994.02.08. 93다42986).

ㄷ. (X) 특정 부분의 사용·수익을 전혀 하지 못하여 손해를 입고 있는 공유권자에 대하여 그 지분에 상응하는 임료상당의 부당이득을 하고 있다 할 것이므로 이를 반환할 의무가 있다(대판 2002.05.14. 2002다9738).

ㄹ. (X) 공유자 중 1인이 1필지 토지 중 특정부분만을 점유하여 왔다면 민법 제245조 제2항이 정한 '부동산의 소유자로 등기한 자'와 '그 부동산을 점유한 때'라는 등기부취득시효의 요건 중 특정부분을 제외한 나머지 부분에 관하여는 부동산의 점유라는 요건을 갖추지 못하였고, 그 특정부분 점유자가 1필지 토지에 관하여 가지고 있는 공유지분등기가 그 특정부분 자체를 표상하는 등기라고 볼 수는 없으므로, 결국 그 특정부분에 대한 공유지분의 범위 내에서만 등기부취득시효가 완성되었다고 보아야 할 것이다(대판 1993.08.27. 93다4250).

ㅁ. (X) 을의 공유인 부동산 중 갑의 지분위에 설정된 근저당권 등 담보물권은 특단의 합의가 없는 한 공유물분할이 된 뒤에도 종전의 지분비율대로 공유물 전부의 위에 그대로 존속하고 근저당권설정자인 갑 앞으로 분할된 부분에 당연히 집중되는 것은 아니다(대판 1989.08.08. 88다카24868).

정답 ⑤

문 36

공유물의 이용관계에 관한 다음 설명 중 가장 옳지 않은 것은? [2019년 19번]

① 부동산의 과반수 공유지분을 가진 자는 공유물의 관리에 관한 사항을 단독으로 결정할 수 있으므로, 공유토지의 특정부분을 배타적으로 사용수익 할 것을 정할 수 있고, 그 특정부분이 과반수 공유지분권자의 지분비율에 상당하는 면적의 범위 내라면 그 특정부분을 사용하지 못하게 된 다른 소수지분권자에 대해서 부당이득이 되지 않는다.

② 공유물의 사용·수익·관리에 관한 공유자 사이의 특약은 유효하며 그 특정승계인에 대하여도 승계되지만, 그 특약이 지분권자로서의 사용·수익권을 사실상 포기하는 등으로 공유지분권의 본질적 부분을 침해하는 경우에는 특정승계인이 그러한 사실을 알고도 공유지분권을 취득하였다는 등의 특별한 사정이 없다면 특정승계인에게 당연히 승계된다고 볼 수 없다.

③ 공유물의 보존행위는 공유자 각자가 단독으로 할 수 있으나, 공유자 일부가 제3자를 상대로 다른 공유자 지분의 확인을 구하거나 다른 공유자의 지분권을 대외적으로 주장하는 것은 보존행위에 속한다고 할 수 없다.

④ 공유자 중 1인이 다른 공유자의 동의 없이 그 공유 토지의 특정부분을 매도하여 타인 명의로 소유권이전등기가 마쳐졌다면, 그 매도 부분 토지에 관한 소유권이전등기는 처분공유자의 공유지분 범위 내에서는 실체관계에 부합하는 유효한 등기라고 보아야 한다.

⑤ 공유자는 다른 공유자와의 협의 없이는 공유물을 배타적으로 점유하여 사용 수익할 수 없는 것이므로, 다른 공유권자는 자신이 소유하고 있는 지분이 과반수에 미달되더라도 공유물을 점유하고 있는 자에 대하여 공유물의 보존행위로서 공유물의 인도나 명도를 청구할 수 있다.

| MGI Point | **공유물의 이용관계** | ★★ |

- 공유물의 과반수 지분권자 ⇨ 관리방법으로 배타적 사용수익 可 but 소수지분권자에 대한 부당이득
- 공유자 간의 공유물에 대한 사용수익·관리에 관한 특약의 승계여부
  - 공유자의 특정승계인에게 당연승계 可
  - 사용수익권 포기 등 공유지분권의 본질적인 부분을 침해하는 경우 당연승계 × (but 악의의 경우 승계 ○)
- 공유자 중 1인이 공유물보존행위로 원인무효 등기 전부의 말소청구 가능 but 공유자가 다른 공유자의 지분권을 대외적으로 주장하며 자신의 지분을 초과하는 부분에 대해 공유물보존행위로 말소등기청구 ×
- 공유자 중 1인이 다른 공유자의 동의 없이 공유 토지의 특정부분을 매도하여 타인 명의로 소유권이전등기 한 경우
  ⇨ 처분공유자의 공유지분 범위 內 실체관계 부합하는 유효한 등기

① (X) 과반수 지분의 공유자는 공유자와 사이에 미리 공유물의 관리방법에 관하여 협의가 없었다 하더라도 공유물의 관리에 관한 사항을 단독으로 결정할 수 있으므로 과반수 지분의 공유자는 그 공유물의 관리방법으로서 그 공유토지의 특정된 한 부분을 배타적으로 사용·수익할 수 있으나, 그로 말미암아 지분은 있으되 그 특정 부분의 사용·수익을 전혀 하지 못하여 손해를 입고 있는 소수지분권자에 대하여 그 지분에 상응하는 임료 상당의 부당이득을 하고 있다 할 것이므로 이를 반환할 의무가 있다 할 것이나, 그 과반수 지분의 공유자로부터 다시 그 특정 부분의 사용·수익을 허락받은 제3자의 점유는 다수지분권자의 공유물관리권에 터잡은 적법한 점유이므로 그 제3자는 소수지분권자에 대하여도 그 점유로 인하여 법률상 원인 없이 이득을 얻고 있다고는 볼 수 없다(대판 2002.05.14. 2002다9738).

② (○) 공유물의 관리에 관한 사항은 공유자의 지분의 과반수로써 결정하고, 공유자 간의 공유물에 대한 사용·수익·관리에 관한 특약은 공유자의 특정승계인에 대하여도 당연히 승계된다고 할 것이나, 공유물에 관한 특약이 지분권자로서의 사용수익권을 사실상 포기하는 등으로 공유지분권의 본질적 부분을 침해한다고 볼 수 있는 경우에는 특정승계인이 그러한 사실을 알고도 공유지분권을 취득하였다는 등의 특별한 사정이 없는 한 특정승계인에게 당연히 승계되는 것으로 볼 수는 없다(대판 2009.12.10. 2009다54294).

③ (○) 원고가 피고에 대하여 피고 명의로 마쳐진 소유권보존등기의 말소를 구하려면 먼저 원고에게 그 말소를 청구할 수 있는 권원이 있음을 적극적으로 주장·증명하여야 하며, 만일 원고에게 이러한 권원이 있음이 인정되지 않는다면 설사 피고 명의의 소유권보존등기가 말소되어야 할 무효의 등기라고 하더라도 원고의 청구를 인용할 수 없다 할 것인바, 부동산의 공유자의 1인은 당해 부동산에 관하여 제3자 명의로 원인무효의 소유권이전등기가 경료되어 있는 경우 공유물에 관한 보존행위로서 제3자에 대하여 그 등기 전부의 말소를 구할 수 있으나, 공유자가 다른 공유자의 지분권을 대외적으로 주장하는 것을 공유물의 멸실·훼손을 방지하고 공유물의 현상을 유지하는 사실적·법률적 행위인 공유물의 보존행위에 속한다고 할 수 없으므로, 자신의 소유지분을 침해하는 지분 범위를 초과하는 부분에 대하여 공유물에 관한 보존행위로서 무효라고 주장하면서 그 부분 등기의 말소를 구할 수는 없다(대판 2010.01.14. 2009다67429).

④ (○) 공유자 중 1인이 다른 공유자의 동의 없이 그 공유 토지의 특정부분을 매도하여 타인 명의로 소유권이전등기가 마쳐졌다면, 그 매도 부분 토지에 관한 소유권이전등기는 처분공유자의 공유지분 범위 내에서는 실체관계에 부합하는 유효한 등기라고 보아야 한다(대판 1994.12.02. 93다1596).

⑤ (X) 공유물의 소수지분권자가 다른 공유자와 협의 없이 공유물의 전부 또는 일부를 독점적으로 점유·사용하고 있는 경우 다른 소수지분권자는 공유물의 보존행위로서 그 인도를 청구할 수는 없고, 다만 자신의 지분권에 기초하여 공유물에 대한 방해 상태를 제거하거나 공동 점유를 방해하는 행위의 금지 등을 청구할 수 있다고 보아야 한다(대판 2020.05.21. 2018다287522(전합)). ▶ 다수의견은 공유물을 공유자 아닌 제3자가 무단으로 점유하는 경우에는 원고가 소수지분권자라도 공유물의 인도를 청구할 수 있지만, 공유자인 피고에 대해서는 원고가 공유물을 단독으로 점유할 권원이 없어 인도를 청구할 수 없다고 한다.

정답 ①, ⑤ (출제당시 ①)

문 37

공유에 관한 다음 설명 중 가장 옳지 않은 것은? [2018년 37번]

① 재판에 의한 공유물분할의 경우 현물분할이 불가능하거나 현물분할로 인하여 그 가격이 현저히 감손될 염려가 있으면 경매를 통한 대금분할이 가능하지만, 현물분할에 의하여 공유자 1인이 단독으로 소유하게 될 부분의 가액이 분할 전의 소유지분 가액보다 현저하게 감손될 염려가 있다는 것은 공유자 1인의 주관적 사정으로 대금분할이 허용될 수 없다.
② 과반수 지분의 공유자로부터 공유물의 특정 부분의 사용·수익을 허락받은 제3자의 점유는 다수지분권자의 공유물관리권에 터 잡은 적법한 점유이므로 그 제3자는 공유물의 다른 소수지분권자에 대하여 부당이득반환의무가 없다.
③ 복수의 권리자가 소유권이전청구권을 보존하기 위하여 가등기를 마쳐 둔 경우 특별한 사정이 없는 한 그 권리자 중 한 사람은 자신의 지분에 관하여 단독으로 그 가등기에 기한 본등기를 청구할 수 있다.
④ 공유토지에 관하여 점유취득시효가 완성된 후 취득시효 완성 당시의 공유자들 일부로부터 과반수에 미치지 못하는 소수 지분을 양수 취득한 제3자는 나머지 과반수 지분에 관하여 취득시효에 의한 소유권이전등기를 경료받아 과반수 지분권자가 될 지위에 있는 시효취득자에 대하여 지상건물의 철거와 토지의 인도 등 점유배제를 청구할 수 없다.
⑤ 부동산의 공유자 중 한 사람은 공유물에 대한 보존행위로서 그 공유물에 관한 원인무효의 등기 전부의 말소를 구할 수도 있고, 공유물에 경료된 원인무효의 등기에 관하여 각 공유자에게 해당 지분별로 진정명의회복을 원인으로 한 소유권이전등기를 이행할 것을 단독으로 청구할 수도 있다.

해설 ★★

① (X) 재판에 의한 공유물분할은 각 공유자의 지분에 따른 합리적인 분할을 할 수 있는 한 현물분할을 하는 것이 원칙이며 대금분할에 있어서 '현물로 분할할 수 없다'는 요건은 이를 물리적으로 엄격하게 해석할 것은 아니고 공유물의 성질, 위치나 면적, 이용상황, 분할 후의 사용가치 등에 비추어 보아 현물분할을 하는 것이 곤란하거나 부적당한 경우를 포함한다 할 것이고, '현물로 분할을 하게 되면 현저히 그 가액이 감손될 염려가 있는 경우'라는 것도 공유자의 한 사람이라도 현물분할에 의하여 단독으로 소유하게 될 부분의 가액이 분할 전의 소유지분 가액보다 현저하게 감손될 염려가 있는 경우도 포함한다고 할 것이다(대판 1991.11.12. 91다27228).

② (○) 과반수지분의 공유자는 공유자와 사이에 미리 공유물의 관리방법에 관하여 협의가 없었다 하더라도 공유물의 관리에 관한 사항을 단독으로 결정할 수 있으므로 과반수지분의 공유자는 그 공유물의 관리방법으로서 그 공유토지의 특정된 한 부분을 배타적으로 사용·수익할 수 있으나, 그로 말미암아 지분은 있으되 그 특정부분의 사용·수익을 전혀 하지 못하여 손해를 입고 있는 소수지분권자에 대하여 그 지분에 상응하는 임료 상당의 부당이득을 하고 있다 할 것이므로 이를 반환할 의무가 있다 할 것이나, 그 과반수지분의 공유자로부터 다시 그 특정부분의 사용·수익을 허락받은 제3자의 점유는 다수지분권자의 공유물관리권에 터잡은 적법한 점유이므로 그 제3자는 소수지분권자에 대하여도 그 점유로 인하여 법률상 원인 없이 이득을 얻고 있다고는 볼 수 없다(대판 2002.5.14. 2002다9738).

③ (○) 공유자가 다른 공유자의 동의 없이 공유물을 처분할 수는 없으나 그 지분은 단독으로 처분할 수 있으므로, 복수의 권리자가 소유권이전청구권을 보존하기 위하여 가등기를 마쳐 둔 경우 특별한 사정이 없는 한 그

권리자 중 한 사람은 자신의 지분에 관하여 단독으로 그 가등기에 기한 본등기를 청구할 수 있고, 이는 명의신탁해지에 따라 발생한 소유권이전청구권을 보존하기 위하여 복수의 권리자 명의로 가등기를 마쳐 둔 경우에도 마찬가지이며, 이 때 그 가등기 원인을 매매예약으로 하였다는 이유만으로 가등기 권리자 전원이 동시에 본등기절차의 이행을 청구하여야 한다고 볼 수 없다(대판 2002.07.09. 2001다43922).

④ (○) 공유토지에 관하여 점유취득시효가 완성된 후 취득시효완성 당시의 공유자들 일부로부터 과반수에 미치지 못하는 소수지분을 양수 취득한 제3자는 나머지 과반수지분에 관하여 취득시효에 의한 소유권이전등기를 경료받아 과반수지분권자가 될 지위에 있는 시효취득자(점유자)에 대하여 지상건물의 철거와 토지의 인도 등 점유배제를 청구할 수 없다(대판 2001.11.27. 2000다33638).

⑤ (○) 부동산의 공유자 중 한 사람은 공유물에 대한 보존행위로서 그 공유물에 관한 원인무효의 등기 전부의 말소를 구할 수 있고, 진정명의회복을 원인으로 한 소유권이전등기청구권과 무효등기의 말소청구권은 어느 것이나 진정한 소유자의 등기명의를 회복하기 위한 것으로서 실질적으로 그 목적이 동일하고 두 청구권 모두 소유권에 기한 방해배제청구권으로서 그 법적 근거와 성질이 동일하므로, 공유자 중 한 사람은 공유물에 경료된 원인무효의 등기에 관하여 각 공유자에게 해당 지분별로 진정명의회복을 원인으로 한 소유권이전등기를 이행할 것을 단독으로 청구할 수 있다(대판 2005.09.29. 2003다40651).

정답 ①

문 38

공유물 분할에 관한 다음 설명 중 가장 옳지 않은 것은?(다툼이 있는 경우 판례에 의함) [2017년 28번]

① 재판에 의한 공유물 분할은 각 공유자의 지분에 따른 합리적인 분할을 할 수 있는 한 현물분할을 하는 것이 원칙이다.
② 공유물을 공유자 중의 1인의 단독소유 또는 수인의 공유로 하되 현물을 소유하게 되는 공유자로 하여금 다른 공유자에 대하여 그 지분의 적정하고도 합리적인 가격을 배상시키는 방법에 의한 분할도 특별한 사정이 있는 때에는 현물분할의 하나로 허용된다.
③ 공유물분할청구소송에 있어 원래의 공유자들이 각 그 지분의 일부 또는 전부를 제3자에게 양도하고 그 지분이전등기까지 마쳤다면, 새로운 이해관계가 형성된 그 제3자에 대한 관계에서는 달리 특별한 사정이 없는 한 일단 등기부상의 지분을 기준으로 할 수밖에 없을 것이나, 원래의 공유자들 사이에서는 등기부상 지분과 실제의 지분이 다르다는 사실이 인정된다면 여전히 실제의 지분을 기준으로 삼아야 할 것이고 등기부상 지분을 기준으로 하여 그 실제의 지분을 초과하거나 적게 인정할 수는 없다.
④ 공유물을 공유자 간에 협의로 분할할 때에는 그 방법을 임의로 선택할 수 있다.
⑤ 공유물 분할청구자 지분의 일부에 대하여만 공유물 분할을 명하고 일부 지분에 대하여는 이를 분할하지 아니하고 공유관계를 유지하도록 하는 것도 재판상의 분할로 허용된다.

:: 해설   ★★★

① (○), ④ (○), ⑤ (X) 공유물분할의 방법에 있어, 당사자 사이에 협의가 이루어지는 경우에는 그 방법을 임의로 선택할 수 있으나, 협의가 이루어지지 아니하여 재판에 의하여 공유물을 분할하는 경우에는 법원은 현물로 분할하는 것이 원칙이고 현물로 분할할 수 없거나 현물로 분할을 하게 되면 현저히 그 가액이 감손될 염려가 있는 때에 비로소 물건의 경매를 명할 수 있으므로, 그러한 사정이 없는 한 법원은 각 공유자의 지분 비율에 따라 공유물을 현물 그대로 수개의 물건으로 분할하고, 분할된 물건에 대하여 각 공유자의 단독소유권을 인정하는 판결을 하여야 한다. 한편, 공유물분할청구의 소는 형성의 소로서 법원은 공유물분할을 청구하는 원고가 구하는 방법에 구애받지 않고 재량에 따라 합리적 방법으로 분할을 명할 수 있으므로, 여러 사람이 공유하는 물건을 현물분할하는 경우에는 분할청구자의 지분 한도 안에서 현물분할을 하고 분할을 원하지 않는 나머지 공유자는 공유로 남게 하는 방법도 허용된다고 할 것이나, 그렇다고 하더라도 공유물분할을 청구한 공유자의 지분한도 안에서는 공유물을 현물 또는 경매·분할함으로써 공유관계를 해소하고 단독소유권을 인정하여야지, 그 분할청구자 지분의 일부에 대하여만 공유물 분할을 명하고 일부 지분에 대하여는 이를 분할하지 아니한 채 공유관계를 유지하도록 하는 것은 허용될 수 없다(대판 2010.02.25. 2009다79811).

② (○) 공유관계의 발생원인과 공유지분의 비율 및 분할된 경우의 경제적 가치, 분할 방법에 관한 공유자의 희망 등의 사정을 종합적으로 고려하여 당해 공유물을 특정한 자에게 취득시키는 것이 상당하다고 인정되고, 다른 공유자에게는 그 지분의 가격을 취득시키는 것이 공유자 간의 실질적인 공평을 해치지 않는다고 인정되는 특별한 사정이 있는 때에는 공유물을 공유자 중의 1인의 단독소유 또는 수인의 공유로 하되 현물을 소유하게 되는 공유자로 하여금 다른 공유자에 대하여 그 지분의 적정하고도 합리적인 가격을 배상시키는 방법에 의한 분할도 현물분할의 하나로 허용된다(대판 2004.10.14. 2004다30583).

③ (○) 공유물분할청구소송에 있어 원래의 공유자들이 각 그 지분의 일부 또는 전부를 제3자에게 양도하고 그 지분이전등기까지 마쳤다면, 새로운 이해관계가 형성된 그 제3자에 대한 관계에서는 달리 특별한 사정이 없는 한 일단 등기부상의 지분을 기준으로 할 수밖에 없을 것이나, 원래의 공유자들 사이에서는 등기부상 지분과 실제의 지분이 다르다는 사실이 인정된다면 여전히 실제의 지분을 기준으로 삼아야 할 것이고 등기부상 지분을 기준으로 하여 그 실제의 지분을 초과하거나 적게 인정할 수는 없다(대판 2001.03.09. 98다51169).

정답 ⑤

문 39

공동소유에 관한 다음 설명 중 옳지 않은 것을 모두 고른 것은?(각 지문은 독립적이며, 다툼이 있는 경우 판례에 의함) [2016년 40번]

㉠ 甲과 乙은 각자의 지분을 1/2씩으로 하여 X토지를 공유하고 있었는데, 甲이 乙의 동의 없이 X토지를 丙에게 매도하고, 乙의 등기필증 등을 소지하고 있음을 이용하여 X토지 전부의 소유권이전등기를 해준 경우, 乙은 丙에게 X토지 전부에 대해 소유권이전등기의 말소를 구할 수 있다.
㉡ 甲과 乙이 X토지를 1/2씩 공유하던 중 甲이 X토지의 1/3에 해당하는 특정부분을 무단으로 점유·사용하고 있더라도 甲은 공유지분의 비율에 비추어 乙에 대하여 부당이득을 한 것으로 볼 수는 없다.

ⓒ 甲과 乙이 X토지를 지분 2/3, 1/3씩 각 공유하던 중 甲이 X토지 전부를 乙과 협의 없이 丙에게 임대하였다 하더라도, 乙은 丙에 대하여 X토지에 관한 인도나 부당이득반환을 청구할 수 없다.
ⓓ 甲과 乙이 X토지를 공유하고 있던 중 甲의 지분에 丙의 저당권이 설정되었는데, 그 후 甲과 乙이 X토지를 A·B토지로 협의분할하여 A토지는 甲, B토지는 乙의 소유가 된 경우, 공평의 원칙상 丙의 저당권은 A토지에만 존속함이 원칙이다.
ⓔ 甲, 乙, 丙이 토지형질변경 등을 통해 가치를 증대시킨 뒤 그 전체를 전매하여 차익을 취득하기 위한 사업을 공동으로 영위할 목적으로 丁으로부터 X토지를 공동으로 매수한 경우 세 사람의 소유관계는 공유이다.
ⓕ 甲과 乙은 X토지를 공유하고 있는데, 乙이 관리비용 기타 의무이행을 6개월 이상 지체한 때에는 甲은 상당한 가액으로 乙의 지분을 매수할 수 있다.

① ㉠, ㉡, ㉢, ㉤
② ㉠, ㉡, ㉢, ㉣, ㉥
③ ㉡, ㉢, ㉣, ㉤, ㉥
④ ㉠, ㉡, ㉣, ㉤, ㉥
⑤ ㉠, ㉡, ㉢, ㉣, ㉤, ㉥

해설 ★★★

㉠ (X) 공유자 중 1인이 다른 공유자의 동의 없이 그 공유 토지의 특정부분을 매도하여 타인 명의로 소유권이전등기가 마쳐졌다면, 그 매도 부분 토지에 관한 소유권이전등기는 처분공유자의 공유지분 범위 내에서는 실체관계에 부합하는 유효한 등기라고 보아야 한다(대판 1994.12.02. 93다1596). ▶ 따라서 乙은 자신의 공유지분(1/2)의 범위 내에서만 丙의 소유권이전등기의 말소를 청구할 수 있다.

㉡ (X) 공유자는 공유물 전부를 지분의 비율로 사용·수익할 수 있고 공유물의 관리에 관한 사항은 공유자의 지분의 과반수로써 결정하는 것이므로 공유물의 구체적인 사용·수익의 방법에 관하여 공유자들 사이에 지분 과반수의 합의 없이 공유자 중의 1인이 이를 배타적으로 점유·사용하고 있다면 다른 공유자에 대하여는 그 지분에 상응하는 부당이득을 하고 있는 것이 된다(대판 2006.11.24. 2006다49307).

㉢ (○) [1] 공유자 사이에 공유물을 사용·수익할 구체적인 방법을 정하는 것은 공유물의 관리에 관한 사항으로서 공유자의 지분의 과반수로써 결정하여야 할 것이고, 과반수 지분의 공유자는 다른 공유자와 사이에 미리 공유물의 관리방법에 관한 협의가 없었다 하더라도 공유물의 관리에 관한 사항을 단독으로 결정할 수 있으므로, 과반수 지분의 공유자가 그 공유물의 특정 부분을 배타적으로 사용·수익하기로 정하는 것은 공유물의 관리방법으로서 적법하다고 할 것이므로, 과반수 지분의 공유자로부터 사용·수익을 허락받은 점유자에 대하여 소수 지분의 공유자는 그 점유자가 사용·수익하는 건물의 철거나 퇴거 등 점유배제를 구할 수 없다. [2] 과반수 지분의 공유자는 공유자와 사이에 미리 공유물의 관리방법에 관하여 협의가 없었다 하더라도 공유물의 관리에 관한 사항을 단독으로 결정할 수 있으므로 과반수 지분의 공유자는 그 공유물의 관리방법으로서 그 공유토지의 특정된 한 부분을 배타적으로 사용·수익할 수 있으나, 그로 말미암아 지분은 있으되 그 특정 부분의 사용·수익을 전혀 하지 못하여 손해를 입고 있는 소수지분권자에 대하여 그 지분에 상응하는 임료 상당의 부당이득을 하고 있다 할 것이므로 이를 반환할 의무가 있다 할 것이나, 그 과반수 지분의 공유자로부터 다시 그 특정 부분의 사용·수익을 허락받은 제3자의 점유는 다수지분권자의 공유물관리권에 터잡은 적법한 점유이므로 그 제3자는 소수지분권자에 대하여도 그 점유로 인하여 법률상 원인 없이 이득을 얻고 있다고 볼 수 없다(대판 2002.05.14. 2002다9738). ▶ 토지의 임대차는 관리행위이므로 지분의 과반수로 결정한다(민법 제265조). 따라서 과반수 지분의 공유자 甲은 X토지 전부를 乙과 협의 없이 丙에게 임대할 수 있고, 乙은 丙에 대하여 X토지에 관한 인도나 부당이득반환을 청구할 수 없다. 다만, 乙은 甲에게 그 지분에 상응하는 임료 상당의 부당이득 반환을 청구할 수 있다.

ㄹ (X) 갑, 을의 공유인 부동산 중 갑의 지분위에 설정된 근저당권 등 담보물권은 특단의 합의가 없는 한 공유물분할이 된 뒤에도 종전의 지분비율대로 공유물 전부의 위에 그대로 존속하고 근저당권설정자인 갑 앞으로 분할된 부분에 당연히 집중되는 것은 아니므로, 갑과 담보권자 사이에 공유물분할로 갑의 단독소유로 된 토지부분 중 원래의 을지분부분을 근저당권의 목적물에 포함시키기로 합의하였다고 하여도 이런 합의가 을의 단독소유로된 토지부분 중 갑지분부분에 대한 피담보채권을 소멸시키기로 하는 합의까지 내포한 것이라고는 할 수 없다(대판 1989.08.08. 88다카24868).

ㅁ (X) 수인이 부동산을 공동으로 매수한 경우, 매수인들 사이의 법률관계는 공유관계로서 단순한 공동매수인에 불과할 수도 있고, 수인을 조합원으로 하는 동업체에서 매수한 것일 수도 있는데, 부동산의 공동매수인들이 전매차익을 얻으려는 '공동의 목적 달성'을 위하여 상호 협력한 것에 불과하고 이를 넘어 '공동사업을 경영할 목적'이 있었다고 인정되지 않는 경우 이들 사이의 법률관계는 공유관계에 불과할 뿐 민법상 조합관계에 있다고 볼 수 없다. 공동매수의 목적이 전매차익의 획득에 있을 경우 그것이 공동사업을 위하여 동업체에서 매수한 것이 되려면, 적어도 공동매수인들 사이에서 매수한 토지를 공유가 아닌 동업체의 재산으로 귀속시키고 공동매수인 전원의 의사에 기하여 전원의 계산으로 처분한 후 이익을 분배하기로 하는 명시적 또는 묵시적 의사의 합치가 있어야만 하고, 이와 달리 공동매수 후 매수인별로 토지에 관하여 공유에 기한 지분권을 가지고 각자 자유롭게 지분권을 처분하여 대가를 취득할 수 있도록 한 것이라면 이를 동업체에서 매수한 것으로 볼 수는 없다(대판 2012.08.30. 2010다39918). ▶사안의 경우 사업을 공동으로 영위할 목적으로 공동 매수한 것이므로 조합관계로 볼 수 있으며, 따라서 소유관계는 합유이다.

ㅂ (X) 공유자는 그 지분의 비율로 공유물의 관리비용 기타 의무를 부담한다. 공유자가 1년 이상 그 의무이행을 지체한 때에는 다른 공유자는 상당한 가액으로 지분을 매수할 수 있다(민법 제266조).

정답 ④

제5관 명의신탁

문 40

아래의 지문에서 A~D에 들어갈 소유자를 올바르게 나열한 것은? [2020년 20번]

> I. X 부동산에 대한 경매절차에서 甲이 매수자금을 부담하면서 아들인 乙 명의로 매각허가결정을 받아 대금을 완납한 경우 X 부동산의 소유자는 (A)이다.
> II. 2019. 6. 1. 甲이 乙 소유의 X 부동산을 취득하기 위하여 丙에게 매수자금을 제공하고 丙이 매수인이 되어 이러한 사실을 모르는 乙과 매매계약을 체결한 후 丙 명의로 소유권이전등기를 마쳤다면 X 부동산의 소유자는 (B)이다.
> III. 위 II. 사례에서 丙이 매수자금 반환의무의 이행에 갈음하여 X 부동산을 甲에게 양도하기로 합의하고 甲 명의로 소유권이전등기를 마쳐주었다면 X 부동산의 소유자는 (C)이다.
> IV. 甲 소유의 X 부동산에 관하여 乙이 서류를 위조하여 원인무효인 乙 명의의 근저당권설정등기를 마친 후 임의경매를 신청, 이 경매절차에서 이러한 사실을 모르는 丙이 X 부동산을 매수하고 대금을 완납한 경우 X 부동산의 소유자는 (D)이다.

① 甲-丙-甲-丙
② 甲-乙-甲-甲
③ 乙-丙-乙-丙
④ 乙-丙-甲-甲
⑤ 乙-丙-甲-丙

MGI Point 명의신탁 ★★

- 부동산경매절차에서 부동산을 매수하려는 사람이 매수대금을 자신이 부담하면서 다른 사람의 명의로 매각허가결정을 받기로 약정하여 그에 따라 매각허가가 이루어진 경우
    - 소유권을 취득하는 자 ⇨ 명의인
    - 매수대금의 실질적 부담자와 명의인 간의 관계 ⇨ 명의신탁관계 성립 ○
- 계약명의신탁에 있어 매도인이 선의(과실 不要)인 경우 ⇨ 명의수탁자는 소유권 취득 ○
- 부실법 시행 후에 계약명의신탁약정을 한 경우, 명의수탁자가 명의신탁자에게 반환하여야 할 부당이득의 대상
    - 매수자금 ○, 부동산 자체 ×
    - But, 명의수탁자가 완전한 소유권 취득을 전제로 사후적으로 명의신탁자와 매수자금반환의무의 이행에 갈음하여 명의신탁된 부동산을 양도하기로 약정하고 명의신탁자 앞으로 소유권이전등기를 마쳐준 경우 ⇨ 소유권이전등기의 효력은 원칙적 유효
- 무효인 근저당권에 의한 경매 ⇨ 무효

Ⅰ. (乙) 부동산경매절차에서 부동산을 매수하려는 사람이 매수대금을 자신이 부담하면서 다른 사람의 명의로 매각허가결정을 받기로 그 다른 사람과 약정함에 따라 매각허가가 이루어진 경우 그 경매절차에서 매수인의 지위에 서게 되는 사람은 어디까지나 그 명의인이므로 경매 목적 부동산의 소유권은 매수대금을 실질적으로 부담한 사람이 누구인가와 상관없이 그 명의인이 취득한다고 할 것이고, 이 경우 매수대금을 부담한 사람과 이름을 빌려 준 사람 사이에는 명의신탁관계가 성립한다(대판 2005.04.29. 2005다664).

Ⅱ. (丙), Ⅲ. (甲) 부동산 실권리자명의 등기에 관한 법률(이하 '부동산실명법'이라고 한다) 제4조 제1항, 제2항에 의하면, 명의신탁자와 명의수탁자가 이른바 계약명의신탁 약정을 맺고 명의수탁자가 당사자가 되어 명의신탁약정이 있다는 사실을 알지 못하는 소유자와의 사이에 부동산에 관한 매매계약을 체결한 후 매매계약에 따라 당해 부동산의 소유권이전등기를 수탁자 명의로 마친 경우에는 명의신탁자와 명의수탁자 사이의 명의신탁약정의 무효에도 불구하고 명의수탁자는 당해 부동산의 완전한 소유권을 취득하게 되고, 다만 명의수탁자는 명의신탁자에 대하여 부당이득반환의무를 부담하게 될 뿐이다. 그런데 계약명의신탁약정이 부동산실명법 시행 후에 이루어진 경우에는 명의신탁자는 애초부터 당해 부동산의 소유권을 취득할 수 없었으므로 위 명의신탁약정의 무효로 명의신탁자가 입은 손해는 당해 부동산 자체가 아니라 명의수탁자에게 제공한 매수자금이고, 따라서 명의수탁자는 당해 부동산 자체가 아니라 명의신탁자로부터 제공받은 매수자금만을 부당이득한다. 그 경우 계약명의신탁의 당사자들이 명의신탁약정이 유효한 것, 즉 명의신탁자가 이른바 내부적 소유권을 가지는 것을 전제로 하여 장차 명의신탁자 앞으로 목적 부동산에 관한 소유권등기를 이전하거나 부동산의 처분대가를 명의신탁자에게 지급하는 것 등을 내용으로 하는 약정을 하였다면 이는 명의신탁약정을 무효라고 정하는 부동산실명법 제4조 제1항에 좇아 무효이다. 그러나 명의수탁자가 앞서 본 바와 같이 명의수탁자의 완전한 소유권 취득을 전제로 하여 사후적으로 명의신탁자와의 사이에 위에서 본 매수자금반환의무의 이행에 갈음하여 명의신탁된 부동산 자체를 양도하기로 합의하고 그에 기하여 명의신탁자 앞으로 소유권이전등기를 마쳐준 경우에는 그 소유권이전등기는 새로운 소유권 이전의 원인인 대물급부의 약정에 기한 것이므로 약정이 무효인 명의신탁약정을 명의신탁자를 위하여 사후에 보완하는 방책에 불과한 등의 다른 특별한 사정이 없는 한 유효하고, 대물급부의 목적물이 원래의 명의신탁부동산이라는 것만으로 유효성을 부인할 것은 아니다(대판 2014.08.20. 2014다30483).

> 부동산실권리자명의등기에관한법률 제4조(명의신탁약정의 효력) ① 명의신탁약정은 무효로 한다.
> ② 명의신탁약정에 따른 등기로 이루어진 부동산에 관한 물권변동은 무효로 한다. 다만, 부동산에 관한 물권을 취득하기 위한 계약에서 명의수탁자가 어느 한쪽 당사자가 되고 상대방 당사자는 명의신탁약정이 있다는 사실을 알지 못한 경우에는 그러하지 아니하다.

Ⅳ. (甲) 근저당권자가 집행법원을 기망하여 원인무효이거나 피담보채권이 존재하지 않는 근저당권에 기해 채무자 또는 물상보증인 소유의 부동산에 대하여 임의경매신청을 함으로써 경매절차가 진행된 결과 그 부동

산이 매각되었다 하더라도 그 경매절차는 무효로서 채무자나 물상보증인은 부동산의 소유권을 잃지 않고, 매수인은 그 부동산의 소유권을 취득할 수 없다(대판 2017.06.19. 2013도564).

> **판례** 부동산등기에는 공신력이 인정되지 아니하므로, 부동산의 소유권이전등기가 불실등기인 경우 그 불실등기를 믿고 부동산을 매수하여 소유권이전등기를 경료하였다 하더라도 그 소유권을 취득한 것으로 될 수 없고, 부동산에 관한 소유권이전등기가 무효라면 이에 터잡아 이루어진 근저당권설정등기는 특별한 사정이 없는 한 무효이며, 무효인 근저당권에 기하여 진행된 임의경매절차에서 부동산을 경락받았다 하더라도 그 소유권을 취득할 수 없다(대판 2009.02.26. 2006다72802).

정답 ④

문 41

명의신탁에 관한 다음 설명 중 가장 옳지 않은 것은? [2018년 3번]

① 부동산에 관한 물권을 취득하기 위한 계약에서 명의수탁자가 어느 한쪽 당사자가 되고 상대방 당사자는 명의신탁약정이 있다는 사실을 알지 못한 경우에는 그 명의신탁약정에 따른 등기로 이루어진 부동산에 관한 물권변동은 유효하다.
② 부동산 실권리자명의 등기에 관한 법률 시행 전에 명의신탁자와 명의수탁자가 이른바 계약명의신탁약정을 맺고 명의수탁자가 당사자가 되어 명의신탁약정이 있다는 사실을 알지 못하는 소유자와 부동산에 관한 매매계약을 체결한 후 그 매매계약에 따라 당해 부동산의 소유권이전등기를 수탁자 명의로 마쳤으나 위 법률 제11조에서 정한 유예기간이 경과하기까지 명의신탁자가 그 명의로 당해 부동산을 등기이전하는 데 법률상 장애가 있었던 경우에는, 위 명의신탁약정의 무효로 인하여 명의신탁자가 입은 손해는 명의수탁자에게 제공한 매수자금이 아니라 당해 부동산 자체이고, 따라서 명의수탁자는 명의신탁자로부터 제공받은 매수자금이 아닌 당해 부동산 자체를 부당이득하였다고 할 것이다.
③ 부동산 실권리자명의 등기에 관한 법률이 정하는 '명의신탁약정'에는, 채무의 변제를 담보하기 위하여 채권자가 부동산에 관한 물권을 이전받거나 가등기하는 경우 및 부동산의 위치와 면적을 특정하여 2인 이상이 구분소유하기로 하는 약정을 하고 그 구분소유자의 공유로 등기하는 경우는 제외된다.
④ 명의신탁약정의 무효와 명의신탁약정에 따른 등기로 이루어진 부동산에 관한 물권변동의 무효는 제3자에게 대항하지 못하는데, 이때 제3자의 선의·악의는 묻지 아니한다.
⑤ 종중이 명의신탁약정에 따라 자신이 보유한 부동산에 관한 물권을 자신 외의 자의 명의로 등기한 경우, 그것이 조세 포탈, 강제집행의 면탈 또는 법령상 제한의 회피를 목적으로 하지 아니하면 그 명의신탁약정은 유효하다.

해설 ★★

① (○) 부동산 실권리자명의 등기에 관한 법률 제4조 제2항 참조.

> 부동산실명법 제4조(명의신탁약정의 효력) ① 명의신탁약정은 무효로 한다.
> ② 명의신탁약정에 따른 등기로 이루어진 부동산에 관한 물권변동은 무효로 한다. 다만, 부동산에 관한 물권을 취득하기 위한 계약에서 명의수탁자가 어느 한쪽 당사자가 되고 상대방 당사자는 명의신탁약정이 있다는 사실을 알지 못한 경우에는 그러하지 아니하다.
> ③ 제1항 및 제2항의 무효는 제3자에게 대항하지 못한다.

② (X) 부동산 실권리자명의 등기에 관한 법률 시행 전에 명의신탁자와 명의수탁자가 이른바 계약명의신탁약정을 맺고 명의수탁자가 당사자가 되어 명의신탁약정이 있다는 사실을 알지 못하는 소유자와 부동산에 관한 매매계약을 체결한 후 그 매매계약에 따라 당해 부동산의 소유권이전등기를 수탁자 명의로 마쳤으나 위 법률 제11조에서 정한 유예기간이 경과하기까지 명의신탁자가 그 명의로 당해 부동산을 등기이전하는데 법률상 장애가 있었던 경우에는, 명의신탁자는 당해 부동산의 소유권을 취득할 수 없었으므로, 위 명의신탁약정의 무효로 인하여 명의신탁자가 입은 손해는 당해 부동산 자체가 아니라 명의수탁자에게 제공한 매수자금이고, 따라서 명의수탁자는 당해 부동산 자체가 아니라 명의신탁자로부터 제공받은 '매수자금'을 부당이득하였다고 할 것이다(대판 2008.05.15. 2007다74690).

③ (○) 부동산 실권리자명의 등기에 관한 법률 제2조 제1호 참조.

> 부동산실명법 제2조(정의) 이 법에서 사용하는 용어의 뜻은 다음과 같다.
> 1. "명의신탁약정"(명의신탁약정)이란 부동산에 관한 소유권이나 그 밖의 물권(이하 "부동산에 관한 물권"이라 한다)을 보유한 자 또는 사실상 취득하거나 취득하려고 하는 자[이하 "실권리자"라 한다]가 타인과의 사이에서 대내적으로는 실권리자가 부동산에 관한 물권을 보유하거나 보유하기로 하고 그에 관한 등기(가등기를 포함한다. 이하 같다)는 그 타인의 명의로 하기로 하는 약정[위임·위탁매매의 형식에 의하거나 추인에 의한 경우를 포함한다]을 말한다. 다만, 다음 각 목의 경우는 제외한다.
>   가. 채무의 변제를 담보하기 위하여 채권자가 부동산에 관한 물권을 이전받거나 가등기하는 경우
>   나. 부동산의 위치와 면적을 특정하여 2인 이상이 구분소유하기로 하는 약정을 하고 그 구분소유자의 공유로 등기하는 경우
>   다. 「신탁법」 또는 「자본시장과 금융투자업에 관한 법률」에 따른 신탁재산인 사실을 등기한 경우

④ (○) 「부동산 실권리자명의 등기에 관한 법률」(이하 '부동산실명법') 제4조 제3항에 의하면 명의신탁약정 및 이에 따른 등기로 이루어진 부동산에 관한 물권변동의 무효는 제3자에게 대항하지 못하는데, 여기서 '제3자'는 명의신탁약정의 당사자 및 포괄승계인 이외의 자로서 명의수탁자가 물권자임을 기초로 그와 사이에 직접 새로운 이해관계를 맺은 사람으로서 소유권이나 저당권 등 물권을 취득한 자뿐만 아니라 압류 또는 가압류 채권자도 포함하고 그의 선의·악의를 묻지 않는다(대판 2013.03.14. 2012다107068).

⑤ (○) 부동산 실권리자명의 등기에 관한 법률 제8조 참조.

> 부동산실명법 제8조(종중, 배우자 및 종교단체에 대한 특례) 다음 각 호의 어느 하나에 해당하는 경우로서 조세포탈, 강제집행의 면탈(면탈) 또는 법령상 제한의 회피를 목적으로 하지 아니하는 경우에는 제4조부터 제7조까지 및 제12조제1항부터 제3항까지를 적용하지 아니한다.
> 1. 종중이 보유한 부동산에 관한 물권을 종중(종중과 그 대표자를 같이 표시하여 등기한 경우를 포함한다) 외의 자의 명의로 등기한 경우
> 2. 배우자 명의로 부동산에 관한 물권을 등기한 경우
> 3. 종교단체의 명의로 그 산하 조직이 보유한 부동산에 관한 물권을 등기한 경우

정답 ②

문 42

부동산 실권리자명의 등기에 관한 법률이 시행된 후 부동산명의신탁이 이루어진 경우 그 법률관계에 관한 다음 설명 중 가장 옳지 않은 것은?(다툼이 있는 경우 판례에 의함) [2016년 34번]

① 명의신탁자가 명의수탁자를 상대로 명의신탁 약정의 해지를 원인으로 하여 소유권이전등기청구를 할 수는 없다.
② 명의수탁자가 신탁부동산을 처분하여 제3취득자가 유효하게 소유권을 취득한 경우, 명의신탁자가 제3취득자를 상대로 소유권에 기한 물권적 청구를 할 수는 없으나, 그 후 명의수탁자가 신탁부동산의 소유권을 다시 취득하였다면 명의신탁자는 명의수탁자를 상대로 소유권에 기한 물권적 청구를 할 수 있다.
③ 명의신탁자와 명의수탁자가 이른바 계약명의신탁약정을 맺고 명의수탁자가 당사자가 되어 명의신탁약정이 있다는 사실을 알지 못하는 소유자와 부동산에 관한 매매계약을 체결한 뒤 수탁자 명의로 소유권이전등기를 마친 경우, 명의신탁자는 명의수탁자에게 제공한 부동산 매수자금 상당의 부당이득반환청구권을 가진다.
④ 부동산경매절차에서 부동산을 매수하려는 사람이 다른 사람과의 명의신탁약정 아래 그 사람의 명의로 매각허가결정을 받아 자신의 부담으로 매수대금을 완납한 경우, 명의신탁자는 명의수탁자에 대하여 그 부동산 자체의 반환을 구할 수는 없고 명의수탁자에게 제공한 매수대금에 상당하는 금액의 부당이득반환청구권을 가질 뿐이다.
⑤ 부동산을 매수하면서 매수대금의 실질적 부담자와 명의인 간에 명의신탁관계가 성립한 경우, 그들 사이에 매수대금의 실질적 부담자의 요구에 따라 부동산의 소유 명의를 이전하기로 하는 등의 약정을 하고 이에 기한 명의신탁자의 명의수탁자에 대한 소유권이전등기청구권을 확보하기 위하여 명의신탁 부동산에 명의신탁자 명의의 가등기를 마쳤다고 하더라도 위 가등기는 원인무효이다.

해설 ★★

① (○) 부동산실권리자명의등기에관한법률 제11조, 제12조 제1항과 제4조의 규정에 의하면, 같은 법 시행 전에 명의신탁약정에 의하여 부동산에 관한 물권을 명의수탁자의 명의로 등기하도록 한 명의신탁자는 같은 법 제11조에서 정한 유예기간 이내에 실명등기 등을 하여야 하고, 유예기간이 경과한 날 이후부터 명의신탁약정과 그에 따라 행하여진 등기에 의한 부동산에 관한 물권변동이 무효가 되므로 명의신탁자는 더 이상 명의신탁해지를 원인으로 하는 소유권이전등기를 청구할 수 없다(대판 1999.01.26. 98다1027).
② (×) 양자간 등기명의신탁에서 명의수탁자가 신탁부동산을 처분하여 제3취득자가 유효하게 소유권을 취득하고 이로써 명의신탁자가 신탁부동산에 대한 소유권을 상실하였다면, 명의신탁자의 소유권에 기한 물권적 청구권, 즉 말소등기청구권이나 진정명의회복을 원인으로 한 이전등기청구권도 더 이상 그 존재 자체가 인정되지 않는다. 그 후 명의수탁자가 우연히 신탁부동산의 소유권을 다시 취득하였다고 하더라도 명의신탁자가 신탁부동산의 소유권을 상실한 사실에는 변함이 없으므로, 여전히 물권적 청구권은 그 존재 자체가 인정되지 않는다(대판 2013.02.28. 2010다89814).
③ (○) 부동산 실권리자명의 등기에 관한 법률 제4조 제1항, 제2항에 의하면 명의신탁자와 명의수탁자가 이른바 계약명의신탁약정을 맺고 명의수탁자가 당사자가 되어 명의신탁약정이 있다는 사실을 알지 못하는 소유자와의 사이에 부동산에 관한 매매계약을 체결한 후 그 매매계약에 따라 당해 부동산의 소유권이전등기를 수탁자 명의로 마친 경우에는 명의신탁자와 명의수탁자 사이의 명의신탁약정의 무효에도 불구하고 그 명의

수탁자는 당해 부동산의 완전한 소유권을 취득하게 되고, 다만 명의수탁자는 명의신탁자에 대하여 부당이득 반환의무를 부담하게 될 뿐이라 할 것인데, 그 계약명의신탁약정이 부동산 실권리자명의 등기에 관한 법률 시행 후인 경우에는 명의신탁자는 애초부터 당해 부동산의 소유권을 취득할 수 없었으므로 위 명의신탁약정의 무효로 인하여 명의신탁자가 입은 손해는 당해 부동산 자체가 아니라 명의수탁자에게 제공한 매수자금이라 할 것이고, 따라서 명의수탁자는 당해 부동산 자체가 아니라 명의신탁자로부터 제공받은 매수자금을 부당이득하였다고 할 것이다(대판 2007.06.14. 2007다17284).

④ (○) 부동산경매절차에서 부동산을 매수하려는 사람이 매수대금을 자신이 부담하면서 다른 사람의 명의로 매각허가결정을 받기로 그 다른 사람과 약정함에 따라 매각허가가 이루어진 경우 그 경매절차에서 매수인의 지위에 서게 되는 사람은 어디까지나 그 명의인이므로 경매 목적 부동산의 소유권은 매수대금을 실질적으로 부담한 사람이 누구인가와 상관없이 그 명의인이 취득한다고 할 것이고, 이 경우 매수대금을 부담한 사람과 이름을 빌려 준 사람 사이에는 명의신탁관계가 성립한다. 소외 2와 피고 사이의 위 명의신탁약정은 부동산 실권리자명의 등기에 관한 법률 제4조 제1항에 의하여 무효라 할 것이며, 따라서 소외 2는 피고에게 이 사건 부동산 자체나 그 처분대금의 반환을 청구할 수는 없다(제공한 매수대금을 부당이득으로 청구할 수 있을 뿐이다)(대판 2006.11.09. 2006다35117).

⑤ (○) 부동산 실권리자명의 등기에 관한 법률(이하 '부동산실명법'이라 한다) 시행 이후 부동산을 매수하면서 매수대금의 실질적 부담자와 명의인 간에 명의신탁관계가 성립한 경우, 그들 사이에 매수대금의 실질적 부담자의 요구에 따라 부동산의 소유 명의를 이전하기로 하는 등의 약정을 하였다고 하더라도, 이는 부동산실명법에 의하여 무효인 명의신탁약정을 전제로 명의신탁 부동산 자체 또는 처분대금의 반환을 구하는 범주에 속하는 것이어서 역시 무효라고 보아야 한다. 나아가 명의신탁자와 명의수탁자가 위와 같이 무효인 명의신탁약정을 함과 아울러 그 약정을 전제로 하여 이에 기한 명의신탁자의 명의수탁자에 대한 소유권이전등기청구권을 확보하기 위하여 명의신탁 부동산에 명의신탁자 명의의 가등기를 마치고 향후 명의신탁자가 요구하는 경우 본등기를 마쳐 주기로 약정하였더라도, 이러한 약정 또한 부동산실명법에 의하여 무효인 명의신탁약정을 전제로 한 것이어서 무효이고, 위 약정에 의하여 마쳐진 가등기는 원인무효이다(대판 2015.02.26. 2014다63315).

정답 ②

제4장 용익물권

제❶절 | 지상권

문 43

甲이 자기 소유의 토지에 대하여 乙에게 근저당권을 설정하는 동시에 차후 토지에 용익권이 설정되거나 건물이 축조되는 등으로써 토지의 담보가치가 저감하는 것을 막기 위하여 지상권까지 설정해 주었다. 다음 지문 중 옳은 것을 모두 고른 것은? [2021년 5번]

> ㄱ. 현재 토지에 대한 용익권능은 乙에게 있으므로 丙이 토지 위에 무단으로 건물을 신축하는 경우 甲은 丙에 대하여 직접 건물철거와 대지인도를 구할 수는 없고, 乙을 대위하여 권리를 행사해야 한다.
> ㄴ. 丙이 甲의 동의를 얻어 토지 위에 건물을 신축하는 경우 丙이 乙에게 대항할 수 있는 권원을 가지고 있다는 등의 특별한 사정이 없는 한, 乙은 신축공사의 중지를 구할 수 있다.
> ㄷ. 지상권의 존속기간이 만료되지 않았다고 하더라도 근저당권의 피담보채권이 변제로 소멸한 경우 지상권은 피담보채권에 부종하여 소멸한다.
> ㄹ. 甲이 토지에 도로를 개설하여 공중에 제공하고 옹벽을 설치하는 등의 행위를 하여 乙이 지상권의 목적이 된 토지를 사용·수익할 수 없게 되었다면 乙은 지상권의 침해를 이유로 甲에게 임료 상당의 손해배상을 청구할 수 있다.

① ㄱ
② ㄱ, ㄴ
③ ㄴ, ㄷ
④ ㄴ, ㄹ
⑤ ㄱ, ㄴ, ㄷ, ㄹ

MGI Point 지상권의 전용 ★★

■ 담보 목적의 지상권
- 토지소유자는 특별한 사정이 없는 한 토지의 사용·수익 可
- 제3자가 저당권 목적인 토지 위에 건물을 신축하는 경우 ⇨ 지상권자는 방해배제청구로서 신축중인 건물의 철거와 대지의 인도 등을 구할 수 있으며, 신축공사의 중지도 구할 수 있음
- 피담보채권이 변제나 시효로 소멸하면 그 지상권도 부종하여 소멸 ○
- 원래 부동산소유자에게 임료 상당의 이익이나 기타 소득이 발생할 여지가 없는 경우 ⇨ 불법점유자에 대하여 부당이득반환 또는 손해배상 청구 불가

ㄱ. (X) 금융기관이 대출금 채권의 담보를 위하여 토지에 저당권과 함께 지료 없는 지상권을 설정하면서 채무자 등의 사용·수익권을 배제하지 않은 경우, 지상권은 저당권이 실행될 때까지 제3자가 용익권을 취득하거나 목적 토지의 담보가치를 하락시키는 침해행위를 하는 것을 배제함으로써 저당 부동산의 담보가치를 확보하는 데에 목적이 있으므로, 토지소유자는 저당 부동산의 담보가치를 하락시킬 우려가 있는 등의 특별한 사정이 없는 한 토지를 사용·수익할 수 있다고 보아야 한다(대판 2018.03.15. 2015다69907).

ㄴ. (○) 토지에 관하여 저당권을 취득함과 아울러 그 저당권의 담보가치를 확보하기 위하여 지상권을 취득하는 경우, 특별한 사정이 없는 한 그 지상권은 저당권이 실행될 때까지 제3자가 용익권을 취득하거나 목적 토지의 담보가치를 하락시키는 침해행위를 하는 것을 배제함으로써 저당 부동산의 담보가치를 확보하는 데에 그 목적이 있다고 할 것이므로, 제3자가 저당권의 목적인 토지 위에 건물을 신축하는 경우에는, 그 제3자가 지상권자에게 대항할 수 있는 권원을 가지고 있다는 등의 특별한 사정이 없는 한, 지상권자는 그 방해배제청구로서 신축중인 건물의 철거와 대지의 인도 등을 구할 수 있다고 할 것이다(대판 2008.02.15. 2005다47205).

ㄷ. (○) 근저당권 등 담보권 설정의 당사자들이 그 목적이 된 토지 위에 차후 용익권이 설정되거나 건물 또는 공작물이 축조·설치되는 등으로써 그 목적물의 담보가치가 저감하는 것을 막는 것을 주요한 목적으로 하여 채권자 앞으로 아울러 지상권을 설정하였다면, 그 피담보채권이 변제 등으로 만족을 얻어 소멸한 경우는 물론이고 시효소멸한 경우에도 그 지상권은 피담보채권에 부종하여 소멸한다(대판 2011.04.14. 2011다6342).

ㄹ. (X) 금융기관이 대출금 채권의 담보를 위하여 토지에 저당권과 함께 지료 없는 지상권을 설정하면서 채무자 등의 사용·수익권을 배제하지 않은 경우, 위 지상권은 근저당목적물의 담보가치를 확보하는 데 목적이 있으므로, 그 위에 도로개설·옹벽축조 등의 행위를 한 무단점유자에 대하여 지상권 자체의 침해를 이유로 한 임료 상당 손해배상을 구할 수 없다(대판 2008.01.17. 2006다586).

정답 ③

문 44

관습법상 법정지상권에 관한 다음 설명 중 옳지 않은 것은 모두 몇 개인가? [2019년 27번]

> ㄱ. 토지와 지상 건물이 함께 양도되었다가 채권자취소권의 행사에 따라 그중 건물에 관하여만 양도가 취소되어 수익자 명의의 소유권이전등기가 말소된 경우, 그 건물을 위한 관습법상 법정지상권은 성립하지 않는다.
> ㄴ. 강제경매의 목적이 된 토지에 관하여 강제경매를 위한 압류가 있기 이전에 저당권이 설정되어 있다가 그 후 강제경매로 인해 그 저당권이 소멸하는 경우, 그 압류의 효력이 발생한 때를 기준으로 그 토지와 그 지상 건물이 동일인에게 속하였는지를 판단하여야 한다.
> ㄷ. 나대지상에 환매특약의 등기가 마쳐진 상태에서 대지 소유자가 그 지상에 건물을 신축하였는데 그 후 환매권자가 환매권을 행사하여 그 토지와 건물의 소유자가 달라진 경우, 특별한 사정이 없는 한 그 건물을 위한 관습법상 법정지상권은 성립하지 않는다.
> ㄹ. 토지공유자의 한 사람이 다른 공유자의 지분 과반수의 동의를 얻어 건물을 건축한 후 토지와 건물의 소유자가 달라진 경우 그 건물을 위한 관습법상 법정지상권은 성립하지 않는다.
> ㅁ. 토지를 명의신탁하면서 수탁자의 임의처분을 방지하기 위해 신탁자명의의 소유권이전등기청구권 보전의 가등기를 함께 경료해 두었는데, 수탁자가 그 토지상에 건물을 신축하고 그 후 명의신탁이 해지되어 신탁자명의로 위 가등기에 기한 본등기가 경료된 경우, 수탁자는 신탁자에 대하여 그 건물을 위한 관습법상 법정지상권을 취득한다.

① 1개 ② 2개 ③ 3개
④ 4개 ⑤ 5개

| MGI Point | **관습법상 법정지상권** | ★★ |

- 토지와 지상 건물이 함께 양도된 후 채권자취소권의 행사에 따라 건물에 관하여만 양도가 취소되고 수익자와 전득자 명의의 소유권이전등기가 말소된 경우 ⇨ 관습상 법정지상권 × (채권자 취소권의 상대효)
- 관습법상 법정지상권 성립요건
  - 매매 기타 처분 당시 토지와 건물이 동일인 소유 (기준시점 : 저당권 설정 후 압류에 의한 강제경매시 저당권설정당시가 기준)
  - 매매 기타 처분으로 소유자가 달라질 것
  - 건물철거 등의 특약이 없을 것
- 나대지상에 환매특약의 등기가 마쳐진 상태에서 대지 소유자가 그 지상에 건물을 신축하고 환매권의 행사에 따라 토지와 건물의 소유자가 달라진 경우 ⇨ 관습상의 법정지상권 ×
- 토지공유자의 한 사람이 다른 공유자의 지분 과반수의 동의를 얻어 건물을 건축한 후 토지와 건물의 소유자가 달라진 경우 ⇨ 관습법상의 법정지상권 ×
- 명의신탁된 토지상에 수탁자가 건물을 신축한 후 명의신탁이 해지되어 토지소유권이 신탁자에게 환원된 경우 ⇨ 관습상의 법정지상권 ×

ㄱ. (○) 토지와 지상 건물이 함께 양도되었다가 채권자취소권의 행사에 따라 그중 건물에 관하여만 양도가 취소되고 수익자와 전득자 명의의 소유권이전등기가 말소되었다고 하더라도, 이는 관습상 법정지상권의 성립요건인 '동일인의 소유에 속하고 있던 토지와 지상 건물이 매매 등으로 인하여 소유자가 다르게 된 경우'에 해당한다고 할 수 없다(대판 2014.12.24. 2012다73158).

ㄴ. (X) 토지 또는 그 지상 건물의 소유권이 강제경매로 인하여 그 절차상의 매수인에게 이전되는 경우에는 그 매수인이 소유권을 취득하는 매각대금의 완납 시가 아니라 강제경매개시결정으로 압류의 효력이 발생하는 때를 기준으로 토지와 지상 건물이 동일인에게 속하였는지에 따라 관습상 법정지상권의 성립 여부를 가려야 하고, 강제경매의 목적이 된 토지 또는 그 지상 건물에 대하여 강제경매개시결정 이전에 가압류가 되어 있다가 그 가압류가 강제경매개시결정으로 인하여 본압류로 이행되어 경매절차가 진행된 경우에는 애초 가압류의 효력이 발생한 때를 기준으로 토지와 그 지상 건물이 동일인에 속하였는지에 따라 관습상 법정지상권의 성립 여부를 판단하여야 한다. 나아가 강제경매의 목적이 된 토지 또는 그 지상 건물에 관하여 강제경매를 위한 압류나 그 압류에 선행한 가압류가 있기 이전에 저당권이 설정되어 있다가 그 후 강제경매로 인해 그 저당권이 소멸하는 경우에는, 그 저당권 설정 이후의 특정 시점을 기준으로 토지와 그 지상 건물이 동일인의 소유에 속하였는지에 따라 관습상 법정지상권의 성립 여부를 판단하게 되면, 저당권자로서는 저당권 설정 당시를 기준으로 그 토지나 지상 건물의 담보가치를 평가하였음에도 저당권 설정 이후에 토지나 그 지상 건물의 소유자가 변경되었다는 외부의 우연한 사정으로 인하여 자신이 당초에 파악하고 있던 것보다 부당하게 높아지거나 떨어진 가치를 가진 담보를 취득하게 되는 예상하지 못한 이익을 얻거나 손해를 입게 되므로, 그 저당권 설정 당시를 기준으로 토지와 그 지상 건물이 동일인에게 속하였는지에 따라 관습상 법정지상권의 성립 여부를 판단하여야 한다(대판 2013.04.11. 2009다62059).

ㄷ. (○) 나대지상에 환매특약의 등기가 마쳐진 상태에서 대지소유자가 그 지상에 건물을 신축하였다면, 대지소유자는 그 신축 당시부터 환매권 행사에 따라 환매권자에게 환매특약 등기 당시의 권리관계 그대로의 토지 소유권을 이전하여 줄 잠재적 의무를 부담한다고 볼 수 있으므로, 통상의 대지소유자로서는 그 건물이 장차 철거되어야 하는 운명에 처하게 될 것임을 예상하면서도 그 건물을 건축하였다고 볼 수 있고, 환매권자가 환매기간 내에 적법하게 환매권을 행사하면 환매특약의 등기 후에 마쳐진 제3자의 근저당권 등 이미 유효하게 성립한 제한물권조차 소멸하므로, 특별한 사정이 없는 한 환매권의 행사에 따라 토지와 건물의 소유자가 달라진 경우 그 건물을 위한 관습상의 법정지상권은 애초부터 생기지 않는다(대판 2010.11.25. 2010두16431).

ㄹ. (○) 토지공유자의 한 사람이 다른 공유자의 지분 과반수의 동의를 얻어 건물을 건축한 후 토지와 건물의 소유자가 달라진 경우 토지에 관하여 관습법상의 법정지상권이 성립되는 것으로 보게 되면 이는 토지공유자의 1인으로 하여금 자신의 지분을 제외한 다른 공유자의 지분에 대하여서까지 지상권설정의 처분행위를 허용하는 셈이 되어 부당하다(대판 1993.04.13. 92다55756).

ㅁ. (X) 토지소유권을 명의신탁하면서 수탁자의 임의처분을 방지하기 위해 신탁자명의의 소유권이전등기 청구권보전의 가등기를 함께 경료해 둔 후 수탁자가 위 명의신탁중 동 토지상에 건물을 신축하고 그 후 명의신탁이 해지되어 소유권회복의 방법으로 신탁자명의로 위 가등기에 기한 본등기가 경료된 경우, 위 명의수탁자는 신탁자와의 대내적 관계에 있어서 그 토지가 자기소유에 속하는 것이었다고 주장할 수 없고 따라서 위 건물은 어디까지나 명의신탁자 소유의 토지 위에 지은 것이라 할 것이므로 그 후 소유명의가 신탁자명의로 회복될 당시 위 수탁자가 신탁자들에 대하여 지상건물의 소유를 위한 관습상의 지상권을 취득하였다고 주장할 수 없다(대판 1986.05.27. 86다카62).

정답 ②

문 45

법정지상권에 관한 다음 설명 중 가장 옳지 않은 것은? [2018년 9번]

① '건물 철거의 합의'가 관습상의 법정지상권 발생의 소극적 요건이 되는 이유는 그러한 합의가 없을 때라야 토지와 건물의 소유자가 달라진 후에도 건물 소유자로 하여금 그 건물의 소유를 위하여 토지를 계속 사용케 하려는 '묵시적 합의'가 있는 것으로 볼 수 있다는 데 있고, 한편 건물 철거의 합의에 위와 같은 묵시적 합의를 깨뜨리는 효력, 즉 관습상의 법정지상권의 발생을 배제하는 효력을 인정할 수 있기 위하여서는 단지 형식적으로 건물을 철거한다는 내용만이 아니라 건물을 철거함으로써 토지의 계속 사용을 그만두고자 하는 당사자의 의사가 그 합의에 의하여 인정될 수 있어야 한다.
② 민법 제366조 소정의 법정지상권은 토지와 그 토지상의 건물이 같은 사람의 소유에 속하였다가 그 중의 하나가 경매 등으로 인하여 다른 사람의 소유에 속하게 된 경우에 그 건물의 유지, 존립을 위하여 특별히 인정된 권리이기는 하지만, 그렇다고 하여 위 법정지상권이 건물의 소유에 부속되는 종속적인 권리가 되는 것이 아니며 하나의 독립된 법률상의 물권으로서의 성격을 지니고 있는 것이기 때문에 건물의 소유자가 건물과 법정지상권 중 어느 하나만을 처분하는 것도 가능하다.
③ 법정지상권이 붙은 건물의 양수인은 법정지상권에 대한 등기를 하지 않았다 하더라도 토지소유자에 대한 관계에서 적법하게 토지를 점유·사용하고 있는 자라 할 것이고, 따라서 건물을 양도한 자라고 하더라도 지상권갱신청구권이 있고 건물의 양수인은 법정지상권자인 양도인의 갱신청구권을 대위행사할 수 있다.
④ 토지와 지상 건물이 함께 양도되었다가 채권자취소권의 행사에 따라 그 중 건물에 관하여만 양도가 취소되고 수익자와 전득자 명의의 소유권이전등기가 말소되었다고 하더라도, 이는 관습상 법정지상권의 성립요건인 '동일인의 소유에 속하고 있던 토지와 지상 건물이 매매 등으로 인하여 소유자가 다르게 된 경우'에 해당한다고 할 수 없다.
⑤ 건물 소유를 위하여 법정지상권을 취득한 자로부터 경매에 의하여 그 건물의 소유권을 이전받은 경락인은 경락 후 건물을 철거한다는 등의 매각조건하에서 경매되는 경우 등 특별한 사정이 없는 한 건물의 경락취득과 함께 위 지상권도 당연히 취득한다. 다만 이러한 법리는 압류, 가압류나 체납처분압류 등 처분제한의 등기가 된 건물에 관하여 그에 저촉되는 소유권이전등기를 마친 사람이 건물의 소유자로서 관습상의 법정지상권을 취득한 후 경매 또는 공매절차에서 건물이 매각되는 경우에는 적용되지 않는다.

해설

① (○) 토지와 건물이 동일한 소유자에게 속하였다가 건물 또는 토지가 매매 기타 원인으로 인하여 양자의 소유자가 다르게 되었더라도, 당사자 사이에 그 건물을 철거하기로 하는 합의가 있었던 경우에는 건물소유자는 토지소유자에 대하여 그 건물을 위한 관습상의 법정지상권을 취득할 수 없다. 건물철거의 합의가 관습상의 법정지상권 발생의 소극적 요건이 되는 이유는 그러한 합의가 없을 때라야 토지와 건물의 소유자가 달라진 후에도 건물 소유자로 하여금 그 건물의 소유를 위하여 토지를 계속 사용케 하려는 묵시적 합의가 있는 것으로 볼 수 있다는 데 있고, 한편 관습상의 법정지상권은 타인의 토지 위에 건물을 소유하는 것을 본질적 내용으로 하는 권리가 아니라, 건물의 소유를 위하여 타인의 토지를 사용하는 것을 본질적 내용으로 하는 권리여서, 위에서 말하는 '묵시적 합의'라는 당사자의 추정의사는 건물의 소유를 위하여 '토지를 계속사용한다'는데 중점이 있는 의사라 할 것이므로, 건물철거의 합의에 위와 같은 묵시적 합의를 깨뜨리는 효력, 즉 관습상의 법정지상권의 발생을 배제하는 효력을 인정할 수 있기 위하여서는, 단지 형식적으로 건물을 철거한다는 내용만이 아니라 건물을 철거함으로써 토지의 계속사용을 그만두고자 하는 당사자의 의사가 그 합의에 의하여 인정될 수 있어야 한다. 토지와 건물의 소유자가 토지만을 타인에게 증여한 후 구 건물을 철거하되 그 지상에 자신의 이름으로 건물을 다시 신축하기로 합의한 경우, 그 건물 철거의 합의는 건물소유자가 토지의 계속사용을 그만두고자 하는 내용의 합의로 볼 수 없어 관습상의 법정지상권의 발생을 배제하는 효력이 인정되지 않는다고 할 것이다(대판 1999.12.10. 98다58467).

② (○) 민법 제366조 소정의 법정지상권은 토지와 그 토지상의 건물이 같은 사람의 소유에 속하였다가 그 중의 하나가 경매 등으로 인하여 다른 사람의 소유에 속하게 된 경우에 그 건물의 유지, 존립을 위하여 특별히 인정된 권리이기는 하지만, 그렇다고 하여 위 법정지상권이 건물의 소유에 부속되는 종속적인 권리가 되는 것이 아니며 하나의 독립된 법률상의 물권으로서의 성격을 지니고 있는 것이기 때문에 건물의 소유자가 건물과 법정지상권 중 어느 하나만을 처분하는 것도 가능하다. 아파트 수분양자들은 아파트에 관한 소유권이전등기청구권을 가지고 있어 그 소유권이전등기를 경료하게 되면 법정지상권과 함께 해당 건물의 소유권을 취득하게 되는 것이므로, 그와 같은 지위에 있는 자들로 구성된 아파트입주자대표회의가 그 구성원들이 취득하게 될 아파트의 대지권 확보를 위하여 법정지상권을 취득하였다면, 그 법정지상권이 아파트의 소유권과는 분리되어 양도되었다고 하여도 이를 사회질서에 반하여 무효라고 할 수 없다(대판 2001.12.27. 2000다1976).

③ (○) 관습상 법정지상권이 붙은 건물의 소유자가 건물을 제3자에게 처분한 경우에는 법정지상권에 관한 등기를 경료하지 아니한 자로서는 건물의 소유권을 취득한 사실만 가지고는 법정지상권을 취득하였다고 할 수 없어 대지소유자에게 지상권을 주장할 수 없고 그 법정지상권은 여전히 당초의 법정지상권자에게 유보되어 있다고 보아야 한다. (다만) 법정지상권자가 건물을 제3자에게 양도하는 경우에는 특별한 사정이 없는 한 건물과 함께 법정지상권도 양도하기로 하는 채권적 계약이 있었다고 할 것이며, 양수인은 양도인을 순차 대위하여 토지소유자 및 건물의 前 소유자에 대하여 법정지상권의 설정등기 및 이전등기절차이행을 구할 수 있고, 토지소유자는 건물소유자에 대하여 법정지상권의 부담을 용인하고 그 설정등기절차를 이행할 의무가 있다 할 것이므로, 법정지상권이 붙은 건물의 양수인은 법정지상권에 대한 등기를 하지 않았다 하더라도 토지소유자에 대한 관계에서 적법하게 토지를 점유·사용하고 있는 자라 할 것이고, 따라서 건물을 양도한 자라고 하더라도 지상권갱신청구권이 있고 건물의 양수인은 법정지상권자인 양도인의 갱신청구권을 대위행사할 수 있다고 보아야 할 것이다(대판 1995.04.11. 94다39925).

④ (○) 동일인의 소유에 속하고 있던 토지와 지상건물이 매매 등으로 인하여 소유자가 다르게 된 경우에 건물을 철거한다는 특약이 없는 한 건물소유자는 건물의 소유를 위한 관습상 법정지상권을 취득한다. 그런데 민법 제406조의 채권자취소권의 행사로 인한 사해행위의 취소와 일탈재산의 원상회복은 채권자와 수익자 또는 전득자에 대한 관계에 있어서만 효력이 발생할 뿐이고 채무자가 직접 권리를 취득하는 것이 아니므로, 토지와 지상건물이 함께 양도되었다가 채권자취소권의 행사에 따라 그중 건물에 관하여만 양도가 취소되고 수익자와 전득자 명의의 소유권이전등기가 말소되었다고 하더라도, 이는 관습상 법정지상권의 성립요건인 '동

일인의 소유에 속하고 있던 토지와 지상건물이 매매 등으로 인하여 소유자가 다르게 된 경우'에 해당한다고 할 수 없다(대판 2014.12.24. 2012다73158).

⑤ (X) 건물 소유를 위하여 법정지상권을 취득한 자로부터 경매에 의하여 건물의 소유권을 이전받은 경락인은 경락 후 건물을 철거한다는 등의 매각조건하에서 경매되는 경우 등 특별한 사정이 없는 한 건물의 경락취득과 함께 위 지상권도 당연히 취득한다. 이러한 법리는 압류, 가압류나 체납처분압류 등 처분제한의 등기가 된 건물에 관하여 그에 저촉되는 소유권이전등기를 마친 사람이 건물의 소유자로서 관습상의 법정지상권을 취득한 후 경매 또는 공매절차에서 건물이 매각되는 경우에도 마찬가지로 적용된다(대판 2014.09.04. 2011다13463).

정답 ⑤

문 46

지상권에 관한 다음 설명 중 가장 옳은 것은?(다툼이 있는 경우 판례에 의함) [2016년 22번]

① 최단존속기간은 건물의 경우 견고한지 여부에 따라 30년 또는 15년, 공작물이나 수목의 경우 5년이다.
② 지상권은 양도할 수 있으나, 지상권자가 당해 토지를 임대할 수는 없다.
③ 지상권설정계약을 갱신하는 경우에는 민법 제280조의 최단존속기간보다 단기의 기간으로 정할 수 있다.
④ 민법에 지상권의 최장존속기간에 관한 규정은 없으나, 존속기간을 영구로 정하는 것은 토지 소유권을 사실상 형해화하는 것이 되므로 인정되지 아니한다.
⑤ 지상권자가 2년 이상의 지료를 지급하지 아니한 때에는 지상권설정자는 지상권의 소멸을 청구할 수 있다.

해설 ★★

① (X) 지상권의 최단존속기간은 민법 제280조 제1항에 따라, ⅰ) 석조 등 견고한 건물이나 수목의 소유를 목적으로 하는 때에는 30년, ⅱ) 견고한 건물 이외의 건물의 소유를 목적으로 하는 때에는 15년, ⅲ) 건물이외의 공작물의 소유를 목적으로 하는 때에는 5년이다.
② (X) 지상권자는 타인에게 그 권리를 양도하거나 그 권리의 존속기간 내에서 그 토지를 임대할 수 있다(민법 제282조).
③ (X) 당사자가 계약을 갱신하는 경우에는 지상권의 존속기간은 갱신한 날로부터 제280조의 최단존속기간보다 단축하지 못한다(민법 제284조).
④ (X) 민법상 지상권의 존속기간은 최단기만이 규정되어 있을 뿐 최장기에 관하여는 아무런 제한이 없으며, 존속기간이 영구인 지상권을 인정할 실제의 필요성도 있고, 이러한 지상권을 인정한다고 하더라도 지상권의 제한이 없는 토지의 소유권을 회복할 방법이 있을 뿐만 아니라, 특히 구분지상권의 경우에는 존속기간이 영구라고 할지라도 대지의 소유권을 전면적으로 제한하지 아니한다는 점 등에 비추어 보면, 지상권의 존속기간을 영구로 약정하는 것도 허용된다(대판 2001.05.29. 99다66410).
⑤ (○) 지상권자가 2년 이상의 지료를 지급하지 아니한 때에는 지상권설정자는 지상권의 소멸을 청구할 수 있다(민법 제287조).

정답 ⑤

문 47

토지와 그 지상 건물 관련 법률관계에 관한 다음 설명 중 가장 옳은 것은?(다툼이 있는 경우 판례에 의함) [2016년 33번]

① 건물의 소유자라고 하더라도 당해 건물을 현실적으로 점유하고 있지 아니하다면 그 부지인 토지를 점유하고 있다고 볼 수 없다.
② 甲 소유의 토지 위에 乙이 신축한 미등기건물을 丙이 乙로부터 매수하여 점유하고 있는 경우, 丙은 위 건물의 소유자가 아니므로 甲의 철거청구의 상대방이 될 수 있는 경우는 없다.
③ 관습에 의한 법정지상권이 있는 건물에 대한 경매절차에서 위 건물을 취득한 매수인은 부지 소유자에 대한 관계에서 지상권으로 대항할 수 있다.
④ 토지의 소유자가 그 지상에 건물을 건축할 당시 이미 토지를 타에 매도하여 소유권을 이전하여 줄 의무를 부담하고 있었다고 하더라도, 토지와 건물이 동일인의 소유였던 이상 위 건물을 위한 관습상의 법정지상권은 성립한다.
⑤ 원래 동일인에게의 소유권 귀속이 원인무효로 이루어졌다가 그 뒤 그 원인무효임이 밝혀져 그 등기가 말소됨으로써 그 건물과 토지의 소유자가 달라지게 된 경우에도 건물 소유자가 불측의 피해를 입는 것을 방지하기 위하여 위 건물을 위한 관습상의 법정지상권을 허용하여야 한다.

해설

① (X) 사회통념상 건물은 그 부지를 떠나서는 존재할 수 없는 것이므로 건물의 부지가 된 토지는 그 건물의 소유자가 점유하는 것으로 볼 것이고, 건물의 소유자가 현실적으로 건물이나 그 부지를 점거하고 있지 아니하고 있더라도 그 건물의 소유를 위하여 그 부지를 점유한다고 보아야 한다(대판 1995.11.14. 95다23200).
② (X) 타인의 토지 위에 건립된 건물이 미등기이고 그 건물로 인하여 그 토지의 소유권이 침해되는 경우 그 건물을 철거할 의무는 그 건물을 법률상, 사실상 처분할 수 있는 지위에 있는 사람이라 할 것이므로 원심이 확정한 바와 같이 피고가 이 사건 건물의 원시취득자인 위 회사로부터 이를 양수하여 사실상의 처분권을 갖게된 이상 이 사건 건물을 철거할 의무를 진다 할 것이다(대판 1991.06.11. 91다11278).
③ (○) 건물 소유를 위하여 법정지상권을 취득한 자로부터 경매에 의하여 그 건물의 소유권을 이전받은 경락인은 위 지상권도 당연히 이전받았다 할 것이고 이는 그에 대한 등기가 없어도 그 후에 담보토지를 전득한 자에 대하여 유효하다(대판 1979.08.28. 79다1087).
④ (X) 토지와 건물이 동일인의 소유이었다가 매매 기타의 원인으로 그 소유자가 달라지게 된 경우에는 특히 그 건물을 철거한다는 특약이 없는 이상 건물소유자는 토지소유자에 대하여 관습상의 법정지상권을 취득하게 되는 것이나, 토지의 소유자가 건물을 건축할 당시 이미 토지를 타에 매도하여 소유권을 이전하여 줄 의무를 부담하고 있었다면 토지의 매수인이 그 건축행위를 승낙하지 않는 이상 그 건물은 장차 철거되어야 하는 운명에 처하게 될 것이고 토지소유자가 이를 예상하면서도 건물을 건축하였다면 그 건물을 위한 관습상의 법정지상권은 생기지 않는다고 보아야 할 것이다(대판 1994.12.22. 94다41072).
⑤ (X) 관습상의 법정지상권의 성립 요건인 해당 토지와 건물의 소유권의 동일인에의 귀속과 그 후의 각기 다른 사람에의 귀속은 법의 보호를 받을 수 있는 권리변동으로 인한 것이어야 하므로, 원래 동일인에게의 소유권 귀속이 원인무효로 이루어졌다가 그 뒤 그 원인무효임이 밝혀져 그 등기가 말소됨으로써 그 건물과 토지의 소유자가 달라지게 된 경우에는 관습상의 법정지상권을 허용할 수 없다(대판 1999.03.26. 98다64189).

정답 ③

문 48

분묘 또는 분묘기지권에 관한 다음 설명 중 옳은 것을 모두 고른 것은? [2021년 35번]

> ㄱ. 분묘가 평장되어 있거나 암장되어 있어 객관적으로 인식할 수 있는 외형을 갖추고 있지 않더라도 분묘를 설치한 사실이 인정된다면 분묘기지권은 인정된다.
> ㄴ. 임야의 소유권에 터잡아 분묘의 철거를 청구하려면 분묘의 설치를 누가 하였건 그 분묘의 관리처분권을 가진 자를 상대로 하여야 한다.
> ㄷ. 분묘기지권의 존속기간에 관하여 당사자 사이에 약정이 없다면 민법 제281조의 존속기간을 약정하지 않은 지상권에 관한 규정에 따라 존속기간이 정해진다.
> ㄹ. 타인의 토지에 합법적으로 분묘를 설치한 자는 관습상 그 토지 위에 지상권에 유사한 일종의 물권인 분묘기지권을 취득하나, 분묘기지권에는 그 효력이 미치는 범위 안에서 새로운 분묘를 설치하거나 원래의 분묘를 다른 곳으로 이장할 권능은 포함되지 않는다.
> ㅁ. 비법인 사단의 사원이 총유자의 한 사람으로서 총유물인 임야에 분묘를 설치하는 행위는 단순한 사용수익에 불과한 것이므로 사원총회의 결의를 거칠 필요가 없다.
> ㅂ. 판결에 따라 분묘기지권에 관한 지료의 액수가 정해졌음에도 판결확정 후 책임 있는 사유로 상당한 기간 동안 지료의 지급을 지체하여 지체된 지료가 판결확정 전후에 걸쳐 2년분 이상이 되는 경우에는 민법 제287조를 유추적용하여 새로운 토지소유자는 분묘기지권자에 대하여 분묘기지권의 소멸을 청구할 수 있다.

① ㄴ, ㄷ, ㄹ
② ㄴ, ㄹ, ㅂ
③ ㄱ, ㄴ, ㅂ
④ ㄷ, ㄹ, ㅂ
⑤ ㄴ, ㄹ, ㅁ, ㅂ

MGI Point 분묘·분묘기지권 ★★

- 평장되어 있거나 암장되어 있어 객관적으로 인식할 수 있는 외형을 갖추지 않은 경우 ⇨ 분묘기지권 인정 ×
- 임야의 소유권에 터잡은 분묘의 철거청구의 상대방 ⇨ 분묘의 관리처분권자 ○
- 분묘기지권의 존속기간 ⇨ 권리자가 분묘의 수호와 봉사를 계속하는 한 그 분묘가 존속하고 있는 동안 ○
- 새로운 분묘 설치 or 원래의 분묘를 다른 곳으로 이장할 권능 ⇨ 분묘기지권 효력 범위 ×
- 비법인 사단의 사원이 총유자의 한 사람으로서 총유물인 임야에 분묘를 설치하는 행위 ⇨ 총유물의 처분행위로서 정관 기타 계약에 정함이 없으면 사원총회의 결의 要
- 지료 판결확정 후 책임 있는 사유로 상당한 기간 동안 지료의 지급을 지체하여 지체된 지료가 판결확정 전후에 걸쳐 2년분 이상이 되는 경우 ⇨ 새로운 토지소유자는 분묘기지권자에 대하여 분묘기지권의 소멸 청구 可

ㄱ. (×) 분묘기지권이 성립하기 위하여는 봉분 등 외부에서 분묘의 존재를 인식할 수 있는 형태를 갖추고 있어야 하고, 평장되어 있거나 암장되어 있어 객관적으로 인식할 수 있는 외형을 갖추고 있지 아니한 경우에는 분묘기지권이 인정되지 아니한다(대판 1991.10.25. 91다18040).

ㄴ. (○) 임야의 소유권에 터잡아 분묘의 철거를 청구하려면 분묘의 설치를 누가 하였건 그 분묘의 관리처분권을 가진 자를 상대로 하여야 하고, 종손이 있는 경우라면 그가 제사를 주재하는 자의 지위를 유지할 수 없는 특별한 사정이 있는 경우를 제외하고는 일반적으로 선조의 분묘를 수호·관리하는 권리는 그 종손에게 있다고 봄이 상당하므로, 종손이 아닌 자가 제사 주재자로서 분묘에 대한 관리처분권을 가지고 있다고 하기 위하여는 우선 종손에게 제사 주재자의 지위를 유지할 수 없는 특별한 사정이 있음이 인정되어야 한다(대판 1997.09.05. 95다51182).

ㄷ. (X) 분묘수호를 위한 유사지상권(분묘기지권)의 존속기간에 관하여는 민법의 지상권에 관한 규정에 따를 것이 아니라, 당사자 사이에 약정이 있는 등 특별한 사정이 있으면 그에 따를 것이며, 그런 사정이 없는 경우에는 권리자가 분묘의 수호와 봉사를 계속하는 한 그 분묘가 존속하고 있는 동안은 분묘기지권은 존속한다고 해석함이 상당하다(대판 1982.01.26. 81다1220).

ㄹ. (○), ㅁ. (X) 비법인 사단에 있어서 총유물의 관리 및 처분은 정관 기타 계약에 정함이 없으면 사원총회의 결의에 의해야 하고(민법 제275조 제2항, 제276조 제1항), 비법인 사단의 사원이 총유자의 한 사람으로서 총유물인 임야를 사용수익할 수 있다 하여도 위 임야에 대한 분묘설치행위는 단순한 사용수익에 불과한 것이 아니고 관습에 의한 지상권 유사의 물권을 취득하게 되는 처분행위에 해당된다 할 것이므로 사원총회의 결의가 필요하다. 또한 타인의 토지에 합법적으로 분묘를 설치한 자는 관습상 그 토지 위에 지상권에 유사한 일종의 물권인 분묘기지권을 취득하나, 분묘기지권에는 그 효력이 미치는 범위 안에서 새로운 분묘를 설치하거나 원래의 분묘를 다른 곳으로 이장할 권능은 포함되지 않는다(대판 2007.06.28. 2007다16885).

ㅂ. (○) 자기 소유의 토지 위에 분묘를 설치한 후 토지의 소유권이 경매 등으로 타인에게 이전되면서 분묘기지권을 취득한 자가, 판결에 따라 분묘기지권에 관한 지료의 액수가 정해졌음에도 판결확정 후 책임 있는 사유로 상당한 기간 동안 지료의 지급을 지체하여 지체된 지료가 판결확정 전후에 걸쳐 2년분 이상이 되는 경우에는 민법 제287조를 유추적용하여 새로운 토지소유자는 분묘기지권자에 대하여 분묘기지권의 소멸을 청구할 수 있다. 분묘기지권자가 판결확정 후 지료지급 청구를 받았음에도 책임 있는 사유로 상당한 기간 지료의 지급을 지체한 경우에만 분묘기지권의 소멸을 청구할 수 있는 것은 아니다(대판 2015.07.23. 2015다206850).

정답 ②

제❷절 | 지역권

제❸절 | 전세권

문 13

전세권에 관한 다음 설명 중 가장 옳지 않은 것은?[2023년 20번]

① 전세권자는 필요비의 상환을 청구할 수 없으나, 유익비는 상환청구를 할 수 있다.
② 전세권자인 채권자가 전세목적물에 대한 경매를 청구하려면 우선 전세권설정자에 대하여 전세목적물의 인도의무 및 전세권설정등기말소의무의 이행제공을 완료하여 전세권설정자를 이행지체에 빠뜨려야 한다.
③ 전세권이 존속하는 동안은 전세권을 존속시키기로 하면서 전세금반환채권만을 전세권과 분리하여 확정적으로 양도하는 것은 허용되지 않는 것이며, 다만 전세권 존속 중에는 장래에 그 전세권이 소멸하는 경우에 전세금 반환채권이 발생하는 것을 조건으로 그 장래의 조건부 채권을 양도할 수 있을 뿐이라 할 것이다.
④ 전세금이 목적부동산에 관한 조세·공과금 기타 부담의 증감이나 경제사정의 변동으로 인하여 상당하지 않게 된 경우, 당사자는 장래에 대하여 그 증감을 청구할 수 있는데, 그 증감청구의 비율은 약정한 전세금의 20분의 1을 초과하지 못한다.
⑤ 전세권의 존속기간은 10년을 넘지 못하며, 당사자가 약정한 기간이 10년을 넘는 때에는 10년으로 단축된다.

> **MGI Point** **전세권** ★★
>
> - 전세권자의 상환청구권 ⇨ 필요비×, 유익비○
> - 전세권자의 경매청구권 행사요건 ⇨ 전세목적물의 인도의무 및 전세권설정등기말소의무의 이행제공을 완료하여 전세권설정자를 이행지체에 빠뜨려야
> - 전세권 존속 중 전세금반환채권만의 양도 ⇨ 장래의 조건부 채권으로 양도만 可
> - 전세금 증감청구권의 한도 ⇨ 증액청구: 전세금의 20분의 1, 감액청구: 제한×
> - 전세권의 존속기간 ⇨ 최고 10년

① (○) 임차권자와 달리 전세권자는 필요비를 청구할 수 없다.

> 민법
> 제310조(전세권자의 상환청구권) ① 전세권자가 목적물을 개량하기 위하여 지출한 금액 기타 유익비에 관하여는 그 가액의 증가가 현존한 경우에 한하여 소유자의 선택에 좇아 그 지출액이나 증가액의 상환을 청구할 수 있다.
> ② 전항의 경우에 법원은 소유자의 청구에 의하여 상당한 상환기간을 허여할 수 있다.

② (○) 전세권자의 전세목적물 인도의무 및 전세권설정등기말소등기의무와 전세권설정자의 전세금반환의무는 서로 동시이행의 관계에 있으므로 전세권자인 채권자가 전세목적물에 대한 경매를 청구하려면 우선 전세권설정자에 대하여 전세목적물의 인도의무 및 전세권설정등기말소의무의 이행제공을 완료하여 전세권설정자를 이행지체에 빠뜨려야 한다(대법원 1977. 4. 13. 77마90 결정).

③ (○) 전세권은 전세금을 지급하고 타인의 부동산을 그 용도에 따라 사용·수익하는 권리로서 전세금의 지급이 없으면 전세권은 성립하지 아니하는 등으로 전세금은 전세권과 분리될 수 없는 요소일 뿐 아니라, 전세권에 있어서는 그 설정행위에서 금지하지 아니하는 한 전세권자는 전세권 자체를 처분하여 전세금으로 지출한 자본을 회수할 수 있도록 되어 있으므로 전세권이 존속하는 동안은 전세권을 존속시키기로 하면서 전세금반환채권만을 전세권과 분리하여 확정적으로 양도하는 것은 허용되지 않는 것이며, 다만 전세권 존속 중에는 장래에 그 전세권이 소멸하는 경우에 전세금 반환채권이 발생하는 것을 조건으로 그 장래의 조건부 채권을 양도할 수 있을 뿐이라 할 것이다(대법원 2002. 8. 23. 2001다69122).

④ (X) 증액의 경우에만 제한이 있다.

> 민법
> 제312조의2(전세금 증감청구권) 전세금이 목적 부동산에 관한 조세·공과금 기타 부담의 증감이나 경제사정의 변동으로 인하여 상당하지 아니하게 된 때에는 당사자는 장래에 대하여 그 증감을 청구할 수 있다. 그러나 증액의 경우에는 대통령령이 정하는 기준에 따른 비율을 초과하지 못한다.
> 민법제312조의2단서의시행에관한규정
> 제2조 (증액청구의 비율) 전세금의 증액청구의 비율은 약정한 전세금의 20분의 1을 초과하지 못한다.

⑤ (○)

> 민법
> 제312조(전세권의 존속기간) ① 전세권의 존속기간은 10년을 넘지 못한다. 당사자의 약정기간이 10년을 넘는 때에는 이를 10년으로 단축한다.

정답 ④

문 49

전세권에 관한 다음 설명 중 가장 옳지 않은 것은? [2020년 16번]

① 甲이 乙 소유의 건물에 대하여 전세금을 지급하고 전세권을 설정받았는데, 전세권의 존속기간이 만료된 후 甲이 전세권을 전세금반환채권과 함께 丙에게 양도하고 丙 앞으로 전세권이전의 부기등기를 마쳤더라도 확정일자 있는 증서에 의한 채권양도절차를 거치지 않은 이상 그 후 위 전세금반환채권을 압류·전부받은 甲의 채권자 丁에게 위 전세금반환채권의 양도사실로써 대항할 수 없다.
② 건물의 일부에 대하여 전세권이 설정되어 있는 경우, 전세권자는 건물 전부에 대하여 전세금의 우선변제를 받을 권리가 있으나 전세권의 목적물이 아닌 나머지 건물부분에 대하여는 우선변제권은 별론으로 하고 경매신청권은 없으므로, 전세권자는 전세권의 목적이 된 부분을 초과하여 건물 전부의 경매를 청구할 수 없다. 그러나 전세권의 목적이 된 부분이 구조상 또는 이용상 독립성이 없어 독립한 소유권의 객체로 분할할 수 없고 따라서 그 부분만의 경매신청이 불가능한 경우에는 달리 볼 수 있다.
③ 전세권이 존속기간의 만료 등으로 종료한 경우, 최선순위 전세권자의 채권자는 전세권이 설정된 부동산에 대한 경매절차에서 채권자대위권에 기하거나 전세금반환채권에 대하여 압류 및 추심명령을 받은 다음 추심권한에 기하여 자기 이름으로 전세권에 대한 배당요구를 할 수 있다.
④ 전세권이 용익물권적인 성격과 담보물권적인 성격을 모두 갖추고 있는 점에 비추어 전세권 존속기간이 시작되기 전에 마친 전세권설정등기도 특별한 사정이 없는 한 유효한 것으로 추정된다.
⑤ 전세권자가 전세권 소멸 후 그 목적물을 인도하였다고 하더라도 전세권설정등기의 말소등기에 필요한 서류를 교부하거나 그 이행의 제공을 하지 않는 이상, 전세권설정자는 전세금의 반환을 거부할 수 있고, 이 경우 다른 특별한 사정이 없는 한 전세권설정자가 전세금에 대한 이자 상당액의 이득을 법률상 원인 없이 얻는다고 볼 수 없다.

> **MGI Point** 전세권 ★★
>
> ■ 전세기간 만료 이후 전세권양도계약 및 전세권이전의 부기등기가 이루어진 것만으로는 전세금반환채권의 양도에 관하여 확정일자 있는 통지나 승낙 × ⇨ 이로써 제3자인 전세금반환채권의 압류·전부 채권자에게 대항 불가
> ■ 건물일부에 대한 전세권
>   • 건물 전부에 대한 우선변제권 ○
>   • 구조상·이용상 독립성이 없는 경우에도 건물전부에 대한 경매신청권 ×
> ■ 전세권이 존속기간의 만료 등으로 종료한 경우 ⇨ 최선순위 전세권자의 채권자는 전세권이 설정된 부동산에 대한 경매절차에서 채권자대위권에 기하거나 전세금반환채권에 대하여 압류 및 추심명령을 받은 다음 추심권한에 기하여 자기 이름으로 전세권에 대한 배당요구 可
> ■ 전세권 존속기간이 시작되기 전에 마친 전세권설정등기 ⇨ 특별한 사정이 없는 한 유효한 것으로 추정
> ■ 전세권자로부터 전세권 목적물을 인도받은 전세권설정자가 전세권자에 대하여 전세권설정등기의 말소와 동시이행을 주장하면서 전세금의 반환을 거부하는 경우 ⇨ 전세권설정자에게 전세금에 대한 이자 상당액의 부당이득 반환의무 ×

① (○) 전세권설정등기를 마친 민법상의 전세권은 그 성질상 용익물권적 성격과 담보물권적 성격을 겸비한 것으로서, 전세권의 존속기간이 만료되면 전세권의 용익물권적 권능은 전세권설정등기의 말소 없이도 당연히 소멸하고 단지 전세금반환채권을 담보하는 담보물권적 권능의 범위 내에서 전세금의 반환시까지 그 전세권설정등기의 효력이 존속하고 있다 할 것인데, 이와 같이 존속기간의 경과로서 본래의 용익물권적 권능이 소멸하고 담보물권적 권능만 남은 전세권에 대해서도 그 피담보채권인 전세금반환채권과 함께 제3자에게 이를 양도할 수 있다 할 것이지만 이 경우에는 민법 제450조 제2항 소정의 확정일자 있는 증서에 의한 채권양도절차를 거치지 않는 한 위 전세금반환채권의 압류·전부 채권자 등 제3자에게 위 전세보증금반환채권의 양도사실로써 대항할 수 없다(대판 2005.03.25. 2003다35659).

② (X) 건물의 일부에 대하여 전세권이 설정되어 있는 경우 그 전세권자는 민법 제303조 제1항의 규정에 의하여 그 건물 전부에 대하여 후순위권리자 기타 채권자보다 전세금의 우선변제를 받을 권리가 있고, 민법 제318조의 규정에 의하여 전세권설정자가 전세금의 반환을 지체한 때에는 전세권의 목적물의 경매를 청구할 수 있는 것이나, 전세권의 목적물이 아닌 나머지 건물부분에 대하여는 우선변제권은 별론으로 하고 경매신청권은 없으므로, 위와 같은 경우 전세권자는 전세권의 목적이 된 부분을 초과하여 건물 전부의 경매를 청구할 수 없다고 할 것이고, 그 전세권의 목적이 된 부분이 구조상 또는 이용상 독립성이 없어 독립한 소유권의 객체로 분할할 수 없고 따라서 그 부분만의 경매신청이 불가능하다고 하여 달리 볼 것은 아니다(대판 2001.07.02. 2001마212).

③ (○) 전세권이 존속기간의 만료나 합의해지 등으로 종료하면 전세권의 용익물권적 권능은 소멸하고 단지 전세금반환채권을 담보하는 담보물권적 권능의 범위 내에서 전세금의 반환 시까지 전세권설정등기의 효력이 존속하므로, 전세권이 존속기간의 만료 등으로 종료한 경우라면 최선순위 전세권자의 채권자는 전세권이 설정된 부동산에 대한 경매절차에서 채권자대위권에 기하거나 전세금반환채권에 대하여 압류 및 추심명령을 받은 다음 추심권한에 기하여 자기 이름으로 전세권에 대한 배당요구를 할 수 있다(대판 2015.11.17. 2014다10694).

④ (○) 전세권자는 전세금을 지급하고 타인의 부동산을 점유하여 그 부동산의 용도에 좇아 사용·수익하며, 그 부동산 전부에 대하여 후순위권리자 기타 채권자보다 전세금의 우선변제를 받을 권리가 있다(민법 제303조 제1항). 이처럼 전세권이 용익물권적인 성격과 담보물권적인 성격을 모두 갖추고 있는 점에 비추어 전세권 존속기간이 시작되기 전에 마친 전세권설정등기도 특별한 사정이 없는 한 유효한 것으로 추정된다. 한편 부동산등기법 제4조 제1항은 "같은 부동산에 관하여 등기한 권리의 순위는 법률에 다른 규정이 없으면 등기한 순서에 따른다."라고 정하고 있으므로, 전세권은 등기부상 기록된 전세권설정등기의 존속기간과 상관없이 등기된 순서에 따라 순위가 정해진다(대결 2018.01.25. 2017마1093).

⑤ (○) 전세권설정자는 전세권이 소멸한 경우 전세권자로부터 그 목적물의 인도 및 전세권설정등기의 말소등기에 필요한 서류의 교부를 받는 동시에 전세금을 반환할 의무가 있을 뿐이므로, 전세권자가 그 목적물을 인도하였다고 하더라도 전세권설정등기의 말소등기에 필요한 서류를 교부하거나 그 이행의 제공을 하지 아니하는 이상, 전세권설정자는 전세금의 반환을 거부할 수 있고, 이 경우 다른 특별한 사정이 없는 한 그가 전세금에 대한 이자 상당액의 이득을 법률상 원인 없이 얻는다고 볼 수 없다(대판 2002.02.05. 2001다62091).

정답 ②

문 50

전세권에 관한 다음 설명 중 옳지 않은 것을 모두 고른 것은?(각 지문은 독립적이며, 다툼이 있는 경우 판례에 의함) [2016년 36번]

> ㉠ 전세권이 성립한 후 전세목적물의 소유권이 양도된 경우, 이후 전세권이 소멸하면 전세권자는 전세목적물의 전 소유자에 대해서도 전세금반환을 청구할 수 있다.
> ㉡ 전세금의 지급은 전세권 성립의 요소가 되는 것이지만 그렇다고 하여 전세금의 지급이 반드시 현실적으로 수수되어야만 하는 것은 아니고 기존의 채권으로 전세금의 지급에 갈음할 수도 있다.
> ㉢ 전세기간 만료 이후 전세권자 乙과 그의 채권자 丙사이에 전세권양도계약 및 전세권이전의 부기등기가 이루어 졌다면, 채권양도 대항요건의 취지에 비추어 이는 전세금반환채권의 양도에 관하여 확정일자 있는 통지나 승낙이 있었다고 볼 수 있으므로 丙은 이로써 제3자인 전세금반환채권의 압류·전부 채권자 丁에게 대항할 수 있다.

㉣ 전세권이 존속기간 만료 등으로 종료한 경우, 최선순위 전세권자의 채권자는 전세권이 설정된 부동산에 대한 경매절차에서 전세금반환채권에 대하여 압류 및 추심명령을 받은 다음 추심권한에 기하여 전세권에 대한 배당요구를 할 수 있을 뿐이지, 채권자대위권에 기하여 자기 이름으로 배당요구를 할 수는 없다.
㉤ 전세권자는 전세권설정자에게 전세권 목적물의 현상을 유지하기 위해 지출한 필요비의 상환을 청구할 수 있다.
㉥ 임대차보증금반환채권을 담보하기 위하여 전세권설정등기를 경료한 후 그 전세권에 대하여 저당권이 설정된 경우, 임대차계약의 변경으로 전세금이 일부 소멸하더라도 저당권자의 동의가 없는 한 전세권설정자가 전세권의 일부 소멸을 주장할 수 없다.

① ㉠, ㉡, ㉢, ㉤
② ㉠, ㉢, ㉣, ㉥
③ ㉡, ㉢, ㉣, ㉤
④ ㉠, ㉡, ㉢, ㉣, ㉤
⑤ ㉠, ㉢, ㉣, ㉤

::해설   ★★★

㉠ (X) 전세권이 성립한 후 목적물의 소유권이 이전되는 경우에 있어서 전세권 관계가 전세권자와 전세권설정자인 종전 소유자와 사이에 계속 존속되는 것인지 아니면 전세권자와 목적물의 소유권을 취득한 신 소유자와 사이에 동일한 내용으로 존속되는지에 관하여 민법에 명시적인 규정은 없으나, 목적물의 신 소유자는 구 소유자와 전세권자 사이에 성립한 전세권의 내용에 따른 권리의무의 직접적인 당사자가 되어 전세권이 소멸하는 때에 전세권자에 대하여 전세권설정자의 지위에서 전세금반환의무를 부담하게 되고, 구 소유자는 전세권설정자의 지위를 상실하여 전세금반환의무를 면하게 된다고 보아야 하고, 전세권이 전세금 채권을 담보하는 담보물권적 성질을 가지고 있다고 하여도 전세권은 전세금이 존재하지 않으면 독립하여 존재할 수 없는 용익물권으로서 전세금은 전세권과 분리될 수 없는 요소이므로 전세권 관계로 생기는 위와 같은 법률관계가 신 소유자에게 이전되었다고 보는 이상, 전세금 채권 관계만이 따로 분리되어 전 소유자와 사이에 남아 있다고 할 수는 없을 것이고, 당연히 신 소유자에게 이전되었다고 보는 것이 옳다(대판 2000.06.09. 99다15122).

㉡ (○) 전세금의 지급은 전세권 성립의 요소가 되는 것이지만 그렇다고 하여 전세금의 지급이 반드시 현실적으로 수수되어야만 하는 것은 아니고 기존의 채권으로 전세금의 지급에 갈음할 수도 있다(대판 1995.02.10. 94다18508).

㉢ (X) 전세권설정등기를 마친 민법상의 전세권은 그 성질상 용익물권적 성격과 담보물권적 성격을 겸비한 것으로서, 전세권의 존속기간이 만료되면 전세권의 용익물권적 권능은 전세권설정등기의 말소 없이도 당연히 소멸하고 단지 전세금반환채권을 담보하는 담보물권적 권능의 범위 내에서 전세금의 반환시까지 그 전세권설정등기의 효력이 존속하고 있다 할 것인데, 이와 같이 존속기간의 경과로서 본래의 용익물권적 권능이 소멸하고 담보물권적 권능만 남은 전세권에 대해서도 그 피담보채권인 전세금반환채권과 함께 제3자에게 이를 양도할 수 있다 할 것이지만 이 경우에는 민법 제450조 제2항 소정의 확정일자 있는 증서에 의한 채권양도 절차를 거치지 않는 한 위 전세금반환채권의 압류·전부 채권자 등 제3자에게 위 전세보증금반환채권의 양도사실로써 대항할 수 없다(대판 2005.03.25. 2003다35659). ▶ 전세기간 만료 이후 전세권양도계약 및 전세권이전의 부기등기가 이루어진 것만으로는 전세금반환채권의 양도에 관하여 확정일자 있는 통지나 승낙이 있었다고 볼 수 없어 이로써 제3자인 전세금반환채권의 압류·전부 채권자에게 대항할 수 없다고 한 사례이다.

㉣ (X) 전세권이 존속기간의 만료나 합의해지 등으로 종료하면 전세권의 용익물권적 권능은 소멸하고 단지 전세금반환채권을 담보하는 담보물권적 권능의 범위 내에서 전세금의 반환 시까지 전세권설정등기의 효력이 존속하므로, 전세권이 존속기간의 만료 등으로 종료한 경우라면 최선순위 전세권자의 채권자는 전세권이 설

정된 부동산에 대한 경매절차에서 채권자대위권에 기하거나 전세금반환채권에 대하여 압류 및 추심명령을 받은 다음 추심권한에 기하여 자기 이름으로 전세권에 대한 배당요구를 할 수 있다(대판 2015.11.17. 2014다10694).

ⓜ (X) 전세권자는 목적물의 현상을 유지하고 그 통상의 관리에 속하는 수선을 하여야 한다(민법 제309조). 따라서 전세권자는 임차인과 달리 이러한 수선의무를 부담하고 있으므로 필요비상환청구권을 갖지 않는다(민법 제626조 참조).

ⓗ (○) 원심판결 이유에 의하면, 소외인과 피고는 위 전세권의 존속기간 중인 2003. 3. 27. 이 사건 부동산 중 일부만 임대차계약의 목적물로 존속하고 나머지 부분은 합의해지하기로 하면서 이 사건 부동산 중 일부를 임대차보증금 8,000만 원, 월 차임 100만 원, 임차기간 2년으로 정하여 임차하기로 하는 내용으로 종전의 임대차계약을 변경하였음을 알 수 있는바, 민법 제371조 제2항이 "전세권을 목적으로 저당권을 설정한 자는 저당권자의 동의 없이 전세권을 소멸하게 하는 행위를 하지 못한다."고 규정하고 있는 점에 비추어 볼 때, 위와 같은 경우 소외인과 피고 사이에서는 위 전세권이 위 계약 내용대로 변경되어 전세금이 1억 원에서 8,000만 원으로 일부 소멸한다고 할 것이지만, 위 전세권저당권자인 원고에 대한 관계에서는 소외인은 물론 위 전세권설정자인 피고도 원고의 동의가 있지 않는 한 위와 같은 전세권의 일부 소멸을 주장할 수 없다고 할 것이다(대판 2006.02.09. 2005다59864).

정답 ⑤

제5장 담보물권

제❶절 | 유치권

문 14

유치권에 관한 다음 설명 중 가장 옳은 것은?[2023년 15번]

① 민법 제327조에 따라 채무자는 상당한 담보를 제공하고 유치권의 소멸을 청구할 수 있는데, 이 때 채무자가 제공하는 담보는 피담보채권액과는 무관하고 적어도 유치물 가액에 해당하는 담보를 제공하면 된다.

② 이른바 계약명의신탁에 있어 명의신탁자가 명의수탁자에 대하여 가지는 매매대금 상당의 부당이득반환청구권은 소유권 등에 기한 부동산의 반환청구권과 동일한 사실관계로부터 발생한 채권이라고 볼 수 있으므로, 민법 제320조 제1항에서 정한 유치권 성립요건으로서의 목적물과 채권 사이의 견련관계가 인정된다.

③ 매도인 甲이 부동산을 점유하고 있고 소유권을 이전받은 매수인 乙에게서 매매대금 일부를 지급받지 못하고 있다면 매매대금채권을 피담보채권으로 매수인 乙이나 그에게서 부동산 소유권을 취득한 제3자를 상대로 유치권을 주장할 수 있다.

④ 甲이 건물 신축공사 수급인인 乙 주식회사와 체결한 약정에 따라 공사현장에 공급한 시멘트와 모래 등의 건축자재가 수급인 등에 의해 위 건물의 신축공사에 사용됨으로써 결과적으로 위 건물에 부합되었다면 건축자재대금채권은 건물 자체에 관하여 생긴 채권이라고 할 수 있으므로 건물에 관한 유치권의 피담보채권이 된다.

⑤ 유치권자는 유치물 소유자의 승낙 없이 유치물을 보존에 필요한 범위를 넘어 사용할 수 없고, 유치권자가 유치물을 그와 같이 사용한 경우에는 그로 인한 이익을 부당이득으로 소유자에게 반환하여야 한다. 따라서 유치권자가 유치물에 관하여 제3자와의 사이에 전세계약을 체결하여 전세금을 수령하였다면 소유자에게 그 전세금에 대한 법정이자 상당액을 부당이득으로 반환하여야 한다.

MGI Point 유치권 ★★

- 채무자의 담보제공 유치권 소멸청구 ⇨ 유치물 가액이 피담보채권액보다 많을 경우 ⇨ 피담보채권액에 해당하는 담보를 제공
- 채무자의 담보제공 유치권 소멸청구 ⇨ 유치물 가액이 피담보채권액보다 적을 경우 ⇨ 유치물 가액에 해당하는 담보를 제공⇨
- 계약명의신탁에 있어 명의신탁자가 명의수탁자에 대하여 가지는 매매대금 상당의 부당이득반환청구권 ⇨ 해당 부동산에 대한 유치권의 피담보채권×
- 건물 신축공사 수급인에 대한 건축자재대금채권 ⇨ 건물에 대한 유치권의 피담보채권×
- 유치권자가 유치물에 전세권을 설정해준 경우 부당이득액 ⇨ 전세금에 대한 법정이자 상당액

① (X) 유치권 소멸청구는 민법 제327조에 규정된 채무자뿐만 아니라 유치물의 소유자도 할 수 있다. 민법 제327조에 따라 채무자나 소유자가 제공하는 담보가 상당한지는 담보 가치가 채권 담보로서 상당한지, 유치물에 의한 담보력을 저하시키지 않는지를 종합하여 판단해야 한다. 따라서 유치물 가액이 피담보채권액보다 많을 경

우에는 피담보채권액에 해당하는 담보를 제공하면 되고, 유치물 가액이 피담보채권액보다 적을 경우에는 유치물 가액에 해당하는 담보를 제공하면 된다(대법원 2021. 7. 29. 2019다216077).

② (X) 명의신탁자와 명의수탁자가 이른바 계약명의신탁약정을 맺고 명의수탁자가 당사자가 되어 명의신탁약정이 있다는 사실을 알지 못하는 소유자와 부동산에 관한 매매계약을 체결한 뒤 수탁자 명의로 소유권이전등기를 마친 경우에는, 명의신탁자와 명의수탁자 사이의 명의신탁약정은 무효이지만 그 명의수탁자는 당해 부동산의 완전한 소유권을 취득하게 되고(부동산 실권리자명의 등기에 관한 법률 제4조 제1항, 제2항 참조), 반면 명의신탁자는 애초부터 당해 부동산의 소유권을 취득할 수 없고 다만 그가 명의수탁자에게 제공한 부동산 매수자금이 무효의 명의신탁약정에 의한 법률상 원인 없는 것이 되는 관계로 명의수탁자에 대하여 동액 상당의 부당이득반환청구권을 가질 수 있을 뿐이다. 명의신탁자의 이와 같은 부당이득반환청구권은 부동산 자체로부터 발생한 채권이 아닐 뿐만 아니라 소유권 등에 기한 부동산의 반환청구권과 동일한 법률관계나 사실관계로부터 발생한 채권이라고 보기도 어려우므로, 결국 민법 제320조 제1항에서 정한 유치권 성립요건으로서의 목적물과 채권 사이의 견련관계를 인정할 수 없다(대법원 2009. 3. 26. 2008다34828).

③ (X) 부동산 매도인이 매매대금을 다 지급받지 않은 상태에서 매수인에게 소유권이전등기를 마쳐주었으나 부동산을 계속 점유하고 있는 경우, 매매대금채권을 피담보채권으로 하여 매수인이나 그에게서 부동산 소유권을 취득한 제3자에게 유치권을 주장할 수 없다(대법원 2012. 1. 12.자 2011마2380).

④ (X) 甲이 건물 신축공사 수급인인 乙 주식회사와 체결한 약정에 따라 공사현장에 시멘트와 모래 등의 건축자재를 공급한 사안에서, 甲의 건축자재대금채권은 매매계약에 따른 매매대금채권에 불과할 뿐 건물 자체에 관하여 생긴 채권이라고 할 수는 없음에도 건물에 관한 유치권의 피담보채권이 된다고 본 원심판결에 유치권의 성립요건인 채권과 물건 간의 견련관계에 관한 법리오해의 위법이 있다고 한 사례(대법원 2012. 1. 26. 2011다96208).

⑤ (○) 유치권자는 유치물 소유자의 승낙 없이 유치물을 보존에 필요한 범위를 넘어 사용할 수 없고, 유치권자가 유치물을 그와 같이 사용한 경우에는 그로 인한 이익을 부당이득으로 소유자에게 반환하여야 한다. 그 경우에 그 반환의무의 구체적인 내용은 다른 부당이득반환청구에서와 마찬가지로 의무자가 실제로 어떠한 구체적 이익을 얻었는지에 좇아 정하여진다. 따라서 유치권자가 유치물에 관하여 제3자와의 사이에 전세계약을 체결하여 전세금을 수령하였다면 전세금이 종국에는 전세입자에게 반환되어야 할 것임에 비추어 다른 특별한 사정이 없는 한 그가 얻은 구체적 이익은 그가 전세금으로 수령한 금전의 이용가능성이고, 그가 이와 같이 구체적으로 얻은 이익과 관계없이 추상적으로 산정된 차임 상당액을 부당이득으로 반환하여야 한다고 할 수 없다. 그리고 이러한 이용가능성은 그 자체 현물로 반환될 수 없는 성질의 것이므로 그 '가액'을 산정하여 반환을 명하여야 하는바, 그 가액은 결국 전세금에 대한 법정이자 상당액이다(대법원 2009. 12. 24. 2009다32324).

정답 ⑤

문 51

유치권에 관한 다음 설명 중 옳지 않은 것을 모두 고른 것은?(각 지문은 상호 독립적임) [2022년 28번]

ㄱ. 소유자는 그 소유에 속한 물건을 점유한 자에 대하여 반환을 청구할 수 있다. 그러나 점유자가 그 물건을 점유할 권리가 있는 때에는 반환을 거부할 수 있고, 여기서 반환을 거부할 수 있는 점유할 권리에는 유치권도 포함된다. 유치권자로부터 유치물을 유치하기 위한 방법으로 유치물의 점유 내지 보관을 위탁받은 자는 특별한 사정이 없는 한 점유할 권리가 있음을 들어 소유자의 소유물반환청구를 거부할 수 있다.

ㄴ. 유치권의 성립요건인 유치권자의 점유는 직접점유이든 간접점유이든 관계없지만, 유치권자는 채무자의 승낙이 없는 이상 그 목적물을 타에 임대할 수 있는 처분권한이 없으므로, 유치권자의 그러한 임대행위는 소유자의 처분권한을 침해하는 것으로서 소유자에게 그 임대의 효력을 주장할 수 없다.

ㄷ. 점유자가 점유의 침탈을 당한 때에는 그 물건의 반환 및 손해의 배상을 청구할 수 있고, 위 청구권은 점유를 침탈당한 날부터 1년 내에 행사하여야 하므로, 점유를 침탈당한 자가 본권인 유치권 소멸에 따른 손해배상청구권을 행사하는 때에는 점유를 침탈당한 날부터 1년 내에 행사하여야 한다.

ㄹ. 건물신축 공사대금 일부를 지급받지 못한 甲 회사는 건물을 점유하면서 유치권을 행사하고 있다. 그 후 乙이 경매절차에서 건물 중 일부 점포를 매수하여 소유권이전등기를 마친 다음 甲 회사의 점유를 침탈하여 丙에게 임대하였다. 乙의 점유침탈로 甲 회사는 점유를 상실하였으므로 유치권은 소멸하였다. 甲 회사가 점유를 회복하기 전까지는 앞으로 점유회수의 소를 제기하여 점유를 회복할 수 있다는 사정만으로 甲 회사의 유치권이 소멸하지 않았다고 볼 수는 없다.

ㅁ. 유치권의 성립요건인 유치권자의 점유는 직접점유이든 간접점유이든 관계없다. 다만 간접점유를 인정하기 위해서는 간접점유자와 직접점유를 하는 자 사이에 일정한 법률관계, 즉 점유매개관계가 필요한데, 간접점유에서 점유매개관계를 이루는 임대차계약 등이 해지 등의 사유로 종료되면 더 이상 점유매개관계를 이루고 있다고 볼 수 없으므로, 유치권자의 간접점유도 소멸한다.

① ㄱ, ㄴ
② ㄴ, ㄷ
③ ㄱ, ㄷ
④ ㄱ, ㄹ
⑤ ㄷ, ㅁ

MGI Point 　**유치권**　★★

- 민법 제213조 단서 소정의 점유할 권리 ⇨ 유치권 포함, 유치권자로부터 보관을 위탁받은 자의 점유할 권리도 포함
- 유치권자가 채무자의 승낙 없이 목적물을 제3자에게 임대한 경우 ⇨ 소유자에게 임대의 효력 주장 不可
- 본권인 유치권 소멸에 따른 손해배상청구권의 행사 기간 ⇨ 민법 제204조 제3항 적용 ×
- 점유를 상실한 유치권자가 앞으로 점유회수의 소를 제기하여 점유를 회복할 수 있다는 사정만으로 유치권 소멸하지 않았다고 볼 것 ×
- 간접점유에서 점유매개관계를 이루는 임대차계약 등이 종료된 이후에도 직접점유자가 목적물을 점유한 채 이를 반환하지 않고 있는 경우 ⇨ 점유매개관계가 단절되는 것 ×

ㄱ. (○) 소유자는 그 소유에 속한 물건을 점유한 자에 대하여 반환을 청구할 수 있다. 그러나 점유자가 그 물건을 점유할 권리가 있는 때에는 반환을 거부할 수 있다(민법 제213조). 여기서 반환을 거부할 수 있는 점유할 권리에는 유치권도 포함되고, 유치권자로부터 유치물을 유치하기 위한 방법으로 유치물의 점유 내지 보관을 위탁받은 자는 특별한 사정이 없는 한 점유할 권리가 있음을 들어 소유자의 소유물반환청구를 거부할 수 있다(대판 2014.12.24. 2011다62618).

ㄴ. (○) 유치권의 성립요건인 유치권자의 점유는 직접점유이든 간접점유이든 관계없지만, 유치권자는 채무자의 승낙이 없는 이상 그 목적물을 타에 임대할 수 있는 처분권한이 없으므로(민법 제324조 제2항 참조), 유치권자의 그러한 임대행위는 소유자의 처분권한을 침해하는 것으로서 소유자에게 그 임대의 효력을 주장할 수 없고, 따라서 소유자의 동의 없이 유치권자로부터 유치권의 목적물을 임차한 자의 점유는 구 민사소송법(2002. 1. 26. 법률 제6626호로 전문 개정되기 전의 것) 제647조 제1항 단서에서 규정하는 '경락인에게 대항할 수 있는 권원'에 기한 것이라고 볼 수 없다(대결 2002.11.27. 2002마3516).

ㄷ. (X) 민법 제204조에 따르면, 점유자가 점유의 침탈을 당한 때에는 그 물건의 반환 및 손해의 배상을 청구할 수 있고(제1항), 위 청구권은 점유를 침탈당한 날부터 1년 내에 행사하여야 하며(제3항), 여기서 말하는 1년의 행사기간은 제척기간으로서 소를 제기하여야 하는 기간을 말한다. 그런데 민법 제204조 제3항은 본권 침해로 발생한 손해배상청구권의 행사에는 적용되지 않으므로 점유를 침탈당한 자가 본권인 유치권 소멸에 따른 손해배상청구권을 행사하는 때에는 민법 제204조 제3항이 적용되지 아니하고, 점유를 침탈당한 날부터 1년 내에 행사할 것을 요하지 않는다(대판 2021.08.19. 2021다213866).

ㄹ. (○) 甲 주식회사가 건물신축 공사대금 일부를 지급받지 못하자 건물을 점유하면서 유치권을 행사해 왔는데, 그 후 乙이 경매절차에서 건물 중 일부 상가를 매수하여 소유권이전등기를 마친 다음 甲 회사의 점유를 침탈하여 丙에게 임대한 사안에서, 乙의 점유침탈로 甲 회사가 점유를 상실한 이상 유치권은 소멸하고, 甲 회사가 점유회수의 소를 제기하여 승소판결을 받아 점유를 회복하면 점유를 상실하지 않았던 것으로 되어 유치권이 되살아나지만, 위와 같은 방법으로 점유를 회복하기 전에는 유치권이 되살아나는 것이 아님에도, 甲 회사가 상가에 대한 점유를 회복하였는지를 심리하지 아니한 채 점유회수의 소를 제기하여 점유를 회복할 수 있다는 사정만으로 甲 회사의 유치권이 소멸하지 않았다고 본 원심판결에 점유상실로 인한 유치권 소멸에 관한 법리오해의 위법이 있다(대판 2012.02.09. 2011다72189).

ㅁ. (X) 유치권의 성립요건인 유치권자의 점유는 직접점유이든 간접점유이든 관계없다. 간접점유를 인정하기 위해서는 간접점유자와 직접점유를 하는 자 사이에 일정한 법률관계, 즉 점유매개관계가 필요한데, 간접점유에서 점유매개관계를 이루는 임대차계약 등이 해지 등의 사유로 종료되더라도 직접점유자가 목적물을 반환하기 전까지는 간접점유자의 직접점유자에 대한 반환청구권이 소멸하지 않는다. 따라서 점유매개관계를 이루는 임대차계약 등이 종료된 이후에도 직접점유자가 목적물을 점유한 채 이를 반환하지 않고 있는 경우에는, 간접점유자의 반환청구권이 소멸한 것이 아니므로 간접점유의 점유매개관계가 단절된다고 할 수 없다(대판 2019.08.14. 2019다205329).

정답 ⑤

문 52

다음 설명 중 옳지 않은 것은 모두 몇 개인가? [2021년 11번]

가. 우리 법에서 유치권제도는 무엇보다도 권리자에게 그 목적인 물건을 유치하여 계속 점유할 수 있는 대세적 권능을 인정한다(민법 제320조 제1항, 민사집행법 제91조 제5항 등 참조). 그리하여 소유권 등에 기하여 목적물을 인도받고자 하는 사람(물건의 점유는 대부분의 경우에 그 사용수익가치를 실현하는 전제가 된다)은 유치권자가 가지는 그 피담보채권을 만족시키는 등으로 유치권이 소멸하지 아니하는 한 그 인도를 받을 수 없으므로 실제로는 그 변제를 강요당하는 셈이 된다. 그와 같이 하여 유치권은 유치권자의 그 채권의 만족을 간접적으로 확보하려는 것이다. 그런데 우리 법상 저당권 등의 부동산담보권은 이른바 비점유담보로서 그 권리자가 목적물을 점유함이 없이 설정되고 유지될 수 있고 실제로도 저당권자 등이 목적물을 점유하는 일은 매우 드물다. 따라서 어떠한 부동산에 저당권 또는 근저당권과 같이 담보권이 설정된 경우에도 그 설정 후에 제3자가 그 목적물을 점유함으로써 그 위에 유치권을 취득하게 될 수 있다.

나. 유치권은 목적물의 소유자와 채권자와의 사이의 계약에 의하여 설정되는 것이 아니라 법이 정하는 일정한 객관적 요건을 갖춤으로써 발생하는 이른바 법정담보물권이다. 법이 유치권제도를 마련하여 위와 같은 거래상의 부담을 감수하는 것은 유치권에 의하여 우선적으로 만족을 확보하여 주려는 그 피담보채권에 특별한 보호가치가 있다는 것에 바탕을 둔 것으로서, 그러한 보호가치는 예를 들어 민법 제320조 이하의 민사유치권의 경우에는 객관적으로 점유자의 채권과 그 목적물 사이에 특수한 관계(민법 제320조 제1항의 문언에 의하면 '그 물건에 관하여 생긴 채권'일 것, 즉 이른바 '물건과 채권과의 견련관계'가 있는 것)가 있는 것에서 인정된다.

다. 제한물권은 이해관계인의 이익을 부당하게 침해하지 않는 한 자유로이 포기할 수 있는 것이 원칙이다. 유치권은 채권자의 이익을 보호하기 위한 법정담보물권으로서, 당사자는 미리 유치권의 발생을 막는 특약을 할 수 있고 이러한 특약은 유효하다. 유치권 배제 특약이 있는 경우 다른 법정요건이 모두 충족되더라도 유치권은 발생하지 않는데, 다만 특약에 따른 효력은 특약의 상대방이 아닌 그 밖의 사람은 주장할 수 없다.

라. 민법 제320조 제1항에서 '그 물건에 관하여 생긴 채권'은 유치권 제도 본래의 취지인 공평의 원칙에 특별히 반하지 않는 한 채권이 목적물 자체로부터 발생한 경우는 물론이고 채권이 목적물의 반환청구권과 동일한 법률관계나 사실관계로부터 발생한 경우도 포함하고, 한편 민법 제321조는 "유치권자는 채권 전부의 변제를 받을 때까지 유치물 전부에 대하여 그 권리를 행사할 수 있다"고 규정하고 있으므로, 유치물은 그 각 부분으로써 피담보채권의 전부를 담보한다. 다만 이와 같은 유치권의 불가분성은 그 목적물이 분할 가능하거나 수개의 물건인 경우에는 적용되지 않는다.

마. 채무자가 채무초과의 상태에 이미 빠졌거나 그러한 상태가 임박함으로써 채권자가 원래라면 자기 채권의 충분한 만족을 얻을 가능성이 현저히 낮아진 상태에서 이미 채무자 소유의 목적물에 저당권 기타 담보물권이 설정되어 있어서 유치권의 성립에 의하여 저당권자 등이 그 채권 만족상의 불이익을 입을 것을 잘 알면서 자기 채권의 우선적 만족을 위하여 위와 같이 취약한 재정적 지위에 있는 채무자와의 사이에 의도적으로 유치권의 성립요건을 충족하는 내용의 거래를 일으키고 그에 기하여 목적물을 점유하게 됨으로써 유치권이 성립하였다고 하더라도, 유치권자가 그 유치권을 저당권자 등에 대하여 주장하는 것이 신의칙에 반하는 권리행사 또는 권리남용이 되는 것은 아니다.

① 없음　　② 1개　　③ 2개
④ 3개　　⑤ 4개

> **MGI Point** **유치권** ★★
>
> - 어떠한 부동산에 저당권 또는 근저당권과 같이 담보권이 설정된 경우에도 그 설정 후에 제3자가 그 목적물을 점유함으로써 그 위에 유치권 취득 가능
> - 유치권의 법적성질과 제도적 취지 ⇨ 법정담보물권 ○, 법이 유치권제도를 마련하여 위와 같은 거래상의 부담을 감수하는 것은 유치권에 의하여 우선적으로 만족을 확보하여 주려는 그 피담보채권에 특별한 보호가치가 있음
> - 유치권 배제 특약의 효력 ⇨ 유효 ○, 이 효력은 특약의 상대방뿐 아니라 그 밖의 사람도 주장 가능
> - 민법 제321조에 정한 유치권의 불가분성 ⇨ 목적물이 분할 가능하거나 수개의 물건인 경우에도 적용 ○
> - 채무자 소유의 목적물에 이미 저당권 기타 담보물권이 설정되어 있는데 채권자가 자기 채권의 우선적 만족을 위하여 채무자와 의도적으로 유치권의 성립요건을 충족하는 내용의 거래를 하고 목적물을 점유함으로써 유치권이 성립한 경우 ⇨ 유치권을 저당권자 등에게 주장하는 것 허용 ×

가. (○), 나. (○) 우리 법에서 유치권제도는 무엇보다도 권리자에게 그 목적인 물건을 유치하여 계속 점유할 수 있는 대세적 권능을 인정한다(민법 제320조 제1항, 민사집행법 제91조 제5항 등 참조). 그리하여 소유권 등에 기하여 목적물을 인도받고자 하는 사람(물건의 점유는 대부분의 경우에 그 사용수익가치를 실현하는 전제가 된다)은 유치권자가 가지는 그 피담보채권을 만족시키는 등으로 유치권이 소멸하지 아니하는 한 그 인도를 받을 수 없으므로 실제로는 그 변제를 강요당하는 셈이 된다. 그와 같이 하여 유치권은 유치권자의 그 채권의 만족을 간접적으로 확보하려는 것이다. 그런데 우리 법상 저당권 등의 부동산담보권은 이른바 비점유담보로서 그 권리자가 목적물을 점유함이 없이 설정되고 유지될 수 있고 실제로도 저당권자 등이 목적물을 점유하는 일은 매우 드물다. 따라서 어떠한 부동산에 저당권 또는 근저당권과 같이 담보권이 설정된 경우에도 그 설정 후에 제3자가 그 목적물을 점유함으로써 그 위에 유치권을 취득하게 될 수 있다. 이와 같이 저당권 등의 설정 후에 유치권이 성립한 경우에도 마찬가지로 유치권자는 그 저당권의 실행절차에서 목적물을 매수한 사람을 포함하여 목적물의 소유자 기타 권리자에 대하여 위와 같은 대세적인 인도거절권능을 행사할 수 있다. … 유치권은 목적물의 소유자와 채권자와의 사이의 계약에 의하여 설정되는 것이 아니라 법이 정하는 일정한 객관적 요건(민법 제320조 제1항, 상법 제58조, 제91조, 제111조, 제120조, 제147조 등 참조)을 갖춤으로써 발생하는 이른바 법정담보물권이다. 법이 유치권제도를 마련하여 위와 같은 거래상의 부담을 감수하는 것은 유치권에 의하여 우선적으로 만족을 확보하여 주려는 그 피담보채권에 특별한 보호가치가 있다는 것에 바탕을 둔 것으로서, 그러한 보호가치는 예를 들어 민법 제320조 이하의 민사유치권의 경우에는 객관적으로 점유자의 채권과 그 목적물 사이에 특수한 관계(민법 제320조 제1항의 문언에 의하면 "그 물건에 관한 '생긴 채권'"일 것, 즉 이른바 '물건과 채권과의 견련관계'가 있는 것)가 있는 것에서 인정된다(대판 2011.12.22. 2011다84298).

> 민법 제320조(유치권의 내용) ① 타인의 물건 또는 유가증권을 점유한 자는 그 물건이나 유가증권에 관하여 생긴 채권이 변제기에 있는 경우에는 변제를 받을 때까지 그 물건 또는 유가증권을 유치할 권리가 있다.
> 민사집행법 제91조(인수주의와 잉여주의의 선택 등) ⑤ 매수인은 유치권자(留置權者)에게 그 유치권(留置權)으로 담보하는 채권을 변제할 책임이 있다.

다. (X) 제한물권은 이해관계인의 이익을 부당하게 침해하지 않는 한 자유로이 포기할 수 있는 것이 원칙이다. 유치권은 채권자의 이익을 보호하기 위한 법정담보물권으로서, 당사자는 미리 유치권의 발생을 막는 특약을 할 수 있고 이러한 특약은 유효하다. 유치권 배제 특약이 있는 경우 다른 법정요건이 모두 충족되더라도 유치권은 발생하지 않는데, 특약에 따른 효력은 특약의 상대방뿐 아니라 그 밖의 사람도 주장할 수 있다(대판 2018.01.24. 2016다234043).

라. (X) 민법 제320조 제1항에서 '그 물건에 관하여 생긴 채권'은 유치권 제도 본래의 취지인 공평의 원칙에 특별히 반하지 않는 한 채권이 목적물 자체로부터 발생한 경우는 물론이고 채권이 목적물의 반환청구권과 동일한 법률관계나 사실관계로부터 발생한 경우도 포함하고, 한편 민법 제321조는 "유치권자는 채권 전부의 변제를 받을 때까지 유치물 전부에 대하여 그 권리를 행사할 수 있다"고 규정하고 있으므로, 유치물은 그 각

부분으로써 피담보채권의 전부를 담보하며, 이와 같은 유치권의 불가분성은 그 목적물이 분할 가능하거나 수개의 물건인 경우에도 적용된다(대판 2007.09.07. 2005다16942).

마. (X) 채무자가 채무초과의 상태에 이미 빠졌거나 그러한 상태가 임박함으로써 채권자가 원래라면 자기 채권의 충분한 만족을 얻을 가능성이 현저히 낮아진 상태에서 이미 채무자 소유의 목적물에 저당권 기타 담보물권이 설정되어 있어서 유치권의 성립에 의하여 저당권자 등이 그 채권 만족상의 불이익을 입을 것을 잘 알면서 자기 채권의 우선적 만족을 위하여 위와 같이 취약한 재정적 지위에 있는 채무자와의 사이에 의도적으로 유치권의 성립요건을 충족하는 내용의 거래를 일으키고 그에 기하여 목적물을 점유하게 됨으로써 유치권이 성립하였다면, 유치권자가 그 유치권을 저당권자 등에 대하여 주장하는 것은 다른 특별한 사정이 없는 한 신의칙에 반하는 권리행사 또는 권리남용으로서 허용되지 아니한다. 그리고 저당권자 등은 경매절차 기타 채권실행절차에서 위와 같은 유치권을 배제하기 위하여 그 부존재의 확인 등을 소로써 청구할 수 있다고 할 것이다(대판 2011.12.22. 2011다84298).

정답 ④

문 53

유치권에 관한 다음 설명 중 가장 옳지 않은 것은? [2020년 10번]

① 자기소유의 물건에 대해서는 유치권이 성립하지 않는다.
② 유치권의 성립요건인 유치권자의 점유는 직접점유이든 간접점유이든 관계가 없다.
③ 유치권을 행사하며 물건을 점유하는 과정에 그 유치물에 지출하였던 유익비에 대한 상환청구권에 관하여는 유치권이 성립하지 않는다.
④ 유치권자는 채무자의 승낙이 없는 이상 그 목적물을 타에 임대할 수 있는 처분권한이 없다.
⑤ 유치권 배제 특약이 있는 경우 다른 법정요건이 모두 충족되더라도 유치권은 발생하지 않는데, 특약에 따른 효력은 특약의 상대방뿐 아니라 그 밖의 사람도 주장할 수 있다.

MGI Point 유치권 ★★

- 유치권의 성립요건
  - 타인소유 물건일 것 ⇨ 자기소유 물건 ×
  - 적법한 점유 ⇨ 직접점유, 간접점유 불문 (단, 간접점유에서 직접점유자가 채무자인 경우 제외)
  - 피담보채권과 목적물 사이의 견련관계 要 ⇨ 매매목적물과 매매대금채권 ×
- 유치권을 행사하며 물건을 점유하는 과정에 그 유치물에 지출하였던 유익비에 대한 상환청구권 ⇨ 유치권 성립
- 유치권자는 채무자의 승낙이 없는 이상 그 목적물을 타에 임대할 수 있는 처분권한 ×
- 유치권 배제특약 유효(임의규정) ⇨ 유치권포기로 인한 유치권 소멸은 유치권 포기 의사표시의 상대방뿐 아니라 그 이외의 사람도 주장 可

---

① (○) 유치권은 타물권인 점에 비추어 볼 때 수급인의 재료와 노력으로 건축되었고 독립한 건물에 해당되는 기성부분은 수급인의 소유라 할 것이므로 수급인은 공사대금을 지급받을 때까지 이에 대하여 유치권을 가질 수 없다(대판 1993.03.26. 91다14116).

② (○) 유치권의 성립요건이자 존속요건인 유치권자의 점유는 직접점유이든 간접점유이든 관계가 없으나, 다만 유치권은 목적물을 유치함으로써 채무자의 변제를 간접적으로 강제하는 것을 본체적 효력으로 하는 권리인 점 등에 비추어, 그 직접점유자가 채무자인 경우에는 유치권의 요건으로서의 점유에 해당하지 않는다고 할 것이다(대판 2008.04.11. 2007다27236).

③ (X) 유치권자의 점유하에 있는 유치물의 소유자가 변동하더라도 유치권자의 점유는 유치물에 대한 보존행위로서 하는 것이므로 적법하고 그 소유자변동후 유치권자가 유치물에 관하여 새로이 유익비를 지급하여 그 가격의 증가가 현존하는 경우에는 이 유익비에 대하여도 유치권을 행사할 수 있다(대판 1972.01.31. 71다2414).

④ (○) 유치권의 성립요건인 유치권자의 점유는 직접점유이든 간접점유이든 관계없지만, 유치권자는 채무자의 승낙이 없는 이상 그 목적물을 타에 임대할 수 있는 처분권한이 없으므로(민법 제324조 제2항 참조), 유치권자의 그러한 임대행위는 소유자의 처분권한을 침해하는 것으로서 소유자에게 그 임대의 효력을 주장할 수 없고, 따라서 소유자의 동의 없이 유치권자로부터 유치권의 목적물을 임차한 자의 점유는 구 민사소송법(2002. 1. 26. 법률 제6626호로 전문 개정되기 전의 것) 제647조 제1항 단서에서 규정하는 '경락인에게 대항할 수 있는 권원'에 기한 것이라고 볼 수 없다(대결 2002.11.27. 2002마3516).

> 민법 제324조(유치권자의 선관의무) ② 유치권자는 채무자의 승낙없이 유치물의 사용, 대여 또는 담보제공을 하지 못한다. 그러나 유치물의 보존에 필요한 사용은 그러하지 아니하다.

⑤ (○) 유치권은 법정담보물권이기는 하나 채권자의 이익보호를 위한 채권담보의 수단에 불과하므로 이를 포기하는 특약은 유효하고, 유치권을 사전에 포기한 경우 다른 법정요건이 모두 충족되더라도 유치권이 발생하지 않는 것과 마찬가지로 유치권을 사후에 포기한 경우 곧바로 유치권은 소멸한다. 그리고 유치권 포기로 인한 유치권의 소멸은 유치권 포기의 의사표시의 상대방뿐 아니라 그 이외의 사람도 주장할 수 있다(대판 2016.05.12. 2014다52087).

정답 ③

문 54

유치권에 관한 다음 설명 중 가장 옳지 않은 것은? [2019년 22번]

① 압류의 효력이 발생한 이후에 채무자가 위 부동산에 관한 공사대금 채권자에게 그 점유를 이전함으로써 그로 하여금 유치권을 취득하게 한 경우, 그와 같은 점유의 이전은 목적물의 교환가치를 감소시킬 우려가 있는 처분행위에 해당하여 점유자로서는 위 유치권을 내세워 그 부동산에 관한 경매절차의 매수인에게 대항할 수 없다.

② 매도인이 부동산을 점유하고 있고 소유권을 이전받은 매수인으로부터 매매대금 일부를 지급받지 못하고 있다고 하여 매도인이 매매대금채권을 피담보채권으로 하여 매수인이나 그로부터 그 부동산의 소유권을 취득한 제3자를 상대로 유치권을 주장할 수 없다.

③ 건물신축 도급계약에서 수급인이 공사를 완성하였다고 하더라도 신축된 건물에 하자가 있고 그 하자 및 손해에 상응하는 금액이 공사잔대금액 이상이어서 도급인이 수급인에 대한 하자보수청구권 내지 하자보수에 갈음한 손해배상채권 등에 기하여 수급인의 공사잔대금 채권 전부에 대하여 동시이행의 항변을 한 때에는, 수급인은 도급인에 대하여 하자보수의무나 하자보수에 갈음한 손해배상의무 등에 관한 이행의 제공을 하지 아니한 이상 공사잔대금 채권에 기한 유치권을 행사할 수 없다.

④ 유치권자가 유치물에 관하여 제3자와의 사이에 전세계약을 체결하여 전세금을 수령하였다면, 다른 특별한 사정이 없는 한 그로 인해 유치권자가 얻은 이익은 유치물의 구체적 이용가능성을 기준으로 산정하므로, 유치권자가 반환해야 할 가액은 유치물의 이용에 따른 차임 상당액으로 보아야 한다.

⑤ 유치권자에게도 과실수취권이 인정되지만, 이는 유치물의 사용·임대 등에 소유자의 승낙이 있거나 그것이 보존행위에 해당함을 전제로 하는 것이므로, 유치권자에 대한 과실 수취권이 인정된다고 하여 승낙 없는 사용이나 대여를 정당화할 수는 없다.

> **MGI Point 유치권** ★★
> - 압류의 효력이 발생한 이후에 유치권을 취득한 경우 ⇨ 경락인에 유치권 주장 ×
> - 부동산 매도인이 매매대금을 다 지급받지 않은 상태, 매수인에게 소유권이전등기 마쳐주고 부동산을 점유하고 있는 경우 ⇨ 매매대금채권을 피담보채권으로 유치권 주장 ×
> - 신축 건물에 하자가 있고 하자 및 손해에 상응하는 금액이 공사잔대금액 이상이어서 도급인이 하자보수청구권 등에 기하여 수급인의 공사잔대금 채권 전부에 대하여 동시이행 항변을 한 경우 ⇨ 수급인은 공사잔대금 채권에 기한 유치권 행사 불가 (공사잔대금채권의 변제기가 도래하지 아니한 경우와 마찬가지, 하자보수의무나 하자보수에 갈음한 손해배상의무 등에 관한 이행의 제공을 하면 유치권행사 가능)
> - 유치권자가 유치물에 관하여 제3자와의 사이에 전세계약을 체결하여 전세금을 수령한 경우 ⇨ 전세금에 대한 법정이자 상당액 부당이득반환청구 可 (구체적 이익 : 전세금으로 수령한 금전의 이용가능성)
> - 민법 제323조에 의해 유치권자에게 과실수취권이 인정 ⇨ 유치물의 사용·임대 등에 소유자의 승낙이 있거나 그것이 보존행위에 해당함을 전제, 과실수취권의 인정이 승낙 없는 사용이나 대여를 정당화 ×

① (○) 부동산 경매절차에서의 매수인은 민사집행법 제91조 제5항에 따라 유치권자에게 그 유치권으로 담보하는 채권을 변제할 책임이 있는 것이 원칙이나, 채무자 소유의 건물 등 부동산에 경매개시결정의 기입등기가 경료되어 압류의 효력이 발생한 이후에 채무자가 위 부동산에 관한 공사대금 채권자에게 그 점유를 이전함으로써 그로 하여금 유치권을 취득하게 한 경우, 그와 같은 점유의 이전은 목적물의 교환가치를 감소시킬 우려가 있는 처분행위에 해당하여 민사집행법 제92조 제1항, 제83조 제4항에 따른 압류의 처분금지효에 저촉되므로 점유자로서는 위 유치권을 내세워 그 부동산에 관한 경매절차의 매수인에게 대항할 수 없다. 그러나 이러한 법리는 경매로 인한 압류의 효력이 발생하기 전에 유치권을 취득한 경우에는 적용되지 아니하고, 유치권 취득시기가 근저당권 설정 이후라거나 유치권 취득 전에 설정된 근저당권에 기하여 경매절차가 개시되었다고 하여 달리 볼 것은 아니다(대판 2009.01.15. 2008다70763).

② (○) 부동산 매도인이 매매대금을 다 지급받지 아니한 상태에서 매수인에게 소유권이전등기를 마쳐주어 목적물의 소유권을 매수인에게 이전한 경우에는, 매도인의 목적물인도의무에 관하여 동시이행의 항변권 외에 물권적 권리인 유치권까지 인정할 것은 아니다. 왜냐하면 법률행위로 인한 부동산물권변동의 요건으로 등기를 요구함으로써 물권관계의 명확화 및 거래의 안전·원활을 꾀하는 우리 민법의 기본정신에 비추어 볼 때, 만일 이를 인정한다면 매도인은 등기에 의하여 매수인에게 소유권을 이전하였음에도 매수인 또는 그의 처분에 기하여 소유권을 취득한 제3자에 대하여 소유권에 속하는 대세적인 점유의 권능을 여전히 보유하게 되는 결과가 되어 부당하기 때문이다. 또한 매도인으로서는 자신이 원래 가지는 동시이행의 항변권을 행사하지 아니하고 자신의 소유권이전의무를 선이행함으로써 매수인에게 소유권을 넘겨 준 것이므로 그에 필연적으로 부수하는 위험은 스스로 감수하여야 한다. 따라서 매도인이 부동산을 점유하고 있고 소유권을 이전받은 매수인에게서 매매대금 일부를 지급받지 못하고 있다고 하여 매매대금채권을 피담보채권으로 매수인이나 그에게서 부동산 소유권을 취득한 제3자를 상대로 유치권을 주장할 수 없다(대결 2012.01.12. 2011마2380).

③ (○) 수급인의 공사대금채권이 도급인의 하자보수청구권 내지 하자보수에 갈음한 손해배상채권 등과 동시이행의 관계에 있는 점 및 피담보채권의 변제기 도래를 유치권의 성립요건으로 규정한 취지 등에 비추어 보면, 건물신축 도급계약에서 수급인이 공사를 완성하였더라도, 신축된 건물에 하자가 있고 그 하자 및 손해에 상응하는 금액이 공사잔대금액 이상이어서, 도급인이 수급인에 대한 하자보수청구권 내지 하자보수에 갈음한 손해배상채권 등에 기하여 수급인의 공사잔대금 채권 전부에 대하여 동시이행의 항변을 한 때에는, 공사잔

대금 채권의 변제기가 도래하지 아니한 경우와 마찬가지로 수급인은 도급인에 대하여 하자보수의무나 하자보수에 갈음한 손해배상의무 등에 관한 이행의 제공을 하지 아니한 이상 공사잔대금 채권에 기한 유치권을 행사할 수 없다고 보아야 한다(대판 2014.01.16. 2013다30653).

④ (X) 유치권자는 유치물 소유자의 승낙 없이 유치물을 보존에 필요한 범위를 넘어 사용할 수 없고, 유치권자가 유치물을 그와 같이 사용한 경우에는 그로 인한 이익을 부당이득으로 소유자에게 반환하여야 한다. 그 경우에 그 반환의무의 구체적인 내용은 다른 부당이득반환청구에서와 마찬가지로 의무자가 실제로 어떠한 구체적 이익을 얻었는지에 좇아 정하여진다. 따라서 유치권자가 유치물에 관하여 제3자와의 사이에 전세계약을 체결하여 전세금을 수령하였다면 전세금이 종국에는 전세입자에게 반환되어야 할 것임에 비추어 다른 특별한 사정이 없는 한 그가 얻은 구체적 이익은 그가 전세금으로 수령한 금전의 이용가능성이고, 그가 이와 같이 구체적으로 얻은 이익과 관계없이 추상적으로 산정된 차임 상당액을 부당이득으로 반환하여야 한다고 할 수 없다. 그리고 이러한 이용가능성은 그 자체 현물로 반환될 수 없는 성질의 것이므로 그 '가액'을 산정하여 반환을 명하여야 하는바, 그 가액은 결국 전세금에 대한 법정이자 상당액이다(대판 2009.12.24. 2009다32324).

⑤ (○) 민법 제324조에 의하면, 유치권자는 선량한 관리자의 주의로 유치물을 점유하여야 하고, 소유자의 승낙 없이 유치물을 보존에 필요한 범위를 넘어 사용하거나 대여 또는 담보제공을 할 수 없으며, 소유자는 유치권자가 위 의무를 위반한 때에는 유치권의 소멸을 청구할 수 있고, 한편 민법 제323조에 의해 유치권자에게 과실수취권이 인정되지만, 이는 유치물의 사용·임대 등에 소유자의 승낙이 있거나 그것이 보존행위에 해당함을 전제로 하는 것이므로 유치권자에 대한 과실수취권의 인정이 승낙 없는 사용이나 대여를 정당화할 수는 없다고 할 것이다(대판 2006.02.23. 2005다57523).

> 민법 제323조(과실수취권) ① 유치권자는 유치물의 과실을 수취하여 다른 채권보다 먼저 그 채권의 변제에 충당할 수 있다. 그러나 과실이 금전이 아닌 때에는 경매하여야 한다.
> ② 과실은 먼저 채권의 이자에 충당하고 그 잉여가 있으면 원본에 충당한다.

정답 ④

문 55

과실(果實)수취권에 관한 다음 설명 중 가장 옳지 않은 것은? [2019년 4번]

① 매매계약이 있은 후에도 매매목적물이 인도되지 않고, 매매대금도 완제되지 않은 경우, 매매목적물로부터 생긴 과실은 매도인에게 귀속된다.
② 돼지를 양도담보의 목적물로 하여 소유권을 양도하되 점유개정의 방법으로 양도담보설정자가 계속하여 점유관리하면서 무상으로 사용·수익하기로 약정한 경우, 양도담보 목적물로서 원물인 돼지가 출산한 새끼 돼지는 천연과실에 해당하고 그 천연과실의 수취권은 원물인 돼지의 소유권을 가지는 양도담보권자에게 귀속된다.
③ 유치권자는 유치물의 과실을 수취하여 다른 채권보다 먼저 그 채권의 변제에 충당할 수 있다. 이 경우 과실은 먼저 채권의 이자에 충당하고 그 잉여가 있으면 원본에 충당한다.
④ 지상권을 설정한 토지소유권자는 그 지상권이 존속하는 동안에는 그 토지를 사용·수익 할 수 없으므로, 특별한 사정이 없는 한 자신의 토지를 불법하게 점유하고 있는 자에게 임료 상당의 손해배상을 청구할 수 없다.

⑤ 법정대리인인 친권자의 권한이 소멸한 때에는 그 자(子)의 재산에 대한 관리의 계산을 하여야 하며, 이 경우 그 자의 재산으로부터 수취한 과실은 그 자의 양육, 재산관리의 비용과 상계한 것으로 본다. 다만 무상으로 자에게 재산을 수여한 제3자가 반대의 의사를 표시한 때에는 그 재산에 관하여는 그러하지 아니하다.

> **MGI Point 과실수취권** ★★
> - 매매계약 後 인도하지 아니한 목적물로부터 생긴 과실의 귀속
>   - 원칙 : 매도인 (민법 제587조 1문)
>   - 예외 : 매수인의 대금완납시 ⇨ 매수인 (민법 제587조 2문)
> - 돼지를 양도담보의 목적물로 한 경우 ⇨ 새끼 돼지(천연과실)에 대하여 양도담보의 효력 ×(∵ 점유개정)
> - 유치권자의 과실수취권 ⇨ 채권의 이자에 먼저 충당하고 잉여가 있으면 원본에 충당
> - 지상권을 설정한 토지소유권자 ⇨ 토지 불법점유자에게 임료 상당 손해배상 청구 ×
> - 법정대리인인 친권자의 권한이 소멸 ⇨ 재산관리의 계산을 해야 함
>   - 자의 재산으로부터 수취한 과실은 양육, 재산관리 비용과 상계한 것으로 봄 (but 무상으로 자에게 재산을 수여한 제삼자가 반대의 의사 표시한 경우에는 ×)

① (○) 민법 제587조에 의하면, 매매계약 있은 후에도 인도하지 아니한 목적물로부터 생긴 과실은 매도인에게 속하고, 매수인은 목적물의 인도를 받은 날로부터 대금의 이자를 지급하여야 한다고 규정하고 있는바, 이는 매매당사자 사이의 형평을 꾀하기 위하여 매매목적물이 인도되지 아니하더라도 매수인이 대금을 완제한 때에는 그 시점 이후의 과실은 매수인에게 귀속되지만, 매매목적물이 인도되지 아니하고 또한 매수인이 대금을 완제하지 아니한 때에는 매도인의 이행지체가 있더라도 과실은 매도인에게 귀속되는 것이므로 매수인은 인도의무의 지체로 인한 손해배상금의 지급을 구할 수 없다(대판 2004.04.23. 2004다8210).

② (×) 돼지를 양도담보의 목적물로 하여 소유권을 양도하되 점유개정의 방법으로 양도담보설정자가 계속하여 점유·관리하면서 무상으로 사용·수익하기로 약정한 경우, 양도담보 목적물로서 원물인 돼지가 출산한 새끼 돼지는 천연과실에 해당하고 그 천연과실의 수취권은 원물인 돼지의 사용·수익권을 가지는 양도담보설정자에게 귀속되므로, 다른 특별한 약정이 없는 한 천연과실인 새끼돼지에 대하여는 양도담보의 효력이 미치지 않는다(대판 1996.09.10. 96다25463).

③ (○) 민법 제323조 참조.

> 민법 제323조(과실수취권) ① 유치권자는 유치물의 과실을 수취하여 다른 채권보다 먼저 그 채권의 변제에 충당할 수 있다. 그러나 과실이 금전이 아닌 때에는 경매하여야 한다.
> ② 과실은 먼저 채권의 이자에 충당하고 그 잉여가 있으면 원본에 충당한다.

④ (○) 토지소유권은 그 토지에 대한 지상권설정이 있어도 이로 인하여 그 권리의 전부 또는 일부가 소멸하는 것도 아니고 단지 지상권의 범위에서 그 권리행사가 제한되는 것에 불과하며, 일단 지상권이 소멸되면 토지소유권은 다시 자동적으로 완전한 제한 없는 권리로 회복되는 법리라 할 것이므로 소유자가 그 소유토지에 대하여 지상권을 설정하여도 그 소유자는 그 토지를 불법으로 점유하는 자에게 대하여 방해배제를 구할 수 있는 물권적 청구권이 있다. 그러나 지상권을 설정한 토지 소유권자는 지상권이 존속하는 한 토지를 사용 수익할 수 없으므로 특별한 사정이 없는 한 불법점유자에게 손해배상을 청구할 수 없다(대판 1974.11.12. 74다1150).

⑤ (○) 민법 제923조 참조.

> 민법 제923조(재산관리의 계산) ① 법정대리인인 친권자의 권한이 소멸한 때에는 그 자의 재산에 대한 관리의 계산을 하여야 한다.
> ② 전항의 경우에 그 자의 재산으로부터 수취한 과실은 그 자의 양육, 재산관리의 비용과 상계한 것으로 본다. 그러나 무상으로 자에게 재산을 수여한 제삼자가 반대의 의사를 표시한 때에는 그 재산에 관하여는 그러하지 아니하다.

[정답] ②

문 56

유치권에 관한 다음 설명 중 가장 옳지 않은 것은?(다툼이 있는 경우 판례에 의함) [2017년 24번]

① 유치권자 소유의 물건에 대하여는 유치권이 성립하지 아니한다.
② 유치권자의 물건에 대한 점유는 간접점유도 포함되므로 채무자의 직접점유를 매개로 한 간접점유도 유치권의 요건으로서의 점유에 해당한다.
③ 유치권은 그 목적물에 관하여 생긴 채권이 변제기에 있는 경우에 성립하는 것이므로 아직 변제기에 이르지 아니한 채권에 기하여 유치권을 행사할 수는 없다.
④ 공사대금채권에 기하여 유치권을 행사하는 자가 스스로 유치물인 주택에 거주하며 사용하는 것은 특별한 사정이 없는 한 유치물인 주택의 보존에 도움이 되는 행위로서 유치물의 보존에 필요한 사용에 해당하나, 그러한 경우에도 특별한 사정이 없는 한 소유자에게 차임 상당 이득을 반환할 의무를 부담한다.
⑤ 유치권자는 유치목적물인 부동산에 관한 경매절차의 매수인에 대하여 그 피담보채권의 변제가 있을 때까지 부동산의 인도를 거절할 수 있을 뿐, 그 피담보채권의 변제를 청구할 수는 없다.

해설 ★★

① (○) 유치권은 타물권인 점에 비추어 볼 때 수급인의 재료와 노력으로 건축되었고 독립한 건물에 해당되는 기성부분은 수급인의 소유라 할 것이므로 수급인은 공사대금을 지급받을 때까지 이에 대하여 유치권을 가질 수 없다(대판 1993.03.26. 91다14116).
② (X) 유치권의 성립요건이자 존속요건인 유치권자의 점유는 직접점유이든 간접점유이든 관계가 없으나, 다만 유치권은 목적물을 유치함으로써 채무자의 변제를 간접적으로 강제하는 것을 본체적 효력으로 하는 권리인 점 등에 비추어, 그 직접점유자가 채무자인 경우에는 유치권의 요건으로서의 점유에 해당하지 않는다고 할 것이다(대판 2008.04.11. 2007다27236).
③ (○) 유치권은 그 목적물에 관하여 생긴 채권이 변제기에 있는 경우에 성립하는 것이므로 아직 변제기에 이르지 아니한 채권에 기하여 유치권을 행사할 수는 없다고 할 것이다(대판 2007.09.21. 2005다41740).
④ (○) 민법 제324조에 의하면, 유치권자는 선량한 관리자의 주의로 유치물을 점유하여야 하고, 소유자의 승낙 없이 유치물을 보존에 필요한 범위를 넘어 사용하거나 대여 또는 담보제공을 할 수 없으며, 소유자는 유치권자가 위 의무를 위반한 때에는 유치권의 소멸을 청구할 수 있다고 할 것인바, 공사대금채권에 기하여 유치권을 행사하는 자가 스스로 유치물인 주택에 거주하며 사용하는 것은 특별한 사정이 없는 한 유치물인 주택의 보존에 도움이 되는 행위로서 유치물의 보존에 필요한 사용에 해당한다고 할 것이다. 그리고 유치권자

가 유치물의 보존에 필요한 사용을 한 경우에도 특별한 사정이 없는 한 차임에 상당한 이득을 소유자에게 반환할 의무가 있다(대판 2009.09.24. 2009다40684).

⑤ (○) 민사집행법 제268조에 의하여 담보권의 실행을 위한 경매절차에 준용되는 같은 법 제91조 제5항은 매수인은 유치권자에게 그 유치권으로 담보하는 채권을 변제할 책임이 있다고 규정하고 있다. 여기에서 '변제할 책임이 있다'는 의미는 부동산상의 부담을 승계한다는 취지로서 인적채무까지 인수한다는 취지는 아니므로, 유치권자는 경락인에 대하여 그 피담보채권의 변제가 있을 때까지 유치목적물인 부동산의 인도를 거절할 수 있을 뿐이고 그 피담보채권의 변제를 청구할 수는 없다(대결 2014.12.30. 2014마1407).

정답 ②

문 57

유치권에 관한 다음 설명 중 가장 옳지 않은 것은?(다툼이 있는 경우 판례에 의함) [2016년 2번]

① 점유가 불법행위로 인한 경우에는 당해 물건에 대한 유치권을 취득할 수 없다.
② 유치권자는 채권의 변제를 받기 위하여 유치물을 경매할 수 있다.
③ 유치권자가 유치물에 관하여 유익비를 지출한 때에는 그 가액의 증가가 현존한 경우에 한하여 소유자의 선택에 좇아 그 지출한 금액이나 증가액의 상환을 청구할 수 있다.
④ 유치권은 점유의 상실로 인하여 소멸하고, 유치권 행사로서의 점유가 계속되는 동안은 피담보채권의 소멸시효가 진행하지 아니한다.
⑤ 채무자 소유의 건물 등 부동산에 경매개시결정의 기입등기가 경료되어 압류의 효력이 발생한 후에 채무자가 위 부동산에 관한 공사대금 채권자에게 그 점유를 이전함으로써 그로 하여금 유치권을 취득하게 한 경우 점유자로서는 위 유치권을 내세워 그 부동산에 관한 경매절차의 매수인에게 대항할 수 없다.

해설 ★★

① (○) 타인의 물건 또는 유가증권을 점유한 자는 그 물건이나 유가증권에 관하여 생긴 채권이 변제기에 있는 경우에는 변제를 받을 때까지 그 물건 또는 유가증권을 유치할 권리가 있다(민법 제320조 제1항). 그 점유가 불법행위로 인한 경우에 적용하지 아니한다(동조 제2항).
② (○) 유치권자는 채권의 변제를 받기 위하여 유치물을 경매할 수 있다(민법 제322조 제1항).
③ (○) 유치권자가 유치물에 관하여 유익비를 지출한 때에는 그 가액의 증가가 현존한 경우에 한하여 소유자의 선택에 좇아 그 지출한 금액이나 증가액의 상환을 청구할 수 있다. 그러나 법원은 소유자의 청구에 의하여 상당한 상환기간을 허여할 수 있다(민법 제325조 제2항).
④ (X) 유치권은 점유의 상실로 인하여 소멸한다(민법 제328조). 유치권의 행사는 채권의 소멸시효의 진행에 영향을 미치지 아니한다(민법 제326조).
⑤ (○) 채무자 소유의 건물 등 부동산에 강제경매개시결정의 기입등기가 경료되어 압류의 효력이 발생한 이후에 채무자가 위 부동산에 관한 공사대금 채권자에게 그 점유를 이전함으로써 그로 하여금 유치권을 취득하게 한 경우, 그와 같은 점유의 이전은 목적물의 교환가치를 감소시킬 우려가 있는 처분행위에 해당하여 민사집행법 제92조 제1항, 제83조 제4항에 따른 압류의 처분금지효에 저촉되므로 점유자로서는 위 유치권을 내세워 그 부동산에 관한 경매절차의 매수인에게 대항할 수 없다(대판 2005.08.19. 2005다22688).

정답 ④

제②절 | 질권

문 58

질권에 관한 다음 설명 중 가장 옳지 않은 것은? [2020년 4번]

① 민법 제347조는 채권을 질권의 목적으로 하는 경우에 채권증서가 있는 때에는 질권의 설정은 그 증서를 질권자에게 교부함으로써 효력이 생긴다고 규정하고 있다. 여기에서 말하는 '채권증서'는 장차 변제 등으로 채권이 소멸하는 경우에는 민법 제475조에 따라 채무자가 채권자에게 그 반환을 청구할 수 있는 것이어야 한다. 이에 비추어 임대차계약서와 같이 계약 당사자 쌍방의 권리의무관계의 내용을 정한 서면은 여기에서 말하는 '채권증서'에 해당한다.

② 금전채권의 질권자가 민법 제353조 제1항, 제2항에 의하여 자기채권의 범위 내에서 직접청구권을 행사하여 제3채무자가 질권자에게 금전지급을 한 경우, 입질채권의 발생원인인 계약관계에 무효 등의 흠이 있어 입질채권이 부존재한다고 하더라도 제3채무자는 특별한 사정이 없는 한 상대방 계약당사자인 질권설정자에 대하여 부당이득반환을 구할 수 있을 뿐 질권자를 상대로 직접 부당이득반환을 구할 수 없다.

③ 제3채무자가 질권설정 사실을 승낙한 후 질권설정계약이 합의해지된 경우 질권설정자가 해지를 이유로 제3채무자에게 원래의 채권으로 대항하려면 질권자가 제3채무자에게 해지 사실을 통지하여야 하고, 만일 질권자가 제3채무자에게 질권설정계약의 해지 사실을 통지하였다면, 설사 아직 해지가 되지 아니하였다고 하더라도 선의인 제3채무자는 질권설정자에게 대항할 수 있는 사유로 질권자에게 대항할 수 있다.

④ 주택임대차보호법이 정한 대항요건을 갖춘 임차인이 임대차보증금반환채권에 질권을 설정하고 임대인이 그 질권 설정을 승낙한 후에 임대주택이 양도된 경우 임대인은 임대차관계에서 탈퇴하고 임차인에 대한 임대차보증금반환채무를 면한다.

⑤ 저당권에 의하여 담보되는 채권 위에 권리질권을 설정하고 저당권등기에 질권설정의 부기등기를 하지 않은 경우 질권의 효력은 저당권에 미치지 않는다.

> **MGI Point** **질권** ★★
>
> - 임대차계약서 ⇨ 채권질권 설정시 교부를 요하는 채권증서 ×
> - 채권의 질권자가 자기채권의 범위 내에서 직접청구권을 행사한 후 입질채권의 발생원인인 계약관계에 무효 등의 흠이 있어 입질채권이 부존재하는 경우 ⇨ 제3채무자는 특별한 사정이 없는 한 질권설정자에 대하여 부당이득반환청구 ○, 질권자를 상대로 직접 부당이득반환청구 ×
> - 질권자가 제3채무자에게 질권설정계약의 해지사실을 통지하였으나 아직 해지되지 않은 경우 ⇨ 선의인 제3채무자는 질권설정자에게 대항할 수 있는 사유로서 질권자에게 대항 可
> - 대항요건을 갖춘 임차인이 임대차보증금반환채권에 질권을 설정하고 임대인이 이를 승낙한 후에 임대주택이 양도된 경우 ⇨ 임대인은 임대차관계에서 탈퇴하고 임대차보증금반환채무를 면함
> - 저당권으로 담보한 채권을 질권의 목적으로 한 때 ⇨ 질권의 부기등기 要

① (X) 민법 제347조는 채권을 질권의 목적으로 하는 경우에 채권증서가 있는 때에는 질권의 설정은 그 증서를 질권자에게 교부함으로써 효력이 생긴다고 규정하고 있다. 여기에서 말하는 '채권증서'는 채권의 존재를 증명하기 위하여 채권자에게 제공된 문서로서 특정한 이름이나 형식을 따라야 하는 것은 아니지만, 장차 변제

등으로 채권이 소멸하는 경우에는 민법 제475조에 따라 채무자가 채권자에게 그 반환을 청구할 수 있는 것이어야 한다. 이에 비추어 임대차계약서와 같이 계약당사자 쌍방의 권리의무관계의 내용을 정한 서면은 그 계약에 의한 권리의 존속을 표상하기 위한 것이라고 할 수는 없으므로 위 채권증서에 해당하지 않는다(대판 2013.08.22. 2013다32574).

② (○) 금전채권의 질권자가 민법 제353조 제1항, 제2항에 의하여 자기채권의 범위 내에서 직접청구권을 행사하는 경우 질권자는 질권설정자의 대리인과 같은 지위에서 입질채권을 추심하여 자기채권의 변제에 충당하고 그 한도에서 질권설정자에 의한 변제가 있었던 것으로 보므로, 위 범위 내에서는 제3채무자의 질권자에 대한 금전지급으로써 제3채무자의 질권설정자에 대한 급부가 이루어질 뿐만 아니라 질권설정자의 질권자에 대한 급부도 이루어진다. 이러한 경우 입질채권의 발생원인인 계약관계에 무효 등의 흠이 있어 입질채권이 부존재한다고 하더라도 제3채무자는 특별한 사정이 없는 한 상대방 계약당사자인 질권설정자에 대하여 부당이득반환을 구할 수 있을 뿐이고 질권자를 상대로 직접 부당이득반환을 구할 수 없다. 이와 달리 제3채무자가 질권자를 상대로 직접 부당이득반환청구를 할 수 있다고 보면 자기책임하에 체결된 계약에 따른 위험을 제3자인 질권자에게 전가하는 것이 되어 계약법의 원리에 반하는 결과를 초래할 뿐만 아니라 질권자가 질권설정자에 대하여 가지는 항변권 등을 침해하게 되어 부당하기 때문이다(대판 2015.05.29. 2012다92258).

③ (○) 제3채무자가 질권설정 사실을 승낙한 후 질권설정계약이 합의해지된 경우 질권설정자가 해지를 이유로 제3채무자에게 원래의 채권으로 대항하려면 질권자가 제3채무자에게 해지사실을 통지하여야 하고, 만일 질권자가 제3채무자에게 질권설정계약의 해지사실을 통지하였다면, 설사 아직 해지가 되지 아니하였다고 하더라도 선의인 제3채무자는 질권설정자에게 대항할 수 있는 사유로 질권자에게 대항할 수 있다고 봄이 타당하다. 그리고 위와 같은 해지통지가 있었다면 해지사실은 추정되고, 그렇다면 해지통지를 믿은 제3채무자의 선의 또한 추정된다고 볼 것이어서 제3채무자가 악의라는 점은 선의를 다투는 질권자가 증명할 책임이 있다. 그리고 위와 같은 해지사실의 통지는 질권자가 질권설정계약이 해제되었다는 사실을 제3채무자에게 알리는 이른바 관념의 통지로서, 통지는 제3채무자에게 도달됨으로써 효력이 발생하고, 통지에 특별한 방식이 필요하지는 않다(대판 2014.04.10. 2013다76192).

④ (○) 구 주택임대차보호법(2013. 8. 13. 법률 제12043호로 개정되기 전의 것, 이하 '구 주택임대차법'이라고 한다) 제3조 제3항은 같은 조 제1항이 정한 대항요건을 갖춘 임대차의 목적이 된 임대주택의 양수인은 임대인의 지위를 승계한 것으로 본다고 규정하고 있다. 이는 법률상의 당연승계 규정으로 보아야 하므로, 임대주택이 양도된 경우에 양수인은 주택의 소유권과 결합하여 임대인의 임대차계약상 권리·의무 일체를 그대로 승계한다. 그 결과 양수인이 임대차보증금반환채무를 면책적으로 인수하고, 양도인은 임대차관계에서 탈퇴하여 임차인에 대한 임대차보증금반환채무를 면하게 된다. 이는 임차인이 임대차보증금반환채권에 질권을 설정하고 임대인이 그 질권 설정을 승낙한 후에 임대주택이 양도된 경우에도 마찬가지라고 보아야 한다. 따라서 이 경우에도 임대인은 구 주택임대차법 제3조 제3항에 의해 임대차관계에서 탈퇴하고 임차인에 대한 임대차보증금반환채무를 면하게 된다(대판 2018.06.19. 2018다201610).

⑤ (○) 민법 제348조 참조.

> 민법 제348조(저당채권에 대한 질권과 부기등기) 저당권으로 담보한 채권을 질권의 목적으로 한 때에는 그 저당권등기에 질권의 부기등기를 하여야 그 효력이 저당권에 미친다.

정답 ①

문 59

질권에 관한 다음 설명 중 가장 옳지 않은 것은? [2018년 10번]

① 민법 제352조는 "질권설정자는 질권자의 동의없이 질권의 목적된 권리를 소멸하게 하거나 질권자의 이익을 해하는 변경을 할 수 없다."라고 규정하고 있다. 그런데 질권의 목적인 채권의 양도행위는 민법 제352조 소정의 질권자의 이익을 해하는 변경에 해당되지 않으므로 질권자의 동의를 요하지 않는다.

② 질권자는 질물에 의하여 변제를 받지 못한 부분의 채권에 한하여 채무자의 다른 재산으로부터 변제를 받을 수 있는데, 이는 질물보다 먼저 다른 재산에 관한 배당을 실시하는 경우에는 적용하지 않는다. 그러나 후자의 경우 다른 채권자는 질권자에게 그 배당금액의 공탁을 청구할 수 있다.

③ 금전채권의 질권자가 민법 제353조 제1항, 제2항에 의하여 자기채권의 범위 내에서 직접청구권을 행사하는 경우 질권자는 질권설정자의 대리인과 같은 지위에서 입질채권을 추심하여 자기채권의 변제에 충당하고 그 한도에서 질권설정자에 의한 변제가 있었던 것으로 보므로, 위 범위 내에서는 제3채무자의 질권자에 대한 금전지급으로써 제3채무자의 질권설정자에 대한 급부가 이루어질 뿐만 아니라 질권설정자의 질권자에 대한 급부도 이루어진다고 보아야 한다.

④ 채권에 대한 질권설정에 있어서 채무자가 이의를 보류하지 않은 승낙을 한 경우, 채무자는 질권설정자에게 대항할 수 있는 사유로써 질권자에게 대항할 수 없고, 이 경우 대항할 수 없는 사유는 협의의 항변권에 한하지 않고, 넓게 채권의 성립, 존속, 행사를 저지하거나 배척하는 사유를 포함한다. 다만, 채권에 대한 질권의 설정에 대하여 이의를 보류하지 않고 승낙을 하였더라도 질권자가 알았거나 알 수 있었던 사유에 해당하는 한 채무자의 승낙 당시까지 질권설정자에 대하여 생긴 사유로써도 질권자에게 대항할 수 있다.

⑤ 금전채권의 질권자가 제3채무자로부터 자기채권을 초과하여 금전을 지급받은 경우 그 초과 지급 부분에 관하여는 제3채무자는 특별한 사정이 없는 한 질권자를 상대로 초과 지급 부분에 관하여 부당이득반환을 구할 수 있다. 그러나 질권자가 초과 지급 부분을 질권설정자에게 그대로 반환한 경우에는 초과 지급 부분에 관하여 질권설정사가 실실적 이익을 받은 것이지 질권자로서는 실질적 이익이 없으므로, 제3채무자는 질권자를 상대로 초과 지급 부분에 관하여 부당이득반환을 구할 수 없다.

⠀해설 ★★

① (○) 질권의 목적인 채권의 양도행위는 민법 제352조 소정의 질권자의 이익을 해하는 변경에 해당되지 않으므로 질권자의 동의를 요하지 아니한다(대판 2005.12.22. 2003다55059).

② (○) 민법 제340조 참조.

> 민법 제340조(질물 이외의 재산으로부터의 변제) ① 질권자는 질물에 의하여 변제를 받지 못한 부분의 채권에 한하여 채무자의 다른 재산으로부터 변제를 받을 수 있다.
> ② 전항의 규정은 질물보다 먼저 다른 재산에 관한 배당을 실시하는 경우에는 적용하지 아니한다. 그러나 다른 채권자는 질권자에게 그 배당금액의 공탁을 청구할 수 있다.

③ (○) 금전채권의 질권자가 민법 제353조 제1항, 제2항에 의하여 자기채권의 범위 내에서 직접청구권을 행사하는 경우 질권자는 질권설정자의 대리인과 같은 지위에서 입질채권을 추심하여 자기채권의 변제에 충당하고 그 한도에서 질권설정자에 의한 변제가 있었던 것으로 보므로, 위 범위 내에서는 제3채무자의 질권자에 대한 금전지급으로써 제3채무자의 질권설정자에 대한 급부가 이루어질 뿐만 아니라 질권설정자의 질권자에 대한 급부도 이루어진다고 보아야 한다. 이러한 경우 입질채권의 발생원인인 계약관계에 무효 등의 흠이 있어 입질채권이 부존재한다고 하더라도 제3채무자는 특별한 사정이 없는 한 상대방 계약당사자인 질권설정자에 대하여 부당이득반환을 구할 수 있을 뿐이고 질권자를 상대로 직접 부당이득반환을 구할 수 없다. 이와 달리 제3채무자가 질권자를 상대로 직접 부당이득반환청구를 할 수 있다고 보면 자기 책임하에 체결된 계약에 따른 위험을 제3자인 질권자에게 전가하는 것이 되어 계약법의 원리에 반하는 결과를 초래할 뿐만 아니라 질권자가 질권설정자에 대하여 가지는 항변권 등을 침해하게 되어 부당하기 때문이다(대판 2015.05.29. 2012다92258).

④ (X) [1] 민법 제349조 제1항은 지명채권을 목적으로 한 질권의 설정은 설정자가 제450조의 규정(지명채권 양도의 대항요건)에 의하여 제3채무자에게 질권설정의 사실을 통지하거나 제3채무자가 이를 승낙함이 아니면 이로써 제3채무자 기타 제3자에게 대항하지 못한다고 하고, 제2항은 제451조의 규정은 전항에 준용한다고 하고 있으며, 제451조 제1항은 채무자가 이의를 보류하지 아니하고 승낙을 한 때에는 양도인에게 대항할 수 있는 사유로서 양수인에게 대항하지 못한다고 하고 있으므로, 채권양도나 채권에 대한 질권설정에 있어서 채무자가 이의를 보류하지 않은 승낙을 한 경우, 채무자는 질권설정자에게 대항할 수 있는 사유로서 질권자에게 대항할 수 없고, 이 경우 대항할 수 없는 사유는 협의의 항변권에 한하지 아니하고, 넓게 채권의 성립, 존속, 행사를 저지하거나 배척하는 사유를 포함한다. [2] 민법 제451조 제1항이 이의를 보류하지 않은 승낙에 대하여 항변사유를 제한한 취지는 이의를 보류하지 않은 승낙이 이루어진 경우 양수인은 양수한 채권에 아무런 항변권도 부착되지 아니한 것으로 신뢰하는 것이 보통이므로 채무자의 '승낙'이라는 사실에 공신력을 주어 양수인의 신뢰를 보호하고 채권양도나 질권설정과 같은 거래의 안전을 꾀하기 위한 규정이라 할 것이므로, 채권의 양도나 질권의 설정에 대하여 이의를 보류하지 아니하고 승낙을 하였더라도 양수인 또는 질권자가 악의 또는 중과실의 경우에 해당하는 한 채무자의 승낙 당시까지 양도인 또는 질권설정자에 대하여 생긴 사유로써도 양수인 또는 질권자에게 대항할 수 있다(대판 2002.03.29. 2000다13887).

⑤ (○) 질권자가 제3채무자로부터 자기채권을 초과하여 금전을 지급받은 경우 그 초과지급 부분에 관하여는 위와 같은 제3채무자의 질권설정자에 대한 급부와 질권설정자의 질권자에 대한 급부가 있다고 볼 수 없으므로, 제3채무자는 특별한 사정이 없는 한 질권자를 상대로 초과지급 부분에 관하여 부당이득반환을 구할 수 있다고 할 것이지만, 부당이득반환청구의 상대방이 되는 수익자는 실질적으로 그 이익이 귀속된 주체이어야 하는데, 질권자가 초과지급 부분을 질권설정자에게 그대로 반환한 경우에는 초과지급 부분에 관하여 질권설정자가 실질적 이익을 받은 것이지 질권자로서는 실질적 이익이 없다고 할 것이므로, 제3채무자는 질권자를 상대로 초과지급 부분에 관하여 부당이득반환을 구할 수 없다(대판 2015.05.29. 2012다92258).

정답 ④

제❸절 ┃ 저당권

제1관 저당권의 범위와 효력

문 60

저당권에 관한 다음 설명 중 가장 옳지 않은 것은? [2022년 27번]

① 대지의 소유자가 나대지 상태에서 저당권을 설정한 다음 대지상에 건물을 신축하기 시작하였으나 피담보채무를 변제하지 못함으로써 저당권이 실행에 이르렀거나 실행이 예상되는 상황인데도 소유자 또는 제3자가 신축공사를 계속한다면 저당권자는 저당권에 기한 방해배제청구권을 행사하여 공사중지를 청구할 수 있다.

② 근저당권설정등기가 원인 없이 말소된 이후에 그 근저당 목적물인 부동산에 관하여 다른 근저당권자 등 권리자의 경매신청에 따라 경매절차가 진행되어 매각허가결정이 확정되고 매수인이 매각대금을 완납하였다면 원인 없이 말소된 근저당권에 대해 회복등기를 청구할 수 없다.

③ 대지사용권의 분리처분이 가능하도록 규약으로 정하여져 있는지 여부와 관계 없이 구분건물의 전유부분만에 관하여 설정된 저당권의 효력은 그 전유부분의 소유자가 사후에 취득한 대지사용권에까지는 미치지 않는다.

④ 저당목적물인 토지가 수용된 경우 저당권자가 수용보상금에 대하여 물상대위권을 행사하기 전에 제3자가 공탁된 수용보상금 출급청구권을 압류하고 이를 출급받아간 때에는 저당권자는 그 제3자를 상대로 부당이득반환청구를 할 수도 없다.

⑤ 매각부동산에 관하여 최우선순위의 저당권보다 먼저 성립한 지상권은 매각에 의하여 소멸되지 않으며 매수인이 인수하게 된다.

MGI Point **저당권** ★★

- 대지의 소유사가 저당권이 설정된 나대지에 건물을 신축, 저당권 실행이 예상됨에도 계속 공사 진행 ⇨ 저당권자는 방해배제청구권의 일환으로 공사중지 청구 可
- 근저당권설정등기가 원인 없이 말소, 목적 부동산에 대한 경매절차가 진행되어 매수인이 매각대금을 완납 ⇨ 말소된 근저당권에 대해 회복등기 청구 不可
- 구분건물의 전유부분만에 관하여 설정된 저당권의 효력 ⇨ 대지사용권에 미침
- 저당권자가 물상대위권 행사하지 않아 다른 채권자가 그 대용물을 수령한 경우 ⇨ 그 저당권자는 제3자에 대하여 부당이득반환청구 不可
- 최우선순위의 저당권보다 먼저 성립한 지상권 ⇨ 매수인에게 인수됨

---

① (○) 저당권자는 저당권 설정 이후 환가에 이르기까지 저당물의 교환가치에 대한 지배권능을 보유하고 있으므로 저당목적물의 소유자 또는 제3자가 저당목적물을 물리적으로 멸실·훼손하는 경우는 물론 그 밖의 행위로 저당부동산의 교환가치가 하락할 우려가 있는 등 저당권자의 우선변제청구권의 행사가 방해되는 결과가 발생한다면 저당권자는 저당권에 기한 방해배제청구권을 행사하여 방해행위의 제거를 청구할 수 있다. 대지의 소유자가 나대지 상태에서 저당권을 설정한 다음 대지상에 건물을 신축하기 시작하였으나 피담보채무를 변제하지 못함으로써 저당권이 실행에 이르렀거나 실행이 예상되는 상황인데도 소유자 또는 제3자가 신축공사를 계속한다면 신축건물을 위한 법정지상권이 성립하지 않는다고 할지라도 경매절차에 의한 매수인으로서는 신축건물의 소유자로 하여금 이를 철거하게 하고 대지를 인도받기까지 별도의 비용과 시간을 들여야 하

므로, 저당목적 대지상에 건물신축공사가 진행되고 있다면, 이는 경매절차에서 매수희망자를 감소시키거나 매각가격을 저감시켜 결국 저당권자가 지배하는 교환가치의 실현을 방해하거나 방해할 염려가 있는 사정에 해당한다(대판 2006.01.27. 2003다58454).

② (○) 부동산에 관하여 근저당권설정등기가 마쳐졌다가 등기가 위조된 관계서류에 기하여 아무런 원인 없이 말소되었다는 사정만으로는 곧바로 근저당권이 소멸하는 것은 아니지만, 부동산이 경매절차에서 매각되면 매각부동산에 존재하였던 저당권은 당연히 소멸하는 것이므로(민사집행법 제91조 제2항, 제268조 참조) 근저당권설정등기가 원인 없이 말소된 이후에 근저당목적물인 부동산에 관하여 다른 근저당권자 등 권리자의 신청에 따라 경매절차가 진행되어 매각허가결정이 확정되고 매수인이 매각대금을 완납하였다면, 원인 없이 말소된 근저당권도 소멸한다(대판 2014.12.11. 2013다28025).

③ (X) 집합건물의소유및관리에관한법률 제20조 제1항, 제2항과 민법 제358조 본문의 각 규정에 비추어 볼 때, 집합건물의 대지의 분·합필 및 환지절차의 지연, 각 세대당 지분비율 결정의 지연 등으로 인하여 구분건물의 전유부분에 대한 소유권이전등기만 경료되고 대지지분에 대한 소유권이전등기가 경료되기 전에 전유부분만에 관하여 설정된 저당권의 효력은, 대지사용권의 분리처분이 가능하도록 규약으로 정하였다는 등의 특별한 사정이 없는 한, 그 전유부분의 소유자가 나중에 대지지분에 관한 등기를 마침으로써 전유부분과 대지권이 동일 소유자에게 귀속하게 되었다면 당연히 종물 내지 종된 권리인 그 대지사용권에까지 미친다(대판 2001.09.04. 2001다22604).

④ (○) 민법 제370조, 제342조 단서가 저당권자는 물상대위권을 행사하기 위하여 저당권설정자가 받을 금전 기타 물건의 지급 또는 인도 전에 압류하여야 한다고 규정한 것은 물상대위의 목적인 채권의 특정성을 유지하여 그 효력을 보전함과 동시에 제3자에게 불측의 손해를 입히지 않으려는 데에 그 취지가 있다. 따라서 저당목적물의 변형물인 금전 기타 물건에 대하여 이미 제3자가 압류하여 그 금전 또는 물건이 특정된 이상 저당권자가 스스로 이를 압류하지 않고서도 물상대위권을 행사하여 일반 채권자보다 우선변제를 받을 수 있으나, 그 행사방법은 민사집행법 제273조에 의하여 담보권의 존재를 증명하는 서류를 집행법원에 제출하여 채권압류 및 전부명령을 신청하는 것이거나 민사집행법 제247조 제1항에 의하여 배당요구를 하는 것이므로, 이러한 물상대위권의 행사에 나아가지 아니한 채 단지 수용대상토지에 대하여 담보물권의 등기가 된 것만으로는 그 보상금으로부터 우선변제를 받을 수 없다(대판 1998.09.22. 98다12812 참조). 그렇다면 저당권자가 물상대위의 행사에 나아가지 아니하여 우선변제권을 상실한 이상, 다른 채권자가 그 보상금 또는 이에 관한 변제공탁금으로부터 이득을 얻었다고 하더라도 저당권자는 이를 부당이득으로서 반환청구할 수 없다(대판 1994.11.22. 94다25728, 대판 2002.10.11. 2002다33137 등 참조)(대판 2010.10.28. 2010다46756).

⑤ (○) 민사집행법 제91조 참조.

> 민사집행법 제91조(인수주의와 잉여주의의 선택 등) ① 압류채권자의 채권에 우선하는 채권에 관한 부동산의 부담을 매수인에게 인수하게 하거나, 매각대금으로 그 부담을 변제하는 데 부족하지 아니하다는 것이 인정된 경우가 아니면 그 부동산을 매각하지못한다.
> ② 매각부동산 위의 모든 저당권은 매각으로 소멸된다.
> ③ 지상권·지역권·전세권 및 등기된 임차권은 저당권·압류채권·가압류채권에 대항할 수 없는 경우에는 매각으로 소멸된다.
> ④ 제3항의 경우 외의 지상권·지역권·전세권 및 등기된 임차권은 매수인이 인수한다. 다만, 그중 전세권의 경우에는 전세권자가 제88조에 따라 배당요구를 하면 매각으로 소멸된다.

정답 ③

문 61

(근)저당권에 관한 다음 설명 중 옳은 것을 모두 고른 것은? [2021년 17번]

> ㄱ. 저당권의 양도에 관한 물권적 합의는 저당권을 양도·양수받는 당사자 사이에 있으면 족하고 그 외에 그 채무자나 물상보증인 사이에까지 있어야 하는 것은 아니고, 단지 채무자에게 채권양도의 통지나 이에 대한 채무자의 승낙이 있으면 채권양도를 가지고 채무자에게 대항할 수 있게 된다.
> ㄴ. 민법 제365조의 저당지상의 건물에 대한 일괄경매청구권은 저당권설정자가 건물을 축조한 경우뿐만 아니라 저당권설정자로부터 저당토지에 대한 용익권을 설정받은 자가 그 토지에 건물을 축조한 경우라도 그 후 저당권설정자가 그 건물의 소유권을 취득한 경우에는 저당권자는 토지와 함께 그 건물에 대하여 경매를 청구할 수 있다.
> ㄷ. 저당물의 제3취득자가 그 부동산에 관한 필요비 또는 유익비를 지출한 때에는 저당물의 경매대가에서 우선상환을 받을 수 있다고 규정하고 있는 민법 제367조에서 저당물의 제3취득자는 저당물에 관한 지상권, 전세권을 취득한 자를 의미하고, 그 소유권을 취득한 자는 민법 제367조에서 규정하는 제3취득자에 해당하지 않는다.
> ㄹ. 근저당권설정자와 근저당권자 사이에서 동일한 기본계약에 기하여 발생한 채권을 중첩적으로 담보하기 위하여 수 개의 근저당권을 설정하기로 합의하고 이에 따라 수 개의 근저당권설정등기를 마친 때에는 부동산등기법에 따라 공동근저당관계의 등기를 마쳤는지 여부와 관계없이 그 수 개의 근저당권 사이에는 각 채권최고액이 동일한 범위 내에서 공동근저당관계가 성립한다.
> ㅁ. 근저당부동산에 대하여 후순위근저당권을 취득한 자는 선순위근저당권자의 채권최고액의 범위 내에서 확정된 피담보채무를 변제하고 민법 제364조의 규정에 따라 선순위근저당권의 소멸을 청구할 수 있다.

① ㄱ, ㄴ, ㄷ, ㄹ, ㅁ
② ㄱ, ㄴ, ㄷ, ㄹ
③ ㄱ, ㄴ, ㄹ, ㅁ
④ ㄱ, ㄴ, ㄹ
⑤ ㄴ, ㄹ, ㅁ

MGI Point (근)저당권 ★★

- 물권적 합의는 저당권의 양도·양수받는 당사자 사이에 있으면 족함, 다만 채무자에게 채권양도의 통지나 이에 대한 채무자의 승낙이 있으면 채권양도를 가지고 채무자에게 대항 가능
- 저당권설정자로부터 저당토지에 대한 용익권을 설정받은 자에 의하여 축조된 건물의 소유권을 저당권설정자가 취득한 경우 ⇨ 일괄경매청구 허용 ○
- 민법 제367조의 저당물에 관한 소유권을 취득한 자도 제3취득자에 해당 ○
- 동일한 기본계약에 기하여 발생한 채권을 중첩적으로 담보하기 위하여 수 개의 근저당권설정등기를 마친 경우
  ⇨ 부등법에 따른 공동근저당관계의 등기 여부와 상관없이 그 수 개의 근저당권 사이에 공동근저당관계 성립 ○
- 후순위근저당권자는 민법 제364조의 저당권 소멸청구권을 행사할 수 있는 제3취득자에 해당 ✕

ㄱ. (○) 저당권은 피담보채권과 분리하여 양도하지 못하는 것이어서 저당권부 채권의 양도는 언제나 저당권의 양도와 채권양도가 결합되어 행해지므로 저당권부 채권의 양도는 민법 제186조의 부동산물권변동에 관한 규정과 민법 제449조 내지 제452조의 채권양도에 관한 규정에 의해 규율되므로 저당권의 양도에 있어서도 물권변동의 일반원칙에 따라 저당권을 이전할 것을 목적으로 하는 물권적 합의와 등기가 있어야 저당권이 이전된다고 할 것이나, 이 때의 물권적 합의는 저당권의 양도·양수받는 당사자 사이에 있으면 족하고 그 외에 그 채무자나 물상보증인 사이에까지 있어야 하는 것은 아니라 할 것이고, 단지 채무자에게 채권양도의 통지나 이에 대한 채무자의 승낙이 있으면 채권양도를 가지고 채무자에게 대항할 수 있게 되는 것이다(대판 2005.06.10. 2002다15412).

ㄴ. (○) 민법 제365조가 토지를 목적으로 한 저당권을 설정한 후 그 저당권설정자가 그 토지에 건물을 축조한 때에는 저당권자가 토지와 건물을 일괄하여 경매를 청구할 수 있도록 규정한 취지는, 저당권은 담보물의 교환가치의 취득을 목적으로 할 뿐 담보물의 이용을 제한하지 아니하여 저당권설정자로서는 저당권설정 후에도 그 지상에 건물을 신축할 수 있는데, 후에 그 저당권의 실행으로 토지가 제3자에게 경락될 경우에 건물을 철거하여야 한다면 사회경제적으로 현저한 불이익이 생기게 되어 이를 방지할 필요가 있으므로 이러한 이해관계를 조절하고, 저당권자에게도 저당토지상의 건물의 존재로 인하여 생기게 되는 경매의 어려움을 해소하여 저당권의 실행을 쉽게 할 수 있도록 한 데에 있다는 점에 비추어 볼 때, 저당지상의 건물에 대한 일괄경매청구권은 저당권설정자가 건물을 축조한 경우뿐만 아니라 저당권설정자로부터 저당토지에 대한 용익권을 설정받은 자가 그 토지에 건물을 축조한 경우라도 그 후 저당권설정자가 그 건물의 소유권을 취득한 경우에는 저당권자는 토지와 함께 그 건물에 대하여 경매를 청구할 수 있다(대판 2003.04.11. 2003다3850).

ㄷ. (X) 민법 제367조가 저당물의 제3취득자가 그 부동산에 관한 필요비 또는 유익비를 지출한 때에는 저당물의 경매대가에서 우선상환을 받을 수 있다고 규정한 취지는 저당권설정자가 아닌 제3취득자가 저당물에 관한 필요비 또는 유익비를 지출하여 저당물의 가치가 유지·증가된 경우, 매각대금 중 그로 인한 부분은 일종의 공익비용과 같이 보아 제3취득자가 경매대가에서 우선상환을 받을 수 있도록 한 것이므로 저당물에 관한 지상권, 전세권을 취득한 자만이 아니고 소유권을 취득한 자도 민법 제367조 소정의 제3취득자에 해당한다(대판 2004.10.15. 2004다36604).

ㄹ. (○) 부동산등기법 제149조는 같은 법 제145조의 규정에 의한 공동담보등기의 신청이 있는 경우 각 부동산에 관한 권리에 대하여 등기를 하는 때에는 그 부동산의 등기용지 중 해당 구 사항란에 다른 부동산에 관한 권리의 표시를 하고 그 권리가 함께 담보의 목적이라는 뜻을 기재하도록 규정하고 있지만, 이는 공동저당권의 목적물이 수 개의 부동산에 관한 권리인 경우에 한하여 적용되는 등기절차에 관한 규정일 뿐만 아니라, 수 개의 저당권이 피담보채권의 동일성에 의하여 서로 결속되어 있다는 취지를 공시함으로써 권리관계를 명확히 하기 위한 것에 불과하므로, 이와 같은 공동저당관계의 등기를 공동저당권의 성립요건이나 대항요건이라고 할 수 없다. 따라서 근저당권설정자와 근저당권자 사이에서 동일한 기본계약에 기하여 발생한 채권을 중첩적으로 담보하기 위하여 수 개의 근저당권을 설정하기로 합의하고 이에 따라 수 개의 근저당권설정등기를 마친 때에는 부동산등기법 제149조에 따라 공동근저당관계의 등기를 마쳤는지 여부와 관계없이 그 수 개의 근저당권 사이에는 각 채권최고액이 동일한 범위 내에서 공동근저당관계가 성립한다(대판 2010.12.23. 2008다57746).

ㅁ. (X) 민법 제364조는 "저당부동산에 대하여 소유권, 지상권 또는 전세권을 취득한 제3자는 저당권자에게 그 부동산으로 담보된 채권을 변제하고 저당권의 소멸을 청구할 수 있다."고 규정하고 있다. 그러므로 근저당부동산에 대하여 민법 제364조의 규정에 의한 권리를 취득한 제3자는 피담보채무가 확정된 이후에 채권최고액의 범위 내에서 그 확정된 피담보채무를 변제하고 근저당권의 소멸을 청구할 수 있으나, 근저당부동산에 대하여 후순위근저당권을 취득한 자는 민법 제364조에서 정한 권리를 행사할 수 있는 제3취득자에 해당하지 아니하므로 이러한 후순위근저당권자가 선순위근저당권의 피담보채무가 확정된 이후에 그 확정된 피담보채무를 변제한 것은 민법 제469조의 규정에 의한 이해관계 있는 제3자의 변제로서 유효한 것인지 따져볼 수는 있을지언정 민법 제364조의 규정에 따라 선순위근저당권의 소멸을 청구할 수 있는 사유로는 삼을 수 없다(대판 2006.01.26. 2005다17341).

정답 ④

문 62

저당권에 관한 다음 설명 중 가장 옳지 않은 것은? [2020년 8번]

① 저당권으로 담보된 채권에 질권을 설정한 경우 질권자와 질권설정자가 피담보채권만을 질권의 목적으로 하고 저당권은 질권의 목적으로 하지 않는 것도 가능하고 이는 저당권의 부종성에 반하지 않는다.
② 저당권은 원본, 이자, 위약금, 채무불이행으로 인한 손해배상 및 저당권의 실행비용을 담보한다. 그러나 지연배상에 대하여는 원본의 이행기일을 경과한 후의 1년분에 한하여 저당권을 행사할 수 있다.
③ 저당권으로 담보한 채권이 시효의 완성 기타 사유로 인하여 소멸한 때에는 저당권도 소멸한다.
④ 담보가 없는 채권에 질권을 설정한 다음 그 채권을 담보하기 위해 저당권이 설정된 경우에 저당권설정등기에 질권의 부기등기를 하지 않더라도 질권의 효력이 저당권에 미친다.
⑤ 저당권의 효력은 저당부동산에 대한 압류가 있은 후에 저당권설정자가 그 부동산으로부터 수취한 과실 또는 수취할 수 있는 과실에 미친다. 그러나 저당권자가 그 부동산에 대한 소유권, 지상권 또는 전세권을 취득한 제3자에 대하여는 압류한 사실을 통지한 후가 아니면 이로써 대항하지 못한다.

MGI Point 저당권 ★★

- 저당권으로 담보된 채권에 질권을 설정한 경우 ⇨ 질권자와 질권설정자가 피담보채권만을 질권의 목적으로 하고 저당권은 질권의 목적으로 하지 않는 것도 가능
- 담보가 없는 채권에 질권을 설정한 다음 그 채권을 담보하기 위해 저당권이 설정된 경우 ⇨ 저당권설정등기에 질권의 부기등기 要
- 저당권의 피담보채권의 범위 ⇨ 지연배상은 원본의 이행기일을 경과한 후의 1년분에 한함
- 저당권으로 담보한 채권이 시효의 완성 기타 사유로 인하여 소멸한 때 ⇨ 저당권도 소멸 (부종성)
- 과실
  - 저당권의 효력은 원칙적으로 목적물의 과실에 미치지 않음 (∵ 설정자가 목적물을 이용)
  - But, 저당부동산에 대한 압류 후 ⇨ 저당권설정자가 수취한(수취할 수 있는) 과실에 효력 ○, 그 부동산에 대한 소유권, 지상권 또는 전세권을 취득한 제3자에 대하여는 압류한 사실을 통지한 후 대항 可

---

① (○), ④ (X) 민법 제361조는 "저당권은 그 담보한 채권과 분리하여 타인에게 양도하거나 다른 채권의 담보로 하지 못한다."라고 정하고 있을 뿐 피담보채권을 저당권과 분리해서 양도하거나 다른 채권의 담보로 하지 못한다고 정하고 있지 않다. 채권담보라고 하는 저당권 제도의 목적에 비추어 특별한 사정이 없는 한 피담보채권의 처분에는 저당권의 처분도 당연히 포함된다고 볼 것이지만, 피담보채권의 처분이 있으면 언제나 저당권도 함께 처분된다고는 할 수 없다. 따라서 저당권으로 담보된 채권에 질권을 설정한 경우 원칙적으로는 저당권이 피담보채권과 함께 질권의 목적이 된다고 보는 것이 합리적이지만, 질권자와 질권설정자가 피담보채권만을 질권의 목적으로 하고 저당권은 질권의 목적으로 하지 않는 것도 가능하고 이는 저당권의 부종성에 반하지 않는다. 이는 저당권과 분리해서 피담보채권만을 양도한 경우 양도인이 채권을 상실하여 양도인 앞으로 된 저당권이 소멸하게 되는 것과 구별된다. 이와 마찬가지로 담보가 없는 채권에 질권을 설정한 다음 그 채권을 담보하기 위하여 저당권이 설정된 경우 원칙적으로는 저당권도 질권의 목적이 되지만, 질권자와 질권설정자가 피담보채권만을 질권의 목적으로 하였고 그 후 질권설정자가 질권자에게 제공하려는 의사 없이 저당권을 설정받는 등 특별한 사정이 있는 경우에는 저당권은 질권의 목적이 되지 않는다. 이때 저당권은

저당권자인 질권설정자를 위해 존재하며, 질권자의 채권이 변제되거나 질권설정계약이 해지되는 등의 사유로 질권이 소멸한 경우 저당권자는 자신의 채권을 변제받기 위해서 저당권을 실행할 수 있다. [2] 민법 제348조는 저당권으로 담보한 채권을 질권의 목적으로 한 때에는 그 저당권설정등기에 질권의 부기등기를 하여야 그 효력이 저당권에 미친다고 정한다. 저당권에 의하여 담보된 채권에 질권을 설정하였을 때 저당권의 부종성으로 인하여 등기 없이 성립하는 권리질권이 당연히 저당권에도 효력이 미친다고 한다면, 공시의 원칙에 어긋나고 그 저당권에 의하여 담보된 채권을 양수하거나 압류한 사람, 저당부동산을 취득한 제3자 등에게 예측할 수 없는 질권의 부담을 줄 수 있어 거래의 안전을 해할 수 있다. 이에 따라 민법 제348조는 저당권설정등기에 질권의 부기등기를 한 때에만 질권의 효력이 저당권에 미치도록 한 것이다. 이는 민법 제186조에서 정하는 물권변동에 해당한다. 이러한 민법 제348조의 입법 취지에 비추어 보면, '담보가 없는 채권에 질권을 설정한 다음 그 채권을 담보하기 위해서 저당권을 설정한 경우'에도 '저당권으로 담보한 채권에 질권을 설정한 경우'와 달리 볼 이유가 없다. 또한 담보가 없는 채권에 질권을 설정한 다음 그 채권을 담보하기 위해 저당권을 설정한 경우에, 당사자 간 약정 등 특별한 사정이 있는 때에는 저당권이 질권의 목적이 되지 않을 수 있으므로, 질권의 효력이 저당권에 미치기 위해서는 질권의 부기등기를 하도록 함으로써 이를 공시할 필요가 있다. 따라서 담보가 없는 채권에 질권을 설정한 다음 그 채권을 담보하기 위해 저당권이 설정되었더라도, 민법 제348조가 유추적용되어 저당권설정등기에 질권의 부기등기를 하지 않으면 질권의 효력이 저당권에 미친다고 볼 수 없다(대판 2020.04.29. 2016다235411).

② (○) 민법 제360조 참조.

> 민법 제360조(피담보채권의 범위) 저당권은 원본, 이자, 위약금, 채무불이행으로 인한 손해배상 및 저당권의 실행비용을 담보한다. 그러나 지연배상에 대하여는 원본의 이행기일을 경과한 후의 1년분에 한하여 저당권을 행사할 수 있다.

③ (○) 민법 제369조 참조.

> 민법 제369조(부종성) 저당권으로 담보한 채권이 시효의 완성 기타 사유로 인하여 소멸한 때에는 저당권도 소멸한다.

⑤ (○) 민법 제359조 참조.

> 민법 제359조(과실에 대한 효력) 저당권의 효력은 저당부동산에 대한 압류가 있은 후에 저당권설정자가 그 부동산으로부터 수취한 과실 또는 수취할 수 있는 과실에 미친다. 그러나 저당권자가 그 부동산에 대한 소유권, 지상권 또는 전세권을 취득한 제삼자에 대하여는 압류한 사실을 통지한 후가 아니면 이로써 대항하지 못한다.

정답 ④

문 63

(근)저당권의 효력에 관한 다음 설명 중 가장 옳지 않은 것은? [2019년 20번]

① 저당권의 효력은 저당부동산에 대한 압류가 있은 후에 저당권설정자가 그 부동산으로부터 수취한 과실 또는 수취할 수 있는 과실에 미치지만, 그 부동산의 소유권, 지상권 또는 전세권을 취득한 제3자에 대하여는 저당권자가 그 압류사실을 통지하여야 대항할 수 있다.

② 저당목적물이 소실되어 저당권설정자가 보험회사에 대하여 화재보험계약에 따른 보험금청구권을 취득한 경우, 저당권자는 저당권설정자의 보험회사에 대한 보험금청구권에 대하여 물상대위권을 행사할 수 있다.

③ 저당권자가 물상대위권을 행사하려면 압류조치가 선행되어야 하는데, 배당요구의 종기가 지난 후에 물상대위에 기한 채권압류 및 전부명령이 제3채무자에게 송달되었을 경우에는, 물상대위권자는 배당절차에서 우선변제를 받을 수 없다.
④ 근저당권자가 물상대위권의 행사로서 금전 또는 물건의 인도청구권을 압류하기 전에 근저당물의 소유자가 그 인도청구권에 기하여 금전 등을 수령한 경우, 근저당권자는 더 이상 물상대위권을 행사할 수 없지만, 근저당목적물 소유자가 수령한 금액 가운데 근저당권의 채권최고액을 한도로 하는 피담보채권액의 범위 내에서 부당이득의 반환을 구할 수 있다.
⑤ 채권최고액의 정함이 있는 근저당권에 있어서 채권의 총액이 그 채권최고액을 초과하는 경우, 근저당권자는 채권최고액의 범위에서만 근저당권에 의한 우선변제를 받을 수 있고, 이는 후순위 저당권자나 일반채권자는 물론 채무자 겸 근저당권설정자에 대한 관계에서도 마찬가지이다.

MGI Point (근)저당권의 효력 ★★

- **과실**
  - 저당권의 효력은 원칙적으로 목적물의 과실에 미치지 않는다 (∵ 설정자가 목적물을 이용)
  - 그러나 저당부동산에 대한 압류 후 ⇨ 저당권설정자가 수취한(수취할 수 있는) 과실에 효력 ○, 그 부동산에 대한 소유권, 지상권 또는 전세권을 취득한 제삼자에 대하여는 압류한 사실을 통지한 후 대항 可
- **물상대위성**
  - 질권 또는 저당권은 질물 또는 저당물의 멸실, 훼손 또는 공용징수로 인하여 질권설정자 또는 저당권설정자가 받을 '금전 기타 물건'에 대하여도 이를 행사 可
  - 「금전 기타의 물건」 ⇨ 보험금청구권 ○
  - 물상대위권의 행사는 배당요구의 종기까지 하여야 하는 것이므로, 그 이후에 물상대위에 기한 채권압류 및 전부명령이 제3채무자에게 송달되었다면
    ⅰ) 물상대위권자는 배당절차에서 ⇨ 우선변제권 행사 ×
    ⅱ) 따라서 다른 채권자가 그 보상금 또는 변제공탁금으로부터 이득을 얻었다 하더라도 ⇨ 부당이득 ×
- 저당권자가 물상대위권 행사로 금전 또는 물건의 인도청구권을 압류하기 전에 저당목적물 소유자가 인도청구권에 기하여 금전 등을 수령한 경우 ⇨ 저당목적물 소유자가 피담보채권액 상당의 부당이득을 반환할 의무 ○
- 근저당권에서 채권 총액이 채권최고액을 초과하는 경우 ⇨ 채무자인 근저당권설정자와 근저당권자 사이에는 근저당권의 효력은 잔존 채무에 여전히 미침 ○

① (○) 민법 제359조 참조.

> 민법 제359조(과실에 대한 효력) 저당권의 효력은 저당부동산에 대한 압류가 있은 후에 저당권설정자가 그 부동산으로부터 수취한 과실 또는 수취할 수 있는 과실에 미친다. 그러나 저당권자가 그 부동산에 대한 소유권, 지상권 또는 전세권을 취득한 제삼자에 대하여는 압류한 사실을 통지한 후가 아니면 이로써 대항하지 못한다.

② (○) 저당목적물이 소실되어 저당권설정자가 보험회사에 대하여 화재보험계약에 따른 보험금청구권을 취득한 경우 그 보험금청구권은 저당목적물이 가지는 가치의 변형물이라 할 것이므로 저당권자는 민법 제370조, 제342조에 의하여 저당권설정자의 보험회사에 대한 보험금청구권에 대하여 물상대위권을 행사할 수 있다 (대판 2004.12.24. 2004다52798).

③ (○) [1] 민법 제370조, 제342조에 의한 저당권자의 물상대위권의 행사는 구 민사소송법 제733조에 의하여 담보권의 존재를 증명하는 서류를 집행법원에 제출하여 채권압류 및 전부명령을 신청하거나, 구 민사소송법 제580조에 의하여 배당요구를 하는 방법에 의하여 하는 것이고, 이는 늦어도 구 민사소송법 제580조 제1항 각 호 소정의 배당요구의 종기까지 하여야 하는 것으로 그 이후에는 물상대위권자로서의 우선변제권을 행사할 수 없다고 하여야 할 것인바, 물상대위권자로서의 권리행사의 방법과 시한을 위와 같이 제한하는 취지는

물상대위의 목적인 채권의 특정성을 유지하여 그 효력을 보전하고 평등배당을 기대한 다른 일반 채권자의 신뢰를 보호하는 등 제3자에게 불측의 손해를 입히지 아니함과 동시에 집행절차의 안정과 신속을 꾀하고자 함에 있다. [2] 저당권자의 물상대위권 행사로서의 압류 및 전부는 그 명령이 제3채무자에게 송달됨으로써 효력이 생기며, 물상대위권의 행사를 제한하는 취지인 '특정성의 유지'나 '제3자의 보호'는 물상대위권자의 압류 및 전부명령이 효력을 발생함으로써 비로소 달성될 수 있는 것이므로, <u>배당요구의 종기가 지난 후에 물상대위에 기한 채권압류 및 전부명령이 제3채무자에게 송달되었을 경우에는, 물상대위권자는 배당절차에서 우선변제를 받을 수 없다</u>(대판 2003.03.28. 2002다13539).

④ (○) 저당권자는 저당권의 목적이 된 물건의 멸실, 훼손 또는 공용징수로 인하여 저당목적물의 소유자가 받을 저당목적물에 갈음하는 금전 기타 물건에 대하여 물상대위권을 행사할 수 있으나, 다만 그 지급 또는 인도 전에 이를 압류하여야 하며, 저당권자가 위 금전 또는 물건의 인도청구권을 압류하기 전에 저당물의 소유자가 그 인도청구권에 기하여 금전 등을 수령한 경우 저당권자는 더 이상 물상대위권을 행사할 수 없게 된다. 이 경우 저당권자는 저당권의 채권최고액 범위 내에서 저당목적물의 교환가치를 지배하고 있다가 저당권을 상실하는 손해를 입게 되는 반면에, 저당목적물의 소유자는 저당권의 채권최고액 범위 내에서 저당권자에게 저당목적물의 교환가치를 양보하여야 할 지위에 있다가 마치 그러한 저당권의 부담이 없었던 것과 같은 상태에서의 대가를 취득하게 되는 것이므로, 그 수령한 금액 가운데 저당권의 채권최고액을 한도로 하는 피담보채권액의 범위 내에서는 이득을 얻게 된다. 저당목적물 소유자가 얻은 위와 같은 이익은 저당권자의 손실로 인한 것으로서 인과관계가 있을 뿐 아니라, 공평의 관념에 위배되는 재산적 가치의 이동이 있는 경우 수익자로부터 그 이득을 되돌려받아 손실자와 재산상태의 조정을 꾀하는 부당이득제도의 목적에 비추어 보면 위와 같은 이익을 소유권자에게 종국적으로 귀속시키는 것은 저당권자에 대한 관계에서 공평의 관념에 위배되어 법률상 원인이 없다고 봄이 상당하므로, 저당목적물 소유자는 저당권자에게 이를 부당이득으로 반환할 의무가 있다(대판 2009.05.14. 2008다17656).

⑤ (X) 원래 저당권은 원본, 이자, 위약금, 채무불이행으로 인한 손해배상 및 저당권의 실행비용을 담보하는 것이며, 채권최고액의 정함이 있는 근저당권에 있어서 이러한 채권의 총액이 그 최고액을 초과하는 경우, 적어도 근저당권자와 채무자 겸 근저당권설정자와의 관계에 있어서는 위 채권 전액의 변제가 있을 때까지 근저당권의 효력은 채권최고액과는 관계없이 잔존채무에 여전히 미친다는 점을 고려할 때, 민사집행법상 경매절차에 있어 근저당권설정자와 채무자가 동일한 경우에 근저당권의 채권최고액은 민사집행법 제148조에 따라 배당받을 채권자나 저당목적 부동산의 제3취득자에 대한 우선변제권의 한도로서의 의미를 갖는 것에 불과하고, 그 부동산으로써는 그 최고액 범위 내의 채권에 한하여서만 변제를 받을 수 있다는 이른바 책임의 한도라고까지는 볼 수 없다. 그러므로 민사집행법 제148조에 따라 배당받을 채권자나 제3취득자가 없는 한 근저당권자의 채권액이 근저당권의 채권최고액을 초과하는 경우에 매각대금 중 그 최고액을 초과하는 금액이 있더라도 이는 근저당권설정자에게 반환할 것은 아니고 근저당권자의 채권최고액을 초과하는 채무의 변제에 충당하여야 한다(대판 2009.02.26. 2008다4001).

정답 ⑤

문 64

물상보증인에 관한 다음 설명 중 가장 옳지 않은 것은? [2018년 19번]

① 근저당권의 물상보증인은 피담보채권의 최고액만을 변제하면 근저당권설정등기의 말소청구를 할 수 있고 채권최고액을 초과하는 부분의 채권액까지 변제할 의무가 있는 것이 아니다.

② 물상보증인이 채무자에게 구상할 구상권의 범위는 특별한 사정이 없는 한 채무를 변제하거나 담보권의 실행으로 담보물의 소유권을 상실하게 된 시점에 확정되므로, 원칙적으로 수탁보증인의 사전구상권에 관한 민법 제442조는 물상보증인에게 적용되지 아니하고 물상보증인은 사전구상권을 행사할 수 없다.
③ 타인의 채무를 담보하기 위하여 자기의 물건에 담보권을 설정한 물상보증인은 채권자에 대하여 물적 유한책임을 지고 있어 그 피담보채권의 소멸에 의하여 직접 이익을 받는 관계에 있으므로 소멸시효의 완성을 주장할 수 있다.
④ 물상보증인이 그 피담보채무의 부존재 또는 소멸을 이유로 제기한 저당권설정등기 말소등기절차이행청구소송에서 채권자 겸 저당권자가 청구기각의 판결을 구하고 피담보채권의 존재를 주장하였다고 하더라도, 이로써 직접 채무자에 대하여 재판상 청구를 한 것으로 볼 수는 없는 것이므로 피담보채권의 소멸시효의 중단사유를 규정한 민법 제168조 제1호의 '청구'에 해당하지 아니한다.
⑤ 물상보증인의 채무자에 대한 구상권의 소멸시효는 물상보증인과 채무자 사이의 물상보증위탁계약의 법적 성질에 따라 정해지므로, 물상보증위탁계약이 상인인 채무자가 영업을 위하여 한 상행위로 체결되었다면 물상보증인의 채무자에 대한 구상권은 상사채권으로서 5년의 상사시효의 적용을 받게 된다.

해설

① (○) 근저당권의 물상보증인은 민법 357조에서 말하는 채권의 최고액만을 변제하면 근저당권설정등기의 말소청구를 할 수 있고, 채권최고액을 초과하는 부분의 채권액까지 변제할 의무가 있는 것이 아니다(대판 1974.12.10. 74다998).

② (○) 민법 제370조에 의하여 민법 제341조가 저당권에 준용되는데, 민법 제341조는 타인의 채무를 담보하기 위한 저당권설정자가 그 채무를 변제하거나 저당권의 실행으로 인하여 저당물의 소유권을 잃은 때에 채무자에 대하여 구상권을 취득한다고 규정하여 물상보증인의 구상권 발생요건을 보증인의 경우와 달리 규정하고 있는 점, 물상보증은 채무자 아닌 사람이 채무자를 위하여 담보물권을 설정하는 행위이고 채무자를 대신해서 채무를 이행하는 사무의 처리를 위탁받는 것이 아니므로 물상보증인은 담보물로서 물적 유한책임만을 부담할 뿐 채권자에 대하여 채무를 부담하는 것이 아닌 점, 물상보증인이 채무자에게 구상할 구상권의 범위는 특별한 사정이 없는 한 채무를 변제하거나 담보권의 실행으로 담보물의 소유권을 상실하게 된 시점에 확정된다는 점 등을 종합하면, 원칙적으로 수탁보증인의 사전구상권에 관한 민법 제442조는 물상보증인에게 적용되지 아니하고 물상보증인은 사전구상권을 행사할 수 없다(대판 2009.07.23. 2009다19802).

③ (○), ④ (○) 채무자 겸 저당권설정자가 피담보채무의 부존재 또는 소멸을 이유로 하여 제기한 저당권설정등기 말소등기절차이행청구소송에서 채권자 겸 저당권자가 청구기각의 판결을 구하면서 피담보채권의 존재를 주장하는 경우에는 그와 같은 주장은 재판상 청구에 준하는 것으로서 피담보채권에 관하여 소멸시효중단의 효력이 생긴다. 그러나 타인의 채무를 담보하기 위하여 자기의 물건에 담보권을 설정한 '물상보증인'은 채권자에 대하여 물적 유한책임을 지고 있어 그 피담보채권의 소멸에 의하여 직접 이익을 받는 관계에 있으므로 소멸시효의 완성을 주장할 수 있는 것이지만, 채권자에 대하여는 아무런 채무도 부담하고 있지 아니하므로, 물상보증인이 그 피담보채무의 부존재 또는 소멸을 이유로 제기한 저당권설정등기 말소등기절차이행청구소송에서 채권자 겸 저당권자가 청구기각의 판결을 구하고 피담보채권의 존재를 주장하였다고 하더라도 이로써 직접 채무자에 대하여 재판상 청구를 한 것으로 볼 수는 없는 것이므로 피담보채권의 소멸시효에 관하여 규정한 민법 제168조 제1호 소정의 '청구'에 해당하지 아니한다(대판 2004.01.16. 2003다30890).

⑤ (X) 물상보증은 채무자 아닌 사람이 채무자를 위하여 담보물권을 설정하는 행위이고 채무자를 대신해서 채무를 이행하는 사무의 처리를 위탁받는 것이 아니므로, 물상보증인이 변제 등에 의하여 채무자를 면책시키는 것은 위임사무의 처리가 아니고 법적 의미에서는 의무 없이 채무자를 위하여 사무를 관리한 것에 유사하다. 따라서 물상보증인의 채무자에 대한 구상권은 그들 사이의 물상보증위탁계약의 법적 성질과 관계없이 민법에 의하여 인정된 별개의 독립한 권리이고, 그 소멸시효에 있어서는 민법상 일반채권에 관한 규정이 적용된다(대판 2001.04.24. 2001다6237).

정답 ⑤

문 65

저당권에 관한 다음 설명 중 가장 옳지 않은 것은? [2018년 5번]

① 원래 저당권은 원본, 이자, 위약금, 채무불이행으로 인한 손해배상 및 저당권의 실행비용을 담보하는 것이고, 채권최고액의 정함이 있는 근저당권에 있어서 이러한 채권의 총액이 그 채권최고액을 초과하는 경우, 적어도 근저당권자와 채무자 겸 근저당권설정자와의 관계에 있어서는 위 채권 전액의 변제가 있을 때까지 근저당권의 효력은 채권최고액과는 관계없이 잔존채무에 여전히 미친다.
② 공동근저당권자가 스스로 근저당권을 실행하거나 타인에 의하여 개시된 경매 등의 환가절차를 통하여 공동담보의 목적 부동산 중 일부에 대한 환가대금 등으로부터 다른 권리자에 우선하여 피담보채권의 일부에 대하여 배당받은 경우에, 그와 같이 우선변제받은 금액에 관하여는 공동담보의 나머지 목적 부동산에 대한 경매 등의 환가절차에서 다시 공동근저당권자로서 우선변제권을 행사할 수 없고, 공동담보의 나머지 목적 부동산에 대하여 공동근저당권자로서 행사할 수 있는 우선변제권의 범위는 피담보채권의 확정 여부와 상관없이 최초의 채권최고액에서 위와 같이 우선변제받은 금액을 공제한 나머지 채권최고액으로 제한된다.
③ 타인의 채무를 담보하기 위하여 저당권을 설정한 부동산의 소유자인 물상보증인으로부터 저당부동산의 소유권을 취득한 제3취득자는 그 저당권이 실행되면 저당부동산에 대한 소유권을 잃는다는 점에서 물상보증인과 유사한 지위에 있다. 따라서 물상보증의 목적물인 저당부동산의 제3취득자가 그 채무를 변제하거나 저당권의 실행으로 인하여 저당부동산의 소유권을 잃은 때에는 특별한 사정이 없는 한 물상보증인의 구상권에 관한 민법 제370조, 제341조의 규정을 유추적용하여, 물상보증인으로부터 저당부동산을 양수한 제3취득자는 보증채무에 관한 규정에 의하여 채무자에 대한 구상권이 있다.
④ 저당권의 효력은 저당부동산에 대한 압류가 있은 후에 저당권설정자가 그 부동산으로부터 수취한 과실 또는 수취할 수 있는 과실에 미친다. 그러나 저당권자가 그 부동산에 대한 소유권, 지상권 또는 전세권을 취득한 제3자에 대하여는 압류한 사실을 통지한 후가 아니면 이로써 대항하지 못한다.
⑤ 민법 제364조는 '저당부동산에 대하여 소유권, 지상권 또는 전세권을 취득한 제3자는 저당권자에게 그 부동산으로 담보된 채권을 변제하고 저당권의 소멸을 청구할 수 있다.'고 규정하고 있다. 근저당부동산에 대하여 후순위근저당권을 취득한 자가 선순위근저당권의 피담보채무가 확정된 이후에 그 확정된 피담보채무를 변제한 것은 민법 제469조의 규정에 의한 이해관계 있는 제3자의 변제로서 유효하므로, 그러한 후순위근저당권자는 민법 제364조에서 정한 권리를 행사할 수 있는 제3취득자에 해당한다.

해설

① (○) 원래 저당권은 원본, 이자, 위약금, 채무불이행으로 인한 손해배상 및 저당권의 실행비용을 담보하는 것이며, 채권최고액의 정함이 있는 근저당권에 있어서 이러한 채권의 총액이 그 채권최고액을 초과하는 경우, 적어도 근저당권자와 채무자 겸 근저당권설정자와의 관계에 있어서는 위 채권 전액의 변제가 있을 때까지 근저당권의 효력은 채권최고액과는 관계없이 잔존채무에 여전히 미친다(대판 2001.10.12. 2000다59081).

② (○) 공동근저당권이 설정된 목적 부동산에 대하여 동시배당이 이루어지는 경우에 공동근저당권자는 채권최고액 범위 내에서 피담보채권을 민법 제368조 제1항에 따라 부동산별로 나누어 각 환가대금에 비례한 액수로 배당받으며, 공동근저당권의 각 목적 부동산에 대하여 채권최고액만큼 반복하여, 이른바 누적적으로 배당받지 아니한다. 그렇다면 공동근저당권이 설정된 목적 부동산에 대하여 이시배당이 이루어지는 경우에도 동시배당의 경우와 마찬가지로 공동근저당권자가 공동근저당권 목적 부동산의 각 환가대금으로부터 채권최고액만큼 반복하여 배당받을 수는 없다고 해석하는 것이 민법 제368조 제1항 및 제2항의 취지에 부합한다. 그러므로 공동근저당권자가 스스로 근저당권을 실행하거나 타인에 의하여 개시된 경매 등의 환가절차를 통하여 공동담보의 목적 부동산 중 일부에 대한 환가대금 등으로부터 다른 권리자에 우선하여 피담보채권의 일부에 대하여 배당받은 경우에, 그와 같이 우선변제받은 금액에 관하여는 공동담보의 나머지 목적 부동산에 대한 경매 등의 환가절차에서 다시 공동근저당권자로서 우선변제권을 행사할 수 없다고 보아야 하며, 공동담보의 나머지 목적 부동산에 대하여 공동근저당권자로서 행사할 수 있는 우선변제권의 범위는 피담보채권의 확정 여부와 상관없이 최초의 채권최고액에서 위와 같이 우선변제받은 금액을 공제한 나머지 채권최고액으로 제한된다고 해석함이 타당하다. 그리고 이러한 법리는 채권최고액을 넘는 피담보채권이 원금이 아니라 이자·지연손해금인 경우에도 마찬가지로 적용된다(대판 2017.12.21. 2013다16992(전합)).

③ (○) 타인의 채무를 담보하기 위하여 저당권을 설정한 부동산의 소유자인 물상보증인으로부터 저당부동산의 소유권을 취득한 제3취득자는 저당권이 실행되면 저당부동산에 대한 소유권을 잃는다는 점에서 물상보증인과 유사한 지위에 있다. 따라서 물상보증의 목적물인 저당부동산의 제3취득자가 채무를 변제하거나 저당권의 실행으로 인하여 저당부동산의 소유권을 잃은 때에는 특별한 사정이 없는 한 물상보증인의 구상권에 관한 민법 제370조, 제341조의 규정을 유추적용 하여, 물상보증인으로부터 저당부동산을 양수한 제3취득자는 보증채무에 관한 규정에 의하여 채무자에 대한 구상권이 있다(대판 2014.12.24. 2012다49285).

④ (○) 민법 제359조 참조.

> 민법 제359조(과실에 대한 효력) 저당권의 효력은 저당부동산에 대한 압류가 있은 후에 저당권설정자가 그 부동산으로부터 수취한 과실 또는 수취할 수 있는 과실에 미친다. 그러나 저당권자가 그 부동산에 대한 소유권, 지상권 또는 전세권을 취득한 제3자에 대하여는 압류한 사실을 통지한 후가 아니면 이로써 대항하지 못한다.

⑤ (X) 민법 제364조는 「저당부동산에 대하여 소유권, 지상권 또는 전세권을 취득한 제3자는 저당권자에게 그 부동산으로 담보된 채권을 변제하고 저당권의 소멸을 청구할 수 있다」고 규정하고 있다. 그러므로 근저당부동산에 대하여 민법 제364조의 규정에 의한 권리를 취득한 제3자는 피담보채무가 확정된 이후에 채권최고액의 범위 내에서 그 확정된 피담보채무를 변제하고 근저당권의 소멸을 청구할 수 있으나, 근저당부동산에 대하여 후순위근저당권을 취득한 자는 민법 제364조에서 정한 권리를 행사할 수 있는 제3취득자에 해당하지 아니하므로 이러한 후순위근저당권자가 선순위근저당권의 피담보채무가 확정된 이후에 그 확정된 피담보채무를 변제한 것은 민법 제469조의 규정에 의한 이해관계 있는 제3자의 변제로서 유효한 것인지 따져볼 수는 있을지언정 민법 제364조의 규정에 따라 선순위근저당권의 소멸을 청구할 수 있는 사유로는 삼을 수 없다(대판 2006.01.26. 2005다17341).

정답 ⑤

제2관 제366조의 법정지상권

문 66

다음 설명 중 가장 옳지 않은 것은? [2022년 26번]

① 가설건축물은 특별한 사정이 없는 한 독립된 부동산으로서 건물의 요건을 갖추지 못하여 민법 제366조의 법정지상권이 성립하지 않는다.
② 나대지에 저당권이 설정된 후 저당권설정자가 그 위에 건물을 건축하였다가 임의경매로 인하여 그 대지와 지상 건물이 소유자를 달리하였을 경우에는 민법 제366조의 법정지상권이 인정되지 아니할 뿐만 아니라 관습상의 법정지상권도 인정되지 아니한다.
③ 건물공유자의 1인이 그 건물의 부지인 토지를 단독으로 소유하면서 그 토지에 관하여만 저당권을 설정하였다가 위 저당권에 의한 경매로 인하여 토지의 소유자가 달라진 경우에 건물공유자들은 민법 제366조에 의하여 토지 전부에 관하여 건물의 존속을 위한 법정지상권을 취득한다.
④ 토지를 매수하여 매수인 명의로 소유권이전청구권보전을 위한 가등기를 마치고 그 토지에 타인이 건물 등을 축조하여 점유 사용하는 것을 방지하기 위하여 지상권을 설정한 경우 가등기에 기한 본등기청구권이 시효의 완성으로 소멸하더라도 그 가등기와 함께 마쳐진 지상권이 당연히 소멸하는 것은 아니다.
⑤ 甲과 乙이 1필지의 대지를 구분소유적으로 공유하고 乙이 자기 몫의 대지 위에 건물을 신축하여 점유하던 중 위 대지의 乙 지분에 대한 강제경매절차에서 甲이 乙 지분을 취득한 경우 乙은 건물을 위한 관습상의 법정지상권을 취득한다.

MGI Point · 법정지상권 ★★

- 가설건축물 ⇨ 특별한 사정이 없는 한 법정지상권 성립 ×
- 나대지에 저당권이 설정된 후 저당권설정자가 그 위에 건물을 건축, 임의경매로 인하여 대지와 지상 건물의 소유자가 달라진 경우 ⇨ 민법 제366조상 관습상의 법정지상권 불성립
- 건물공유자의 1인이 그 건물의 부지인 토지를 단독으로 소유하면서 그 토지에 관하여만 저당권을 설정하였다가 위 저당권에 의한 경매로 인하여 토지의 소유자가 달라진 경우 ⇨ 민법 제366조상 법정지상권 성립함
- 소유권이전청구권보전을 위한 가등기를 마치고 그 토지에 타인이 건물 등을 축조하여 점유 사용하는 것을 방지하기 위하여 지상권을 설정한 경우 ⇨ 지상권은 본등기청구권이 소멸하면 함께 소멸
- 원고와 피고가 1필지의 대지를 구분 소유적으로 공유하고 피고가 자기 몫의 대지 위에 건물을 신축하여 점유하던 중 위 대지의 피고지분만을 원고가 경락 취득한 경우 ⇨ 피고는 관습상의 법정지상권 취득 ○

---

① (○) 가설건축물은 일시 사용을 위해 건축되는 구조물로서 설치 당시부터 일정한 존치기간이 지난 후 철거가 예정되어 있어 일반적으로 토지에 정착되어 있다고 볼 수 없다. 민법상 건물에 대한 법정지상권의 최단존속기간은 견고한 건물이 30년, 그 밖의 건물이 15년인 데 비하여, 건축법령상 가설건축물의 존치기간은 통상 3년 이내로 정해져 있다. 따라서 가설건축물은 특별한 사정이 없는 한 독립된 부동산으로서 건물의 요건을 갖추지 못하여 법정지상권이 성립하지 않는다(대판 2021.10.28. 2020다224821).
② (○) 민법 제366조가 '저당물의 경매로 인하여 토지와 그 지상건물이 다른 소유자에게 속한 경우'라고 규정하여, 마치 경매 당시에 건물이 존재하기만 하면 법정지상권이 성립할 수 있는 것처럼 규정하고 있지만 위 조문의 해석상 법정지상권이 성립하기 위하여 저당권설정 당시 토지상에 건물이 존재하여야 하고, 따라서 나대지에 저당권설정 후 설정자가 그 지상에 건물을 신축 후 경매로 토지와 건물의 소유자가 달라진 경우에는 그 신축건물을 위한 법정지상권의 성립을 부정하는 것이 판례·통설이다(대판 2003.12.18. 98다43601(전합)).

③ (○) 건물공유자의 1인이 그 건물의 부지인 토지를 단독으로 소유하면서 그 토지에 관하여만 저당권을 설정하였다가 위 저당권에 의한 경매로 인하여 토지의 소유자가 달라진 경우에도, 위 토지 소유자는 자기뿐만 아니라 다른 건물공유자들을 위하여도 위 토지의 이용을 인정하고 있었다고 할 것인 점, 저당권자로서도 저당권 설정 당시 법정지상권의 부담을 예상할 수 있었으므로 불측의 손해를 입는 것이 아닌 점, 건물의 철거로 인한 사회경제적 손실을 방지할 공익상의 필요성도 인정되는 점 등에 비추어 위 건물공유자들은 민법 제366조에 의하여 토지 전부에 관하여 건물의 존속을 위한 법정지상권을 취득한다고 보아야 한다(대판 2011.01.13. 2010다67159).

④ (X) 토지를 매수하여 그 명의로 소유권이전청구권보전을 위한 가등기를 경료하고 그 토지 상에 타인이 건물 등을 축조하여 점유 사용하는 것을 방지하기 위하여 지상권을 설정하였다면 이는 위 가등기에 기한 본등기가 이루어질 경우 그 부동산의 실질적인 이용가치를 유지 확보할 목적으로 전소유자에 의한 이용을 제한하기 위한 것이라고 봄이 상당하다고 할 것이고 그 가등기에 기한 본등기청구권이 시효의 완성으로 소멸하였다면 그 가등기와 함께 경료된 위 지상권 또한 그 목적을 잃어 소멸되었다고 봄이 상당하다(대판 1991.03.12. 90다카27570).

⑤ (○) 원고와 피고가 1필지의 대지를 구분 소유 적으로 공유하고 피고가 자기 몫의 대지 위에 건물을 신축하여 점유하던 중 위 대지의 피고지분만을 원고가 경락 취득한 경우 피고는 관습상의 법정지상권을 취득한다(대판 1990.06.26. 89다카24094).

정답 ④

문 67

법정지상권 또는 관습법상 법정지상권이 성립하지 않는 경우를 모두 고른 것은? (각 지문은 독립적임)
[2020년 14번]

ㄱ. 토지에 저당권을 설정할 당시 토지의 지상에 건물이 존재하였고, 그 토지와 건물이 동일인 소유였는데 저당권에 기한 임의경매의 기입등기 후 토지가 매각되기 전에 건물이 제3자에게 양도된 경우

ㄴ. 대지와 그 지상건물을 소유하고 있는 甲이 乙에게 그 대지에 관하여 근저당권을 설정하여 주면서 甲의 채무불이행으로 위 근저당권이 실행되어 건물과 대지의 소유자가 달라지더라도 甲은 법성지상권을 행사하지 않기로 약정하였고, 그 후 위 근저당권이 실행되어 丙이 대지를 매각받아 그 대금을 완납한 경우

ㄷ. 甲이 토지와 그 지상 건물을 소유하다가 乙에게 유효하게 건물의 소유명의를 신탁한 후 丙에게 토지에 관하여 저당권을 설정하여 주었고, 그 후 丙의 저당권 실행으로 인한 경매절차에서 丁이 토지의 소유권을 취득한 경우

ㄹ. X 토지에 대하여 甲과 구분소유적 공유관계에 있는 乙이 자신이 특정하여 매수하지 아니한 부분에 건물을 신축한 후 각자의 특정 소유 부분대로 X 토지를 분필한 경우

ㅁ. 토지에 관하여 저당권이 설정될 당시 토지 소유자에 의하여 그 지상에 건물이 건축 중이었고, 그 건물이 사회관념상 독립된 건물로 볼 수 있는 정도에 이르지 않았으나 건물의 규모, 종류가 외형상 예상할 수 있는 정도까지 건축이 진전되어 있었고, 그 후 경매절차에서 매수인이 매각대금을 다 낼 때까지 최소한의 기둥과 지붕 그리고 주벽이 이루어지는 등 독립된 부동산으로서 건물의 요건을 갖춘 경우

① ㄱ, ㄷ ② ㄴ, ㄷ, ㄹ ③ ㄷ, ㄹ
④ ㄹ, ㅁ ⑤ ㄱ, ㄴ, ㅁ

> **MGI Point** 법정지상권 또는 관습법상 법정지상권 ★★
>
> - 토지에 저당권을 설정할 당시 그 지상에 건물이 존재하였고 그 양자가 동일인의 소유였다가 그 후 저당권의 실행으로 토지가 낙찰되기 전에 건물이 제3자에게 양도된 경우 ⇨ 건물을 양수한 제3자가 법정지상권 취득 ○
> - 민법 제366조 법정지상권은 강행규정 ⇨ 배제하는 특약 효력 ×
> - 토지소유자가 지상건물의 소유명의를 타인에게 신탁한 후 토지에 저당권을 설정한 경우 ⇨ 이후의 저당권에 기한 경매절차에서 법정지상권 취득 ×
> - 구분소유적 공유관계에 있는 자가 자신의 특정소유가 아닌 부분에 건물을 신축한 後 특정 부분대로 토지가 분할된 경우 ⇨ 건물의 소유자인 종전 구분소유자는 관습상의 법정지상권 취득 ×
> - 토지에 저당권 설정 당시 토지소유자에 의해 건물이 건축 중이었던 경우 법정지상권의 인정요건
>   - 사회관념상 독립된 건물로 볼 수 있는 정도에 이르지 않았다 하더라도 건물의 규모·종류가 외형상 예상할 수 있는 정도까지 건축이 진행되었을 것
>   - 경매절차에서 매수인이 매각대금을 다 낸 때까지 최소한의 기둥·지붕·주벽이 이루어지는 등 독립된 부동산으로서 건물의 요건을 갖출 것 (이 경우 등기는 不要)

ㄱ. (X) 토지에 저당권을 설정할 당시 토지의 지상에 건물이 존재하고 있었고 그 양자가 동일 소유자에게 속하였다가 그 후 저당권의 실행으로 토지가 낙찰되기 전에 건물이 제3자에게 양도된 경우, 민법 제366조 소정의 법정지상권을 인정하는 법의 취지가 저당물의 경매로 인하여 토지와 그 지상 건물이 각 다른 사람의 소유에 속하게 된 경우에 건물이 철거되는 것과 같은 사회경제적 손실을 방지하려는 공익상 이유에 근거하는 점, 저당권자로서는 저당권설정 당시에 법정지상권의 부담을 예상하였을 것이고 또 저당권설정자는 저당권 설정 당시의 담보가치가 저당권이 실행될 때에도 최소한 그대로 유지되어 있으면 될 것이므로 위와 같은 경우 법정지상권을 인정하더라도 저당권자 또는 저당권설정자에게는 불측의 손해가 생기지 않는 반면, 법정지상권을 인정하지 않는다면 건물을 양수한 제3자는 건물을 철거하여야 하는 손해를 입게 되는 점 등에 비추어 위와 같은 경우 건물을 양수한 제3자는 민법 제366조 소정의 법정지상권을 취득한다(대판 1999.11.23. 99다52602). ▶ 이 사건 토지에 관하여 근저당권자인 신대현의 경매신청으로 1997. 6. 3. 임의경매의 기입등기가 경료되고, 1997. 11. 19. 원고가 낙찰을 받아 그 대금을 납부하여 1997. 12. 23. 원고의 명의로 이 사건 토지에 관한 소유권이전등기가 경료된 사실, 그런데 김성문이 1997. 10. 14. 이 사건 건물을 피고에게 양도하여 1997. 10. 15. 피고의 명의로 이 사건 건물에 관한 소유권이전등기가 경료된 사실을 인정할 수 있는바, 사실관계가 위와 같다면, 위에서 본 법리에 비추어 피고는 원고가 이 사건 토지를 낙찰받음으로써 민법 제366조 소정의 법정지상권을 취득하였다고 할 것이다.

ㄴ. (X) 민법 제366조는 가치권과 이용권의 조절을 위한 공익상의 이유로 지상권의 설정을 강제하는 것이므로 저당권설정 당사자간의 특약으로 저당목적물인 토지에 대하여 법정지상권을 배제하는 약정을 하더라도 그 특약은 효력이 없다(대판 1988.10.25. 87다카1564).

ㄷ. (○) 민법 제366조 소정의 법정지상권은 저당권 설정 당시 동일인의 소유에 속하던 토지와 그 지상건물이 경매로 인하여 각기 그 소유자가 다르게 된 때에 건물의 소유자를 위하여 발생하는 것이므로, 토지와 그 지상건물이 각기 소유자를 달리하고 있던 중 토지 또는 그 지상건물만이 경매에 의하여 다른 사람에게 소유권이 이전된 경우에는 위 법조 소정의 법정지상권이 발생할 여지가 없으며, 또 건물의 등기부상 소유명의를 타인에게 신탁한 경우에 신탁자(필자주-토지소유자)는 제3자에게 그 건물이 자기의 소유임을 주장할 수 없고, 따라서 그 건물과 부지인 토지가 동일인의 소유임을 전제로 한 법정지상권을 취득할 수 없다(대판 1995.05.23. 93다47318).

ㄹ. (○) 甲과 乙이 대지를 각자 특정하여 매수하여 배타적으로 점유하여 왔으나 분필이 되어 있지 아니한 탓으로 그 특정 부분에 상응하는 지분소유권이전등기만을 경료하였다면 그 대지의 소유관계는 처음부터 구분소유적 공유관계에 있다 할 것이고, 또한 구분소유적 공유관계에 있어서는 통상적인 공유관계와는 달리 당사자 내부에 있어서는 각자가 특정매수한 부분은 각자의 단독 소유로 되었다 할 것이므로, 乙은 위 대지 중 그가 매수하지 아니한 부분에 관하여는 甲에게 그 소유권을 주장할 수 없어 위 대지 중 乙이 매수하지 아니한 부분 지상에 있는 乙 소유의 건물 부분은 당초부터 건물과 토지의 소유자가 서로 다른 경우에 해당되어 그에 관하여는 관습상의 법정지상권이 성립될 여지가 없다(대판 1994.01.28. 93다49871).

ㅁ. (X) 민법 제366조의 법정지상권은 저당권 설정 당시 동일인의 소유에 속하던 토지와 건물이 경매로 인하여 양자의 소유자가 다르게 된 때에 건물의 소유자를 위하여 발생하는 것으로서, 토지에 관하여 저당권이 설정될 당시 토지 소유자에 의하여 그 지상에 건물을 건축 중이었던 경우 그것이 사회관념상 독립된 건물로 볼 수 있는 정도에 이르지 않았다 하더라도 건물의 규모·종류가 외형상 예상할 수 있는 정도까지 건축이 진전되어 있었고, 그 후 경매절차에서 매수인이 매각대금을 다 낸 때까지 최소한의 기둥과 지붕 그리고 주벽이 이루어지는 등 독립된 부동산으로서 건물의 요건을 갖추면 법정지상권이 성립하며, 그 건물이 미등기라 하더라도 법정지상권의 성립에는 아무런 지장이 없는 것이다(대판 2004.06.11. 2004다13533).

정답 ③

문 68

법정지상권에 관한 다음 설명 중 가장 옳지 않은 것은?(다툼이 있는 경우 판례에 의함) [2017년 33번]

① 건물이 건물로서의 요건을 갖추고 있는 이상 무허가건물이라 할지라도 관습상 법정지상권을 취득할 수 있다.
② 토지와 함께 공동근저당권이 설정된 건물이 그대로 존속함에도 등기부에 멸실의 기재가 이루어지고 이를 이유로 등기부가 폐쇄된 후 토지에 대하여만 경매절차가 진행되어 토지와 건물의 소유자가 달라진 경우, 건물을 위한 법정지상권이 성립한다.
③ 원래 채권을 담보하기 위하여 나대지상에 가등기가 경료되었고, 그 뒤 대지소유자가 그 지상에 건물을 신축하였는데 그 후 그 가등기에 기한 본등기가 경료되어 대지와 건물의 소유자가 달라진 경우 관습상 법정지상권이 성립한다.
④ 토지에 대한 저당권설정 당시 건축 중인 건물이더라도 건물의 규모·종류가 외형상 예상할 수 있을 정도로 건축이 진전되어 있었고, 그 후 경매절차에서 매수인이 매각대금을 다 낸 때까지 최소한의 기둥과 지붕 그리고 주벽이 이루어지는 등 독립된 부동산으로서 건물의 요건을 갖추면 법정지상권이 인정된다.
⑤ 공유로 등기된 토지의 소유관계가 구분소유적 공유관계에 있는 경우에는 공유자 중 1인이 소유하고 있는 건물과 그 대지는 다른 공유자와의 내부관계에 있어서는 그 공유자의 단독소유로 되었다 할 것이므로 건물을 소유하고 있는 공유자가 그 건물 또는 토지지분에 대하여 저당권을 설정하였다가 그 후 저당권의 실행으로 소유자가 달라지게 되면 건물 소유자는 그 건물의 소유를 위한 법정지상권을 취득하게 된다.

해설

① (○) 민법 366조는 저당물의 경매로 인하여 토지와 그 지상건물이 다른 소유자에 속한 경우에 토지소유자는 건물소유자에 대하여 지상권을 설정한 것으로 보는 것인 바 이 경우에 있어서 그 지상건물은 반드시 등기를 거친 것임을 필요로 하지 아니하며 또 그 건물은 건물로서의 요소를 갖추고 있는 이상 무허가 건물이어도 법정지상권 성립에 아무런 장애도 될 수 없다(대판 1964.09.22. 63아62).
② (○) 민법 제366조의 법정지상권은 저당권 설정 당시에 동일인의 소유에 속하는 토지와 건물이 저당권의 실행에 의한 경매로 인하여 각기 다른 사람의 소유에 속하게 된 경우에 건물의 소유를 위하여 인정되는 것으로서, 이는 동일인의 소유에 속하는 토지 및 그 지상 건물에 대하여 공동저당권이 설정되었으나 그중 하나에 대하여만 경매가 실행되어 소유자가 달라지게 된 경우에도 마찬가지이다. 다만 위와 같이 공동저당권이 설

정된 후 그 지상 건물이 철거되고 새로 건물이 신축되어 두 건물 사이의 동일성이 부정되는 결과 공동저당권자가 신축건물의 교환가치를 취득할 수 없게 되었다면, 공동저당권자의 불측의 손해를 방지하기 위하여, 특별한 사정이 없는 한 저당물의 경매로 인하여 토지와 그 신축건물이 다른 소유자에 속하게 되더라도 그 신축건물을 위한 법정지상권은 성립하지 않는다고 볼 것이나, 토지와 함께 공동근저당권이 설정된 건물이 그대로 존속함에도 불구하고 사실과 달리 등기부에 멸실의 기재가 이루어지고 이를 이유로 등기부가 폐쇄된 경우, 저당권자로서는 멸실 등으로 인하여 폐쇄된 등기기록을 부활하는 절차 등을 거쳐 건물에 대한 저당권을 행사하는 것이 불가능한 것이 아닌 이상 저당권자가 건물의 교환가치에 대하여 이를 담보로 취득할 수 없게 되는 불측의 손해가 발생한 것은 아니라고 보아야 하므로, 그 후 토지에 대하여만 경매절차가 진행된 결과 토지와 건물의 소유자가 달라지게 되었다면 그 건물을 위한 법정지상권은 성립한다 할 것이고, 단지 건물에 대한 등기부가 폐쇄되었다는 사정만으로 건물이 멸실된 경우와 동일하게 취급하여 법정지상권이 성립하지 아니한다고 할 수는 없다(대판 2013.03.14. 2012다108634).

③ (X) 원래 채권을 담보하기 위하여 나대지상에 가등기가 경료되었고, 그 뒤 대지소유자가 그 지상에 건물을 신축하였는데, 그 후 그 가등기에 기한 본등기가 경료되어 대지와 건물의 소유자가 달라진 경우에 관습상 법정지상권을 인정하면 애초에 대지에 채권담보를 위하여 가등기를 경료한 사람의 이익을 크게 해하게 되기 때문에 특별한 사정이 없는 한 건물을 위한 관습상 법정지상권이 성립한다고 할 수 없다(대판 1994.11.22. 94다5458).

④ (○) 민법 제366조의 법정지상권은 저당권설정 당시 동일인의 소유에 속하던 토지와 건물이 경매로 인하여 양자의 소유자가 다르게 된 때에 건물의 소유자를 위하여 발생하는 것으로서, 토지에 관하여 저당권이 설정될 당시 토지 소유자에 의하여 그 지상에 건물이 건축 중이었던 경우 그것이 사회관념상 독립된 건물로 볼 수 있는 정도에 이르지 않았다 하더라도 건물의 규모, 종류가 외형상 예상할 수 있는 정도까지 건축이 진전되어 있었고, 그 후 경매절차에서 매수인이 매각대금을 다 낼 때까지 최소한의 기둥과 지붕 그리고 주벽이 이루어지는 등 독립된 부동산으로서 건물의 요건을 갖춘 경우에는 법정지상권이 성립한다(대판 2011.01.13. 2010다67159).

⑤ (○) 공유로 등기된 토지의 소유관계가 구분소유적 공유관계에 있는 경우에는 공유자 중 1인이 소유하고 있는 건물과 그 대지는 다른 공유자와의 내부관계에 있어서는 그 공유자의 단독소유로 되었다 할 것이므로 건물을 소유하고 있는 공유자가 그 건물 또는 토지지분에 대하여 저당권을 설정하였다가 그 후 저당권의 실행으로 소유자가 달라지게 되면 건물 소유자는 그 건물의 소유를 위한 법정지상권을 취득하게 되며, 이는 구분소유적 공유관계에 있는 토지의 공유자들이 그 토지 위에 각자 독자적으로 별개의 건물을 소유하면서 그 토지 전체에 대하여 저당권을 설정하였다가 그 저당권의 실행으로 토지와 건물의 소유자가 달라지게 된 경우에도 마찬가지라 할 것이다(대판 2004.06.11. 2004다13533).

정답 ③

제3관 특수한 저당권(근저당권, 공동저당권)

문 15

근저당권에 관한 다음 설명 중 가장 옳지 않은 것은?[2023년 25번]

① 근저당권의 목적이 된 부동산의 제3취득자는 근저당권의 피담보채무에 대하여 채권최고액을 한도로 당해 부동산에 의한 담보적 책임을 부담하므로, 제3취득자로서는 채무자 또는 제3자의 변제 등으로 피담보채권이 일부 소멸하였다고 하더라도 잔존 피담보채권이 채권최고액을 초과하는 한 담보 부동산에 의한 자신의 책임이 그 변제 등으로 인하여 감축되었다고 주장할 수 없다.

② 근저당권자가 피담보채무의 불이행을 이유로 경매신청을 한 경우에는 경매신청시에 근저당 채무액이 확정되고, 위와 같이 경매신청을 하여 경매개시결정이 있은 후에 경매신청이 취하되었다고 하더라도 채무확정의 효과가 번복되는 것은 아니다.
③ 피담보채권과 근저당권이 함께 양도되었으나 근저당권의 이전등기가 경료되지 않은 채 실시된 배당절차에서 근저당권의 명의인은 집행채무자로부터 변제를 받기 위하여 배당표에 자신에게 배당하는 것으로 배당표의 경정을 구할 수 있는 지위에 있다고 볼 수 없다.
④ 피담보채권 소멸 후 그 말소등기가 경료되기 전에 그 저당권부채권을 가압류하고 압류 및 전부명령을 받아 저당권 이전의 부기등기를 경료한 자 할지라도, 그 가압류 이전에 그 저당권의 피담보채권이 소멸된 이상, 그 근저당권을 취득할 수 없고, 실체관계에 부합하지 않는 그 근저당권 설정등기를 말소할 의무를 부담한다.
⑤ 근저당권의 준공유자들이 각자의 공유지분을 미리 특정하여 근저당권설정등기를 마쳤더라도, 그 근저당권의 실행으로 인한 경매절차에서 배당을 하는 경매법원으로서는 배당시점에서의 준공유자 각자의 채권액의 비율에 따라 안분하여 배당하여야 한다.

MGI Point 근저당권 ★★★

- 변제 등으로 피담보채권이 일부 소멸하였더라도 근저당권의 목적이 된 부동산의 제3취득자는 잔존 피담보채권이 채권최고액을 초과하는 한 담보 부동산에 의한 자신의 책임이 그 변제 등으로 인하여 감축되었다고 주장 不可
- 근저당권자가 경매신청 후 취하한 경우 ⇨ 채무확정의 효과가 번복되는 것×
- 피담보채권과 근저당권이 함께 양도되었으나 근저당권의 이전등기가 경료되지 않은 채 실시된 배당절차에서 근저당권 명의인의 지위 ⇨ 배당표의 경정을 구할 수 없음
- 피담보채권 소멸 후 그 말소등기가 경료되기 전에 그 저당권부채권을 가압류하고 압류 및 전부명령을 받아 저당권 이전의 부기등기를 경료한 자 ⇨ 근저당권 설정등기를 말소할 의무를 부담함
- 근저당권의 준공유자들이 각자의 공유지분을 미리 특정하여 근저당권설정등기를 마친 경우 배당 방법 ⇨ 각자의 지분 비율에 따라 안분하여 배당해야

① (○) 근저당권의 목적이 된 부동산의 제3취득자는 근저당권의 피담보채무에 대하여 채권최고액을 한도로 당해 부동산에 의한 담보적 책임을 부담하므로, 제3취득자로서는 채무자 또는 제3자의 변제 등으로 피담보채권이 일부 소멸하였다고 하더라도 잔존 피담보채권이 채권최고액을 초과하는 한 담보 부동산에 의한 자신의 책임이 그 변제 등으로 인하여 감축되었다고 주장할 수 없다(대법원 2007. 4. 26. 2005다38300).

② (○) 근저당권자가 피담보채무의 불이행을 이유로 경매신청을 한 경우에는 경매신청시에 근저당 채무액이 확정되고, 그 이후부터 근저당권은 부종성을 가지게 되어 보통의 저당권과 같은 취급을 받게 되는바, 위와 같이 경매신청을 하여 경매개시결정이 있은 후에 경매신청이 취하되었다고 하더라도 채무확정의 효과가 번복되는 것은 아니다(대법원 2002. 11. 26. 2001다73022).

③ (○) 피담보채권과 근저당권을 함께 양도하는 경우에 채권양도는 당사자 사이의 의사표시만으로 양도의 효력이 발생하지만 근저당권이전은 이전등기를 하여야 하므로 채권양도와 근저당권이전등기 사이에 어느 정도 시차가 불가피한 이상 피담보채권이 먼저 양도되어 일시적으로 피담보채권과 근저당권의 귀속이 달라진다고 하여 근저당권이 무효로 된다고 볼 수는 없으나, 위 근저당권은 그 피담보채권의 양수인에게 이전되어야 할 것에 불과하고, 근저당권의 명의인은 피담보채권을 양도하여 결국 피담보채권을 상실한 셈이므로 집행채무자로부터 변제를 받기 위하여 배당표에 자신에게 배당하는 것으로 배당표의 경정을 구할 수 있는 지위에 있다고 볼 수 없다(대법원 2003. 10. 10. 2001다77888).

④ (○) 피담보채권이 소멸하면 저당권은 그 부종성에 의하여 당연히 소멸하게 되므로, 그 말소등기가 경료되기 전에 그 저당권부채권을 가압류하고 압류 및 전부명령을 받아 저당권 이전의 부기등기를 경료한 자라 할지라도, 그 가압류 이전에 그 저당권의 피담보채권이 소멸된 이상, 그 근저당권을 취득할 수 없고, 실체관계에 부합하지 않는 그 근저당권 설정등기를 말소할 의무를 부담한다(대법원 2002. 9. 24. 2002다27910).

⑤ (X) 근저당권의 준공유자들이 각자의 공유지분을 미리 특정하여 근저당권설정등기를 마쳤다면 그들은 처음부터 그 지분의 비율로 근저당권을 준공유하는 것이 되고, 이러한 경우 다른 특별한 사정이 없는 한 준공유자들 사이에는 각기 그 지분비율에 따라 변제받기로 하는 약정이 있었다고 봄이 상당하므로, 그 근저당권의 실행으로 인한 경매절차에서 배당을 하는 경매법원으로서는 배당시점에서의 준공유자 각자의 채권액의 비율에 따라 안분하여 배당할 것이 아니라 각자의 지분비율에 따라 안분하여 배당해야 하며, 어느 준공유자의 실제 채권액이 위 지분비율에 따른 배당액보다 적어 잔여액이 발생하게 되면 이를 다른 준공유자들에게 그 지분비율에 따라 다시 안분하는 방법으로 배당해야 한다(대법원 2008. 3. 13. 2006다31887).

정답 ⑤

문 69

누적적 근저당권에 관한 다음 설명 중 옳은 것을 모두 고른 것은? [2022년 34번]

> ㄱ. 당사자 사이에 하나의 기본계약에서 발생하는 동일한 채권을 담보하기 위하여 여러 개의 부동산에 근저당권을 설정하면서 각각의 근저당권 채권최고액을 합한 금액을 우선변제받기 위하여 공동근저당권의 형식이 아닌 개별 근저당권의 형식을 취한 경우, 이러한 근저당권은 민법 제368조가 적용되는 공동근저당권이 아니라 피담보채권을 누적적으로 담보하는 근저당권에 해당한다.
> ㄴ. 누적적 근저당권은 각 근저당권의 담보 범위가 중첩되지 않고 서로 다르므로 피담보채권이 각 근저당권별로 자동으로 분할된다.
> ㄷ. 당사자가 근저당권 설정 시 피담보채권을 여러 개로 분할하여 분할된 채권별로 근저당권을 설정한 경우도 누적적 근저당권에 해당한다.
> ㄹ. 누적적 근저당권을 설정받은 채권자는 여러 개의 근저당권을 동시에 실행할 수 있다.
> ㅁ. 누적적 근저당권을 설정받은 채권자는 여러 개의 근저당권 중 어느 것을 먼저 실행하여 그 채권최고액의 범위에서 피담보채권의 전부나 일부를 우선변제받은 다음 피담보채권이 소멸할 때까지 나머지 근저당권을 실행하여 그 근저당권의 채권최고액 범위에서 반복하여 우선변제를 받을 수 있다.
> ㅂ. 채권자가 하나의 기본계약에서 발생하는 동일한 채권을 담보하기 위하여 채무자 소유의 부동산과 물상보증인 소유의 부동산에 누적적 근저당권을 설정받았는데 물상보증인 소유의 부동산이 먼저 경매되어 매각대금에서 채권자가 변제를 받은 경우, 물상보증인은 채무자에 대하여 구상권을 취득함과 동시에 민법 제481조, 제482조에 따라 종래 채권자가 가지고 있던 채권 및 담보에 관한 권리를 행사할 수 있고, 이때 물상보증인은 변제자대위에 의하여 종래 채권자가 보유하던 채무자 소유 부동산에 관한 근저당권도 대위취득하여 행사할 수 있다.

① ㄱ, ㄴ, ㄷ, ㅁ
② ㄱ, ㄹ, ㅁ, ㅂ
③ ㄱ, ㄹ, ㅁ
④ ㄷ, ㅁ, ㅂ
⑤ ㄴ, ㄹ, ㅂ

MGI Point 누적적 근저당권 ★★

- 하나의 기본계약에서 발생하는 동일한 채권을 담보하기 위하여, 각각의 근저당권 채권최고액을 합한 금액을 우선변제 받기 위하여 공동근저당권의 형식이 아닌 개별 근저당권의 형식을 취한 경우 ⇨ 누적적 근저당권
- 누적적 근저당권 ⇨ 피담보채권이 각 근저당권별로 자동으로 분할 ×, 누적적 근저당권을 설정받은 채권자는 여러 개의 근저당권을 동시에 실행 可
- 피담보채권을 여러 개로 분할하여 분할된 채권별로 근저당권을 설정한 경우 ⇨ 누적적 근저당권 ×
- 누적적 근저당권의 실행 ⇨ 일부 실행하여 채권최고액 범위에서 피담보채권 전부나 일부 우선변제 받은 다음 나머지 근저당권 실행하여 다시 채권최고액 범위에서 반복하여 우선변제 可
- 누적적 근저당권이 설정된 부동산 중 일부가 물상보증인 소유이고 이 부동산이 먼저 경매되어 채권자가 변제를 받은 경우 ⇨ 물상보증인은 구상권 취득, 채권자의 담보에 관한 권리 행사 可(법정대위)

ㄱ. (○) 당사자 사이에 하나의 기본계약에서 발생하는 동일한 채권을 담보하기 위하여 여러 개의 부동산에 근저당권을 설정하면서 각각의 근저당권 채권최고액을 합한 금액을 우선변제받기 위하여 공동근저당권의 형식이 아닌 개별 근저당권의 형식을 취한 경우, 이러한 근저당권은 민법 제368조가 적용되는 공동근저당권이 아니라 피담보채권을 누적적(누적적)으로 담보하는 근저당권에 해당한다(대판 2020.04.09. 2014다51756).

ㄴ. (X), ㄷ. (X) 누적적 근저당권은 모두 하나의 기본계약에서 발생한 동일한 피담보채권을 담보하기 위한 것이다. 이와 달리 당사자가 근저당권 설정 시 피담보채권을 여러 개로 분할하여 분할된 채권별로 근저당권을 설정하였다면 이는 그 자체로 각각 별개의 채권을 담보하기 위한 개별 근저당권일 뿐 누적적 근저당권이라고 할 수 없다. 누적적 근저당권은 각 근저당권의 담보 범위가 중첩되지 않고 서로 다르지만 이러한 점을 들어 피담보채권이 각 근저당권별로 자동으로 분할된다고 볼 수도 없다(대판 2020.04.09. 2014다51756).

ㄹ. (○), ㅁ. (○) 누적적 근저당권은 공동근저당권과 달리 담보의 범위가 중첩되지 않으므로, 누적적 근저당권을 설정받은 채권자는 여러 개의 근저당권을 동시에 실행할 수도 있고, 여러 개의 근저당권 중 어느 것이라도 먼저 실행하여 그 채권최고액의 범위에서 피담보채권의 전부나 일부를 우선변제받은 다음 피담보채권이 소멸할 때까지 나머지 근저당권을 실행하여 그 근저당권의 채권최고액 범위에서 반복하여 우선변제를 받을 수 있다(대판 2020.04.09. 2014다51756).

ㅂ. (○) 채권자가 하나의 기본계약에서 발생하는 동일한 채권을 담보하기 위하여 채무자 소유의 부동산과 물상보증인 소유의 부동산에 누적적 근저당권을 설정받았는데 물상보증인 소유의 부동산이 먼저 경매되어 매각대금에서 채권자가 변제를 받은 경우, 물상보증인은 채무자에 대하여 구상권을 취득함과 동시에 민법 제481조, 제482조에 따라 종래 채권자가 가지고 있던 채권 및 담보에 관한 권리를 행사할 수 있다. 이때 물상보증인은 변제자대위에 의하여 종래 채권자가 보유하던 채무자 소유 부동산에 관한 근저당권을 대위취득하여 행사할 수 있다고 보아야 한다(대판 2020.04.09. 2014다51756).

정답 ②

문 70

(근)저당권에 관한 다음 설명 중 가장 옳지 않은 것은? [2020년 7번]

① 공동근저당권자가 목적 부동산 중 일부 부동산에 대하여 제3자가 신청한 경매절차에 소극적으로 참가하여 우선배당을 받은 경우, 해당 부동산에 관한 근저당권의 피담보채권은 그 근저당권이 소멸하는 시기, 즉 매수인이 매각대금을 지급한 때에 확정되지만, 나머지 목적 부동산에 관한 근저당권의 피담보채권은 기본거래가 종료하거나 채무자나 물상보증인에 대하여 파산이 선고되는 등의 다른 확정사유가 발생하지 아니하는 한 확정되지 아니한다.

② 근저당 거래관계가 계속되는 관계로 근저당권의 피담보채권이 확정되지 아니하는 동안에는 그 채권의 일부가 대위변제되었다 하더라도 그 근저당권이 대위변제자에게 이전될 수 없다.

③ 근저당권이 설정된 후에 그 부동산의 소유권이 제3자에게 이전된 경우에는 현재의 소유자가 자신의 소유권에 기하여 피담보채무의 소멸을 원인으로 그 근저당권설정등기의 말소를 청구할 수 있을 뿐 아니라, 근저당권설정자인 종전의 소유자도 여전히 근저당권설정계약의 당사자로서 근저당권소멸에 따른 원상회복으로 근저당권자에게 근저당권설정등기의 말소를 구할 수 있는 계약상 권리를 가진다.

④ 저당지상의 건물에 대한 일괄경매청구권은 저당권설정자가 건물을 축조한 경우뿐만 아니라 저당권설정자로부터 저당토지에 대한 용익권을 설정받은 자가 그 토지에 건물을 축조한 경우라도 그 후 저당권설정자가 그 건물의 소유권을 취득한 경우에는 저당권자는 토지와 함께 그 건물에 대하여 경매를 청구할 수 있다.

⑤ 근저당권은 채권담보를 위한 것이므로 채권자와 근저당권자는 동일인이 되어야 한다. 따라서 제3자를 근저당권 명의인으로 하는 근저당권을 설정하는 경우 그 점에 대하여 채권자와 채무자 및 제3자 사이에 합의가 있고, 채권양도, 제3자를 위한 계약, 불가분적 채권관계의 형성 등 방법으로 채권이 그 제3자에게 실질적으로 귀속되었다고 볼 수 있는 특별한 사정이 있다 하더라도 제3자 명의의 근저당권설정등기는 무효이다.

MGI Point (근)저당권 ★★

■ 공동근저당권자가 목적 부동산 중 일부 부동산에 대하여 제3자가 신청한 경매절차에 소극적으로 참가하여 우선배당을 받은 경우
  • 해당 부동산에 관한 근저당권의 피담보채권 ⇨ 매수인이 매각대금을 지급한 때 확정 ○
  • 나머지 목적 부동산에 관한 근저당권의 피담보채권 ⇨ 다른 확정사유가 발생하지 아니하는 한 확정 ×
■ 근저당 거래관계가 계속되는 관계로 근저당권의 피담보채권이 확정되지 아니하는 동안에 채권의 일부가 대위변제된 경우
  ⇨ 그 근저당권이 대위변제자에게 이전 ×
■ 근저당권 설정 후 부동산 소유권이 이전된 경우 근저당권설정자인 종전의 소유자 ⇨ 계약상 권리에 근거하여 피담보채무의 소멸을 이유로 근저당권설정등기 말소청구 可
■ 일괄경매 청구권(민법 제365조)의 요건
  • 저당권 설정 후에 건물이 축조될 것
  • 저당권설정자가 축조하고 소유하는 건물일 것
  • 저당권설정자가 건물을 축조한 경우뿐만 아니라 저당권설정자로부터 저당토지에 대한 용익권을 설정받은 자가 그 토지에 건물을 축조한 후 저당권설정자가 건물의 소유권을 취득한 경우도 포함
■ 채권자 아닌 제3자 명의로 설정된 저당권
  • 원칙 : 담보물권의 부종성에 비추어 저당권은 무효

> • 다만, i) 채권자와 채무자 및 제3자 사이에 합의가 있었고, ii) 나아가 제3자에게 그 채권이 실질적으로 귀속되었다고 볼 수 있는 특별한 사정이 있는 경우 ⇨ 제3자 명의의 저당권등기도 유효

① (○) 공동근저당권자가 목적 부동산 중 일부 부동산에 대하여 제3자가 신청한 경매절차에 소극적으로 참가하여 우선배당을 받은 경우, 해당 부동산에 관한 근저당권의 피담보채권은 그 근저당권이 소멸하는 시기, 즉 매수인이 매각대금을 지급한 때에 확정되지만, 나머지 목적 부동산에 관한 근저당권의 피담보채권은 기본거래가 종료하거나 채무자나 물상보증인에 대하여 파산이 선고되는 등의 다른 확정사유가 발생하지 아니하는 한 확정되지 아니한다. 공동근저당권자가 제3자가 신청한 경매절차에 소극적으로 참가하여 우선배당을 받았다는 사정만으로는 당연히 채권자와 채무자 사이의 기본거래가 종료된다고 볼 수 없고, 기본거래가 계속되는 동안에는 공동근저당권자가 나머지 목적 부동산에 관한 근저당권의 담보가치를 최대한 활용할 수 있도록 피담보채권의 증감·교체를 허용할 필요가 있으며, 위와 같이 우선배당을 받은 금액은 나머지 목적 부동산에 대한 경매절차에서 다시 공동근저당권자로서 우선변제권을 행사할 수 없어 이후에 피담보채권액이 증가하더라도 나머지 목적 부동산에 관한 공동근저당권자의 우선변제권 범위는 우선배당액을 공제한 채권최고액으로 제한되므로 후순위 근저당권자나 기타 채권자들이 예측하지 못한 손해를 입게 된다고 볼 수 없기 때문이다(대판 2017.09.21. 2015다50637).

② (○) 근저당권은 계속적인 거래관계로부터 발생·소멸하는 불특정다수의 채권 중 그 결산기에 잔존하는 채권을 일정한 한도액의 범위 내에서 담보하는 것으로서 그 거래가 종료하기까지 그 피담보채권은 계속적으로 증감·변동하는 것이므로, 근저당 거래관계가 계속되는 관계로 근저당권의 피담보채권이 확정되지 아니하는 동안에는 그 채권의 일부가 대위변제되었다 하더라도 그 근저당권이 대위변제자에게 이전될 수 없다(대판 2000.12.26. 2000다54451).

③ (○) 근저당권이 설정된 후에 그 부동산의 소유권이 제3자에게 이전된 경우에는 현재의 소유자가 자신의 소유권에 기하여 피담보채무의 소멸을 원인으로 그 근저당권설정등기의 말소를 청구할 수 있음은 물론이지만, 근저당권설정자인 종전의 소유자도 근저당권설정계약의 당사자로서 근저당권소멸에 따른 원상회복으로 근저당권자에게 근저당권설정등기의 말소를 구할 수 있는 계약상 권리가 있으므로 이러한 계약상 권리에 터잡아 근저당권자에게 피담보채무의 소멸을 이유로 하여 그 근저당권설정등기의 말소를 청구할 수 있다고 봄이 상당하고, 목적물의 소유권을 상실하였다는 이유만으로 그러한 권리를 행사할 수 없다고 볼 것은 아니다(대판 1994.01.25. 93다16338(전합)).

④ (○) 저당지상의 건물에 대한 일괄경매청구권은 저당권설정자가 건물을 축조한 경우뿐만 아니라 저당권설정자로부터 저당토지에 대한 용익권을 설정받은 자가 그 토지에 건물을 축조한 경우라도 그 후 저당권설정자가 그 건물의 소유권을 취득한 경우에는 저당권자는 토지와 함께 그 건물에 대하여 경매를 청구할 수 있다(대판 2003.04.11. 2003다3850).

⑤ (X) 근저당권은 채권담보를 위한 것이므로 원칙적으로 채권자와 근저당권자는 동일인이 되어야 하지만, 제3자를 근저당권 명의인으로 하는 근저당권을 설정하는 경우 그 점에 대하여 채권자와 채무자 및 제3자 사이에 합의가 있고, 채권양도, 제3자를 위한 계약, 불가분적 채권관계의 형성 등 방법으로 채권이 그 제3자에게 실질적으로 귀속되었다고 볼 수 있는 특별한 사정이 있는 경우에는 제3자 명의의 근저당권설정등기도 유효하다고 보아야 할 것이다(대판 2001.03.15. 99다48948(전합)).

정답 ⑤

문 71

근저당권에 있어 피담보채권의 확정에 관한 다음 설명 중 가장 옳지 않은 것은?(다툼이 있는 경우 판례에 의함) [2017년 34번]

① 근저당권자가 피담보채무 불이행을 이유로 경매신청을 한 경우 경매신청시에 피담보채무액이 확정되고, 위와 같이 경매신청을 하여 경매개시결정이 있은 후에 경매신청이 취하되었다고 하더라도 채무확정의 효과가 번복되지 않는다.
② 후순위 근저당권자가 경매를 신청한 경우 선순위 근저당권의 피담보채권은 그 근저당권이 소멸하는 시기, 즉 매수인이 매각대금을 완납한 때에 확정된다.
③ 근저당권자가 채무자에 대한 회사정리절차개시결정이 내려진 후 정리회사 또는 정리회사의 관리인에게 사업의 경영을 위하여 추가로 금원을 융통하여 준 경우, 이러한 추가채권은 위 근저당권에 의하여 담보될 수 없다.
④ 근저당권의 피담보채권이 확정되었을 경우, 확정 전에 발생한 원본채권에 관하여 확정 후에 발생하는 이자나 지연손해금 채권은 채권최고액의 범위 내에서 근저당권에 의하여 여전히 담보된다.
⑤ 근저당권의 존속기간이나 기본적 거래계약에서 결산기의 정함이 없는 경우에는, 근저당권에 의하여 담보되는 채권이 전부 소멸하고 채무자가 채권자로부터 새로이 금원을 차용하는 등 거래를 계속할 의사가 없는 경우에 한하여 근저당권설정자는 계약을 해제하고 근저당권설정등기의 말소를 구할 수 있다.

해설

① (○) 근저당권자가 피담보채무의 불이행을 이유로 경매신청을 한 경우에는 경매신청시에 근저당 채무액이 확정되고, 그 이후부터 근저당권은 부종성을 가지게 되어 보통의 저당권과 같은 취급을 받게 되는바, 위와 같이 경매신청을 하여 경매개시결정이 있은 후에 경매신청이 취하되었다고 하더라도 채무확정의 효과가 번복되는 것은 아니다(대판 2002.11.26. 2001다73022).

② (○) 당해 근저당권자는 저당부동산에 대하여 경매신청을 하지 아니하였는데 다른 채권자가 저당부동산에 대하여 경매신청을 한 경우 민사소송법 제608조 제2항, 제728조의 규정에 따라 경매신청을 하지 아니한 근저당권자의 근저당권도 경락으로 인하여 소멸하므로, 다른 채권자가 경매를 신청하여 경매절차가 개시된 때로부터 경락으로 인하여 당해 근저당권이 소멸하게 되기까지의 어느 시점에서인가는 당해 근저당권의 피담보채권도 확정된다고 하지 아니할 수 없는데, 그 중 어느 시기에 당해 근저당권의 피담보채권이 확정되는가 하는 점에 관하여 우리 민법은 아무런 규정을 두고 있지 아니한바, 부동산 경매절차에서 경매신청기입등기 이전에 등기되어 있는 근저당권은 경락으로 인하여 소멸되는 대신에 그 근저당권자는 민사소송법 제605조가 정하는 배당요구를 하지 아니하더라도 당연히 그 순위에 따라 배당을 받을 수 있고, 이러한 까닭으로 선순위 근저당권이 설정되어 있는 부동산에 대하여 근저당권을 취득하는 거래를 하려는 사람들은 선순위 근저당권의 채권최고액 만큼의 담보가치는 이미 선순위 근저당권자에 의하여 파악되어 있는 것으로 인정하고 거래를 하는 것이 보통이므로, 담보권 실행을 위한 경매절차가 개시되었음을 선순위 근저당권자가 안 때 이후의 어떤 시점에 선순위 근저당권의 피담보채무액이 증가하더라도 그와 같이 증가한 피담보채무액이 선순위 근저당권의 채권최고액 한도 안에 있다면 경매를 신청한 후순위 근저당권자가 예측하지 못한 손해를 입게 된다고 볼 수 없는 반면, 선순위 근저당권자는 자신이 경매신청을 하지 아니하였으면서도 경락으로 인하여 근저당권을 상실하게 되는 처지에 있으므로 거래의 안전을 해치지 아니하는 한도 안에서 선순위 근저당권자가 파악한 담보가치를 최대한 활용할 수 있도록 함이 타당하다는 관점에서 보면, 후순위 근저당권자가 경매

를 신청한 경우 선순위 근저당권의 피담보채권은 그 근저당권이 소멸하는 시기, 즉 경락인이 경락대금을 완납한 때에 확정된다고 보아야 한다(대판 1999.09.21. 99다26085).

③ (○) 근저당권이 설정된 뒤 채무자 또는 근저당권설정자에 대하여 회사정리절차개시결정이 내려진 경우, 그 근저당권의 피담보채무는 회사정리절차개시결정시점을 기준으로 확정되는 것으로 보아야 하므로, 그 이후 근저당권자가 정리회사 또는 정리회사의 관리인에게 그 사업의 경영을 위하여 추가로 금원을 융통하여 줌으로써 별도의 채권을 취득하였다 하더라도, 그 채권이 위 근저당권에 의하여 담보될 여지는 없다(대판 2001.06.01. 99다66649).

④ (○) 근저당권자의 경매신청 등의 사유로 인하여 근저당권의 피담보채권이 확정되었을 경우, 확정 이후에 새로운 거래관계에서 발생한 원본채권은 그 근저당권에 의하여 담보되지 아니하지만, 확정 전에 발생한 원본채권에 관하여 확정 후에 발생하는 이자나 지연손해금 채권은 채권최고액의 범위 내에서 근저당권에 의하여 여전히 담보되는 것이다(대판 2007.04.26. 2005다38300).

⑤ (X) 근저당권이라 함은 그 담보할 채권의 최고액만을 정하고 채무의 확정을 장래에 유보하여 설정하는 저당권을 말하고, 이 경우 그 피담보채무가 확정될 때까지의 채무의 소멸 또는 이전은 근저당권에 영향을 미치지 아니하므로, 근저당부동산에 대하여 소유권을 취득한 제3자는 피담보채무가 확정된 이후에 그 확정된 피담보채무를 채권최고액의 범위 내에서 변제하고 근저당권의 소멸을 청구할 수 있다고 할 것이며, 피담보채무는 근저당권설정계약에서 근저당권의 존속기간을 정하거나 근저당권으로 담보되는 기본적인 거래계약에서 결산기를 정한 경우에는 원칙적으로 존속기간이나 결산기가 도래한 때에 확정되지만, 이 경우에도 근저당권에 의하여 담보되는 채권이 전부 소멸하고 채무자가 채권자로부터 새로이 금원을 차용하는 등 거래를 계속할 의사가 없는 경우에는, 그 존속기간 또는 결산기가 경과하기 전이라 하더라도 근저당권설정자는 계약을 해지하고 근저당권설정등기의 말소를 구할 수 있고, 한편 존속기간이나 결산기의 정함이 없는 때에는 근저당권의 피담보채무의 확정방법에 관한 다른 약정이 있으면 그에 따르되 이러한 약정이 없는 경우라면 근저당권설정자가 근저당권자를 상대로 언제든지 해지의 의사표시를 함으로써 피담보채무를 확정시킬 수 있다(대판 2002.05.24. 2002다7176).

정답 ⑤

문 72

甲 소유의 X 부동산과 乙 소유의 Y 부동산에 甲의 채권자 丙을 위한 공동저당권이 설정되어 있다. X에는 丁을 위한 후순위 저당권이, Y에는 乙의 채권자인 戊를 위한 후순위 저당권이 각 설정되어 있다. X의 경매대가는 2억 원, Y의 경매대가는 4억 원, 丙의 공동저당권의 피담보채권액은 3억 원이다. 다음 설명 중 가장 옳지 않은 것은?(집행비용은 고려하지 않고, 다툼이 있는 경우 판례에 의함)
[2016년 31번]

① Y의 경매대가가 먼저 배당되는 경우, 丙은 3억 원 전액을 배당받을 수 있고, 이 경우 물상보증인 乙은 변제자대위에 의하여 X의 경매대가 2억 원을 배당받을 수 있다.
② 위 ①의 경우에 戊는 乙이 배당받을 금액에 대하여 물상대위할 수 있다.
③ X의 경매대가가 먼저 배당되는 경우, 丁은 Y의 경매대가에 대하여 丙을 대위할 수 없다.
④ X와 Y의 경매대가가 동시에 배당되는 경우, 丙은 X의 경매대가로부터 2억 원 전액을 배당받고, Y의 경매대가로부터 1억 원을 배당받는다.
⑤ 위 ④의 경우 물상보증인 乙이 채무자 甲의 연대보증인의 지위를 겸하고 있다면, 丙은 X의 경매대가로부터 1억 원을, Y의 경매대가로부터 2억 원을 각각 배당받는다.

::해설   ★★★

① (○), ② (○) 공동저당의 목적인 물상보증인 소유의 부동산에 후순위저당권이 설정되어 있는 경우에 물상보증인 소유의 부동산이 먼저 경매되어 경매대금에서 선순위공동저당권자가 변제를 받은 때에는 특별한 사정이 없는 한 물상보증인은 채무자에 대하여 구상권을 취득함과 동시에 변제자대위에 관한 민법 제481조, 제482조에 따라 채무자 소유의 부동산에 대한 선순위공동저당권자의 저당권을 대위취득하고, 물상보증인 소유의 부동산에 대한 후순위저당권자는 물상보증인이 대위취득한 채무자 소유의 부동산에 대한 선순위공동저당권자의 저당권에 대하여 물상대위를 할 수 있다(대판 2015.11.27. 2013다41097).

③ (○) 공동저당의 목적인 채무자 소유의 부동산과 물상보증인 소유의 부동산 중 채무자 소유의 부동산에 대하여 먼저 경매가 이루어져 그 경매대금의 교부에 의하여 1번 공동저당권자가 변제를 받더라도, 채무자 소유의 부동산에 대한 후순위저당권자는 민법 제368조 제2항 후단에 의하여 1번 공동저당권자를 대위하여 물상보증인 소유의 부동산에 대하여 저당권을 행사할 수 없다(대결 1995.06.13. 95마500).

④ (○), ⑤ (X) 공동저당권이 설정되어 있는 수개의 부동산 중 일부는 채무자 소유이고 일부는 물상보증인 소유인 경우 각 부동산의 경매대가를 동시에 배당하는 때에는 민법 제368조 제1항은 적용되지 아니하고, 채무자 소유 부동산의 경매대가에서 공동저당권자에게 우선적으로 배당을 하고, 부족분이 있는 경우에 한하여 물상보증인 소유 부동산의 경매대가에서 추가로 배당을 하여야 한다. 그리고 이러한 이치는 물상보증인이 채무자를 위한 연대보증인의 지위를 겸하고 있는 경우에도 마찬가지이다(대판 2016.03.10. 2014다231965).

정답 ⑤

문 73

근저당권에 관한 다음 설명 중 가장 옳지 않은 것은?(다툼이 있는 경우 판례에 의함) [2016년 39번]

① 甲 보험회사 등이 乙 등에게 부동산담보 대출을 하면서 가산금리 적용 등과 결부시켜 '근저당권설정비용의 부담에 관하여 항목별로 제시된 세 개의 난 중 하나에 √표시를 하는 방법으로 비용을 부담한다'는 취지의 조항이 포함된 대출거래약정서, 근저당권설정계약서 등을 사용하여 계약을 체결한 경우 약관의 규제에 관한 법률에 의하여 무효가 되는 '신의성실의 원칙에 반하여 공정을 잃은 약관조항'에 해당하지 않는다.

② 피담보채무가 소멸된 경우 또는 근저당권설정등기가 당초 원인무효인 경우 주등기인 근저당권설정등기의 말소만 구하면 되고, 근저당권 양도의 부기등기가 이루어진 경우 근저당권설정등기의 말소청구는 양수인만을 상대로 하면 족하다.

③ C는 B 명의의 1번 근저당권이 설정되어 있는 A 소유 주택에 관하여 전세권을 취득하였고, 그 후 위 주택에 D 명의의 2번 근저당권이 설정된 경우, 주택을 매수하여 소유권이전등기를 마치면서 그 매매대금에서 1번 근저당권의 채권최고액을 공제하고 잔액만을 지급한 E는 원칙적으로 B에게 주택으로 담보된 채권을 변제하고 민법 제364조(제3취득자의 변제)에 의하여 1번 근저당권의 소멸을 청구할 수 있다.

④ 위 ③의 사안에서(다만 E는 없다고 가정함) D는 B에게 주택으로 담보된 채권을 변제하더라도 민법 제364조(제3취득자의 변제)에 의하여서는 1번 저당권의 소멸을 청구할 수 없다.

⑤ 부동산에 설정된 근저당권의 피담보채권이 소멸한 후 그 부동산에 관하여 제3자에게 소유권이 이전된 경우, 현재의 소유자가 자신의 소유권에 기하여 피담보채무의 소멸을 원인으로 그 근저당권설정등기의 말소를 구할 수 있을 뿐, 근저당권설정자인 종전의 소유자는 근저당권자를 상대로 피담보채무의 소멸을 이유로 한 근저당권설정등기의 말소를 구할 수 없다.

해설

① (○) 甲 은행이 乙 등에게 부동산담보 대출을 하면서 가산금리 적용 등과 결부시켜 '근저당권설정비용의 부담에 관하여 항목별로 제시된 세 개의 난 중 하나에 √표시를 하는 방법으로 비용을 부담한다'는 취지의 조항이 포함된 근저당권설정계약서 등을 사용하여 계약을 체결한 사안에서, 위 조항이 고객에게 부당하게 불이익을 주는 약관 조항으로서 구 약관의 규제에 관한 법률 제6조 제1항에 의하여 무효가 된다고 보기 부족하다(대판 2014.07.24. 2013다214871).

② (○) 근저당권의 양도에 의한 부기등기는 기존의 근저당권설정등기에 의한 권리의 승계를 등기부상 명시하는 것뿐으로, 그 등기에 의하여 새로운 권리가 생기는 것이 아닌 만큼 근저당권설정등기의 말소등기청구는 양수인만을 상대로 하면 족하고, 양도인은 그 말소등기청구에 있어서 피고적격이 없다(대판 1995.05.26. 95다7550).

③ (○) 저당부동산의 제3취득자가 피담보채무를 인수한 경우에는 그 때부터는 제3취득자는 채권자에 대한 관계에서 채무자의 지위로 변경되므로 민법 제364조의 규정은 적용될 여지가 없을 것이다. 그러나 저당권설정자와 제3취득자가 매매계약을 체결하면서 매매대금에서 피담보채무를 공제한 잔액을 수수한 경우 제3취득자가 피담보채무를 인수한 것으로 보아 민법 제364조 소정의 저당권소멸청구권을 상실하는 것으로 볼 수 없다(대판 2002.05.24. 2002다7176).

④ (○) 민법 제364조는 "저당부동산에 대하여 소유권, 지상권 또는 전세권을 취득한 제3자는 저당권자에게 그 부동산으로 담보된 채권을 변제하고 저당권의 소멸을 청구할 수 있다."고 규정하고 있다. 그러므로 근저당부동산에 대하여 민법 제364조의 규정에 의한 권리를 취득한 제3자는 피담보채무가 확정된 이후에 채권최고액의 범위 내에서 그 확정된 피담보채무를 변제하고 근저당권의 소멸을 청구할 수 있으나, 근저당부동산에 대하여 후순위근저당권을 취득한 자는 민법 제364조에서 정한 권리를 행사할 수 있는 제3취득자에 해당하지 아니하므로 이러한 후순위근저당권자가 선순위근저당권의 피담보채무가 확정된 이후에 그 확정된 피담보채무를 변제한 것은 민법 제469조의 규정에 의한 이해관계 있는 제3자의 변제로서 유효한 것인지 따져볼 수는 있을지언정 민법 제364조의 규정에 따라 선순위근저당권의 소멸을 청구할 수 있는 사유로는 삼을 수 없다(대판 2006.01.26. 2005다17341).

⑤ (X) 근저당권이 설정된 후에 그 부동산의 소유권이 제3자에게 이전된 경우에는 현재의 소유자가 자신의 소유권에 기하여 피담보채무의 소멸을 원인으로 그 근저당권설정등기의 말소를 청구할 수 있음은 물론이지만, 근저당권설정자인 종전의 소유자도 근저당권설정계약의 당사자로서 근저당권소멸에 따른 원상회복으로 근저당권자에게 근저당권설정등기의 말소를 구할 수 있는 계약상 권리가 있으므로 이러한 계약상 권리에 터잡아 근저당권자에게 피담보채무의 소멸을 이유로 하여 그 근저당권설정등기의 말소를 청구할 수 있다고 봄이 상당하고, 목적물의 소유권을 상실하였다는 이유만으로 그러한 권리를 행사할 수 없다고 볼 것은 아니다(대판 1994.01.25. 93다16338(전합)).

정답 ⑤

제❹절 | 비전형담보물권

제1관 가등기담보

문 74

가등기담보에 관한 다음 설명 중 옳지 않은 것은 모두 몇 개인가? [2022년 6번]

ㄱ. 가등기담보 등에 관한 법률(이하 '가등기담보법'이라 한다) 제3조, 제4조를 위반하여 청산절차를 거치지 않고 이루어진 담보가등기에 기한 본등기의 효력은 무효이나, 가등기권리자가 가등기담보법 제3조, 제4조에 정한 절차에 따라 청산금의 평가액을 채무자 등에게 통지한 후 채무자에게 정당한 청산금을 지급하거나 지급할 청산금이 없는 경우에는 채무자가 그 통지를 받은 날부터 2월의 청산기간이 지나면 위와 같이 무효인 본등기는 실체적 법률관계에 부합하는 유효한 등기로 될 수 있다.

ㄴ. 가등기담보법 제3조, 제4조의 청산절차를 위반하여 이루어진 담보가등기에 기한 본등기가 무효라고 하더라도 선의의 제3자가 그 본등기에 터 잡아 소유권이전등기를 마치는 등으로 담보목적부동산의 소유권을 취득하면, 채무자 등은 더 이상 가등기담보법 제11조 본문에 따라 채권자를 상대로 그 본등기의 말소를 청구할 수 없게 된다. 이 경우 그 반사적 효과로서 무효인 채권자 명의의 본등기는 그 등기를 마친 시점으로 소급하여 확정적으로 유효하게 되고, 이에 따라 담보목적부동산에 관한 채권자의 가등기담보권은 소멸하며, 청산절차를 거치지 않아 무효였던 채권자의 위 본등기에 터 잡아 이루어진 등기 역시 소급하여 유효하게 된다고 보아야 한다. 다만 이 경우에도 채무자 등과 채권자 사이의 청산금 지급을 둘러싼 채권·채무 관계까지 모두 소멸하는 것은 아니고, 채무자 등은 채권자에게 청산금의 지급을 청구할 수 있다.

ㄷ. 가등기담보법 제3조, 제4조에 정한 절차를 거치지 않더라도 가등기권리자와 채무자 사이에 이루어진 특약에 따라 본등기가 마쳐졌다면 그 특약이 채무자에게 불리하더라도 약한 의미의 양도담보로서 담보의 목적 내에서는 유효하다.

ㄹ. 채권자로부터 담보계약에 따른 담보권을 실행하여 그 담보목적부동산의 소유권을 취득하기 위하여 그 채권 변제기 후 청산금, 즉 통지 당시의 담보목적부동산의 가액에서 그 채권액을 뺀 금액의 평가액을 통지 받은 채무자는, 목적물의 평가액을 다투면서 정당하게 평가된 청산금을 지급받을 때까지 목적물의 소유권이전등기나 인도를 다툴 수 있으나, 채권자에게 정당하게 평가된 청산금을 청구할 수는 없다.

ㅁ. 담보가등기에 기하여 마쳐진 본등기가 무효인 경우, 담보목적 부동산에 대한 소유권은 담보가등기 설정자인 채무자 등에게 있지만, 담보가등기 설정자가 사용수익권까지 보유한다고 볼 수는 없다.

① 없음 ② 1개 ③ 2개 ④ 3개 ⑤ 4개

> **MGI Point** **가등기담보법** ★★★
>
> - 가등기담보법 제3조, 제4조를 위반하여 청산절차를 거치지 않고 이루어진 담보가등기에 기한 본등기의 효력
>   ⇨ 무효, 이후에 절차 거치면 실체적 법률관계에 부합하는 유효한 등기
> - 선의의 제3자가 무효인 본등기에 기하여 소유권 취득 ⇨ 무효인 본등기는 소급적으로 유효, 채무자는 청산금 지급 청구 可
> - 가등기담보법 제3조, 제4조에 정한 절차를 거치지 않고 본등기 경료 ⇨ 약한 의미의 양도담보로서의 효력 ×
> - 청산금 평가액을 통지 받은 채무자 ⇨ 채권자에게 정당하게 평가된 청산금을 청구 可
> - 담보가등기에 기하여 마쳐진 본등기가 무효인 경우 ⇨ 담보가등기 설정자가 사용수익권 보유

ㄱ. (○) 가등기담보 등에 관한 법률 제3조, 제4조는 강행법규에 해당하여 이를 위반하여 담보가등기에 기한 본등기가 이루어진 경우 그 본등기는 효력이 없다. 다만 가등기권리자가 가등기담보법 제3조, 제4조에 정한 절차에 따라 청산금의 평가액을 채무자 등에게 통지한 후 채무자에게 정당한 청산금을 지급하거나 지급할 청산금이 없는 경우에는 채무자가 통지를 받은 날부터 2월의 청산기간이 지나면 위와 같이 무효인 본등기는 실체적 법률관계에 부합하는 유효한 등기로 될 수 있을 뿐이다(대판 2017.05.17. 2017다202296).

ㄴ. (○) 가등기담보 등에 관한 법률(이하 '가등기담보법'이라고 한다) 제3조, 제4조의 청산절차를 위반하여 이루어진 담보가등기에 기한 본등기가 무효라고 하더라도 선의의 제3자가 그 본등기에 터 잡아 소유권이전등기를 마치는 등으로 담보목적부동산의 소유권을 취득하면, 가등기담보법 제2조 제2호에서 정한 채무자 등(이하 '채무자 등'이라고 한다)은 더 이상 가등기담보법 제11조 본문에 따라 채권자를 상대로 그 본등기의 말소를 청구할 수 없게 된다. 이 경우 그 반사적 효과로서 무효인 채권자 명의의 본등기는 그 등기를 마친 시점으로 소급하여 확정적으로 유효하게 되고, 이에 따라 담보목적부동산에 관한 채권자의 가등기담보권은 소멸하며, 청산절차를 거치지 않아 무효였던 채권자의 위 본등기에 터 잡아 이루어진 등기 역시 소급하여 유효하게 된다고 보아야 한다. 다만 이 경우에도 채무자 등과 채권자 사이의 청산금 지급을 둘러싼 채권·채무 관계까지 모두 소멸하는 것은 아니고, 채무자 등은 채권자에게 청산금의 지급을 청구할 수 있다(대판 2021.10.28. 2016다248325).

ㄷ. (X) 가등기담보등에관한법률 제3조, 제4조의 각 규정에 비추어 볼 때 위 각 규정을 위반하여 담보가등기에 기한 본등기가 이루어진 경우에는 그 본등기는 무효라고 할 것이고, 설령 그와 같은 본등기가 가등기권리자와 채무자 사이에 이루어진 특약에 의하여 이루어졌다고 할지라도 만일 그 특약이 채무자에게 불리한 것으로서 무효라고 한다면 그 본등기는 여전히 무효일 뿐, 이른바 약한 의미의 양도담보로서 담보의 목적 내에서는 유효하다고 할 것이 아니다(대판 1994.01.25. 92다20132).

ㄹ. (X) 채무자 등은 채권자가 통지한 청산금액을 다투고 정당하게 평가된 청산금을 지급받을 때까지 목적부동산의 소유권이전등기 및 인도채무의 이행을 거절하거나 피담보채무 전액을 채권자에게 지급하고 채권담보의 목적으로 마쳐진 가등기의 말소를 구할 수 있을 뿐 아니라, 채권자에게 정당하게 평가된 청산금을 청구할 수도 있다(대판 2008.04.11. 2005다36618).

ㅁ. (X) 담보가등기에 기하여 마쳐진 본등기가 무효인 경우, 담보목적 부동산에 대한 소유권은 담보가등기 설정자인 채무자 등에게 있고 소유권의 권능 중 하나인 사용수익권도 당연히 담보가등기 설정자가 보유한다. 따라서 채무자가 자신이 소유하는 담보목적 부동산에 관하여 채권자와 임대차계약을 체결하고 채권자에게 차임을 지급하거나 채무자가 자신과 임대차계약을 체결하고 있는 임차인으로 하여금 채권자에게 차임을 지급하도록 하여 채권자가 차임을 수령하였다면, 채권자와 채무자 사이에 위 차임을 피담보채무의 변제와는 무관한 별개의 것으로 취급하기로 약정하였거나 달리 차임이 피담보채무의 변제에 충당되었다고 보기 어려운 특별한 사정이 없는 한 위 차임은 피담보채무의 변제에 충당된 것으로 보아야 한다(대판 2019.06.13. 2018다300661).

정답 ④

제2관 양도담보

문 75

양도담보에 관한 다음 설명 중 가장 옳은 것은? [2019년 40번]

① 甲이 X 동산에 대해 乙에게 점유개정에 의한 방법으로 양도담보를 설정한 후 다시 丙에게 X 동산을 점유개정에 의한 방법으로 양도담보를 설정한 경우, 丙이 위와 같은 甲의 이중의 양도담보설정 행위에 대해 선의·무과실이라면, 丙은 선의취득에 의해 X 동산에 대한 양도담보권을 취득할 수 있다.

② 주택에 대하여 양도담보를 설정하는 경우 채권담보를 위하여 양도담보권자에게 주택의 소유권이 확정적·종국적으로 이전되는 것이므로, 임차주택의 양도담보권자도 구 주택임대차보호법 제3조 제2항의 규정에 의하여 임대인의 지위를 승계한 것으로 보게 되는 임차주택의 양수인에 해당된다.

③ 甲이 乙로부터 돈을 빌리면서 그 담보조로 甲소유의 Y 부동산에 대하여 지상권설정등기를 마친 후 다시 乙로부터 돈을 빌리면서 Y 부동산에 대하여 이번에는 양도담보를 설정하여 乙명의로 소유권이전등기를 마쳐준 경우, 동일한 물건에 대해 소유권과 다른 물권이 동일한 사람에게 귀속한 때에 다른 물권은 혼동으로 소멸(민법 제191조)하게 되므로, 이 경우 乙의 지상권은 소멸한다.

④ 동산 양도담보권자가 물상대위권을 행사하여 양도담보 설정자의 화재보험금청구권에 대하여 압류 및 추심명령을 얻어 추심권을 행사하는 경우, 특별한 사정이 없는 한 제3채무자인 보험회사는 양도담보 설정 후 취득한 양도담보 설정자에 대한 별개의 채권을 가지고 상계로써 양도담보권자에게 대항할 수 없다.

⑤ 양도담보권자는 담보권의 실행을 위하여 담보채무자가 아닌 제3자에 대하여 담보물의 인도를 구할 수 있고, 인도를 거부하는 경우에는 담보권 실행이 방해된 것을 이유로 하는 손해배상을 구할 수 있으며, 그러한 경우 사용수익을 하지 못한 것을 이유로 임료 상당의 손해배상 또는 부당이득 반환을 구할 수 있다.

MGI Point 양도담보 ★★

- 점유개정에 의한 선의취득은 허용되지 않으므로 ⇨ 설사 뒤의 채권자가 선행 양도담보계약에 대해 선의·무과실이라 하더라도 양도담보권 선의취득 ✕
- 주임법 제3조 제2항 승계인 ⇨ 주택양도담보권자 ✕
- 부동산 담보지상권과 동시에 양도담보권자 ⇨ 혼동소멸 ✕
- 제3채무자인 보험회사는 양도담보 설정 후 취득한 양도담보 설정자에 대한 별개의 채권 ⇨ 상계로써 양도담보권자에게 대항 ✕
- 양도담보권자는 양도담보설정자나 그로부터 권한을 승계받은 제3자에 대하여 ⇨ 사용·수익을 하지 못하여 발생한 임료 상당의 손해배상이나 부당이득반환 청구 ✕

---

① (✕) 금전채무를 담보하기 위하여 채무자가 그 소유의 동산을 채권자에게 양도하되 점유개정의 방법으로 인도하고 채무자가 이를 계속 점유하기로 한 경우에는, 특별한 사정이 없는 한 동산의 소유권은 신탁적으로 이전됨에 불과하여 채권자와 채무자 사이의 대내적 관계에서 채무자는 의연히 소유권을 보유하나 대외적인 관계에 있어서 채무자는 동산의 소유권을 이미 채권자에게 양도한 무권리자가 되는 것이어서 채무자가 다시 다른 채권자와 사이에 양도담보설정계약을 체결하고 점유개정의 방법으로 인도를 하더라도 현실의 인도가 아닌 점유개정으로는 선의취득이 인정되지 아니하므로 나중에 설정계약을 체결한 채권자는 양도담보권을 취득할 수 없다(대판 2004.12.24. 2004다45943).

② (X) 주택임대차보호법 제3조 제2항의 규정에 의하여 임대인의 지위를 승계한 것으로 보게 되는 임차주택의 양수인이 될 수 있는 경우는 주택을 임대할 권리나 이를 수반하는 권리를 종국적, 확정적으로 이전받게 되는 경우라야 하므로 매매, 증여, 경매, 상속, 공용징수 등에 의하여 임차주택의 소유권을 취득한 자 등은 위 조항에서 말하는 임차주택의 양수인에 해당 된다고 할 것이나, 이른바 주택의 양도담보의 경우는 채권담보를 위하여 신탁적으로 양도담보권자에게 주택의 소유권이 이전될 뿐이어서, 특별한 사정이 없는 한, 양도담보권자가 주택의 사용수익권을 갖게 되는 것이 아니고 또 주택의 소유권이 양도담보권자에게 확정적, 종국적으로 이전되는 것도 아니므로 양도담보권자는 이 법 조항에서 말하는 '양수인'에 해당되지 아니한다고 보는 것이 상당하다(대판 1993.11.23. 93다4083).

③ (X) 원고가 피고 갑, 을로부터 금원을 차용함에 있어 그 담보로 원고 소유 부동산에 관하여 지상권설정등기를 경료한 후 다시 위 피고들을 포함한 6인으로부터 금원을 차용하면서 양도담보를 내용으로 하는 제소전화해조서의 집행에 의하여 같은 부동산에 관하여 피고 갑, 을을 포함한 6인 공동명의의 소유권이전등기가 경료되었다고 하더라도 원고와 위 피고들 사이에 있어서는 그 소유권은 의연히 원고에게 남아있는 것이므로 동 피고들 명의의 지상권지분이 혼동으로 소멸되는 것은 아니다(대판 1980.12.23. 80다2176).

④ (○) 동산 양도담보권자는 양도담보 목적물이 소실되어 양도담보 설정자가 보험회사에 대하여 화재보험계약에 따른 보험금청구권을 취득한 경우 담보물 가치의 변형물인 화재보험금청구권에 대하여 양도담보권에 기한 물상대위권을 행사할 수 있는데, 동산 양도담보권자가 물상대위권 행사로 양도담보 설정자의 화재보험금청구권에 대하여 압류 및 추심명령을 얻어 추심권을 행사하는 경우 특별한 사정이 없는 한 제3채무자인 보험회사는 양도담보 설정 후 취득한 양도담보 설정자에 대한 별개의 채권을 가지고 상계로써 양도담보권자에게 대항할 수 없다(대판 2014.09.25. 2012다58609).

⑤ (X) 일반적으로 부동산을 채권담보의 목적으로 양도한 경우 특별한 사정이 없는 한 목적부동산에 대한 사용수익권은 채무자인 양도담보설정자에게 있는 것이고 양도담보권자는 채무를 변제받으면 소유권이전등기를 채무자에게 경료하여 주고 또 담보권실행을 위하여 담보설정자인 채무자에 대하여 명도를 구할 수는 있다 할 것이나 사용수익할 수 있는 정당한 권한이 있는 채무자나 채무자로부터 그 사용수익할 수 있는 권한을 승계한 자에 대하여는 사용수익을 하지 못한 것을 이유로 임료 상당의 손해배상이나 부당이득반환청구는 할 수 없다(대판 1988.11.22. 87다카2555).

정답 ④

문 76

다음 설명 중 가장 옳지 않은 것은? [2021년 24번]

① 동산의 매매에서 그 대금을 모두 지급할 때까지는 목적물의 소유권을 매도인이 그대로 보유하기로 하면서 목적물을 미리 매수인에게 인도하는 이른바 소유권유보약정이 있는 경우 그 대금이 모두 지급되지 아니하고 있는 동안에는 매수인이 목적물을 인도받았어도 목적물의 소유권은 위 약정대로 여전히 매도인이 이를 가지고, 대금이 모두 지급됨으로써 그 정지조건이 완성되어 별도의 의사표시 없이 바로 목적물의 소유권이 매수인에게 이전된다. 그리고 이는 매수인이 매매대금의 상당 부분을 지급하였다고 하여도 다를 바 없다.

② 계약의 이행불능 여부는 사회통념에 의하여 이를 판정하여야 할 것인바, 임대차계약상의 임대인의 의무는 목적물을 사용수익케 할 의무로서, 목적물에 대한 소유권 있음을 성립요건으로 하고 있지 아니하여 임대인이 소유권을 상실하였다는 이유만으로 그 의무가 불능하게 된 것이라고 단정할 수 없다.

③ 이혼으로 인한 재산분할청구권은 이혼이 성립한 때에 법적 효과로서 발생하는 것이지만 협의 또는 심판에 의하여 구체적 내용이 형성되기까지는 범위 및 내용이 불명확하기 때문에 구체적으로 권리가 발생하였다고 할 수 없다. 따라서 당사자가 이혼 성립 후에 재산분할 등을 청구하고 법원이 재산분할로서 금전의 지급을 명하는 판결이나 심판을 하는 경우에도, 이는 장래의 이행을 청구하는 것으로서 분할의무자는 금전지급의무에 관하여 판결이나 심판이 확정된 다음 날부터 이행지체책임을 진다.
④ 쌍무계약의 당사자 일방이 상대방의 급부가 이행불능이 된 사정의 결과로 상대방이 취득한 대상에 대하여 급부청구권을 행사할 수 있다고 하더라도, 그 당사자 일방이 대상청구권을 행사하려면 상대방에 대하여 반대급부를 이행할 의무가 있는바, 이 경우 당사자 일방의 반대급부도 그 전부가 이행불능이 되거나 그 일부가 이행불능이 되고 나머지 잔부의 이행만으로는 상대방의 계약목적을 달성할 수 없는 등 상대방에게 아무런 이익이 되지 않는다고 인정되는 때에는, 상대방이 당사자 일방의 대상청구를 거부하는 것이 신의칙에 반한다고 볼 만한 특별한 사정이 없는 한, 당사자 일방은 상대방에 대하여 대상청구권을 행사할 수 없다.
⑤ 민법 제249조의 동산 선의취득제도는 동산을 점유하는 자의 권리외관을 중시하여 이를 신뢰한 자의 소유권 취득을 인정하고 진정한 소유자의 추급을 방지함으로써 거래의 안전을 확보하기 위하여 법이 마련한 제도이므로, 선의취득자로서는 이와 같은 선의취득 효과를 거부하고 종전 소유자에게 동산을 반환받아 갈 것을 요구할 수 있다.

> **MGI Point** **종합문제** ★★
>
> ■ 소유권유보약정이 있는 동산 매매계약
>   • 매수인이 대금을 모두 지급하지 않은 경우 ⇨ 매수인이 목적물을 인도받았어도 목적물의 소유권은 매도인 ○
>   • 매수인이 대금을 모두 지급한 경우 ⇨ 별도의 의사표시 없이 바로 목적물의 소유권은 매수인에게 이전 ○
>   • 매수인이 매매대금의 상당 부분을 지급하였어도 마찬가지임
> ■ 임대인이 소유권을 상실한 경우 ⇨ 그 이유만으로 임대차계약상의 임대인 의무가 불능하게 된 것 ×
> ■ 이혼 성립 후 재산분할 등을 청구하고 법원이 재산분할로서 금전 지급을 명하는 판결이나 심판을 하는 경우
>   ⇨ 분할의무자는 금전지급의무에 관하여 판결이나 심판이 확정된 다음 날부터 이행지체책임 ○
> ■ 쌍무계약 당사자 쌍방 급부가 모두 이행불능 된 경우 ⇨ 당사자 일방이 상대방에 대하여 대상청구권 행사 불가
> ■ 동산 선의취득제도 요건이 구비되어 동산을 선의취득한 자 ⇨ 임의로 이와 같은 선의취득 효과를 거부하고 종전 소유자에게 동산을 반환받아 갈 것을 요구할 수 없음

① (○) 동산의 매매에서 그 대금을 모두 지급할 때까지는 목적물의 소유권을 매도인이 그대로 보유하기로 하면서 목적물을 미리 매수인에게 인도하는 이른바 소유권유보약정이 있는 경우에, 다른 특별한 사정이 없는 한 매수인 앞으로의 소유권 이전에 관한 당사자 사이의 물권적 합의는 대금이 모두 지급되는 것을 정지조건으로 하여 행하여진다고 해석된다. 따라서 그 대금이 모두 지급되지 아니하고 있는 동안에는 비록 매수인이 목적물을 인도받았어도 목적물의 소유권은 위 약정대로 여전히 매도인이 이를 가지고, 대금이 모두 지급됨으로써 그 정지조건이 완성되어 별도의 의사표시 없이 바로 목적물의 소유권이 매수인에게 이전된다. 그리고 이는 매수인이 매매대금의 상당 부분을 지급하였다고 하여도 다를 바 없다. 그러므로 대금이 모두 지급되지 아니한 상태에서 매수인이 목적물을 다른 사람에게 양도하더라도, 양수인이 선의취득의 요건을 갖추거나 소유자인 소유권유보매도인이 후에 처분을 추인하는 등의 특별한 사정이 없는 한 그 양도는 목적물의 소유자가 아닌 사람이 행한 것으로서 효력이 없어서, 그 양도로써 목적물의 소유권이 매수인에게 이전되지 아니한다(대판 2010.02.11. 2009다93671).

② (○) 계약의 이행불능 여부는 사회통념에 의하여 이를 판정하여야 할 것인바, 임대차계약상의 임대인의 의무는 목적물을 사용수익케 할 의무로서, 목적물에 대한 소유권 있음을 성립요건으로 하고 있지 아니하여 <u>임대인이 소유권을 상실하였다는 이유만으로 그 의무가 불능하게 된 것이라고 단정할 수 없다</u>(대판 1994.05.10. 93다37977).

③ (○) 이혼으로 인한 재산분할청구권은 이혼이 성립한 때에 법적 효과로서 발생하는 것이지만 협의 또는 심판에 의하여 구체적 내용이 형성되기까지는 범위 및 내용이 불명확하기 때문에 구체적으로 권리가 발생하였다고 할 수 없다. 따라서 당사자가 이혼 성립 후에 재산분할 등을 청구하고 법원이 재산분할로서 금전의 지급을 명하는 판결이나 심판을 하는 경우에도, 이는 장래의 이행을 청구하는 것으로서 분할의무자는 금전지급의무에 관하여 <u>판결이나 심판이 확정된 다음 날부터 이행지체책임을 지고, 그 지연손해금의 이율에 관하여는 소송촉진 등에 관한 특례법 제3조 제1항 본문이 정한 이율도 적용되지 아니한다</u>(대판 2014.09.04. 2012므1656).

④ (○) 쌍무계약의 당사자 일방이 상대방의 급부가 이행불능이 된 사정의 결과로 상대방이 취득한 대상에 대하여 급부청구권을 행사할 수 있다고 하더라도, 그 당사자 일방이 대상청구권을 행사하려면 상대방에 대하여 반대급부를 이행할 의무가 있는바, 이 경우 당사자 일방의 반대급부도 그 전부가 이행불능이 되거나 그 일부가 이행불능이 되고 나머지 잔부의 이행만으로는 상대방의 계약목적을 달성할 수 없는 등 상대방에게 아무런 이익이 되지 않는다고 인정되는 때에는, <u>상대방이 당사자 일방의 대상청구를 거부하는 것이 신의칙에 반한다고 볼 만한 특별한 사정이 없는 한, 당사자 일방은 상대방에 대하여 대상청구권을 행사할 수 없다</u>(대판 1996.06.25. 95다6601).

⑤ (X) 민법 제249조의 동산 선의취득제도는 동산을 점유하는 자의 권리외관을 중시하여 이를 신뢰한 자의 소유권 취득을 인정하고 진정한 소유자의 추급을 방지함으로써 거래의 안전을 확보하기 위하여 법이 마련한 제도이므로, 위 법조 소정의 요건이 구비되어 동산을 선의취득한 자는 권리를 취득하는 반면 종전 소유자는 소유권을 상실하게 되는 법률효과가 법률의 규정에 의하여 발생되므로, <u>선의취득자가 임의로 이와 같은 선의취득 효과를 거부하고 종전 소유자에게 동산을 반환받아 갈 것을 요구할 수 없다</u>(대판 1998.06.12. 98다6800).

 ⑤

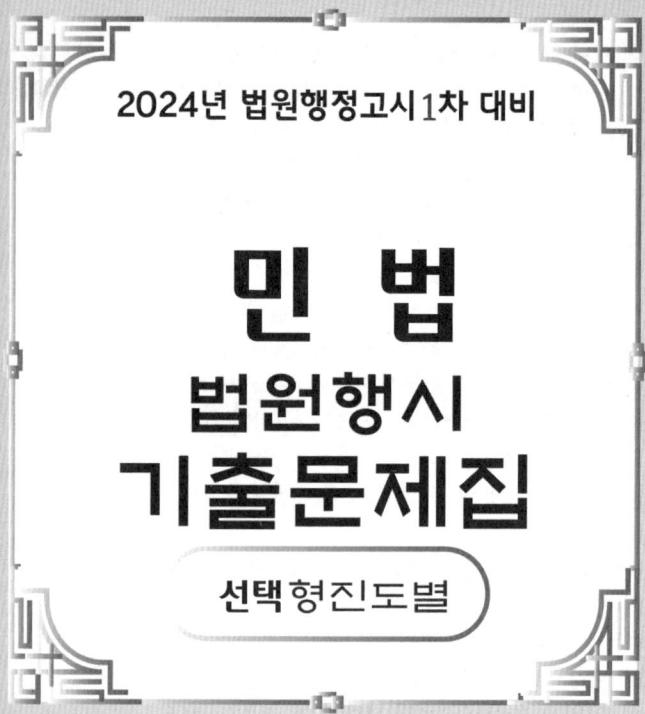

제3편 채권총론

제1장 | 채권의 목적과 종류
제2장 | 채무불이행과 채권자지체
제3장 | 책임재산의 보전
제4장 | 다수당사자의 채권관계
제5장 | 채권양도와 채무인수
제6장 | 채권의 소멸

제1장 채권의 목적과 종류

문 1

甲은 공장 부지로 사용하기 위해 乙 소유의 X 토지(총 면적 $3,000\,m^2$) 중 $1,000\,m^2$의 소유권을 乙로부터 양도받기로 하는 계약을 체결하면서 양도할 토지의 위치는 정하지 않았다. 위 사례에 관한 다음 설명 중 옳은 것을 모두 고른 것은? [2020년 15번]

> 가. 乙은 위 계약에 따라 甲에게 X 토지의 1/3 지분에 관한 지분소유권을 이전해 줄 의무가 있다.
> 나. 위 계약에서 甲이 乙에 대하여 가지는 채권은 민법 제380조의 선택채권에 해당한다.
> 다. 위 계약에 따라 이전할 토지의 위치를 누가 정할 것인지에 관해 다른 약정이 없었다면 乙이 이전할 토지의 위치를 선택할 수 있다.
> 라. 선택권행사의 기간이 없는 경우 채권의 기한이 도래한 후 상대방이 상당한 기간을 정하여 그 선택을 최고하여도 선택권자가 그 기간 내에 선택하지 아니한 때에 선택권은 상대방에게 이전한다.

① 가
② 가, 나, 라
③ 나, 라
④ 나, 다, 라
⑤ 가, 나, 다, 라

MGI Point 선택채권 ★★

- 토지소유자가 1필 또는 수필의 토지 중 일정 면적의 소유권을 상대방에게 양도하기로 하는 계약을 체결하였으나 양도할 토지 위치가 확정되지 않은 경우, 상대방이 토지소유자에게 가지는 채권의 성격 ⇨ 선택채권
- 선택채권의 선택권자
  - 원칙 : 채무자
  - 예외 : 법률의 규정 또는 당사자 간의 약정
- 선택권행사의 기간이 없는 경우 ⇨ 채권의 기한이 도래한 후 상대방이 상당한 기간을 정하여 그 선택을 최고하여도 선택권자가 그 기간내에 선택하지 아니할 때 선택권은 상대방에게 이전

가. (X), 나. (○) [1] 토지소유자가 1필 또는 수필의 토지 중 일정 면적의 소유권을 상대방에게 양도하기로 하는 계약을 체결한 경우, 상대방이 토지소유자에 대하여 구체적으로 어떠한 내용의 권리를 가지는지는 원칙적으로 당해 계약의 해석문제로 귀착되는 것이지만, 위치와 형상이 중요시되는 토지의 특성 등을 감안하여 볼 때 특별한 사정이 없는 한 위치가 특정된 일정 면적의 토지 소유권을 양도받을 수 있는 권리를 가지는 것으로 보아야 하고, 따라서 위와 같은 계약에서 양도받을 토지 위치가 확정되지 아니하였다면 상대방이 토지소유자에게 가지는 채권은 민법 제380조에서 정한 선택채권에 해당하는 것으로 보아야 한다. [2] 가구공장을 경영할 목적으로 부지를 매수하였으나 부지가 도로에 접하지 않은 맹지여서 공장설립허가를 받을 수 없었던 甲과 위 부지에 연접한 토지로서 맹지는 아니나 형상이 남북으로 좁고 길어 이를 제대로 활용하지 못하고 있던 乙이, 먼저 乙 소유 토지를 甲 소유 토지에 합병한 후 합병된 토지 중 乙 소유 토지 면적에 상응하는 만큼의 토지를 분할하여 乙에게 이전하여 주기로 하는 내용의 교환계약을 체결하였으나 이전할 토지의 위치에 관하여는 합의를 하지 않은 사안에서, 위 교환계약은 합병된 토지 중 乙 소유 토지 면적에 상응하는 만큼의 토지를 선정한 다음 그와 같이 확정된 토지의 소유권을 乙에게 이전해 주기로 약정한 것이라고

보아야 하고, 따라서 이전받을 토지의 위치가 확정되지 않았다면 乙이 甲에게 가지는 채권은 민법 제380조에서 정한 선택채권에 해당하는 것으로 보아야 하는데도, 위치 선정에 관한 합의가 되지 않았다는 사정만으로 공유관계 설정에 관한 합의를 의제하여 甲에게 지분소유권이전등기를 명한 원심판결을 파기한 사례(대판 2011.06.30. 2010다16090).

다. (○) 민법 제380조 참조.

> 민법 제380조(선택채권) 채권의 목적이 수개의 행위 중에서 선택에 좇아 확정될 경우에 다른 법률의 규정이나 당사자의 약정이 없으면 선택권은 채무자에게 있다.

라. (○) 민법 제381조 참조.

> 민법 제381조(선택권의 이전) ① 선택권행사의 기간이 있는 경우에 선택권자가 그 기간내에 선택권을 행사하지 아니하는 때에는 상대방은 상당한 기간을 정하여 그 선택을 최고할 수 있고 선택권자가 그 기간내에 선택하지 아니하면 선택권은 상대방에게 있다.
> ② 선택권행사의 기간이 없는 경우에 채권의 기한이 도래한 후 상대방이 상당한 기간을 정하여 그 선택을 최고하여도 선택권자가 그 기간내에 선택하지 아니할 때에도 전항과 같다.

정답 ④

문 2

채권의 목적에 관한 다음 설명 중 가장 옳지 않은 것은?(다툼이 있는 경우 판례에 의함) [2017년 2번]

① 채권액이 외국통화로 정해진 금전채권인 외화채권을 채무자가 우리나라 통화로 변제하는 경우에 그 환산시기는 이행기가 아니라 현실로 이행하는 때, 즉 현실이행 시의 외국환시세에 의하여 환산한 우리나라 통화로 변제하여야 하고, 이와 같은 법리는 외화채권자가 경매절차를 통하여 변제를 받는 경우에도 동일하게 적용되어야 할 것이다.

② 제한종류채권에서 급부목적물의 특정은 원칙적으로 채무자가 이행에 필요한 행위를 완료하거나 채권자의 동의를 얻어 이행할 물건을 지정한 때에는 그 물건이 채권의 목적물이 되지만, 당사자 사이에 지정권의 부여 및 지정의 방법에 관한 합의가 없고, 채무자가 이행에 필요한 행위를 하지 아니하거나 지정권자로 된 채무자가 이행할 물건을 지정하지 아니하는 경우에는 채권의 기한이 도래한 후 채권자가 상당한 기간을 정하여 지정권이 있는 채무자에게 그 지정을 최고하여도 채무자가 이행할 물건을 지정하지 않으면 지정권이 채권자에게 이전한다.

③ 부동산 매매계약이 해제된 경우 매도인의 매매대금 반환의무와 매수인의 소유권이전등기 말소등기절차 이행의무가 동시이행의 관계에 있는지 여부와는 관계없이 매도인이 반환하여야 할 매매대금에 대하여는 그 받은 날로부터 민법이 정한 법정이율인 연 5푼의 비율에 의한 법정이자를 부가하여 지급하여야 한다.

④ 채권액이 외국통화로 지정된 금전채권인 외화채권을 채권자가 대용급부의 권리를 행사하여 우리나라 통화로 환산하여 청구하는 경우 법원이 채무자에게 그 이행을 명함에 있어서는 채무자가 현실로 이행할 때에 가장 가까운 사실심 변론종결 당시의 외국환시세를 우리나라 통화로 환산하는 기준시로 삼아야 하고, 그와 같은 제1심 이행판결에 대하여 채무자만이 불복항소한 경우, 항소심

은 속심이므로 채무자가 항소이유로 삼거나 심리 과정에서 내세운 주장이 이유 없다고 하더라도 법원으로서는 항소심 변론종결 당시의 외국환시세를 기준으로 채권액을 다시 환산해 본 후 불이익변경금지 원칙에 반하지 않는 한 채무자의 항소를 일부 인용하여야 한다.

⑤ 수임인이 위임사무를 처리함에 있어 받은 물건으로 위임인에게 인도한 목적물은 그것이 대체물이라면, 수임인과 위임인 사이에 있어서도 종류물과 같은 법적 효과에 따라 반환하여야 한다.

해설 ★★★

① (○) 채권액이 외국통화로 정해진 금전채권인 외화채권을 채무자가 우리나라 통화로 변제하는 경우에 그 환산시기는 이행기가 아니라 현실로 이행하는 때, 즉 현실이행 시의 외국환시세에 의하여 환산한 우리나라 통화로 변제하여야 하고, 이와 같은 법리는 외화채권자가 경매절차를 통하여 변제를 받는 경우에도 동일하게 적용되어야 할 것이므로, 집행법원이 경매절차에서 외화채권자에 대하여 배당을 할 때에는 특별한 사정이 없는 한 배당기일 당시의 외국환시세를 우리나라 통화로 환산하는 기준으로 삼아야 한다(대판 2011.04.14. 2010다103642).

② (○) 제한종류채권에 있어 급부목적물의 특정은, 원칙적으로 종류채권의 급부목적물의 특정에 관하여 민법 제375조 제2항이 적용되므로, 채무자가 이행에 필요한 행위를 완료하거나 채권자의 동의를 얻어 이행할 물건을 지정한 때에는 그 물건이 채권의 목적물이 되는 것이나, 당사자 사이에 지정권의 부여 및 지정의 방법에 관한 합의가 없고, 채무자가 이행에 필요한 행위를 하지 아니하거나 지정권자로 된 채무자가 이행할 물건을 지정하지 아니하는 경우에는 선택채권의 선택권 이전에 관한 민법 제381조를 준용하여 채권의 기한이 도래한 후 채권자가 상당한 기간을 정하여 지정권이 있는 채무자에게 그 지정을 최고하여도 채무자가 이행할 물건을 지정하지 아니하면 지정권이 채권자에게 이전한다(대판 2003.03.28. 2000다24856).

③ (○) 법정해제의 경우 당사자 일방이 그 수령한 금전을 반환함에 있어 그 받은 때로부터 법정이자를 부가함을 요하는 것은 민법 제548조 제2항이 규정하는 바로서, 이는 원상회복의 범위에 속하는 것이며 일종의 부당이득반환의 성질을 가지는 것이고 반환의무의 이행지체로 인한 것이 아니므로, 부동산 매매계약이 해제된 경우 매도인의 매매대금 반환의무와 매수인의 소유권이전등기 말소등기절차 이행의무가 동시이행의 관계에 있는지 여부와는 관계없이 매도인이 반환하여야 할 매매대금에 대하여는 그 받은 날로부터 민법이 정한 법정이율인 연 5푼의 비율에 의한 법정이자를 부가하여 지급하여야 한다(대판 1996.04.12. 95다28892).

비교판례 계약무효의 경우 각 당사자가 상대방에 대하여 부담하는 반환의무는 성질상 부당이득반환의무로서 악의의 수익자는 그 받은 이익에 법정이자를 붙여 반환하여야 하므로(민법 제748조 제2항), 매매계약이 무효로 되는 때에는 매도인이 악의의 수익자인 경우 특별한 사정이 없는 한 매도인은 반환할 매매대금에 대하여 민법이 정한 연 5%의 법정이율에 의한 이자를 붙여 반환하여야 한다. 그리고 위와 같은 법정이자의 지급은 부당이득반환의 성질을 가지는 것이지 반환의무의 이행지체로 인한 손해배상이 아니므로, 매도인의 매매대금 반환의무와 매수인의 소유권이전등기 말소등기절차 이행의무가 동시이행의 관계에 있는지 여부와는 관계가 없다(대판 2017.03.09. 2016다47478).

비교판례 쌍무계약이 취소된 경우 선의의 매수인에게 민법 제201조가 적용되어 과실취득권이 인정되는 이상 선의의 매도인에게도 민법 제587조의 유추적용에 의하여 대금의 운용이익 내지 법정이자의 반환을 부정함이 형평에 맞다(대판 1993.05.14. 92다45025).

④ (○) 채권액이 외국통화로 지정된 금전채권인 외화채권을 채권자가 대용급부의 권리를 행사하여 우리나라 통화로 환산하여 청구하는 경우 법원이 채무자에게 그 이행을 명함에 있어서는 채무자가 현실로 이행할 때에 가장 가까운 사실심 변론종결 당시의 외국환시세를 우리나라 통화로 환산하는 기준시로 삼아야 하고, 그와 같은 제1심 이행판결에 대하여 채무자만이 불복·항소한 경우, 항소심은 속심이므로 채무자가 항소이유로 삼거나 심리 과정에서 내세운 주장이 이유 없다고 하더라도 법원으로서는 항소심 변론종결 당시의 외국환시

세를 기준으로 채권액을 다시 환산해 본 후 불이익변경금지 원칙에 반하지 않는 한 채무자의 항소를 일부 인용하여야 한다(대판 2007.04.12. 2006다72765).

⑤ (X) 수임인이 위임사무를 처리함에 있어 받은 물건으로 위임인에게 인도할 목적물은 그것이 대체물이더라도 당사자간에 있어서는 특정된 물건과 같은 것으로 보아야 할 것이다. 원고와 피고 사이에 비료수입 대행계약을 체결하고 피고가 원고를 위하여 비료수입업무를 대행하여 피고 명의로 수입한 비료를 원고에게 인도치 못하였음은 원피고 사이에 다툼이 없는 이 사건에 있어서 원심이 그 대행계약이 대리권을 수반하지 않는 위임관계였던 관계로 피고 명의로 본건 비료를 수입하였다 하더라도, 수입자인 피고는 그 사무처리의 효과인 비료에 관한 권리를 위임자인 원고에게 이전할 의무가 있다 할 것이므로 대행수입된 비료는 목적물의 종류만을 정한 매매의 경우와는 달리 비록 그것이 대체물이라 하더라도 원고에 대한 이행의 목적물로 특정되었다 할 것이라고 판시하였음은 정당하다(대판 1962.12.16. 67다1525).

정답 ⑤

제2장 채무불이행과 채권자지체

제❶절 | 이행지체

문 3

금전채무의 이행지체에 관한 다음 설명 중 옳은 것을 모두 고른 것은? [2021년 27번]

> ㄱ. 이자 있는 소비대차에서 변제기 후의 지연손해금에 대한 약정이 없는 경우 특별한 의사표시가 없는 한 변제기가 지난 후에도 당초의 약정이자율에 따른 지연손해금을 지급하기로 한 것으로 본다.
> ㄴ. 이행기를 2021년 5월 11일로 하는 금전소비대차계약을 체결하였다면 이행청구를 하지 않더라도 차주는 2021년 5월 11일부터 이행지체의 책임을 진다.
> ㄷ. 甲의 乙에 대한 대여금반환채권에 대하여 지급을 금지하는 채권가압류명령이 제3채무자인 乙에게 송달되었다면 대여금의 변제기가 도래하더라도 乙은 이행지체책임을 지지 않는다.
> ㄹ. X건물의 골조공사가 완성되면 중도금을 지급하기로 약정하였는데 채무자가 골조공사의 완성사실을 알지 못하였다면 채무자는 중도금 지급의무의 이행지체로 인한 지연손해금을 지급할 책임이 없다.
> ㅁ. 당사자가 불확정한 사실이 발생한 때를 이행기로 정하였는데 그 사실의 발생이 불가능하게 되었다면 이행기는 도래하지 않은 것이라고 보아야 한다.

① ㄱ
② ㄱ, ㄷ
③ ㄱ, ㄹ
④ ㄷ, ㄹ
⑤ ㄴ, ㄹ, ㅁ

MGI Point 금전채무의 이행지체 ★

- 이자부 소비대차에서 이자약정이 없는 변제기 후의 지연손해금 ➪ 약정이율 적용
- 채무이행의 확정기한이 있는 경우 ➪ 그 기한이 도래한 다음날부터 이행지체의 책임
  불확정기한으로 되어 있는 경우 ➪ 채무자가 기한이 도래함을 안 때부터 지체책임이 발생
- 제3채무자가 채권가압류명령을 송달받은 경우 ➪ 이행기가 도래한 때 제3채무자는 지체책임 有
- 불확정한 사실이 발생한 때를 이행기한으로 정한 경우 ➪ 사실의 발생이 불가능하게 되어도 이행기한 도래한 것

ㄱ. (O) 소비대차에 있어 그 변제기 후의 이자약정(엄밀한 의미로는 지연손해)이 없는 경우에는 특별한 의사표시가 없는 한 그 변제기가 지난 후에도 당초의 약정이자를 지급하기로 한 것으로 보는 것이 대차관계에 있어서의 당사자의 의사라고 할 것이다(대판 1981.09.08. 80다2649).

ㄴ. (X) 채무이행의 확정기한이 있는 경우에는 그 기한이 도래한 다음날부터 이행지체의 책임을 지고 기한의 정함이 없는 경우에는 그 이행의 청구를 받은 다음날로부터 이행지체의 책임을 진다(대판 1988.11.08. 88다3253).

ㄷ. (X) 채권의 가압류는 제3채무자에 대하여 채무자에게 지급하는 것을 금지하는 데 그칠 뿐이므로, 가압류가 있더라도 채권의 이행기가 도래한 때에는 제3채무자는 지체책임을 면할 수 없고, 이러한 경우 제3채무자로

서는 민사집행법 제291조, 제248조 제1항에 의한 공탁을 함으로써 이중변제의 위험에서 벗어날 수 있으며, 이로써 이행지체의 책임도 면하게 된다. 따라서 대규모유통업자가 납품업자의 상품판매대금 채권에 관하여 가압류명령을 송달받았다는 사정만으로 법정지급기한 도과로 인한 책임을 면할 수 없다(대판 2020.06.25. 2016두55896).

ㄹ. (○) 채무이행시기가 확정기한으로 되어 있는 경우에는 기한이 도래한 때로부터 지체책임이 있으나, 불확정기한으로 되어 있는 경우에는 채무자가 기한이 도래함을 안 때로부터 지체책임이 발생한다고 할 것인바, 이 사건 중도금 지급기일을 '1층 골조공사 완료시'로 정한 것은 중도금 지급의무의 이행기를 장래 도래할 시기가 확정되지 아니한 때, 즉 불확정기한으로 이행기를 정한 경우에 해당한다고 할 것이므로, 중도금 지급의무의 이행지체의 책임을 지우기 위해서는 1층 골조공사가 완료된 것만으로는 부족하고 채무자인 원고가 그 완료 사실을 알아야 한다고 할 것이다(대판 2005.10.07. 2005다38546).

ㅁ. (X) 당사자가 불확정한 사실이 발생한 때를 이행기한으로 정한 경우에는 그 사실이 발생한 때는 물론 그 사실의 발생이 불가능하게 된 때에도 이행기한은 도래한 것으로 보아야 한다(대판 2002.03.29. 2001다41766).

정답 ③

문 4

이행지체에 관한 다음 설명 중 옳은 것(○)과 옳지 않은 것(×)을 올바르게 표시한 것은? [2020년 34번]

ㄱ. 정지조건부 기한이익 상실의 특약이 있는 경우, 특별한 사정이 없는 한 그 특약에서 정한 기한이익 상실사유가 발생하였더라도 채권자의 이행청구가 없으면 채무자는 이행지체의 상태에 놓이지 않는다.

ㄴ. 채권의 가압류는 제3채무자에 대하여 채무자에게 지급하는 것을 금지하는 데 그칠 뿐 채무 그 자체를 면하게 하는 것이 아니고, 가압류가 있다 하여도 그 채권의 이행기가 도래한 때에는 제3채무자는 그 지체책임을 면할 수 없다.

ㄷ. 이행기의 정함이 없는 채권을 양수한 채권양수인이 채무자를 상대로 그 이행을 구하는 소를 제기하고 소송 계속 중 채무자에 대한 채권양도통지가 이루어진 경우, 특별한 사정이 없는 한 채무자는 채권양도통지 다음 날부터가 아닌 소장 부본을 송달받은 다음 날부터 이행지체의 책임을 진다.

ㄹ. 쌍무계약의 당사자 일방이 먼저 한 번 현실의 제공을 하고, 상대방을 수령지체에 빠지게 하였다고 하더라도 곧 그 이행의 제공이 중지되어 더 이상 그 제공이 계속되지 아니하는 기간 동안에는 상대방의 의무가 이행지체 상태에 빠졌다고 할 수는 없고, 그 이행의 제공이 중지된 이후에 상대방의 의무가 이행지체되었음을 전제로 하는 손해배상청구도 할 수 없다.

ㅁ. 매수인이 매도인으로부터 물품을 공급받은 다음 물품대금 지급방법에 관한 약정에 따라 대금의 지급을 위하여 매도인에게 지급기일이 물품공급일자 이후로 된 약속어음을 발행·교부한 경우, 물품대금 지급채무의 이행기는 특별한 사정이 없는 한 약속어음의 지급기일이다. 또한 위 약속어음이 발행인에게 발생한 지급정지사유로 지급기일이 도래하기 전에 지급거절되었더라도 지급거절된 때에 그 이행기가 도래하는 것은 아니다.

ㅂ. 추심명령은 압류채권자에게 채무자의 제3채무자에 대한 채권을 추심할 권능을 수여함에 그치고, 제3채무자로 하여금 압류채권자에게 압류된 채권액 상당을 지급할 것을 명하거나 그 지급 기한을 정하는 것이 아니므로, 제3채무자가 압류채권자에게 압류된 채권액 상당에 관하여 지체책임을 지는 것은 집행법원으로부터 추심명령을 송달받은 때부터이고 추심명령이 발령된 후 압류채권자로부터 추심금 청구를 받은 다음 날부터가 아니다.

① ㄱ(○), ㄴ(×), ㄷ(×), ㄹ(○), ㅁ(○), ㅂ(×)
② ㄱ(×), ㄴ(○), ㄷ(×), ㄹ(○), ㅁ(×), ㅂ(○)
③ ㄱ(×), ㄴ(○), ㄷ(×), ㄹ(○), ㅁ(○), ㅂ(×)
④ ㄱ(×), ㄴ(○), ㄷ(○), ㄹ(○), ㅁ(○), ㅂ(×)
⑤ ㄱ(×), ㄴ(×), ㄷ(×), ㄹ(×), ㅁ(○), ㅂ(○)

MGI Point 이행지체 ★★

- 정지조건부 기한이익 상실의 특약 ⇨ 기한의 이익 상실사유가 발생함과 동시에 기한의 이익을 상실케 하는 채권자의 의사표시가 없더라도 이행기 도래의 효과가 발생 ○, 채무자는 특별한 사정이 없는 한 그 때부터 이행지체 ○
- 가압류가 있는 채권의 이행기가 도래한 때 ⇨ 제3채무자는 지체책임 ○
- 이행기의 정함이 없는 채권을 양수한 채권양수인이 채무자를 상대로 그 이행을 구하는 소를 제기하고 소송 계속 중 채무자에 대한 채권양도통지가 이루어진 경우 ⇨ 채권양도통지가 도달된 다음 날부터 이행지체 책임 ○
- 쌍무계약에서 당사자 일방의 채무의 이행 제공이 있었으나 곧 그 이행의 제공이 중지된 경우 ⇨ 상대방의 의무가 이행지체에 빠졌다고 할 수 ×, 이를 전제로 하는 손해배상청구도 불가
- 매수인이 매도인으로부터 물품을 공급받은 다음 물품대금 지급방법에 관한 약정에 따라 대금의 지급을 위하여 물품매도인에게 지급기일이 물품공급일자 이후로 된 약속어음을 발행·교부한 경우 물품대금 지급채무의 이행기 ⇨ 약속어음의 지급기일 ○ (지급기일이 도래하기 전에 지급거절되었더라도)
- 제3채무자가 압류채권자에게 압류된 채권액 상당에 관하여 지체책임을 지는 시기 ⇨ 압류채권자로부터 추심금 청구를 받은 다음날 ○ (추심명령을 송달받은 때 ×)

ㄱ. (×) 채권자의 별도의 의사표시가 없더라도 바로 이행기가 도래한 것과 같은 효과를 발생케 하는 이른바 정지조건부 기한이익 상실의 특약을 하였을 경우에는 그 특약에 정한 기한의 이익 상실사유가 발생함과 동시에 기한의 이익을 상실케 하는 채권자의 의사표시가 없더라도 이행기 도래의 효과가 발생하고, 채무자는 특별한 사정이 없는 한 그 때부터 이행지체의 상태에 놓이게 된다(대판 1999.07.09. 99다15184).

ㄴ. (○) 채권의 가압류는 제3채무자에 대하여 채무자에게 지급하는 것을 금지하는 데 그칠 뿐 채무 그 자체를 면하게 하는 것이 아니고, 가압류가 있다 하여도 그 채권의 이행기가 도래한 때에는 제3채무자는 그 지체책임을 면할 수 없다고 보아야 할 것이다(대판 1994.12.13. 93다951).

ㄷ. (×) 채무에 이행기의 정함이 없는 경우에는 채무자가 이행의 청구를 받은 다음 날부터 이행지체의 책임을 지는 것이나, 한편 지명채권이 양도된 경우 채무자에 대한 대항요건이 갖추어질 때까지 채권양수인은 채무자에게 대항할 수 없으므로, 이행기의 정함이 없는 채권을 양수한 채권양수인이 채무자를 상대로 그 이행을 구하는 소를 제기하고 소송 계속 중 채무자에 대한 채권양도통지가 이루어진 경우에는 특별한 사정이 없는 한 채무자는 채권양도통지가 도달된 다음 날부터 이행지체의 책임을 진다(대판 2014.04.10. 2012다29557).

ㄹ. (○) 쌍무계약의 당사자 일방이 먼저 한 번 현실의 제공을 하고, 상대방을 수령지체에 빠지게 하였다고 하더라도 그 이행의 제공이 계속되지 않는 경우는 과거에 이행의 제공이 있었다는 사실만으로 상대방이 가지는 동시이행의 항변권이 소멸하는 것은 아니므로, 일시적으로 당사자 일방의 의무의 이행 제공이 있었으나

곧 그 이행의 제공이 중지되어 더 이상 그 제공이 계속되지 아니하는 기간 동안에는 상대방의 의무가 이행지체 상태에 빠졌다고 할 수는 없다고 할 것이고, 따라서 그 이행의 제공이 중지된 이후에 상대방의 의무가 이행지체되었음을 전제로 하는 손해배상청구도 할 수 없는 것이다(대판 1995.03.14. 94다26646).

ㅁ. (○) 매수인이 매도인으로부터 물품을 공급받은 다음 그들 사이의 물품대금 지급방법에 관한 약정에 따라 대금의 지급을 위하여 물품 매도인에게 지급기일이 물품공급일자 이후로 된 약속어음을 발행·교부한 경우, 물품대금 지급채무의 이행기는 다른 특별한 사정이 없는 한 약속어음의 지급기일이고, 위 약속어음이 발행인에게 발생한 지급정지사유로 지급기일이 도래하기 전에 지급거절되었더라도 지급거절된 때에 물품대금 지급채무의 이행기가 도래하는 것은 아니다(대판 2014.06.26. 2011다101599).

ㅂ. (X) 추심명령은 압류채권자에게 채무자의 제3채무자에 대한 채권을 추심할 권능을 수여함에 그치고, 제3채무자로 하여금 압류채권자에게 압류된 채권액 상당을 지급할 것을 명하거나 그 지급 기한을 정하는 것이 아니므로, 제3채무자가 압류채권자에게 압류된 채권액 상당에 관하여 지체책임을 지는 것은 집행법원으로부터 추심명령을 송달받은 때부터가 아니라 추심명령이 발령된 후 압류채권자로부터 추심금 청구를 받은 다음날부터라고 하여야 한다(대판 2012.10.25. 2010다47117).

정답 ③

문 5

채무불이행과 손해배상에 관한 다음 설명 중 가장 옳지 않은 것은? [2022년 18번]

① 채무불이행을 이유로 계약을 해제하거나 해지하고 손해배상을 청구하는 경우에, 채권자는 채무가 이행되었더라면 얻었을 이익을 얻지 못하는 손해를 입은 것이므로 계약의 이행으로 얻을 이익, 즉 이행이익의 배상을 구하는 것이 원칙이다.

② 채권자는 계약이 이행되리라고 믿고 지출한 비용의 배상을 채무불이행으로 인한 손해라고 볼 수 있는 한도에서 청구할 수 있고, 이러한 지출비용의 배상은 이행이익의 증명이 곤란한 경우에 그 증명을 용이하게 하기 위하여 인정되는데, 이 경우에도 채권자가 입은 손해, 즉 이행이익의 범위를 초과할 수는 없다.

③ 채권자가 계약의 이행으로 얻을 수 있는 이익이 인정되지 않는 경우라도 지출비용의 배상은 청구할 수 있다.

④ 계약 상대방의 채무불이행을 이유로 한 계약의 해지 또는 해제는 손해배상의 청구에 영향을 미치지 않지만, 다른 특별한 사정이 없는 한 그 손해배상책임 역시 채무불이행으로 인한 손해배상책임과 다를 것이 없으므로, 상대방에게 고의 또는 과실이 없을 때에는 배상책임을 지지 않고, 이는 상대방의 채무불이행 여부와 상관없이 일정한 사유가 발생하면 계약을 해지 또는 해제할 수 있도록 하는 약정해지·해제권을 유보한 경우에도 마찬가지이다.

⑤ 민법 제397조 제1항은 본문에서 금전채무불이행의 손해배상액을 법정이율에 의할 것을 규정하고 그 단서에서 "그러나 법령의 제한에 위반하지 아니한 약정이율이 있으면 그 이율에 의한다."고 정하는데, 단서규정은 약정이율이 법정이율 이상인 경우에만 적용되고, 약정이율이 법정이율보다 낮은 경우에는 본문으로 돌아가 법정이율에 의하여 지연손해금을 정하여야 한다.

| MGI Point | **채무불이행·손해배상** | ★★ |

■ 채무불이행을 이유로 계약을 해제하거나 해지하고 손해배상을 청구하는 경우
  • 이행이익의 배상을 구하는 것이 원칙
  • 채권자는 그 대신에 계약이 이행되리라고 믿고 지출한 비용의 배상을 채무불이행으로 인한 손해라고 볼 수 있는 한도에서 청구 可
■ 채권자의 이행이익이 인정되지 않는 경우 ⇨ 지출비용의 배상 청구 不可
■ 상대방에게 고의 또는 과실이 없을 때에는 배상책임을 지지 않는다는 점 ⇨ 약정해지·해제권 행사 후 손해배상 청구하는 경우에도 同
■ 민법 제397조 제1항 단서 ⇨ 약정이율이 법정이율 이상인 경우에만 적용됨

① (○), ② (○) 채무불이행을 이유로 계약을 해제하거나 해지하고 손해배상을 청구하는 경우에, 채권자는 채무가 이행되었더라면 얻었을 이익을 얻지 못하는 손해를 입은 것이므로 계약의 이행으로 얻을 이익, 즉 이행이익의 배상을 구하는 것이 원칙이다. 그러나 채권자는 그 대신에 계약이 이행되리라고 믿고 지출한 비용의 배상을 채무불이행으로 인한 손해라고 볼 수 있는 한도에서 청구할 수도 있다. 이러한 지출비용의 배상은 이행이익의 증명이 곤란한 경우에 증명을 용이하게 하기 위하여 인정되는데, 이 경우에도 채권자가 입은 손해, 즉 이행이익의 범위를 초과할 수는 없다(대판 2017.02.15. 2015다235766).

③ (X) 채권자가 계약의 이행으로 얻을 수 있는 이익이 인정되지 않는 경우라면, 채권자에게 배상해야 할 손해가 발생하였다고 볼 수 없으므로, 당연히 지출비용의 배상을 청구할 수 없다(대판 2017.02.15. 2015다235766).

④ (○) 계약 상대방의 채무불이행을 이유로 한 계약의 해지 또는 해제는 손해배상의 청구에 영향을 미치지 아니하지만(민법 제551조), 다른 특별한 사정이 없는 한 그 손해배상책임 역시 채무불이행으로 인한 손해배상책임과 다를 것이 없으므로, 상대방에게 고의 또는 과실이 없을 때에는 배상책임을 지지 아니한다(민법 제390조). 이는 상대방의 채무불이행과 상관없이 일정한 사유가 발생하면 계약을 해지 또는 해제할 수 있도록 하는 약정해지·해제권을 유보한 경우에도 마찬가지이고 그것이 자기책임의 원칙에 부합한다(대판 2016.04.15. 2015다59115).

⑤ (○) 민법 제397조 제1항은 본문에서 금전채무불이행의 손해배상액을 법정이율에 의할 것을 규정하고 그 단서에서 "그러나 법령의 제한에 위반하지 아니한 약정이율이 있으면 그 이율에 의한다"고 정한다. 이 단서 규정은 약정이율이 법정이율 이상인 경우에만 적용되고, 약정이율이 법정이율보다 낮은 경우에는 그 본문으로 돌아가 법정이율에 의하여 지연손해금을 정할 것이다(대판 2009.12.24. 2009다85342).

정답 ③

문 6

채무불이행과 손해배상에 관한 다음 설명 중 가장 옳지 않은 것은? [2021년 28번]

① 의사가 선량한 관리자의 주의의무를 다하지 아니한 탓으로 오히려 환자의 신체기능이 회복불가능하게 손상되었고, 또 손상 이후에는 후유증세의 치유 또는 더 이상의 악화를 방지하는 정도의 치료만이 계속되어 온 것뿐이라면 병원 측으로서는 환자에 대하여 수술비와 치료비의 지급을 청구할 수 없다.

② 매매의 목적물이 화재로 소실됨으로써 매도인이 지급받게 되는 화재보험금, 화재공제금에 대하여 매수인의 대상청구권이 인정되는 이상, 매수인은 특별한 사정이 없는 한 목적물에 대하여 지급되는 화재보험금, 화재공제금 전부에 대하여 대상청구권을 행사할 수 있고, 인도의무의 이행불

능 당시 매수인이 지급하였거나 지급하기로 약정한 매매대금 상당액의 한도 내로 범위가 제한된 다고 할 수 없다.
③ 설계용역계약상의 채무불이행으로 인한 손해배상채무와 공사도급계약상의 채무불이행으로 인한 손해배상채무는 서로 별개의 원인으로 발생한 독립된 채무이나 동일한 경제적 목적을 가진 채무로서 서로 중첩되는 부분에 관하여는 일방의 채무가 변제 등으로 소멸하면 타방의 채무도 소멸하는 이른바 부진정연대의 관계에 있다.
④ 부동산 매도인이 매매목적물인 부동산에 관하여 근저당권을 설정하였다면 그와 같은 근저당권 설정 사실만으로 곧바로 매수인에게 그 피담보채무액 상당의 손해가 발생한다고 볼 수 있다.
⑤ 매매목적물이 인도되지 아니하고 또한 매수인이 대금을 완제하지 아니한 때에는 매도인의 이행 지체가 있더라도 매수인은 인도의무의 지체로 인한 손해배상금의 지급을 구할 수 없다.

MGI Point 채무불이행과 손해배상 ★★

- 의사가 선량한 관리자의 주의의무를 다하지 못하여 의료사고 발생한 경우 ⇨ 수술비나 치료비 지급의 청구 불가
- 매매의 목적물이 화재로 소실되어 매도인이 화재보험금, 화재공제금을 지급받게 되는 경우
  - 매수인은 화재보험금, 화재공제금 전부에 대하여 대상청구권을 행사 가능(원칙)
  - 이행불능 당시 매수인이 지급하였거나 지급하기로 약정한 매매대금 상당액의 한도 내로 범위의 제한 ×
- 설계용역계약상 채무불이행으로 인한 손해배상채무와 공사도급계약상 채무불이행으로 인한 손해배상채무 중 서로 중첩되는 부분의 관계 ⇨ 부진정연대채무 ○
- 매도인이 매매목적물인 부동산에 근저당권 설정한 경우 ⇨ 매수인에게 피담보채무액 상당의 손해 발생 ×
- 매매목적물이 인도되지 아니하고 또한 매수인이 대금을 완제하지 아니한 경우 ⇨ 매수인은 인도의무의 지체로 인한 손해배상금의 지급 구할 수 없음

① (○) 의사가 환자에게 부담하는 진료채무는 질병의 치료와 같은 결과를 반드시 달성해야 할 결과채무가 아니라 환자의 치유를 위하여 선량한 관리자의 주의의무를 가지고 현재의 의학 수준에 비추어 필요하고 적절한 진료조치를 다해야 할 채무 즉 수단채무라고 보아야 할 것이므로, 위와 같은 주의의무를 다하였는데도 그 진료 결과 질병이 치료되지 아니하였다면 치료비를 청구할 수 있으나, 의사가 위와 같은 선량한 관리자의 주의의무를 다하지 아니한 탓으로 오히려 환자의 신체기능이 회복불가능하게 손상되었고, 또 위 손상 이후에는 그 후유증세의 치유 또는 더 이상의 악화를 방지하는 정도의 치료만이 계속되어 온 것뿐이라면 의사의 치료행위는 진료채무의 본지에 따른 것이 되지 못하거나 손해전보의 일환으로 행하여진 것에 불과하여 병원 측으로서는 환자에 대하여 그 수술비 내지 치료비의 지급을 청구할 수 없다(대판 1993.07.27. 92다15031).

② (○) 손해보험은 본래 보험사고로 인하여 생길 피보험자의 재산상 손해의 보상을 목적으로 하는 것으로(상법 제665조), 보험자가 보상할 손해액은 당사자 간에 다른 약정이 없는 이상 손해가 발생한 때와 곳의 가액에 의하여 산정하고(상법 제676조 제1항), 이 점은 손해공제의 경우도 마찬가지이므로, 매매의 목적물이 화재로 소실됨으로써 매도인이 지급받게 되는 화재보험금, 화재공제금에 대하여 매수인의 대상청구권이 인정되는 이상, 매수인은 특별한 사정이 없는 한 목적물에 대하여 지급되는 화재보험금, 화재공제금 전부에 대하여 대상청구권을 행사할 수 있고, 인도의무의 이행불능 당시 매수인이 지급하였거나 지급하기로 약정한 매매대금 상당액의 한도 내로 범위가 제한된다고 할 수 없다(대판 2016.10.27. 2013다7769).

③ (○) 설계용역계약상의 채무불이행으로 인한 손해배상채무와 공사도급계약상의 채무불이행으로 인한 손해배상채무는 서로 별개의 원인으로 발생한 독립된 채무이나 동일한 경제적 목적을 가진 채무로서 서로 중첩되는 부분에 관하여는 일방의 채무가 변제 등으로 소멸하면 타방의 채무도 소멸하는 이른바 부진정연대의 관계에 있다(대판 2015.02.26. 2012다89320).

④ (×) 부동산 매도인이 매매목적물인 부동산에 관하여 근저당권을 설정하였다고 하더라도, 매도인으로서는 근저당권을 소멸시킨 다음 매수인에게 부동산 소유권을 이전할 수 있고, 경우에 따라서는 매수인이 계약 해제나 이행불능 등으로 인하여 위 부동산의 소유권을 취득하지 못할 수도 있다. 따라서 위와 같은 근저당권 설

정 사실만으로 곧바로 매수인에게 그 피담보채무액 상당의 손해가 발생한다고 볼 수는 없고, 거기에서 더 나아가 사회통념상 매수인이 매수한 부동산에 관한 소유권 또는 소유권이전등기청구권의 보전 등을 위하여 근저당권의 피담보채무를 변제하지 않을 수 없게 되었다는 등의 사정이 있어야 위와 같은 손해가 현실적으로 발생하였다고 볼 수 있다. 그리고 채무불이행으로 인한 손해배상청구에서 손해 발생 사실은 채권자가 이를 증명하여야 한다(대판 2017.06.19. 2017다215070).

⑤ (○) 민법 제587조에 의하면, 매매계약 있은 후에도 인도하지 아니한 목적물로부터 생긴 과실은 매도인에게 속하고, 매수인은 목적물의 인도를 받은 날로부터 대금의 이자를 지급하여야 한다고 규정하고 있는바, 이는 매매당사자 사이의 형평을 꾀하기 위하여 매매목적물이 인도되지 아니하더라도 매수인이 대금을 완제한 때에는 그 시점 이후의 과실은 매수인에게 귀속되지만, 매매목적물이 인도되지 아니하고 또한 매수인이 대금을 완제하지 아니한 때에는 매도인의 이행지체가 있더라도 과실은 매도인에게 귀속되는 것이므로 매수인은 인도의무의 지체로 인한 손해배상금의 지급을 구할 수 없다(대판 2004.04.23. 2004다8210).

정답 ④

문 7

甲은 乙에게 2017. 1. 1. 1억 원을 변제기를 2017. 12. 31.로 정하여 대여하였다. 이자율을 ㉮ 월 1%로 정한 경우와 ㉯ 연 3%로 정한 경우로 나누어 각각의 경우에 2018. 12. 31. 현재 위 소비대차계약에 기한 甲의 乙에 대한 채권액 총액을 아래의 보기에서 올바르게 고른 것은? (甲, 乙은 모두 상인이 아니고, 채권액 총액은 원금, 이자, 지연손해금을 말하며, 이자에 대한 지연손해금은 고려하지 않음) [2020년 18번]

[보기]
㉮ 월 1%로 정한 경우
　ㄱ. 1억 1200만 원
　ㄴ. 1억 1700만 원
　ㄷ. 1억 2400만 원

㉯ 연 3%로 정한 경우
　ㄹ. 1억 600만 원
　ㅁ. 1억 800만 원

① ㄱ, ㄹ
② ㄴ, ㄹ
③ ㄴ, ㅁ
④ ㄷ, ㄹ
⑤ ㄷ, ㅁ

MGI Point 지연손해금 ★★

■ 금전채무불이행의 손해배상액
　• 약정이율 ≥ 법정이율 ⇨ 약정이율에 의함
　• 약정이율 < 법정이율 ⇨ 법정이율에 의함

㉮ 민법 제397조 제1항 참조. ▶ 이자율 월 1%의 경우 : 1억+1200만 원+1200만 원 = 1억 2400만 원

> 민법 제397조(금전채무불이행에 대한 특칙) ① 금전채무불이행의 손해배상액은 법정이율에 의한다. 그러나 법령의 제한에 위반하지 아니한 약정이율이 있으면 그 이율에 의한다.

㉯ 민법 제397조 제1항은 본문에서 금전채무불이행의 손해배상액을 법정이율에 의할 것을 규정하고 그 단서에서 "그러나 법령의 제한에 위반하지 아니한 약정이율이 있으면 그 이율에 의한다"고 정한다. 이 단서규정은 약정이율이 법정이율 이상인 경우에만 적용되고, 약정이율이 법정이율보다 낮은 경우에는 그 본문으로 돌아가 법정이율에 의하여 지연손해금을 정할 것이다(대판 2009.12.24. 2009다85342). ▶ 이자율 연 3%의 경우 : 1억 원+300만 원+500만 원 = 1억 800만 원

> 민법 제379조(법정이율) 이자있는 채권의 이율은 다른 법률의 규정이나 당사자의 약정이 없으면 연 5분으로 한다.

정답 ⑤

문 8

채무불이행으로 인한 손해배상청구에 관한 다음 설명 중 옳은 것을 모두 고른 것은?(다툼이 있는 경우 판례에 따르고 전원합의체 판결의 경우 다수의견에 의함) [2017년 1번]

> ㉠ 보증서의 보증금액은 보증인이 보증책임을 지게 될 주채무에 관한 한도액을 정한 것으로서 그 한도액에는 주채무자의 채권자에 대한 원금과 이자 및 지연손해금이 모두 포함되고 그 합계액이 보증의 한도액을 초과할 수 없지만, 보증채무는 주채무와는 별개의 채무이기 때문에 보증채무 자체의 이행지체로 인한 지연손해금은 보증의 한도액과는 별도로 부담하여야 한다.
> ㉡ 소유자가 자신의 소유권에 기하여 실체관계에 부합하지 아니하는 등기의 명의인을 상대로 등기말소청구를 한 후 그 등기말소의무자의 행위로 인하여 소유권을 상실함으로써 등기말소 등을 청구할 수 없게 되었다면, 등기말소의무자에 대하여 그 권리의 이행불능을 이유로 민법 제390조상의 손해배상청구권을 가진다.
> ㉢ 신용보증기금이 수익자인 A를 상대로 원물반환으로 근저당권설정등기의 말소를 구하는 사해행위취소소송을 제기하여 승소판결을 받아 확정되었는데, 이후 해당 부동산에 관한 경매절차가 진행되어 제3자에게 매각됨으로써 A의 근저당권설정등기의 말소등기의무가 이행불능된 경우, 신용보증기금은 대상청구권의 행사로서 A가 말소될 근저당권설정등기에 기한 근저당권자로서 지급받은 배당금의 반환을 청구할 수 있다.
> ㉣ 계약당사자 일방이 자신이 부담하는 계약상 채무를 이행하는 데 장애가 될 수 있는 사유를 계약을 체결할 당시에 알았거나 예견할 수 있었음에도 이를 상대방에게 고지하지 아니한 경우에는, 특별한 사정이 없는 한 비록 그 사유로 인하여 채무가 불이행되는 것 자체에 대하여 잘못이 없다고 하더라도 그 채무가 불이행된 것에 대하여 귀책사유가 없다고 할 수 없다.
> ㉤ 채권의 가압류는 제3채무자에 대하여 채무자에게 지급하는 것을 금지하는 것이므로, 가압류가 있는 동안에는 이행기가 도래하더라도 제3채무자는 그 지체책임을 면할 수 있다.
> ㉥ 채무불이행을 이유로 계약해제와 아울러 손해배상을 청구하는 경우, 이행이익의 배상을 구하는 것이 원칙이나 그에 갈음하여 신뢰이익의 배상을 구할 수도 있는데, 그 신뢰이익 중 계약의 체결과 이행을 위하여 통상적으로 지출되는 비용은 통상의 손해로서 상대방이 알았거나 알 수 있었는지의 여부와는 관계없이 그 배상을 구할 수 있으나, 이를 초과하여 지출되는 비용은 특별한 사정으로 인한 손해로서 상대방이 이를 알았거나 알 수 있었던 경우에 한하여 그 배상을 구할 수 있다.

① ㉠㉡㉢㉣㉥ ② ㉡㉢㉤㉥ ③ ㉠㉡㉢㉣
④ ㉢㉣㉤㉥ ⑤ ㉠㉢㉣㉥

해설 ★★★

㉠ (O) 보증서의 보증금액은 보증인이 보증책임을 지게 될 주채무에 관한 한도액을 정한 것으로서 그 한도액에는 주채무자의 채권자에 대한 채무 원금과 이자 및 지연손해금이 모두 포함되고 그 합계액이 보증의 한도액을 초과할 수 없지만, 보증채무는 주채무와는 별개의 채무이기 때문에 보증채무 자체의 이행지체로 인한 지연손해금은 보증의 한도액과는 별도로 부담하여야 한다(대판 2014.02.27. 2013다76567).

㉡ (X) 소유자가 자신의 소유권에 기하여 실체관계에 부합하지 아니하는 등기의 명의인을 상대로 그 등기말소나 진정명의회복 등을 청구하는 경우에, 그 권리는 물권적 청구권으로서의 방해배제청구권(민법 제214조)의 성질을 가진다. 그러므로 소유자가 그 후에 소유권을 상실함으로써 이제 등기말소 등을 청구할 수 없게 되었다면, 이를 위와 같은 청구권의 실현이 객관적으로 불능이 되었다고 파악하여 등기말소 등 의무자에 대하여 그 권리의 이행불능을 이유로 민법 제390조상의 손해배상청구권을 가진다고 말할 수 없다. 위 법규정에서 정하는 채무불이행을 이유로 하는 손해배상청구권은 계약 또는 법률에 기하여 이미 성립하여 있는 채권관계에서 본래의 채권이 동일성을 유지하면서 그 내용이 확장되거나 변경된 것으로서 발생한다. 그러나 위와 같은 등기말소청구권 등의 물권적 청구권은 그 권리자인 소유자가 소유권을 상실하면 이제 그 발생의 기반이 아예 없게 되어 더 이상 그 존재 자체가 인정되지 아니하는 것이다(대판 2012.05.17. 2010다28604(전합)).

㉢ (O) [1] 우리 민법이 이행불능의 효과로서 채권자의 전보배상청구권과 계약해제권 외에 별도로 대상청구권을 규정하고 있지 않으나 해석상 대상청구권을 부정할 이유는 없다. [2] 신용보증기금이 甲 주식회사를 상대로 제기한 사해행위취소소송에서 원물반환으로 근저당권설정등기의 말소를 구하여 승소판결이 확정되었는데, 그 후 해당 부동산이 관련 경매사건에서 담보권 실행을 위한 경매절차를 통하여 제3자에게 매각된 사안에서, 위와 같이 부동산이 담보권 실행을 위한 경매절차에 의하여 매각됨으로써 확정판결에 기한 甲 회사의 근저당권설정등기 말소등기절차의무가 이행불능된 경우, 신용보증기금은 대상청구권 행사로서 甲 회사가 말소될 근저당권설정등기에 기한 근저당권자로서 지급받은 배당금의 반환을 청구할 수 있다고 한 사례(대판 2012.06.28. 2010다71431).

㉣ (O) 계약당사자 일방이 자신이 부담하는 계약상 채무를 이행하는 데 장애가 될 수 있는 사유를 계약을 체결할 당시에 알았거나 예견할 수 있었음에도 이를 상대방에게 고지하지 아니한 경우에는, 비록 그 사유로 말미암아 후에 채무불이행이 되는 것 자체에 대하여는 그에게 어떠한 잘못이 없다고 하더라도, 상대방이 그 장애 사유를 인식하고 이에 관한 위험을 인수하여 계약을 체결하였다거나 채무불이행이 상대방의 책임 있는 사유로 인한 것으로 평가되어야 하는 등의 특별한 사정이 없는 한, 그 채무가 불이행된 것에 대하여 귀책사유가 없다고 할 수 없다. 그것이 계약의 원만한 실현과 관련하여 각각의 당사자가 부담하여야 할 위험을 적절하게 분배한다는 계약법의 기본적 요구에 부합한다(대판 2011.08.25. 2011다43778).

㉤ (X) 채권의 가압류는 제3채무자에 대하여 채무자에게 지급하는 것을 금지하는 데 그칠 뿐 채무 그 자체를 면하게 하는 것이 아니고, 가압류가 있다 하여도 그 채권의 이행기가 도래한 때에는 제3채무자는 그 지체책임을 면할 수 없다고 보아야 할 것이다(대판 2004.07.09 2004다16181).

㉥ (O) 채무불이행을 이유로 계약해제와 아울러 손해배상을 청구하는 경우에 그 계약이행으로 인하여 채권자가 얻을 이익 즉 이행이익의 배상을 구하는 것이 원칙이지만, 그에 갈음하여 그 계약이 이행되리라고 믿고 채권자가 지출한 비용 즉 신뢰이익의 배상을 구할 수도 있다고 할 것이고, 그 신뢰이익 중 계약의 체결과 이행을 위하여 통상적으로 지출되는 비용은 통상의 손해로서 상대방이 알았거나 알 수 있었는지의 여부와는 관계없이 그 배상을 구할 수 있고, 이를 초과하여 지출되는 비용은 특별한 사정으로 인한 손해로서 상대방이

이를 알았거나 알 수 있었던 경우에 한하여 그 배상을 구할 수 있다고 할 것이고, 다만 그 신뢰이익은 과잉배상금지의 원칙에 비추어 이행이익의 범위를 초과할 수 없다(대판 2002.06.11. 2002다2539).

정답 ⑤

문 9

금전채무불이행과 이자채권에 관한 다음 설명 중 옳은 것을 모두 고른 것은?(각 지문은 독립적이며, 다툼이 있는 경우 판례에 의함) [2016년 14번]

㉠ 금전채무불이행의 손해배상액의 약정이율이 법정이율보다 낮은 경우, 법정이율에 의하여 지연손해금을 정해야 한다.
㉡ 채권자 甲과 채무자 乙사이 금전채권에 관하여 이자를 매달 받기로 하였는데, 1월이 경과하여 이자를 받을 수 있는 시점이 된 후에 채권자 甲이 원본채권을 양도한 경우 특약이 없는 한 그 변제기가 도래한 이자채권은 함께 양도되지 않는다.
㉢ 甲이 乙에게 갖고 있는 금전채권에 관하여 甲의 채권자인 丙에 의하여 가압류되었을 때에는, 乙은 甲에 대하여 이행기에 채무를 이행하지 않더라도 가압류의 지급금지효에 의하여 지체책임을 부담하지 않는다.
㉣ 정지조건부 기한이익 상실의 특약이 있는 경우, 특별한 사정이 없는 한 그 특약에서 정한 기한이익 상실사유가 발생하였더라도 채권자의 이행청구가 없으면 채무자는 지체책임을 지지 않는다.
㉤ 금전채무의 지연손해금채무는 금전채무의 이행지체로 인한 손해배상채무로서 이행기의 정함이 없는 채무에 해당하므로, 채무자는 확정된 지연손해금채무에 대하여 채권자로부터 이행청구를 받은 때로부터 지체책임을 부담하게 된다.
㉥ 민법은 금전채무의 불이행으로 인한 손해배상에 대하여 채무불이행 사실만으로 지연이자만큼의 손해발생을 의제하고 있으므로, 채권자가 금전채무의 불이행을 원인으로 손해배상을 구할 때 손해발생 주장이 없더라도 법원으로서는 지연이자만큼의 손해를 인용할 수 있다.

① ㉠, ㉡, ㉤ ② ㉠, ㉢, ㉣, ㉥ ③ ㉡, ㉢, ㉤
④ ㉠, ㉡, ㉢, ㉤ ⑤ ㉠, ㉢, ㉤

해설 ★★★

㉠ (○) 민법 제397조 제1항은 본문에서 금전채무불이행의 손해배상액을 법정이율에 의할 것을 규정하고 그 단서에서 "그러나 법령의 제한에 위반하지 아니한 약정이율이 있으면 그 이율에 의한다"고 정한다. 이 단서 규정은 약정이율이 법정이율 이상인 경우에만 적용되고, 약정이율이 법정이율보다 낮은 경우에는 그 본문으로 돌아가 법정이율에 의하여 지연손해금을 정할 것이다(대판 2009.12.24. 2009다85342).

㉡ (○) 이자채권은 원본채권에 대하여 종속성을 갖고 있으나 이미 변제기에 도달한 이자채권은 원본채권과 분리하여 양도할 수 있고 원본채권과 별도로 변제할 수 있으며 시효로 인하여 소멸되기도 하는 등 어느 정도 독립성을 갖게 되는 것이므로, 원본채권이 양도된 경우 이미 변제기에 도달한 이자채권은 원본채권의 양도당시 그 이자채권도 양도한다는 의사표시가 없는 한 당연히 양도되지는 않는다(대판 1989.03.28. 88다카12803).

ⓒ (X) 채권의 가압류는 제3채무자에 대하여 채무자에게 지급하는 것을 금지하는 데 그칠 뿐 채무 그 자체를 면하게 하는 것이 아니고, 가압류가 있다 하여도 그 채권의 이행기가 도래한 때에는 제3채무자는 그 지체책임을 면할 수 없다고 보아야 할 것이다(대판 1994.12.13. 93다951).

ⓔ (X) 채권자의 별도의 의사표시가 없더라도 바로 이행기가 도래한 것과 같은 효과를 발생케 하는 이른바 정지조건부 기한이익 상실의 특약을 하였을 경우에는 그 특약에 정한 기한의 이익 상실사유가 발생함과 동시에 기한의 이익을 상실케 하는 채권자의 의사표시가 없더라도 이행기 도래의 효과가 발생하고, 채무자는 특별한 사정이 없는 한 그 때부터 이행지체의 상태에 놓이게 된다(대판 1999.07.09. 99다15184).

ⓜ (O) 금전채무의 지연손해금채무는 금전채무의 이행지체로 인한 손해배상채무로서 이행기의 정함이 없는 채무에 해당하므로, 채무자는 확정된 지연손해금채무에 대하여 채권자로부터 이행청구를 받은 때로부터 지체책임을 부담하게 된다(대판 2004.07.09. 2004다11582).

ⓗ (X) 금전채무 불이행에 관한 특칙을 규정한 민법 제397조는 그 이행지체가 있으면 지연이자 부분만큼의 손해가 있는 것으로 의제하려는 데에 그 취지가 있는 것이므로 지연이자를 청구하는 채권자는 그 만큼의 손해가 있었다는 것을 증명할 필요가 없는 것이나, 그렇다고 하더라도 채권자가 금전채무의 불이행을 원인으로 손해배상을 구할 때에 지연이자 상당의 손해가 발생하였다는 취지의 주장은 하여야 하는 것이지 주장조차 하지 아니하여 그 손해를 청구하고 있다고 볼 수 없는 경우까지 지연이자 부분만큼의 손해를 인용해 줄 수는 없는 것이다(대판 2000.02.11. 99다49644).

정답 ①

제❷절 | 이행불능

문 10

대상청구권에 관한 다음 설명 중 옳지 않은 것은 모두 몇 개인가? [2019년 8번]

ㄱ. 토지거래허가구역 내의 토지에 관한 매매계약으로서 아직 관할 관청의 허가를 받지 못하여 유동적 무효 상태에 있는 매매계약이 매매 목적물인 토지의 수용으로 인하여 확정적으로 무효가 된 경우, 특별한 사정이 없는 한 수용보상금에 대한 대상청구권은 발생하지 아니한다.

ㄴ. 甲소유의 X토지에 대해 乙명의로 원인무효의 소유권이전등기가 마쳐지고, 乙은 X토지를 丙에게 매도하여 丙명의로 소유권이전등기가 되었는데, 丙이 등기부취득시효에 의하여 X토지의 소유권을 취득하게 됨으로써 乙이 부담하는 소유권이전등기 말소등기절차의무가 이행불능이 된 경우, 甲은 乙을 상대로 乙이 丙으로부터 받은 X토지의 매매대금에 대해 대상청구권을 행사할 수 있다.

ㄷ. 취득시효가 완성된 토지가 수용됨으로써 토지 소유자의 소유권이전등기 의무가 이행불능이 된 경우, 토지의 시효취득자는 대상청구권의 행사로서 토지 소유자에 대하여 그가 취득한 토지수용 보상금의 양도를 청구할 수 있으며, 이를 위해서는 토지 소유자를 상대로 토지수용 보상금의 수령권자가 자신이라는 확인을 구해야 한다.

ㄹ. 대상청구권은 특별한 사정이 없는 한 매매 목적물의 수용 또는 국유화로 인하여 매도인의 소유권이전등기의무가 이행불능 되었을 때 매수인이 그 권리를 행사할 수 있으므로 그때부터 그 소멸시효가 진행하는 것이 원칙이나, 법규의 미비 등으로 그 보상금의 지급을 구할 수 있는 방법

이나 절차가 없다가 상당한 기간이 지난 뒤에야 보상금청구의 방법과 절차가 마련된 경우라면, 보상금을 청구할 수 있는 방법이 마련된 시점부터 대상청구권에 대한 소멸시효가 진행한다.
ㅁ. 채무자가 수령하게 되는 보상금이나 그 청구권에 대하여 채권자가 대상청구권을 가지는 경우, 채권자는 채무자에 대하여 그가 지급받은 보상금의 반환을 청구하거나 채무자로부터 보상청구권을 양도받아 보상금을 지급받아야 하며, 보상청구권 자체가 채권자에게 귀속되는 것은 아니므로 채권자가 직접 자신의 명의로 대상청구의 대상이 되는 보상금을 지급받았다면 이는 채무자에 대한 관계에서 부당이득이 성립한다.
ㅂ. 매매의 목적물이 화재로 소실됨으로써 채무자인 매도인의 매매목적물에 대한 인도의무가 이행불능이 되고, 이로 인해 매도인이 화재보험금을 지급받게 된 경우, 채권자인 매수인은 매도인이 지급받게 되는 화재보험금 전부에 대하여 대상청구권을 행사할 수 있으며, 다만 인도의무의 이행불능 당시 매수인이 지급하기로 약정한 매매대금 상당액의 한도 내로 그 범위가 제한될 뿐이다.

① 1개 ② 2개 ③ 3개
④ 4개 ⑤ 5개

MGI Point 대상청구권 ★★

- 토지거래 미허가 상태에서 협의수용 ⇨ 대상청구권 ×
- 대상청구권의 요건 ⇨ 채무자의 목적물 급부 의무의 후발적 불능, 대상의 존재, 인과관계 요구
- 취득시효완성자의 대상청구권 행사효과 : 수용보상금청구권 자체가 등기청구권자에게 귀속되는 것은 아님
- 대상청구권의 소멸시효의 기산점
  - 원칙 : 이행불능시부터 소멸시효가 진행함
  - 예외 : 법규의 미비 등으로 보상금 지급을 청구할 방법이나 절차가 없다가 상당한 기간이 지난 뒤 보상금청구의 방법과 절차가 마련된 경우 ⇨ 보상금을 청구할 수 있는 방법이 마련된 시점부터 소멸시효가 진행함
- 채권자가 대상청구권을 가지는 경우 ⇨ 채권자가 직접 자신의 명의로 대상청구의 대상이 되는 보상금을 지급받았다고 하더라도 바로 부당이득이 되는 것은 ×
- 매도인이 지급받게 되는 화재보험금, 화재공제금에 대하여 매수인의 대상청구권이 인정되는 이상 ⇨ 인도의무의 이행불능 당시 매수인이 지급하였거나 지급하기로 약정한 매매대금 상당액의 한도 내로 범위가 제한 ×

ㄱ. (○) 토지거래허가를 받지 않은 이상 이 사건 매매계약은 유동적 무효의 상태로서 계약의 모든 효력이 발생하지 아니하므로 피고는 원고들에 대하여 계약상 주된 의무인 소유권이전등기의무를 부담하지 아니하고, 그 후 이 사건 토지의 수용으로 객관적으로 위 허가가 날 수 없게 됨으로써 매매계약이 확정적으로 무효가 된 이상, 피고가 토지거래허가신청절차의 협력의무 불이행을 이유로 손해배상을 청구할 수 있음은 별론으로 하더라도 매매계약이 유효함을 전제로 그 주된 의무인 소유권이전등기의무의 이행불능의 효과로 인정되는 대상청구권은 발생하지 아니한다(대판 2008.10.23. 2008다54877).
ㄴ. (X) 대상청구권이 인정되기 위하여는 급부가 후발적으로 불능하게 되어야 하고, 급부를 불능하게 하는 사정의 결과로 채무자가 채권의 목적물에 관하여 '대신하는 이익'을 취득하여야 한다(대판 2003.11.14. 2003다35482).▶ 甲의 乙에 대한 소유권이전등기말소청구권이 불능이 된 것은 丙의 등기부취득시효가 완성되었기 때문인데, 乙이 받은 매매대금은 乙과 丙사이의 매매계약에 관한 것이어서 '급부를 불능하게 하는 사정'과 채무자가 취득한 '대신하는 이익' 사이에 상당인과관계가 존재한다고 할 수 없어 채무자에 대한 대상청구권의 발생을 부인한 사례.
ㄷ. (X) 취득시효가 완성된 토지가 수용됨으로써 취득시효 완성을 원인으로 하는 소유권이전등기 의무가 이행불능이 된 경우에는 그 소유권이전등기 청구권자가 대상청구권의 행사로서 그 토지의 소유자가 토지의 대가로

서 지급받은 수용보상금의 반환을 청구할 수 있다고 하더라도, 시효취득자가 직접 토지의 소유자를 상대로 공탁된 토지수용보상금의 수령권자가 자신이라는 확인을 구할 수는 없다(대판 1995.07.28. 95다2074).

ㄹ. (○) 대상청구권은 특별한 사정이 없는 한 매매 목적물의 수용 또는 국유화로 인하여 매도인의 소유권이전등기의무가 이행불능 되었을 때 매수인이 그 권리를 행사할 수 있다고 보아야 할 것이고 따라서 그 때부터 소멸시효가 진행하는 것이 원칙이라 할 것이나, 국유화가 된 사유의 특수성과 법규의 미비 등으로 그 보상금의 지급을 구할 수 있는 방법이나 절차가 없다가 상당한 기간이 지난 뒤에야 보상금청구의 방법과 절차가 마련된 경우라면, 대상청구권자로서는 그 보상금청구의 방법이 마련되기 전에는 대상청구권을 행사하는 것이 불가능하였던 것이고, 따라서 이러한 경우에는 보상금을 청구할 수 있는 방법이 마련된 시점부터 대상청구권에 대한 소멸시효가 진행하는 것으로 봄이 상당할 것인바, 이는 대상청구권자가 보상금을 청구할 길이 없는 상태에서 추상적인 대상청구권이 발생하였다는 사유만으로 소멸시효가 진행한다고 해석하는 것은 대상청구권자에게 너무 가혹하여 사회정의와 형평의 이념에 반할 뿐만 아니라 소멸시효제도의 존재이유에 부합된다고 볼 수 없기 때문이다(대판 2002.02.08. 99다23901).

ㅁ. (X) 채무자가 수령하게 되는 보상금이나 그 청구권에 대하여 채권자가 대상청구권을 가지는 경우에도 채권자는 채무자에 대하여 그가 지급받은 보상금의 반환을 청구하거나 채무자로부터 보상청구권을 양도받아 보상금을 지급받아야 할 것이나, 어떤 사유로 채권자가 직접 자신의 명의로 대상청구의 대상이 되는 보상금을 지급받았다고 하더라도 이로써 채무자에 대한 관계에서 바로 부당이득이 되는 것은 아니라고 보아야 할 것이다(대판 2002.02.08. 99다23901).

ㅂ. (X) 손해보험은 본래 보험사고로 인하여 생길 피보험자의 재산상 손해의 보상을 목적으로 하는 것으로(상법 제665조), 보험자가 보상할 손해액은 당사자 간에 다른 약정이 없는 이상 손해가 발생한 때와 곳의 가액에 의하여 산정하고(상법 제676조 제1항), 이 점은 손해공제의 경우도 마찬가지이므로, 매매의 목적물이 화재로 소실됨으로써 매도인이 지급받게 되는 화재보험금, 화재공제금에 대하여 매수인의 대상청구권이 인정되는 이상, 매수인은 특별한 사정이 없는 한 목적물에 대하여 지급되는 화재보험금, 화재공제금 전부에 대하여 대상청구권을 행사할 수 있고, 인도의무의 이행불능 당시 매수인이 지급하였거나 지급하기로 약정한 매매대금 상당액의 한도 내로 범위가 제한된다고 할 수 없다(대판 2016.10.27. 2013다7769).

정답 ④

문 11

이행불능에 관한 다음 설명 중 가장 옳지 않은 것은? [2018년 26번]

① 피고가 원고를 강박하여 그에 따른 하자 있는 의사표시에 의하여 부동산에 관한 소유권이전등기를 마친 다음 타인에게 매도하여 소유권이전등기까지 마친 경우, 그 소유권이전등기는 소송 기타 방법에 따라 말소 환원 여부가 결정될 특별한 사정이 있으므로 피고의 원고에 대한 소유권이전등기의 말소등기의무는 아직 이행불능이 되었다고 할 수 없다.

② 본래의 공사비채권이 시효소멸되었다면 그 채권이 이행불능이 되었음을 이유로 하는 손해배상청구권 역시 허용될 수 없다.

③ 소유권이전등기의무의 목적 부동산이 수용되어 그 소유권이전등기의무가 이행불능이 된 경우, 등기청구권자는 등기의무자에게 대상청구권의 행사로써 등기의무자가 지급받은 수용보상금의 반환을 구하거나 또는 등기의무자가 취득한 수용보상금청구권의 양도를 구할 수 있다.

④ 소유자가 자신의 소유권에 기하여 실체관계에 부합하지 아니하는 등기의 명의인을 상대로 그 등기말소를 청구하는 경우, 그 권리는 물권적 청구권으로서의 방해배제청구권의 성질을 가지므로

소유자가 그 후에 소유권을 상실하여 등기말소를 청구할 수 없게 되었다면, 소유자는 등기말소의무자에 대하여 그 권리의 이행불능을 이유로 한 민법 제390조상의 손해배상청구권을 가진다.
⑤ 매도인의 소유권이전등기청구권이 가압류되어 있거나 처분금지가처분이 있는 경우, 매도인이 그 가압류 또는 가처분 집행을 모두 해제할 수 없는 무자력의 상태에 있다면 매수인은 매도인의 소유권이전등기의무가 이행불능임을 이유로 매매계약을 해제할 수 있다.

해설 ★★

① (○) 甲이 乙을 강박하여 그에 따른 하자있는 의사표시에 의하여 부동산에 관한 소유권이전등기를 마친 다음 타인에게 매도하여 소유권이전등기를 경료하여 준 경우, 그 소유권이전등기는 소송 기타 방법에 따라 말소 환원 여부가 결정될 특별한 사정이 있으므로 甲의 乙에 대한 소유권이전등기의무는 아직 이행불능이 되었다고 할 수 없으나, 乙이 등기명의인을 상대로 제기한 소유권이전등기 말소청구소송 또는 진정명의회복을 위한 소유권이전등기청구소송이 패소확정되면 그 때에 甲의 목적부동산에 대한 소유권이전등기 말소등기의무는 이행불능 상태에 이른다고 할 것이고, 위 등기말소청구소송 등에서 등기명의인의 등기부취득시효가 인용된 결과 乙이 패소하였다고 하더라도 등기부취득시효 완성 당시에 이행불능 상태에 이른다고 볼 것은 아니다(대판 2005.09.15. 2005다29474).

② (○) 본래의 공사비채권이 시효소멸되었다면 그 채권이 이행불능이 되었음을 이유로 하는 손해배상청구권 역시 허용될 수 없다(대판 1987.06.23. 86다카2549).

③ (○) 소유권이전등기의무의 목적 부동산이 수용되어 그 소유권이전등기의무가 이행불능이 된 경우, 등기청구권자는 등기의무자에게 대상청구권의 행사로써 등기의무자가 지급받은 수용보상금의 반환을 구하거나 또는 등기의무자가 취득한 수용보상금청구권의 양도를 구할 수 있을 뿐, 그 수용보상금청구권 자체가 등기청구권자에게 귀속되는 것은 아니다(대판 1996.10.29. 95다56910).

④ (X) 소유자가 자신의 소유권에 기하여 실체관계에 부합하지 아니하는 등기의 명의인을 상대로 그 등기말소나 진정명의회복 등을 청구하는 경우에, 그 권리는 물권적 청구권으로서의 방해배제청구권(민법 제214조)의 성질을 가진다. 그러므로 소유자가 그 후에 소유권을 상실함으로써 이제 등기말소 등을 청구할 수 없게 되었다면, 이를 위와 같은 청구권의 실현이 객관적으로 불능이 되었다고 파악하여 등기말소 등 의무자에 대하여 그 권리의 이행불능을 이유로 민법 제390조상의 손해배상청구권을 가진다고 말할 수 없다. 위 법규정에서 정하는 채무불이행을 이유로 하는 손해배상청구권은 계약 또는 법률에 기하여 이미 성립하여 있는 채권관계에서 본래의 채권이 동일성을 유지하면서 그 내용이 확장되거나 변경된 것으로서 발생한다. 그러나 위와 같은 등기말소청구권 등의 물권적 청구권은 그 권리자인 소유자가 소유권을 상실하면 이제 그 발생의 기반이 아예 없게 되어 더 이상 그 존재 자체가 인정되지 아니하는 것이다. 이러한 법리는 선행소송에서 소유권보존등기의 말소등기청구가 확정되었다고 하더라도 그 청구권의 법적 성질이 채권적 청구권으로 바뀌지 아니하므로 마찬가지이다(대판 2012.05.17. 2010다28604(전합)).

⑤ (○) 매도인의 소유권이전등기청구권이 가압류되어 있거나 처분금지가처분이 있는 경우에는 그 가압류 또는 가처분의 해제를 조건으로 하여서만 소유권이전등기절차의 이행을 명받을 수 있는 것이어서, 매도인은 그 가압류 또는 가처분을 해제하지 아니하고서는 매도인 명의의 소유권이전등기를 마칠 수 없고, 따라서 매수인 명의의 소유권이전등기도 경료하여 줄 수 없다고 할 것이므로, 매도인이 그 가압류 또는 가처분 집행을 모두 해제할 수 없는 무자력의 상태에 있다고 인정되는 경우에는 매수인이 매도인의 소유권이전등기의무가 이행불능임을 이유로 매매계약을 해제할 수 있다(대판 2006.06.16. 2005다39211).

정답 ④

제❸절 ┃ 불완전이행

제❹절 ┃ 채무불이행의 효과

제1관 강제이행

제2관 손해배상

문 12

손해배상액의 예정에 관한 다음 설명 중 가장 옳지 않은 것은? [2021년 32번]

① 금전채무에 관하여 이행지체에 대비한 지연손해금 비율을 따로 약정한 경우에 이는 손해배상액의 예정으로서 민법 제398조 제2항에 의한 감액의 대상이 된다.
② 계약 당시 당사자 사이에 손해배상액을 예정하는 내용의 약정이 있는 경우에는 그것은 계약상의 채무불이행으로 인한 손해액에 관한 것이고 이를 그 계약과 관련된 불법행위상의 손해까지 예정한 것이라고는 볼 수 없다.
③ 계약의 일방 당사자인 피고의 귀책사유로 인하여 계약이 해제되는 경우에는 위약금 약정을 두지 않고 그 상대방인 원고의 귀책사유로 인하여 계약이 해제된 경우에 대해서만 위약금 약정을 두었다 하더라도, 그 위약금 약정이 무효로 되는지 여부는 별론으로 하고 원고에 대한 위약금 규정이 있다고 하여 공평의 원칙상 그 상대방인 피고의 귀책사유로 계약이 해제되는 경우에도 원고의 귀책사유로 인한 해제의 경우와 마찬가지로 피고에게 위약금 지급의무가 인정되는 것은 아니다.
④ 무권대리인이 계약에서 정한 채무를 이행하지 않으면 상대방에게 채무불이행에 따른 손해를 배상할 책임을 지고, 위 계약에서 채무불이행에 대비하여 손해배상액의 예정에 관한 조항을 둔 때에는 특별한 사정이 없는 한 무권대리인은 그 조항에서 정한 바에 따라 산정한 손해액을 지급하여야 하는데, 이 경우에도 손해배상액의 예정에 관한 민법 제398조가 적용된다.
⑤ 민법 제398조 제2항은 손해배상액이 부당하게 과다한 경우에 법원으로 하여금 이를 감액할 수 있도록 규정하고 있는데, 위 규정은 강행법규가 아니므로 위 규정에 기한 감액주장을 사전에 배제하는 약정도 허용된다.

MGI Point 손해배상액의 예정 ★★

- 민법 제398 제2항에 의한 감액
  - 금전채무 이행지체에 대비한 지연손해금 비율을 따로 약정한 경우 ⇨ 손해배상액의 예정으로서 제398조 제2항에 의한 감액의 대상 ○
- 손해배상액 약정 ⇨ 계약상의 채무불이행으로 인한 손해액에 관한 것 ○ (불법행위상의 손해까지 예정 ×)
- 매도인의 귀책사유로 인하여 매매계약이 해제된 경우에 관해서만 위약금 약정이 있는 경우 ⇨ 매수인의 귀책사유로 매매계약이 해제되는 경우 매수인에게 위약금 지급의무 인정 ×
- 상대방에 대한 무권대리인의 채무불이행에 따른 손해배상 책임(제135조 제1항) ⇨ 손해배상액의 예정(제398조) 적용 ○
- 민법 제398조 제2항은 손해배상액이 부당하게 과다한 경우 ⇨ 법원이 이를 감액할 수 있도록 규정(강행법규), 위 규정에 기한 감액주장을 사전에 배제하는 약정 허용 ×

---

① (○) 금전채무에 관하여 이행지체에 대비한 지연손해금 비율을 따로 약정한 경우에 이는 일종의 손해배상액의 예정으로서 민법 제398조에 의한 감액의 대상이 된다(대판 2000.07.28. 99다38637).

② (○) 계약 당시 당사자 사이에 손해배상액을 예정하는 내용의 약정이 있는 경우에는 그것은 계약상의 채무불이행으로 인한 손해액에 관한 것이고 이를 그 계약과 관련된 불법행위상의 손해까지 예정한 것이라고는 볼 수 없다(대판 1999.01.15. 98다48033).

③ (○) 매수인의 귀책사유로 인하여 매매계약이 해제되는 경우에는 위약금 약정을 두지 않고, 매도인의 귀책사유로 인하여 매매계약이 해제된 경우에 대해서만 위약금 약정을 두었다 하더라도 그 위약금 약정이 무효로 되는지 여부는 별론으로 하고, 매도인에 대한 위약금 규정이 있다고 하여 공평의 원칙상 매수인의 귀책사유로 매매계약이 해제되는 경우에도 매도인의 귀책사유로 인한 해제의 경우와 마찬가지로 매수인에게 위약금 지급의무가 인정되는 것은 아니다(대판 2007.10.25. 2007다40765).

④ (○) 다른 자의 대리인으로서 계약을 맺은 자가 그 대리권을 증명하지 못하고 또 본인의 추인을 받지 못한 경우에는 그는 상대방의 선택에 따라 계약을 이행할 책임 또는 손해를 배상할 책임이 있다(민법 제135조 제1항). 이때 상대방이 계약의 이행을 선택한 경우 무권대리인은 그 계약이 본인에게 효력이 발생하였더라면 본인이 상대방에게 부담하였을 것과 같은 내용의 채무를 이행할 책임이 있다. 무권대리인은 마치 자신이 계약의 당사자가 된 것처럼 계약에서 정한 채무를 이행할 책임을 지는 것이다. 무권대리인이 계약에서 정한 채무를 이행하지 않으면 상대방에게 채무불이행에 따른 손해를 배상할 책임을 진다. 위 계약에서 채무불이행에 대비하여 손해배상액의 예정에 관한 조항을 둔 때에는 특별한 사정이 없는 한 무권대리인은 그 조항에서 정한 바에 따라 산정한 손해액을 지급하여야 한다. 이 경우에도 손해배상액의 예정에 관한 민법 제398조가 적용됨은 물론이다(대판 2018.06.28. 2018다210775).

⑤ (X) 민법 제398조 제2항은 손해배상의 예정액이 부당하게 과다한 경우에 법원으로 하여금 이를 적당히 감액할 수 있도록 규정하고 있고, 위 규정은 강행법규이므로 위 규정에 기한 감액주장을 사전에 배제하는 내용의 부제소 합의 등의 약정은 허용되지 아니한다(대판 2012.10.11. 2012다47500).

정답 ⑤

문 13

통상손해와 특별손해에 관한 다음 설명 중 가장 옳지 않은 것은? [2019년 10번]

① 여행자가 해외 여행계약에 따라 여행하는 도중 여행업자의 고의 또는 과실로 상해를 입은 경우 계약상 여행업자의 여행자에 대한 국내로의 귀환운송의무가 예정되어 있고, 현지에서 당초 예정한 여행기간 내에 치료를 완료하기 어렵거나, 계속적, 전문적 치료가 요구되어 사회통념상 여행자가 국내로 귀환할 필요성이 있었다고 인정된다면, 이로 인하여 발생하는 귀환운송비 등 추가적인 비용은 여행업자의 고의 또는 과실로 인하여 발생한 통상손해의 범위에 포함될 수 있다.

② 금융기관의 임직원이 동일인에 대한 대출한도를 초과하는 등 여신업무에 관한 규정을 위반하여 자금을 대출하면서 충분한 담보를 확보하지 아니하는 등 그 임무를 게을리하여 금융기관이 대출금을 회수하지 못하는 손해를 입은 경우 금융기관이 입은 통상손해는 위 임직원이 위와 같은 규정을 준수하여 적정한 담보를 취득하였더라면 회수할 수 있었을 미회수 대출원리금이고, 특별한 사정이 없는 한 이에 대한 약정이율에 의한 대출금의 이자와 약정연체이율에 의한 지연이자는 특별손해에 해당한다.

③ 불법행위로 인하여 사망한 급여소득자의 일실수익은 원칙적으로 사망 당시를 기준으로 하여 산정하여야 하지만 장차 그 임금수익이 증가될 것을 상당한 정도로 확실하게 예측할 수 있는 객관적인 자료가 있을 때에는 장차 증가될 임금수익도 일실수익을 산정함에 있어서 고려되어야 하고, 이와 같이 증가될 임금수익을 기준으로 산정된 일실수익 상당의 손해는 통상손해에 해당한다.

④ 계약 당시 손해배상액을 예정한 경우에는 다른 특약이 없는 한 채무불이행으로 인하여 입은 통상손해는 물론 특별손해까지도 예정액에 포함되고, 채권자의 손해가 예정액을 초과한다 하더라도 초과 부분을 따로 청구할 수 없다.
⑤ 부당한 가압류의 집행으로 그 가압류 목적물의 처분이 지연되어 소유자가 손해를 입은 경우, 가압류 집행 당시 부동산의 소유자가 그 부동산을 사용·수익하였다면 그 부동산의 처분이 지체되었다고 하더라도 그로 인한 손해는 그 부동산을 계속 사용·수익함으로 인한 이익과 상쇄되어 결과적으로 부동산의 처분이 지체됨에 따른 손해가 없다고 할 수 있고, 만일 그 부동산의 처분 지연으로 인한 손해가 그 부동산을 계속 사용·수익하는 이익을 초과한다면 이는 특별손해라고 할 수 있다.

MGI Point 통상손해와 특별손해 ★★

- 여행자가 해외 여행계약에 따라 여행하는 도중 여행업자의 고의 또는 과실로 상해를 입은 경우 ⇨ 이로 인하여 발생하는 귀환운송비 등 추가적인 비용 통상손해의 범위에 포함 可 (특별손해라고 하더라도 예견가능성 有)
- 금융기관의 임직원이 여신업무에 관한 규정을 위반하여 동일인에 대한 대출한도를 초과하여 손해가 발생한 경우 통상손해의 범위 ⇨ 규정을 준수하여 적정한 담보를 취득하고 대출하였더라면 회수할 수 있었을 미회수 대출원리금과 약정이율에 의한 대출금의 이자 및 약정연체이율에 의한 지연이자
- 장차 증가될 임금수익을 기준으로 산정된 일실이익 상당의 손해 ⇨ 통상 손해
- 손해배상액의 예정의 범위 : 통상손해, 특별손해 모두 포함
- 부당한 가압류의 집행으로 그 가압류 목적물의 처분이 지연되어 소유자가 손해를 입은 경우
  - 가압류 집행 당시 부동산의 소유자가 그 부동산을 사용·수익하는 경우 ⇨ 손해 ×
  - 부동산의 처분 지연으로 인한 손해가 부동산을 사용·수익하는 이익을 초과하는 경우 ⇨ 특별손해

① (○) 여행자가 해외 여행계약에 따라 여행하는 도중 여행업자의 고의 또는 과실로 상해를 입은 경우 계약상 여행업자의 여행자에 대한 국내로의 귀환운송의무가 예정되어 있고, 여행자가 입은 상해의 내용과 정도, 치료행위의 필요성과 치료기간은 물론 해외의 의료 기술수준이나 의료제도, 치료과정에서 발생할 수 있는 언어적 장애 및 의료비용의 문제 등에 비추어 현지에서 당초 예정한 여행기간 내에 치료를 완료하기 어렵거나, 계속적, 전문적 치료가 요구되어 사회통념상 여행자가 국내로 귀환할 필요성이 있었다고 인정된다면, 이로 인하여 발생하는 귀환운송비 등 추가적인 비용은 여행업자의 고의 또는 과실로 인하여 발생한 통상손해의 범위에 포함되고, 이 손해가 특별한 사정으로 인한 손해라고 하더라도 예견가능성이 있었다고 보아야 한다 (대판 2019.04.03. 2018다286550).
② (X) 금융기관의 임직원이 여신업무에 관한 규정을 위반하여 동일인에 대한 대출한도를 초과하여 자금을 대출하면서 충분한 담보를 확보하지 아니하는 등 임무를 해태하여 금융기관으로 하여금 대출금을 회수하지 못하는 손해를 입게 한 경우 임직원은 대출로 인하여 금융기관이 입은 손해를 배상할 책임이 있고, 이러한 경우 금융기관이 입은 통상의 손해는 임직원이 규정을 준수하여 적정한 담보를 취득하고 대출하였더라면 회수할 수 있었을 미회수 대출원리금이며, 특별한 사정이 없는 한 이러한 통상손해의 범위에는 약정이율에 의한 대출금의 이자와 약정연체이율에 의한 지연이자가 포함된다(대판 2015.10.29. 2011다81213).
③ (○) 불법행위로 인하여 노동능력을 상실한 급여소득자의 일실이득은 원칙적으로 노동능력상실 당시의 임금수익을 기준으로 산정할 것이지만 장차 그 임금수익이 증가될 것을 상당한 정도로 확실하게 예측할 수 있는 객관적인 자료가 있을 때에는 장차 증가될 임금수익도 일실이득을 산정함에 고려되어야 할 것이고 이와 같이 장차 증가될 임금수익을 기준으로 산정된 일실이득 상당의 손해는 당해 불법행위에 의하여 사회관념상 통상 생기는 것으로 인정되는 통상손해에 해당하는 것이라고 볼 것이므로 당연히 배상 범위에 포함시켜야 하는 것이고, 피해자의 임금수익이 장차증가될 것이라는 사정을 가해자가 알았거나 알 수 있었는지의 여부에 따라 그 배상범위가 달라지는 것은 아니다(대판 1989.12.26. 88다카6761(전합)).

④ (○) 계약 당시 손해배상액을 예정한 경우에는 다른 특약이 없는 한 채무불이행으로 인하여 입은 통상손해는 물론 특별손해까지도 예정액에 포함되고 채권자의 손해가 예정액을 초과한다 하더라도 초과 부분을 따로 청구할 수 없다(대판 1993.04.23. 92다41719).

⑤ (○) 부당한 가압류의 집행으로 그 가압류 목적물의 처분이 지연되어 소유자가 손해를 입었다면 가압류 신청인은 그 손해를 배상할 책임이 있다고 할 것이나, 가압류 집행 당시 부동산의 소유자가 그 부동산을 사용·수익하는 경우에는 그 부동산의 처분이 지체되었다고 하더라도 그로 인한 손해는 그 부동산을 계속 사용·수익함으로 인한 이익과 상쇄되어 결과적으로 부동산의 처분이 지체됨에 따른 손해가 없다고 할 수 있을 것이고, 만일 그 부동산의 처분 지연으로 인한 손해가 그 부동산을 계속 사용·수익하는 이익을 초과한다면 이는 특별손해라고 할 수 있을 것이다(대판 2009.07.23. 2008다79524).

정답 ②

문 14

손해배상액의 예정과 위약벌에 관한 다음 설명 중 가장 옳지 않은 것은? [2018년 6번]

① 당사자 사이에 채무불이행이 있으면 위약금을 지급하기로 하는 약정이 있는 경우에 그 위약금이 손해배상액의 예정인지 위약벌인지는 계약서 등 처분문서의 내용과 계약의 체결 경위 등을 종합하여 구체적 사건에서 개별적으로 판단할 의사해석의 문제이고, 위약금은 민법 제398조 제4항에 의하여 손해배상액의 예정으로 추정된다. 이러한 법리에 비추어 보면, 하나의 계약에 채무불이행으로 인한 손해의 배상에 관하여 손해배상액 예정에 관한 조항이 따로 있다거나 실손해의 배상을 전제로 하는 조항이 있고 그와 별도로 위약금 조항을 두고 있어서 그 위약금 조항을 손해배상액의 예정으로 해석하게 되면 이중배상이 이루어질 수 있다 하더라도, 그러한 사정만으로는 그 위약금을 위약벌로 볼 수 없다.

② 민법 제398조 제2항의 적용에 따라 손해배상의 예정액이 부당하게 과다한지의 여부 내지 그에 대한 적당한 감액의 범위를 판단하는 데 있어서는, 법원이 구체적으로 그 판단을 하는 때, 즉 사실심의 변론종결 당시를 기준으로 하여 그 사이에 발생한 모든 사정을 종합적으로 고려하여야 할 것이다.

③ 민법 제398조가 규정하는 손해배상액의 예정은 채무불이행의 경우에 채무자가 지급하여야 할 손해배상액을 미리 정해두는 것으로서 그 목적은 손해의 발생사실과 손해액에 대한 증명 곤란을 배제하고 분쟁을 사전에 방지하여 법률관계를 간이하게 해결하는 것 외에 채무자에게 심리적으로 경고를 줌으로써 채무이행을 확보하려는 데 있다. 따라서 채무자가 실제로 손해발생이 없다거나 손해액이 예정액보다 적다는 것을 증명하더라도 이 점만으로 채무자는 그 예정액의 지급을 면하거나 감액을 청구하지 못한다.

④ 법원이 손해배상의 예정액을 부당히 과다하다고 하여 감액하려면 채권자와 채무자의 경제적 지위, 계약의 목적과 내용, 손해배상액을 예정한 경위와 동기, 채무액에 대한 예정액의 비율, 예상 손해액의 크기, 당시의 거래 관행과 경제상태 등을 참작한 결과 손해배상 예정액의 지급이 경제적 약자의 지위에 있는 채무자에게 부당한 압박을 가하여 공정을 잃는 결과를 초래한다고 인정되는 경우라야 하고, 단지 예정액 자체가 크다든가 계약 체결 시부터 계약 해제 시까지의 시간적 간격이 짧다든가 하는 사유만으로는 부족하다.

⑤ 위약벌의 약정은 채무의 이행을 확보하기 위하여 정해지는 것으로서 손해배상의 예정과는 그 내용이 다르므로 손해배상의 예정에 관한 민법 제398조 제2항을 유추적용하여 그 액을 감액할 수는 없고, 다만 그 의무의 강제에 의하여 얻어지는 채권자의 이익에 비하여 약정된 벌이 과도하게 무거울 때에는 그 일부 또는 전부가 공서양속에 반하여 무효로 된다.

해설 ★★★

① (X) 당사자 사이에 채무불이행이 있으면 위약금을 지급하기로 하는 약정이 있는 경우에 그 위약금이 손해배상액의 예정인지 위약벌인지는 계약서 등 처분문서의 내용과 계약의 체결 경위 등을 종합하여 구체적 사건에서 개별적으로 판단할 의사해석의 문제이고, 위약금은 민법 제398조 제4항에 의하여 손해배상액의 예정으로 추정되지만, 당사자 사이의 위약금 약정이 채무불이행으로 인한 손해의 배상이나 전보를 위한 것이라고 보기 어려운 특별한 사정, 특히 하나의 계약에 채무불이행으로 인한 손해의 배상에 관하여 손해배상예정에 관한 조항이 따로 있다거나 실손해의 배상을 전제로 하는 조항이 있고 그와 별도로 위약금 조항을 두고 있어서 그 위약금 조항을 손해배상액의 예정으로 해석하게 되면 이중배상이 이루어지는 등의 사정이 있을 때에는 그 위약금은 위약벌로 보아야 한다(대판 2016.07.14. 2013다82944).

② (○) 민법 제398조 제2항은 손해배상의 예정액이 부당히 과다한 경우에는 법원이 이를 적당히 감액할 수 있다고 규정하고 있는바, 여기서 「부당히 과다한 경우」라고 함은 채권자와 채무자의 각 지위, 계약의 목적 및 내용, 손해배상액을 예정한 동기, 채무액에 대한 예정액의 비율, 예상손해의 크기, 그 당시의 거래관행 등 모든 사정을 참작하여 일반 사회관념에 비추어 그 예정액의 지급이 경제적 약자의 지위에 있는 채무자에게 부당한 압박을 가하여 공정성을 잃는 결과를 초래한다고 인정되는 경우를 뜻하는 것으로 보아야 하고, 한편 위 규정의 적용에 따라 손해배상의 예정액이 부당하게 과다한지 및 그에 대한 적당한 감액의 범위를 판단하는 데 있어서는 법원이 구체적으로 그 판단을 하는 때 즉, '사실심의 변론종결 당시'를 기준으로 하여 그 사이에 발생한 위와 같은 모든 사정을 종합적으로 고려하여야 할 것이며, 여기의 '손해배상의 예정액'이라 함은 문언상 배상비율 자체를 말하는 것이 아니라 그 비율에 따라 계산한 예정배상액의 총액을 의미한다고 해석하여야 한다(대판 2000.07.28. 99다38637).

③ (○) 민법 제398조가 규정하는 손해배상의 예정은 채무불이행의 경우에 채무자가 지급하여야 할 손해배상액을 미리 정해두는 것으로서 그 목적은 손해의 발생사실과 손해액에 대한 입증곤란을 배제하고 분쟁을 사전에 방지하여 법률관계를 간이하게 해결하는 것 외에 채무자에게 심리적으로 경고를 줌으로써 채무이행을 확보하려는 데에 있으므로, 채무자가 실제로 손해발생이 없다거나 손해액이 예정액보다 적다는 것을 입증하더라도 채무자는 그 예정액의 지급을 면하거나 감액을 청구하지 못한다(대판 2008.11.13. 2008다46906).

④ (○) 법원이 손해배상의 예정액을 부당히 과다하다고 하여 감액하려면 채권자와 채무자의 경제적 지위, 계약의 목적과 내용, 손해배상액을 예정한 경위와 동기, 채무액에 대한 예정액의 비율, 예상 손해액의 크기, 당시의 거래 관행과 경제상태 등을 참작한 결과 손해배상 예정액의 지급이 경제적 약자의 지위에 있는 채무자에게 부당한 압박을 가하여 공정을 잃는 결과를 초래한다고 인정되는 경우라야 하고, 단지 예정액 자체가 크다든가 계약 체결 시부터 계약 해제 시까지의 시간적 간격이 짧다든가 하는 사유만으로는 부족하다(대판 2014.07.24. 2014다209227).

⑤ (○) 위약벌의 약정은 채무의 이행을 확보하기 위하여 정해지는 것으로서 손해배상의 예정과는 그 내용이 다르므로 손해배상의 예정에 관한 민법 제398조 제2항을 유추적용하여 그 액을 감액할 수는 없고, 다만 그 의무의 강제에 의하여 얻어지는 채권자의 이익에 비하여 약정된 벌이 과도하게 무거울 때에는 그 일부 또는 전부가 공서양속에 반하여 무효로 된다(대판 1993.03.23. 92다46905).

정답 ①

문 15

손해배상에 관한 다음 설명 중 가장 옳지 않은 것은?(다툼이 있는 경우 판례에 의함) [2017년 19번]

① 매도인이 매수인으로부터 매매대금을 약정된 기일에 지급받지 못한 결과 제3자로부터 부동산을 매수하고 그 잔대금을 지급하지 못하여 그 계약금을 몰수당함으로써 손해를 입었다고 하더라도 매수인이 이를 알았거나 알 수 있었던 경우에만 그 손해를 배상할 책임이 있다.

② 수급인의 하자담보책임은 무과실책임으로서 여기에 민법 제396조의 과실상계 규정이 준용될 수 없으므로, 하자발생 및 그 확대에 가공한 도급인의 잘못을 참작하여 손해배상의 범위를 정할 수는 없다.

③ 사용자가 피용자의 과실에 의한 불법행위로 인한 사용자책임을 부담하는 경우와 마찬가지로 피용자의 고의에 의한 불법행위로 인하여 사용자책임을 부담하는 경우에도 피해자에게 그 손해의 발생과 확대에 기여한 과실이 있다면 사용자책임의 범위를 정함에 있어서 이러한 피해자의 과실을 고려하여 그 책임을 제한할 수 있다.

④ 금융기관이 어음할인을 하고 취득한 어음을 지급기일에 적법하게 지급제시를 하지 아니하여 소구권을 보전하지 아니하였다 할지라도, 지급기일 후에 어음발행인의 자력이 악화되어 무자력이 되는 바람에 어음환매자가 발행인에 대한 어음채권과 원인채권의 어느 것도 받을 수 없게 됨으로 인하여 손해를 입게 된 것이라면, 지급제시 의무를 불이행한 금융기관이 그 의무 불이행 당시인 어음의 지급기일에 장차 어음발행인의 자력이 악화될 것임을 알았거나 알 수 있었을 때라야 어음을 환매하는 자에 대하여 손해배상 채무를 진다.

⑤ 채권자가 그 채권의 목적인 물건 또는 권리의 가액전부를 손해배상으로 받은 때에는 채무자는 그 물건 또는 권리에 관하여 당연히 채권자를 대위한다.

:: 해설 ★★

① (○) 매도인이 매수인으로부터 매매대금을 약정된 기일에 지급받지 못한 결과 제3자로부터 부동산을 매수하고 그 잔대금을 지급하지 못하여 그 계약금을 몰수당함으로써 손해를 입었다고 하더라도 이는 특별한 사정으로 인한 손해이므로 매수인이 이를 알았거나 알 수 있었던 경우에만 그 손해를 배상할 책임이 있다(대판 1991.10.11. 91다25369).

② (X) 수급인의 하자담보책임에 관한 민법 제667조는 법이 특별히 인정한 무과실책임으로서 여기에 민법 제396조의 과실상계 규정이 준용될 수는 없다 하더라도 담보책임이 민법의 지도이념인 공평의 원칙에 입각한 것인 이상 하자발생 및 그 확대에 가공한 도급인의 잘못을 참작하여 손해배상의 범위를 정함이 상당하다(대판 1990.03.09. 88다카31866).

③ (○) 사용자가 피용자의 과실에 의한 불법행위로 인한 사용자책임을 부담하는 경우와 마찬가지로 피용자의 고의에 의한 불법행위로 인하여 사용자책임을 부담하는 경우에도 피해자에게 그 손해의 발생과 확대에 기여한 과실이 있다면 사용자책임의 범위를 정함에 있어서 이러한 피해자의 과실을 고려하여 그 책임을 제한할 수 있다(대판 2002.12.26. 2000다56952).

④ (○) 금융기관이 어음할인을 하고 취득한 어음을 지급기일에 적법하게 지급제시를 하지 아니하여 소구권을 보전하지 아니하였다 할지라도, 지급기일 후에 어음발행인의 자력이 악화되어 무자력이 되는 바람에 어음환매자가 발행인에 대한 어음채권과 원인채권의 어느 것도 받을 수 없게 됨으로 인하여 손해를 입게 된 것이라면, 이러한 손해는 어음 주채무자인 발행인의 자력의 악화라는 특별 사정으로 인한 손해로서 지급제시 의무

를 불이행한 금융기관이 그 의무 불이행 당시인 어음의 지급기일에 장차 어음발행인의 자력이 악화될 것임을 알았거나 알 수 있었을 때야 어음을 환매하는 자에 대하여 손해배상 채무를 진다(대판 2003.01.24. 2002다59849).

⑤ (○) 채권자가 그 채권의 목적인 물건 또는 권리의 가액전부를 손해배상으로 받은 때에는 채무자는 그 물건 또는 권리에 관하여 당연히 채권자를 대위한다(민법 제399조).

정답 ②

문 16

손해배상액의 예정에 관한 다음 설명 중 가장 옳지 않은 것은?(다툼이 있는 경우 판례에 의함)
[2017년 21번]

① 당사자 사이의 계약에서 채무자의 채무불이행으로 인한 손해배상액이 예정되어 있는 경우, 채무불이행으로 인한 손해의 발생 및 확대에 채권자에게도 과실이 있다면 채권자의 과실을 들어 과실상계를 할 수 있다.

② 위약벌의 약정은 채무의 이행을 확보하기 위하여 정하는 것으로서 손해배상의 예정과 다르므로 손해배상의 예정에 관한 민법 제398조 제2항을 유추 적용하여 그 액을 감액할 수 없다.

③ 유상계약을 체결함에 있어서 계약금이 수수된 경우 계약금은 해약금의 성질을 가지고 있어서, 이를 위약금으로 하기로 하는 특약이 없는 이상 계약이 당사자 일방의 귀책사유로 인하여 해제되었다 하더라도 상대방은 계약불이행으로 입은 실제 손해만을 배상받을 수 있을 뿐 계약금이 위약금으로서 상대방에게 당연히 귀속되는 것은 아니다.

④ 채무불이행으로 인한 손해배상액이 예정되어 있는 경우에는 채권자는 채무불이행 사실만 증명하면 손해의 발생 및 그 액을 증명하지 아니하고 예정배상액을 청구할 수 있고, 채무자는 채권자와 채무불이행에 있어 채무자의 귀책사유를 묻지 아니한다는 약정을 하지 아니한 이상 자신의 귀책사유가 없음을 주장·입증함으로써 예정배상액의 지급책임을 면할 수 있다.

⑤ 부동산 거래신고 등에 관한 법률상 토지거래허가를 받지 않아 유동적 무효인 매매계약을 체결한 경우에도, 매매계약 체결 당시 일방이 토지거래허가를 받기 위한 협력 자체를 이행하지 아니하거나 허가신청에 이르기 전에 매매계약을 철회하는 경우 상대방에게 일정한 손해액을 배상하기로 하는 약정을 유효하게 할 수 있다.

해설
★★★

① (X) 당사자 사이의 계약에서 채무자의 채무불이행으로 인한 손해배상액이 예정되어 있는 경우, 채무불이행으로 인한 손해의 발생 및 확대에 채권자에게도 과실이 있다고 하여도 민법 제398조 제2항에 따라 채권자의 과실을 비롯하여 채무자가 계약을 위반한 경위 등 제반사정을 참작하여 손해배상 예정액을 감액할 수는 있을지언정 채권자의 과실을 들어 과실상계를 할 수는 없다(대판 2002.01.25. 99다57126).

② (○) 위약벌의 약정은 채무의 이행을 확보하기 위하여 정해지는 것으로서 손해배상의 예정과는 그 내용이 다르므로 손해배상의 예정에 관한 민법 제398조 제2항을 유추 적용하여 그 액을 감액할 수는 없고 다만 그 의무의 강제에 의하여 얻어지는 채권자의 이익에 비하여 약정된 벌이 과도하게 무거울 때에는 그 일부 또는 전부가 공서양속에 반하여 무효로 된다(대판 1993.03.23. 92다46905).

③ (○) 유상계약을 체결함에 있어서 계약금이 수수된 경우 계약금은 해약금의 성질을 가지고 있어서 이를 위약금으로 하기로 하는 특약이 없는 이상 계약이 당사자 일방의 귀책사유로 인하여 해제되었다 하더라도 상대방은 계약불이행으로 입은 실제 손해만을 배상받을 수 있을 뿐 계약금이 위약금으로서 상대방에게 당연히 귀속되는 것은 아니다(대판 1996.06.14. 95다54693).

④ (○) 채무불이행으로 인한 손해배상액이 예정되어 있는 경우에는 채권자는 채무불이행 사실만 증명하면 손해의 발생 및 그 액을 증명하지 아니하고 예정배상액을 청구할 수 있고, 채무자는 채권자와 채무불이행에 있어 채무자의 귀책사유를 묻지 아니한다는 약정을 하지 아니한 이상 자신의 귀책사유가 없음을 주장·입증함으로써 예정배상액의 지급책임을 면할 수 있다. 그리고 채무자의 귀책사유를 묻지 아니한다는 약정의 존재 여부는 근본적으로 당사자 사이의 의사해석의 문제로서, 당사자 사이의 약정 내용과 그 약정이 이루어지게 된 동기 및 경위, 당사자가 그 약정에 의하여 달성하려고 하는 목적과 진정한 의사, 거래의 관행 등을 종합적으로 고찰하여 합리적으로 해석하여야 하지만, 당사자의 통상의 의사는 채무자의 귀책사유로 인한 채무불이행에 대해서만 손해배상액을 예정한 것으로 봄이 상당하므로, 채무자의 귀책사유를 묻지 않기로 하는 약정의 존재는 엄격하게 제한하여 인정하여야 한다(대판 2007.12.27. 2006다9408).

⑤ (○) 국토의 계획 및 이용에 관한 법률상 토지거래허가를 받지 않아 유동적 무효의 상태에 있는 계약을 체결한 당사자는 쌍방이 그 계약이 효력이 있는 것으로 완성될 수 있도록 서로 협력할 의무가 있으므로, 이러한 매매계약을 체결할 당시 당사자 사이에 그 일방이 토지거래허가를 받기 위한 협력 자체를 이행하지 아니하거나 허가신청에 이르기 전에 매매계약을 철회하는 경우 상대방에게 일정한 손해액을 배상하기로 하는 약정을 유효하게 할 수 있으며, 토지거래허가 구역 내의 토지에 관한 매매계약을 체결함에 있어서 토지거래허가를 받을 수 없는 경우 이외에 당사자 일방의 계약 위반으로 인한 손해배상액의 약정에 있어서 계약 위반이라 함은 당사자 일방이 그 협력의무를 이행하지 아니하거나 매매계약을 일방적으로 철회하여 그 매매계약이 확정적으로 무효가 되는 경우를 포함하는 것이다(대판 2007.12.27. 2006다9408).

정답 ①

문 17

과실상계에 관한 다음 설명 중 가장 옳지 않은 것은? [2021년 14번]

① 과실상계는 채무불이행 내지 불법행위로 인한 손해배상책임에 대하여 인정되는 것이고, 채무 내용에 따른 본래의 급부의 이행을 구하는 경우에는 특별한 사정이 없는 한 적용되지 않는다.

② 표현대리행위가 성립하는 경우에 그 본인은 표현대리행위에 의하여 전적인 책임을 져야 하고, 상대방에게 과실이 있다고 하더라도 과실상계의 법리를 유추적용하여 본인의 책임을 경감할 수 없다.

③ 과실상계는 매매계약이 해제되어 원상회복의무의 이행으로서 이미 지급한 매매대금 기타의 급부의 반환을 구하는 경우에는 적용되지 아니한다.

④ 계약에서 채무불이행으로 인한 손해배상액이 예정되어 있는 경우, 채무불이행으로 인한 손해의 발생 및 확대에 채권자에게 과실이 있다면 손해배상 예정액을 감액할 수 있을 뿐만 아니라 채권자의 과실을 이유로 과실상계를 할 수도 있다.

⑤ 고의에 의한 채무불이행으로서 채무자가 계약 체결 당시 채권자가 계약 내용의 중요 부분에 관하여 착오에 빠진 사실을 알면서도 이를 이용하거나 이에 적극 편승하여 계약을 체결하고 그 결과 채무자가 부당한 이익을 취득하게 되는 경우에는 채권자의 과실에 기한 과실상계가 허용되지 않는다.

> **MGI Point 과실상계** ★★
>
> ■ 과실상계
>   • 채무불이행 내지 불법행위로 인한 손해배상책임에 대해 인정 ○
>   • 채무 내용에 따른 본래의 급부의 이행을 구하는 경우에는 적용 ×
>   • 원상회복의무의 이행으로서 이미 지급한 매매대금 기타의 급부의 반환을 구하는 경우에는 적용 ×
> ■ 표현대리행위가 성립하는 경우 ⇨ 과실상계의 법리를 유추적용하여 본인의 책임 감경 불가
> ■ 채무불이행으로 인한 손해배상액이 예정되어 있는데 손해의 발생 및 확대에 채권자의 과실이 있는 경우
>   ⇨ 채권자의 과실을 들어 과실상계 불가
> ■ 고의에 의한 채무불이행으로서 채무자가 채권자의 착오를 이용하거나 이에 적극 편승하여 계약을 체결하고 그 결과로 부당한 이익을 취득하는 경우 ⇨ 채권자의 과실에 기한 과실상계 허용 ×

① (○) 과실상계는 본래 채무불이행 내지 불법행위로 인한 손해배상책임에 대해 인정되는 것이고, 채무 내용에 따른 본래의 급부의 이행을 구하는 경우에 적용될 것이 아니다(대판 1996.05.10. 96다8468).

② (○) 표현대리행위가 성립하는 경우에 본인은 표현대리행위에 기하여 전적인 책임을 져야 하는 것이고 상대방에게 과실이 있다고 하더라도 과실상계의 법리를 유추적용하여 본인의 책임을 감경할 수 없는 것이다(대판 1994.12.22. 94다24985).

③ (○) 과실상계는 본래 채무불이행 또는 불법행위로 인한 손해배상책임에 대하여 인정되는 것이고, 매매계약이 해제되어 소급적으로 효력을 잃은 결과 매매당사자에게 당해 계약에 기한 급부가 없었던 것과 동일한 재산상태를 회복시키기 위한 원상회복의무의 이행으로서 이미 지급한 매매대금 기타의 급부의 반환을 구하는 경우에는 적용되지 아니한다(대판 2014.03.13. 2013다34143).

④ (×) 당사자 사이의 계약에서 채무자의 채무불이행으로 인한 손해배상액이 예정되어 있는 경우, 채무불이행으로 인한 손해의 발생 및 확대에 채권자에게도 과실이 있더라도 민법 제398조 제2항에 따라 채권자의 과실을 비롯하여 채무자가 계약을 위반한 경위 등 제반 사정을 참작하여 손해배상 예정액을 감액할 수는 있을지언정 채권자의 과실을 들어 과실상계를 할 수는 없다(대판 2016.06.10. 2014다200763).

⑤ (○) 민법 제396조는 채무불이행에 관하여 채권자에게 과실이 있는 때에는 법원은 손해배상의 책임 및 그 금액을 정함에 이를 참작하여야 한다고 규정하고 있으므로, 채무자가 채권자에 대하여 채무불이행으로 인한 손해배상책임을 지는 경우에 있어서 채권자에게도 채무불이행에 관한 과실이 있다면 특별한 사정이 없는 한 법원으로서는 채무자의 손해배상책임의 범위를 정함에 있어 이를 참작하여야 할 것이지만, 예외적으로 고의에 의한 채무불이행으로서 채무자가 계약 체결 당시 채권자가 계약 내용의 중요 부분에 관하여 착오에 빠진 사실을 알면서도 이를 이용하거나 이에 적극 편승하여 계약을 체결하고 그 결과 채무자가 부당한 이익을 취득하게 되는 경우 등과 같이 채무자로 하여금 채무불이행으로 인한 이익을 최종적으로 보유하게 하는 것이 공평의 이념이나 신의칙에 반하는 결과를 초래하는 경우에는 채권자의 과실에 터 잡은 채무자의 과실상계 주장을 허용하여서는 안 될 것이다(대판 2008.05.15. 2007다88644).

정답 ④

제❺절 │ 채권자지체

제3장 책임재산의 보전

제❶절 ┃ 채권자대위권

문 16

甲의 대여금채권자 乙은 그 채권을 보전하기 위하여 채권자대위권을 행사하여 甲의 X에 대한 대여금채권의 이행을 청구하는 소송을 제기하였다. 다음 설명 중 옳지 않은 것은 모두 몇 개인가?[2023년 22번]

> ㄱ. 乙이 채권자대위소송을 제기하기 전에 甲이 X를 상대로 이미 소를 제기하여 패소판결을 받았다면, 乙은 채권자대위권을 행사할 수 없다.
> ㄴ. 채권자대위권 행사의 효과는 채무자에게 귀속되는 것이므로 채권자대위소송의 제기로 인한 소멸시효 중단의 효과 역시 甲에게 생긴다.
> ㄷ. 甲의 자력이 충분하고, 乙의 대여금채권과 甲의 대여금채권이 관련성도 없다면 乙이 제기한 채권자대위소송은 보전의 필요성이 인정되지 않는다.
> ㄹ. 乙은 채권자대위권을 행사하면서 X를 상대로 직접 자신에게 금전을 지급하라고 청구할 수는 없다.
> ㅁ. 乙의 채권자대위소송 진행 중 甲에게 소송 고지를 하여 甲이 위 소송이 제기된 사실을 알았을 경우에는 乙이 받은 판결의 효력은 甲에게 미친다.

① 없음   ② 1개   ③ 2개   ④ 3개   ⑤ 4개

MGI Point   채권자대위권   ★

- 이미 채무자가 권리를 재판상 행사하여 패소판결이 확정된 경우 ⇨ 채권자대위권 당사자적격 ×
- 채권자대위소송의 제기로 인한 소멸시효 중단의 효과 ⇨ 채무자에게 미침
- 보전의 필요성 ⇨ 채무자의 자력 유무, 채권자가 보전하려는 채권과 대위하여 행사하려는 권리의 관련성 등을 종합적으로 고려하여 판단
- 대위채권자는 제3채무자에게 직접 자신에게 이행하도록 청구 可
- 대위소송의 기판력이 채무자에게 미치는지 ⇨ 채무자가 대위소송이 제기된 사실을 안 경우에만 미침

ㄱ. (○) 채권자대위권은 채무자가 제3채무자에 대한 권리를 행사하지 아니하는 경우에 한하여 채권자가 자기의 채권을 보전하기 위하여 행사할 수 있는 것이기 때문에, 채권자가 대위권을 행사할 당시 이미 채무자가 그 권리를 재판상 행사하였을 때에는 설사 패소의 확정판결을 받았더라도 채권자는 채무자를 대위하여 채무자의 권리를 행사할 당사자적격이 없는 것이다(대법원 2020. 6. 25. 2019다218684).

ㄴ. (○) 채권자대위권 행사의 효과는 채무자에게 귀속되는 것이므로 채권자대위소송의 제기로 인한 소멸시효 중단의 효과 역시 채무자에게 미친다(대법원 2021. 12. 10. 2019다239988).

ㄷ. (○) 채권자는 자기의 채권을 보전하기 위하여 일신에 전속한 권리가 아닌 한 채무자의 권리를 행사할 수 있다(민법 제404조 제1항). 권리의 행사 여부는 권리자가 자유로운 의사에 따라 결정하는 것이 원칙이다. 채무자가 스스로 권리를 행사하지 않는데도 채권자가 채무자를 대위하여 채무자의 권리를 행사할 수 있으려면 그러한 채무자의 권리를 행사함으로써 채권자의 권리를 보전해야 할 필요성이 있어야 한다. 여기에서

보전의 필요성은 채권자가 보전하려는 권리의 내용, 채권자가 보전하려는 권리가 금전채권인 경우 채무자의 자력 유무, 채권자가 보전하려는 채권과 대위하여 행사하려는 권리의 관련성 등을 종합적으로 고려하여 채권자가 채무자의 권리를 대위하여 행사하지 않으면 자기 채권의 완전한 만족을 얻을 수 없게 될 위험이 있어 채무자의 권리를 대위하여 행사하는 것이 자기 채권의 현실적 이행을 유효·적절하게 확보하기 위하여 필요한지를 기준으로 판단하여야 하고, 채권자대위권의 행사가 채무자의 자유로운 재산관리행위에 대한 부당한 간섭이 되는 등 특별한 사정이 있는 경우에는 보전의 필요성을 인정할 수 없다(대법원 2022. 8. 25. 2019다229202 전원합의체).

ㄹ. (X) 채권자가 자기의 금전채권을 보전하기 위하여 채무자의 금전채권을 대위행사하는 경우 제3채무자로 하여금 채무자에게 지급의무를 이행하도록 청구할 수도 있지만, 직접 대위채권자 자신에게 이행하도록 청구할 수도 있는데, 채권자대위소송에서 제3채무자로 하여금 직접 대위채권자에게 금전의 지급을 명하는 판결이 확정되더라도, 대위의 목적인 권리, 즉 채무자의 제3채무자에 대한 피대위채권이 판결의 집행채권으로서 존재하는 것이고 대위채권자는 채무자를 대위하여 피대위채권에 대한 변제를 수령하게 될 뿐 자신의 채권에 대한 변제로서 수령하게 되는 것이 아니므로, 피대위채권이 변제 등으로 소멸하기 전이라면 채무자의 다른 채권자는 이에 대하여 압류 또는 가압류, 처분금지가처분을 할 수 있다(대법원 2016. 9. 28. 2016다205915).

ㅁ. (○) 어느 채권자가 채권자대위권을 행사하는 방법으로 제3채무자를 상대로 소송을 제기하여 판결을 받은 경우, 어떠한 사유로든 채무자가 채권자대위소송이 제기된 사실을 알았을 경우에 한하여 그 판결의 효력이 채무자에게 미치므로, 이러한 경우에는 그 후 다른 채권자가 동일한 소송물에 대하여 채권자대위권에 기한 소를 제기하면 전소의 기판력을 받게 된다고 할 것이지만, 채무자가 전소인 채권자대위소송이 제기된 사실을 알지 못하였을 경우에는 전소의 기판력이 다른 채권자가 제기한 후소인 채권자대위소송에 미치지 않는다(대법원 1994. 8. 12. 93다52808).

정답 ②

문 18

채권자대위권에 관한 다음 설명 중 옳은 것을 모두 고른 것은? [2022년 9번]

> ㄱ. 토지 소유권에 근거하여 그 토지상 건물의 임차인들을 상대로 건물에서의 퇴거를 청구할 수 있었더라도, 퇴거청구와 건물 임대인을 대위하여 임차인들에게 임대차계약의 해지를 통고하고 건물의 인도를 구하는 청구는 그 요건과 효과를 달리하는 것이므로 별개로 청구가 가능하고, 위와 같이 퇴거청구를 할 수 있었다는 사정이 채권자대위권의 행사요건인 보전의 필요성을 부정할 사유가 될 수 없다.
>
> ㄴ. 채권자가 채무자를 상대로 소유권이전등기절차이행의 소를 제기하여 패소의 확정판결을 받게 되면 채권자는 채무자의 제3자에 대한 권리를 행사하는 채권자대위소송에서 그 확정판결의 기판력으로 말미암아 더 이상 채무자에 대하여 동일한 청구원인으로 소유권이전등기 청구를 할 수 없으므로 그러한 권리를 보전하기 위한 채권자대위소송은 그 요건을 갖추지 못하여 부적법하다.
>
> ㄷ. 채무자 소유의 부동산을 시효취득한 채권자의 공동상속인이 채무자에 대한 소유권이전등기 청구권을 피보전채권으로 하여 제3채무자를 상대로 채무자의 제3채무자에 대한 소유권이전

등기의 말소등기청구권을 대위행사하는 경우, 공동상속인은 자신의 지분 범위 내에서만 채무자의 제3채무자에 대한 소유권이전등기의 말소등기청구권을 대위행사할 수 있고, 지분을 초과하는 부분에 관하여는 채무자를 대위할 보전의 필요성이 없다.

ㄹ. 채권자는 자기의 채권을 보전하기 위하여, 일신에 전속한 권리가 아닌 한 채무자의 권리를 행사할 수 있다(민법 제404조 제1항). 공유물분할청구권은 공유관계에서 수반되는 형성권으로서 공유자의 일반재산을 구성하는 재산권의 일종이다. 공유물분할청구권의 행사가 오로지 공유자의 자유로운 의사에 맡겨져 있어 공유자 본인만 행사할 수 있는 권리라고 볼 수는 없다. 따라서 공유물분할청구권도 채권자대위권의 목적이 될 수 있다.

ㅁ. 채권자가 채권자대위소송을 제기한 경우, 제3채무자는 채무자가 채권자에 대하여 가지는 항변권이나 형성권 등과 같이 권리자에 의한 행사를 필요로 하는 사유를 들어 채권자의 채무자에 대한 권리가 인정되는지 여부를 다툴 수 없지만, 채권자의 채무자에 대한 권리의 발생원인이 된 법률행위가 무효라거나 위 권리가 변제 등으로 소멸하였다는 등의 사실을 주장하여 채권자의 채무자에 대한 권리가 인정되는지 여부를 다투는 것은 가능하다.

① ㄱ, ㄴ, ㄷ, ㄹ
② ㄱ, ㄴ, ㄹ, ㅁ
③ ㄷ, ㄹ, ㅁ
④ ㄴ, ㄷ, ㄹ, ㅁ
⑤ ㄱ, ㄴ, ㄷ, ㄹ, ㅁ

MGI Point 채권자대위권 ★★

- 토지 소유권에 근거하여 건물의 임차인들을 상대로 건물에서의 퇴거를 청구할 수 있더라도 임대인을 대위하여 임대차계약을 해지하고 건물의 인도를 구할 수 있음(채권 보전의 필요성 인정)
- 채권자가 채무자를 상대로 소유권이전등기절차이행의 소를 제기하여 패소의 확정판결은 받은 경우 ⇨ ㄱ 소유권이전등기청구권은 보선의 필요성 ×
- 공동상속인이 소유권이전등기의 말소등기청구권을 대위행사하는 경우 ⇨ 자신의 지분 범위 내에서만 행사 가
- 공유물분할청구권 ⇨ 채권자대위권의 목적이 될 수 있음
- 채권자대위소송에서 제3채무자 ⇨ 채무자의 항변권·형성권 행사 不可 but 피보전채권을 발생시키는 법률행위가 무효라거나 위 권리가 변제 등으로 소멸하였다는 등의 사실을 주장하면서 다투는 것은 可

ㄱ. (○) 토지 소유권에 근거하여 그 토지상 건물의 임차인들을 상대로 건물에서의 퇴거를 청구할 수 있었더라도 퇴거청구와 건물의 임대인을 대위하여 임차인들에게 임대차계약의 해지를 통고하고 건물의 인도를 구하는 청구는 그 요건과 효과를 달리하는 것이므로, 위와 같은 퇴거청구를 할 수 있었다는 사정이 채권자대위권의 행사요건인 채권보전의 필요성을 부정할 사유가 될 수 없다(대판 2007.05.10. 2006다82700).

ㄴ. (○) 채권자가 채무자를 상대로 소유권이전등기절차이행의 소를 제기하여 패소의 확정판결을 받게 되면 채권자는 채무자의 제3자에 대한 권리를 행사하는 채권자대위소송에서 그 확정판결의 기판력으로 말미암아 더 이상 채무자에 대하여 동일한 청구원인으로 소유권이전등기청구를 할 수 없으므로 그러한 권리를 보전하기 위한 채권자대위소송은 그 요건을 갖추지 못하여 부적법하다(대판 2003.05.13. 2002다64148).

ㄷ. (○) 채무자 소유의 부동산을 시효취득한 채권자의 공동상속인이 채무자에 대한 소유권이전등기청구권을 피보전채권으로 하여 제3채무자를 상대로 채무자의 제3채무자에 대한 소유권이전등기의 말소등기청구권을

대위행사하는 경우, 공동상속인은 자신의 지분 범위 내에서만 채무자의 제3채무자에 대한 소유권이전등기의 말소등기청구권을 대위행사할 수 있고, 지분을 초과하는 부분에 관하여는 채무자를 대위할 보전의 필요성이 없다(대판 2014.10.27. 2013다25217).

ㄹ. (○) 채권자는 자기의 채권을 보전하기 위하여, 일신에 전속한 권리가 아닌 한 채무자의 권리를 행사할 수 있다(민법 제404조 제1항). 공유물분할청구권은 공유관계에서 수반되는 형성권으로서 공유자의 일반재산을 구성하는 재산권의 일종이다. 공유물분할청구권의 행사가 오로지 공유자의 자유로운 의사에 맡겨져 있어 공유자 본인만 행사할 수 있는 권리라고 볼 수는 없다. 따라서 공유물분할청구권도 채권자대위권의 목적이 될 수 있다(대판 2020.05.21. 2018다879(전합)).

ㅁ. (○) 채권자가 채권자대위소송을 제기한 경우, 제3채무자는 채무자가 채권자에 대하여 가지는 항변권이나 형성권 등과 같이 권리자에 의한 행사를 필요로 하는 사유를 들어 채권자의 채무자에 대한 권리가 인정되는지 여부를 다툴 수 없지만, 채권자의 채무자에 대한 권리의 발생원인이 된 법률행위가 무효거나 위 권리가 변제 등으로 소멸하였다는 등의 사실을 주장하여 채권자의 채무자에 대한 권리가 인정되는지 여부를 다투는 것은 가능하고, 이 경우 법원은 제3채무자의 주장을 고려하여 채권자의 채무자에 대한 권리가 인정되는지 여부에 관하여 직권으로 심리·판단하여야 한다(대판 2015.09.10. 2013다55300).

정답 ⑤

문 19

민법 제404조 채권자대위권에 관한 다음 설명 중 가장 옳지 않은 것은? [2020년 30번]

① 甲 종중이 종원인 乙에게 부동산을 적법하게 명의신탁하였는데 乙과 丙이 공모하여 부동산을 매매한 사실이 없음에도 丙 명의로 허위의 소유권이전등기를 마친 경우 甲 종중은 명의신탁계약을 해지하지 않고도 乙을 대위하여 丙을 상대로 소유권이전등기의 말소를 구할 수 있다.
② 채권자대위권에서 보전되는 채권은 보전의 필요성이 인정되고 이행기가 도래한 것이면 족하고, 그 채권의 발생원인이 어떠하든 대위권을 행사함에는 아무런 방해가 되지 아니하나 적어도 채무자에 대한 채권이 제3채무자에게 대항할 수 있는 것이어야 한다.
③ 甲은 자기의 토지 위에 있는 乙 소유의 건물에 대한 건물철거청구권을 보전하기 위해 그 건물의 임대인인 乙을 대위하여 乙로부터 건물을 임차한 丙을 상대로 임대차계약해지권 및 건물인도청구권을 행사할 수 있다.
④ 채권자가 자신의 금전채권을 보전할 목적으로 채무자의 제3자에 대한 권리를 대위행사하기 위하여는 특별한 사정이 없는 한 채무자의 변제자력이 없어야 하고 채무자의 무자력에 대한 증명책임은 채권자에게 있다.
⑤ 甲의 채권자 乙이 甲을 대위하여 丙을 상대로 부당이득금의 반환을 구하는 소를 제기하여 '丙은 乙에게 1억원을 지급하라.'는 확정판결을 받았더라도 위 부당이득반환채권이 변제 등으로 소멸하기 전이라면 甲의 다른 채권자 丁은 위 채권을 압류할 수 있다.

| MGI Point | **채권자대위권** | ★★

- 종중원에게 명의신탁된 종중소유 부동산에 관하여 제3자 명의로 원인무효의 소유권이전등기 경료된 경우 ⇨ 종중이 수탁자의 소유권이전등기 말소등기절차이행 청구권을 대위행사 可
- 채권자대위권에서의 피보전채권의 요건
  - 보전의 필요성 要 ⇨ 토지소유자의 건물의 임대인을 대위하여 임차인들에게 임대차계약의 해지를 통고하고 건물의 인도를 구하는 청구하는 경우 보전의 필요성 인정
  - 이행기 도래할 것 要
  - 채무자에 대한 채권이 제3채무자에게까지 대항할 수 있는 것임을 요하지 않음.
- 금전채권을 보전할 목적으로 채무자의 제3자에 대한 권리를 대위행사 ⇨ 채무자의 무자력 要 (증명책임 : 채권자)
- 채권자대위소송에서 제3채무자로 하여금 직접 대위채권자에게 금전의 지급을 명하는 판결이 확정된 경우 ⇨ 피대위채권이 변제 등으로 소멸하기 전에 채무자의 다른 채권자가 이를 압류·가압류 可

① (○) 종중원에게 명의신탁된 종중소유 부동산에 관하여 제3자 명의로 원인무효의 소유권이전등기가 경유된 경우에는 종중은 수탁자가 가지고 있는 소유권이전등기 말소등기절차이행 청구권을 대위행사 할 수 있다(대판 1965.11.23. 65다1669). ▶ 원고 종중이 원판시와 같은 이유로 본건 임야에 대한 소유권을 신탁계약 당사자 이외의 제3자에게 대항할 수 없다하여도 원고 종중은 본건 임야에 관한 원판시 신탁계약에 의한 신탁자로서 수탁자에 대하여 신탁계약상의 채권이 있음은 분명하다 할 것이며 수탁자가 본건 임야에 관하여 가지고 있는 원판시 원인무효로 인한 소유권이전등기 말소등기절차이행청구권을 대위 행사할 수 있다 할 것이니 원심이 원고 종중은 원판시 신탁계약을 해제하지 아니하고서는 원판시 신탁계약의 수탁자를 대위하여 피고등에게 각 등기말소를 구할 수 없다고 판단한 것은 채권자 대위권에 관한 법리를 오해한 위법이 있다 할 것이요 이는 원판결 결과에 영향이 있다.

② (X) 민법 제404조에서 규정하고 있는 채권자대위권은 채권자가 채무자에 대한 자기의 채권을 보전하기 위하여 필요한 경우에 채무자의 제3자에 대한 권리를 대위행사할 수 있는 권리를 말하는 것으로서, 이 때 보전되는 채권은 보전의 필요성이 인정되고 이행기가 도래한 것이면 족하고, 그 채권의 발생원인이 어떠하든 대위권을 행사함에는 아무런 방해가 되지 아니하며, 또한 채무자에 대한 채권이 제3채무자에게까지 대항할 수 있는 것임을 요하는 것도 아니라고 할 것이므로, 채권자대위권을 재판상 행사하는 경우에 있어서도 채권자인 원고는 그 채권의 존재사실 및 보전의 필요성, 기한의 도래 등을 입증하면 족한 것이지, 채권의 발생원인 사실 또는 그 채권이 제3채무자인 피고에게 대항할 수 있는 채권이라는 사실까지 입증할 필요는 없으며, 따라서 채권자가 채무자를 상대로 하여 그 보전되는 청구권에 기한 이행청구의 소를 제기하여 승소판결이 확정되면 제3채무자는 그 청구권의 존재를 다툴 수 없다 할 것이다(대판 2000.06.09. 98다18155).

③ (○) 채권자는 채무자에 대한 채권을 보전하기 위하여 채무자를 대위해서 채무자의 권리를 행사할 수 있는 바, 채권자가 보전하려는 권리와 대위하여 행사하려는 채무자의 권리가 밀접하게 관련되어 있고 채권자가 채무자의 권리를 대위하여 행사하지 않으면 자기 채권의 완전한 만족을 얻을 수 없게 될 위험이 있어 채무자의 권리를 대위하여 행사하는 것이 자기 채권의 현실적 이행을 유효·적절하게 확보하기 위하여 필요한 경우에는 채권자대위권의 행사가 채무자의 자유로운 재산관리행위에 대한 부당한 간섭이 된다는 등의 특별한 사정이 없는 한 채권자는 채무자의 권리를 대위하여 행사할 수 있어야 하고, 피보전채권이 특정채권이라 하여 반드시 순차매도 또는 임대차에 있어 소유권이전등기청구권이나 인도청구권 등의 보전을 위한 경우에만 한하여 채권자대위권이 인정되는 것은 아니며, 물권적 청구권에 대하여도 채권자대위권에 관한 민법 제404조의 규정과 위와 같은 법리가 적용될 수 있다(대판 2007.05.10. 2006다82700). ▶ 토지 소유권에 근거하여 그 토지 상 건물의 임차인들을 상대로 건물에서의 퇴거를 청구할 수 있었더라도 퇴거청구와 건물의 임대인을 대위하여 임차인들에게 임대차계약의 해지를 통고하고 건물의 인도를 구하는 청구는 그 요건과 효과를 달리하는 것이므로, 위와 같은 퇴거청구를 할 수 있었다는 사정이 채권자대위권의 행사요건인 채권보전의 필요성을 부정할 사유가 될 수 없다고 한 사례.

④ (○) 민법 제404조 제1항에서 「…자기의 채권을 보전하기 위하여…」라 함은 그 채권이 금전 채권이거나 당해의 경우 손해배상 채권으로 귀착될 수밖에 없는 것인 때에는 채무자가 무자력하여 그 일반재산이 감소되는 것을 방지할 필요가 있는 경우를 말하는 것인바 함평군이 공법인으로 그 예산에 본건 손해배상의 재원이 계상되어 있지 않다는 사실만 가지고 그가 무자력하다 할 수 없어 위 채권자 대위권행사의 요건을 가춘

것이라고 할 수 없고 또 대위권행사의 요건의 존재사실을 채권자가 주장 입증하여야 하는 것이다(대판 1963.04.25. 63다122).
⑤ (○) 채권자가 자기의 금전채권을 보전하기 위하여 채무자의 금전채권을 대위행사하는 경우 제3채무자로 하여금 채무자에게 지급의무를 이행하도록 청구할 수도 있지만, 직접 대위채권자 자신에게 이행하도록 청구할 수도 있다. 그런데 채권자대위소송에서 제3채무자로 하여금 직접 대위채권자에게 금전의 지급을 명하는 판결이 확정되더라도, 대위의 목적인 권리, 즉 채무자의 제3채무자에 대한 피대위채권이 판결의 집행채권으로서 존재하고 대위채권자는 채무자를 대위하여 피대위채권에 대한 변제를 수령하게 될 뿐 자신의 채권에 대한 변제로서 수령하게 되는 것이 아니므로, 피대위채권이 변제 등으로 소멸하기 전이라면 채무자의 다른 채권자는 이를 압류·가압류할 수 있다(대판 2016.08.29. 2015다236547).

정답 ②

문 20

채권자대위권에 관한 다음 설명 중 가장 옳지 않은 것은? [2018년 21번]

① 甲은 乙에게 1억 원의 대여금 채권을 가지고 있고, 乙은 丙에게 1억 원의 매매대금 채권을 가지고 있다. 甲이 乙에 대한 채권을 보전하기 위하여 乙을 대위하여 丙에 대하여 매매대금을 청구하는 소를 제기하기 이전에 乙이 丙을 상대로 1억 원의 매매대금의 지급을 구하는 소를 제기하였고 패소확정판결을 받은 경우, 甲은 乙을 대위하여 권리를 행사할 수 없다.
② 甲은 乙에게 1억 원의 대여금 채권을 가지고 있고, 乙은 丙에게 1억 원의 매매대금 채권을 가지고 있다. 甲이 乙에 대한 채권을 보전하기 위하여 乙을 대위하여 丙에 대하여 매매대금을 청구하는 소를 제기하고 이러한 사실을 乙에게 통지한 경우, 甲의 채권자대위소송 판결의 효력은 乙에게 미친다.
③ 임차인 甲이 임대인 乙에 대한 임대차보증금반환채권을 丙에게 양도하고 乙에게 이를 통지하였다. 임대차 종료시 甲이 乙에게 임대차목적물의 반환을 거부하고 있어 乙이 丙에게 보증금의 지급을 거부하고 있는 경우, 丙은 乙을 대위하여 甲에게 임대차목적물의 반환을 청구할 수 있고, 이 때 乙의 무자력은 요구되지 않는다.
④ 甲이 자신의 X토지를 乙에게 매도하고, 乙은 X토지를 丙에게 매도하였으나, 아직 X토지의 등기명의는 甲으로 되어 있다. 丙이 乙을 대위하여 甲에 대하여 소유권이전등기를 청구하는 소를 제기하였고, 乙은 丙의 채권자대위권행사를 통지받았다. 그 이후 乙이 자신의 채무를 이행하지 않자 이를 이유로 甲이 乙과의 매매계약을 해제한 경우, 甲은 그 계약해제를 이유로 丙에게 대항할 수 없다.
⑤ 甲이 자신의 X토지를 乙에게 매도하고, 乙은 X토지를 공동으로 매수하려는 丙, 丁, 戊에게 매도하였으나, 아직 X토지의 등기명의는 甲으로 되어 있다. 丙이 乙을 대위하여 甲에 대하여 소유권이전등기를 청구하는 소를 제기한 경우, 丙은 자기의 매수지분 범위 내에서만 乙의 甲에 대한 소유권이전등기청구권을 대위행사할 수 있다.

해설 ★★★

① (○) 채권자대위권은 채무자가 제3채무자에 대한 권리를 행사하지 아니하는 경우에 한하여 채권자가 자기의 채권을 보전하기 위하여 행사할 수 있는 것이기 때문에, 채권자가 대위권을 행사할 당시 이미 채무자가 그 권리를 재판상 행사하였을 때에는 설사 패소의 확정판결을 받았더라도 채권자는 채무자를 대위하여 채무자의 권리를 행사할 당사자적격이 없다(대판 1993.03.26. 92다32876).

② (○) 채권자가 채권자대위권을 행사하는 방법으로 제3채무자를 상대로 소송을 제기하고 판결을 받은 경우에는 채권자가 채무자에 대하여 민법 405조 1항에 의한 보존행위 이외의 권리행사의 통지, 또는 민사소송법 제77조(현행 제84조)에 의한 소송고지 혹은 비송사건절차법 84조 1항에 의한 법원에 의한 재판상 대위의 허가를 고지하는 방법 등을 위시하여 어떠한 사유로 인하였던 적어도 채권자대위권에 의한 소송이 제기된 사실을 채무자가 알았을 경우에는 그 판결의 효력은 채무자에게 미친다고 보는 것이 상당하다 할 것이다(대판 1975.05.13. 74다1664).

③ (○) 채권자가 자기채권을 보전하기 위하여 채무자의 권리를 행사하려면 채무자의 무자력을 요건으로 하는 것이 통상이지만, 임대차보증금반환채권을 양수한 채권자가 그 이행을 청구하기 위하여 임차인의 가옥명도가 선이행 되어야 할 필요가 있어서 그 명도를 구하는 경우에는 그 채권의 보전과 채무자인 임대인의 자력 유무는 관계가 없는 일이므로 무자력을 요건으로 한다고 할 수 없다(대판 1989.04.25. 88다카4253).

④ (X) 민법 제405조 제2항은 「채무자가 채권자대위권행사의 통지를 받은 후에는 그 권리를 처분하여도 이로써 채권자에게 대항하지 못한다」고 규정하고 있다. 위 조항의 취지는 채권자가 채무자에게 대위권 행사사실을 통지하거나 채무자가 채권자의 대위권 행사사실을 안 후에 채무자에게 대위의 목적인 권리의 양도나 포기 등 처분행위를 허용할 경우 채권자에 의한 대위권행사를 방해하는 것이 되므로 이를 금지하는 데에 있다. 그런데 채무자의 채무불이행 사실 자체만으로는 권리변동의 효력이 발생하지 않아 이를 채무자가 제3채무자에 대하여 가지는 채권을 소멸시키는 적극적인 행위로 파악할 수 없는 점, 더구나 법정해제는 채무자의 객관적 채무불이행에 대한 제3채무자의 정당한 법적 대응인 점, 채권이 압류·가압류된 경우에도 압류 또는 가압류된 채권의 발생원인이 된 기본계약의 해제가 인정되는 것과 균형을 이룰 필요가 있는 점 등을 고려할 때, 채무자가 자신의 채무불이행을 이유로 매매계약이 해제되도록 한 것을 두고 민법 제405조 제2항에서 말하는 '처분'에 해당한다고 할 수 없다. 따라서 채무자가 채권자대위권 행사의 통지를 받은 후에 채무를 불이행함으로써 통지 전에 체결된 약정에 따라 매매계약이 자동적으로 해제되거나, 채권자대위권행사의 통지를 받은 후에 채무자의 채무불이행을 이유로 제3채무자가 매매계약을 해제한 경우 제3채무자는 계약해제로써 대위권을 행사하는 채권자에게 대항할 수 있다. 다만 형식적으로는 채무자의 채무불이행을 이유로 한 계약해제인 것처럼 보이지만 실질적으로는 채무자와 제3채무자 사이의 합의에 따라 계약을 해제한 것으로 볼 수 있거나, 채무자와 제3채무자가 단지 대위채권자에게 대항할 수 있도록 채무자의 채무불이행을 이유로 하는 계약해제인 것처럼 외관을 갖춘 것이라는 등의 특별한 사정이 있는 경우에는 채무자가 피대위채권을 처분한 것으로 보아 제3채무자는 계약해제로써 대위권을 행사하는 채권자에게 대항할 수 없다(대판 2012.05.17. 2011다87235).

⑤ (○) 부동산을 공동매수한 채권자가 채무자에 대한 소유권이전등기청구권을 피보전채권으로 하여 제3채무자를 상대로 채무자의 제3채무자에 대한 소유권이전등기청구권을 대위행사 하는 경우, 위 채권자는 공동매수인 중 1인에 불과하므로 그의 매수지분 범위 내에서만 채무자의 제3채무자에 대한 소유권이전등기청구권을 대위행사 할 수 있고, 그 지분을 초과하는 부분에 관하여는 채무자를 대위할 보전의 필요성이 없다 할 것이다(대판 2010.11.11. 2010다43597).

정답 ④

문 21

채권자대위권에 관한 다음 설명 중 가장 옳지 않은 것은?(다툼이 있는 경우 판례에 의함) [2017년 18번]

① 이혼으로 인한 재산분할청구권은 협의 또는 심판에 의하여 그 구체적 내용이 형성되기까지는 그 범위 및 내용이 불명확·불확정하기 때문에 구체적으로 권리가 발생하였다고 할 수 없으므로 이를 보전하기 위하여 채권자대위권을 행사할 수 없다.
② 채권자가 채권자대위권을 행사하는 방법으로 제3채무자를 상대로 소송을 제기하였다가 채무자를 대위할 피보전채권이 인정되지 않는다는 이유로 소각하 판결을 받아 확정된 경우 그 판결의 기판력이 채권자가 채무자를 상대로 피보전채권의 이행을 구하는 소송에 미치는 것은 아니다.
③ 피보전채권이 특정채권인 경우, 순차매도 또는 임대차에 있어 소유권이전등기청구권이나 인도청구권 등의 보전을 위한 경우에만 채권자대위권이 인정되는 것은 아니며, 물권적 청구권에 대하여도 인정된다.
④ 형성권의 경우 행사상의 일신전속권이 아니라면 채권자대위권의 대상이 될 수 있다.
⑤ 임대인의 동의 없는 임차권의 양도는 당사자 사이에서는 유효하다 하더라도 다른 특약이 없는 한 임대인에게는 대항할 수 없는 것이나, 임대인에 대항할 수 없는 임차권의 양수인도 임차목적물을 보전하기 위하여 권한 없이 점유하는 자를 상대로 임대인의 목적물반환청구권을 대위행사 할 수 있다.

해설 ★★★

① (○) 이혼으로 인한 재산분할청구권은 협의 또는 심판에 의하여 그 구체적 내용이 형성되기까지는 그 범위 및 내용이 불명확·불확정하기 때문에 구체적으로 권리가 발생하였다고 할 수 없으므로 이를 보전하기 위하여 채권자대위권을 행사할 수 없다(대판 1999.04.09. 98다58016).

② (○) 민사소송법 제218조 제3항은 '다른 사람을 위하여 원고나 피고가 된 사람에 대한 확정판결은 그 다른 사람에 대하여도 효력이 미친다.'고 규정하고 있으므로, 채권자가 채권자대위권을 행사하는 방법으로 제3채무자를 상대로 소송을 제기하고 판결을 받은 경우 채권자가 채무자에 대하여 민법 제405조 제1항에 의한 보존행위 이외의 권리행사의 통지, 또는 민사소송법 제84조에 의한 소송고지 혹은 비송사건절차법 제49조 제1항에 의한 법원에 의한 재판상 대위의 허가를 고지하는 방법 등 어떠한 사유로 인하였든 적어도 채권자대위권에 의한 소송이 제기된 사실을 채무자가 알았을 때에는 그 판결의 효력이 채무자에게 미친다고 보아야 한다. 이때 채무자에게도 기판력이 미친다는 의미는 채권자대위소송의 소송물인 피대위채권의 존부에 관하여 채무자에게도 기판력이 인정된다는 것이고, 채권자대위소송의 소송요건인 피보전채권의 존부에 관하여 당해 소송의 당사자가 아닌 채무자에게 기판력이 인정된다는 것은 아니다. 따라서 채권자가 채권자대위권을 행사하는 방법으로 제3채무자를 상대로 소송을 제기하였다가 채무자를 대위할 피보전채권이 인정되지 않는다는 이유로 소각하 판결을 받아 확정된 경우 그 판결의 기판력이 채권자가 채무자를 상대로 피보전채권의 이행을 구하는 소송에 미치는 것은 아니다(대판 2014.01.23. 2011다108095).

③ (○) 채권자는 채무자에 대한 채권을 보전하기 위하여 채무자를 대위해서 채무자의 권리를 행사할 수 있는 바, 채권자가 보전하려는 권리와 대위하여 행사하려는 채무자의 권리가 밀접하게 관련되어 있고 채권자가 채무자의 권리를 대위하여 행사하지 않으면 자기 채권의 완전한 만족을 얻을 수 없게 될 위험이 있어 채무자의 권리를 대위하여 행사하는 것이 자기 채권의 현실적 이행을 유효·적절하게 확보하기 위하여 필요한 경우에는 채권자대위권의 행사가 채무자의 자유로운 재산관리행위에 대한 부당한 간섭이 된다는 등의 특별한 사정이 없는 한 채권자는 채무자의 권리를 대위하여 행사할 수 있어야 하고, 피보전채권이 특정채권이라 하여

반드시 순차매도 또는 임대차에 있어 소유권이전등기청구권이나 인도청구권 등의 보전을 위한 경우에만 한하여 채권자대위권이 인정되는 것은 아니며, 물권적 청구권에 대하여도 채권자대위권에 관한 민법 제404조의 규정과 위와 같은 법리가 적용될 수 있다(대판 2007.05.10. 2006다82700).

④ (○) 행사상의 일신전속권과 압류금지채권을 제외한 권리, 즉 채무자의 일반재산을 구성하는 재산권은 대위의 목적이 된다. 따라서 청구권, 형성권, 환매권 등은 물론 채권자대위권과 채권자취소권도 대위의 목적일 수 있다. 토지거래허가구역 내의 토지매매에서 신청절차협력의무의 이행청구권이나 민법상 조합의 조합탈퇴권도 마찬가지이다(지원림, 민법강의 제17판, p.1154).

> **판례** 조합원이 조합을 탈퇴할 권리는 그 성질상 조합계약의 해지권으로서 그의 일반재산을 구성하는 재산권의 일종이라 할 것이고 채권자대위가 허용되지 않는 일신전속적 권리라고는 할 수 없다. 따라서 채무자의 재산인 조합원 지분을 압류한 채권자는, 당해 채무자가 속한 조합에 존속기간이 정하여져 있다거나 기타 채무자 본인의 조합탈퇴가 허용되지 아니하는 것과 같은 특별한 사유가 있지 않은 한, 채권자대위권에 의하여 채무자의 조합 탈퇴의 의사표시를 대위행사할 수 있다 할 것이고, 일반적으로 조합원이 조합을 탈퇴하면 조합목적의 수행에 지장을 초래할 것이라는 사정만으로는 이를 불허할 사유가 되지 아니한다(대결 2007.11.30. 2005마1130).
>
> **판례** 임대인의 임대차계약 해지권은 오로지 임대인의 의사에 행사의 자유가 맡겨져 있는 행사상의 일신전속권에 해당하는 것으로 볼 수 없다(대판 2007.05.10. 2006다82700).
>
> **판례** 채권자취소권도 채권자가 채무자를 대위하여 행사하는 것이 가능하다(대판 2001.12.27. 2000다73049).

⑤ (X) 임대인의 동의 없는 임차권의 양도는 당사자 사이에서는 유효하다 하더라도 다른 특약이 없는 한 임대인에게는 대항할 수 없는 것이고 임대인에 대항할 수 없는 임차권의 양수인으로서는 임대인의 권한을 대위행사할 수 없다(대판 1985.02.08. 84다카188).

정답 ⑤

문 22

채권자대위권에 관한 다음 설명 중 가장 옳은 것은?(다툼이 있는 경우 판례에 의함) [2016년 4번]

① 채권자가 채무자를 상대로 하여 그 보전되는 청구권에 기한 이행청구의 소를 제기하여 승소판결이 확정되더라도 제3채무자는 그 청구권의 존재를 다툴 수 있다.
② 미등기 토지에 대한 시효취득자는 성명불상자인 채무자(소유자)를 대위하여 제3자 명의의 소유권보존등기가 원인무효라는 이유로 등기 말소를 구할 수 없다.
③ 채권자가 채무자를 대위하여 제3채무자의 부동산에 대한 처분금지가처분결정을 받은 경우, 채무자가 그러한 채권자대위권 행사 사실을 알게 된 후에 채무자와 제3채무자가 매매계약을 합의해제함으로써 채권자에게 대항할 수 있다.
④ 채권자가 채무자의 채권자취소권을 대위행사하는 경우, 제소기간은 채권자취소권을 대위행사하는 채권자를 기준으로 그 준수 여부를 가려야 한다.
⑤ 채무자 乙에 대한 채권자 甲의 채권이 소멸시효가 완성되었음에도 불구하고 甲이 제3채무자 丙을 상대로 채권자대위권을 행사한 경우 丙은 피보전채권에 관한 소멸시효 완성의 항변으로 대항할 수 없다.

:: 해설   ★★★

① (X) 채권자대위권을 행사함에 있어 채권자가 채무자를 상대로 그 보전되는 청구권에 기한 이행청구의 소를 제기하여 승소판결을 선고받고 그 판결이 확정되면 제3채무자는 그 청구권의 존재를 다툴 수 없다(대판 2007.05.10. 2006다82700).

② (X) 채권자대위권 행사의 요건인 '채무자가 스스로 그 권리를 행사하지 않을 것'이라 함은 채무자의 제3채무자에 대한 권리가 존재하고 채무자가 그 권리를 행사할 수 있는 상태에 있으나 스스로 그 권리를 행사하고 있지 아니하는 것을 의미하고, 여기서 권리를 행사할 수 있는 상태에 있다는 뜻은 권리 행사를 할 수 없게 하는 법률적 장애가 없어야 한다는 뜻이며 채무자 자신에 관한 현실적인 장애까지 없어야 한다는 뜻은 아니고 채무자가 그 권리를 행사하지 않는 이유를 묻지 아니하므로 미등기 토지에 대한 시효취득자가 제3자 명의의 소유권보존등기가 원인무효라 하여 그 등기의 말소를 구하는 경우에 있어 채무자인 진정한 소유자가 성명불상자라 하여도 그가 위 등기의 말소를 구하는 데 어떤 법률적 장애가 있다고 할 수는 없어 그 채권자대위권 행사에 어떤 법률적 장애가 될 수 없다(대판 1992.02.25. 91다9312).

③ (X) 채권자대위권의 행사에 있어서 채무자가 채권자대위권을 행사한 점을 알게 된 이후에는 채무자가 그 권리를 처분하여도 이로써 채권자에게 대항할 수 없으므로, 채권자가 채무자를 대위하여 제3채무자의 부동산에 대한 처분금지가처분을 신청하여 처분금지가처분 결정을 받은 경우, 이는 그 부동산에 관한 소유권이전등기청구권을 보전하기 위한 것이므로 피보전권리인 소유권이전등기청구권을 행사한 것과 같이 볼 수 있어, 채무자가 그러한 채권자대위권의 행사 사실을 알게 된 이후에 그 부동산에 대한 매매계약을 합의해제함으로써 채권자대위권의 객체인 그 부동산의 소유권이전등기청구권을 소멸시켰다 하더라도 이로써 채권자에게 대항할 수 없다(대판 1996.04.12. 95다54167).

④ (X) 민법 제404조 소정의 채권자대위권은 채권자가 자신의 채권을 보전하기 위하여 채무자의 권리를 자신의 이름으로 행사할 수 있는 권리라 할 것이므로, 채권자가 채무자의 채권자취소권을 대위행사하는 경우, 제소기간은 대위의 목적으로 되는 권리의 채권자인 채무자를 기준으로 하여 그 준수 여부를 가려야 할 것이고, 따라서 채권자취소권을 대위행사하는 채권자가 취소원인을 안 지 1년이 지났다 하더라도 채무자가 취소원인을 안 날로부터 1년, 법률행위가 있은 날로부터 5년 내라면 채권자취소의 소를 제기할 수 있다(대판 2001.12.27. 2000다73049).

⑤ (○) 채권자가 채권자대위권을 행사하여 제3자에 대하여 하는 청구에 있어서, 제3채무자는 채무자가 채권자에 대하여 가지는 항변으로 대항할 수 없고, 채권의 소멸시효가 완성된 경우 이를 원용할 수 있는 자는 원칙적으로는 시효이익을 직접 받는 자뿐이고, 채권자대위소송의 제3채무자는 이를 행사할 수 없다고 할 것이나, 채권자가 채무자에 대한 채권을 보전하기 위하여 제3채무자를 상대로 채무자의 제3채무자에 대한 채권에 기한 이행청구의 소를 제기하는 한편, 채무자를 상대로 피보전채권에 기한 이행청구의 소를 제기한 경우, 채무자가 그 소송절차에서 소멸시효를 원용하는 항변을 하였고, 그러한 사유가 현출된 채권자대위소송에서 심리를 한 결과, 실제로 피보전채권의 소멸시효가 적법하게 완성된 것으로 판단되면, 채권자는 더 이상 채무자를 대위할 권한이 없게 된다고 할 것이다(대판 2008.01.31. 2007다64471).

정답 ⑤

제❷절 ┃ 채권자취소권

문 17
채권자취소권에 관한 다음 설명 중 옳지 않은 것은 모두 몇 개인가? [2023년 32번]

> ㄱ. 연대보증인의 법률행위가 사해행위에 해당하는지 여부를 판단함에 있어서, 주채무에 관하여 주채무자 또는 제3자 소유의 부동산에 대하여 채권자 앞으로 근저당권이 설정되어 있는 등으로 채권자에게 우선변제권이 확보되어 있는 경우가 아닌 이상, 주채무자의 일반적인 자력은 고려할 요소가 아니다.
> ㄴ. 채무자 甲이 채권자 乙의 요구에 따라 채권자 乙에 대한 기존채무의 변제를 위하여 소비대차계약을 체결하고 강제집행을 승낙하는 취지가 기재된 공정증서를 작성하여 주어 전체적으로 채무자 甲의 책임재산이 감소하지 않는 경우에는, 그와 같은 행위로 인해 채무자 甲의 책임재산을 특정 채권자 乙에게 실질적으로 양도한 것과 다를 바 없는 것으로 볼 수 있는 특별한 사정이 있는 경우에 해당하지 아니하는 한, 다른 채권자를 해하는 사해행위가 된다고 볼 수 없다.
> ㄷ. 채무자가 강제집행을 회피할 목적으로 자기의 사실상 유일한 재산을 제3자에게 무상으로 양도한 행위는 다른 파산채권자들과의 관계에서 사해행위가 되지만, 그 제3자가 양수채권을 추심하여 그 돈을 채무자에게 주었다면 그 금액 상당은 원상회복이나 가액반환의 범위에서 공제되어야 한다.
> ㄹ. 채권자가 사해행위 취소로써 전득자를 상대로 채무자와 수익자 사이의 법률행위의 취소를 구함에 있어서 채무자와 수익자 사이의 법률행위 뿐만 아니라 수익자와 전득자 사이의 전득행위 또한 채권자를 해하는 행위로서 사해행위의 요건을 갖추어야 한다.
> ㅁ. 동일인의 소유인 토지와 건물의 처분행위를 채권자취소권에 의하여 취소하는 경우 그 중 대지의 가격이 채권자의 채권액보다 다액이라 하더라도 대지와 건물 중 일방만을 취소하게 되면 건물의 소유자와 대지의 소유자가 다르게 되어 가격과 효용을 현저히 감소시킬 것이므로 전부를 취소함이 정당하다.

① 1개 ② 2개 ③ 3개 ④ 4개 ⑤ 5개

MGI Point 채권자취소권 ★★

- 연대보증인의 법률행위가 사해행위에 해당하는지 여부를 판단할 때 ⇨ 채권자에게 우선변제권이 확보되어 있는 경우가 아닌 이상, 주채무자의 일반적인 자력은 고려할 요소×
- 채무자가 채권자에 대한 기존채무의 변제를 위하여 소비대차계약을 체결하고 강제집행을 승낙하는 취지가 기재된 공정증서를 작성한 경우 ⇨ 특별한 사정이 없는 한 다른 채권자를 해하는 사해행위×
- 채무자가 사해행위로 채권을 제3자에게 무상으로 양도한 후 그 추심금을 수령한 경우 ⇨ 원상회복이나 가액반환의 범위에서 공제×
- 전득자를 상대로 채무자와 수익자 사이의 법률행위의 취소를 청구하는 경우 ⇨ 전득행위는 사해행위의 요건 구비 不要
- 동일인의 소유인 토지와 건물의 처분행위를 채권자취소권에 의하여 취소하는 경우 ⇨ 토지와 건물의 처분행위 전부를 취소하여야

ㄱ. (○) 연대보증인의 법률행위가 사해행위에 해당하는지 여부를 판단함에 있어서 주채무에 관하여 주채무자 또는 제3자 소유의 부동산에 대하여 채권자 앞으로 근저당권이 설정되어 있는 등으로 채권자에게 우선변제권이 확보되어 있는 경우가 아닌 이상, 주채무자의 일반적인 자력은 고려할 요소가 아니다(대법원 2003. 7. 8. 2003다13246).

ㄴ. (○) 채권자가 채무의 변제를 요구하는 것은 그의 당연한 권리행사로서 다른 채권자가 존재한다는 이유로 이것이 방해받아서는 아니 되고, 채무자도 다른 채권자가 있다는 이유로 채무이행을 거절할 수는 없는 것이므로, 채무자가 채권자의 요구에 따라 채권자에 대한 기존채무의 변제를 위하여 소비대차계약을 체결하고 강제집행을 승낙하는 취지가 기재된 공정증서를 작성하여 주어 전체적으로 채무자의 책임재산이 감소하지 않는 경우에는, 그와 같은 행위로 인해 채무자의 책임재산을 특정 채권자에게 실질적으로 양도한 것과 다를 바 없는 것으로 볼 수 있는 특별한 사정이 있는 경우에 해당하지 아니하는 한, 다른 채권자를 해하는 사해행위가 된다고 볼 수 없다(대법원 2015. 10. 29. 2012다14975).

ㄷ. (X) 채무자가 강제집행을 회피할 목적으로 자기의 사실상 유일한 재산을 제3자에게 무상으로 양도한 행위는 다른 파산채권자들과의 관계에서 사해행위가 되고, 그 제3자가 양수채권을 추심하여 그 돈을 채무자에게 주었다고 하더라도 그 금액 상당을 원상회복이나 가액반환의 범위에서 공제할 것은 아니다(대법원 2013. 4. 11. 2012다211).

ㄹ. (X) 채권자가 사해행위의 취소로서 수익자를 상대로 채무자와의 법률행위의 취소를 구함과 아울러 전득자를 상대로도 전득행위의 취소를 구함에 있어서, 전득자의 악의는 전득행위 당시 그 행위가 채권자를 해한다는 사실, 즉 사해행위의 객관적 요건을 구비하였다는 것에 대한 인식을 의미하므로, 전득자의 악의를 판단함에 있어서는 단지 전득자가 전득행위 당시 채무자와 수익자 사이의 법률행위의 사해성을 인식하였는지 여부만이 문제가 될 뿐이지, 수익자와 전득자 사이의 전득행위가 다시 채권자를 해하는 행위로서 사해행위의 요건을 갖추어야 하는 것은 아니다(대법원 2006. 7. 4. 2004다61280).

ㅁ. (○) 동일인의 소유인 토지와 건물의 처분행위를 채권자취소권에 의하여 취소하는 경우 그중 대지의 가격이 채권자의 채권액보다 다액이라 하더라도 대지와 건물중 일방만을 취소하게 되면 건물의 소유자와 대지의 소유자가 다르게 되어 가격과 효용을 현저히 감소시킬 것이므로 전부를 취소함이 정당하다(대법원 1975. 2. 25. 74다2114).

정답 ②

문 23

채권자취소권에 관한 다음 설명 중 가장 옳지 않은 것은? [2022년 40번]

① 채권자가 채권자취소권을 행사할 때에는 원칙적으로 자신의 채권액을 초과하여 취소권을 행사할 수 없고, 이 때 채권자의 채권액에는 사해행위 이후 사실심 변론종결시까지 발생한 이자나 지연손해금이 포함된다.

② 사해행위를 전부 취소하고 원상회복을 구하는 채권자의 주장 속에는 사해행위를 일부 취소하고 가액의 배상을 구하는 취지도 포함되어 있으므로, 채권자가 원상회복만을 구하는 경우에도 법원은 가액의 배상을 명할 수 있다.

③ 근저당권이 설정되어 있는 부동산에 관하여 사해행위가 이루어진 후 근저당권이 말소되어 그 부동산의 가액에서 근저당권 피담보채무액을 공제한 나머지 금액의 한도에서 사해행위를 취소하고 가액의 배상을 명하는 경우 그 가액의 산정은 사실심 변론종결시를 기준으로 하여야 한다.

④ 사해행위로 부동산 소유권이 이전된 후 그 부동산에 관하여 제3자가 저당권이나 지상권 등의 권리를 취득한 경우 채권자가 원상회복방법으로 수익자 명의 등기의 말소를 구하거나 수익자를 상대로 채무자 앞으로 직접 소유권이전등기절차를 이행할 것을 구하는 것은 허용되지 않는다.

⑤ 저당권이 설정되어 있는 부동산에 관하여 사해행위 후 변제 등으로 저당권설정등기가 말소되어 사해행위 취소와 함께 가액반환을 명하는 경우, 부동산 가액에서 저당권의 피담보채권액을 공제한 한도에서 가액반환을 하여야 하는데, 그 부동산에 위와 같은 저당권 이외에 우선변제권 있는 임차인이 있는 경우에는 사해행위 이전에 임대차계약이 체결되었고 임차인에게 임차보증금에 대해 우선변제권이 있다면, 부동산 가액 중 임차보증금에 해당하는 부분이 일반 채권자의 공동담보에 제공되었다고 볼 수 없으므로 수익자가 반환할 부동산 가액에서 우선변제권 있는 임차보증금 반환채권액을 공제하여야 하나, 사해행위 이후에 비로소 채무자가 부동산을 임대한 경우에는 그 임차보증금을 가액반환의 범위에서 공제할 이유가 없다.

MGI Point 채권자취소권 ★★

- 채권자취소권에서 피보전채권 ⇨ 사해행위 이후 사실심 변론종결시까지 발생한 이자나 지연손해금 포함
- 사해행위 전부의 취소, 원상회복을 구하는 청구 ⇨ 사해행위를 일부 취소하고 가액의 배상을 구하는 취지도 포함
- 근저당권부 부동산에 관하여 사해행위가 이루어진 후 근저당권이 말소된 경우 ⇨ 가액배상시 사실심 변론종결시를 기준으로 가액 산정
- 사해행위로 부동산이 이전된 후에 저당권 등이 설정된 경우 ⇨ 원상회복방법으로 직접 채무자 앞으로 소유권이전등기절차를 구하는 것도 가능
- 사해행위 이전에 임대차계약이 체결된 경우에 우선변제권 있는 임대차보증금 ⇨ 반환할 가액에서 제외 可
- 사해행위 이후에 임대차계약이 체결된 경우에 우선변제권 있는 임대차보증금 ⇨ 반환할 가액에서 제외할 이유 ×

---

① (○) 채권자가 채권자취소권을 행사할 때에는 원칙적으로 자신의 채권액을 초과하여 취소권을 행사할 수 없고, 이 때 채권자의 채권액에는 사해행위 이후 사실심 변론종결시까지 발생한 이자나 지연손해금이 포함된다(대판 2003.07.11. 2003다19572).

② (○) 사해행위를 전부 취소하고 원상회복을 구하는 채권자의 주장 속에는 사해행위를 일부 취소하고 가액의 배상을 구하는 취지도 포함되어 있으므로, 채권자가 원상회복만을 구하는 경우에도 법원은 가액의 배상을 명할 수 있다(대판 2001.09.04. 2000다66416).

③ (○) 근저당권이 설정되어 있는 부동산에 관하여 사해행위가 이루어진 후 근저당권이 말소되어 그 부동산의 가액에서 근저당권 피담보채무액을 공제한 나머지 금액의 한도에서 사해행위를 취소하고 가액의 배상을 명하는 경우 그 가액의 산정은 사실심 변론종결시를 기준으로 하여야 한다(대판 2001.09.04. 2000다66416).

④ (X) 사해행위 후 목적물에 관하여 제3자가 저당권이나 지상권 등의 권리를 취득한 경우에는 수익자가 목적물을 저당권 등의 제한이 없는 상태로 회복하여 이전하여 줄 수 있다는 등의 특별한 사정이 없는 한, 채권자는 원상회복 방법으로 수익자를 상대로 가액 상당의 배상을 구할 수도 있고, 채무자 앞으로 직접 소유권이전등기절차를 이행할 것을 구할 수도 있다(대판 2006.12.07. 2004다54978).

⑤ (○) 저당권이 설정되어 있는 부동산에 관하여 사해행위 후 변제 등으로 저당권설정등기가 말소되어 사해행위 취소와 함께 가액반환을 명하는 경우, 부동산 가액에서 저당권의 피담보채권액을 공제한 한도에서 가액반환을 하여야 한다. 그런데 그 부동산에 위와 같은 저당권 이외에 우선변제권 있는 임차인이 있는 경우에는 임대차계약의 체결시기 등에 따라 임차보증금 공제 여부가 달라질 수 있다. 가령 사해행위 이전에 임대차계약이 체결되었고 임차인에게 임차보증금에 대해 우선변제권이 있다면, 부동산 가액 중 임차보증금에 해당하는 부분이 일반 채권자의 공동담보에 제공되었다고 볼 수 없으므로 수익자가 반환할 부동산 가액에서 우선변제권 있는 임차보증금 반환채권액을 공제하여야 한다. 그러나 부동산에 관한 사해행위 이후에 비로소 채무자가 부동산을 임대한 경우에는 그 임차보증금을 가액반환의 범위에서 공제할 이유가 없다(대판 2018. 9. 13. 2018다215756).

정답 ④

문 24

다음 설명 중 옳지 않은 것은 모두 몇 개인가? [2021년 23번]

> 가. 채권자가 사해행위 취소와 함께 수익자 또는 전득자로부터 책임재산의 회복을 구하는 사해행위취소의 소를 제기한 경우 취소의 효과는 채권자와 수익자 또는 전득자 사이의 관계에서만 생긴다. 그리고 채권자가 사해행위 취소로써 전득자를 상대로 채무자와 수익자 사이의 법률행위 취소를 구하는 경우, 전득자의 악의는 전득행위 당시 취소를 구하는 법률행위가 채권자를 해한다는 사실, 즉 사해행위의 객관적 요건을 구비하였다는 것에 대한 인식을 의미하므로, 전득자의 악의를 판단함에 있어서는 전득자가 전득행위 당시 채무자와 수익자 사이의 법률행위의 사해성을 인식하였는지만이 문제가 될 뿐이고, 수익자가 채무자와 수익자 사이 법률행위의 사해성을 인식하였는지는 원칙적으로 문제가 되지 않는다.
> 나. 채권자가 자기의 금전채권을 보전하기 위하여 채무자의 금전채권을 대위행사하는 경우 제3채무자로 하여금 채무자에게 지급의무를 이행하도록 청구하는 것이므로, 직접 대위채권자 자신에게 이행하도록 청구할 수는 없다.
> 다. 유류분반환청구권은 그 행사 여부가 유류분권리자의 인격적 이익을 위하여 그의 자유로운 의사결정에 전적으로 맡겨진 권리로서 행사상의 일신전속성을 가진다고 보아야 하므로, 유류분권리자에게 그 권리행사의 확정적 의사가 있다고 인정되는 경우가 아니라면 채권자대위권의 목적이 될 수 없다.
> 라. 채권자취소권은 채무자의 사해행위를 채권자와 수익자 또는 전득자 사이에서 상대적으로 취소하고 채무자의 책임재산에서 일탈한 재산을 회복하여 채권자의 강제집행이 가능하도록 하는 것을 본질로 하는 권리이므로, 원상회복을 가액배상으로 하는 경우에 그 이행의 상대방은 채무자이어야 한다.
> 마. 민법 제406조의 채권자취소권의 대상인 '사해행위'란 채무자가 적극재산을 감소시키거나 소극재산을 증가시킴으로써 채무초과상태에 이르거나 이미 채무초과상태에 있는 것을 심화시킴으로써 채권자를 해하는 행위를 말한다. 그리고 사해행위취소의 소에서 채무자가 그와 같이 채무초과상태에 있는지 여부는 사해행위 당시를 기준으로 판단하여야 한다.

① 없음 ② 1개 ③ 2개
④ 3개 ⑤ 4개

MGI Point   사해행위취소소송 등   ★★

- 사해행위취소의 소에서 전득자의 악의 판단 ⇨ 전득행위 당시 채무자와 수익자 사이의 법률행위 사해성 인식 要, 수익자가 채무자와 수익자 사이 법률행위의 사해성 인식여부 不要
- 채권자가 자기의 금전채권을 보전하기 위하여 채무자의 금전채권을 대위 행사하는 경우 ⇨ 제3채무자에게 직접 대위채권자 자신에게 이행하도록 청구 가능
- 유류분반환청구권 ⇨ 행사상의 일신전속성 ○, 채권자대위권의 목적 될 수 없음(원칙)
- 사해행위취소로 인한 원상회복을 가액배상으로 하는 경우 그 이행의 상대방 ⇨ 채권자 ○
- 사해행위취소소송에서 채무자의 채무초과상태 판단 기준 시점 ⇨ 사해행위 당시를 기준으로 판단 ○

가. (○) 채권자가 사해행위 취소와 함께 수익자 또는 전득자로부터 책임재산의 회복을 구하는 사해행위취소의 소를 제기한 경우 취소의 효과는 채권자와 수익자 또는 전득자 사이의 관계에서만 생긴다. 그리고 채권자가 사해행위 취소로써 전득자를 상대로 채무자와 수익자 사이의 법률행위 취소를 구하는 경우, 전득자의 악의는 전득행위 당시 취소를 구하는 법률행위가 채권자를 해한다는 사실, 즉 사해행위의 객관적 요건을 구비하였다는 것에 대한 인식을 의미하므로, 전득자의 악의 판단에서는 전득자가 전득행위 당시 채무자와 수익자 사이의 법률행위 사해성을 인식하였는지만이 문제가 될 뿐이고, 수익자가 채무자와 수익자 사이 법률행위의 사해성을 인식하였는지는 원칙적으로 문제가 되지 않는다(대판 2012.08.17. 2010다87672).

나. (X) 채권자가 자기의 금전채권을 보전하기 위하여 채무자의 금전채권을 대위행사하는 경우 제3채무자로 하여금 채무자에게 지급의무를 이행하도록 청구할 수도 있지만, 직접 대위채권자 자신에게 이행하도록 청구할 수도 있다. 그런데 채권자대위소송에서 제3채무자로 하여금 직접 대위채권자에게 금전의 지급을 명하는 판결이 확정되더라도, 대위의 목적인 권리, 즉 채무자의 제3채무자에 대한 피대위채권이 판결의 집행채권으로서 존재하고 대위채권자는 채무자를 대위하여 피대위채권에 대한 변제를 수령하게 될 뿐 자신의 채권에 대한 변제로서 수령하게 되는 것이 아니므로, 피대위채권이 변제 등으로 소멸하기 전이라면 채무자의 다른 채권자는 이를 압류·가압류할 수 있다(대판 2016.08.29. 2015다236547).

다. (○) 유류분반환청구권은 그 행사 여부가 유류분권리자의 인격적 이익을 위하여 그의 자유로운 의사결정에 전적으로 맡겨진 권리로서 행사상의 일신전속성을 가진다고 보아야 하므로, 유류분권리자에게 그 권리행사의 확정적 의사가 있다고 인정되는 경우가 아니라면 채권자대위권의 목적이 될 수 없다(대판 2010.05.27. 2009다93992).

라. (X) 채권자취소권은 채무자의 사해행위를 채권자와 수익자 또는 전득자 사이에서 상대적으로 취소하고 채무자의 책임재산에서 일탈한 재산을 회복하여 채권자의 강제집행이 가능하도록 하는 것을 본질로 하는 권리이므로, 원상회복을 가액배상으로 하는 경우에 그 이행의 상대방은 채권자이어야 한다(대판 2008.04.24. 2007다84352).

마. (○) 민법 제406조에서 정하는 채권자취소권의 대상인 '사해행위'란 채무자가 적극재산을 감소시키거나 소극재산을 증가시킴으로써 채무초과상태에 이르거나 이미 채무초과상태에 있는 것을 심화시킴으로써 채권자를 해하는 행위를 가리킨다. 그리고 사해행위취소소송에서 채무자가 그와 같이 채무초과상태에 있는지 여부는 사해행위 당시를 기준으로 판단된다. 한편 채무자가 위와 같이 채무초과상태에 있는지 여부를 판단함에 있어서 사해행위 당시 존속하고 있는 임대차관계에서의 임차인의 보증금반환채권은 장차 임대차관계가 종료되는 등으로 그 권리가 실제로 성립하는 때에 선순위권리의 존재 또는 임차인의 차임지급의무 불이행 등으로 임차인이 이를 현실적으로 반환받을 가능성이 없거나 제한되는 것으로 합리적으로 예측되는 등의 특별한 사정이 없는 한 이를 애초의 보증금액 상당의 가치대로 적극재산에 포함된다고 평가하는 것이 그 권리의 성질이나 내용 등에 부합한다(대판 2013.04.26. 2012다118334).

정답 ③

문 25

채권자취소권에 관한 다음 설명 중 가장 옳지 않은 것은? [2020년 39번]

① 이미 채무초과 상태에 있는 채무자가 상속을 포기하는 것은 사해행위취소의 대상이 되지 않는다. 그러나 이미 채무초과 상태에 있는 채무자가 상속재산분할협의를 하면서 자신의 상속분에 관한 권리를 포기하는 것은 사해행위취소의 대상이 될 수 있고, 마찬가지로 유증을 포기하는 것도 사해행위취소의 대상이 될 수 있다.

② 채무자와 수익자 사이의 저당권설정행위가 사해행위로 인정되어 저당권설정계약이 취소되는 경우에도 당해 부동산이 이미 매각절차에 의하여 매각되어 대금이 완납되었을 때에는 낙찰인의 소유권취득에는 영향을 미칠 수 없으므로, 수익자는 채권자취소권의 행사에 따르는 원상회복의 방법으로 자신이 받은 배당금을 반환하여야 한다.

③ 부동산을 양도받아 소유권이전등기청구권을 가지고 있는 자가 양도인이 제3자에게 이를 이중으로 양도하여 소유권이전등기를 경료하여 줌으로써 취득하는 부동산 가액 상당의 손해배상채권은 그 이중양도행위에 대한 사해행위취소권을 행사할 수 있는 피보전채권에 해당한다고 할 수 없다.

④ 채무자가 유일한 재산인 그 소유의 부동산에 관한 매매예약에 따른 예약완결권이 제척기간 경과가 임박하여 소멸할 예정인 상태에서 제척기간을 연장하기 위하여 새로 매매예약을 하는 행위는 채권자취소권의 대상인 사해행위가 될 수 있다.

⑤ 채권자취소권의 요건을 갖춘 각 채권자가 동시 또는 이시에 사해행위의 취소 및 원상회복을 구하는 소송을 제기하였다 하여도 그 중 어느 소송에서 승소판결이 선고·확정되고 그에 기하여 재산이나 가액의 회복을 마치기 전에는 각 소송이 중복제소에 해당한다거나 권리보호의 이익이 없게 되는 것은 아니다.

MGI Point 채권자취소권 ★★

■ 사해행위취소의 대상인지 여부
- 이미 채무초과 상태에 있는 채무자가 상속재산분할협의를 하면서 자신의 상속분에 관한 권리를 포기하는 것 ○
- 채무자가 유일한 재산인 그 소유의 부동산에 관한 매매예약에 따른 예약완결권이 제척기간 경과가 임박하여 소멸할 예정인 상태에서 제척기간을 연장하기 위하여 새로 매매예약을 하는 행위 ○
- 상속의 포기 및 유증을 포기하는 것 ⇨ 사해행위 취소의 대상 ×

■ 이미 입찰절차에 의하여 낙찰되어 대금이 완납되었을 경우 채권자취소권의 행사에 따르는 원상회복의 방법 ⇨ 수익자가 받은 배당금을 반환

■ 부동산을 양도받아 소유권이전등기청구권을 가지고 있는 자가 양도인이 제3자에게 이를 이중으로 양도하여 소유권이전등기를 경료하여 줌으로써 취득하는 부동산 가액 상당의 손해배상채권 ⇨ 채권자취소권의 피보전채권 ×

■ 채권자취소권의 요건을 갖춘 각 채권자가 동시 또는 이시에 사해행위의 취소 및 원상회복을 구하는 소송을 제기하여 그 중 어느 소송에서 승소판결이 선고·확정된 경우 ⇨ 그에 기하여 재산이나 가액의 회복을 마치기 전까지 각 소송은 중복제소 ×, 권리보호의 이익 소멸 ×

① (X) 채무자가 자기의 유일한 재산인 부동산을 매각하여 소비하기 쉬운 금전으로 바꾸거나 타인에게 무상으로 이전하여 주는 행위는 특별한 사정이 없는 한 채권자에 대하여 사해행위가 되는 것이므로 이미 채무초과 상태에 있는 채무자가 상속재산의 분할협의를 하면서 자신의 상속분에 관한 권리를 포기함으로써 일반 채권자에 대한 공동담보가 감소된 경우에도 원칙적으로 채권자에 대한 사해행위에 해당한다 할 것이다(대판 2007. 7. 26. 2007다29119). 그러나 유증을 받을 자는 유언자의 사망 후에 언제든지 유증을 승인 또는 포기

할 수 있고, 그 효력은 유언자가 사망한 때에 소급하여 발생하므로(민법 제1074조), 채무초과 상태에 있는 채무자라도 자유롭게 유증을 받을 것을 포기할 수 있다. 또한 채무자의 유증 포기가 직접적으로 채무자의 일반재산을 감소시켜 채무자의 재산을 유증 이전의 상태보다 악화시킨다고 볼 수도 없다. 따라서 유증을 받을 자가 이를 포기하는 것은 사해행위 취소의 대상이 되지 않는다고 보는 것이 옳다(대판 2019.01.17. 2018다260855).

② (○) 채무자와 수익자 사이의 저당권설정행위가 사해행위로 인정되어 저당권설정계약이 취소되는 경우에도 당해 부동산이 이미 입찰절차에 의하여 낙찰되어 대금이 완납되었을 때에는 낙찰인의 소유권취득에는 영향을 미칠 수 없으므로, 채권자취소권의 행사에 따르는 원상회복의 방법으로 입찰인의 소유권이전등기를 말소할 수는 없고, 수익자가 받은 배당금을 반환하여야 한다(대판 2001.02.27. 2000다44348).

③ (○) 부동산을 양도받아 소유권이전등기청구권을 가지고 있는 자가 양도인이 제3자에게 이를 이중으로 양도하여 소유권이전등기를 경료하여 줌으로써 취득하는 부동산 가액 상당의 손해배상채권은 이중양도행위에 대한 사해행위취소권을 행사할 수 있는 피보전채권에 해당한다고 할 수 없다(대판 1999.04.27. 98다56690).

④ (○) 민법 제564조가 정하고 있는 매매예약에서 예약자의 상대방이 매매예약 완결의 의사표시를 하여 매매의 효력을 생기게 하는 권리, 즉 매매예약의 완결권은 일종의 형성권으로서 당사자 사이에 행사기간을 약정한 때에는 그 기간 내에, 약정이 없는 때에는 예약이 성립한 때부터 10년 내에 이를 행사하여야 하고, 그 기간이 지난 때에는 예약완결권은 제척기간의 경과로 소멸한다. 채무자가 유일한 재산인 그 소유의 부동산에 관한 매매예약에 따른 예약완결권이 제척기간 경과가 임박하여 소멸할 예정인 상태에서 제척기간을 연장하기 위하여 새로 매매예약을 하는 행위는 채무자가 부담하지 않아도 될 채무를 새롭게 부담하게 되는 결과가 되므로 채권자취소권의 대상인 사해행위가 될 수 있다(대판 2018.11.29. 2017다247190).

⑤ (○) 채권자취소권의 요건을 갖춘 각 채권자는 고유의 권리로서 채무자의 재산처분행위를 취소하고 그 원상회복을 구할 수 있는 것이므로 각 채권자가 동시 또는 이시에 사해행위의 취소 및 원상회복을 구하는 소송을 제기하였다 하여도 그 중 어느 소송에서 승소판결이 선고·확정되고 그에 기하여 재산이나 가액의 회복을 마치기 전에는 각 소송이 중복제소에 해당한다거나 권리보호의 이익이 없게 되는 것은 아니다(대판 2005.05.27. 2004다67806).

정답 ①

문 26

채권자취소권에 관한 아래 〈사례〉에 대한 다음 〈설명〉 중 옳은 것을 모두 고른 것은? [2019년 7번]

<사례>
- 2016. 1. 1.   甲은 乙에게 5천만 원을 대여하였다.
- 2016. 6. 1.   乙은 A은행으로부터 2천만 원을 빌리면서 자신 소유의 유일한 재산인 X토지에 관하여 1순위 근저당권(채권최고액 3천만원)을 설정하였다.
- 2016. 7. 1.   乙은 B은행으로부터 1천만 원을 빌리면서 위 X토지에 관하여 2순위 근저당권(채권최고액 2천만 원)을 설정하였다.
- 2017. 3. 1.   乙은 위 X토지(당시 시가 7천만 원)를 처남 丙에게 5천만 원에 매도하고, 같은 날 丙앞으로 소유권이전등기를 마쳐 주었다.
- 2017. 3. 15. 丙은 A은행에 대한 2천만 원의 피담보채무액 전액을 변제하고 1순위 근저당권

설정등기를 말소하였다.
- 2017. 6. 1. 甲은 乙의 위 X토지 매도사실과 그로 인해 乙이 무자력이 된 사실을 알게 되었다.
- 2018. 5. 1. 甲은 乙과 丙사이의 매매행위가 사해행위라고 주장하면서, 乙과 丙을 상대로 위 2017. 3. 1.자 매매계약의 취소 및 원상회복을 구하는 소를 제기하였다.
- 2018. 12. 31. 甲이 제기한 소송의 변론이 종결되었다(변론종결일 현재 甲이 가진 대여금채권의 원금, 이자 및 지연손해금의 합계는 6천 5백만 원이고, X토지의 시가는 8천만원이며, B은행에 대한 乙의 피담보채무액1천만 원은 변동이 없다).

<설명>
ㄱ. 甲이 乙을 상대로 한 소제기는 피고적격이 없어 부적법하다.
ㄴ. 丙을 상대로 한 소송에서 법원은 사해행위취소에 따른 원상회복으로서 丙명의의 소유권이전등기의 말소등기절차의 이행을 명할 수 있다.
ㄷ. 법원이 사해행위취소에 따른 원상회복으로서 丙에게 가액배상을 명한다면, 丙이 甲에게 지급하여야 할 금액은 6천 5백만 원이다.
ㄹ. 법원이 사해행위취소에 따른 원상회복으로서 丙에게 가액배상을 명한다면, 丙이 甲에게 지급하여야 할 금액은 5천만 원이다.

① ㄱ, ㄴ
② ㄱ, ㄹ
③ ㄴ, ㄷ
④ ㄱ, ㄴ, ㄷ
⑤ ㄱ, ㄷ

MGI Point 채권자취소권 종합사례 ★★★

- 채권자취소소송의 피고적격 ⇨ 수익자 또는 전득자 ○ / 채무자 ×
- 부동산에 수 개의 저당권이 설정되어 있다가 사해행위 후 그 중 일부 저당권이 말소된 경우
  - 원상회복 방법 ⇨ 가액배상
  - 배상가액 산정 시기 ⇨ 사실심 변론종결시를 기준
  - 취소범위 ⇨ 부동산의 가액에서 말소된 저당권의 피담보채권액과 말소되지 아니한 저당권의 피담보채권액을 모두 공제하여 배상가액 산정

ㄱ. (○) 채권자가 사해행위의 취소와 함께 책임재산의 회복을 구하는 사해행위취소의 소에 있어서는 수익자 또는 전득자에게만 피고적격이 있고 채무자에게는 피고적격이 없다(대판 2009.01.15. 2008다72394). ▶피고적격이 없는 채무자 乙을 상대로 한 소제기는 부적법하다.

ㄴ. (X) 어느 부동산에 관한 법률행위가 사해행위에 해당하는 경우에는 원칙적으로 그 사해행위를 취소하고 소유권이전등기의 말소 등 부동산 자체의 회복을 명하여야 하는 것이나, 저당권이 설정되어 있는 부동산에 관하여 사해행위가 이루어진 경우에 그 사해행위는 부동산의 가액에서 저당권의 피담보채권액을 공제한 잔액의 범위 내에서만 성립한다고 보아야 하므로 사해행위 후 변제 등에 의하여 저당권설정등기가 말소된 경우, 사해행위를 취소하여 그 부동산 자체의 회복을 명하는 것은 당초 일반채권자들의 공동담보로 되어 있지 아니하던 부분까지 회복시키는 것이 되어 공평에 반하는 결과가 되어, 그 부동산의 가액에서 저당권의 피담보채권액을 공제한 잔액의 한도에서 사해행위를 취소하고 그 가액의 배상을 명할 수 있을 뿐이다(대판 1998. 02.13. 97다6711).

ㄷ. (X), ㄹ. (○) 사해행위의 목적인 부동산에 수 개의 저당권이 설정되어 있다가 사해행위 후 그 중 일부의 저당권만이 말소된 경우에도 사해행위의 취소에 따른 원상회복은 가액배상의 방법에 의할 수밖에 없을 것이고, 그 경우 배상하여야 할 가액은 사해행위 취소시인 사실심 변론종결시를 기준으로 하여 그 부동산의 가액에서 말소된 저당권의 피담보채권액과 말소되지 아니한 저당권의 피담보채권액을 모두 공제하여 산정하여야 한다(대판 1998.02.13. 97다6711).

> **참고판례** 저당권이 설정되어 있는 부동산이 사해행위로 양도된 경우에 그 사해행위는 부동산의 가액, 즉 시가(공시지가와 일치하는 것은 아니다)에서 저당권의 피담보채권액을 공제한 잔액의 범위 내에서 성립하고, 피담보채권액이 부동산의 가액을 초과하는 때에는 당해 부동산의 양도는 사해행위에 해당한다고 할 수 없는바, 여기서 피담보채권액이라 함은 근저당권의 경우 채권최고액이 아니라 실제로 이미 발생하여 있는 채권금액이다(대판 2001.10.09. 2000다42618).

▶ 사실심변론종결 당시 X토지의 시가인 8천만 원에서, 사해행위 이후 말소된 1순위 근저당권의 실제 피담보채권액 2천만 원과 존속 중인 2순위 근저당권의 실제 피담보채권액인 1천만 원을 공제한 5천만 원의 범위 내에서 사해행위가 성립한다.

정답 ②

문 27

채권자취소권에 관한 다음 설명 중 가장 옳지 않은 것은? [2018년 34번]

① 어느 시점에서 사해행위에 해당하는 법률행위가 있었는가를 따짐에 있어서는 당사자 사이의 이해관계에 미치는 중대한 영향을 고려하여 신중하게 이를 판정하여야 하고, 채무자의 재산처분행위가 사해행위가 되는지 여부는 처분행위 당시를 기준으로 판단하여야 하며, 설령 그 재산처분행위가 정지조건부인 경우라 하더라도 특별한 사정이 없는 한 마찬가지라고 할 것이다.
② 사해성의 요건은 행위 당시는 물론 채권자가 취소권을 행사할 당시(사해행위취소소송의 사실심 변론종결시)에도 갖추고 있어야 하므로, 처분행위 당시에는 채권자를 해하는 것이었더라도 그 후 채무자가 자력을 회복하거나 채무가 감소하여 취소권 행사시에 채권자를 해하지 않게 되었다면, 채권자취소권에 의하여 책임재산을 보전할 필요성이 없으므로 채권자취소권은 소멸한다.
③ 채권자취소권의 행사에 있어서 제척기간의 도과에 관한 입증책임은 채권자취소소송의 상대방에게 있다.
④ 특정한 채권에 대한 공동 연대보증인 중 1인이 다른 공동 연대보증인에게 재산을 증여하여 특정 채권자가 추급할 수 있는 채무자들의 총 책임재산에는 변동이 없다고 하더라도, 재산을 증여한 연대보증인의 재산이 감소되어 그 특정한 채권자를 포함한 일반채권자들의 공동담보에 부족이 생기거나 그 부족이 심화된 경우에는 그 증여행위의 사해성을 부정할 수 없다.
⑤ 채무자가 사해행위취소로 그 등기명의를 회복한 부동산을 제3자에게 처분하는 경우에 이는 무권리자의 처분으로서 효력이 없지만, 이 경우 취소채권자나 민법 제407조에 따라 사해행위취소와 원상회복의 효력을 받는 채권자가 위와 같은 등기명의인인 제3자를 상대로 직접 그 등기의 말소를 청구할 수는 없다.

해설

① (○) 어느 시점에서 사해행위에 해당하는 법률행위가 있었는가를 따질 때에는 당사자 사이의 이해관계에 미치는 중대한 영향을 고려하여 신중하게 이를 판정하여야 하고, 채무자의 재산처분행위가 사해행위가 되는지는 처분행위 당시를 기준으로 판단하여야 하며, 설령 재산처분행위가 정지조건부인 경우라 하더라도 특별한 사정이 없는 한 마찬가지이다(대판 2013.06.28. 2013다8564).

② (○) 사해성의 요건은 행위 당시는 물론 채권자가 취소권을 행사할 당시(사해행위취소소송의 사실심 변론종결시)에도 갖추고 있어야 하므로, 처분행위 당시에는 채권자를 해하는 것이었더라도 그 후 채무자가 자력을 회복하거나 채무가 감소하여 취소권 행사시에 채권자를 해하지 않게 되었다면, 채권자취소권에 의하여 책임재산을 보전할 필요성이 없으므로 채권자취소권은 소멸한다(대판 2009.03.26. 2007다63102). 이 경우 그러한 사정변경이 있다는 사실은 채권자취소소송의 상대방이 증명하여야 한다(대판 2007.11.29. 2007다54849).

③ (○) 제척기간의 도과에 관한 입증책임은 채권자취소소송의 상대방에게 있다(대판 2009.03.26. 2007다63102).

④ (○) 특정한 채권에 대한 공동 연대보증인 중 1인이 다른 공동 연대보증인에게 재산을 증여하여 특정채권자가 추급할 수 있는 채무자들의 총 책임재산에는 변동이 없다고 하더라도, 재산을 증여한 연대보증인의 재산이 감소되어 그 특정한 채권자를 포함한 일반채권자들의 공동담보에 부족이 생기거나 그 부족이 심화된 경우에는, 그 증여행위의 사해성을 부정할 수는 없다(대판 2009.03.26. 2007다63102).

⑤ (X) [1] 사해행위의 취소는 채권자와 수익자의 관계에서 상대적으로 채무자와 수익자 사이의 법률행위를 무효로 하는 데에 그치고 채무자와 수익자 사이의 법률관계에는 영향을 미치지 아니하므로, 채무자와 수익자 사이의 부동산매매계약이 사해행위로 취소되고 그에 따른 원상회복으로 수익자 명의의 소유권이전등기가 말소되어 채무자의 등기명의가 회복되더라도, 그 부동산은 취소채권자나 민법 제407조에 따라 사해행위 취소와 원상회복의 효력을 받는 채권자와 수익자 사이에서 채무자의 책임재산으로 취급될 뿐, 채무자가 직접 부동산을 취득하여 권리자가 되는 것은 아니다. [2] 채무자가 사해행위 취소로 등기명의를 회복한 부동산을 제3자에게 처분하더라도 이는 무권리자의 처분에 불과하여 효력이 없으므로, 채무자로부터 제3자에게 마쳐진 소유권이전등기나 이에 기초하여 순차로 마쳐진 소유권이전등기 등은 모두 원인무효의 등기로서 말소되어야 한다. 이 경우 취소채권자나 민법 제407조에 따라 사해행위 취소와 원상회복의 효력을 받는 채권자는 채무자의 책임재산으로 취급되는 부동산에 대한 강제집행을 위하여 원인무효 등기의 명의인을 상대로 등기의 말소를 청구할 수 있다(대판 2017.03.09. 2015다217980).

정답 ⑤

문 28

채권자취소권에 관한 다음 설명 중 가장 옳지 않은 것은?(다툼이 있는 경우 판례에 의함) [2017년 40번]

① 채권자취소에 있어서, 가액배상을 하여야 하는 수익자는 자기의 채무자에 대한 반대채권으로써 상계를 주장할 수는 없다.

② 채권자취소에 있어서, 수익자가 채무자에게 가액배상금 명목으로 금원을 일부 지급하였다는 점을 들어 채권자취소권을 행사하는 원고에 대하여 가액배상에서의 공제를 주장할 수는 없다.

③ 채권자취소소송에서 채무자의 무자력 여부를 판단함에 있어 다른 특별한 사정이 없는 한 실질적으로 재산적 가치가 없는 재산은 적극재산에서 제외하여야 한다.

④ 채권자가 채권자취소소송에서 사해행위에 해당하는 금전 지급 행위를 취소하고 원상회복으로서 그 금전의 지급을 청구하는 경우, 원금 외에 지연배상금의 지급은 청구할 수 없다.
⑤ 채권자취소권도 채권자가 채무자를 대위하여 행사하는 것이 가능하다.

해설 ★★★

① (○) 채권자취소권은 채권의 공동담보인 채무자의 책임재산을 보전하기 위하여 채무자와 수익자 사이의 사해행위를 취소하고 채무자의 일반재산으로부터 일탈된 재산을 모든 채권자를 위하여 수익자 또는 전득자로부터 환원시키는 제도이므로, 수익자인 채권자로 하여금 안분액의 반환을 거절하도록 하는 것은 자신의 채권에 대하여 변제를 받은 수익자를 보호하고 다른 채권자의 이익을 무시하는 결과가 되어 제도의 취지에 반하게 되므로, 수익자가 채무자의 채권자인 경우 수익자가 가액배상을 할 때에 수익자 자신도 사해행위취소의 효력을 받는 채권자 중의 1인이라는 이유로 취소채권자에 대하여 총채권액 중 자기의 채권에 대한 안분액의 분배를 청구하거나, 수익자가 취소채권자의 원상회복에 대하여 총채권액 중 자기의 채권에 해당하는 안분액의 배당요구권으로써 원상회복청구와의 상계를 주장하여 그 안분액의 지급을 거절할 수는 없다(대판 2001.02.27. 2000다44348).

② (○) 채권자취소권은 채권의 공동담보인 채무자의 책임재산을 보전하기 위하여 채무자의 일반재산으로부터 일탈된 재산을 모든 채권자를 위하여 수익자 또는 전득자로부터 환원시키는 제도로서, 그 행사의 효력은 채권자와 수익자 또는 전득자와의 상대적인 관계에서만 미치는 것이므로 채권자취소권의 행사로 인하여 채무자가 수익자나 전득자에 대하여 어떠한 권리를 취득하는 것은 아니라고 할 것이고, 따라서 수익자가 채무자에게 가액배상금 명목으로 금원을 지급하였다는 점을 들어 채권자취소권을 행사하는 채권자에 대하여 가액배상에서의 공제를 주장할 수는 없다(2001.06.01. 99다63183).

③ (○) 채무자의 적극재산을 산정함에 있어서는 다른 특별한 사정이 없는 한 실질적으로 재산적 가치가 없어 채권의 공동담보로서의 역할을 할 수 없는 재산은 제외하여야 할 것이고, 특히 그 재산이 채권인 경우에는 그것이 용이하게 변제를 받을 수 있는 것인지 여부를 합리적으로 판정하여 그것이 긍정되는 경우에 한하여 적극재산에 포함시켜야 한다(대판 2006.02.10. 2004다2564).

④ (X) 금전의 지급을 사해행위로서 취소하여 원상회복으로 금전의 지급을 구하는 경우 원금 외에 지연배상금의 지급도 구할 수 있고, 이 경우 지연배상금의 기산점은 상대방이 실제로 금전을 지급받은 때로 보아야 할 것이다(대판 2006.10.26. 2005다76753).

⑤ (○) 채권자취소권도 채권자가 채무자를 대위하여 행사하는 것이 가능하다고 할 것인바, 민법 제404조 소정의 채권자대위권은 채권자가 자신의 채권을 보전하기 위하여 채무자의 권리를 자신의 이름으로 행사할 수 있는 권리라 할 것이므로, 채권자가 채무자의 채권자취소권을 대위행사하는 경우, 제소기간은 대위의 목적으로 되는 권리의 채권자인 채무자를 기준으로 하여 그 준수 여부를 가려야 할 것이다(대판 2001.12.27. 2000다73049).

정답 ④

문 29

채권자취소권에 관한 다음 설명 중 가장 옳지 않은 것은?(다툼이 있는 경우 판례에 의함) [2016년 8번]

① 채권자취소권은 소로써 행사하여야 하는데, 사해행위취소청구가 제척기간 내에 제기되었다면 원상회복청구는 제척기간이 지난 후에도 할 수 있다.
② 채권자가 사해행위취소청구를 함에 있어 취소의 범위는 자신의 채권액을 기준으로 하여야 하나, 자신의 채권액을 넘어서 취소를 구하는 것이 언제나 허용되지 않는 것은 아니다.
③ 채무자와 수익자 사이의 저당권설정행위가 사해행위로 인정되어 저당권설정계약이 취소되는 경우에도 당해 부동산이 이미 매각절차에 의하여 매각되어 대금이 완납되었을 때에는 매수인의 소유권취득에는 영향을 미칠 수 없다.
④ 수익자가 채무자의 채권자인 경우 수익자가 가액배상을 할 때에 수익자 자신도 사해행위취소의 효력을 받는 채권자 중의 1인이라는 이유로 취소채권자에 대하여 총채권액 중 자기의 채권에 대한 안분액의 분배를 청구하거나, 수익자가 취소채권자의 원상회복에 대하여 총채권액 중 자기의 채권에 해당하는 안분액의 배당요구권으로써 원상회복청구와의 상계를 주장하여 그 안분액의 지급을 거절할 수는 없다.
⑤ 사해행위취소에 의한 원상회복을 가액배상으로 하는 경우에 그 이행의 상대방은 채권자이어야 할 것이나, 이 경우에도 사해행위의 취소와 원상회복은 모든 채권자의 이익을 위하여 그 효력이 있으므로, 가액배상금을 수령한 취소채권자가 사실상 우선변제를 받는 불공평한 결과가 초래되어서는 아니 된다.

해설 ★★

① (○) 채권자가 민법 제406조 제1항에 따라 사해행위의 취소와 원상회복을 청구하는 경우 사해행위의 취소만을 먼저 청구한 다음 원상회복을 나중에 청구할 수 있고, 사해행위 취소 청구가 민법 제406조 제2항에 정하여진 기간 안에 제기되었다면 원상회복의 청구는 그 기간이 지난 뒤에도 할 수 있다(대판 2001.09.04. 2001다14108).
② (○) 사해행위 취소의 범위는 다른 채권자가 배당요구를 할 것이 명백하거나 목적물이 불가분인 경우와 같이 특별한 사정이 있는 경우에는 취소채권자의 채권액을 넘어서까지도 취소를 구할 수 있다(대판 2009.01.15. 2007다61618).
③ (○) 채무자와 수익자 사이의 저당권설정행위가 사해행위로 인정되어 저당권설정계약이 취소되는 경우에도 당해 부동산이 이미 입찰절차에 의하여 낙찰되어 대금이 완납되었을 때에는 낙찰인의 소유권취득에는 영향을 미칠 수 없으므로, 채권자취소권의 행사에 따르는 원상회복의 방법으로 입찰인의 소유권이전등기를 말소할 수는 없고, 수익자가 받은 배당금을 반환하여야 한다(대판 2001.02.27. 2000다44348).
④ (○) 채권자취소권은 채권의 공동담보인 채무자의 책임재산을 보전하기 위하여 채무자와 수익자 사이의 사해행위를 취소하고 채무자의 일반재산으로부터 일탈된 재산을 모든 채권자를 위하여 수익자 또는 전득자로부터 환원시키는 제도이므로, 수익자인 채권자로 하여금 안분액의 반환을 거절하도록 하는 것은 자신의 채권에 대하여 변제를 받은 수익자를 보호하고 다른 채권자의 이익을 무시하는 결과가 되어 제도의 취지에 반하게 되므로, 수익자가 채무자의 채권자인 경우 수익자가 가액배상을 할 때에 수익자 자신도 사해행위취소의 효력을 받는 채권자 중의 1인이라는 이유로 취소채권자에 대하여 총채권액 중 자기의 채권에 대한 안분

액의 분배를 청구하거나, 수익자가 취소채권자의 원상회복에 대하여 총채권액 중 자기의 채권에 해당하는 안분액의 배당요구권으로써 원상회복청구와의 상계를 주장하여 그 안분액의 지급을 거절할 수는 없다(대판 2001.02.27. 2000다44348).

⑤ (X) 사해행위의 취소와 원상회복은 모든 채권자의 이익을 위하여 그 효력이 있으므로(민법 제407조), 채권자취소권의 행사로 채무자에게 회복된 재산에 대하여 취소채권자가 우선변제권을 가지는 것이 아니라 다른 채권자도 총채권액 중 자기의 채권에 해당하는 안분액을 변제받을 수 있는 것이지만, 이는 채권의 공동담보로 회복된 채무자의 책임재산으로부터 민사집행법 등의 법률상 절차를 거쳐 다른 채권자도 안분액을 지급받을 수 있다는 것을 의미하는 것일 뿐, 다른 채권자가 이러한 법률상 절차를 거치지 아니하고 취소채권자를 상대로 하여 안분액의 지급을 직접 구할 수 있는 권리를 취득한다거나, 취소채권자에게 인도받은 재산 또는 가액배상금에 대한 분배의무가 인정된다고 볼 수는 없다. 가액배상금을 수령한 취소채권자가 이러한 분배의무를 부담하지 아니함으로 인하여 사실상 우선변제를 받는 불공평한 결과를 초래하는 경우가 생기더라도, 이러한 불공평은 채무자에 대한 파산절차 등 도산절차를 통하여 시정하거나 가액배상금의 분배절차에 관한 별도의 법률 규정을 마련하여 개선하는 것은 별론으로 하고, 현행 채권자취소 관련 규정의 해석상으로는 불가피하다(대판 2008.06.12. 2007다37837).

정답 ⑤

제❸절 ┃ 제3자에 의한 채권침해(채권의 대외적 효력)

문 30

제3자의 채권침해로 인한 불법행위책임에 관한 다음 설명 중 가장 옳지 않은 것은? [2022년 2번]

① 채무자의 재산을 은닉하는 방법으로 제3자에 의한 채권침해가 이루어질 당시 채무자가 가지고 있던 다액의 채무로 인하여 제3자의 채권침해가 없었더라도 채권자가 채무자로부터 일정액 이상으로 채권을 회수할 가능성이 없었다고 인정될 경우에는 위 일정액을 초과하는 손해와 제3자의 채권침해로 인한 불법행위 사이에는 상당인과관계를 인정할 수 없다.

② 이때의 채권회수 가능성은 사실심 변론종결 시를 기준으로 채무자의 책임재산과 채무자가 부담하는 채무의 액수를 비교하는 방법으로 판단할 수 있다. 사실심 변론종결 당시에 이미 이행기가 도래한 채무는 채권자가 종국적으로 권리를 행사하지 아니할 것으로 볼 만한 특별한 사정이 없는 한 비교대상이 되는 채무자 부담의 채무에 포함된다.

③ 특정 가수의 공연에 반대하기 위해 시민단체 등 공익목적수행을 위한 단체가 그들의 공익목적을 관철하기 위하여 일반시민들을 상대로 공연관람을 하지 말도록 하거나 입장권판매대행계약을 체결한 A은행 등 공연협력업체에게 공연협력을 하지 말도록 하기 위하여 그들의 주장을 홍보하고 각종 방법에 의한 호소로 설득활동을 벌이는 것은 관람이나 협력 여부의 결정을 상대방의 자유로운 판단에 맡기는 한 허용된다. 그로 인하여 공연기획사 甲의 일반적 영업권 등에 제한을 가져온다고 하더라도 이는 시민단체 등의 정당한 목적수행을 위한 활동으로부터 불가피하게 발생하는 현상으로서 그 자체에 내재하는 위험이라 할 것이다. 그러나 여기서 더 나아가 시민단체 乙이 A은행에게 공연기획사 甲과 이미 체결한 입장권판매대행계약의 즉각적인 불이행을 요구하고 이에 응하지 아니할 경우 A은행의 전(全) 상품에 대한 불매운동을 벌이겠다는 경제적 압박수단을 고지하여 이로 말미암아 A은행으로 하여금 불매운동으로 인한 경제적 손실을 우려하여 부득이 본

의 아니게 甲과 체결한 입장권판매대행계약을 파기케 하는 결과를 가져왔다면 이는 제3자인 乙이 甲과 A은행이 체결한 입장권판매대행계약에 기한 甲의 채권 등을 침해하는 것으로서 위법하다. 그 목적에 공익성이 있다 하여 이러한 행위까지 정당화될 수는 없다.
④ 제3자가 채무자의 책임재산을 감소시키는 행위를 함으로써 채권자로 하여금 채권의 실행과 만족을 불가능 내지 곤란하게 한 경우 채권의 침해에 해당한다고 할 수는 있겠지만, 그 제3자의 행위가 채권자에 대하여 불법행위를 구성한다고 하기 위하여는 단순히 채무자 재산의 감소행위에 관여하였다는 것만으로는 부족하고 제3자가 채무자에 대한 채권자의 존재 및 그 채권의 침해사실을 알면서 채무자와 적극 공모하였다거나 채권행사를 방해할 의도로 사회상규에 반하는 부정한 수단을 사용하였다는 등 채권침해의 고의·과실 및 위법성이 인정되는 경우라야만 한다.
⑤ 강제집행면탈 목적을 가진 채무자가 제3자와 명의신탁약정을 맺고 채무자 소유의 부동산에 관하여 제3자 앞으로 소유권이전등기를 경료한 경우에, 제3자가 채권자에 대한 관계에서 직접 불법행위책임을 지기 위하여는 단지 그가 채무자와의 약정으로 당해 명의수탁등기를 마쳤다는 것만으로는 부족하고, 그 명의신탁으로써 채권자의 채권의 실현을 곤란하게 한다는 점을 알면서 채무자의 강제집행면탈행위에 공모 가담하였다는 등의 사정이 입증되어 그 채권침해에 대한 고의·과실 및 위법성이 인정되어야 한다.

MGI Point 제3자의 채권침해 ★★

- 다액의 채무로 인하여 제3자의 채권침해가 없었더라도 채권자가 채무자로부터 일정액 이상으로 채권을 회수할 가능성이 없었다고 인정될 경우 ⇨ 위 일정액을 초과하는 손해에 관하여 상당인과관계 ×
- 이때의 채권회수 가능성의 판단 시기 ⇨ 불법행위 시를 기준으로 판단
- 시민단체의 간부들이 청소년에 대한 도덕적 해악 등 공익상의 이유로 특정 가수의 공연에 반대하기 위하여 그 공연기획사와 입장권판매대행계약을 체결한 공연협력업체에게 불매운동을 하겠다고 하여 계약을 파기하는 결과에 이르도록 한 경우 ⇨ 시민단체 간부들의 공연기획사에 대한 불법행위 책임의 성립 ○
- 제3자의 채권침해의 성립 요건 ⇨ 채권침해의 고의·과실 및 위법성 要
- 강제집행면탈 목적으로 명의신탁 약정 체결, 제3자 앞으로 소유권이전등기 경료 ⇨ 제3자의 채권침해에 대한 고의·과실 및 위법성 要

---

① (○), ② (X) 채무자의 재산을 은닉하는 방법으로 제3자에 의한 채권침해가 이루어질 당시 채무자가 가지고 있던 다액의 채무로 인하여 제3자의 채권침해가 없었더라도 채권자가 채무자로부터 일정액 이상으로 채권을 회수할 가능성이 없었다고 인정될 경우에는 위 일정액을 초과하는 손해와 제3자의 채권침해로 인한 불법행위 사이에는 상당인과관계를 인정할 수 없다. 이때의 채권회수 가능성은 불법행위 시를 기준으로 채무자의 책임재산과 채무자가 부담하는 채무의 액수를 비교하는 방법으로 판단할 수 있고, 불법행위 당시에 이미 이행기가 도래한 채무는 채권자가 종국적으로 권리를 행사하지 아니할 것으로 볼 만한 특별한 사정이 없는 한 비교대상이 되는 채무자 부담의 채무에 포함되며, 더 나아가 비교대상 채무에 해당하기 위하여 불법행위 당시 채무자의 재산에 대한 압류나 가압류가 되어 있을 것을 요하는 것은 아니다.(대판 2019.05.10. 2017다239311).

③ (○) 시민단체의 간부들이 그들의 공익목적을 관철하기 위하여 일반시민들을 상대로 공연관람을 하지 말도록 하거나 공연협력업체에게 공연협력을 하지 말도록 하기 위하여 그들의 주장을 홍보하고 각종 방법에 의한 호소로 설득활동을 벌이는 것은 관람이나 협력 여부의 결정을 상대방의 자유로운 판단에 맡기는 한 허용된다고 할 것이고, 그로 인하여 공연기획사의 일반적 영업권 등에 대한 제한을 가져온다고 하더라도 이는 시민단체 등의 정당한 목적수행을 위한 활동으로부터 불가피하게 발생하는 현상으로서 그 자체에 내재하는 위험이라 할 것이므로 시민단체의 간부들의 그와 같은 활동이 위법하다고 할 수는 없을 것이나, 공연기획사가

관계당국으로부터 합법적으로 공연개최허가를 받고 은행과 적법하게 입장권판매대행계약을 체결한데 대하여 시민단체의 간부들이 위 은행에게 공연협력의 즉각 중지, 즉 공연기획사와 이미 체결한 입장권판매대행계약의 즉각적인 불이행을 요구하고 이에 응하지 아니할 경우에는 은행의 전 상품에 대한 불매운동을 벌이겠다는 경제적 압박수단을 고지하여 이로 말미암아 은행으로 하여금 불매운동으로 인한 경제적 손실을 우려하여 부득이 본의 아니게 공연기획사와 체결한 입장권판매대행계약을 파기케 하는 결과를 가져왔다면 이는 공연기획사가 은행과 체결한 입장권판매대행계약에 기한 공연기획사의 채권 등을 침해하는 것으로서 위법하다고 하여야 할 것이고, 그 목적에 공익성이 있다 하여 이러한 행위까지 정당화될 수는 없는 것이다(대판 2001.07.13. 98다51091).

④ (○) 일반적으로 제3자에 의한 채권의 침해가 불법행위를 구성할 수는 있으나, 제3자의 채권침해가 언제나 불법행위로 되는 것은 아니고 채권침해의 태양에 따라 그 성립 여부를 구체적으로 검토하여 정하여야 하는바, 제3자가 채무자의 책임재산을 감소시키는 행위를 함으로써 채권자로 하여금 채권의 실행과 만족을 불가능 내지 곤란하게 한 경우 채권의 침해에 해당한다고 할 수는 있겠지만, 그 제3자의 행위가 채권자에 대하여 불법행위를 구성한다고 하기 위하여는 단순히 채무자 재산의 감소행위에 관여하였다는 것만으로는 부족하고 제3자가 채무자에 대한 채권자의 존재 및 그 채권의 침해사실을 알면서 채무자와 적극 공모하였다거나 채권행사를 방해할 의도로 사회상규에 반하는 부정한 수단을 사용하였다는 등 채권침해의 고의·과실 및 위법성이 인정되는 경우라야만 할 것이며, 여기서 채권침해의 위법성은 침해되는 채권의 내용, 침해행위의 태양, 침해자의 고의 내지 해의의 유무 등을 참작하여 구체적, 개별적으로 판단하되, 거래의 자유 보장의 필요성, 경제·사회정책적 요인을 포함한 공공의 이익, 당사자 사이의 이익균형 등을 종합적으로 고려하여 신중히 판단하여야 한다(대판 2009.07.23. 2008다81534).

⑤ (○) 강제집행면탈 목적을 가진 채무자가 제3자와 명의신탁약정을 맺고 채무자 소유의 부동산에 관하여 제3자 앞으로 소유권이전등기를 경료한 경우에, 제3자가 채권자에 대한 관계에서 직접 불법행위책임을 지기 위하여는 단지 그가 채무자와의 약정으로 당해 명의수탁등기를 마쳤다는 것만으로는 부족하고, 그 명의신탁으로써 채권자의 채권의 실현을 곤란하게 한다는 점을 알면서 채무자의 강제집행면탈행위에 공모 가담하였다는 등의 사정이 입증되어 그 채권침해에 대한 고의·과실 및 위법성이 인정되어야 한다(대판 2007.09.06. 2005다25021).

정답 ②

문 31

판례가 채권침해로 인한 불법행위책임에 대해 설시한 내용에 관한 다음 설명 중 가장 옳지 않은 것은?
[2021년 40번]

① 제3자가 채무자와 적극 공모하였다거나 또는 제3자가 기망·협박 등 사회상규에 반하는 수단을 사용하거나 채권자를 해할 의사로 채무자와 계약을 체결하였다는 등의 특별한 사정이 없다면, 단순히 제3자가 채무자와 채권자 사이의 계약 내용을 알면서 채무자와 채권자 사이에 체결된 계약에 위반되는 내용의 계약을 체결한 것만으로는 제3자의 고의·과실 및 위법성을 인정하기에 부족하다.

② 특허권자가 특허권 침해 여부가 불명확한 제품의 제조자를 상대로 손해 예방을 위한 법적 구제절차는 취하지 아니한 채 사회단체와 언론을 이용하여 불이익을 줄 수도 있음을 암시하고, 그 구매자에 대하여도 위 제품 제조자와의 계약을 해제하고 자신과 다시 계약을 체결할 것을 지속적으로 강요하여 구매자로 하여금 기존계약을 해제하고 기왕 설치되어 있던 제품까지 철거되도록 하였다면 이러한 행위들은 위법한 것으로 그에 대해 불법행위책임이 인정된다.

③ 이미 분양된 아파트에 대하여 이중분양계약에 기한 금융기관의 대출과 근저당권설정행위가 최초 수분양자의 분양계약에 기한 채권을 침해하는 것으로서 불법행위에 해당하기 위해서는 그 금융기관의 임직원이 이중분양행위에 적극 가담하지 않더라도 이중분양사실을 안다는 것만으로도 충분하다.

④ 채무자로 하여금 채권자 甲에게 지급하여야 할 물품대금을 자금사정이 어려운 군소협력업체인 다른 채권자들에게 우선 결제하도록 지시하고 채무자가 이에 따라 그 물품대금을 채권자 甲이 아닌 다른 채권자들에게 지급함으로써 결과적으로 채무자가 채권자 甲에게 물품대금을 지급하지 못하게 된 사안에서, 채무자가 다른 채권자들에게 채무를 변제한 행위가 정당한 법률행위인 이상 이를 요청한 행위는 불법행위가 될 수 없다.

⑤ 채무자의 재산을 은닉하는 방법으로 제3자에 의한 채권침해가 이루어질 당시 채무자가 가지고 있던 다액의 채무로 인하여 제3자의 채권침해가 없었더라도 채권자가 채무자로부터 일정액 이상으로 채권을 회수할 가능성이 없었다고 인정될 경우에는 위 일정액을 초과하는 손해와 제3자의 채권침해로 인한 불법행위 사이에는 상당인과관계를 인정할 수 없다.

MGI Point 　채권침해로 인한 불법행위책임　★★

■ 채권침해로 인한 불법행위책임 부정
- 제3자가 채무자와 적극 공모 or 기망·협박 등 사회상규에 반하는 수단을 사용 or 채권자를 해할 의사로 채무자와 계약을 체결하였다는 등의 특별한 사정이 없는 경우
- 채무자로 하여금 채권자에게 지급하여야 할 물품대금을 자금사정이 어려운 군소협력업체인 다른 채권자들에게 우선 결제하도록 지시하고 채무자가 이에 따라 그 물품대금을 채권자가 아닌 다른 채권자들에게 지급함으로써 결과적으로 채무자가 채권자에게 물품대금을 지급하지 못하게 된 경우
- 채무자 재산을 은닉하는 방법으로 제3자에 의한 채권침해가 이루어질 당시 채무자 부담의 다액의 채무로 인해 제3자의 채권침해가 없었더라도 채권자가 채무자로부터 일정액 이상으로 채권 회수가 불가능 했던 경우

■ 특허권자가 특허권 침해 여부가 불명확한 제품의 제조자를 상대로 손해 예방을 위한 법적 구제절차는 취하지 아니한 채, 사회단체나 언론을 통한 불이익을 암시하며 구매계약을 해제하도록 강요하고 기왕에 설치되어 있던 제품을 철거하게 한 경우 ⇨ 정당한 권리행사의 범위를 벗어난 행위로서 위법 ○, 불법행위책임 인정 ○

■ 이미 분양된 아파트에 대해 이중분양계약에 기한 금융기관의 대출과 근저당권설정행위 최초 수분양자의 분양계약에 기한 채권을 침해하여 불법행위책임 발생 요건 ⇨ 금융기관의 임직원이 이중분양행위에 적극 가담 要

---

① (○) 독립한 경제주체 사이의 경쟁적 계약관계에 있어서는 단순히 제3자가 채무자와 채권자 사이의 계약 내용을 알면서 채무자와 채권자 사이에 체결된 계약에 위반되는 내용의 계약을 체결한 것만으로는 제3자의 고의·과실 및 위법성을 인정하기에 부족하고, 제3자가 채무자와 적극 공모하였다거나 또는 제3자가 기망·협박 등 사회상규에 반하는 수단을 사용하거나 채권자를 해할 의사로 채무자와 계약을 체결하였다는 등의 특별한 사정이 있는 경우에 한하여 제3자의 고의·과실 및 위법성을 인정하여야 할 것이다(대판 2013.03.14. 2011다91876).

② (○) 특허권자가 특허권 침해 여부가 불명확한 제품의 제조자를 상대로 손해 예방을 위하여 그 제품의 제조나 판매를 금지시키는 가처분신청 등의 법적 구제절차는 취하지 아니한 채, 사회단체와 언론을 이용하여 불이익을 줄 수도 있음을 암시하고, 나아가 그 구매자에 대하여도 법률적인 책임을 묻겠다는 취지의 경고와 함께 역시 사회단체와 언론을 통한 불이익을 암시하며, 형사고소에 대한 합의조건으로 위 제품 제조자와의 계약을 해제하고 자신과 다시 계약을 체결할 것을 지속적으로 강요하여 마침내 이에 견디다 못한 구매자로 하여금 기존계약을 해제하고, 기왕 설치되어 있던 제품까지 철거되도록 하였다면 이러한 일련의 행위들은 정당한 권리행사의 범위를 벗어난 것으로서 위법한 행위이고, 특허권자가 회사의 대표이사로서 위와 같은 행위를 하였다면 회사도 특허권자와 연대하여 손해를 배상할 책임이 있다(대판 2001.10.12. 2000다53342).

③ (X) 제3자의 행위가 채권을 침해하는 것으로서 불법행위에 해당한다고 할 수 있으려면, 그 제3자가 채권자를 해한다는 사정을 알면서도 법규를 위반하거나 선량한 풍속 기타 사회질서를 위반하는 등 위법한 행위를 함으로써 채권자의 이익을 침해하였음이 인정되어야 하고, 이때 그 행위가 위법한 것인지 여부는 침해되는 채권의 내용, 침해행위의 태양, 침해자의 고의 내지 해의의 유무 등을 참작하여 구체적·개별적으로 판단하되, 거래자유 보장의 필요성, 경제·사회정책적 요인을 포함한 공공의 이익, 당사자 사이의 이익균형 등을 종합적으로 고려하여 판단하여야 하고, 이미 분양된 아파트에 대하여 이중분양계약에 기한 금융기관의 대출과 근저당권설정행위가 최초 수분양자의 분양계약에 기한 채권을 침해하는 것으로서 불법행위에 해당하기 위해서는 그 금융기관의 임직원이 이중분양사실을 안다는 것만으로는 부족하고, 분양자의 이중분양행위에 적극 가담하여, 이중분양을 요청하거나 유도하여 계약에 이르게 하거나 그와 같이 평가될 수 있는 정도에 이르러야 한다(대판 2009.10.29. 2008다82582).

④ (○) 채무자로 하여금 채권자 甲에게 지급하여야 할 물품대금을 자금사정이 어려운 군소협력업체인 다른 채권자들에게 우선 결제하도록 지시하고 채무자가 이에 따라 그 물품대금을 채권자 甲이 아닌 다른 채권자들에게 지급함으로써 결과적으로 채무자가 채권자 甲에게 물품대금을 지급하지 못하게 된 사안에서, 채무자가 다른 채권자들에게 채무를 변제한 행위가 정당한 법률행위인 이상 이를 요청한 행위 또한 위법성이 없어서 제3자의 채권침해에 의한 불법행위가 될 수 없다(대판 2006.06.15. 2006다13117).

⑤ (○) 채무자의 재산을 은닉하는 방법으로 제3자에 의한 채권침해가 이루어질 당시 채무자가 가지고 있던 다액의 채무로 인하여 제3자의 채권침해가 없었더라도 채권자가 채무자로부터 일정액 이상으로 채권을 회수할 가능성이 없었다고 인정될 경우에는 위 일정액을 초과하는 손해와 제3자의 채권침해로 인한 불법행위 사이에는 상당인과관계를 인정할 수 없다. 이 때의 채권회수 가능성은 불법행위 시를 기준으로 채무자의 책임재산과 채무자가 부담하는 채무의 액수를 비교하는 방법으로 판단할 수 있고, 불법행위 당시에 이미 이행기가 도래한 채무는 채권자가 종국적으로 권리를 행사하지 아니할 것으로 볼 만한 특별한 사정이 없는 한 비교대상이 되는 채무자 부담의 채무에 포함되며, 더 나아가 비교대상 채무에 해당하기 위하여 불법행위 당시 채무자의 재산에 대한 압류나 가압류가 되어 있을 것을 요하는 것은 아니다(대판 2019.05.10. 2017다239311).

정답 ③

제4장 다수당사자의 채권관계

제❶절 | 분할채무

제❷절 | 불가분채무

문 32

다음 사례에서 원고와 피고가 甲에 대하여 부담하는 임대차보증금 반환채무의 성질 및 원고가 피고를 상대로 구상할 수 있는 금액을 가장 알맞게 짝지은 것은? [2022년 20번]

> ○ 원고와 피고는 이 사건 부동산을 1/2 지분씩 공유하고 있었다.
> ○ 원고와 피고는 甲에게 이 사건 부동산을 임대하는 계약을 체결하였고, 甲은 원고와 피고에게 위 임대차계약에 따른 임대차보증금 10억 원을 지급하였다.
> ○ 원고와 피고는 위 보증금을 원고 8억 원, 피고 2억 원으로 나누어 가졌다.
> ○ 甲은 원고와 피고를 상대로 위 임대차계약이 원고와 피고의 귀책사유로 해제되었다고 주장하며 위 임대차보증금 10억 원의 반환을 구하는 소를 제기하였고, 그 소송에서 甲의 청구를 인용하는 판결이 확정되었다.
> ○ 이후 원고는 甲에게 위 판결에 따른 채무금 10억 원을 지급하였다. 원고와 피고 사이에 부담부분에 관한 특약은 없었다.

① 연대채무 - 5억 원
② 연대채무 - 2억 원
③ 분할채무 - 5억 원
④ 불가분채무 - 5억 원
⑤ 불가분채무 - 2억 원

MGI Point **불가분채무, 부담부분** ★★★

- 공동임대인의 보증금반환채무 ⇨ 불가분채무
- 불가분채무자 사이에 부담부분에 관한 특약이 없지만 수익비율이 다른 경우 ⇨ 부담부분은 수익비율에 따라 결정

⑤ (○) 공동임대인의 보증금반환채무는 불가분채무이고 부담부분에 관한 특약은 없지만 수익비율이 다르므로 부담부분은 수익비율인 원고 8 : 피고 2 이다. 따라서 甲에게 10억 원을 지급한 원고는 자신의 부담부분인 8억 원을 초과하는 2억 원에 한하여 피고에게 구상권을 행사할 수 있다.

> **참조판례** 연대채무자가 변제 기타 자기의 출재(出財)로 공동면책을 얻은 때에는 다른 연대채무자의 부담부분에 대하여 구상권을 행사할 수 있고 이때 부담부분은 균등한 것으로 추정된다(민법 제425조 제1항, 제424조). 그러나 연대채무자 사이에 부담부분에 관한 특약이 있거나 특약이 없더라도 채무의 부담과 관련하여 각 채무자의 수익비율이 다르다면 그 특약 또는 비율에 따라 부담부분이 결정된다. 이러한 법리는 민법 제411조에 따라 연대채무자의 부담부분과 구상권에 관한 규정이 준용되는 불가분채무자가 변제 기타 자기의 출재로 공동면책을 얻은

때 다른 불가분채무자를 상대로 구상권을 행사하는 경우에도 마찬가지로 적용된다. 불가분채무자 사이에 부담부분에 관한 특약이 있거나 특약이 없더라도 채무자의 수익비율이 다르다면 그 특약 또는 비율에 따라 부담부분이 결정된다. 따라서 불가분채무자가 변제 등으로 공동면책을 얻은 때에는 다른 채무자의 부담부분에 대하여 구상할 수 있다(대판 2020. 7. 9. 2020다208195).

정답 ⑤

문 33

불가분채무에 관한 다음 설명 중 가장 옳지 않은 것은? [2018년 18번]

① 불가분채무는 각 채무자가 채무 전부를 이행할 의무가 있으며, 1인의 채무이행으로 다른 채무자도 그 의무를 면한다.
② 여러 사람이 공동으로 법률상 원인 없이 타인의 재산을 사용한 경우의 부당이득 반환채무는 특별한 사정이 없는 한 불가분적 이득의 반환으로서 불가분채무이다.
③ 건물의 공유자가 공동으로 건물을 임대하고 보증금을 수령한 경우, 특별한 사정이 없는 한 그 보증금 반환채무는 불가분채무에 해당된다.
④ 공동상속인들의 건물철거의무는 그 성질상 불가분채무라고 할 것이고 각자 그 지분의 한도 내에서 건물 전체에 대한 철거의무를 지는 것이다.
⑤ 변호사에게 공동당사자로서 소송대리를 위임한 소송사건의 결과에 따라 경제적 이익을 불가분적으로 향유하게 되거나 패소할 경우 소송 상대방에 대하여 부진정연대관계의 채무를 부담하게 된다면, 공동당사자들의 변호사에 대한 소송대리위임에 따른 보수금지급채무는 특별한 사정이 없는 한 불가분채무이다.

해설

① (○), ② (○) 수인이 공동으로 법률상 원인 없이 타인의 재산을 사용한 경우의 부당이득의 반환채무는 특별한 사정이 없는 한 불가분적 이득의 상환으로서 불가분채무라 할 것이고, 불가분채무는 각 채무자가 채무 전부를 이행할 의무가 있고, 1인의 채무이행으로 다른 채무자도 그 의무를 면하게 된다(대판 1981.08.20. 80다2587). 민법 제411조, 제413조 참조.

> 민법 제411조(불가분채무와 준용규정) 수인이 불가분채무를 부담한 경우에는 제413조 내지 제415조, 제422조, 제424조 내지 제427조 및 전조의 규정을 준용한다.
> 민법 제413조(연대채무의 내용) 수인의 채무자가 채무 전부를 각자 이행할 의무가 있고, 채무자 1인의 이행으로 다른 채무자도 그 의무를 면하게 되는 때에는 그 채무는 연대채무로 한다.

③ (○) 건물의 공유자가 공동으로 건물을 임대하고 보증금을 수령한 경우, 특별한 사정이 없는 한 그 임대는 각자 공유지분을 임대한 것이 아니고 임대목적물을 다수의 당사자로서 공동으로 임대한 것이고, 그 보증금 반환채무는 성질상 불가분채무에 해당된다고 보아야 할 것이다(대판 1998.12.08. 98다43137).
④ (○) 공동상속인들의 건물철거의무는 그 성질상 불가분채무라고 할 것이고, 각자 그 지분의 한도 내에서 건물 전체에 대한 철거의무를 지는 것이다(대판 1980.06.24. 80다756).

⑤ (X) 변호사에게 공동당사자로서 소송대리를 위임한 소송사건의 결과에 따라 경제적 이익을 불가분적으로 향유하게 되거나 패소할 경우 소송 상대방에 대하여 부진정연대관계의 채무를 부담하게 된다 하더라도, 이러한 사정만으로 곧바로 공동당사자들의 변호사에 대한 소송대리위임에 따른 보수금지급채무가 연대 또는 불가분채무에 해당하는 것으로 단정할 수 없다(대판 1993.02.12. 92다42941).

정답 ⑤

제❸절 ǀ 연대채무

제1관 연대채무
제2관 부진정연대채무

문 18

연대채무 및 부진정연대채무에 관한 다음 설명 중 가장 옳지 않은 것은?[2023년 24번]

① 어느 연대채무자가 채무를 승인함으로써 그에 대한 시효가 중단되면 그로 인하여 다른 연대채무자에게도 시효중단의 효력이 발생한다.
② 중첩적 채무인수에서 인수인이 채무자의 부탁을 받지 아니하여 주관적 공동관계가 없는 경우에는 채무자와 인수인은 부진정연대관계에 있는 것으로 보아야 한다.
③ 금액이 서로 다른 채무가 서로 부진정연대관계에 있을 때 다액채무자가 일부 변제를 하는 경우 변제로 먼저 소멸하는 부분은 다액채무자가 단독으로 채무를 부담하는 부분으로 보아야 한다.
④ 연대채무자가 변제 기타 자기의 출재로 공동면책을 얻은 때에는 다른 연대채무자의 부담부분에 대하여 구상권을 행사할 수 있고 이때 부담부분은 균등한 것으로 추정되나, 연대채무자 사이에 부담부분에 관한 특약이 있다면 그에 따라 부담분이 결정된다.
⑤ 공동불법행위자 중 1인에 대하여 구상의무를 부담하는 다른 공동불법행위자가 수인인 경우에 구상권자인 공동불법행위자측에 과실이 없어 내부적인 부담 부분이 전혀 없다면 그 구상권자에 대한 수인의 구상의무 사이의 관계는 부진정연대관계로 보아야 한다.

MGI Point **(부진정)연대채무** ★★

- 연대채무자 중 1인의 채무의 승인 ⇨ 다른 연대채무자에게 시효중단의 효력 발생×
- 중첩적 채무인수에서 인수인과 채무자 간에 주관적 공동관계가 없는 경우 ⇨ 부진정연대관계
- 금액이 서로 다른 채무가 서로 부진정연대관계에 있을 때 다액채무자가 일부 변제를 하는 경우 ⇨ 다액채무자가 단독으로 채무를 부담하는 부분이 먼저 소멸
- 연대채무자 중 1인이 변제 기타 자기의 출재로 공동면책을 얻은 때 다른 연대채무자들의 부담부분 ⇨ 특약이 없는 한 균등한 것으로 추정
- 내부적인 부담 부분이 없는 공동불법행위자의 변제와 다른 공동불법행위자의 구상채무 ⇨ 부진정연대채무

① (X) 민법 제416조는 어느 연대채무자에 대한 이행청구는 다른 연대채무자에게도 효력이 있다고 규정하고 있을 뿐이고 채무승인은 이행청구에는 해당하지 않기 때문에, 어느 연대채무자가 채무를 승인함으로써 그에 대한 시효가 중단되었더라도 그로 인하여 다른 연대채무자에게도 시효중단의 효력이 발생하는 것은 아니다(대법원 2018. 10. 25. 2018다234177).

② (○) 중첩적 채무인수에서 인수인이 채무자의 부탁 없이 채권자와의 계약으로 채무를 인수하는 것은 매우 드문 일이므로 채무자와 인수인은 원칙적으로 주관적 공동관계가 있는 연대채무관계에 있고, 인수인이 채무자의 부탁을 받지 아니하여 <u>주관적 공동관계가 없는 경우에는 부진정연대관계에 있는 것으로 보아야 한다</u>(대법원 2014. 8. 20. 2012다97420,97437).

③ (○) 금액이 다른 채무가 서로 부진정연대 관계에 있을 때 다액채무자가 일부 변제를 하는 경우 변제로 인하여 먼저 소멸하는 부분은 당사자의 의사와 채무 전액의 지급을 확실히 확보하려는 부진정연대채무 제도의 취지에 비추어 볼 때 다액채무자가 단독으로 채무를 부담하는 부분으로 보아야 한다. 이러한 법리는 공동불법행위자들의 피해자에 대한 과실비율이 달라 손해배상액이 달라졌는데 다액채무자인 공동불법행위자가 손해배상액의 일부를 변제한 경우에도 적용된다(대법원 2022. 11. 30. 2017다841 등).

④ (○) 연대채무자가 변제 기타 자기의 출재(출재)로 공동면책을 얻은 때에는 다른 연대채무자의 부담부분에 대하여 구상권을 행사할 수 있고 이때 부담부분은 균등한 것으로 추정된다(민법 제425조 제1항, 제424조). 그러나 연대채무자 사이에 부담부분에 관한 특약이 있거나 특약이 없더라도 채무의 부담과 관련하여 각 채무자의 수익비율이 다르다면 그 특약 또는 비율에 따라 부담부분이 결정된다(대법원 2020. 7. 9. 2020다208195).

⑤ (○) 공동불법행위자 중 1인에 대하여 구상의무를 부담하는 다른 공동불법행위자가 수인인 경우에는 특별한 사정이 없는 이상 그들의 구상권자에 대한 채무는 각자의 부담 부분에 따른 분할채무로 보는 것이 타당하지만, 구상권자인 공동불법행위자 측에 과실이 없는 경우, 즉 내부적인 부담 부분이 전혀 없는 경우에는 이와 달리 그에 대한 수인의 구상의무를 부진정연대관계로 보는 것이 타당하다(대법원 2012. 3. 15. 2011다52727).

정답 ①

제❹절 | 보증채무

문 19

甲이 乙로부터 2억원을 차용하면서 丙이 乙에 위 차용금에 대하여 보증채무를 부담하게 되었고 丁은 위 차용금의 담보로 자기 소유의 X토지(시가 3억원) 위에 저당권을 설정해 주었다. 이에 관한 다음 설명 중 옳은 것은 모두 몇 개인가? [2023년 36번]

ㄱ. 丙의 보증채무는 甲의 주채무와는 별개의 채무이기 때문에 보증채무 자체의 이행지체로 인한 지연손해금은 보증한도액과는 별도로 부담하고, 이 경우 보증채무의 연체이율에 관하여 특별한 약정이 없는 경우라면 그 거래행위의 성질에 따라 상법 또는 민법에서 정한 법정이율에 따라야 하며, 주채무에 관하여 약정된 연체이율이 당연히 여기에 적용되는 것은 아니지만, 특별한 약정이 있다면 이에 따라야 한다.

ㄴ. 乙은 보증계약을 체결할 때 보증계약의 체결 여부 또는 그 내용에 영향을 미칠 수 있는 甲의 채무 관련 신용정보를 보유하고 있거나 알고 있는 경우에는 丙에게 그 정보를 알려야 한다. 같은 취지로, 乙은 丁에게도 甲의 신용 상태를 고지할 신의칙상 의무를 부담한다.

ㄷ. 조세채권도 사법상 일반 금전채권과 그 성질이 유사하므로, 사법상의 계약에 의하여 조세채무를 부담하거나 이것을 보증하게 하여 이들로부터 일반채권의 행사 방법에 의하여 조세채권의 궁극적 만족을 실현하는 것도 허용될 수 있다 할 것이다.

ㄹ. 丁이 그 피담보채무의 부존재 또는 소멸을 이유로 제기한 저당권설정등기 말소등기절차이행 청구소송에서 乙이 청구기각의 판결을 구하고 피담보채권의 존재를 주장하였다면 피담보채권의 소멸시효에 관하여 규정한 민법 제168조 제1호 소정의 '청구'에 해당한다.

ㅁ. 보증계약 체결 후 乙이 丙의 승낙 없이 甲에 대하여 변제기를 연장하여 주는 것은 丙의 책임을 가중하는 것이라고 볼 수 있으므로 보증채무에 대하여 그 효력이 미치지 않는다.

① 1개   ② 2개   ③ 3개   ④ 4개   ⑤ 5개

MGI Point 보증채무 ★★

- 약정이 없는 경우 주채무에 관하여 약정된 연체이율이 당연히 보증채무의 연체에 적용되는 것 ×
- 채권자가 물상보증인에게 채무자 신용정보를 제공할 의무가 있는지 여부 ⇨ ×
- 계약체결 및 보증 등 일반채권의 행사방법에 의하여 조세채권의 궁극적 만족을 실현하는 것 ⇨ 허용 ×
- 채권자가 물상보증인이 제기한 저당권설정등기 말소청구소송에서 피담보채권을 주장한 경우 ⇨ 채무자에 대한 소멸시효중단사유인 청구에 해당 ×
- 보증계약 체결 후 채권자가 보증인의 승낙 없이 주채무자에 대하여 변제기를 연장하여 준 경우 ⇨ 보증인에 대하여 효력 ○

ㄱ. (○) 보증채무는 주채무와는 별개의 채무이기 때문에 보증채무 자체의 이행지체로 인한 지연손해금은 보증한도액과는 별도로 부담하고 이 경우 보증채무의 연체이율에 관하여 특별한 약정이 없는 경우라면 그 거래행위의 성질에 따라 상법 또는 민법에서 정한 법정이율에 따라야 하며, 주채무에 관하여 약정된 연체이율이 당연히 여기에 적용되는 것은 아니지만, 특별한 약정이 있다면 이에 따라야 한다(대법원 2000. 4. 11. 99다12123).

ㄴ. (X) 물상보증인은 채권자가 아니라 채무자를 위해 자기 소유의 부동산을 담보로 제공하는 사람이다. 물상보증인은 담보권의 실행으로 담보물의 소유권을 잃게 되면 채무자에 대한 구상권을 행사할 수 있다. 보증제도는 본질적으로 주채무자의 무자력에 따른 채권자의 위험을 인수하는 것이다. 이러한 사정을 고려하면 물상보증인이 주채무자의 자력에 대하여 조사한 다음 계약을 체결할 것인지 여부를 스스로 결정해야 하고, 채권자가 물상보증인에게 주채무자의 신용 상태를 고지할 신의칙상 의무는 존재하지 않는다().

ㄷ. (X) 조세채권은 국가재정수입확보의 목적을 위하여 국세징수법상 우선권 자력집행권이 인정되는 권리로서 국민조세부담의 공평과 부당한 조세징수로부터 국민을 보호하기 위하여 조세법률주의의 원칙이 요구되기 때문에 사적 자치가 지배하는 사법상의 채권과는 달리 그 성립과 행사가 법률에 의하여서만 가능하고 사법상의 계약에 의하여 조세채무를 부담하거나 이것을 보증하게 하여 이들로부터 일반채권의 행사방법에 의하여 조세채권의 궁극적 만족을 실현하는 것은 허용될 수 없다(대법원 1976. 3. 23. 76다284).

ㄹ. (X) 타인의 채무를 담보하기 위하여 자기의 물건에 담보권을 설정한 물상보증인은 채권자에 대하여 물적 유한책임을 지고 있어 그 피담보채권의 소멸에 의하여 직접 이익을 받는 관계에 있으므로 소멸시효의 완성을 주장할 수 있는 것이지만, 채권자에 대하여는 아무런 채무도 부담하고 있지 아니하므로, 물상보증인이 그 피담보채무의 부존재 또는 소멸을 이유로 제기한 저당권설정등기 말소등기절차이행청구소송에서 채권자 겸 저당권자가 청구기각의 판결을 구하고 피담보채권의 존재를 주장하였다고 하더라도 이로써 직접 채무자에 대하여 재판상 청구를 한 것으로 볼 수는 없는 것이므로 피담보채권의 소멸시효에 관하여 규정한 민법 제168조 제1호 소정의 '청구'에 해당하지 아니한다(대법원 2004. 1. 16. 2003다30890).

ㅁ. (X) 보증계약 체결 후 채권자가 보증인의 승낙 없이 주채무자에 대하여 변제기를 연장하여 준 경우, 그것이 반드시 보증인의 책임을 가중하는 것이라고는 할 수 없으므로 원칙적으로 보증채무에 대하여도 그 효력이 미친다(대법원 1996. 2. 23. 95다49141).

정답 ①

문 34

보증인의 구상권에 관한 다음 설명 중 옳은 것을 모두 고른 것은? [2022년 15번]

> ㄱ. 수탁보증인의 사전구상권과 사후구상권은 그 종국적 목적과 사회적 효용을 같이하는 공통성을 가지고 있으므로, 사후구상권이 발생하면 목적달성 여부를 불문하고 사전구상권은 소멸한다.
> ㄴ. 수탁보증인이 주채무자에 대하여 가지는 민법 제442조의 사전구상권을 자동채권으로 하는 상계는 원칙적으로 허용된다.
> ㄷ. 사후구상권은 보증인이 채무자에 갈음하여 변제 등 자신의 출연으로 채무를 소멸시켰다고 하는 사실에 의하여 발생한다.
> ㄹ. 원칙적으로 수탁보증인의 사전구상권에 관한 민법 제442조는 물상보증인에게 적용되므로 물상보증인은 사전구상권을 행사할 수 있다.
> ㅁ. 타인의 채무를 담보하기 위하여 그 소유의 부동산에 저당권을 설정한 물상보증인이 타인의 채무를 변제하거나 저당권의 실행으로 저당물의 소유권을 잃은 때에는 채무자에 대하여 구상권을 취득한다.
> ㅂ. 기존 채무가 동일성을 유지하면서 인수 당시의 상태로 종래의 채무자로부터 인수인에게 이전하는 면책적 채무인수는 구상권 취득의 요건인 '채무의 변제'에 해당하므로, 채무인수의 대가로 기존 채무자가 물상보증인에게 어떤 급부를 하기로 약정하였다는 등의 사정이 없더라도, 물상보증인은 기존 채무자의 채무를 면책적으로 인수함으로써 기존 채무자에 대하여 구상권을 가진다.

① ㄷ, ㅁ
② ㄷ, ㄹ, ㅁ
③ ㄱ, ㄷ, ㄹ, ㅂ
④ ㄴ, ㄷ, ㅂ
⑤ ㄹ, ㅁ

MGI Point **구상권** ★★

- 사후구상권이 발생 ⇨ 사전구상권은 소멸하지 아니하고 병존
- 수탁보증인의 사전구상권을 자동채권으로 하는 상계 ⇨ 원칙적으로 不許
- 사후구상권은 보증인이 채무자에 갈음하여 변제 등 자신의 출연으로 채무를 소멸시켰다고 하는 사실에 의해 발생함
- 물상보증인의 사전구상권 ⇨ 인정되지 않음
- 물상보증인이 타인의 채무를 변제하거나 저당권 실행으로 저당물 소유권 잃은 때 ⇨ 구상권 취득
- 물상보증인이 채무를 면책적으로 인수 ⇨ 구상권 취득 ×

ㄱ. (×), ㄷ. (○) 수탁보증인의 사전구상권과 사후구상권은 그 종국적 목적과 사회적 효용을 같이하는 공통성을 가지고 있으나, 사후구상권은 보증인이 채무자에 갈음하여 변제 등 자신의 출연으로 채무를 소멸시켰다고 하는 사실에 의하여 발생하는 것이고, 이에 대하여 사전구상권은 그 외의 민법 제442조 제1항 소정의 사유나 약정으로 정한 일정한 사실에 의하여 발생하는 등 그 발생원인을 달리하고 그 법적 성질도 달리하는 별개의 독립된 권리이므로, 사후구상권이 발생한 이후에도 사전구상권은 소멸하지 아니하고 병존하며, 다만 목적달성으로 일방이 소멸하면 타방도 소멸하는 관계에 있을 뿐이다(대판 2019.02.14. 2017다274703).

ㄴ. (X) 항변권이 붙어 있는 채권을 자동채권으로 하여 다른 채무(수동채권)와의 상계를 허용한다면 상계자 일방의 의사표시에 의하여 상대방의 항변권 행사의 기회를 상실시키는 결과가 되므로 그러한 상계는 허용될 수 없고, 특히 수탁보증인이 주채무자에 대하여 가지는 민법 제442조의 사전구상권에는 민법 제443조의 담보제공청구권이 항변권으로 부착되어 있는 만큼 이를 자동채권으로 하는 상계는 원칙적으로 허용될 수 없다(대판 2019.02.14. 2017다274703).

ㄹ. (X) 민법 제370조에 의하여 민법 제341조가 저당권에 준용되는데, 민법 제341조는 타인의 채무를 담보하기 위한 저당권설정자가 그 채무를 변제하거나 저당권의 실행으로 인하여 저당물의 소유권을 잃은 때에 채무자에 대하여 구상권을 취득한다고 규정하여 물상보증인의 구상권 발생 요건을 보증인의 경우와 달리 규정하고 있는 점, 물상보증은 채무자 아닌 사람이 채무자를 위하여 담보물권을 설정하는 행위이고 채무자를 대신해서 채무를 이행하는 사무의 처리를 위탁받는 것이 아니므로 물상보증인은 담보물로서 물적 유한책임만을 부담할 뿐 채권자에 대하여 채무를 부담하는 것이 아닌 점, 물상보증인이 채무자에게 구상할 구상권의 범위는 특별한 사정이 없는 한 채무를 변제하거나 담보권의 실행으로 담보물의 소유권을 상실하게 된 시점에 확정된다는 점 등을 종합하면, 원칙적으로 수탁보증인의 사전구상권에 관한 민법 제442조는 물상보증인에게 적용되지 아니하고 물상보증인은 사전구상권을 행사할 수 없다(대판 2009.07.23. 2009다19802).

ㅁ. (○), ㅂ. (X) 타인의 채무를 담보하기 위하여 그 소유의 부동산에 저당권을 설정한 물상보증인이 타인의 채무를 변제하거나 저당권의 실행으로 저당물의 소유권을 잃은 때에는 채무자에 대하여 구상권을 취득한다(민법 제370조, 제341조). 그런데 구상권 취득의 요건인 '채무의 변제'라 함은 채무의 내용인 급부가 실현되고 이로써 채권이 그 목적을 달성하여 소멸하는 것을 의미하므로, 기존 채무가 동일성을 유지하면서 인수 당시의 상태로 종래의 채무자로부터 인수인에게 이전할 뿐 기존 채무를 소멸시키는 효력이 없는 면책적 채무인수는 설령 이로 인하여 기존 채무자가 채무를 면한다고 하더라도 이를 가리켜 채무가 변제된 경우에 해당한다고 할 수 없다. 따라서 채무인수의 대가로 기존 채무자가 물상보증인에게 어떤 급부를 하기로 약정하였다는 등의 사정이 없는 한 물상보증인이 기존 채무자의 채무를 면책적으로 인수하였다는 것만으로 물상보증인이 기존 채무자에 대하여 구상권 등의 권리를 가진다고 할 수 없다(대판 2019.02.14. 2017다274703).

정답 ①

문 35

보증채무에 관한 다음 설명 중 옳은 것을 모두 고른 것은? [2019년 3번]

ㄱ. 불확정한 다수의 채무에 대하여 보증하는 경우 보증하는 채무의 최고액을 서면으로 특정하여야 한다.
ㄴ. 회사의 임원이나 직원의 지위에 있었기 때문에 부득이 회사와 제3자 사이의 계속적 거래에서 발생하는 회사의 채무를 연대보증한 사람이 그 후 회사에서 퇴직하여 임직원의 지위에서 떠난 경우, 연대보증인은 특별한 사정이 없는 한 연대보증계약을 일방적으로 해지할 수 있다.
ㄷ. 민법 제428조의2 제1항 전문은 "보증은 그 의사가 보증인의 기명날인 또는 서명이 있는 서면으로 표시되어야 효력이 발생한다."라고 규정하고 있는데, 이때 '보증인의 서명'을 타인이 대신 쓰는 것이나 '보증인의 기명날인'을 타인이 대행하는 것은 허용되지 않는다.
ㄹ. 보증채무는 주채무와는 별개의 채무이기 때문에 보증채무 자체의 이행지체로 인한 지연손해금은 보증의 한도액과는 별도로 부담하여야 한다.

ㅁ. 보증인이 보증채무를 이행한 경우에도 보증인의 기명날인 또는 서명이 있는 서면으로 보증의 의사가 표시되지 아니하였다면 보증의 무효를 주장할 수 있다.

① ㄱ, ㄴ, ㄷ ② ㄴ, ㄷ, ㄹ ③ ㄷ, ㄹ, ㅁ
④ ㄱ, ㄴ, ㅁ ⑤ ㄱ, ㄴ, ㄹ

MGI Point 보증채무 ★★

- 불확정한 다수의 채무에 대한 보증 ⇨ 채무의 최고액을 서면으로 특정해야 함
- 이사의 지위에서 부득이 회사의 계속적 거래관계로 인한 불확정채무에 대하여 보증인이 된 자가 이사의 지위를 떠난 경우 ⇨ 보증한도액과 보증기간이 제한되어 있더라도 사정변경을 이유로 보증계약의 해지 可
- 민법 제428조의2 제1항 : 보증인의 서명 ⇨ 타인이 대신 × / 보증인의 기명날인 ⇨ 타인이 대행 可
- 보증채무는 주채무와는 별개의 채무 ⇨ 보증채무 자체의 이행지체로 인한 지연손해금은 보증한도액과는 별도로 부담
- 보증인의 기명날인 또는 서명이 있는 서면으로 표시되어야 효력 有 (but 보증인이 보증채무를 이행한 경우 그 한도에서 방식의 하자를 이유로 보증의 무효를 주장 ×)

ㄱ. (○) 민법 제428조의3 제1항 참조.

> 민법 제428조의3(근보증) ① 보증은 불확정한 다수의 채무에 대해서도 할 수 있다. 이 경우 보증하는 채무의 최고액을 서면으로 특정하여야 한다.

ㄴ. (○) 회사의 임원이나 직원의 지위에 있었기 때문에 부득이 회사와 제3자 사이의 계속적 거래에서 발생하는 회사의 채무를 연대보증한 사람이 그 후 회사에서 퇴직하여 임직원의 지위에서 떠난 때에는 연대보증계약의 기초가 된 사정이 현저히 변경되어 그가 계속 연대보증인의 지위를 유지하도록 하는 것이 사회통념상 부당하다고 볼 수 있다. 이러한 경우 연대보증인은 특별한 사정이 없는 한 연대보증계약을 일방적으로 해지할 수 있다고 보아야 한다(대판 2018.03.27. 2015다12130).

ㄷ. (X) 민법 제428조의2 제1항 전문은 "보증은 그 의사가 보증인의 기명날인 또는 서명이 있는 서면으로 표시되어야 효력이 발생한다."라고 규정하고 있는데, '보증인의 서명'은 원칙적으로 보증인이 직접 자신의 이름을 쓰는 것을 의미하므로 타인이 보증인의 이름을 대신 쓰는 것은 이에 해당하지 않지만, '보증인의 기명날인'은 타인이 이를 대행하는 방법으로 하여도 무방하다(대판 2019.03.14. 2018다282473).

ㄹ. (○) 보증채무는 주채무와는 별개의 채무이기 때문에 보증채무 자체의 이행지체로 인한 지연손해금은 보증한도액과는 별도로 부담하고, 이 경우 보증채무의 연체이율에 관하여 특별한 약정이 없는 경우라면 그 거래행위의 성질에 따라 상법 또는 민법에서 정한 법정이율에 따라야 하며, 주채무에 관하여 약정된 연체이율이 당연히 여기에 적용되는 것은 아니지만, 특별한 약정이 있다면 이에 따라야 한다(대판 2000.04.11. 99다12123).

ㅁ. (X) 민법 제428조의2 참조.

> 민법 제428조의2(보증의 방식) ① 보증은 그 의사가 보증인의 기명날인 또는 서명이 있는 서면으로 표시되어야 효력이 발생한다. 다만, 보증의 의사가 전자적 형태로 표시된 경우에는 효력이 없다.
> ③ 보증인이 보증채무를 이행한 경우에는 그 한도에서 제1항과 제2항에 따른 방식의 하자를 이유로 보증의 무효를 주장할 수 없다.

정답 ⑤

문 36

보증채무에 관한 다음 설명 중 옳지 않은 것을 모두 고른 것은? [2018년 40번]

ㄱ. 보증인의 출연행위 당시에 주채무가 유효하게 존속하고 있었다면 그 후 주계약이 해제되어 소급적으로 소멸하는 경우라도 보증인은 변제를 수령한 채권자를 상대로 이미 이행한 급부를 부당이득으로 반환청구할 수 없다.
ㄴ. 보증계약의 성립을 인정하려면 그 전제로서 보증인의 보증의사가 있어야 하고, 이러한 보증의사의 존부는 당사자가 거래에 관여하게 된 동기와 경위, 거래의 관행 등을 종합적으로 고찰하여 판단하여야 하며, 보증의사의 존재나 보증범위는 엄격하게 제한하여 인정하여야 한다.
ㄷ. 보증채무는 주된 채무의 존재를 전제로 하여 성립하고 존속하므로, 주채무 발생의 원인이 되는 기본계약이 반드시 보증계약보다 먼저 체결되어 있어야만 하며, 현실적으로 발생하지 아니한 장래의 채무에 대해서는 보증계약을 체결할 수 없다.
ㄹ. 수탁보증인이 사전구상권을 행사하는 경우, 사전구상으로써 청구할 수 있는 범위에는 보증인 자신이 부담할 것이 확정된 채무 전액 및 면책비용에 대한 법정이자나 채무의 원본에 대한 장래 도래할 이행기까지의 이자가 포함된다.
ㅁ. 현실적인 자금의 수수 없이 형식적으로만 신규 대출을 하여 기존 채무를 변제하는 이른바 대환은 실질적으로는 기존 채무의 변제기의 연장에 불과하므로, 특별한 사정이 없는 한 기존 채무에 대한 보증책임은 존속한다.
ㅂ. 수탁보증인이 주채무자로부터 사전구상금을 수령하였다면 채권자에게는 위 금원에 대한 인도청구권이 발생하므로, 수탁보증인이 주채무자로부터 수령한 사전구상금을 주채무자의 면책을 위하여 사용하지 않고 있다면 채권자에 대하여 부당이득이 성립한다.

① ㄱ, ㄴ ② ㄷ, ㅁ ③ ㄱ, ㅂ
④ ㄱ, ㄷ, ㄹ, ㅂ ⑤ ㄱ, ㄷ, ㅂ

해설 ★★★

ㄱ. (X) 보증채무는 주채무와 동일한 내용의 급부를 목적으로 함이 원칙이지만 주채무와는 별개 독립의 채무이고, 한편 보증채무자가 주채무를 소멸시키는 행위는 주채무의 존재를 전제로 하므로, 보증인의 출연행위 당시에는 주채무가 유효하게 존속하고 있었다 하더라도 그 후 주계약이 해제되어 소급적으로 소멸하는 경우에는 보증인은 변제를 수령한 채권자를 상대로 이미 이행한 급부를 부당이득으로 반환청구할 수 있다(대판 2004.12.24. 2004다20265).

ㄴ. (○) 보증의사의 존부는 당사자가 거래에 관여하게 된 동기와 경위, 그 관여형식 및 내용, 당사자가 그 거래행위에 의하여 달성하려는 목적, 거래의 관행 등을 종합적으로 고찰하여 판단하여야 할 당사자의 의사해석과 사실인정의 문제이지만, 보증은 이를 인정할 특별한 사정이 있을 경우 이루어지므로 보증의사의 존재나 보증범위는 이를 엄격하게 제한하여 인정하여야 하는바, 한정근보증의 경우 피보증채무의 범위란에 특정한 종류의 거래계약을 한정적으로 열거하고 그 거래계약과 관련하여 발생하는 채무를 피보증채무로 하는 것이므로, 피보증채무의 범위란에 일정한 약정에 기한 채무가 기재되어 있는 때에는 그 범위에 속하는 채무만을 피보증채무로 인정하여야 한다(대판 2006.12.21. 2004다34134).

ㄷ. (X) 주채무 발생의 원인이 되는 기본계약이 반드시 보증계약보다 먼저 체결되어야만 하는 것은 아니고, 보증계약 체결 당시 보증의 대상이 될 주채무의 발생원인과 그 내용이 어느 정도 확정되어 있다면 장래의 채무에 대해서도 유효하게 보증계약을 체결할 수 있다 할 것이다(대판 2006.06.27. 2005다50041).

ㄹ. (X) 수탁보증인이 사전구상권을 행사하는 경우 보증인은 자신이 부담할 것이 확정된 채무 전액에 대하여 구상권을 행사할 수 있지만, (아직 지출하지 않은) 면책비용에 대한 법정이자나 채무의 원본에 대한 장래 도래할 이행기까지의 이자 등을 청구하는 것은 사전구상권의 성질상 허용될 수 없다. 보증인이 보증채무를 이행함에 따라 주채무자가 보증인에 대하여 부담하게 될 구상금채무를 근보증하면서, 면책원금외에 면책일 이후의 법정이자나 피할 수 없는 비용 등까지 담보하기 위하여 근보증한도액을 면책원금에 해당하는 보증인의 보증한도액보다 높은 금액으로 정했다고 하더라도, 보증인이 사전구상권을 행사할 수 있는 금액은 근보증한도액이 아닌 '보증인의 보증한도액'으로 한정된다(대판 2005.11.25. 2004다66834).

ㅁ. (○) 현실적인 자금의 수수 없이 형식적으로만 (기존 보증인이 빠지고 새로운 보증인이 보증하는) 신규대출을 하여 기존채무를 변제하는 이른바 '대환'은 특별한 사정이 없는 한 형식적으로는 별도의 대출에 해당하나 실질적으로는 기존채무의 변제기의 연장에 불과하므로 그 법률적 성질은 기존채무가 여전히 동일성을 유지한 채 존속하는 준소비대차로 보아야 하고, 이러한 경우 채권자와 보증인 사이에 있어서 사전에 신규대출 형식에 의한 대환을 하는 경우 보증책임을 면하기로 약정하는 등의 특별한 사정이 없는 한 기존채무에 대한 보증책임이 존속된다(대판 1998.02.27. 97다16077).

ㅂ. (X) 수탁보증인이 사전구상권의 행사에 의하여 주채무자로부터 사전구상금을 수령한 경우, 주채무자에 대한 수임인의 지위에서 선량한 관리자의 주의로써 위탁사무인 주채무자의 면책에 사용할 의무가 있으므로 수탁보증인이 주채무자로부터 수령한 사전구상금을 주채무자의 면책에 사용하지 않았다면 주채무자에 대하여 채무불이행책임을 진다고 할 것이지만, 수탁보증인이 주채무자로부터 사전구상금을 수령하였다고 하여 채권자에게 위 금원에 대한 인도청구권이 발생하는 것은 아닐 뿐만 아니라, 수탁보증인이 주채무자로부터 수령한 사전구상금을 주채무자의 면책을 위하여 사용하지 않는다고 하더라도 채권자에 대하여 여전히 보증채무를 부담하고 있는 이상, 수탁보증인이 주채무자로부터 수령한 사전구상금을 주채무자의 면책을 위하여 사용하지 않음으로써 채권자에 대하여 부당이득이 된다고 할 수는 없다(대판 2005.07.14. 2004다6948).

정답 ④

문 37

보증채무에 관한 다음 설명 중 가장 옳지 않은 것은?(다툼이 있는 경우 판례에 의함) [2017년 9번]

① 보증채무는 주채무와는 별개의 채무이기 때문에 보증채무 자체의 이행지체로 인한 지연손해금은 보증한도액과는 별도로 부담하고, 이 경우 보증채무의 연체이율에 관하여 특별한 약정이 있으면 그에 따르고, 특별한 약정이 없는 경우라면 그 거래행위의 성질에 따라 상법 또는 민법에서 정한 법정이율에 따라야 할 것이고, 주채무에 관하여 약정된 연체이율이 당연히 여기에 적용되는 것은 아니다.
② 공사수급인의 연대보증인이 부담하는 지체상금 지급의무와 관련하여, 이른바 손해배상액의 예정으로서 지체상금액이 과다한지 여부는 연대보증인을 기준으로 판단하여야 한다.
③ 주채무 명의자인 제3자가 실질적 주채무자가 아니라는 사실을 연대보증인이 알고서 보증을 하였거나 보증책임을 이행한 경우라 할지라도, 그 제3자가 실질상의 주채무자를 연대보증한 것으로 인정할 수 있는 경우에는 제3자는 연대보증인에 대하여 공동보증인 간의 구상권 행사 법리에 따른 구상의무는 부담한다 할 것이다.

④ 보증채무는 주채무에 대한 부종성 또는 수반성이 있어서 주채무자에 대한 채권이 이전되면 당사자 사이에 별도의 특약이 없는 한 보증인에 대한 채권도 함께 이전하고, 이 경우 채권양도의 대항요건도 주채권의 이전에 관하여 구비하면 족하고 별도로 보증채권에 관하여 대항요건을 갖출 필요는 없다.

⑤ 채권자와 보증인 사이에 보증인이 주채무를 중첩적으로 인수하기로 약정하였다 하더라도 특별한 사정이 없는 한 보증인은 주채무자에 대한 관계에서는 종전의 보증인의 지위를 그대로 유지한다고 봄이 상당하므로, 채무인수로 인하여 보증인과 주채무자 사이의 주채무에 관련된 구상관계가 달라지는 것은 아니다.

해설 ★★★

① (○) 보증채무는 주채무와는 별개의 채무이기 때문에 보증채무 자체의 이행지체로 인한 지연손해금은 보증한도액과는 별도인바, 이 경우 보증채무의 연체이율에 관하여 특별한 약정이 있으면 그에 따르고 특별한 약정이 없으면 거래행위의 성질에 따라 상법 또는 민법에서 정한 법정이율에 따르는 것이지, 주채무에 관하여 약정된 연체이율이 당연히 여기에 적용되는 것은 아니다(대판 2014.03.13. 2013다205693).

② (X) 공사수급인의 연대보증인이 부담하는 지체상금 지급의무는 주채무자인 공사수급인이 지급하여야 할 지체상금의 범위에 부종하는 것이므로, 이른바 손해배상액의 예정으로서 지체상금액이 과다한지 여부는 주채무자인 공사수급인을 기준으로 판단하여야 할 것이지 연대보증인을 중심으로 판단할 것은 아니다(대판 2005.08.19. 2002다59764).

③ (○) 주채무 명의자인 제3자가 실질적 주채무자가 아니라는 사실을 연대보증인이 알고서 보증을 하였거나 보증책임을 이행한 경우라 할지라도, 그 제3자가 실질상의 주채무자를 연대보증한 것으로 인정할 수 있는 경우에는 제3자는 연대보증인에 대하여 공동보증인 간의 구상권 행사 법리에 따른 구상의무는 부담한다 할 것이고, 제3자가 금융기관으로부터 대출을 받음에 있어 자신을 주채무자로 하도록 승낙한 경우의 제3자의 의사는 특별한 사정이 없는 한 대출에 따른 경제적인 효과는 실질상의 주채무자에게 귀속시킬지라도 법률상의 효과는 자신에게 귀속시킬 의사로서, 최소한 연대보증의 책임은 지겠다는 의사였다고 보아야 한다(대판 2002.12.10. 2002다47631).

④ (○) 보증채무는 주채무에 대한 부종성 또는 수반성이 있어서 주채무자에 대한 채권이 이전되면 당사자 사이에 별도의 특약이 없는 한 보증인에 대한 채권도 함께 이전하고, 이 경우 채권양도의 대항요건도 주채권의 이전에 관하여 구비하면 족하고, 별도로 보증채권에 관하여 대항요건을 갖출 필요는 없다(대판 2002.09.10. 2002다21509).

⑤ (○) 채권자와 보증인 사이에 보증인이 주채무를 중첩적으로 인수하기로 약정하였다 하더라도 특별한 사정이 없는 한 보증인은 주채무자에 대한 관계에서는 종전의 보증인의 지위를 그대로 유지한다고 봄이 상당하므로, 채무인수로 인하여 보증인과 주채무자 사이의 주채무에 관련된 구상관계가 달라지는 것은 아니다(대판 2003.11.14. 2003다37730).

정답 ②

제5장 채권양도와 채무인수

제❶절 | 채권양도

문 20

채권양도에 관한 다음 설명 중 가장 옳지 않은 것은?[2023년 6번]

① 채권이 이중으로 양도된 경우의 양수인 상호간의 우열은 통지 또는 승낙에 붙여진 확정일자의 선후에 의하여 결정한다.
② 확정일자 있는 채권양도 통지와 채권가압류명령이 제3채무자에게 동시에 도달된 경우 제3채무자는 송달의 선후가 불명한 경우에 준하여 채권자를 알 수 없다는 이유로 변제공탁을 할 수 있다.
③ 채권양도 통지와 채권가압류결정 정본이 같은 날 도달되었는데 그 선후관계에 대하여 달리 입증이 없으면 동시에 도달된 것으로 추정한다.
④ 당사자의 의사표시에 의한 채권의 양도금지는 채권양수인인 제3자가 악의인 경우이거나 채권양도 금지를 알지 못한 데에 중대한 과실이 있는 경우 채무자가 위 채권양도 금지로써 그 제3자에 대하여 대항할 수 있다.
⑤ 지명채권 양도의 통지는 양도인이 직접 하지 않고 사자를 통하여 하거나 대리인으로 하여금 하게 할 수 있고, 채권양수인도 양도인으로부터 채권양도통지 권한을 위임받아 대리인으로서 그 통지를 할 수 있다.

MGI Point 채권양도 ★★

- 채권이 이중으로 양도된 경우의 양수인 상호간의 우열 ⇨ 확정일자부 통지가 제3채무자에게 도달된 선후에 따라 결정
- 확정일자 있는 채권양도 통지와 채권가압류명령이 제3채무자에게 동시에 도달된 경우 ⇨ 제3채무자는 변제공탁 가능
- 채권양도 통지와 채권가압류결정 정본이 같은 날 도달되었는데 그 선후관계에 대하여 달리 입증이 없는 경우 ⇨ 동시에 도달된 것으로 추정
- 채권의 양도금지 합의 + 제3자가 악의or중대한 과실 ⇨ 채무자는 제3자에게 대항 가능
- 채권양수인을 대리인으로 한 채권양도 통지 ⇨ 가능

---

① (X) 채권이 이중으로 양도된 경우의 양수인 상호간의 우열은 통지 또는 승낙에 붙여진 확정일자의 선후에 의하여 결정할 것이 아니라, 채권양도에 대한 채무자의 인식, 즉 확정일자 있는 양도통지가 채무자에게 도달한 일시 또는 확정일자 있는 승낙의 일시의 선후에 의하여 결정하여야 할 것이고, 이러한 법리는 채권양수인과 동일 채권에 대하여 가압류명령을 집행한 자 사이의 우열을 결정하는 경우에 있어서도 마찬가지이므로, 확정일자 있는 채권양도 통지와 가압류결정 정본의 제3채무자(채권양도의 경우는 채무자)에 대한 도달의 선후에 의하여 그 우열을 결정하여야 한다(대법원 1994. 4. 26. 선고 93다24223 전원합의체).
② (○) 확정일자 있는 채권양도 통지와 채권가압류명령이 제3채무자에게 동시에 도달된 경우에도 제3채무자는 송달의 선후가 불명한 경우에 준하여 채권자를 알 수 없다는 이유로 변제공탁을 할 수 있다(대법원 2004. 9. 3. 선고 2003다22561).
③ (○) 채권양도 통지와 채권가압류결정 정본이 같은 날 도달되었는데 그 선후관계에 대하여 달리 입증이 없으면 동시에 도달된 것으로 추정한다(대법원 1994. 4. 26. 선고 93다24223 전원합의체).

④ (○) 당사자의 의사표시에 의한 채권의 양도금지는 제3자가 악의인 경우는 물론 제3자가 채권양도 금지를 알지 못한 데에 중대한 과실이 있는 경우에도 그 채권양도 금지로써 대항할 수 있다(대법원 1999. 2. 12. 선고 98다49937).

⑤ (○) 민법 제450조에 의한 채권양도통지는 양도인이 직접하지 아니하고 사자를 통하여 하거나 대리인으로 하여금 하게 하여도 무방하고, 채권의 양수인도 양도인으로부터 채권양도통지 권한을 위임받아 대리인으로서 그 통지를 할 수 있다(대법원 2004. 2. 13. 선고 2003다43490).

정답 ①

문 38

채권양도에 관한 다음 설명 중 가장 옳지 않은 것은? [2022년 12번]

① 양도된 채권이 이미 변제 등으로 소멸한 경우에는 그 후에 그 채권에 관한 채권압류 및 추심명령이 송달되더라도 그 채권압류 및 추심명령은 존재하지 아니하는 채권에 대한 것으로서 무효이고, 민법 제450조 제2항 소정의 제3자에 대한 대항요건의 문제는 발생될 여지가 없다.

② 당사자 사이에 양도금지의 특약이 있는 채권이라도 압류 및 전부명령에 따라 이전될 수 있고, 이는 압류채권자가 양도금지의 특약이 있는 사실을 알고 있었다 하더라도 마찬가지이다.

③ 임대인이 임대차보증금반환청구채권의 양도통지를 받은 후에 임대인과 임차인 사이에 임대차계약의 갱신이나 계약기간 연장에 관하여 합의가 있더라도 이를 가지고 보증금반환채권의 양수인에게 대항할 수 없다.

④ 甲이 지명채권을 乙에게 양도하고 乙이 그에 따라 확정일자 있는 증서에 의한 대항요건을 적법하게 갖춘 상태에서 甲이 동일한 채권을 丙에게 재차 양도한 다음 甲과 乙이 채권양도계약을 합의해지하고 그 사실을 乙이 채무자에게 적법하게 통지하였다면 丙은 유효하게 채권을 취득한다.

⑤ 채권의 양수인이 채권양도의 대항요건을 갖추지 못한 상태에서 채무자를 상대로 재판상의 청구를 한 경우 소멸시효의 중단사유인 재판상의 청구에 해당한다.

MGI Point 채권양도 ★★

- 이미 소멸한 채권이 양도된 경우 ⇨ 그 채권에 관한 채권압류 및 추심명령은 무효
- 양도금지의 특약이 있는 채권 ⇨ 압류채권자의 선·악의 불문, 압류 및 전부명령에 따라 이전 可
- 임대인이 임대차보증금반환청구채권의 양도통지를 받은 후 임대차계약의 갱신이나 계약기간 연장에 관하여 합의 ⇨ 양수인에게 대항 不可
- 양도인이 지명채권을 1차 양도 후 제1양수인이 확정일자 있는 증서에 의한 대항요건을 적법하게 갖추었는데, 그 후 양도인이 동일한 채권을 제2양수인에게 양도한 경우
  - 제2차 양도계약 후 양도인과 제1양수인이 제1차 양도계약을 합의해지하고 제1양수인이 그 사실을 채무자에게 통지함으로써 채권이 다시 양도인에게 귀속하게 된 경우 ⇨ 제2차 양수인은 채권 취득 ×
- 대항요건 갖추지 못한 양수인의 재판상 청구 ⇨ 소멸시효의 중단사유인 재판상 청구 ○

① (○) 민법 제450조 제2항 소정의 지명채권양도의 제3자에 대한 대항요건은 양도된 채권이 존속하는 동안에 그 채권에 관하여 양수인의 지위와 양립할 수 없는 법률상의 지위를 취득한 제3자가 있는 경우에 적용되는 것이므로, 양도된 채권이 이미 변제 등으로 소멸한 경우에는 그 후에 그 채권에 관한 채권압류 및 추심명령

② (○) 당사자 사이에 양도금지의 특약이 있는 채권이라도 압류 및 전부명령에 의하여 이전할 수 있고, 양도금지의 특약이 있는 사실에 관하여 압류채권자가 선의인가 악의인가는 전부명령의 효력에 영향을 미치지 못한다(대판 1976.10.29. 76다1623).

③ (○) 임대인이 임대차보증금반환청구채권의 양도통지를 받은 후에는 임대인과 임차인 사이에 임대차계약의 갱신이나 계약기간 연장에 관하여 명시적 또는 묵시적 합의가 있더라도 그 합의의 효과는 보증금반환채권의 양수인에 대하여는 미칠 수 없다(대판 1989.04.25. 88다카4253).

④ (X) 양도인이 지명채권을 제1양수인에게 1차로 양도한 다음 제1양수인이 그에 따라 확정일자 있는 증서에 의한 대항요건을 적법하게 갖추었다면 이로써 채권이 제1양수인에게 이전하고 양도인은 채권에 대한 처분권한을 상실하므로, 그 후 양도인이 동일한 채권을 제2양수인에게 양도하였더라도 제2양수인은 채권을 취득할 수 없다. 이 경우 양도인이 다른 채무를 담보하기 위하여 제1차 양도계약을 하였더라도 대외적으로 채권이 제1양수인에게 이전되어 제1양수인이 채권을 취득하게 되므로 그 후에 이루어진 제2차 양도계약에 따라 제2양수인이 채권을 취득하지 못하게 됨은 마찬가지이다. 또한 제2차 양도계약 후 양도인과 제1양수인이 제1차 양도계약을 합의해지한 다음 제1양수인이 그 사실을 채무자에게 통지함으로써 채권이 다시 양도인에게 귀속하게 되었더라도 특별한 사정이 없는 한 양도인이 처분권한 없이 한 제2차 양도계약이 채권양도로서 유효하게 될 수는 없으므로, 그로 인하여 제2양수인이 당연히 채권을 취득하게 된다고 볼 수는 없다(대판 2016.07.14. 2015다46119).

⑤ (○) 채권양도에 의하여 채권은 그 동일성을 잃지 않고 양도인으로부터 양수인에게 이전되며, 이러한 법리는 채권양도의 대항요건을 갖추지 못하였다고 하더라도 마찬가지인 점, 민법 제149조의 "조건의 성취가 미정한 권리의무는 일반규정에 의하여 처분, 상속, 보존 또는 담보로 할 수 있다."는 규정은 대항요건을 갖추지 못하여 채무자에게 대항하지 못한다고 하더라도 채권양도에 의하여 채권을 이전받은 양수인의 경우에도 그대로 준용될 수 있는 점, 채무자를 상대로 재판상의 청구를 한 채권의 양수인을 '권리 위에 잠자는 자'라고 할 수 없는 점 등에 비추어 보면, 비록 대항요건을 갖추지 못하여 채무자에게 대항하지 못한다고 하더라도 채권의 양수인이 채무자를 상대로 재판상의 청구를 하였다면 이는 소멸시효 중단사유인 재판상의 청구에 해당한다고 보아야 한다(대판 2005.11.10. 2005다41818).

정답 ④

문 39

채권양도에 관한 다음 사례 중 가장 옳지 않은 것은? [2021년 9번]

① 甲이 乙에 대한 금전채권을 丙에게 양도하고 이를 乙에게 통지하였는데, 이후 甲과 丙 사이에 채권양도계약이 해제된 경우 甲이 乙에게 채무의 이행을 구하기 위해서는 丙이 乙에게 해제사실을 통지하여야 한다.

② 甲이 2021. 1. 3. 乙에 대한 금전채권을 丙에게 양도하고, 2021. 1. 10. 이를 다시 丁에게 이중으로 양도하였는데, 각 채권양도에 대한 확정일자부 통지가 乙에게 모두 같은 날 도달했다면 乙은 丙과 丁 누구에게라도 전액을 변제하면 다른 채권자에 대한 관계에서도 유효하게 면책된다.

③ 甲이 乙에 대한 금전채권을 丙에게 양도하고 양도사실을 乙에게 통지하였는데, 甲과 乙은 채권계약 당시 양도금지의 약정을 하였다. 丙이 乙에게 채무 이행의 소를 제기하자 乙은 양도금지특약을 들어 채권양도가 무효라고 주장하였고, 丙은 특약에 대하여 아는 바가 없다고 다투고 있는 상황에서 丙이 양도금지특약을 알았거나 알지 못한 데에 중과실이 있다는 사정에 대한 증명책임은 乙에게 있다.

④ 甲이 乙에 대한 금전채권을 丙에게 양도하고 이를 확정일자 있는 증서로 乙에게 통지한 후 다시 丁에게 이중으로 양도하였는데 이에 대하여 乙이 이의를 유보하지 않은 단순승낙을 하였다. 이 경우 乙은 丁에게 채무를 이행하여야 한다.
⑤ 甲이 乙에게 1억원을 대여할 당시 丙이 甲에 대하여 乙과 연대하여 채무를 보증하였다. 이후 甲이 위 대여금채권을 丁에게 양도하면서 채권양도의 사실을 乙에게만 통지하고 丙에게 통지하지 않았다고 하더라도 丁은 丙에게 채권양도사실로 대항할 수 있다.

MGI Point 채권양도 ★★

- 지명채권의 양도통지 후 양도계약이 해제된 경우 ⇨ 채권양수인이 채무자에게 해제 사실 통지 要
- 이중 양도된 채권의 채권양도 확정일자부 통지가 채무자에게 동시에 도달된 경우, 제3채무자로서는 이들 중 누구에게라도 그 채무 전액을 변제하면 다른 채권자에 대한 관계에서도 유효하게 면책됨
- 채권양수인의 악의 또는 중과실에 대한 주장·증명책임의 소재 ⇨ 양도금지특약으로 양수인에게 대항하려는 자
- 이중의 채권양도가 있는 경우 ⇨ 확정일자있는 증서에 의한 통지를 한 채권양수인만이 적법한 채권자
- 주채권의 양도시 보증채권의 양도에 관한 대항요건을 별도로 구비할 필요 없음

① (○) 지명채권의 양도통지를 한 후 양도계약이 해제 또는 합의해제된 경우에 채권양도인이 해제 등을 이유로 다시 원래의 채무자에 대하여 양도채권으로 대항하려면 채권양도인이 채권양수인의 동의를 받거나 채권양수인이 채무자에게 위와 같은 해제 등 사실을 통지하여야 한다. 이 경우 위와 같은 대항요건이 갖추어질 때까지 양도계약의 해제 등을 알지 못한 선의인 채무자는 해제 등의 통지가 있은 다음에도 채권양수인에 대한 반대채권에 의한 상계로써 채권양도인에게 대항할 수 있다고 봄이 타당하다(대판 2012.11.29. 2011다17953).

② (○) 채권양도 통지, 가압류 또는 압류명령 등이 제3채무자에 동시에 송달되어 그들 상호간에 우열이 없는 경우에도 그 채권양수인, 가압류 또는 압류채권자는 모두 제3채무자에 대하여 완전한 대항력을 갖추었다고 할 것이므로, 그 전액에 대하여 채권양수금, 압류전부금 또는 추심금의 이행청구를 하고 적법하게 이를 변제받을 수 있고, 제3채무자로서는 이들 중 누구에게라도 그 채무 전액을 변제하면 다른 채권자에 대한 관계에서도 유효하게 면책되는 것이며, 만약 양수채권액과 가압류 또는 압류된 채권액의 합계액이 제3채무자에 대한 채권액을 초과할 때에는 그들 상호간에는 법률상의 지위가 대등하므로 공평의 원칙상 각 채권액에 안분하여 이를 내부적으로 다시 정산할 의무가 있다(대판 1994.04.26. 93다24223(전합)).

③ (○) 채권은 양도할 수 있다. 그러나 채권의 성질이 양도를 허용하지 아니하는 때에는 그러하지 아니하다(민법 제449조 제1항). 그리고 채권은 당사자가 반대의 의사를 표시한 경우에는 양도하지 못한다. 그러나 그 의사표시로써 선의의 제3자에게 대항하지 못한다(민법 제449조 제2항). 이처럼 당사자가 양도를 반대하는 의사를 표시(이하 '양도금지특약'이라고 한다)한 경우 채권은 양도성을 상실한다. 양도금지특약을 위반하여 채권을 제3자에게 양도한 경우에 채권양수인이 양도금지특약이 있음을 알았거나 중대한 과실로 알지 못하였다면 채권 이전의 효과가 생기지 아니한다. 반대로 양수인이 중대한 과실 없이 양도금지특약의 존재를 알지 못하였다면 채권양도는 유효하게 되어 채무자는 양수인에게 양도금지특약을 가지고 채무 이행을 거절할 수 없다. 채권양수인의 악의 내지 중과실은 양도금지특약으로 양수인에게 대항하려는 자가 주장·증명하여야 한다(대판 2019.12.19. 2016다24284(전합)).

④ (X) 이중의 채권양도가 있는 경우에 확정일자있는 증서에 의한 통지를 한 채권양수인만이 채권양수에 의한 적법한 채권자가 된다 할 것이고 채무자는 위의 채권자에게만 채무변제의 의무가 있으며 그 결과 확정일자 있는 증서에 의하지 아니한 채무자의 승낙있는 채권양도에 있어서의 채권양수인에 대하여는 채무변제의 의무가 없게 되는 것이다(대판 1972.01.31. 71다2697).

⑤ (○) 보증채무는 주채무에 대한 부종성 또는 수반성이 있어서 주채무자에 대한 채권이 이전되면 당사자 사이에 별도의 특약이 없는 한 보증인에 대한 채권도 함께 이전하고, 이 경우 채권양도의 대항요건도 주채권의 이전에 관하여 구비하면 족하고, 별도로 보증채권에 관하여 대항요건을 갖출 필요는 없다(대판 2002.09.10. 2002다21509).

정답 ④

문 40

채권양도에 관한 다음 설명 중 가장 옳지 않은 것은? [2020년 23번]

① 지명채권의 양도는 양도인이 채무자에게 통지하거나 채무자가 승낙하지 아니하면 채무자 기타 제3자에게 대항하지 못한다.
② 민법 제449조 제2항은 채권은 당사자가 반대의 의사를 표시한 경우에는 양도하지 못하나 그 의사표시로써 선의의 제3자에게 대항하지 못한다고 규정하고 있다.
③ 양도금지특약을 위반하여 채권을 제3자에게 양도한 경우에 채권양수인이 양도금지특약이 있음을 알았거나 중대한 과실로 알지 못하였다면 채권 이전의 효과가 생기지 아니한다.
④ 채무자가 이의를 보류하지 아니하고 채권양도의 승낙을 한 때에는 양도인에게 대항할 수 있는 사유로써 양수인에게 대항하지 못한다. 그러나 채무자가 채무를 소멸하게 하기 위하여 양도인에게 급여한 것이 있으면 이를 회수할 수 있고 양도인에 대하여 부담한 채무가 있으면 그 성립되지 아니함을 주장할 수 있다.
⑤ 민법 제449조 제2항 단서의 채권양도금지 특약으로써 대항할 수 없는 선의의 제3자는 채권자로부터 직접 채권을 양수한 자만을 가리키는 것이므로, 악의의 양수인으로부터 다시 선의로 양수한 전득자는 위 조항에서의 선의의 제3자에 해당하지 않는다.

MGI Point 채권양도 ★★

- 지명채권양도의 대항요건 ⇨ 채무자에게 통지 or 채무자의 승낙
- 당사자의 양도금지 특약
  - 선의의 제3자(악의의 양수인으로부터 다시 선의로 양수한 전득자도 포함 ○)에게 대항 不可
  - 채권양수인이 양도금지특약이 있음을 알았거나 중대한 과실로 알지 못하였다면 채권 이전의 효과 無
- 채무자가 이의를 보류하지 아니하고 채권양도 승낙을 한 때 ⇨ 양도인에게 대항할 수 있는 사유로써 양수인에게 대항 不可 / But 채무를 소멸하게 하기 위하여 양도인에게 급여한 것이 있으면 이를 회수 可, 양도인에 대하여 부담한 채무가 있으면 그 불성립 주장 可

---

① (○) 민법 제450조 제1항 참조.

> 민법 제450조(지명채권양도의 대항요건) ① 지명채권의 양도는 양도인이 채무자에게 통지하거나 채무자가 승낙하지 아니하면 채무자 기타 제삼자에게 대항하지 못한다.

② (○) 민법 제449조 제2항 참조.

> 민법 제449조(채권의 양도성) ① 채권은 양도할 수 있다. 그러나 채권의 성질이 양도를 허용하지 아니하는 때에는 그러하지 아니하다.
> ② 채권은 당사자가 반대의 의사를 표시한 경우에는 양도하지 못한다. 그러나 그 의사표시로써 선의의 제삼자에 대항하지 못한다.

③ (○) 채권양도금지특약에 반하여 채권양도가 이루어진 경우, 그 양수인이 양도금지특약이 있음을 알았거나 중대한 과실로 알지 못하였던 경우에는 채권양도는 효력이 없게 되고 반대로 양수인이 중대한 과실 없이 양도금지특약의 존재를 알지 못하였다면 채권양도는 유효하게 되어 채무자로서는 양수인에게 양도금지특약을 가지고 그 채무이행을 거절할 수 없게 되어 양수인의 선의, 악의 등에 따라 양수채권의 채권자가 결정되는 바, 이와 같이 양도금지의 특약이 붙은 채권이 양도된 경우에 양수인의 악의 또는 중과실에 관한 입증책임은 채무자가 부담하지만, 그러한 경우에도 채무자로서는 양수인의 선의 등의 여부를 알 수 없어 과연 채권이 적법하게 양도된 것인지에 관하여 의문이 제기될 여지가 충분히 있으므로 특별한 사정이 없는 한 민법 제487조 후단의 채권자 불확지를 원인으로 하여 변제공탁을 할 수 있다(대판 2000.12.22. 2000다55904).

④ (○) 민법 제451조 제1항 참조.

> 민법 제451조(승낙, 통지의 효과) ① 채무자가 이의를 보류하지 아니하고 전조의 승낙을 한 때에는 양도인에게 대항할 수 있는 사유로써 양수인에게 대항하지 못한다. 그러나 채무자가 채무를 소멸하게 하기 위하여 양도인에게 급여한 것이 있으면 이를 회수할 수 있고 양도인에 대하여 부담한 채무가 있으면 그 성립되지 아니함을 주장할 수 있다.

⑤ (X) 당사자의 의사표시에 의한 채권양도금지 특약은 제3자가 악의인 경우는 물론 제3자가 채권양도금지 특약을 알지 못한 데에 중대한 과실이 있는 경우에도 채권양도금지 특약으로써 대항할 수 있고, 제3자의 악의 내지 중과실은 채권양도금지 특약으로 양수인에게 대항하려는 자가 이를 주장·증명하여야 한다. 그리고 민법 제449조 제2항 단서는 채권양도금지 특약으로써 대항할 수 없는 자를 '선의의 제3자'라고만 규정하고 있어 채권자로부터 직접 양수한 자만을 가리키는 것으로 해석할 이유는 없으므로, 악의의 양수인으로부터 다시 선의로 양수한 전득자도 위 조항에서의 선의의 제3자에 해당한다. 또한 선의의 양수인을 보호하고자 하는 위 조항의 입법 취지에 비추어 볼 때, 이러한 선의의 양수인으로부터 다시 채권을 양수한 전득자는 선의·악의를 불문하고 채권을 유효하게 취득한다(대판 2015.04.09. 2012다118020).

정답 ⑤

문 41

채권양도의 통지에 관한 다음 설명 중 가장 옳지 않은 것은? [2019년 31번]

① 채권양도가 있기 전에 미리 하는 채권양도통지는 채무자로 하여금 양도의 시기를 확정할 수 없는 불안한 상태에 있게 하는 결과가 되어 원칙으로 허용될 수 없지만, 채권양도인의 확정일자부 채권양도통지와 채무자의 확정일자부 채권양도승낙이 모두 있은 후에 채권양도계약이 체결된 경우에는 실제로 채권양도계약이 체결된 날에 제3자에 대한 대항력이 발생한다.
② 지명채권의 양도통지를 한 후 양도계약이 해제 또는 합의해제된 경우 채권양도인이 채권양수인의 동의를 받거나 채권양수인이 직접 채무자에게 위와 같은 해제 등 사실을 통지하여야 하는데, 위와 같은 대항요건이 갖추어질 때까지 양도계약의 해제 등을 알지 못한 선의인 채무자는 해제 등의 통지가 있은 다음에도 채권양수인에 대한 반대채권에 의한 상계로써 채권양도인에게 대항할 수 있다.

③ 기존채무의 지급을 위하여 수표를 교부받은 채권자가 그 수표와 분리하여 기존 원인채권만을 제3자에게 양도한 경우, 채무자로서는 기존 원인채권의 양수인에 대하여 양도통지 이후에 위 수표금의 지급이 이루어졌다는 사유를 들어 그 기존채무의 소멸을 주장할 수는 없다.
④ 채권자가 채권양도의 통지를 하였으나 채무자가 변동된 주소의 신고의무를 게을리 하는 등의 귀책사유로 인하여 위 통지를 수령하지 못할 경우 위 통지가 채무자에게 도달한 것으로 간주하기로 하는 채권자와 채무자 사이의 합의는 유효하므로, 위와 같은 합의가 있는 경우 채무자가 폐업사실 및 폐업 후 주소지를 채권자에게 신고하지 않아 채권양도통지서를 수령하지 못하였더라도 이를 이유로 채권양수인에게 대항할 수는 없다.
⑤ 채권양도통지 권한을 위임받은 양수인이 양도인을 대리하여 채권양도통지를 함에 있어서는 양도인 본인과 대리인을 표시하여야 하는 것이므로, 양수인이 서면으로 채권양도통지를 함에 있어 대리관계의 현명을 하지 아니한 채 양수인 명의로 된 채권양도통지서를 채무자에게 발송하여 도달되었다 하더라도 특별한 사정이 없는 한 이는 효력이 없다.

> **MGI Point** **채권양도 통지** ★★
>
> ■ 채권양도가 있기 전에 미리 하는 사전 통지 ⇨ 원칙 × (but 사전통지가 있더라도 채무자에게 법적으로 아무런 불안정한 상황이 발생하지 않는 경우에는 허용)
> ■ 지명채권의 양도통지를 한 후 양도계약이 해제 또는 합의해제 된 경우
>   • 양도통지 원칙 : 양도인이 채무자에게 함
>   • 양도계약이 해제된 경우 : 채권이 양도인에게 복귀되므로 양수인이 통지를 해야 함
>   • 채권양도인이 해제 등을 이유로 다시 원래의 채무자에 대하여 양도채권으로 대항하려면 ㉠ 채권양수인의 동의를 받거나 ㉡ 채권양수인이 채무자에게 위와 같은 해제 등 사실을 통지하여야 함
>   • 양수인에게 이행한 선의의 채무자는 양도인에 대항 可
> ■ 수표 지급을 위한 교부 채무자 ⇨ 기존채무 분리 양수 3자에게 양도통지 후 기존채무 소멸 항변 可
> ■ 민법 제450조 제1항 대항 불가 사유 ⇨ 채무자에게 도달한 것으로 간주하기로 하는 합의의 효력 불포함
> ■ 통지의 주체 ⇨ 양도인 (but 양수인이 양도인의 使者 또는 대리인으로서는 통지 可. 민법 제114조 제1항 적용)

① (○) 채권양도가 있기 전에 미리 하는 채권양도통지는 채무자로 하여금 양도의 시기를 확정할 수 없는 불안한 상태에 있게 하는 결과가 되어 원칙으로 허용될 수 없다 할 것이지만 이는 채무자를 보호하기 위하여 요구되는 것이므로 사전통지가 있더라도 채무자에게 법적으로 아무런 불안정한 상황이 발생하지 않는 경우에까지 그 효력을 부인할 것은 아니라 할 것이다. 채권양도인의 확정일자부 채권양도통지와 채무자의 확정일자부 채권양도승낙이 모두 있은 후에 채권양도계약이 체결된 사안에서, 실제로 채권양도계약이 체결된 날 위 채권양도의 제3자에 대한 대항력이 발생한다(대판 2010.02.11. 2009다90740).

② (○) 선의인 채무자는 양수인에게 대항할 수 있는 사유로 양도인에게 대항할 수 있다. 예컨대, 해제 등 사실의 통지와 같은 대항요건이 갖추어질 때까지 양도계약의 해제 등을 알지 못한 선의인 채무자는 해제 등의 통지가 있은 다음에도 채권양수인에 대한 반대채권에 의한 상계로써 채권양도인에게 대항할 수 있다(대판 2012.11.29. 2011다17953).

③ (X) 기존채무의 지급을 위하여 수표를 교부받은 채권자가 그 수표와 분리하여 기존 원인채권만을 제3자에게 양도한 경우, 기존채무의 지급을 위하여 수표를 교부하였다는 것은 채무자와 기존채권의 양도인 사이에서는 그 수표금이 지급되는 등 채무자가 그 수표상의 상환의무를 면하게 되면 원인채무 또한 소멸할 것을 예정하고 있었던 것으로 보아야 할 것인데, 수표금의 지급으로써 기존 원인채무도 소멸할 것을 예정하고 있었던 사정은 그 채권양도통지 이전에 이미 존재하고 있었던 것이므로, 그 채권양도통지 후에 수표금의 지급이 이루어지더라도 이는 양도통지 후에 새로이 발생한 사유로 볼 수는 없다고 할 것이니, 따라서 채무자로서는 기존

원인채권의 양수인에 대하여 기존채무의 지급을 위하여 교부한 수표가 양도통지 이후에 결제되었다는 사유로써 그 기존채무의 소멸을 주장할 수 있다(대판 2003.05.30. 2003다13512).

④ (○) 민법 제450조 제1항에서 "지명채권의 양도는 양도인이 채무자에게 통지하거나 채무자가 승낙하지 아니하면 채무자 기타 제3자에게 대항하지 못한다"고 규정하고 있으나, 위 규정이 채권자가 채권양도의 통지를 하였으나 채무자가 변동된 주소의 신고의무를 게을리하는 등의 귀책사유로 인하여 위 통지를 수령하지 못할 경우 위 통지가 채무자에게 도달한 것으로 간주하기로 하는 합의의 효력까지 부정하게 하는 것은 아니라 할 것이다(대판 2008.01.10. 2006다41204).

⑤ (○) 채권양도통지 권한을 위임받은 양수인이 양도인을 대리하여 채권양도통지를 함에 있어서는 민법 제114조 제1항의 규정에 따라 양도인 본인과 대리인을 표시하여야 하는 것이므로, 양수인이 서면으로 채권양도통지를 함에 있어 대리관계의 현명을 하지 아니한 채 양수인 명의로 된 채권양도통지서를 채무자에게 발송하여 도달되었다 하더라도 이는 효력이 없다고 할 것이다(대판 2004.02.13. 2003다43490).

정답 ③

문 42

채권양도에 관한 다음 설명 중 가장 옳지 않은 것은? [2018년 17번]

① 채권양도통지는 양도인이 직접하지 아니하고 사자를 통하여 하거나 대리인으로 하여금 하게 하여도 무방하고, 채권의 양수인도 양도인으로부터 채권양도통지 권한을 위임받아 대리인으로서 그 통지를 할 수 있다.

② 채권양도통지가 확정일자 없는 증서에 의하여 이루어짐으로써 제3자에 대한 대항력을 갖추지 못하였더라도 확정일자 없는 증서에 의한 양도통지나 승낙 후에 그 증서에 확정일자를 얻은 경우 그 일자 이후에는 제3자에 대한 대항력을 취득한다. 다만 확정일자란 증서에 대하여 그 작성한 일자에 관한 완전한 증거가 될 수 있는 것으로 법률상 인정되는 일자를 말하며 당사자가 나중에 변경하는 것이 불가능한 확정된 일자를 가리키므로, 원본이 아닌 사본에 확정일자를 갖춘 경우 대항력을 인정할 수 없다.

③ 지명채권의 양도통지를 한 후 그 양도계약이 해제된 경우에, 양도인이 그 해제를 이유로 다시 원래의 채무자에 대하여 양도채권으로 대항하려면 양수인이 채무자에게 위와 같은 해제사실을 통지하여야 한다.

④ 채권양도통지 권한을 위임받은 양수인이 양도인을 대리하여 채권양도통지를 함에 있어서는 양도인 본인과 대리인을 표시하여야 하는 것이므로, 양수인이 서면으로 채권양도통지를 함에 있어 대리관계의 현명을 하지 않은 채 양수인 명의로 된 채권양도통지서를 채무자에게 발송하여 도달되었다 하더라도 특별한 사정이 없는 한 이는 효력이 없다.

⑤ 채권자의 영업양도인에 대한 채권과 영업양수인에 대한 채권은 어디까지나 법률적으로 발생원인을 달리하는 별개의 채권으로서 그 성질상 영업양수인에 대한 채권이 영업양도인에 대한 채권의 처분에 당연히 종속된다고 볼 수 없다. 따라서 채권자가 영업양도인에 대한 채권을 타인에게 양도하였다는 사정만으로 영업양수인에 대한 채권까지 당연히 함께 양도된 것이라고 단정할 수 없으며, 함께 양도된 경우라도 채권양도의 대항요건은 채무자별로 갖추어야 하는 것이다.

해설

① (○) 채권양도의 통지는 양도인이 채무자에 대하여 당해 채권을 양수인에게 양도하였다는 사실을 알리는 관념의 통지이고, 법률행위의 대리에 관한 규정은 관념의 통지에도 유추적용된다고 할 것이어서, 채권양도의 통지도 양도인이 직접 하지 아니하고 사자를 통하여 하거나 나아가서 대리인으로 하여금 하게 하여도 무방하고, 그와 같은 경우에 양수인이 양도인의 사자 또는 대리인으로서 채권양도 통지를 하였다 하여 민법 제450조의 규정에 어긋난다고 할 수 없다(대판 1997.06.27. 95다40977).

② (X) 양도통지가 확정일자 없는 증서에 의하여 이루어짐으로써 제3자에 대한 대항력을 갖추지 못하였더라도 확정일자 없는 증서에 의한 양도통지나 승낙 후에 그 증서에 확정일자를 얻은 경우 그 일자 이후에는 제3자에 대한 대항력을 취득하는 것인바, 확정일자 제도의 취지에 비추어 볼 때 원본이 아닌 사본에 확정일자를 갖추었다 하더라도 대항력의 판단에 있어서는 아무런 차이가 없다(대판 2006.09.14. 2005다45537).

③ (○) 지명채권의 양도계약은 해제할 수 있으며 채무자에게 양도된 사실이 통지된 후에 위 양도계약이 해제되었다면, 양수인으로부터 다시 해제된 사실을 채무자에게 통지하지 않으면 채무자에게 대항할 수 없다(대판 1961.10.26. 60다125).

④ (○) 민법 제450조에 의한 채권양도통지는 양도인이 직접 하지 아니하고 사자를 통하여 하거나 대리인으로 하여금 하게 하여도 무방하고, 채권의 양수인도 양도인으로부터 채권양도통지의 권한을 위임받아 대리인으로서 그 통지를 할 수 있다. (다만 이 경우) 채권양도 통지권한을 위임받은 양수인이 양도인을 대리하여 채권양도통지를 함에 있어서는 민법 제114조 제1항의 규정에 따라 양도인 본인과 대리인을 표시하여야 하는 것이므로, 양수인이 서면으로 채권양도통지를 함에 있어 대리관계의 현명을 하지 아니한 채 양수인 명의로 된 채권양도 통지서를 채무자에게 발송하여 도달되었다 하더라도 이는 효력이 없다고 할 것이다. (그러나) 대리에 있어 본인을 위한 것임을 표시하는 이른바 현명은 반드시 명시적으로만 할 필요는 없고 묵시적으로도 할 수 있는 것이고, 채권양도통지를 함에 있어 현명을 하지 아니한 경우라도 채권양도 통지를 둘러싼 여러 사정에 비추어 양수인이 대리인으로서 통지한 것임을 상대방이 알았거나 알 수 있었을 때에는 민법 제115조 단서의 규정에 의하여 유효하다(대판 2004.02.13. 2003다43490).

⑤ (○) 영업양수인이 양도인의 상호를 계속사용하지 아니하는 경우에 양도인의 영업으로 인한 채무를 인수할 것을 광고한 때에는 양수인도 변제할 책임이 있는바(상법 제44조), 이 경우 영업양도인의 영업으로 인한 채무와 영업양수인의 상법 제44조에 따른 채무는 같은 경제적 목적을 가진 채무로서 서로 중첩되는 부분에 관하여는 일방의 채무가 변제 등으로 소멸하면 다른 일방의 채무도 소멸하는 이른바 부진정연대의 관계에 있지만, 채권자의 영업양도인에 대한 채권과 영업양수인에 대한 채권은 어디까지나 법률적으로 발생원인을 달리하는 별개의 채권으로서 그 성질상 영업양수인에 대한 채권이 영업양도인에 대한 채권의 처분에 당연히 종속된다고 볼 수 없다. 따라서 채권자가 영업양도인에 대한 채권을 타인에게 양도하였다는 사정만으로 영업양수인에 대한 채권까지 당연히 함께 양도된 것이라고 단정할 수 없고, 함께 양도된 경우라도 채권양도의 대항요건은 채무자별로 갖추어야 한다(대판 2009.07.09. 2009다23696).

정답 ②

문 43

채권양도에 관한 다음 설명 중 가장 옳지 않은 것은?(다툼이 있는 경우 판례에 의함) [2017년 26번]

① 소송행위를 하게 하는 것을 주목적으로 채권양도 등이 이루어진 경우 그 채권양도가 신탁법상의 신탁에 해당하지 않는다고 하여도 신탁법 제6조가 유추적용되므로 무효이다.
② 부동산의 매매로 인한 소유권이전등기청구권은 통상의 채권양도와 달리 양도인의 채무자에 대한 통지만으로는 채무자에 대한 대항력이 생기지 않고 반드시 채무자의 동의나 승낙을 받아야 대항력이 생긴다.
③ 당사자 사이에 양도금지의 특약이 있는 채권이라도 압류 및 전부명령에 따라 이전될 수 있고, 양도금지의 특약이 있는 사실에 관하여 압류채권자가 선의인가 악의인가는 전부명령의 효력에 영향이 없다.
④ 채무자가 채권자에게 채무변제와 관련하여 다른 채권을 양도하는 것은 특단의 사정이 없는 한 채무변제를 위한 담보 또는 변제의 방법으로 양도되는 것으로 추정할 것이지 채무변제에 갈음한 것으로 볼 것은 아니어서, 채권양도만 있으면 바로 원래의 채권이 소멸한다고 볼 수는 없다.
⑤ 채권양도금지특약에 반하여 채권양도가 이루어진 경우 양수인의 선의, 악의 등에 따라 양수채권의 채권자가 결정될 수 있으므로, 민법 제487조 후단의 채권자 불확지를 원인으로 하여 변제공탁을 할 수는 없다.

해설 ★★★

① (○) 소송행위를 하게 하는 것을 주된 목적으로 채권양도가 이루어진 경우 그 채권양도가 신탁법상의 신탁에 해당하지 않는다고 하여도 신탁법 제6조가 유추적용되므로 이는 무효이다(대판 2018.10.25. 2017다272103).
② (○) 부동산의 매매로 인한 소유권이전등기청구권은 물권의 이전을 목적으로 하는 매매의 효과로서 매도인이 부담하는 재산권이전의무의 한 내용을 이루는 것이고, 매도인이 물권행위의 성립요건을 갖추도록 의무를 부담하는 경우에 발생하는 채권적 청구권으로 그 이행과정에 신뢰관계가 따르므로, 소유권이전등기청구권을 매수인으로부터 양도받은 양수인은 매도인이 그 양도에 대하여 동의하지 않고 있다면 매도인에 대하여 채권양도를 원인으로 하여 소유권이전등기절차의 이행을 청구할 수 없고, 따라서 매매로 인한 소유권이전등기청구권은 특별한 사정이 없는 이상 그 권리의 성질상 양도가 제한되고 그 양도에 채무자의 승낙이나 동의를 요한다고 할 것이므로 통상의 채권양도와 달리 양도인의 채무자에 대한 통지만으로는 채무자에 대한 대항력이 생기지 않으며 반드시 채무자의 동의나 승낙을 받아야 대항력이 생긴다(대판 2001.10.09. 2000다51216).
③ (○) 당사자 사이에 양도금지의 특약이 있는 채권이라도 압류 및 전부명령에 따라 이전될 수 있고, 양도금지의 특약이 있는 사실에 관하여 압류채권자가 선의인가 악의인가는 전부명령의 효력에 영향이 없다(대판 2002.08.27. 2001다71699).
④ (○) 채무자가 채권자에게 채무변제와 관련하여 다른 채권을 양도하는 것은 특단의 사정이 없는 한 채무변제를 위한 담보 또는 변제의 방법으로 양도되는 것으로 추정할 것이지 채무변제에 갈음한 것으로 볼 것은 아니어서, 채권양도만 있으면 바로 원래의 채권이 소멸한다고 볼 수는 없다.(대판 1995.09.15. 95다13371).
⑤ (X) 채권양도금지특약에 반하여 채권양도가 이루어진 경우, 그 양수인이 양도금지특약이 있음을 알았거나 중대한 과실로 알지 못하였던 경우에는 채권양도는 효력이 없게 되고, 반대로 양수인이 중대한 과실 없이 양

도금지특약의 존재를 알지 못하였다면 채권양도는 유효하게 되어 채무자로서는 양수인에게 양도금지특약을 가지고 그 채무이행을 거절할 수 없게 되어 양수인의 선의, 악의 등에 따라 양수채권의 채권자가 결정되는 바, 이와 같이 양도금지의 특약이 붙은 채권이 양도된 경우에 양수인의 악의 또는 중과실에 관한 입증책임은 채무자가 부담하지만, 그러한 경우에도 채무자로서는 양수인의 선의 등의 여부를 알 수 없어 과연 채권이 적법하게 양도된 것인지에 관하여 의문이 제기될 여지가 충분히 있으므로 특별한 사정이 없는 한 민법 제487조 후단의 채권자 불확지를 원인으로 하여 변제공탁을 할 수 있다(대판 2000.12.22. 2000다55904).

정답 ⑤

제❷절 ❙ 채무인수

문 21

甲에 대한 乙의 채무를 丙이 인수하였다. 이에 관한 다음 설명 중 옳은 것을 모두 고른 것은?[2023년 18번]

> ㄱ. 채무인수의 효력이 생기기 위하여 甲의 승낙을 요하는 것은 면책적 채무인수의 경우에 한하는데, 甲의 승낙에 의하여 채무인수의 효력이 생기는 경우 甲이 승낙을 거절하였더라도 그 이후에 甲이 다시 승낙하면 채무인수로서의 효력이 생긴다.
> ㄴ. 乙과 丙의 채무인수계약을 甲이 승낙한 바 있고 그 뒤 丙이 위 채무인수계약을 적법하게 취소하려면, 甲의 승낙이 있다든가 甲이 위 인도계약을 승낙할 때에 丙의 취소권유보를 승낙하였다든가의 특수한 사정이 있어야 한다.
> ㄷ. 이해관계 있는 제3자는 채무자의 의사에 반해서도 채무를 인수할 수 있다.
> ㄹ. 인수채무가 원래 5년의 상사시효의 적용을 받던 채무라 하더라도 그 후 면책적 채무인수에 따라 그 채무자의 지위가 인수인으로 교체되었다면 그 소멸시효의 기간은 채무인수행위가 상행위나 보조적 상행위여야만 5년의 상사시효의 적용을 받는다 할 것이다.
> ㅁ. 계약당사자 중 일방이 상대방 및 제3자와 3면 계약을 체결하거나 상대방의 승낙을 얻어 계약상 당사자로서의 지위를 포괄적으로 제3자에게 이전하는 경우 이를 양수한 제3자는 양도인의 계약상 지위를 승계함으로써 종래 계약에서 이미 발생한 채권·채무도 모두 이전받게 된다.

① ㄱ, ㄴ, ㄷ ② ㄱ, ㄴ, ㄹ ③ ㄴ, ㄷ, ㄹ
④ ㄴ, ㄹ, ㅁ ⑤ ㄴ, ㄷ, ㅁ

> **MGI Point** 채무의 인수 ★★
>
> - 채권자가 면책적 채무인수의 승낙을 거절한 후에 다시 승낙한 경우 ⇨ 채무인수의 효력 발생×
> - 채권자의 채무인수 승낙 후에 채무인수계약의 취소요건 ⇨ 채무자의 승낙 또는 채권자가 승낙시 취소권 유보하였을 것
> - 이해관계 있는 제3자의 채무인수 ⇨ 채무자의 의사에 반해서도 可
> - 5년의 상사시효의 적용을 받던 채무의 면책적 채무인수와 소멸시효 ⇨ 인수 후에도 5년의 상사시효
> - 계약상 지위의 양도 ⇨ 양수인은 래 계약에서 이미 발생한 채권·채무도 모두 이전받음

ㄱ. (X) 채권자의 승낙에 의하여 채무인수의 효력이 생기는 경우, 채권자가 승낙을 거절하면 그 이후에는 채권자가 다시 승낙하여도 채무인수로서의 효력이 생기지 않는다(대법원 1998. 11. 24. 98다33765).

ㄴ. (○) 채무자와 제3자와 채무인수계약을 채권자가 승낙한 바 있다면 그 뒤 채권인수인이 위 채무인수계약을 적법하게 취소하려면 채무자의 승낙이 있다든가 채권자가 위 인도계약을 승낙할 때에 채무인수인의 취소권 유보를 승낙하였다든가의 특수한 사정이 있어야 한다(대법원 1962. 5. 17. 62다161).

ㄷ. (○) 민법 제453조 제2항의 반대해석상 이해관계 있는 제3자는 채무자의 의사에 반해서도 채무를 인수할 수 있다.

> 민법
> 제453조(채권자와의 계약에 의한 채무인수) ① 제삼자는 채권자와의 계약으로 채무를 인수하여 채무자의 채무를 면하게 할 수 있다. 그러나 채무의 성질이 인수를 허용하지 아니하는 때에는 그러하지 아니하다.
>
> ② 이해관계없는 제삼자는 채무자의 의사에 반하여 채무를 인수하지 못한다.

ㄹ. (X) 면책적 채무인수라 함은 채무의 동일성을 유지하면서 이를 종래의 채무자로부터 제3자인 인수인에게 이전하는 것을 목적으로 하는 계약으로서, 채무인수로 인하여 인수인은 종래의 채무자와 지위를 교체하여 새로이 당사자로서 채무관계에 들어서서 종래의 채무자와 동일한 채무를 부담하고 동시에 종래의 채무자는 채무관계에서 탈퇴하여 면책되는 것일 뿐이므로, 인수채무가 원래 5년의 상사시효의 적용을 받던 채무라면 그 후 면책적 채무인수에 따라 그 채무자의 지위가 인수인으로 교체되었다고 하더라도 그 소멸시효의 기간은 여전히 5년의 상사시효의 적용을 받는다 할 것이고, 이는 채무인수행위가 상행위나 보조적 상행위에 해당하지 아니한다고 하여 달리 볼 것이 아니다(대법원 1999. 7. 9. 99다12376).

ㅁ. (○) 계약당사자 중 일방이 상대방 및 제3자와 사이에 3면 계약을 체결하거나 상대방의 승낙을 얻어 계약상 당사자로서의 지위를 포괄적으로 제3자에게 이전하는 경우 이를 양수한 제3자는 양도인의 계약상의 지위를 승계함으로써 종래의 계약에서 이미 발생된 채권·채무도 모두 이전받게 된다(대법원 2014. 3. 13. 2012다87492).

정답 ⑤

문 44

채무인수, 이행인수, 계약인수에 관한 다음 설명 중 옳지 않은 것을 모두 고른 것은? [2018년 39번]

> ㄱ. 면책적 채무인수의 경우 채권자의 승낙은 계약의 효력발생요건이며, 중첩적 채무인수의 경우 채권자의 수익의 의사표시는 채권자가 인수인에 대하여 채권을 취득하기 위한 요건이다.
> ㄴ. 면책적 채무인수의 채무자와 인수인은 상당한 기간을 정하여 채권자에게 승낙 여부의 확답을 최고할 수 있는데, 채권자가 그 기간 내에 확답을 발송하지 않으면 승낙한 것으로 본다.
> ㄷ. 이행인수의 인수인은 채무자와의 사이에서 채권자에게 채무를 이행할 의무를 부담하는 데 그치므로, 채권자는 직접 인수인에게 채무를 이행할 것을 청구할 수 없다.
> ㄹ. 이행인수의 채무자는 인수인이 채권자에게 채무를 이행할 의무를 이행하지 아니하는 경우 인수인에 대하여 채권자에게 이행할 것을 청구할 수 있으나, 채권자는 채권자대위권에 의하여 채무자의 인수인에 대한 청구권을 대위행사할 수는 없다.
> ㅁ. 계약상 지위의 양도에 의하여 계약당사자로서의 지위가 제3자에게 이전되는 계약인수의 경우, 계약상 지위를 전제로 한 권리관계만이 이전될 뿐이므로 불법행위에 기한 손해배상청구권은 별도의 채권양도절차 없이 제3자에게 당연히 이전되는 것이 아니다.
> ㅂ. 채권의 압류가 채권의 발생원인인 법률관계에 대한 채무자의 처분까지 구속하는 효력은 없으므로, 채무자의 제3채무자에 대한 채권이 압류된 후 채권의 발생원인인 계약의 당사자 지위를 이전하는 계약인수가 이루어진 경우, 제3채무자는 계약인수에 의하여 그와 채무자 사이의 계약관계가 소멸하였음을 내세워 압류채권자에게 대항할 수 있다.

① ㄱ, ㄹ
② ㄴ, ㄹ, ㅂ
③ ㄱ, ㄷ, ㅂ
④ ㄴ, ㄹ, ㅁ, ㅂ
⑤ ㄴ, ㄹ

해설 ★★

ㄱ. (○) 채무자와 인수인의 합의에 의한 중첩적 채무인수는 일종의 제3자를 위한 계약이라고 할 것이므로, 채권자는 인수인에 대하여 채무이행을 청구하거나 기타 채권자로서의 권리를 행사하는 방법으로 수익의 의사표시를 함으로써 인수인에 대하여 직접 청구할 권리를 갖게 된다. 이러한 점에서 채무자에 대한 채권을 상실시키는 효과가 있는 면책적 채무인수의 경우 채권자의 승낙을 계약의 효력발생요건으로 보아야 하는 것과는 달리, 채무자와 인수인의 합의에 의한 중첩적 채무인수의 경우 채권자의 수익의 의사표시는 그 계약의 성립요건이나 효력발생요건이 아니라 채권자가 인수인에 대하여 채권을 취득하기 위한 요건이다(대판 2013. 09.13. 2011다56033).

ㄴ. (X) 민법 제455조, 제454조 참조.

> 민법 제455조(승낙 여부의 최고) ① 전조의 경우에 제3자나 채무자는 상당한 기간을 정하여 승낙 여부의 확답을 채권자에게 최고할 수 있다.
> ② 채권자가 그 기간 내에 확답을 발송하지 아니한 때에는 거절한 것으로 본다.
> 민법 제454조(채무자와의 계약에 의한 채무인수) ① 제3자가 채무자와의 계약으로 채무를 인수한 경우에는 채권자의 승낙에 의하여 그 효력이 생긴다.
> ② 채권자의 승낙 또는 거절의 상대방은 채무자나 제3자이다.

ㄷ. (O), ㄹ. (X) 이행인수는 인수인이 채무자에 대하여 그 채무를 이행할 것을 약정하는 채무자와 인수인 간의 계약으로서, 인수인은 채무자와 사이에 채권자에게 채무를 이행할 의무를 부담하는 데 그치고 직접 채권자에 대하여 채무를 부담하는 것이 아니므로 채권자는 직접 인수인에게 채무를 이행할 것을 청구할 수 없으나, 채무자는 인수인이 그 채무를 이행하지 아니하는 경우 인수인에 대하여 채권자에게 이행할 것을 청구할 수 있고, 그에 관한 승소의 판결을 받은 때에는 금전채권의 집행에 관한 규정을 준용하여 강제집행을 할 수도 있다. 이러한 채무자의 인수인에 대한 청구권은 그 성질상 재산권의 일종으로서 일신전속적 권리라고 할 수는 없으므로, 채권자는 채권자대위권에 의하여 채무자의 인수인에 대한 청구권을 대위행사 할 수 있다(대판 2009.06.11. 2008다75072).

ㅁ. (O) 구 표시·광고의 공정화에 관한 법률(2011. 9. 15. 법률 제11050호로 개정되기 전의 것, 이하 '표시광고법'이라 한다)상 허위·과장광고로 인한 손해배상청구권은 불법행위에 기한 손해배상청구권의 성격을 가지는데, 계약상 지위의 양도에 의하여 계약당사자로서의 지위가 제3자에게 이전되는 경우 계약상 지위를 전제로 한 권리관계만이 이전될 뿐 불법행위에 기한 손해배상청구권은 별도의 채권양도절차 없이 제3자에게 당연히 이전되는 것이 아니므로, 표시광고법상 허위·과장광고로 인한 손해배상청구권을 가지고 있던 아파트 수분양자가 수분양자의 지위를 제3자에게 양도하였다는 사정만으로 양수인이 당연히 위 손해배상청구권을 행사할 수 있다고 볼 수는 없고, 다만 허위·과장광고를 그대로 믿고 허위·과장광고로 높아진 가격에 수분양자 지위를 양수하는 등으로 양수인이 수분양자 지위를 양도받으면서 허위·과장광고로 인한 손해를 입었다는 등의 특별한 사정이 있는 경우에만 양수인이 손해배상청구권을 행사할 수 있다(대판 2015.07.23., 2012다15336).

ㅂ. (X) 계약당사자로서의 지위승계를 목적으로 하는 계약인수의 경우에는 양도인이 계약관계에서 탈퇴하는 까닭에 양도인과 상대방 당사자 사이의 계약관계가 소멸하지만, 양도인이 계약관계에 기하여 가지던 권리의무가 동일성을 유지한 채 양수인에게 그대로 승계된다. 따라서 양도인의 제3채무자에 대한 채권이 압류된 후 채권의 발생원인인 계약의 당사자 지위를 이전하는 계약인수가 이루어진 경우 양수인은 압류에 의하여 권리가 제한된 상태의 채권을 이전받게 되므로, 제3채무자는 계약인수에 의하여 그와 양도인 사이의 계약관계가 소멸하였음을 내세워 압류채권자에 대항할 수 없다(대판 2015.05.14. 2012다41359).

정답 ②

제6장 채권의 소멸

제❶절 ┃ 변제

제1관 변제일반

문 22

변제에 관한 다음 설명 중 가장 옳지 않은 것은? [2023년 40번]

① 혼인외의 자의 생부가 사망한 경우, 혼인외의 출생자는 그가 인지청구의 소를 제기하였다고 하더라도 그 인지판결이 확정되기 전에는 상속인으로서의 권리를 행사할 수 없고, 그러한 인지판결이 확정되기 전의 정당한 상속인이 채무자에 대하여 소를 제기하고, 나아가 승소판결까지 받았다면, 그러한 표현상속인에 대한 채무자의 변제는, 특별한 사정이 없는 한, 채권의 준점유자에 대한 변제로서 적법하다.

② 주채무자가 변제자인 경우에는, 담보로 제3자가 발행 또는 배서한 약속어음이 교부된 채무와 다른 채무 사이에 변제이익의 점에서 차이가 없다고 보아야 할 것이나, 담보로 주채무자 자신이 발행 또는 배서한 어음이 교부된 채무는 다른 채무보다 변제이익이 많은 것으로 보아야 한다.

③ 채무자가 채무와 관련하여 채권자에게 채무자 소유의 재산을 양도하기로 약정한 경우에, 그것이 종전 채무의 변제에 갈음하여 대물변제 조로 양도하기로 한 것인지 아니면 종전 채무의 담보를 위하여 추후 청산절차를 유보하고 양도하기로 한 것인지는 약정 당시의 당사자 의사해석에 관한 문제이다.

④ 타인의 채무를 담보하기 위하여 근저당권을 설정한 물상보증인이 채무를 변제한 때 다른 사정에 의하여 채무자에 대하여 구상권이 없는 경우라도 구상권과 변제자대위는 내용이 다른 별개의 권리이므로 채권자를 대위하여 채권자의 채권 및 담보에 관한 권리를 행사할 수 있다고 해석하여야 한다.

⑤ 변제자(채무자)와 변제수령자(채권자)는 변제로 소멸한 채무에 관한 보증인 등 이해관계 있는 제3자의 이익을 해하지 않는 이상 이미 급부를 마친 뒤에도 기존의 충당방법을 배제하고 제공된 급부를 어느 채무에 어떤 방법으로 다시 충당할 것인가를 약정할 수 있다고 할 것이다.

MGI Point 변제 ★★

- 인지판결 확정 전에 채무자가 패소확정된 이행판결에 따라 정당한 상속인에게 변제한 것 ➡ 채권의 준점유자에 대한 변제
- 주채무자의 변제이익과 담보로 발행·배서된 약속어음이 있는 경우 ➡ 주채무자가 발행인 또는 배서인인 경우: 무담보 채무보다 변제이익 多 제3자가 발행인 또는 배서인인 경우: 무담보 채무와 변제이익 동일
- 채무자가 채무와 관련하여 채권자에게 채무자 소유의 재산을 양도하기로 약정한 경우 ➡ 대물변제 OR 양도담보인지 여부는 의사해석의 문제
- 물상보증인이 채무를 변제하였지만 구상권을 행사할 수 없는 경우 ➡ 변제자대위권도 행사 不可
- 변제자와 변제수령자는 변제로 소멸한 채무에 관하여 제3자의 이익을 해하지 않는 한 변제충당의 방법을 새로 약정

① (○) 혼인외의 자의 생부가 사망한 경우, 혼인외의 출생자는 그가 인지청구의 소를 제기하였다고 하더라도 그 인지판결이 확정되기 전에는 상속인으로서의 권리를 행사할 수 없고, 그러한 인지판결이 확정되기 전의 정당한 상속인이 채무자에 대하여 소를 제기하고, 나아가 승소판결까지 받았다면, 채무자로서는 그 상속인이 장래 혼인외의 자에 대한 인지판결이 확정됨으로 인하여 소급하여 상속인으로서의 지위를 상실하게 될 수 있음을 들어 그 권리행사를 거부할 수 없으므로, 그러한 표현상속인에 대한 채무자의 변제는, 특별한 사정이 없는 한, 채무자가 표현상속인이 정당한 권리자라고 믿은 데에 과실이 있다 할 수 없으므로, 채권의 준점유자에 대한 변제로서 적법하다고 본 사례(대법원 1995. 1. 24. 93다32200).

② (○) 주채무자가 변제자인 경우에는, 담보로 제3자가 발행 또는 배서한 약속어음이 교부된 채무와 다른 채무 사이에 변제이익의 점에서 차이가 없다고 보아야 할 것이나, 담보로 주채무자 자신이 발행 또는 배서한 어음이 교부된 채무는 다른 채무보다 변제이익이 많은 것으로 보아야 한다(대법원 1999. 8. 24. 99다22281,22298).

③ (○) 채무자가 채무와 관련하여 채권자에게 채무자 소유의 재산을 양도하기로 약정한 경우에, 그것이 종전 채무의 변제에 갈음하여 대물변제 조로 양도하기로 한 것인지 아니면 종전 채무의 담보를 위하여 추후 청산절차를 유보하고 양도하기로 한 것인지는 약정 당시의 당사자 의사해석에 관한 문제이다. 이에 관하여 명확한 증명이 없는 경우에는, 약정에 이르게 된 경위 및 당시의 상황, 양도 당시의 채무액과 양도목적물의 가액, 양도 후의 이자 등 채무 변제 내용, 양도 후의 양도목적물의 지배 및 처분관계 등 여러 사정을 종합하여 그것이 담보 목적인지를 가려야 한다(대법원 2015. 8. 27. 2013다28247).

④ (X) 타인의 채무를 담보하기 위하여 근저당권을 설정한 물상보증인이 채무를 변제한 때에는 채무자에 대한 구상권이 있고, 물상보증인은 변제할 정당한 이익이 있으므로 변제로 당연히 채권자를 대위하여 채권자의 채권 및 그 담보에 관한 권리를 행사할 수 있다. 다만 물상보증인은 자기의 권리에 의하여 구상할 수 있는 범위에서 그와 같은 권리를 행사할 수 있으므로, 물상보증인이 채무를 변제한 때에도 다른 사정에 의하여 채무자에 대하여 구상권이 없는 경우에는 채권자를 대위하여 채권자의 채권 및 담보에 관한 권리를 행사할 수 없다고 해석하여야 한다(대법원 2014. 4. 30. 2013다80429,80436).

⑤ (○) 변제자(채무자)와 변제수령자(채권자)는 변제로 소멸한 채무에 관한 보증인 등 이해관계 있는 제3자의 이익을 해하지 않는 이상 이미 급부를 마친 뒤에도 기존의 충당방법을 배제하고 제공된 급부를 어느 채무에 어떤 방법으로 다시 충당할 것인가를 약정할 수 있다(대법원 2013. 9. 12. 2012다118044,11805).

정답 ④

문 45

다음 설명 중 가장 옳지 않은 것은? [2022년 8번]

① 채무자가 채권자의 승낙을 얻어 본래의 채무이행에 갈음하여 부동산으로 대물변제를 하였으나 본래의 채무가 존재하지 않았던 경우에는, 당사자가 특별한 의사표시를 하지 않은 한, 대물변제는 무효로서 부동산의 소유권이 이전되는 효과가 발생하지 않는다.

② 채무변제를 위한 담보 또는 변제의 방법으로 다른 채권을 양도하기로 하는 경우, 특별한 사정이 없는 한 채권양도의 요건을 갖추어 대체급부가 이루어짐으로써 원래의 채무는 소멸하는 것이고 그 양수한 채권의 변제까지 이루어져야만 원래의 채무가 소멸하는 것은 아니다.

③ 채무변제에 갈음하여 다른 채권을 양도하기로 한 경우 대체급부로서 채권을 양도한 양도인은 양도 당시 양도대상인 채권의 존재에 대해서는 담보책임을 지지만 당사자 사이에 별도의 약정이 있다는 등 특별한 사정이 없는 한 그 채무자의 변제자력까지 담보하는 것은 아니다.

④ 채무자가 채권자에게 채무변제와 관련하여 다른 채권을 양도하는 것은 특단의 사정이 없는 한 채무변제를 위한 담보 또는 변제의 방법으로 양도되는 것으로 추정할 것이지 채무변제에 갈음한 것으로 볼 것은 아니다.
⑤ 대물변제예약 완결권은 일종의 형성권으로서 당사자 사이에 그 행사기간을 약정한 때에는 그 기간 내에, 그러한 약정이 없는 때에는 그 권리가 발생한 때로부터 10년 내에 이를 행사하여야 하고, 이 기간을 도과한 때에는 예약완결권은 제척기간의 경과로 인하여 소멸한다.

> **MGI Point 채무변제와 채권양도** ★
>
> - 채무자가 채무이행에 갈음하여 부동산으로 대물변제 하였으나 본래 채무가 부존재한 경우 ⇨ 부동산 소유권 이전 효과 발생 ×
> - 채무자가 채권자에게 채무변제와 관련하여 다른 채권을 양도한 경우 ⇨ 채무변제를 위한 담보 또는 변제의 방법으로 양도되는 것으로 추정 ○, but 채권양도만으로 바로 원래 채권의 소멸 ×
> - 채무변제에 갈음하여 다른 채권을 양도하기로 한 경우 ⇨ 양도인은 양도 당시 양도대상인 채권의 존재에 대해서만 담보책임 有, but 채무자의 변제자력까지 담보 ×
> - 대물변제예약 완결권 ⇨ 형성권, 발생한 때로부터 10년의 제척기간에 걸림

① (○) 채무자가 채권자의 승낙을 얻어 본래의 채무이행에 갈음하여 부동산으로 대물변제를 하였으나 본래의 채무가 존재하지 않았던 경우에는, 당사자가 특별한 의사표시를 하지 않은 한 대물변제는 무효로서 부동산의 소유권이 이전되는 효과가 발생하지 않는다(대판 1991.11.12. 91다9503).

② (×), ③ (○), ④ (○) [1] 채무자가 채권자에게 채무변제와 관련하여 다른 채권을 양도하는 것은 특단의 사정이 없는 한 채무변제를 위한 담보 또는 변제의 방법으로 양도되는 것으로 추정할 것이지 채무변제에 갈음한 것으로 볼 것은 아니어서, 그 경우 채권양도만 있으면 바로 원래의 채권이 소멸한다고 볼 수는 없고 채권자가 양도받은 채권을 변제받은 때에 비로소 그 범위 내에서 채무자가 면책된다. [2] 채무자가 채권자에게 채무변제에 '갈음하여' 다른 채권을 양도하기로 한 경우에는 특별한 사정이 없는 한 채권양도의 요건을 갖추어 대체급부가 이루어짐으로써 원래의 채무는 소멸하는 것이고 그 양수한 채권의 변제까지 이루어져야만 원래의 채무가 소멸한다고 할 것은 아니다. 이 경우 대체급부로서 채권을 양도한 양도인은 양도 당시 양도대상인 채권의 존재에 대해서는 담보책임을 지지만 당사자 사이에 별도의 약정이 있다는 등 특별한 사정이 없는 한 그 채무자의 변제자력까지 담보하는 것은 아니다(대판 2013.05.09. 2012다40998).

⑤ (○) 대물변제예약 완결권은 일종의 형성권으로 당사자 사이에 그 행사기간을 약정한 때에는 그 기간 내에, 그러한 약정이 없는 때에는 그 권리가 발생한 때로부터 10년 내에 이를 행사하여야 하고, 이 기간을 도과한 때에는 예약 완결권은 제척기간의 경과로 인하여 소멸한다(대판 1997.06.27. 97다12488).

정답 ②

문 46

변제와 채권증서 반환청구권에 관한 다음 설명 중 가장 옳지 않은 것은? [2022년 39번]

① 채권증서가 있는 경우에 변제자가 채권전부를 변제한 때에는 채권증서의 반환을 청구할 수 있다. 채권이 변제 이외의 사유로 전부 소멸한 때에도 같다.

② 민법 제347조는 채권을 질권의 목적으로 하는 경우에 채권증서가 있는 때에는 질권의 설정은 그 증서를 질권자에게 교부함으로써 효력이 생긴다고 규정하고 있다. 여기에서 말하는 '채권증서'는 채권의 존재를 증명하기 위하여 채권자에게 제공된 문서로서 특정한 이름이나 형식을 따라야 하는 것은 아니지만, 장차 변제 등으로 채권이 소멸하는 경우에는 민법 제475조에 따라 채무자가 채권자에게 그 반환을 청구할 수 있는 것이어야 한다. 이에 비추어 임대차계약서와 같이 계약 당사자 쌍방의 권리의무관계의 내용을 정한 서면은 그 계약에 의한 권리의 존속을 표상하기 위한 것이라고 할 수는 없으므로 위 채권증서에 해당하지 않는다.

③ 지불각서와 같은 채권증서는 채무자가 작성하여 채권자에게 교부하는 것이고, 채무자가 채무 전부를 변제하거나 그 밖의 사유로 채권이 소멸한 때에는 채권자에게 채권증서의 반환을 청구할 수 있다. 이러한 채권증서 반환청구권은 채무 전부를 변제하는 등 채권이 소멸한 경우에 인정되므로, 채권자가 채무자로부터 채권증서를 교부받은 후 이를 다시 채무자에게 반환하였다면 특별한 사정이 없는 한 그 채권은 변제 등의 사유로 소멸하였다고 추정할 수 있다.

④ 금전을 대여한 채권자가 그 채권증서로서 그 채권에 관하여 기한이익의 상실사유 및 지연손해금 등을 정하고 강제집행을 승낙한다는 내용이 기재되어 채권자에게 유리한 공정증서를 작성 받아 소지하고 있다가 공정증서에 표시된 채권금 중 일부를 지급받고 자의로 당해 공정증서 원본을 채무자에게 반환하였다면, 진정한 채권액이 처음부터 위 지급금액에 한정되거나 채권자가 나머지 채권의 일부를 포기하는 등 그 법적 원인이 어떠한 것이든 간에 다른 특별한 사정이 없는 한 당해 채권관계는 소멸되었다고 보는 것이 경험칙에 부합한다.

⑤ 채무자가 채무 전부를 변제한 때에는 채권자에게 채권증서의 반환을 청구할 수 있으며, 제3자가 변제를 하는 경우에는 제3자도 채권증서의 반환을 구할 수 있으나(민법 제475조 참조), 이러한 채권증서 반환청구권은 채권 전부를 변제한 경우에 인정되는 것이고, 영수증 교부의무처럼 변제와 동시이행관계에 있다.

MGI Point | 변제·채권증서 반환청구권 ★★

- 변제자가 채권전부를 변제한 때 ⇨ 채권증서 반환 청구 可, 변제 이외의 사유로 전부 소멸한 때에도 同
- 임대차계약서 ⇨ 민법 제475조상의 채권증서 ×
- 채권자가 채무자에게 채권증서 반환 ⇨ 채권은 변제 등의 사유로 소멸하였다고 추정 可
- 채권자가 채권증서로서의 공정증서를 반환 ⇨ 채권관계는 소멸되었다고 보는 것이 경험칙에 부합
- 채권증서의 반환과 변제 ⇨ 동시이행관계 ×

---

① (○) 민법 제475조 참조.

> 민법 제475조 (채권증서반환청구권) 채권증서가 있는 경우에 변제자가 채무전부를 변제한 때에는 채권증서의 반환을 청구할 수 있다. 채권이 변제이외의 사유로 전부소멸한 때에도 같다.

② (○) 민법 제347조는 채권을 질권의 목적으로 하는 경우에 채권증서가 있는 때에는 질권의 설정은 그 증서를 질권자에게 교부함으로써 효력이 생긴다고 규정하고 있다. 여기에서 말하는 '채권증서'는 채권의 존재를 증명하기 위하여 채권자에게 제공된 문서로서 특정한 이름이나 형식을 따라야 하는 것은 아니지만, 장차 변제 등으로 채권이 소멸하는 경우에는 민법 제475조에 따라 채무자가 채권자에게 그 반환을 청구할 수 있는 것이어야 한다. 이에 비추어 <u>임대차계약서와 같이 계약 당사자 쌍방의 권리의무관계의 내용을 정한 서면은 그 계약에 의한 권리의 존속을 표상하기 위한 것이라고 할 수는 없으므로 위 채권증서에 해당하지 않는다</u> (대판 2013.08.22. 2013다32574).

③ (○) 지불각서와 같은 채권증서는 채무자가 작성하여 채권자에게 교부하는 것이고, 채무자가 채무 전부를 변제하거나 그 밖의 사유로 채권이 소멸한 때에는 채권자에게 채권증서의 반환을 청구할 수 있고(민법 제475조 참조), 이러한 채권증서 반환청구권은 채무 전부를 변제하는 등 채권이 소멸한 경우에 인정되므로, 채권자가 채무자로부터 채권증서를 교부받은 후 이를 다시 채무자에게 반환하였다면 특별한 사정이 없는 한 그 채권은 변제 등의 사유로 소멸하였다고 추정할 수 있다(대판 2011.11.24. 2011다74550).

④ (○) 금전을 대여한 채권자가 그 채권증서로서 그 채권에 관하여 기한이익의 상실사유 및 지연손해금 등을 정하고 강제집행을 승낙한다는 내용이 기재되어 채권자에게 유리한 공정증서를 작성받아 소지하고 있다가 공정증서에 표시된 채권금 중 일부를 지급받고 자의로 당해 공정증서 원본을 채무자에게 반환하였다면, 진정한 채권액이 처음부터 위 지급금액에 한정되거나 채권자가 나머지 채권의 일부를 포기하는 등 그 법적 원인이 어떠한 것이든 간에 다른 특별한 사정이 없는 한 당해 채권관계는 소멸되었다고 보는 것이 경험칙에 부합한다고 할 것이다(대판 2011.06.09. 2011다23170).

⑤ (X) 민법 제475조는 변제자가 채무 전부를 변제한 때에는 채권자에게 채권증서의 반환을 청구할 수 있다고 규정하고 있으나, 이러한 채권증서 반환청구권은 변제와 동시이행관계에 있지 아니하다(대판 2012.11.29. 2011다84359).

정답 ⑤

문 47

채권의 준점유자에 대한 변제에 관한 다음 설명 중 가장 옳은 것은?(다툼이 있는 경우 판례에 의함)
[2016년 21번]

① 망인의 형제인 甲이 망인의 상속인으로서 채무자 乙을 상대로 소를 제기하였는데, 그 무렵 망인의 친생자라고 주장하는 丙이 인지청구소송을 제기하면서 乙에게 내용증명우편으로 자신이 망인의 친생자이므로 甲에게 망인에 대한 손해배상금을 지급하여서는 안 된다는 의사를 통지한 이후 甲과 乙의 소송에서 甲이 승소판결을 선고받자 乙이 甲에게 손해배상금을 지급하였으나, 丙의 인지청구소송이 승소확정되어 진정한 상속인으로 판명된 경우 乙의 변제는 채권의 준점유자에 대한 변제에 해당한다.

② 채무자가 자신의 채권가압류로 인하여 채권의 추심 또는 기타 처분행위에 제한을 받다가 가압류이의소송에서 가압류를 취소하는 가집행선고부 판결을 선고받아 위 판결정본이 제3채무자에게 송달되었으나, 집행법원의 가압류집행취소절차가 이루어지기 이전에 제3채무자가 채무자에게 변제를 하였다면 과실이 있으므로, 유효한 변제로 볼 수 없다.

③ 채권의 준점유자에 대하여 변제를 한 채무자가 진정한 채권자에게 이중변제를 하였다면 이것은 진정한 채권자가 채권의 준점유자에 대하여 갖는 부당이득반환청구권 또는 불법행위에 기한 손해배상청구권을 대위할 수 있는 이해관계 있는 제3자의 변제이다.

④ 양도인 B가 채무자 C에 대하여 가지고 있던 채권을 D가 양수하여 대항력이 있는 채권양도통지가 이루어진 후 양도인 B가 양수인 D의 승낙 없이 임의로 채무자 C에게 채권양도철회의 통지를 한 상태에서 양도인 B의 채권자 A가 위 채권에 대하여 채권압류 및 전부명령을 받고 이어 A가 제기한 전부금소송에서 채무자 C가 패소판결을 받고 A에게 변제한 경우에 C에게 과실이 있으므로, 유효한 변제로 볼 수 없다.

⑤ 효력규정인 강행법규에 위반되는 계약을 체결한 자가 그 약정의 효력이 부인되는 사실을 알지 못한 탓에 그 약정에 따라 변제수령권을 갖는 것처럼 외관을 갖게 된 자에게 변제를 한 경우에, 채권의 준점유자에 대한 변제로 유효하다.

해설 ★★★

① (○) 혼인외의 자의 생부가 사망한 경우, 혼인외의 출생자는 그가 인지청구의 소를 제기하였다고 하더라도 그 인지판결이 확정되기 전에는 상속인으로서의 권리를 행사할 수 없고, 그러한 인지판결이 확정되기 전의 정당한 상속인이 채무자에 대하여 소를 제기하고, 나아가 승소판결까지 받았다면, 채무자로서는 그 상속인이 장래 혼인외의 자에 대한 인지판결이 확정됨으로 인하여 소급하여 상속인으로서의 지위를 상실하게 될 수 있음을 들어 그 권리행사를 거부할 수 없으므로, 그러한 표현상속인에 대한 채무자의 변제는, 특별한 사정이 없는 한, 채무자가 표현상속인이 정당한 권리자라고 믿은 데에 과실이 있다 할 수 없으므로, 채권의 준점유자에 대한 변제로서 적법하다(대판 1995.01.24. 93다32200).

② (X) 채권의 준점유자에 대한 변제는 변제자가 선의이며 과실이 없는 때에는 채권을 소멸시키는 효력이 있고, 여기서 채권의 준점유자라 함은 변제자의 입장에서 볼 때 일반의 거래관념상 채권을 행사할 정당한 권한을 가진 것으로 믿을 만한 외관을 가지는 자를 의미하는 것이며, 가압류로 인하여 채권의 추심 기타 처분행위에 제한을 받다가 가압류를 취소하는 가집행선고부 판결을 선고받아 다시 채권을 제한 없이 행사할 수 있을 듯한 외관을 가지게 된 채권자 또한 채권의 준점유자로 볼 수 있다. 이 사건 가압류를 취소하는 주문이 기재된 위 가집행선고부 판결 정본을 송달받음에 의하여 이 사건 가압류집행이 위 가집행선고부 판결에 의하여 실효되었다고 믿고 채무자의 청구에 따라 그에게 임금 및 퇴직금을 지급하기에 이른 제3채무자에게 채무자가 임금 및 퇴직금을 전액 지급받을 수 있게 되었다고 믿은 데에는 무슨 과실이 있다고 보기 어렵다(대판 2003.07.22. 2003다24598).

③ (X) 채권압류가 경합된 경우에 있어서는 그 압류채권자들 중의 한 사람이 전부명령을 얻더라도 그 전부명령은 무효가 된다. 그런데 이 경우에 제3채무자가 그 무효인 전부명령에 의한 전부채권자에게 그 전부금을 변제하였다면 그 전부채권자는 진정한 채권자로 볼 수 있는 외관을 갖춘 자로 민법 제470조 소정의 채권의 준점유자에 해당한다고 보아야 할 것이니 제3채무자가 선의·무과실인 때에는 같은 조문의 채권의 준점유자에 대한 변제로서 그 변제는 유효하고 제3채무자가 채무자에 대하여 부담하고 있던 채무는 소멸되고 제3채무자는 압류채권자에 대하여 이중변제의 의무를 부담하지 않으며, 제3채무자가 전부채권자에 대하여 전부명령이 무효임을 주장하여 부당이득의 반환청구도 할 수 없는 것으로 보아야 하는데, 경합압류채권자에 대한 관계에 있어서는 전부채권자가 무효인 전부명령에 의하여 수령한 금원을 독점할 법률상의 원인이 없는 것이어서 경합압류채권자는 전부채권자에 대하여 자기가 배당받아야 할 금액의 범위내에서 부당이득의 반환청구를 할 수 있는 것으로 보아야 할 것인바, 이때에 제3채무자측에서 경합압류채권자가 배당받아야 할 금원을 그 압류채권자에게 대위 변제하였다면 이는 이해관계 없는 제3자의 변제로서 그 대위변제자는 변제자의 임의대위권 밖에 행사할 수 없을 것이다(대판 1980.09.30. 78다1292).

④ (X) 양도인(B)가 채무자(C)에 대하여 가지고 있던 채권에 관하여 양수인(D) 앞으로 대항력 있는 채권양도가 이루어진 후 B가 D의 승낙 없이 임의로 C에게 채권양도철회의 통지를 한 상태에서 B에 대한 채권자(A)가 위 채권에 대하여 채권압류 및 전부명령을 받고 이어 A가 제기한 전부금소송에서 C가 패소판결을 받고 A에게 그 금원을 지급한 경우, 법률전문가가 아닌 C로서는 B의 채권양도철회통지로 인하여 채권양도가 없었던 것과 같이 되었다고 믿을 수밖에 없었고, 더욱이 A가 제기한 전부금청구의 소에서 전부명령의 효력을 적극 다투었다가 패소판결을 선고받았다면, C가 A를 유효하게 임대보증금반환채권을 전부받은 채권자인 것으로 오인한 데 대하여 과실이 있다고 볼 수 없고, 따라서 C의 A에 대한 변제는 유효하다(대판 1997.03.11. 96다44747).

⑤ (X) 효력규정인 강행법규에 위반되는 계약을 체결한 자가 그 약정의 효력이 부인된다는 사실을 알지 못한 탓에 그 약정에 따라 변제수령권을 갖는 것처럼 외관을 갖게 된 자에게 변제를 한 경우에는, 특별한 사정이

없는 한 그 변제자가 채권의 준점유자에게 변제수령권이 있는 것으로 오해한 것은 법률적인 검토를 제대로 하지 않은 과실에 기인한 것이라고 할 것이다(대판 2004.06.11. 2003다1601).

정답 ①

제2관 변제의 제공
제3관 변제의 충당

문 23

변제충당에 관한 다음 설명 중 가장 옳지 않은 것은? [2023년 37번]

① 변제자와 변제받는 자 사이에 민법 제476조 내지 제479조와 다른 약정이 있다면 그 약정에 따라 변제충당의 효력이 발생하고, 그러한 약정이 없는 경우에 변제의 제공이 그 채무 전부를 소멸하게 하지 못하는 때에는 민법 제476조의 지정변제충당에 의하여 변제충당의 효력이 발생하고 보충적으로 민법 제477조의 법정변제충당의 순서에 따라 변제충당의 효력이 발생한다.
② 동일 당사자 사이에 수 개의 채권관계가 성립되어 있어 채무자가 특정채무를 지정하여 변제한 경우, 특정채무에 대한 변제의 효과가 인정되고, 그 변제액이 지정한 특정채무의 액수를 초과하더라도 당사자 사이에 다른 채권의 변제에 충당하거나 공제의 대상으로 삼기로 하는 합의가 있는 등 특별한 사정이 없는 한 초과액수가 다른 채권의 변제에 당연 충당되거나 공제의 대상이 되지는 않는다.
③ 다수의 채무 중 보증인에 의하여 담보되는 채무와 그렇지 않은 채무가 있는 경우, 이행기가 먼저 도래하는 채무를 먼저 변제하기로 하는 내용의 합의충당이 현저히 부당하거나 신의칙에 반한다고 볼 수 없어 유효하고, 그 결과 보증인에 의해 담보되는 채무가 남게 되었다면 그 보증인은 보증책임을 부담한다.
④ 지정변제충당에서 변제자의 변제충당에 관한 지정이 없으면 변제수령자가 지정할 수 있고, 이에 대해서는 변제자가 즉시 이의를 제기할 수 있다.
⑤ 담보권 실행을 위한 경매에서 배당된 배당금이 담보권자가 가지는 수 개의 피담보채권 전부를 소멸시키기에 부족한 경우에도 채권자와 채무자 사이에 변제충당에 관한 합의가 있었다면 그 합의에 따르거나 민법 제476조에 의한 지정변제충당의 방법으로 충당한다.

MGI Point　변제충당　★★

- 변제충당 방법 사이의 순위 ⇨ 1.합의, 2.지정변제충당, 3.법정변제충당
- 동일 당사자 사이에 수 개의 채권관계가 성립되어 있어 채무자가 특정채무를 지정하여 변제한 경우 ⇨ 초과액수가 다른 채권의 변제에 당연충당되는 것 ✕
- 다수의 채무 중 이행기가 먼저 도래하는 채무를 먼저 변제하기로 하는 내용의 합의충당 ⇨ 유효
- 지정변제충당에서 변제자의 변제충당에 관한 지정이 없는 경우 ⇨ 변제수령자는 지정 可 BUT 변제자가 이의제기한 경우 법정변제충당의 방법에 의함
- 경매에서 배당금의 변제충당 방법 ⇨ 합의충당불가, 지정변제충당불가, 법정변제충당만可

① (○) 변제충당에 관한 민법 제476조 내지 제479조는 임의규정이므로 변제자와 변제받는 자 사이에 위 규정과 다른 약정이 있다면 약정에 따라 변제충당의 효력이 발생하고, 위 규정과 다른 약정이 없는 경우에 변제의 제공이 채무 전부를 소멸하게 하지 못하는 때에는 민법 제476조의 지정변제충당에 따라 변제충당의 효력이 발생하고 보충적으로 민법 제477조의 법정변제충당의 순서에 따라 변제충당의 효력이 발생한다. 이때 민법 제477조의 법정변제충당의 순서는 채무자의 변제제공 당시를 기준으로 정하여야 한다().

② (○) 동일 당사자 사이에 수 개의 채권관계가 성립되어 있는 경우 채무자가 특정채무를 지정하여 변제를 한 때에는 그 특정채무에 대한 변제의 효과가 인정된다. 이때 그 변제액수가 지정한 특정채무의 액수를 초과하더라도, 초과액수 상당의 채권이 부당이득관계에 따라 다른 채권에 대한 상계의 자동채권이 될 수 있음은 별론으로 하고, 당사자 사이에 다른 채권의 변제에 충당하거나 공제의 대상으로 삼기로 하는 합의가 있는 등 특별한 사정이 없는 한 초과액수가 다른 채권의 변제에 당연 충당된다거나 공제의 대상이 된다고 볼 수는 없다(대법원 2021. 1. 14. 2020다261776).

③ (○) 다수의 채무 중 이행기가 먼저 도래하는 채무를 먼저 변제하기로 하는 내용의 합의충당이 현저히 부당하거나 신의칙에 반한다고 볼 수 없어 유효하고, 그 결과 보증인에 의해 담보되는 채무가 남게 되었다면 그 보증인은 보증책임을 부담한다고 본 사례(대법원 2010. 10. 28. 2010다55187).

④ (○)

> 민법
> 제476조(지정변제충당) ① 채무자가 동일한 채권자에 대하여 같은 종류를 목적으로 한 수개의 채무를 부담한 경우에 변제의 제공이 그 채무전부를 소멸하게 하지 못하는 때에는 변제자는 그 당시 어느 채무를 지정하여 그 변제에 충당할 수 있다.
>
> ② 변제자가 전항의 지정을 하지 아니할 때에는 변제받는 자는 그 당시 어느 채무를 지정하여 변제에 충당할 수 있다. 그러나 변제자가 그 충당에 대하여 즉시 이의를 한 때에는 그러하지 아니하다.

⑤ (X) 담보권 실행을 위한 경매에서 배당된 배당금이 담보권자가 가지는 수개의 피담보채권 전부를 소멸시키기에 부족한 경우에는 민법 제476조에 의한 지정변제충당은 허용될 수 없고, 채권자와 채무자 사이에 변제충당에 관한 합의가 있었다고 하여 그 합의에 따른 변제충당도 허용될 수 없으며, 획일적으로 가장 공평타당한 충당방법인 민법 제477조 및 제479조의 규정에 의한 법정변제충당의 방법에 따라 충당하여야 하는 것이고, 이러한 법정변제충당은 이자 혹은 지연손해금과 원본 간에는 이자 혹은 지연손해금과 원본의 순으로 이루어지고, 원본 상호간에는 그 이행기의 도래 여부와 도래 시기, 그리고 이율의 고저와 같은 변제이익의 다과에 따라 순차적으로 이루어지나, 다만 그 이행기나 변제이익의 다과에 있어 아무런 차등이 없을 경우에는 각 원본 채무액에 비례하여 안분하게 되는 것이다(대법원 2000. 12. 8. 2000다51339).

정답 ⑤

문 48

변제충당에 관한 다음 설명 중 가장 옳지 않은 것은? [2021년 13번]

① 채무자가 특정 채무의 변제로 금원을 지급한 사실을 주장하는데 대하여 채권자가 이를 수령한 사실을 인정하고서 다만 다른 채무의 변제에 충당하였다고 주장하는 경우에는, 채권자는 다른 채권이 존재하는 사실과 다른 채권에 대한 변제충당의 합의가 있었다거나 다른 채권이 법정충당의 우선순위에 있다는 사실을 주장·입증하여야 한다.

② 변제자가 주채무자인 경우 보증인이 있는 채무와 보증인이 없는 채무 사이에 양자는 변제이익의 점에서 차이가 없다.
③ 비용, 이자, 원본에 대한 변제충당의 순서에 관한 민법 제479조는 변제뿐만 아니라 공탁, 상계에도 적용되고, 여기에서 우선 충당되는 비용에는 채권을 실행하는 데 소요된 소송비용 또는 집행비용으로서 소송비용액확정결정 또는 집행비용액확정결정을 받은 것이 포함된다.
④ 비용, 이자, 원본에 대한 변제충당에 관하여 당사자 사이에 특별한 합의가 없는 한 비용, 이자, 원본의 순서로 충당하여야 할 것이지만, 당사자의 일방적인 지정에 대하여 상대방이 지체 없이 이의를 제기하지 아니함으로써 묵시적인 합의가 되었다고 보여지는 경우에는 그 법정충당의 순서와는 달리 충당의 순서를 인정할 수 있다.
⑤ 민법 제477조의 법정변제충당을 위한 변제이익은 변제자를 기준으로 판단하여야 하고, 법정변제충당의 순서는 사실심 변론 종결시를 기준으로 할 것이지 채무자의 변제제공 당시를 기준으로 정할 것은 아니다.

MGI Point 변제충당 ★★

- 채권자가 변제 금원의 수령 사실을 인정하면서 타 채무의 변제에 충당하였다고 주장하는 경우
  ⇨ 채권자는 타 채권이 존재하는 사실과 타 채권의 변제충당 합의가 있었다거나 타 채권이 법정충당의 우선순위에 있다는 사실을 주장·증명하여야 함
- 변제자가 주채무자인 경우 ⇨ 보증인이 있는 채무와 보증인이 없는 채무 사이에 변제이익의 차이 無
- 비용, 이자, 원본에 대한 변제충당의 순서 ⇨ 공탁, 상계 등 그 밖의 채무소멸원인에도 적용 ○, 우선충당비용에 소송비용 또는 집행비용으로서 소송비용액확정결정 또는 집행비용액확정결정을 받은 것도 포함됨
- 비용, 이자, 원본에 대한 변제충당에 있어서 당사자 사이의 묵시적 합의에 의한 임의충당 인정 가능
- 법정변제충당의 순서를 정하는 기준 시기 ⇨ 변제제공 시

① (○) 채무자가 특정한 채무의 변제조로 금원 등을 지급한 사실을 주장함에 대하여, 채권자가 이를 수령한 사실을 인정하고서 다만 타 채무의 변제에 충당하였다고 주장하는 경우에는, 채권자는 타 채권이 존재하는 사실과 타 채권에 대한 변제충당의 합의가 있었다거나 타 채권이 법정충당의 우선순위에 있다는 사실을 주장·증명하여야 한다(대판 2014.01.23. 2011다108095).

② (○) 변제자가 주채무자인 경우, 보증인이 있는 채무와 보증인이 없는 채무 사이에 변제이익의 점에서 차이가 없다고 보아야 하므로, 보증기간 중의 채무와 보증기간 종료 후의 채무 사이에서는 변제이익의 점에서 차이가 없고, 따라서 주채무자가 변제한 금원은 이행기가 먼저 도래한 채무부터 법정변제충당하여야 한다(대판 1999.08.24. 99다26481).

③ (○) 비용, 이자, 원본에 대한 변제충당의 순서에 관한 민법 제479조는 변제뿐만 아니라 공탁, 상계 등 그 밖의 채무소멸원인에도 적용되고, 여기에서 우선 충당되는 비용에는 채권을 실행하는 데 소요된 소송비용 또는 집행비용으로서 소송비용액확정결정 또는 집행비용액확정결정을 받은 것이 포함된다(대판 2006.10.12. 2004재다818).

④ (○) 비용, 이자, 원본에 대한 변제충당에 있어서는 민법 제479조에 그 충당 순서가 법정되어 있고 지정 변제충당에 관한 같은 법 제476조는 준용되지 않으므로 당사자 사이에 특별한 합의가 없는 한 비용, 이자, 원본의 순서로 충당하여야 할 것이고, 채무자는 물론 채권자라고 할지라도 위 법정 순서와 다르게 일방적으로 충당의 순서를 지정할 수는 없다고 할 것이지만, 당사자의 일방적인 지정에 대하여 상대방이 지체없이 이의를 제기하지 아니함으로써 묵시적인 합의가 되었다고 보여지는 경우에는 그 법정충당의 순서와는 달리 충당의 순서를 인정할 수 있는 것이다(대판 2002.05.10. 2002다12871).

⑤ (X) 변제충당에 관한 민법 제476조 내지 제479조는 임의규정이므로 변제자와 변제받는 자 사이에 위 규정과 다른 약정이 있다면 약정에 따라 변제충당의 효력이 발생하고, 위 규정과 다른 약정이 없는 경우에 변제의 제공이 채무 전부를 소멸하게 하지 못하는 때에는 민법 제476조의 지정변제충당에 따라 변제충당의 효력이 발생하고 보충적으로 민법 제477조의 법정변제충당의 순서에 따라 변제충당의 효력이 발생한다. 이때 민법 제477조의 법정변제충당의 순서는 채무자의 변제제공 당시를 기준으로 정하여야 한다(대판 2015.11.26. 2014다71712).

정답 ⑤

문 49

변제충당에 관한 다음 설명 중 가장 옳지 않은 것은? [2018년 35번]

① 변제충당이란 채무자가 동일한 채권자에 대하여 동종의 목적을 갖는 수개의 채무를 부담하는 경우 또는 1개의 채무의 변제로 수개의 급부를 하여야 할 경우에 변제제공된 것이 채무 전부를 소멸시키기에 부족한 때에, 변제제공된 것으로 어느 채무의 변제에 충당할 것인지를 결정하는 것을 뜻한다.
② 배당기일 이후 배당표 확정 시까지 해당 채권의 이자 또는 지연손해금이 발생하였는데도 이를 배제하고 배당기일까지 발생한 이자 또는 지연손해금의 변제에만 충당한다면, 이는 변제의 효력이 발생하는 시점과 변제충당의 기준시점을 달리 보는 것이 되어 변제충당의 본질에 어긋난다.
③ 연대보증인이 주채무자의 채무 중 일정 범위에 대하여 보증을 한 경우에 주채무자가 일부변제를 하면, 특별한 사정이 없는 한 일부변제금은 주채무자의 채무 전부를 대상으로 변제충당의 일반원칙에 따라 충당되고, 연대보증인은 변제충당 후 남은 주채무자의 채무 중 보증한 범위 내의 것에 대하여 보증책임을 부담한다.
④ 변제충당에 관한 민법 제476조 내지 제479조의 규정은 임의규정이므로 변제자와 변제받는 자 사이에 위 규정과 다른 약정이 있다면 그 약정에 따라 변제충당의 효력이 발생하고, 위 규정과 다른 약정이 없는 경우에 변제의 제공이 그 채무 전부를 소멸하게 하지 못하는 때에는 민법 제476조의 지정변제충당에 의하여 변제충당의 효력이 발생하고 보충적으로 민법 제477조의 법정변제충당의 순서에 따라 변제충당의 효력이 발생한다.
⑤ 변제충당지정은 상대방에 대한 의사표시로써 하여야 하는 것이므로, 채권자와 채무자 사이에 미리 변제충당에 관한 약정이 있고, 약정내용이 변제가 채권자에 대한 모든 채무를 소멸시키기에 부족한 때에는 채권자가 적당하다고 인정하는 순서와 방법에 의하여 충당하기로 하는 것이며, 변제수령권자인 채권자가 이러한 약정에 터 잡아 스스로 적당하다고 인정하는 순서와 방법에 좇아 변제충당을 하는 경우에도, 변제자에 대한 의사표시를 하여야 변제충당의 효력이 있다.

해설 ★★★

① (○), ② (○) 변제충당이란 채무자가 동일한 채권자에 대하여 동종의 목적을 갖는 수개의 채무를 부담하는 경우 또는 1개의 채무의 변제로 수개의 급부를 하여야 할 경우에 변제제공된 것이 채무 전부를 소멸시키기에 부족한 때에, 변제제공된 것으로 어느 채무의 변제에 충당할 것인지를 결정하는 것을 뜻한다. 배당기일 이후 배당표 확정 시까지 해당 채권의 이자 또는 지연손해금이 발생하였는데도 이를 배제하고 배당기일까지

발생한 이자 또는 지연손해금의 변제에만 충당한다면, 이는 변제의 효력이 발생하는 시점과 변제충당의 기준시점을 달리 보는 것이 되어 변제충당의 본질에 어긋난다(대판 2018.03.27. 2015다70822).

③ (○) 연대보증인이 주채무자의 채무 중 일정 범위에 대하여 보증을 한 경우에 주채무자가 일부변제를 하면, 특별한 사정이 없는 한 일부변제금은 주채무자의 채무 전부를 대상으로 변제충당의 일반원칙에 따라 충당되고, 연대보증인은 변제충당 후 남은 주채무자의 채무 중 보증한 범위 내의 것에 대하여 보증책임을 부담한다(대판 2016.08.25. 2016다2840).

④ (○) 변제충당에 관한 민법 제476조 내지 제479조의 규정은 임의규정이므로 변제자와 변제받는 자 사이에 위 규정과 다른 약정이 있다면 그 약정에 따라 변제충당의 효력이 발생하고, 위 규정과 다른 약정이 없는 경우에 변제의 제공이 그 채무 전부를 소멸하게 하지 못하는 때에는 민법 제476조의 지정변제충당에 의하여 변제충당의 효력이 발생하고 보충적으로 민법 제477조의 법정변제충당의 순서에 따라 변제충당의 효력이 발생한다(대판 2010.03.10. 2009마1942).

⑤ (X) 변제충당 지정은 상대방에 대한 의사표시로서 하여야 하는 것이기는 하나, 변제충당에 관한 민법 제476조 내지 제479조의 규정은 임의규정이므로 변제자(채무자)와 변제수령자(채권자)는 약정에 의하여 위 각 규정을 배제하고 제공된 급부를 어느 채무에 어떤 방법으로 충당할 것인가를 결정할 수 있고, 이와 같이 채권자와 채무자 사이에 미리 변제충당에 관한 약정이 있으며, 그 약정내용이 변제가 채권자에 대한 모든 채무를 소멸시키기에 부족한 경우 채권자가 적당하다고 인정하는 순서와 방법에 의하여 충당하기로 한 것이라면, 채권자가 위 약정에 터잡아 스스로 적당하다고 인정하는 순서와 방법에 좇아 변제충당을 한 이상 채무자에 대한 의사표시와 관계없이 그 충당의 효력이 있고, 위와 같이 미리 변제충당에 관한 별도의 약정이 있는 경우에는 채무자가 변제를 하면서 위 약정과 달리 특정 채무의 변제에 우선적으로 충당한다고 지정하더라도 그에 대하여 채권자가 명시적 또는 묵시적으로 동의하지 않는 한 그 지정은 효력이 없어 채무자가 지정한 채무가 변제되어 소멸하는 것은 아니다(대판 2004.03.25. 2001다53349).

정답 ⑤

제4관 변제자 대위

문 50

다음 설명 중 가장 옳지 않은 것은? [2022년 35번]

① 먼저 경매된 부동산의 후순위저당권자가 다른 부동산에 공동저당의 대위등기를 하지 아니하고 있는 사이에 선순위저당권자 등에 의해 그 부동산에 관한 저당권등기가 말소되고, 그와 같이 저당권등기가 말소되어 등기부상 저당권의 존재를 확인할 수 없는 상태에서 그 부동산에 관하여 소유권이나 저당권 등 새로 이해관계를 취득한 사람에 대해서는, 후순위저당권자가 민법 제368조 제2항에 의한 대위를 주장할 수 없다.

② 보증인과 제3취득자 사이의 변제자대위에 관하여 민법 제482조 제2항 제1호는 "보증인은 미리 전세권이나 저당권의 등기에 그 대위를 부기하지 아니하면 전세물이나 저당물에 권리를 취득한 제3자에 대하여 채권자를 대위하지 못한다."고 정하고 있으므로, 보증인의 채무 변제와 제3취득자의 목적부동산에 대한 권리 취득 중 무엇이 먼저인지와 관계없이, 채무를 변제한 보증인은 대위의 부기등기를 하지 않고는 제3취득자에 대하여 채권자를 대위할 수 없다.

③ 타인의 채무를 담보하기 위하여 근저당권을 설정한 물상보증인이 그 채무를 변제한 때에는 채무자에 대한 구상권이 있고, 그 물상보증인은 변제할 정당한 이익이 있으므로 변제로 당연히 채권자를 대위하여 채권자의 채권 및 그 담보에 관한 권리를 행사할 수 있다. 다만 물상보증인은 자기의 권리에 의하여 구상할 수 있는 범위에서 그와 같은 권리를 행사할 수 있으므로, 물상보증인이 채무를 변제한 때에도 다른 사정에 의하여 채무자에 대하여 구상권이 없는 경우에는 채권자를 대위하여 채권자의 채권 및 그 담보에 관한 권리를 행사할 수 없다.

④ 물상보증인이 채무자에 대한 구상권이 없어 변제자대위에 의하여 채무자 소유의 부동산에 대한 선순위공동저당권자의 저당권을 대위취득할 수 없는 경우에는 물상보증인 소유의 부동산에 대한 후순위저당권자는 물상대위할 대상이 없으므로 채무자 소유의 부동산에 대한 선순위공동저당권자의 저당권에 대하여 물상대위를 할 수 없다.

⑤ 공동근저당의 목적 부동산 중 일부에 대한 경매절차에서, 공동근저당권자가 선순위근저당권자로서의 자신의 채권 전액을 청구하였다면, 민법 제370조, 제333조, 제368조 제1항 전문의 규정에 따라 선순위근저당권자가 경매대가로부터 우선하여 변제받고, 후순위근저당권자는 잔액으로부터 변제를 받는 것이며, 이는 선순위근저당권자와 후순위근저당권자가 동일인이라고 하여 달라지는 것은 아니다.

> **MGI Point** 변제자대위 ★★
>
> - 공동저당의 목적부동산 중 먼저 경매된 부동산의 후순위저당권자가 다른 부동산에 공동저당의 대위등기 하지 않는 사이 선순위저당권자 등에 의해 그 부동산에 관한 저당권등기가 말소된 경우 ⇨ 그 상태에서 그 부동산에 관해 새로 이해관계를 취득한 제3취득자에 대하여 후순위저당권자가 민법 제368조 제2항에 따른 대위 주장 不可
> - 보증인에게 대항가능한 제3취득자는 보증인이 보증채무 이행 후, 등기 전 취득한 자만을 의미함
> - 물상보증인이 채무자에게 구상권이 없는 경우 ⇨ 변제자 대위권 행사 不可, 물상보증 부동산의 후순위저당권자도 물상보증인의 변제자대위권에 대한 물상대위 不可
> - 공동근저당권자가 선순위근저당권자로서의 자신의 채권 전액을 청구 ⇨ 민법 규정에 따라 변제 받고, 이는 선순위근저당권자와 후순위근저당권자가 동일인이라도 同

① (○) 먼저 경매된 부동산의 후순위저당권자가 다른 부동산에 공동저당의 대위등기를 하지 아니하고 있는 사이에 선순위저당권자 등에 의해 그 부동산에 관한 저당권등기가 말소되고, 그와 같이 저당권등기가 말소되어 등기부상 저당권의 존재를 확인할 수 없는 상태에서 그 부동산에 관하여 소유권이나 저당권 등 새로 이해관계를 취득한 사람에 대해서는, 후순위저당권자가 민법 제368조 제2항에 의한 대위를 주장할 수 없다(대판 2015.03.20. 2012다99341).

② (X) 보증인과 제3취득자 사이의 변제자대위에 관하여 민법 제482조 제2항 제1호는 "보증인은 미리 전세권이나 저당권의 등기에 그 대위를 부기하지 아니하면 전세물이나 저당물에 권리를 취득한 제3자에 대하여 채권자를 대위하지 못한다."라고 정하고 있다. 이 규정은 보증인의 변제로 저당권 등이 소멸한 것으로 믿고 목적부동산에 대하여 권리를 취득한 제3취득자를 예측하지 못한 손해로부터 보호하기 위한 것이다. 따라서 보증인이 채무를 변제한 후 저당권 등의 등기에 관하여 대위의 부기등기를 하지 않고 있는 동안 제3취득자가 목적부동산에 대하여 권리를 취득한 경우 보증인은 제3취득자에 대하여 채권자를 대위할 수 없다(대판 2020.10.15. 2019다222041).

③ (○) 타인의 채무를 담보하기 위하여 근저당권을 설정한 물상보증인이 채무를 변제한 때에는 채무자에 대한 구상권이 있고, 물상보증인은 변제할 정당한 이익이 있으므로 변제로 당연히 채권자를 대위하여 채권자의 채권 및 그 담보에 관한 권리를 행사할 수 있다. 다만 물상보증인은 자기의 권리에 의하여 구상할 수 있는 범위에서 그와 같은 권리를 행사할 수 있으므로, 물상보증인이 채무를 변제한 때에도 다른 사정에 의하여 채무자에 대하여 구상권이 없는 경우에는 채권자를 대위하여 채권자의 채권 및 담보에 관한 권리를 행사할 수 없다고 해석하여야 한다(2014.04.30. 2013다80429).

④ (○) 물상보증인이 채무자에 대한 구상권이 없어 변제자대위에 의하여 채무자 소유의 부동산에 대한 선순위 공동저당권자의 저당권을 대위취득할 수 없는 경우에는 물상보증인 소유의 부동산에 대한 후순위저당권자는 물상대위할 대상이 없으므로 채무자 소유의 부동산에 대한 선순위공동저당권자의 저당권에 대하여 물상대위를 할 수 없다고 보아야 한다(대판 2015.11.27. 2013다41097).

⑤ (○) 공동근저당의 목적 부동산 중 일부에 대한 경매절차에서, 공동근저당권자가 선순위근저당권자로서의 자신의 채권 전액을 청구하였다면, 민법 제370조, 제333조, 제368조 제1항 전문의 규정에 따라 선순위근저당권자가 경매대가로부터 우선하여 변제받고, 후순위근저당권자는 잔액으로부터 변제를 받는 것이며, 이는 선순위근저당권자와 후순위근저당권자가 동일인이라고 하여 달라지는 것은 아니다(대판 2018.07.11. 2017다292756).

정답 ②

문 51

변제자대위에 관한 다음 설명 중 가장 옳지 않은 것은? [2019년 15번]

① 이행인수인이 채무자와의 이행인수약정에 따라 채권자에게 채무를 이행하기로 약정하였음에도 불구하고 이를 이행하지 아니하는 경우 채무자에 대하여 채무불이행의 책임을 지게 되어 특별한 법적 불이익을 입게 될 지위에 있으므로, 이행인수인은 민법 제481조에 의해 법정대위를 할 수 있는 '변제할 정당한 이익이 있는 자'이다.

② 채권자가 채무자의 재산에 대하여 가압류결정을 받은 경우 그 피보전권리에 관하여 채권자를 대위하는 변제자는 채권자의 승계인으로서 가압류의 집행이 되기 전에는 승계집행문을 부여받아 가압류의 집행을 할 수 있고, 가압류의 집행이 된 후에는 승계집행문을 부여받지 않더라도 가압류에 의한 보전의 이익을 자신을 위하여 주장할 수 있다.

③ 변제할 정당한 이익이 있는 자가 채무자를 위하여 근저당권의 피담보채무의 일부를 대위변제한 경우, 대위변제자는 근저당권 일부이전의 부기등기 여부와 관계없이 변제한 가액의 범위 내에서 종래 채권자가 가지고 있던 채권 및 담보에 관한 권리를 법률상 당연히 취득하고, ㄱ 변제한 가액에 비례하여 채권자와 같은 지위를 가진다.

④ 근저당권은 그 피담보채권에 관한 거래가 종료하기까지 채권이 계속적으로 증감 변동하므로, 근저당권의 피담보채권이 확정되기 전에 그 채권의 일부를 양도하거나 대위변제하였다고 하여 근저당권이 양수인이나 대위변제자에게 이전되는 것은 아니다.

⑤ 채권자의 고의 또는 과실로 담보가 상실되거나 감소된 때에는 대위할 자는 그 담보의 상실 또는 감소로 인하여 상환받을 수 없는 한도에서 그 책임을 면하는데, 법정대위자의 면책 여부 및 면책 범위는 담보가 상실 또는 감소된 시점을 표준시점으로 하여 판단한다.

> **MGI Point** 변제자대위 ★★
>
> ■ 변제할 정당한 이익이 있는 자(민법 제481조) ⇨ 이행인수인 ○
> ■ 채권자가 공동보증인의 재산에 대하여 가압류결정을 받은 경우, 그 피보전권리에 관하여 채권자를 대위하는 변제자는 채권자의 승계인 ⇨ 가압류의 집행이 되기 전 승계집행문을 부여받아 가압류의 집행 可, 가압류의 집행이 된 후에는 승계집행문을 부여받지 않더라도 가압류에 의한 보전의 이익 주장 可
> ■ 민법 제483조의 '함께 권리를 행사한다'의 의미 ⇨ 채권자는 일부 대위자(변제자)에 대해 우선변제권 有
> ■ 근저당 거래관계 계속 중 일부 대위변제 ⇨ 근저당권이 대위변제자에게 이전 ×
> ■ 민법 제485조에 의한 법정대위자 면책 판단시점 ⇨ 담보가 상실 또는 감소한 시점

① (○) 한편 민법 제481조에 의하여 법정대위를 할 수 있는 '변제할 정당한 이익이 있는 자'라고 함은 변제함으로써 당연히 대위의 보호를 받아야 할 법률상의 이익을 가지는 자를 의미한다. 그런데 이행인수인이 채무자와의 이행인수약정에 따라 채권자에게 채무를 이행하기로 약정하였음에도 불구하고 이를 이행하지 아니하는 경우에는 채무자에 대하여 채무불이행의 책임을 지게 되어 특별한 법적 불이익을 입게 될 지위에 있다고 할 것이므로, 이행인수인은 그 변제를 할 정당한 이익이 있다고 할 것이다(대결 2012.07.16. 2009마462).

② (○) 수인의 보증인이 있는 경우에 어느 보증인이 자기의 부담부분을 넘은 변제를 한 때에는 다른 보증인에 대하여 구상권을 행사할 수 있고, 그 구상권의 범위 내에서 종래 채권자가 가지고 있던 채권 및 그 담보에 관한 권리는 법률상 당연히 그 변제자에게 이전되는 것이므로, 채권자가 어느 공동보증인의 재산에 대하여 가압류결정을 받은 경우에, 그 피보전권리에 관하여 채권자를 대위하는 변제자는 채권자의 승계인으로서, 가압류의 집행이 되기 전이라면 민사소송법 제708조 제1항에 따라 승계집행문을 부여받아 가압류의 집행을 할 수 있고, 가압류의 집행이 된 후에는 위와 같은 승계집행문을 부여받지 않더라도 가압류에 의한 보전의 이익을 자신을 위하여 주장할 수 있다(대판 1993.07.13. 92다33251).

③ (X) 변제할 정당한 이익이 있는 자가 채무자를 위하여 근저당권의 피담보채무의 일부를 대위변제한 경우에 대위변제자는 피담보채무의 일부대위변제를 원인으로 한 근저당권 일부이전의 부기등기의 경료 여부와 관계없이 변제한 가액의 범위 내에서 종래 채권자가 가지고 있던 채권 및 담보에 관한 권리를 법률상 당연히 취득하게 되는 것이나 이 때에도 채권자는 대위변제자에 대하여 우선변제권을 가진다고 할 것인바, 이 경우에 채권자의 우선변제권은 피담보채권액을 한도로 특별한 사정이 없는 한 자기가 보유하고 있는 잔존 채권액 전액에 미친다고 할 것이고, 이러한 법리는 채권자와 후순위권리자 사이에서도 마찬가지라 할 것이므로 근저당권의 실행으로 인한 배당절차에서도 채권자는 특별한 사정이 없는 한 자기가 보유하고 있는 잔존 채권액 및 피담보채권액의 한도에서 후순위권리자에 우선해서 배당받을 수 있다(대판 2004.06.25. 2001다2426).

④ (○) 근저당권은 계속적인 거래관계로부터 발생·소멸하는 불특정다수의 채권 중 그 결산기에 잔존하는 채권을 일정한 한도액의 범위 내에서 담보하는 것으로서 그 거래가 종료하기까지 그 피담보채권은 계속적으로 증감·변동하는 것이므로, 근저당 거래관계가 계속되는 관계로 근저당권의 피담보채권이 확정되지 아니하는 동안에는 그 채권의 일부가 대위변제되었다 하더라도 그 근저당권이 대위변제자에게 이전될 수 없다(대판 2000.12.26. 2000다54451).

⑤ (○) 채권자의 고의나 과실로 담보가 상실 또는 감소한 경우 민법 제485조에 의하여 법정대위자가 면책되는지 여부 및 면책되는 범위는 담보가 상실 또는 감소한 시점을 표준시점으로 하여 판단하여야 한다(대판 2008.12.11. 2007다66590).

> 민법 제485조(채권자의 담보상실, 감소행위와 법정대위자의 면책) 제481조의 규정에 의하여 대위할 자가 있는 경우에 채권자의 고의나 과실로 담보가 상실되거나 감소된 때에는 대위할 자는 그 상실 또는 감소로 인하여 상환을 받을 수 없는 한도에서 그 책임을 면한다.

정답 ③

문 52

물상보증인의 변제자대위에 관한 다음 설명 중 가장 옳지 않은 것은? [2018년 13번]

① 공동저당에 제공된 채무자 소유의 부동산과 물상보증인 소유의 부동산 가운데 물상보증인 소유의 부동산이 먼저 경매되어 매각대금에서 선순위공동저당권자가 변제를 받은 때에는 물상보증인은 채무자에 대하여 구상권을 취득함과 동시에 변제자대위에 의하여 채무자 소유의 부동산에 대한 선순위공동저당권을 대위취득한다.

② 물상보증인 소유의 부동산에 대한 후순위저당권자는 물상보증인이 대위취득한 채무자 소유의 부동산에 대한 선순위공동저당권에 대하여 물상대위를 할 수 있다.

③ 공동저당에 제공된 채무자 소유의 부동산과 물상보증인 소유의 부동산 가운데 물상보증인 소유의 부동산이 먼저 경매되어 매각대금에서 선순위공동저당권자가 변제를 받은 때에, 채무자는 물상보증인에 대한 반대채권이 있는 경우에는 물상보증인의 구상금 채권과 상계함으로써 물상보증인 소유의 부동산에 대한 후순위저당권자에게 대항할 수 있다.

④ 물상보증인이 대위취득한 선순위저당권설정등기에 대하여는 말소등기가 경료될 것이 아니라 물상보증인 앞으로 대위에 의한 저당권이전의 부기등기가 경료되어야 한다.

⑤ 공동저당의 목적인 채무자 소유의 부동산과 물상보증인 소유의 부동산에 각각 채권자를 달리하는 후순위저당권이 설정되어 있는 경우, 물상보증인 소유의 부동산에 대하여 먼저 경매가 이루어져 그 경매대금의 교부에 의하여 1번저당권자가 변제를 받은 때에는, 자기 소유의 부동산이 먼저 경매되어 1번저당권자에게 대위변제를 한 물상보증인은 1번저당권을 대위취득하고, 그 물상보증인 소유의 부동산의 후순위저당권자는 1번저당권에 대하여 물상대위를 할 수 있다.

해설 ★★★

① (○), ② (○), ⑤ (○) 공동저당의 목적인 채무자 소유의 부동산과 물상보증인 소유의 부동산에 각각 채권자를 달리하는 후순위저당권이 설정되어 있는 경우, 물상보증인 소유의 부동산에 대하여 먼저 경매가 이루어져서 그 경매대금의 교부에 의하여 1번저당권자가 변제를 받은 때에는 물상보증인은 채무자에 대하여 구상권을 취득함과 동시에, 민법 제481조, 제482조의 규정에 의한 변제자대위에 의하여 채무자 소유의 부동산에 대한 1번저당권을 취득하고, 이러한 경우 물상보증인 소유의 부동산에 대한 후순위저당권자는 물상보증인에게 이전한 1번저당권으로부터 우선하여 변제를 받을 수 있으며, 물상보증인이 수인인 경우에도 마찬가지라 할 것이므로(이 경우 물상보증인들 사이의 변제자대위의 관계는 민법 제482조 제2항 제4호, 제3호에 의하여 규율될 것이다), 자기 소유의 부동산이 먼저 경매되어 1번저당권자에게 대위변제를 한 물상보증인은 1번저당권을 대위취득하고, 그 물상보증인 소유의 부동산의 후순위저당권자는 1번저당권에 대하여 물상대위를 할 수 있다(대판 1994.05.10. 93다25417).

③ (X) 공동저당에 제공된 채무자 소유의 부동산과 물상보증인 소유의 부동산 가운데 물상보증인 소유의 부동산이 먼저 경매되어 매각대금에서 선순위공동저당권자가 변제를 받은 때에는 물상보증인은 채무자에 대하여 구상권을 취득함과 동시에 변제자대위에 의하여 채무자 소유의 부동산에 대한 선순위공동저당권을 대위취득한다. 물상보증인 소유의 부동산에 대한 후순위저당권자는 물상보증인이 대위취득한 채무자 소유의 부동산에 대한 선순위공동저당권에 대하여 물상대위를 할 수 있다. 이 경우에 채무자는 물상보증인에 대한 반대채권이 있더라도 특별한 사정이 없는 한 물상보증인의 구상금 채권과 상계함으로써 물상보증인 소유의 부동산에 대한 후순위저당권자에게 대항할 수 없다. (왜냐하면) 채무자는 선순위공동저당권자가 물상보증인 소유의 부동산에 대해 먼저 경매를 신청한 경우에 비로소 상계할 것을 기대할 수 있는데, 이처럼 우연한 사정에

의하여 좌우되는 상계에 대한 기대가 물상보증인 소유의 부동산에 대한 후순위저당권자가 가지는 법적 지위에 우선할 수 없기 때문이다(대판 2017.04.26. 2014다221777).

④ (○) 공동저당의 목적인 물상보증인 소유의 부동산에 후순위 저당권이 설정되어 있는 경우, 물상보증인 소유의 부동산에 대하여 먼저 경매가 이루어져 그 경매대금의 교부에 의하여 선순위 공동저당권자가 변제를 받은 때에는 물상보증인은 채무자에 대하여 구상권을 취득함과 동시에, 민법 제481조, 제482조의 규정에 의한 변제자대위에 의하여 채무자 소유의 부동산에 대한 선순위 저당권을 대위취득하고, 그 물상보증인 소유의 부동산의 후순위 저당권자는 위 선순위 저당권에 대하여 물상대위를 할 수 있다. 그러므로 그 선순위 저당권설정등기는 말소등기가 경료될 것이 아니라 위 물상보증인 앞으로 대위에 의한 저당권이전의 부기등기가 경료되어야 할 성질의 것이며, 따라서 아직 경매되지 아니한 공동저당물의 소유자로서는 위 선순위저당권자에 대한 피담보채무가 소멸하였다는 사정만으로는 그 말소등기를 청구할 수 없다고 보아야 한다. 그리고 위 후순위저당권자는 자신의 채권을 보전하기 위하여 물상보증인을 대위하여 선순위저당권자에게 그 부기등기를 할 것을 청구할 수 있다(대판 2009.05.28. 2008마109).

정답 ③

제❷절 │ 상계

문 24

상계에 관한 다음 설명 중 옳은 것을 모두 고른 것은?[2023년 7번]

> ㄱ. 상계의 경우에도 민법 제499조에 의하여 민법 제476조, 제477조에 규정된 변제충당의 법리가 준용된다. 따라서 여러 개의 자동채권이 있고 수동채권의 원리금이 자동채권의 원리금 합계에 미치지 못하는 경우에는 우선 자동채권의 채권자가 상계의 대상이 되는 자동채권을 지정할 수 있고, 다음으로 자동채권의 채무자가 이를 지정할 수 있으며, 양 당사자가 모두 지정하지 아니한 때에는 법정변제충당의 방법으로 상계충당이 이루어지게 된다.
> ㄴ. 민법상 조합에 해당하는 공동수급체에 대한 구성원의 이익분배청구권과 구성원에 대한 공동수급체의 출자금 채권이 상계적상에 있으면 상계에 관한 민법 규정에 따라 두 채권을 대등액에서 상계할 수 있다.
> ㄷ. 피해자의 부주의를 이용하여 고의로 불법행위를 저지른 자가 바로 그 피해자의 부주의를 이유로 자신의 책임을 감하여 달라고 주장하는 것은 허용될 수 없으나, 불법행위자 중 일부에게 그러한 사유가 있다고 하여 그러한 사유가 없는 다른 불법행위자까지도 과실상계의 주장을 할 수 없다고 해석할 것은 아니다.
> ㄹ. 상계의 의사표시는 일방적으로 철회할 수 없고, 상계의 의사표시 후에 상계자와 상대방이 상계가 없었던 것으로 하기로 하는 약정 또한 제3자에게 손해를 미치는지 여부를 묻지 않고 무효이다.
> ㅁ. 형벌의 일종인 벌금은 일정 금액으로 표시된 추상적 경제가치를 급부목적으로 하는 채권인 점에서는 다른 금전채권들과 본질적으로 다르지 않지만, 발생의 법적 근거가 공법관계라는 점에서 차이가 있으므로, 국가는 확정된 벌금채권을 자동채권으로 하여 사인의 국가에 대한 부당이득반환채권과 상계할 수 없다.

① ㄱ, ㄴ, ㄷ   ② ㄱ, ㄴ, ㄹ   ③ ㄱ, ㄴ, ㅁ
④ ㄴ, ㄷ, ㄹ   ⑤ ㄴ, ㄷ, ㅁ

MGI Point 상계 ★★

- 여러 개의 자동채권이 있고 수동채권의 원리금이 자동채권의 원리금 합계에 미치지 못하는 경우 ⇨ 1. 자동채권의 채권자가 상계의 대상이 되는 자동채권을 지정 2. 자동채권의 채무자가 이를 지정 3. 양 당사자가 모두 지정하지 아니한 때에는 법정변제충당의 방법으로 상계충당
- 공동수급체에 대한 구성원의 이익분배청구권과 구성원에 대한 공동수급체의 출자금 채권간 상계 ⇨ 가능
- 공동불법행위자 중 피해자의 부주의를 이용하지 않은 자의 상계 ⇨ 가능
- 상계의 의사표시 후에 상계자와 상대방이 상계가 없었던 것으로 하기로 하는 약정 ⇨ 제3자에게 손해를 미치지 않는 한 유효
- 벌금채권을 자동채권으로 한 상계 ⇨ 허용

ㄱ. (○) 상계의 경우에도 민법 제499조에 의하여 민법 제476조, 제477조에 규정된 변제충당의 법리가 준용된다. 따라서 여러 개의 자동채권이 있고 수동채권의 원리금이 자동채권의 원리금 합계에 미치지 못하는 경우에는 우선 자동채권의 채권자가 상계의 대상이 되는 자동채권을 지정할 수 있고, 다음으로 자동채권의 채무자가 이를 지정할 수 있으며, 양 당사자가 모두 지정하지 아니한 때에는 법정변제충당의 방법으로 상계충당이 이루어지게 된다(대법원 2011. 8. 25. 선고 2011다24814).

ㄴ. (○) 당사자들이 공동이행방식의 공동수급체를 구성하여 도급인으로부터 공사를 수급받는 경우 공동수급체는 원칙적으로 민법상 조합에 해당한다. 건설공동수급체 구성원은 공동수급체에 출자의무를 지는 반면 공동수급체에 대한 이익분배청구권을 가지는데, 이익분배청구권과 출자의무는 별개의 권리·의무이다. 따라서 공동수급체의 구성원이 출자의무를 이행하지 않더라도, 공동수급체가 출자의무의 불이행을 이유로 이익분배 자체를 거부할 수도 없고, 그 구성원에게 지급할 이익분배금에서 출자금이나 그 연체이자를 당연히 공제할 수도 없다. 다만 구성원에 대한 공동수급체의 출자금 채권과 공동수급체에 대한 구성원의 이익분배청구권이 상계적상에 있으면 상계에 관한 민법 규정에 따라 두 채권을 대등액에서 상계할 수 있을 따름이다(대법원 2018. 1. 24. 선고 2015다69990).

ㄷ. (○) 피해자의 부주의를 이용하여 고의로 불법행위를 저지른 자가 바로 그 피해자의 부주의를 이유로 자신의 책임을 감하여 달라고 주장하는 것은 허용될 수 없으나, 이는 그러한 사유가 있는 자에게 과실상계의 주장을 허용하는 것이 신의칙에 반하기 때문이므로, 불법행위자 중 일부에게 그러한 사유가 있다고 하여 그러한 사유가 없는 다른 불법행위자까지도 과실상계의 주장을 할 수 없다고 해석할 것은 아니다(대법원 2016. 4. 12. 선고 2013다31137).

ㄹ. (×) 상계의 의사표시는 일방적으로 철회할 수는 없는 것이지만, 상계의 의사표시 후에 상계자와 상대방이 상계가 없었던 것으로 하기로 한 약정은 제3자에게 손해를 미치지 않는 한 계약자유의 원칙상 유효하다(대법원 1995. 6. 16. 선고 95다11146).

ㅁ. (×) 상계는 쌍방이 서로 상대방에 대하여 같은 종류의 급부를 목적으로 하는 채권을 가지고 자동채권의 변제기가 도래하였을 것을 그 요건으로 하는 것인데, 형벌의 일종인 벌금도 일정 금액으로 표시된 추상적 경제가치를 급부목적으로 하는 채권인 점에서는 다른 금전채권들과 본질적으로 다를 것이 없고, 다만 발생의 법적 근거가 공법관계라는 점에서만 차이가 있을 뿐이나 채권 발생의 법적 근거가 무엇인지는 급부의 동종성을 결정하는 데 영향이 없으며, 벌금형이 확정된 이상 벌금채권의 변제기는 도래한 것이므로 달리 이를 금하는 특별한 법률상 근거가 없는 이상 벌금채권은 적어도 상계의 자동채권이 되지 못할 아무런 이유가 없다(대법원 2004. 4. 27. 선고 2003다37891).

정답 ①

문 53

다음 설명 중 가장 옳지 않은 것은? [2021년 25번]

① 부진정연대채무자 중 1인이 자신의 채권자에 대한 반대채권으로 상계를 한 경우에도 채권은 변제, 대물변제, 또는 공탁이 행하여진 경우와 동일하게 현실적으로 만족을 얻어 그 목적을 달성하는 것이므로, 그 상계로 인한 채무소멸의 효력은 소멸한 채무 전액에 관하여 다른 부진정연대채무자에 대하여도 미친다고 보아야 한다. 이는 부진정연대채무자 중 1인이 채권자와 상계계약을 체결한 경우에도 마찬가지이다. 나아가 이러한 법리는 채권자가 상계 내지 상계계약이 이루어질 당시 다른 부진정연대채무자의 존재를 알았는지 여부에 의하여 좌우되지 아니한다.

② 쌍방이 서로 같은 종류를 목적으로 한 채무를 부담한 경우 쌍방 채무의 이행기가 도래한 때에는 각 채무자는 대등액에 관하여 상계할 수 있다(민법 제492조 제1항). 민법 제492조 제1항에서 정한 '채무의 이행기가 도래한 때'는 채권자가 채무자에게 이행의 청구를 할 수 있는 시기가 도래하였음을 의미하고 채무자가 이행지체에 빠지는 시기를 말하는 것이 아니다.

③ 상계는 당사자 쌍방이 서로 같은 종류를 목적으로 한 채무를 부담한 경우에 서로 같은 종류의 급부를 현실로 이행하는 대신 어느 일방 당사자의 의사표시로 그 대등액에 관하여 채권과 채무를 동시에 소멸시키는 것이고, 이러한 상계제도의 취지는 서로 대립하는 두 당사자 사이의 채권·채무를 간이한 방법으로 원활하고 공평하게 처리하려는 데 있으므로, 수동채권으로 될 수 있는 채권은 상대방이 상계자에 대하여 가지는 채권이어야 하고, 상대방이 제3자에 대하여 가지는 채권과는 상계할 수 없다고 보아야 한다.

④ 상계의 의사표시는 각 채무가 상계할 수 있는 때에 대등액에 관하여 소멸한 것으로 본다(민법 제493조 제2항). 상계의 의사표시가 있는 경우 채무는 상계적상 시에 소급하여 대등액에 관하여 소멸하게 되므로, 상계에 따른 양 채권의 차액 계산 또는 상계 충당은 상계적상의 시점을 기준으로 한다. 따라서 그 시점 이전에 수동채권에 대하여 이자나 지연손해금이 발생한 경우 상계적상 시점까지 수동채권의 이자나 지연손해금을 계산한 다음 자동채권으로써 먼저 수동채권의 이자나 지연손해금을 소각하고 잔액을 가지고 원본을 소각하여야 한다.

⑤ 민법 제495조는 "소멸시효가 완성된 채권이 그 완성 전에 상계할 수 있었던 것이면 그 채권자는 상계할 수 있다."라고 정하고 있다. 따라서 제척기간이 완성된 채권에 대해서는 그 적용(유추적용)이 될 수 없다.

MGI Point 상계 ★★★

- 부진정연대채무자 중 1인이 한 상계 내지 상계계약이 다른 부진정연대채무자에 미치는 효력 ⇨ 절대적 효력
- 민법 제492조 제1항에서 정한 채무의 이행기가 도래한 때 ⇨ 채무자에게 이행의 청구를 할 수 있는 시기가 도래하였음을 의미 ○, 채무자가 이행지체에 빠지는 시기 ×
- 수동채권은 상대방이 상계자에 대하여 가지는 채권이어야 하고 상대방이 제3자에 대하여 가지는 채권을 수동채권으로 하여 상계 불가
- 상계적상 시점 이전에 수동채권에 대하여 이자나 지연손해금이 발생한 경우 ⇨ 상계적상 시까지 수동채권의 이자나 지연손해금 계산 후 자동채권으로 먼저 소각하고 잔액을 가지고 원본을 소각 ○
- 매도인이나 수급인의 담보책임을 기초로 한 손해배상채권의 제척기간이 지났으나, 제척기간이 지나기 전 상대방의 채권과 상계할 수 있었던 경우 ⇨ 민법 제495조 유추적용 가능

① (○) 부진정연대채무자 중 1인이 자신의 채권자에 대한 반대채권으로 상계를 한 경우에도 채권은 변제, 대물변제, 또는 공탁이 행하여진 경우와 동일하게 현실적으로 만족을 얻어 그 목적을 달성하는 것이므로, 그 상계로 인한 채무소멸의 효력은 소멸한 채무 전액에 관하여 다른 부진정연대채무자에 대하여도 미친다고 보아야 한다. 이는 부진정연대채무자 중 1인이 채권자와 상계계약을 체결한 경우에도 마찬가지이다. 나아가 이러한 법리는 채권자가 상계 내지 상계계약이 이루어질 당시 다른 부진정연대채무자의 존재를 알았는지 여부에 의하여 좌우되지 아니한다(대판 2010.09.16. 2008다97218(전합)).

② (○) 쌍방이 서로 같은 종류를 목적으로 한 채무를 부담한 경우 쌍방 채무의 이행기가 도래한 때에는 각 채무자는 대등액에 관하여 상계할 수 있다(민법 제492조 제1항). 민법 제492조 제1항에서 정한 '채무의 이행기가 도래한 때'는 채권자가 채무자에게 이행의 청구를 할 수 있는 시기가 도래하였음을 의미하고 채무자가 이행지체에 빠지는 시기를 말하는 것이 아니다(대판 2021.05.07. 2018다25946).

③ (○) 상계는 당사자 쌍방이 서로 같은 종류를 목적으로 한 채무를 부담한 경우에 서로 같은 종류의 급부를 현실로 이행하는 대신 어느 일방 당사자의 의사표시로 그 대등액에 관하여 채권과 채무를 동시에 소멸시키는 것이고, 이러한 상계제도의 취지는 서로 대립하는 두 당사자 사이의 채권·채무를 간이한 방법으로 원활하고 공평하게 처리하려는 데 있으므로, 수동채권으로 될 수 있는 채권은 상대방이 상계자에 대하여 가지는 채권이어야 하고, 상대방이 제3자에 대하여 가지는 채권과는 상계할 수 없다고 보아야 한다(대판 2011.04.28. 2010다101394).

④ (○) 상계의 의사표시는 각 채무가 상계할 수 있는 때에 대등액에 관하여 소멸한 것으로 본다(민법 제493조 제2항). 상계의 의사표시가 있는 경우 채무는 상계적상 시에 소급하여 대등액에 관하여 소멸하게 되므로, 상계에 따른 양 채권의 차액 계산 또는 상계 충당은 상계적상의 시점을 기준으로 한다. 따라서 그 시점 이전에 수동채권에 대하여 이자나 지연손해금이 발생한 경우 상계적상 시점까지 수동채권의 이자나 지연손해금을 계산한 다음 자동채권으로써 먼저 수동채권의 이자나 지연손해금을 소각하고 잔액을 가지고 원본을 소각하여야 한다(대판 2021.05.07. 2018다25946).

⑤ (X) 민법 제495조는 "소멸시효가 완성된 채권이 그 완성 전에 상계할 수 있었던 것이면 그 채권자는 상계할 수 있다."라고 정하고 있다. 이는 당사자 쌍방의 채권이 상계적상에 있었던 경우에 당사자들은 채권·채무관계가 이미 정산되어 소멸하였거나 추후에 정산될 것이라고 생각하는 것이 일반적이라는 점을 고려하여 당사자들의 신뢰를 보호하기 위한 것이다. 매도인이나 수급인의 담보책임을 기초로 한 매수인이나 도급인의 손해배상채권의 제척기간이 지난 경우에도 민법 제495조를 유추적용해서 매수인이나 도급인이 상대방의 채권과 상계할 수 있는지 문제 된다. 매도인의 담보책임을 기초로 한 매수인의 손해배상채권 또는 수급인의 담보책임을 기초로 한 도급인의 손해배상채권이 각각 상대방의 채권과 상계적상에 있는 경우에 당사자들은 채권·채무관계가 이미 정산되었거나 정산될 것으로 기대하는 것이 일반적이므로, 그 신뢰를 보호할 필요가 있다. 이러한 손해배상채권의 제척기간이 지난 경우에도 그 기간이 지나기 전에 상대방에 대한 채권·채무관계의 정산 소멸에 대한 신뢰를 보호할 필요성이 있다는 점은 소멸시효가 완성된 채권의 경우와 아무런 차이가 없다. 따라서 매도인이나 수급인의 담보책임을 기초로 한 손해배상채권의 제척기간이 지난 경우에도 제척기간이 지나기 전 상대방의 채권과 상계할 수 있었던 경우에는 매수인이나 도급인은 민법 제495조를 유추적용해서 위 손해배상채권을 자동채권으로 해서 상대방의 채권과 상계할 수 있다고 봄이 타당하다(대판 2019.03.14. 2018다255648).

정답 ⑤

문 54

상계에 관한 다음 설명 중 가장 옳지 않은 것은? [2020년 26번]

① 사용자가 근로자에게 매월 계산의 착오 등으로 임금을 초과 지급하다가 근로자가 퇴직하여 퇴직금을 청구한 경우 사용자는 그 퇴직금채권의 2분의 1을 초과하는 부분에 해당하는 금액에 관하여만 그동안 초과 지급한 임금의 반환청구권을 자동채권으로 하여 상계할 수 있다.

② 파산자의 보증인이 파산선고 후 채권자에게 그 보증채무의 일부를 변제하여 그 출재액을 한도로 파산자에 대하여 구상권을 취득하였다 하더라도 채권자가 파산선고시의 채권 전액을 파산채권으로 신고한 이상 보증인으로서는 파산자에 대하여 그 구상권을 파산채권으로 행사할 수 없어 이를 자동채권으로 하여 파산자에 대한 채무와 상계할 수도 없다.

③ 甲이 乙의 丙에 대한 공사대금채권 2억 원 중 1억 원을 양수하고 채권양도의 대항요건을 갖춘 경우, 乙에 대하여 5천만 원의 반대채권을 갖고 있던 丙은 甲, 乙 중 누구라도 상계의 상대방으로 지정하여 5천만 원 전액을 상계할 수 있다.

④ 제3채무자가 압류 효력 발생 당시 이미 반대채권을 취득한 이상 그의 상계에 대한 기대는 합리적이고 정당하므로 그 당시 양 채권이 상계적상에 있지 아니하였다 하더라도 양 채권의 변제기 선후를 불문하고 그 후에 상계적상에 이르면 상계로써 압류채권자에게 대항할 수 있다.

⑤ 어음채권을 자동채권으로 하여 상계의 의사표시를 하는 경우에 있어 재판외의 상계의 경우에는 어음채무자의 승낙이 없는 이상 어음의 교부가 필요불가결하고 어음의 교부가 없으면 상계의 효력이 생기지 아니한다.

MGI Point · 상계 ★★

- 계산의 착오 등으로 사용자가 임금을 초과 지급한 경우 ⇨ 퇴직금채권의 2분의 1을 초과하는 부분에 해당하는 금액에 관하여만 그동안 초과 지급한 임금의 반환청구권을 자동채권으로 하여 상계 可
- 파산자의 보증인이 파산선고 후 보증채무를 일부 변제한 경우 ⇨ 그 구상권을 자동채권으로 하여 파산자에 대한 채무와 상계 不可
- 채권의 일부 양도가 이루어진 경우, 채무자의 양도인에 대한 채권을 자동채권으로 하는 상계의 상대방 ⇨ 양도인을 비롯한 각 분할채권자 중 어느 누구도 상계의 상대방으로 지정하여 상계 可
- 제3채무자가 압류채무자에 대한 반대채권을 가지고 있는 경우에 상계요건
  ⇨ 압류의 효력 발생 당시에 대립하는 양 채권이 상계적상 or 그 당시 반대채권(자동채권)의 변제기가 도래하지 아니한 경우에는 그것이 피압류채권(수동채권)의 변제기와 동시에 또는 그보다 먼저 도래하여야
- 어음채권을 자동채권으로 하는 재판외의 상계의 경우 ⇨ 어음채무자의 승낙이 없는 이상 어음의 교부 要

---

① (○) 구 근로기준법(2005. 1. 27. 법률 제7379호로 개정되기 전의 것) 제42조 제1항 본문에 의하면 임금은 통화로 직접 근로자에게 그 전액을 지급하여야 하므로 사용자가 근로자에 대하여 가지는 채권으로써 근로자의 임금채권과 상계를 하지 못하는 것이 원칙이고, 이는 경제적·사회적 종속관계에 있는 근로자를 보호하기 위한 것인바, 근로자가 받을 퇴직금도 임금의 성질을 가지므로 역시 마찬가지이다. 다만 계산의 착오 등으로 임금을 초과 지급한 경우에, 근로자가 퇴직 후 그 재직 중 받지 못한 임금이나 퇴직금을 청구하거나, 근로자가 비록 재직 중에 임금을 청구하더라도 위 초과 지급한 시기와 상계권 행사의 시기가 임금의 정산, 조정의 실질을 잃지 않을 만큼 근접하여 있고 나아가 사용자가 상계의 금액과 방법을 미리 예고하는 등으로 근로자의 경제생활의 안정을 해할 염려가 없는 때에는, 사용자는 위 초과 지급한 임금의 반환청구권을 자동채권으로 하여 근로자의 임금채권이나 퇴직금채권과 상계할 수 있다. 그리고 이러한 법리는 사용자가 근로자에게

이미 퇴직금 명목의 금원을 지급하였으나 그것이 퇴직금 지급으로서의 효력이 없어 사용자가 같은 금원 상당의 부당이득반환채권을 갖게 된 경우에 이를 자동채권으로 하여 근로자의 퇴직금채권과 상계하는 때에도 적용된다. 한편 민사집행법 제246조 제1항 제5호는 근로자인 채무자의 생활보장이라는 공익적, 사회 정책적 이유에서 '퇴직금 그 밖에 이와 비슷한 성질을 가진 급여채권의 2분의 1에 해당하는 금액'을 압류금지채권으로 규정하고 있고, 민법 제497조는 압류금지채권의 채무자는 상계로 채권자에게 대항하지 못한다고 규정하고 있으므로, 사용자가 근로자에게 퇴직금 명목으로 지급한 금원 상당의 부당이득반환채권을 자동채권으로 하여 근로자의 퇴직금채권을 상계하는 것은 퇴직금채권의 2분의 1을 초과하는 부분에 해당하는 금액에 관하여만 허용된다고 봄이 상당하다(대판 2010.05.20. 2007다90760(전합)).

② (○) 파산자의 보증인이 파산선고 후 보증채무를 전부 이행함으로써 구상권을 취득한 경우, 그 구상권은 파산선고 당시 이미 장래의 구상권으로서 파산채권으로 존재하고 있었다고 보아야 하는 점, 파산절차에서는 장래의 청구권을 자동채권으로 한 상계가 허용되는 점, 정지조건부채권 또는 장래의 청구권을 가진 자가 그 채무를 변제하는 경우에는 후일 상계를 하기 위하여 그 채권액의 한도에서 변제액의 임치를 청구할 수 있는 점 등에 비추어, 그 구상권을 자동채권으로 하여 파산채무자에 대한 채무와 상계할 수 있다고 봄이 상당하다. 그런데 파산선고 후 파산채권자가 다른 채무자로부터 일부 변제를 받거나 다른 채무자에 대한 회사정리절차 내지 파산절차에 참가하여 변제 또는 배당을 받았다 하더라도 그에 의하여 채권자가 채권 전액에 대하여 만족을 얻은 것이 아닌 한 파산채권액에 감소를 가져오는 것은 아니어서, 채권자는 여전히 파산선고시의 채권 전액으로써 계속하여 파산절차에 참가할 수 있고, 채권의 일부에 대한 대위변제를 한 구상권자가 자신이 변제한 가액에 비례하여 채권자와 함께 파산채권자로서 권리를 행사할 수 있는 것은 아니다. 따라서 파산자의 보증인이 파산선고 후 채권자에게 그 보증채무의 일부를 변제하여 그 출재액을 한도로 파산자에 대하여 구상권을 취득하였다 하더라도 채권자가 파산선고시의 채권 전액을 파산채권으로 신고한 이상 보증인으로서는 파산자에 대하여 그 구상권을 파산채권으로 행사할 수 없어 이를 자동채권으로 하여 파산자에 대한 채무와 상계할 수도 없다(대판 2008.08.21. 2007다37752).

③ (○) 채권의 일부 양도가 이루어지면 특별한 사정이 없는 한 각 분할된 부분에 대하여 독립한 분할채권이 성립하므로 그 채권에 대하여 양도인에 대한 반대채권으로 상계하고자 하는 채무자로서는 양도인을 비롯한 각 분할채권자 중 어느 누구도 상계의 상대방으로 지정하여 상계할 수 있고, 그러한 채무자의 상계 의사표시를 수령한 분할채권자는 제3자에 대한 대항요건을 갖춘 양수인이라 하더라도 양도인 또는 다른 양수인에 귀속된 부분에 대하여 먼저 상계되어야 한다거나 각 분할채권액의 채권 총액에 대한 비율에 따라 상계되어야 한다는 이의를 할 수 없다(대판 2002.02.08. 2000다50596).

④ (X) 민법 제498조는 "지급을 금지하는 명령을 받은 제3채무자는 그 후에 취득한 채권에 의한 상계로 그 명령을 신청한 채권자에게 대항하지 못한다"라고 규정하고 있다. 위 규정의 취지, 상계제도의 목적 및 기능, 채무자의 채권이 압류된 경우 관련 당사자들의 이익상황 등에 비추어 보면, 채권압류명령 또는 채권가압류명령(이하 채권압류명령의 경우만을 두고 논의하기로 한다)을 받은 제3채무자가 압류채무자에 대한 반대채권을 가지고 있는 경우에 상계로써 압류채권자에게 대항하기 위하여는, 압류의 효력 발생 당시에 대립하는 양 채권이 상계 적상에 있거나, 그 당시 반대채권(자동채권)의 변제기가 도래하지 아니한 경우에는 그것이 피압류채권(수동채권)의 변제기와 동시에 또는 그보다 먼저 도래하여야 한다(대판 2012.02.16. 2011다45521(전합)).

⑤ (○) 어음채권을 자동채권으로 하여 상계의 의사표시를 하는 경우에 있어 재판외의 상계의 경우에는 어음채무자의 승낙이 없는 이상 어음의 교부가 필요불가결하고 어음의 교부가 없으면 상계의 효력이 생기지 아니한다 할 것이지만, 재판상의 상계의 경우에는 어음을 서증으로써 법정에 제출하여 상대방에게 제시되게 함으로써 충분하다(대판 1991.04.09. 91다2892).

정답 ④

문 55

상계에 관한 다음 설명 중 가장 옳지 않은 것은? [2019년 16번]

① 수탁보증인이 주채무자에 대하여 가지는 민법 제442조의 사전구상권에는 민법 제443조의 담보제공청구권이 항변권으로 부착되어 있는 만큼 이를 자동채권으로 하는 상계는 원칙적으로 허용될 수 없다.
② 매도인이나 수급인의 담보책임을 기초로 한 손해배상채권의 제척기간이 지난 경우 제척기간이 지나기 전에 상대방의 채권과 상계할 수 있었던 때에는 매수인이나 도급인은 민법제495조를 유추적용하여 위 손해배상채권을 자동채권으로 해서 상대방의 채권과 상계할 수 있다.
③ 상계에 있어 수동채권으로 될 수 있는 채권은 상대방이 상계자에 대하여 가지는 채권이어야 하고, 상대방이 제3자에 대하여 가지는 채권과는 상계할 수 없다.
④ 상계의 의사표시가 있는 경우 채무는 상계적상 시에 소급하여 대등액에서 소멸한 것으로 보게 되므로, 상계에 의한 양채권의 차액 계산 또는 상계충당은 상계적상의 시점을 기준으로 하게 된다.
⑤ 일반적으로 당사자 사이에 상계적상이 있는 채권이 병존하고 있는 경우 이를 상계할 수 있는 것이 원칙이나, 이러한 상계의 대상이 되는 채권은 상대방과 사이에서 직접 발생한 채권에 한하는 것이고, 제3자로부터 양수 등을 원인으로 하여 취득한 채권은 포함되지 않는다.

MGI Point 상계 ★★

- 항변권이 부착된 채권에 대한 상계의 가부
  - 자동채권에 항변권이 부착된 경우 : 상계 × (상대방의 항변권 침해)
  - 수동채권에 항변권이 부착된 경우 : 상계 ○
- 매도인이나 수급인의 담보책임을 기초로 한 손해배상채권의 제척기간이 지난 경우, 제척기간이 지나기 전 상계할 수 있었던 경우 ⇨ 민법 제495조 유추적용, 위 손해배상채권을 자동채권으로 상계 가
- 상계의 수동채권 요건 : 상대방이 상계자에 대하여 가지는 채권이어야 함 ⇨ 상대방이 제3자에 대하여 가지는 채권을 수동채권으로 하는 상계는 금지
- 상계의 의사표시가 있는 경우 ⇨ 채무는 상계적상시에 소급하여 대등액에 관하여 소멸, 상계에 의한 양 채권의 차액 계산 또는 상계충당은 상계적상의 시점을 기준으로 함
- 상계의 대상이 되는 채권 ⇨ 제3자로부터 양수 등을 원인으로 하여 취득한 채권 포함

---

① (○) 항변권이 붙어 있는 채권을 자동채권으로 하여 다른 채무(수동채권)와의 상계를 허용한다면 상계자 일방의 의사표시에 의하여 상대방의 항변권 행사의 기회를 상실시키는 결과가 되므로 그러한 상계는 허용될 수 없고, 특히 수탁보증인이 주채무자에 대하여 가지는 민법 제442조의 사전구상권에는 민법 제443조의 담보제공청구권이 항변권으로 부착되어 있는 만큼 이를 자동채권으로 하는 상계는 허용될 수 없으며, 다만 민법 제443조는 임의규정으로서 주채무자가 사전에 담보제공청구권의 항변권을 포기한 경우에는 보증인은 사전구상권을 자동채권으로 하여 주채무자에 대한 채무와 상계할 수 있다(대판 2004.05.28. 2001다81245).

② (○) 매도인의 담보책임을 기초로 한 매수인의 손해배상채권 또는 수급인의 담보책임을 기초로 한 도급인의 손해배상채권이 각각 상대방의 채권과 상계적상에 있는 경우에 당사자들은 채권·채무관계가 이미 정산되었거나 정산될 것으로 기대하는 것이 일반적이므로, 그 신뢰를 보호할 필요가 있다. 이러한 손해배상채권의 제척기간이 지난 경우에도 그 기간이 지나기 전에 상대방에 대한 채권·채무관계의 정산 소멸에 대한 신뢰를 보호할 필요성이 있다는 점은 소멸시효가 완성된 채권의 경우와 아무런 차이가 없다. 따라서 매도인이나 수급인의 담보책임을 기초로 한 손해배상채권의 제척기간이 지난 경우에도 제척기간이 지나기 전 상대방의 채권과 상계할 수 있었던 경우에는 매수인이나 도급인은 민법 제495조를 유추적용해서 위 손해배상채권을 자

동채권으로 해서 상대방의 채권과 상계할 수 있다고 봄이 타당하다(대판 2019.03.14. 2018다255648).

③ (○) 상계는 당사자 쌍방이 서로 같은 종류를 목적으로 한 채무를 부담한 경우에 서로 같은 종류의 급부를 현실로 이행하는 대신 어느 일방 당사자의 의사표시로 그 대등액에 관하여 채권과 채무를 동시에 소멸시키는 것이고, 이러한 상계제도의 취지는 서로 대립하는 두 당사자 사이의 채권·채무를 간이한 방법으로 원활하고 공평하게 처리하려는 데 있으므로, 수동채권으로 될 수 있는 채권은 상대방이 상계자에 대하여 가지는 채권이어야 하고, 상대방이 제3자에 대하여 가지는 채권과는 상계할 수 없다고 보아야 한다. 그렇지 않고 만약 상대방이 제3자에 대하여 가지는 채권을 수동채권으로 하여 상계할 수 있다고 한다면, 이는 상계의 당사자가 아닌 상대방과 제3자 사이의 채권채무관계에서 상대방이 제3자에게서 채무의 본지에 따른 현실급부를 받을 이익을 침해하게 될 뿐 아니라, 상대방의 채권자들 사이에서 상계자만 독점적인 만족을 얻게 되는 불합리한 결과를 초래하게 되므로, 상계의 담보적 기능과 관련하여 법적으로 보호받을 수 있는 당사자의 합리적 기대가 이러한 경우에까지 미친다고 볼 수는 없다(대판 2011.04.28. 2010다101394).

④ (○) 상계의 의사표시가 있는 경우, 채무는 상계적상시에 소급하여 대등액에 관하여 소멸한 것으로 보게 되므로, 상계에 의한 양 채권의 차액 계산 또는 상계충당은 상계적상의 시점을 기준으로 하게 되고, 따라서 그 시점 이전에 수동채권의 변제기가 이미 도래하여 지체가 발생한 경우에는 상계적상 시점까지의 수동채권의 약정이자 및 지연손해금을 계산한 다음 자동채권으로써 먼저 수동채권의 약정이자 및 지연손해금을 소각하고 잔액을 가지고 원본을 소각하여야 한다(대판 2005.07.08. 2005다8125).

⑤ (X) 일반적으로 당사자 사이에 상계적상이 있는 채권이 병존하고 있는 경우에는 이를 상계할 수 있는 것이 원칙이고, 이러한 상계의 대상이 되는 채권은 상대방과 사이에서 직접 발생한 채권에 한하는 것이 아니라, 제3자로부터 양수 등을 원인으로 하여 취득한 채권도 포함한다 할 것인바, 이러한 상계권자의 지위가 법률상 보호를 받는 것은, 원래 상계제도가 서로 대립하는 채권, 채무를 간이한 방법에 의하여 결제함으로써 양자의 채권채무관계를 원활하고 공평하게 처리함을 목적으로 하고 있고, 상계권을 행사하려고 하는 자에 대하여는 수동채권의 존재가 사실상 자동채권에 대한 담보로서의 기능을 하는 것이어서 그 담보적 기능에 대한 당사자의 합리적 기대가 법적으로 보호받을 만한 가치가 있음에 근거하는 것이므로 당사자가 상계의 대상이 되는 채권이나 채무를 취득하게 된 목적과 경위, 상계권을 행사함에 이른 구체적·개별적 사정에 비추어 그것이 위와 같은 상계 제도의 목적이나 기능을 일탈하고, 법적으로 보호받을 만한 가치가 없는 경우에는 그 상계권의 행사는 신의칙에 반하거나 상계에 관한 권리를 남용하는 것으로서 허용되지 않는다고 함이 상당하고, 상계권 행사를 제한하는 위와 같은 근거에 비추어 볼 때 일반적인 권리 남용의 경우에 요구되는 주관적 요건을 필요로 하는 것은 아니다(대판 2003.04.11. 2002다59481).

정답 ⑤

문 56

상계에 관한 다음 설명 중 가장 옳지 않은 것은? [2018년 29번]

① 고의의 불법행위로 인한 손해배상채권의 양도가 사해행위에 해당하는 경우, 그 손해배상채권의 채무자가 채권양도인에 대한 별도의 채권자 지위에서 채권양수인에게 채권자취소권을 행사하여 채권양도의 취소를 구함과 아울러 원상회복 방법으로 직접 자신 앞으로 가액배상의 지급을 구하는 것은, 민법 제496조(고의의 불법행위로 인한 채권을 수동채권으로 하는 상계의 금지)의 취지에 반하므로 허용될 수 없다.

② 양도 또는 대위되는 채권이 원래 압류가 금지되는 것이었던 경우, 그 채권이 양도되거나 대위의 요건이 구비된 이후에 있어서도 여전히 이를 수동채권으로 한 상계로써 채권양수인 또는 대위채권자에게 대항할 수 없다.

③ 도급인이 수급인과의 사이에 수급인이 그가 고용한 근로자들에 대한 노임지급을 지체하자 도급인이 수급인에 대한 기성공사대금에서 노임 상당액을 공제하여 근로자들에게 직접 지불할 수 있다고 약정한 경우, 수급인의 도급인에 대한 위 기성공사대금채권을 자동채권으로 한 상계는 허용될 수 없다.
④ 채권자가 주채무자에 대하여 상계적상에 있는 자동채권을 상계처리하지 아니하였다 하여 이를 이유로 보증채무자가 신용보증한 채무의 이행을 거부할 수 없으며 나아가 보증채무자의 책임이 면책되는 것도 아니다.
⑤ 도급인이 수급인에 대한 하자보수나 손해배상청구권을 자동채권으로 하고 수급인의 공사잔대금채권을 수동채권으로 하여 상계의 의사표시를 한 경우, 특별한 사정이 없는 한 도급인의 공사대금 지급채무는 상계의 의사표시를 한 다음날부터 지체에 빠진다.

해설 ★★

① (X) 고의의 불법행위로 인한 손해배상채권의 채무자는 그 채권을 수동채권으로 한 상계로 채권자에게 대항하지 못하고(민법 제496조), 그 결과 채권이 양도된 경우에 양수인에게도 상계로 대항할 수 없게 되나(민법 제451조 제2항 참조), 채권양도가 사해행위에 해당하는 경우 불법행위로 인한 손해배상채권의 채무자가 채권양도인에 대한 별도의 채권자 지위에서 채권양수인에게 채권자취소권을 행사하여 채권양도의 취소를 구함과 아울러 취소에 따른 원상회복 방법으로 직접 자신 앞으로 가액배상의 지급을 구하는 것 자체는 민법 제496조에 반하지 않으므로 허용된다(대판 2011.06.10. 2011다8980).

② (○) 양도 또는 대위되는 채권이 원래 압류가 금지되는 것이었던 경우에는 처음부터 이를 수동채권으로 한 상계로 채권자에게 대항하지 못하던 것이어서 그 채권의 존재가 채무자의 자동채권에 대한 담보로서 기능할 여지가 없고, 따라서 그 담보적 기능에 대한 채무자의 합리적 기대가 있다고도 할 수 없으므로, 그 채권이 양도되거나 대위의 요건이 구비된 이후에 있어서도 여전히 이를 수동채권으로 한 상계로써 채권양수인 또는 대위채권자에게 대항할 수 없다고 봄이 상당하다(대판 2009.12.10. 2007다30171).

③ (○) 도급인이 수급인과의 사이에 수급인이 그가 고용한 근로자들에 대한 노임지급을 지체한 경우 도급인이 수급인에 대한 기성공사대금에서 노임 상당액을 공제하여 근로자들에게 직접 지불할 수 있다고 약정하였다면, 수급인이 근로자들에게 노임지급을 지체한 상태에서 도급인에게 기성공사대금의 지급을 구할 경우 도급인으로서는 위 약정에 따라 적어도 수급인이 근로자들에게 노임을 지급할 때까지는 기성공사대금 중 수급인이 지체한 노임 상당액의 지급을 거절할 수 있다 할 것이므로, 수급인의 도급인에 대한 위 기성공사대금채권은 도급인이 위와 같이 일정한 경우 그 지급을 거절할 수 있는 항변권이 부착되어 있는 채권이라고 할 수 있을 것이고, 따라서 위 채권을 자동채권으로 한 상계는 허용될 수 없다(대판 2002.08.23. 2002다25242).

④ (○) 상계는 단독행위로서 상계를 하는 여부는 채권자의 의사에 따르는 것이고 상계적상에 있는 자동채권이 있다하여 반드시 상계를 하여야 할 것은 아니므로, 채권자가 주채무자에 대하여 상계적상에 있는 자동채권을 상계처리하지 아니하였다 하여 이를 이유로 보증채무자가 신용보증한 채무의 이행을 거부할 수 없으며 나아가 보증채무자의 책임이 면책되는 것도 아니다(대판 1987.05.12. 86다카1340).

⑤ (○) 도급계약에 있어서 완성된 목적물에 하자가 있는 때에는 도급인은 수급인에 대하여 하자의 보수를 청구할 수 있고 그 하자의 보수에 갈음하여 또는 보수와 함께 손해배상을 청구할 수 있는바, 이들 청구권은 특별한 사정이 없는 한 수급인의 공사대금채권과 동시이행관계에 있는 것이므로, 이와 같이 도급인이 하자보수나 손해배상청구권을 보유하고 이를 행사하는 한에 있어서는 도급인의 공사대금 지급채무는 이행지체에 빠지지 아니하고, 도급인이 하자보수나 손해배상채권을 자동채권으로 하고 수급인의 공사잔대금채권을 수동채권으로 하여 상계의 의사표시를 한 다음날 비로소 지체에 빠진다(대판 1996.07.12 96다7250)

정답 ①

제❸절 | 그 외 채권의 소멸사유(대물변제·공탁·경개·면제·혼동)

문 57

변제공탁에 관한 다음 설명 중 가장 옳은 것은? [2022년 24번]

① 변제공탁이 유효하려면 채무 전부에 대한 변제의 제공 및 채무 전액에 대한 공탁이 있음을 요하고 채무 전액이 아닌 일부에 대한 공탁은 그 부분에 관하여서도 효력이 생기지 않는다. 한편 채권자가 공탁금을 채권의 일부에 충당한다는 유보의 의사표시를 하고 이를 수령한 때에는 그 공탁금은 채권의 일부의 변제에 충당되는데, 그 경우 유보의 의사표시는 명시적이어야 한다.
② 변제공탁이 변제의 효력이 인정되려면, 변제공탁이 적법하고 채권자가 공탁물 출급청구를 하여야 한다. 이와 같은 요건이 충족된 경우 공탁을 한 때에 소급하여 변제의 효력이 발생한다.
③ 공탁물 출급청구권에 대하여 가압류 집행이 되는 경우에는 변제의 효력을 인정할 수 없다.
④ 매수인이 매도인을 대리하여 매매대금을 수령할 권한을 가진 자에게 잔대금의 수령을 최고하고 그 자를 공탁물수령자로 지정하여 한 변제공탁은 매도인에 대한 잔대금 지급의 효력이 있다.
⑤ 채권소멸의 효력을 소급적으로 소멸시키는 공탁물의 회수는 공탁자에 의하여 이루어진 경우에 한한다. 따라서 제3자가 공탁자에게 대하여 가지는 별도 채권의 집행권원으로써 공탁자의 공탁물 회수청구권에 대하여 압류 및 추심명령을 받아 그 집행으로 공탁물을 회수한 경우는 채권소멸의 효력에 영향이 없다.

MGI Point **변제공탁** ★★

- 채무 일부에 대한 공탁 ⇨ 채권자가 공탁금을 채권의 일부에 충당한다는 유보의 의사표시(명시·묵시)를 하고 이를 수령한 때 공탁금은 채권의 일부의 변제에 충당 ○
- 변제공탁이 적법한 경우 ⇨ 채권자가 공탁물 출급청구를 하였는지와 관계없이 공탁을 한 때에 변제의 효력 발생 ○, 그 후 공탁물 출급청구권에 대한 가압류 집행되더라도 변제의 효력에 영향 ×
- 매도인을 대리하여 매매대금을 수령할 권한을 가진 자를 공탁물수령자로 지정하여 한 변제공탁 ⇨ 매도인에 대한 잔대금 지급의 효력 ○
- 제3자가 공탁자의 공탁물 회수청구권에 대하여 압류 및 추심명령을 받아 그 집행으로 공탁물을 회수 ⇨ 변제의 효력은 소급하여 소멸

---

① (X) 변제공탁이 유효하려면 채무 전부에 대한 변제의 제공 및 채무 전액에 대한 공탁이 있어야 하고 채무 전액이 아닌 일부에 대한 공탁은 그 부분에 관하여서도 효력이 생기지 않으나, 채권자가 공탁금을 채권의 일부에 충당한다는 유보의 의사표시를 하고 이를 수령한 때에는 그 공탁금은 채권의 일부의 변제에 충당되고, 그 경우 유보의 의사표시는 반드시 명시적으로 하여야 하는 것은 아니다(대판 2014.08.20. 2014다30650).

② (X), ③ (X) 변제공탁이 적법한 경우에는 채권자가 공탁물 출급청구를 하였는지와 관계없이 공탁을 한 때에 변제의 효력이 발생하고, 그 후 공탁물 출급청구권에 대하여 가압류 집행이 되더라도 변제의 효력에 영향을 미치지 아니한다. 그 후 공탁물 출급청구권에 대하여 가압류 집행이 되더라도 변제의 효력에 영향을 미치지 아니한다(대판 2011.12.13. 2011다11580).

④ (○) 매수인이 매도인을 대리하여 매매대금을 수령할 권한을 가진 자에게 잔대금의 수령을 최고하고 그 자를 공탁물수령자로 지정하여 한 변제공탁은 매도인에 대한 잔대금 지급의 효력이 있다(대판 2012.03.15. 2011다77849).

⑤ (X) 변제공탁이 적법한 경우에는 채권자가 공탁물 출급청구를 하였는지 여부와는 관계없이 공탁을 한 때에 변제의 효력이 발생하나, 피공탁자를 포함한 제3자가 공탁자에 대하여 가지는 별도 채권의 집행권원으로써 공탁자의 공탁물 회수청구권에 대하여 압류 및 추심명령을 받아 그 집행으로 공탁물을 회수한 경우 채권소멸의 효력은 소급하여 없어진다(대결 2020.05.22. 2018마5697).

정답 ④

문 58

채권의 소멸에 관한 다음 설명 중 가장 옳지 않은 것은? [2018년 36번]

① 채무의 면제는 반드시 명시적인 의사표시만에 의하여야 하는 것은 아니고 채권자의 어떠한 행위 내지 의사표시의 해석에 의하여 채무의 면제라고 볼 수 있는 경우에는 이를 인정하여야 할 것이기는 하나, 이와 같이 인정하기 위하여는 당해 권리관계의 내용에 따라 이에 관한 채권자의 행위 내지 의사표시의 해석을 엄격히 하여야 한다.
② 토지를 乙에게 명의신탁하고 장차의 소유권이전의 청구권 보전을 위하여 자신의 명의로 가등기를 경료한 甲이 이후 乙의 가등기에 기한 본등기 절차의 이행의무를 인수한 경우, 甲의 가등기에 기한 본등기청구권은 혼동으로 인하여 소멸한다.
③ "경개의 당사자는 구 채무의 담보를 그 목적의 한도에서 신 채무의 담보로 할 수 있다."고 규정하고 있는 민법 제505조(신채무에의 담보이전)는 당사자의 편의를 위하여 부종성에 대한 예외를 인정한 것이므로, 경개계약으로 구 채무에 관한 저당권 등이 신 채무에 이전되기 위하여는 당사자 사이에 그러한 뜻의 특약이 이루어져야 하고, 이는 반드시 명시적일 것을 요한다.
④ 채무자가 채권자에게 채무변제와 관련하여 다른 채권을 양도하는 것은 특단의 사정이 없는 한 채무변제를 위한 담보 또는 변제의 방법으로 양도되는 것으로 추정할 것이고, 채무변제에 갈음한 것으로 볼 것은 아니다.
⑤ 위탁자와 수탁자 사이에 신탁계약이 해지되었을 때 수탁자가 최종 계산을 거쳐 수익자에게 신탁재산을 교부한 후 잔여재산이 있는 경우 이를 위탁자에게 반환하기로 약정하였으나, 신탁재산을 수령할 권한이 있는 수익자인지에 관한 다툼이 있고 수탁자가 선량한 관리자의 주의를 다하여도 수익자라고 주장하는 자와 위탁자 중 누구에게 신탁재산을 지급하여야 하는지 알 수 없다면 수탁자는 민법 제487조 후단의 채권자 불확지를 원인으로 하여 신탁재산을 변제공탁할 수 있다.

해설 ★★

① (○) 채권의 포기(또는 채무의 면제)는 반드시 명시적인 의사표시만에 의하여야 하는 것이 아니고 채권자의 어떠한 행위 내지 의사표시의 해석에 의하여 그것이 채권의 포기라고 볼 수 있는 경우에도 이를 인정하여야 할 것이기는 하나 이와 같이 인정하기 위하여는 당해 권리관계의 내용에 따라 이에 대한 채권자의 행위 내지 의사표시의 해석을 엄격히 하여 그 적용여부를 결정하여야 하는 것이며, 상대방에 대한 반대채권이 있음에도 불구하고 자신의 채무이행을 약정하였다는 사실만으로는 반대채권을 포기한 것으로 볼 수는 없으므로 건물매도인이 매수인의 매매계약불이행으로 인한 손해배상채권에 충당할 수 있는 계약금을 매수인에게 반환하기로 약정한 사실만으로는 그 손해배상채권을 포기하였다고 단정할 수 없다(대판 1987.03.24. 86다카1907).

② (○) 토지를 乙에게 명의신탁하고 장차의 소유권이전의 청구권 보전을 위하여 자신의 명의로 가등기를 경료한 甲이 乙에 대하여 가지는 가등기에 기한 본등기청구권은 채권으로서, 甲이 乙을 상속하거나 乙의 가등기에 기한 본등기 절차 이행의 의무를 인수하지 아니하는 이상 甲이 가등기에 기한 본등기 절차에 의하지 아니하고 乙로부터 별도의 소유권이전등기를 경료받았다고 하여 혼동의 법리에 의하여 甲의 가등기에 기한 본등기청구권이 소멸하는 것은 아니다(대판 1995.12.26. 95다29888).

③ (×) 민법 제505조(신채무에의 담보이전)는 「경개의 당사자는 구 채무의 담보를 그 목적의 한도에서 신 채무의 담보로 할 수 있다. 그러나 제3자가 제공한 담보는 그 승낙을 얻어야 한다」고 규정하고 있는바, 이 규정은 경개에 의하여 구채무가 소멸하기 때문에 이에 따르는 인적·물적 담보 또한 부종성의 원리에 따라 당연히 함께 소멸하고, 당사자가 신채무에 관하여 저당권 등을 설정하기로 합의하여도 구채무에 관하여 존재하던 저당권 등은 어차피 소멸하여 그 순위의 보전이 불가능하나, 이러한 결과가 많은 경우 당사자의 의도에 반하는 것인 점을 고려하여 당사자의 편의를 위하여 부종성에 대한 예외를 인정한 것으로서, 경개계약의 경우 구채무에 관한 저당권 등이 신채무에 이전되기 위하여는 당사자 사이에 그러한 뜻의 특약이 이루어져야 하지만, 반드시 명시적인 것을 필요로 하지는 않고, 묵시적인 합의로도 가능하다(대판 2002.10.11. 2001다7445).

④ (○) 채무자가 채권자에게 채무변제와 관련하여 다른 채권을 양도하는 것은 특단의 사정이 없는 한 채무변제를 위한 담보 또는 변제의 방법으로 양도되는 것으로 추정할 것이지 채무변제에 갈음한 것으로 볼 것은 아니어서, 채권양도만 있으면 바로 원래의 채권이 소멸한다고 볼 수는 없는 것이고 채권자가 양도받은 채권을 변제받음으로써 그 범위 내에서 채무자가 면책되는 것이므로, 양도채권의 변제에 관하여는 기존채무의 채무자에게 주장·입증책임이 있다(대판 1995.12.22. 95다16660).

⑤ (○) 위탁자와 수탁자 사이에 신탁계약이 해지 또는 종료되었을 때 수탁자가 최종 계산을 거쳐 수익자에게 신탁재산을 교부한 후 잔여재산이 있는 경우 이를 위탁자에게 반환하기로 약정하였다면, 수탁자는 그 절차에 따라 수익자에게 신탁재산을 교부하고 남은 재산이 있으면 이를 위탁자에게 반환하면 된다. 그러나 신탁재산을 수령할 권한이 있는 수익자인지에 관한 다툼이 있다면, 수탁자는 그 사람이 정당한 수익자인지 여부에 따라 신탁재산을 수익자 또는 위탁자 중 누구에게 지급하여야 하는지가 결정된다. 만일 수탁자가 선량한 관리자의 주의를 다하여도 수익자라고 주장하는 자와 위탁자 중 누구에게 신탁재산을 지급하여야 하는지 알 수 없다면 '과실 없이 채권자를 알 수 없는 경우'에 해당하므로, 수탁자는 민법 제487조 후단의 채권자 불확지를 원인으로 하여 신탁재산을 변제공탁할 수 있다(대판 2014.12.24. 2014다207245).

정답 ③

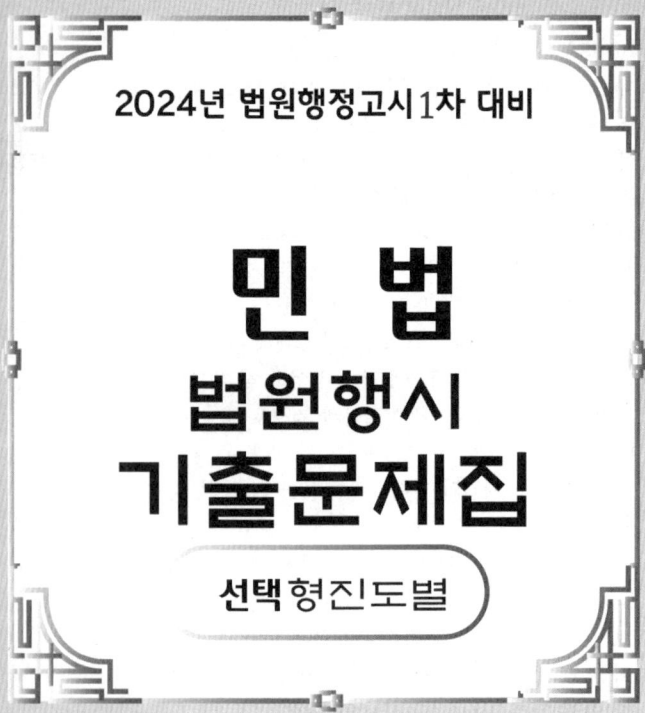

제4편 채권각론

제1장 | 계약총론
제2장 | 계약각론
제3장 | 사무관리
제4장 | 부당이득
제5장 | 불법행위

제1장 계약총론

제❶절 ┃ 계약자유의 원칙과 한계

제❷절 ┃ 계약의 성립

문 1

다음 설명 중 옳지 않은 것은 모두 몇 개인가? [2021년 18번]

> 가. 매수인이 선이행의무 있는 중도금을 지급하지 않았다 하더라도 계약이 해제되지 않은 상태에서 잔대금 지급일이 도래하여 그 때까지 중도금과 잔대금이 지급되지 아니하고 잔대금과 동시이행관계에 있는 매도인의 소유권이전등기 소요서류가 제공된 바 없이 그 기일이 도과하였다면, 다른 특별한 사정이 없는 한, 매수인의 중도금 및 잔대금의 지급과 매도인의 소유권이전등기 소요서류의 제공은 동시이행관계에 있다 할 것이어서 그 때부터는 매수인은 중도금을 지급하지 아니한 데 대한 이행지체의 책임을 지지 아니한다.
> 나. 채무자가 채무의 이행기가 도래되지 아니하였다고 믿을 만한 상당한 근거가 있어 이를 이유로 그 이행을 거절하였다면, 후에 법원의 판결에 의하여 채무의 이행기가 도래한 것으로 최종 판명되었다고 하더라도 그것만으로는 채무자가 자기 채무를 이행하지 아니할 의사를 명백히 표시한 경우에 해당한다고 할 수 없다.
> 다. 부동산 매매계약의 경우 매도인이 매수인을 이행지체에 빠뜨리기 위하여 해야 할 이행제공의 정도는 소유권이전등기에 필요한 서류 등을 준비하여 두되 이 서류 등을 현실적으로 제공할 필요까지는 없다 하더라도 매수인에게 그 뜻을 통지하고 잔금 지급과 아울러 이를 수령하여 갈 것을 최고함을 요한다.
> 라. 쌍무계약에 있어서 계약당사자의 일방은 상대방이 채무를 이행하지 아니할 의사를 명백히 표시한 경우에는 최고나 자기 채무의 이행제공 없이 그 계약을 적법하게 해제할 수 있으나, 그 이행거절의 의사표시가 적법하게 철회된 경우 상대방으로서는 자기 채무의 이행을 제공하고 상당한 기간을 정하여 이행을 최고한 후가 아니면 채무불이행을 이유로 계약을 해제할 수 없다.
> 마. 일반적으로 동시이행의 관계가 인정되는 경우에는 그러한 항변권을 행사하는 자의 상대방이 그 동시이행의 의무를 이행하기 위하여 과다한 비용이 소요되거나 또는 그 의무의 이행이 실제적으로 어려운 반면 그 의무의 이행으로 인하여 항변권자가 얻는 이득은 별달리 크지 아니하여 동시이행의 항변권의 행사가 주로 자기 채무의 이행만을 회피하기 위한 수단이라고 보여지는 경우에는 그 항변권의 행사는 권리남용으로서 배척되어야 한다.

① 없음 ② 1개 ③ 2개
④ 3개 ⑤ 4개

MGI Point 계약 ★★

- 매수인이 선이행의무인 중도금 지급의무를 불이행한 상태에서 매도인의 소유권이전등기 소요서류의 제공 없이 잔대금 지급기일이 도과된 경우 ⇨ 매수인의 중도금 미지급에 대한 지체책임 無
- 쌍무계약의 일방 당사자가 상당한 근거를 가지고 이행기 미도래를 이유로 채무이행을 거절하였으나 후에 법원에 의해 이행기가 도래한 것으로 판명된 경우 ⇨ 그것만으로 채무불이행의 의사를 명백히 표시한 경우에 해당 ×
- 부동산 매도인이 매수인을 이행지체에 빠뜨리기 위하여 해야 할 이행제공의 정도
  ⇨ 소유권이전등기에 필요한 서류 등을 현실적으로 제공할 필요 ×, but 매수인에게 그 뜻을 통지하고 잔금 지급과 아울러 이를 수령하여 갈 것을 최고함을 요함
- 쌍무계약에 있어서 일방이 종전의 이행거절의 의사표시를 철회한 경우 상대방의 해제권 행사의 요건
  ⇨ 자기채무 이행의 제공 & 상당한 기간을 정하여 이행의 최고
- 자기 채무의 이행을 회피하기 위한 수단으로서 동시이행의 항변권을 행사하는 경우 ⇨ 권리남용 ○

가. (○) 매수인이 선이행의무 있는 중도금을 지급하지 않았다 하더라도 계약이 해제되지 않은 상태에서 잔대금 지급일이 도래하여 그 때까지 중도금과 잔대금이 지급되지 아니하고 잔대금과 동시이행관계에 있는 매도인의 소유권이전등기 소요서류가 제공된 바 없이 그 기일이 도과하였다면, 다른 특별한 사정이 없는 한, 매수인의 중도금 및 잔대금의 지급과 매도인의 소유권이전등기 소요서류의 제공은 동시이행관계에 있다 할 것이어서 그 때부터는 매수인은 중도금을 지급하지 아니한 데 대한 이행지체의 책임을 지지 아니한다(대판 2002.03.29. 2000다577).

나. (○) 쌍무계약에 있어서 당사자의 일방이 미리 자기 채무를 이행하지 아니할 의사를 표명한 때에는 상대방은 이행의 최고나 자기 채무의 이행의 제공이 없이 계약을 해제할 수 있으나, 이러한 의사의 표명 여부는 계약의 이행에 관한 당사자의 행동과 계약 전후의 구체적 사정 등을 종합적으로 살펴서 판단하여야 하므로, 채무자가 채무의 이행기가 도래되지 아니하였다고 믿을 만한 상당한 근거가 있어 이를 이유로 그 이행을 거절하였다면, 후에 법원의 판결에 의하여 채무의 이행기가 도래한 것으로 최종 판명되었다고 하더라도 그것만으로는 채무자가 자기 채무를 이행하지 아니할 의사를 명백히 표시한 경우에 해당한다고 할 수 없다(대판 1996.07.30. 96다17738).

다. (○) 부동산 매매계약의 경우 매도인이 매수인을 이행지체에 빠뜨리기 위하여 해야 할 이행제공의 정도는 소유권이전등기에 필요한 서류 등을 준비하여 두되 이 서류 등을 현실적으로 제공할 필요까지는 없다 하더라도 매수인에게 그 뜻을 통지하고 잔금 지급과 아울러 이를 수령하여 갈 것을 최고함을 요한다(대판 1992.09.22. 91다25703).

라. (○) 쌍방의 채무가 동시이행관계에 있는 쌍무계약에 있어서 당사자의 일방이 미리 그 채무를 이행하지 아니할 의사를 표시한 때에는 상대방은 이행의 최고를 하지 아니하고 바로 그 계약을 해제할 수 있으나 그 이행거절의 의사표시가 적법히 철회된 경우 상대방으로서는 자기채무의 이행을 제공하고서 상당한 기간을 정하여 이행을 최고한 후가 아니면 채무불이행을 이유로 계약을 해제할 수 없다(대판 1989.03.14. 88다1516).

마. (○) 일반적으로 동시이행의 관계가 인정되는 경우에 그러한 항변권을 행사하는 자의 상대방이 그 동시이행의 의무를 이행하기 위하여 과다한 비용이 소요되거나 또는 그 의무의 이행이 실제적으로 어려운 반면 그 의무의 이행으로 인하여 항변권자가 얻는 이득은 별달리 크지 아니하여 동시이행의 항변권의 행사가 주로 자기 채무의 이행만을 회피하기 위한 수단이라고 보여지는 경우에는 그 항변권의 행사는 권리남용으로서 배척되어야 할 것이다(대판 2001.09.18. 2001다9304).

정답 ①

제❸절 | 계약의 효력

문 2

다음 설명 중 옳지 않은 것은 모두 몇 개인가? [2021년 31번]

> 가. 민법 제538조 제1항은 쌍무계약의 위험부담에 관한 채무자주의 원칙의 예외로서 "쌍무계약의 당사자 일방의 채무가 채권자의 책임 있는 사유로 이행할 수 없게 된 때에는 채무자는 상대방의 이행을 청구할 수 있다."고 규정하고 있다. 여기에서 '채권자의 책임 있는 사유'란 채권자의 어떤 작위나 부작위가 채무자의 이행의 실현을 방해하고 그 작위나 부작위는 채권자가 이를 피할 수 있었다는 점에서 신의칙상 비난받을 수 있는 경우를 의미한다.
> 나. 민법 제400조 소정의 채권자지체가 성립하기 위해서는 민법 제460조 소정의 채무자의 변제 제공이 있어야 하고, 변제 제공은 원칙적으로 현실 제공으로 하여야 하며 다만 채권자가 미리 변제받기를 거절하거나 채무의 이행에 채권자의 행위를 요하는 경우에는 구두의 제공으로 하더라도 무방하고, 채권자가 변제를 받지 아니할 의사가 확고한 경우(이른바, 채권자의 영구적 불수령)에는 구두의 제공을 한다는 것조차 무의미하므로 그러한 경우에는 구두의 제공조차 필요 없다.
> 다. 임차인의 임차목적물 명도의무와 임대인의 보증금 반환의무는 동시이행의 관계에 있다 하겠으므로, 임대인의 동시이행의 항변권을 소멸시키고 임대보증금 반환 지체책임을 인정하기 위해서는 임차인이 임대인에게 임차목적물의 명도의 이행제공을 하여야만 한다 할 것이고, 임차인이 임차목적물에서 퇴거하면서 그 사실을 임대인에게 알리지 아니하였다고 하더라도 임차목적물의 명도의 이행제공이 없었다고 볼 수는 없다.
> 라. 쌍무계약에서 쌍방의 채무가 동시이행관계에 있는 경우 일방의 채무의 이행기가 도래하더라도 상대방 채무의 이행제공이 있을 때까지는 그 채무를 이행하지 않아도 이행지체의 책임을 지지 않는 것이나, 이와 같은 효과는 이행지체의 책임이 없다고 주장하는 자가 동시이행의 항변권을 행사하여야 발생하는 것이다.
> 마. 쌍무계약의 일방 당사자가 이행기에 한번 이행제공을 하여서 상대방을 이행지체에 빠지게 한 경우, 신의성실의 원칙상 이행을 최고하는 일방 당사자로서는 그 채무이행의 제공을 계속할 필요는 없다 하더라도 상대방이 최고기간 내에 이행 또는 이행제공을 하면 계약해제권은 소멸되므로 상대방의 이행을 수령하고 자신의 채무를 이행할 수 있는 정도의 준비가 되어 있으면 된다.

① 1개　　② 2개　　③ 3개
④ 4개　　⑤ 없음

MGI Point 채권자지체 · 위험부담 · 동시이행항변권 ★★

- 민법 제538조 제1항 '채권자의 책임 있는 사유'의 의미 ⇨ 채권자의 어떤 작위나 부작위가 채무자의 이행의 실현을 방해하고 그 작위나 부작위는 채권자가 이를 피할 수 있었다는 점에서 신의칙상 비난받을 수 있는 경우
- 민법 제400조 소정의 채권자지체가 성립하기 위한 민법 제460조의 채무자의 변제 제공
  - 원칙적으로 현실 제공 要
  - 채권자가 미리 변제받기를 거절 or 채무의 이행에 채권자의 행위를 요하는 경우 ⇨ 구두의 제공으로 足
  - 채권자의 영구적 불수령 ⇨ 구두의 제공조차 不要
- 임차인이 임차목적물에서 퇴거하면서 그 사실을 임대인에게 알리지 아니한 경우 ⇨ 임대인의 임대보증금 반환 지체책임 부담 × (∵ 임차인의 임차목적물 명도의무와 임대인의 보증금 반환의무는 동시이행의 관계)
- 쌍무계약에서 이행지체 저지 ⇨ 동시이행항변권의 존재효 (동시이행권항변권 행사 不要)
- 쌍무계약의 일방 당사자가 이행기에 한번 이행제공을 하여서 상대방의 이행지체 원인으로 해제권 행사를 위한 채무이행제공 정도 ⇨ 상대방의 이행을 수령하고 자신의 채무를 이행할 수 있는 정도로 준비하는 정도로 足

가. (○) 민법 제538조 제1항은 쌍무계약의 위험부담에 관한 채무자주의 원칙의 예외로서 "쌍무계약의 당사자 일방의 채무가 채권자의 책임 있는 사유로 이행할 수 없게 된 때에는 채무자는 상대방의 이행을 청구할 수 있다."고 규정하고 있다. 여기에서 '채권자의 책임 있는 사유'란 채권자의 어떤 작위나 부작위가 채무자의 이행의 실현을 방해하고 그 작위나 부작위는 채권자가 이를 피할 수 있었다는 점에서 신의칙상 비난받을 수 있는 경우를 의미한다(대판 2014.11.27. 2013다94701).

나. (○) 민법 제400조 소정의 채권자지체가 성립하기 위해서는 민법 제460조 소정의 채무자의 변제 제공이 있어야 하고, 변제 제공은 원칙적으로 현실 제공으로 하여야 하며 다만 채권자가 미리 변제받기를 거절하거나 채무의 이행에 채권자의 행위를 요하는 경우에는 구두의 제공으로 하더라도 무방하고, 채권자가 변제를 받지 아니할 의사가 확고한 경우(이른바, 채권자의 영구적 불수령)에는 구두의 제공을 한다는 것조차 무의미하므로 그러한 경우에는 구두의 제공조차 필요 없다고 할 것이지만, 그러한 구두의 제공조차 필요 없는 경우라고 하더라도, 이는 그로써 채무자가 채무불이행책임을 면한다는 것에 불과하고, 민법 제538조 제1항 제2문 소정의 '채권자의 수령지체 중에 당사자 쌍방의 책임 없는 사유로 이행할 수 없게 된 때'에 해당하기 위해서는 현실 제공이나 구두 제공이 필요하다(다만, 그 제공의 정도는 그 시기와 구체적인 상황에 따라 신의성실의 원칙에 어긋나지 않게 합리적으로 정하여야 한다)(대판 2004.03.12. 2001다79013).

다. (X) 임차인의 임차목적물 명도의무와 임대인의 보증금 반환의무는 동시이행의 관계에 있다 하겠으므로, 임대인의 동시이행의 항변권을 소멸시키고 임대보증금 반환 지체책임을 인정하기 위해서는 임차인이 임대인에게 임차목적물의 명도의 이행제공을 하여야만 한다 할 것이고, 임차인이 임차목적물에서 퇴거하면서 그 사실을 임대인에게 알리지 아니한 경우에는 임차목적물의 명도의 이행제공이 있었다고 볼 수는 없다(대판 2002.02.26. 2001다77697).

라. (X) 쌍무계약에서 쌍방의 채무가 동시이행관계에 있는 경우 일방의 채무의 이행기가 도래하더라도 상대방 채무의 이행제공이 있을 때까지는 그 채무를 이행하지 않아도 이행지체의 책임을 지지 않는 것이고, 이와 같은 효과는 이행지체의 책임이 없다고 주장하는 자가 반드시 동시이행의 항변권을 행사하여야만 발생하는 것은 아니다(대판 1998.03.13. 97다54604).

마. (○) 쌍무계약의 일방 당사자가 이행기에 한번 이행제공을 하여서 상대방을 이행지체에 빠지게 한 경우, 신의성실의 원칙상 이행을 최고하는 일방 당사자로서는 그 채무이행의 제공을 계속할 필요는 없다 하더라도 상대방이 최고기간 내에 이행 또는 이행제공을 하면 계약해제권은 소멸되므로 상대방의 이행을 수령하고 자신의 채무를 이행할 수 있는 정도의 준비가 되어 있으면 된다(대판 1996.11.26. 96다35590).

정답 ②

제1관 동시이행의 항변권

문 25

동시이행의 항변권에 관한 다음 설명 중 옳지 않은 것을 모두 고른 것은? [2023년 38번]

> ㄱ. 근저당권 실행을 위한 경매가 무효로 되어 채권자(=근저당권자)가 채무자를 대위하여 낙찰자에 대한 소유권이전등기 말소청구권을 행사하는 경우, 채권자(=근저당권자)가 낙찰자에 대하여 부담하는 배당금 반환채무와 낙찰자가 채무자에 대하여 부담하는 소유권이전등기 말소의무는 서로 동시에 이행되어야 한다.
> ㄴ. 동시이행의 항변권은 상대방의 채무이행이 있기까지 자신의 채무이행을 거절할 수 있는 권리이므로, 매수인이 매도인을 상대로 매매목적 부동산 중 일부에 대해서만 소유권이전등기의무의 이행을 구하고 있는 경우라면 매도인은 특별한 사정이 없는 한 그 비율에 해당하는 매매잔대금 일부에 한하여만 동시이행의 항변권을 행사할 수 있다.
> ㄷ. 부동산의 매매계약시 그 부동산의 양도로 인하여 매도인이 부담할 양도소득세를 매수인이 부담하기로 하는 특약을 하였다면 매도인의 소유권이전등기의무와 매수인의 양도소득세액 제공의무는 원칙적으로 서로 동시이행의 관계에 있다고 봄이 상당하다.
> ㄹ. 상품권 발행인이 상품권의 내용에 따른 제품제공의무를 이행하지 않음으로 인하여 그 소지인에게 그 이행에 갈음한 손해배상책임을 지게 되는 경우에, 발행인의 손해배상의무에 관하여는 그 이행의 최고를 받은 다음부터 이행지체의 책임을 진다.
> ㅁ. 부동산에 관한 매매계약을 체결한 후 매수인 앞으로 소유권이전등기를 마치기 전에 매수인으로부터 그 부동산을 다시 매수한 제3자의 처분금지가처분신청으로 매매목적부동산에 관하여 가처분등기가 이루어진 상태에서 매도인과 매수인 사이의 매매계약이 해제된 경우, 위와 같은 가처분등기의 말소와 매도인의 대금반환의무는 동시이행의 관계에 있다.

① ㄱ, ㄴ, ㄷ   ② ㄱ, ㄷ, ㄹ   ③ ㄱ, ㄴ, ㄷ, ㄹ
④ ㄱ, ㄴ, ㄷ, ㅁ   ⑤ ㄱ, ㄴ, ㄹ, ㅁ

MGI Point **동시이행의 항변권** ★★

- 근저당권 실행을 위한 경매가 무효인 경우 채권자(=근저당권자)가 낙찰자에 대하여 부담하는 배당금 반환채무와 낙찰자가 채무자에 대하여 부담하는 소유권이전등기 말소의무 ⇨ 동시이행의 관계×
- 매수인이 매매목적 부동산 중 일부에 대해서만 소유권이전등기의무의 이행을 구하고 있는 경우 ⇨ 매도인은 매매잔대금 전부에 대하여 동시이행 항변권 행사 可
- 매수인의 양도소득세액 부담 특약이 있는 경우에 매도인의 소유권이전등기의무와 매수인의 양도소득세액 제공의무 ⇨ 동시이행의 관계
- 상품권 발행인의 제품제공의무 불이행으로 인한 손해배상의무와 소지인의 상품권 반환의무 ⇨ 동시이행의 관계, BUT 당연효는×
- 매매계약 후 소유권이전등기 경료 전에 전매인에 의하여 그 부동산에 대하여 가처분등기가 이루어진 경우 ⇨ 이 상태에서 계약이 해제된 경우 매도인의 대금반환의무와 가처분등기 말소의무 ⇨ 동시이행의 관계×

ㄱ. (X) 근저당권 실행을 위한 경매가 무효로 되어 채권자(=근저당권자)가 채무자를 대위하여 낙찰자에 대한 소유권이전등기 말소청구권을 행사하는 경우, 낙찰자가 부담하는 소유권이전등기 말소의무는 채무자에 대

한 것인 반면, 낙찰자의 배당금 반환청구권은 실제 배당금을 수령한 채권자(=근저당권자)에 대한 채권인 바, 채권자(=근저당권자)가 낙찰자에 대하여 부담하는 배당금 반환채무와 낙찰자가 채무자에 대하여 부담하는 소유권이전등기 말소의무는 서로 이행의 상대방을 달리하는 것으로서, 채권자(=근저당권자)의 배당금 반환채무가 동시이행의 항변권이 부착된 채 채무자로부터 승계된 채무도 아니므로, 위 두 채무는 동시에 이행되어야 할 관계에 있지 아니하다(대법원 2006. 9. 22. 2006다24049).

ㄴ. (X) 동시이행의 항변권은 상대방의 채무이행이 있기까지 자신의 채무이행을 거절할 수 있는 권리이므로, 매수인이 매도인을 상대로 매매목적 부동산 중 일부에 대해서만 소유권이전등기의무의 이행을 구하고 있는 경우에도 매도인은 특별한 사정이 없는 한 그 매매잔대금 전부에 대하여 동시이행의 항변권을 행사할 수 있다고 할 것이다(대법원 2006. 2. 23. 2005다53187).

ㄷ. (X) 원래 부동산의 매매계약시 그 부동산의 양도로 인하여 매도인이 부담할 양도소득세를 매수인이 부담하기로 하는 특약을 하였다 하여도 매수인이 양도소득세를 부담하기 위한 이행제공의 형태, 방법, 시기 등이 매도인의 소유권이전등기의무와 견련관계에 있다고 인정되는 경우에 한하여 매도인의 소유권이전등기의무와 매수인의 양도소득세액 제공의무는 서로 동시이행의 관계에 있다고 봄이 상당하다(대법원 1995. 3. 10. 94다27977).

ㄹ. (○) 상품권 발행인이 상품권의 내용에 따른 제품제공의무를 이행하지 않음으로 인하여 그 소지인에게 그 이행에 갈음한 손해배상책임을 지게 되는 경우에도 이중지급의 위험을 방지하기 위하여 공평의 관념과 신의칙상 발행인의 손해배상의무와 소지인의 상품권 반환의무 사이에 동시이행관계가 인정된다 할 것이나, 이는 민법 제536조에 정하는 쌍무계약상의 채권채무관계나 그와 유사한 대가관계가 있어서 그러는 것이 아니므로, 발행인의 손해배상의무에 관하여는 그 이행의 최고를 받은 다음부터 이행지체의 책임을 진다(대법원 2007. 9. 20. 2005다63337).

ㅁ. (X) 부동산에 관한 매매계약을 체결한 후 매수인 앞으로 소유권이전등기를 마치기 전에 매수인으로부터 그 부동산을 다시 매수한 제3자의 처분금지가처분신청으로 매매목적부동산에 관하여 가처분등기가 이루어진 상태에서 매도인과 매수인 사이의 매매계약이 해제된 경우, 매도인만이 가처분이의 등을 신청할 수 있을 뿐 매수인은 가처분의 당사자가 아니어서 가처분이의 등에 의하여 가처분등기를 말소할 수 있는 법률상의 지위에 있지 않고, 제3자가 한 가처분을 매도인의 매수인에 대한 소유권이전등기의무의 일부이행으로 평가할 수 없어 그 가처분등기를 말소하는 것이 매매계약 해제에 따른 매수인의 원상회복의무에 포함된다고 보기도 어려우므로, 위와 같은 가처분등기의 말소와 매도인의 대금반환의무는 동시이행의 관계에 있다고 할 수 없다(대법원 2009. 7. 9. 2009다18526).

정답 ④

문 3

동시이행관계에 관한 다음 설명 중 가장 옳지 않은 것은? [2021년 15번]

① 공사도급계약상 도급인의 지체상금채권과 수급인의 공사대금채권은 특별한 사정이 없는 한 동시이행의 관계에 있다고 할 수 없다.
② 쌍무계약이 무효로 되어 각 당사자가 서로 취득한 것을 반환하여야 할 경우, 어느 당사자 일방이 무효로 된 계약의 목적물을 점유하더라도 상대방이 동시이행의 관계에 있는 자신의 반환의무를 이행하거나 적법하게 이행제공하는 등으로 당사자 일방의 동시이행 항변권을 상실시키지 아니한 이상, 그 점유는 불법점유라 할 수 없으므로 이로 인한 손해배상책임을 지지 않는다.
③ 임대인의 임대차보증금의 반환의무와 임차인의 주택임대차보호법 제3조의3 규정에 의한 임차권등기의 말소의무는 동시이행관계에 있는 것이 아니고, 임대인의 임대차보증금의 반환의무가 임차인의 임차권등기 말소의무보다 먼저 이행되어야 할 의무이다.

④ 부동산의 매수인이 매매목적물에 관한 근저당권의 피담보채무를 인수하는 한편 그 채무액을 매매대금에서 공제하기로 약정한 경우, 매도인이 그 채무를 대신 변제하였다면 매수인의 매도인에 대한 구상채무는 매도인의 소유권이전의무와 더 이상 동시이행의 관계에 있지 않고, 매수인의 매도인에 대한 구상채무가 매도인의 소유권이전의무보다 먼저 이행되어야 한다.

⑤ 매매계약에서 대가적 의미가 있는 매도인의 소유권이전의무와 매수인의 대금지급의무 중 어느 의무가 선이행의무라고 하더라도 그 의무가 이행되지 아니한 채로 상대방 의무의 이행기가 도과된 경우에는 이행기 도과에도 불구하고 여전히 선이행하기로 약정하는 등의 특별한 사정이 없는 한 그 의무를 포함하여 매도인과 매수인 쌍방의 의무는 동시이행관계에 놓이게 된다.

> **MGI Point 동시이행관계** ★★
>
> ■ 공사도급계약상 도급인의 지체상금채권과 수급인의 공사대금채권 ⇨ 동시이행 관계 ×
> ■ 쌍무계약이 무효로 되어 각 당사자가 서로 취득한 것을 반환하여야 하는 경우, 어느 당사자 일방이 무효로 된 계약의 목적물을 점유하더라도 동시이행 항변권을 보유하는 동안 불법점유로 인한 손해배상책임 無
> ■ 임대인의 임대차보증금 반환의무와 임차인의 주택임대차보호법 제3조의3에 의한 임차권등기 말소의무
>   ⇨ 동시이행관계 ×, 임대인의 임대차보증금 반환의무가 임차인의 임차권등기 말소의무보다 선이행 의무 있음
> ■ 부동산의 매수인이 매매목적물에 관한 근저당권의 피담보채무를 인수하는 한편, 그 채무액을 매매대금에서 공제하기로 약정한 경우 그 채무인수의 성질 ⇨ 이행인수
>   • 부동산매매계약과 함께 이행인수계약이 이루어진 경우, 매수인의 인수채무불이행 또는 매도인의 임의변제로 인한 매수인의 손해배상채무 또는 구상채무가 매도인의 소유권이전등기의무와 동시이행의 관계 ○
> ■ 매도인의 소유권이전의무와 매수인의 대금지급의무 중 어느 의무가 선이행의무인 경우에도 이행기가 도과하면 그 의무를 포함한 매도인과 매수인의 의무 ⇨ 동시이행관계(원칙)

① (○) 공사도급계약상 도급인의 지체상금채권과 수급인의 공사대금채권은 특별한 사정이 없는 한 동시이행의 관계에 있다고 할 수 없다(대판 2015.08.27. 2013다81224).

② (○) 쌍무계약이 무효로 되어 각 당사자가 서로 취득한 것을 반환하여야 할 경우, 어느 일방의 당사자에게만 먼저 그 반환의무의 이행이 강제된다면 공평과 신의칙에 위배되는 결과가 되므로 각 당사자의 반환의무는 동시이행관계에 있다고 봄이 상당하다(대법원 1993. 5. 14. 선고 92다45025 판결, 대법원 2007. 12. 28. 선고 2005다38843 판결 등 참조). 이에 따라 어느 당사자 일방이 무효로 된 계약의 목적물을 점유하더라도 상대방이 동시이행의 관계에 있는 자신의 반환의무를 이행하거나 적법하게 이행제공하는 등으로 당사자 일방의 동시이행 항변권을 상실시키지 아니하는 이상, 그 점유는 불법점유라 할 수 없으므로 이로 인한 손해배상책임을 지지 아니하고, 이러한 효과는 손해배상책임이 없다고 주장하는 자가 반드시 동시이행의 항변권을 행사하여야만 발생하는 것이 아니다(대법원 2010. 10. 14. 선고 2010다47438 판결, 대법원 2015. 10. 29. 선고 2015다32585 판결 등 참조)(대판 2019.06.13. 2019다208533).

③ (○) 주택임대차보호법 제3조의3 규정에 의한 임차권등기는 이미 임대차계약이 종료하였음에도 임대인이 그 보증금을 반환하지 않는 상태에서 경료되게 되므로, 이미 사실상 이행지체에 빠진 임대인의 임대차보증금의 반환의무와 그에 대응하는 임차인의 권리를 보전하기 위하여 새로이 경료하는 임차권등기에 대한 임차인의 말소의무를 동시이행관계에 있는 것으로 해석할 것은 아니고, 특히 위 임차권등기는 임차인으로 하여금 기왕의 대항력이나 우선변제권을 유지하도록 해 주는 담보적 기능만을 주목적으로 하는 점 등에 비추어 볼 때, 임대인의 임대차보증금의 반환의무가 임차인의 임차권등기 말소의무보다 먼저 이행되어야 할 의무이다(대판 2005.06.09. 2005다4529).

④ (X) 부동산의 매수인이 매매목적물에 관한 근저당권의 피담보채무를 인수하는 한편, 그 채무액을 매매대금에서 공제하기로 약정한 경우, 다른 특별한 약정이 없는 이상 이는 매도인을 면책시키는 채무인수가 아니라

이행인수로 보아야 하고, 매수인이 위 채무를 현실적으로 변제할 의무를 부담한다고 해석할 수 없으며, 특별한 사정이 없는 한 매수인은 매매대금에서 그 채무액을 공제한 나머지를 지급함으로써 잔금지급의무를 다하였다고 할 것이다. … 부동산매매계약과 함께 이행인수계약이 이루어진 경우, 매수인이 인수한 채무는 매매대금지급채무에 갈음한 것으로서 매도인이 매수인의 인수채무불이행으로 말미암아 또는 임의로 인수채무를 대신 변제하였다면, 그로 인한 손해배상채무 또는 구상채무는 인수채무의 변형으로서 매매대금지급채무에 갈음한 것의 변형이므로 매수인의 손해배상채무 또는 구상채무와 매도인의 소유권이전등기의무는 대가적 의미가 있어 이행상 견련관계에 있다고 인정되고, 따라서 양자는 동시이행의 관계에 있다고 해석함이 공평의 관념 및 신의칙에 합당하다(대판 2004.07.09. 2004다13083).

⑤ (○) 매매계약에서 대가적 의미가 있는 매도인의 소유권이전의무와 매수인의 대금지급의무는 다른 약정이 없는 한 동시이행의 관계에 있으며, 또한 설령 어느 의무가 선이행의무라고 하더라도 이행기가 도과된 경우에는 이행기 도과에 불구하고 여전히 선이행하기로 약정하는 등의 특별한 사정이 없는 한 그 의무를 포함하여 매도인과 매수인 쌍방의 의무는 동시이행관계에 놓이게 된다. 이러한 법률관계는 매매목적물에 대하여 가압류 또는 처분금지가처분 집행 등이 되어 있거나 매도인의 소유권이전등기청구권에 대하여 가압류나 처분금지가처분 등이 되어 있어, 매매계약에 따른 소유권이전의무를 이행하기 위하여 그 가압류·가처분 집행 등을 해제할 필요가 있는 경우에, 그 집행 등의 해제의무에 관하여도 마찬가지로 적용된다(대판 2013.06.13. 2011다73472).

정답 ④

문 4

동시이행관계에 관한 다음 설명 중 옳은 것은 모두 몇 개인가? [2020년 22번]

> ㄱ. 동시이행의 항변권에 관한 제536조는 강행규정이 아니므로 쌍방의 채무가 쌍무계약이 아니라 별개의 계약에 기한 것이더라도 동시이행의 특약이 있으면 동시이행의 항변권이 인정되는 반면, 쌍무계약에 기한 것이더라도 동시이행의 항변권을 배제할 수도 있다.
> ㄴ. 임대차 종료시 임차인이 임차목적물을 인도할 의무와 임대인이 임대보증금 중 미지급 월임료 등을 공제한 나머지 보증금을 반환할 의무가 동시이행관계에 있는 이상, 임차인이 동시이행항변권에 기하여 임차목적물을 사용·수익하는 경우에 그 점유는 불법점유라고 할 수 없어 그로 인한 손해배상책임이나 부당이득반환책임을 질 여지가 없다.
> ㄷ. 공사도급계약의 도급인이 자신 소유의 토지에 근저당권을 설정하여 수급인으로 하여금 공사에 필요한 자금을 대출받도록 한 경우 수급인의 근저당권 말소의무는 도급인의 공사대금채무와 동시이행관계에 있고, 나아가 도급인이 대출금 등을 대위변제함으로써 수급인이 지게된 구상금채무도 그 대등액의 범위 내에서 도급인의 공사대금채무와 동시이행관계에 있다.
> ㄹ. 채무를 담보하기 위하여 어음이 발행된 경우 채권자가 원인채권을 행사함에 대하여 채무자는 어음과 상환으로 지급하겠다는 항변으로 채권자에게 대항할 수 없다.
> ㅁ. 임대차보증금반환채권에 대한 압류 및 추심명령이 있더라도 임대인이 임차인에 대하여 가지는 동시이행항변권을 상실하지 않는다.
> ㅂ. 소비대차 계약에서 채무의 담보목적으로 저당권 설정등기를 마친 경우에 채무자의 채무변제와 저당권설정등기의 말소등기의무는 동시이행관계에 있다.

① 1개 ② 2개 ③ 3개
④ 4개 ⑤ 5개

> **MGI Point 동시이행관계** ★★
> - 동시이행의 항변권 (민법 제536조) ⇨ 임의규정
> - 임대차종료후 임차인의 임차목적물명도의무와 임대인의 연체차임 기타 손해배상금을 공제하고 남은 임대차보증금반환채무는 동시이행의 관계 ⇨ 임차인이 동시이행항변권에 기하여 임차목적물을 사용·수익하는 경우 불법점유에 의한 손해배상책임 ×, But 부당이득으로서 반환 ○
> - 공사도급계약의 도급인이 자신 소유의 토지에 근저당권을 설정하여 수급인으로 하여금 공사에 필요한 자금을 대출받도록 한 경우 ⇨ 수급인의 근저당권 말소의무와 도급인의 공사대금채무는 동시이행관계 ○
> - 채무를 담보하기 위하여 어음이 발행된 경우 채권자가 원인채권을 행사 ⇨ 채무자는 어음과 상환으로 지급하겠다는 항변 可
> - 임대차보증금반환채권에 대한 압류 및 추심명령이 있는 경우 ⇨ 임대인이 임차인에 대하여 가지는 동시이행항변권 존속 ○
> - 소비대차 계약에서 채무의 담보목적으로 저당권 설정등기를 경료한 경우 ⇨ 채무자의 채무변제는 저당권설정등기 말소등기에 앞서는 선행의무 ○

ㄱ. (○) 동시이행의 항변권에 관한 제536조는 강행규정이 아니다. 따라서 쌍방의 채무가 쌍무계약이 아니라 별개의 계약에 기한 것이더라도 동시이행의 특약이 있으면 동시이행의 항변권이 인정되는 반면, 쌍무계약에 기한 것이라도 동시이행 항변권을 배제할 수 있다(지원림, 민법강의 제17판, p.1360).

> **관련판례** 당사자 쌍방이 각각 별개의 약정으로 채무를 부담하게 된 경우에는 당사자간의 특약으로 그 채무이행과 상대방의 어떤 채무이행과를 견련시켜 동시이행을 하기로 특약한 사실이 없는 한 상대방이 자기에게 이행할 채무가 있다 하더라도 동시이행의 항변권이 생긴다고 할 수는 없다(대판 1990.04.13. 89다카23794).

ㄴ. (×) 임대차 종료 후 임차인의 임차목적물 명도의무와 임대인의 연체임료 기타 손해배상금을 공제하고 남은 임차보증금 반환의무와는 동시이행의 관계에 있으므로, 임차인이 동시이행의 항변권에 기하여 임차목적물을 점유하고 사용·수익한 경우 그 점유는 불법점유라 할 수 없어 그로 인한 손해배상책임은 지지 아니하되, 다만 사용·수익으로 인하여 실질적으로 얻은 이익이 있으면 부당이득으로서 반환하여야 한다(대판1998.07.10. 98다15545).

ㄷ. (○) 공사도급계약의 도급인이 자신 소유의 토지에 근저당권을 설정하여 수급인으로 하여금 공사에 필요한 자금을 대출받도록 한 사안에서, 수급인의 근저당권 말소의무는 도급인의 공사대금채무에 대하여 공사도급계약상 고유한 대가관계가 있는 의무는 아니지만, 담보제공의 경위와 목적, 대출금의 사용용도 및 그에 따른 공사대금의 실질적 선급과 같은 자금지원 효과와 이로 인하여 도급인이 처하게 될 이중지급의 위험 등 구체적인 계약관계에 비추어 볼 때, 이행상의 견련관계가 인정되므로 양자는 서로 동시이행의 관계에 있고, 나아가 수급인이 근저당권 말소의무를 이행하지 아니한 결과 도급인이 위 대출금 및 연체이자를 대위변제함으로써 수급인이 지게 된 구상금채무도 근저당권 말소의무의 변형물로서 그 대등액의 범위 내에서 도급인의 공사대금채무와 동시이행의 관계에 있다(대판 2010.03.25. 2007다35152).

ㄹ. (×) 기존의 원인채권과 어음, 수표채권이 병존하는 경우에 채권자가 원인채권을 행사함에 있어서는 어음, 수표의 반환이 필요하고, 이는 채무자의 채무이행과 동시이행의 관계에 있다고 할 것이고, 따라서 채무자는 어음, 수표와 상환으로 지급하겠다고 하는 항변으로 채권자에게 대항할 수 있고, 이와 같은 항변이 있을 때에는 법원은 어음, 수표와 상환으로 지급하라는 취지의 상환이행의 판결을 하여야 할 것이다(대판 1993.11.09. 93다11203).

ㅁ. (○) 금전채권에 대한 압류 및 추심명령이 있는 경우라도 이는 강제집행절차에서 추심채권자에게 채무자의

제3채무자에 대한 채권을 추심할 권능만을 부여하는 것으로서, 이로 인하여 채무자가 제3채무자에 대하여 가지는 채권이 추심채권자에게 이전되거나 귀속되는 것은 아니므로, 추심채무자로서는 제3채무자에 대하여 피압류채권에 기하여 그 동시이행을 구하는 항변권을 상실하지는 않는다고 할 것이고, 그 항변이 인용되어 동시이행 의무를 부담하게 되는 제3채무자로서는 위 압류추심명령의 효력에 의한 제한을 받는 데 불과하다 할 것인바, 원고가 반환하여야 할 잔존 보증금의 범위를 그 임대차보증금인 1,600만 원에서 연체차임 등 금 1,245만 원 및 공과금 326,380원을 공제한 금 3,223,620원으로 확정하고, 피고에게 원고로부터 위 금원을 지급받음과 상환으로 이 사건 부동산의 명도를 명한 원심의 조치는 위 법리에 따른 것으로 정당하고(다만 기록에 비추어 살펴보면, 이 사건 임대차계약서상의 임차인으로 기재된 제1심 공동피고이자 이 사건 추심채무자인 신문기를 명의상의 임차인의 지위에 있었을 뿐이라고 본 원심의 사실인정 부분은 정확하지 않은 것으로 보이나 그 대항력은 별론으로 하고 원고도 위 신문기가 피고에게 그 지위를 이전하였음을 다투지 않고 있어 특히 이에 대하여 더 이상 판단하지 않는다.), 거기에 상고이유 주장과 같은 판단유탈, 법리오해 등의 위법이 있다고 할 수 없다(대판 2001.03.09. 2000다73490).

ㅂ. (X) 소비대차 계약에 있어서 채무의 담보목적으로 저당권 설정등기를 경료한 경우에 채무자의 채무변제는 저당권설정등기 말소등기에 앞서는 선행의무이며 채무의 변제와 동시이행 관계에 있는 것이 아니다(대판 1969.09.30. 69다1173).

정답 ③

문 5

동시이행에 관한 다음 설명 중 가장 옳지 않은 것은?(다툼이 있는 경우 판례에 의함) [2017년 10번]

① 매도인의 매매대금 반환의무와 매수인의 소유권이전등기 말소등기절차 이행의무가 동시이행의 관계에 있으면, 매매계약이 무효로 되어 반환할 매매대금에 대한 법정이자가 붙지 않는다.
② 쌍무계약인 매매계약에서 매수인이 선이행의무인 잔금지급의무를 이행하지 않던 중 매도인도 소유권이전등기의무의 이행을 제공하지 아니한 채 그 이행기를 도과한 경우, 특별한 사정이 없는 한 매도인과 매수인 쌍방의 의무가 동시이행 관계에 있게 된다.
③ 쌍무계약의 당사자 일방이 한번 현실의 제공을 하여 상대방을 수령지체에 빠지게 하였으나 그 이행의 제공이 계속되지 않는 경우, 이행의 제공이 중지된 이후에 상대방의 이행지체를 이유로 손해배상청구를 할 수 없다.
④ 소비대차 계약에 있어서 채무의 담보목적으로 저당권 설정등기를 경료한 경우에 채무자의 채무변제는 저당권설정등기 말소등기에 앞서는 선행의무이며 채무의 변제와 동시이행 관계에 있는 것이 아니다.
⑤ 공사도급계약상 도급인의 지체상금채권과 수급인의 공사대금채권은 특별한 사정이 없는 한 동시이행의 관계에 있다고 할 수 없다.

:: 해설   ★★★

① (X) 계약무효의 경우 각 당사자가 상대방에 대하여 부담하는 반환의무는 성질상 부당이득반환의무로서 악의의 수익자는 그 받은 이익에 법정이자를 붙여 반환하여야 하므로(민법 제748조 제2항), 매매계약이 무효로 되는 때에는 매도인이 악의의 수익자인 경우 특별한 사정이 없는 한 매도인은 반환할 매매대금에 대하여 민법이 정한 연 5%의 법정이율에 의한 이자를 붙여 반환하여야 한다. 그리고 위와 같은 법정이자의 지급은 부

당이득반환의 성질을 가지는 것이지 반환의무의 이행지체로 인한 손해배상이 아니므로, 매도인의 매매대금 반환의무와 매수인의 소유권이전등기 말소등기절차 이행의무가 동시이행의 관계에 있는지 여부와는 관계가 없다(대판 2017.03.09. 2016다47478).

② (○) 쌍무계약인 매매계약에서 매수인이 선이행의무인 잔금지급의무를 이행하지 않던 중 매도인도 소유권이전등기의무의 이행을 제공하지 아니한 채 소유권이전등기의무의 이행기를 도과한 경우, 여전히 선이행의무로 하기로 약정하는 등 특별한 사정이 없는 한 매도인과 매수인 쌍방의 의무는 동시이행 관계에 놓이게 된다(대판 1999.07.09. 98다13754).

③ (○) 쌍무계약의 당사자 일방이 먼저 한 번 현실의 제공을 하고, 상대방을 수령지체에 빠지게 하였다고 하더라도 그 이행의 제공이 계속되지 않는 경우는 과거에 이행의 제공이 있었다는 사실만으로 상대방이 가지는 동시이행의 항변권이 소멸하는 것은 아니므로, 일시적으로 당사자 일방의 의무의 이행 제공이 있었으나 곧 그 이행의 제공이 중지되어 더 이상 그 제공이 계속되지 아니하는 기간 동안에는 상대방의 의무가 이행지체 상태에 빠졌다고 할 수는 없다고 할 것이고, 따라서 그 이행의 제공이 중지된 이후에 상대방의 의무가 이행지체되었음을 전제로 하는 손해배상청구도 할 수 없는 것이다(대판 1995.03.14. 94다26646).

④ (○) 소비대차 계약에 있어서 채무의 담보목적으로 저당권 설정등기를 경료한 경우에 채무자의 채무변제는 저당권설정등기 말소등기에 앞서는 선행의무이며 채무의 변제와 동시이행 관계에 있는 것이 아니다(대판 1969.09.30. 69다1173).

⑤ (○) 공사도급계약상 도급인의 지체상금채권과 수급인의 공사대금채권은 특별한 사정이 없는 한 동시이행의 관계에 있다고 할 수 없다(대판 2015.08.27. 2013다81224).

정답 ①

문 6

동시이행항변권에 관한 다음 설명 중 가장 옳지 않은 것은?(다툼이 있는 경우 판례에 의함) [2016년 32번]

① 근저당권의 실행을 위한 경매가 무효가 되어 근저당권자가 채무자를 대위하여 매각받은 자를 상대로 소유권이전등기 말소등기청구권을 행사하는 경우, 매각 받은 자의 소유권이전등기 말소등기절차 이행의무와 근저당권자의 배당금 반환의무는 서로 이행의 상대방을 달리하므로 동시이행관계에 있지 아니하다.

② 제3채무자의 압류채무자에 대한 자동채권이 수동채권인 피압류채권과 동시이행관계에 있는 경우에는, 비록 압류명령이 제3채무자에게 송달되어 압류의 효력이 생긴 후에 비로소 자동채권이 발생하였다고 하더라도, 동시이행의 항변권을 주장할 수 있는 제3채무자로서는 그 채권에 의한 상계로써 압류채권자에게 대항할 수 있는데, 이 때 채권이 발생한 기초가 되는 원인은 수동채권이 압류되기 전에 이미 성립하여 존재하고 있어야 한다.

③ 甲이 乙의 부동산을 매수하는 계약을 체결하면서 부가가치세도 甲이 부담하기로 하였으나 부가가치세의 지급시기와 방법 등에 관하여 특별한 약정을 하지 아니한 경우, 甲의 부가가치세 지급의무는 乙의 소유권이전등기의무와 대가적 의미를 갖는 채무가 아니어서 동시이행관계에 있지 아니하다.

④ 甲이 乙에게 토지를 매도하고 계약금과 중도금을 지급받았는데, 乙 명의로 소유권이전등기가 이루어지기 전에 乙로부터 위 토지를 매수한 丙이 乙을 대위한 신청으로 위 토지에 대하여 처분금

지가처분등기가 된 상태에서 甲과 乙 사이의 매매계약이 적법하게 해제된 경우, 위 가처분등기의 말소와 매도인의 대금반환의무는 동시이행관계에 있지 않다.
⑤ 임차인의 임대차보증금반환채권이 전부된 경우 임대인이 잔존 임대차보증금반환채권을 전부받은 자에게 현실적으로 이행하거나 이행의 제공을 하는 등 임차인의 동시이행항변권을 상실시키지 않는 이상, 임차인의 목적물에 대한 점유는 불법점유라고 볼 수 없다.

해설 ★★★

① (○) 근저당권 실행을 위한 경매가 무효로 되어 채권자(= 근저당권자)가 채무자를 대위하여 낙찰자에 대한 소유권이전등기 말소청구권을 행사하는 경우, 낙찰자가 부담하는 소유권이전등기 말소의무는 채무자에 대한 것인 반면, 낙찰자의 배당금 반환청구권은 실제 배당금을 수령한 채권자(= 근저당권자)에 대한 채권인바, 채권자(= 근저당권자)가 낙찰자에 대하여 부담하는 배당금 반환채무와 낙찰자가 채무자에 대하여 부담하는 소유권이전등기 말소의무는 서로 이행의 상대방을 달리하는 것으로서, 채권자(= 근저당권자)의 배당금 반환채무가 동시이행의 항변권이 부착된 채 채무자로부터 승계된 채무도 아니므로, 위 두 채무는 동시에 이행되어야 할 관계에 있지 아니하다(대판 2006.09.22. 2006다24049).

② (○) 금전채권에 대한 압류 및 전부명령이 있는 때에는 압류된 채권은 동일성을 유지한 채로 압류채무자로부터 압류채권자에게 이전되고, 제3채무자는 채권이 압류되기 전에 압류채무자에게 대항할 수 있는 사유로써 압류채권자에게 대항할 수 있는 것이므로 제3채무자의 압류채무자에 대한 자동채권이 수동채권인 피압류채권과 동시이행의 관계에 있는 경우에는, 압류명령이 제3채무자에게 송달되어 압류의 효력이 생긴 후에 자동채권이 발생하였다고 하더라도 제3채무자는 동시이행의 항변권을 주장할 수 있고 따라서 그 채권에 의한 상계로 압류채권자에게 대항할 수 있는 것으로서, 이 경우에 자동채권이 발생한 기초가 되는 원인은 수동채권이 압류되기 전에 이미 성립하여 존재하고 있었던 것이므로, 그 자동채권은 민법 제498조 소정의 "지급을 금지하는 명령을 받은 제3채무자가 그 후에 취득한 채권"에 해당하지 않는다고 봄이 상당하다(대판 1993.09.28. 92다55794).

③ (X) 부동산 매매계약에 있어 매수인이 부가가치세를 부담하기로 약정한 경우, 부가가치세를 매매대금과 별도로 지급하기로 했다는 등의 특별한 사정이 없는 한 부가가치세를 포함한 매매대금 전부와 부동산의 소유권이전등기의무가 동시이행의 관계에 있다고 봄이 상당하다(대판 2006.02.24. 2005다58656).

④ (○) 부동산에 관한 매매계약을 체결한 후 매수인 앞으로 소유권이전등기를 마치기 전에 매수인으로부터 그 부동산을 다시 매수한 제3자의 처분금지가처분신청으로 매매목적부동산에 관하여 가처분등기가 이루어진 상태에서 매도인과 매수인 사이의 매매계약이 해제된 경우, 매도인만이 가처분이의 등을 신청할 수 있을 뿐 매수인은 가처분의 당사자가 아니어서 가처분이의 등에 의하여 가처분등기를 말소할 수 있는 법률상의 지위에 있지 않고, 제3자가 한 가처분을 매도인의 매수인에 대한 소유권이전등기의무의 일부이행으로 평가할 수 없어 그 가처분등기를 말소하는 것이 매매계약 해제에 따른 매수인의 원상회복의무에 포함된다고 보기도 어려우므로, 위와 같은 가처분등기의 말소와 매도인의 대금반환의무는 동시이행의 관계에 있다고 할 수 없다(대판 2009.07.09. 2009다18526).

⑤ (○) 임차인의 임차보증금반환청구채권이 전부된 경우에도 채권의 동일성은 그대로 유지되는 것이어서 동시이행관계도 당연히 그대로 존속한다고 해석할 것이므로 임대차계약이 해지된 후에 임대인이 잔존임차보증금반환청구채권을 전부받은 자에게 그 채무를 현실적으로 이행하였거나 그 채무이행을 제공하였음에도 불구하고 임차인이 목적물을 명도하지 않음으로써 임차목적물반환채무가 이행지체에 빠지는 등의 사유로 동시이행의 항변권을 상실하게 되었다는 점에 관하여 임대인이 주장·입증을 하지 않은 이상 임차인의 목적물에 대한 점유는 동시이행의 항변권에 기한 것이어서 불법점유라고 볼 수 없다(대판 2002.07.26. 2001다68839).

정답 ③

제2관 위험부담

문 7

위험부담에 관한 다음 설명 중 가장 옳지 않은 것은? [2019년 29번]

① 민법 제538조(채권자귀책사유로 인한 이행불능) 제1항의 '채권자의 책임 있는 사유'란 채권자의 어떤 작위나 부작위가 채무자의 이행의 실현을 방해하고, 그 작위나 부작위를 채권자가 피할 수 있었다는 점에서 신의칙상 비난받을 수 있는 경우를 말한다.

② 부동산 매수인이 매매목적물에 설정된 근저당권의 피담보 채무에 관하여 그 이행을 인수한 경우, 매수인이 그 변제를 게을리하여 근저당권이 실행됨으로써 매도인이 매매목적물에 관한 소유권을 상실하였다면, 특별한 사정이 없는 한 이는 매수인에게 책임 있는 사유로 인하여 소유권이전등기의무가 이행불능으로 된 것으로 보아야 한다.

③ 영상물 제작공급계약상 수급인이 도급인과 협력하여 그 지시감독을 받으면서 영상물을 제작하여야 하는 경우, 도급인의 영상물제작에 대한 협력의 거부로 수급인이 독자적으로 성의껏 제작하여 납품한 영상물이 도급인의 의도에 부합되지 아니하게 되었다면, 이는 계약상 협력의무의 이행을 거부한 도급인의 귀책사유로 인한 것이므로 수급인은 약정대금 전부의 지급을 청구할 수 있다.

④ 쌍무계약에서 당사자 쌍방의 귀책사유 없이 채무가 이행불능된 경우 채무자는 급부의무를 면함과 더불어 반대급부도 청구하지 못하므로, 경매절차가 진행되어 매각허가결정이 확정되었으나 매각대금이 완납되기 전에 경매목적물의 소유자와 매수인의 책임으로 돌릴 수 없는 사유로 경매목적물의 일부가 멸실된 경우, 매수인이 나머지 부분이라도 매수할 의사가 있어서 경매법원에 대하여 매각대금의 감액을 신청하여 왔더라도 경매법원으로서는 그 감액결정을 허용할 수는 없다.

⑤ 사용자의 귀책사유로 인하여 해고된 근로자가 해고기간 중에 다른 직장에서 근무하여 지급받은 임금은 민법 제538조제2항의 '자기의 채무를 면함으로써 얻은 이익'에 해당하므로, 사용자는 근로자에게 해고기간 중의 임금을 지급함에 있어 위와 같은 이익(중간수입)을 공제할 수 있으나, 근로자가 지급받을 수 있는 임금액 중 근로기준법 소정의 휴업수당의 범위 내의 금액은 중간수입으로 공제할 수 없다.

> **MGI Point 위험부담** ★★
>
> ■ 민법 제538조 1항 1문의 책임 있는 사유
>   • 채권자의 작위나 부작위가 채무자의 이행 실현을 방해하고 그 작위나 부작위는 채권자가 이를 피할 수 있었다는 점에서 신의칙상 비난받을 수 있는 경우
> ■ 부동산 매수인이 매매목적물에 설정된 근저당권의 피담보채무를 이행인수한 뒤 그 변제를 게을리하여 근저당권이 실행됨으로써 매도인이 매매목적물에 대한 소유권을 상실할 경우 ⇨ 매수인에게 책임 있는 사유로 인하여 소유권이전등기의무가 이행불능으로 된 경우에 해당하고 매도인에게 과실 ×
> ■ 민법 제538조 제1항 ⇨ 위험부담 내지 하자담보책임의 이론을 적용하여 그 감액결정을 허용
> ■ 도급인의 영상물제작에 대한 협력의 거부 ⇨ 수급인은 약정대금 전부의 지급을 청구 可
> ■ 민법 제538조 제2항 ⇨ 휴업수당 불포함

① (○) 민법 제538조 제1항은 쌍무계약의 위험부담에 관한 채무자주의 원칙의 예외로서 "쌍무계약의 당사자 일방의 채무가 채권자의 책임 있는 사유로 이행할 수 없게 된 때에는 채무자는 상대방의 이행을 청구할 수

있다."고 규정하고 있다. 여기에서 '채권자의 책임 있는 사유'란 채권자의 어떤 작위나 부작위가 채무자의 이행의 실현을 방해하고 그 작위나 부작위는 채권자가 이를 피할 수 있었다는 점에서 신의칙상 비난받을 수 있는 경우를 의미한다(대판 2014.11.27. 2013다94701).
② (○) 매수인이 매매목적물에 관한 근저당권의 피담보채무에 관하여 그 이행을 인수한 경우, 채권자에 대한 관계에서는 매도인이 여전히 채무를 부담한다고 하더라도, 매도인과 매수인 사이에서는 매수인에게 위 피담보채무를 변제할 책임이 있다고 할 것이므로, 매수인이 그 변제를 게을리하여 근저당권이 실행됨으로써 매도인이 매매목적물에 관한 소유권을 상실하였다면, 특별한 사정이 없는 한, 이는 매수인에게 책임 있는 사유로 인하여 소유권이전등기의무가 이행불능으로 된 경우에 해당하고, 거기에 매도인의 과실이 있다고 할 수는 없다(대판 2008.08.21. 2007다8464).
③ (○) 영상물 제작공급계약상 수급인의 채무가 도급인과 협력하여 그 지시감독을 받으면서 영상물을 제작하여야 하므로 도급인의 협력 없이는 완전한 이행이 불가능한 채무이고, 한편 그 계약의 성질상 수급인이 일정한 기간 내에 채무를 이행하지 아니하면 계약의 목적을 달성할 수 없는 정기행위인 사안에서, 도급인의 영상물제작에 대한 협력의 거부로 수급인이 독자적으로 성의껏 제작하여 납품한 영상물이 도급인의 의도에 부합되지 아니하게 됨으로써 결과적으로 도급인의 의도에 부합하는 영상물을 기한 내에 제작하여 납품하여야 할 수급인의 채무가 이행불능케 된 경우, 이는 계약상의 협력의무의 이행을 거부한 도급인의 귀책사유로 인한 것이므로 수급인은 약정대금 전부의 지급을 청구할 수 있다(대판 1996.07.09. 96다14364).
④ (X) 임의경매절차가 진행되어 그 매각허가결정이 확정되었는데 그 매각대금 지급기일이 지정되기 전에 그 매각목적물에 대한 소유자 내지 채무자 또는 그 매수인의 책임으로 돌릴 수 없는 사유로 말미암아 그 매각목적물의 일부가 멸실되었고 그 매수인이 나머지 부분이라도 매수할 의사가 있어서 경매법원에 대하여 그 매각대금의 감액신청을 하여 왔을 때에는 경매법원으로서는 민법상의 쌍무계약에 있어서의 위험부담 내지 하자담보책임의 이론을 적용하여 그 감액결정을 허용하는 것이 상당하다(대결 2004.12.24. 2003마1665).
⑤ (○) 부당하게 면직처분된 공무원이 임금 또는 손해배상을 청구하는 사안에서, 그 공무원이 면직기간 중 다른 직장에서 수입을 얻은 경우, 공무원이 지급받을 수 있었던 보수 중 근로기준법 제38조 소정의 휴업수당의 한도에서는 이를 이익공제의 대상으로 삼을 수 없고, 그 휴업수당을 초과하는 금액에서 중간수입을 공제하여야 한다(대판 1996.04.23. 94다446).

정답 ④

제3관 제3자를 위한 계약

문 26

채권자 겸 요약자를 甲으로, 채무자 겸 낙약자를 乙로, 제3자 겸 수익자를 丙으로 하는 제3자를 위한 계약에 관한 다음 설명 중 옳지 않은 것을 모두 고른 것은?[2023년 12번]

ㄱ. 제3자를 위한 계약에 있어서 乙의 丙에 대한 급부의 내용에는 제한이 없어 乙이 丙에 대하여 가지는 청구권을 행사하지 않도록 하는 것도 급부에 해당하고, 이 경우 丙은 乙의 청구에 대해 청구권불행사의 합의가 있었다는 항변권을 행사할 수 있다.
ㄴ. 제3자를 위한 계약에 있어서 수익의 의사표시를 한 丙은, 乙에게 직접 그 이행을 청구할 수는 있지만, 甲이 계약을 해제한 경우에는 비록 완성된 목적물의 하자로 인하여 손해를 입었다 하더라도 乙에게 그 손해배상을 청구할 수는 없다.
ㄷ. 제3자를 위한 계약을 한 경우 乙은 상당한 기간을 정하여 계약의 이익의 향수 여부의 확답

을 丙에게 최고할 수 있고, 乙이 그 기간 내에 확답을 받지 못한 때에는 丙이 수익을 거절한 것으로 본다.
ㄹ. 丙이 민법 제539조 제2항에 따라 수익의 의사표시를 함으로써 丙에게 권리가 확정적으로 귀속된 경우에는, 甲과 乙의 합의에 의하여 丙의 권리를 변경·소멸시킬 수 있음을 미리 유보하였거나, 丙의 동의가 있는 경우가 아니면 계약의 당사자인 甲과 乙은 丙의 권리를 변경·소멸시키지 못한다.

① ㄱ   ② ㄱ, ㄷ   ③ ㄴ
④ ㄴ, ㄹ   ⑤ ㄹ

MGI Point 제3자를 위한 계약 ★

- 제3자를 위한 계약에 있어서 낙약자의 제3자에 대한 급부의 내용 ⇨ 낙약자의 제3자에 대한 청구권 불행사도 급부에 해당
- 요약자가 계약을 해제한 경우에 수익자는 낙약자에게 자기가 입은 손해의 배상을 청구 可
- 낙약자는 제3자에게 이익의 향수 여부 최고 可, 기간 내 확답 받지 못한 경우 거절한 것으로 간주
- 요약자와 낙약자는 미리 유보했거나 수익자의 동의가 있지 않는 한 이미 수익의 의사표시를 한 제3자의 권리를 변경·소멸 不可

ㄱ. (○) 제3자를 위한 계약에 있어서 낙약자의 제3자에 대한 급부의 내용에는 제한이 없어 낙약자가 제3자에 대하여 가지는 청구권을 행사하지 않도록 하는 것도 급부에 해당하고, 이 경우 제3자는 낙약자의 청구에 대해 청구권불행사의 합의(부제소특약)가 있었다는 항변권을 행사할 수 있으며, 제3자를 위한 계약에 있어서의 제3자는 계약의 당사자는 아니지만 낙약자가 제3자에 대하여 직접 급부의무를 부담하게 되고, 그 급부의무의 기초에는 요약자와 제3자 사이의 원인관계(대가관계)가 존재한다는 점에서 제3자의 의사나 사정은 요약자를 통해 계약의 내용에 반영되어 있다고 보아야 할 것이므로 제3자를 위한 계약의 내용을 해석할 때에는 제3자의 의사나 사정도 고려하여야 할 것인바, 결국 이 사건 약정서나 각서의 내용을 해석함에 있어서는 피고가 계약의 당사자이거나 또는 제3자를 위한 계약에 있어서의 제3자이거나에 상관없이 그 의사나 사정을 고려하여야 할 것이다(대법원 2006. 1. 12. 2004다46922).

ㄴ. (X) 제3자를 위한 계약에 있어서 수익의 의사표시를 한 수익자는 낙약자에게 직접 그 이행을 청구할 수 있을 뿐만 아니라 요약자가 계약을 해제한 경우에는 낙약자에게 자기가 입은 손해의 배상을 청구할 수 있는 것이므로, 수익자가 완성된 목적물의 하자로 인하여 손해를 입었다면 수급인은 그 손해를 배상할 의무가 있다(대법원 1994. 8. 12. 선고 92다41559).

ㄷ. (○)

> 민법
> 제540조(채무자의 제삼자에 대한 최고권) 전조의 경우에 채무자는 상당한 기간을 정하여 계약의 이익의 향수여부의 확답을 제삼자에게 최고할 수 있다. 채무자가 그 기간내에 확답을 받지 못한 때에는 제삼자가 계약의 이익을 받을 것을 거절한 것으로 본다.

ㄹ. (○) 제3자를 위한 계약에 있어서, 제3자가 민법 제539조 제2항에 따라 수익의 의사표시를 함으로써 제3자에게 권리가 확정적으로 귀속된 경우에는, 요약자와 낙약자의 합의에 의하여 제3자의 권리를 변경·소멸시킬 수 있음을 미리 유보하였거나, 제3자의 동의가 있는 경우가 아니면 계약의 당사자인 요약자와 낙약자는 제3자의 권리를 변경·소멸시키지 못하고, 만일 계약의 당사자가 제3자의 권리를 임의로 변경·소멸시키는 행위를 한 경우 이는 제3자에 대하여 효력이 없다(대법원 2002. 1. 25. 2001다30285).

정답 ③

문 8

제3자를 위한 계약에 관한 다음 설명 중 옳은 것을 모두 고른 것은?(각 지문은 독립적이며, 다툼이 있는 경우 판례에 의함) [2016년 19번]

> ㄱ. 요약자나 낙약자는 제3자를 위한 계약이 통정허위표시로서 무효라는 이유로 선의의 수익자에게 대항하지 못한다.
> ㄴ. 당사자 일방이 계약을 해제한 때에는 각 당사자는 그 상대방에 대하여 원상회복의 의무가 있으나 제3자의 권리를 해하지 못한다고 할 때, 제3자를 위한 계약에서의 제3자는 여기의 제3자에 해당되지 않는다.
> ㄷ. 제3자를 위한 계약의 수익자라 하더라도 계약당사자가 아니므로 계약해제권은 행사할 수 없으나, 일단 계약이 해제된 이상 계약이행에 밀접한 이해관계인으로서 해제를 원인으로 한 원상회복청구권은 행사할 수 있다고 보아야 한다.
> ㄹ. 제3자를 위한 계약에 있어서 낙약자의 제3자에 대한 급부의 내용에는 제한이 없기 때문에, 낙약자가 제3자에 대하여 가지는 청구권을 행사하지 않도록 하는 것도 급부에 해당한다.
> ㅁ. 계약의 당사자가 제3자에 대하여 가지는 채권에 관하여 그 채무를 면제하기로 하는 약정은 제3자를 위한 계약에 준하는 것으로서 유효하다.
> ㅂ. 낙약자는 요약자와 수익자 사이의 법률관계에 기한 항변으로 수익자에게 대항할 수 없으나, 요약자는 자신과 수익자와의 관계인 대가관계의 부존재나 효력의 상실을 이유로 자신의 기본관계에 기하여 낙약자에게 부담하는 채무의 이행을 거부할 수 있다고 보아야 한다.

① ㄱ, ㄴ, ㄹ   ② ㄱ, ㄹ, ㅂ   ③ ㄴ, ㄹ, ㅁ
④ ㄴ, ㄷ, ㅂ   ⑤ ㄴ, ㄹ, ㅂ

해설

ㄱ (X) 민법 제108조 제2항에서 말하는 제3자는 허위표시의 당사자와 그의 포괄승계인 이외의 자 모두를 가리키는 것이 아니고 그 가운데서 허위표시행위를 기초로 하여 새로운 이해관계를 맺은 자를 한정해서 가리키는 것으로 새겨야 할 것인바(대판 1983.01.18. 82다594), 제3자를 위한 계약에서의 수익자(제3자)는 새로운 법률상 이해관계인이 아니기 때문에 계약이 허위표시여서 무효인 경우에 보호되는 선의의 제3자에 해당하지 않는다.

ㄴ (O) 민법 제548조 제1항 단서의 제3자란 그 해제된 계약으로부터 생긴 법률효과를 기초로 하여 해제 전에 새로운 이해관계를 가졌을 뿐 아니라 등기, 인도 등으로 완전한 권리를 취득한 자를 말하므로(대판 2007.12.27. 2006다60229) 제3자를 위한 계약에서의 제3자(수익자)는 새로운 이해관계를 가진 자가 아니므로, 민법 제548조 제1항 단서의 제3자에 해당되지 않는다.

ㄷ (X) 제3자를 위한 계약의 당사자가 아닌 수익자는 계약의 해제권이나 해제를 원인으로 한 원상회복청구권이 있다고 볼 수 없다(대판 1994.08.12. 92다41559).

ㄹ (O) 제3자를 위한 계약에 있어서 낙약자의 제3자에 대한 급부의 내용에는 제한이 없어 낙약자가 제3자에 대하여 가지는 청구권을 행사하지 않도록 하는 것도 급부에 해당하고, 이 경우 제3자는 낙약자의 청구에 대해 청구권불행사의 합의(부제소특약)가 있었다는 항변권을 행사할 수 있다(대판 2006.01.12. 2004다46922).

ㅁ (O) 제3자를 위한 계약이 성립하기 위하여는 일반적으로 그 계약의 당사자가 아닌 제3자로 하여금 직접 권리를 취득하게 하는 조항이 있어야 할 것이지만, 계약의 당사자가 제3자에 대하여 가진 채권에 관하여 그 채무를 면제하는 계약도 제3자를 위한 계약에 준하는 것으로서 유효하다(대판 2004.09.03. 2002다37405).

ⓗ (X) 제3자를 위한 계약의 체결 원인이 된 요약자와 제3자(수익자) 사이의 법률관계(이른바 대가관계)의 효력은 제3자를 위한 계약 자체는 물론 그에 기한 요약자와 낙약자 사이의 법률관계(이른바 기본관계)의 성립이나 효력에 영향을 미치지 아니하므로 낙약자는 요약자와 수익자 사이의 법률관계에 기한 항변으로 수익자에게 대항하지 못하고, 요약자도 대가관계의 부존재나 효력의 상실을 이유로 자신이 기본관계에 기하여 낙약자에게 부담하는 채무의 이행을 거부할 수 없다(대판 2003.12.11. 2003다49771).

정답 ③

문 9

다음 설명 중 가장 옳지 않은 것은? [2021년 10번]

① 계약을 체결하는 행위자가 타인의 이름으로 법률행위를 한 경우에 행위자 또는 명의인 가운데 누구를 계약의 당사자로 볼 것인가에 관하여는, 우선 행위자와 상대방의 의사가 일치한 경우에는 그 일치한 의사대로 행위자 또는 명의인을 계약의 당사자로 확정해야 하고, 행위자와 상대방의 의사가 일치하지 않는 경우에는 그 계약의 성질·내용·목적·체결 경위 등 그 계약 체결 전후의 구체적인 제반 사정을 토대로 상대방이 합리적인 사람이라면 행위자와 명의자 중 누구를 계약 당사자로 이해할 것인가에 의하여 당사자를 결정하여야 한다. 그러므로 일방 당사자가 대리인을 통하여 계약을 체결하는 경우에 있어서 계약의 상대방이 대리인을 통하여 본인과 사이에 계약을 체결하려는 데 의사가 일치하였다면 대리인의 대리권 존부 문제와는 무관하게 상대방과 본인이 그 계약의 당사자이다.

② 근저당권은 채권담보를 위한 것이므로 원칙적으로 채권자와 근저당권자는 동일인이 되어야 하지만, 제3자를 근저당권 명의인으로 하는 근저당권을 설정하는 경우 그 점에 대하여 채권자와 채무자 및 제3자 사이에 합의가 있고, 채권양도, 제3자를 위한 계약, 불가분적 채권관계의 형성 등 방법으로 채권이 그 제3자에게 실질적으로 귀속되었다고 볼 수 있는 특별한 사정이 있는 경우에는 제3자 명의의 근저당권설정등기도 유효하다고 보아야 할 것이다.

③ 계약의 한쪽 당사자가 상대방의 지시 등으로 급부과정을 단축하여 상대방과 또 다른 계약관계를 맺고 있는 제3자에게 직접 급부를 하는 경우(이른바 삼각관계에서 급부가 이루어진 경우), 그 급부로써 급부를 한 계약당사자가 상대방에게 급부를 한 것일 뿐만 아니라 그 상대방이 제3자에게 급부를 한 것이다. 따라서 계약의 한쪽 당사자는 제3자를 상대로 법률상 원인 없이 급부를 수령하였다는 이유로 부당이득반환청구를 할 수 없다.

④ 어떤 사람이 타인을 통하여 부동산을 매수하면서 매수인 명의 및 소유권이전등기 명의를 타인 명의로 하기로 한 경우에, 매수인 및 등기 명의의 신탁관계는 그들 사이의 내부적인 관계에 불과하므로, 상대방이 명의신탁자를 매매당사자로 이해하였다고 하더라도 대외적으로는 계약명의자인 타인을 매매당사자로 보아야 한다.

⑤ 제3자를 위한 계약의 체결 원인이 된 요약자와 제3자(수익자) 사이의 법률관계(이른바 대가관계)의 효력은 제3자를 위한 계약 자체는 물론 그에 기한 요약자와 낙약자 사이의 법률관계(이른바 기본관계)의 성립이나 효력에 영향을 미치지 아니하므로 낙약자는 요약자와 수익자 사이의 법률관계에 기한 항변으로 수익자에게 대항하지 못하고, 요약자도 대가관계의 부존재나 효력의 상실을 이유로 자신이 기본관계에 기하여 낙약자에게 부담하는 채무의 이행을 거부할 수 없다.

> **MGI Point 종합문제** ★★
>
> - 일방 당사자가 대리인을 통하여 계약을 체결하는 경우에 있어서 계약의 상대방이 대리인을 통하여 본인과 사이에 계약을 체결하려는 데 의사가 일치한 경우 계약 당사자 ⇨ 상대방과 본인이 그 계약의 당사자 ○
> - 제3자 명의 근저당권설정등기의 효력 ⇨ 채권자와 채무자 및 제3자 사이 합의가 있고, 채권이 제3자에게 실질적으로 귀속되었다고 볼 수 있는 특별한 사정이 있는 경우에 한하여 제3자 명의의 근저당권설정등기 유효 ○
> - 계약의 한쪽 당사자가 상대방의 지시 등으로 상대방과 또 다른 계약관계에 있는 제3자에게 직접 급부한 경우 ⇨ 계약의 한쪽 당사자는 제3자를 상대로 법률상 원인 없이 급부를 수령하였다는 이유로 부당이득반환청구 불가
> - 타인 명의로 부동산을 매수하기로 하는 약정을 한 경우의 매매 당사자 ⇨ 타인이 원칙, 단 상대방이 명의신탁자를 매매당사자로 이해하였다는 등의 특별한 사정이 있는 경우는 예외
> - 제3자를 위한 계약에서 요약자와 제3자 사이 법률관계의 효력 ⇨ 요약자와 낙약자 사이의 법률관계에 영향 ×

① (○) [1] 계약을 체결하는 행위자가 타인의 이름으로 법률행위를 한 경우에 행위자 또는 명의인 가운데 누구를 계약의 당사자로 볼 것인가에 관하여는, 우선 행위자와 상대방의 의사가 일치한 경우에는 그 일치한 의사대로 행위자 또는 명의인을 계약의 당사자로 확정해야 하고, 행위자와 상대방의 의사가 일치하지 않는 경우에는 그 계약의 성질·내용·목적·체결 경위 등 그 계약 체결 전후의 구체적인 제반 사정을 토대로 상대방이 합리적인 사람이라면 행위자와 명의자 중 누구를 계약 당사자로 이해할 것인가에 의하여 당사자를 결정하여야 한다. [2] 일방 당사자가 대리인을 통하여 계약을 체결하는 경우에 있어서 계약의 상대방이 대리인을 통하여 본인과 사이에 계약을 체결하려는 데 의사가 일치하였다면 대리인의 대리권 존부 문제와는 무관하게 상대방과 본인이 그 계약의 당사자이다(대판 2003.12.12. 2003다44059).

② (○) 근저당권은 채권담보를 위한 것이므로 원칙적으로 채권자와 근저당권자는 동일인이 되어야 하고, 다만 제3자를 근저당권 명의인으로 하는 근저당권을 설정하는 경우 그 점에 관하여 채권자와 채무자 및 제3자 사이에 합의가 있고, 채권양도, 제3자를 위한 계약, 불가분적 채권관계의 형성 등 방법으로 채권이 그 제3자에게 실질적으로 귀속되었다고 볼 수 있는 특별한 사정이 있는 경우에 한하여 제3자 명의의 근저당권설정등기도 유효하다(대판 2007.01.11. 2006다50055).

③ (○) 계약의 한쪽 당사자가 상대방의 지시 등으로 급부과정을 단축하여 상대방과 또 다른 계약관계를 맺고 있는 제3자에게 직접 급부를 하는 경우(이른바 삼각관계에서 급부가 이루어진 경우), 그 급부로써 급부를 한 계약당사자가 상대방에게 급부를 한 것일 뿐만 아니라 그 상대방이 제3자에게 급부를 한 것이다. 따라서 계약의 한쪽 당사자는 제3자를 상대로 법률상 원인 없이 급부를 수령하였다는 이유로 부당이득반환청구를 할 수 없다. 이러한 경우에 계약의 한쪽 당사자가 상대방에게 급부를 한 원인관계인 법률관계에 무효 등의 흠이 있거나 그 계약이 해제되었다는 이유로 제3자를 상대로 직접 부당이득반환청구를 할 수 있다고 보면, 자기 책임 아래 체결된 계약에 따른 위험부담을 제3자에게 전가하는 것이 되어 계약법의 원리에 반하는 결과를 초래할 뿐만 아니라 수익자인 제3자가 상대방에 대하여 가지는 항변권 등을 침해하게 되어 부당하다(대판 2018.07.12. 2018다204992).

④ (X) 어떤 사람이 타인을 통하여 부동산을 매수하면서 매수인 명의 및 소유권이전등기 명의를 타인 명의로 하기로 한 경우에, 매수인 및 등기 명의의 신탁관계는 그들 사이의 내부적인 관계에 불과하므로, 상대방이 명의신탁자를 매매당사자로 이해하였다는 등의 특별한 사정이 없는 한 대외적으로는 계약명의자인 타인을 매매당사자로 보아야 하며, 설령 상대방이 명의신탁관계를 알고 있었더라도 상대방이 계약명의자인 타인이 아니라 명의신탁자에게 계약에 따른 법률효과를 직접 귀속시킬 의도로 계약을 체결하였다는 등의 특별한 사정이 인정되지 아니하는 한 마찬가지이다(대판 2016.07.22. 2016다207928).

⑤ (○) 제3자를 위한 계약의 체결 원인이 된 요약자와 제3자(수익자) 사이의 법률관계(이른바 대가관계)의 효력은 제3자를 위한 계약 자체는 물론 그에 기한 요약자와 낙약자 사이의 법률관계(이른바 기본관계)의 성립이나 효력에 영향을 미치지 아니하므로 낙약자는 요약자와 수익자 사이의 법률관계에 기한 항변으로 수익자에게 대항하지 못하고, 요약자도 대가관계의 부존재나 효력의 상실을 이유로 자신이 기본관계에 기하여 낙약자에게 부담하는 채무의 이행을 거부할 수 없다(대판 2003.12.11. 2003다49771).

정답 ④

제4절 ㅣ 계약의 해제와 해지

문 27

甲과 乙이 상호간에 체결했던 계약을 해제하는 경우에 관한 다음 설명 중 가장 옳은 것은?[2023년 9번]

① 甲과 乙간의 계약이 합의에 따라 해제되거나 해지된 경우에는 특별한 사정이 없는 한 채무불이행으로 인한 손해배상을 청구할 수 없으므로, 甲이 乙에게 손해배상을 하기로 특약하거나 손해배상 청구를 유보하는 의사표시가 있더라도 그러한 특약이나 의사에 따라 손해배상을 할 수는 없다.
② 甲이 소제기로써 계약해제권을 행사한 후 그 뒤 그 소송을 취하하였다면 소취하의 소급효에 의하여 처음부터 소가 제기되지 아니한 셈이므로 해제권도 처음부터 행사하지 않았던 것으로 본다.
③ 甲이 계약을 해제하여도 제3자의 권리를 침해할 수 없으므로, 토지를 매도하였다가 대금지급을 받지 못하여 그 매매계약을 해제한 경우에 있어 그 토지 위에 신축된 건물의 매수인은 위 계약해제로 권리를 침해당하지 않을 제3자에 해당한다.
④ 상가 분양회사인 甲이 수분양자인 乙에게 특정영업을 정하여 분양하였다면 지정업종에 대한 경업금지의무는 수분양자들에게만 적용되는 것이 아니라 甲에게도 적용되어 甲 역시 상가활성화를 저해하지 않는 범위 내에서만 다른 수분양자들의 업종변경을 승인할 의무가 있을 뿐 그 개점을 자유롭게 승인할 수 있는 것으로 해석할 수는 없다.
⑤ 계약해제의 효과로서의 원상회복의무를 규정한 민법 제548조 제1항 본문은 부당이득에 관한 특별 규정의 성격을 가진 것이라 할 것이어서, 그 이익 반환의 범위는 수익자의 부당이득 반환범위를 규정한 민법 제748조의 규정에 의한다.

MGI Point 계약의 해제   ★★

- 합의해제와 손해배상청구 ⇨ 원칙: 불가 BUT 특약이 있는 경우에는 가능
- 소제기로써 계약해제권을 행사한후 그 뒤 그 소송을 취하한 경우 ⇨ 해제권의 효력 영향×
- 토지매매계약이 해제된 경우에 그 토지 위에 신축된 건물의 매수인 ⇨ 보호되는 제3자×
- 상가 분양에서 지정업종에 대한 경업금지의무의 수범자 ⇨ 수분양자 뿐만 아니라 상가회사도 포함
- 계약해제의 효과로서의 원상회복의무의 내용 ⇨ 이익의 현존 여부, 선·악의 불문, 받은 이익의 전부

---

① (X) 계약이 합의에 따라 해제되거나 해지된 경우에는 특별한 사정이 없는 한 채무불이행으로 인한 손해배상을 청구할 수 없으나, 상대방에게 손해배상을 하기로 특약하거나 손해배상 청구를 유보하는 의사표시가 있으면 그러한 특약이나 의사에 따라 손해배상을 하여야 한다. 그와 같은 손해배상의 특약이 있었다거나 손해배상 청구를 유보하였다는 점은 이를 주장하는 당사자가 증명할 책임이 있다(대법원 2021. 3. 25. 선고 2020다285048).

② (X) 소제기로써 계약해제권을 행사한후 그 뒤 그 소송을 취하하였다 하여도 해제권은 형성권이므로 그 행사의 효력에는 아무런 영향을 미치지 아니한다(대법원 1982. 5. 11. 선고 80다916).

③ (X) 계약당사자의 일방이 계약을 해제하여도 제3자의 권리를 침해할 수 없지만, 여기에서 그 제3자는 계약의 목적물에 관하여 권리를 취득하고 또 이를 가지고 계약당사자에게 대항할 수 있는 자를 말하므로, 토지를 매도하였다가 대금지급을 받지 못하여 그 매매계약을 해제한 경우에 있어 그 토지 위에 신축된 건물의 매수인은 위 계약해제로 권리를 침해당하지 않을 제3자에 해당하지 아니한다(대법원 1991. 5. 28. 선고 90다카16761).

④ (○) 상가 분양회사가 수분양자에게 특정영업을 정하여 분양한 이유는 수분양자에게 그 업종을 독점적으로 운영하도록 보장함으로써 이를 통하여 분양을 활성화하기 위한 것이고, 수분양자들 역시 지정품목이 보장된다는 전제 아래 분양회사와 계약을 체결한 것이므로, 지정업종에 대한 경업금지의무는 수분양자들에게만 적용되는 것이 아니라 분양회사에게도 적용되어 분양회사 역시 상가활성화를 저해하지 않는 범위 내에서만 다른 수분양자들의 업종변경을 승인할 의무가 있을 뿐 그 개점을 자유롭게 승인할 수 있는 것으로 해석할 수는 없다고 한 원심의 판단을 수긍한 사례(대법원 2005. 7. 14. 선고 2004다67011).

⑤ (X) 계약 해제의 효과로서 원상회복의무를 규정하는 민법 제548조 제1항 본문은 부당이득에 관한 특별규정의 성격을 가지는 것으로서, 그 이익 반환의 범위는 이익의 현존 여부나 청구인의 선의·악의를 불문하고 특단의 사유가 없는 한 받은 이익의 전부이다().

정답 ④

문 10

다음 설명 중 옳지 않은 것은 모두 몇 개인가? [2022년 4번]

> ㄱ. 채권자의 이행최고가 본래 이행하여야 할 채무액을 초과하는 경우에도 본래 급부하여야 할 수량과의 차이가 비교적 적거나 채권자가 급부의 수량을 잘못 알고 과다한 최고를 한 것으로서 과다하게 최고한 진의가 본래의 급부를 청구하는 취지라면, 그 최고는 본래 급부하여야 할 수량의 범위 내에서 유효하다고 할 것이나, 그 과다한 정도가 현저하고 채권자가 청구한 금액을 제공하지 않으면 그것을 수령하지 않을 것이라는 의사가 분명한 경우에는 그 최고는 부적법하고 이러한 최고에 터 잡은 계약의 해제는 그 효력이 없다.
>
> ㄴ. 쌍무계약에서 쌍방의 채무가 동시이행관계에 있는 경우 일방의 채무의 이행기가 도래하더라도 상대방 채무의 이행제공이 있을 때까지는 그 채무를 이행하지 않아도 이행지체의 책임을 지지 않는 것이며, 이와 같은 효과는 이행지체의 책임이 없다고 주장하는 자가 반드시 동시이행의 항변권을 행사하여야만 발생하는 것은 아니다. 따라서 동시이행관계에 있는 쌍무계약상 자기채무의 이행을 제공하는 경우 그 채무를 이행함에 있어 상대방의 행위를 필요로 할 때에는 언제든지 현실로 이행을 할 수 있는 준비를 완료하고 그 뜻을 상대방에게 통지하여 그 수령을 최고하여야만 상대방으로 하여금 이행지체에 빠지게 할 수 있다.
>
> ㄷ. 매도인이 위약시에는 계약금의 배액을 배상하고 매수인이 위약시에는 지급한 계약금을 매도인이 취득하고 계약은 자동적으로 해제된다는 조항은 위약 당사자가 상대방에 대하여 계약금을 포기하거나 그 배액을 배상하여 계약을 해제할 수 있다는 해제권 유보조항이라 할 것이고 최고나 통지없이 해제할 수 있다는 특약이라고 볼 수 없다.
>
> ㄹ. 동업계약과 같은 조합계약에 있어서는 조합의 해산청구를 하거나 조합으로부터 탈퇴를 하거나 또는 다른 조합원을 제명할 수 있을 뿐이지 일반계약에 있어서처럼 조합계약을 해제 또는 해지하고 상대방에게 그로 인한 원상회복의 의무를 부담지울 수는 없다.
>
> ㅁ. 민법 제547조 제1항은 "당사자의 일방 또는 쌍방이 수인인 경우에는 계약의 해지나 해제는 그 전원으로부터 또는 전원에 대하여 하여야 한다."라고 규정하고 있으므로, 여러 사람이 공동임대인으로서 임차인과 하나의 임대차계약을 체결한 경우에는 민법 제547조 제1항의 적

용을 배제하는 특약이 있다는 등의 특별한 사정이 없는 한 공동임대인 전원의 해지의 의사표시에 따라 임대차계약 전부를 해지하여야 한다. 이러한 법리는 임대차계약의 체결 당시부터 공동임대인이었던 경우뿐만 아니라 임대차목적물 중 일부가 양도되어 그에 관한 임대인의 지위가 승계됨으로써 공동임대인으로 되는 경우에도 마찬가지로 적용된다.

① 없음 ② 1개 ③ 2개 ④ 3개 ⑤ 4개

MGI Point 해제 ★★★

- 과다최고 ⇨ 차이가 비교적 적거나 과다하게 최고한 진의가 본래의 급부를 청구하는 취지인 경우 ⇨ 적법
- 과다최고 ⇨ 과다한 정도가 현저한 경우 ⇨ 부적법
- 동시이행항변권의 존재효 ⇨ 동시이행항변권의 행사 不要
- 매도인이 위약시에는 계약금의 배액을 배상하고 매수인이 위약시에는 지급한 계약금을 매도인이 취득하고 계약은 자동적으로 해제된다는 조항 ⇨ 최고나 통지없이 해제할 수 있다는 특약 ×
- 동업계약 ⇨ 조합계약 해제 또는 해지 不可
- 민법 제547조 제1항 ⇨ 임대인의 지위가 승계됨으로써 공동임대인으로 되는 경우에도 적용됨

ㄱ. (○) 채권자의 이행최고가 본래 이행하여야 할 채무액을 초과하는 경우에도 본래 급부하여야 할 수량과의 차이가 비교적 적거나 채권자가 급부의 수량을 잘못 알고 과다한 최고를 한 것으로서 과다하게 최고한 진의가 본래의 급부를 청구하는 취지라면, 그 최고는 본래 급부하여야 할 수량의 범위 내에서 유효하다고 할 것이나, 그 과다한 정도가 현저하고 채권자가 청구한 금액을 제공하지 않으면 그것을 수령하지 않을 것이라는 의사가 분명한 경우에는 그 최고는 부적법하고 이러한 최고에 터잡은 계약의 해제는 그 효력이 없다(대판 2004.07.09. 2004다13083).

ㄴ. (○) 쌍무계약에서 쌍방의 채무가 동시이행관계에 있는 경우 일방의 채무의 이행기가 도래하더라도 상대방 채무의 이행제공이 있을 때까지는 그 채무를 이행하지 않아도 이행지체의 책임을 지지 않는 것이며, 이와 같은 효과는 이행지체의 책임이 없다고 주장하는 자가 반드시 동시이행의 항변권을 행사하여야만 발생하는 것은 아니므로, 동시이행관계에 있는 쌍무계약상 자기채무의 이행을 제공하는 경우 그 채무를 이행함에 있어 상대방의 행위를 필요로 할 때에는 언제든지 현실로 이행을 할 수 있는 준비를 완료하고 그 뜻을 상대방에게 통지하여 그 수령을 최고하여야만 상대방으로 하여금 이행지체에 빠지게 할 수 있는 것이다(대판 2001.07.10. 2001다3764).

ㄷ. (○) 매도인이 위약시에는 계약금의 배액을 배상하고 매수인이 위약시에는 지급한 계약금을 매도인이 취득하고 계약은 자동적으로 해제된다는 조항은 위약 당사자가 상대방에 대하여 계약금을 포기하거나 그 배액을 배상하여 계약을 해제할 수 있다는 해제권 유보조항이라 할 것이고 최고나 통지없이 해제할 수 있다는 특약이라고 볼 수 없다(대판 1982.04.27. 80다851).

ㄹ. (○) 동업계약과 같은 조합계약에 있어서는 조합의 해산청구를 하거나 조합으로부터 탈퇴를 하거나 또는 다른 조합원을 제명할 수 있을 뿐이지 일반계약에 있어서처럼 조합계약을 해제하고 상대방에게 그로 인한 원상회복의 의무를 부담지울 수는 없다(대판 1994.05.13. 94다7157).

ㅁ. (○) 민법 제547조 제1항은 "당사자의 일방 또는 쌍방이 수인인 경우에는 계약의 해지나 해제는 그 전원으로부터 또는 전원에 대하여 하여야 한다."라고 규정하고 있으므로, 여러 사람이 공동임대인으로서 임차인과 하나의 임대차계약을 체결한 경우에는 민법 제547조 제1항의 적용을 배제하는 특약이 있다는 등의 특별한 사정이 없는 한 공동임대인 전원의 해지의 의사표시에 따라 임대차계약 전부를 해지하여야 한다. 이러한 법리

는 임대차계약의 체결 당시부터 공동임대인이었던 경우뿐만 아니라 임대차목적물 중 일부가 양도되어 그에 관한 임대인의 지위가 승계됨으로써 공동임대인으로 되는 경우에도 마찬가지로 적용된다(대판 2015.10.29. 2012다5537).

정답 ①

문 11

아래의 보기에서 민법 제548조 제1항 단서에 따라 계약의 해제로부터 보호받는 자를 모두 고른 것은? [2021년 21번]

[보기]
- 토지 매매계약이 해제되기 전에 매매목적물인 토지 위에 매수인이 신축한 건물을 매수하고 건물에 대한 소유권이전등기를 마친 甲
- 미등기 무허가건물에 관한 매매계약이 해제되기 전에 매수인으로부터 무허가건물을 다시 매수하고 무허가건물관리대장에 소유자로 등재된 乙
- 매매계약이 해제되기 전에 매도인으로부터 매매대금채권을 양수받아 채권양도의 대항요건을 갖춘 丙
- 토지 매매계약에 기하여 매수인 앞으로 소유권이전등기가 되자 매수인에 대한 금전채권을 보전하기 위하여 토지에 대한 가압류결정을 받아 가압류등기를 마친 丁
- 주택을 분양받아 소유권이전등기를 마친 수분양자로부터 분양계약의 해제 이전에 주택을 임차하여 주택의 인도와 전입신고를 한 戊

① 丁
② 甲, 戊
③ 乙, 丁
④ 丁, 戊
⑤ 丙, 丁, 戊

MGI Point 민법 제548조 제1항 단서의 제삼자 ★★

- 민법 제548조 제1항 단서의 '제3자'에 해당하지 않는 경우
  - 토지 매도인이 그 매매계약을 해제한 경우 그 토지 위에 신축된 건물의 매수인
  - 미등기 무허가건물에 관한 매매계약이 해제되기 전 매수인으로부터 무허가건물을 다시 매수하고 무허가건물관리대장에 소유자로 등재된 자
  - 계약상의 채권을 양수하거나 그 채권 자체를 압류 또는 전부한 채권자
- 민법 제548조 제1항 단서의 '제3자'에 해당하는 경우
  - 해제된 매매계약에 의하여 채무자의 책임재산이 된 부동산을 가압류 집행한 가압류채권자
  - 주택을 분양받아 소유권이전등기를 마친 수분양자로부터 분양계약의 해제 이전에 주택을 임차하여 주택의 인도와 전입신고를 한 임차인

甲. (X) 계약당사자의 일방이 계약을 해제하여도 제3자의 권리를 침해할 수 없지만, 여기에서 그 제3자는 계약의 목적물에 관하여 권리를 취득하고 또 이를 가지고 계약당사자에게 대항할 수 있는 자를 말하므로, 토지를 매도하였다가 대금지급을 받지 못하여 그 매매계약을 해제한 경우에 있어 그 토지 위에 신축된 건물의 매수인은 위 계약해제로 권리를 침해당하지 않을 제3자에 해당하지 아니한다(대판 1991.05.28. 90다카16761).

乙. (X) 무허가건물관리대장은 무허가건물에 관한 관리의 편의를 위하여 작성된 것일 뿐 그에 관한 권리관계를 공시할 목적으로 작성된 것이 아니므로 무허가건물관리대장에 소유자로 등재되었다는 사실만으로는 무허가 건물에 관한 소유권 기타의 권리를 취득하는 효력이 없다. 따라서 미등기 무허가건물에 관한 매매계약이 해제되기 전에 매수인으로부터 해당 무허가건물을 다시 매수하고 무허가건물관리대장에 소유자로 등재되었다고 하더라도 건물에 관하여 완전한 권리를 취득한 것으로 볼 수 없으므로 민법 제548조 제1항 단서에서 규정하는 제3자에 해당한다고 할 수 없다(대판 2014.02.13. 2011다64782).

> 민법 제548조(해제의 효과, 원상회복의무) ① 당사자 일방이 계약을 해제한 때에는 각 당사자는 그 상대방에 대하여 원상회복의 의무가 있다. 그러나 제삼자의 권리를 해하지 못한다.

丙. (X) 민법 제548조 제1항 단서에서 말하는 제3자란 일반적으로 그 해제된 계약으로부터 생긴 법률효과를 기초로 하여 해제 전에 새로운 이해관계를 가졌을 뿐 아니라 등기, 인도 등으로 완전한 권리를 취득한 자를 말하므로 계약상의 채권을 양수한 자나 그 채권 자체를 압류 또는 전부한 채권자는 여기서 말하는 제3자에 해당하지 아니한다(대판 2000.04.11. 99다51685).

丁. (○) 민법 제548조 제1항 단서에서 말하는 제3자란 일반적으로 그 해제된 계약으로부터 생긴 법률효과를 기초로 하여 해제 전에 새로운 이해관계를 가졌을 뿐 아니라 등기, 인도 등으로 완전한 권리를 취득한 자를 말하는 것인데, 해제된 매매계약에 의하여 채무자의 책임재산이 된 부동산을 가압류 집행한 가압류채권자도 원칙상 위 조항 단서에서 말하는 제3자에 포함된다(대판 2005.01.14. 2003다33004).

戊. (○) 매매계약의 이행으로 매매목적물을 인도받은 매수인은 그 물건을 사용·수익할 수 있는 지위에서 그 물건을 타인에게 적법하게 임대할 수 있으며, 이러한 지위에 있는 매수인으로부터 매매계약이 해제되기 전에 매매목적물인 주택을 임차하여 주택의 인도와 주민등록을 마침으로써 주택임대차보호법 제3조 제1항에 의한 대항요건을 갖춘 임차인은 민법 제548조 제1항 단서에 따라 계약해제로 인하여 권리를 침해받지 않는 제3자에 해당하므로 임대인의 임대권원의 바탕이 되는 계약의 해제에도 불구하고 자신의 임차권을 새로운 소유자에게 대항할 수 있다. … 아파트 수분양자가 분양자로부터 열쇠를 교부받아 임차인을 입주케 하고 임차인이 주택임대차보호법상 대항력을 갖춘 후, 수분양자가 분양계약상 아파트 입주를 위하여 요구되는 의무를 다하지 못하여 분양계약이 해제되어 수분양자가 주택의 소유권을 취득하지 못한 사안에서, 임차인은 아파트 소유자인 분양자에 대하여 임차권으로 대항할 수 있다(대판 2008.04.10. 2007다38908).

정답 ④

문 12

계약의 해제에 관한 다음 설명 중 옳지 않은 것은 모두 몇 개인가? [2020년 28번]

> ㄱ. 甲이 乙과 사이에 X 토지를 乙에게 매도하는 계약을 체결하고 계약금과 중도금만 지급받은 상태에서 乙에게 소유권이전등기를 먼저 해 주었으나, 乙이 잔대금을 지급하지 않아 甲이 위 매매계약을 적법하게 해제하였다. 이후 X 토지에 대한 원상회복등기가 마쳐지기 전 丙 앞으로 X 토지에 관한 근저당권설정등기가 이루어진 경우, 甲은 丙이 근저당권설정 당시 甲의 해제권행사 사실을 알았더라도 丙에 대하여 근저당권설정등기의 말소를 청구할 수 없다.
>
> ㄴ. 매매계약의 일방 당사자가 사망하였고, 그에게 여러 명의 상속인이 있는 경우, 그 상속인들이 위 계약을 해제하려면, 특별한 사정이 없는 한 상속인들 전원이 해제의 의사표시를 하여야 한다.
>
> ㄷ. 미등기 무허가건물에 관한 매매계약이 해제되기 전에 매수인으로부터 무허가건물을 다시 매

수하고 무허가건물관리대장에 소유자로 등재된 자는 민법 제548조 제1항 단서에서 말하는 제3자에 해당하지 않는다.
ㄹ. 계약상의 채권을 양수한 자나 그 채권 자체를 압류 또는 전부한 채권자는 민법 제548조 제1항 단서에서 말하는 제3자에 해당하지 않는다.
ㅁ. 甲이 그 소유건물을 乙에게 매각하는 계약을 체결하고, 乙은 그 건물의 일부를 丙에게 분양하는 계약을 체결하였는데, 丙은 분양대금의 일부를 乙의 지시에 따라 甲에게 송금하였다. 乙이 甲에게 매매대금을 지급하지 못하여 丙이 건물을 분양받지 못하자 丙이 乙과의 분양계약을 해제한 경우, 丙은 직접 甲을 상대로 분양대금의 반환을 구할 수는 없다.
ㅂ. 매매계약의 당사자 사이에 계약해제로 인한 원상회복의무로서 반환할 매매대금에 가산할 이자를 약정하였고 그 약정이율이 법정이율보다 낮은 경우, 위 매매대금 반환의무의 이행지체로 인한 지연손해금에 관하여도 위 약정이율이 적용되어야 한다.

① 1개   ② 2개   ③ 3개
④ 4개   ⑤ 5개

MGI Point　계약의 해제　★★

- 민법 제548조 제1항 단서에서 말하는 제3자
  - 계약해제 後 원상회복 前 이해관계를 가진 제3자가 '善意'인 경우 ○
  - 매매계약이 해제되기 전에 매수인으로부터 무허가건물을 다시 매수하고 무허가건물관리대장에 소유자로 등재된 자 ×
  - 계약상의 채권을 양수한 자 ×, 그 채권 자체를 압류 또는 전부한 채권자 ×
- 매매계약의 일방 당사자가 사망하여 여러 명의 상속인이 있는 경우, 상속인들이 계약을 해제하기 위한 요건 ⇨ 특별한 사정이 없는 한, 상속인들 전원 해제의 의사표시 要
- 계약의 일방당사자가 계약상대방의 지시 등으로 급부과정을 단축하여 계약상대방과 또 다른 계약관계를 맺고 있는 제3자에게 직접 급부한 경우 ⇨ 제3자를 상대로 부당이득반환청구 ×
- 계약해제 시 반환할 금전에 가산할 이자에 관하여 당사자 사이에 약정이 있는 경우 ⇨ 약정이율이 법정이율보다 낮은 경우, 법정이율에 의한 지연손해금을 청구 可

ㄱ. (X) 계약해제시 계약은 소급하여 소멸하게 되어 해약당사자는 각 원상회복의 의무를 부담하게 되나 이 경우 계약해제로 인한 원상회복등기 등이 이루어지기 이전에 해약당사자와 양립되지 아니하는 법률관계를 가지게 되었고 계약해제 사실을 몰랐던 제3자에 대하여는 계약해제를 주장할 수 없고, 이 경우 제3자가 악의라는 사실의 주장·입증책임은 계약해제를 주장하는 자에게 있다(대판 2005.06.09. 2005다6341).

ㄴ. (○) 민법 제547조 제1항은 '당사자의 일방 또는 쌍방이 수인인 경우에는 계약의 해지나 해제는 그 전원으로부터 또는 전원에 대하여 하여야 한다'고 규정하고 있다. 따라서 매매계약의 일방 당사자가 사망하였고 그에게 여러 명의 상속인이 있는 경우에 그 상속인들이 위 계약을 해제하려면, 상대방과 사이에 다른 내용의 특약이 있다는 등의 특별한 사정이 없는 한, 상속인들 전원이 해제의 의사표시를 하여야 한다(대판 2013.11.28. 2013다22812).

ㄷ. (○) 민법 제548조 제1항 단서에서 규정하는 제3자라 함은 해제된 계약으로부터 생긴 법률적 효과를 기초로 하여 새로운 이해관계를 가졌을 뿐 아니라 등기·인도 등으로 완전한 권리를 취득한 사람을 지칭하는 것이다. 그런데 미등기 무허가건물의 매수인은 소유권이전등기를 마치지 않는 한 건물의 소유권을 취득할 수 없고, 소유권에 준하는 관습상의 물권이 있다고도 할 수 없으며, 현행법상 사실상의 소유권이라고 하는 포괄적인 권리 또는 법률상의 지위를 인정하기도 어렵다. 또한, 무허가건물관리대장은 무허가건물에 관한 관리의 편의를 위하여 작성된 것일 뿐 그에 관한 권리관계를 공시할 목적으로 작성된 것이 아니므로 무허가건물관리

대장에 소유자로 등재되었다는 사실만으로는 무허가건물에 관한 소유권 기타의 권리를 취득하는 효력이 없다. 따라서 미등기 무허가건물에 관한 매매계약이 해제되기 전에 매수인으로부터 해당 무허가건물을 다시 매수하고 무허가건물관리대장에 소유자로 등재되었다고 하더라도 건물에 관하여 완전한 권리를 취득한 것으로 볼 수 없으므로 민법 제548조 제1항 단서에서 규정하는 제3자에 해당한다고 할 수 없다(대판 2014.02. 13. 2011다64782).

ㄹ. (○) 계약이 해제되는 경우 민법 제548조 제1항 단서에서 말하는 제3자란 일반적으로 그 해제된 계약으로부터 생긴 법률효과를 기초로 하여 해제 전에 새로운 이해관계를 가졌을 뿐 아니라 등기, 인도 등으로 완전한 권리를 취득한 자를 말하므로 계약상의 채권을 양수한 자나 그 채권 자체를 압류 또는 전부한 채권자는 여기서 말하는 제3자에 해당하지 아니한다(대판 2000.04.11. 99다51685).

ㅁ. (○) 계약의 일방당사자가 계약상대방의 지시 등으로 급부과정을 단축하여 계약상대방과 또 다른 계약관계를 맺고 있는 제3자에게 직접 급부한 경우(이른바 삼각관계에서의 급부가 이루어진 경우), 그 급부로써 급부를 한 계약당사자의 상대방에 대한 급부가 이루어질 뿐 아니라 상대방의 제3자에 대한 급부도 이루어지는 것이므로 계약의 일방당사자는 제3자를 상대로 하여 법률상 원인 없이 급부를 수령하였다는 이유로 부당이득반환청구를 할 수 없다. 이러한 경우에 계약의 일방당사자가 계약상대방에 대하여 급부를 한 원인관계인 법률관계에 무효 등의 흠이 있거나 계약이 해제되었다는 이유로 제3자를 상대로 하여 직접 부당이득반환청구를 할 수 있다고 보면 자기 책임 아래 체결된 계약에 따른 위험부담을 제3자에게 전가하는 것이 되어 계약법의 원리에 반하는 결과를 초래할 뿐만 아니라 수익자인 제3자가 계약상대방에 대하여 가지는 항변권 등을 침해하게 되어 부당하다(대판 2017.07.11. 2013다55447). ▶ 甲 주식회사가 乙 등과 상가 분양계약을 체결할 당시 丙 주식회사와 체결한 분양관리신탁계약 및 대리사무계약에 따라 분양대금채권을 丙 회사에 양도하였고, 乙 등이 이를 승낙하여 분양대금을 전부 丙 회사의 계좌로 납입하였는데, 그 후 乙 등이 甲 회사와 丙 회사를 상대로 분양계약 해제로 인한 원상회복 또는 분양계약 취소로 인한 부당이득반환으로 乙 등이 납부한 분양대금 등의 지급을 구한 사안에서, 乙 등이 분양계약에 따라 丙 회사 명의의 계좌에 분양대금을 입금한 것은 이른바 '단축급부'에 해당하고, 이러한 경우 丙 회사는 甲 회사와의 분양관리신탁계약 및 대리사무계약에 따른 변제로서 정당하게 분양대금을 수령한 것이므로, 乙 등이 丙 회사를 상대로 법률상 원인 없이 급부를 수령하였다는 이유로 원상회복청구나 부당이득반환청구를 할 수 없다고 한 사례.

ㅂ. (X) 계약해제 시 반환할 금전에 가산할 이자에 관하여 당사자 사이에 약정이 있는 경우에는 특별한 사정이 없는 한 이행지체로 인한 지연손해금도 그 약정이율에 의하기로 하였다고 보는 것이 당사자의 의사에 부합한다. 다만 그 약정이율이 법정이율보다 낮은 경우에는 약정이율에 의하지 아니하고 법정이율에 의한 지연손해금을 청구할 수 있다고 봄이 타당하다. 계약해제로 인한 원상회복 시 반환할 금전에 받은 날로부터 가산할 이자의 지급의무를 면제하는 약정이 있는 때에도 그 금전반환의무가 이행지체 상태에 빠진 경우에는 법정이율에 의한 지연손해금을 청구할 수 있는 점과 비교해 볼 때 그렇게 보는 것이 논리와 형평의 원리에 맞기 때문이다(대판 2013.04.26. 2011다50509).

정답 ②

문 13

계약의 해제, 해지에 관한 다음 설명 중 옳은 것을 모두 고른 것은? [2019년 25번]

ㄱ. 경제상황 등의 변동으로 당사자에게 손해가 생기더라도 합리적인 사람의 입장에서 사정변경을 예견할 수 있었다면 사정변경을 이유로 계약을 해제할 수 없다.
ㄴ. 타인의 권리의 매매의 경우에 매도인이 그 권리를 취득하여 매수인에게 이전할 수 없는 때에는 매수인은 계약을 해제할 수 있는데(민법 제570조), 위 규정에 따라 매매계약이 해제되는

경우에도 일반적인 해제와 마찬가지로 매도인은 매수인에게 매매대금과 그 받은 날부터의 이자를 반환할 의무를 부담하고, 매수인 역시 특별한 사정이 없는 한 매도인에게 목적물과 그 사용이익을 반환할 의무를 부담한다.

ㄷ. 채무불이행을 이유로 계약을 해제하거나 해지하고 손해배상을 청구하는 경우, 채권자가 계약의 이행으로 얻을 수 있는 이익이 인정되지 않는 경우라면 그 대신에 계약이 이행되리라고 믿고 지출한 비용의 배상을 청구할 수 있다.

ㄹ. 계약 상대방의 채무불이행을 이유로 한 계약의 해지 또는 해제는 손해배상의 청구에 영향을 미치지 아니하지만, 다른 특별한 사정이 없는 한 상대방에게 고의 또는 과실이 없을 때에는 배상책임을 지지 아니한다.

ㅁ. 계약해제의 효과로서 원상회복의무를 규정한 민법 제548조 제1항 본문은 부당이득반환에 관한 특별 규정의 성격을 가지는 것이므로, 그 이익 반환의 범위는 이익의 현존 여부나 선의, 악의에 불문하고 특단의 사유가 없는 한 받은 이익의 전부이다.

① ㄱ, ㄴ, ㄷ
② ㄱ, ㄴ, ㄹ
③ ㄱ, ㄴ, ㄷ, ㅁ
④ ㄱ, ㄴ, ㄹ, ㅁ
⑤ ㄱ, ㄴ, ㄷ, ㄹ, ㅁ

MGI Point 계약의 해제, 해지 ★★

- 계속적 계약의 해지요건으로서 사정변경 ⇨ 경제적 상황의 변화로 불이익이 발생한 것만으로는 해당 ×
- 타인의 권리의 매매의 경우 해제 ⇨ 민법 제548조 원상회복의무 ○
- 채무불이행을 이유로 계약을 해제하거나 해지하고 손해배상을 청구하는 경우, 채권자가 계약의 이행으로 얻을 수 있는 이익이 인정되지 않는 경우 ⇨ 지출비용의 배상 청구 ×
- 채무불이행을 이유로 계약을 해지 또는 해제하는 경우, 상대방에게 고의 또는 과실이 없으면 손해배상책임 ×
- 원상회복의무 (민법 제548조 1항 본문)
  · 법적 성질 - 1. 계약관계의 소급 소멸 (직접적 효과설) 2. 부당이득에 관한 특별규정
  · 그 이익의 반환의 범위는 ⇨ 이익의 현존 여부나 선의, 악의에 상관없이 받은 이익의 전부 반환 要

ㄱ. (○) 계약 성립의 기초가 된 사정이 현저히 변경되고 당사자가 계약의 성립 당시 이를 예견할 수 없었으며, 그로 인하여 계약을 그대로 유지하는 것이 당사자의 이해에 중대한 불균형을 초래하거나 계약을 체결한 목적을 달성할 수 없는 경우에는 계약준수 원칙의 예외로서 사정변경을 이유로 계약을 해제하거나 해지할 수 있다. 여기에서 말하는 사정이란 당사자들에게 계약 성립의 기초가 된 사정을 가리키고, 당사자들이 계약의 기초로 삼지 않은 사정이나 어느 일방당사자가 변경에 따른 불이익이나 위험을 떠안기로 한 사정은 포함되지 않는다. 경제상황 등의 변동으로 당사자에게 손해가 생기더라도 합리적인 사람의 입장에서 사정변경을 예견할 수 있었다면 사정변경을 이유로 계약을 해제할 수 없다. 특히 계속적 계약에서는 계약의 체결 시와 이행 시 사이에 간극이 크기 때문에 당사자들이 예상할 수 없었던 사정변경이 발생할 가능성이 높지만, 이러한 경우에도 위 계약을 해지하려면 경제적 상황의 변화로 당사자에게 불이익이 발생했다는 것만으로는 부족하고 위에서 본 요건을 충족하여야 한다(대판 2017.06.08. 2016다249557).

ㄴ. (○) 타인의 권리의 매매의 경우에 매도인이 그 권리를 취득하여 매수인에게 이전할 수 없는 때에는 매수인은 계약을 해제할 수 있다(민법 제570조). 이러한 해제의 효과에 관하여 특별한 규정은 없지만 일반적인 해제와 달리 해석할 이유가 없다. 따라서 위 규정에 따라 매매계약이 해제되는 경우에, 매도인은 매수인에게 매매대금과 그 받은 날부터의 이자를 반환할 의무를 부담하고, 매수인 역시 특별한 사정이 없는 한 매도인에게 목적물을 반환할 의무는 물론이고 목적물을 사용하였으면 그 사용이익을 반환할 의무도 부담한다. 그

리고 이러한 결론은 매도인이 목적물의 사용권한을 취득하지 못하여 매수인으로부터 반환받은 사용이익을 궁극적으로 정당한 권리자에게 반환하여야 할 입장이라 하더라도 마찬가지이다. 다만, 매수인이 진정한 권리자인 타인에게 직접 목적물 또는 사용이익을 반환하는 등의 특별한 사정이 있는 경우에는 매수인은 적어도 그 반환 등의 한도에서는 매도인에게 목적물 및 사용이익을 반환할 의무를 부담하지 않는다고 할 것이다(대판 2017.05.31. 2016다240).

ㄷ. (X) [1] 채무불이행을 이유로 계약을 해제하거나 해지하고 손해배상을 청구하는 경우에, 채권자는 채무가 이행되었더라면 얻었을 이익을 얻지 못하는 손해를 입은 것이므로 계약의 이행으로 얻을 이익, 즉 이행이익의 배상을 구하는 것이 원칙이다. 그러나 채권자는 그 대신에 계약이 이행되리라고 믿고 지출한 비용의 배상을 채무불이행으로 인한 손해라고 볼 수 있는 한도에서 청구할 수도 있다. 이러한 지출비용의 배상은 이행이익의 증명이 곤란한 경우에 증명을 용이하게 하기 위하여 인정되는데, 이 경우에도 채권자가 입은 손해, 즉 이행이익의 범위를 초과할 수는 없다. [2] 채권자가 계약의 이행으로 얻을 수 있는 이익이 인정되지 않는 경우라면, 채권자에게 배상해야 할 손해가 발생하였다고 볼 수 없으므로, 당연히 지출비용의 배상을 청구할 수 없다(대판 2017.02.15. 2015다235766).

ㄹ. (O) 계약 상대방의 채무불이행을 이유로 한 계약의 해지 또는 해제는 손해배상의 청구에 영향을 미치지 아니하지만(민법 제551조), 다른 특별한 사정이 없는 한 그 손해배상책임 역시 채무불이행으로 인한 손해배상책임과 다를 것이 없으므로, 상대방에게 고의 또는 과실이 없을 때에는 배상책임을 지지 아니한다고 보아야 한다(민법 제390조)(대판 2016.04.15. 2015다59115).

ㅁ. (O) 계약해제의 효과로서 원상회복의무를 규정하는 민법 제548조 제1항 본문은 부당이득에 관한 특별규정의 성격을 가지는 것으로서, 그 이익 반환의 범위는 이익의 현존 여부나 청구인의 선의·악의를 불문하고 특단의 사유가 없는 한 받은 이익의 전부이다(대판 1997.12.09. 96다47586).

정답 ④

문 14

해제의 효과에 관한 다음 설명 중 가장 옳지 않은 것은? [2018년 12번]

① 甲이 乙과의 사이에 A토지를 매매하는 계약을 체결한 후 乙에 대한 매매잔대금채권을 丙에게 양도한 경우, 위 매매계약이 해제되면 丙은 선의라도 乙에 대하여 위 양수금을 청구할 수 없다.
② 丙이 甲과 乙 사이의 B토지 매매계약에 기한 甲의 소유권이전등기청구권을 가압류한 경우, 그 후 乙이 甲의 대금지급의무 불이행을 이유로 위 매매계약을 해제하였다면 丙은 가압류권자로서 보호받지 못한다.
③ 丙이 甲과 乙 사이의 C건물 매매계약에 기한 甲의 소유권이전등기청구권을 압류한 경우, 乙이 소유권이전등기청구권에 대한 압류명령에 위반하여 甲에게 소유권이전등기를 경료한 후 甲이 대금지급의무를 이행하지 않아 위 매매계약을 해제하였다면 乙은 丙에 대하여 불법행위책임을 진다.
④ 甲이 乙에게 매매를 원인으로 D주택의 소유권이전등기를 마쳐주었으나, 매매계약이 적법하게 해제되고 乙 명의의 소유권이전등기가 말소된 경우에도 위 매매계약이 해제되기 전에 乙로부터 위 주택을 임차하여 인도와 주민등록을 마친 丙의 권리를 해하지 못한다.
⑤ 甲이 乙에게 매매를 원인으로 E토지의 소유권이전등기를 마쳐준 후 乙의 채권자 丙이 E토지를 가압류한 경우, 甲과 乙간의 위 매매계약이 해제되더라도 丙은 가압류권자로서 보호받는다.

해설

★★★

① (○), ② (○), ③ (X) [1] 소유권이전등기청구권의 가압류나 압류가 행하여지면 제3채무자로서는 채무자에게 등기이전행위를 하여서는 아니되고, 그와 같은 행위로 채권자에게 대항할 수 없다 할 것이나, 가압류나 압류에 의하여 그 채권의 발생원인인 법률관계에 대한 채무자와 제3채무자의 처분까지도 구속되는 것은 아니므로 기본적 계약관계인 매매계약 자체를 해제할 수 있다. [2] 민법 제548조 제1항 단서에서 말하는 제3자란 일반적으로 그 해제된 계약으로부터 생긴 법률효과를 기초로 하여 해제 전에 새로운 이해관계를 가졌을 뿐 아니라 등기, 인도 등으로 완전한 권리를 취득한 자를 말하므로, 계약상의 채권을 양수한 자나 그 채권 자체를 압류 또는 전부한 채권자는 여기서 말하는 제3자에 해당하지 아니한다. [3] 제3채무자가 소유권이전등기청구권에 대한 압류명령에 위반하여 채무자에게 소유권이전등기를 경료한 후 채무자의 대금지급의무의 불이행을 이유로 매매계약을 해제한 경우, 해제의 소급효로 인하여 채무자의 제3채무자에 대한 소유권이전등기청구권이 소급적으로 소멸함에 따라 이에 터잡은 압류명령의 효력도 실효되는 이상 압류채권자는 처음부터 아무런 권리를 갖지 아니한 것과 마찬가지 상태가 되므로 제3채무자가 압류명령에 위반되는 행위를 한 후에 매매계약이 해제되었다 하여도 불법행위는 성립하지 아니한다(대판 2000.04.11. 99다51685).

④ (○) 민법 제548조 제1항 단서의 규정에 따라 계약해제로 인하여 권리를 침해받지 않는 제3자라 함은 계약목적물에 관하여 권리를 취득한 자 중 계약당사자에게 권리취득에 관한 대항요건을 구비한 자를 말한다 할 것인바, 임대목적물이 주택임대차보호법 소정의 주택인 경우 같은 법 제3조 제1항이 임대주택의 인도와 주민등록이라는 대항요건을 갖춘 자에게 등기된 임차권과 같은 대항력을 부여하고 있는 점에 비추어 보면, 소유권을 취득하였다가 계약해제로 인하여 소유권을 상실하게 된 임대인으로부터 그 계약이 해제되기 전에 주택을 임차받아 주택의 인도와 주민등록을 마침으로써 같은 법 소정의 대항요건을 갖춘 임차인은 등기된 임차권자와 마찬가지로 민법 제548조 제1항 단서 소정의 제3자에 해당된다고 봄이 상당하고, 그렇다면 그 계약해제 당시 이미 주택임대차보호법 소정의 대항요건을 갖춘 임차인은 임대인의 임대권원의 바탕이 되는 계약의 해제에도 불구하고 자신의 임차권을 새로운 소유자에게 대항할 수 있고, 이 경우 계약해제로 소유권을 회복한 제3자는 주택임대차보호법 제3조 제2항에 따라 임대인의 지위를 승계한다(대판 1996.08.20. 96다17653).

⑤ (○) 민법 제548조 제1항 단서에서 말하는 제3자란 일반적으로 그 해제된 계약으로부터 생긴 법률효과를 기초로 하여 해제 전에 새로운 이해관계를 가졌을 뿐 아니라 등기, 인도 등으로 완전한 권리를 취득한 자를 말하는 것인데, 해제된 매매계약에 의하여 채무자의 책임재산이 된 부동산을 가압류 집행한 가압류채권자도 원칙상 위 조항 단서에서 말하는 제3자에 포함된다(대판 2005.01.14. 2003다33004).

정답 ③

문 15

민법 제548조 제1항 단서의 계약 해제의 소급효로 대항할 수 없는 '제3자'에 관한 다음 설명 중 가장 옳지 않은 것은?(다툼이 있는 경우 판례에 의함) [2016년 20번]

① 해제된 매매계약에 의하여 채무자의 책임재산이 된 부동산을 가압류 집행한 가압류채권자도 원칙상 위 조항 단서에서 말하는 제3자에 포함된다.
② 계약이 해제되기 이전에 계약상의 채권을 양수하여 이를 피보전권리로 하여 처분금지가처분결정을 받은 경우, 그 채권자는 민법 제548조 제1항 단서 소정의 해제의 소급효가 미치지 아니하는 제3자에 해당하지 아니한다.

③ 매수인과 매매예약을 체결한 후 그에 기한 소유권이전청구권 보전을 위한 가등기를 마친 사람도 위 조항 단서에서 말하는 제3자에 포함된다.
④ 미등기 무허가건물에 관한 매매계약이 해제되기 전에 매수인으로부터 무허가건물을 다시 매수하고 무허가건물관리대장에 소유자로 등재된 자는 민법 제548조 제1항 단서에서 말하는 제3자에 해당한다.
⑤ 계약해제 후 그로 인한 원상회복등기 등이 이루어지기 이전에 해약당사자와 양립되지 아니하는 법률관계를 가지게 되었고 계약해제 사실을 몰랐던 제3자에 대하여도 계약해제를 주장할 수 없다.

해설 ★★

① (○) 민법 제548조 제1항 단서에서 말하는 제3자란 일반적으로 해제된 계약으로부터 생긴 법률효과를 기초로 하여 별개의 새로운 권리를 취득한 자를 말하는 것인바, 해제된 계약에 의하여 채무자의 책임재산이 된 계약의 목적물을 가압류한 가압류채권자는 그 가압류에 의하여 당해 목적물에 대하여 잠정적으로 그 권리행사만을 제한하는 것이나 종국적으로는 이를 환가하여 그 대금으로 피보전채권의 만족을 얻을 수 있는 권리를 취득하는 것이므로, 그 권리를 보전하기 위하여서는 위 조항 단서에서 말하는 제3자에는 위 가압류채권자도 포함된다고 보아야 한다(대판 2000.01.14. 99다40937).

② (○) 민법 제548조 제1항 단서에서 말하는 제3자란 일반적으로 그 해제된 계약으로부터 생긴 법률효과를 기초로 하여 해제 전에 새로운 이해관계를 가졌을 뿐 아니라 등기, 인도 등으로 완전한 권리를 취득한 자를 말하므로 계약상의 채권을 양수한 자나 그 채권 자체를 압류 또는 전부한 채권자는 여기서 말하는 제3자에 해당하지 아니한다(대판 2000.04.11. 99다51685).

③ (○) 민법 제548조 제1항 단서에서 말하는 제3자는 일반적으로 해제된 계약으로부터 생긴 법률효과를 기초로 하여 해제 전에 새로운 이해관계를 가졌을 뿐만 아니라 등기, 인도 등으로 권리를 취득한 사람을 말하는 것인바, 매수인과 매매예약을 체결한 후 그에 기한 소유권이전청구권 보전을 위한 가등기를 마친 사람도 위 조항 단서에서 말하는 제3자에 포함된다(대판 2014.12.11. 2013다14569).

④ (X) 민법 제548조 제1항 단서에서 규정하는 제3자라 함은 해제된 계약으로부터 생긴 법률적 효과를 기초로 하여 새로운 이해관계를 가졌을 뿐 아니라 등기·인도 등으로 완전한 권리를 취득한 사람을 지칭하는 것이다. 그런데 미등기 무허가건물의 매수인은 소유권이전등기를 마치지 않는 한 건물의 소유권을 취득할 수 없고, 소유권에 준하는 관습상의 물권이 있다고도 할 수 없으며, 현행법상 사실상의 소유권이라고 하는 포괄적인 권리 또는 법률상의 지위를 인정하기도 어렵다. 또한, 무허가건물관리대장은 무허가건물에 관한 관리의 편의를 위하여 작성된 것일 뿐 그에 관한 권리관계를 공시할 목적으로 작성된 것이 아니므로 무허가건물관리대장에 소유자로 등재되었다는 사실만으로는 무허가건물에 관한 소유권 기타의 권리를 취득하는 효력이 없다. 따라서 미등기 무허가건물에 관한 매매계약이 해제되기 전에 매수인으로부터 해당 무허가건물을 다시 매수하고 무허가건물관리대장에 소유자로 등재되었다고 하더라도 건물에 관하여 완전한 권리를 취득한 것으로 볼 수 없으므로 민법 제548조 제1항 단서에서 규정하는 제3자에 해당한다고 할 수 없다(대판 2014.02.13. 2011다64782).

⑤ (○) 계약의 합의해제에 있어서도 민법 제548조의 계약해제의 경우와 같이 이로써 제3자의 권리를 해할 수 없다. 계약해제시 계약은 소급하여 소멸하게 되어 해약당사자는 각 원상회복의 의무를 부담하게 되나 이 경우 계약해제로 인한 원상회복등기 등이 이루어지기 이전에 해약당사자와 양립되지 아니하는 법률관계를 가지게 되었고 계약해제 사실을 몰랐던 제3자에 대하여는 계약해제를 주장할 수 없고, 이 경우 제3자가 악의라는 사실의 주장·입증책임은 계약해제를 주장하는 자에게 있다(대판 2005.06.09. 2005다6341).

정답 ④

제2장 계약각론

제❶절 | 증여

문 28

다음 설명 중 옳은 것(O)과 옳지 않은 것(X)을 올바르게 조합한 것은? [2023년 34번]

> ㄱ. 증여자는 증여의 목적인 물건 또는 권리의 하자나 흠결에 대하여 책임을 지지 아니한다. 그러나 증여자가 그 하자나 흠결을 알고 수증자에게 고지하지 아니한 때에는 그러하지 아니하다.
> ㄴ. 채권자가 채무자의 어떤 금원지급행위가 사해행위에 해당된다고 하여 그 취소를 청구하면서 다만 그 금원지급행위의 법률적 평가와 관련하여 증여 또는 변제로 달리 주장하는 것은 그 사해행위취소권을 이유 있게 하는 공격방법에 관한 주장을 달리하는 것일 뿐이지 소송물 또는 청구 자체를 달리하는 것으로 볼 수 없다.
> ㄷ. 유류분반환청구의 목적인 증여나 유증이 병존하고 있는 경우에는 유류분권리자는 먼저 유증을 받은 자를 상대로 유류분침해액의 반환을 구하여야 하고, 그 이후에도 여전히 유류분침해액이 남아 있는 경우에 한하여 증여를 받은 자에 대하여 그 부족분을 청구할 수 있다.
> ㄹ. 증여자에 대하여 부양의무 있는 수증자가 증여자에 대한 부양의무를 이행하지 않으면 증여자는 그 증여를 해제할 수 있지만 이러한 해제권은 해제원인있음을 안 날로부터 6월을 경과하거나 증여자가 수증자에 대하여 용서의 의사를 표시한 때에는 소멸한다.
> ㅁ. 민법 제556조 제1항 제2호에 규정되어 있는 '부양의무'라 함은 민법 제974조에 규정되어 있는 직계혈족 및 그 배우자 또는 생계를 같이하는 친족간의 부양의무를 가리키는 것이지만, 위와 같은 친족간이 아닌 당사자 사이의 약정에 의한 부양의무 불이행을 원인으로 한 증여 해제의 경우에도 이미 이행한 부분에 대하여는 영향을 미치지 않는다.

① ㄱ(O), ㄴ(X), ㄷ(O), ㄹ(O), ㅁ(X)
② ㄱ(X), ㄴ(O), ㄷ(X), ㄹ(O), ㅁ(X)
③ ㄱ(O), ㄴ(X), ㄷ(X), ㄹ(X), ㅁ(O)
④ ㄱ(O), ㄴ(O), ㄷ(O), ㄹ(O), ㅁ(X)
⑤ ㄱ(X), ㄴ(X), ㄷ(O), ㄹ(X), ㅁ(O)

MGI Point 증여 ★★★

- 증여자가 증여의 목적물에 대한 하자나 흠결을 알고 수증자에게 고지하지 아니한 때 ⇨ 책임有
- 채권자취소권의 소송물 ⇨ 취소권 자체
- 유류분반환청구의 목적인 증여나 유증이 병존하고 있는 경우 ⇨ 먼저 유증을 받은 자를 상대로 반환을 구하여야
- 부양의무 불이행으로 인한 증여 해제권의 소멸사유 ⇨ 안 날로부터 6월 경과 or 용서의 의사를 표시한 때
- 증여 해제권 사유인 부양의무 불이행에서 부양의무의 의미 ⇨ 친족간이 아닌 당사자 사이의 약정에 의한 부양의무×

ㄱ. (○)
> 민법
> 제559조(증여자의 담보책임) ① 증여자는 증여의 목적인 물건 또는 권리의 하자나 흠결에 대하여 책임을 지지 아니한다. 그러나 증여자가 그 하자나 흠결을 알고 수증자에게 고지하지 아니한 때에는 그러하지 아니하다.

ㄴ. (○) 채권자가 채무자의 어떤 금원지급행위가 사해행위에 해당된다고 하여 그 취소를 청구하면서 다만 그 금원지급행위의 법률적 평가와 관련하여 증여 또는 변제로 달리 주장하는 것은 그 사해행위취소권을 이유 있게 하는 공격방법에 관한 주장을 달리하는 것일 뿐이지 소송물 또는 청구 자체를 달리하는 것으로 볼 수 없다(대법원 2005. 3. 25. 2004다10985,10992).

ㄷ. (○) 유류분반환청구의 목적인 증여나 유증이 병존하고 있는 경우에는 유류분권리자는 먼저 유증을 받은 자를 상대로 유류분침해액의 반환을 구하여야 하고, 그 이후에도 여전히 유류분침해액이 남아 있는 경우에 한하여 증여를 받은 자에 대하여 그 부족분을 청구할 수 있는 것이며, 사인증여의 경우에는 유증의 규정이 준용될 뿐만 아니라 그 실제적 기능도 유증과 달리 볼 필요가 없으므로 유증과 같이 보아야 할 것이다(대법원 2001. 11. 30. 2001다6947).

ㄹ. (○)
> 민법
> 제556조(수증자의 행위와 증여의 해제) ① 수증자가 증여자에 대하여 다음 각호의 사유가 있는 때에는 증여자는 그 증여를 해제할 수 있다.
> 1. 증여자 또는 그 배우자나 직계혈족에 대한 범죄행위가 있는 때
> 2. 증여자에 대하여 부양의무있는 경우에 이를 이행하지 아니하는 때
> ② 전항의 해제권은 해제원인있음을 안 날로부터 6월을 경과하거나 증여자가 수증자에 대하여 용서의 의사를 표시한 때에는 소멸한다.

ㅁ. (X) 민법 제556조 제1항 제2호에 규정되어 있는 '부양의무'라 함은 민법 제974조에 규정되어 있는 직계혈족 및 그 배우자 또는 생계를 같이 하는 친족간의 부양의무를 가리키는 것으로서, 친족간이 아닌 당사자 사이의 약정에 의한 부양의무는 이에 해당하지 아니하여 민법 제556조 제2항이나 민법 제558조가 적용되지 않는다(대법원 1996. 1. 26. 95다43358).

> 민법
> 제558조 (해제와 이행완료부분)전3조의 규정에 의한 계약의 해제는 이미 이행한 부분에 대하여는 영향을 미치지 아니한다.

정답 ④

문 16

증여에 관한 다음 설명 중 가장 옳지 않은 것은? [2022년 19번]

① 증여자의 의사에 기하지 아니한 원인무효의 등기가 경료된 경우에는 증여계약의 적법한 이행이 있다고 볼 수 없으므로 서면에 의하지 아니한 증여자의 증여계약의 해제에 대해 수증자가 실체관계에 부합한다는 주장으로 대항할 수 없다.

② 甲이 乙에게 10년 동안 매달 100만 원을 무상으로 주기로 약속했는데 100만 원씩 지급받는 도중에 乙이 사망한 경우 乙의 상속인은 甲에 대하여 계약의 이행을 청구할 수 있다.
③ 상대부담 있는 증여에 대하여는 쌍무계약에 관한 규정이 준용되어 부담의무 있는 상대방이 자신의 의무를 이행하지 아니할 때에는 비록 증여계약이 이미 이행되어 있다 하더라도 증여자는 계약을 해제할 수 있고, 그 경우 이행한 부분에 대하여 원상회복으로서 그 반환을 요구할 수 있다.
④ 미성년자가 사인증여를 함에는 원칙적으로 법정대리인의 동의를 얻어야 하지만 미성년자라도 만 17세에 달한 자가 유증을 할 때에는 법정대리인의 동의가 필요 없다.
⑤ 증여를 받는 의사가 서면에 표시되지 아니하였음을 이유로 하여 당사자가 증여계약을 해제할 수는 없다.

MGI Point 증여 ★★

- 증여자의 의사에 기하지 아니한 원인무효의 등기가 경료된 경우 ⇨ 해제에 대해 수증자가 실체관계에 부합한다는 주장으로 대항 不可
- 정기증여에서 증여자 또는 수증자가 사망 ⇨ 정기증여의 효력 소멸
- 상대부담 있는 증여의 해제 ⇨ 제558조 적용 × (이미 이행한 부분 원상회복청구 可)
- 17세인 미성년자가 사인증여를 함에는 법정대리인의 동의 要, 유증함에는 동의 不撓
- 증여를 "받는" 의사가 서면에 표시 × ⇨ 서면에 의하지 않는 증여임을 이유로 해제 不可

① (○) 서면에 의하지 아니한 증여의 경우에도 그 이행을 완료한 경우에는 해제로서 수증자에게 대항할 수 없다 할 것인바, 토지에 대한 증여는 증여자의 의사에 기하여 그 소유권이전등기에 필요한 서류가 제공되고 수증자 명의로 소유권이전등기가 경료됨으로써 이행이 완료되는 것이므로, 증여자가 그러한 이행 후 증여계약을 해제하였다고 하더라도 증여계약이나 그에 의한 소유권이전등기의 효력에 영향을 미치지 아니한다 할 것이지만, 이와는 달리 증여자의 의사에 기하지 아니한 원인무효의 등기가 경료된 경우에는 증여계약의 적법한 이행이 있다고 볼 수 없으므로 서면에 의하지 아니한 증여자의 증여계약의 해제에 대해 수증자가 실체관계에 부합한다는 주장으로 대항할 수 없다(대판 2009.09.24. 2009다37831).

② (×) 민법 제560조 참조. ▶ 수증자 乙의 사망으로 사안의 정기증여는 효력을 상실한다.

> 민법 제560조(정기증여와 사망으로 인한 실효) 정기의 급여를 목적으로 한 증여는 증여자 또는 수증자의 사망으로 인하여 그 효력을 잃는다.

③ (○) 상대부담 있는 증여에 대하여는 민법 제561조에 의하여 쌍무계약에 관한 규정이 준용되어 부담의무 있는 상대방이 자신의 의무를 이행하지 아니할 때에는 비록 증여계약이 이미 이행되어 있다 하더라도 증여자는 계약을 해제할 수 있고, 그 경우 민법 제555조와 제558조는 적용되지 아니한다(대판 1997.07.08. 97다2177).

> 민법 제558조(해제와 이행완료부분) 전3조의 규정에 의한 계약의 해제는 이미 이행한 부분에 대하여는 영향을 미치지 아니한다.

④ (○) 사인증여는 계약이므로 행위무능력자인 미성년자는 법정대리인의 동의를 얻어 하여야 하지만 유증은 민법 제1061조에 의하여 17세이 달한 미성년자가 단독으로 할 수 있다.

> 민법 제1061조(유언적령) 만17세에 달하지 못한 자는 유언을 하지 못한다.

⑤ (○) 민법 제555조 참조.

> 민법 제555조(서면에 의하지 아니한 증여와 해제) 증여의 의사가 서면으로 표시되지 아니한 경우에는 각 당사자는 이를 해제할 수 있다.

정답 ②

문 17

다음 설명 중 옳지 않은 것은 모두 몇 개인가? [2021년 30번]

> 가. 서면에 의하지 아니한 증여의 경우에도 그 이행을 완료한 경우에는 해제로서 수증자에게 대항할 수 없다 할 것인바, 토지에 대한 증여는 증여자의 의사에 기하여 그 소유권이전등기에 필요한 서류가 제공되고 수증자 명의로 소유권이전등기가 경료됨으로써 이행이 완료되는 것이므로, 증여자가 그러한 이행 후 증여계약을 해제하였다고 하더라도 증여계약이나 그에 의한 소유권이전등기의 효력에 영향을 미치지 아니한다 할 것이지만, 이와는 달리 증여자의 의사에 기하지 아니한 원인무효의 등기가 경료된 경우에는 증여계약의 적법한 이행이 있다고 볼 수 없으므로 서면에 의하지 아니한 증여자의 증여계약의 해제에 대해 수증자가 실체관계에 부합한다는 주장으로 대항할 수 없다.
>
> 나. 민법 제555조에서 서면에 의한 증여에 한하여 증여자의 해제권을 제한하고 있는 입법취지는 증여자가 경솔하게 증여하는 것을 방지함과 동시에 증여자의 의사를 명확히 하여 후일에 분쟁이 생기는 것을 피하려는 데 있다 할 것인바, 비록 서면의 문언 자체는 증여계약서로 되어 있지 않더라도 그 서면의 작성에 이르게 된 경위를 아울러 고려할 때 그 서면이 바로 증여의사를 표시한 서면이라고 인정되면 위 서면에 해당하고, 나아가 증여 당시가 아닌 그 이후에 작성된 서면에 대해서도 마찬가지로 볼 수 있다 할 것이나, 이러한 서면에 의한 증여란 증여계약 당사자 사이에 있어서 증여자가 자기의 재산을 상대방에게 준다는 취지의 증여의사가 문서를 통하여 확실히 알 수 있는 정도로 서면에 나타난 것을 말하는 것으로, 수증자에 대하여 서면으로 표시되어야 하는 것은 아니다.
>
> 다. 공동상속인이 아닌 제3자에 대한 증여는 원칙적으로 상속개시 전의 1년간에 행한 것에 한하여 유류분반환청구를 할 수 있고, 다만 당사자 쌍방이 증여 당시에 유류분권리자에 손해를 가할 것을 알고 증여를 한 때에는 상속개시 1년 전에 한 것에 대하여도 유류분반환청구가 허용된다. 증여 당시 법정상속분의 2분의 1을 유류분으로 갖는 직계비속들이 공동상속인으로서 유류분권리자가 되리라고 예상할 수 있는 경우에, 제3자에 대한 증여가 유류분권리자에게 손해를 가할 것을 알고 행해진 것이라고 보기 위해서는, 당사자 쌍방이 증여 당시 증여재산의 가액이 증여하고 남은 재산의 가액을 초과한다는 점을 알았던 사정뿐만 아니라, 장래 상속개시일에 이르기까지 피상속인의 재산이 증가하지 않으리라는 점까지 예견하고 증여를 행한 사정이 인정되어야 하고, 이러한 당사자 쌍방의 가해의 인식은 증여 당시를 기준으로 판단하여야 한다.

라. 민법 제555조는 "증여의 의사가 서면으로 표시되지 아니한 경우에는 각 당사자는 이를 해제할 수 있다."고 규정하고 있는데, 이때의 해제는 일종의 특수한 철회일 뿐 민법 제543조 이하에서 규정한 본래 의미의 해제와는 다르다고 할 것이어서 형성권의 제척기간의 적용을 받지 않는다.

마. 민법 제562조가 사인증여에 관하여 유증에 관한 규정을 준용하도록 규정하고 있으므로, 포괄적 유증을 받은 자는 상속인과 동일한 권리의무가 있다고 규정하고 있는 민법 제1078조는 포괄적 사인증여에도 준용되고, 따라서 포괄적 사인증여에도 상속과 같은 효과가 발생한다.

① 없음 ② 1개 ③ 2개
④ 3개 ⑤ 4개

MGI Point 증여 ★★

- 증여자의 의사에 기하지 아니한 원인무효의 등기가 마쳐진 경우 ⇨ 서면에 의하지 아니한 증여자의 증여계약의 해제에 대해 수증자가 실체관계에 부합한다는 주장으로 대항 不可
- 민법 제555조의 '서면에 의한 증여' ⇨ 증여계약 당사자 사이에 증여의사가 문서를 통하여 확실히 알 수 있는 정도로 서면에 표시되어야 함, 즉 수증자에 대하여 서면으로 표시 要
- 공동상속인이 아닌 제3자에게 한 증여에 관하여 유류분반환청구가 인정되기 위한 요건
  - 상속개시 전의 1년간에 행한 것(원칙)
  - 당사자 쌍방이 증여 당시에 유류분권리자에 손해를 가할 것을 알고 증여를 한 때에는 상속개시 1년 전에 한 것에 대하여도 유류분반환청구가 허용(예외), 당사자 쌍방의 가해의 인식은 증여 당시를 기준으로 판단 要
- 민법 제555조 소정의 해제의 법적 성질은 철회로써 형성권의 제척기간 적용 ×
- 포괄유증의 효력 ⇨ 민법 제1078조 포괄적 사인증여에 준용 ×

가. (○) 서면에 의하지 아니한 증여의 경우에도 그 이행을 완료한 경우에는 해제로서 수증자에게 대항할 수 없다 할 것인바, 토지에 대한 증여는 증여자의 의사에 기하여 그 소유권이전등기에 필요한 서류가 제공되고 수증자 명의로 소유권이전등기가 경료됨으로써 이행이 완료되는 것이므로, 증여자가 그러한 이행 후 증여계약을 해제하였다고 하더라도 증여계약이나 그에 의한 소유권이전등기의 효력에 영향을 미치지 아니한다 할 것이지만, 이와는 달리 증여자의 의사에 기하지 아니한 원인무효의 등기가 경료된 경우에는 증여계약의 적법한 이행이 있다고 볼 수 없으므로 서면에 의하지 아니한 증여자의 증여계약의 해제에 대해 수증자가 실체관계에 부합한다는 주장으로 대항할 수 없다(대판 2009.09.24. 2009다37831).

나. (X) 민법 제555조에서 서면에 의한 증여에 한하여 증여자의 해제권을 제한하고 있는 입법취지는 증여자가 경솔하게 증여하는 것을 방지함과 동시에 증여자의 의사를 명확히 하여 후일에 분쟁이 생기는 것을 피하려는 데 있다 할 것인바, 비록 서면의 문언 자체는 증여계약서로 되어 있지 않더라도 그 서면의 작성에 이르게 된 경위를 아울러 고려할 때 그 서면이 바로 증여의사를 표시한 서면이라고 인정되면 위 서면에 해당하고, 나아가 증여 당시가 아닌 그 이후에 작성된 서면에 대해서도 마찬가지로 볼 수 있다 할 것이나, 이러한 서면에 의한 증여란 증여계약 당사자 사이에 있어서 증여자가 자기의 재산을 상대방에게 준다는 취지의 증여의사가 문서를 통하여 확실히 알 수 있는 정도로 서면에 나타난 것을 말하는 것으로, 이는 수증자에 대하여 서면으로 표시되어야 한다(대판 2009.09.24. 2009다37831).

다. (○) 공동상속인이 아닌 제3자에 대한 증여는 원칙적으로 상속개시 전의 1년간에 행한 것에 한하여 유류분반환청구를 할 수 있고, 다만 당사자 쌍방이 증여 당시에 유류분권리자에 손해를 가할 것을 알고 증여를 한 때에는 상속개시 1년 전에 한 것에 대하여도 유류분반환청구가 허용된다. 증여 당시 법정상속분의 2분의 1을 유류분으로 갖는 직계비속들이 공동상속인으로서 유류분권리자가 되리라고 예상할 수 있는 경우에, 제3자에 대한 증여가 유류분권리자에게 손해를 가할 것을 알고 행해진 것이라고 보기 위해서는, 당사자 쌍방이 증여

당시 증여재산의 가액이 증여하고 남은 재산의 가액을 초과한다는 점을 알았던 사정뿐만 아니라, 장래 상속개시일에 이르기까지 피상속인의 재산이 증가하지 않으리라는 점까지 예견하고 증여를 행한 사정이 인정되어야 하고, 이러한 당사자 쌍방의 가해의 인식은 증여 당시를 기준으로 판단하여야 한다(대판 2012.05.24. 2010다50809).

라. (○) 민법 제555조에서 말하는 해제는 일종의 특수한 철회일 뿐 민법 제543조 이하에서 규정한 본래 의미의 해제와는 다르다고 할 것이어서 형성권의 제척기간의 적용을 받지 않는다(대판 2003.04.11. 2003다1755).

마. (X) 민법 제562조가 사인증여에 관하여 유증에 관한 규정을 준용하도록 규정하고 있다고 하여, 이를 근거로 포괄적 유증을 받은 자는 상속인과 동일한 권리의무가 있다고 규정하고 있는 민법 제1078조가 포괄적 사인증여에도 준용된다고 해석하면 포괄적 사인증여에도 상속과 같은 효과가 발생하게 된다. 그러나 포괄적 사인증여는 낙성·불요식의 증여계약의 일종이고, 포괄적 유증은 엄격한 방식을 요하는 단독행위이며, 방식을 위배한 포괄적 유증은 대부분 포괄적 사인증여로 보여질 것인바, 포괄적 사인증여에 민법 제1078조가 준용된다면 양자의 효과는 같게 되므로, 결과적으로 포괄적 유증에 엄격한 방식을 요하는 요식행위로 규정한 조항들은 무의미하게 된다. 따라서 민법 제1078조가 포괄적 사인증여에 준용된다고 하는 것은 사인증여의 성질에 반하므로 준용되지 아니한다고 해석함이 상당하다(대판 1996.04.12. 94다37714).

정답 ③

문 18

증여에 관한 다음 설명 중 가장 옳지 않은 것은?(다툼이 있는 경우 판례에 의함) [2017년 12번]

① 상속인 갑, 을 사이에서 갑이 을에게 일정 재산을 분배하여 주고 나머지 재산에 대한 일체의 상속권은 포기하기로 하는 내용의 조정이 성립된 후 잔여 재산에 속하는 토지를 병에게 증여한 경우, 병이 참가하지 아니한 위의 조정절차에서 갑의 증여의 의사표시는 병에게 서면으로 표시된 것으로 볼 수 없다.
② 유증의 방식에 의하지 아니한 사인증여는 효력이 없다.
③ 갑이 을에게 토지를 증여하겠다고 한 후 소유권이전등기에 필요한 서류를 법무사 사무실에 임치한 후 증여계약을 해제하면, 증여계약은 해제되어 소급적으로 효력을 상실한다.
④ 갑이 을에게 토지를 증여하고 소유권이전등기를 경료해준 후 증여계약을 해제해도, 증여계약이나 그에 의한 소유권이전등기의 효력에 아무런 영향을 받지 아니한다.
⑤ 증여자와 수증자의 관계가 피상속인과 상속인의 관계에 있다 하여 이를 특별한 사정이 없는 한 유증 내지는 사인증여의 의미로 보아야 한다고 할 수는 없다.

:: 해설 ★★

① (○) 서면에 의한 증여란 증여계약 당사자 간에 있어서 증여자가 자기의 재산을 상대방에게 준다는 증여의 사가 문서를 통하여 확실히 알 수 있는 정도로 서면에 나타난 증여를 말하는 것으로서, 비록 서면의 문언 자체는 증여계약서로 되어 있지 않더라도 그 서면의 작성에 이르게 된 경위를 아울러 고려할 때 그 서면이 바로 증여의사를 표시한 서면이라고 인정되면 이를 민법 제555조에서 말하는 서면에 해당한다고 보아야 할 것이나, 위 증여의 의사표시는 수증자에 대하여 서면으로 표시되어야 할 것이다. 기록에 의하면 위 조정의 당사자는 소외 1과 소외 2 및 소외 3임을 알 수 있으므로 그들 사이에, 소외 2 및 원고들에 대하여는 포천군

창수면 소재 대지와 건물 등만을 분배하여 주고, 이 사건 토지를 포함한 나머지 재산은 그 대상에서 제외하였다는 사정만으로는 그 조정절차에 위의 소외 4가 참가하지 아니한 위의 조정에서 소외 1의 증여의 의사표시가 소외 4에게 서면으로 표시되었다고 보기 어렵다 할 것이다(대판 1988.09.25. 98다22543).

② (X) 민법 제562조는 사인증여에 관하여는 유증에 관한 규정을 준용하도록 규정하고 있지만 유증의 방식에 관한 민법 제1065조 내지 제1072조는 그것이 단독행위임을 전제로 하는 것이어서 계약인 사인증여에는 적용되지 아니한다고 보아야 할 것이므로 원심이 유증증서의 방식에 의하지 아니한 사인증여를 위와 같이 다른 증거에 의하여 인정하였다고 하여 위법하다고 할 수 없다(대판 1996.04.12. 94다37714).

③ (○) 원고는 피고 1에게 증여해제의 의사표시를 하였으니 원고와 같은 피고간의 이 사건 부동산에 관한 증여계약은 해제되었다고 할 것이며 원고가 같은 피고에게 이 사건 부동산에 관하여 소유권이전등기에 필요한 서류를 작성케 하여 사법서사 사무원에게 임치한 사실로써는 서면에 의한 증여 또는 증여계약의 이행완료로는 볼 수 없다고 할 것이다(대판 1970.08.31. 70다1320).

④ (○) 토지에 대한 증여는 증여자의 의사에 기하여 수증자에게 소유권이전등기가 경료됨으로써 이행이 완료되므로 증여자가 그 이행 후 증여계약을 해제하였다 하더라도 증여계약이나 그에 의한 소유권이전등기의 효력에 아무런 영향을 받지 아니한다(대판 1991.08.13. 90다6729).

⑤ (○) 증여자와 수증자의 관계가 피상속인과 상속인의 관계에 있다하여 이를 특별한 사정이 없는 한 유증 내지는 사인증여의 의미로 보아야 한다고 할 수는 없다(대판 1991.08.13. 90다6729).

정답 ②

제❷절 │ 매매

제1관 매매의 성립

문 19

매매예약완결권에 관한 다음 설명 중 가장 옳지 않은 것은? [2020년 29번]

① 매매예약의 완결권은 일종의 형성권으로서 당사자 사이에 그 행사기간을 약정한 때에는 그 기간 내에, 그러한 약정이 없는 때에는 그 예약이 성립한 때로부터 10년 내에 이를 행사하여야 한다.

② 상대방이 예약목적 부동산을 인도받아 계속 점유하고 있는 동안에는 예약완결권의 제척기간은 진행하지 않는다.

③ 예약완결권의 행사기간을 정하지 아니한 경우 예약완결권자에게 상당한 기간을 정하여 확답을 최고하였음에도 불구하고 확답을 받지 못한 때에는 예약은 효력을 잃는다.

④ 수인의 채권자가 각기 채권을 담보하기 위하여 채무자와 채무자 소유의 부동산에 관하여 수인의 채권자를 공동매수인으로 하는 1개의 매매예약을 체결하고 그에 따라 수인의 채권자 공동명의로 그 부동산에 가등기를 마친 경우, 수인의 채권자가 공동으로 매매예약완결권을 가지는 관계인지 아니면 채권자 각자의 지분별로 별개의 독립적인 매매예약완결권을 가지는 관계인지는 매매예약의 내용에 따라야 하고, 매매예약에서 그러한 내용을 명시적으로 정하지 않은 경우에는 매매예약을 체결하게 된 경위, 매매예약에 의하여 달성하려는 담보의 목적, 담보 관련 권리를 공동 행사하려는 의사의 유무, 채권자별 구체적인 지분권의 표시 여부 등을 종합적으로 고려하여 판단하여야 한다.

⑤ 甲이 乙에게 돈을 대여하면서 담보 목적으로 乙 소유의 부동산에 관하여 乙의 다른 채권자들과 공동명의로 매매예약을 체결하고 각자의 채권액 비율에 따라 지분을 특정하여 가등기를 마친 경우라면 甲이 단독으로 담보목적물 중 자신의 지분에 관하여 매매예약완결권을 행사할 수 있고, 이에 따라 단독으로 자신의 지분에 관하여 가등기에 기한 본등기절차의 이행을 구할 수 있다.

MGI Point 매매예약완결권 ★★

- 매매예약완결권의 행사기간 ⇨ 당사자 사이에 그 행사기간을 약정한 때에는 그 기간 內, 그러한 약정이 없는 때에는 예약이 성립한 때부터 10년 內
- 상대방이 예약목적 부동산을 인도받아 계속 점유하는 경우 ⇨ 예약완결권의 제척기간은 진행 ○
- 의사표시의 기간을 정하지 아니한 때 예약자는 상당한 기간을 정하여 매매완결여부의 확답을 상대방에게 최고 可 ⇨ 기간내에 확답을 받지 못한 때에는 예약은 효력을 잃음
- 매매예약완결권을 가진 권리자가 복수인 경우
  - 수인의 채권자가 공동으로 매매예약완결권을 가지는 관계인지 아니면 채권자 각자의 지분별로 별개의 독립적인 매매예약완결권을 가지는 관계인지는 매매예약의 내용에 의해 정해짐
  - 공동명의로 담보가등기를 마친 수인의 채권자가 각자의 지분별로 별개의 독립적인 매매예약완결권을 가지는 경우 ⇨ 단독으로 자신의 지분에 관하여 가등기에 기한 본등기절차의 이행청구 可

---

① (○), ② (X) 민법 제564조가 정하고 있는 매매의 일방예약에서 예약자의 상대방이 매매완결의 의사를 표시하여 매매의 효력을 생기게 하는 권리(이른바 예약완결권)는 일종의 형성권으로서 당사자 사이에 그 행사기간을 약정한 때에는 그 기간내에, 그러한 약정이 없는 때에는 예약이 성립한 때부터 10년 내에 이를 행사하여야 하고 위 기간을 도과한 때에는 상대방이 예약목적물인 부동산을 인도받은 경우라도 예약완결권은 제척기간의 경과로 인하여 소멸된다(대판 1992.07.28. 91다44766).

③ (○) 민법 제564조 참조.

> 민법 제564조(매매의 일방예약) ① 매매의 일방예약은 상대방이 매매를 완결할 의사를 표시하는 때에 매매의 효력이 생긴다.
> ② 전항의 의사표시의 기간을 정하지 아니한 때에는 예약자는 상당한 기간을 정하여 매매완결여부의 확답을 상대방에게 최고할 수 있다.
> ③ 예약자가 전항의 기간내에 확답을 받지 못한 때에는 예약은 그 효력을 잃는다.

④ (○), ⑤ (○) [1] 수인의 채권자가 각기 채권을 담보하기 위하여 채무자와 채무자 소유의 부동산에 관하여 수인의 채권자를 공동매수인으로 하는 1개의 매매예약을 체결하고 그에 따라 수인의 채권자 공동명의로 그 부동산에 가등기를 마친 경우, 수인의 채권자가 공동으로 매매예약완결권을 가지는 관계인지 아니면 채권자 각자의 지분별로 별개의 독립적인 매매예약완결권을 가지는 관계인지는 매매예약의 내용에 따라야 하고, 매매예약에서 그러한 내용을 명시적으로 정하지 않은 경우에는 수인의 채권자가 공동으로 매매예약을 체결하게 된 동기 및 경위, 매매예약에 의하여 달성하려는 담보의 목적, 담보 관련 권리를 공동 행사하려는 의사의 유무, 채권자별 구체적인 지분권의 표시 여부 및 지분권 비율과 피담보채권 비율의 일치 여부, 가등기담보권 설정의 관행 등을 종합적으로 고려하여 판단하여야 한다. [2] 甲이 乙에게 돈을 대여하면서 담보 목적으로 乙 소유의 부동산 지분에 관하여 乙의 다른 채권자들과 공동명의로 매매예약을 체결하고 각자의 채권액 비율에 따라 지분을 특정하여 가등기를 마친 사안에서, 채권자가 각자의 지분별로 별개의 독립적인 매매예약완결권을 갖는 것으로 보아, 甲이 단독으로 담보목적물 중 자신의 지분에 관하여 매매예약완결권을 행사할 수 있고, 이에 따라 단독으로 자신의 지분에 관하여 가등기에 기한 본등기절차의 이행을 구할 수 있다고 본 원심판단을 정당하다고 한 사례. [3] 공동명의로 담보가등기를 마친 수인의 채권자가 각자의 지분별로 별개의 독립적인 매매예약완결권을 가지는 경우, 채권자 중 1인은 단독으로 자신의 지분에 관하여 가등기담보

등에 관한 법률이 정한 청산절차를 이행한 후 소유권이전의 본등기절차 이행청구를 할 수 있다(대판 2012.02. 16. 2010다82530(전합)).

정답 ②

문 20

매매계약에 관한 아래 〈사례〉에 대한 다음 〈설명〉 중 옳지 않은 것을 모두 고른 것은? [2019년 13번]

<사례>
甲은 2019. 3. 1. 그 소유 X토지(당시 이미 甲의 채권자 A의 가압류가 되어 있었음)를 乙에게 1억 원에 매도하는 매매계약을 체결하면서, 계약금은 1천만 원으로 하면서 그중 3백만 원만 당일 지급받았고, 7백만 원은 같은 해 3. 3. 지급받기로 하였다. 그리고 중도금 4천만 원은 같은 해 5. 1.에 지급받으면서 X토지의 등기를 乙에게 이전하기로 하였고, 잔금 5천만 원은 같은 해 8. 1.에 지급받으면서 그 전까지 A의 가압류를 해제하기로 하였다. (아래 각 설명은 상호 독립적임)

<설명>
ㄱ. 甲은 2019. 3. 2. 丙으로부터 X토지에 대하여 1억 5천만원의 매도제의를 받자 위 토지를 丙에게 팔기로 하고, 같은 날 乙에게 6백만 원을 지급하면서 X토지의 매매계약에 대한 해제의 의사표시를 하였다. 甲과 乙사이의 매매계약은 적법하게 해제되었다.

ㄴ. 甲은 乙로부터 약정기일에 계약금의 일부 7백만 원과 중도금 4천만 원을 각 지급받았으나, 甲은 乙에게 그 등기를 이전하지 않았다. 甲은 2019. 6. 1. 丙에게 X토지를 1억 5천만 원에 매도하는 계약을 체결하고, 같은 해 7.1. 丙에게 X토지의 소유권이전등기를 마쳐주었다. X토지의 시가는 2019. 6. 1.에는 1억 7천만 원, 2019. 7. 1.에는 1억 6천만 원, 2019. 8. 1.에는 1억 9천만 원에 이르고 있으나, 甲은 2019. 7. 1. 전후로 X토지의 시가상승에 대해서 알 수 있는 사정이 없었다. 2019. 8. 1. 현재 乙이 甲에게 구할 수 있는 전보배상액은 1억 7천만 원이다.

ㄷ. 乙은 약정기일에 계약금의 일부 7백만 원을 甲에게 지급하였다. 이후 X토지의 시가상승 조짐이 보이자 甲은 乙에게 매매대금의 증액을 요청하였고, 乙은 甲이 매매계약을 해제할 것을 염려하여 2019. 4. 1. 甲에게 중도금 4천만 원을 계좌이체의 방법으로 지급하였다. 다음날 甲은 지급받은 계약금의 배액인 2천만 원을 乙에게 지급하면서 X토지의 매매계약에 대한 해제의 의사표시를 하였다. 甲과 乙사이의 매매계약은 해제되지 않는다.

ㄹ. 甲의 또 다른 채권자 B는 甲의 乙에 대한 잔금채권 5천만 원을 2019. 6. 1. 가압류하였고, 이에 기해 같은 해 6.15. 압류 및 추심명령이 확정되었다. 甲이 약정기일에 중도금을 지급받고 乙에게 소유권을 이전하기는 하였으나, A의 가압류를 말소하지 못해 A가 X토지에 대해 2019. 7. 1. 강제경매를 신청하자 乙은 강제경매의 집행채권액을 2019. 7. 15. 공탁하였다. 2019. 8. 1. B가 乙에 대하여 추심금을 청구하는 경우, 乙은 甲에게 가지는 구상금채권으로 상계를 주장할 수 없다.

① ㄱ, ㄴ, ㄷ, ㄹ   ② ㄱ, ㄹ   ③ ㄱ, ㄴ
④ ㄴ, ㄹ   ⑤ ㄱ, ㄴ, ㄹ

> **MGI Point   매매계약 종합사례**   ★★★
>
> ■ 계약금 전액이 지급되지 않은 경우 ⇨ 계약금 계약의 불성립 (민법 제565조에 의한 계약해제 불가)
> ■ 매도인이 부동산을 이중으로 양도하고 제3자에게 이전등기를 해준 경우 제1매수인에 대한 손해배상액 ⇨ 제3자에게 소유권이전등기를 넘겨준 날 현재의 시가상당액
> ■ 해약금에 의한 해제권의 행사(민법 제565조)
>   • 당사자 일방이 이행에 착수하기 전까지
>   • 특별한 사정이 없는 한 이행기 전에도 이행에 착수할 수 ○
> ■ 제3채무자의 압류채무자에 대한 자동채권이 수동채권인 피압류채권과 동시이행관계인 경우 ⇨ 압류의 효력이 생긴 후에 자동채권이 발생했더라도 제3채무자는 그 자동채권에 의한 상계로 압류채권자에게 대항 가능

ㄱ. (X) 계약이 일단 성립한 후에는 당사자의 일방이 이를 마음대로 해제할 수 없는 것이 원칙이고, 다만 주된 계약과 더불어 계약금계약을 한 경우에는 민법 제565조 제1항의 규정에 따라 임의 해제를 할 수 있기는 하나, 계약금계약은 금전 기타 유가물의 교부를 요건으로 하므로 단지 계약금을 지급하기로 약정만 한 단계에서는 아직 계약금으로서의 효력, 즉 위 민법 규정에 의해 계약해제를 할 수 있는 권리는 발생하지 않는다고 할 것이다. 따라서 당사자가 계약금의 일부만을 먼저 지급하고 잔액은 나중에 지급하기로 약정하거나 계약금 전부를 나중에 지급하기로 약정한 경우, 교부자가 계약금의 잔금이나 전부를 약정대로 지급하지 않으면 상대방은 계약금 지급의무의 이행을 청구하거나 채무불이행을 이유로 계약금약정을 해제할 수 있고, 나아가 위 약정이 없었더라면 주계약을 체결하지 않았을 것이라는 사정이 인정된다면 주계약도 해제할 수도 있을 것이나, 교부자가 계약금의 잔금 또는 전부를 지급하지 아니하는 한 계약금계약은 성립하지 아니하므로 당사자가 임의로 주계약을 해제할 수는 없다 할 것이다(대판 2008.03.13. 2007다73611). ▶사안에서 甲과 乙은 계약금을 1천만 원으로 약정하였으나 그 중 일부인 3백만 원만 교부되었으므로 계약금 계약이 아직 성립하지 않았다. 따라서 甲이 수령한 3백만 원의 배액인 6백만 원을 제공했더라도 매매계약은 적법하게 해제되지 않는다.

ㄴ. (X) 부동산매매에 있어 매도인이 매매목적물을 2중으로 양도하여 제3자에게 소유권이전등기를 하여 줌으로써 매수인에 대한 소유권이전등기의무가 이행불능된 경우 그 손해배상의 액은 특별한 사정이 없는 한 제3자에게 소유권이전등기를 넘겨준 날 현재의 시가상당액이라고 할 것이나, 매매계약시에 미리 손해배상의 예정에 관한 특약을 하였다면 매수인은 매도인에 대하여 예정된 손해배상액만을 청구할 수 있다(대판 1994.01.11. 93다17638). ▶乙이 甲에게 청구할 수 있는 전보배상액은 甲이 丙에게 소유권이전등기를 마친 2019.7.1 X토지의 시가인 1억 6천만 원이다.

ㄷ. (○) [1] 민법 제565조가 해제권 행사의 시기를 당사자의 일방이 이행에 착수할 때까지로 제한한 것은 당사자의 일방이 이미 이행에 착수한 때에는 그 당사자는 그에 필요한 비용을 지출하였을 것이고, 또 그 당사자는 계약이 이행될 것으로 기대하고 있는데 만일 이러한 단계에서 상대방으로부터 계약이 해제된다면 예측하지 못한 손해를 입게 될 우려가 있으므로 이를 방지하고자 함에 있고, 이행기의 약정이 있는 경우라 하더라도 당사자가 채무의 이행 전에는 착수하지 아니하기로 하는 특약을 하는 등 특별한 사정이 없는 한 이행기 전에 이행에 착수할 수 있다. [2] 매매계약의 체결 이후 시가 상승이 예상되자 매도인이 구두로 구체적인 금액의 제시 없이 매매대금의 증액요청을 하였고, 매수인은 이에 대하여 확답하지 않은 상태에서 중도금을 이행기 전에 제공하였는데, 그 이후 매도인이 계약금의 배액을 공탁하여 해제권을 행사한 사안에서, 시가 상승만으로 매매계약의 기초적 사실관계가 변경되었다고 볼 수 없어 '매도인을 당초의 계약에 구속시키는 것이 특히 불공평하다'거나 '매수인에게 계약내용 변경요청의 상당성이 인정된다'고 할 수 없고, 이행기 전의 이행의 착수가 허용되어서는 안 될 만한 불가피한 사정이 있는 것도 아니므로 매도인은 위의 해제권을 행사할 수 없다(대판 2006.02.10. 2004다11599).

ㄹ. (X) 금전채권에 대한 압류 및 전부명령이 있는 때에는 압류된 채권은 동일성을 유지한 채로 압류채무자로부터 압류채권자에게 이전되고, 제3채무자는 채권이 압류되기 전에 압류채무자에게 대항할 수 있는 사유로써 압류채권자에게 대항할 수 있는 것이므로, 제3채무자의 압류채무자에 대한 자동채권이 수동채권인 피압류채권과 동시이행의 관계에 있는 경우에는, 압류명령이 제3채무자에게 송달되어 압류의 효력이 생긴 후에 자동채권이 발생하였다고 하더라도 제3채무자는 동시이행의 항변권을 주장할 수 있다. 이 경우에 자동채권이 발생한 기초가 되는 원인은 수동채권이 압류되기 전에 이미 성립하여 존재하고 있었던 것이므로, 그 자동채권은 민법 제498조의 '지급을 금지하는 명령을 받은 제3채무자가 그 후에 취득한 채권'에 해당하지 않는다고 봄이 상당하고, 제3채무자는 그 자동채권에 의한 상계로 압류채권자에게 대항할 수 있다(대판 2010.03.25. 2007다35152).

> **참고판례** 매매계약에서 대가적 의미가 있는 매도인의 소유권이전의무와 매수인의 대금지급의무는 다른 약정이 없는 한 동시이행의 관계에 있으며, 또한 설령 어느 의무가 선이행의무라고 하더라도 이행기가 도과된 경우에는 이행기 도과에 불구하고 여전히 선이행하기로 약정하는 등의 특별한 사정이 없는 한 그 의무를 포함하여 매도인과 매수인 쌍방의 의무는 동시이행관계에 놓이게 된다. 이러한 법률관계는 매매목적물에 대하여 가압류 또는 처분금지가처분 집행 등이 되어 있거나 매도인의 소유권이전등기청구권에 대하여 가압류나 처분금지가처분 등이 되어 있어, 매매계약에 따른 소유권이전의무를 이행하기 위하여 그 가압류·가처분 집행 등을 해제할 필요가 있는 경우에, 그 집행 등의 해제의무에 관하여도 마찬가지로 적용된다(대판 2013.06.13. 2011다73472).

▶ 甲의 乙에 대한 구상채무는 가압류말소의무의 변형으로 乙의 잔금 지급채무와 여전히 동시이행관계에 있으므로 乙이 甲에게 가지는 구상금채권이 B의 가압류명령이 송달된 후에 발생했어도 乙은 甲에게 가지는 구상금채권으로 상계를 주장할 수 있다.

정답 ⑤

문 21

다음 설명 중 옳지 않은 것을 모두 고른 것은?(다툼이 있는 경우 판례에 의함) [2016년 9번]

㉠ 甲은 乙로부터 건물을 11억 원에 매수하는 계약을 체결하면서 계약금을 1억 1,000만 원으로 정하였는데 위 돈 중 1,000만 원은 계약 낭일에 송금하였고, 나머지 1억 원은 다음날 송금하기로 약정하였다. 乙이 위 계약을 해제하려면 2,000만 원이 아니라 2억 2,000만 원을 甲에게 상환하여야 한다.

㉡ 위 사안에서 甲이 계약금 1억 1,000만 원 전액을 다음 날 지급하기로 약정한 경우라면 乙은 甲에게 계약금의 이행을 청구할 수 있으나, 그 불이행을 이유로 계약금약정 또는 매매계약 자체를 해제할 수는 없다.

㉢ 甲은 자기 소유 기계류와 공장에 대하여 乙과 화재보험계약을 체결하였는데, 가격이 부풀려진 허위의 손해사정자료를 제출할 경우 甲의 보험금청구권은 상실되는 것으로 규정되었다. 한편 甲은 위 보험금청구권에 대하여 대출금채권자인 丙은행에 최고액 15억 원의 질권을 설정하여 주고 乙의 승낙을 받았다. 이후 甲의 공장에 화재가 발생하여 乙은 질권자 丙에게 보험금 15억 원을 지급하였는데, 丙은 위 돈 중 11억 원은 자신의 채권에 충당하고 나머지 4억 원을 그대로 보유하고 있다. 만약 甲의 허위자료 제출로 보험금청구권이 상실되었다면 乙은 丙은행을 상대로 4억 원에 대하여 부당이득반환을 청구할 수 있다.

㉣ 만약 ㉢ 사례에서 丙이 나머지 4억 원을 甲에게 돌려주었더라도 乙에 대하여 여전히 부당이득반환의무를 부담한다.
㉤ 甲이 계약 상대방인 乙 지시로 乙과 또 다른 계약관계를 맺고 있는 丙에게 직접 급부한 경우, 甲·乙 사이의 계약관계가 실효되더라도 甲은 丙을 상대로 직접 부당이득반환을 청구할 수 없다.

① ㉠, ㉢　　　　　　　② ㉡, ㉢　　　　　　　③ ㉡, ㉣
④ ㉠, ㉤　　　　　　　⑤ ㉢, ㉣

해설　★★★

㉠ (○) 매도인이 '계약금 일부만 지급된 경우 지급받은 금원의 배액을 상환하고 매매계약을 해제할 수 있다'고 주장한 사안에서, '실제 교부받은 계약금'의 배액만을 상환하여 매매계약을 해제할 수 있다면 이는 당사자가 일정한 금액을 계약금으로 정한 의사에 반하게 될 뿐 아니라, 교부받은 금원이 소액일 경우에는 사실상 계약을 자유로이 해제할 수 있어 계약의 구속력이 약화되는 결과가 되어 부당하기 때문에, 계약금 일부만 지급된 경우 수령자가 매매계약을 해제할 수 있다고 하더라도 해약금의 기준이 되는 금원은 '실제 교부받은 계약금'이 아니라 '약정 계약금'이라고 봄이 타당하므로, 매도인이 계약금의 일부로서 지급받은 금원의 배액을 상환하는 것으로는 매매계약을 해제할 수 없다(대판 2015.04.23. 2014다231378).

㉡ (X) 계약이 일단 성립한 후에는 당사자일방이 이를 마음대로 해제할 수 없는 것이 원칙이고, 다만 주된 계약과 더불어 계약금계약을 한 경우에는 민법 제565조 제1항의 규정에 따라 임의해제를 할 수 있기는 하나, 계약금계약은 금전 기타 유가물의 교부를 요건으로 하므로 단지 계약금을 지급하기로 약정만 한 단계에서는 아직 계약금으로서의 효력, 즉 위 민법규정에 의해 계약해제를 할 수 있는 권리는 발생하지 않는다고 할 것이며, 당사자가 계약금일부만을 먼저 지급하고 잔액은 나중에 지급하기로 약정하거나 계약금전부를 나중에 지급하기로 약정한 경우, 교부자가 계약금잔금이나 전부를 약정대로 지급하지 않으면 상대방은 계약금지급의무이행을 청구하거나 채무불이행을 이유로 계약금약정을 해제할 수 있고, 나아가 그 약정이 없었더라면 주계약을 체결하지 않았을 것이라는 사정이 인정된다면 주계약도 해제할 수 있을 것이나, 교부자가 계약금 잔금 또는 전부를 지급하지 않는 한 계약금계약은 성립하지 아니하므로 당사자가 임의로 주계약을 해제할 수는 없다(대판 2008.03.13. 2007다73611).

㉢ (○), ㉣ (X) 금전채권의 질권자가 민법 제353조 제1항, 제2항에 의하여 자기채권의 범위 내에서 직접청구권을 행사하는 경우 질권자는 질권설정자의 대리인과 같은 지위에서 입질채권을 추심하여 자기채권의 변제에 충당하고 그 한도에서 질권설정자에 의한 변제가 있었던 것으로 보므로, 위 범위 내에서는 제3채무자의 질권자에 대한 금전지급으로써 제3채무자의 질권설정자에 대한 급부가 이루어질 뿐만 아니라 질권설정자의 질권자에 대한 급부도 이루어진다. 이러한 경우 입질채권의 발생원인인 계약관계에 무효 등의 흠이 있어 입질채권이 부존재한다고 하더라도 제3채무자는 특별한 사정이 없는 한 상대방 계약당사자인 질권설정자에 대하여 부당이득반환을 구할 수 있을 뿐이고 질권자를 상대로 직접 부당이득반환을 구할 수 없다. 이와 달리 제3채무자가 질권자를 상대로 직접 부당이득반환청구를 할 수 있다고 보면 자기 책임하에 체결된 계약에 따른 위험을 제3자인 질권자에게 전가하는 것이 되어 계약법의 원리에 반하는 결과를 초래할 뿐만 아니라 질권자가 질권설정자에 대하여 가지는 항변권 등을 침해하게 되어 부당하기 때문이다. 질권자가 제3채무자로부터 자기채권을 초과하여 금전을 지급받은 경우 초과 지급 부분에 관하여는 제3채무자의 질권설정자에 대한 급부와 질권설정자의 질권자에 대한 급부가 있다고 볼 수 없으므로, 제3채무자는 특별한 사정이 없는 한 질권자를 상대로 초과 지급 부분에 관하여 부당이득반환을 구할 수 있지만, 부당이득반환청구의 상대방이 되는 수익자는 실질적으로 그 이익이 귀속된 주체이어야 하는데, 질권자가 초과 지급 부분을 질권설정자에게 그대로 반환한 경우에는 초과 지급 부분에 관하여 질권설정자가 실질적 이익을 받은 것이지 질권자로서

는 실질적 이익이 없다고 할 것이므로, 제3채무자는 질권자를 상대로 초과 지급 부분에 관하여 부당이득반환을 구할 수 없다(대판 2015.05.29. 2012다92258). ▶질권자 丙은행은 자신의 채권액 11억 원을 초과하여 15억 원을 지급 받았으므로 초과부분 4억 원에 대하여 제3채무자인 乙은 丙은행에 대하여 부당이득반환을 청구할 수 있고, 丙은행이 질권설정자인 甲에게 4억 원을 그대로 반환한 경우 질권자인 丙은행이 실질적으로 이익을 받은 것이 없으므로 제3채무자 乙에게 부당이득반환의무가 없다.

㉤ (○) 계약의 일방당사자가 상대방의 지시 등으로 상대방과 또 다른 계약관계를 맺고 있는 제3자에게 직접 급부한 경우(이른바 삼각관계에서의 급부가 이루어진 경우), 그 급부로써 급부를 한 당사자의 상대방에 대한 급부가 이루어질 뿐 아니라 그 상대방의 제3자에 대한 급부도 이루어지는 것이므로 계약의 일방당사자는 제3자를 상대로 법률상 원인 없이 급부를 수령하였다는 이유로 부당이득반환청구를 할 수 없다(대판 2008.09.11. 2006다46278).

정답 ③

제2관 매매의 효력

문 29

甲은 乙에게 부동산을 매도하기로 하여 매매계약을 체결한 후 매매대금의 지급기일 전에 매매대금을 지급받지 않은 상태에서 부동산을 인도하고 그 소유권이전등기를 먼저 마쳐주었다. 甲과 乙의 법률관계에 관한 다음 설명 중 가장 옳은 것은?(甲, 乙간에 채무의 이행기 전에는 이행에 착수하지 않기로 하는 특약을 하는 등 특별한 사정은 없음)[2023년 8번]

① 乙이 매매대금의 지급기일이 경과하도록 매매대금을 지급하지 않는 경우 甲은 최고를 하지 않아도 乙의 이행지체를 이유로 매매계약을 해제할 수 있다.
② 민법 제587조에 따라 매수인은 목적물의 인도를 받은 날부터 대금의 이자를 지급하여야 하므로, 매매대금의 지급기일 전이라도 乙이 지급해야 하는 매매대금에는 이자가 가산된다.
③ 乙이 매매대금 지급기일까지 매매대금을 지급하지 아니할 경우 그 미지급액에 대하여 연 25%의 지연손해금을 가산하여 지급하기로 약정하였다고 하더라도, 그 약정에 의한 지연손해금이 부당히 과다하다고 인정되는 경우에는 법원은 이를 적당히 감액할 수 있다.
④ 甲과 乙이 매매계약을 합의해제한 경우, 합의해제에 따른 甲의 원상회복청구권인 부동산 인도 및 등기말소청구권은 채권적 청구권으로서 10년의 소멸시효가 적용된다.
⑤ 乙이 매매계약 당시 계약금을 지급하였다면 乙은 계약금을 포기하고 매매계약을 해제할 수 있다.

MGI Point 매매 ★★★

- 이행지체에 기한 해제권 ⇨ 이행의 최고 후 상당한 기간 경과시 발생
- 대금의 지급에 대하여 기한이 있는 경우 ⇨ 목적물 인도 받은 매수인은 이자지급의무×
- 전채무에 관하여 이행지체에 대비한 지연손해금 비율을 따로 약정한 경우 ⇨ 손해배상액의 예정, 제398조 제2항에 따른 감액 可
- 매매계약이 합의해제된 경우 ⇨ 매도인의 부동산 인도 및 등기말소청구권은 물권적 청구권, 소멸시효의 대상×
- 계약금 해제의 제한사유 ⇨ 당사자 일방의 이행의 착수

① (X) 당사자 일방이 그 채무를 이행하지 아니하는 때에는 상대방은 상당한 기간을 정하여 그 이행을 최고하고 그 기간 내에 이행하지 아니한 때에는 계약을 해제할 수 있다. 따라서 乙이 매매대금의 지급기일이 경과하도록 매매대금을 지급하지 않는 경우 甲은 乙의 이행지체를 이유로 매매계약을 해제하려면 이행을 최고해야 한다.

② (X) 매매계약 있은 후에도 인도하지 아니한 목적물로부터 생긴 과실은 매도인에게 속한다. 매수인은 목적물의 인도를 받은 날로부터 대금의 이자를 지급하여야 한다. 그러나 대금의 지급에 대하여 기한이 있는 때에는 그러하지 아니하므로(민법 제587조), 乙이 지급해야 하는 매매대금에는 이자가 가산되지 아니한다.

③ (○) 금전채무에 관하여 이행지체에 대비한 지연손해금 비율을 따로 약정한 경우에 이는 일종의 손해배상액의 예정으로서 민법 제398조 제2항에 의한 감액의 대상이 된다(대법원 2017. 5. 30. 선고 2016다275402).

④ (X) 매매계약이 합의해제된 경우에도 매수인에게 이전되었던 소유권은 당연히 매도인에게 복귀하는 것이므로 합의해제에 따른 매도인의 원상회복청구권은 소유권에 기한 물권적 청구권이라고 할 것이고 이는 소멸시효의 대상이 되지 아니한다(대법원 1982. 7. 27. 선고 80다2968).

⑤ (X) 매매의 당사자 일방이 계약 당시에 금전 기타 물건을 계약금, 보증금 등의 명목으로 상대방에게 교부한 때에는 당사자 간에 다른 약정이 없는 한 당사자의 일방이 이행에 착수할 때까지 교부자는 이를 포기하고 수령자는 그 배액을 상환하여 매매계약을 해제할 수 있다(민법 제565조 제1항). 甲은 이미 이행을 완료하였으므로 계약금 해제는 인정되지 않는다.

정답 ③

제3관 담보책임

문 22

매도인의 하자담보책임에 관한 다음 설명 중 가장 옳지 않은 것은? [2019년 36번]

① 계약 당시 매매의 목적이 된 권리가 자기에게 속하지 않음을 알지 못한 매도인이 그 권리를 취득하여 매수인에게 이전할 수 없는 때에 매도인이 그 손해를 배상하고 계약을 해제할 수 있도록 규정한 민법 제571조 제1항은 매매의 목적이 된 권리 전부를 이전할 수 없게 된 경우뿐만 아니라 매매의 목적인 권리 일부를 이전할 수 없는 경우에도 마찬가지로 적용될 수 있다.

② 매매계약에서 건물과 그 대지가 계약의 목적물인데 건물의 일부가 경계를 침범하여 이웃 토지 위에 건립되어 있는 경우에 매도인이 그 경계 침범의 건물부분에 관한 대지부분을 취득하여 매수인에게 이전하지 못하는 때에는 매수인은 매도인에 대하여 민법 제572조를 유추적용하여 담보책임을 물을 수 있다.

③ 매매계약을 체결함에 있어 토지의 면적을 기초로 하여 평수에 따라 대금을 산정하였는데 토지의 일부가 매매계약 당시에 이미 도로의 부지로 편입되어 있었고, 매수인이 그와 같은 사실을 알지 못하고 매매계약을 체결한 경우 매수인은 민법 제574조에 따라 매도인에 대하여 토지 중 도로의 부지로 편입된 부분의 비율로 대금의 감액을 청구할 수 있다.

④ 가압류 목적이 된 부동산을 매수한 사람이 가압류에 기한 강제집행으로 부동산 소유권을 상실하게 되었다면 이는 매매목적부동산에 설정된 저당권 또는 전세권의 행사에 따른 매도인의 담보책임에 관한 민법 제576조의 규정을 준용하여 매수인이 매매계약을 해제할 수 있고, 손해배상을 청구할 수 있다.

⑤ 매매목적물의 하자로 인하여 확대손해가 발생하였다는 이유로 매도인에게 그 확대손해에 대한 배상책임을 지우기 위해서는 채무의 내용으로 된 하자 없는 목적물을 인도하지 못한 의무위반 사실 외에 그러한 의무위반에 대하여 매도인에게 귀책사유가 인정될 수 있어야만 한다.

MGI Point 매도인의 하자담보책임 ★★

- 민법 제571조 제1항 계약해제 적용여부 ⇨ 타인전부권리○ / 타인일부권리×
- 매매계약에서 건물과 그 대지가 계약의 목적물인데 건물의 일부가 경계를 침범하여 이웃 토지 위에 건립되어 있는 경우에 매도인이 그 경계 침범의 건물부분에 관한 대지부분을 취득하여 매수인에게 이전하지 못하는 때
  ⇨ 매수인은 매매의 목적이 된 권리의 일부가 타인에게 속한 경우의 매도인의 담보책임(572)을 유추적용 可
- 토지면적 기초 평수에 따라 대금 결정하는 매매 ⇨ 제574조 적용
- 가압류에 기한 강제집행로 인하여 소유권을 상실한 경우 ⇨ 제576조 준용 可 (제570조 준용 × → 따라서 가등기에 대해 惡意인 매도인도 계약해제 외에 손해배상청구 可
- 매매목적물 하자로 인한 확대손해 손해배상요건 ⇨ 매도인 물건 불인도 귀책사유 要

---

① (X) 민법 제571조 제1항은 선의의 매도인이 매매의 목적인 권리의 전부를 이전할 수 없는 경우에 적용될 뿐 매매의 목적인 권리의 일부를 이전할 수 없는 경우에는 적용될 수 없고, 마찬가지로 수 개의 권리를 일괄하여 매매의 목적으로 정하였으나 그 중 일부의 권리를 이전할 수 없는 경우에도 위 조항은 적용될 수 없다(대판 2004.12.0. 2002다33557).

② (○) 매매계약에서 건물과 그 대지가 계약의 목적물인데 건물의 일부가 경계를 침범하여 이웃 토지 위에 건립되어 있는 경우에 매도인이 그 경계 침범의 건물부분에 관한 대지부분을 취득하여 매수인에게 이전하지 못하는 때에는 매수인은 매도인에 대하여 민법 제572조를 유추적용하여 담보책임을 물을 수 있다. 그리고 그 경우에 이웃 토지의 소유자가 소유권에 기하여 그와 같은 방해상태의 배제를 구하는 소를 제기하여 승소의 확정판결을 받았으면, 다른 특별한 사정이 없는 한 매도인은 그 대지부분을 취득하여 매수인에게 이전할 수 없게 되었다고 봄이 상당하다(대판 2009.07.23. 2009다33570).

③ (○) 매매계약을 체결함에 있어 토지의 면적을 기초로 하여 평수에 따라 대금을 산정하였는데 토지의 일부가 매매계약 당시에 이미 도로의 부지로 편입되어 있었고, 매수인이 그와 같은 사실을 알지 못하고 매매계약을 체결한 경우 매수인은 민법 제574조에 따라 매도인에 대하여 토지 중 도로의 부지로 편입된 부분의 비율로 대금의 감액을 청구할 수 있다(대판 1992.12.22. 92다30580).

④ (○) 가압류 목적이 된 부동산을 매수한 이후 가압류에 기한 강제집행으로 부동산 소유권을 상실한 경우에도 매도인의 담보책임에 관한 민법 제576조가 준용된다(대판 2011.01.13. 2011다1941).

⑤ (○) 매도인이 매수인에게 공급한 부품이 통상의 품질이나 성능을 갖추고 있는 경우, 나아가 내한성이라는 특수한 품질이나 성능을 갖추고 있지 못하여 하자가 있다고 인정할 수 있기 위하여는, 매수인이 매도인에게 완제품이 사용될 환경을 설명하면서 그 환경에 충분히 견딜 수 있는 내한성 있는 부품의 공급을 요구한 데 대하여, 매도인이 부품이 그러한 품질과 성능을 갖춘 제품이라는 점을 명시적으로나 묵시적으로 보증하고 공급하였다는 사실이 인정되어야만 할 것이고, 특히 매매목적물의 하자로 인하여 확대손해 내지 2차 손해가 발생하였다는 이유로 매도인에게 그 확대손해에 대한 배상책임을 지우기 위하여는 채무의 내용으로 된 하자 없는 목적물을 인도하지 못한 의무위반사실 외에 그러한 의무위반에 대하여 매도인에게 귀책사유가 인정될 수 있어야만 한다(대판 1997.05.07. 96다39455).

정답 ①

문 23

매도인의 담보책임에 관한 다음 설명 중 가장 옳지 않은 것은?(다툼이 있는 경우 판례에 의함)
[2017년 5번]

① 매매계약에서 건물과 그 대지가 계약의 목적물인데 건물의 일부가 경계를 침범하여 이웃 토지 위에 건립되어 있는 경우에 매도인이 그 경계 침범의 건물부분에 관한 대지부분을 취득하여 매수인에게 이전하지 못하는 때에는 매수인은 권리의 일부가 타인에게 속한 경우에 관한 담보책임을 매도인에게 물을 수 있다.

② 일반적으로 담보권실행을 위한 임의경매에 있어 경매법원이 경매목적인 토지의 등기부상 면적을 표시하는 것은 단지 토지를 특정하여 표시하기 위한 방법에 지나지 아니한 것이라고 볼 수 있으나, 그 최저경매가격을 결정함에 있어 감정인이 단위면적당 가액에 공부상의 면적을 곱하여 산정한 가격을 기준으로 삼았다면 이는 민법 제574조 소정의 '수량을 지정한 매매'라고 할 수 있다.

③ 저당권이 설정된 부동산을 매수한 자가 매도인과 이행인수의 특약을 하고 그 저당권으로 담보된 채무를 공제한 금액을 매매대금으로 정했다면, 그 후 그 저당권이 실행되어 매수인이 취득한 소유권을 잃었다고 하더라도 매도인에게 담보책임을 물을 수 없다.

④ 가압류 목적이 된 부동산을 매수한 사람이 그 후 가압류에 기한 강제집행으로 부동산 소유권을 상실한 경우, 매매의 목적 부동산에 설정된 저당권 또는 전세권의 행사로 인하여 매수인이 취득한 소유권을 상실한 경우에 관한 담보책임 규정이 준용된다고 보아, 매수인은 매매계약을 해제할 수 있고 손해배상을 청구할 수도 있다.

⑤ 매매의 목적이 된 권리의 일부가 타인에게 속함으로 인하여 매도인이 그 권리를 취득하여 매수인에게 이전할 수 없게 된 때에는 선의의 매수인은 매도인에게 담보책임을 물어 이로 인한 손해배상을 청구할 수 있는바, 이 경우에 매도인이 매수인에 대하여 배상하여야 할 손해액은 원칙적으로 매도인이 매매의 목적이 된 권리의 일부를 취득하여 매수인에게 이전할 수 없게 된 때의 이행불능이 된 권리의 시가, 즉 이행이익 상당액이라고 할 것이다.

해설 ★★★

① (○) 매매계약에서 건물과 그 대지가 계약의 목적물인데 건물의 일부가 경계를 침범하여 이웃 토지 위에 건립되어 있는 경우에 매도인이 그 경계 침범의 건물부분에 관한 대지부분을 취득하여 매수인에게 이전하지 못하는 때에는 매수인은 매도인에 대하여 민법 제572조를 유추적용하여 담보책임을 물을 수 있다. 그리고 그 경우에 이웃 토지의 소유자가 소유권에 기하여 그와 같은 방해상태의 배제를 구하는 소를 제기하여 승소의 확정판결을 받았으면, 다른 특별한 사정이 없는 한 매도인은 그 대지부분을 취득하여 매수인에게 이전할 수 없게 되었다고 봄이 상당하다(대판 2009.07.23. 2009다33570).

② (X) 민법 제574조에서 규정하는 '수량을 지정한 매매'라 함은 당사자가 매매의 목적인 특정물이 일정한 수량을 가지고 있다는 데 주안을 두고 대금도 그 수량을 기준으로 하여 정한 경우를 말하는 것이므로, 토지의 매매에 있어 목적물을 등기부상의 면적에 따라 특정한 경우라도 당사자가 그 지정된 구획을 전체로서 평가하였고 면적에 의한 계산이 하나의 표준에 지나지 아니하여 그것이 당사자들 사이에 대상토지를 특정하고 그 대금을 결정하기 위한 방편이었다고 보일 때에는 이를 가리켜 수량을 지정한 매매라 할 수 없다고 할 것인바, 일반적으로 담보권실행을 위한 임의경매에 있어 경매법원이 경매목적인 토지의 등기부상 면적을 표시하

는 것은 단지 토지를 특정하여 표시하기 위한 방법에 지나지 아니한 것이고, 그 최저경매가격을 결정함에 있어 감정인이 단위면적당 가액에 공부상의 면적을 곱하여 산정한 가격을 기준으로 삼았다 하여도 이는 당해 토지 전체의 가격을 결정하기 위한 방편에 불과하다 할 것이어서, 특별한 사정이 없는 한 이를 민법 제574조 소정의 '수량을 지정한 매매'라고 할 수 없다(대판 2003.01.24. 2002다65189).

③ (○) 매매의 목적이 된 부동산에 설정된 저당권의 행사로 인하여 매수인이 취득한 소유권을 잃은 때에는 매수인은 민법 제576조 제1항의 규정에 의하여 매매계약을 해제할 수 있지만, 매수인이 매매목적물에 관한 근저당권의 피담보채무를 인수하는 것으로 매매대금의 지급에 갈음하기로 약정한 경우에는 특별한 사정이 없는 한, 매수인으로서는 매도인에 대하여 민법 제576조 제1항의 담보책임을 면제하여 주었거나 이를 포기한 것으로 봄이 상당하므로, 매수인이 매매목적물에 관한 근저당권의 피담보채무 중 일부만을 인수한 경우 매도인으로서는 자신이 부담하는 피담보채무를 모두 이행한 이상 매수인이 인수한 부분을 이행하지 않음으로써 근저당권이 실행되어 매수인이 취득한 소유권을 잃게 되더라도 민법 제576조 소정의 담보책임을 부담하게 되는 것은 아니다(대판 2002.09.04. 2002다11151).

④ (○) 가압류 목적이 된 부동산을 매수한 사람이 그 후 가압류에 기한 강제집행으로 부동산 소유권을 상실하게 되었다면 이는 매매의 목적 부동산에 설정된 저당권 또는 전세권의 행사로 인하여 매수인이 취득한 소유권을 상실한 경우와 유사하므로, 이와 같은 경우 매도인의 담보책임에 관한 민법 제576조의 규정이 준용된다고 보아 매수인은 같은 조 제1항에 따라 매매계약을 해제할 수 있고, 같은 조 제3항에 따라 손해배상을 청구할 수 있다고 보아야 한다(대판 2011.05.13. 2011다1941).

⑤ (○) 매매의 목적이 된 권리의 일부가 타인에게 속함으로 인하여 매도인이 그 권리를 취득하여 매수인에게 이전할 수 없게 된 때에는 선의의 매수인은 매도인에게 담보책임을 물어 이로 인한 손해배상을 청구할 수 있는바, 이 경우에 매도인이 매수인에 대하여 배상하여야 할 손해액은 원칙적으로 매도인이 매매의 목적이 된 권리의 일부를 취득하여 매수인에게 이전할 수 없게 된 때의 이행불능이 된 권리의 시가, 즉 이행이익 상당액이라고 할 것이어서, 불법등기에 대한 불법행위책임을 물어 손해배상청구를 할 경우의 손해의 범위와 같이 볼 수 없다(대판 1993.01.19. 92다37727).

정답 ②

문 24

타인의 권리의 매매에 관한 다음 설명 중 가장 옳지 않은 것은?(다툼이 있는 경우 판례에 의함)
[2017년 16번]

① 매매위임장을 제시하고 매매계약서에 대리관계의 표시없이 그 자신의 이름을 기재하였다고 해서 그것만으로 그 자신이 매도인으로서 타인물을 매매한 것이라고 볼 수는 없다.
② 경매로 낙찰받은 부동산에 관하여 매각대금의 납부 전에 체결한 매매계약에서 매수인이 그 매각대금의 납입을 대신하기로 약정하였으나 이를 이행하지 않아 위 부동산이 재경매됨으로써 매도인의 채무가 이행불능이 된 경우, 그 이행불능에 대한 귀책사유는 매수인에게 있다.
③ 명의신탁한 부동산을 명의신탁자가 매도하는 경우에 이를 민법 제569조 소정의 타인의 권리의 매매라고 할 수 없다.
④ 부동산을 매수한 자가 그 소유권이전등기를 하지 아니한 채 이를 다시 제3자에게 매도한 경우에는 그것을 민법 제569조에서 말하는 '타인의 권리 매매'라고 할 수 없다.
⑤ 낙찰 받은 부동산을 매각대금의 납부 전에 매도한 경우 그 매매계약은 민법 제569조에서 정한 타인의 권리의 매매에 해당하지 않는다.

해설

① (○) 일반적으로 매매계약에서 매도인으로 나온 사람이 위와 같은 소유권자로부터 매매에 관한 권한을 위임받은 내용의 위임장을 제시하고 매매계약을 체결하였다면 특단의 사정이 없는 한 그는 소유권자를 대리하여 매매행위를 한 것으로 보아야 할 것이고, 매매계약서의 매도인란에 대리관계의 표시가 없이 그 자신의 이름을 기재하였다고 하여도 이것만으로 그 자신이 매도인으로서 타인물의 매매를 한 것이라고 볼 수는 없는 것이다(대판 1982.05.25. 81다1349).

② (○) 민법 제538조 제1항은 쌍무계약의 위험부담에 관한 채무자주의 원칙의 예외로서 "쌍무계약의 당사자 일방의 채무가 채권자의 책임 있는 사유로 이행할 수 없게 된 때에는 채무자는 상대방의 이행을 청구할 수 있다."고 규정하고 있는바, 여기에서 '채권자의 책임 있는 사유'라고 함은 채권자의 어떤 작위나 부작위가 채무자의 이행의 실현을 방해하고 그 작위나 부작위는 채권자가 이를 피할 수 있었다는 점에서 신의칙상 비난받을 수 있는 경우를 의미한다 할 것인데, 원심판결 이유에 의하더라도 원고와 피고는 이 사건 매매계약을 체결하면서 이 사건 토지의 소유권을 취득하여 피고에게 이전하여야 한다는 원고의 채무이행을 위해 필수적으로 요구되는 낙찰대금 납입은 그 이전등기청구권자인 피고가 대신하기로 약정하였음에도, 피고는 위 약정을 위반하여 그 납입의무를 이행하지 아니하였고, 그로 인하여 위 토지가 재경매되어 원고가 자신의 채무를 이행할 수 없게 되었다는 것인바, 위와 같은 사정을 앞서 본 법리에 비추어 보면, 원고의 채무가 이행불능된 책임은 원고가 아니라 피고에게 있다고 하지 않을 수 없다(대판 2008.08.11. 2008다25824).

③ (○) 명의신탁한 부동산을 신탁자가 매도하는 경우에 매도인은 그 부동산을 사실상 처분할 수 있을 뿐 아니라 법률상으로도 처분할 수 있는 권원에 의하여 매도한 것이므로, 이를 민법 제569조 소정의 타인의 권리의 매매라고는 할 수 없다(대판 1996.08.20. 96다18656).

④ (○) 부동산을 매수한 후 그 소유권이전등기를 하지 아니한 채 이를 다시 제3자에게 매도한 경우에는 그것을 민법 제569조에서 말하는 '타인의 권리 매매'라고 할 수 없다(대판 1996.04.12. 95다55245).

⑤ (X) 원심은, 원고와 피고 사이에 2000. 11. 20. 체결된 매매계약은 원고가 대전지방법원 99타경13843호 부동산임의경매절차에서 낙찰받은 토지들을 그 대금납부 전에 피고에게 매도하기로 한 것으로서 민법 제569조에 정해진 타인의 권리의 매매에 해당한다고 판단하고 있는바, 원심의 위와 같은 판단은 정당하고, 거기에 타인의 권리의 매매에 관한 법리를 오해한 위법이 있다고 할 수 없다(대판 2008.08.11. 2008다25824).

정답 ⑤

제4관 소비대차

문 25

소비대차 또는 준소비대차에 관한 다음 설명 중 가장 옳지 않은 것은?(다툼이 있는 경우 판례에 의하고, 전원합의체 판결의 경우 다수의견에 의함. 이하 같음) [2021년 1번]

① 준소비대차계약의 당사자는 기초가 되는 기존 채무의 당사자이어야 한다.
② 현실적인 자금의 수수 없이 형식적으로만 신규 대출을 하여 기존 채무를 변제하는 이른바 대환은 특별한 사정이 없는 한 기존 채무가 여전히 동일성을 유지한 채 존속하는 준소비대차로 보아야 하고, 이러한 경우 채권자와 보증인 사이에 사전에 신규 대출 형식에 의한 대환을 하는 경우 보증책임을 면하기로 약정하는 등의 특별한 사정이 없는 한 기존 채무에 대한 보증책임이 존속된다.

③ 민법상 소비대차는 당사자 일방이 금전 기타 대체물의 소유권을 상대방에게 이전할 것을 약정하고 상대방은 그와 같은 종류, 품질 및 수량으로 반환할 것을 약정함으로써 그 효력이 생기는 이른바 낙성계약이고, 차주가 현실로 금전 등을 수수하거나 현실의 수수가 있은 것과 같은 경제적 이익을 취득하여야만 소비대차가 성립하는 것은 아니다.
④ 기존 채권·채무의 당사자가 목적물을 소비대차의 목적으로 할 것을 약정한 경우 약정을 경개로 볼 것인가 준소비대차로 볼 것인가는 일차적으로 당사자의 의사에 따라 결정되지만 만약 당사자의 의사가 명백하지 않을 때에는 특별한 사정이 없는 한 기존채무와 신채무 사이에 동일성이 없다고 보아 경개로 보아야 한다.
⑤ 기존채무에 대하여 채권가압류가 마쳐진 후 채무자와 제3채무자 사이에 준소비대차 약정이 체결된 경우, 준소비대차 약정은 가압류된 채권을 소멸하게 하는 것으로서 채권가압류의 효력에 반하므로, 가압류의 처분제한의 효력에 따라 채무자와 제3채무자는 준소비대차의 성립을 가압류채권자에게 주장할 수 없고, 다만 채무자와 제3채무자 사이에서는 준소비대차가 유효하다.

MGI Point 소비대차 또는 준소비대차 ★★

- 준소비대차계약의 당사자는 기초가 되는 기존 채무의 당사자이어야 함
- 대환의 법적 성질 ⇨ 준소비대차 / 대환의 경우 기존 채무에 대한 보증책임이 존속됨
- 민법상 소비대차의 성질 ⇨ 낙성계약이므로 차주가 현실로 금전 등을 수수하거나 현실의 수수가 있은 것과 같은 경제적 이익을 취득하여야만 소비대차가 성립하는 것은 아님
- 기존 채권·채무의 당사자가 목적물을 소비대차의 목적으로 할 것을 약정하였으나 약정을 경개로 볼 것인가 준소비대차로 볼 것인가에 대한 당사자의 의사가 불명확한 경우 ⇨ 일반적으로 준소비대차로 보아야 함
- 기존채무에 채권가압류가 마쳐진 후에 이루어진 준소비대차의 효력 ⇨ 채무자와 제3채무자는 준소비대차의 성립을 가압류채권자에게 주장 불가, 다만 채무자와 제3채무자 사이에서는 준소비대차가 유효 ○

① (○) 준소비대차는 소비대차에 의하지 아니하고 금전 기타의 대체물을 지급할 의무가 있는 경우에 당사자가 그 목적물을 소비대차의 목적물로 할 것을 약정함으로써 당사자 사이에 소비대차의 효력이 생기는 것을 말하는 것으로서 기존 채무의 당사자가 그 채무의 목적물을 소비대차의 목적물로 한다는 합의를 할 것을 요건으로 하므로 준소비대차계약의 당사자는 기초가 되는 기존 채무의 당사자이어야 한다(대판 2002.12.06. 2001다2846).
② (○) 현실적인 자금의 수수 없이 형식적으로만 신규 대출을 하여 기존 채무를 변제하는 이른바 대환은 특별한 사정이 없는 한 형식적으로는 별도의 대출에 해당하나, 실질적으로는 기존 채무의 변제기 연장에 불과하므로, 그 법률적 성질은 기존 채무가 여전히 동일성을 유지한 채 존속하는 준소비대차로 보아야 하고, 이러한 경우 채권자와 보증인 사이에 사전에 신규 대출 형식에 의한 대환을 하는 경우 보증책임을 면하기로 약정하는 등의 특별한 사정이 없는 한 기존 채무에 대한 보증책임이 존속된다(대판 2002.10.11. 2001다7445).
③ (○) 민법상 소비대차는 당사자 일방이 금전 기타 대체물의 소유권을 상대방에게 이전할 것을 약정하고 상대방은 그와 같은 종류, 품질 및 수량으로 반환할 것을 약정함으로써 그 효력이 생기는 이른바 낙성계약이므로, 차주가 현실로 금전 등을 수수하거나 현실의 수수가 있은 것과 같은 경제적 이익을 취득하여야만 소비대차가 성립하는 것은 아니다(대판 1991.04.09. 90다14652).
④ (X) 경개나 준소비대차는 모두 기존채무를 소멸하게 하고 신채무를 성립시키는 계약인 점에 있어서는 동일하지만 경개의 경우에는 기존채무와 신채무 사이에 동일성이 없는 반면, 준소비대차의 경우에는 원칙적으로 동일성이 인정된다는 점에 차이가 있다. 기존 채권·채무의 당사자가 목적물을 소비대차의 목적으로 할 것을 약정한 경우 약정을 경개로 볼 것인가 준소비대차로 볼 것인가는 일차적으로 당사자의 의사에 따라 결정되고 만약 당사자의 의사가 명백하지 않을 때에는 의사해석의 문제이나, 특별한 사정이 없는 한 동일성을 상실

함으로써 채권자가 담보를 잃고 채무자가 항변권을 잃게 되는 것과 같이 스스로 불이익을 초래하는 의사를 표시하였다고는 볼 수 없으므로 일반적으로 준소비대차로 보아야 한다(대판 2016.06.09. 2014다64752).
⑤ (○) 기존채무에 대하여 채권가압류가 마쳐진 후 채무자와 제3채무자 사이에 준소비대차 약정이 체결된 경우, 준소비대차 약정은 가압류된 채권을 소멸하게 하는 것으로서 채권가압류의 효력에 반하므로, 가압류의 처분제한의 효력에 따라 채무자와 제3채무자는 준소비대차의 성립을 가압류채권자에게 주장할 수 없고, 다만 채무자와 제3채무자 사이에서는 준소비대차가 유효하다(대판 2007.01.11. 2005다47175).

정답 ④

제❸절 ▮ 임대차

제1관 민법상 임대차

문 29

민법상 각종 대차계약에 관한 다음 설명 중 가장 옳지 않은 것은? [2023년 33번]

① 현실적인 자금의 수수 없이 형식적으로만 신규 대출을 하여 기존 채무를 변제하는 이른바 대환은 특별한 사정이 없는 한 형식적으로는 별도의 대출에 해당하나 실질적으로는 기존 채무의 변제기 연장에 불과하므로, 그 법률적 성질은 기존 채무가 여전히 동일성을 유지한 채 존속하는 준소비대차로 보아야 한다.
② 주택임대차보호법에 의하여 우선변제청구권이 인정되는 소액임차인이 경락기일까지 적법한 배당요구를 하지 아니하여 그를 배당에서 제외하는 것으로 배당표가 작성·확정되고 그 확정된 배당표에 따라 배당이 실시되었다면, 그가 적법한 배당요구를 한 경우에 배당받을 수 있었던 금액 상당의 금원이 후순위채권자에게 배당되었다고 하여 이를 법률상 원인이 없는 것이라고 할 수 없다.
③ 대지에 관한 저당권의 실행으로 경매가 진행된 경우에도 그 지상 건물의 소액임차인은 대지의 환가대금 중에서 소액보증금을 우선변제받을 수 있다고 할 것이지만, 대지에 관한 저당권 설정 당시에 이미 그 지상 건물이 존재하는 경우가 아니라 저당권 설정 후에 비로소 건물이 신축된 경우라면 소액임차인은 대지의 환가대금에 대하여 우선변제를 받을 수 없다고 보아야 할 것이다.
④ 일반으로 건물의 소유를 목적으로 하는 토지 사용대차에 있어서는, 당해 토지의 사용수익의 필요는 당해 지상건물의 사용수익의 필요가 있는 한 그대로 존속하는 것이고, 이는 특별한 사정이 없는 한 차주 본인이 사망하더라도 당연히 상실되는 것이 아니어서 그로 인하여 곧바로 계약의 목적을 달성하게 되는 것은 아니라고 봄이 통상의 의사해석에도 합치되므로, 이러한 경우에는 민법 제614조의 규정에 불구하고 대주가 차주의 사망사실을 사유로 들어 사용대차계약을 해지할 수는 없다.
⑤ 임대차종료로 인한 임차인 甲의 원상회복의무에는 甲이 사용하고 있던 부동산의 점유를 임대인 乙에게 이전하는 것은 물론 乙이 임대 당시의 부동산 용도에 맞게 다시 사용할 수 있도록 협력할 의무도 포함한다. 그렇지만 乙 또는 그 승낙을 받은 제3자가 임차건물 부분에서 다시 영업허가를 받는 데 방해가 되지 않도록 甲이 임차건물 부분에서의 영업허가에 대하여 폐업신고절차를 이행할 의무까지 부담한다고 보기는 어렵다.

> **MGI Point** 임대차, 사용대차 ★★
>
> - 현실적인 자금의 수수 없이 형식적으로만 신규대출을 하는 것(대환) ⇨ 그 법적 성질은 준소비대차
> - 배당요구채권자인 주택임대차보호법상 소액임차인이 배당요구를 하지 않아 후순위채권자가 배당을 받은 경우 ⇨ 후순위채권자는 법률상 원인 없이 부당이득한 것×
> - 건물의 소액임차인이 대지의 환가대금 중에서 소액보증금을 우선변제받기 위한 요건 ⇨ 대지에 관한 저당권 설정 당시에 이미 그 지상 건물이 존재할 것
> - 건물의 소유를 목적으로 하는 토지 사용대차에서 차주가 사망한 경우 ⇨ 대주는 차주의 사망사실을 사유로 들어 사용대차계약을 해지 不可
> - 임대차종료로 인한 임차인의 원상회복의무 ⇨ 임차건물 부분에서의 영업허가에 대하여 폐업신고절차를 이행할 의무도 포함

① (○) 현실적인 자금의 수수 없이 형식적으로만 신규대출을 하여 기존채무를 변제하는 이른바 대환은 특별한 사정이 없는 한 형식적으로는 별도의 대출에 해당하나 실질적으로는 기존채무의 변제기의 연장에 불과하므로 그 법률적 성질은 기존채무가 여전히 동일성을 유지한 채 존속하는 준소비대차로 보아야 한다(대법원 1994. 6. 10. 94다3445).

② (○) 민사소송법 제605조 제1항에서 규정하는 배당요구가 필요한 배당요구채권자는, 압류의 효력발생 전에 등기한 가압류채권자, 경락으로 인하여 소멸하는 저당권자 및 전세권자로서 압류의 효력발생 전에 등기한 자 등 당연히 배당을 받을 수 있는 채권자의 경우와는 달리, 경락기일까지 배당요구를 한 경우에 한하여 비로소 배당을 받을 수 있고, 적법한 배당요구를 하지 아니한 경우에는 비록 실체법상 우선변제청구권이 있다 하더라도 경락대금으로부터 배당을 받을 수는 없을 것이므로, 이러한 배당요구채권자가 적법한 배당요구를 하지 아니하여 그를 배당에서 제외하는 것으로 배당표가 작성·확정되고 그 확정된 배당표에 따라 배당이 실시되었다면 그가 적법한 배당요구를 한 경우에 배당받을 수 있었던 금액 상당의 금원이 후순위채권자에게 배당되었다고 하여 이를 법률상 원인이 없는 것이라고 할 수 없다(대법원 2002. 1. 22. 2001다70702).

③ (○) 임차주택의 환가대금 및 주택가액에 건물뿐만 아니라 대지의 환가대금 및 가액도 포함된다고 규정하고 있는 주택임대차보호법(1999. 1. 21. 법률 제5641호로 개정되기 전의 것) 제3조의2 제1항 및 제8조 제3항의 각 규정과 같은 법의 입법 취지 및 통상적으로 건물의 임대차에는 당연히 그 부지 부분의 이용을 수반하는 것인 점 등을 종합하여 보면, 대지에 관한 저당권의 실행으로 경매가 진행된 경우에도 그 지상 건물의 소액임차인은 대지의 환가대금 중에서 소액보증금을 우선변제받을 수 있다고 할 것이나, 이와 같은 법리는 대지에 관한 저당권 설정 당시에 이미 그 지상 건물이 존재하는 경우에만 적용될 수 있는 것이고, 저당권 설정 후에 비로소 건물이 신축된 경우에까지 공시방법이 불완전한 소액임차인에게 우선변제권을 인정한다면 저당권자가 예측할 수 없는 손해를 입게 되는 범위가 지나치게 확대되어 부당하므로, 이러한 경우에는 소액임차인은 대지의 환가대금에 대하여 우선변제를 받을 수 없다고 보아야 한다(대법원 1999. 7. 23. 99다25532).

④ (○) 일반으로 건물의 소유를 목적으로 하는 토지 사용대차에 있어서는, 당해 토지의 사용수익의 필요는 당해 지상건물의 사용수익의 필요가 있는 한 그대로 존속하는 것이고, 이는 특별한 사정이 없는 한 차주 본인이 사망하더라도 당연히 상실되는 것이 아니어서 그로 인하여 곧바로 계약의 목적을 달성하게 되는 것은 아니라고 봄이 통상의 의사해석에도 합치되므로, 이러한 경우에는 민법 제614조의 규정에 불구하고 대주가 차주의 사망사실을 사유로 들어 사용대차계약을 해지할 수는 없다(대법원 1993. 11. 26. 93다36806).

⑤ (X) 임대차종료로 인한 임차인의 원상회복의무에는 임차인이 사용하고 있던 부동산의 점유를 임대인에게 이전하는 것은 물론 임대인이 임대 당시의 부동산 용도에 맞게 다시 사용할 수 있도록 협력할 의무도 포함한다. 따라서 임대인 또는 그 승낙을 받은 제3자가 임차건물 부분에서 다시 영업허가를 받는 데 방해가 되지 않도록 임차인은 임차건물 부분에서의 영업허가에 대하여 폐업신고절차를 이행할 의무가 있다(대법원 2008. 10. 9. 2008다34903).

정답 ⑤

문 30

임대차에 관한 다음 설명 중 옳은 것을 모두 고른 것은?[2023년 23번]

ㄱ. 임대인의 임차목적물의 사용·수익상태 유지의무는 임대인 자신에게 귀책사유가 있어 하자가 발생한 경우는 물론, 자신에게 귀책사유가 없이 하자가 발생한 경우에도 면해지지 아니한다. 그러나 임대인이 그와 같은 하자 발생 사실을 몰랐거나 반대로 임차인이 이를 알거나 알 수 있었다면 면할 수 있다.
ㄴ. 상속에 따라 임차건물의 소유권을 취득하여 임대인 지위를 공동으로 승계한 공동임대인들의 임차보증금 반환채무는 성질상 연대채무에 해당한다.
ㄷ. 통상의 임대차관계에 있어서 임대인의 임차인에 대한 의무는 특별한 사정이 없는 한 단순히 임차인에게 임대목적물을 제공하여 임차인으로 하여금 이를 사용·수익하게 함에 그치는 것이 아니라, 더 나아가 임차인의 안전을 배려하여 주거나 도난을 방지하는 등의 보호의무까지 부담한다고 보는 것이 신의칙에 부합한다.
ㄹ. 건물자체의 수선 내지 증개축부분은 특별한 사정이 없는 한 건물자체의 구성부분을 이루고 독립된 물건이라고 보이지 않으므로 임차인의 부속물 매수청구권의 대상이 될 수 없다.
ㅁ. 甲이 토지를 취득할 당시에는 乙과 丙 사이에 그 토지에 대한 임대차계약이 존재하지 않고 있었다고 하더라도, 그 이전에 乙이 丙과의 사이에 건물의 소유를 목적으로 하는 임대차계약을 체결하였다가 그 계약이 종료되어 乙이 丙에 대하여 그 건물에 관한 매수청구권을 행사할 수 있었을 때에는, 乙은 그 토지의 취득자인 甲에 대하여도 매수청구권을 행사할 수 있다.

① ㄱ, ㄴ ② ㄴ, ㄷ ③ ㄷ, ㄹ
④ ㄹ, ㅁ ⑤ ㄷ, ㅁ

MGI Point 임대차 ★★

- 임대인의 임차목적물의 사용·수익상태 유지의무 ⇨ 임대인의 고의·과실, 선·악의 불문하고 인정됨
- 상속에 의해 임대인 지위를 공동으로 승계한 상속인들의 임차보증금 반환채무 ⇨ 불가분채무
- 통상의 임대차관계에 있어서 임대인이 임차인의 안전을 배려하여 주거나 도난을 방지하는 등의 보호의무를 부담하는지 여부 ⇨ ×
- 건물자체의 수선 내지 증·개축부분 ⇨ 임차인의 부속물 매수청구권의 대상× (∵독립된 물건×)
- 토지임차인의 지상건물매수청구권은 임대차계약 종료 후에 임대인으로부터 토지를 취득한 자에게도 미침

ㄱ. (X) 임대인의 임차목적물의 사용·수익상태 유지의무는 임대인 자신에게 귀책사유가 있어 하자가 발생한 경우는 물론, 자신에게 귀책사유가 없이 하자가 발생한 경우에도 면해지지 아니한다. 또한 임대인이 그와 같은 하자 발생 사실을 몰랐다거나 반대로 임차인이 이를 알거나 알 수 있었다고 하더라도 마찬가지이다(대법원 2021. 4. 29. 2021다202309).
ㄴ. (X) 상가건물 임대차보호법 제3조는 '대항력 등'이라는 표제로 제1항에서 대항력의 요건을 정하고, 제2항에서 "임차건물의 양수인(그 밖에 임대할 권리를 승계한 자를 포함한다)은 임대인의 지위를 승계한 것으로 본다."라고 정하고 있다. 이 조항은 임차인이 취득하는 대항력의 내용을 정한 것으로, 상가건물의 임차인이 제

3자에 대한 대항력을 취득한 다음 임차건물의 양도 등으로 소유자가 변동된 경우에는 양수인 등 새로운 소유자(이하 '양수인'이라 한다)가 임대인의 지위를 당연히 승계한다는 의미이다. 소유권 변동의 원인이 매매 등 법률행위든 상속·경매 등 법률의 규정이든 상관없이 이 규정이 적용되므로, 상속에 따라 임차건물의 소유권을 취득한 자도 위 조항에서 말하는 임차건물의 양수인에 해당한다. 임대인 지위를 공동으로 승계한 공동임대인들의 임차보증금 반환채무는 성질상 불가분채무에 해당한다(대법원 2021. 1. 28. 2015다59801).

ㄷ. (X) 통상의 임대차관계에 있어서 임대인의 임차인에 대한 의무는 특별한 사정이 없는 한 단순히 임차인에게 임대목적물을 제공하여 임차인으로 하여금 이를 사용·수익하게 함에 그치는 것이고, 더 나아가 임차인의 안전을 배려하여 주거나 도난을 방지하는 등의 보호의무까지 부담한다고 볼 수 없을 뿐만 아니라 임대인이 임차인에게 임대목적물을 제공하여 그 의무를 이행한 경우 임대목적물은 임차인의 지배 아래 놓이게 되어 그 이후에는 임차인의 관리하에 임대목적물의 사용·수익이 이루어지는 것이다(대법원 1999. 7. 9. 99다10004).

ㄹ. (○) 건물자체의 수선 내지 증·개축부분은 특별한 사정이 없는 한 건물자체의 구성부분을 이루고 독립된 물건이라고 보이지 않으므로 임차인의 부속물 매수청구권의 대상이 될 수 없다(대법원 1983. 2. 22. 80다589).

ㅁ. (○) 갑이 토지를 취득할 당시에는 을과 병 사이에 그 토지에 대한 임대차계약이 존재하지 않고 있었다고 하더라도, 그 이전에 을이 병과의 사이에 건물의 소유를 목적으로 하는 임대차계약을 체결하였다가 그 계약이 종료되어 을이 병에 대하여 그 건물에 관한 매수청구권을 행사할 수 있었을 때에는, 을은 그 토지의 취득자인 갑에 대하여도 매수청구권을 행사할 수 있다(대법원 1996. 6. 14. 96다14517).

정답 ④

문 26

임대차 목적물의 화재에 관한 다음 설명 중 가장 옳지 않은 것은? [2018년 32번]

① 임대차 목적물이 화재 등으로 인하여 소멸됨으로써 임차인의 목적물 반환의무가 이행불능이 된 경우에, 그 화재 등의 구체적인 발생 원인이 밝혀지지 아니한 때에도, 임차인은 이행불능이 자기가 책임질 수 없는 사유로 인한 것이라는 증명을 다하지 못하면 목적물 반환의무의 이행불능으로 인한 손해를 배상할 책임을 진다.

② 임대차 종료 당시 반환된 임차 건물이 화재로 인하여 훼손되었음을 이유로 손해배상을 구하는 경우에, 그 화재 등의 구체적인 발생 원인이 밝혀지지 아니한 때에도, 임차인은 자기가 책임질 수 없는 사유로 인한 것이라는 증명을 다하지 못하면 그로 인한 손해를 배상할 책임을 진다.

③ 임대차계약 존속 중에 발생한 화재가 임대인이 지배·관리하는 영역에 존재하는 하자로 인하여 발생한 것으로 추단된다면, 특별한 사정이 없는 한 임대인은 그 화재로 인한 목적물 반환의무의 이행불능 등에 관한 손해배상책임을 임차인에게 물을 수 없다.

④ 임차인이 임대인 소유 건물의 일부를 임차하여 사용·수익하던 중 임차 건물 부분에서 화재가 발생하여 임차 건물 부분이 아닌 건물 부분까지 불에 타 그로 인해 임대인에게 재산상 손해가 발생한 경우에, 화재 발생과 관련된 임차인의 계약상 의무 위반이 있었음이 증명되고, 그러한 의무 위반과 임차 외 건물 부분의 손해 사이에 상당인과관계가 있으며, 임차 외 건물 부분의 손해가 그러한 의무 위반에 따른 통상의 손해에 해당한다고 볼 수 있는 경우라면, 임차인은 임차 외 건물 부분의 손해에 대해서도 임대인에게 손해배상책임을 부담한다.

⑤ 건물의 규모와 구조로 볼 때 그 건물 중 임차 건물 부분과 그 밖의 부분이 상호 유지·존립함에 있어서 구조상 불가분의 일체를 이루는 관계에 있다면, 임차인은 임차 건물의 보존에 관하여 선량한 관리자의 주의의무를 다하였음을 증명하지 못하는 이상, 임차 건물 부분의 유지·존립과 불가분의 일체 관계에 있는 임차 외 건물 부분이 소훼되어 임대인이 입게 된 손해도 채무불이행으로 인한 손해로 배상할 의무가 있다.

해설 ★★★

① (○), ② (○) 임차인의 임대차 목적물 반환의무가 이행불능이 된 경우 임차인이 그 이행불능으로 인한 손해배상책임을 면하려면 그 이행불능이 임차인의 귀책사유로 말미암은 것이 아님을 입증할 책임이 있고, 임차 건물이 화재로 소훼된 경우에 있어서 그 화재의 발생원인이 불명인 때에도 임차인이 그 책임을 면하려면 그 임차건물의 보존에 관하여 선량한 관리자의 주의의무를 다하였음을 입증하여야 하는 것이며, 이러한 법리는 임대차의 종료 당시 임차목적물 반환채무가 이행불능 상태는 아니지만 반환된 임차건물이 화재로 인하여 훼손되었음을 이유로 손해배상을 구하는 경우에도 동일하게 적용되고, 나아가 그 임대차계약이 임대인의 수선의무 지체로 해지된 경우라도 마찬가지다(대판 2010.04.29. 2009다96984).

③ (○) 임대인은 목적물을 임차인에게 인도하고 임대차계약 존속 중에 그 사용, 수익에 필요한 상태를 유지하게 할 의무를 부담하므로(민법 제623조), 임대차계약 존속 중에 발생한 화재가 임대인이 지배·관리하는 영역에 존재하는 하자로 인하여 발생한 것으로 추단된다면, 그 하자를 보수·제거하는 것은 임대차 목적물을 사용·수익하기에 필요한 상태로 유지하여야 하는 임대인의 의무에 속하며, 임차인이 그 하자를 미리 알았거나 알 수 있었다는 등의 특별한 사정이 없는 한, 임대인은 그 화재로 인한 목적물 반환의무의 이행불능 등에 관한 손해배상책임을 임차인에게 물을 수 없다(대판 2017.05.18. 2012다86895(전합)).

④ (○) 임차인이 임대인 소유 건물의 일부를 임차하여 사용·수익하던 중 임차 건물 부분에서 화재가 발생하여 임차 건물 부분이 아닌 건물 부분(이하 '임차 외 건물 부분'이라 한다)까지 불에 타 그로 인해 임대인에게 재산상 손해가 발생한 경우에, 임차인이 보존·관리의무를 위반하여 화재가 발생한 원인을 제공하는 등 화재 발생과 관련된 임차인의 계약상 의무 위반이 있었음이 증명되고, 그러한 의무 위반과 임차 외 건물 부분의 손해 사이에 상당인과관계가 있으며, 임차 외 건물 부분의 손해가 그러한 의무 위반에 따른 통상의 손해에 해당하거나, 임차인이 그 사정을 알았거나 알 수 있었을 특별한 사정으로 인한 손해에 해당한다고 볼 수 있는 경우라면, 임차인은 임차 외 건물 부분의 손해에 대해서도 민법 제390조, 제393조에 따라 임대인에게 손해배상책임을 부담하게 된다(대판 2017.05.18. 2012다86895(전합)).

⑤ (X) 종래 대법원은 임차인이 임대인 소유 건물의 일부를 임차하여 사용·수익하던 중 임차 건물 부분에서 화재가 발생하여 임차 외 건물 부분까지 불에 타 그로 인해 임대인에게 재산상 손해가 발생한 경우에, 건물의 규모와 구조로 볼 때 건물 중 임차 건물 부분과 그 밖의 부분이 상호 유지·존립함에 있어서 구조상 불가분의 일체를 이루는 관계에 있다면, 임차인은 임차 건물의 보존에 관하여 선량한 관리자의 주의의무를 다하였음을 증명하지 못하는 이상 임차 건물 부분에 한하지 아니하고 건물의 유지·존립과 불가분의 일체 관계에 있는 임차 외 건물 부분이 소훼되어 임대인이 입게 된 손해도 채무불이행으로 인한 손해로 배상할 의무가 있다고 판단하여 왔다. 그러나 임차 외 건물 부분이 구조상 불가분의 일체를 이루는 관계에 있는 부분이라 하더라도, 그 부분에 발생한 손해에 대하여 임대인이 임차인을 상대로 채무불이행을 원인으로 하는 배상을 구하려면, 임차인이 보존·관리의무를 위반하여 화재가 발생한 원인을 제공하는 등 화재 발생과 관련된 임차인의 계약상 의무 위반이 있었고, 그러한 의무 위반과 임차 외 건물 부분의 손해 사이에 상당인과관계가 있으며, 임차 외 건물 부분의 손해가 의무 위반에 따라 민법 제393조에 의하여 배상하여야 할 손해의 범위 내에 있다는 점에 대하여 임대인이 주장·증명하여야 한다. 이와 달리 위와 같은 임대인의 주장·증명이 없는 경우

에도 임차인이 임차 건물의 보존에 관하여 선량한 관리자의 주의의무를 다하였음을 증명하지 못하는 이상 임차 외 건물 부분에 대해서까지 채무불이행에 따른 손해배상책임을 지게 된다고 판단한 종래의 대법원판결들은 이 판결의 견해에 배치되는 범위 내에서 이를 모두 변경하기로 한다(대판 2017.05.18. 2012다86895(전합)).

정답 ⑤

문 27

임대차에 관한 다음 설명 중 가장 옳지 않은 것은?(다툼이 있는 경우 판례에 의함) [2017년 17번]

① 주택임대차의 임대인 지위가 양수인에게 승계된 경우 이미 발생한 연체차임채권은 따로 채권양도의 요건을 갖추지 않는 한 승계되지 않고, 따라서 양수인이 연체차임채권을 양수받지 않은 이상 승계 이후의 연체차임액이 2기 이상의 차임액에 달하여야만 비로소 임대차계약을 해지할 수 있다.
② 임대차보증금은 임대차계약이 종료된 후 임차인이 목적물을 명도할 때까지 발생하는 차임 및 기타 임차인의 채무를 담보하기 위하여 교부되는 것이므로 특별한 사정이 없는 한 임대차계약이 종료되었다 하더라도 목적물이 명도되지 않았다면 임차인은 보증금이 있음을 이유로 연체차임의 지급을 거절할 수 없다.
③ 주택임대차보호법이 적용되는 임대차는 반드시 임차인과 주택 소유자인 임대인 사이에 임대차계약이 체결된 경우에 한정되는 것은 아니고, 주택 소유자는 아니더라도 주택에 관하여 적법하게 임대차계약을 체결할 수 있는 권한을 가진 임대인과 임대차계약이 체결된 경우도 포함된다.
④ 민법 제639조 제1항의 묵시의 갱신은 임차인의 신뢰를 보호하기 위하여 인정되는 것이고, 이 경우 같은 조 제2항에 의하여 제3자가 제공한 담보는 소멸한다고 규정한 것은 담보를 제공한 자의 예상하지 못한 불이익을 방지하기 위한 것이라 할 것이므로, 민법 제639조 제2항은 당사자들의 합의에 따른 임대차 기간연장의 경우에도 적용된다.
⑤ 토지임차인의 지상물매수청구권은 기간의 정함이 없는 임대차에 있어서 임대인에 의한 해지통고에 의하여 그 임차권이 소멸된 경우에도 마찬가지로 인정된다.

해설 ★★

① (○) 임대인 지위가 양수인에게 승계된 경우 이미 발생한 연체차임채권은 따로 채권양도의 요건을 갖추지 않는 한 승계되지 않고, 따라서 양수인이 연체차임채권을 양수받지 않은 이상 승계 이후의 연체차임액이 3기 이상의 차임액에 달하여야만 비로소 임대차계약을 해지할 수 있다(대판 2008.10.09. 2008다3022).
② (○) 임대차보증금은 임대차계약이 종료된 후 임차인이 목적물을 명도할 때까지 발생하는 차임 및 기타 임차인의 채무를 담보하기 위하여 교부되는 것이므로 특별한 사정이 없는 한 임대차계약이 종료되었다 하더라도 목적물이 명도되지 않았다면 임차인은 보증금이 있음을 이유로 연체차임의 지급을 거절할 수 없다(대판 1999.07.27. 99다24881).
③ (○) 주택임대차보호법이 적용되는 임대차로서는, 반드시 임차인과 주택의 소유자인 임대인 사이에 임대차계약이 체결된 경우에 한정된다고 할 수는 없고, 나아가 주택의 소유자는 아니지만 주택에 관하여 적법하게 임대차계약을 체결할 수 있는 권한(적법한 임대 권한)을 가진 임대인과 사이에 임대차계약이 체결된 경우도 포함된다(대판 1995.10.12. 95다22283).

④ (X) 민법 제639조 제1항의 묵시의 갱신은 임차인의 신뢰를 보호하기 위하여 인정되는 것이고, 이 경우 같은 조 제2항에 의하여 제3자가 제공한 담보는 소멸한다고 규정한 것은 담보를 제공한 자의 예상하지 못한 불이익을 방지하기 위한 것이라 할 것이므로, 민법 제639조 제2항은 당사자들의 합의에 따른 임대차 기간연장의 경우에는 적용되지 않는다(대판 2005.04.14. 2004다63293).
⑤ (○) 토지임차인의 지상물매수청구권은 기간의 정함이 없는 임대차에 있어서 임대인에 의한 해지 통고에 의하여 그 임차권이 소멸된 경우에도 마찬가지로 인정된다고 봄이 상당하다(대판 1995.07.11. 94다34265(전합)).

정답 ④

문 28

임대차 종료와 관련한 법률관계에 관한 다음 설명 중 가장 옳지 않은 것은?(다툼이 있는 경우 판례에 의함) [2016년 11번]

① 임차인이 필요비를 지출한 때에는 지출 즉시 임대인에게 상환을 청구할 수 있으나, 유익비는 임대차 종료시에 상환을 청구할 수 있다.
② 권리금이 임차인으로부터 임대인에게 지급된 경우 그 유형·무형의 재산적 가치의 양수 또는 약정기간 동안의 이용이 유효하게 이루어진 이상 임대인은 그 권리금의 반환의무를 지지 아니한다.
③ 임대차보증금이 임대인에게 교부되어 있더라도 임대인은 임대차관계가 계속되고 있는 동안에는 임대차보증금에서 연체차임을 충당할 것인지를 자유로이 선택할 수 있으므로, 임대차계약 종료 전에는 연체차임이 공제 등 별도의 의사표시 없이 임대차보증금에서 당연히 공제되는 것은 아니다.
④ 임대차 종료시 임차인의 부속물매수청구권에 관한 규정은 강행규정이므로, 임차인의 채무불이행으로 임대차계약이 해지된 경우에도 임차인의 부속물매수청구권은 인정된다.
⑤ 임차인의 비용상환청구권에 관한 규정은 강행규정이 아니므로 임차인이 이를 포기할 수 있는바, 임대차계약에서 '임차인은 임대인의 승인하에 개축 또는 변조할 수 있으나 부동산의 반환기일 전에 임차인의 부담으로 원상복구키로 한다.'라고 약정한 경우, 이는 임차인이 임차 목적물에 지출한 각종 유익비의 상환청구권을 미리 포기한 것으로 볼 수 있다.

해설 ★★

① (○) 임차물의 보존에 관한 필요비를 지출하였을 경우 임차인은 지출 즉시 임대인에게 상환을 청구할 수 있으나(민법 제626조 제1항), 유익비는 임대차계약이 종료한 때 상환을 청구할 수 있다(동조 제2항).
② (○) 권리금이 그 수수 후 일정한 기간 이상으로 그 임대차를 존속시키기로 하는 임차권 보장의 약정하에 임차인으로부터 임대인에게 지급된 경우에는, 보장기간 동안의 이용이 유효하게 이루어진 이상 임대인은 그 권리금의 반환의무를 지지 아니하며, 다만 임차인은 당초의 임대차에서 반대되는 약정이 없는 한 임차권의 양도 또는 전대차 기회에 부수하여 자신도 일정 기간 이용할 수 있는 권리를 다른 사람에게 양도하거나 또는 다른 사람으로 하여금 일정기간 이용케 함으로써 권리금 상당액을 회수할 수 있을 것이지만, 반면 임대인의 사정으로 임대차계약이 중도 해지됨으로써 당초 보장된 기간 동안의 이용이 불가능하였다는 등의 특별한 사정이 있을 때에는 임대인은 임차인에 대하여 그 권리금의 반환의무를 진다고 할 것이고, 그 경우 임대인이 반환의무를 부담하는 권리금의 범위는, 지급된 권리금을 경과기간과 잔존기간에 대응하는 것으로 나누어, 임대인은 임차인으로부터 수령한 권리금 중 임대차계약이 종료될 때까지의 기간에 대응하는 부분을 공제한 잔존기간에 대응하는 부분만을 반환할 의무를 부담한다고 봄이 공평의 원칙에 합치된다(대판 2002.07.26. 2002다25013).

③ (○) 임대차보증금이 임대인에게 교부되어 있더라도 임대인은 임대차관계가 계속되고 있는 동안에는 임대차보증금에서 연체차임을 충당할 것인지를 자유로이 선택할 수 있으므로, 임대차계약 종료 전에는 연체차임이 공제 등 별도의 의사표시 없이 임대차보증금에서 당연히 공제되는 것은 아니다(대판 2013.02.28. 2011다49608).
④ (X) 임대차계약이 임차인의 채무불이행으로 인하여 해지된 경우에는 임차인은 민법 제646조에 의한 부속물매수청구권이 없다(대판 1990.01.23. 88다카7245).
⑤ (○) 비용상환청구권에 관한 민법 제626조는 강행규정이 아니므로 임차인이 이를 포기할 수 있다(제652조). 판례는 "임대차계약에서 '임차인은 임대인의 승인하에 개축 또는 변조할 수 있으나 부동산의 반환기일 전에 임차인의 부담으로 원상복구키로 한다'라고 약정한 경우, 이는 임차인이 임차 목적물에 지출한 각종 유익비의 상환청구권을 미리 포기하기로 한 취지의 특약이라고 봄이 상당하다"라고 판시하였다(대판 1995.06.30. 95다12927).

정답 ④

제2관 주택임대차보호법

문 29

주택임대차보호법상 소액보증금의 우선변제권에 관한 다음 설명 중 가장 옳은 것은? [2021년 29번]

① 채무자가 채무초과상태에서 채무자 소유의 유일한 주택에 대하여 주택임대차보호법 소정의 임차권을 설정해 준 행위는 채무초과상태에서의 담보제공행위로서 채무자의 총재산의 감소를 초래하는 행위에 해당하여 사해행위취소의 대상이 될 수 있다.
② 소액임차인으로 보호받아 선순위 담보권자에 우선하여 채권을 회수하려는 것에 임대차계약의 주된 목적이 있었던 경우라고 하더라도 실제로 채무자와 임대차계약을 체결하고 전입신고를 마친 다음 그곳에 거주하였다면 주택임대차보호법상 소액임차인으로서 보증금을 우선변제받을 수 있다.
③ 대지에 관한 저당권 설정 후 지상에 건물이 신축된 경우 저당권의 실행으로 경매가 진행된 경우에는 그 지상 건물의 소액임차인은 대지의 환가대금 중에서 소액보증금을 우선변제받을 수 있다.
④ 소유권등기가 되지 아니한 미등기주택에 관하여는 토지나 건물의 등기기록으로써 그 주택의 유무나 임차인의 유무 등 대지의 부담사항을 파악하는 것이 불가능하므로 미등기주택의 임차인이 대지의 환가대금에 대하여 우선변제권을 행사하기 위해서는 임대차 후에라도 소유권보존등기가 거쳐져 경매신청의 등기가 되는 경우라야 한다.
⑤ 처음 임대차계약을 체결할 당시를 기준으로 보증금액이 많아 주택임대차보호법상 소액임차인에 해당하지 않았다면 그 후 새로운 임대차계약에 의하여 보증금을 감액하여 소액임차인에 해당하게 되었다고 하더라도 소액임차인으로 보호받을 수는 없다.

> **MGI Point** 주택임대차보호법상 소액보증금의 우선변제권 ★★
>
> - 채무초과상태에서 채무자 소유의 유일한 주택에 법조 소정의 임차권을 설정해 준 행위 ⇨ 사해행위취소 대상 ○
> - 임대차계약의 주된 목적이 주택의 사용·수익보다 소액임차인으로 보호받아 채권을 회수하려는 데 있는 경우
>   ⇨ 주택임대차보호법상의 소액임차인으로 보호 ×
> - 대지에 관한 저당권 설정 후 지상에 건물이 신축된 경우 ⇨ 건물의 소액임차인에게 그 저당권 실행에 따른 환가대금에 대한 우선변제권 없음
> - 미등기 주택의 임차인이 임차주택 대지의 환가대금에 대하여 주택임대차보호법상 우선변제권 행사 가능
> - 임대차보증금의 감액으로 주택임대차보호법상 소액임차인에 해당하게 된 경우 ⇨ 법상 소액임차인으로 보호 可

① (○) 주택임대차보호법 제8조의 소액보증금 최우선변제권은 임차목적 주택에 대하여 저당권에 의하여 담보된 채권, 조세 등에 우선하여 변제받을 수 있는 일종의 법정담보물권을 부여한 것이므로, 채무자가 채무초과상태에서 채무자 소유의 유일한 주택에 대하여 위 법조 소정의 임차권을 설정해 준 행위는 채무초과상태에서의 담보제공행위로서 채무자의 총재산의 감소를 초래하는 행위가 되는 것이고, 따라서 그 임차권설정행위는 사해행위취소의 대상이 된다고 할 것이다(대판 2005.05.13. 2003다50771).

② (X) 주택임대차보호법의 입법목적과 소액임차인 보호제도의 취지 등을 고려할 때, 채권자가 채무자 소유의 주택에 관하여 채무자와 임대차계약을 체결하고 전입신고를 마친 다음 그곳에 거주하였다고 하더라도, 임대차계약의 주된 목적이 주택을 사용·수익하려는 것에 있는 것이 아니고 소액임차인으로 보호받아 선순위 담보권자에 우선하여 채권을 회수하려는 것에 주된 목적이 있었던 경우에는, 그러한 임차인을 주택임대차보호법상 소액임차인으로 보호할 수 없다(대판 2008.05.15. 2007다23203).

③ (X) 임차주택의 환가대금 및 주택가액에 건물뿐만 아니라 대지의 환가대금 및 가액도 포함된다고 규정하고 있는 주택임대차보호법(1999. 1. 21. 법률 제5641호로 개정되기 전의 것) 제3조의2 제1항 및 제8조 제3항의 각 규정과 같은 법의 입법 취지 및 통상적으로 건물의 임대차에는 당연히 그 부지 부분의 이용을 수반하는 것인 점 등을 종합하여 보면, 대지에 관한 저당권의 실행으로 경매가 진행된 경우에도 그 지상 건물의 소액임차인은 대지의 환가대금 중에서 소액보증금을 우선변제받을 수 있다고 할 것이나, 이와 같은 법리는 대지에 관한 저당권 설정 당시에 이미 그 지상 건물이 존재하는 경우에만 적용될 수 있는 것이고, 저당권 설정 후에 비로소 건물이 신축된 경우에까지 공시방법이 불완전한 소액임차인에게 우선변제권을 인정한다면 저당권자가 예측할 수 없는 손해를 입게 되는 범위가 지나치게 확대되어 부당하므로, 이러한 경우에는 소액임차인은 대지의 환가대금에 대하여 우선변제를 받을 수 없다고 보아야 한다(대판 1999.07.23. 99다25532).

④ (X) 대항요건 및 확정일자를 갖춘 임차인과 소액임차인에게 우선변제권을 인정한 주택임대차보호법 제3조의2 및 제8조가 미등기 주택을 달리 취급하는 특별한 규정을 두고 있지 아니하므로, 대항요건 및 확정일자를 갖춘 임차인과 소액임차인의 임차주택 대지에 대한 우선변제권에 관한 법리는 임차주택이 미등기인 경우에도 그대로 적용된다. 이와 달리 임차주택의 등기 여부에 따라 그 우선변제권의 인정 여부를 달리 해석하는 것은 합리적 이유나 근거 없이 그 적용대상을 축소하거나 제한하는 것이 되어 부당하고, 민법과 달리 임차권의 등기 없이도 대항력과 우선변제권을 인정하는 같은 법의 취지에 비추어 타당하지 아니하다. 다만, 소액임차인의 우선변제권에 관한 같은 법 제8조 제1항이 그 후문에서 '이 경우 임차인은 주택에 대한 경매신청의 등기 전에' 대항요건을 갖추어야 한다고 규정하고 있으나, 이는 소액보증금을 배당받을 목적으로 배당절차에 임박하여 가장 임차인을 급조하는 등의 폐단을 방지하기 위하여 소액임차인의 대항요건의 구비시기를 제한하는 취지이지, 반드시 임차주택과 대지를 함께 경매하여 임차주택 자체에 경매신청의 등기가 되어야 한다거나 임차주택에 경매신청의 등기가 가능한 경우로 제한하는 취지는 아니라 할 것이다. 대지에 대한 경매신청의 등기 전에 위 대항요건을 갖추도록 하면 입법 취지를 충분히 달성할 수 있으므로, 위 규정이 미등기 주택의 경우에 소액임차인의 대지에 관한 우선변제권을 배제하는 규정에 해당한다고 볼 수 없다(대판 2007.06.21. 2004다26133(전합)).

⑤ (X) 실제 임대차계약의 주된 목적이 주택을 사용·수익하려는 것인 이상, 처음 임대차계약을 체결할 당시에는 보증금액이 많아 주택임대차보호법상 소액임차인에 해당하지 않았지만 그 후 새로운 임대차계약에 의하여 정당하게 보증금을 감액하여 소액임차인에 해당하게 되었다면, 그 임대차계약이 통정허위표시에 의한 계약이어서 무효라는 등의 특별한 사정이 없는 한 그러한 임차인은 같은 법상 소액임차인으로 보호받을 수 있다(대판 2008.05.15. 2007다23203).

정답 ①

문 30

확정일자를 갖춘 임차인의 우선변제권에 관한 다음 설명 중 가장 옳지 않은 것은? [2020년 5번]

① 임대차계약서에 아파트의 명칭과 동·호수의 기재를 누락하였더라도 여기에 확정일자를 받으면 주택임대차보호법상 확정일자의 요건을 갖춘 것으로 본다.
② 주택임대차보호법 제8조 제1항의 소액 임차인의 지위를 겸하지 않는 대항요건과 확정일자를 갖춘 임차인이 수인인 경우 그들 상호간에는 대항요건과 확정일자를 최종적으로 갖춘 순서대로 우선변제받을 순위를 정하게 된다.
③ 주택임대차보호법상의 대항요건을 미리 갖추었다고 하더라도 확정일자를 부여받은 날짜가 가압류일자보다 늦은 경우에는 가압류채권과 임차보증금채권은 각 채권액에 비례하여 평등하게 배당되어야 한다.
④ 임대차계약을 체결한 직후 확정일자를 부여받고 그로부터 며칠이 지나 주택에 입주하고 전입신고를 한 경우에 우선변제적 효력은 인도와 주민등록을 마친 다음 날을 기준으로 발생한다.
⑤ 주택임대차보호법상 대항력과 우선변제권을 모두 가지고 있는 임차인이 보증금반환청구소송의 확정판결 등 집행권원을 얻어 임차주택에 대하여 강제경매를 신청한 경우에도 주택임대차보호법상의 우선변제권을 인정받기 위하여는 배당요구의 종기까지 배당요구를 하여야 한다.

| MGI Point | 확정일자를 갖춘 임차인의 우선변제권 | ★★ |

- 확정일자를 받은 임대차계약서에 임대차 목적물을 표시하면서 지번, 구조, 용도만 기재하고 아파트의 명칭과 그 전유부분의 동·호수의 기재를 누락한 경우 ⇨ 주임법 제3조의2 제2항 소정의 확정일자 요건 갖춘 것 ○
- 소액임차인의 지위를 겸하지 않는 대항요건과 확정일자를 갖춘 임차인들 상호간 ⇨ 대항요건과 확정일자를 최종적으로 갖춘 순서대로 우선변제받을 순위를 정함
- 대항요건을 미리 갖추었다고 하더라도 확정일자를 부여받은 날짜가 가압류일자보다 늦은 경우 ⇨ 가압류채권과 임차보증금채권은 채권액에 비례하여 평등배당
- 확정일자를 입주 및 주민등록일과 같은 날 또는 그 이전에 갖춘 경우 ⇨ 우선변제적 효력은 인도와 주민등록을 마친 다음날을 기준으로 발생
- 주임법상 대항력과 우선변제권을 모두 가지고 있는 임차인이 보증금반환청구 소송의 확정판결 등 집행권원을 얻어 임차주택에 대하여 강제경매를 신청한 경우 ⇨ 우선변제권을 위하여 배당요구의 종기까지 별도로 배당요구 ✕

① (○) 주택임대차보호법 제3조의2 제2항에 의하면, 주택임차인은 같은 법 제3조 제1항에 규정된 대항요건과 임대차계약서상에 확정일자를 갖춘 경우에는 경매절차 등에서 보증금을 우선하여 변제받을 수 있고, 여기서 확정일자의 요건을 규정한 것은 임대인과 임차인 사이의 담합으로 임차보증금의 액수를 사후에 변경하는 것을 방지하고자 하는 취지일 뿐, 대항요건으로 규정된 주민등록과 같이 당해 임대차의 존재 사실을 제3지에게 공시하고자 하는 것은 아니므로, 확정일자를 받은 임대차계약서가 당사자 사이에 체결된 당해 임대차계

약에 관한 것으로서 진정하게 작성된 이상, 위와 같이 임대차계약서에 임대차 목적물을 표시하면서 아파트의 명칭과 그 전유 부분의 동·호수의 기재를 누락하였다는 사유만으로 주택임대차보호법 제3조의2 제2항에 규정된 확정일자의 요건을 갖추지 못하였다고 볼 수는 없다(대판 1999.06.11. 99다7992).

② (○) 주택임대차보호법 제3조의2 제2항은 대항요건(주택인도와 주민등록전입신고)과 임대차계약증서상의 확정일자를 갖춘 주택임차인은 후순위권리자 기타 일반채권자보다 우선하여 보증금을 변제받을 권리가 있음을 규정하고 있는바, 이는 그와 같은 주택임차인에게 부동산 담보권에 유사한 권리를 인정한다는 취지로서, 이에 따라 대항요건과 확정일자를 갖춘 임차인들 상호간에는 대항요건과 확정일자를 최종적으로 갖춘 순서대로 우선변제받을 순위를 정하게 되므로, 만일 대항요건과 확정일자를 갖춘 임차인들이 주택임대차보호법 제8조 제1항에 의하여 보증금 중 일정액의 보호를 받는 소액임차인의 지위를 겸하는 경우, 먼저 소액임차인으로서 보호받는 일정액을 우선 배당하고 난 후의 나머지 임차보증금채권액에 대하여는 대항요건과 확정일자를 갖춘 임차인으로서의 순위에 따라 배당을 하여야 하는 것이다(대판 2007.11.15. 2007다45562).

③ (○) 주택임대차보호법 제3조의2 제1항은 대항요건(주택인도와 주민등록전입신고)과 임대차계약증서상의 확정일자를 갖춘 주택임차인은 후순위권리자 기타 일반채권자보다 우선하여 보증금을 변제받을 권리가 있음을 규정하고 있는바, 이는 임대차계약증서에 확정일자를 갖춘 경우에는 부동산 담보권에 유사한 권리를 인정한다는 취지이므로, 부동산 담보권자보다 선순위의 가압류채권자가 있는 경우에 그 담보권자가 선순위의 가압류채권자와 채권액에 비례한 평등배당을 받을 수 있는 것과 마찬가지로 위 규정에 의하여 우선변제권을 갖게되는 임차보증금채권자도 선순위의 가압류채권자와는 평등배당의 관계에 있게 된다. 가압류채권자가 주택임차인보다 선순위인지 여부는, 주택임대차보호법 제3조의2의 법문상 임차인이 확정일자 부여에 의하여 비로소 우선변제권을 가지는 것으로 규정하고 있음에 비추어, 임대차계약증서상의 확정일자 부여일을 기준으로 삼는 것으로 해석함이 타당하므로, 대항요건을 미리 갖추었다고 하더라도 확정일자를 부여받은 날짜가 가압류일자보다 늦은 경우에는 가압류채권자가 선순위라고 볼 수밖에 없다(대판 1992.10.13. 92다30597).

④ (○) 주택임대차보호법(이하 '법'이라고만 한다) 제3조 제1항은, 임대차는 등기가 없는 경우에도 임차인이 주택의 인도와 주민등록을 마친 때에는 그 익일부터 제3자에 대하여 효력이 있고, 이 경우 전입신고를 한 때에 주민등록이 된 것으로 본다고 규정하고, 법 제3조의2 제1항은, 법 제3조 제1항의 대항요건과 임대차계약증서상의 확정일자를 갖춘 임차인은 경매 등에 의한 환가대금에서 후순위 권리자 기타 채권자보다 우선하여 보증금을 변제받을 권리가 있다고 규정하고 있는바, 법 제3조 제1항이 인도와 주민등록을 갖춘 다음날부터 대항력이 발생한다고 규정한 것은 인도나 주민등록이 등기와 달리 간이한 공시 방법이어서 인도 및 주민등록과 제3자 명의의 등기가 같은 날 이루어진 경우에 그 선후관계를 밝혀 선순위 권리자를 정하는 것이 사실상 곤란한 데다가, 제3자가 인도와 주민등록을 마친 임차인이 없음을 확인하고 등기까지 경료하였음에도 그 후 같은 날 임차인이 인도와 주민등록을 마침으로 인하여 입을 수 있는 불측의 피해를 방지하기 위하여 임차인보다 등기를 경료한 권리자를 우선시키고자 하는 취지라고 할 것이고, 법 제3조의2 제1항에 규정된 우선변제적 효력은 대항력과 마찬가지로 주택임차권의 제3자에 대한 물권적 효력으로서 임차인과 제3자 사이의 우선순위를 대항력과 달리 규율하여야 할 합리적인 근거도 없으므로, 법 제3조의2 제1항에 규정된 확정일자를 입주 및 주민등록일과 같은 날 또는 그 이전에 갖춘 경우에는 우선변제적 효력은 대항력과 마찬가지로 인도와 주민등록을 마친 다음날을 기준으로 발생한다고 보아야 할 것이다(대판 1997.12.12. 97다22393).

⑤ (×) 주택임대차보호법상의 대항력과 우선변제권을 모두 가지고 있는 임차인이 보증금을 반환받기 위하여 보증금반환청구 소송의 확정판결 등 집행권원을 얻어 임차주택에 대하여 스스로 강제경매를 신청하였다면 특별한 사정이 없는 한 대항력과 우선변제권 중 우선변제권을 선택하여 행사한 것으로 보아야 하고, 이 경우 우선변제권을 인정받기 위하여 배당요구의 종기까지 별도로 배당요구를 하여야 하는 것은 아니다. 그리고 이와 같이 우선변제권이 있는 임차인이 집행권원을 얻어 스스로 강제경매를 신청하는 방법으로 우선변제권을 행사하고, 그 경매절차에서 집행관의 현황조사 등을 통하여 경매신청채권자인 임차인의 우선변제권이 확인되고 그러한 내용이 현황조사보고서, 매각물건명세서 등에 기재된 상태에서 경매절차가 진행되어 매각이 이루어졌다면, 특별한 사정이 없는 한 경매신청채권자인 임차인은 배당절차에서 후순위권리자나 일반채권자보다 우선하여 배당받을 수 있다고 보아야 한다(대판 2013.11.14. 2013다27831).

정답 ⑤

문 31

아래의 사례에 관한 다음 설명 중 옳은 것을 모두 고른 것은? [2020년 36번]

[사실관계]
○ 甲은 그 소유인 X주택에 전입신고를 마치고 거주하다가 1993. 10. 23. 乙에게 주택을 매도하면서 같은 날 乙로부터 이 주택을 임차보증금 1억 원으로 정하여 임차하였고 임대차계약서에 확정일자를 받았다. 위 매매에 따른 乙 명의의 소유권이전등기는 1994. 3. 9.에 마쳐졌다.
○ 한편 이 사건 아파트에 관하여 1993. 12. 16. A 명의의 1번 근저당권설정등기가, 1994. 3. 12. B 명의의 2번 근저당권설정등기가 순차로 마쳐졌다.
○ 1996. 10. 19. 2번 근저당권자 B의 경매신청에 의하여 이 사건 아파트에 관하여 임의경매절차가 진행되었고, 경매절차에서 丙이 이를 매수하고 대금을 완납하였다.

ㄱ. 주민등록이 대항력의 요건을 충족시킬 수 있는 공시방법이 되려면 단순히 형식적으로 주민등록이 되어 있다는 것만으로는 부족하고, 주민등록에 의하여 표상되는 점유관계가 임차권을 매개로 하는 점유임을 제3자가 인식할 수 있는 정도는 되어야 한다.
ㄴ. 제3자로서는 X주택에 관하여 乙 명의의 소유권이전등기가 마쳐지기 이전에는 甲의 주민등록이 임차권을 매개로 하는 점유라는 것을 인식하기 어려웠다 할 것이므로, 甲의 주민등록은 1994. 3. 9. 이전에는 주택임대차의 대항력 인정의 요건이 되는 적법한 공시방법으로서의 효력이 없다.
ㄷ. 甲의 임대차가 비록 2번 근저당권자인 B에게는 대항할 수 있는 임차권이라 하더라도 소멸되는 1번 근저당권보다 뒤에 대항력을 갖추었기 때문에 매각에 의해 1번 근저당권과 함께 소멸한다.
ㄹ. 甲이 경매절차에서 주택임대차보호법상 우선변제권 있는 임차인임을 이유로 적법하게 배당요구하였다면 A, 甲, B의 순서로 배당받는다.
ㅁ. 만일 甲이 위 경매절차에서 배당요구하지 않았다면 甲은 丙에 대하여 임대차보증금의 반환을 청구할 수 있다.

① ㄱ, ㄴ
② ㄱ, ㄴ, ㄹ
③ ㄱ, ㄷ, ㄹ
④ ㄱ, ㄴ, ㄷ, ㄹ
⑤ ㄱ, ㄴ, ㄷ, ㄹ, ㅁ

MGI Point 경매절차에서의 담보권자와 주택임차인 ★★★

- 대항력의 요건을 충족시킬 수 있는 공시방법으로서 주민등록 ⇨ 주민등록에 의하여 표상되는 점유관계가 임차권을 매개로 하는 점유임을 제3자가 인식할 수 있는 정도는 되어야 함
- 후순위저당권의 실행으로 목적부동산이 경락되어 그 선순위저당권이 함께 소멸한 경우 ⇨ 소멸된 선순위저당권보다 뒤에 등기되었거나 대항력을 갖춘 임차권 소멸 ○
- 주택임대차보호법 제3조제1항·제2항 또는 제3항의 대항요건과 임대차계약증서상의 확정일자를 갖춘 임차인 ⇨ 적법한 배당요구시 후순위권리자나 그 밖의 채권자보다 우선하여 보증금을 배당 받음
- 주택임대차보호법에 의하여 우선변제청구권이 인정되는 임대차보증금반환채권 ⇨ 배당요구가 필요한 배당요구채권

ㄱ. (○), ㄴ. (○) [1] 주택임대차보호법 제3조 제1항에서 주택의 인도와 더불어 대항력의 요건으로 규정하고 있는 주민등록은 거래의 안전을 위하여 임차권의 존재를 제3자가 명백히 인식할 수 있게 하는 공시방법으로 마련된 것으로서, 주민등록이 어떤 임대차를 공시하는 효력이 있는가의 여부는 그 주민등록으로 제3자가 임차권의 존재를 인식할 수 있는가에 따라 결정된다고 할 것이므로, 주민등록이 대항력의 요건을 충족시킬 수 있는 공시방법이 되려면 단순히 형식적으로 주민등록이 되어 있다는 것만으로는 부족하고, 주민등록에 의하여 표상되는 점유관계가 임차권을 매개로 하는 점유임을 제3자가 인식할 수 있는 정도는 되어야 한다. [2] 갑이 1988. 8. 30. 당해 주택에 관하여 자기 명의로 소유권이전등기를 경료하고 같은 해 10. 1. 그 주민등록 전입신고까지 마친 후 이에 거주하다가 1993. 10. 23. 을과의 사이에 그 주택을 을에게 매도함과 동시에 그로부터 이를 다시 임차하되 매매잔금 지급기일인 1993. 12. 23.부터는 주택의 거주관계를 바꾸어 갑이 임차인의 자격으로 이에 거주하는 것으로 하기로 약정하고 계속하여 거주해 왔으나, 위 매매에 따른 을 명의의 소유권이전등기는 1994. 3. 9.에야 비로소 경료된 경우, 제3자로서는 그 주택에 관하여 갑으로부터 을 앞으로 소유권이전등기가 경료되기 전에는 갑의 주민등록이 소유권 아닌 임차권을 매개로 하는 점유라는 것을 인식하기 어려웠다 할 것이므로, 갑의 주민등록은 그 주택에 관하여 을 명의의 소유권이전등기가 경료된 1994. 3. 9. 이전에는 주택임대차의 대항력 인정의 요건이 되는 적법한 공시방법으로서의 효력이 없고, 그 이후에야 비로소 갑과 을 사이의 임대차를 공시하는 유효한 공시방법이 된다고 본 사례(대판 1999.04.23. 98다32939).

ㄷ. (○) 후순위 저당권의 실행으로 목적부동산이 경락된 경우에는 민사소송법 제728조, 제608조 제2항의 규정에 의하여 선순위 저당권까지도 당연히 소멸하는 것이므로, 이 경우 비록 후순위 저당권자에게는 대항할 수 있는 임차권이라 하더라도 소멸된 선순위 저당권보다 뒤에 등기되었거나 대항력을 갖춘 임차권은 함께 소멸하는 것이고, 따라서 그 경락인은 주택임대차보호법 제3조에서 말하는 임차주택의 양수인 중에 포함된다고 할 수 없을 것이므로 경락인에 대하여 그 임차권의 효력을 주장할 수 없다(대판 1999.04.23. 98다32939).

ㄹ. (○) 민사집행법 제145조 등 참조.

> 민사집행법 제145조(매각대금의 배당) ① 매각대금이 지급되면 법원은 배당절차를 밟아야 한다.
> ② 매각대금으로 배당에 참가한 모든 채권자를 만족하게 할 수 없는 때에는 법원은 민법·상법, 그 밖의 법률에 의한 우선순위에 따라 배당하여야 한다.
> 민사집행법 제148조(배당받을 채권자의 범위) 제147조제1항에 규정한 금액을 배당받을 채권자는 다음 각호에 규정된 사람으로 한다.
>   4. 저당권·전세권, 그 밖의 우선변제청구권으로서 첫 경매개시결정등기전에 등기되었고 매각으로 소멸하는 것을 가진 채권자
> 민사집행법 제268조(준용규정) 부동산을 목적으로 하는 담보권 실행을 위한 경매절차에는 제79조 내지 제162조의 규정을 준용한다.
> 부동산등기법 제4조(권리의 순위) ① 같은 부동산에 관하여 등기한 권리의 순위는 법률에 다른 규정이 없으면 등기한 순서에 따른다.
> ② 등기의 순서는 등기기록 중 같은 구(區)에서 한 등기 상호간에는 순위번호에 따르고, 다른 구에서 한 등기 상호간에는 접수번호에 따른다.
> 주택임대차 보호법 제3조(대항력 등) ① 임대차는 그 등기(登記)가 없는 경우에도 임차인(賃借人)이 주택의 인도(引渡)와 주민등록을 마친 때에는 그 다음 날부터 제삼자에 대하여 효력이 생긴다. 이 경우 전입신고를 한 때에 주민등록이 된 것으로 본다.
> 주택임대차 보호법 제3조의2(보증금의 회수) ② 제3조제1항·제2항 또는 제3항의 대항요건(對抗要件)과 임대차계약증서(제3조제2항 및 제3항의 경우에는 법인과 임대인 사이의 임대차계약증서를 말한다)상의 확정일자(確定日字)를 갖춘 임차인은 「민사집행법」에 따른 경매 또는 「국세징수법」에 따른 공매(公賣)를 할 때에 임차주택(대지를 포함한다)의 환가대금(換價代金)에서 후순위권리자(後順位權利者)나 그 밖의 채권자보다 우선하여 보증금을 변제(辨濟)받을 권리가 있다.

> **참조판례** 갑이 주택에 관하여 소유권이전등기를 경료하고 주민등록 전입신고까지 마친 다음 처와 함께 거주하다가 을에게 매도함과 동시에 그로부터 이를 다시 임차하여 계속 거주하기로 약정하고 임차인을 갑의 처로 하는 임대차계약을 체결한 후에야 을 명의의 소유권이전등기가 경료된 경우, 제3자로서는 주택에 관하여 갑으로부터 을 앞으로 소유권이전등기가 경료되기 전에는 갑의 처의 주민등록이 소유권 아닌 임차권을 매개로 하는 점유라는 것을 인식하기 어려웠다 할 것이므로, 갑의 처의 주민등록은 주택에 관하여 을 명의의 소유권이전등기가 경료되기 전에는 주택임대차의 대항력 인정의 요건이 되는 적법한 공시방법으로서의 효력이 없고 을 명의의 소유권이전등기가 경료된 날에야 비로소 갑의 처와 을 사이의 임대차를 공시하는 유효한 공시방법이 된다고 할 것이며, 주택임대차보호법 제3조 제1항에 의하여 유효한 공시방법을 갖춘 다음날인 을 명의의 소유권이전등기일 익일부터 임차인으로서 대항력을 갖는다(대판 2000.02.11. 99다59306).

▶ 사안의 X주택에 관한 배당절차에서 우선순위는 다음과 같다. ① 1993. 12. 16. 1번 근저당권설정등기를 경료한 A ② 전입신고를 마치고 거주하다가 주택을 매도하고 1993. 10. 23. 확정일자를 받았고, 위 매매에 따른 乙 명의의 소유권이전등기가 1994. 3. 9. 경료되어 그 익일부터 대항력을 취득한 甲 ③ 1994. 3. 12. 2번 근저당권설정등기를 한 B

ㅁ. (X) [1] 민사소송법 제605조 제1항에서 규정하는 배당요구가 필요한 배당요구채권자는, 압류의 효력발생 전에 등기한 가압류채권자, 경락으로 인하여 소멸하는 저당권자 및 전세권자로서 압류의 효력발생 전에 등기한 자 등 당연히 배당을 받을 수 있는 채권자의 경우와는 달리, 경락기일까지 배당요구를 한 경우에 한하여 비로소 배당을 받을 수 있고, 적법한 배당요구를 하지 아니한 경우에는 비록 실체법상 우선변제청구권이 있다 하더라도 경락대금으로부터 배당을 받을 수는 없을 것이므로, 이러한 배당요구채권자가 적법한 배당요구를 하지 아니하여 그를 배당에서 제외하는 것으로 배당표가 작성·확정되고 그 확정된 배당표에 따라 배당이 실시되었다면 그가 적법한 배당요구를 한 경우에 배당받을 수 있었던 금액 상당의 금원이 후순위채권자에게 배당되었다고 하여 이를 법률상 원인이 없는 것이라고 할 수 없다. [2] 주택임대차보호법에 의하여 우선변제청구권이 인정되는 임대차보증금반환채권은 현행법상 배당요구가 필요한 배당요구채권에 해당한다(대판 1998.10.13. 98다12379).

정답 ④

문 32

주택임대차보호법상 임차인의 대항력에 관한 다음 설명 중 가장 옳지 않은 것은? [2019년 39번]

① 주택임차인이 임대인의 승낙을 받아 적법하게 임차주택을 전대하고 그 전차인이 주택을 인도받아 자신의 주민등록을 마친 경우에 임차인이 주택임대차보호법에 정한 대항력을 취득함은 물론, 임차인이 임대인으로부터 별도의 승낙을 얻지 아니하고 제3자에게 임차물을 사용·수익하도록 한 경우에도, 임차인의 당해 행위가 임대인에 대한 배신적 행위라고 할 수 없는 특별한 사정이 인정되는 경우에는, 임대인은 자신의 동의 없이 전대차가 이루어졌다는 것만을 이유로 임대차계약을 해지할 수 없고, 전차인은 그 전대차나 그에 따른 사용·수익을 임대인에게 주장할 수 있다.

② 전차인이 전입신고를 마치고 거주하던 중 임차인이 임대주택을 분양받아 자기 명의로 소유권이전등기를 마치고 같은날 근저당권설정등기까지 마친 경우, 주민등록상 전차인이 전입신고를 한 날부터 소유자 아닌 자가 거주하는 것으로 되어 있어 제3자가 임차권의 존재를 인식할 수 있으므로, 전차인은 임차인이 소유권이전등기를 마친 즉시 대항력을 취득하고 위 근저당권에 기한 경매절차에서 위 주택을 매수한 매수인에게 대항할 수 있다.

③ 건축 중인 주택에 대한 소유권보존등기가 되기 전에 그 일부를 임차하여 주민등록을 마친 임차인의 주민등록상의 주소기재가 그 당시의 주택의 현황과 일치한다고 하더라도 그 후 사정변경으로 등기부 등의 주택의 표시가 달라졌다면 특별한 사정이 없는 한 그 주민등록은 제3자에 대한 관계에서 유효한 임대차의 공시방법이 될 수 없지만, 경매절차에서의 이해관계인 등이 잘못된 임차인의 주민등록상의 주소가 건축물관리대장 및 등기부상의 주소를 지칭하는 것을 알고 있었던 경우에는 예외적으로 유효한 공시방법이 될 수 있다.
④ 주민등록이 직권말소된 후 주민등록법 소정의 이의절차에 따라 그 말소된 주민등록이 회복되거나 재등록이 이루어져 주택임차인에게 주민등록을 유지할 의사가 있었다는 것이 명백히 드러난 경우에는 소급하여 그 대항력이 유지되나, 다만 그 직권말소가 관련규정 소정의 이의절차에 의하여 회복된 것이 아닌 경우에는 직권말소 후 재등록이 이루어지기 전에 주민등록이 없는 것으로 믿고 임차주택에 관하여 새로운 이해관계를 맺은 선의의 제3자에 대하여는 임차인이 대항력을 주장할 수 없다.
⑤ 주택임대차보호법 제3조 제1항의 대항요건을 갖춘 임차인의 임대차보증금반환채권이 가압류된 상태에서 임대주택이 양도되면 양수인이 채권가압류의 제3채무자의 지위도 승계하고, 가압류권자도 임대주택의 양도인이 아니라 양수인에 대하여만 위 가압류의 효력을 주장할 수 있다.

MGI Point 주임법상 임차인의 대항력 ★★

- 전대차의 경우 주임법상 대항력 ⇨ 전차인의 주민등록 ○
- 전차인이 전입신고 후 거주하던 중, 임차인이 임대주택을 분양받아 자기 명의로 소유권이전등기를 경료한 후 근저당권을 설정한 사안 ⇨ 전차인은 임차인 명의의 소유권이전등기가 경료되는 즉시 임차권의 대항력 취득
- 주임법 대항력 ×
  - 입찰절차에서의 이해관계인 등이 잘못된 임차인의 주민등록상의 주소가 건축물관리대장 및 등기부상의 주소를 지칭하는 것으로 알고 있었던 경우
  - 직권말소가 주민등록법 소정의 이의절차에 의하여 회복이 아닌 경우
- 주택임대차보호법 제3조 제3항 승계인 ⇨ 임대차보증금반환채권이 가압류된 상태에서의 주택양수인 ○

---

① (○) 주택임차인이 임차주택을 직접 점유하여 거주하지 않고 그곳에 주민등록을 하지 아니한 경우라 하더라도, 임대인의 승낙을 받아 적법하게 임차주택을 전대하고 그 전차인이 주택을 인도받아 자신의 주민등록을 마친 때에는, 이로써 당해 주택이 임대차의 목적이 되어 있다는 사실이 충분히 공시될 수 있으므로, 임차인은 주택임대차보호법에 정한 대항요건을 적법하게 갖추었다고 볼 것이다. 임차인이 비록 임대인으로부터 별도의 승낙을 얻지 아니하고 제3자에게 임차물을 사용·수익하도록 한 경우에 있어서도, 임차인의 당해 행위가 임대인에 대한 배신적 행위라고 할 수 없는 특별한 사정이 인정되는 경우에는, 임대인은 자신의 동의 없이 전대차가 이루어졌다는 것만을 이유로 임대차계약을 해지할 수 없으며, 전차인은 그 전대차나 그에 따른 사용·수익을 임대인에게 주장할 수 있다 할 것이다.(대판 2007.11.29. 2005다64255).

② (○) 갑이 병 회사 소유 임대아파트의 임차인인 을로부터 아파트를 임차하여 전입신고를 마치고 거주하던 중, 을이 병 회사로부터 위 아파트를 분양받아 자기 명의로 소유권이전등기를 경료한 후 근저당권을 설정한 사안에서, 비록 임대인인 을이 갑과 위 임대차계약을 체결한 이후에, 그리고 갑이 위 전입신고를 한 이후에 위 아파트에 대한 소유권을 취득하였다고 하더라도, 주민등록상 전입신고를 한 날로부터 소유자 아닌 갑이 거주하는 것으로 나타나 있어서 제3자들이 보기에 갑의 주민등록이 소유권 아닌 임차권을 매개로 하는 점유라는 것을 인식할 수 있었으므로 위 주민등록은 갑이 전입신고를 마친 날로부터 임대차를 공시하는 기능을 수행하고 있었다고 할 것이고, 따라서 갑은 을 명의의 소유권이전등기가 경료되는 즉시 임차권의 대항력을 취득하였다고 할 것이다(대판 2001.01.30. 2000다58026).

③ (X) 건축중인 주택에 대한 소유권보존등기가 경료되기 전에 그 일부를 임차하여 주민등록을 마친 임차인의 주민등록상의 주소 기재가 그 당시의 주택의 현황과 일치한다고 하더라도 그 후 사정변경으로 등기부 등의 주택의 표시가 달라졌다면 특별한 사정이 없는 한 달라진 주택의 표시를 전제로 등기부상 이해관계를 가지게 된 제3자로서는 당초의 주민등록에 의하여 당해 주택에 임차인이 주소 또는 거소를 가진 자로 등록되어 있다고 인식하기 어렵다고 할 것이므로 그 주민등록은 그 제3자에 대한 관계에서 유효한 임대차의 공시방법이 될 수 없다고 할 것이며, 이러한 이치는 입찰절차에서의 이해관계인 등이 잘못된 임차인의 주민등록상의 주소가 건축물관리대장 및 등기부상의 주소를 지칭하는 것을 알고 있었다고 하더라도 마찬가지이다(대판 2003.05.16. 2003다10940).

④ (○) 주택임차인의 의사에 의하지 아니하고 주민등록법 및 동법시행령에 따라 시장·군수 또는 구청장에 의하여 직권조치로 주민등록이 말소된 경우에도 원칙적으로 그 대항력은 상실된다고 할 것이지만, 주민등록법상의 직권말소제도는 거주관계 등 인구의 동태를 상시로 명확히 파악하여 주민생활의 편익을 증진시키고 행정사무의 적정한 처리를 도모하기 위한 것이고, 주택임대차보호법에서 주민등록을 대항력의 요건으로 규정하고 있는 것은 거래의 안전을 위하여 임대차의 존재를 제3자가 명백히 인식할 수 있게 위한 것으로서 그 취지가 다르므로, 직권말소 후 동법 소정의 이의절차에 따라 그 말소된 주민등록이 회복되거나 동법시행령 제29조에 의하여 재등록이 이루어짐으로써 주택임차인에게 주민등록을 유지할 의사가 있었다는 것이 명백히 드러난 경우에는 소급하여 그 대항력이 유지된다고 할 것이고, 다만, 그 직권말소가 주민등록법 소정의 이의절차에 의하여 회복된 것이 아닌 경우에는 직권말소 후 재등록이 이루어지기 이전에 주민등록이 없는 것으로 믿고 임차주택에 관하여 새로운 이해관계를 맺은 선의의 제3자에 대하여는 임차인은 대항력의 유지를 주장할 수 없다고 봄이 상당하다(대판 2002.10.11. 2002다20957).

⑤ (○) 주택임대차보호법 제3조 제3항은 같은 조 제1항이 정한 대항요건을 갖춘 임대차의 목적이 된 임대주택(이하 '임대주택'은 주택임대차보호법의 적용대상인 임대주택을 가리킨다)의 양수인은 임대인의 지위를 승계한 것으로 본다고 규정하고 있는바, 이는 법률상의 당연승계 규정으로 보아야 하므로, 임대주택이 양도된 경우에 양수인은 주택의 소유권과 결합하여 임대인의 임대차 계약상의 권리·의무 일체를 그대로 승계하며, 그 결과 양수인이 임대차보증금반환채무를 면책적으로 인수하고, 양도인은 임대차관계에서 탈퇴하여 임차인에 대한 임대차보증금반환채무를 면하게 된다. 나아가 임차인에 대하여 임대차보증금반환채무를 부담하는 임대인임을 당연한 전제로 하여 임대차보증금반환채무의 지급금지를 명령받은 제3채무자의 지위는 임대인의 지위와 분리될 수 있는 것이 아니므로, 임대주택의 양도로 임대인의 지위가 일체로 양수인에게 이전된다면 채권가압류의 제3채무자의 지위도 임대인의 지위와 함께 이전된다고 볼 수밖에 없다. 한편 주택임대차보호법상 임대주택의 양도에 양수인의 임대차보증금반환채무의 면책적 인수를 인정하는 이유는 임대주택에 관한 임대인의 의무 대부분이 그 주택의 소유자이기만 하면 이행가능하고 임차인이 같은 법에서 규정하는 대항요건을 구비하면 임대주택의 매각대금에서 임대차보증금을 우선변제받을 수 있기 때문인데, 임대주택이 양도되었음에도 양수인이 채권가압류의 제3채무자의 지위를 승계하지 않는다면 가압류권자는 장차 본집행절차에서 주택의 매각대금으로부터 우선변제를 받을 수 있는 권리를 상실하는 중대한 불이익을 입게 된다. 이러한 사정들을 고려하면, 임차인의 임대차보증금반환채권이 가압류된 상태에서 임대주택이 양도되면 양수인이 채권가압류의 제3채무자의 지위도 승계하고, 가압류권자 또한 임대주택의 양도인이 아니라 양수인에 대하여만 위 가압류의 효력을 주장할 수 있다고 보아야 한다(대판 2013.01.17. 2011다49523).

정답 ③

제3관 상가임대차보호법

문 33

상가건물임대차보호법에 관한 다음 설명 중 옳지 않은 것을 모두 고른 것은? [2022년 13번]

> ㄱ. 상가건물임대차보호법이 적용되는 상가건물 임대차는 사업자등록 대상이 되는 건물로서 임대차 목적물인 건물을 영리를 목적으로 하는 영업용으로 사용하는 임대차를 가리킨다.
> ㄴ. 상품의 보관·제조·가공 등 사실행위만이 이루어지는 공장·창고 등은 영업용으로 사용하는 경우라고 할 수 없다.
> ㄷ. 상가건물을 임차하고 사업자등록을 마친 사업자가 폐업신고를 하였다가 다시 같은 상호 및 등록번호로 사업자등록을 하였다면 상가건물임대차보호법상의 대항력 및 우선변제권이 그대로 존속한다.
> ㄹ. 상가건물임대차보호법 제3조 제1항에서 건물의 인도와 더불어 대항력의 요건으로 규정하고 있는 사업자등록은 거래의 안전을 위하여 임차권의 존재를 제3자가 명백히 인식할 수 있게 하는 공시방법으로서 마련된 것이므로, 사업자등록이 어떤 임대차를 공시하는 효력이 있는지 여부는 일반 사회통념상 그 사업자등록으로 당해 임대차건물에 사업장을 임차한 사업자가 존재하고 있다고 인식할 수 있는지 여부에 따라 판단하여야 한다.
> ㅁ. 상가건물의 임차인이 2기의 차임액에 해당하는 금액에 이르도록 차임을 연체한 경우에는 임대인은 임차인의 계약갱신요구를 거절할 수 있다.
> ㅂ. 임차인의 계약갱신요구권은 최초의 임대차기간을 포함한 전체 임대차기간이 5년을 초과하지 아니하는 범위에서만 행사할 수 있다.

① ㄱ, ㄷ ② ㄴ, ㄷ, ㄹ ③ ㅁ, ㅂ
④ ㄷ, ㄹ, ㅂ ⑤ ㄷ, ㅁ, ㅂ

MGI Point 상가건물임대차보호법 ★★

- 상가건물임대차보호법이 적용되는 상가건물 임대차 ⇨ 임대차 목적물인 건물을 영리를 목적으로 하는 영업용으로 사용하는 임대차
- 단순히 상품의 보관·제조·가공 등 만이 이루어지는 공장·창고 등 ⇨ 상가임대차법상의 상가건물 ×
- 사업자등록을 마친 사업자가 폐업신고를 한 후에 다시 같은 상호 및 등록번호로 사업자등록 ⇨ 임대차보호법상의 대항력 및 우선변제권 존속 ×
- 구 상가건물 임대차보호법 제3조 제1항에서 대항력의 요건인 사업자등록의 임대차 공시 효력 판단 기준
  ⇨ 일반 사회통념상 사업자등록을 통해 건물에 관한 임대차의 존재와 내용을 인식할 수 있는가에 따라 판단
- 임차인이 3기의 차임액에 해당하는 금액에 이르도록 차임을 연체한 사실이 있는 경우 ⇨ 임대인은 임차인의 계약갱신 요구 거절 가
- 임차인의 계약갱신요구권 ⇨ 전체 임대차기간이 10년을 초과하지 아니하는 범위에서만 행사 가

ㄱ. (○), ㄴ. (○) 상가건물 임대차보호법의 목적과 같은 법 제2조 제1항 본문, 제3조 제1항에 비추어 보면, 상가건물 임대차보호법이 적용되는 상가건물 임대차는 사업자등록 대상이 되는 건물로서 임대차 목적물인 건물을 영리를 목적으로 하는 영업용으로 사용하는 임대차를 가리킨다. 그리고 상가건물 임대차보호법이 적용되는 상가건물에 해당하는지는 공부상 표시가 아닌 건물의 현황·용도 등에 비추어 영업용으로 사용하느냐에 따라 실질적으로 판단하여야 하고, 단순히 상품의 보관·제조·가공 등 사실행위만이 이루어지는 공장·창고 등은 영업용으로 사용하는 경우라고 할 수 없으나 그곳에서 그러한 사실행위와 더불어 영리를 목적으로 하는 활동이 함께 이루어진다면 상가건물 임대차보호법 적용대상인 상가건물에 해당한다(대판 2011.07.28. 2009다40967).

ㄷ. (X) 상가건물의 임차인이 임대차보증금 반환채권에 대하여 상가건물 임대차보호법상 대항력 또는 우선변제권을 가지기 위한 요건 및 사업자등록을 마친 사업자가 폐업신고를 한 후에 다시 같은 상호 및 등록번호로 사업자등록을 한 경우, 상가건물 임대차보호법상의 대항력 및 우선변제권이 존속하지 않는다(대판 2006.10.13. 2006다56299).

ㄹ. (○) 구 상가건물 임대차보호법(2013. 6. 7. 법률 제11873호로 개정되기 전의 것) 제3조 제1항에서 건물의 인도와 더불어 대항력의 요건으로 규정하고 있는 사업자등록은 거래의 안전을 위하여 임대차의 존재와 내용을 제3자가 명백히 인식할 수 있게 하는 공시방법으로서 마련된 것이므로, 사업자등록이 어떤 임대차를 공시하는 효력이 있는지는 일반 사회통념상 사업자등록을 통해 건물에 관한 임대차의 존재와 내용을 인식할 수 있는가에 따라 판단하여야 한다(대판 2016. 6. 9. 2013다215676).

ㅁ. (X) 상가임대차법 제10조 제1항 참조.

> 상가임대차법 제10조(계약갱신 요구 등) ① 임대인은 임차인이 임대차기간이 만료되기 6개월 전부터 1개월 전까지 사이에 계약갱신을 요구할 경우 정당한 사유 없이 거절하지 못한다. 다만, 다음 각 호의 어느 하나의 경우에는 그러하지 아니하다.
> 1. 임차인이 3기의 차임액에 해당하는 금액에 이르도록 차임을 연체한 사실이 있는 경우

ㅂ. (X) 상가임대차법 제10조 제2항 참조.

> 상가임대차법 제10조(계약갱신 요구 등) ② 임차인의 계약갱신요구권은 최초의 임대차기간을 포함한 전체 임대차기간이 10년을 초과하지 아니하는 범위에서만 행사할 수 있다.

정답 ⑤

문 34

상가건물 임대차보호법에 관한 다음 설명 중 가장 옳지 않은 것은? [2019년 33번]

① 임차건물의 양수인이 임대인의 지위를 승계하면 양수인은 임차인에게 임대보증금반환의무를 부담하고 임차인은 양수인에게 차임지급의무를 부담하므로, 임차건물의 소유권이 이전되기 전에 이미 발생한 연체차임이나 관리비 등도 별도의 채권양도절차 없이도 양수인에게 이전되어 양수인이 임차인에게 청구할 수 있다.

② 임차인이 임대차기간이 만료되기 6개월 전부터 1개월 전까지 사이에 계약갱신을 요구할 경우, 임대인은 동법에 규정된 정당한 사유 없이 거절하지 못하며, 임차인의 계약갱신 요구권은 최초의 임대차기간을 포함한 전체 임대차기간이 10년을 초과하지 아니하는 범위에서만 행사할 수 있다.

③ 임차인의 차임연체액이 3기의 차임액에 달하는 때에는 임대인은 임대차계약을 해지할 수 있다. 이에 위반된 약정으로서 임차인에게 불리한 것은 효력이 없다.

④ 임대인은 임대차기간이 끝나기 6개월 전부터 임대차 종료시까지 권리금 계약에 따라 임차인이 주선한 신규임차인이 되려는 자로부터 권리금을 지급받는 것을 동법에 규정된 정당한 사유 없이 방해해서는 안되며, 임대인이 이를 위반하여 임차인에게 손해를 발생하게 한 때에는 그 손해를 배상할 책임이 있다. 이 경우 그 손해배상액은 신규임차인이 임차인에게 지급하기로 한 권리금과 임대차 종료 당시의 권리금 중 낮은 금액을 넘지 못한다.

⑤ 상가건물의 일부분을 임차한 경우 그 사업자등록이 제3자에 대한 관계에서 유효한 임대차의 공시방법이 되기 위해서는 특별한 사정이 없는 한 그 사업자등록신청시 임차부분을 표시한 도면을 첨부하여야 하나, 임차부분을 표시한 도면을 첨부하지 않았더라도 일반 사회통념상 그 사업자등록이 도면 없이도 제3자가 해당 임차인이 임차한 부분을 구분하여 인식할 수 있을 정도로 특정이 되어 있는 경우 그 사업자등록은 제3자에 대한 관계에서 유효한 임대차의 공시방법으로 볼 수 있다.

MGI Point 상가건물 임대차 보호법 ★★

- 차임이나 관리비 등은 임차건물을 사용한 대가 ⇨ 임차건물을 사용하도록 할 당시의 소유자 등 처분권한 있는 자에게 귀속
- 임차인의 계약갱신요구권 ⇨ 임대차기간이 만료되기 6개월 전부터 1개월 전까지, 최초 임대차기간 포함 전체 10년 범위 內
- 차임연체와 해지 ⇨ 3기 연체차임
- 권리금 회수기회 보호
  - 임대차기간이 끝나기 6개월 전부터 임대인 방해 불가
  - 위반시 손해배상 책임 有 (단, 권리금과 임대차 종료 당시의 권리금 중 낮은 금액을 넘지 못함)
- 일반 사회통념상 제3자가 해당 임차인이 임차한 부분을 구분하여 인식할 수 있을 정도로 특정 ⇨ 사업자등록 도면 없이도 대항력 有

① (X) 임차건물의 소유권이 이전되기 전에 이미 발생한 연체차임이나 관리비 등은 별도의 채권양도절차가 없는 한 원칙적으로 양수인에게 이전되지 않고 임대인만이 임차인에게 청구할 수 있다. 차임이나 관리비 등은 임차건물을 사용한 대가로서 임차인에게 임차건물을 사용하도록 할 당시의 소유자 등 처분권한 있는 자에게 귀속된다고 볼 수 있기 때문이다(대판 2017.03.22 222016다218874).

② (○), ③ (○), ④ (○) 상가건물 임대차 보호법 참조.

> 상가건물 임대차보호법 제10조(계약갱신 요구 등) ① 임대인은 임차인이 임대차기간이 만료되기 6개월 전부터 1개월 전까지 사이에 계약갱신을 요구할 경우 정당한 사유 없이 거절하지 못한다. 다만, 다음 각 호의 어느 하나의 경우에는 그러하지 아니하다.
> 1. 임차인이 3기의 차임액에 해당하는 금액에 이르도록 차임을 연체한 사실이 있는 경우
> 2. 임차인이 거짓이나 그 밖의 부정한 방법으로 임차한 경우
> 3. 서로 합의하여 임대인이 임차인에게 상당한 보상을 제공한 경우
> 4. 임차인이 임대인의 동의 없이 목적 건물의 전부 또는 일부를 전대(전대)한 경우
> 5. 임차인이 임차한 건물의 전부 또는 일부를 고의나 중대한 과실로 파손한 경우
> 6. 임차한 건물의 전부 또는 일부가 멸실되어 임대차의 목적을 달성하지 못할 경우
> 7. 임대인이 다음 각 목의 어느 하나에 해당하는 사유로 목적 건물의 전부 또는 대부분을 철거하거나 재건축하기 위하여 목적 건물의 점유를 회복할 필요가 있는 경우
>   가. 임대차계약 체결 당시 공사시기 및 소요기간 등을 포함한 철거 또는 재건축 계획을 임차인에게 구체적으로 고지하고 그 계획에 따르는 경우
>   나. 건물이 노후·훼손 또는 일부 멸실되는 등 안전사고의 우려가 있는 경우
>   다. 다른 법령에 따라 철거 또는 재건축이 이루어지는 경우

8. 그 밖에 임차인이 임차인으로서의 의무를 현저히 위반하거나 임대차를 계속하기 어려운 중대한 사유가 있는 경우
② 임차인의 계약갱신요구권은 최초의 임대차기간을 포함한 전체 임대차기간이 10년을 초과하지 아니하는 범위에서만 행사할 수 있다.
상가건물 임대차보호법 제10조의8(차임연체와 해지) 임차인의 차임연체액이 3기의 차임액에 달하는 때에는 임대인은 계약을 해지할 수 있다.
상가건물 임대차보호법 제15조(강행규정) 이 법의 규정에 위반된 약정으로서 임차인에게 불리한 것은 효력이 없다.
상가건물 임대차보호법 제10조의4(권리금 회수기회 보호 등) ① 임대인은 임대차기간이 끝나기 6개월 전부터 임대차 종료 시까지 다음 각 호의 어느 하나에 해당하는 행위를 함으로써 권리금 계약에 따라 임차인이 주선한 신규임차인이 되려는 자로부터 권리금을 지급받는 것을 방해하여서는 아니 된다. 다만, 제10조제1항 각 호의 어느 하나에 해당하는 사유가 있는 경우에는 그러하지 아니하다.
③ 임대인이 제1항을 위반하여 임차인에게 손해를 발생하게 한 때에는 그 손해를 배상할 책임이 있다. 이 경우 그 손해배상액은 신규임차인이 임차인에게 지급하기로 한 권리금과 임대차 종료 당시의 권리금 중 낮은 금액을 넘지 못한다.

⑤ (○) 상가건물의 특정 층 전부 또는 명확하게 구분되어 있는 특정 호실 전부를 임차한 후 이를 제3자가 명백히 인식할 수 있을 정도로 사업자등록사항에 표시한 경우, 또는 그 현황이나 위치, 용도 등의 기재로 말미암아 도면이 첨부된 경우에 준할 정도로 임차 부분이 명백히 구분됨으로써 당해 사업자의 임차 부분이 어디인지를 객관적으로 명백히 인식할 수 있을 정도로 표시한 경우와 같이 일반 사회통념상 그 사업자등록이 도면 없이도 제3자가 해당 임차인이 임차한 부분을 구분하여 인식할 수 있을 정도로 특정이 되어 있다고 볼 수 있는 경우에는 그 사업자등록을 제3자에 대한 관계에서 유효한 임대차의 공시방법으로 볼 수 있다고 할 것이다(대판 2011.11.24. 2010다56678).

정답 ①

제④절 | 도급

문 35

도급에 관한 다음 설명 중 가장 옳지 않은 것은? [2021년 26번]

① 건축주의 사정으로 건축공사가 중단되었던 미완성의 건물을 인도받아 나머지 공사를 마치고 완공한 경우, 그 건물이 공사가 중단된 시점에서 이미 사회통념상 독립한 건물이라고 볼 수 있는 형태와 구조를 갖추고 있었다면 원래의 건축주가 그 건물의 소유권을 원시취득한다.
② 甲이 자기 소유의 토지에 건물을 신축하는 공사를 乙에게 도급하면서 건축허가와 소유권보존등기를 甲 명의로 하기로 약정하고, 乙이 자기의 재료와 비용을 들여 건물을 신축하여 완공한 경우 甲이 신축건물의 소유권을 취득한다.
③ 건축공사도급계약이 수급인의 채무불이행을 이유로 해제될 당시 공사가 상당한 정도로 진척되어 이를 원상회복하는 것이 중대한 사회적·경제적 손실을 초래하고 완성된 부분이 도급인에게 이익이 된다면, 해당 도급계약은 미완성 부분에 대하여만 실효되어 수급인은 해제한 상태 그대로 건물을 도급인에게 인도하고 도급인은 인도받은 건물에 대하여 수급인이 실제로 지출한 비용을 보수로 지급하여야 하는 권리의무관계가 성립한다.

④ 도급인이 목적물에 대한 하자의 보수에 갈음하여 손해배상을 청구하는 경우 도급인은 수급인이 그 손해배상청구에 관하여 채무이행을 제공할 때까지 그 손해배상액에 상응하는 보수액에 관하여만 자기의 채무이행을 거절할 수 있을 뿐, 그 나머지 액의 보수에 관하여는 지급을 거절할 수 없다.
⑤ 도급인이 수급인에 대하여 특정한 행위를 지휘하거나 특정한 사업을 도급시키는 경우와 같은 이른바 노무도급의 경우에는 비록 도급인이라고 하더라도 사용자책임의 요건으로서 사용관계가 인정된다.

> **MGI Point 도급** ★★
>
> ■ 사회통념상 독립한 건물이라고 볼 수 있는 미완성건물을 인도받아 나머지 공사를 마치고 완공한 경우 소유권의 원시취득자 ⇨ 원래의 건축주 ○
> ■ 완성된 건물의 소유권을 도급인에게 귀속시키기로 합의한 경우 ⇨ 건물의 소유권은 도급인에게 원시적으로 귀속
> ■ 건축공사도급계약이 중도해제된 경우, 도급인이 지급하여야 할 보수 ⇨ 약정한 총 공사비에 기성고 비율을 적용한 금액 ○, 수급인이 실제로 지출한 비용 ×
> ■ 도급인이 하자의 보수에 갈음하여 손해배상 청구하는 경우 ⇨ 손해배상의 액에 상응하는 보수의 액에 관하여만 자기의 채무이행 거절 可, 그 나머지 액의 보수에 관하여 지급 거절 不可
> ■ 도급인이 수급인에 대하여 특정한 행위를 지휘하거나 특정한 사업을 도급시키는 노무도급의 경우
> ⇨ 도급인과 수급인 사이에 사용관계 인정 ○

① (○) 건축주의 사정으로 건축공사가 중단되었던 미완성의 건물을 인도받아 나머지 공사를 마치고 완공하였다고 하더라도 공사가 중단된 시점에서 사회통념상 독립한 건물이라고 볼 수 있는 형태와 구조를 갖추고 있었다면 원래의 건축주가 이를 원시취득하였다고 봄이 상당하다(대판 1993.04.23. 93다1527).

② (○) 일반적으로 자기의 노력과 재료를 들여 건물을 건축한 사람은 그 건물의 소유권을 원시취득하는 것이고, 다만 도급계약에 있어서는 수급인이 자기의 노력과 재료를 들여 건물을 완성하더라도 도급인과 수급인 사이에 도급인 명의로 건축허가를 받아 소유권보존등기를 하기로 하는 등 완성된 건물의 소유권을 도급인에게 귀속시키기로 합의한 것으로 보여질 경우에는 그 건물의 소유권은 도급인에게 원시적으로 귀속된다(대판 1997.05.30. 97다8601).

③ (X) 건축공사도급계약이 수급인의 채무불이행을 이유로 해제된 경우에 해제될 당시 공사가 상당한 정도로 진척되어 이를 원상회복하는 것이 중대한 사회적·경제적 손실을 초래하고 완성된 부분이 도급인에게 이익이 되는 경우에 도급계약은 미완성부분에 대하여만 실효되고 수급인은 해제한 상태 그대로 건물을 도급인에게 인도하며, 도급인은 특별한 사정이 없는 한 인도받은 미완성 건물에 대한 보수를 지급하여야 하는 권리의무관계가 성립한다. 건축공사도급계약이 중도해제된 경우 도급인이 지급하여야 할 보수는 특별한 사정이 없는 한 당사자 사이에 약정한 총 공사비에 기성고 비율을 적용한 금액이지 수급인이 실제로 지출한 비용을 기준으로 할 것은 아니다(대판 2017.01.12. 2014다11574).

④ (○) 도급인이 하자의 보수를 청구하려면 그 하자가 중요한 경우이거나 중요하지 아니한 것이라고 하더라도 그 보수에 과다한 비용을 요하지 아니할 경우이어야 하고, 도급인이 하자의 보수에 갈음하여 손해배상을 청구하는 경우에는 수급인이 그 손해배상청구에 관하여 채무이행을 제공할 때까지 그 손해배상의 액에 상응하는 보수의 액에 관하여만 자기의 채무이행을 거절할 수 있을 뿐, 그 나머지 액의 보수에 관하여는 지급을 거절할 수 없다(대판 1991.12.10. 91다33056).

⑤ (○) 도급인이 수급인에 대하여 특정한 행위를 지휘하거나 특정한 사업을 도급시키는 경우와 같은 이른바 노무도급의 경우에 있어서는 도급인이라고 하더라도 민법 제756조가 규정하고 있는 사용자책임의 요건으로서의 사용관계가 인정된다(대판 1998.06.26. 97다58170).

정답 ③

문 36

도급에 관한 다음 설명 중 가장 옳지 않은 것은? [2020년 35번]

① 도급계약에 있어서는 수급인이 자기의 노력과 재료를 들여 건물을 완성하더라도 도급인과 수급인 사이에 도급인 명의로 건축허가를 받아 소유권보존등기를 하기로 하는 등 완성된 건물의 소유권을 도급인에게 귀속시키기로 합의한 것으로 보여질 경우에는 그 건물의 소유권은 도급인에게 원시적으로 귀속된다. 이와 마찬가지로 채무의 담보를 위하여 채무자가 자기 비용과 노력으로 신축하는 건물의 건축허가 명의를 채권자 명의로 하였다면 채권자 명의로 소유권보존등기를 마치기 이전이라도 완성된 건물의 소유권은 채권자가 원시적으로 취득한다.
② 기성고에 따라 공사대금을 분할하여 지급하기로 약정한 경우라도 특별한 사정이 없는 한 하자보수의무와 동시이행관계에 있는 공사대금지급채무는 당해 하자가 발생한 부분의 기성공사대금에 한정되지 않는다.
③ 수급인의 담보책임에 기한 하자보수에 갈음하는 손해배상청구권에 대하여는 민법 제670조 또는 제671조의 제척기간이 적용된다. 그런데 이러한 도급인의 손해배상청구권에 대하여는 권리의 내용·성질 및 취지에 비추어 민법 제162조 제1항의 채권 소멸시효의 규정 또는 도급계약이 상행위에 해당하는 경우에는 상법 제64조의 상사시효의 규정이 적용되고, 민법 제670조 또는 제671조의 제척기간 규정으로 인하여 위 각 소멸시효 규정의 적용이 배제된다고 볼 수 없다.
④ 공사도급계약서 또는 그 계약내용에 편입된 약관에 수급인이 하자담보책임 기간 중 도급인으로부터 하자보수요구를 받고 이에 불응한 경우 하자보수보증금은 도급인에게 귀속한다는 조항이 있을 때 이 하자보수보증금은 특별한 사정이 없는 한 손해배상액의 예정이다. 다만 도급인은 수급인의 하자보수의무 불이행을 이유로 하자보수보증금의 몰취 외에 그 실손해액을 입증하여 수급인으로부터 그 초과액 상당의 손해배상을 받을 수도 있는 특수한 손해배상액의 예정이다.
⑤ 건축공사도급계약이 중도해제된 경우 도급인이 지급하여야 할 보수는 특별한 사정이 없는 한 당사자 사이에 약정한 총 공사비에 기성고 비율을 적용한 금액이지 수급인이 실제로 지출한 비용을 기준으로 할 것은 아니다. 기성고 비율은 공사대금 지급의무가 발생한 시점, 즉 수급인이 공사를 중단할 당시를 기준으로 이미 완성된 부분에 들어간 공사비에다 미시공 부분을 완성하는 데 들어갈 공사비를 합친 전체 공사비 가운데 완성된 부분에 들어간 비용이 차지하는 비율을 산정하여 확정하여야 한다.

MGI Point 도급 ★★

- 도급계약에서 완성된 건물의 소유권을 도급인에게 귀속시키기로 하는 합의인지 여부
  - 도급인과 수급인 사이에 도급인 명의로 건축허가를 받아 소유권보존등기를 하기로 하는 합의 ○
  - 채무의 담보를 위해 채무자가 자기 비용과 노력으로 신축한 건물의 건축허가명의를 채권자 명의로 한 경우 ×
- 기성고에 따라 공사대금을 분할하여 지급하기로 약정한 경우 ⇨ 특별한 사정이 없는 한 하자보수의무와 동시이행관계에 있는 공사대금지급채무는 당해 하자가 발생한 부분의 기성공사대금에 한정 ×
- 도급인의 수급인에 대한 담보책임에 기한 하자보수에 갈음하는 손해배상청구권 ⇨ 제척기간이 적용 ○ (민법 제670조 또는 제671조), 소멸시효 규정의 적용 ○ (민법 제162조 제1항, 상법 제64조)
- 도급계약에서의 하자보수보증금 ⇨ 손해배상실손해가 하자보수보증금을 초과하는 경우에 수급인의 하자보수의무 불이행을 이유로 하자보수보증금의 몰취 외에 그 실손해액을 입증하여 그 초과액 상당의 손해배상을 받을 수도 있는 특수한 손해배상액의 예정 ○
- 건축공사도급계약이 중도해제된 경우 도급인이 지급하여야 할 보수
  - 특별한 사정이 없는 한 당사자 사이에 약정한 총 공사비에 기성고 비율을 적용한 금액
  - 기성고비율은 이미 완성된 부분에 소요될 공사비에다가 미시공 부분을 완성하는데 소요될 공사비를 합친 전체공사비 가운데 이미 완성된 부분에 소요된 비용이 차지하는 비율

① (X) 일반적으로 자기의 노력과 재료를 들여 건물을 건축한 사람은 그 건물의 소유권을 원시취득하는 것이고, 다만 도급계약에 있어서 수급인이 자기의 노력과 재료를 들여 건물을 완성하더라도 도급인과 수급인 사이에 도급인 명의로 건축허가를 받아 소유권보존등기를 하기로 하는 등 완성된 건물의 소유권을 도급인에게 귀속시키기로 합의한 것으로 보여질 경우에는 그 건물의 소유권은 도급인에게 원시적으로 귀속된다. 단지 채무의 담보를 위하여 채무자가 자기의 비용과 노력으로 신축하는 건물의 건축허가명의를 채권자 명의로 하였다면 이는 완성될 건물을 담보로 제공하기로 하는 합의로서 법률행위에 의한 담보물권의 설정과 다름없으므로 완성된 건물의 소유권은 일단 채무자가 이를 원시취득한 후 채권자 명의로 소유권보존등기를 마침으로써 담보목적의 범위 내에서 채권자에게 그 소유권이 이전된다고 보아야 한다(대판 1992.08.18. 91다25505).

② (O) 기성고에 따라 공사대금을 분할하여 지급하기로 약정한 경우라도 특별한 사정이 없는 한 하자보수의무와 동시이행관계에 있는 공사대금지급채무는 당해 하자가 발생한 부분의 기성공사대금에 한정되는 것은 아니라고 할 것이다. 왜냐하면, 이와 달리 본다면 도급인이 하자발생사실을 모른 채 하자가 발생한 부분에 해당하는 기성공사의 대금을 지급하고 난 후 뒤늦게 하자를 발견한 경우에는 동시이행의 항변권을 행사하지 못하게 되어 공평에 반하기 때문이다(대판 2001.09.18. 2001다9304).

③ (O) 수급인의 담보책임에 기한 하자보수에 갈음하는 손해배상청구권에 대하여는 민법 제670조 또는 제671조의 제척기간이 적용되고, 이는 법률관계의 조속한 안정을 도모하고자 하는 데에 취지가 있다. 그런데 이러한 도급인의 손해배상청구권에 대하여는 권리의 내용·성질 및 취지에 비추어 민법 제162조 제1항의 채권 소멸시효의 규정 또는 도급계약이 상행위에 해당하는 경우에는 상법 제64조의 상사시효의 규정이 적용되고, 민법 제670조 또는 제671조의 제척기간 규정으로 인하여 위 각 소멸시효 규정의 적용이 배제된다고 볼 수 없다(대판 2012.11.15. 2011다56491).

④ (O) 공사도급계약서 또는 그 계약내용에 편입된 약관에 수급인이 하자담보책임 기간 중 도급인으로부터 하자보수요구를 받고 이에 불응한 경우 하자보수보증금은 도급인에게 귀속한다는 조항이 있을 때 이 하자보수보증금은 특별한 사정이 없는 한 손해배상액의 예정으로 볼 것이고, 다만 하자보수보증금의 특성상 실손해가 하자보수보증금을 초과하는 경우에는 그 초과액의 손해배상을 구할 수 있다는 명시 규정이 없다고 하더라도 도급인은 수급인의 하자보수의무 불이행을 이유로 하자보수보증금의 몰취 외에 그 실손해액을 입증하여 수급인으로부터 그 초과액 상당의 손해배상을 받을 수도 있는 특수한 손해배상액의 예정으로 봄이 상당하다(대판 2002.07.12. 2000다17810).

⑤ (O) 건축공사도급계약이 수급인의 채무불이행을 이유로 해제된 경우에 해제될 당시 공사가 상당한 정도로 진척되어 이를 원상회복하는 것이 중대한 사회적·경제적 손실을 초래하고 완성된 부분이 도급인에게 이익이 되는 경우에 도급계약은 미완성부분에 대하여만 실효되고 수급인은 해제한 상태 그대로 건물을 도급인에게 인도하며, 도급인은 특별한 사정이 없는 한 인도받은 미완성 건물에 대한 보수를 지급하여야 하는 권리의무관계가 성립한다. 건축공사도급계약이 중도해제된 경우 도급인이 지급하여야 할 보수는 특별한 사정이 없는 한 당사자 사이에 약정한 총 공사비에 기성고 비율을 적용한 금액이지 수급인이 실제로 지출한 비용을 기준으로 할 것은 아니다. 기성고 비율은 공사대금 지급의무가 발생한 시점, 즉 수급인이 공사를 중단할 당시를 기준으로 이미 완성된 부분에 들어간 공사비에다 미시공 부분을 완성하는 데 들어갈 공사비를 합친 전체 공사비 가운데 완성된 부분에 들어간 비용이 차지하는 비율을 산정하여 확정하여야 한다. 그러나 공사 기성고 비율과 대금에 관하여 분쟁이 있는 경우에 당사자들이 공사규모, 기성고 등을 참작하여 약정으로 비율과 대금을 정산할 수 있다(대판 2017.01.12. 2014다11574).

정답 ①

문 37

도급에 관한 다음 설명 중 가장 옳지 않은 것은? [2018년 24번]

① 수급인이 완공기한 내에 공사를 완성하지 못한 채 완공기한을 넘겨 도급계약이 해제된 경우, 그 지체상금 발생의 시기는 완공기한 다음날이고, 종기는 수급인이 공사를 중단하거나 기타 해제사유가 있어 도급인이 이를 해제할 수 있었을 때를 기준으로 하여 도급인이 다른 업자에게 의뢰하여 같은 건물을 완공할 수 있었던 시점이다.
② 민법 제673조에서 도급인으로 하여금 자유로운 해제권을 행사할 수 있도록 하는 대신 수급인이 입은 손해를 배상하도록 규정하고 있는데, 위 규정에 의하여 도급계약을 해제하는 경우에도 특별한 사정이 없는 한 도급인은 수급인에 대한 손해배상에 있어서 과실상계나 손해배상예정액의 감액을 주장할 수 있다.
③ 도급인이 계약상 의무를 부담하는 공사 기성부분에 대한 공사대금 지급의무를 지체하고 있고, 수급인이 공사를 완공하더라도 도급인이 공사대금의 지급채무를 이행하기 곤란한 현저한 사유가 있는 경우에는 수급인은 그러한 사유가 해소될 때까지 자신의 공사 완공의무를 거절할 수 있다.
④ 민법 제673조에 의하여 도급계약이 해제된 경우에도, 그 해제로 인하여 수급인이 그 일의 완성을 위하여 들이지 않게 된 자신의 노력을 타에 사용하여 얻은 소득은 당연히 손해액을 산정함에 있어서 공제되어야 한다.
⑤ 공사수급인의 연대보증인이 부담하는 지체상금 지급의무는 이른바 손해배상액의 예정으로서, 지체상금액이 과다한지 여부는 주채무자인 공사수급인을 기준으로 판단하여야 할 것이지 연대보증인을 중심으로 판단할 것은 아니다.

해설 ★★

① (○) 일반적으로 수급인이 완공기한 내에 공사를 완성하지 못한 채 공사를 중단하고 계약이 해제된 결과 완공이 지연된 경우에 있어서 지체상금은 '약정준공일 다음 날부터' 발생하되 그 종기는 '도급인이 수급인의 공사 중단이나 기타 해제사유를 이유로 해제·해지할 수 있었던 때를 기준으로 하여 도급인이 다른 업자에게 의뢰하여 같은 건물을 완공할 수 있었던 시점까지'이고, 실제 해제·해지한 때를 기준으로 할 것은 아니다. 다만 이와 같이 도급인이 해제·해지할 수 있었던 때를 기준으로 하여 종기를 제한하는 것은 그때부터 도급인이 다른 업자에게 의뢰하여 공사를 완공할 수 있음을 전제로 하는 것이므로, 수급인의 귀책사유로 인하여 도급인이 다른 업자에게 의뢰하여 공사를 완공할 수 없는 사정이 있었던 경우에는 그 종기는 도급인이 계약을 해제·해지할 수 있었던 때가 아니라 도급인이 다른 업자에게 의뢰하여 공사를 시작할 수 있었던 때를 기준으로 하여 같은 건물을 완공할 수 있었던 시점까지를 산정하여야 할 것이다(대판 2016.12.27. 2015다231672).
② (×), ④ (○) 민법 제673조에서 도급인으로 하여금 자유로운 해제권을 행사할 수 있도록 하는 대신 수급인이 입은 손해를 배상하도록 규정하고 있는 것은 도급인의 일방적인 의사에 기한 도급계약 해제를 인정하는 대신, 도급인의 일방적인 계약해제로 인하여 수급인이 입게 될 손해, 즉 수급인이 이미 지출한 비용과 일을 완성하였더라면 얻었을 이익을 합한 금액을 전부 배상하게 하는 것이라 할 것이므로, 위 규정에 의하여 도급계약을 해제한 이상은 특별한 사정이 없는 한 도급인은 수급인에 대한 손해배상에 있어서 과실상계나 손해배상예정액 감액을 주장할 수는 없다. 다만 채무불이행이나 불법행위 등이 채권자 또는 피해자에게 손해를 생기게 하는 동시에 이익을 가져다 준 경우에는 공평의 관념상 그 이익은 당사자의 주장을 기다리지 아니하고 손해를 산정함에 있어서 공제되어야만 하는 것이므로, 민법 제673조에 의하여 도급계약이 해제된 경우에

도, 그 해제로 인하여 수급인이 그 일의 완성을 위하여 들이지 않게 된 자신의 노력을 타에 사용하여 소득을 얻었거나 또는 얻을 수 있었음에도 불구하고, 태만이나 과실로 인하여 얻지 못한 소득 및 일의 완성을 위하여 준비하여 둔 재료를 사용하지 아니하게 되어 타에 사용 또는 처분하여 얻을 수 있는 대가 상당액은 당연히 손해액을 산정함에 있어서 공제되어야 한다(대판 2002.05.10. 2000다37296).
③ (○) 일반적으로 건축공사도급계약에서 공사대금의 지급의무와 공사의 완공의무가 반드시 동시이행관계에 있는 것은 아니지만, 도급인이 계약상 의무를 부담하는 공사 기성부분에 대한 공사대금 지급의무를 지체하고 있고, 수급인이 공사를 완공하더라도 도급인이 공사대금의 지급채무를 이행하기 곤란한 현저한 사유가 있는 경우에는 수급인은 그러한 사유가 해소될 때까지 자신의 공사완공의무를 거절할 수 있다(대판 2005.11.25. 2003다60136).
⑤ (○) 공사수급인의 연대보증인이 부담하는 지체상금 지급의무는 주채무자인 공사수급인이 지급하여야 할 지체상금의 범위에 부종하는 것이므로, 이른바 손해배상액의 예정으로서 지체상금액이 과다한지 여부는 '주채무자인 공사수급인을 기준'으로 판단하여야 할 것이지 연대보증인을 중심으로 판단할 것은 아니다(대판 2005.08.19. 2002다59764).

정답 ②

문 38

도급계약의 하자로 인한 손해배상책임에 관한 다음 설명 중 가장 옳지 않은 것은?(다툼이 있는 경우 판례에 의함) [2016년 1번]

① 분양회사가 신축한 아파트를 분양받은 자는 분양된 아파트에서 일정한 일조시간을 확보할 수 없다고 하더라도, 이를 가지고 위 아파트가 매매목적물로서 거래상 통상 갖추어야 하거나 당사자의 특약에 의하여 보유하여야 할 품질이나 성질을 갖추지 못한 것이라거나, 또는 분양회사가 수분양자에게 분양하는 아파트의 일조 상황 등에 관하여 정확한 정보를 제공할 신의칙상 의무를 게을리 하였다고 볼 여지가 있을지는 몰라도, 분양회사가 신축한 아파트로 인하여 수분양자가 직사광선이 차단되는 불이익을 입게 되었다고 볼 수는 없으므로 분양회사에게 일조방해를 원인으로 하는 불법행위책임을 물을 수는 없다.
② 일반적으로 신축한 건물에 하자가 있는 경우에 이로 인하여 수분양자가 받은 정신적 고통은 하자가 보수되거나 하자보수에 갈음한 손해배상이 이루어짐으로써 회복되는 것이므로, 정신적 고통에 대한 위자료는 인정될 수 없다.
③ 공사도급계약에서 하자보수보증금이 손해배상액의 예정에 해당하는 경우라도 실손해가 하자보수보증금을 초과하는 때에는, 도급인은 수급인의 하자보수의무 불이행을 이유로 하자보수보증금을 몰취할 수 있을 뿐만 아니라 그 실손해액을 입증하여 수급인으로부터 그 초과액 상당의 손해배상을 받을 수도 있다.
④ 도급인이 하자의 보수를 청구하려면 그 하자가 중요한 경우이거나 중요하지 아니한 것이라고 하더라도 그 보수에 과다한 비용을 요하지 아니할 경우이어야 하고, 도급인이 하자의 보수에 갈음하여 손해배상을 청구하는 경우에는 수급인이 그 손해배상청구에 관하여 채무이행을 제공할 때까지 그 손해배상의 액에 상응하는 보수의 액에 관하여만 자기의 채무이행을 거절할 수 있을 뿐, 그 나머지 액의 보수에 관하여는 지급을 거절할 수 없다.
⑤ 하자보수비용은 도급인이 목적물을 인수한 때 또는 하자를 발견한 때가 아니라 하자보수를 청구한 때 또는 보수에 갈음하여 손해배상을 청구한 때를 기준으로 하여 산정한다.

:: 해설   ★★★

① (○) 분양회사가 신축한 아파트를 분양받은 자는 분양된 아파트에서 일정한 일조시간을 확보할 수 없다고 하더라도, 이를 가지고 위 아파트가 매매목적물로서 거래상 통상 갖추어야 하거나 당사자의 특약에 의하여 보유하여야 할 품질이나 성질을 갖추지 못한 것이라거나, 또는 분양회사가 수분양자에게 분양하는 아파트의 일조상황 등에 관하여 정확한 정보를 제공할 신의칙상 의무를 게을리 하였다고 볼 여지가 있을지는 몰라도, 분양회사가 신축한 아파트로 인하여 수분양자가 직사광선이 차단되는 불이익을 입게 되었다고 볼 수는 없으므로 분양회사에게 일조방해를 원인으로 하는 불법행위책임을 물을 수는 없다(대판 2001.06.26. 2000다44928).

② (X) 일반적으로 신축한 건물에 하자가 있는 경우에 이로 인하여 수분양자가 받은 정신적 고통은 하자가 보수되거나 하자보수에 갈음한 손해배상이 이루어짐으로써 회복되는 것이나, 수분양자가 하자의 보수나 손해배상만으로 회복할 수 없는 정신적 고통을 입고 분양자가 이와 같은 사정을 알았거나 알 수 있었다면 정신적 고통에 대한 위자료도 인정되어야 한다(대판 2005.06.10. 2003다29524).

③ (○) 공사도급계약서 또는 그 계약내용에 편입된 약관에 수급인이 하자담보책임 기간 중 도급인으로부터 하자보수요구를 받고 이에 불응한 경우 하자보수보증금은 도급인에게 귀속한다는 조항이 있을 때 이 하자보수보증금은 특별한 사정이 없는 한 손해배상액의 예정으로 볼 것이고, 다만 하자보수보증금의 특성상 실손해가 하자보수보증금을 초과하는 경우에는 그 초과액의 손해배상을 구할 수 있다는 명시 규정이 없다고 하더라도 도급인은 수급인의 하자보수의무 불이행을 이유로 하자보수보증금의 몰취 외에 그 실손해액을 입증하여 수급인으로부터 그 초과액 상당의 손해배상을 받을 수도 있는 특수한 손해배상액의 예정으로 봄이 상당하다(대판 2002.07.12. 2000다17810).

④ (○) 도급인이 하자의 보수를 청구하려면 그 하자가 중요한 경우이거나 중요하지 아니한 것이라고 하더라도 그 보수에 과다한 비용을 요하지 아니할 경우이어야 하고, 도급인이 하자의 보수에 갈음하여 손해배상을 청구하는 경우에는 수급인이 그 손해배상청구에 관하여 채무이행을 제공할 때까지 그 손해배상의 액에 상응하는 보수의 액에 관하여만 자기의 채무이행을 거절할 수 있을 뿐, 그 나머지 액의 보수에 관하여는 지급을 거절할 수 없다(대판 1991.12.10. 91다33056).

⑤ (○) 하자보수비는 하자보수청구시 또는 보수에 갈음하는 손해배상청구시를 기준으로 산정하여야 한다(대판 1980.11.11. 80다923).

정답 ②

제❺절 ┃ 조합

문 31

조합에 관한 다음 설명 중 옳은 것(○)과 옳지 않은 것(X)을 올바르게 조합한 것은?[2023년 19번]

ㄱ. 조합원 중 1인의 채권자가 그 조합원 개인을 집행채무자로 하여 조합의 채권에 대하여 강제집행하는 경우, 다른 조합원으로서는 보존행위로서 제3자이의의 소를 제기하여 그 강제집행의 불허를 구할 수 있다.

ㄴ. 민법상 조합에서 조합의 채권자가 조합재산에 대하여 강제집행을 하려면 조합원 전원에 대한 집행권원을 필요로 하고, 조합재산에 대한 강제집행의 보전을 위한 가압류의 경우에도 마찬가지로 조합원 전원에 대한 가압류명령이 있어야 할 것이므로, 조합원 중 1인만을 가압류채무자로 한 가압류명령으로써 조합재산에 가압류집행을 할 수는 없다.

ㄷ. 당사자가 이익 또는 손실에 대하여 분배의 비율을 정할 때에는 각 조합원의 출자가액에 비례하여 이를 정해야 한다.

ㄹ. 조합계약에 '동업지분은 제3자에게 양도할 수 있다.'는 약정을 두고 있는 것과 같이 조합계약에서 개괄적으로 조합원 지분의 양도를 인정하고 있는 경우 조합원은 다른 조합원 전원의 동의가 없더라도 자신의 지분 전부를 일체로써 제3자에게 양도하거나 또는 일부를 제3자에게 양도하는 것이 당연히 허용된다.

ㅁ. 민법의 조합의 해산사유와 청산에 관한 규정은 그와 내용을 달리하는 당사자의 특약을 배제하는 강행규정이므로 당사자가 민법의 조합의 해산사유와 청산에 관한 규정과 다른 내용의 특약을 한 경우 그 특약은 무효이다.

① ㄱ(O), ㄴ(X), ㄷ(O), ㄹ(O), ㅁ(X)
② ㄱ(O), ㄴ(O), ㄷ(O), ㄹ(O), ㅁ(X)
③ ㄱ(O), ㄴ(O), ㄷ(X), ㄹ(X), ㅁ(X)
④ ㄱ(X), ㄴ(O), ㄷ(X), ㄹ(X), ㅁ(O)
⑤ ㄱ(X), ㄴ(X), ㄷ(O), ㄹ(X), ㅁ(O)

MGI Point 조합 ★★

- 조합원의 채권자가 조합의 채권에 대하여 강제집행하는 경우 ⇨ 다른 조합원은 보존행위로서 제3자이의의 소를 제기 可
- 조합재산에 대한 가압류집행 ⇨ 조합원 전원에 대한 집행권원 필요
- 조합계약의 당사자는 출자가액에 비례하여 손익분배의 비율을 정할 수 있음
- 조합계약에 '동업지분은 제3자에게 양도할 수 있다.'는 약정을 두고 있는 경우 ⇨ 지분 일부를 제3자에게 양도하는 것이 당연히 허용×
- 민법의 조합의 해산사유와 청산에 관한 규정의 성질 ⇨ 임의규정

ㄱ. (O) 조합의 채권은 조합원 전원에게 합유적으로 귀속하는 것이어서, 특별한 사정이 없는 한 조합원 중 1인이 임의로 조합의 채무자에 대하여 출자지분의 비율에 따른 급부를 청구할 수 없는 것이므로, 조합원 중 1인의 채권자가 그 조합원 개인을 집행채무자로 하여 조합의 채권에 대하여 강제집행하는 경우, 다른 조합원으로서는 보존행위로서 제3자이의의 소를 제기하여 그 강제집행의 불허를 구할 수 있다(대법원 1997. 8. 26. 97다4401).

ㄴ. (O) 민법상 조합에서 조합의 채권자가 조합재산에 대하여 강제집행을 하려면 조합원 전원에 대한 집행권원을 필요로 하고, 조합재산에 대한 강제집행의 보전을 위한 가압류의 경우에도 마찬가지로 조합원 전원에 대한 가압류명령이 있어야 하므로, 조합원 중1인만을 가압류채무자로 한 가압류명령으로써 조합재산에 가압류집행을 할 수는 없다(대법원 2015. 10. 29. 2012다21560).

ㄷ. (X)

> 민법
> 제711조(손익분배의 비율) ① 당사자가 손익분배의 비율을 정하지 아니한 때에는 각 조합원의 출자가액에 비례하여 이를 정한다.
>
> ② 이익 또는 손실에 대하여 분배의 비율을 정한 때에는 그 비율은 이익과 손실에 공통된 것으로 추정한다.

ㄹ. (X) 조합계약에 '동업지분은 제3자에게 양도할 수 있다'는 약정을 두고 있는 것과 같이 조합계약에서 개괄적으로 조합원 지분의 양도를 인정하고 있는 경우 조합원은 다른 조합원 전원의 동의가 없더라도 자신의 지분 전부를 일체로써 제3자에게 양도할 수 있으나, <u>그 지분의 일부를 제3자에게 양도하는 경우까지 당연히 허용되는 것은 아니다</u>(대법원 2009. 4. 23. 2008다4247).

ㅁ. (X) 민법의 조합의 해산사유와 청산에 관한 규정은 그와 내용을 달리하는 당사자의 특약까지 배제하는 강행규정이 아니므로 당사자가 민법의 조합의 해산사유와 청산에 관한 규정과 다른 내용의 특약을 한 경우, 그 특약은 유효하다(대법원 1985. 2. 26. 84다카1921).

정답 ③

문 39

민법상 조합에 관한 다음 설명 중 가장 옳지 않은 것은? [2022년 36번]

① 민법 제272조에 따르면 합유물을 처분 또는 변경함에는 합유자 전원의 동의가 있어야 하나, 합유물 가운데서도 조합재산의 경우 그 처분·변경에 관한 행위는 조합의 특별사무에 해당하는 업무집행으로서, 이에 대하여는 특별한 사정이 없는 한 민법 제706조 제2항이 민법 제272조에 우선하여 적용되므로, 조합재산의 처분·변경은 업무집행자가 없는 경우에는 조합원의 과반수로 결정하고, 업무집행자가 수인 있는 경우에는 그 업무집행자의 과반수로써 결정하며, 업무집행자가 1인만 있는 경우에는 그 업무집행자가 단독으로 결정한다.

② 원칙적으로 대리행위는 본인을 위한 것임을 표시하여야 직접 본인에 대하여 효력이 생긴다. 민법상 조합의 경우 법인격이 없어 조합 자체가 본인이 될 수 없으므로, 이른바 조합대리에 있어서는 본인에 해당하는 모든 조합원을 위한 것임을 표시하여야 하나, 반드시 조합원 전원의 성명을 제시할 필요는 없고, 상대방이 알 수 있을 정도로 조합을 표시하는 것으로 충분하다.

③ 민법상 조합에서 조합원의 제명은 정당한 사유가 있는 때에 한하여 다른 조합원의 일치로써 이를 결정한다(민법 제718조 제1항). 여기에서 '정당한 사유가 있는 때'란 특정 조합원이 동업계약에서 정한 의무를 이행하지 않거나 조합업무를 집행하면서 부정행위를 한 경우와 같이 특정 조합원에게 명백한 귀책사유가 있는 경우에 한정된다.

④ 조합원이 출자의무를 이행하지 않는 것은 민법 제718조 제1항에서 정한 조합원을 제명할 정당한 사유에 해당한다고 할 것인바, 그와 같은 출자의무의 불이행을 이유로 조합원을 제명함에 있어 출자의무의 이행을 지체하고 있는 당해 조합원에게 다시 상당한 기간을 정하여 출자의무의 이행을 최고하여야 하는 것은 아니다.

⑤ 민법상 조합계약은 2인 이상이 상호 출자하여 공동으로 사업을 경영할 것을 약정하는 계약으로서, 특정한 사업을 공동 경영하는 약정에 한하여 이를 조합계약이라고 할 수 있다(민법 제703조 제1항). 그리고 조합원의 임의 탈퇴는 조합계약에 관한 일종의 해지로서 다른 조합원에 대한 의사표시로써 하여야 하나, 그 의사표시가 반드시 명시적이어야 하는 것은 아니고 묵시적으로도 할 수 있으며, 임의 탈퇴의 의사표시가 있는지 여부는 법률행위 해석의 일반 원칙에 따라 판단하여야 한다. 조합원의 임의 탈퇴가 적법하다면 조합원 사이에 특별한 약정이 없는 한 탈퇴한 조합원의 합유지분은 잔존 조합원에게 귀속된다.

> **MGI Point** 조합 ★★★
>
> - 조합재산에 대한 처분·변경 ⇨ 민법 제706조 제2항이 민법 제272조에 우선하여 적용됨
> - 조합대리에서 현명 ⇨ 모든 조합원을 위한 것임을 표시 要, but 조합원 전원의 성명을 제시할 필요는 없고 상대방이 알 수 있을 정도로 조합을 표시하는 것으로 충분 ○
> - 조합원 제명의 정당한 사유 ⇨ 특정 조합원에게 명백한 귀책사유가 있는 경우뿐만 아니라 조합원으로 인하여 다른 조합원들 사이에 반목·불화로 대립이 발생하고 신뢰관계가 근본적으로 훼손되는 등의 경우도 포함
> - 출자의무의 불이행을 이유로 조합원을 제명 ⇨ 상당한 기간을 정하여 출자의무의 이행을 최고 不要
> - 조합원이 적법하게 임의탈퇴된 경우 ⇨ 탈퇴한 조합원의 합유지분은 잔존 조합원에게 귀속

① (○) 민법 제272조에 따르면 합유물을 처분 또는 변경함에는 합유자 전원의 동의가 있어야 하나, 합유물 가운데서도 조합재산의 경우 그 처분·변경에 관한 행위는 조합의 특별사무에 해당하는 업무집행으로서, 이에 대하여는 특별한 사정이 없는 한 민법 제706조 제2항이 민법 제272조에 우선하여 적용되므로, 조합재산의 처분·변경은 업무집행자가 없는 경우에는 조합원의 과반수로 결정하고, 업무집행자가 수인 있는 경우에는 그 업무집행자의 과반수로써 결정하며, 업무집행자가 1인만 있는 경우에는 그 업무집행자가 단독으로 결정한다(대판 2010.04.29. 2007다18911).

② (○) 민법 제114조 제1항은 "대리인이 그 권한 내에서 본인을 위한 것임을 표시한 의사표시는 직접 본인에게 대하여 효력이 생긴다"라고 규정하고 있으므로, 원칙적으로 대리행위는 본인을 위한 것임을 표시하여야 직접 본인에 대하여 효력이 생기는 것이고, 한편 민법상 조합의 경우 법인격이 없어 조합 자체가 본인이 될 수 없으므로, 이른바 조합대리에 있어서는 본인에 해당하는 모든 조합원을 위한 것임을 표시하여야 하나, 반드시 조합원 전원의 성명을 제시할 필요는 없고, 상대방이 알 수 있을 정도로 조합을 표시하는 것으로 충분하다(대판 2009.01.30. 2008다79340).

③ (X) 민법상 조합에서 조합원의 제명은 정당한 사유가 있는 때에 한하여 다른 조합원의 일치로써 결정한다(제718조 제1항). 여기에서 '정당한 사유가 있는 때'란 특정 조합원이 동업계약에서 정한 의무를 이행하지 않거나 조합업무를 집행하면서 부정행위를 한 경우와 같이 특정 조합원에게 명백한 귀책사유가 있는 경우는 물론이고, 이에 이르지 않더라도 특정 조합원으로 말미암아 조합원들 사이에 반목·불화로 대립이 발생하고 신뢰관계가 근본적으로 훼손되어 특정 조합원이 계속 조합원의 지위를 유지하도록 한다면 조합의 원만한 공동운영을 기대할 수 없는 경우도 포함한다(대판 2021.10.28. 2017다200702).

④ (○) 조합원이 출자의무를 이행하지 않는 것은 민법 제718조 제1항에서 정한 조합원을 제명할 정당한 사유에 해당한다고 할 것인바, 그와 같은 출자의무의 불이행을 이유로 조합원을 제명함에 있어 출자의무의 이행을 지체하고 있는 당해 조합원에게 다시 상당한 기간을 정하여 출자의무의 이행을 최고하여야 하는 것은 아니다(대판 1997.07.25. 96다29816).

⑤ (○) 민법상 조합계약은 2인 이상이 상호 출자하여 공동으로 사업을 경영할 것을 약정하는 계약으로서, 특정한 사업을 공동 경영하는 약정에 한하여 이를 조합계약이라고 할 수 있다(민법 제703조 제1항). 그리고 조합원의 임의 탈퇴는 조합계약에 관한 일종의 해지로서 다른 조합원에 대한 의사표시로써 하여야 하나, 그 의사표시가 반드시 명시적이어야 하는 것은 아니고 묵시적으로도 할 수 있으며, 임의 탈퇴의 의사표시가 있는지 여부는 법률행위 해석의 일반 원칙에 따라 판단하여야 한다. 조합원의 임의 탈퇴가 적법하다면 조합원 사이에 특별한 약정이 없는 한 탈퇴한 조합원의 합유지분은 잔존 조합원에게 귀속된다(대판 2017.07.18. 2015다30206).

정답 ③

문 40

조합에 관한 다음 설명 중 가장 옳지 않은 것은? [2021년 33번]

① 조합의 사무집행 방법을 규정한 민법 제706조에서 말하는 조합원은 조합원의 출자가액이나 지분이 아닌 조합원의 인원수를 뜻하는데, 이는 강행규정으로 당사자 사이의 약정으로 업무집행자의 선임이나 업무집

행방법의 결정을 조합원의 인원수가 아닌 그 출자가액 내지 지분의 비율에 의하도록 정할 수는 없다.
② 조합원은 다른 조합원 전원의 동의가 있으면 그 지분을 처분할 수 있으나, 조합원이 지분을 양도하면 그로써 조합원의 지위를 상실하게 된다. 그리고 이와 같은 조합원 지위의 변동은 조합지분의 양도양수에 관한 약정으로써 바로 효력이 생긴다.
③ 동업계약과 같은 조합계약에서는 조합의 해산청구를 하거나 조합으로부터 탈퇴를 하거나 또는 다른 조합원을 제명할 수 있을 뿐이지 일반계약에 있어서처럼 조합계약을 해제하고 상대방에게 그로 인한 원상회복의 의무를 부담지울 수는 없다.
④ 조합의 채무는 조합원의 채무로서 특별한 사정이 없는 한 조합채권자는 각 조합원에 대하여 지분의 비율에 따라 또는 균일적으로 권리를 행사할 수 있지만, 조합채무가 조합원 전원을 위하여 상행위가 되는 행위로 인하여 부담하게 된 것이라면 조합원들의 연대책임을 인정할 수 있다.
⑤ 조합해산의 경우에 조합원에게 분배할 잔여재산의 범위와 그 가액은 청산절차가 종료된 때에 비로소 확정되는 것이므로 그 가액의 평가는 청산절차 종료 당시를 기준으로 하여야 한다.

MGI Point 조합 ★★

- **조합의 사무집행 방법 (민법 제706조)**
  - 민법 제706조의 '조합원' ⇨ 조합원의 인원수를 의미
  - 조합원의 인원수가 아닌 그 출자가액 내지 지분의 비율에 의하도록 정할 수 ○ (∵ 제706조는 임의규정)
- **다른 조합원 전원의 동의에 의한 조합이 지분 양도** ⇨ 양도양수에 관한 약정으로써 바로 조합원의 지위 상실
- **동업계약과 같은 조합계약인 경우**
  - 가능 : 조합의 해산청구·조합으로부터 탈퇴·다른 조합원 제명
  - 불가능 : 조합계약 해제·상대방에게 해제로 인한 원상회복의 의무 부담
- **조합의 채무**
  - 원칙적으로 각 조합원은 지분의 비율에 따라 또는 균일적인 분할채무
  - 단, 조합채무가 조합원 전원을 위하여 상행위가 되는 행위로 인하여 부담하게 된 경우 조합원들의 연대책임
- **조합해산**
  - 조합원에게 분배할 잔여재산의 범위와 그 가액 ⇨ 청산절차가 종료된 때에 비로소 확정
  - 잔여재산 가액의 평가 ⇨ 청산절차 종료 당시 기준

① (X) 민법 제706조에서는 조합원 3분의 2 이상의 찬성으로 조합의 업무집행자를 선임하고 조합원 과반수의 찬성으로 조합의 업무집행방법을 결정하도록 규정하고 있는바, 여기서 말하는 조합원은 조합원의 출자가액이나 지분이 아닌 조합원의 인원수를 뜻한다. 다만, 위와 같은 민법의 규정은 임의규정이므로, 당사자 사이의 약정으로 업무집행자의 선임이나 업무집행방법의 결정을 조합원의 인원수가 아닌 그 출자가액 내지 지분의 비율에 의하도록 하는 등 그 내용을 달리 정할 수 있고, 그와 같은 약정이 있는 경우에는 그 정한 바에 따라 업무집행자를 선임하거나 업무집행방법을 결정하여야만 유효하다(대판 2009.04.23. 2008다4247).
② (○) 조합원은 다른 조합원 전원의 동의가 있으면 그 지분을 처분할 수 있으나 조합의 목적과 단체성에 비추어 조합원으로서의 자격과 분리하여 그 지분권만을 처분할 수는 없으므로, 조합원이 지분을 양도하면 그로써 조합원의 지위를 상실하게 되며, 이와 같은 조합원 지위의 변동은 조합지분의 양도양수에 관한 약정으로써 바로 효력이 생긴다(대판 2009.03.12. 2006다28454).
③ (○) 동업계약과 같은 조합계약에 있어서는 조합의 해산청구를 하거나 조합으로부터 탈퇴를 하거나 또는 다른 조합원을 제명할 수 있을 뿐이지 일반계약에 있어서처럼 조합계약을 해제하고 상대방에게 그로 인한 원상회복의 의무를 부담지울 수는 없다(대판 1994.05.13. 94다7157).
④ (○) 조합의 채무는 조합원의 채무로서 특별한 사정이 없는 한 조합채권자는 각 조합원에 대하여 지분의 비율에 따라 또는 균일적으로 변제의 청구를 할 수 있을 뿐임은 소론과 같으나, 조합채무가 특히 조합원 전원

을 위하여 상행위가 되는 행위로 인하여 부담하게 된 것이라면 그 채무에 관하여 조합원들에 대하여 상법 제57조 제1항을 적용하여 연대책임을 인정함이 상당하다(대판 1992.11.27. 92다30405).

⑤ (○) 조합해산의 경우에 조합원에게 분배할 잔여재산의 범위와 그 가액은 청산절차가 종료된 때에 비로소 확정되는 것이므로 그 가액의 평가는 청산절차 종료 당시를 기준으로 하여야 하고, 한편 이와 같이 청산절차가 종료되지 않은 상태에서의 조합, 즉 청산의 목적범위 내에서 존속하는 조합이 종국적으로 부담하게 된 채무도 조합의 채무로서 조합의 잔여재산의 계산에서 고려되어야 할 것이다(대판 2007.11.15. 2007다48370).

정답 ①

문 41

조합의 재산관계에 관한 다음 설명 중 가장 옳지 않은 것은? [2019년 21번]

① 채무자의 재산인 조합원 지분을 압류한 채권자는 특별한 사정이 없는 한 채권자대위권에 의하여 채무자의 조합 탈퇴의 의사표시를 대위 행사할 수 있고, 단지 조합원이 조합을 탈퇴하면 조합목적의 수행에 지장을 초래할 것이라는 사정만으로는 이를 불허할 수는 없다.
② 전체로서의 조합재산에 대한 조합원 지분에 대해서는 압류할 수 있으나, 조합재산을 구성하는 개개의 재산에 대한 합유지분에 대해서는 압류 기타 강제집행을 할 수 없다.
③ 조합에 대한 채무자는 그 채무와 조합원에 대한 채권으로 상계할 수 없고, 조합원 중 1인에 대한 채권을 가진 채권자도 위와 같은 채권을 그 조합과의 매매계약에 따른 잔대금 채무와 서로 대등액에서 상계할 수는 없다.
④ 조합재산의 처분·변경에 관한 행위는 특별한 사정이 없는 한 조합의 특별사무에 해당하는 업무집행이고, 업무집행조합원이 수인 있는 경우 위와 같은 특별사무에 관한 업무집행은 원칙적으로 업무집행조합원의 과반수로 결정한다.
⑤ 조합원 중 1인의 채권자가 그 조합원 개인을 집행채무자로 하여 조합의 채권에 대하여 강제집행을 하는 경우, 집행채무자가 된 1인의 조합원을 제외한 나머지 조합원 전원의 동의가 있어야만 제3자이의의 소를 제기하여 그 강제집행의 불허를 구할 수 있다.

MGI Point 조합의 재산관계 ★★

- 조합계약의 해지권 (ex. 조합을 탈퇴할 권리) ➡ 채권자대위 可
- 조합재산을 구성하는 개개의 재산에 대한 합유지분에 관하여는 압류 기타 강제집행 ×
- 조합의 채무자 ➡ 조합원에 대한 채권을 자동채권으로 상계 不可
- 업무집행자가 있는 조합재산 처분 (조합의 특별사무에 해당하는 업무집행) ➡ 업무집행자 과반수의 동의 ○
- 조합원 중 1인에 대한 채권자는 그 채권으로써 그 조합원 개인을 집행채무자로 하여 조합 소유의 채권(조합재산)에 대하여 강제집행 × ➡ 이 경우 다른 조합원은 단독으로 제3자 이의의 소 제기 可

---

① (○) 민법상 조합원은 조합의 존속기간이 정해져 있는 경우 등을 제외하고는 원칙적으로 언제든지 조합에서 탈퇴할 수 있고(민법 제716조 참조), 조합원이 탈퇴하면 그 당시의 조합재산상태에 따라 다른 조합원과 사이에 지분의 계산을 하여 지분환급청구권을 가지게 되는바(민법 제719조 참조), 조합원이 조합을 탈퇴할 권리는 그 성질상 조합계약의 해지권으로서 그의 일반재산을 구성하는 재산권의 일종이라 할 것이고 채권자

대위가 허용되지 않는 일신전속적 권리라고는 할 수 없다. 따라서 채무자의 재산인 조합원 지분을 압류한 채권자는, 당해 채무자가 속한 조합에 존속기간이 정하여져 있다거나 기타 채무자 본인의 조합탈퇴가 허용되지 아니하는 것과 같은 특별한 사유가 있지 않은 한, 채권자대위권에 의하여 채무자의 조합 탈퇴의 의사표시를 대위행사할 수 있다 할 것이고, 일반적으로 조합원이 조합을 탈퇴하면 조합목적의 수행에 지장을 초래할 것이라는 사정만으로는 이를 불허할 사유가 되지 아니한다(대결 2007.11.30. 2005마1130).

② (○) 민법 제714조는 「조합원의 지분에 대한 압류는 그 조합원의 장래의 이익배당 및 지분의 반환을 받을 권리에 대하여 효력이 있다」고 규정하여 조합원의 지분에 대한 압류를 허용하고 있으나, 여기에서의 조합원의 지분이란 전체로서의 조합재산에 대한 조합원 지분을 의미하는 것이고, 이와 달리 조합재산을 구성하는 개개의 재산에 대한 합유지분에 대하여는 압류 기타 강제집행의 대상으로 삼을 수 없다 할 것이다(대결 2007. 11.30. 2005마1130).

③ (○) 조합에 대한 채무자는 그 채무와 조합원에 대한 채권으로 상계할 수는 없는 것이므로(민법 제715조), 조합으로부터 부동산을 매수하여 잔대금채무를 지고 있는 자가 조합원 중의 1인에 대하여 개인채권을 가지고 있다고 하더라도 그 채권과 조합과의 매매계약으로 인한 잔대금채무를 서로 대등액에서 상계할 수는 없다(대판 1998.03.13. 97다6919).

④ (○) 민법 제272조에 따르면 합유물을 처분 또는 변경함에는 합유자 전원의 동의가 있어야 하나, 합유물 가운데서도 조합재산의 경우 그 처분·변경에 관한 행위는 조합의 특별사무에 해당하는 업무집행으로서, 이에 대하여는 특별한 사정이 없는 한 민법 제706조 제2항이 민법 제272조에 우선하여 적용되므로, 조합재산의 처분·변경은 업무집행자가 없는 경우에는 조합원의 과반수로 결정하고, 업무집행자가 수인 있는 경우에는 그 업무집행자의 과반수로써 결정하며, 업무집행자가 1인만 있는 경우에는 그 업무집행자가 단독으로 결정한다(대판 2010.04.29. 2007다18911).

> 민법 제272조(합유물의 처분, 변경과 보존) 합유물을 처분 또는 변경함에는 합유자 전원의 동의가 있어야 한다. 그러나 보존행위는 각자가 할 수 있다.
> 민법 제706조(사무집행의 방법) ② 조합의 업무집행은 조합원의 과반수로써 결정한다. 업무집행자 수인인 때에는 그 과반수로써 결정한다.

⑤ (X) [1] 민법상 조합의 채권은 조합원 전원에게 합유적으로 귀속하는 것이어서 특별한 사정이 없는 한 조합원 중 1인에 대한 채권으로써 그 조합원 개인을 집행채무자로 하여 조합의 채권에 대하여 강제집행을 할 수 없고, 조합업무를 집행할 권한을 수여받은 업무집행조합원은 조합재산에 관하여 조합원으로부터 임의적 소송신탁을 받아 자기 이름으로 소송을 수행할 수 있다(대판 2001.02.23. 2000다68924). [2] 제3자이의의 訴는 모든 재산권을 대상으로 하는 집행에 대하여 적용되는 것이므로, 금전채권에 대하여 압류 및 추심명령이 있은 경우에 집행채무자 아닌 제3자가 자신이 진정한 채권자로서 자신의 채권의 행사에 있어 압류 등으로 인하여 사실상 장애를 받았다면 그 채권이 자기에게 귀속한다고 주장하여 집행채권자에 대하여 제3자이의의 訴를 제기할 수 있다. (그런데) 조합의 채권은 조합원 전원에게 합유적으로 귀속하는 것이어서 특별한 사정이 없는 한 조합원 중 1인이 임의로 조합의 채무자에 대하여 출자지분의 비율에 따른 급부를 청구할 수 없는 것이므로, 조합원 중 1인의 채권자가 그 조합원 개인을 집행채무자로 하여 조합의 채권에 대하여 강제집행(조합채권의 지분비율에 따른 채권압류 및 추심명령)하는 경우, 다른 조합원으로서는 보존행위로서 제3자이의의 訴를 제기하여 그 강제집행의 불허를 구할 수 있다(대판 1997.08.26. 97다4401).

정답 ⑤

문 42

조합에 관한 다음 설명 중 가장 옳지 않은 것은? [2018년 22번]

① 수인이 전매차익의 획득을 목적으로 부동산을 공동으로 매수한 경우, 그것이 공동사업을 위하여 동업체에서 매수한 것이 되려면, 적어도 공동매수인들 사이에서 매수한 토지를 동업체의 재산으로 귀속시키고 공동매수인 전원의 의사에 기하여 전원의 계산으로 처분한 후 이익을 분배하기로 하는 명시적 또는 묵시적 의사의 합치가 있어야만 한다.
② 매수인들이 상호 출자하여 공동사업을 경영할 것을 목적으로 하는 조합이 조합재산으로서 부동산의 소유권을 취득하면서 그 조합체가 합유등기를 하지 아니하고 조합원 1인의 명의로 소유권이전등기를 하였다면 이는 조합체가 그 조합원에게 명의신탁한 것으로 보아야 한다.
③ 공동이행방식의 공동수급체는 기본적으로 민법상의 조합의 성질을 가지는 것이므로, 특별한 사정이 없는 한 공동수급체의 구성원 중 1인은 도급인에 대하여 출자지분의 비율에 따른 급부를 청구할 수 없고, 구성원 중 1인에 대한 채권으로써 그 구성원 개인을 집행채무자로 하여 공동수급체의 도급인에 대한 채권에 대하여 강제집행을 할 수 없다.
④ 공동이행방식의 공동수급체와 도급인 사이에서 공동수급체의 개별 구성원으로 하여금 공사대금채권에 관하여 지분비율에 따라 직접 도급인에 대하여 권리를 취득하게 하는 약정이 이루어진 경우, 일부 구성원이 그 공사대금채권에 관한 자신의 지분비율을 넘어서 공사를 수행하였다면 도급인에 대한 공사대금채권은 실제의 공사비율에 따라 그 구성원에게 귀속한다.
⑤ 2인 조합에서 조합원 1인이 탈퇴하는 경우, 조합의 탈퇴자에 대한 채권은 잔존자에게 귀속되므로 잔존자는 이를 자동채권으로 하여 탈퇴자에 대한 지분 상당의 조합재산 반환채무와 상계할 수 있다.

해설

① (○) 수인이 부동산을 공동으로 매수한 경우, 매수인들 사이의 법률관계는 공유관계로서 단순한 공동매수인에 불과할 수도 있고, 수인을 조합원으로 하는 동업체에서 매수한 것일 수도 있는데, 부동산의 공동매수인들이 전매차익을 얻으려는 '공동의 목적달성'을 위하여 상호 협력한 것에 불과하고 이를 넘어 '공동사업을 경영할 목적'이 있었다고 인정되지 않는 경우 이들 사이의 법률관계는 공유관계에 불과할 뿐 민법상 조합관계에 있다고 볼 수 없다. 따라서 공동매수의 목적이 전매차익의 획득에 있을 경우 그것이 공동사업을 위하여 동업체에서 매수한 것이 되려면, 적어도 공동매수인들 사이에서 매수한 토지를 공유가 아닌 동업체의 재산으로 귀속시키고 공동매수인 전원의 의사에 기하여 전원의 계산으로 처분한 후 이익을 분배하기로 하는 명시적 또는 묵시적 의사의 합치가 있어야만 하고, 이와 달리 공동매수 후 매수인별로 토지에 관하여 공유에 기한 지분권을 가지고 각자 자유롭게 지분권을 처분하여 대가를 취득할 수 있도록 한 것이라면 이를 동업체에서 매수한 것으로 볼 수는 없다(대판 2012.08.30. 2010다39918).
② (○) 민법 제271조 제1항은 「법률의 규정 또는 계약에 의하여 수인이 조합체로서 물건을 소유하는 때에는 합유로 한다. 합유자의 권리는 합유물 전부에 미친다」고 규정하고(이는 물권법상의 규정으로서 강행규정이고, 따라서 조합체의 구성원인 조합원들이 공유하는 경우에는 조합체로서 물건을 소유하는 것으로 볼 수 없다), 민법 제704조는 「조합원의 출자 기타 조합재산은 조합원의 합유로 한다」고 규정하고 있으므로, 동업을 목적으로 한 조합이 조합체로서 또는 조합재산으로서 부동산의 소유권을 취득하였다면, 민법 제271조 제1항의 규정에 의하여 당연히 그 조합체의 합유물이 되고(이는 민법 제187조에 규정된 '법률의 규정에 의한 물권의 취득'과는 아무 관계가 없다. 따라서 조합체가 부동산을 법률행위에 의하여 취득한 경우에는 물론 소

유권이전등기를 요한다), 다만, 그 조합체가 합유등기를 하지 아니하고 그 대신 조합원들 명의로 각 지분에 관하여 공유등기를 하였다면, 이는 그 조합체가 조합원들에게 각 지분에 관하여 명의신탁한 것으로 보아야 한다(대판 2002.06.14. 2000다30622).
③ (○) 공동이행방식의 공동수급체는 기본적으로 민법상 조합의 성질을 가지는 것이므로, 공동수급체가 공사를 시행함으로 인하여 도급인에 대하여 가지는 채권은 원칙적으로 공동수급체 구성원에게 합유적으로 귀속하는 것이어서 특별한 사정이 없는 한 구성원 중 1인이 임의로 도급인에 대하여 출자지분 비율에 따른 급부를 청구할 수 없고, 구성원 중 1인에 대한 채권으로써 그 구성원 개인을 집행채무자로 하여 공동수급체의 도급인에 대한 채권에 대하여 강제집행을 할 수 없다. 그러나 공동이행방식의 공동수급체와 도급인이 공사도급계약에서 발생한 채권과 관련하여 공동수급체가 아닌 개별 구성원으로 하여금 지분비율에 따라 직접 도급인에 대하여 권리를 취득하게 하는 약정을 하는 경우와 같이 공사도급계약의 내용에 따라서는 공사도급계약과 관련하여 도급인에 대하여 가지는 채권이 공동수급체 구성원 각자에게 지분비율에 따라 구분하여 귀속될 수도 있고, 위와 같은 약정은 명시적으로는 물론 묵시적으로도 이루어질 수 있다(대판 2012.05.17. 2009다105406(전합)).
④ (X) 공동이행방식의 공동수급체와 도급인 사이의 공사도급계약에서 공동수급체의 개별 구성원으로 하여금 공사대금채권에 관하여 지분비율에 따라 직접 도급인에 대하여 권리를 취득하게 하는 약정이 이루어진 경우, 공사도급계약 자체에서 개별 구성원의 실제 공사수행 여부나 정도를 지분비율에 의한 공사대금채권 취득의 조건으로 약정하거나 일부 구성원의 공사 미이행을 이유로 공동수급체로부터 탈퇴·제명하도록 하여 그 구성원으로서의 자격이 아예 상실되는 것으로 약정하는 등의 특별한 사정이 없는 한, 개별 구성원들은 실제 공사를 누가 어느 정도 수행하였는지에 상관없이 도급인에 대한 관계에서 공사대금채권 중 각자의 지분비율에 해당하는 부분을 취득하고, 공사도급계약의 이행에 있어서의 실질적 기여비율에 따른 공사대금의 최종적 귀속 여부는 도급인과는 무관한 공동수급체 구성원들 내부의 정산문제일 뿐이라고 할 것이다. 따라서 공동이행방식의 공동수급체와 도급인 사이에서 공동수급체의 개별 구성원으로 하여금 공사대금채권에 관하여 지분비율에 따라 직접 도급인에 대하여 권리를 취득하게 하는 약정이 이루어진 경우에 있어서는 일부 구성원만이 실제로 공사를 수행하거나 일부 구성원이 그 공사대금채권에 관한 자신의 지분비율을 넘어서 수행하였다고 하더라도 이를 이유로 도급인에 대한 공사대금채권 자체가 그 실제의 공사비율에 따라 그에게 귀속한다고 할 수는 없다(대판 2013.02.28. 2012다107532).
⑤ (○) 2인 조합에서 조합원 1인이 탈퇴하는 경우, 조합의 탈퇴자에 대한 채권은 잔존자에게 귀속되므로 잔존자는 이를 자동채권으로 하여 탈퇴자에 대한 지분 상당의 조합재산 반환채무와 상계할 수 있다(대판 2006.03.09. 2004다49693).

정답 ④

문 43

민법상 조합의 법률관계에 관한 다음 설명 중 가장 옳은 것은?(다툼이 있는 경우 판례에 의함) [2016년 10번]

① 조합의 채무자는 그 채무와 조합원에 대한 채권으로 상계하지 못한다.
② 조합채권자는 원칙적으로 각 조합원에게 채권 전액을 청구할 수 있다.
③ 조합계약상 이익분배에 관한 비율만 정하고 손실분배에 관한 비율은 정하지 아니한 경우, 손실분배의 비율은 각 조합원의 출자가액에 비례하여 정한다.
④ 조합계약으로 조합의 존속기간을 정하지 아니하거나 조합원의 종신까지 존속할 것을 정한 경우에는 각 조합원은 언제든지 탈퇴할 수 있으나, 조합의 존속기간을 정한 때에는 기간만료 전에는 탈퇴할 수 없다.
⑤ 조합은 2인 이상의 조합원의 존속을 전제로 하는 것이므로, 2인 조합에서 조합원 1인이 탈퇴하면 그 조합은 해산되고, 청산절차가 진행된다.

:: 해설   ★★

① (○) 조합의 채무자는 그 채무와 조합원에 대한 채권으로 상계하지 못한다(민법 제715조).
② (X) 조합의 채무는 각 조합원의 채무로서 그 채무가 불가분의 채무이거나 연대의 특약이 없는 한 조합채권자는 각 조합원에 대하여 지분의 비율에 따라 또는 균일적으로 변제의 청구를 할 수 있을 뿐이지 달리 그 금원 전부나 연대의 지급을 구할 수는 없는 것이다(대판 1985.11.12. 85다카1499).
③ (X) 이익 또는 손실에 대하여 분배의 비율을 정한 때에는 그 비율은 이익과 손실에 공통된 것으로 추정한다(민법 제711조 제2항). 따라서 이익분배율은 손실분배율로 추정한다.
④ (X) 조합의 존속기간을 정한 때에도 조합원은 부득이한 사유가 있으면 탈퇴할 수 있다(민법 제716조 제2항).
⑤ (X) 2인으로 된 조합관계에 있어 그 중 1인이 탈퇴하면 조합관계는 끝난다고 할 것이나 특별한 사정이 없는 한 조합은 해산되지 아니하고, 따라서 청산이 뒤따르지 아니하며 조합원의 합유에 속한 조합재산은 남은 조합원의 단독소유에 속하고, 탈퇴자와 남은 자 사이에는 탈퇴로 인한 계산을 하는 데 불과하다(대판 1997.10.14. 95다22511).

정답 ①

제6절 | 여행계약

문 44

여행계약에 관한 다음 설명 중 가장 옳지 않은 것은? [2022년 31번]

① 기획여행업자는 여행자의 생명·신체·재산 등의 안전을 확보하기 위하여 여행목적지·여행일정·여행행정·여행서비스기관의 선택 등에 관하여 미리 충분히 조사·검토하여 여행계약 내용의 실시 도중에 여행자가 부딪칠지 모르는 위험을 미리 제거할 수단을 강구하거나, 여행자에게 그 뜻을 고지함으로써 여행자 스스로 그 위험을 수용할지 여부에 관하여 선택할 기회를 주는 등의 합리적 조치를 취할 신의칙상의 안전배려의무를 부담하며, 기획여행업자가 사용한 여행약관에서 그 여행업자의 여행자에 대한 책임의 내용 및 범위 등에 관하여 규정하고 있다면 이는 위와 같은 안전배려의무를 구체적으로 명시한 것으로 보아야 한다.
② 여행자가 해외 여행계약에 따라 여행하는 도중 여행업자의 고의 또는 과실로 상해를 입은 경우 그 계약상 여행업자의 여행자에 대한 국내로의 귀환운송의무가 예정되어 있고, 여행자가 입은 상해의 내용과 정도, 치료행위의 필요성과 치료기간은 물론 해외의 의료 기술수준이나 의료제도, 치료과정에서 발생할 수 있는 언어적 장애 및 의료비용의 문제 등에 비추어 현지에서 당초 예정한 여행기간 내에 치료를 완료하기 어렵거나, 계속적, 전문적 치료가 요구되어 사회통념상 여행자가 국내로 귀환할 필요성이 있었다고 인정된다면, 이로 인하여 발생하는 귀환운송비 등 추가적인 비용은 여행업자의 고의 또는 과실로 인하여 발생한 통상손해의 범위에 포함되고, 이 손해가 특별한 사정으로 인한 손해라고 하더라도 예견가능성이 있었다고 보아야 한다.
③ 여행자는 여행을 시작하기 전에는 언제든지 계약을 해제할 수 있지만, 상대방에게 발생한 손해를 배상하여야 한다.
④ 여행자는 여행에 중대한 하자가 있는 경우에 그 시정이 이루어지지 아니하거나 계약의 내용에 따른 이행을 기대할 수 없는 경우에는 계약을 해지할 수 있고, 계약이 해지된 경우 여행주최자는 대금청구권을 상실하며, 여행자는 실행된 여행으로 얻은 이익에 대한 상환의무를 부담하지 않는다.

⑤ 민법 제674조의6 및 제674조의7에서 정한 각 여행주최자의 담보책임에 따른 여행자의 권리는 여행기간 중에도 행사할 수 있고, 계약에서 정한 여행 종료일부터 6개월 내에 행사하여야 한다.

> **MGI Point 여행계약** ★
> - 기획여행업자의 신의칙상의 안전배려의무 ⇨ 인정, 여행약관에서 여행업자의 여행자에 대한 책임의 내용 및 범위 등 규정한 경우 이는 안전배려의무를 구체적으로 명시한 것
> - 여행업자의 고의·과실로 인하여 여행자가 상해를 입고 귀환운송의무가 예정되어 있는 경우 ⇨ 귀환운송비 등 추가비용은 통상손해 (특별손해라고 보더라도 예견가능성 有)
> - 여행자는 여행 시작 전 언제든지 해지 可, but 상대방에게 발생한 손해 배상 要
> - 여행에 중대한 하자가 있는 경우에 그 시정이 이루어지지 아니하거나 계약의 내용에 따른 이행을 기대할 수 없는 경우 ⇨ 여행자는 해지 可, 여행주최자는 대금청구권 상실, but 여행자는 실행된 여행으로 얻은 이익 반환 要
> - 여행자의 여행주최자에 대한 담보책임의 존속기간 ⇨ 여행 종료일부터 6개월

① (○) 기획여행업자는 통상 여행 일반은 물론 목적지의 자연적·사회적 조건에 관하여 전문적 지식을 가진 자로서 우월적 지위에서 행선지나 여행시설의 이용 등에 관한 계약 내용을 일방적으로 결정하는 반면, 여행자는 그 안전성을 신뢰하고 기획여행업자가 제시하는 조건에 따라 여행계약을 체결하는 것이 일반적이다. 이러한 점을 감안할 때, 기획여행업자는 여행자의 생명·신체·재산 등의 안전을 확보하기 위하여 여행목적지·여행일정·여행행정·여행서비스기관의 선택 등에 관하여 미리 충분히 조사·검토하여 여행계약 내용의 실시 도중에 여행자가 부딪칠지 모르는 위험을 미리 제거할 수단을 강구하거나, 여행자에게 그 뜻을 고지함으로써 여행자 스스로 그 위험을 수용할지 여부에 관하여 선택할 기회를 주는 등의 합리적 조치를 취할 신의칙상의 안전배려의무를 부담하며, 기획여행업자가 사용한 여행약관에서 그 여행업자의 여행자에 대한 책임의 내용 및 범위 등에 관하여 규정하고 있다면 이는 위와 같은 안전배려의무를 구체적으로 명시한 것으로 보아야 한다 (대판 2011.05.26. 2011다1330).

② (○) 여행자가 해외 여행계약에 따라 여행하는 도중 여행업자의 고의 또는 과실로 상해를 입은 경우 계약상 여행업자의 여행자에 대한 국내로의 귀환운송의무가 예정되어 있고, 여행자가 입은 상해의 내용과 정도, 치료행위의 필요성과 치료기간은 물론 해외의 의료 기술수준이나 의료제도, 치료과정에서 발생할 수 있는 언어적 장애 및 외료비용의 문제 등에 비추어 현지에서 당초 예정한 여행기간 내에 치료를 완료하기 어렵거나, 계속적, 전문적 치료가 요구되어 사회통념상 여행자가 국내로 귀환할 필요성이 있었다고 인정된다면, 이로 인하여 발생하는 귀환운송비 등 추가적인 비용은 여행업자의 고의 또는 과실로 인하여 발생한 통상손해의 범위에 포함되고, 이 손해가 특별한 사정으로 인한 손해라고 하더라도 예견가능성이 있었다고 보아야 한다 (대판 2019.04.03. 2018다286550).

③ (○) 민법 제674조의3 참조.

> 민법 제674조의3(여행 개시 전의 계약 해제) 여행자는 여행을 시작하기 전에는 언제든지 계약을 해제할 수 있다. 다만, 여행자는 상대방에게 발생한 손해를 배상하여야 한다.

④ (X) 민법 제674조의7 참조.

> 민법 제674조의7(여행주최자의 담보책임과 여행자의 해지권) ① 여행자는 여행에 중대한 하자가 있는 경우에 그 시정이 이루어지지 아니하거나 계약의 내용에 따른 이행을 기대할 수 없는 경우에는 계약을 해지할 수 있다. ② 계약이 해지된 경우에는 여행주최자는 대금청구권을 상실한다. 다만, 여행자가 실행된 여행으로 이익을 얻은 경우에는 그 이익을 여행주최자에게 상환하여야 한다.

⑤ (○) 민법 제674조의8 참조.

> 민법 제674조의8(담보책임의 존속기간) 제674조의6과 제674조의7에 따른 권리는 여행 기간 중에도 행사할 수 있으며, 계약에서 정한 여행 종료일부터 6개월 내에 행사하여야 한다.

정답 ④

제❼절 | 그 외의 전형계약들

문 45

위임계약에 관한 다음 설명 중 옳은 것은 모두 몇 개인가? [2022년 11번]

> ㄱ. 위임계약은 각 당사자가 언제든지 해지할 수 있다. 따라서 위임계약의 일방 당사자가 타방 당사자의 채무불이행을 이유로 위임계약을 해지한다는 의사표시를 하였으나 실제로는 채무불이행을 이유로 한 계약 해지의 요건을 갖추지 못한 경우라도, 특별한 사정이 없는 한 의사표시에는 민법 제689조 제1항에 따른 임의해지로서의 효력이 인정된다.
> ㄴ. 민법상 위임계약은 유상계약이든 무상계약이든 당사자 쌍방의 특별한 대인적 신뢰관계를 기초로 하는 위임계약의 본질상 각 당사자는 언제든지 해지할 수 있고 그로 말미암아 상대방이 손해를 입는 일이 있어도 그것을 배상할 의무를 부담하지 않는 것이 원칙이다.
> ㄷ. 다만 상대방이 불리한 시기에 해지한 때에는 해지가 부득이한 사유에 의한 것이 아닌 한 위임이 해지됨으로써 생기는 손해를 배상하여야 한다.
> ㄹ. 수임인이 위임받은 사무를 처리하던 중 사무처리를 완료하지 못한 상태에서 위임계약을 해지함으로써 위임인이 사무처리의 완료에 따른 성과를 이전받거나 이익을 얻지 못하게 되었다면, 위임인에게 불리한 시기에 해지한 것이라고 볼 수 있다.
> ㅁ. 당사자가 위임계약을 체결하면서 민법 제689조 제1항, 제2항에 규정된 바와 다른 내용으로 해지사유 및 절차, 손해배상책임 등을 정하였더라도, 이러한 약정에 의해 위 규정의 적용을 배제할 수는 없다.

① 1개 ② 2개 ③ 3개 ④ 4개 ⑤ 5개

> **MGI Point 위임계약** ★★
> ■ 채무불이행을 이유로 위임계약을 해지한다는 의사표시가 해지의 요건 갖추지 못한 경우 ⇨ 임의해지로서의 효력 인정
> ■ 위임계약에서 임의해지로 인한 손해 ⇨ 배상의무 부담하지 않는 것이 원칙
> ■ 상대방이 불리한 시기에 해지한 때 ⇨ 적당한 시기에 해지되었더라면 입지 아니하였을 손해 배상 의무 有
> ■ 사무처리 완료 전에 해지 ⇨ 위임인에게 불리한 시기에 해지한 것 ×
> ■ 민법 제689조 제1항, 제2항 ⇨ 임의규정, 약정으로 배제 可

ㄱ. (○) 위임계약의 각 당사자는 민법 제689조 제1항에 따라 특별한 이유 없이도 언제든지 위임계약을 해지할 수 있다. 따라서 위임계약의 일방 당사자가 타방 당사자의 채무불이행을 이유로 위임계약을 해지한다는 의사표시를 하였으나 실제로는 채무불이행을 이유로 한 계약 해지의 요건

을 갖추지 못한 경우라도, 특별한 사정이 없는 한 의사표시에는 민법 제689조 제1항에 따른 임의해지로서의 효력이 인정된다(대판 2015.12.23. 2012다71411).

ㄴ. (○), ㄷ. (X) 민법상의 위임계약은 그것이 유상계약이든 무상계약이든 당사자 쌍방의 특별한 대인적 신뢰관계를 기초로 하는 위임계약의 본질상 각 당사자는 언제든지 이를 해지할 수 있고 그로 말미암아 상대방이 손해를 입는 일이 있어도 그것을 배상할 의무를 부담하지 않는 것이 원칙이며, 다만 상대방이 불리한 시기에 해지한 때에는 그 해지가 부득이 한 사유에 의한 것이 아닌 한 그로 인한 손해를 배상하여야 하나 그 배상의 범위는 위임이 해지되었다는 사실로부터 생기는 손해가 아니라 적당한 시기에 해지되었더라면 입지 아니하였을 손해에 한한다고 볼 것이다(대판 1991.04.09. 90다18968).

ㄹ. (X) 건물임대중개의 완료를 조건으로 중개료 상당의 보수를 지급받기로 하는 내용의 계약과 같은 유상위임계약에 있어서는 시기여하에 불문하고 중개완료 이전에 계약이 해지되면 당연히 그에 대한 보수청구권을 상실하는 것으로 계약 당시에 예정되어 있어 특별한 사정이 없는 한 해지에 있어서의 불리한 시기란 있을 수 없으므로, 수임인의 사무처리 완료 전에 위임계약을 해지한 것만으로 수임인에게 불리한 시기에 해지한 것이라고 볼 수는 없어 중개인은 임대중개 의뢰를 받은 건물 전체에 대한 중개가 가능하였음을 전제로 기대 중개료 상당의 손해배상청구를 할 수 없다(대판 1991.04.09. 90다18968).

ㅁ. (X) 민법 제689조 제1항, 제2항은 임의규정에 불과하므로 당사자의 약정에 의하여 위 규정의 적용을 배제하거나 내용을 달리 정할 수 있다. 그리고 당사자가 위임계약의 해지사유 및 절차, 손해배상책임 등에 관하여 민법 제689조 제1항, 제2항과 다른 내용으로 약정을 체결한 경우, 이러한 약정은 당사자에게 효력을 미치면서 당사자 간의 법률관계를 명확히 함과 동시에 거래의 안전과 이에 대한 각자의 신뢰를 보호하기 위한 취지라고 볼 수 있으므로, 이를 단순히 주의적인 성격의 것이라고 쉽게 단정해서는 아니 된다. 따라서 당사자가 위임계약을 체결하면서 민법 제689조 제1항, 제2항에 규정된 바와 다른 내용으로 해지사유 및 절차, 손해배상책임 등을 정하였다면, 민법 제689조 제1항, 제2항이 이러한 약정과는 별개 독립적으로 적용된다고 볼 만한 특별한 사정이 없는 한, 약정에서 정한 해지사유 및 절차에 의하지 않고는 계약을 해지할 수 없고, 손해배상책임에 관한 당사자 간 법률관계도 약정이 정한 바에 의하여 규율된다고 봄이 타당하다(대판 2019.05.30. 2017다53265).

정답 ②

문 46

다음 설명 중 가장 옳지 않은 것은? [2022년 17번]

① 화해계약이 성립되면 특별한 사정이 없는 한 그 창설적 효력에 따라 종전의 법률관계를 바탕으로 한 권리의무관계는 소멸하고, 계약당사자 사이에 종전의 법률관계가 어떠하였는지를 묻지 않고 화해계약에 따라 새로운 법률관계가 생긴다.

② 화해계약이 성립하기 위해서는 분쟁이 된 법률관계에 관하여 당사자 쌍방이 서로 양보함으로써 분쟁을 끝내기로 하는 의사의 합치가 있어야 하는데, 화해계약이 성립한 이후에는 그 목적이 된 사항에 관하여 나중에 다시 이행을 구하는 등으로 다툴 수 없는 것이 원칙이므로, 당사자가 한 행위나 의사표시의 해석을 통하여 묵시적으로 그와 같은 의사의 합치가 있었다고 인정하기 위해서는 그 당시의 여러 사정을 종합적으로 참작하여 이를 엄격하게 해석하여야 한다.

③ 당사자들이 분쟁을 인식하지 못한 상태에서 일방 당사자가 이행해야 할 채무액에 관하여 협의하였다거나 일방 당사자의 채무이행에 대해 상대방 당사자가 이의를 제기하지 않았다는 사정만으로는 묵시적 화해계약이 성립하였다고 보기 어렵다.

④ 민법상의 화해계약을 체결한 경우 당사자는 화해 당사자의 자격 또는 분쟁의 전제나 기초가 된 사항으로서 쌍방 당사자가 예정한 것이어서 상호 양보의 내용으로 되지 않는 사항에 착오가 있다는 이유로는 민법 제109조에 따른 취소권을 행사할 수 없다.
⑤ 소취하합의의 의사표시 중 동기에 착오가 있고 당사자 사이에 그 동기를 의사표시의 내용으로 삼은 경우 민법 제109조에 따라 취소할 수 있다.

> **MGI Point 화해계약** ★★
>
> - 민법상 화해계약 ⇨ 창설적 효력, 기존 권리의무관계는 소멸, 새로운 법률관계 生
> - 화해계약에서 의사의 합치 ⇨ 여러 사정을 종합적으로 참작하여 당사자의 의사표시를 엄격하게 해석하여 인정
> - 당사자의 채무이행에 대해 상대방 당사자가 이의를 제기하지 않은 경우 ⇨ 묵시적 화해계약의 성립 인정 ×
> - 민법상의 화해계약을 체결한 경우 ⇨ 착오를 이유 취소 不可, but 화해 당사자의 자격 또는 화해의 목적인 분쟁 이외의 사항에 착오가 있는 때에 한하여 可
> - 의사표시의 동기에 착오가 있는 경우 ⇨ 당사자 사이에 그 동기를 의사표시의 내용으로 삼았을 때에 한하여 의사표시의 내용의 착오가 되어 취소 可

① (○) 화해계약은 당사자가 상호 양보하여 당사자 간의 분쟁을 종지할 것을 약정하는 것으로(민법 제731조), 당사자 일방이 양보한 권리가 소멸되고 상대방이 화해로 인하여 그 권리를 취득하는 효력이 있다(민법 제732조). 즉, 화해계약이 성립되면 특별한 사정이 없는 한 그 창설적 효력에 따라 종전의 법률관계를 바탕으로 한 권리의무관계는 소멸하고, 계약 당사자 사이에 종전의 법률관계가 어떠하였는지를 묻지 않고 화해계약에 따라 새로운 법률관계가 생긴다(대판 2020.10.15. 2020다227523).

② (○), ③ (○) 화해계약이 성립하기 위해서는 분쟁이 된 법률관계에 관하여 당사자 쌍방이 서로 양보함으로써 분쟁을 끝내기로 하는 의사의 합치가 있어야 하는데, 화해계약이 성립한 이후에는 그 목적이 된 사항에 관하여 나중에 다시 이행을 구하는 등으로 다툴 수 없는 것이 원칙이므로, 당사자가 한 행위나 의사표시의 해석을 통하여 묵시적으로 그와 같은 의사의 합치가 있었다고 인정하기 위해서는 그 당시의 여러 사정을 종합적으로 참작하여 이를 엄격하게 해석하여야 한다. 따라서 당사자들이 분쟁을 인식하지 못한 상태에서 일방 당사자가 이행해야 할 채무액에 관하여 협의하였다거나 일방 당사자의 채무이행에 대해 상대방 당사자가 이의를 제기하지 않았다는 사정만으로는 묵시적 화해계약이 성립하였다고 보기 어렵다(대판 2021.09.09. 2016다203933).

④ (X) 민법상의 화해계약을 체결한 경우 당사자는 착오를 이유로 취소하지 못하고, 다만 화해 당사자의 자격 또는 화해의 목적인 분쟁 이외의 사항에 착오가 있는 때에 한하여 이를 취소할 수 있으며, 여기서 '화해의 목적인 분쟁 이외의 사항'이라 함은 분쟁의 대상이 아니라 분쟁의 전제 또는 기초가 된 사항으로서 쌍방 당사자가 예정한 것이어서 상호 양보의 내용으로 되지 않고 다툼이 없는 사실로 양해된 사항을 말한다(대판 2004.06.25. 2003다32797).

⑤ (○) 소취하합의의 의사표시 역시 민법 제109조에 따라 법률행위의 내용의 중요 부분에 착오가 있는 때에는 취소할 수 있을 것이다. 의사표시의 동기에 착오가 있는 경우에는 당사자 사이에 그 동기를 의사표시의 내용으로 삼았을 때에 한하여 의사표시의 내용의 착오가 되어 취소할 수 있는 것이며, 법률행위의 중요 부분의 착오라 함은 표의자가 그러한 착오가 없었더라면 그 의사표시를 하지 않으리라고 생각될 정도로 중요한 것이어야 하고 보통 일반인도 표의자의 처지에 섰더라면 그러한 의사표시를 하지 않았으리라고 생각될 정도로 중요한 것이어야 한다. 이때 착오를 이유로 의사표시를 취소하는 자는 법률행위의 내용에 착오가 있었다는 사실과 함께 착오가 의사표시에 결정적인 영향을 미쳤다는 점, 즉 만일 착오가 없었더라면 의사표시를 하지 않았을 것이라는 점을 증명하여야 한다(대판 2020.10.15. 2020다227523).

정답 ④

문 47

다음 설명 중 옳지 않은 것은 모두 몇 개인가? [2021년 36번]

> 가. 민법 제675조에 정하는 현상광고라 함은, 광고자가 어느 행위를 한 자에게 일정한 보수를 지급할 의사를 표시하고 이에 응한 자가 그 광고에 정한 행위를 완료함으로써 그 효력이 생기는 것으로서, 그 광고에 정한 행위의 완료에 조건이나 기한을 붙일 수 있다. 경찰이 탈옥수 甲을 수배하면서 '제보로 검거되었을 때에 신고인 또는 제보자에게 현상금을 지급한다.'는 내용의 현상광고를 한 경우, 현상광고의 지정행위는 甲의 거처 또는 소재를 경찰에 신고 내지 제보하는 것이고 甲이 '검거되었을 때'는 지정행위의 완료에 조건을 붙인 것인데, 제보자가 甲의 소재를 발견하고 경찰에 이를 신고함으로써 현상광고의 지정행위는 완료되었고, 그에 따라 경찰관 등이 출동하여 甲이 있던 호프집 안에서 그를 검문하고 나아가 차량에 태워 파출소에까지 데려간 이상 그에 대한 검거는 이루어진 것이므로, 현상광고상의 지정행위 완료에 붙인 조건도 성취되었다.
> 나. 공사도급계약에 있어서 당사자 사이에 특약이 있거나 일의 성질상 수급인 자신이 하지 않으면 채무의 본지에 따른 이행이 될 수 없다는 등의 특별한 사정이 없는 한 반드시 수급인 자신이 직접 일을 완성하여야 하는 것은 아니고, 이행보조자 또는 이행대행자를 사용하더라도 공사도급계약에서 정한 대로 공사를 이행하는 한 계약을 불이행하였다고 볼 수 없다.
> 다. 유상계약을 체결함에 있어서 계약금이 수수된 경우 계약금은 해약금의 성질을 가지고 있어서, 이를 위약금으로 하기로 하는 특약이 없는 이상 계약이 당사자 일방의 귀책사유로 인하여 해제되었다 하더라도 상대방은 계약불이행으로 입은 실제 손해만을 배상받을 수 있을 뿐 계약금이 위약금으로서 상대방에게 당연히 귀속되는 것은 아니다.
> 라. 아파트 분양광고의 내용 중 구체적인 거래조건, 즉 아파트의 외형·재질·구조 등에 관한 것으로서 사회통념에 비추어 수분양자가 분양자에게 계약의 내용으로서 이행을 청구할 수 있다고 보이는 사항에 관한 것은 수분양자가 이를 신뢰하고 분양계약을 체결하는 것이고 분양자도 이를 알고 있었다고 보아야 할 것이므로, 분양계약을 할 때에 달리 이의를 유보하였다는 등의 특별한 사정이 없는 한 이러한 사항은 분양자와 수분양자 사이의 묵시적 합의에 의하여 분양계약의 내용으로 된다고 할 것이지만, 이러한 사항이 아닌 아파트 분양광고의 내용은 일반적으로 청약의 유인으로서의 성질을 가지는 데 불과하므로 이를 이행하지 아니하였다고 하여 분양자에게 계약불이행의 책임을 물을 수는 없다.
> 마. 변호사에게 계쟁 사건의 처리를 위임함에 있어서 그 보수 지급 및 수액에 관하여 명시적인 약정을 아니하였다 하여도, 무보수로 한다는 등 특별한 사정이 없는 한 응분의 보수를 지급할 묵시의 약정이 있는 것으로 봄이 상당하다.

① 없음 ② 1개 ③ 2개
④ 3개 ⑤ 4개

> **MGI Point 종합문제** ★★
>
> ■ '제보로 검거되었을 때에 신고인 또는 제보자에게 현상금을 지급한다.'는 내용의 현상광고(민법 제675조)를 한 경우
>   • 현상광고는 광고에 정한 행위의 완료에 부관(조건·기한) 부가 可
>   • 지정행위 완료 : 현상수배자의 소재를 발견하고 경찰에 신고한 행위
>   • 지정행위 완료에 붙인 조건의 성취 : 경찰관 등이 수배자를 검문하고 차량에 태워 파출소에 데려간 검거 행위
> ■ 공사도급계약 수급인이 이행보조자 또는 이행대행자를 사용하여 공사도급계약에서 정한 대로 수급인이 공사를 이행하는 경우 ⇨ 공사도급계약 수급인의 일을 완성할 의무 이행 ○
> ■ 유상계약 체결시 계약금이 수수되고 계약이 당사자 일방의 귀책사유로 인하여 해제된 경우
>   ⇨ 계약금이 위약금으로서 상대방에게 당연히 귀속 × (∵ 계약금은 해약금의 성질 가짐)
> ■ 분양자가 계약불이행의 책임을 지는 분양계약의 내용
>   • 분양자와 수분양자 사이의 묵시적 합의에 의하여 분양계약의 내용으로 된 구체적인 거래조건 ○
>   • 그 외 아파트 분양광고의 내용 × (∵ 청약의 유인으로서의 성질에 불과)
> ■ 변호사에게 보수 지급 및 수액에 관하여 명시적인 약정 없이 한 계쟁 사건의 처리 위임 약정
>   ⇨ 무보수로 한다는 등 특별한 사정이 없는 한 응분의 보수를 지급할 묵시의 약정이 있는 것으로 봄

가. (○) 민법 제675조에 정하는 현상광고라 함은, 광고자가 어느 행위를 한 자에게 일정한 보수를 지급할 의사를 표시하고 이에 응한 자가 그 광고에 정한 행위를 완료함으로써 그 효력이 생기는 것으로서, 그 광고에 정한 행위의 완료에 조건이나 기한을 붙일 수 있고, 한편 '검거'라 함은, 수사기관이 범죄의 예방·공안의 유지 또는 범죄수사상 혐의자로 지목된 자를 사실상 일시 억류하는 것으로서, 반드시 형사소송법상의 현행범인의 체포·긴급체포·구속 등의 강제처분만을 의미하지는 아니하고 그보다는 넓은 개념이라고 보아야 할 것이다. 사실관계가 원심이 인정한 바와 같다면, 이 사건 현상광고의 지정행위는 신창원의 거처 또는 소재를 경찰에 신고 내지 제보하는 것이고, 신창원이 '검거되었을 때'는 지정행위의 완료에 조건을 붙인 것이라고 보아야 할 것인데, 원고가 신창원의 소재를 발견하고 경찰에 이를 제보함으로써 이 사건 현상광고의 지정행위는 완료되었고, 그에 따라 경찰관 등이 출동하여 신창원이 있던 호프집 안에서 그를 검문하고 나아가 차량에 태워 파출소에까지 데려간 이상, 그에 대한 검거는 이루어진 것이므로, 이 사건 현상광고상의 지정행위 완료에 붙인 조건도 성취된 것으로 보아야 할 것이다(대판 2000.08.22. 2000다3675).

나. (○) 공사도급계약에 있어서 당사자 사이에 특약이 있거나 일의 성질상 수급인 자신이 하지 않으면 채무의 본지에 따른 이행이 될 수 없다는 등의 특별한 사정이 없는 한 반드시 수급인 자신이 직접 일을 완성하여야 하는 것은 아니고, 이행보조자 또는 이행대행자를 사용하더라도 공사도급계약에서 정한 대로 공사를 이행하는 한 계약을 불이행하였다고 볼 수 없다(대판 2002.04.12. 2001다82545).

다. (○) 유상계약을 체결함에 있어서 계약금이 수수된 경우 계약금은 해약금의 성질을 가지고 있어서, 이를 위약금으로 하기로 하는 특약이 없는 이상 계약이 당사자 일방의 귀책사유로 인하여 해제되었다 하더라도 상대방은 계약불이행으로 입은 실제 손해만을 배상받을 수 있을 뿐 계약금이 위약금으로서 상대방에게 당연히 귀속되는 것은 아니다(대판 1996.06.14. 95다54693).

라. (○) 아파트 분양광고의 내용 중 구체적인 거래조건, 즉 아파트의 외형·재질·구조 등에 관한 것으로서 사회통념에 비추어 수분양자가 분양자에게 계약의 내용으로 이행을 청구할 수 있다고 보이는 사항에 관한 것은 수분양자가 이를 신뢰하고 분양계약을 체결하는 것이고 분양자도 이를 알고 있었다고 보아야 할 것이므로, 분양계약을 체결할 때에 달리 이의를 유보하였다는 등의 특별한 사정이 없는 한 이러한 사항은 분양자와 수분양자 사이의 묵시적 합의에 의하여 분양계약의 내용으로 된다고 할 것이지만, 이러한 사항이 아닌 아파트 분양광고의 내용은 일반적으로 청약의 유인으로서의 성질을 가지는 데 불과하므로 이를 이행하지 아니하였다고 하여 분양자에게 계약불이행의 책임을 물을 수는 없다(대판 2015.05.28. 2014다24327).

마. (○) 변호사는 당사자 기타 관계인의 위임 또는 공무소의 위촉 등에 의하여 소송에 관한 행위 및 행정처분의 청구에 관한 대리행위와 일반 법률사무를 행함을 그 직무로 하고 사회통념에 비추어 현저히 부당한 보수를 받을 수 없을 뿐이므로, 변호사에게 계쟁사건의 처리를 위임함에 있어서 그 보수지급 및 수액에 관하여

명시적인 약정을 아니하였다 하여도, 무보수로 한다는 등 특별한 사정이 없는 한 응분의 보수를 지급할 묵시의 약정이 있는 것으로 봄이 상당하다(대판 1993.11.12. 93다36882).

정답 ①

문 48
예금주 명의신탁에 관한 다음 설명 중 가장 옳지 않은 것은? [2018년 15번]

① 출연자와 예금주인 명의인 사이에 예금주 명의신탁계약이 체결된 경우 명의인은 출연자의 요구가 있을 때에는 금융기관에 대한 예금반환채권을 출연자에게 양도할 의무가 있다.
② 예금주 명의신탁계약이 사해행위에 해당하여 취소될 경우 취소에 따른 원상회복은, 명의인이 예금계좌에서 예금을 인출하여 사용하였거나 예금계좌를 해지한 경우에도, 명의인에 대하여 금융기관에 대한 예금채권을 출연자에게 양도하고 아울러 금융기관에 대하여 양도통지를 할 것을 명하는 방법으로 이루어져야 한다.
③ 예금주 명의신탁관계는 반드시 신탁자와 수탁자 간의 명시적 계약에 의하여서만 성립되는 것이 아니라 묵시적 합의에 의하여서도 성립될 수 있다.
④ 금융실명거래 및 비밀보장에 관한 법률 시행 이후 예금주 명의의 신탁이 이루어진 다음 출연자가 사망함에 따라 금융기관이 출연자의 공동상속인들 중 전부 또는 일부에게 예금채권을 유효하게 변제하였다면, 변제된 예금은 출연자와 예금명의자의 명의신탁약정상 예금명의자에 대한 관계에서는 출연자의 공동상속인들에게 귀속되었다고 보아야 한다.
⑤ 금융실명거래 및 비밀보장에 관한 법률 시행 이후 예금주 명의의 신탁이 이루어진 다음 출연자가 사망함에 따라 금융기관이 출연자의 공동상속인들 중 전부 또는 일부에게 예금채권을 유효하게 변제하였다면, 예금명의자는 예금을 수령한 공동상속인들의 전부 또는 일부를 상대로 예금 상당액의 부당이득반환을 구할 수 없다.

해설

① (○), ② (X) 명의수탁자는 명의신탁자와의 관계에서 상대방과의 계약으로 취득한 권리를 명의신탁자에게 이전하여 줄 의무를 지고, 출연자와 예금주인 명의인 사이에 예금주 명의신탁계약이 체결된 경우 명의인은 출연자의 요구가 있을 때에는 금융기관에 대한 예금반환채권을 출연자에게 양도할 의무가 있으므로, 예금주 명의신탁계약이 사해행위에 해당하여 취소될 경우 취소에 따른 원상회복은 명의인이 예금계좌에서 예금을 인출하여 사용하였거나 예금계좌를 해지하였다는 등의 특별한 사정이 없는 한 명의인에 대하여 금융기관에 대한 예금채권을 출연자에게 양도하고 아울러 금융기관에 대하여 양도통지를 할 것을 명하는 방법으로 이루어져야 한다(대판 2015.07.23. 2014다212438).
③ (○) 명의신탁관계는 반드시 신탁자와 수탁자 간의 명시적 계약에 의하여서만 성립되는 것이 아니라 묵시적 합의에 의하여서도 성립될 수 있다(대판 2001.01.05. 2000다49091).
④ (○), ⑤ (○) 금융실명거래 및 비밀보장에 관한 법률 시행 이후 예금주 명의의 신탁이 이루어진 다음 출연자가 사망함에 따라 금융기관이 출연자의 공동상속인들 중 전부 또는 일부에게 예금채권을 유효하게 변제하였다면, 변제된 예금은 출연자와 예금명의자의 명의신탁약정상 예금명의자에 대한 관계에서는 출연자의 공동상속인들에게 귀속되었다고 보아야 하므로, 이러한 경우 예금명의자는 예금을 수령한 공동상속인들의 전부 또는 일부를 상대로 예금 상당액의 부당이득반환을 구할 수 없다(대판 2012.02.23. 2011다86720).

정답 ②

제3장 사무관리

문 49

사무관리에 관한 다음 설명 중 가장 옳지 않은 것은? [2020년 40번]

① 사무관리가 성립하기 위하여는 우선 그 사무가 타인의 사무이고 타인을 위하여 사무를 처리하는 의사가 있어야 하며, 나아가 그 사무의 처리가 본인에게 불리하거나 본인의 의사에 반한다는 것이 명백하지 아니할 것을 요한다.

② 관리자에게 보수청구권을 인정할 경우 관리자가 자신의 경제적 이익을 위해 타인의 생활관계에 지나치게 개입함으로써 사적 자치의 원칙을 훼손시킬 우려가 있으므로, 유상으로 일하는 관리자의 직업 내지 영업의 범위 내에서 사무관리가 이루어졌더라도 본인에 대하여 보수에 상응하는 금액을 필요비 내지 유익비로 청구할 수 없다.

③ 사무관리가 성립하기 위한 요건으로 '타인을 위하여 사무를 처리하는 의사'는 관리자 자신의 이익을 위한 의사와 병존할 수 있고, 반드시 외부적으로 표시될 필요가 없으며, 사무를 관리할 당시에 확정되어 있을 필요도 없다.

④ 채권자가 자신의 채권을 보전하기 위하여 채무자가 다른 상속인과 공동으로 상속받은 부동산에 관하여 공동상속등기를 대위신청하여 그 등기가 행하여지는 경우 다른 상속인에 대하여도 다른 특별한 사정이 없는 한 사무관리에 기하여 그 등기에 소요된 비용의 상환을 청구할 수 있다.

⑤ 타인의 사무가 국가의 사무인 경우, 원칙적으로 사인이 법령상의 근거 없이 국가의 사무를 수행할 수 없다는 점을 고려하면, 사인이 처리한 국가의 사무가 사인이 국가를 대신하여 처리할 수 있는 성질의 것으로서, 사무 처리의 긴급성 등 국가의 사무에 대한 사인의 개입이 정당화되는 경우에 한하여 사무관리가 성립한다.

MGI Point **사무관리** ★★

- **사무관리 성립요건**
  - 타인의 사무를 처리할 것
  - 타인을 위한 의사가 있을 것 ⇨ 관리자 자신의 이익을 위한 의사와 병존 可, 반드시 외부적으로 표시 不要, 사무를 관리할 당시에 확정 不要
  - 사무의 처리가 본인에게 불리하거나 본인의 의사에 반한다는 것이 명백하지 아니할 것
- **사무관리가 인정되는 경우**
  - 직업 또는 영업에 의하여 유상으로 타인을 위하여 일하는 사람이 향후 계약이 체결될 것을 예정하여 그 직업 또는 영업의 범위 내에서 타인을 위한 행위를 한 경우
  - 채권자가 자신의 채권을 보전하기 위하여 채무자가 다른 상속인과 공동으로 상속받은 부동산에 관하여 공동상속등기를 대위신청하여 그 등기가 행하여지는 경우
- **타인의 사무가 국가의 사무인 경우 사무관리가 성립요건** ⇨ 사인이 처리한 국가의 사무가 사인이 국가를 대신하여 처리할 수 있는 성질의 것으로서, 사무 처리의 긴급성 등 국가의 사무에 대한 사인의 개입이 정당화되는 경우

① (○) 사무관리가 성립하기 위하여는 우선 그 사무가 타인의 사무이고 타인을 위하여 사무를 처리하는 의사, 즉 관리의 사실상의 이익을 타인에게 귀속시키려는 의사가 있어야 함은 물론 나아가 그 사무의 처리가 본인에게 불리하거나 본인의 의사에 반한다는 것이 명백하지 아니할 것을 요한다(대판 1997.10.10. 97다26326).

② (X) 직업 또는 영업에 의하여 유상으로 타인을 위하여 일하는 사람이 향후 계약이 체결될 것을 예정하여 그 직업 또는 영업의 범위 내에서 타인을 위한 행위를 하였으나 그 후 계약이 체결되지 아니함에 따라 타인을 위한 사무를 관리한 것으로 인정되는 경우에 상법 제61조는 상인이 그 영업범위 내에서 타인을 위하여 행위를 한 때에는 이에 대하여 상당한 보수를 청구할 수 있다고 규정하고 있어 직업 또는 영업의 일환으로 제공한 용역은 그 자체로 유상행위로서 보수 상당의 가치를 가진다고 할 수 있으므로 그 관리자는 통상의 보수를 받을 것을 기대하고 사무관리를 하는 것으로 보는 것이 일반적인 거래 관념에 부합하고, 그 관리자가 사무관리를 위하여 다른 사람을 고용하였을 경우 지급하는 보수는 사무관리 비용으로 취급되어 본인에게 반환을 구할 수 있는 것과 마찬가지로, 다른 사람을 고용하지 않고 자신이 직접 사무를 처리한 것도 통상의 보수 상당의 재산적 가치를 가지는 관리자의 용역이 제공된 것으로서 사무관리 의사에 기한 자율적 재산희생으로서의 비용이 지출된 것이라 할 수 있으므로 그 통상의 보수에 상응하는 금액을 필요비 내지 유익비로 청구할 수 있다고 봄이 타당하고, 이 경우 통상의 보수의 수준이 어느 정도인지는 거래관행과 사회통념에 의하여 결정하되, 관리자의 노력의 정도, 사무관리에 의하여 처리한 업무의 내용, 사무관리 본인이 얻은 이익 등을 종합적으로 고려하여 판단하여야 한다(대판 2010.01.14. 2007다55477).

③ (○) 사무관리가 성립하기 위하여는 우선 그 사무가 타인의 사무이고 타인을 위하여 사무를 처리하는 의사, 즉 관리의 사실상의 이익을 타인에게 귀속시키려는 의사가 있어야 하며, 나아가 그 사무의 처리가 본인에게 불리하거나 본인의 의사에 반한다는 것이 명백하지 아니할 것을 요한다. 여기에서 '타인을 위하여 사무를 처리하는 의사'는 관리자 자신의 이익을 위한 의사와 병존할 수 있고, 반드시 외부적으로 표시될 필요가 없으며, 사무를 관리할 당시에 확정되어 있을 필요가 없다(대판 2013.08.22. 2013다30882).

④ (○) 채무자가 다른 상속인과 공동으로 부동산을 상속받은 경우에는 채무자의 상속지분에 관하여서만 상속등기를 하는 것이 허용되지 아니하고 공동상속인 전원에 대하여 상속으로 인한 소유권이전등기를 신청하여야 한다(부동산등기규칙 제52조 제7호, 대위상속등기에 관한 1994. 11. 5.자 등기선례 제4-274호 참조). 그리고 채권자가 자신의 채권을 보전하기 위하여 채무자가 다른 상속인과 공동으로 상속받은 부동산에 관하여 위와 같이 공동상속등기를 대위신청하여 그 등기가 행하여지는 것과 같이 채권자에 의한 채무자 권리의 대위행사의 직접적인 내용이 제3자의 법적 지위를 보전·유지하는 것이 되는 경우에는, 채권자는 자신의 채무자가 아닌 제3자에 대하여도 다른 특별한 사정이 없는 한 사무관리에 기하여 그 등기에 소요된 비용의 상환을 청구할 수 있다고 할 것이다. 이와 같은 경우에 채권자가 채권자대위권에 관한 민법 제404조 제1항에서 정하는 대로 '자기의 채권을 보전하기 위하여' 채무자의 권리를 행사한다는 점은 그것만으로 그 권리 행사의 결과로 행하여지는 위와 같은 공동상속등기에 의한 이익을 공동상속인들에게 귀속시킨다는 채권자의 통상적·일반적 의사를 부인할 만한 사정이 되지 못하는 것이다(대판 2013.08.22. 2013다30882).

⑤ (○) 사무관리가 성립하기 위하여는 우선 사무가 타인의 사무이고 타인을 위하여 사무를 처리하는 의사, 즉 관리의 사실상 이익을 타인에게 귀속시키려는 의사가 있어야 하며, 나아가 사무의 처리가 본인에게 불리하거나 본인의 의사에 반한다는 것이 명백하지 아니할 것을 요한다. 다만 타인의 사무가 국가의 사무인 경우, 원칙적으로 사인이 법령상 근거 없이 국가의 사무를 수행할 수 없다는 점을 고려하면, 사인이 처리한 국가의 사무가 사인이 국가를 대신하여 처리할 수 있는 성질의 것으로서, 사무 처리의 긴급성 등 국가의 사무에 대한 사인의 개입이 정당화되는 경우에 한하여 사무관리가 성립하고, 사인은 그 범위 내에서 국가에 대하여 국가의 사무를 처리하면서 지출된 필요비 내지 유익비의 상환을 청구할 수 있다(대판 2014.12.11. 2012다15602).

정답 ②

문 50

사무관리에 관한 다음 설명 중 가장 옳지 않은 것은? [2018년 25번]

① 사무관리가 성립하기 위하여는 타인을 위하여 사무를 처리하는 의사, 즉 관리의 사실상의 이익을 타인에게 귀속시키려는 의사가 있어야 하는데, 여기에서 '타인을 위하여 사무를 처리하는 의사'는 관리자 자신의 이익을 위한 의사와 병존할 수 있고, 반드시 외부적으로 표시될 필요가 없으며, 사무를 관리할 당시에 확정되어 있을 필요도 없다.

② 제3자와의 약정에 따라 타인의 사무를 처리한 경우에는 의무 없이 타인의 사무를 처리한 것이 아니므로 원칙적으로 그 타인과의 관계에서는 사무관리가 된다고 볼 수 없다.

③ 관리자가 사무관리를 함에 있어서 과실 없이 손해를 받은 때에는 본인의 현존이익의 한도에서 그 손해의 보상을 청구할 수 있다.

④ 관리자가 타인의 생명, 신체, 명예 또는 재산에 대한 급박한 위해를 면하게 하기 위하여 그 사무를 관리한 때라 하더라도 과실로 인하여 본인에게 손해가 발생한 때에는 이를 배상하여야 한다.

⑤ 사무관리 제도는 사회생활에서의 상호부조의 이상에 터 잡은 것으로서, 사무관리가 성립하기 위해서는 우선 그 사무가 타인의 사무이고 타인을 위하여 사무를 처리하는 의사, 즉 관리의 사실상의 이익을 타인에게 귀속시키려는 의사가 있어야 함은 물론 그 사무의 처리가 본인에게 불리하거나 본인의 의사에 반한다는 것이 명백하지 않을 것을 요한다.

해설

① (○) 사무관리가 성립하기 위하여는 우선 그 사무가 타인의 사무이고 타인을 위하여 사무를 처리하는 의사, 즉 관리의 사실상의 이익을 타인에게 귀속시키려는 의사가 있어야 하며, 나아가 그 사무의 처리가 본인에게 불리하거나 본인의 의사에 반한다는 것이 명백하지 아니할 것을 요한다. 여기에서 '타인을 위하여 사무를 처리하는 의사'는 관리자 자신의 이익을 위한 의사와 병존할 수 있고, 반드시 외부적으로 표시될 필요가 없으며, 사무를 관리할 당시에 확정되어 있을 필요가 없다(대판 2013.08.22. 2013다30882).

② (○) 의무 없이 타인의 사무를 처리한 자는 그 타인에 대하여 민법상 사무관리 규정에 따라 비용상환 등을 청구할 수 있으나, 제3자와의 약정에 따라 타인의 사무를 처리한 경우에는 의무 없이 타인의 사무를 처리한 것이 아니므로 이는 원칙적으로 그 타인과의 관계에서는 사무관리가 된다고 볼 수 없다(대판 2013.09.26. 2012다43539).

③ (○) 「관리자가 사무관리를 함에 있어서 과실 없이 손해를 받은 때에는 본인의 현존이익의 한도에서 그 손해의 보상을 청구할 수 있다」(민법 제740조).

④ (X) 「관리자가 타인의 생명, 신체, 명예 또는 재산에 대한 급박한 위해를 면하게 하기 위하여 그 사무를 관리한 때에는 고의나 중대한 과실이 없으면 이로 인한 손해를 배상할 책임이 없다」(민법 제735조).

⑤ (○) 사무관리가 성립하기 위하여는 우선 그 사무가 타인의 사무이고 타인을 위하여 사무를 처리하는 의사, 즉 관리의 사실상의 이익을 타인에게 귀속시키려는 의사가 있어야 함은 물론, 나아가 그 사무의 처리가 본인에게 불리하거나 본인의 의사에 반한다는 것이 명백하지 아니할 것을 요한다(대판 1997.10.10. 97다26326).

정답 ④

제4장 부당이득

제❶절 | 부당이득반환의 요건과 반환범위

문 32

부당이득에 관한 다음 설명 중 가장 옳지 않은 것은?[2023년 13번]

① 불법행위로 인한 인신손해에 대한 손해배상청구소송에서 판결이 확정된 후 피해자가 그 판결에서 손해배상액 산정의 기초로 인정된 기대여명보다 일찍 사망했더라도 그 판결에 기하여 지급받은 손해배상금 중 일부를 법률상 원인 없는 이득이라 하여 반환을 구할 수 없다.
② 甲 소유의 토지 위에 권한 없이 건물을 소유하고 있는 乙은 그 자체로써 특별한 사정이 없는 한 법률상 원인 없이 甲의 재산으로 인하여 토지의 차임에 상당하는 이익을 얻고 이로 인하여 甲에게 동액 상당의 손해를 주고 있다고 보아야 한다.
③ 지방자치단체가 타인 소유의 토지를 아무런 권원 없이 도로부지로 점유, 사용하고 있는 경우, 토지의 점유자로서의 지방자치단체의 이득 및 토지 소유자의 손해의 범위는 일반적으로 토지가 도로로 편입된 사정을 고려하지 않고 그 편입될 당시의 현실적 이용상황을 토대로 하여 산정한 임대료에서 개발이익을 공제한 금액상당이라 할 것이다.
④ 타인 소유의 부동산을 처분하여 매각대금을 수령한 경우, 수익자는 그러한 처분행위가 없었다면 부동산 자체를 반환하였어야 할 지위에 있던 사람이므로 자신의 처분행위로 인하여 발생한 양도소득세 기타 비용은 수익자가 이익 취득과 관련하여 지출한 비용에 해당한다고 할 수 없어 이를 반환하여야 할 이득에서 공제할 것은 아니다.
⑤ 환자가 병원에 입원하여 치료를 받는 경우에 있어서, 병원은 진료뿐만 아니라 환자에 대한 숙식의 제공을 비롯하여 간호, 보호 등 입원에 따른 포괄적 채무를 지지만, 입원환자에게 귀중품 등 물건보관에 관한 주의를 촉구하면서 도난 시에는 병원이 책임질 수 없다는 설명을 하였다면 병원의 과실에 의한 손해배상책임은 면제된다.

> **MGI Point** **부당이득** ★★
>
> - 불법행위로 인한 인신손해에 대한 손해배상청구소송에서 판결이 확정된 후 피해자가 그 판결에서 손해배상액 산정의 기초로 인정된 기대여명보다 일찍 사망한 경우 ⇨ 부당이득반환청구 불가
> - 타인 소유의 토지 위에 권한 없이 건물을 소유하고 있는 경우 ⇨ 토지 차임 상당의 부당이득 성립
> - 지방자치단체가 타인 소유의 토지를 아무런 권원 없이 도로부지로 점유, 사용하는 경우 부당이득액 ⇨ 편입될 당시의 현실적 이용상황을 토대로 하여 산정한 임대료에서 개발이익을 공제한 금액 상당
> - 타인 소유의 부동산을 처분하여 매각대금을 수령한 경우, 수익자의 부당이득액 ⇨ 양도소득세 기타 비용 공제 불가
> - 입원환자에게 귀중품 등 물건보관에 관한 주의를 촉구하면서 도난 시에는 병원이 책임질 수 없다는 설명을 한 경우 병원의 손해배상책임 ⇨ 면제×

① (○) 확정판결이 실체적 권리관계와 다르다 하더라도 그 판결이 재심의 소 등으로 취소되지 않는 한 그 판결의 기판력에 저촉되는 주장을 할 수 없어 그 판결의 집행으로 교부받은 금원을 법률상 원인 없는 이득이라 할 수

없는 것이므로, 불법행위로 인한 인신손해에 대한 손해배상청구소송에서 판결이 확정된 후 피해자가 그 판결에서 손해배상액 산정의 기초로 인정된 기대여명보다 일찍 사망한 경우라도 그 판결이 재심의 소 등으로 취소되지 않는 한 그 판결에 기하여 지급받은 손해배상금 중 일부를 법률상 원인 없는 이득이라 하여 반환을 구하는 것은 그 판결의 기판력에 저촉되어 허용될 수 없다(대법원 2009. 11. 12. 2009다56665).

② (○) 타인 소유의 토지 위에 권한 없이 건물을 소유하고 있는 자는 그 자체로써 특별한 사정이 없는 한 법률상 원인 없이 타인의 재산으로 인하여 토지의 차임에 상당하는 이익을 얻고 이로 인하여 타인에게 동액 상당의 손해를 주고 있다고 보아야 한다(대법원 1998. 5. 8. 98다2389).

③ (○) 지방자치단체가 타인 소유의 토지를 아무런 권원 없이 도로부지로 점유, 사용하고 있는 경우, 토지의 점유자로서의 지방자치단체의 이득 및 토지소유자의 손해의 범위는 일반적으로 토지가 도로로 편입된 사정을 고려하지 않고 그 편입될 당시의 현실적 이용상황을 토대로 하여 산정한 임대료에서 개발이익을 공제한 금액 상당이다(대법원 1995. 11. 24. 95다39946).

④ (○) 무권리자가 타인의 권리를 제3자에게 처분하였으나 선의의 제3자 보호규정에 의하여 원래 권리자가 권리를 상실하는 경우, 권리자는 무권리자를 상대로 제3자에게서 처분의 대가로 수령한 것을 이른바 침해부당이득으로 보아 반환청구할 수 있다. 한편 수익자가 법률상 원인 없이 이득한 재산을 처분함으로 인하여 원물반환이 불가능한 경우에 반환하여야 할 가액을 산정할 때에는 법률상 원인 없는 이득을 얻기 위하여 지출한 비용은 수익자가 반환하여야 할 이득의 범위에서 공제되어야 할 것이나, 타인 소유의 부동산을 처분하여 매각대금을 수령한 경우, 수익자는 그러한 처분행위가 없었다면 부동산 자체를 반환하였어야 할 지위에 있던 사람이므로 자신의 처분행위로 인하여 발생한 양도소득세 기타 비용은 수익자가 이익 취득과 관련하여 지출한 비용에 해당한다고 할 수 없어 이를 반환하여야 할 이득에서 공제할 것은 아니다(대법원 2011. 6. 10. 2010다40239).

⑤ (X) 환자가 병원에 입원하여 치료를 받는 경우에 있어서, 병원은 진료뿐만 아니라 환자에 대한 숙식의 제공을 비롯하여 간호, 보호 등 입원에 따른 포괄적 채무를 지는 것인 만큼, 병원은 병실에의 출입자를 통제·감독하든가 그것이 불가능하다면 최소한 입원환자에게 휴대품을 안전하게 보관할 수 있는 시정장치가 있는 사물함을 제공하는 등으로 입원환자의 휴대품 등의 도난을 방지함에 필요한 적절한 조치를 강구하여 줄 신의칙상의 보호의무가 있다고 할 것이고, 이를 소홀히 하여 입원환자와는 아무런 관련이 없는 자가 입원환자의 병실에 무단출입하여 입원환자의 휴대품 등을 절취하였다면 병원은 그로 인한 손해배상책임을 면하지 못한다. 입원환자에게 귀중품 등 물건보관에 관한 주의를 촉구하면서 도난시에는 병원이 책임질 수 없다는 설명을 한 것만으로는 병원의 과실에 의한 손해배상책임까지 면제되는 것이라고 할 수 없다(대법원 2003. 4. 11. 2002다63275).

정답 ⑤

문 51

부당이득에 관한 다음 설명 중 옳은 것은 모두 몇 개인가? [2022년 37번]

ㄱ. 계약의 한쪽 당사자가 상대방의 지시 등으로 급부과정을 단축하여 상대방과 또 다른 계약관계를 맺고 있는 제3자에게 직접 급부를 하는 경우(이른바 삼각관계에서 급부가 이루어진 경우), 그 급부로써 급부를 한 계약당사자가 상대방에게 급부를 한 것일 뿐만 아니라 그 상대방이 제3자에게 급부를 한 것이다. 따라서 계약의 한쪽 당사자는 제3자를 상대로 법률상 원인 없이 급부를 수령하였다는 이유로 부당이득반환청구를 할 수 없다.

ㄴ. 금전채권의 질권자가 민법 제353조 제1항, 제2항에 의하여 자기채권의 범위 내에서 직접청구권을 행사하는 경우 질권자는 질권설정자의 대리인과 같은 지위에서 입질채권을 추심하여 자기채권의 변제에 충당하고 그 한도에서 질권설정자에 의한 변제가 있었던 것으로 보므로, 위 범위 내에서는 제3채무자의 질권자에 대한 금전지급으로써 제3채무자의 질권설정자에 대한 급부가 이루어질 뿐만 아니라 질권설정자의 질권자에 대한 급부도 이루어진다. 이러한 경우 입질채권의 발생원인인 계약관계에 무효 등의 흠이 있어 입질채권이 부존재한다고 하더라도 제3채무자는 특별한 사정이 없는 한 상대방 계약당사자인 질권설정자에 대하여 부당이득반환을 구할 수 있을 뿐이고 질권자를 상대로 직접 부당이득반환을 구할 수 없다.

ㄷ. 의무 없이 타인을 위하여 사무를 관리한 자는 타인에 대하여 민법상 사무관리 규정에 따라 비용상환 등을 청구할 수 있을 뿐 아니라 사무관리에 의하여 결과적으로 사실상 이익을 얻은 다른 제3자에 대하여 직접 부당이득반환을 청구할 수 있다.

ㄹ. 공무원이 직무수행 중 불법행위로 타인에게 손해를 입힌 경우에 국가 등이 국가배상책임을 부담하는 외에 공무원 개인도 고의 또는 중과실이 있는 경우에는 불법행위로 인한 손해배상책임을 지고, 공무원에게 경과실이 있을 뿐인 경우에는 공무원 개인은 손해배상책임을 부담하지 아니한다. 이처럼 경과실이 있는 공무원이 피해자에 대하여 손해배상책임을 부담하지 아니함에도 피해자에게 손해를 배상하였다면 그것은 채무자 아닌 사람이 타인의 채무를 변제한 경우에 해당하고, 이는 민법 제469조의 '제3자의 변제' 또는 민법 제744조의 '도의관념에 적합한 비채변제'에 해당하여 피해자는 공무원에 대하여 이를 반환할 의무가 없고, 그에 따라 피해자의 국가에 대한 손해배상청구권이 소멸하여 국가는 자신의 출연 없이 채무를 면하게 되므로, 피해자에게 손해를 직접 배상한 경과실이 있는 공무원은 특별한 사정이 없는 한 국가에 대하여 국가의 피해자에 대한 손해배상책임의 범위 내에서 공무원이 변제한 금액에 관하여 구상권을 취득한다고 봄이 타당하다.

ㅁ. 계약무효의 경우 각 당사자가 상대방에 대하여 부담하는 반환의무는 성질상 부당이득반환의무로서 악의의 수익자는 그 받은 이익에 법정이자를 붙여 반환하여야 하므로(민법 제748조 제2항), 매매계약이 무효로 되는 때에는 매도인이 악의의 수익자인 경우 특별한 사정이 없는 한 매도인은 반환할 매매대금에 대하여 민법이 정한 연 5%의 법정이율에 의한 이자를 붙여 반환하여야 한다. 그리고 위와 같은 법정이자의 지급은 부당이득반환의 성질을 가지는 것이지 반환의무의 이행지체로 인한 손해배상이 아니므로, 매도인의 매매대금 반환의무와 매수인의 소유권이전등기 말소등기절차 이행의무가 동시이행의 관계에 있는지 여부와는 관계가 없다.

① 1개　　② 2개　　③ 3개　　④ 4개　　⑤ 5개

> **MGI Point 부당이득** ★★
>
> ■ 지시삼각관계에서 단축급부가 이루어진 경우 ⇨ 계약의 한쪽 당사자는 제3자를 상대로 부당이득반환 청구 不可
> ■ 제3채무자가 질권자에게 급부하였는데 입질채권의 발생원인인 계약이 무효 등인 경우 ⇨ 제3채무자는 질권자를 상대로 부당이득반환 청구 不可
> ■ 의무 없이 타인을 위하여 사무를 관리한 자 ⇨ 사무관리에 의하여 결과적으로 사실상 이익을 얻은 제3자에 대하여 부당이득반환 청구 不可
> ■ 경과실 있는 공무원이 피해자에게 배상한 경우 ⇨ 그 변제는 유효, 국가에 대하여 구상권 취득함
> ■ 매매계약이 무효, 매도인이 악의의 수익자인 경우 ⇨ 매매대금에 대하여 연 5%의 이자를 붙여 반환하여야 함 (매도인과 매수인의 의무가 동시이행관계인지 여부 상관 無)

ㄱ. (○) 계약의 일방당사자가 계약상대방의 지시 등으로 급부과정을 단축하여 계약상대방과 또 다른 계약관계를 맺고 있는 제3자에게 직접 급부를 한 경우(이른바 삼각관계에서의 급부가 이루어진 경우), 그 급부로써 계약당사자의 계약상대방에 대한 급부가 이루어질 뿐 아니라 그 상대방의 제3자에 대한 급부도 이루어지는 것이므로 계약의 일방당사자는 제3자를 상대로 법률상 원인 없이 급부를 수령하였다는 이유로 부당이득반환청구를 할 수 없다. 이러한 경우에 계약의 일방당사자가 계약상대방에 대하여 급부를 한 원인관계인 법률관계에 취소사유 등의 흠이 있다는 이유로 제3자를 상대로 직접 부당이득반환청구를 할 수 있다고 보면 자기 책임하에 체결된 계약에 따른 위험부담을 제3자에게 전가하는 것이 되어 계약법의 원리에 반하는 결과를 초래할 뿐만 아니라 수익자인 제3자가 계약상대방에 대하여 가지는 항변권 등을 침해하게 되어 부당하기 때문이다(대판 2013.06.28. 2013다13733).

ㄴ. (○) 금전채권의 질권자가 민법 제353조 제1항, 제2항에 의하여 자기채권의 범위 내에서 직접청구권을 행사하는 경우 질권자는 질권설정자의 대리인과 같은 지위에서 입질채권을 추심하여 자기채권의 변제에 충당하고 그 한도에서 질권설정자에 의한 변제가 있었던 것으로 보므로, 위 범위 내에서는 제3채무자의 질권자에 대한 금전지급으로써 제3채무자의 질권설정자에 대한 급부가 이루어질 뿐만 아니라 질권설정자의 질권자에 대한 급부도 이루어진다. 이러한 경우 입질채권의 발생원인인 계약관계에 무효 등의 흠이 있어 입질채권이 부존재한다고 하더라도 제3채무자는 특별한 사정이 없는 한 상대방 계약당사자인 질권설정자에 대하여 부당이득반환을 구할 수 있을 뿐이고 질권자를 상대로 직접 부당이득반환을 구할 수 없다(대판 2015.05.29. 2012다92258).

ㄷ. (X) 계약상 급부가 계약 상대방뿐 아니라 제3자에게 이익이 된 경우에 급부를 한 계약당사자는 계약 상대방에 대하여 계약상 반대급부를 청구할 수 있는 이외에 제3자에 대하여 직접 부당이득반환청구를 할 수는 없다고 보아야 하고, 이러한 법리는 급부가 사무관리에 의하여 이루어진 경우에도 마찬가지이다. 따라서 의무 없이 타인을 위하여 사무를 관리한 자는 타인에 대하여 민법상 사무관리 규정에 따라 비용상환 등을 청구할 수 있는 외에 사무관리에 의하여 결과적으로 사실상 이익을 얻은 다른 제3자에 대하여 직접 부당이득반환을 청구할 수는 없다(대판 2013.06.27. 2011다17106).

ㄹ. (○) 공무원이 직무수행 중 불법행위로 타인에게 손해를 입힌 경우에 국가 등이 국가배상책임을 부담하는 외에 공무원 개인도 고의 또는 중과실이 있는 경우에는 불법행위로 인한 손해배상책임을 지고, 공무원에게 경과실이 있을 뿐인 경우에는 공무원 개인은 손해배상책임을 부담하지 아니한다. 이처럼 경과실이 있는 공무원이 피해자에 대하여 손해배상책임을 부담하지 아니함에도 피해자에게 손해를 배상하였다면 그것은 채무자 아닌 사람이 타인의 채무를 변제한 경우에 해당하고, 이는 민법 제469조의 '제3자의 변제' 또는 민법 제744조의 '도의관념에 적합한 비채변제'에 해당하여 피해자는 공무원에 대하여 이를 반환할 의무가 없고, 그에 따라 피해자의 국가에 대한 손해배상청구권이 소멸하여 국가는 자신의 출연 없이 채무를 면하게 되므로, 피해자에게 손해를 직접 배상한 경과실이 있는 공무원은 특별한 사정이 없는 한 국가에 대하여 국가의 피해자에 대한 손해배상책임의 범위 내에서 공무원이 변제한 금액에 관하여 구상권을 취득한다고 봄이 타당하다(대판 2014.08.20. 2012다54478).

ㅁ. (○) 계약무효의 경우 각 당사자가 상대방에 대하여 부담하는 반환의무는 성질상 부당이득반환의무로서 악의의 수익자는 그 받은 이익에 법정이자를 붙여 반환하여야 하므로(민법 제748조 제2항), 매매계약이 무효로 되는 때에는 매도인이 악의의 수익자인 경우 특별한 사정이 없는 한 매도인은 반환할 매매대금에 대하여 민법이 정한 연 5%의 법정이율에 의한 이자를 붙여 반환하여야 한다. 그리고 위와 같은 법정이자의 지급은 부당이득반환의 성질을 가지는 것이지 반환의무의 이행지체로 인한 손해배상이 아니므로, 매도인의 매매대금 반환의무와 매수인의 소유권이전등기 말소등기절차 이행의무가 동시이행의 관계에 있는지 여부와는 관계가 없다(대판 2017.03.09. 2016다47478).

정답 ④

문 52

甲의 乙에 대한 부당이득반환청구권의 대상이 될 수 있는 것을 모두 고른 것은? (각 지문은 독립적임) [2020년 31번]

> ㄱ. 甲이 丙에게 甲 소유의 X 토지를 임대하고, 丙이 甲의 승낙 없이 乙에게 X 토지를 전대하였으나 甲과 丙의 임대차가 존속하는 사안에서, 甲이 乙에게 X 토지에 대한 사용이익을 부당이득반환으로 구하는 경우
> ㄴ. 甲 회사의 경리부 직원 丙이 甲 회사의 공금을 횡령하여 자신의 채권자 乙에게 횡령한 돈으로 변제하였고 乙이 변제를 수령하면서 중대한 과실이 있는 사안에서, 甲이 乙을 상대로 乙이 지급받은 변제대금을 부당이득반환으로 구하는 경우
> ㄷ. 乙 소유의 토지를 시효취득한 甲이 그 사실을 알지 못하는 乙에 의하여 그 토지에 설정된 丙명의의 근저당권을 제거하기 위하여 乙의 丙에 대한 피담보채무를 변제하고, 乙을 상대로 丙에 대한 변제액 상당을 부당이득반환으로 구하는 경우
> ㄹ. 丙의 채권자 甲이 丙 소유의 X 토지를 가압류한 상태에서 丙이 X 토지를 乙에게 양도하였고, X 토지가 '공익사업을 위한 토지 등의 취득 및 보상에 관한 법률'에 따라 수용되어 乙이 수용보상금전액을 지급받은 사안에서, 甲이 乙을 상대로 乙에게 지급된 수용보상금 중 위 가압류의 피보전채권 상당 금액을 부당이득반환으로 구하는 경우
> ㅁ. 甲이 착오로 자신 명의의 丙 은행 예금계좌에 예금된 돈을 丁 명의의 乙 은행 예금계좌로 송금한 후, 甲이 乙 은행을 상대로 송금액 상당의 부당이득반환을 청구하는 경우

① ㄱ, ㄴ   ② ㄴ   ③ ㄴ, ㄷ, ㅁ
④ ㄷ, ㄹ   ⑤ ㄱ, ㄹ, ㅁ

MGI Point 부당이득반환청구권 ★★

- 임대인의 동의 없는 전대차 ⇨ 임대차계약이 존속하는 한도 내에서는 제3자에게 불법점유를 이유로 한 차임상당 손해배상청구나 부당이득반환청구 ×
- 편취(사기·횡령·배임 등)금전에 의한 변제와 부당이득
  - 원칙 : 부당이득 × ⇨ 변제 유효
  - 예외 : 채권자가 '악의 또는 중과실'인 경우 ⇨ 변제 무효 (피해자는 채권자에 대하여 부당이득반환청구 可)
- 시효취득자가 점유취득시효 완성 後 원소유자에 의하여 설정된 근저당권의 피담보채무를 변제한 경우 ⇨ 원소유자에 대하여 대위변제로 인한 구상권 행사 ×, 부당이득반환청구권 행사 ×
- 토지에 대하여 가압류가 집행된 후에 토지가 수용되어 가압류의 효력이 소멸된 경우
  - 토지소유자가 받은 보상금 ⇨ 부당이득 × (토지보상법에 따른 것, 법률상원인 有)
- 착오송금
  - 계좌이체의 원인인 법률관계의 존부에 관계없이, 수취인과 수취은행 사이에는 입금액 상당의 예금계약 성립 ○ ⇨ 즉 수취인은 예금채권 취득 ○
  - 착오송금자는 수취인에 대하여 부당이득반환청구 可 (수취은행 ×)

ㄱ. (X) 임차인이 임대인의 동의를 받지 않고 제3자에게 임차권을 양도하거나 전대하는 등의 방법으로 임차물을 사용·수익하게 하더라도, 임대인이 이를 이유로 임대차계약을 해지하거나 그 밖의 다른 사유로 임대차계약이 적법하게 종료되지 않는 한 임대인은 임차인에 대하여 여전히 차임청구권을 가지므로, 임대차계약이 존속하는 한도 내에서는 제3자에게 불법점유를 이유로 한 차임상당 손해배상청구나 부당이득반환청구를 할 수 없다(대판 2008.02.28. 2006다10323).

ㄴ. (○) 부당이득제도는 이득자의 재산상 이득이 법률상 원인을 결여하는 경우에 공평·정의의 이념에 근거하여 이득자에게 반환의무를 부담시키는 것인데, 채무자가 피해자에게서 횡령한 금전을 자신의 채권자에 대한 채무변제에 사용하는 경우 채권자가 변제를 수령하면서 그 금전이 횡령한 것이라는 사실에 대하여 악의 또는 중대한 과실이 없는 한 채권자의 금전취득은 피해자에 대한 관계에서 법률상 원인이 있는 것으로 봄이 타당하며, 이와 같은 법리는 채무자가 횡령한 돈을 제3자에게 증여한 경우에도 마찬가지라고 보아야 한다(대판 2012.01.12. 2011다74246).

ㄷ. (X) 원소유자가 취득시효의 완성 이후 그 등기가 있기 전에 그 토지를 제3자에게 처분하거나 제한물권의 설정, 토지의 현상 변경 등 소유자로서의 권리를 행사하였다 하여 시효취득자에 대한 관계에서 불법행위가 성립하는 것이 아님은 물론 위 처분행위를 통하여 그 토지의 소유권이나 제한물권 등을 취득한 제3자에 대하여 취득시효의 완성 및 그 권리취득의 소급효를 들어 대항할 수도 없다 할 것이니, 이 경우 시효취득자로서는 원소유자의 적법한 권리행사로 인한 현상의 변경이나 제한물권의 설정 등이 이루어진 그 토지의 사실상 혹은 법률상 현상 그대로의 상태에서 등기에 의하여 그 소유권을 취득하게 된다. 따라서 시효취득자가 원소유자에 의하여 그 토지에 설정된 근저당권의 피담보채무를 변제하는 것은 시효취득자가 용인하여야 할 그 토지상의 부담을 제거하여 완전한 소유권을 확보하기 위한 것으로서 그 자신의 이익을 위한 행위라 할 것이니, 위 변제액 상당에 대하여 원소유자에게 대위변제를 이유로 구상권을 행사하거나 부당이득을 이유로 그 반환청구권을 행사할 수는 없다(대판 2006.05.12. 2005다75910).

ㄹ. (X) 공익사업을 위한 토지 등의 취득 및 보상에 관한 법률'(이하 '공익사업법'이라 한다) 제45조 제1항에 의하면, 토지 수용의 경우 사업시행자는 수용의 개시일에 토지의 소유권을 취득하고 그 토지에 관한 다른 권리는 소멸하는 것인바, 수용되는 토지에 대하여 가압류가 집행되어 있더라도 토지 수용으로 사업시행자가 그 소유권을 원시취득하게 됨에 따라 그 토지 가압류의 효력은 절대적으로 소멸하는 것이고, 이 경우 법률에 특별한 규정이 없는 이상 토지에 대한 가압류가 그 수용보상금채권에 당연히 전이되어 효력이 미치게 된다거나 수용보상금채권에 대하여도 토지 가압류의 처분금지적 효력이 미친다고 볼 수는 없으며, 또 가압류는 담보물권과는 달리 목적물의 교환가치를 지배하는 권리가 아니고, 담보물권의 경우에 인정되는 물상대위의 법리가 여기에 적용된다고 볼 수도 없다. 그러므로 토지에 대하여 가압류가 집행된 후에 제3자가 그

토지의 소유권을 취득함으로써 가압류의 처분금지 효력을 받고 있던 중 그 토지가 공익사업법에 따라 수용됨으로 인하여 기존 가압류의 효력이 소멸되는 한편 제3취득자인 토지소유자는 위 가압류의 부담에서 벗어나 토지수용보상금을 온전히 지급받게 되었다고 하더라도, 이는 공익사업법에 따른 토지 수용의 효과일 뿐이지 이를 두고 법률상 원인 없는 부당이득이라고 할 것은 아니다(대판 2009.09.10. 2006다61536,61543).

ㅁ. (X) 계좌이체는 은행 간 및 은행점포 간의 송금절차를 통하여 저렴한 비용으로 안전하고 신속하게 자금을 이동시키는 수단이고, 다수인 사이에 다액의 자금이동을 원활하게 처리하기 위하여, 그 중개 역할을 하는 은행이 각 자금이동의 원인인 법률관계의 존부, 내용 등에 관여함이 없이 이를 수행하는 체제로 되어 있다. 따라서 현금으로 계좌송금 또는 계좌이체가 된 경우에는 예금원장에 입금의 기록이 된 때에 예금이 된다고 예금거래기본약관에 정하여져 있을 뿐이고, 수취인과 은행 사이의 예금계약의 성립 여부를 송금의뢰인과 수취인 사이에 계좌이체의 원인인 법률관계가 존재하는지 여부에 의하여 좌우되도록 한다고 별도로 약정하였다는 등의 특별한 사정이 없는 경우에는, 송금의뢰인이 수취인의 예금구좌에 계좌이체를 한 때에는, 송금의뢰인과 수취인 사이에 계좌이체의 원인인 법률관계가 존재하는지 여부에 관계없이 수취인과 수취은행 사이에는 계좌이체금액 상당의 예금계약이 성립하고, 수취인이 수취은행에 대하여 위 금액 상당의 예금채권을 취득한다. 이때, 송금의뢰인과 수취인 사이에 계좌이체의 원인이 되는 법률관계가 존재하지 않음에도 불구하고, 계좌이체에 의하여 수취인이 계좌이체금액 상당의 예금채권을 취득한 경우에는, 송금의뢰인은 수취인에 대하여 위 금액 상당의 부당이득반환청구권을 가지게 되지만, 수취은행은 이익을 얻은 것이 없으므로 수취은행에 대하여는 부당이득반환청구권을 취득하지 아니한다(대판 2007.11.29. 2007다51239).

정답 ②

문 53

부당이득 반환범위에 관한 다음 설명 중 가장 옳지 않은 것은? [2018년 11번]

① 수익자가 법률상 원인 없이 이득한 재산을 처분함으로 인하여 원물반환이 불가능한 경우에 반환하여야 할 가액을 산정할 때에는 법률상 원인 없는 이득을 얻기 위하여 지출한 비용을 공제하여야 하므로, 무권리자가 타인 소유의 부동산을 제3자에게 처분하였다가 선의의 제3자 보호규정에 의하여 부동산을 반환하지 못하고 처분의 대가로 수령한 매각대금을 반환하여야 하는 경우에, 자신의 처분행위로 인하여 발생한 양도소득세 기타 비용은 반환하여야 할 이득에서 공제하여야 한다.

② 법률상 원인 없이 타인의 재산 또는 노무로 인하여 이익을 얻고 그로 인하여 타인에게 손해를 가한 경우, 그 취득한 것이 금전상의 이득인 때에는 그 금전은 이를 취득한 자가 소비하였는가의 여부를 불문하고 현존하는 것으로 추정되고, 그 취득한 것이 성질상 계속적으로 반복하여 거래되는 물품으로서 곧바로 판매되어 환가될 수 있는 금전과 유사한 대체물인 경우에도 마찬가지다.

③ 쌍무계약이 취소된 경우, 선의의 매수인에게 선의의 점유자의 과실수취권에 관한 민법 제201조가 적용되어 과실취득권이 인정되는 이상 선의의 매도인에게도 인도하지 않은 목적물로부터 생긴 과실수취권에 관한 민법 제587조를 유추적용하여 대금의 운용이익 내지 법정이자의 반환을 부정함이 형평에 맞다.

④ 부당이득반환의무자가 악의의 수익자라는 점에 대하여는 이를 주장하는 측에서 입증책임을 진다. 또한 여기서 '악의'라고 함은, 민법 제749조 제2항에서 악의로 의제되는 경우 등은 별론으로 하고, 자신의 이익 보유가 법률상 원인 없는 것임을 인식하는 것을 말하고, 그 이익의 보유를 법률상 원인이 없는 것이 되도록 하는 사정, 즉 부당이득반환의무의 발생요건에 해당하는 사실이 있음을 인식하는 것만으로는 부족하다.

⑤ 채무자의 부동산에 관한 매매계약 등의 유상행위가 사해행위라는 이유로 취소되고 그 원상회복이 이루어짐으로써 수익자에 대하여 부당이득반환채무를 부담하게 된 채무자가 그 부당이득반환채무의 변제를 위하여 수익자와 소비대차계약을 체결하고 강제집행을 승낙하는 취지가 기재된 공정증서를 작성하여 준 경우에도, 그와 같은 행위로 인해 자신의 책임재산을 그 수익자에게 실질적으로 양도한 것과 마찬가지라고 볼 수 있는 특별한 사정이 없는 한, 다른 채권자를 해하는 새로운 사해행위가 된다고 볼 수 없다.

해설

① (X) 수익자가 법률상 원인 없이 이득한 재산을 처분함으로 인하여 원물반환이 불가능한 경우에 반환하여야 할 가액을 산정할 때에는 법률상 원인 없는 이득을 얻기 위하여 지출한 비용은 수익자가 반환하여야 할 이득의 범위에서 공제되어야 할 것이나, 타인소유의 부동산을 처분하여 매각대금을 수령한 경우, 수익자는 그러한 처분행위가 없었다면 부동산 자체를 반환하였어야 할 지위에 있던 사람이므로 자신의 처분행위로 인하여 발생한 양도소득세 기타 비용은 수익자가 이익 취득과 관련하여 지출한 비용에 해당한다고 할 수 없어 이를 반환하여야 할 이득에서 공제할 것은 아니다(대판 2011.06.10. 2010다40239).

② (○) 법률상 원인 없이 타인의 재산 또는 노무로 이익을 얻고 그로 인하여 타인에게 손해를 가한 경우, 그 취득한 것이 금전상의 이득인 때에는 그 금전은 이를 취득한 자가 소비하였는가의 여부를 불문하고 현존하는 것으로 추정되고, 그 취득한 것이 성질상 계속적으로 반복하여 거래되는 물품으로서 곧바로 판매되어 환가될 수 있는 금전과 유사한 대체물인 경우에도 마찬가지다. 따라서 기록에 의하면, 원고는 피고로부터 비디오폰을 비롯한 각종 통신제품을 매수하여 중간도매상과 소비자 등에게 판매하는 것을 업으로 하고 있고, 이 사건 거래대상인 '비디오폰 등'은 곧바로 금전으로 환가될 예정으로 되어 있어 금전 유사의 대체물로 볼 수 있는 점, 소외인이 원고에게 선급금거래의 방식으로 물품을 무상으로 공급한 거래기간이 특정되어 있고 또한 유상 및 무상공급분을 포함한 총 거래량 및 거래금액이 특정불가능하지는 않은 점, 소외인은 업무상 배임 피의사건에 대한 경찰조사에서 위 기간 동안 원고에게 거래액의 10~20%를 무상으로 제공한 사실이 있다고 진술하고 있는 점, 서울동부지방법원 2007.6.8. 선고 2006고합189 판결은 소외인이 2000.6.15.경부터 2003.5.29.경까지 사이에 위와 같은 무상거래를 통하여 피고에게 97회에 걸쳐 합계 947,100,000원의 재산상 손해를 가하였다고 인정하고 있는 점 등을 알 수 있는바, 앞서 본 법리와 이러한 사실관계에 의하면, 원고가 무상공급분을 판매함으로써 얻은 이득이 얼마나 현존하는지에 관하여 아무런 주장·입증이 없다고 할 수는 없고, 원고가 취득한 비디오폰을 비롯한 각종 통신제품은 그 성질상 계속적으로 반복하여 거래되는 물품으로서 곧바로 판매되어 환가될 수 있는 금전과 유사한 대체물로 볼 수 있어 그 이득이 현존하는 것으로 추정된다고 할 것이다(대판 2009.05.28. 2007다20440).

③ (○) 쌍무계약이 취소된 경우, 선의의 매수인에게 민법 제201조가 적용되어 과실취득권이 인정되는 이상 선의의 매도인에게도 민법 제587조의 유추적용에 의하여 '대금의 운용이익 내지 법정이자'의 반환을 부정함이 형평에 맞다(대판 1993.05.14. 92다45025).

④ (○) 민법 제748조 제2항은 악의의 수익자는 그 받은 이익에 이자를 붙여 반환하고 손해가 있으면 이를 배상하여야 한다고 규정하고 있고, 제749조 제1항은 수익자가 이익을 받은 후 법률상 원인 없음을 안 때에는 그때부터 악의의 수익자로서 이익반환의 책임이 있다고 규정하고 있으며, 같은 조 제2항은 선의의 수익자가 패소한 때에는 그 소를 제기한 때부터 악의의 수익자로 본다고 규정하고 있다. 여기서 '악의'라고 함은, 민법 제749조 제2항에서 악의로 의제되는 경우 등은 별론으로 하고, 자신의 이익보유가 법률상 원인 없는 것임을 인식하는 것을 말하고, 그 이익의 보유를 법률상 원인이 없는 것이 되도록 하는 사정, 즉 부당이득반환의무의 발생요건에 해당하는 사실이 있음을 인식하는 것만으로는 부족하다(대판 2015.05.28. 2013다1587). (이

경우) 부당이득반환의무자가 악의의 수익자라는 점에 대하여는 이를 주장하는 측에서 입증책임을 진다(대판 2010.01.28. 2009다24187).

⑤ (○) 채무자의 부동산에 관한 매매계약 등의 유상행위가 사해행위라는 이유로 취소되고 원상회복이 이루어짐으로써 수익자에 대하여 부당이득반환채무를 부담하게 된 채무자가 부당이득반환채무의 변제를 위하여 수익자와 소비대차계약을 체결하고 강제집행을 승낙하는 취지가 기재된 공정증서를 작성하여 준 경우에도, 그와 같은 행위로 책임재산을 수익자에게 실질적으로 양도한 것과 다를 바 없는 것으로 볼 수 있는 특별한 사정이 있는 경우에 해당하지 아니하는 한, 다른 채권자를 해하는 새로운 사해행위가 된다고 볼 수 없다. 이러한 수익자의 채무자에 대한 채권은 당초의 사해행위 이후에 취득한 채권에 불과하므로 수익자는 원상회복된 재산에 대한 강제경매절차에서 배당을 요구할 권리가 없다(대판 2015.10.29. 2012다14975).

정답 ①

문 54

부당이득반환에 관한 다음 설명 중 가장 옳지 않은 것은? [2018년 33번]

① 계약의 일방 당사자가 계약 상대방의 지시 등으로 급부과정을 단축하여 계약 상대방과 또 다른 계약관계를 맺고 있는 제3자에게 직접 급부한 경우, 계약의 일방 당사자는 제3자를 상대로 법률상 원인 없이 급부를 수령하였다는 이유로 부당이득반환청구를 할 수 없다.
② 금전채권의 질권자가 자기채권의 범위 내에서 직접청구권을 행사하여 제3채무자가 질권자에게 금전을 지급함으로써 제3채무자의 질권설정자에 대한 급부가 이루어지고 질권설정자의 질권자에 대한 급부도 이루어진 경우, 입질채권의 발생원인인 계약관계에 무효 등의 흠이 있어 입질채권이 부존재한다고 하더라도 제3채무자는 특별한 사정이 없는 한 상대방 계약당사자인 질권설정자에 대하여 부당이득반환을 구할 수 있을 뿐이고 질권자를 상대로 직접 부당이득반환을 구할 수 없다.
③ 불법점유라는 사실이 발생한 바 없었다고 하더라도 부동산소유자에게 임료 상당 이익이나 기타 소득이 발생할 여지가 없는 특별한 사정이 있는 때에는, 불법점유를 당한 부동산의 소유자는 불법점유자에 대하여 손해배상이나 부당이득반환을 청구할 수 없다.
④ 당사자 일방이 자신의 의사에 따라 일정한 급부를 한 다음 급부가 법률상 원인 없음을 이유로 반환을 청구하는 이른바 급부부당이득의 경우에는 부당이득반환 청구의 상대방이 이익을 보유할 정당한 권원이 있다는 점을 증명할 책임이 있다.
⑤ 타인의 재산권 등을 침해하여 이익을 얻었음을 이유로 부당이득반환을 구하는 이른바 침해부당이득의 경우에는 부당이득반환 청구의 상대방이 이익을 보유할 정당한 권원이 있다는 점을 증명할 책임이 있다.

해설 ★★

① (○) 계약의 일방 당사자가 계약상대의 지시 등으로 급부과정을 단축하여 계약상대방과 또 다른 계약관계를 맺고 있는 제3자에게 직접 급부한 경우, 그 급부로써 급부를 한 계약당사자의 상대방에 대한 급부가 이루어질 뿐 아니라 그 상대방의 제3자에 대한 급부로도 이루어지는 것이므로 계약의 일방 당사자는 제3자를 상대로 법률상 원인 없이 급부를 수령하였다는 이유로 부당이득반환청구를 할 수 없다. 왜냐하면 계약의 일방 당사자가 제3자에 대하여 직접 부당이득반환청구를 할 수 있다고 보면, 자기책임하에 체결된 계약에 따른

위험부담을 제3자에게 전가시키는 것이 되어 계약법의 기본원리에 반하는 결과를 초래할 뿐만 아니라 수익자인 제3자가 계약상대방에 대하여 가지는 항변권 등을 침해하게 되어 부당하기 때문이다(대판 2003.12.26. 2001다46730).

② (○) 금전채권의 질권자가 민법 제353조 제1항, 제2항에 의하여 자기채권의 범위 내에서 직접청구권을 행사하는 경우 질권자는 질권설정자의 대리인과 같은 지위에서 입질채권을 추심하여 자기채권의 변제에 충당하고 그 한도에서 질권설정자에 의한 변제가 있었던 것으로 보므로, 위 범위 내에서는 <u>제3채무자의 질권자에 대한 금전지급으로써 제3채무자의 질권설정자에 대한 급부가 이루어질 뿐만 아니라 질권설정자의 질권자에 대한 급부도 이루어진다고 보아야 한다. 이러한 경우 입질채권의 발생원인인 계약관계에 무효 등의 흠이 있어 입질채권이 부존재한다고 하더라도 제3채무자는 특별한 사정이 없는 한 상대방 계약당사자인 질권설정자에 대하여 부당이득반환을 구할 수 있을 뿐이고 질권자를 상대로 직접 부당이득반환을 구할 수 없다.</u> 이와 달리 제3채무자가 질권자를 상대로 직접 부당이득반환청구를 할 수 있다고 보면 자기 책임하에 체결된 계약에 따른 위험을 제3자인 질권자에게 전가하는 것이 되어 계약법의 원리에 반하는 결과를 초래할 뿐만 아니라 질권자가 질권설정자에 대하여 가지는 항변권 등을 침해하게 되어 부당하기 때문이다(대판 2015.05.29. 2012다92258).

③ (○) 불법점유를 당한 부동산의 소유자로서는 불법점유자에 대하여 그로 인한 임료 상당 손해의 배상이나 부당이득의 반환을 구할 수 있고, 다만 불법점유가 없었더라도 부동산소유자에게 임료 상당 이익이나 기타 소득이 발생할 여지가 없는 특별한 사정이 있는 때에는 손해배상이나 부당이득반환을 청구할 수 없는 것이지만, 그와 같은 특별한 사정에 관하여는 손실이 발생하지 않았음을 주장하는 쪽에서 증명할 책임을 진다(대판 1997.07.22. 96다14227).

④ (X), ⑤ (○) 민법 제741조는 "법률상 원인 없이 타인의 재산 또는 노무로 인하여 이익을 얻고 이로 인하여 타인에게 손해를 가한 자는 그 이익을 반환하여야 한다."라고 정하고 있다. 당사자 일방이 자신의 의사에 따라 일정한 급부를 한 다음 급부가 법률상 원인 없음을 이유로 반환을 청구하는 이른바 급부부당이득의 경우에는 법률상 원인이 없다는 점에 대한 증명책임은 부당이득반환을 주장하는 사람에게 있다. 이 경우 부당이득의 반환을 구하는 자는 급부행위의 원인이 된 사실의 존재와 함께 그 사유가 무효, 취소, 해제 등으로 소멸되어 법률상 원인이 없게 되었음을 주장·증명하여야 하고, 급부행위의 원인이 될 만한 사유가 처음부터 없었음을 이유로 하는 이른바 착오 송금과 같은 경우에는 착오로 송금하였다는 점 등을 주장·증명하여야 한다. 이는 타인의 재산권 등을 침해하여 이익을 얻었음을 이유로 부당이득반환을 구하는 이른바 침해부당이득의 경우에는 부당이득반환 청구의 상대방이 이익을 보유할 정당한 권원이 있다는 점을 증명할 책임이 있는 것과 구별된다(대판 2018.01.24. 2017다37324).

정답 ④

문 55

부당이득에 관한 다음 설명 중 가장 옳지 않은 것은?(다툼이 있는 경우 판례에 의함) [2017년 3번]

① 연립주택 신축공사의 수급인이 공사대금의 지급에 갈음하여 이전받기로 한 연립주택의 일부를 소유권이전등기를 경료받지 않은 상태에서 제3자에게 임대한 경우, 소유자인 건축주는 위 제3자에게 소유권에 기한 명도청구나 부당이득반환청구를 할 수 없다.

② 이른바 3자간 등기명의신탁의 경우 부동산 실권리자명의 등기에 관한 법률에서 정한 유예기간 경과에 의하여 그 명의신탁 약정과 그에 의한 등기가 무효로 되더라도 명의신탁자는 매도인에 대하여 매매계약에 기한 소유권이전등기청구권을 보유하고 있어 그 유예기간의 경과로 그 등기 명

의를 보유하지 못하는 손해를 입었다고 볼 수 없고, 명의신탁 부동산의 소유권이 매도인에게 복귀한 마당에 명의신탁자가 무효인 등기의 명의인인 명의수탁자를 상대로 그 이전등기를 구할 수도 없으므로, 결국 3자간 등기명의신탁에 있어서 명의신탁자는 명의수탁자를 상대로 부당이득반환을 원인으로 한 소유권이전등기를 구할 수 없다.

③ 甲의 대리인 乙이 토지 소유자인 丙에게서 매도에 관한 대리권을 위임받지 않았음에도 대리인이라고 사칭한 丁으로부터 토지를 매수하기로 하는 매매계약을 체결한 후, 甲이 丙 명의 계좌로 매매대금을 송금하였는데, 丙에게서 미리 통장과 도장을 교부받아 소지하고 있던 丁이 위 돈을 송금 당일 전액 인출한 경우, 丙이 위 돈을 송금 받아 실질적으로 이익의 귀속자가 되었다고 볼 수 없다.

④ 부당이득반환청구권과 불법행위로 인한 손해배상청구권 중 어느 하나에 관한 소를 제기하여 승소 확정판결을 받았으나 채권의 만족을 얻지 못한 경우, 나머지 청구권에 관한 이행판결을 받기 위하여 이행의 소를 제기할 수 있지만, 손해배상청구의 소를 먼저 제기하여 과실상계 등으로 승소액이 제한된 경우, 제한된 금액에 대한 부당이득반환청구권의 행사는 허용되지 않는다.

⑤ 경매대금을 후순위 근저당채권자가 선순위 저당채권자에 우선하여 배당을 받음으로 인하여 선순위 저당권자가 당연히 받을 수 있는 배당을 받지 못할 경우에는 전자는 후자에 대하여 부당이득반환의 책임이 있다.

해설 ★★★

① (○) [1] 토지의 매수인이 아직 소유권이전등기를 경료받지 아니하였다 하여도 매매계약의 이행으로 그 토지를 인도받은 때에는 매매계약의 효력으로서 이를 점유·사용할 권리가 생기게 된 것으로 보아야 하고, 또 매수인으로부터 위 토지를 다시 매수한 자는 위와 같은 토지의 점유사용권을 취득한 것으로 봄이 상당하므로 매도인은 매수인으로부터 다시 위 토지를 매수한 자에 대하여 토지 소유권에 기한 물권적 청구권을 행사하거나 그 점유·사용을 법률상 원인이 없는 이익이라고 하여 부당이득반환청구를 할 수는 없다고 할 것인바, 이러한 법리는 대물변제 약정에 의하여 매매와 같이 부동산의 소유권을 이전받게 되는 자가 이미 당해 부동산을 점유·사용하고 있거나, 그로부터 다시 이를 임차하여 점유·사용하고 있는 경우에도 마찬가지로 적용된다. [2] 연립주택 신축공사의 수급인이 공사대금의 지급에 갈음하여 이전받기로 한 연립주택의 일부를 소유권이전등기를 경료받지 않은 상태에서 제3자에게 임대한 경우, 소유자인 건축주는 위 제3자에게 소유권에 기한 명도청구나 부당이득반환청구를 할 수 없고, 수급인이 건축주의 소유권이전등기의무와 동시이행관계에 있는 금전지급의무를 이행하지 않고 있다 하더라도 마찬가지이다(대판 2001.12.11. 2001다45355).

② (○) 부동산 실권리자명의 등기에 관한 법률에 의하면, 이른바 3자간 등기명의신탁의 경우 같은 법에서 정한 유예기간 경과에 의하여 기존 명의신탁약정과 그에 의한 등기가 무효로 되고 그 결과 명의신탁된 부동산은 매도인 소유로 복귀하므로, 매도인은 명의수탁자에게 무효인 그 명의 등기의 말소를 구할 수 있고, 한편 같은 법은 매도인과 명의신탁자 사이의 매매계약의 효력을 부정하는 규정을 두고 있지 아니하여 유예기간 경과 후에도 매도인과 명의신탁자 사이의 매매계약은 여전히 유효하므로, 명의신탁자는 매도인에 대하여 매매계약에 기한 소유권이전등기를 청구할 수 있으며, 그 소유권이전등기청구권을 보전하기 위하여 매도인을 대위하여 명의수탁자에게 무효인 그 명의 등기의 말소를 구할 수 있다. 위 법리에 비추어 보면, 이른바 3자간 등기명의신탁의 경우 부동산실명법에서 정한 유예기간 경과에 의하여 그 명의신탁약정과 그에 의한 등기가 무효로 되더라도 명의신탁자는 매도인에 대하여 매매계약에 기한 소유권이전등기청구권을 보유하고 있어 그 유예기간의 경과로 그 등기 명의를 보유하지 못하는 손해를 입었다고 볼 수 없고, 또한 명의신탁 부동산의 소유권이 매도인에게 복귀된 마당에 명의신탁자가 무효의 등기명의인 명의수탁자를 상대로 그 이전등기를 구할 수도 없다고 보아야 하므로, 결국 3자간 등기명의신탁에 있어서 명의신탁자는 명의수탁자를 상대로 부당이득반환을 원인으로 한 소유권이전등기를 구할 수 없다고 봄이 상당하다(대판 2008.11.27. 2008다55290).

③ (○) 甲이 송금한 돈이 丙의 계좌로 입금되었다고 하더라도, 그로 인하여 丙이 위 돈 상당을 이득하였다고 하기 위해서는 丙이 이를 사실상 지배할 수 있는 상태에까지 이르러 실질적인 이득자가 되었다고 볼 만한 사정이 인정되어야 할 것인데, 甲의 송금 경위 및 丁이 이를 인출한 경위 등에 비추어 볼 때 丙이 위 돈을 송금 받아 실질적으로 이익의 귀속자가 되었다고 보기 어렵다(대판 2011.09.08. 2010다37325).

④ (X) 부당이득반환청구권과 불법행위로 인한 손해배상청구권은 서로 실체법상 별개의 청구권으로 존재하고 그 각 청구권에 기초하여 이행을 구하는 소는 소송법적으로도 소송물을 달리하므로, 채권자로서는 어느 하나의 청구권에 관한 소를 제기하여 승소 확정판결을 받았다고 하더라도 아직 채권의 만족을 얻지 못한 경우에는 다른 나머지 청구권에 관한 이행판결을 얻기 위하여 그에 관한 이행의 소를 제기할 수 있다. 그리고 채권자가 먼저 부당이득반환청구의 소를 제기하였을 경우 특별한 사정이 없는 한 손해 전부에 대하여 승소판결을 얻을 수 있었을 것임에도 우연히 손해배상청구의 소를 먼저 제기하는 바람에 과실상계 또는 공평의 원칙에 기한 책임제한 등의 법리에 따라 그 승소액이 제한되었다고 하여 그로써 제한된 금액에 대한 부당이득반환청구권의 행사가 허용되지 않는 것도 아니다(대판 2013.09.13. 2013다45457).

⑤ (○) 경매대금을 후순위 근저당채권자가 선순위 저당채권자에 우선하여 배당을 받음으로 인하여 선순위 저당권자가 당연히 받을 수 있는 배당을 받지 못할 경우에는 전자는 후자에 대하여 부당이득반환의 책임이 있다 (대판 1965.02.16. 64다1544).

정답 ④

제❷절 | 부당이득의 특례

제1관 비채변제

제2관 불법원인급여

문 56

불법원인급여에 관한 다음 설명 중 가장 옳지 않은 것은?(다툼이 있는 경우 판례에 따르고 전원합의체 판결의 경우 다수의견에 의함) [2017년 38번]

① 윤락행위를 할 사람을 고용하면서 선불금을 지급하여 그 선불금을 빌미로 성매매를 권유하거나 강요한 경우, 그 선불금은 불법원인급여에 해당하여 그 반환을 청구할 수 없다.

② 수산업법 제33조에 의하면 어업권은 임대차의 목적으로 할 수 없으므로, 어업권을 임대한 어업권자는 그 임대차계약에 기해 임차인이 양식어장(어업권)을 점유사용함으로써 얻은 이익을 부당이득으로 반환을 구할 수 없다.

③ 불법원인급여 후 급부를 이행받은 자가 급부의 원인행위와 별도의 약정으로 급부 그 자체 또는 그에 갈음한 대가물의 반환을 특약하는 것은 그 반환약정 자체가 사회질서에 반하여 무효가 되지 않는 한 유효하다.

④ 선량한 풍속 기타 사회질서에 위반하여 무효인 부분의 이자 약정을 원인으로 차주가 대주에게 임의로 이자를 지급한 경우, 차주는 그 이자의 반환을 청구할 수 있다.

⑤ 도박자금으로 금원을 대여함으로 인하여 발생한 채권을 담보하기 위한 근저당권설정등기가 마쳐진 경우, 등기설정자는 무효인 근저당권설정등기의 말소를 구할 수 있다.

해설

① (○) 부당이득의 반환청구가 금지되는 사유로 민법 제746조가 규정하는 불법원인이라 함은 그 원인되는 행위가 선량한 풍속 기타 사회질서에 위반하는 경우를 말하는 것인바, 윤락행위 및 그것을 유인·강요하는 행위는 선량한 풍속 기타 사회질서에 위반되므로, 윤락행위를 할 자를 고용·모집하거나 그 직업을 소개·알선한 자가 윤락행위를 할 자를 고용·모집함에 있어 성매매의 유인·강요의 수단으로 이용되는 선불금 등 명목으로 제공한 금품이나 그 밖의 재산상 이익 등은 불법원인급여에 해당하여 그 반환을 청구할 수 없다(대판 2004.09.03. 2004다27488).

② (X) 구 수산업법(2007. 4. 11. 법률 제8377호로 전부 개정되기 전의 것) 제33조가 어업권의 임대차를 금지하고 있는 취지 등에 비추어 보면, 위 규정에 위반하는 행위가 무효라고 하더라도 그것이 선량한 풍속 기타 사회질서에 반하는 행위라고 볼 수는 없다. 따라서 어업권의 임대차를 내용으로 하는 임대차계약이 구 수산업법 제33조에 위반되어 무효라고 하더라도 그것이 부당이득의 반환이 배제되는 '불법의 원인'에 해당하는 것으로 볼 수는 없으므로, 어업권을 임대한 어업권자로서는 그 임대차계약에 기해 임차인에게 한 급부로 인하여 임차인이 얻은 이익, 즉 임차인이 양식어장(어업권)을 점유·사용함으로써 얻은 이익을 부당이득으로 반환을 구할 수 있다(대판 2010.12.09. 2010다57626).

③ (○) 불법원인급여 후 급부를 이행 받은 자가 급부의 원인행위와 별도의 약정으로 급부 그 자체 또는 그에 갈음한 대가물의 반환을 특약하는 것은 불법원인급여를 한 자가 그 부당이득의 반환을 청구하는 경우와는 달리 그 반환약정 자체가 사회질서에 반하여 무효가 되지 않는 한 유효하다. 여기서 반환약정 자체의 무효 여부는 반환약정 그 자체의 목적뿐만 아니라 당초의 불법원인급여가 이루어진 경위, 쌍방당사자의 불법성의 정도, 반환약정의 체결과정 등 민법 제103조 위반 여부를 판단하기 위한 제반 요소를 종합적으로 고려하여 결정하여야 하고, 한편 반환약정이 사회질서에 반하여 무효라는 점은 수익자가 이를 입증하여야 한다(대판 2010.05.27. 2009다12580).

④ (○) 선량한 풍속 기타 사회질서에 위반하여 무효인 부분의 이자 약정을 원인으로 차주가 대주에게 임의로 이자를 지급하는 것은 통상 불법의 원인으로 인한 재산 급여라고 볼 수 있을 것이나, 불법원인급여에 있어서도 그 불법원인이 수익자에게만 있는 경우이거나 수익자의 불법성이 급여자의 그것보다 현저히 커서 급여자의 반환청구를 허용하지 않는 것이 오히려 공평과 신의칙에 반하게 되는 경우에는 급여자의 반환청구가 허용되므로, 대주가 사회통념상 허용되는 한도를 초과하는 이율의 이자를 약정하여 지급받은 것은 그의 우월한 지위를 이용하여 부당한 이득을 얻고 차주에게는 과도한 반대급부 또는 기타의 부당한 부담을 지우는 것으로서 그 불법의 원인이 수익자인 대주에게만 있거나 또는 적어도 대주의 불법성이 차주의 불법성에 비하여 현저히 크다고 할 것이어서 차주는 그 이자의 반환을 청구할 수 있다(대판 2007.02.15. 2004다50426(전합)).

⑤ (○) 민법 제746조가 불법의 원인으로 인하여 재산을 급여하거나 노무를 제공한 때에 그 이익의 반환을 청구하지 못하도록 규정한 것은, 그에 대한 법적 보호를 거절함으로써 소극적으로 법적 정의를 유지하려고 하는 취지이므로, 위 법조항에서 말하는 이익에는 사실상의 이익도 포함되나, 그 이익은 재산상 가치가 있는 종국적인 것이어야 하고, 그것이 종속적인 것에 불과하여 수령자가 그 이익을 향수하려면 경매신청을 하는 것과 같이 별도의 조치를 취하여야 하는 것은 이에 해당하지 않는다. 도박자금을 제공함으로 인하여 발생한 채권의 담보로 부동산에 관하여 근저당권설정등기가 경료되었을 뿐이라면 위와 같은 근저당권설정등기로 근저당권자가 받을 이익은 소유권이전과 같은 종국적인 것이 되지 못하고 따라서 민법 제746조에서 말하는 이익에는 해당하지 아니한다고 할 것이므로, 그 부동산의 소유자는 민법 제746조의 적용을 받음이 없이 그 말소를 청구할 수 있다(대판 1994.12.22. 93다55234).

정답 ②

제5장 불법행위

제❶절 ┃ 일반불법행위

문 33

불법행위에 관한 다음 설명 중 옳은 것을 모두 고른 것은?[2023년 3번]

> ㄱ. 민법 제750조는 "고의 또는 과실로 인한 위법행위로 타인에게 손해를 가한 자는 그 손해를 배상할 책임이 있다."라고 정하고 있다. 위법행위는 불법행위의 핵심적인 성립요건으로서, 법률을 위반한 경우에 한정되지 않고 전체 법질서의 관점에서 사회통념상 위법하다고 판단되는 경우도 포함할 수 있는 탄력적인 개념이므로, 불법행위 성립 요건으로서의 위법성은 관련 행위 전체를 일체로 보아 판단하여 결정해야 한다.
> ㄴ. 상해의 후유증에 대한 신체감정을 한 전문 감정인의 감정 결과에 의하더라도 피해자의 기대여명의 예측이 불확실한 경우에 법원이 일실수입 손해와 향후 치료비 손해 등을 산정함에 있어서, 피해자가 확실히 생존하고 있으리라고 인정되는 기간 동안의 손해는 일시금의 지급을 명하고 그 이후의 기간은 피해자의 생존을 조건으로 정기금의 지급을 명한 산정방식을 두고 법원의 재량의 범위를 넘어섰다고 할 수는 없다.
> ㄷ. 불법행위로 인한 손해배상채무는 손해발생과 동시에 이행기에 있는 것으로, 공평의 관념상 별도의 이행최고가 없더라도 불법행위 당시부터 지연손해금이 발생하는 것이 원칙이고, 불법행위 시점과 손해발생 시점 사이에 시간적 간격이 있는 경우에는 불법행위로 인한 손해배상채권의 지연손해금은 손해발생 시점을 기산일로 하여 발생한다.
> ㄹ. 일조권 침해에 있어 객관적인 생활이익으로서 일조이익을 향유하는 '토지의 소유자 등'은 토지소유자, 건물소유자, 지상권자, 전세권자 또는 임차인 등의 거주자를 말하는 것으로서, 학교건물을 일시적으로 이용하는 지위에 있을 뿐인 초등학교 학생들은 생활이익으로서의 일조권을 법적으로 보호받을 수 있는 지위에 있지 않다.
> ㅁ. 부진정연대채무에 있어 채무자 1인에 대한 이행의 청구는 타 채무자에 대하여 그 효력이 미치므로, 하천구역으로 편입된 토지의 소유자가 서울특별시장에게 보상금지급 청구를 하였다면 부진정연대채무관계에 있는 국가에 대하여 시효중단의 효과가 발생한다.

① ㄱ, ㄴ, ㄷ ② ㄴ, ㄷ, ㄹ ③ ㄷ, ㄹ, ㅁ
④ ㄱ, ㄷ, ㄹ ⑤ ㄱ, ㄹ, ㅁ

| MGI Point | **불법행위** | ★★ |

- 민법 제750조의 위법성 ⇨ 탄력적인 개념, 개별적·상대적으로 판단하여야
- 일시금과 정기금에 의한 산정방식의 혼용 ⇨ 법원의 재량권 일탈×
- 불법행위 시점과 손해발생 시점 사이에 시간적 간격이 있는 경우 ⇨ 지연손해금은 손해발생 시점을 기산일로 하여 발생
- 학교건물을 일시적으로 이용하는 지위에 있을 뿐인 초등학교 학생들 ⇨ 일조권×
- 부진정연대채무에 있어 채무자 1인에 대한 이행의 청구 ⇨ 타 채무자에 대하여 효력×

ㄱ. (×) 민법 제750조는 "고의 또는 과실로 인한 위법행위로 타인에게 손해를 가한 자는 그 손해를 배상할 책임이 있다."라고 정하고 있다. 위법행위는 불법행위의 핵심적인 성립요건으로서, 법률을 위반한 경우에 한정되지 않고 전체 법질서의 관점에서 사회통념상 위법하다고 판단되는 경우도 포함할 수 있는 탄력적인 개념이다. 불법행위의 성립요건으로서 위법성은 관련 행위 전체를 일체로 보아 판단하여 결정해야만 하는 것은 아니고, 문제가 되는 행위마다 개별적·상대적으로 판단하여야 한다. 소유권을 비롯한 절대권을 침해한 경우뿐만 아니라 법률상 보호할 가치가 있는 이익을 침해하는 경우에도 침해행위의 양태, 피침해이익의 성질과 그 정도에 비추어 그 위법성이 인정되면 불법행위가 성립할 수 있다(대법원 2021. 6. 30. 선고 2019다268061).

ㄴ. (○) 전문 감정인의 감정 결과에 의하더라도 피해자의 기대여명의 예측이 불확실한 경우에는 법원으로서는 일실수입 손해와 향후 치료비 손해 등을 산정함에 있어서 피해자가 확실히 생존하고 있으리라고 인정되는 기간 동안의 손해는 일시금의 지급을 명하고 그 이후의 기간은 피해자의 생존을 조건으로 정기금의 지급을 명할 수밖에 없으므로 그와 같은 산정방식을 두고 법원의 재량의 범위를 넘어섰다고 할 수는 없다(대법원 2002. 11. 26. 선고 2001다72678).

ㄷ. (○) 불법행위로 인한 손해배상채무는 손해발생과 동시에 이행기에 있는 것으로, 공평의 관념상 별도의 이행최고가 없더라도 불법행위 당시부터 지연손해금이 발생하는 것이 원칙이고, 불법행위 시점과 손해발생 시점 사이에 시간적 간격이 있는 경우에는 불법행위로 인한 손해배상채권의 지연손해금은 손해발생 시점을 기산일로 하여 발생한다. 이때 현실적으로 손해가 발생하여 불법행위로 인한 손해배상채권이 성립하게 되는 시점은 사회통념에 비추어 객관적이고 합리적으로 판단하여야 한다(대법원 2022. 6. 16. 선고 2017다289538).

ㄹ. (○) 일조권 침해에 있어 객관적인 생활이익으로서 일조이익을 향유하는 '토지의 소유자 등'은 토지소유자, 건물소유자, 지상권자, 전세권자 또는 임차인 등의 거주자를 말하는 것으로서, 당해 토지·건물을 일시적으로 이용하는 것에 불과한 사람은 이러한 일조이익을 향유하는 주체가 될 수 없다. 초등학교 학생들은 공공시설인 학교시설을 방학기간이나 휴일을 제외한 개학기간 중, 그것도 학교에 머무르는 시간 동안 일시적으로 이용하는 지위에 있을 뿐이고, 학교를 점유하면서 지속적으로 거주하고 있다고 할 수 없어서 생활이익으로서의 일조권을 법적으로 보호받을 수 있는 지위에 있지 않다고 한 사례(대법원 2008. 12. 24. 선고 2008다41499).

ㅁ. (×) 부진정연대채무에 있어 채무자 1인에 대한 이행의 청구는 타 채무자에 대하여 그 효력이 미치지 않으므로, 하천구역으로 편입된 토지의 소유자가 서울특별시장에게 보상금지급 청구를 하였다 하더라도 부진정연대채무관계에 있는 국가에 대하여 시효중단의 효과가 발생한다고 할 수 없다(대법원 1997. 9. 12. 선고 95다42027).

정답 ②

문 34

국가배상책임에 관한 다음 설명 중 옳은 것은 모두 몇 개인가? [2023년 27번]

ㄱ. 구 '국가안전과 공공질서의 수호를 위한 대통령긴급조치'(1975. 5. 13. 대통령긴급조치 제9호)의 발령 및 적용·집행행위는 국가배상법 제2조 제1항에서 말하는 공무원의 고의 또는 과실에 의한 불법행위에 해당하지 않으므로 국가배상책임이 없다.

ㄴ. 어떠한 행정처분이 항고소송에서 취소되는 경우, 그 기판력으로 인하여 담당 공무원의 고의·과실이 추정된다.

ㄷ. 재판에 대하여 불복절차 또는 시정절차가 마련되어 있는 경우, 법관이나 다른 공무원의 귀책사유로 불복에 의한 시정을 구할 수 없었다거나 그와 같은 시정을 구할 수 없었던 부득이한 사정이 없는 한, 그와 같은 시정을 구하지 않은 사람은 원칙적으로 국가배상에 의한 권리구제를 받을 수 없다.

ㄹ. 국가가 구 농지개혁법에 따라 농지를 매수하였으나 분배하지 않아 그 농지가 원소유자의 소유로 환원되었는데도 담당 공무원이 이를 제대로 확인하지 않은 채 제3자에게 처분하여 원소유자에게 손해를 입혔다면, 이는 특별한 사정이 없는 한 국가배상법 제2조 제1항에서 정한 공무원의 고의 또는 과실에 의한 위법행위에 해당한다.

ㅁ. 특별송달우편물에 관하여 우편집배원의 고의 또는 과실에 의하여 손해가 발생한 경우에는 국가배상법에 의한 손해배상을 청구할 수 있다.

① 1개 ② 2개 ③ 3개 ④ 4개 ⑤ 5개

MGI Point 국가배상청구권 ★★

- 구 '국가안전과 공공질서의 수호를 위한 대통령긴급조치'(1975. 5. 13. 대통령긴급조치 제9호)의 발령 및 적용·집행위 ⇨ 공무원의 고의 또는 과실에 의한 불법행위○
- 어떠한 행정처분이 항고소송에서 취소되는 경우 ⇨ 당연히 공무원의 고의·과실 추정×
- 한 재판에 대한 불복절차 또는 시정절차를 거치지 않은 사람의 국가배상청구 ⇨ 특별한 사정 없는 한 인정×
- 농지가 원소유자의 소유로 환원되었는데도 담당 공무원이 이를 제대로 확인하지 않은 채 제3자에게 처분하여 원소유자에게 손해를 입힌 경우 ⇨ 위법행위○
- 특별송달우편물에 관하여 우편집배원의 고의 또는 과실에 의하여 손해가 발생한 경우 ⇨ 국가배상청구 可

ㄱ. (X) 구 국가안전과 공공질서의 수호를 위한 대통령긴급조치(1975. 5. 13. 대통령긴급조치 제9호, 이하 '긴급조치 제9호'라고 한다)는 위헌·무효임이 명백하고 긴급조치 제9호 발령으로 인한 국민의 기본권 침해는 그에 따른 강제수사와 공소제기, 유죄판결의 선고를 통하여 현실화되었다. 이러한 경우 긴급조치 제9호의 발령부터 적용·집행에 이르는 일련의 국가작용은, 전체적으로 보아 공무원이 직무를 집행하면서 객관적 주의의무를 소홀히 하여 그 직무행위가 객관적 정당성을 상실한 것으로서 위법하다고 평가되고, 긴급조치 제9호의 적용·집행으로 강제수사를 받거나 유죄판결을 선고받고 복역함으로써 개별 국민이 입은 손해에 대해서는 국가배상책임이 인정될 수 있다(대법원 2022. 8. 30. 2018다212610 전원합의체).

ㄴ. (X) 어떠한 행정처분이 후에 항고소송에서 취소되었다고 할지라도 그 소송판결의 기판력에 의하여 당해 행정처분이 곧바로 공무원의 고의 또는 과실로 인한 것으로서 불법행위를 구성한다고 단정할 수는 없고, 그 행정처분의 담당공무원이 일반의 공무원을 표준으로 하여 볼 때 객관적 주의의무를 결하여 그 행정처분이 객관적 정당성을 상실하였다고 인정될 정도에 이른 경우에야 국가배상법 제2조 소정의 국가배상책임의 요

건을 충족하였다고 봄이 상당하며, 이때에 객관적 정당성을 상실하였는지 여부는 피침해 이익의 종류 및 성질, 침해행위가 되는 행정처분의 성질·태양 및 그 원인, 행정처분의 발동에 대한 피해자 측의 관여의 유무, 정도 및 손해의 정도 등 제반 사정을 종합하여 손해의 전보책임을 국가 또는 지방자치단체에게 부담시켜야 할 실질적인 이유가 있는지의 여부에 의하여 판단하여야 한다(대법원 2021. 12. 30. 2021다269890).

ㄷ. (○) 재판에 대하여 따로 불복절차 또는 시정절차가 마련되어 있는 경우에는 재판의 결과로 불이익 내지 손해를 입었다고 여기는 사람은 그 절차에 따라 자신의 권리 내지 이익을 회복하도록 함이 법이 예정하는 바이므로, 불복에 의한 시정을 구할 수 없었던 것 자체가 법관이나 다른 공무원의 귀책사유로 인한 것이라거나 그와 같은 시정을 구할 수 없었던 부득이한 사정이 있었다는 등의 특별한 사정이 없는 한, 스스로 그와 같은 시정을 구하지 아니한 결과 권리 내지 이익을 회복하지 못한 사람은 원칙적으로 국가배상에 의한 권리구제를 받을 수 없다고 봄이 상당하다고 하겠으나, 재판에 대하여 불복절차 내지 시정절차 자체가 없는 경우에는 부당한 재판으로 인하여 불이익 내지 손해를 입은 사람은 국가배상 이외의 방법으로는 자신의 권리 내지 이익을 회복할 방법이 없으므로, 이와 같은 경우에는 배상책임의 요건이 충족되는 한 국가배상책임을 인정하지 않을 수 없다(대법원 2003. 7. 11. 99다24218).

ㄹ. (○) 국가가 구 농지개혁법(1994. 12. 22. 법률 제4817호 농지법 부칙 제2조 제1호로 폐지)에 따라 농지를 매수하였으나 분배하지 않아 원소유자의 소유로 환원된 경우에 국가는 이를 임의로 처분할 수 없고 원소유자에게 반환해야 한다. 만일 이러한 의무를 부담하는 국가의 담당공무원이 농지가 원소유자의 소유로 환원되었음을 제대로 확인하지 않은 채 제3자에게 농지를 처분한 다음 소유권보존등기를 하고 소유권이전등기를 해줌으로써 제3자의 등기부취득시효가 완성되어 원소유자에게 손해를 입혔다면, 이는 특별한 사정이 없는 한 국가배상법 제2조 제1항에서 정한 공무원의 고의 또는 과실에 의한 위법행위에 해당한다(대법원 2019. 10. 31. 2016다243306).

ㅁ. (○) 특별송달 우편물에 관하여 우편집배원의 고의 또는 과실로 손해가 발생한 경우, 국가배상법에 의한 손해배상을 청구할 수 있다(대법원 2009. 5. 28. 2008다89965).

정답 ③

문 35

다음 설명 중 옳은 것(O)과 옳지 않은 것(X)을 올바르게 조합한 것은?[2023년 21번]

> ㄱ. 채권액이 외국통화로 지정된 금전채권인 외화채권을 채권자가 대용급부의 권리를 행사하여 우리나라 통화로 환산하여 청구하는 경우 법원이 채무자에게 이행을 명할 때는 채무의 이행기 당시의 외국환시세를 우리나라 통화로 환산하는 기준시로 삼아야 한다.
>
> ㄴ. 원본채권이 양도된 경우 이미 변제기에 도달한 이자채권은 원본채권의 양도당시 그 이자채권도 양도한다는 의사표시가 없는 한 당연히 양도되지는 않는다.
>
> ㄷ. 이행보조자는 채무자의 의사 관여 아래 채무이행행위에 속하는 활동을 하는 사람이면 족하고 반드시 채무자의 지시 또는 감독을 받는 관계에 있어야 하는 것은 아니므로, 그가 채무자에 대하여 종속적 또는 독립적인 지위에 있는가는 문제되지 않는다.
>
> ㄹ. 회원 가입 시에 일정한 금액을 예탁하였다가 탈퇴의 경우 예탁금을 반환받을 수 있는 이른바 예탁금제 골프회원권에 있어서, 골프장 운영에 관한 회칙에 따라 탈퇴의 경우 회원도 회원증을 반납할 의무를 부담하는 때에는 골프장 시설업자의 회원에 대한 예탁금 반환의무와 회원의 회원증 반납의무 사이에 동시이행관계가 인정되지만, 골프장 시설업

자의 예탁금 반환의무에 관하여는 탈퇴 의사표시와 반환청구를 받은 때부터 이행지체의 책임을 진다.
ㅁ. 불법행위로 영업용 물건이 일부 손괴된 경우, 수리를 위하여 필요한 합리적인 기간 동안의 휴업손해는 그에 대한 증명이 가능한 한 통상의 손해로서 그 교환가치와는 별도로 배상하여야 한다.

① ㄱ(X), ㄴ(O), ㄷ(O), ㄹ(O), ㅁ(O)
② ㄱ(X), ㄴ(O), ㄷ(O), ㄹ(O), ㅁ(X)
③ ㄱ(O), ㄴ(X), ㄷ(X), ㄹ(O), ㅁ(X)
④ ㄱ(O), ㄴ(O), ㄷ(X), ㄹ(X), ㅁ(O)
⑤ ㄱ(X), ㄴ(X), ㄷ(O), ㄹ(X), ㅁ(O)

MGI Point 채권 일반 ★★

- 외화채권자가 대용급부의 권리를 행사하여 청구하는 경우 환산시점 ⇨ 사실심변론종결시
- 원본채권의 양도와 이미 변제기에 도달한 이자채권 ⇨ 별도의 의사표시 없는 한 이자채권은 양도×
- 이행보조자인지 여부 ⇨ 채무자에 대하여 종속적 또는 독립적인 지위에 있는가는 문제×
- 예탁금제 골프회원권에 있어서, 탈퇴 회원의 회원증 반납의무와 사업자의 예탁금 반환의무 ⇨ 동시이행관계O BUT 동시이행항변권의 당연효×
- 불법행위로 영업용 물건이 일부 손괴된 경우 ⇨ 통상의 손해로서 휴업손해 별도로 배상하여야

ㄱ. (X) 채권액이 외국통화로 지정된 금전채권인 외화채권을 채무자가 우리나라 통화로 변제함에 있어서는 민법 제378조가 그 환산시기에 관하여 외화채권에 관한 같은 법 제376조, 제377조 제2항의 "변제기"라는 표현과는 다르게 "지급할 때"라고 규정한 취지에서 새겨 볼 때 그 환산시기는 이행기가 아니라 현실로 이행하는 때 즉 현실이행시의 외국환시세에 의하여 환산한 우리나라 통화로 변제하여야 한다고 풀이함이 상당하므로 채권자가 위와 같은 외화채권을 대용급부의 권리를 행사하여 우리나라 통화로 환산하여 청구하는 경우에도 법원이 채무자에게 그 이행을 명함에 있어서는 채무자가 현실로 이행할 때에 가장 가까운 사실심 변론종결 당시의 외국환 시세를 우리나라 통화로 환산하는 기준시로 삼아야 한다(대법원 1991. 3. 12. 90다2147 전원합의체판결).

ㄴ. (O) 이자채권은 원본채권에 대하여 종속성을 갖고 있으나 이미 변제기에 도달한 이자채권은 원본채권과 분리하여 양도할 수 있고 원본채권과 별도로 변제할 수 있으며 시효로 인하여 소멸되기도 하는 등 어느 정도 독립성을 갖게 되는 것이므로, 원본채권이 양도된 경우 이미 변제기에 도달한 이자채권은 원본채권의 양도 당시 그 이자채권도 양도한다는 의사표시가 없는 한 당연히 양도되지는 않는다(대법원 1989. 3. 28. 88다카12803).

ㄷ. (O) 민법 제391조는 이행보조자의 고의·과실을 채무자의 고의·과실로 본다고 규정하고 있는데, 이러한 이행보조자는 채무자의 의사 관여 아래 채무이행행위에 속하는 활동을 하는 사람이면 족하고 반드시 채무자의 지시 또는 감독을 받는 관계에 있어야 하는 것은 아니므로, 그가 채무자에 대하여 종속적 또는 독립적인 지위에 있는가는 문제되지 않으며, 이행보조자가 채무의 이행을 위하여 제3자를 복이행보조자로서 사용하는 경우에도 채무자가 이를 승낙하였거나 적어도 묵시적으로 동의한 경우에는 채무자는 복이행보조자의 고의·과실에 관하여 민법 제391조에 의하여 책임을 부담한다(대법원 2011. 5. 26. 2011다1330).

ㄹ. (O) 회원 가입 시에 일정한 금액을 예탁하였다가 탈퇴의 경우 예탁금을 반환받을 수 있는 이른바 예탁금제 골프회원권에 있어서, 골프장 운영에 관한 회칙에 따라 탈퇴의 경우 회원도 회원증을 반납할 의무를 부담하

는 때에는 이중지급의 위험을 방지하기 위하여 공평의 관념과 신의칙상 골프장 시설업자의 회원에 대한 예탁금 반환의무와 회원의 회원증 반납의무 사이에 동시이행관계가 인정된다. 그러나 이는 민법 제536조에 정하는 쌍무계약상의 채권채무관계나 그와 유사한 대가관계가 있어서 그러는 것이 아니므로 골프장 시설업자의 예탁금 반환의무에 관하여는 탈퇴 의사표시와 반환청구를 받은 때부터 이행지체의 책임을 진다(대법원 2015. 1. 29. 2013다100750).

ㅁ. (○) 불법행위로 영업용 물건이 멸실된 경우, 이를 대체할 다른 물건을 마련하기 위하여 필요한 합리적인 기간 동안 그 물건을 이용하여 영업을 계속하였더라면 얻을 수 있었던 이익, 즉 휴업손해는 그에 대한 증명이 가능한 한 통상의 손해로서 그 교환가치와는 별도로 배상하여야 하고, 이는 영업용 물건이 일부 손괴된 경우 수리를 위하여 필요한 합리적인 기간 동안의 휴업손해와 마찬가지라고 할 것이고, 한편 불법행위로 인하여 영업용 건물이 철거해야 할 정도로 파손된 경우, 철거 및 신축에 소요되는 기간뿐만 아니라 철거 여부에 대한 판단을 위하여 필요한 합리적인 기간 역시 사회통념상 곧바로 철거에 착수할 수 없는 특별한 사정이 인정되는 기간으로서 통상의 손해로서의 휴업손해의 배상이 요구되는 기간에 해당한다(대법원 2004. 3. 25. 2003다20909,20916).

정답 ①

문 57

불법행위에 관한 다음 설명 중 가장 옳지 않은 것은? [2022년 21번]

① 불법행위의 성립요건으로서의 과실은 이른바 추상적 과실만이 문제되는 것이고 이러한 과실은 사회평균인으로서의 주의의무를 위반한 경우를 말하는 것이지만 여기서의 '사회평균인'이라고 하는 것은 추상적인 일반인이 아니라 그때 그때의 구체적인 사례에 있어서의 보통인을 말한다.

② 지입회사는 지입차량의 차주의 과실로 타인에게 손해를 가한 경우에는 사용자책임을 부담하지만, 차주가 고용한 운전자의 과실로 타인에게 손해를 가한 경우에는 사용자책임을 부담하지 않는다.

③ 위임의 경우에도 위임인과 수임인 사이에 지휘·감독관계가 있고 수임인의 불법행위가 외형상 객관적으로 위임인의 사무집행에 관련된 경우 위임인은 수임인의 불법행위에 대하여 사용자책임을 진다.

④ 2인 이상의 공동불법행위로 인하여 호의동승한 사람이 피해를 입은 경우 동승자가 입은 손해에 대한 배상액을 산정할 때에는 먼저 호의동승으로 인한 감액 비율을 참작하여 공동불법행위자들이 동승자에 대하여 배상하여야 할 수액을 정하여야 한다.

⑤ 피해자가 공동불법행위자 중의 일부만을 상대로 손해배상을 청구하는 경우 과실상계를 함에 있어 참작하여야 할 쌍방의 과실은 피해자에 대한 공동불법행위자 전원의 과실과 피해자의 공동불법행위자 전원에 대한 과실을 전체적으로 평가하여야 하고, 공동불법행위자 간의 과실의 경중이나 구상권행사의 가능 여부 등은 고려할 여지가 없다.

> **MGI Point** 불법행위 ★★
>
> - 불법행위의 성립요건인 과실 ⇨ 추상적 과실, 구체적인 사례에 있어서의 보통인(사회평균인)
> - 지입회사 ⇨ 지입차주 뿐만 아니라 차주가 고용한 운전자의 불법행위에 대하여도 사용자책임 부담
> - 위임인 ⇨ 수임인의 불법행위에 대하여 사용자책임 부담
> - 호의동승자가 피해자인 경우 과실상계 ⇨ 호의동승으로 인한 감액비율을 참작하여 배상액 산정
> - 공동불법행위에서 과실상계 ⇨ 피해자에 대한 공동불법행위자 전원의 과실과 피해자의 공동불법행위자 전원에 대한 과실을 전체적으로 평가 要

① (O) 불법행위의 성립요건으로서의 과실은 이른바 추상적 과실만이 문제되는 것이고 이러한 과실은 사회평균인으로서의 주의의무를 위반한 경우를 가리키는 것이지만, 그러나 여기서의 '사회평균인'이라고 하는 것은 추상적인 일반인을 말하는 것이 아니라 그때 그때의 구체적인 사례에 있어서의 보통인을 말하는 것이다(대판 2001.01.19. 2000다12532).

② (X) 지입차량의 차주 또는 그가 고용한 운전자의 과실로 타인에게 손해를 가한 경우에는 지입회사는 명의대여자로서 제3자에 대하여 지입차량이 자기의 사업에 속하는 것을 표시하였을 뿐 아니라, 객관적으로 지입차주를 지휘·감독하는 사용자의 지위에 있다 할 것이므로 이러한 불법행위에 대하여는 그 사용자책임을 부담한다고 할 것이다(대판 2000.10.13. 2000다20069).

③ (O) 불법행위에 있어 사용자책임이 성립하려면 사용자와 불법행위자 사이에 사용관계 즉 사용자가 불법행위자를 실질적으로 지휘·감독하는 관계가 있어야 하는 것으로, 위임의 경우에도 위임인과 수임인 사이에 지휘·감독관계가 있고 수임인의 불법행위가 외형상 객관적으로 위임인의 사무집행에 관련된 경우 위임인은 수임인의 불법행위에 대하여 사용자책임을 진다(대판 1998.04.28. 96다25500).

④ (O) 2인 이상의 공동불법행위로 인하여 호의동승한 사람이 피해를 입은 경우, 공동불법행위자 상호 간의 내부관계에서는 일정한 부담 부분이 있으나 피해자에 대한 관계에서는 부진정연대책임을 지므로, 동승자가 입은 손해에 대한 배상액을 산정할 때에는 먼저 호의동승으로 인한 감액 비율을 참작하여 공동불법행위자들이 동승자에 대하여 배상하여야 할 수액을 정하여야 한다(대판 2014.03.27. 2012다87263).

⑤ (O) 피해자가 공동불법행위자 중의 일부만을 상대로 손해배상을 청구하는 경우에도 과실상계를 함에 있어 참작하여야 할 쌍방의 과실은 피해자에 대한 공동불법행위자 전원의 과실과 피해자의 공동불법행위자 전원에 대한 과실을 전체적으로 평가하여야 하고 공동불법행위자 간의 과실의 경중이나 구상권행사의 가능 여부 등은 고려할 여지가 없다(대판 1991.05.10. 90다14423).

정답 ②

제❷절 ▎특수한 불법행위

제1관 감독자의 책임

제2관 사용자책임

문 36

민법 제756조의 사용자책임에 관한 다음 설명 중 가장 옳지 않은 것은?[2023년 14번]

① 동업자들이 공동으로 처리하여야 할 업무를 동업자 중 1인에게 맡겨 처리하도록 한 경우 다른 동업자는 그 업무집행자의 동업자이면서 사용자의 지위에 있으므로, 업무집행과정에서 발생한 사고에 대하여 사용자책임을 부담한다.

② 사용자가 피용자의 고의에 의한 불법행위로 인하여 사용자책임을 부담하는 경우에는 피해자가 손해의 발생과 확대에 기여한 과실을 고려하여 사용자의 책임을 제한하는 것은 허용되지 않는다.
③ 고용관계가 아닌 위임의 경우에도 위임인과 수임인 사이에 지휘·감독관계가 있고 수임인의 불법행위가 외형상 객관적으로 위임인의 사무집행에 관련된 경우 위임인은 수임인의 불법행위에 대하여 사용자책임을 진다.
④ 타인에게 어떤 사업에 관하여 자기의 명의를 사용할 것을 허용한 경우에 명의사용을 허가받은 사람이 업무수행을 하면서 고의 또는 과실로 다른 사람에게 손해를 끼쳤다면 명의사용을 허가한 사람은 사용자책임을 지는 자로서 손해를 배상할 책임이 있다.
⑤ 피용자와 제3자가 공동불법행위로 피해자에게 손해를 가하여 그 손해배상채무를 부담하는 경우에 사용자가 피용자와 제3자의 책임비율에 의하여 정해진 피용자의 부담 부분을 초과하여 피해자에게 손해를 배상한 경우에는 사용자는 제3자에 대하여도 구상권을 행사할 수 있다.

MGI Point 사용자책임 ★★

- 동업자 중 1인이 업무집행자의 지위에서 업무집행 중 불법행위를 한 경우 ⇨ 다른 동업자는 사용자책임 부담
- 피용자의 고의에 의한 불법행위의 경우 사용자의 과실상계 주장 ⇨ 인정
- 수임인의 불법행위에 대한 위임인의 사용자 책임 ⇨ 인정
- 명의대여자의 사용자 책임 ⇨ 인정
- 피용자와 제3자가 공동불법행위자인 경우 사용자와 제3자의 관계 ⇨ 피용자와 제3자의 관계와 동일(부진정연대채무)

① (○) 동업관계에 있는 자들이 공동으로 처리하여야 할 업무를 동업자 중 1인에게 그 업무집행을 위임하여 그로 하여금 처리하도록 한 경우, 다른 동업자는 그 업무집행자의 동업자인 동시에 사용자의 지위에 있다 할 것이므로, 업무집행 과정에서 발생한 사고에 대하여 사용자로서의 손해배상책임이 있다(대법원 1998. 4. 28. 97다55164).

② (X) 사용자가 피용자의 과실에 의한 불법행위로 인한 사용자책임을 부담하는 경우와 마찬가지로 피용자의 고의에 의한 불법행위로 인하여 사용자책임을 부담하는 경우에도 피해자에게 그 손해의 발생과 확대에 기여한 과실이 있다면 사용자책임의 범위를 정함에 있어서 이러한 피해자의 과실을 고려하여 그 책임을 제한할 수 있다(대법원 2002. 12. 26. 2000다56952).

③ (○) 불법행위에 있어 사용자책임이 성립하려면 사용자와 불법행위자 사이에 사용관계 즉 사용자가 불법행위자를 실질적으로 지휘·감독하는 관계가 있어야 하는 것으로, 위임의 경우에도 위임인과 수임인 사이에 지휘·감독관계가 있고 수임인의 불법행위가 외형상 객관적으로 위임인의 사무집행에 관련된 경우 위임인은 수임인의 불법행위에 대하여 사용자책임을 진다(대법원 1998. 4. 28. 96다25500).

④ (○) 타인에게 어떤 사업에 관하여 자기의 명의를 사용할 것을 허용한 경우에 그 사업이 내부관계에 있어서는 타인의 사업이고 명의자의 고용인이 아니라 하더라도 외부에 대한 관계에 있어서는 그 사업이 명의자의 사업이고 또 그 타인은 명의자의 종업원임을 표명한 것과 다름이 없으므로, 명의사용을 허용받은 사람이 업무수행을 함에 있어 고의 또는 과실로 다른 사람에게 손해를 끼쳤다면 명의사용을 허용한 사람은 민법 제756조에 의하여 그 손해를 배상할 책임이 있고, 명의대여관계의 경우 민법 제756조가 규정하고 있는 사용자책임의 요건으로서의 사용관계가 있느냐 여부는 실제적으로 지휘·감독을 하였느냐의 여부에 관계없이 객관적·규범적으로 보아 사용자가 그 불법행위자를 지휘·감독해야 할 지위에 있었느냐의 여부를 기준으로 결정하여야 할 것이다(대법원 2007. 6. 28. 2007다26929).

⑤ (○) 공동불법행위자는 채권자에 대한 관계에서는 부진정연대채무를 지되, 공동불법행위자들 내부관계에서는 일정한 부담 부분이 있고, 공동불법행위자 중 1인이 자기의 부담 부분 이상을 변제하여 공동의 면책을 얻게 하였을 때에는 다른 공동불법행위자에게 그 부담 부분의 비율에 따라 구상권을 행사할 수 있으므로 공동불법행위자가 구상권을 갖기 위하여는 반드시 피해자의 손해 전부를 배상하여야 할 필요는 없으나, 자기의 부담 부분을 초과하여 배상을 하여야 할 것이고, 피용자와 제3자가 공동불법행위로 피해자에게 손해를 가하여 그 손해배상채무를 부담하는 경우에 피용자와 제3자는 공동불법행위자로서 서로 부진정연대관계에 있고, 한편 사용자의 손해배상책임은 피용자의 배상책임에 대한 대체적 책임이어서 사용자도 제3자와 부진정연대관계에 있다고 보아야 할 것이므로, 사용자가 피용자와 제3자의 책임비율에 의하여 정해진 피용자의 부담 부분을 초과하여 피해자에게 손해를 배상한 경우에는 사용자는 제3자에 대하여도 구상권을 행사할 수 있다(대법원 2006. 2. 9. 선고 2005다28426).

정답 ②

문 58

사용자책임에 관한 다음 설명 중 가장 옳은 것은? [2020년 21번]

① 타인에게 어떤 사업에 관하여 자기의 명의를 사용할 것을 허용한 자는 명의사용을 허용받은 사람이 업무수행을 함에 있어 고의 또는 과실로 다른 사람에게 손해를 끼쳤다면 민법 제756조에 의하여 그 손해를 배상할 책임이 있지만, 명의를 빌린 자의 피용자의 사무집행에 관한 가해행위에 대하여는 사용자책임을 지지 않는다.
② 피용자의 불법행위에 기한 손해배상채무가 시효로 소멸하면 그것에 의해 사용자책임에 기한 손해배상채무도 소멸한다.
③ 동업관계에 있는 자들이 공동으로 처리해야 할 업무를 동업자 중 1인에게 맡겨 처리하도록 하였더라도 동업자들끼리는 지휘·감독관계에 있지 아니하므로 그 자가 업무집행과정에서 타인에게 손해를 가했다고 하더라도 다른 동업자가 사용자로서 손해배상책임을 지는 것은 아니다.
④ 도급인이 수급인에 대하여 특정한 행위를 지휘하는 이른바 노무도급의 경우에는 수급인의 불법행위에 대하여 도급인이 사용자로서 배상책임이 있다.
⑤ 근로자파견계약에 따라 파견된 근로자가 사용사업주의 구체적인 지시·감독을 받아 사용사업주의 업무를 행하던 중에 불법행위를 한 경우에는 파견사업주는 원칙적으로 사용자책임을 면한다.

MGI Point 사용자책임 ★★

- 명의사용을 허용받은 사람이 업무수행을 함에 있어 고의 또는 과실로 다른 사람에게 손해를 가함
  ⇨ 명의사용을 허용한 사람은 민법 제756조 책임 有
- 피용자의 불법행위에 기한 손해배상채무가 시효 소멸시에도 사용자책임에 기한 손해배상채무 시효소멸 × (∵ 피용자의 불법행위에 기한 손해배상채무와 사용자책임에 기한 손해배상채무는 부진정연대채무)
- 동업관계에 있는 자들이 공동으로 처리하여야 할 업무를 동업자 중 1인에게 그 업무집행을 위임하여 처리하도록 한 경우 ⇨ 다른 동업자가 사용자로서 손해배상책임 有
- 노무도급의 경우 ⇨ 도급인이 수급인이나 수급인의 피용자의 불법행위에 대하여 사용자책임 ○
- 근로자파견계약에 따라 파견된 근로자가 사용사업주의 구체적인 지시·감독을 받아 사용사업주의 업무를 행하던 중 불법행위를 한 경우 ⇨ 파견사업주가 파견근로자의 선발 및 일반적 지휘·감독권의 행사에 있어서 주의를 다하였다고 인정되는 때에는 면책됨

① (X) [1] 타인에게 어떤 사업에 관하여 자기의 명의를 사용할 것을 허용한 경우에 그 사업이 내부관계에 있어서는 타인의 사업이고 명의자의 고용인이 아니라 하더라도 외부에 대한 관계에 있어서는 그 사업이 명의자의 사업이고 또 그 타인은 명의자의 종업원임을 표명한 것과 다름이 없으므로, 명의사용을 허용받은 사람이 업무수행을 함에 있어 고의 또는 과실로 다른 사람에게 손해를 끼쳤다면 명의사용을 허용한 사람은 민법 제756조에 의하여 그 손해를 배상할 책임이 있다. [2] 명의대여관계의 경우 민법 제756조가 규정하고 있는 사용자책임의 요건으로서의 사용관계가 있느냐 여부는 실제적으로 지휘·감독을 하였느냐의 여부에 관계없이 객관적·규범적으로 보아 사용자가 그 불법행위자를 지휘·감독해야 할 지위에 있었느냐의 여부를 기준으로 결정하여야 한다. [3] 민간보육시설 설치신고자 명의를 대여한 자에게 보육교사의 과실로 3세의 위탁아가 열차에 치어 사망한 사고에 대하여 사용자책임을 인정한 사례(대판 2001.08.21. 2001다3658). ▶ 이 사건에서와 같이 일정한 자격과 경력을 구비하지 않고는 설치·경영할 수 없는 민간보육시설 사업의 경우 피고가 자신의 명의를 그러한 사업의 대표자 명의로 사용하도록 제1심 공동피고 국성숙에게 대여하였을 때에는, 명의를 대여한 피고는 객관적·규범적으로 보아 명의차용자인 국성숙 또는 그녀의 피용자가 불법행위로 인해 타인에게 손해를 입게 하지 않도록 지휘·감독해야 할 의무와 책임을 부담하고 있다.

② (X) 민법 750조의 규정에 의한 불법행위 책임은 전혀 별개의 것이고 다만 피해자가 어느편으로 부터 배상에 의하여 일부 또는 전부의 만족을 얻었을 때에는 그 범위내에서 타방의 배상책임이 소멸한다 할 것이고 이러한 피용자의 업무집행중의 불법행위 책임과 사용자 배상책임이 강학상 부진정연대채무의 부류에 속한다 하더라도 성질상 사용자의 피용자에 대한 구상관계는 반드시 민법의 연대채무에 관한 규정에 따라야 하는 것은 아니고 사용자와 피용자간의 법률관계에 따라서 해결하여야 하고 이에 관한 다툼은 특약이 없는 한 법률행위 해석에 관한 문제에 속한다(대판 1975.12.23. 75다1193). 공동불법행위자의 다른 공동불법행위자에 대한 구상권은 피해자의 다른 공동불법행위자에 대한 손해배상채권과는 그 발생 원인 및 성질을 달리하는 별개의 권리이고 연대채무에 있어서 소멸시효의 절대적 효력에 관한 민법 제421조의 규정은 공동불법행위자 상호간의 부진정연대채무에 대하여는 그 적용이 없으므로, 공동불법행위자 중 1인의 손해배상채무가 시효로 소멸한 후에 다른 공동불법행위자 1인이 피해자에게 자기의 부담 부분을 넘는 손해를 배상하였을 경우에도, 그 공동불법행위자는 다른 공동불법행위자에게 구상권을 행사할 수 있다고 할 것이다(대판 1997.12.23. 97다42830).

> 민법 제421조(소멸시효의 절대적 효력) 어느 연대채무자에 대하여 소멸시효가 완성한 때에는 그 부담부분에 한하여 다른 연대채무자도 의무를 면한다.

▶ 피용자의 업무집행중의 불법행위 책임과 사용자 배상책임은 부진정연대채무이므로 민법 제421조 소멸시효의 절대적효력 규정의 적용이 없어 피용자의 불법행위에 기한 손해배상채무가 시효로 소멸하더라도 사용자책임에 기한 손해배상채무는 소멸하지 않는다.

③ (X) 동업관계에 있는 자들이 공동으로 처리하여야 할 업무를 동업자 중 1인에게 그 업무집행을 위임하여 그로 하여금 처리하도록 한 경우, 다른 동업자는 그 업무집행자의 동업자인 동시에 사용자의 지위에 있다 할 것이므로, 업무집행 과정에서 발생한 사고에 대하여 사용자로서의 손해배상책임이 있다(대판 1998.04.28. 97다55164).

④ (○) 일반적으로 도급인과 수급인 사이에는 지휘·감독의 관계가 없으므로 도급인은 수급인이나 수급인의 피용자의 불법행위에 대하여 사용자로서의 배상책임이 없는 것이지만, 도급인이 수급인에 대하여 특정한 행위를 지휘하거나 특정한 사업을 도급시키는 경우와 같은 이른바 노무도급의 경우에는 비록 도급인이라고 하더라도 사용자로서의 배상책임이 있다(대판 2005.11.10. 2004다37676).

⑤ (X) 파견근로자보호등에관한법률에 의한 근로자 파견은 파견사업주가 근로자를 고용한 후 그 고용관계를 유지하면서 사용사업주와 사이에 체결한 근로자 파견계약에 따라 사용사업주에게 근로자를 파견하여 근로를 제공하게 하는 것으로서, 파견근로자는 사용사업주의 사업장에서 그의 지시·감독을 받아 근로를 제공하기는 하지만 사용사업주와의 사이에는 고용관계가 존재하지 아니하는 반면, 파견사업주는 파견근로자의 근로계약상의 사용자로서 파견근로자에게 임금지급의무를 부담할 뿐만 아니라, 파견근로자가 사용사업자에게 근로를 제공함에 있어서 사용사업자가 행사하는 구체적인 업무상의 지휘·명령권을 제외한 파견근로자에 대한 파견명령권과 징계권 등 근로계약에 기한 모든 권한을 행사할 수 있으므로 파견근로자를 일반적으로 지휘·

감독해야 할 지위에 있게 되고, 따라서 파견사업주와 파견근로자 사이에는 민법 제756조의 사용관계가 인정되어 파견사업주는 파견근로자의 파견업무에 관련한 불법행위에 대하여 파견근로자의 사용자로서의 책임을 져야 하지만, 파견근로자가 사용사업주의 구체적인 지시·감독을 받아 사용사업주의 업무를 행하던 중에 불법행위를 한 경우에 파견사업주가 파견근로자의 선발 및 일반적 지휘·감독권의 행사에 있어서 주의를 다하였다고 인정되는 때에는 면책된다고 할 것이다(대판 2003.10.09. 2001다24655).

정답 ④

문 59

사용자책임과 구상권 행사에 관한 다음 설명 중 가장 옳지 않은 것은?(다툼이 있는 경우 판례에 의함)
[2017년 15번]

① 사용자가 피해자에게 손해배상을 한 경우 피용자에 대하여 구상권을 행사할 수 있고, 이러한 구상권은 신의칙에 의하여 제한할 수 있으나, 피용자가 사용자의 부주의를 이용하여 저지른 고의의 불법행위에 대하여는 신의칙상 피용자의 책임제한 주장을 허용할 수 없다.
② 피용자가 고의에 기하여 다른 사람에게 가해행위를 한 경우에도 그 행위가 외형적, 객관적으로 사용자의 사무집행행위와 관련된 것일 때에는 사용자책임이 성립한다.
③ 사용자가 피해자에게 손해배상을 한 경우 피용자에 대하여 구상권을 행사할 수 있고, 이러한 구상권은 신의칙에 의하여 제한할 수 있다. 이는 사용자와 피용자의 공동불법 행위로 사용자의 보험자가 피해자에게 손해배상금을 보험금으로 모두 지급한 후 피용자의 보험자에게 직접 구상권을 행사할 경우에도 마찬가지이다.
④ 학교법인의 피용자가 그 업무집행에 관하여 이사회의 결의와 감독청의 허가 없이 타인으로부터 금원을 차용함으로써 타인에게 손해를 가한 경우에는 학교법인은 그 사용자로서 손해배상책임이 있으나, 그 타인이 학교법인의 의무부담행위가 감독관청의 허가 없이 하는 것이라는 사정을 미리 알고 이에 적극 가담한 경우 그 타인은 그러한 학교법인의 행위가 자신에 대하여 불법행위가 됨을 내세워 학교법인에 그로 인한 손해배상책임을 물을 수는 없다.
⑤ 피용자가 자신의 불법행위 성립 후에 피해자에게 손해액 일부를 변제하였다면, 변제금 중 사용자의 과실비율에 상응하는 만큼은 사용자가 배상하여야 할 손해액 일부로 변제된 것으로 보아 사용자의 손해배상책임이 그 범위 내에서는 소멸하게 되고, 이는 피용자가 자신의 불법행위를 은폐하거나 기망 수단으로 피해자에게 돈을 지급한 경우에도 마찬가지이다.

해설

① (○) 일반적으로 사용자가 피용자의 업무수행과 관련하여 행하여진 불법행위로 인하여 직접 손해를 입었거나 그 피해자인 제3자에게 사용자로서의 손해배상책임을 부담한 결과로 손해를 입게 된 경우에 있어서, 사용자는 그 사업의 성격과 규모, 시설의 현황, 피용자의 업무내용과 근로조건 및 근무태도, 가해행위의 발생 원인과 성격, 가해행위의 예방이나 손실의 분산에 관한 사용자의 배려의 정도, 기타 제반 사정에 비추어 손해의 공평한 분담이라는 견지에서 신의칙상 상당하다고 인정되는 한도 내에서만 피용자에 대하여 손해배상을 청구하거나 그 구상권을 행사할 수 있다고 할 것이나, 사용자의 감독이 소홀한 틈을 이용하여 고의로 불법행위를 저지른 피용자가 바로 그 사용자의 부주의를 이유로 자신의 책임의 감액을 주장하는 것은 신의칙

상 허용될 수 없고, 사용자와 피용자가 명의대여자와 명의차용자의 관계에 있다고 하더라도 마찬가지이다 (대판 2009.11.26. 2009다59350).

② (○) 민법 제756조에 규정된 사용자 책임의 요건인 '사무집행에 관하여'라는 뜻은 피용자의 불법행위가 외형상 객관적으로 사용자의 사업활동 내지 사무집행행위 또는 그와 관련된 것이라고 보일 때에는 행위자의 주관적 사정을 고려함이 없이 이를 사무집행에 관하여 한 행위로 본다는 것으로, 피용자가 고의에 기하여 다른 사람에게 가해행위를 한 경우, 그 행위가 피용자의 사무집행 그 자체는 아니라 하더라도 사용자의 사업과 시간적, 장소적으로 근접하고, 피용자의 사무의 전부 또는 일부를 수행하는 과정에서 이루어지거나 가해행위의 동기가 업무처리와 관련된 것일 경우에는 외형적, 객관적으로 사용자의 사무집행행위와 관련된 것이라고 보아 사용자책임이 성립한다(대판 2009.02.26. 2008다89712).

③ (X) 일반적으로 사용자가 피용자의 업무수행과 관련하여 행하여진 불법행위로 인하여 직접 손해를 입었거나 피해자인 제3자에게 사용자로서의 손해배상책임을 부담한 결과로 손해를 입게 된 경우에 사용자는 사업의 성격과 규모, 시설의 현황, 피용자의 업무내용과 근로조건 및 근무태도, 가해행위의 발생원인과 성격, 가해행위의 예방이나 손실의 분산에 관한 사용자의 배려의 정도, 기타 제반 사정에 비추어 손해의 공평한 분담이라는 견지에서 신의칙상 상당하다고 인정되는 한도 내에서만 피용자에 대하여 손해배상을 청구하거나 구상권을 행사할 수 있고, 이러한 구상권 제한의 법리는 사용자의 보험자가 피용자에 대하여 구상권을 행사하는 경우에도 다를 바 없다. 그러나 사용자의 보험자가 피해자인 제3자에게 사용자와 피용자의 공동불법행위로 인한 손해배상금을 보험금으로 모두 지급하여 피용자의 보험자가 면책됨으로써 사용자의 보험자가 피용자의 보험자에게 부담하여야 할 부분에 대하여 직접 구상권을 행사하는 경우에는, 그와 같은 구상권의 행사는 상법 제724조 제2항에 의한 피해자의 직접청구권을 대위하는 성격을 갖는 것이어서 피용자의 보험자는 사용자의 보험자에 대하여 구상권 제한의 법리를 주장할 수 없다(대판 2017.04.27. 2016다271226).

④ (○) 학교법인의 피용자가 그 업무집행에 관하여 이사회의 결의와 감독청의 허가 없이 타인으로부터 금원을 차용함으로써 타인에게 손해를 가한 경우에는 학교법인은 그 사용자로서 손해배상책임이 있다 할 것이나, 이 경우 그 타인이 학교법인의 의무부담행위가 감독관청의 허가 없이 하는 것이라는 사정을 미리 알고 이에 적극 가담한 경우 그 타인은 그러한 학교법인의 행위가 자신에 대하여 불법행위가 됨을 내세워 학교법인에 그로 인한 손해배상책임을 물을 수는 없다(대판 1998.12.08. 98다44642).

⑤ (X) 금액이 다른 채무가 서로 부진정연대 관계에 있을 때 다액채무자가 일부 변제를 하는 경우 변제로 인하여 먼저 소멸하는 부분은 당사자의 의사와 채무 전액의 지급을 확실히 확보하려는 부진정연대채무 제도의 취지에 비추어 볼 때 다액채무자가 단독으로 채무를 부담하는 부분으로 보아야 한다. 이러한 법리는 사용자의 손해배상액이 피해자의 과실을 참작하여 과실상계를 한 결과 타인에게 직접 손해를 가한 피용자 자신의 손해배상액과 달라졌는데 다액채무자인 피용자가 손해배상액의 일부를 변제한 경우에 적용되고, 공동불법행위자들의 피해자에 대한 과실비율이 달라 손해배상액이 달라졌는데 다액채무자인 공동불법행위자가 손해배상액의 일부를 변제한 경우에도 적용된다(대판 2018.03.22. 2012다74236(전합)).

정답 ③, ⑤

제3관 공동불법행위

문 60

다음 중 그 액수가 가장 큰 것은?(각 지문은 상호 독립적임) [2019년 24번]

① 甲과 乙이 A에 대하여 고의의 공동불법행위에 의한 1천만 원의 손해배상채무를 지고 있는데, 乙이 A에 대하여 가지고 있는 임금채권 4백만 원으로 대등액에서 상계하기로 하는 상계계약을 체결한 경우, 남게 되는 甲의 채무액

② 피용자 甲이 A에 대하여 불법행위로 1천만 원의 손해배상 채무를 지고, 甲의 사용자 乙은 A와의 관계에서 과실상계에 의해 7백만 원의 손해배상채무를 지고 있는데, 甲이 3백만원을 A에게 변제한 경우, 남게 되는 乙의 채무액
③ 甲과 乙이 A에 대하여 공동불법행위에 의한 2,400만 원의 손해배상채무를 지고 있는데(甲과 乙의 내부적 부담부분 비율은 2:1), 甲의 사용자 丙이 A에게 2,400만 원을 변제한 경우, 丙의 乙에 대한 구상가능액
④ 甲이 乙에게 1천만 원을 빌려주면서, 이를 담보하기 위해 乙소유의 X토지에 저당권을 설정하고, 그 외에 乙의 채무에 대한 보증인으로 丙을 두었는데, 乙이 X토지를 丁에게 양도하고 丁이 甲에게 1천만 원을 변제한 경우, 丁의 丙에 대한 대위가능액
⑤ 甲은 3천만 원의 현금재산을 가지고 있고(다른 증여재산 또는 채무는 없음), 그 상속인으로 자녀 乙, 丙, 丁만이 있는데, 甲이 사망하면서 위 재산 3천만 원 전부를 乙에게 유증한 경우, 丙의 유류분액

MGI Point 종합문제 ★★★

- **부진정연대채무의 효력**
  - 대외적 효력 (민법 제414조 유추적용) : 채무자 1인에게 손해 전액 청구 가능
  - 1인의 채무자에게 생긴 사유의 효력
    ⅰ) 절대효 : 변제, 대물변제, 공탁, 상계(상계계약)
    ⅱ) 그외 급부실현을 가져오는 행위가 아닌 사유는 상대적 효력만 인정
    ⇨ 부진정연대채무자 중 1인에 대한 채무면제는 상대적 효력(다른 채무자에게 영향 ×)
- 부진정연대관계에서 다액채무자의 일부 변제 ⇨ 다액채무자의 단독 채무 부담부분 먼저 소멸(외측설)
- 피용자와 제3자의 공동불법행위시 사용자도 제3자와 부진정연대관계 (대체적 책임) ⇨ 사용자가 피용자의 부담부분을 초과하여 배상한 경우 제3자의 부담부분 범위 내에서 제3자에게 구상 가능
- 채무자 소유의 담보재산에 소유권 등을 취득한 제삼취득자는 변제 시 보증인에 대하여 채권자를 대위 ×
- 상속인의 유류분 ⇨ 피상속인의 직계비속은 그 법정상속분의 2분의 1

① 부진정연대채무자 중 1인이 자신의 채권자에 대한 반대채권으로 상계를 한 경우에도 채권은 변제, 대물변제, 또는 공탁이 행하여진 경우와 동일하게 현실적으로 만족을 얻어 그 목적을 달성하는 것이므로, 그 상계로 인한 채무소멸의 효력은 소멸한 채무 전액에 관하여 다른 부진정연대채무자에 대하여도 미친다고 보아야 한다. 이는 부진정연대채무자 중 1인이 채권자와 상계계약을 체결한 경우에도 마찬가지이다. 나아가 이러한 법리는 채권자가 상계 내지 상계계약이 이루어질 당시 다른 부진정연대채무자의 존재를 알았는지 여부에 의하여 좌우되지 아니한다(대판 2010.09.16. 2008다97218(전합)). ▶남게 되는 甲의 채무액은 6백만 원이다.

② 피용자와 제3자가 공동불법행위로 피해자에게 손해를 가하여 그 손해배상채무를 부담하는 경우에 피용자와 제3자는 공동불법행위자로서 서로 부진정연대관계에 있고, 한편 사용자의 손해배상책임은 피용자의 배상책임에 대한 대체적 책임이어서 사용자도 제3자와 부진정연대관계에 있다고 보아야 할 것이므로, 사용자가 피용자와 제3자의 책임비율에 의하여 정해진 피용자의 부담 부분을 초과하여 피해자에게 손해를 배상한 경우에는 사용자는 제3자에 대하여도 구상권을 행사할 수 있으며, 그 구상의 범위는 제3자의 부담 부분에 국한된다고 보는 것이 타당하다(대판 1992.06.23. 91다33070(전합)).

금액이 다른 채무가 서로 부진정연대 관계에 있을 때 다액채무자가 일부 변제를 하는 경우 변제로 인하여 먼저 소멸하는 부분은 당사자의 의사와 채무 전액의 지급을 확실히 확보하려는 부진정연대채무 제도의 취지에 비추어 볼 때 다액채무자가 단독으로 채무를 부담하는 부분으로 보아야 한다. 이러한 법리는 사용자의 손해배상액이 피해자의 과실을 참작하여 과실상계를 한 결과 타인에게 직접 손해를 가한 피용자 자신의 손해

배상액과 달라졌는데 다액채무자인 피용자가 손해배상액의 일부를 변제한 경우에 적용되고, 공동불법행위자들의 피해자에 대한 과실비율이 달라 손해배상액이 달라졌는데 다액채무자인 공동불법행위자가 손해배상액의 일부를 변제한 경우에도 적용된다(대판 2018.03.22. 2012다74236(전합)). ▶사안의 경우 피용자 甲의 손해배상액은 1천만 원이고, 사용자 乙의 손해배상액은 7백만 원이다. 이후 甲이 3백만 원을 변제하게 되면 甲이 단독으로 부담하는 부분인 3백만 원에서 우선적으로 변제가 이루어지게 된다는 점에서, 이로 인한 乙의 손해배상액은 7백만 원으로 변동이 없다. 남게 되는 乙의 채무액은 7백만 원이다.

③ 피용자와 제3자가 공동불법행위로 피해자에게 손해를 가하여 그 손해배상채무를 부담하는 경우에 피용자와 제3자는 공동불법행위자로서 서로 부진정연대관계에 있고, 한편 사용자의 손해배상책임은 피용자의 배상책임에 대한 대체적 책임이어서 사용자도 제3자와 부진정연대관계에 있다고 보아야 할 것이므로, 사용자가 피용자와 제3자의 책임비율에 의하여 정해진 피용자의 부담부분을 초과하여 피해자에게 손해를 배상한 경우에는 사용자는 제3자에 대하여도 구상권을 행사할 수 있으며, 그 구상의 범위는 제3자의 부담부분에 국한된다고 보는 것이 타당하다(대판 1992.06.23. 91다33070(전합)).
▶丙의 乙에 대한 구상가능액은 8백만 원이다.

④ 민법 제482조 참조.

> 민법 제482조(변제자대위의 효과, 대위자간의 관계) ① 전2조의 규정에 의하여 채권자를 대위한 자는 자기의 권리에 의하여 구상할 수 있는 범위에서 채권 및 그 담보에 관한 권리를 행사할 수 있다.
> ② 전항의 권리행사는 다음 각호의 규정에 의하여야 한다.
>   2. 제삼취득자는 보증인에 대하여 채권자를 대위하지 못한다.

▶丁은 丙에 대하여 채권자를 대위하지 못한다.

⑤ 유류분권리자가 유류분반환청구를 하는 경우에 증여 또는 유증을 받은 다른 공동상속인이 수인일 때에는, 민법이 정한 유류분 제도의 목적과 같은법 제1115조 제2항의 규정취지에 비추어 유류분권리자는 그 다른 공동상속인들 중 증여 또는 유증을 받은 재산의 가액이 자기 고유의 유류분액을 초과하는 상속인을 상대로 하여 그 유류분액을 초과한 금액의 비율에 따라 반환청구를 할 수 있다고 보아야 한다(대판 1995.06.30. 93다11715). ▶상속개시시에 있어서 가진 재산은 적극재산만을 의미하며 유증 재산이 포함된다. 丙의 유류분액은 5백만 원이다.

> 민법 제1113조(유류분의 산정) ① 유류분은 피상속인의 상속개시시에 있어서 가진 재산의 가액에 증여재산의 가액을 가산하고 채무의 전액을 공제하여 이를 산정한다.
> 민법 제1112조(유류분의 권리자와 유류분) 상속인의 유류분은 다음 각호에 의한다.
>   1. 피상속인의 직계비속은 그 법정상속분의 2분의 1
> 민법 제1009조(법정상속분) ① 동순위의 상속인이 수인인 때에는 그 상속분은 균분으로 한다.

정답 ③

문 61

고용주인 甲의 공사현장에서 근로자 乙이 업무상 부주의로 운반하던 자재를 떨어뜨려 다른 근로자 丙이 심한 부상을 입게 되었다. 이에 丙은 甲과 乙을 상대로 불법행위에 기한 손해배상을 청구하였다. 甲의 관리감독상의 과실도 인정되어 甲과 乙은 공동불법행위책임을 지며 그 과실비율은 甲 30%, 乙 70%로 인정되었다. 丙의 과실은 없고, 丙의 손해액은 1억 원으로 인정되었다고 가정하였을 때, 다음 설명 중 옳지 않은 것을 모두 고른 것은?(다툼이 있는 경우 판례에 의함) [2016년 7번]

㉠ 甲이 丙에 대하여 이행기가 도래한 채권을 가지고 있다면, 甲은 그 채권으로 丙의 甲에 대한 손해배상채권을 상계할 수 있다.
㉡ 丙이 乙의 채무를 면제해 준 경우 甲은 70% 한도에서 책임을 면한다.
㉢ 甲이 丙에게 위 손해액 중 6,000만 원을 지급하였는데 丙이 甲에 대하여 잔액 4,000만 원을 면제하여 주었다고 하더라도, 甲은 乙에 대하여 3,000만 원을 구상할 수 있다.
㉣ 甲이 배상사실을 乙에게 사후통지를 하지 않아 乙이 선의로 이중으로 변제한 경우, 乙은 甲에 대하여 자기의 면책행위가 유효함을 주장할 수 있다.
㉤ 만약 丙의 과실이 20% 인정되고 丙이 근로기준법상 휴업보상금으로 2,000만 원을 지급받았다면 甲은 6,000만 원의 배상책임을 진다.

① ㉠, ㉡
② ㉢, ㉣, ㉤
③ ㉡, ㉣
④ ㉠, ㉡, ㉤
⑤ ㉢, ㉤

해설 ★★★

㉠ (O) 민법 제496조가 고의의 불법행위로 인한 손해배상채권에 대한 상계를 금지하는 입법취지는 고의의 불법행위에 인한 손해배상채권에 대하여 상계를 허용한다면 고의로 불법행위를 한 자가 상계권행사로 현실적으로 손해배상을 지급할 필요가 없게 됨으로써 보복적 불법행위를 유발하게 될 우려가 있고, 고의의 불법행위로 인한 피해자가 가해자의 상계권행사로 인하여 현실의 변제를 받을 수 없는 결과가 됨은 사회적 정의관념에 맞지 아니하므로 고의에 의한 불법행위의 발생을 방지함과 아울러 고의의 불법행위로 인한 피해자에게 현실의 변제를 받게 하려는 데 있는바, 이 같은 입법취지나 적용결과에 비추어 볼 때 고의의 불법행위에 인한 손해배상채권에 대한 상계금지를 중과실의 불법행위에 인한 손해배상채권에까지 유추 또는 확장적용하여야 할 필요성이 있다고 할 수 없다(대판 1994.08.12. 93다52808). ▶ 민법은 상계를 하기 위해서는 쌍방의 채무의 이행기가 도래할 것을 규정하고 있다(제492조 제1항). 그런데 자동채권은 반드시 이행기가 도래해야 하나, 수동채권은 기한의 이익을 포기할 수 있다는 점에서 이행기가 도래하지 않아도 상계할 수 있다. 한편, 고의의 불법행위로 인한 손해배상채권에 대한 수동채권으로 상계금지는 판례에 따라 중과실의 불법행위로 인한 손해배상채권에까지 유추적용이 되지 않는다. 사안에서 甲의 丙에 대한 대여금채권은 이행기가 도래하였고, 丙의 甲에 대한 손해배상채권은 고의가 아닌 甲의 관리감독상의 잘못된 과실로 인하여 발생한 바, 甲은 이행기가 도래한 대금 채권으로 丙의 甲에 대한 손해배상채권을 상계할 수 있다.

㉡ (X) 공동불법행위자는 채권자에 대한 관계에서는 연대책임(부진정연대채무)을 지되, 공동불법행위자들 내부 관계에서는 일정한 부담 부분이 있고, 이 부담 부분은 공동불법행위자의 과실의 정도에 따라 정하여지는 것으로서 공동불법행위자 중 1인이 자기의 부담 부분 이상을 변제하여 공동의 면책을 얻게 하였을 때에는 다른 공동불법행위자에게 그 부담 부분의 비율에 따라 구상권을 행사할 수 있다(대판 1999.02.26. 98다52469). 피해자가 부진정연대채무자 중 1인에 대하여 손해배상에 관한 권리를 포기하거나 채무를 면제하는 의사표시를 하였다 하더라도 다른 채무자에 대하여 그 효력이 미친다고 볼 수는 없다(대판 1997.12.12. 96다50896).

▶ 부진정연대채무에서는 '변제·대물변제·공탁·상계'만이 절대적 효력이 있고, 연대채무에서 절대적 효력이 있는 '이행청구·경개·면제·혼동·소멸시효·채권자지체'는 상대적 효력이 있을 뿐이다.

ⓒ (○) 공동불법행위자는 채권자에 대한 관계에서는 부진정연대채무를 지되, 공동불법행위자들 내부관계에서는 일정한 부담 부분이 있고, 공동불법행위자 중 1인이 자기의 부담 부분 이상을 변제하여 공동의 면책을 얻게 하였을 때에는 다른 공동불법행위자에게 그 부담 부분의 비율에 따라 구상권을 행사할 수 있으므로 공동불법행위자가 구상권을 갖기 위하여는 반드시 피해자의 손해 전부를 배상하여야 할 필요는 없으나, 자기의 부담 부분을 초과하여 배상을 하여야 할 것이다(대판 2006.02.09. 2005다28426). ▶ 부진정연대채무에서 면제는 상대효만 있고 공동불법행위자가 다른 공동불법행위자에게 구상을 하려면 자기의 내부관계에서 일정한 부담 부분 이상을 변제하여야 한다. 사안에서 甲은 1억 원 중 30%의 과실비율이 인정되므로 3,000만 원이 甲의 부담부분인데 이를 넘는 6,000만 원을 변제하였으므로 乙에 대하여 자기의 부담부분을 초과하는 3,000만 원에 대하여 구상할 수 있다.

ⓔ (X) 민법 제426조가 연대채무에 있어서의 변제에 관하여 채무자 상호간에 통지의무를 인정하고 있는 취지는, 연대채무에 있어서는 채무자들 상호간에 공동목적을 위한 주관적인 연관관계가 있고 이와 같은 주관적인 연관관계의 발생 근거가 된 대내적 관계에 터잡아 채무자 상호간에 출연분담에 관한 관련관계가 있게 되므로, 구상관계에 있어서도 상호 밀접한 주관적인 관련관계를 인정하고 변제에 관하여 상호 통지의무를 인정함으로써 과실 없는 변제자를 보다 보호하려는 데 있으므로, 이와 같이 출연분담에 관한 주관적인 밀접한 연관관계가 없고 단지 채권만족이라는 목적만을 공통으로 하고 있는 부진정 연대채무에 있어서는 그 변제에 관하여 채무자 상호간에 통지의무 관계를 인정할 수 없고, 변제로 인한 공동면책이 있는 경우에 있어서는 채무자 상호간에 어떤 대내적인 특별관계에서 또는 형평의 관점에서 손해를 분담하는 관계가 있게 되는데 불과하다고 할 것이므로, 부진정 연대채무에 해당하는 공동불법행위로 인한 손해배상채무에 있어서도 채무자 상호간에 구상요건으로서의 통지에 관한 민법의 위 규정을 유추 적용할 수는 없다(대판 1998.06.26. 98다5777).

ⓜ (X) 산업재해보상보험법(이하 '산재보험법'이라 한다) 제87조의 문언과 입법 취지, 산업재해보상보험(이하 '산재보험'이라 한다) 제도의 목적과 사회보장적 성격, 재해근로자(유족 등 보험급여 수급자를 포함한다)와 근로복지공단(이하 '공단'이라 한다) 및 불법행위자 사이의 이익형량 등을 종합하여 보면, 공단이 제3자의 불법행위로 재해근로자에게 보험급여를 한 다음 산재보험법 제87조 제1항에 따라 재해근로자의 제3자에 대한 손해배상청구권을 대위할 수 있는 범위는 제3자의 손해배상액을 한도로 하여 보험급여 중 제3자의 책임비율에 해당하는 금액으로 제한된다. 따라서 보험급여 중 재해근로자의 과실비율에 해당하는 금액에 대해서는 공단이 재해근로자를 대위할 수 없으며 이는 보험급여 후에도 여전히 손해를 전보받지 못한 재해근로자를 위해 공단이 종국적으로 부담한다고 보아야 한다. 이와 같이 본다면 산재보험법에 따라 보험급여를 받은 재해근로자가 제3자를 상대로 손해배상을 청구할 때 그 손해 발생에 재해근로자의 과실이 경합된 경우에, 재해근로자의 손해배상청구액은 보험급여와 같은 성질의 손해액에서 먼저 보험급여를 공제한 다음 과실상계를 하는 '공제 후 과실상계' 방식으로 산정하여야 한다. 또한 산업재해가 산재보험 가입 사업주와 제3자의 공동불법행위로 인하여 발생한 경우에도 공단이 재해근로자의 제3자에 대한 손해배상청구권을 대위할 수 있는 범위는 제3자의 손해배상액을 한도로 하여 보험급여 중 제3자의 책임비율에 해당하는 금액으로 제한됨은 위와 같다. 따라서 공단은 보험급여 중 재해근로자의 과실비율에 해당하는 금액에 대해서 재해근로자를 대위할 수 없고 재해근로자를 위해 위 금액을 종국적으로 부담한다. 재해근로자가 가입 사업주와 제3자의 공동불법행위를 원인으로 가입 사업주나 제3자를 상대로 손해배상을 청구하는 경우에도 그 손해 발생에 재해근로자의 과실이 경합된 때에는 '공제 후 과실상계' 방식으로 손해배상액을 산정하여야 한다(대판 2022.03.24. 2021다241618(전합)).

정답 정답없음

제4관 공작물 책임
제5관 현대형 불법행위

문 62
특수한 불법행위에 관한 다음 설명 중 옳은 것을 모두 고른 것은?(다툼이 있는 경우 판례에 의함) [2016년 3번]

> ㉠ 어떠한 건물 신축이 그 건축 당시의 건축법 등 관계 법령의 일조방해에 관한 직접적인 단속법규에 적합하더라도, 현실적인 일조방해의 정도가 현저하게 커 사회통념상 수인한도를 넘는 경우에는 위법행위로 평가될 수 있다.
> ㉡ 일조방해와 같은 생활이익에 대한 침해가 위법한지를 판단함에 있어 특별한 사정이 없다면, 수인한도를 초과하지 않는 생활이익에 대한 침해를 다른 생활이익 침해로 인한 수인한도 초과 여부의 판단이나 손해배상액 산정의 직접적인 근거 사유로 삼을 수는 없다.
> ㉢ 甲이 언론사인 乙社의 인터넷 홈페이지에 게재된 기사로 인하여 명예를 침해당하여 그 기사 작성자인 乙社를 상대로 그 기사의 삭제를 청구하는 경우, 그 기사내용이 진실하지 않거나 공익을 위한 것이 아니라고 하더라도 乙社가 그 기사가 진실하다고 믿은 데 상당한 이유가 있다면 甲의 청구는 받아들일 수 없다.
> ㉣ 도로소음으로 인한 생활방해를 원인으로 제기된 사건에서, 도로변 지역 소음에 관한 환경정책기본법의 소음환경기준을 초과하는 도로소음이 있다면 특별한 사정이 없는 한 민사상 '참을 한도'를 넘은 위법한 침해행위가 있다고 볼 수 있다.
> ㉤ 일반 소비자는 고도의 기술이 집약되어 대량으로 생산되는 제품의 하자를 원인으로 제조업자에게 민법상 불법행위책임을 묻기 위해서는 구체적인 하자 및 하자와 발생한 손해 사이의 상당인과관계를 증명하여야 한다.

① ㉠, ㉢ ② ㉡, ㉤ ③ ㉠, ㉡
④ ㉡, ㉣ ⑤ ㉢, ㉣

해설 ★★★

㉠ (○) 건축법 등 관계 법령에 일조방해에 관한 직접적인 단속법규가 있다면 동 법규에 적합한지 여부가 사법상 위법성을 판단함에 있어서 중요한 판단자료가 될 것이지만, 이러한 공법적 규제에 의하여 확보하고자 하는 일조는 원래 사법상 보호되는 일조권을 공법적인 면에서도 가능한 한 보증하려는 것으로서 특별한 사정이 없는 한 일조권 보호를 위한 최소한도의 기준으로 봄이 상당하고, 구체적인 경우에 있어서는 어떠한 건물 신축이 건축 당시의 공법적 규제에 형식적으로 적합하다고 하더라도 현실적인 일조방해의 정도가 현저하게 커 사회통념상 수인한도를 넘은 경우에는 위법행위로 평가될 수 있다(대판 1999.01.26. 98다23850).

㉡ (○) 일조방해, 사생활 침해, 조망 침해, 시야 차단으로 인한 압박감, 소음, 분진, 진동 등과 같은 생활이익에 대한 침해가 사회통념상의 수인한도를 초과하여 위법한지를 판단하고 그에 따른 재산상 손해를 산정함에 있어서는, 생활이익을 구성하는 요소들을 종합적으로 참작하여 수인한도를 판단하여야만 형평을 기할 수 있는 특별한 사정이 없다면, 원칙적으로 개별적인 생활이익별로 침해의 정도를 고려하여 수인한도 초과 여부를 판단한 후 수인한도를 초과하는 생활이익들에 기초하여 손해배상액을 산정하여야 하며, 수인한도를 초과하

지 아니하는 생활이익에 대한 침해를 다른 생활이익 침해로 인한 수인한도 초과 여부 판단이나 손해배상액 산정에 있어서 직접적인 근거 사유로 삼을 수는 없다(대판 2007.06.28. 2004다54282).

ⓒ (X) 인격권 침해를 이유로 한 방해배제청구권으로서 기사삭제 청구의 당부를 판단할 때는 그 표현내용이 진실이 아니거나 공공의 이해에 관한 사항이 아닌 기사로 인해 현재 원고의 명예가 중대하고 현저하게 침해받고 있는 상태에 있는지를 언론의 자유와 인격권이라는 두 가치를 비교·형량하면서 판단하면 되는 것이고, 피고가 그 기사가 진실이라고 믿은 데 상당한 이유가 있었다는 등의 사정은 형사상 명예훼손죄나 민사상 손해배상책임을 부정하는 사유는 될지언정 기사삭제를 구하는 방해배제청구권을 저지하는 사유로는 될 수 없다(대판 2013.03.28. 2010다60950).

ⓔ (X) 도로변 지역의 소음에 관한 환경정책기본법의 소음환경기준을 초과하는 도로소음이 있다고 하여 바로 민사상 '참을 한도'를 넘는 위법한 침해행위가 있다고 단정할 수 없다. 이른바 도로소음으로 인한 생활방해를 원인으로 제기된 사건에서 공동주택에 거주하는 사람들이 참을 한도를 넘는 생활방해를 받고 있는지는 특별한 사정이 없는 한 일상생활이 실제 주로 이루어지는 장소인 거실에서 도로 등 해당 소음원에 면한 방향의 모든 창호를 개방한 상태로 측정한 소음도가 환경정책기본법상 소음환경기준 등을 초과하는지 여부에 따라 판단하는 것이 타당하다(대판 2015.09.24. 2011다91784).

ⓜ (X) 물품을 제조·판매한 자에게 손해배상책임을 지우기 위하여서는 결함의 존재, 손해의 발생 및 결함과 손해의 발생과의 사이에 인과관계의 존재가 전제되어야 하는 것은 당연하지만, 고도의 기술이 집약되어 대량으로 생산되는 제품의 경우, 그 생산과정은 대개의 경우 소비자가 알 수 있는 부분이 거의 없고, 전문가인 제조업자만이 알 수 있을 뿐이며, 그 수리 또한 제조업자나 그의 위임을 받은 수리업자에 맡겨져 있기 때문에, 이러한 제품에 어떠한 결함이 존재하였는지, 나아가 그 결함으로 인하여 손해가 발생한 것인지 여부는 전문가인 제조업자가 아닌 보통인으로서는 도저히 밝혀 낼 수 없는 특수성이 있어서 소비자 측이 제품의 결함 및 그 결함과 손해의 발생과의 사이의 인과관계를 과학적·기술적으로 완벽하게 입증한다는 것은 지극히 어려우므로, 텔레비전이 정상적으로 수신하는 상태에서 발화·폭발한 경우에 있어서는, 소비자 측에서 그 사고가 제조업자의 배타적 지배하에 있는 영역에서 발생한 것임을 입증하고, 그러한 사고가 어떤 자의 과실 없이는 통상 발생하지 않는다고 하는 사정을 증명하면, 제조업자 측에서 그 사고가 제품의 결함이 아닌 다른 원인으로 말미암아 발생한 것임을 입증하지 못하는 이상, 위와 같은 제품은 이를 유통에 둔 단계에서 이미 그 이용시의 제품의 성상이 사회통념상 당연히 구비하리라고 기대되는 합리적 안전성을 갖추지 못한 결함이 있었고, 이러한 결함으로 말미암아 사고가 발생하였다고 추정하여 손해배상책임을 지울 수 있도록 입증책임을 완화하는 것이 손해의 공평·타당한 부담을 그 지도원리로 하는 손해배상제도의 이상에 맞는다(대판 2000.02.25. 98다15934).

정답 ③

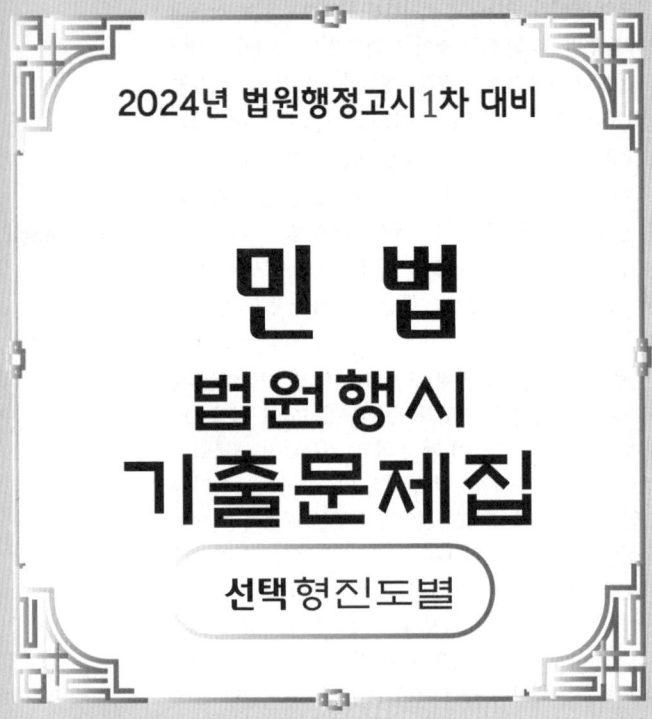

제5편 친족·상속법

제1장 | 가족법 서론
제2장 | 친족법
제3장 | 상속법

제1장 가족법 서론

제2장 친족법

제❶절 서설

제❷절 친족의 범위 및 자의 성과 본

제❸절 혼인

제1관 혼인의 성립

제2관 혼인의 무효와 취소

제3관 혼인의 효과

문 1

부부간의 의무에 관한 다음 설명 중 가장 옳지 않은 것은? [2020년 3번]

① 부부의 동거의무는 인격존중의 귀중한 이념이나 부부관계의 본질 등에 비추어 일반적으로 그 실현에 관하여 간접강제를 포함하여 강제집행을 행하여서는 안 된다.
② 민법 제826조 제1항에 규정된 부부간의 상호부양의무는 제1차 부양의무이고, 부모가 성년의 자녀에 대하여 직계혈족으로서 민법 제974조 제1호, 제975조에 따라 부담하는 부양의무는 제2차 부양의무이다.
③ 제2차 부양의무자는 제1차 부양의무자보다 후순위로 부양의무를 부담하므로, 제2차 부양의무자가 부양받을 자를 부양한 경우에는 그 소요된 비용을 제1차 부양의무자에 대하여 상환청구할 수 있다.
④ 부부간의 상호부양의무에 따른 과거의 부양료에 관하여는 특별한 사정이 없는 한 이행지체에 빠진 이후의 것에 대하여만 지급을 청구할 수 있다.
⑤ 제3자가 부부의 일방과 부정행위를 함으로써 배우자에게 정신적 고통을 가하는 행위는 원칙적으로 불법행위를 구성한다. 이는 실질적으로 부부공동생활이 파탄되어 회복할 수 없을 정도의 상태에 이른 후에 부정행위가 이루어졌다고 하더라도 마찬가지이다.

> **MGI Point** 부부간의 의무 ★★
>
> - 동거의무불이행의 효과 : ① 심판청구 가능, ② 강제집행 불가, ③ 손해배상청구 가능, ④ 이혼사유
> - 부양의무 종류
>   - 1차적 부양의무 : 부모와 미성년의 자, 부부
>   - 2차적 부양의무 : 직계혈족과 그 배우자, 생계같이 하는 친족
> - 부양의무의 순위 여부 : 1차적 부양의무가 우선 ⇨ 2차 부양의무자가 부양한 경우 1차 부양의무자에게 구상 가능
> - 부부간의 과거의 부양료 청구 可
>   - 원칙 : 이행지체된 과거의 부양료에 대해서만 지급청구 可
>   - 예외 : 부양의무의 성질이나 형평의 관념상 이를 허용해야 할 특별한 사정이 있는 경우에는 이행청구 이전의 과거의 부양료에 대해서도 지급청구 可
> - 부부가 아직 이혼하지 아니하였지만 실질적으로 부부공동생활이 파탄되어 회복할 수 없을 정도의 상태에 이른 경우, 제3자가 부부의 일방과 한 성적인 행위 ⇨ 배우자에 대하여 불법행위 ×

① (○) 부부의 일방이 상대방에 대하여 동거에 관한 심판을 청구한 결과로 그 심판절차에서 동거의무의 이행을 위한 구체적인 조치에 관하여 조정이 성립한 경우에 그 조치의 실현을 위하여 서로 협력할 법적 의무의 본질적 부분을 상대방이 유책하게 위반하였다면, 부부의 일방은 바로 그 의무의 불이행을 들어 그로 인하여 통상 발생하는 비재산적 손해의 배상을 청구할 수 있고, 그에 반드시 이혼의 청구가 전제되어야 할 필요는 없다. 비록 부부의 동거의무는 인격존중의 귀중한 이념이나 부부관계의 본질 등에 비추어 일반적으로 그 실현에 관하여 간접강제를 포함하여 강제집행을 행하여서는 안 된다고 하더라도, 또 위와 같은 손해배상이 현실적으로 동거의 강제로 이끄는 측면이 있다고 하더라도, 동거의무 또는 그를 위한 협력의무의 불이행으로 말미암아 상대방에게 발생한 손해에 대하여 그 배상을 행하는 것은 동거 자체를 강제하는 것과는 목적 및 내용을 달리하는 것으로서, 후자가 허용되지 않는다고 하여 전자도 금지된다고는 할 수 없다. 오히려 부부의 동거의무도 엄연히 법적인 의무이고 보면, 그 위반에 대하여는 법적인 제재가 따라야 할 것인데, 그 제재의 내용을 혼인관계의 소멸이라는 과격한 효과를 가지는 이혼에 한정하는 것이 부부관계의 양상이 훨씬 다양하고 복잡하게 된 오늘날의 사정에 언제나 적절하다고 단정할 수 없고, 특히 제반 사정 아래서는 1회적인 위자료의 지급을 명하는 것이 인격을 해친다거나 부부관계의 본질상 허용되지 않는다고 말할 수 없다(대판 2009.07.23. 2009다32454).

② (○), ③ (○) 민법 제826조 제1항에 규정된 부부간 상호부양의무는 혼인관계의 본질적 의무로서 부양을 받을 자의 생활을 부양의무자의 생활과 같은 정도로 보장하여 부부공동생활의 유지를 가능하게 하는 것을 내용으로 하는 제1차 부양의무이고, 반면 부모가 성년의 자녀에 대하여 직계혈족으로서 민법 제974조 제1호, 제975조에 따라 부담하는 부양의무는 부양의무자가 자기의 사회적 지위에 상응하는 생활을 하면서 생활에 여유가 있음을 전제로 하여 부양을 받을 자가 자력 또는 근로에 의하여 생활을 유지할 수 없는 경우에 한하여 그의 생활을 지원하는 것을 내용으로 하는 제2차 부양의무이다. 이러한 제1차 부양의무와 제2차 부양의무는 의무이행의 정도뿐만 아니라 의무이행의 순위도 의미하는 것이므로, 제2차 부양의무자는 제1차 부양의무자보다 후순위로 부양의무를 부담한다. 따라서 제1차 부양의무자와 제2차 부양의무자가 동시에 존재하는 경우에 제1차 부양의무자는 특별한 사정이 없는 한 제2차 부양의무자에 우선하여 부양의무를 부담하므로, 제2차 부양의무자가 부양받을 자를 부양한 경우에는 소요된 비용을 제1차 부양의무자에 대하여 상환청구할 수 있다(대판 2012.12.27. 2011다96932).

④ (○) 부부간의 부양의무 중 과거의 부양료에 관하여는 특별한 사정이 없는 한 부양을 받을 사람이 부양의무자에게 부양의무의 이행을 청구하였음에도 불구하고 부양의무자가 부양의무를 이행하지 아니함으로써 이행지체에 빠진 후의 것에 관하여만 부양료의 지급을 청구할 수 있을 뿐이므로, 부양의무자인 부부의 일방에 대한 부양의무 이행청구에도 불구하고 배우자가 부양의무를 이행하지 아니함으로써 이행지체에 빠진 후의 것이거나, 그렇지 않은 경우에는 부양의무의 성질이나 형평의 관념상 이를 허용해야 할 특별한 사정이 있는 경우에 한하여 이행청구 이전의 과거 부양료를 지급하여야 한다(대판 2012.12.27. 2011다96932).

⑤ (X) 제3자가 부부의 일방과 부정행위를 함으로써 혼인의 본질에 해당하는 부부공동생활을 침해하거나 유지를 방해하고 그에 대한 배우자로서의 권리를 침해하여 배우자에게 정신적 고통을 가하는 행위는 원칙적으로 불법행위를 구성한다. 민법 제840조는 '혼인을 계속하기 어려운 중대한 사유가 있을 때'를 이혼사유로 삼고 있으며, 부부간의 애정과 신뢰가 바탕이 되어야 할 혼인의 본질에 해당하는 부부공동생활 관계가 회복할 수 없을 정도로 파탄되고 혼인생활의 계속을 강제하는 것이 일방 배우자에게 참을 수 없는 고통이 되는 경우에는 위 이혼사유에 해당할 수 있다. 이에 비추어 보면 부부가 장기간 별거하는 등의 사유로 실질적으로 부부공동생활이 파탄되어 실체가 더 이상 존재하지 아니하게 되고 객관적으로 회복할 수 없는 정도에 이른 경우에는 혼인의 본질에 해당하는 부부공동생활이 유지되고 있다고 볼 수 없다. 따라서 비록 부부가 아직 이혼하지 아니하였지만 이처럼 실질적으로 부부공동생활이 파탄되어 회복할 수 없을 정도의 상태에 이르렀다면, 제3자가 부부의 일방과 성적인 행위를 하더라도 이를 두고 부부공동생활을 침해하거나 유지를 방해하는 행위라고 할 수 없고 또한 그로 인하여 배우자의 부부공동생활에 관한 권리가 침해되는 손해가 생긴다고 할 수도 없으므로 불법행위가 성립한다고 보기 어렵다. 그리고 이러한 법률관계는 재판상 이혼청구가 계속 중에 있다거나 재판상 이혼이 청구되지 않은 상태라고 하여 달리 볼 것은 아니다(대판 2014.11.20. 2011므2997).

정답 ⑤

문 37

부부에 관한 설명 중 옳은 것(O)과 옳지 않은 것(X)을 올바르게 조합한 것은? [2023년 35번]

ㄱ. 부부의 동거의무는 인격존중의 귀중한 이념이나 부부관계의 본질 등에 비추어 그 실현에 관하여 간접강제를 포함하여 강제집행을 행하여서는 안 되고, 동거의무의 불이행으로 말미암아 상대방에게 발생한 손해에 대하여 그 배상을 행하는 것도 동거 자체를 강제하는 것과 목적 및 내용이 동일하므로 허용되어서는 안된다.
ㄴ. 약혼예물의 수수는 혼인의 불성립을 해제조건으로 하는 증여와 유사한 성질을 가지므로, 특별한 사정이 없는 한 일단 부부관계가 성립하고 그 혼인이 상당 기간 지속된 이상 후일 혼인이 해소되어도 그 반환을 구할 수는 없다.
ㄷ. 혼인 중에 부부 일방이 사망하여 상대방이 배우자로서 망인의 재산을 상속받은 후에 그 혼인이 취소되었다는 사정만으로는 그 전에 이루어진 상속관계가 소급하여 무효라거나 또는 그 상속재산이 법률상 원인 없이 취득한 것이라고는 볼 수 없다.
ㄹ. 대한민국 국민과 베트남 국민 사이에 혼인의 성립요건을 갖추었는지를 판단하는 준거법은 대한민국 국민과 베트남 국민 둘 다에 관하여 대한민국 민법이다.
ㅁ. 자의 양육을 포함한 친권은 부모의 권리이자 의무로서 미성년인 자의 복지에 직접적인 영향을 미치므로, 이혼 후 부모와 자녀의 관계에 있어서 친권과 양육권은 항상 같은 사람에게 돌아가야 한다.

① ㄱ(O), ㄴ(X), ㄷ(O), ㄹ(O), ㅁ(X)
② ㄱ(X), ㄴ(O), ㄷ(O), ㄹ(X), ㅁ(X)
③ ㄱ(O), ㄴ(X), ㄷ(X), ㄹ(O), ㅁ(X)
④ ㄱ(X), ㄴ(O), ㄷ(X), ㄹ(X), ㅁ(O)
⑤ ㄱ(O), ㄴ(X), ㄷ(O), ㄹ(X), ㅁ(O)

> **MGI Point** 혼인 ★★
> - 부부의 동거의무 위반을 이유로 한 손해배상청구의 可否 ⇨ 可
> - 일단 부부관계가 성립하여 상당 기간 지속된 경우 후일 혼인이 해소되어도 약혼예물 반환청구 不可
> - 혼인 중 일방의 사망으로 상속받은 후에 혼인이 취소된 경우 ⇨ 상속재산 부당이득한 것×
> - 대한민국 국민과 베트남 국민 사이에 혼인의 성립요건을 갖추었는지를 판단하는 준거법 ⇨ 대한민국 국민은 민법, 베트남 국민은 베트남 혼인·가족법
> - 혼 후 부모와 자녀의 관계에 있어서 친권과 양육권이 항상 같은 사람에게 돌아가야 하는 것은 아님

ㄱ. (X) 부부의 일방이 상대방에 대하여 동거에 관한 심판을 청구한 결과로 그 심판절차에서 동거의무의 이행을 위한 구체적인 조치에 관하여 조정이 성립한 경우에 그 조치의 실현을 위하여 서로 협력할 법적 의무의 본질적 부분을 상대방이 유책하게 위반하였다면, 부부의 일방은 바로 그 의무의 불이행을 들어 그로 인하여 통상 발생하는 비재산적 손해의 배상을 청구할 수 있고, 그에 반드시 이혼의 청구가 전제되어야 할 필요는 없다. 비록 부부의 동거의무는 인격존중의 귀중한 이념이나 부부관계의 본질 등에 비추어 일반적으로 그 실현에 관하여 간접강제를 포함하여 강제집행을 행하여서는 안 된다고 하더라도, 또 위와 같은 손해배상이 현실적으로 동거의 강제로 이끄는 측면이 있다고 하더라도, 동거의무 또는 그를 위한 협력의무의 불이행으로 말미암아 상대방에게 발생한 손해에 대하여 그 배상을 행하는 것은 동거 자체를 강제하는 것과는 목적 및 내용을 달리하는 것으로서, 후자가 허용되지 않는다고 하여 전자도 금지된다고는 할 수 없다(대법원 2009. 7. 23. 2009다32454).

ㄴ. (O) 약혼예물의 수수는 약혼의 성립을 증명하고 혼인이 성립한 경우 당사자 내지 양가의 정리를 두텁게 할 목적으로 수수되는 것으로 혼인의 불성립을 해제조건으로 하는 증여와 유사한 성질을 가지므로, 예물의 수령자측이 혼인 당초부터 성실히 혼인을 계속할 의사가 없고 그로 인하여 혼인의 파국을 초래하였다고 인정되는 등 특별한 사정이 있는 경우에는 신의칙 내지 형평의 원칙에 비추어 혼인 불성립의 경우에 준하여 예물반환의무를 인정함이 상당하나, 그러한 특별한 사정이 없는 한 일단 부부관계가 성립하고 그 혼인이 상당 기간 지속된 이상 후일 혼인이 해소되어도 그 반환을 구할 수는 없으므로, 비록 혼인 파탄의 원인이 며느리에게 있더라도 혼인이 상당 기간 계속된 이상 약혼예물의 소유권은 며느리에게 있다().

ㄷ. (O) 민법 제824조는 "혼인의 취소의 효력은 기왕에 소급하지 아니한다."고 규정하고 있을 뿐 재산상속 등에 관해 소급효를 인정할 별도의 규정이 없는바, 혼인 중에 부부 일방이 사망하여 상대방이 배우자로서 망인의 재산을 상속받은 후에 그 혼인이 취소되었다는 사정만으로 그 전에 이루어진 상속관계가 소급하여 무효라거나 또는 그 상속재산이 법률상 원인 없이 취득한 것이라고는 볼 수 없다(대법원 1996. 12. 23. 95다48308).

ㄹ. (X) 국제사법 제36조 제1항은 "혼인의 성립요건은 각 당사자에 관하여 그 본국법에 의한다."라고 정하고 있다. 따라서 대한민국 국민과 베트남 국민 사이에 혼인의 성립요건을 갖추었는지를 판단하는 준거법은 대한민국 국민에 관해서는 대한민국 민법, 베트남 국민에 관해서는 베트남 혼인·가족법이다(대법원 2022. 1. 27. 2017므1224).

ㅁ. (X) 민법 제837조, 제909조 제4항, 가사소송법 제2조 제1항 제2호 나목의 3) 및 5) 등이 부부의 이혼 후 그 자의 친권자와 그 양육에 관한 사항을 각기 다른 조항에서 규정하고 있는 점 등에 비추어 보면, 이혼 후 부모와 자녀의 관계에 있어서 친권과 양육권이 항상 같은 사람에게 돌아가야 하는 것은 아니며, 이혼 후 자에 대한 양육권이 부모 중 어느 일방에, 친권이 다른 일방에 또는 부모에 공동으로 귀속되는 것으로 정하는 것은, 비록 신중한 판단이 필요하다고 하더라도, 일정한 기준을 충족하는 한 허용된다고 할 것이다(대법원 2012. 4. 13. 2011므4719).

정답 ②

문 2

甲남과 乙녀는 혼인신고를 마치고 결혼생활을 영위하고 있다. 다음 설명 중 가장 옳지 않은 것은? (각 지문은 상호 독립적임) [2019년 26번]

① 甲과 乙이 4촌의 혈족관계인 경우, 甲과 乙사이의 혼인은 무효이며, 甲과 乙사이에 출생한 丙은 혼인 외의 자(子)가 된다.
② 甲과 乙이 2촌의 방계인척관계인 경우, 乙의 동생 丙은 甲과 乙사이의 혼인에 대하여 취소를 청구할 수 있으나, 이미 乙이 혼인 중 甲의 자(子)를 포태하였다면 그 취소를 청구하지 못한다.
③ 甲과 乙이, A와 B 사이에서 출생한 15세의 C에 대하여 가정법원에 친양자 입양을 청구하기 위해서는, 甲과 乙이 혼인한 후 적어도 3년이 경과하여야 한다.
④ 甲과 乙이 혼인이 파탄에 이르자 협의이혼을 전제로 재산분할 협의를 하면서 甲명의로 되어 있는 X건물의 1/2지분을 乙에게 이전하여 주기로 약정하였다. 이후 甲과 乙이 재판상 이혼을 하게 된 경우, 乙은 위 약정을 원인으로 X건물에 관한 1/2지분의 소유권이전등기를 청구할 수 있다.
⑤ 甲과 乙이 이혼하면서 그 사이의 자녀 丙의 양육은 甲이 하기로 협의한 경우, 乙과 丙은 서로 면접교섭할 수 있으며, 乙이 이혼 후 사망하였을 때는 丙의 외조모인 丁도 가정법원에 丙과의 면접교섭을 청구할 수 있다.

MGI Point 종합문제 ★★

- 혼인의 무효와 취소사유

취소사유(제816조)	무효사유(제815조)
- 만18세에 달하지 않은 미성년자 - 만18세가 된 미성년자나 피성년후견인 혼인 시 동의 흠결 - 6촌 이내의 혈족의 배우자, 배우자의 6촌 이내의 혈족, 배우자의 4촌 이내의 혈족의 배우자인 인척이거나 이러한 인척이었던 자 사이 - 6촌 이내의 양부모계의 혈족이었던 자와 4촌 이내의 양부모계의 인척이었던 자 사이 - 중혼 - 악질 기타 중대한 사유 - 사기·강박으로 인한 혼인	- 당사자간의 혼인의 합의가 없는 때 - 8촌이내의 혈족 간의 혼인 (친양자 입양 전 혈족도 포함) - 당사자간에 직계인척관계가 있거나 있었던 때 - 당사자간에 양부모계에 직계혈족관계가 있었던 때

- 제809조(제815조의 규정에 의하여 혼인의 무효사유에 해당하는 경우를 제외) 규정에 위반한 혼인
  - 당사자, 그 직계존속 또는 4촌 이내의 방계혈족이 그 취소를 청구 可
  - 혼인 중 포태(胞胎)한 때 취소 청구 ×
- 친양자 입양 요건 중 혼인관련 부분
  - 3년 이상 혼인 중인 부부 + 공동입양
  - 예외 : 1년 이상 혼인 중인 부부의 한쪽이 그 배우자의 친생자를 친양자로 하는 경우
- 재산분할에 관한 협의는 장차 협의이혼을 전제한 것으로서 재판상 이혼의 경우 적용 ×
- 자(子)를 직접 양육하지 아니하는 부모의 일방과 자(子) ⇒ 상호 면접교섭 할 권리 ○
- 자(子)를 직접 양육하지 아니하는 부모 일방의 직계존속 ⇒ 가정법원에 자(子)와의 면접교섭을 청구 可 (그 부모 일방이 사망하였거나 질병, 외국거주, 그 밖에 불가피한 사정으로 자(子)를 면접교섭할 수 없는 경우)

① (○) 민법 제809조, 제815조, 제855조 참조.

> 민법 제815조(혼인의 무효) 혼인은 다음 각 호의 어느 하나의 경우에는 무효로 한다.
>   2. 혼인이 제809조제1항의 규정을 위반한 때
> 민법 제809조(근친혼 등의 금지) ① 8촌 이내의 혈족(친양자의 입양 전의 혈족을 포함한다) 사이에서는 혼인하지 못한다.
> 민법 제855조(인지) ① 혼인외의 출생자는 그 생부나 생모가 이를 인지할 수 있다. 부모의 혼인이 무효인 때에는 출생자는 혼인외의 출생자로 본다.

② (○) 민법 제809조, 제816조, 제817조, 제820조 참조.

> 민법 제809조(근친혼 등의 금지) ② 6촌 이내의 혈족의 배우자, 배우자의 6촌 이내의 혈족, 배우자의 4촌 이내의 혈족의 배우자인 인척이거나 이러한 인척이었던 자 사이에서는 혼인하지 못한다.
> ③ 6촌 이내의 양부모계(養父母系)의 혈족이었던 자와 4촌 이내의 양부모계의 인척이었던 자 사이에서는 혼인하지 못한다.
> 민법 제816조(혼인취소의 사유) 혼인은 다음 각 호의 어느 하나의 경우에는 법원에 그 취소를 청구할 수 있다.
>   1. 혼인이 제807조 내지 제809조(제815조의 규정에 의하여 혼인의 무효사유에 해당하는 경우를 제외한다. 이하 제817조 및 제820조에서 같다) 또는 제810조의 규정에 위반한 때
> 민법 제817조(연령위반혼인 등의 취소청구권자) 혼인이 제807조, 제808조의 규정에 위반한 때에는 당사자 또는 그 법정대리인이 그 취소를 청구할 수 있고 제809조의 규정에 위반한 때에는 당사자, 그 직계존속 또는 4촌 이내의 방계혈족이 그 취소를 청구할 수 있다.
> 민법 제820조(근친혼등의 취소청구권의 소멸) 제809조의 규정에 위반한 혼인은 그 당사자간에 혼인중 포태(胞胎)한 때에는 그 취소를 청구하지 못한다.

▶ 형부와 처제 사이의 혼인은 취소청구 할 수 있는 혼인이다.

③ (○) 민법 제908조의2 참조.

> 민법 제908조의2(친양자 입양의 요건 등) ① 친양자(親養子)를 입양하려는 사람은 다음 각 호의 요건을 갖추어 가정법원에 친양자 입양을 청구하여야 한다.
>   1. 3년 이상 혼인 중인 부부로서 공동으로 입양할 것. 다만, 1년 이상 혼인 중인 부부의 한쪽이 그 배우자의 친생자를 친양자로 하는 경우에는 그러하지 아니하다.

④ (X) [1] 재산분할에 관한 협의는 혼인중 당사자 쌍방의 협력으로 이룩한 재산의 분할에 관하여 이미 이혼을 마친 당사자 또는 아직 이혼하지 않은 당사자 사이에 행하여지는 협의를 가리키는 것인바, 그 중 아직 이혼하지 않은 당사자가 장차 협의상 이혼할 것을 약정하면서 이를 전제로 하여 위 재산분할에 관한 협의를 하는 경우에 있어서는, 특별한 사정이 없는 한, 장차 당사자 사이에 협의상 이혼이 이루어질 것을 조건으로 하여 조건부 의사표시가 행하여지는 것이라 할 것이므로, 그 협의 후 당사자가 약정한대로 협의상 이혼이 이루어진 경우에 한하여 그 협의의 효력이 발생하는 것이지, 어떠한 원인으로든지 협의상 이혼이 이루어지지 아니하고 혼인관계가 존속하게 되거나 당사자 일방이 제기한 이혼청구의 소에 의하여 재판상 이혼(화해 또는 조정에 의한 이혼을 포함한다)이 이루어진 경우에는 위 협의는 조건의 불성취로 인하여 효력이 발생하지 않는다. [2] 협의이혼을 전제로 재산분할의 약정을 한 후 재판상 이혼이 이루어진 경우, 재판상 이혼 후 또는 재판상 이혼과 함께 재산분할을 원하는 당사자로서는, 이혼성립 후 새로운 협의가 이루어지지 아니하는 한, 이혼소송과 별도의 절차로 또는 이혼소송 절차에 병합하여 가정법원에 재산분할에 관한 심판을 청구하여야 하는 것이지(이에 따라 가정법원이 재산분할의 액수와 방법을 정함에 있어서는 그 협의의 내용과 협의가 이루어진 경위 등을 민법 제839조의2 제2항 소정 '기타 사정'의 하나로서 참작하게 될 것이다). 당초의 재산분할에 관한 협의의 효력이 유지됨을 전제로 하여 민사소송으로써 그 협의내용 자체의 이행을 구할 수는 없다 (대판 2000.10.24. 99다33458).

⑤ (○) 민법 제837조의2 참조.

> 민법 제837조의2(면접교섭권) ① 자(子)를 직접 양육하지 아니하는 부모의 일방과 자(子)는 상호 면접교섭할 수 있는 권리를 가진다.
> ② 자(子)를 직접 양육하지 아니하는 부모 일방의 직계존속은 그 부모 일방이 사망하였거나 질병, 외국거주, 그 밖에 불가피한 사정으로 자(子)를 면접교섭할 수 없는 경우 가정법원에 자(子)와의 면접교섭을 청구할 수 있다. 이 경우 가정법원은 자(子)의 의사(意思), 면접교섭을 청구한 사람과 자(子)의 관계, 청구의 동기, 그 밖의 사정을 참작하여야 한다.

정답 ④

제4관 이혼

문 38

부부인 甲, 乙의 이혼에 관한 다음 설명 중 옳지 않은 것을 모두 고른 것은?(다툼이 있는 경우 판례에 의하고, 전원합의체 판결의 경우 다수의견에 의함. 이하 같음)[2023년 1번]

> ㄱ. 재판상 이혼의 경우에 甲 또는 乙의 청구가 없다 하더라도 법원은 직권으로 미성년자인 자녀에 대한 친권자 및 양육자를 정하여야 하며, 따라서 법원이 이혼 판결을 선고하면서 미성년자인 자녀에 대한 친권자 및 양육자를 정하지 아니하였다면 재판의 누락이 있다고 해석함이 타당하다.
> ㄴ. 협의이혼신고서가 수리되기 전에 협의이혼의사의 철회신고서가 제출되면 그 협의이혼신고서는 수리할 수 없는 것이지만, 만약 공무원이 착오로 협의이혼의사 철회신고서가 제출된 사실을 간과하여 그 후에 제출된 협의이혼신고서를 수리하였다면 협의상 이혼의 효력이 생긴다고 보아야 한다.
> ㄷ. 아직 이혼하지 않은 甲이 장차 협의상 이혼할 것을 합의하는 과정에서 이를 전제로 재산분할청구권을 포기하는 서면을 작성한 경우, 甲, 乙 쌍방의 협력으로 형성된 공동재산 전부를 청산분배하려는 의도로 재산분할의 대상이 되는 재산액, 이에 대한 쌍방의 기여도와 재산분할 방법 등에 관하여 협의한 결과 甲이 재산분할청구권을 포기하기에 이르렀다는 등의 사정이 없는 한 성질상 허용되지 아니하는 '재산분할청구권의 사전포기'에 불과할 뿐이므로 쉽사리 '재산분할에 관한 협의'로서의 '포기약정'이라고 보아서는 아니 된다.
> ㄹ. 대한민국 국민 甲과 혼인을 한 후 입국하여 체류자격을 취득하고 거주하다가 한국어를 습득하기 충분하지 않은 기간에 이혼에 이르게 된 외국인 乙이 당사자인 경우, 미성년 자녀의 양육에 있어 한국어 소통능력이 부족한 乙보다는 대한민국 국민인 甲에게 양육되는 것이 더 적합하므로, 乙이 미성년 자녀의 양육자로 지정되기에는 부적합하다고 평가해야 한다.
> ㅁ. 원칙적으로 일정한 수급요건을 갖춘 이혼배우자 甲은 국민연금법 제64조에 따라 乙의 국민연금 가입기간 중 혼인 기간에 해당하는 노령연금액을 균등하게 나눈 금액을 분할연금으로 받을 수 있다. 다만 국민연금법 제64조의2 제1항에 따라 협의상 또는 재판상 이혼에 따른 재산분할절차에서 甲, 乙의 협의나 법원의 심판으로 연금의 분할 비율에 관하여 달리 정할 수 있다.

① ㄱ, ㄴ   ② ㄴ, ㄷ   ③ ㄴ, ㄹ
④ ㄴ, ㅁ   ⑤ ㄷ, ㄹ, ㅁ

> **MGI Point 이혼** ★★
> - 법원이 이혼 판결을 선고하면서 미성년자인 자녀에 대한 친권자 및 양육자를 정하지 아니한 경우 ⇨ 재판의 누락
> - 협의이혼의사의 철회신고서가 제출된 후 공무원의 착오로 협의이혼신고서가 수리된 경우 ⇨ 이혼의 효력 발생×
> - 장차 협의상 이혼할 것을 합의하는 과정에서 이를 전제로 재산분할청구권을 포기하는 서면을 작성한 경우 ⇨ 허용되지 아니하는 '재산분할청구권의 사전포기'에 불과
> - 미성년 자녀의 양육에 있어 한국어 소통능력이 부족한 외국인보다는 대한민국 국민인 상대방에게 양육되는 것이 더 적합할 것이라는 추상적이고 막연한 판단 ⇨ 옳지 않음
> - 이혼당사자의 협의나 법원의 심판으로 국민연금법과 달리 노령연금의 분할 비율을 정하는 것 ⇨ 허용

ㄱ. (○) 이혼 과정에서 친권자 및 자녀의 양육책임에 관한 사항을 의무적으로 정하도록 한 민법 제837조 제1항, 제2항, 제4항 전문, 제843조, 제909조 제5항의 문언 내용 및 이혼 과정에서 자녀의 복리를 보장하기 위한 위 규정들의 취지와 아울러, 이혼 시 친권자 지정 및 양육에 관한 사항의 결정에 관한 민법 규정의 개정 경위와 변천 과정, 친권과 양육권의 관계 등을 종합하면, 재판상 이혼의 경우에 당사자의 청구가 없다 하더라도 법원은 직권으로 미성년자인 자녀에 대한 친권자 및 양육자를 정하여야 하며, 따라서 법원이 이혼 판결을 선고하면서 미성년자인 자녀에 대한 친권자 및 양육자를 정하지 아니하였다면 재판의 누락이 있다(대법원 2015. 6. 23. 선고 2013므2397).

ㄴ. (X) 부부가 이혼하기로 협의하고 가정법원의 협의이혼의사 확인을 받았다고 하더라도 호적법에 정한 바에 의하여 신고함으로써 협의이혼의 효력이 생기기 전에는 부부의 일방이 언제든지 협의이혼의사를 철회할 수 있는 것이어서, 협의이혼신고서가 수리되기 전에 협의이혼의사의 철회신고서가 제출되면 협의이혼신고서는 수리할 수 없는 것이므로, 설사 호적공무원이 착오로 협의이혼의사 철회신고서가 제출된 사실을 간과한 나머지 그 후에 제출된 협의이혼신고서를 수리하였다고 하더라도 협의상 이혼의 효력이 생길 수 없다(대법원 1994. 2. 8. 선고 93도2869).

ㄷ. (○) 아직 이혼하지 않은 당사자가 장차 협의상 이혼할 것을 합의하는 과정에서 이를 전제로 재산분할청구권을 포기하는 서면을 작성한 경우, 부부 쌍방의 협력으로 형성된 공동재산 전부를 청산·분배하려는 의도로 재산분할의 대상이 되는 재산액, 이에 대한 쌍방의 기여도와 재산분할 방법 등에 관하여 협의한 결과 부부 일방이 재산분할청구권을 포기하기에 이르렀다는 등의 사정이 없는 한 성질상 허용되지 아니하는 '재산분할청구권의 사전포기'에 불과할 뿐이므로 쉽사리 '재산분할에 관한 협의'로서의 '포기약정'이라고 보아서는 아니 된다(대법원 2016. 1. 25.자 2015스451).

ㄹ. (X) 대한민국 국민과 혼인을 한 후 입국하여 체류자격을 취득하고 거주하다가 한국어를 습득하기 충분하지 않은 기간에 이혼에 이르게 된 외국인이 당사자인 경우, 미성년 자녀의 양육에 있어 한국어 소통능력이 부족한 외국인보다는 대한민국 국민인 상대방에게 양육되는 것이 더 적합할 것이라는 추상적이고 막연한 판단으로 해당 외국인 배우자가 미성년 자녀의 양육자로 지정되기에 부적합하다고 평가하는 것은 옳지 않다(대법원 2021. 9. 30. 선고 2021므12320, 2021므12337(병합)).

ㅁ. (○) 원칙적으로 일정한 수급요건을 갖춘 이혼배우자는 국민연금법 제64조에 따라 상대방 배우자의 국민연금 가입기간 중 혼인 기간에 해당하는 노령연금액을 균등하게 나눈 금액을 분할연금으로 받을 수 있다. 다만 국민연금법 제64조의2 제1항(이하 '특례조항'이라 한다)에 따라 협의상 또는 재판상 이혼에 따른 재산분할절차에서 이혼당사자의 협의나 법원의 심판으로 연금의 분할 비율에 관하여 달리 정할 수 있다. 이는 당사자의 의사를 존중하고 개별 사안의 특수성을 고려하여 구체적 타당성을 도모하기 위한 것이다(대법원 2019. 6. 13. 선고 2018두65088).

정답 ③

문 3

이혼에 관한 다음 설명 중 옳지 않은 것은 모두 몇 개인가? [2022년 16번]

> ㄱ. 법원은 민법 제840조 각 호 소정의 이혼원인을 판단함에 있어 원고가 주장하는 이혼원인 중 제1호 내지 제5호 사유의 존부를 먼저 판단하고, 그것이 인정되지 않는 경우에 비로소 제6호의 원인을 최종적으로 판단할 수 있다.
> ㄴ. 이혼소송에서 원고가 부정행위만을 이혼사유로 주장하였으나 그 사실이 인정되지 않더라도 악의의 유기가 인정되면 법원은 악의의 유기를 이유로 이혼을 명할 수 있다.
> ㄷ. 부부가 아직 이혼하지 아니하였지만 실질적으로 부부공동생활이 파탄되어 회복할 수 없을 정도의 상태에 이르렀다면 제3자가 부부의 일방과 성적인 행위를 하더라도 불법행위가 성립하지 않는다.
> ㄹ. 배우자의 부정행위가 있은 날로부터 2년이 경과되었다면 부부의 일방은 자신의 배우자와 부정행위를 한 제3자를 상대로 위자료 청구를 할 수 없다.
> ㅁ. 법원에 의한 협의이혼의사확인절차에서 쌍방의 협의이혼의사가 확인되었다면 이는 민법 제840조 제6호 '기타 혼인을 계속하기 어려운 중대한 사유'에 해당한다.

① 1개 ② 2개 ③ 3개 ④ 4개 ⑤ 5개

MGI Point 이혼 ★

- 원고가 이혼청구를 구하면서 위 각 호 소정의 수개의 사유를 주장하는 경우 ⇨ 그 중 어느 하나를 받아들여 원고의 청구를 인용 可
- 법원은 원고가 주장한 이혼사유에 관하여서만 심판하여야 함 (처분권주의)
- 실질적으로 부부공동생활이 파탄 ⇨ 제3자가 부부 일방과 성적인 행위를 하더라도 불법행위 성립 ×
- 배우자의 부정행위가 있은 날로부터 2년이 경과 ⇨ 여전히 위자료 청구 可
- 법원에 의해 협의이혼의사가 확인된 경우 ⇨ 민법 제840조 제6호 '기타 혼인을 계속하기 어려운 중대한 사유' ×

ㄱ. (X) 재판상 이혼사유에 관한 민법 제840조는 동조가 규정하고 있는 각 호 사유마다 각 별개의 독립된 이혼사유를 구성하는 것이고, 원고가 이혼청구를 구하면서 위 각 호 소정의 수개의 사유를 주장하는 경우 법원은 그 중 어느 하나를 받아들여 원고의 청구를 인용할 수 있는 것이다. 이와 달리 법원은 각 이혼원인을 판단함에 있어 원고가 주장하는 이혼원인 중 제1호 내지 제5호 사유의 존부를 먼저 판단하고, 그것이 인정되지 않는 경우에 비로소 제6호의 원인을 최종적으로 판단할 수 있는 것이라는 주장은 독자적인 견해에 불과하고, 따라서 위와 같은 견해에 입각하여 원심이 민법 제840조 각 호의 지위에 관한 법리를 오해하였다는 상고이유의 주장은 받아들일 수 없다(대판 2000.09.05. 99므1886).

ㄴ. (X) 민법 제840조의 각 이혼사유는 그 각 사유마다 독립된 이혼청구원인이 되므로 법원은 원고가 주장한 이혼사유에 관하여서만 심판하여야 한다(대판 1963.01.31. 62다812). ▶ 제1호 사유(부정행위)를 주장하였다면 제2호 사유(악의의 유기)를 이유로 이혼을 명할 수 없다.

ㄷ. (○) 비록 부부가 아직 이혼하지 아니하였지만 이처럼 실질적으로 부부공동생활이 파탄되어 회복할 수 없을 정도의 상태에 이르렀다면, 제3자가 부부의 일방과 성적인 행위를 하더라도 이를 두고 부부공동생활을 침해하거나 유지를 방해하는 행위라고 할 수 없고 또한 그로 인하여 배우자의 부부공동생활에 관한 권리가 침해되는 손해가 생긴다고 할 수도 없으므로 불법행위가 성립한다고 보기 어렵다. 그리고 이러한 법률관계는 재

판상 이혼청구가 계속 중에 있다거나 재판상 이혼이 청구되지 않은 상태라고 하여 달리 볼 것은 아니다(대판 2014.11.20. 2011므2997(전합)).

ㄹ. (X) 부정행위가 있은 날로부터 2년이 경과하면 이혼청구권이 소멸할 뿐이지 이로 인한 불법행위를 원인으로 하는 정신적 손해배상청구권이 소멸하는 것은 아니다.

> 민법 제841조(부정으로 인한 이혼청구권의 소멸) 전조 제1호의 사유는 다른 일방이 사전동의나 사후 용서를 한 때 또는 이를 안 날로부터 6월, 그 사유 있은 날로부터 2년을 경과한 때에는 이혼을 청구하지 못한다.
> 민법 제766조(손해배상청구권의 소멸시효) ① 불법행위로 인한 손해배상의 청구권은 피해자나 그 법정대리인이 그 손해 및 가해자를 안 날로부터 3년간 이를 행사하지 아니하면 시효로 인하여 소멸한다.
> ② 불법행위를 한 날로부터 10년을 경과한 때에도 전항과 같다.

ㅁ. (X) 법원에 의한 협의이혼의사확인절차는 확인당시에 당사자들이 이혼할 의사를 가지고 있었는가를 밝히는 데 그치는 것이므로 협의이혼의사의 확인이 있었다는 것만으로 재판상 이혼사유가 될 수 없으며 그 의사확인 당시에 더이상 혼인을 계속할 수 없는 중대한 사유가 있었다고 추정될 수도 없다(대판 1988.04.25. 87므28).

정답 ④

문 4

다음 설명 중 가장 옳지 않은 것은? [2021년 39번]

① 민법 제840조 제6호에서 정한 이혼사유인 '혼인을 계속하기 어려운 중대한 사유가 있을 때'란 부부간의 애정과 신뢰가 바탕이 되어야 할 혼인의 본질에 상응하는 부부공동생활관계가 회복할 수 없을 정도로 파탄되고 혼인생활의 계속을 강제하는 것이 일방 배우자에게 참을 수 없는 고통이 되는 경우를 말한다. 이를 판단할 때에는 혼인계속의사의 유무, 파탄의 원인에 관한 당사자의 책임 유무, 혼인생활의 기간, 자녀의 유무, 당사자의 연령, 이혼 후의 생활보장, 기타 혼인관계의 여러 사정을 두루 고려하여야 하고, 이러한 사정을 고려하여 부부의 혼인관계가 돌이킬 수 없을 정도로 파탄되었다고 인정된다면 그 파탄의 원인에 대한 원고의 책임이 피고의 책임보다 더 무겁다고 인정되지 않는 한 이혼 청구를 인용해야 한다.

② 재판상 이혼 시 친권자와 양육자로 지정된 부모의 일방은 상대방에게 양육비를 청구할 수 있고, 이 경우 가정법원으로서는 자녀의 양육비 중 양육자가 부담해야 할 양육비를 제외하고 상대방이 분담해야 할 적정 금액의 양육비만을 결정하는 것이 타당하다.

③ 이혼으로 인한 재산분할청구권은 협의 또는 심판에 의하여 그 구체적 내용이 형성되기까지는 그 범위 및 내용이 불명확·불확정하나 이를 보전하기 위하여 채권자대위권을 행사할 수 없는 것은 아니다.

④ 재판상 이혼의 경우 부모 모두를 자녀의 공동양육자로 지정하는 것은 부모가 공동양육을 받아들일 준비가 되어 있고 양육에 대한 가치관에서 현저한 차이가 없는지, 부모가 서로 가까운 곳에 살고 있고 양육환경이 비슷하여 자녀에게 경제적·시간적 손실이 적고 환경 적응에 문제가 없는지, 자녀가 공동양육의 상황을 받아들일 이성적·정서적 대응능력을 갖추었는지 등을 종합적으로 고려하여 공동양육을 위한 여건이 갖추어졌다고 볼 수 있는 경우에만 가능하다고 보아야 한다.

⑤ 이혼 당사자 각자가 보유한 적극재산에서 소극재산을 공제하는 등으로 재산상태를 따져 본 결과 재산분할 청구의 상대방이 그에게 귀속되어야 할 몫보다 더 많은 적극재산을 보유하고 있거나 소

극재산의 부담이 더 적은 경우에는 적극재산을 분배하거나 소극재산을 분담하도록 하는 재산분할은 어느 것이나 가능하다고 보아야 하고, 후자의 경우라고 하여 당연히 재산분할 청구가 배척되어야 한다고 할 것은 아니다.

> **MGI Point 종합문제** ★★
>
> - 혼인을 계속하기 어려운 중대한 사유가 있을 때(민법 제840조 제6호) ⇨ 혼인 파탄의 원인에 대한 원고의 책임이 피고의 책임보다 더 무겁다고 인정되지 않는 한 원고의 재판상 이혼 청구 인용
> - 재판상 이혼 시 친권자와 양육자로 지정된 부모의 일방의 상대방에 대한 양육비 청구
>   ⇨ 상대방 분담해야 할 양육비만을 결정 (양육자가 부담해야 할 양육비를 제외)
> - 이혼으로 인한 재산분할청구권 ⇨ 협의 or 심판에 의해 그 구체적 내용이 형성되기 전에는 채권자대위권 행사 불가
> - 재판상 이혼의 경우 부모 모두를 자녀의 공동양육자로 지정 ⇨ 제반사정을 종합적 고려하여 공동양육을 위한 여건이 갖추어졌다고 볼 수 있는 경우에만 가
> - 재산분할 청구의 상대방이 그에게 귀속되어야 할 몫보다 더 많은 적극재산 보유 or 소극재산의 부담이 더 적은 경우
>   ⇨ 적극재산을 분배하거나 소극재산을 분담하도록 하는 재산분할 가

① (○) 민법 제840조 제6호에서 정한 이혼사유인 '혼인을 계속하기 어려운 중대한 사유가 있을 때'란 부부간의 애정과 신뢰가 바탕이 되어야 할 혼인의 본질에 상응하는 부부공동생활관계가 회복할 수 없을 정도로 파탄되고 혼인생활의 계속을 강제하는 것이 일방 배우자에게 참을 수 없는 고통이 되는 경우를 말한다. 이를 판단할 때에는 혼인계속의사의 유무, 파탄의 원인에 관한 당사자의 책임 유무, 혼인생활의 기간, 자녀의 유무, 당사자의 연령, 이혼 후의 생활보장, 기타 혼인관계의 여러 사정을 두루 고려하여야 하고, 이러한 사정을 고려하여 부부의 혼인관계가 돌이킬 수 없을 정도로 파탄되었다고 인정된다면 그 파탄의 원인에 대한 원고의 책임이 피고의 책임보다 더 무겁다고 인정되지 않는 한 이혼 청구를 인용해야 한다(대판 2021.03.25. 2020므14763).

② (○) 부모는 자녀를 공동으로 양육할 책임이 있고, 양육에 드는 비용도 원칙적으로 부모가 공동으로 부담하여야 한다. 그런데 어떠한 사정으로 인하여 부모 중 어느 한쪽만이 자녀를 양육하게 된 경우에는 양육하는 사람이 상대방에게 현재와 장래의 양육비 중 적정 금액의 분담을 청구할 수 있다. 재판상 이혼에 따른 자녀의 양육책임에 대하여 이혼 당사자 간에 양육자의 결정과 양육비용의 부담에 관한 사항에 대하여 협의가 이루어지지 않거나 협의할 수 없을 때에는 가정법원은 직권으로 또는 당사자의 청구에 따라 해당 사항을 정한다(민법 제837조, 제843조). 자녀의 양육에 관한 처분에 관한 심판은 부모 중 일방이 다른 일방을 상대방으로 하여 청구하여야 한다(가사소송규칙 제99조 제1항). 이러한 사항들을 종합하면, 재판상 이혼 시 친권자와 양육자로 지정된 부모의 일방은 상대방에게 양육비를 청구할 수 있고, 이 경우 가정법원으로서는 자녀의 양육비 중 양육자가 부담해야 할 양육비를 제외하고 상대방이 분담해야 할 적정 금액의 양육비만을 결정하는 것이 타당하다(대판 2020.05.14. 2019므15302).

③ (X) 이혼으로 인한 재산분할청구권은 협의 또는 심판에 의하여 그 구체적 내용이 형성되기까지는 그 범위 및 내용이 불명확·불확정하기 때문에 구체적으로 권리가 발생하였다고 할 수 없으므로 이를 보전하기 위하여 채권자대위권을 행사할 수 없다(대판 1999.04.09. 98다58016).

④ (○) 재판상 이혼의 경우 부모 모두를 자녀의 공동양육자로 지정하는 것은 부모가 공동양육을 받아들일 준비가 되어 있고 양육에 대한 가치관에서 현저한 차이가 없는지, 부모가 서로 가까운 곳에 살고 있고 양육환경이 비슷하여 자녀에게 경제적·시간적 손실이 적고 환경 적응에 문제가 없는지, 자녀가 공동양육의 상황을 받아들일 이성적·정서적 대응능력을 갖추었는지 등을 종합적으로 고려하여 공동양육을 위한 여건이 갖추어졌다고 볼 수 있는 경우에만 가능하다고 보아야 한다(대판 2020.05.14. 2018므15534).

⑤ (○) 이혼 당사자 각자가 보유한 적극재산에서 소극재산을 공제하는 등으로 재산상태를 따져 본 결과 재산분할 청구의 상대방이 그에게 귀속되어야 할 몫보다 더 많은 적극재산을 보유하고 있거나 소극재산의 부담

이 더 적은 경우에는 적극재산을 분배하거나 소극재산을 분담하도록 하는 재산분할은 어느 것이나 가능하다고 보아야 하고, 후자의 경우라고 하여 당연히 재산분할 청구가 배척되어야 한다고 할 것은 아니다(대판 2013.06.20. 2010므4071(전합)).

정답 ③

문 5

이혼으로 인한 재산분할청구권에 관한 다음 설명 중 옳은 것은 모두 몇 개인가? [2020년 32번]

> ㄱ. 이혼소송의 사실심 변론종결 당시에 부부 중 일방이 공무원 퇴직연금을 실제로 수령하고 있는 경우에, 재산분할제도의 취지에 비추어 허용될 수 없는 경우가 아니라면, 이미 발생한 공무원 퇴직연금수급권도 부동산 등과 마찬가지로 재산분할의 대상에 포함될 수 있고, 이 경우 공무원 퇴직연금수급권과 다른 일반재산을 구분하여 개별적으로 분할비율을 정하는 것도 가능하다.
> ㄴ. 이혼 당시 부부 일방이 아직 재직 중이어서 실제 퇴직급여를 수령하지 않았더라도 퇴직급여채권은 재산분할의 대상에 포함시킬 수 있고, 구체적으로는 이혼소송의 사실심 변론종결 시 이후 장래 퇴직시까지 예상되는 퇴직급여 상당액의 채권도 포함된다.
> ㄷ. 이혼으로 인한 재산분할청구권은 협의 또는 심판에 의하여 그 구체적 내용이 형성되기까지는 그 범위 및 내용이 불명확·불확정하기 때문에 구체적으로 권리가 발생하였다고 할 수 없으므로 이를 보전하기 위하여 채권자대위권을 행사할 수 없다.
> ㄹ. 이혼소송과 재산분할청구가 병합된 경우, 배우자 일방이 사망하면 이혼의 성립을 전제로 하여 이혼소송에 부대한 재산분할청구 역시 이를 유지할 이익이 상실되어 이혼소송의 종료와 동시에 종료된다.
> ㅁ. 재산분할재판에서 분할대상인지 여부가 전혀 심리된 바 없는 재산이 재판확정 후 추가로 발견된 경우에는 이에 대하여 추가로 재산분할청구를 할 수 있다. 다만 추가 재산분할청구 역시 이혼한 날부터 2년 이내라는 제척기간을 준수하여야 한다.
> ㅂ. 당사자가 이혼이 성립하기 전에 이혼소송과 병합하여 재산분할의 청구를 한 경우에, 법원이 이혼과 동시에 재산분할로서 금전의 지급을 명하는 판결이 확정되기 전이라도 재산분할청구권을 양도할 수 있다.

① 1개　　　　② 2개　　　　③ 3개
④ 4개　　　　⑤ 5개

| MGI Point | **이혼으로 인한 재산분할청구권**　　　★★

■ 재산분할청구권의 인정 여부
  • 이혼소송의 사실심 변론종결 당시에 부부 중 일방이 공무원 퇴직연금을 실제로 수령하고 있는 경우 ○ ⇨ 공무원 퇴직연금수급권과 다른 일반재산을 구분하여 개별적으로 분할비율로 정하는 것도 可
  • 실제로 수령하지 않았으나, 이혼소송의 사실심 변론종결 시에 이미 잠재적으로 존재하여 경제적 가치의 현실적 평가가 가능한 퇴직급여채권 ○ ⇨ 이혼소송의 사실심 변론종결 시를 기준으로 그 시점에서 퇴직할 경우 수령할 수 있을 것으로 예상되는 퇴직급여 상당액
  • 재산분할재판에서 분할대상인지 여부가 전혀 심리된 바 없는 재산이 재판확정 후 추가로 발견된 경우 ○ ⇨ 단, 이혼한 날부터 2년 이내라는 제척기간 준수 要
  • 이혼소송과 재산분할청구가 병합된 경우 배우자 일방이 사망하는 경우 ×
■ 협의 또는 심판에 의하여 그 구체적 내용이 형성되기 전의 이혼으로 인한 재산분할청구권 ⇨ 채권자대위권의 피보전채권이 될 수 없음
■ 당사자가 이혼이 성립하기 전에 이혼소송과 병합하여 재산분할의 청구를 한 경우 아직 발생하지 아니하였고 구체적 내용이 형성되지 아니한 재산분할청구권을 미리 양도 × ⇨ 법원이 이혼과 동시에 재산분할로서 금전의 지급을 명하는 판결이 확정된 이후부터 채권 양도의 대상이 될 수 있음

ㄱ. (○) 이혼소송의 사실심 변론종결 당시에 부부 중 일방이 공무원 퇴직연금을 실제로 수령하고 있는 경우에, 위 공무원 퇴직연금에는 사회보장적 급여로서의 성격 외에 임금의 후불적 성격이 불가분적으로 혼재되어 있으므로, 혼인기간 중의 근무에 대하여 상대방 배우자의 협력이 인정되는 이상 공무원 퇴직연금수급권 중 적어도 그 기간에 해당하는 부분은 부부 쌍방의 협력으로 이룩한 재산으로 볼 수 있다. 따라서 재산분할제도의 취지에 비추어 허용될 수 없는 경우가 아니라면, 이미 발생한 공무원 퇴직연금수급권도 부동산 등과 마찬가지로 재산분할의 대상에 포함될 수 있다고 봄이 상당하다. 그리고 구체적으로는 연금수급권자인 배우자가 매월 수령할 퇴직연금액 중 일정 비율에 해당하는 금액을 상대방 배우자에게 정기적으로 지급하는 방식의 재산분할도 가능하다. 원 퇴직연금수급권에 대하여 위와 같이 정기금 방식으로 재산분할을 할 경우에는 대체로 가액을 특정할 수 있는 다른 일반재산과는 달리 공무원 퇴직연금수급권은 연금수급권자인 배우자의 여명을 알 수 없어 가액을 특정할 수 없는 등의 특성이 있으므로, 재산분할에서 고려되는 제반 사정에 비추어 공무원 퇴직연금수급권에 대한 기여도와 다른 일반재산에 대한 기여도를 종합적으로 고려하여 전체 재산에 대한 하나의 분할비율을 정하는 것이 형평에 부합하지 아니하는 경우도 있을 수 있다. 그러한 경우에는 공무원 퇴직연금수급권과 다른 일반재산을 구분하여 개별적으로 분할비율을 정하는 것이 타당하고, 그 결과 실제로 분할비율이 달리 정하여지더라도 이는 분할비율을 달리 정할 수 있는 합리적 근거가 있는 경우에 해당한다고 할 것이다(대판 2014.07.16. 2012므2888).

ㄴ. (X) 재산분할제도의 취지 및 여러 사정들에 비추어 볼 때, 비록 이혼 당시 부부 일방이 아직 재직 중이어서 실제 퇴직급여를 수령하지 않았더라도 이혼소송의 사실심 변론종결 시에 이미 잠재적으로 존재하여 경제적 가치의 현실적 평가가 가능한 재산인 퇴직급여채권은 재산분할의 대상에 포함시킬 수 있으며, 구체적으로는 이혼소송의 사실심 변론종결 시를 기준으로 그 시점에서 퇴직할 경우 수령할 수 있을 것으로 예상되는 퇴직급여 상당액의 채권이 그 대상이 된다(대판 2014.07.16. 2013므2250(전합)).

ㄷ. (○) 이혼으로 인한 재산분할청구권은 협의 또는 심판에 의하여 그 구체적 내용이 형성되기까지는 그 범위 및 내용이 불명확·불확정하기 때문에 구체적으로 권리가 발생하였다고 할 수 없으므로 이를 보전하기 위하여 채권자대위권을 행사할 수 없다(대판 1999.04.09. 98다58016).

ㄹ. (○) 이혼소송과 재산분할청구가 병합된 경우, 배우자 일방이 사망하면 이혼의 성립을 전제로 하여 이혼소송에 부대한 재산분할청구 역시 이를 유지할 이익이 상실되어 이혼소송의 종료와 동시에 종료된다(대판 1994.10.28. 94므246).

ㅁ. (○) 민법 제839조의2 제3항, 제843조에 따르면 재산분할청구권은 협의상 또는 재판상 이혼한 날부터 2년이 지나면 소멸한다. 2년 제척기간 내에 재산의 일부에 대해서만 재산분할을 청구한 경우 청구 목적물로 하

지 않은 나머지 재산에 대해서는 제척기간을 준수한 것으로 볼 수 없으므로, 재산분할청구 후 제척기간이 지나면 그때까지 청구 목적물로 하지 않은 재산에 대해서는 청구권이 소멸한다. 재산분할재판에서 분할대상인지 여부가 전혀 심리된 바 없는 재산이 재판확정 후 추가로 발견된 경우에는 이에 대하여 추가로 재산분할청구를 할 수 있다. 다만 추가 재산분할청구 역시 이혼한 날부터 2년 이내라는 제척기간을 준수하여야 한다(대결 2018.06.22. 2018스18).

ㅂ. (X) 이혼으로 인한 재산분할청구권은 이혼을 한 당사자의 일방이 다른 일방에 대하여 재산분할을 청구할 수 있는 권리로서, 이혼이 성립한 때에 법적 효과로서 비로소 발생하며, 또한 협의 또는 심판에 의하여 구체적 내용이 형성되기 전까지는 범위 및 내용이 불명확·불확정하기 때문에 구체적으로 권리가 발생하였다고 할 수 없다. 따라서 당사자가 이혼이 성립하기 전에 이혼소송과 병합하여 재산분할의 청구를 한 경우에, 아직 발생하지 아니하였고 구체적 내용이 형성되지 아니한 재산분할청구권을 미리 양도하는 것은 성질상 허용되지 아니하며, 법원이 이혼과 동시에 재산분할로서 금전의 지급을 명하는 판결이 확정된 이후부터 채권양도의 대상이 될 수 있다(대판 2017.09.21. 2015다61286).

정답 ④

문 6

이혼시 재산분할청구권에 관한 다음 설명 중 가장 옳지 않은 것은? [2018년 20번]

① 법률상 배우자 있는 자는 그 법률혼 관계가 사실상 이혼상태라는 등의 특별한 사정이 없는 한 사실혼 관계에 있는 상대방에게 그와의 사실혼 해소를 이유로 재산분할을 청구할 수 없다.
② 부부 일방의 특유재산은 원칙적으로 분할대상이 되지 아니하나 특유재산일지라도 다른 일방이 적극적으로 특유재산의 유지에 협력하여 감소를 방지하였거나 증식에 협력하였다고 인정되는 경우에는 분할대상이 될 수 있다.
③ 재산분할의 방법으로 금전의 지급을 명한 부분은 가집행선고의 대상이 될 수 없다.
④ 이혼에 있어서 재산분할은 부부가 혼인 중에 가지고 있었던 실질상의 공동재산을 청산하여 분배함과 동시에 이혼 후에 상대방의 생활유지에 이바지하는 데 있으므로, 분할자의 유책행위에 외하여 이혼함으로써 입게 되는 정신적 손해를 배상하기 위한 급부로서의 성질까지 포함하여 분할할 수는 없다.
⑤ 부부의 일방이 실질적으로 혼자서 지배하고 있는 주식회사라고 하더라도 그 회사 소유의 재산을 바로 그 개인의 재산으로 평가하여 재산분할의 대상에 포함시킬 수는 없다.

:: 해설

① (○) 법률상 배우자 있는 자는 그 법률혼 관계가 사실상 이혼상태라는 등의 특별한 사정이 없는 한 사실혼 관계에 있는 상대방에게 그와의 사실혼 해소를 이유로 재산분할을 청구함은 허용되지 않는다(대판 1995.07.03. 94스30).
② (○) 민법 제839조의2에 규정된 재산분할제도는 혼인 중에 취득한 실질적인 공동재산을 청산 분배하는 것을 주된 목적으로 하는 것이므로, 부부가 재판상 이혼을 할 때 쌍방의 협력으로 이룩한 재산이 있는 한, 법원으로서는 당사자의 청구에 의하여 그 재산의 형성에 기여한 정도 등 당사자 쌍방의 일체의 사정을 참작하여 분할의 액수와 방법을 정하여야 하는바, 이 경우 부부 일방의 특유재산은 원칙적으로 분할의 대상이 되지 아니하나 특유재산일지라도 다른 일방이 적극적으로 그 특유재산의 유지에 협력하여 그 감소를 방지하였거나 그 증식에 협력하였다고 인정되는 경우에는 분할의 대상이 될 수 있다(대판 1998.02.13. 97므1486).

③ (○) 민법 제839조의2에 따른 재산분할 청구사건은 마류 가사비송사건으로서 즉시항고의 대상에 해당하기는 하지만, 재산분할은 부부가 혼인 중에 취득한 실질적인 공동재산을 청산 분배하는 것을 주된 목적으로 하고, 법원이 당사자 쌍방의 협력으로 이룩한 재산의 액수 기타 사정을 참작하여 분할의 액수와 방법을 정하는 것이므로, 재산분할로 금전의 지급을 명하는 경우에도 판결 또는 심판이 확정되기 전에는 금전지급의무의 이행기가 도래하지 아니할 뿐만 아니라 금전채권의 발생조차 확정되지 아니한 상태에 있다고 할 것이어서, 재산분할의 방법으로 금전의 지급을 명한 부분은 가집행선고의 대상이 될 수 없다. 그리고 이는 이혼이 먼저 성립한 후에 재산분할로 금전의 지급을 명하는 경우라고 하더라도 마찬가지이다(대판 2014.09.04. 2012므1656).

④ (X) 이혼에 있어서 재산분할은 부부가 혼인 중에 가지고 있었던 실질상의 공동재산을 청산하여 분배함과 동시에 이혼 후에 상대방의 생활유지에 이바지하는데 있지만, 분할자의 유책행위에 의하여 이혼함으로 인하여 입게 되는 정신적 손해(위자료)를 배상하기 위한 급부로서의 성질까지 포함하여 분할할 수도 있다고 할 것인바, 재산분할의 액수와 방법을 정함에 있어서는 당사자 쌍방의 협력으로 이룩한 재산의 액수 기타 사정을 참작하여야 하는 것이 민법 제839조의2 제2항의 규정상 명백하므로 재산분할자가 이미 채무초과의 상태에 있다거나 또는 어떤 재산을 분할한다면 무자력이 되는 경우에도 분할자가 부담하는 채무액 및 그것이 공동재산의 형성에 어느 정도 기여하고 있는지 여부를 포함하여 재산분할의 액수와 방법을 정할 수 있다고 할 것이고, 재산분할자가 당해 재산분할에 의하여 무자력이 되어 일반채권자에 대한 공동담보를 감소시키는 결과가 된다고 하더라도 그러한 재산분할이 민법 제839조의2 제2항의 규정취지에 반하여 상당하다고 할 수 없을 정도로 과대하고, 재산분할을 구실로 이루어진 재산처분이라고 인정할 만한 특별한 사정이 없는 한 사해행위로서 채권자취소권의 대상이 되지 아니하고, 위와 같은 특별한 사정이 있어 사해행위로서 채권자취소권의 대상이 되는 경우에도 취소되는 범위는 그 상당한 부분을 초과하는 부분에 한정된다고 할 것이다(대판 2001.05.08. 2000다58804).

⑤ (○) 부부의 일방이 실질적으로 혼자서 지배하고 있는 주식회사(이른바 '1인 회사')라고 하더라도 그 회사 소유의 재산을 바로 그 개인의 재산으로 평가하여 재산분할의 대상에 포함시킬 수는 없다. 주식회사와 같은 기업의 재산은 다양한 자산 및 부채 등으로 구성되는 것으로서, 그 회사의 재산에 대하여는 일반적으로 이를 종합적으로 평가한 후에야 1인 주주에 개인적으로 귀속되고 있는 재산가치를 산정할 수 있을 것이다. 따라서 그의 이혼에 있어서 재산분할에 의한 청산을 함에 있어서는 특별한 사정이 없는 한 회사의 개별적인 적극재산의 가치가 그대로 1인 주주의 적극재산으로서 재산분할의 대상이 된다고 할 수 없다(대판 2011.03.10. 2010므4699).

정답 ④

문 7

재산분할청구권에 관한 다음 설명 중 가장 옳지 않은 것은?(다툼이 있는 경우 판례에 따르고 전원합의체 판결의 경우 다수의견에 의함) [2017년 8번]

① 혼인이 해소되기 전에 재산분할청구권을 미리 포기하는 것은 성질상 허용되지 아니한다.
② 부부가 이혼할 때 쌍방의 소극재산 총액이 적극재산 총액을 초과하여 재산분할을 한 결과가 결국 채무의 분담을 정하는 것이 되는 경우에도 재산분할 청구를 받아들일 수 있다.
③ 사실혼관계에 있었던 당사자들이 생전에 사실혼관계를 해소한 경우 재산분할청구권을 인정할 수 있으나, 사실혼관계가 일방 당사자의 사망으로 인하여 종료된 경우에는 그 상대방에게 재산분할청구권이 인정된다고 할 수 없다.
④ 아직 이혼하지 않은 당사자가 장차 협의상 이혼할 것을 약정하면서 재산분할에 관한 협의를 하였는데, 이후 협의상 이혼이 이루어지지 아니하고 혼인관계가 존속하거나 재판상이혼이 이루어진 경우에는, 위와 같은 재산분할에 관한 협의는 조건의 불성취로 효력이 발생하지 않는다.

⑤ 당사자가 이혼 성립 후에 재산분할 등을 청구하고 법원이 재산분할로서 금전의 지급을 명하는 판결이나 심판을 하는 경우에는, 분할의무자는 금전지급의무에 관하여 이혼성립 다음날부터 이행지체책임을 진다.

해설 ★★

① (○) 민법 제839조의2에 규정된 재산분할제도는 혼인 중에 부부 쌍방의 협력으로 이룩한 실질적인 공동재산을 청산·분배하는 것을 주된 목적으로 하는 것이고, 이혼으로 인한 재산분할청구권은 이혼이 성립한 때에 법적 효과로서 비로소 발생하는 것일 뿐만 아니라 협의 또는 심판에 따라 구체적 내용이 형성되기까지는 범위 및 내용이 불명확·불확정하기 때문에 구체적으로 권리가 발생하였다고 할 수 없으므로, 협의 또는 심판에 따라 구체화되지 않은 재산분할청구권을 혼인이 해소되기 전에 미리 포기하는 것은 성질상 허용되지 아니한다(대결 2016.01.25. 2015스451).

② (○) 이혼 당사자 각자가 보유한 적극재산에서 소극재산을 공제하는 등으로 재산상태를 따져 본 결과 재산분할 청구의 상대방이 그에게 귀속되어야 할 몫보다 더 많은 적극재산을 보유하고 있거나 소극재산의 부담이 더 적은 경우에는 적극재산을 분배하거나 소극재산을 분담하도록 하는 재산분할은 어느 것이나 가능하다고 보아야 하고, 후자의 경우라고 하여 당연히 재산분할 청구가 배척되어야 한다고 할 것은 아니다. 그러므로 소극재산의 총액이 적극재산의 총액을 초과하여 재산분할을 한 결과가 결국 채무의 분담을 정하는 것이 되는 경우에도 법원은 채무의 성질, 채권자와의 관계, 물적 담보의 존부 등 일체의 사정을 참작하여 이를 분담하게 하는 것이 적합하다고 인정되면 구체적인 분담의 방법 등을 정하여 재산분할 청구를 받아들일 수 있다 할 것이다. 그것이 부부가 혼인 중 형성한 재산관계를 이혼에 즈음하여 청산하는 것을 본질로 하는 재산분할 제도의 취지에 맞고, 당사자 사이의 실질적 공평에도 부합한다(대판 2013.06.20. 2010므4071(전합)).

③ (○) 사실혼이란 당사자 사이에 혼인의 의사가 있고 객관적으로 사회관념상으로 가족질서적인 면에서 부부공동생활을 인정할 만한 혼인생활의 실체가 있는 경우이고, 부부재산에 관한 청산의 의미를 갖는 재산분할에 관한 법률 규정은 부부의 생활공동체라는 실질에 비추어 인정되는 것으로서 사실혼관계에도 이를 준용 또는 유추적용할 수 있기 때문에, 사실혼관계에 있었던 당사자들이 생전에 사실혼관계를 해소한 경우 재산분할청구권을 인정할 수 있으나, 법률상 혼인관계가 일방 당사자의 사망으로 인하여 종료된 경우에도 생존 배우자에게 재산분할청구권이 인정되지 아니하고 단지 상속에 관한 법률 규정에 따라서 망인의 재산에 대한 상속권만이 인정된다는 점 등에 비추어 보면, 사실혼관계가 일방 당사자의 사망으로 인하여 종료된 경우에는 그 상대방에게 재산분할청구권이 인정된다고 할 수 없다(대판 2006.03.24. 2005두15595).

④ (○) 아직 이혼하지 않은 당사자가 장차 협의상 이혼할 것을 약정하면서 이를 전제로 하여 위 재산분할에 관한 협의를 하는 경우에 있어서는, 특별한 사정이 없는 한, 장차 당사자 사이에 협의상 이혼이 이루어질 것을 조건으로 하여 조건부 의사표시가 행하여지는 것이라 할 것이므로, 그 협의 후 당사자가 약정한대로 협의상 이혼이 이루어진 경우에 한하여 그 협의의 효력이 발생하는 것이지, 어떠한 원인으로든지 협의상 이혼이 이루어지지 아니하고 혼인관계가 존속하게 되거나 당사자 일방이 제기한 이혼청구의 소에 의하여 재판상 이혼(화해 또는 조정에 의한 이혼을 포함한다)이 이루어진 경우에는 위 협의는 조건의 불성취로 인하여 효력이 발생하지 않는다(대판 2000.10.24. 99다33458).

⑤ (X) 이혼으로 인한 재산분할청구권은 이혼이 성립한 때에 법적 효과로서 발생하는 것이지만 협의 또는 심판에 의하여 구체적 내용이 형성되기까지는 범위 및 내용이 불명확하기 때문에 구체적으로 권리가 발생하였다고 할 수 없다. 따라서 당사자가 이혼 성립 후에 재산분할 등을 청구하고 법원이 재산분할로서 금전의 지급을 명하는 판결이나 심판을 하는 경우에도, 이는 장래의 이행을 청구하는 것으로서 분할의무자는 금전지급의무에 관하여 판결이나 심판이 확정된 다음 날부터 이행지체책임을 지고, 그 지연손해금의 이율에 관하여는 소송촉진 등에 관한 특례법 제3조 제1항 본문이 정한 이율도 적용되지 아니한다(대판 2014.09.04. 2012므1656).

정답 ⑤

제5관 사실혼

제❹절 | 부모와 자

문 8

부부간 재산의 소유관계, 가족관계의 증명에 관한 다음 설명 중 옳은 것을 모두 고른 것은?(다툼이 있는 경우 판례에 의하고, 전원합의체 판결의 경우 다수의견에 의함. 이하 같음) [2022년 1번]

ㄱ. 부부의 누구에게 속한 것인지 분명하지 아니한 재산은 부부의 공유로 추정하고(민법 제830조 제2항), 채무자와 그 배우자의 공유로서 채무자가 점유하거나 그 배우자와 공동으로 점유하고 있는 유체동산은 압류할 수 있는데(민사집행법 제190조), 이와 같은 부부공유재산의 추정과 부부공유의 유체동산에 대한 압류는 반드시 혼인관계가 유지되고 있는 부부를 전제로 하지 않는다.

ㄴ. 민법 제844조 제1항의 친생추정은 반증을 허용하지 않는 강한 추정이므로, 처가 혼인 중에 포태한 이상 그 부부의 한쪽이 장기간에 걸쳐 해외에 나가 있거나, 사실상의 이혼으로 부부가 별거하고 있는 경우 등 동거의 결여로 처가 부(夫)의 자를 포태할 수 없는 것이 외관상 명백한 사정이 있는 경우에만 그 추정이 미치지 않을 뿐이고, 이러한 예외적인 사유가 없는 한 누구라도 그 자가 부의 친생자가 아님을 주장할 수 없다.

ㄷ. 친생자관계존부확인의 소의 경우 민법 제777조 소정의 친족은 이해관계인으로서 친생자관계존부의 확인이 필요한 당사자 쌍방을 상대로 친생자관계존부확인의 소를 구할 수 있고, 상대방이 될 당사자 쌍방이 사망한 때에는 검사를 상대로 친생자관계존부확인의 소를 구할 수 있으며, 이 경우 민법 제865조 제2항을 유추적용하여 그 제소기간을 준수하여야 한다.

ㄹ. 가족관계등록부는 그 기재가 적법하게 되었고 기재사항이 진실에 부합한다는 추정을 받는다. 그러나 가족관계등록부의 기재에 반하는 증거가 있거나 그 기재가 진실이 아니라고 볼 만한 특별한 사정이 있을 때에는 그 추정은 번복될 수 있다. 따라서 어떠한 신분에 관한 내용이 가족관계등록부에 기재되었더라도 기재된 사항이 진실에 부합하지 않음이 분명한 경우에는 그 기재내용을 수정함으로써 가족관계등록부가 진정한 신분관계를 공시하도록 하여야 한다.

ㅁ. 친생자와 관련된 민법 규정, 특히 민법 제844조 제1항(이하 '친생추정 규정'이라 한다)의 문언과 체계, 민법이 혼인 중 출생한 자녀의 법적 지위에 관하여 친생추정 규정을 두고 있는 기본적인 입법 취지와 연혁, 헌법이 보장하고 있는 혼인과 가족제도 등에 비추어 보면, 아내가 혼인 중 남편이 아닌 제3자의 정자를 제공받아 인공수정으로 자녀를 출산한 경우에도 친생추정 규정을 적용하여 인공수정으로 출생한 자녀가 남편의 자녀로 추정된다.

① ㄱ, ㄴ, ㄷ, ㅁ
② ㄱ, ㄴ, ㄹ
③ ㄴ, ㄹ, ㅁ
④ ㄷ, ㄹ, ㅁ
⑤ ㄱ, ㄷ, ㄹ, ㅁ

| MGI Point | **부부간 재산의 소유관계, 부모와 자** ★★

- 같은 부부공유재산의 추정과 부부공유의 유체동산에 대한 압류 ⇨ 혼인관계가 유지되고 있는 부부를 전제로 함
- 처가 부(夫)의 자를 포태할 수 없는 것이 외관상 명백한 사정이 있는 경우 ⇨ 친생자 추정 ×
- 민법 제777조에서 정한 친족이라는 사실만으로 당연히 친생자관계존부확인의 소 제기 가능한 것 아님
- 가족관계등록부에 기재된 사항이 진실에 부합하지 않음이 분명한 경우 ⇨ 그 기재내용을 수정함으로써 가족관계등록부가 진정한 신분관계를 공시하도록 하여야 함
- 아내가 혼인 중 남편이 아닌 제3자의 정자를 제공받아 인공수정으로 자녀를 출산 ⇨ 남편의 자녀로 추정됨

ㄱ. (X) 부부의 누구에게 속한 것인지 분명하지 아니한 재산은 부부의 공유로 추정하고(민법 제830조 제2항), 채무자와 그 배우자의 공유로서 채무자가 점유하거나 그 배우자와 공동으로 점유하고 있는 유체동산은 압류할 수 있는데(민사집행법 제190조), 이와 같은 부부공유재산의 추정과 부부공유의 유체동산에 대한 압류는 혼인관계가 유지되고 있는 부부를 전제로 한다고 할 것이다(대판 2013.07.11. 2013다201233).

ㄴ. (O) 민법 제844조 제1항의 친생추정은 다른 반증을 허용하지 않는 강한 추정이므로, 처가 혼인 중에 포태한 이상 그 부부의 한쪽이 장기간에 걸쳐 해외에 나가 있거나 사실상의 이혼으로 부부가 별거하고 있는 경우 등 동서의 결여로 처가 부의 자를 포태할 수 없는 것이 외관상 명백한 사정이 있는 경우에만 그러한 추정이 미치지 않을 뿐이고 이러한 예외적인 사유가 없는 한 아무도 그 자가 부의 친생자가 아님을 주장할 수 없는 것이어서, 이와 같은 추정을 번복하기 위하여는 부가 민법 제846조, 제847조에서 규정하는 친생부인의 소를 제기하여 그 확정판결을 받아야 하고, 이러한 친생부인의 소의 방법이 아닌 민법 제865조 소정의 친생자관계부존재확인의 소의 방법에 의하여 그 친생자관계의 부존재확인을 소구하는 것은 부적법하다(대판 1997.02.25. 96므1663).

ㄷ. (X) 구 인사소송법 등의 폐지와 가사소송법의 제정·시행, 호주제 폐지 등 가족제도의 변화, 신분관계 소송의 특수성, 가족관계 구성의 다양화와 그에 대한 당사자 의사의 존중, 법적 친생자관계의 성립이나 해소를 목적으로 하는 다른 소송절차와의 균형 등을 고려할 때, 민법 제777조에서 정한 친족이라는 사실만으로 당연히 친생자관계존부확인의 소를 제기할 수 있다고 한 종전 대법원 판례는 더 이상 유지될 수 없게 되었다고 보아야 한다. … 가사소송법이 적용되는 사안에 대해 민법 제777조에서 정한 친족은 특별한 사정이 없는 한 그와 같은 신분관계에 있다는 사실만으로 친생자관계존부확인의 소를 제기할 소송상 이익이 있다고 판단한 대법원 1998. 10. 20. 선고 97므1585 판결, 대법원 2004. 2. 12. 선고 2003므2503 판결을 비롯하여 그와 같은 취지의 판결은 이 판결의 견해에 배치되는 범위에서 이를 변경하기로 한다(대판 2020.06.18. 2015므0000(전합)).

> 참고판례 친생자관계존부확인의 소의 경우 민법 제777조 소정의 친족은 이해관계인으로서 친생자관계존부의 확인이 필요한 당사자 쌍방을 상대로 친생자관계존부확인의 소를 구할 수 있고, 상대방이 될 당사자 쌍방이 사망한 때에는 검사를 상대로 친생자관계존부확인의 소를 구할 수 있으며, 이 경우 민법 제865조 제2항을 유추적용하여 그 제소기간을 준수하여야 한다고 할 것이어서 결국 민법 제865조 제2항에서 규정하고 있는 '당사자 일방이 사망한 때에는 그 사망을 안 날로부터 1년 내에'라고 함은 제3자가 친생자관계존부확인의 소를 제기하는 경우는 당사자 일방이 사망하는 경우 남은 생존자를 상대로 친생자관계존부확인의 소를 제기할 수 있고, 그 생존자도 사망하여 상대방 될 자 모두가 사망한 경우는 검사를 상대로 할 수 있다는 가사소송법 제24조의 규정에 비추어, 친생자관계존부확인의 대상이 되는 당사자 쌍방이 모두 사망한 경우에는 '당사자 쌍방 모두가 사망한 사실을 안 날로부터 1년 내에'라는 의미라고 하여야 한다(대판 2004.02.12. 2003므2503).

ㄹ. (○) 가족관계등록부는 그 기재가 적법하게 되었고 기재사항이 진실에 부합한다는 추정을 받는다. 그러나 가족관계등록부의 기재에 반하는 증거가 있거나 그 기재가 진실이 아니라고 볼만한 특별한 사정이 있을 때에는 그 추정은 번복될 수 있다. 따라서 <u>어떠한 신분에 관한 내용이 가족관계등록부에 기재되었더라도 기재된 사항이 진실에 부합하지 않음이 분명한 경우에는 그 기재내용을 수정함으로써 가족관계등록부가 진정한 신분관계를 공시하도록 하여야 한다</u>(대결 2020.01.09. 2018스40).

ㅁ. (○) 친생자와 관련된 민법 규정, 특히 민법 제844조 제1항(이하 '친생추정 규정'이라 한다)의 문언과 체계, 민법이 혼인 중 출생한 자녀의 법적 지위에 관하여 친생추정 규정을 두고 있는 기본적인 입법 취지와 연혁, 헌법이 보장하고 있는 혼인과 가족제도 등에 비추어 보면, <u>아내가 혼인 중 남편이 아닌 제3자의 정자를 제공받아 인공수정으로 자녀를 출산한 경우에도 친생추정 규정을 적용하여 인공수정으로 출생한 자녀가 남편의 자녀로 추정된다</u>고 보는 것이 타당하다(대판 2019.10.23. 2016므2510(전합)).

정답 ③

제1관 친생자

문 9

친생자관계존부확인 소에 관한 다음 설명 중 가장 옳지 않은 것은? [2020년 25번]

① 민법 제777조에서 정한 친족이라는 사실만으로 당연히 민법 제865조에 의한 친생자관계존부확인의 소의 원고 적격이 있는 것은 아니다.
② 민법 제865조의 규정에 의하여 이해관계 있는 제3자가 친생자관계 부존재확인을 청구하는 경우 가족관계등록부상 친생자관계가 있는 것으로 기재된 당사자 쌍방을 피고로 삼아야 하고, 그 중 어느 한편이 사망하였을 때에는 생존한 다른 일방을 상대방으로, 친생자관계의 당사자 쌍방이 모두 사망한 때에는 검사를 피고로 삼아야 한다.
③ 친생자관계존부 확인소송은 그 소송물이 일신전속적인 것이지만, 제3자가 친생자관계가 있는 쌍방을 상대로 제기한 친생자관계 부존재확인소송이 계속되던 중 그 쌍방 중 어느 한편이 사망하였을 때에는 그 사망한 사람의 상속인이나 검사가 그 절차를 수계할 수 있다.
④ 친생자관계존부 확인소송의 계속 중 피고에 대하여 실종선고가 확정된 경우 원고는 실종선고가 확정된 때로부터 6개월 이내에 검사로 하여금 피고의 지위를 수계하게 하는 수계신청을 하여야 하고 이 기간 이내에 수계신청을 하지 않으면 그 소송절차는 종료된다고 보아야 한다.
⑤ 당사자가 양친자관계를 창설할 의사로 친생자출생신고를 하고 거기에 입양의 실질적 요건이 모두 구비되어 있다면 그 형식에 다소 잘못이 있더라도 입양의 효력이 발생하고, 이와 같은 경우 파양에 의하여 그 양친자관계를 해소할 필요가 있는 등 특별한 사정이 없는 한 친생자관계 부존재확인청구는 허용될 수 없다.

> **MGI Point** 친생자관계존부확인 소 ★★
>
> - 친생자관계존부확인의 소를 제기할 수 있는 자 ⇨ 민법 제865조에서 정한 제소권자로 한정 ○
> - 제3자가 친생자관계 부존재확인을 청구하는 경우의 피고 ⇨ ① 친자 쌍방이 다 생존하고 있는 경우 친자 쌍방 ② 친자 중 어느 한편이 사망하였을 때 생존자만 ③ 친자가 모두 사망하였을 경우에 검사
> - 3자가 친자 쌍방을 상대로 제기한 친생자관계 부존재확인소송이 계속되던 중 친자 중 어느 한편이 사망한 경우 ⇨ 사망한 사람의 상속인이나 검사가 절차 수계 불가
> - 친생자관계존부 확인소송의 계속 중 피고에 대하여 실종선고가 확정된 경우 ⇨ 원고는 피고가 사망한 때로부터 6개월 이내에 수계신청 하여야 ○ (기간내 수계신청을 하지 않으면 그 소송절차는 종료)
> - 당사자가 양친자관계를 창설할 의사로 친생자출생신고를 하고 거기에 입양의 실질적 요건이 모두 구비된 경우
>   - 형식에 다소 잘못이 있더라도 입양의 효력이 발생 ○
>   - 파양에 의해 그 양친자관계를 해소할 필요가 있는 등 특별한 사정이 없는 한 친생자관계 부존재확인청구 허용 ×

① (○) 민법 제865조 제1항이 친생자관계존부확인의 소를 제기할 수 있는 자를 구체적으로 특정하여 직접 규정하는 대신 소송목적이 유사한 다른 소송절차에 관한 규정들을 인용하면서 각 소의 제기권자에게 원고적격을 부여하고 그 사유만을 달리하게 한 점에 비추어 보면, 민법 제865조 제1항이 정한 친생자관계존부확인의 소는 법적 친생자관계의 성립과 해소에 관한 다른 소송절차에 대하여 보충성을 가진다. 이처럼 민법 제865조 제1항의 규정 형식과 문언 및 체계, 위 각 규정들이 정한 소송절차의 특성, 친생자관계존부확인의 소의 보충성 등을 고려하면, 친생자관계존부확인의 소를 제기할 수 있는 자는 민법 제865조 제1항에서 정한 제소권자로 한정된다고 봄이 타당하다(대판 2020.06.18. 2015므8351(전합)).

② (○), ③ (X) 민법 제865조의 규정에 의하여 이해관계 있는 제3자가 친생자관계 부존재확인을 청구하는 경우 친자 쌍방이 다 생존하고 있는 경우는 친자 쌍방을 피고로 삼아야 하고, 친자 중 어느 한편이 사망하였을 때에는 생존자만을 피고로 삼아야 하며, 친자가 모두 사망하였을 경우에는 검사를 상대로 소를 제기할 수 있다. 친생자관계부 확인소송은 소송물이 일신전속적인 것이므로, 제3자가 친자 쌍방을 상대로 제기한 친생자관계 부존재확인소송이 계속되던 중 친자 중 어느 한편이 사망하였을 때에는 생존한 사람만 피고가 되고, 사망한 사람의 상속인이나 검사가 절차를 수계할 수 없다. 이 경우 사망한 사람에 대한 소송은 종료된다(대판 2018.05.15. 2014므4963).

④ (○) 친생자관계존부 확인소송은 소송물이 일신전속적인 것이지만, 당사자 일방이 사망한 때에는 일정한 기간 내에 검사를 상대로 하여 그 소를 제기할 수 있으므로(민법 제865조 제2항), 당초에는 원래의 피고적격자를 상대로 친생자관계존부 확인소송을 제기하였으나 소송 계속 중 피고가 사망한 경우 원고의 수계신청이 있으면 검사로 하여금 사망한 피고의 지위를 수계하게 하여야 한다. 그러나 그 경우에도 가사소송법 제16조 제2항을 유추적용하여 원고는 피고가 사망한 때로부터 6개월 이내에 수계신청을 하여야 하고, 그 기간 내에 수계신청을 하지 않으면 그 소송절차는 종료된다고 보아야 한다. 이와 같은 법리는 친생자관계존부 확인소송 계속 중 피고에 대하여 실종선고가 확정되어 피고가 사망한 것으로 간주되는 경우에도 마찬가지로 적용된다(대판 2014.09.04. 2013므4201).

⑤ (○) [1] 당사자가 양친자관계를 창설할 의사로 친생자출생신고를 하고 거기에 입양의 실질적 요건이 모두 구비되어 있다면 그 형식에 다소 잘못이 있더라도 입양의 효력이 발생하고 양친자관계는 파양에 의하여 해소될 수 있는 점을 제외하고는 법률적으로 친생자관계와 똑같은 내용을 갖게 되므로 이 경우의 허위의 친생자출생신고는 법률상의 친자관계인 양친자관계를 공시하는 입양신고의 기능을 발휘하게 된다. [2] 위와 같은 경우 진실에 부합하지 않는 친생자로서의 호적기재가 법률상의 친자관계인 양친자관계를 공시하는 효력을 갖게 된다면 파양에 의하여 그 양친자관계를 해소할 필요가 있는등 특별한 사정이 없는 한 그 호적기재 자체를 말소하여 법률상 친자관계의 존재를 부인하게 되는 친생자관계부존재확인청구는 허용될 수 없다(대판 1988.02.23. 85므86).

정답 ③

문 10

친생자관계존부확인의 소와 친생부인의 소에 관한 다음 설명 중 옳은 것을 모두 고른 것은?(다툼이 있는 경우 판례에 의함) [2016년 27번]

> ㉠ 친생자추정과 관련하여 혼인종료의 날로부터 300일 내에 출생한 자에게 일률적으로 친생자로 추정하는 민법 제844조 제2항은 헌법에 합치되지 아니한다.
> ㉡ 친생자추정을 받는 혼인 중의 출생자에 대해 친생자관계부존재확인의 소로 친생자관계가 존재하지 않는다는 심판이 확정된 경우, 친생자로서의 추정의 효력은 상실된다.
> ㉢ 친생자 출생신고가 인지의 효력을 갖는 경우, 그로 인한 친자관계를 다투기 위하여는 친생자관계부존재확인의 소가 아니라 인지에 관련된 소송을 제기하여야 한다.
> ㉣ 친생부인의 소를 제기할 수 있는 자로 추가된 '처'에는 대상자의 법률상 父와 재혼한 처도 포함된다.
> ㉤ 원고와 피고 사이에는 약 30년 전 피고의 모가 피고의 법정대리인으로서 원고를 상대로 인지청구를 하여 이를 인용하는 심판이 확정된 바 있는데, 원고가 피고는 원고의 친생자가 아님이 분명하다는 이유로 제기한 친생자관계부존재확인소송은 확정판결에 반하여 허용되지 않는다.

① ㉠, ㉢, ㉣　　② ㉠, ㉡, ㉤　　③ ㉡, ㉢, ㉣
④ ㉡, ㉣, ㉤　　⑤ ㉠, ㉢, ㉤

해설 ★★

㉠ (○) 혼인 종료 후 300일 내에 출생한 자녀가 전남편의 친생자가 아님이 명백하고, 전남편이 친생추정을 원하지도 않으며, 생부가 그 자를 인지하려는 경우에도, 그 자녀는 전남편의 친생자로 추정되어 가족관계등록부에 전남편의 친생자로 등록되고, 이는 엄격한 친생부인의 소를 통해서만 번복될 수 있다. 그 결과 심판대상조항은 이혼한 모와 전남편이 새로운 가정을 꾸리는 데 부담이 되고, 자녀와 생부가 진실한 혈연관계를 회복하는 데 장애가 되고 있다. 이와 같이 민법 제정 이후의 사회적·법률적·의학적 사정변경을 전혀 반영하지 아니한 채, 이미 혼인관계가 해소된 이후에 자가 출생하고 생부가 출생한 자를 인지하려는 경우마저도, 아무런 예외 없이 그 자를 전남편의 친생자로 추정함으로써 친생부인의 소를 거치도록 하는 심판대상조항은 입법형성의 한계를 벗어나 모가 가정생활과 신분관계에서 누려야 할 인격권, 혼인과 가족생활에 관한 기본권을 침해한다(헌재 2015.04.30. 2013헌마623, 헌법불합치). ▶ 혼인종료 후 300일 이내 출생한 자에 대해 전남편의 친생자로 추정하는 민법 제844조 제2항에 대한 헌법불합치 결정(헌재 2015.04.30. 2013헌마623)에 따라 동조가 개정되고 민법제854조의2, 제855조의2가 신설되어 이제는 혼인관계가 종료된 날부터 300일 이내에 출생한 자녀에 대해서는 가정법원의 친생부인의 허가를 받거나 인지의 허가를 받아 친생추정이 미치지 않도록 할 수 있다.

> 민법 제844조(남편의 친생자의 추정) ① 아내가 혼인 중에 임신한 자녀는 남편의 자녀로 추정한다.
> ② 혼인이 성립한 날부터 200일 후에 출생한 자녀는 혼인 중에 임신한 것으로 추정한다.
> ③ 혼인관계가 종료된 날부터 300일 이내에 출생한 자녀는 혼인 중에 임신한 것으로 추정한다.
> 민법 제854조의2(친생부인의 허가 청구) ① 어머니 또는 어머니의 전(前) 남편은 제844조제3항의 경우에 가정법원에 친생부인의 허가를 청구할 수 있다. 다만, 혼인 중의 자녀로 출생신고가 된 경우에는 그러하지 아니하다.
> ② 제1항의 청구가 있는 경우에 가정법원은 혈액채취에 의한 혈액형 검사, 유전인자의 검사 등 과학적 방법에 따른 검사결과 또는 장기간의 별거 등 그 밖의 사정을 고려하여 허가 여부를 정한다.

> ③ 제1항 및 제2항에 따른 허가를 받은 경우에는 제844조제1항 및 제3항의 추정이 미치지 아니한다.
> 민법 제855조의2(인지의 허가 청구) ① 생부는 제844조제3항의 경우에 가정법원에 인지의 허가를 청구할 수 있다. 다만, 혼인 중의 자녀로 출생신고가 된 경우에는 그러하지 아니하다.
> ② 제1항의 청구가 있는 경우에 가정법원은 혈액채취에 의한 혈액형 검사, 유전인자의 검사 등 과학적 방법에 따른 검사결과 또는 장기간의 별거 등 그 밖의 사정을 고려하여 허가 여부를 정한다.
> ③ 제1항 및 제2항에 따라 허가를 받은 생부가 「가족관계의 등록 등에 관한 법률」 제57조제1항에 따른 신고를 하는 경우에는 제844조제1항 및 제3항의 추정이 미치지 아니한다.

ⓒ (○) 민법 제844조 제1항의 친생자 추정의 규정 즉 혼인중 처가 포태한 자에 대한 부의 자로서의 친생추정은 다른 반증을 허용하지 않는 강한 추정이므로, 처가 혼인중에 포태한 이상 그 부부의 한 쪽이 장기간에 걸쳐 해외에 나가 있거나 사실상의 이혼으로 부부가 별거하고 있는 경우 등 동서의 결여로 처가 부의 자를 포태할 수 없는 것이 외관상 명백한 사정이 있는 경우에만 그러한 추정이 미치지 않을 뿐, 이러한 예외적인 사유가 없는 한 아무도 그 자가 부의 친생자가 아님을 주장할 수 없고, 따라서 이와 같은 추정을 받고 있는 상태에서는 위 추정과 달리 다른 남자의 친생자라고 주장하여 인지를 청구할 수 없으며, 그리고 이와 같은 추정을 번복하기 위하여서는 부측에서 민법 제846조, 제847조가 규정하는 친생부인의 소를 제기하여 그 확정판결을 받아야 하며, 친생부인의 소의 방법이 아닌 민법 제865조 소정의 친생자관계부존재확인의 소의 방법에 의하여 그 친생자관계의 부존재확인을 소구하는 것은 부적법하다. 부적법한 청구일지라도 법원이 그 잘못을 간과하고 청구를 받아들여 친생자관계가 존재하지 않는다는 확인의 심판을 선고하고 그 심판이 확정된 이상 이 심판이 당연무효라고 할 수는 없는 것이며, 구 인사소송법 제35조, 제32조에 의하여 위 확정심판의 기판력은 제3자에게도 미친다고 할 것이어서 위 심판의 확정으로 누구도 소송상으로나 소송 외에서 친생자임을 주장할 수 없게 되었다고 할 것이니 이제는 위 확정심판의 기판력과 충돌되는 친생자로서의 추정의 효력은 사라져버렸다(대판 1992.07.24. 91므566).

ⓒ (X) 인지에 대한 이의의 소 또는 인지무효의 소는 민법 제855조 제1항, 호적법 제60조의 규정에 의하여 생부 또는 생모가 인지신고를 함으로써 혼인외의 자를 인지한 경우에 그 효력을 다투기 위한 소송이며, 위 각 법조에 의한 인지신고에 의함이 없이 일반 출생신고에 의하여 호적부상 등재된 친자관계를 다투기 위하여는 위의 각 소송과는 별도로 민법 제865조가 규정하고 있는 친생자관계부존재확인의 소에 의하여야 할 것인바, 호적법 제62조에 부가 혼인외의 자에 대하여 친생자 출생신고를 한 때에는 그 신고는 인지의 효력이 있는 것으로 규정되어 있으나, 그 신고가 인지신고가 아니라 출생신고인 이상 그와 같은 신고로 인한 친자관계의 외관을 배제하고자 하는 때에도 인지에 관련된 소송이 아니라 친생자관계부존재확인의 소를 제기하여야 한다(대판 1993.07.27. 91므306).

ⓒ (X) 민법 규정의 입법 취지, 개정 연혁과 체계 등에 비추어 보면, 민법 제846조, 제847조 제1항에서 정한 친생부인의 소의 원고적격이 있는 '부, 처'는 자의 생모에 한정되고, 여기에 친생부인이 주장되는 대상자의 법률상 부와 '재혼한 처'는 포함되지 않는다(대판 2014.12.11. 2013므4591).

ⓒ (○) 인지청구의 소의 목적, 심리절차와 증명방법 및 법률적 효과 등을 고려할 때, 인지의 소의 확정판결에 의하여 일단 부와 자 사이에 친자관계가 창설된 이상, 재심의 소로 다투는 것은 별론으로 하고, 그 확정판결에 반하여 친생자관계부존재확인의 소로써 당사자 사이에 친자관계가 존재하지 않는다고 다툴 수는 없다고 할 것이다(대판 2015.06.11. 2014므8217).

정답 ②

제2관 양자

제3관 친양자

문 11

입양 및 친양자에 관한 다음 설명 중 가장 옳지 않은 것은? [2018년 2번]

① 당사자가 양친자관계를 창설할 의사로 친생자 출생신고를 하고 거기에 입양의 실질적 요건이 모두 구비되어 있다면 그 형식에 다소 잘못이 있더라도 입양의 효력이 발생하고, 양친자관계는 파양에 의하여 해소될 수 있는 점을 제외하고는 법률적으로 친생자관계와 똑같은 내용을 갖게 되므로 이 경우의 허위의 친생자 출생신고는 법률상의 친자관계인 양친자관계를 공시하는 입양신고의 기능을 발휘하게 된다. 이때 여기서 입양의 실질적 요건이 구비되어 있다고 하기 위하여는 입양의 무효사유가 없어야 함은 물론 감호·양육 등 양친자로서의 신분적 생활사실이 반드시 수반되어야 한다.

② 입양이 개인간의 법률행위임에 비추어 보면 부부의 공동입양이라고 하여도 부부 각자에 대하여 별개의 입양행위가 존재하여 부부 각자와 양자 사이에 각각 양친자관계가 성립하므로, 부부의 공동입양에 있어서도 부부 각자가 양자와의 사이에 민법이 규정한 입양의 일반 요건을 갖추는 외에 나아가 위와 같은 부부 공동입양의 요건을 갖추어야 한다.

③ 가정법원은 부모가 3년 이상 자녀에 대한 부양의무를 이행하지 않은 경우 또는 부모가 자녀를 학대 또는 유기하거나 그 밖에 자녀의 복리를 현저히 해친 경우에는 부모가 동의를 거부하더라도 부모의 심문을 거쳐 입양의 허가를 할 수 있다.

④ 친양자 입양에 따른 효력으로 친양자는 부부의 혼인중 출생자로 보므로, 설령 양친이 친양자를 학대 또는 유기하거나 그 밖에 친양자의 복리를 현저히 해하는 경우라 할지라도, 친생의 부 또는 모가 가정법원에 친양자의 파양을 청구할 수는 없다.

⑤ 친양자 입양이 취소되거나 파양된 때에는 친양자관계는 소멸하고 입양 전의 친족관계는 부활하는데, 이 경우 친양자 입양의 취소의 효력은 소급하지 않는다.

해설

① (○) 당사자가 양친자관계를 창설할 의사로 친생자출생신고를 하고 거기에 입양의 실질적 요건이 모두 구비되어 있다면 그 형식에 다소 잘못이 있더라도 입양의 효력이 발생하고, 양친자관계는 파양에 의하여 해소될 수 있는 점을 제외하고는 법률적으로 친생자관계와 똑같은 내용을 갖게 되므로 이 경우의 허위의 친생자출생신고는 법률상의 친자관계인 양친자관계를 공시하는 입양신고의 기능을 발휘하게 되는 것이지만, 여기서 입양의 실질적 요건이 구비되어 있다고 하기 위하여는 입양의 합의가 있을 것, 15세 미만자는 법정대리인의 대낙이 있을 것, 양자는 양부모의 존속 또는 연장자가 아닐 것 등 민법 제883조 각호 소정의 입양의 무효사유가 없어야 함은 물론 감호·양육 등 양친자로서의 신분적 생활사실이 반드시 수반되어야 하는 것으로서, 입양의 의사로 친생자출생신고를 하였다 하더라도 위와 같은 요건을 갖추지 못한 경우에는 입양신고로서의 효력이 생기지 아니한다(대판 2004.11.11. 2004므1484).

② (○) 입양이 개인간의 법률행위임에 비추어 보면 부부의 공동입양이라고 하여도 부부 각자에 대하여 별개의 입양행위가 존재하여 부부 각자와 양자 사이에 각각 양친자관계가 성립한다고 할 것이므로, 부부의 공동입양에 있어서도 부부 각자가 양자와의 사이에 민법이 규정한 입양의 일반요건을 갖추는 외에 나아가 위와 같은 부부 공동입양의 요건을 갖추어야 하는 것으로 풀이함이 상당하므로, 처가 있는 자가 입양을 함에 있어서

혼자만의 의사로 부부 쌍방명의의 입양신고를 하여 수리된 경우, 처의 부재 기타 사유로 인하여 공동으로 할 수 없는 때에 해당하는 경우를 제외하고는, 처와 양자가 될 자 사이에서는 입양의 일반요건 중 하나인 당사자간의 입양합의가 없으므로 입양이 무효가 되고, 한편 처가 있는 자와 양자가 될 자 사이에서는 입양의 일반요건을 모두 갖추었어도 부부공동입양의 요건을 갖추지 못하였으므로 처가 그 입양의 취소를 청구할 수 있으나, 그 취소가 이루어지지 않는 한 그들 사이의 입양은 유효하게 존속한다(대판 1998.05.26. 97므25).

③ (○) 민법 제870조 제2항 참조.

> 민법 제870조(미성년자 입양에 대한 부모의 동의) ② 가정법원은 다음 각 호의 어느 하나에 해당하는 사유가 있는 경우에는 부모가 동의를 거부하더라도 제867조 제1항에 따른 입양의 허가를 할 수 있다. 이 경우 가정법원은 부모를 심문하여야 한다.
> 1. 부모가 3년 이상 자녀에 대한 부양의무를 이행하지 아니한 경우
> 2. 부모가 자녀를 학대 또는 유기하거나 그 밖에 자녀의 복리를 현저히 해친 경우

④ (X) 민법 제908조의5 참조.

> 민법 제908조의5(친양자의 파양) ① 양친, 친양자, 친생의 부 또는 모나 검사는 다음 각 호의 어느 하나의 사유가 있는 경우에는 가정법원에 친양자의 파양을 청구할 수 있다.
> 1. 양친이 친양자를 학대 또는 유기하거나 그 밖에 친양자의 복리를 현저히 해하는 때
> 2. 친양자의 양친에 대한 패륜행위로 인하여 친양자관계를 유지시킬 수 없게 된 때

⑤ (○) 민법 제908조의7 참조.

> 민법 제908조의7(친양자 입양의 취소·파양의 효력) ① 친양자 입양이 취소되거나 파양된 때에는 친양자관계는 소멸하고 입양 전의 친족관계는 부활한다.
> ② 제1항의 경우에 친양자 입양의 취소의 효력은 소급하지 아니한다.

[정답] ④

제4관 친권

문 12

친권행사에 관한 다음 설명 중 옳은 것을 고른 것은? [2021년 34번]

ㄱ. 친권자가 성년이 된 子1을 위해 금전을 차입하면서 미성년자인 子2 소유의 부동산에 저당권을 설정하기 위해서는 子2를 위하여 특별대리인을 선임하여야 한다.
ㄴ. 친권자인 母가 자기 오빠의 제3자에 대한 채무를 담보하기 위하여 미성년인 子를 대리하여 그 子 소유의 부동산에 근저당권을 설정하기 위해서는 자녀의 특별대리인을 선임하여야 한다.
ㄷ. 친권자인 母가 미성년인 子의 유일한 재산을 아무런 대가도 받지 않고 그 사실을 알고 있던 子의 숙부에게 증여한 행위는 친권을 남용하는 행위로서 子에게 효력이 미치지 않는다.
ㄹ. 친권자가 미성년의 子인 甲의 생활비를 마련하기 위해 금원을 차용하면서 그 담보로 자신과 甲이 공동 소유하는 부동산 전체를 담보로 제공한 경우 차용금이 실제로 甲의 생활비로 소요되었다는 사정이 인정되면 甲의 공유지분에 관한 근저당권설정행위가 민법 제921조 제1항 소정의 이해상반행위에 해당하지 않는다.

① ㄱ　　　　　　　　② ㄴ　　　　　　　　③ ㄷ
④ ㄹ　　　　　　　　⑤ 없음

> **MGI Point　친권행사**　★★
>
> ■ 이해상반행위(민법 제921조 제2항)에 해당 × : 특별대리인 선임 不要
> ⇨ 성년인 자를 위해 금전을 차입하면서 미성년자 자 소유의 부동산에 저당권을 설정하는 행위
> ⇨ 친권자 모가 자기 오빠의 제3자에 대한 채무의 담보로 미성년자 소유의 부동산에 근저당권을 설정하는 행위
> ■ 이해상반행위(민법 제921 제2항)에 해당 ○ : 특별대리인 선임 要 ⇨ 친권자가 미성년의 子인 甲의 생활비를 마련하기 위해 금원을 차용하면서 그 담보로 자신과 甲이 공동 소유하는 부동산 전체를 담보로 제공하는 행위
> ■ 친권남용 행위로서 자에게 효력 × ⇨ 친권자인 모가 미성년 자의 유일한 재산을 아무런 대가도 받지 않고 그 사실을 알고 있던 자의 숙부에게 증여한 행위

ㄱ. (X) 민법 제921조 제2항의 이해상반행위라 함은 친권에 복종하는 미성년인 자(子)들 상호간에 있어서 각각 당사자 일방이 되어 하는 법률행위뿐 아니라 친권자가 미성년자 일방을 위하여 차금함에 있어서 다른 미성년자인 자(子) 소유 부동산에 저당권을 설정하는 행위와 같이 미성년자 일방을 위하여서는 이익이 되고 다른 미성년자에 대하여는 불이익이 되는 경우도 포함하나 그 어느 경우에 있어서도 이해상반행위의 당사자는 모두가 친권자의 친권에 복종하는 미성년자인 자(子)들이어야 하고 가령 성년이 되어 친권자의 친권에 복종하지 아니하는 자와 친권에 복종하는 미성년자인 자 사이에 이해상반되는 경우에는 친권자는 미성년자인 자(子)를 위한 법정대리인으로서 그 고유의 권리를 행사할 수 있을 것이므로 그러한 친권자의 법률행위는 위 법조 소정의 이해상반행위에 해당 한다고 할 수 없다(대판 1976.03.09. 75다2340).

> 민법 제921조 (친권자와 그 자간 또는 수인의 자간의 이해상반행위) ① 법정대리인인 친권자와 그 자사이에 이해상반되는 행위를 함에는 친권자는 법원에 그 자의 특별대리인의 선임을 청구하여야 한다.
> ② 법정대리인인 친권자가 그 친권에 따르는 수인의 자 사이에 이해상반되는 행위를 함에는 법원에 그 자 일방의 특별대리인의 선임을 청구하여야 한다.

ㄴ. (X) 미성년자의 친권자인 모가 자기 오빠의 제3자에 대한 채무의 담보로 미성년자 소유의 부동산에 근저당권을 설정하는 행위가, 채무자를 위한 것으로서 미성년자에게는 불이익만을 주는 것이라고 하더라도, 민법 제921조 제1항에 규정된 "법정대리인인 친권자와 그 자 사이에 이해상반되는 행위"라고 볼 수는 없다(대판 1991.11.26. 91다32466).

ㄷ. (○) 친권자인 모(母)가 미성년인 자(子)의 법정대리인으로서 자의 유일한 재산을 아무런 대가도 받지 않고 증여하였고 상대방이 그 사실을 알고 있었던 경우, 그 증여행위는 친권의 남용에 의한 것이므로 그 효과는 자에게 미치지 않는다(대판 1997.01.24. 96다43928).

ㄹ. (X) 친권자인 모가 자신이 연대보증한 차용금 채무의 담보로 자신과 자의 공유인 토지 중 자신의 공유지분에 관하여는 공유지분권자로서, 자의 공유지분에 관하여는 그 법정대리인의 자격으로 각각 근저당권설정계약을 체결한 경우, 위 채권의 만족을 얻기 위하여 채권자가 위 토지 중 자의 공유지분에 관한 저당권의 실행을 선택한 때에는, 그 경매대금이 변제에 충당되는 한도에 있어서 모의 책임이 경감되고, 또한 채권자가 모에 대한 연대보증책임의 추구를 선택하여 변제를 받은 때에는, 모는 채권자를 대위하여 위 토지 중 자의 공유지분에 대한 저당권을 실행할 수 있는 것으로 되는바, 위와 같이 친권자인 모와 자 사이에 이해의 충돌이 발생할 수 있는 것이, 친권자인 모가 한 행위 자체의 외형상 객관적으로 당연히 예상되는 것이어서, 모가 자를 대리하여 위 토지 중 자의 공유지분에 관하여 위 근저당권설정계약을 체결한 행위는 이해상반행위로서 무효라고 보아야 한다. 법정대리인인 친권자와 그 자 사이의 이해상반의 유무는 전적으로 그 행위 자체를 객관적으로 관찰하여 판단하여야 할 것이지 그 행위의 동기나 연유를 고려하여 판단하여야 할 것은 아니다(대판 2002.01.11. 2001다65960).

> **판결이유** 법정대리인인 친권자와 그 자 사이의 이해상반의 유무는 전적으로 그 행위 자체를 객관적으로 관찰하여 판단하여야 할 것이지 그 행위의 동기나 연유를 고려하여 판단하여야 할 것은 아니어서, 원심이 부가적 판단에서 설시한 바와 같이, 위 차용금이 대부분 원고 등의 생활비로 소요되었다는 사정에 비추어 위 근저당권설정계약이 이해상반행위에 해당하지 않는다고 판단할 수도 없을 것이므로, 결국 원심판결에는 이해상반행위에 관한 법리를 오해함으로써 판결에 영향을 미친 위법이 있다 할 것이다.

정답 ③

제5절 | 후견, 부양

문 13

후견에 관한 다음 설명 중 옳지 않은 것을 모두 고른 것은? [2019년 23번]

ㄱ. 성년후견개시심판이 있는 경우라도 반드시 성년후견인을 두어야 하는 것은 아니며, 피성년후견인의 신상과 재산에 관한 모든 사정을 고려하여 성년후견인을 두지않을 수 있다.
ㄴ. 질병으로 인한 정신적 제약으로 사무를 처리할 능력이 부족한 19세의 甲에 대하여, 甲의 동생 乙은 가정법원에 한정후견개시의 심판을 청구할 수 있다.
ㄷ. 성년후견인은 미성년후견인과 마찬가지로 여러 명을 둘 수 있고, 미성년후견인은 성년후견인과 마찬가지로 법인을 후견인으로 둘 수 없다.
ㄹ. 미성년후견인이 미성년자와의 사이에 이해가 상반되는 행위를 함에는 미성년후견인은 가정법원에 특별대리인의 선임을 청구하여야 한다. 다만, 후견감독인이 있는 경우에는 그러하지 아니하다.
ㅁ. 가정법원이 피특정후견인에 대하여 성년후견개시의 심판을 할 때에는 종전의 특정후견에 대하여는 그 종료심판을 한다.
ㅂ. 여러 명의 성년후견인이 공동으로 권한을 행사하여야 하는 경우에 어느 성년후견인이 피성년후견인의 이익이 침해될 우려가 있음에도 법률행위의 대리 등 필요한 권한행사에 협력하지 아니할 때에는 가정법원은 직권 또는 이해관계인의 청구에 의하여 그 성년후견인의 의사표시를 갈음하는 재판을 할 수 있다.

① ㄱ, ㄷ, ㅂ ② ㄴ, ㄷ ③ ㄱ, ㄷ
④ ㅁ, ㅂ ⑤ ㄱ, ㄷ, ㄹ, ㅂ

MGI Point 후견인 제도 ★★

- 가정법원의 성년후견개시 심판이 있는 경우 ⇨ 성년후견인 선임은 필수적
- 한정후견개시의 심판청구권자 ⇨ 본인, 배우자, 4촌 이내의 친족, 미성년후견인, 미성년후견감독인, 성년후견인, 성년후견감독인, 특정후견인, 특정후견감독인, 검사 또는 지방자치단체의 장
- 후견인의 수(數) : 미성년후견인은 1명, 성년후견인은 여러 명 가능 (법인도 성년후견인 가능)
- 후견인과 피후견인 사이의 이해상반행위 : 특별대리인 선임 要, 단 후견감독인이 있는 경우 특별대리인 不要
- 가정법원이 피한정후견인 또는 피특정후견인에 대하여 성년후견개시의 심판을 할 때 ⇨ 종전의 한정후견 또는 특정후견의 종료 심판을 한다.
- 여러 명의 성년후견인이 공동으로 권한 행사시 어느 성년후견인이 피성년후견인의 이익이 침해될 우려가 있음에도 권한행사에 협력하지 아니할 때 ⇨ 가정법원은 피성년후견인, 성년후견인, 후견감독인 또는 이해관계인의 청구에 의하여 의사표시를 갈음하는 재판 可

ㄱ. (X) 민법 제929조, 제940조의4 참조.

> 민법 제929조(성년후견심판에 의한 후견의 개시) 가정법원의 성년후견개시심판이 있는 경우에는 그 심판을 받은 사람의 성년후견인을 두어야 한다.
> 민법 제940조의4(성년후견감독인의 선임) ① 가정법원은 필요하다고 인정하면 직권으로 또는 피성년후견인, 친족, 성년후견인, 검사, 지방자치단체의 장의 청구에 의하여 성년후견감독인을 선임할 수 있다.

ㄴ. (○) 민법 제12조 제1항 참조.

> 민법 제12조(한정후견개시의 심판) ① 가정법원은 질병, 장애, 노령, 그 밖의 사유로 인한 정신적 제약으로 사무를 처리할 능력이 부족한 사람에 대하여 본인, 배우자, 4촌 이내의 친족, 미성년후견인, 미성년후견감독인, 성년후견인, 성년후견감독인, 특정후견인, 특정후견감독인, 검사 또는 지방자치단체의 장의 청구에 의하여 한정후견개시의 심판을 한다.

ㄷ. (X) 민법 제930조 참조.

> 민법 제930조(후견인의 수와 자격) ① 미성년후견인의 수(數)는 1명으로 한다.
> ② 성년후견인은 피성년후견인의 신상과 재산에 관한 모든 사정을 고려하여 여러 명을 둘 수 있다.
> ③ 법인도 성년후견인이 될 수 있다.

ㄹ. (○) 민법 제921조 제1항, 제949조의3 참조.

> 민법 제921조(친권자와 그 자간 또는 수인의 자간의 이해상반행위) ① 법정대리인인 친권자와 그 子 사이에 이해 상반되는 행위를 함에는 친권자는 법원에 그 子의 특별대리인의 선임을 청구하여야 한다.
> 민법 제949조의3(이해상반행위) 후견인에 대하여는 제921조를 준용한다. 다만, 후견감독인이 있는 경우에는 그러하지 아니하다.

ㅁ. (○) 민법 제14조의3 참조.

> 민법 제14조의3(심판 사이의 관계) ① 가정법원이 피한정후견인 또는 피특정후견인에 대하여 성년후견개시의 심판을 할 때에는 종전의 한정후견 또는 특정후견의 종료 심판을 한다.
> ② 가정법원이 피성년후견인 또는 피특정후견인에 대하여 한정후견개시의 심판을 할 때에는 종전의 성년후견 또는 특정후견의 종료 심판을 한다.

ㅂ. (X) 민법 제949조의2 참조.

> 민법 제949조의2(성년후견인이 여러 명인 경우 권한의 행사 등) ① 가정법원은 직권으로 여러 명의 성년후견인이 공동으로 또는 사무를 분장하여 그 권한을 행사하도록 정할 수 있다.
> ② 가정법원은 직권으로 제1항에 따른 결정을 변경하거나 취소할 수 있다.
> ③ 여러 명의 성년후견인이 공동으로 권한을 행사하여야 하는 경우에 어느 성년후견인이 피성년후견인의 이익이 침해될 우려가 있음에도 법률행위의 대리 등 필요한 권한행사에 협력하지 아니할 때에는 가정법원은 피성년후견인, 성년후견인, 후견감독인 또는 이해관계인의 청구에 의하여 그 성년후견인의 의사표시를 갈음하는 재판을 할 수 있다.

정답 ①

제3장 상속법

제❶절 ┃ 상속

문 14

상속에 관한 다음 설명 중 옳지 않은 것을 모두 고른 것은? [2022년 5번]

ㄱ. 민법 제1019조(승인, 포기의 기간) 제1항에서 정한 상속인이 상속개시 있음을 안 날이라 함은 상속개시의 원인이 되는 사실의 발생과 이로써 자기가 상속인이 되었다는 점 뿐만 아니라 상속재산과 상속채무의 존재까지 알게 된 날을 뜻한다.

ㄴ. 상속인은 상속채무가 상속재산을 초과하는 사실을 중대한 과실 없이 민법 제1019조 제1항의 기간 내에 알지 못하고 단순승인을 하거나 법정단순승인이 된 경우 그 사실을 안 날부터 3개월 내에 특별한정승인을 할 수 있고, 상속인이 책임질 수 없는 사유로 위 기간을 준수하지 못한 경우에는 위 기간을 지난 후라도 위 점을 소명하여 신고함으로써 추후보완될 수 있다.

ㄷ. 상속인이 미성년인 경우 민법 제1019조 제3항에서 정한 '상속채무 초과사실을 중대한 과실 없이 제1019조 제1항의 기간 내에 알지 못하였는지'와 '상속채무 초과사실을 안 날이 언제인지'를 판단할 때에는 법정대리인의 인식을 기준으로 삼아야 하고, 이를 토대로 살폈을 때 특별한정승인 규정이 애당초 적용되지 않거나 특별한정승인의 제척기간이 이미 지난 것으로 판명되면 단순승인의 법률관계가 그대로 확정되며, 이러한 효과가 발생한 이후 상속인이 성년에 이르더라도 상속개시 있음과 상속채무 초과사실에 관하여 상속인 본인 스스로의 인식을 기준으로 특별한정승인 규정이 적용되고 제척기간이 별도로 기산되어야 함을 내세워 새롭게 특별한정승인을 할 수는 없다.

ㄹ. 상속인은 가정법원에 상속포기신고를 하였더라도 가정법원의 상속포기신고 수리 심판을 고지받을 때까지는 그 고유재산에 대하는 것과 동일한 주의로 상속재산을 관리하여야 할 의무를 부담한다.

ㅁ. 상속채권자는 상속 승인, 포기 등으로 상속관계가 확정되지 않은 동안 상속인을 상대로 상속재산에 관한 가압류결정을 받아 이를 집행할 수 있고, 그 후 상속인이 상속포기로 인하여 상속인의 지위를 소급하여 상실한다고 하더라도 이미 발생한 가압류의 효력에 영향을 미치지 않으며, 위 상속채권자는 종국적으로 상속인이 된 사람을 채무자로 한 상속재산에 대한 경매절차에서 가압류채권자로서 적법하게 배당을 받을 수 있다.

ㅂ. 피상속인의 사망 후 상속채무가 상속재산을 초과하여 상속인인 배우자와 자녀들이 상속포기를 하였는데, 그 후 피상속인의 직계존속이 사망하여 민법 제1001조, 제1003조 제2항에 따라 대습상속이 개시된 경우, 이미 사망한 피상속인의 배우자와 자녀들의 피상속인에 대한 상속포기의 효과는 피상속인의 직계존속의 사망으로 인한 대습상속에까지 미치므로, 별도로 민법이 정한 기간 내에 상속포기의 방식과 절차에 따라 피상속인의 직계존속의 사망으로 인한 대습상속 포기를 하지 않더라도 대습상속 포기의 효력이 생긴다.

① ㄱ, ㄴ, ㄷ, ㅂ ② ㄱ, ㅁ, ㅂ ③ ㄱ, ㄴ, ㅂ
④ ㄴ, ㄷ, ㄹ, ㅁ ⑤ ㄷ, ㄹ, ㅁ

> **MGI Point** 상속 ★★
>
> - 상속인이 상속개시 있음을 안 날 ⇨ 상속재산과 상속채무의 존재까지 알 필요 ×
> - 3개월의 특별한정승인기간 ⇨ 추후보완 不可
> - 상속인이 미성년인 경우 제1019조 제1항의 기간 ⇨ 법정대리인의 인식을 기준으로 판단
> - 상속포기 신고 후 수리심판 고지 전 ⇨ 고유의 재산과 동일한 주의로 상속재산 관리 要
> - 상속재산에 관한 가압류 후 상속포기 ⇨ 가압류의 효력에 영향 ×
> - 상속포기의 효과 ⇨ 대습상속에 미치지 않음

ㄱ. (X) 민법 제1019조 제1항 소정의 "상속개시 있음을 안 날"이라 함은 상속개시의 원인이 되는 사실의 발생을 앎으로써 자기가 상속인이 되었음을 안 날을 말하는 것이므로 상속재산 또는 상속채무의 존재를 알아야만 위 고려기간이 진행되는 것은 아니라고 할 것이다(대결 1991.06.11. 91스1).

ㄴ. (X) 민법 제1019조 제3항의 기간은 한정승인신고의 가능성을 언제까지나 남겨둠으로써 당사자 사이에 일어나는 법적 불안상태를 막기 위하여 마련한 제척기간이고, 경과규정인 개정 민법(2002. 1. 14. 법률 제6591호) 부칙 제3항 소정의 기간도 제척기간이라 할 것이며, 한편 제척기간은 불변기간이 아니어서 그 기간을 지난 후에는 당사자가 책임질 수 없는 사유로 그 기간을 준수하지 못하였더라도 추후에 보완될 수 없다(대결 2003.08.11. 2003스32).

ㄷ. (O) 미성년 상속인의 법정대리인이 인식한 바를 기준으로 '상속채무 초과사실을 중대한 과실 없이 알지 못하였는지 여부'와 '이를 알게 된 날'을 정한 다음 이를 토대로 살폈을 때 특별한정승인 규정이 애당초 적용되지 않거나 특별한정승인의 제척기간이 이미 지난 것으로 판명되면, 단순승인의 법률관계가 그대로 확정된다. 그러므로 이러한 효과가 발생한 이후 상속인이 성년에 이르더라도 상속개시 있음과 상속채무 초과사실에 관하여 상속인 본인 스스로의 인식을 기준으로 특별한정승인 규정이 적용되고 제척기간이 별도로 기산되어야 함을 내세워 새롭게 특별한정승인을 할 수는 없다고 보아야 한다(대판 2020.11.19. 2019다232918(전합)).

ㄹ. (O) 상속인은 상속포기를 할 때까지는 그 고유재산에 대하는 것과 동일한 주의로 상속재산을 관리하여야 힌다(민법 제1022조). 상속인이 상속을 포기할 때에는 민법 제1019조 제1항의 기간 내에 가정법원에 포기의 신고를 하여야 하고(민법 제1041조), 상속포기는 가정법원이 상속인의 포기신고를 수리하는 심판을 하여 이를 당사자에게 고지한 때에 효력이 발생하므로, 상속인은 가정법원의 상속포기신고 수리 심판을 고지받을 때까지 민법 제1022조에 따른 상속재산 관리의무를 부담한다(대판 2021.09.15. 2021다224446).

ㅁ. (O) 상속인은 아직 상속 승인, 포기 등으로 상속관계가 확정되지 않은 동안에도 잠정적으로나마 피상속인의 재산을 당연 취득하고 상속재산을 관리할 의무가 있으므로, 상속채권자는 그 기간 동안 상속인을 상대로 상속재산에 관한 가압류결정을 받아 이를 집행할 수 있다. 그 후 상속인이 상속포기로 인하여 상속인의 지위를 소급하여 상실한다고 하더라도 이미 발생한 가압류의 효력에 영향을 미치지 않는다. 따라서 위 상속채권자는 종국적으로 상속인이 된 사람 또는 민법 제1053조에 따라 선임된 상속재산관리인을 채무자로 한 상속재산에 대한 경매절차에서 가압류채권자로서 적법하게 배당을 받을 수 있다(대판 2021.09.15. 2021다224446).

ㅂ. (X) 피상속인의 사망으로 상속이 개시된 후 상속인이 상속을 포기하면 상속이 개시된 때에 소급하여 그 효력이 생긴다(민법 제1042조). 따라서 제1순위 상속권자인 배우자와 자녀들이 상속을 포기하면 제2순위에 있는 사람이 상속인이 된다. 상속포기의 효력은 피상속인의 사망으로 개시된 상속에만 미치고, 그 후 피상속인을 피대습자로 하여 개시된 대습상속에까지 미치지는 않는다. 대습상속은 상속과는 별개의 원인으로 발생하는 것인 데다가 대습상속이 개시되기 전에는 이를 포기하는 것이 허용되지 않기 때문이다. 이는 종전에 상속인의 상속포기로 피대습자의 직계존속이 피대습자를 상속한 경우에도 마찬가지이다(대판 2017.01.12. 2014다39824).

정답 ③

문 15
다음 설명 중 옳지 않은 것은 모두 몇 개인가? [2021년 38번]

> 가. 상속재산인 부동산의 분할 귀속을 내용으로 하는 상속재산분할심판이 확정되면 민법 제187조에 의하여 상속재산분할심판에 따른 등기 없이도 해당 부동산에 관한 물권변동의 효력이 발생한다.
> 나. 상속재산의 분할은 상속이 개시된 때에 소급하여 그 효력이 있다. 그러나 제3자의 권리를 해하지 못한다(민법 제1015조). 이는 상속재산분할의 소급효를 인정하여 공동상속인이 분할 내용대로 상속재산을 피상속인이 사망한 때에 바로 피상속인으로부터 상속한 것으로 보면서도, 상속재산분할 전에 이와 양립하지 않는 법률상 이해관계를 가진 제3자에게는 상속재산분할의 소급효를 주장할 수 없도록 함으로써 거래의 안전을 도모하고자 한 것이다. 이때 민법 제1015조 단서에서 말하는 제3자는 일반적으로 상속재산분할의 대상이 된 상속재산에 관하여 상속재산분할 전에 새로운 이해관계를 가진 사람을 말하는 것으로 등기, 인도 등으로 권리를 취득한 사람으로 한정되는 것은 아니다.
> 다. 법원이 한정승인신고를 수리하게 되면 피상속인의 채무에 대한 상속인의 책임은 상속재산으로 한정되고, 그 결과 상속채권자는 특별한 사정이 없는 한 상속인의 고유재산에 대하여 강제집행을 할 수 없다. 그런데 민법은 한정승인을 한 상속인(한정승인자)에 관하여 그가 상속재산을 은닉하거나 부정소비한 경우 단순승인을 한 것으로 간주하는 것(제1026조 제3호) 외에는 상속재산의 처분행위 자체를 직접적으로 제한하는 규정을 두고 있지 않기 때문에, 한정승인으로 발생하는 위와 같은 책임제한 효과로 인하여 한정승인자의 상속재산 처분행위가 당연히 제한된다고 할 수는 없다.
> 라. 자신이 진정한 상속인임을 전제로 그 상속으로 인한 소유권 또는 지분권 등 재산권의 귀속을 주장하면서 참칭상속인 또는 참칭상속인으로부터 상속재산에 관한 권리를 취득하거나 새로운 이해관계를 맺은 제3자를 상대로 상속재산인 부동산에 관한 등기의 말소 등을 청구하는 경우, 그 재산권 귀속 주장이 상속을 원인으로 하는 것인 이상 청구원인이 무엇인지 여부에 관계없이 민법 제999조가 정하는 상속회복청구의 소에 해당한다.
> 마. 피상속인의 사망 후 상속채무가 상속재산을 초과하여 상속인 배우자와 자녀들이 상속포기를 하였는데, 그 후 피상속인의 직계존속이 사망하여 민법 제1001조, 제1003조 제2항에 따라 대습상속이 개시된 경우에 대습상속인이 민법이 정한 절차와 방식에 따라 한정승인이나 상속포기를 하지 않으면 단순승인을 한 것으로 간주된다.

① 없음 ② 1개 ③ 2개
④ 3개 ⑤ 4개

> **MGI Point** 상속 ★★
>
> - 상속재산인 부동산의 분할 귀속을 내용으로 하는 상속재산분할심판 확정된 경우
>   ⇨ 등기없이 물권변동의 효력 ○ (민법 제187조)
> - 상속재산의 분할시 보호되는 제3자(민법 제1015조 단서) ⇨ 상속재산분할 전에 새로운 이해관계 + 등기, 인도 등으로 권리를 취득한 자
> - 한정승인자의 상속재산 처분행위 ⇨ 당연 제한 × (∵ 단순승인간주(민법 제1026조 제3호) 외 처분행위 자체를 직접적으로 제한하는 규정 無)
> - 진정한 상속인임을 전제로 상속으로 인한 재산권의 귀속을 주장하면서 참칭상속인 등을 상대로 상속재산인 부동산에 관한 등기의 말소 등을 청구하는 경우 ⇨ 그 청구원인에 관계없이 상속회복청구의 소에 해당 ○
> - 피상속인 사망 후 상속채무가 상속재산을 초과하여 상속인 배우자와 자녀들이 상속포기 이후 피상속인의 직계존속이 사망으로 인한 대습상속이 개시된 경우 ⇨ 한정승인 or 상속포기 하지 않으면 단순승인으로 간주 ○

가. (○), 나. (X) 상속재산의 분할은 상속이 개시된 때에 소급하여 그 효력이 있다. 그러나 제3자의 권리를 해하지 못한다(민법 제1015조). 이는 상속재산분할의 소급효를 인정하여 공동상속인이 분할 내용대로 상속재산을 피상속인이 사망한 때에 바로 피상속인으로부터 상속한 것으로 보면서도, 상속재산분할 전에 이와 양립하지 않는 법률상 이해관계를 가진 제3자에게는 상속재산분할의 소급효를 주장할 수 없도록 함으로써 거래의 안전을 도모하고자 한 것이다. 이때 민법 제1015조 단서에서 말하는 제3자는 일반적으로 상속재산분할의 대상이 된 상속재산에 관하여 상속재산분할 전에 새로운 이해관계를 가졌을 뿐만 아니라 등기, 인도 등으로 권리를 취득한 사람을 말한다. 상속재산인 부동산의 분할 귀속을 내용으로 하는 상속재산분할심판이 확정되면 민법 제187조에 의하여 상속재산분할심판에 따른 등기 없이도 해당 부동산에 관한 물권변동의 효력이 발생한다(대판 2020.08.13. 2019다249312).

다. (○) 법원이 한정승인신고를 수리하게 되면 피상속인의 채무에 대한 상속인의 책임은 상속재산으로 한정되고, 그 결과 상속채권자는 특별한 사정이 없는 한 상속인의 고유재산에 대하여 강제집행을 할 수 없다. 그런데 민법은 한정승인을 한 상속인(이하 '한정승인자'라 한다)에 관하여 그가 상속재산을 은닉하거나 부정소비한 경우 단순승인을 한 것으로 간주하는 것(제1026조 제3호) 외에는 상속재산의 처분행위 자체를 직접적으로 제한하는 규정을 두고 있지 않기 때문에, 한정승인으로 발생하는 위와 같은 책임제한 효과로 인하여 한정승인자의 상속재산 처분행위가 당연히 제한된다고 할 수는 없다(대판 2010.03.18. 2007다77781(전합)).

라. (○) 자신이 진정한 상속인임을 전제로 그 상속으로 인한 소유권 또는 지분권 등 재산권의 귀속을 주장하면서 참칭상속인 또는 참칭상속인으로부터 상속재산에 관한 권리를 취득하거나 새로운 이해관계를 맺은 제3자를 상대로 상속재산인 부동산에 관한 등기의 말소 등을 청구하는 경우, 그 재산권 귀속 주장이 상속을 원인으로 하는 것인 이상 청구원인이 무엇인지 여부에 관계없이 민법 제999조가 정하는 상속회복청구의 소에 해당한다(대판 2009.10.15. 2009다42321).

마. (○) 피상속인의 사망 후 상속채무가 상속재산을 초과하여 상속인인 배우자와 자녀들이 상속포기를 하였는데, 그 후 피상속인의 직계존속이 사망하여 민법 제1001조, 제1003조 제2항에 따라 대습상속이 개시된 경우에 대습상속인이 민법이 정한 절차와 방식에 따라 한정승인이나 상속포기를 하지 않으면 단순승인을 한 것으로 간주된다. 위와 같은 경우에 이미 사망한 피상속인의 배우자와 자녀들에게 피상속인의 직계존속의 사망으로 인한 대습상속도 포기하려는 의사가 있다고 볼 수 있지만, 그들이 상속포기의 절차와 방식에 따라 피상속인의 직계존속에 대한 상속포기를 하지 않으면 효력이 생기지 않는다. 이와 달리 피상속인에 대한 상속포기를 이유로 대습상속 포기의 효력까지 인정한다면 상속포기의 의사를 명확히 하고 법률관계를 획일적으로 처리함으로써 법적 안정성을 꾀하고자 하는 상속포기제도가 잠탈될 우려가 있다(대판 2017.01.12. 2014다39824).

정답 ②

제1관 상속인

문 16

다음 설명 중 상속결격사유에 해당하지 않는 것은 모두 몇 개인가? [2020년 13번]

> 가. 고의로 상속의 선순위에 있는 자를 살해하려 하였으나 미수에 그친 자
> 나. 과실로 피상속인을 사망에 이르게 한 자
> 다. 고의로 피상속인의 배우자에게 상해를 가하여 사망에 이르게 한 자
> 라. 고의로 상속의 동순위에 있는 자를 살해하였으나 상속에 유리하다는 인식은 없었던 자
> 마. 사기 또는 강박으로 피상속인의 상속에 관한 유언 또는 유언의 철회를 방해한 자
> 바. 공동상속인들 사이에 그 내용이 널리 알려진 유언서에 관하여 피상속인이 사망한 지 6개월이 경과한 시점에서 비로소 그 존재를 주장한 자
> 사. 피상속인의 상속에 관한 유언서를 위조한 자
> 아. 고의로 상속의 선순위에 있는 자에게 상해를 가하여 사망에 이르게 한 자

① 없음 ② 1개 ③ 2개
④ 3개 ⑤ 4개

MGI Point 상속결격사유 ★★

■ 상속인의 결격사유(민법 제1004조)
- 고의로 직계존속, 피상속인, 그 배우자 또는 상속의 선순위나 동순위에 있는 자를 살해하거나 살해하려한 자
  ⇨ 상속에 유리하다는 인식 不要
- 고의로 직계존속, 피상속인과 그 배우자에게 상해를 가하여 사망에 이르게 한 자
- 사기 또는 강박으로 피상속인의 상속에 관한 유언 또는 유언의 철회를 방해한 자
- 사기 또는 강박으로 피상속인의 상속에 관한 유언을 하게 한 자
- 피상속인의 상속에 관한 유언서를 위조·변조·파기 또는 은닉한 자 : 공동상속인들 사이에 내용이 널리 알려진 유언서에 관하여 피상속인이 사망한지 6개월이 경과한 시점에서 비로소 그 존재를 주장 ⇨ 은닉 ×

가. (X), 나. (O), 다. (X), 마. (X), 사. (X), 아. (O) 민법 제1004조 참조.

> 민법 제1004조(상속인의 결격사유) 다음 각 호의 어느 하나에 해당한 자는 상속인이 되지 못한다.
> 1. 고의로 직계존속, 피상속인, 그 배우자 또는 상속의 선순위나 동순위에 있는 자를 살해하거나 살해하려한 자
> 2. 고의로 직계존속, 피상속인과 그 배우자에게 상해를 가하여 사망에 이르게 한 자
> 3. 사기 또는 강박으로 피상속인의 상속에 관한 유언 또는 유언의 철회를 방해한 자
> 4. 사기 또는 강박으로 피상속인의 상속에 관한 유언을 하게 한 자
> 5. 피상속인의 상속에 관한 유언서를 위조·변조·파기 또는 은닉한 자

라. (X) 가. 태아가 호주상속의 선순위 또는 재산상속의 선순위나 동순위에 있는 경우에 그를 낙태하면 구 민법 (1990. 1. 13. 법률 제4199호로 개정되기 전의 것) 제992조 제1호 및 제1004조 제1호 소정의 상속결격사유에 해당한다. 나. 위 "가"항의 규정들 소정의 상속결격사유로서 '살해의 고의' 이외에 '상속에 유리하다는 인식'을 필요로 하는지 여부에 관하여는, (1) 우선 같은 법 제992조 제1호 및 제1004조 제1호는 그 규정에 정한 자를 고의로 살해하면 상속결격자에 해당한다고만 규정하고 있을 뿐, 더 나아가 '상속에 유리하다는 인식'이 있어야 한다고까지는 규정하고 있지 아니하고, (2) 위 법은 "피상속인 또는 호주상속의 선순위자"(제

992조 제1호)와 "피상속인 또는 재산상속의 선순위나 동순위에 있는 자"(제1004조 제1호) 이외에 "직계존속"도 피해자에 포함하고 있고, 위 "직계존속"은 가해자보다도 상속순위가 후순위일 경우가 있는바, 같은 법이 굳이 동인을 살해한 경우에도 그 가해자를 상속결격자에 해당한다고 규정한 이유는, 상속결격요건으로서 "살해의 고의" 이외에 '상속에 유리하다는 인식'을 요구하지 아니한다는 데에 있다고 해석할 수밖에 없으며, (3) 같은 법 제992조 제2호 및 이를 준용하는 제1004조 제2호는 "고의로 직계존속, 피상속인과 그 배우자에게 상해를 가하여 사망에 이르게 한 자"도 상속결격자로 규정하고 있는데, 이 경우에는 '상해의 고의'만 있으면 되고, 이 '고의'에 '상속에 유리하다는 인식'이 필요 없음은 당연하므로, 이 규정들의 취지에 비추어 보아도 그 각 제1호의 요건으로서 '살해의 고의' 이외에 '상속에 유리하다는 인식'은 필요로 하지 아니한다고 할 것이다(대판 1992.05.22. 92다2127).

바. (○) 상속인의 결격사유의 하나로 규정하고 있는 민법 제1004조 제5호 소정의 '상속에 관한 유언서를 은닉한 자'라 함은 유언서의 소재를 불명하게 하여 그 발견을 방해하는 일체의 행위를 한 자를 의미하는 것이므로, 단지 공동상속인들 사이에 그 내용이 널리 알려진 유언서에 관하여 피상속인이 사망한지 6개월이 경과한 시점에서 비로소 그 존재를 주장하였다고 하여 이를 두고 유언서의 은닉에 해당한다고 볼 수 없다(대판 1998.06.12. 97다38510).

정답 ④

제2관 상속회복청구권

문 17

상속회복청구권에 관한 다음 설명 중 가장 옳지 않은 것은? [2020년 2번]

① 상속권이 참칭상속권자로 인하여 침해된 때에는 상속권자 또는 그 법정대리인은 상속회복의 소를 제기할 수 있다. 상속회복청구권은 그 침해를 안 날부터 3년, 상속권의 침해행위가 있은 날부터 10년을 경과하면 소멸된다.

② 상속회복청구권의 경우 상속재산의 일부에 대해서 제소하여 제척기간을 준수하였다면 청구의 목적물로 하지 않은 나머지 상속재산에 대해서도 제척기간을 준수한 것으로 볼 수 있다.

③ 상속회복청구의 상대방이 되는 참칭상속인은 정당한 상속권이 없음에도 재산상속인임을 신뢰케 하는 외관을 갖추고 있는 사람이나 상속인이라고 참칭하여 상속재산의 전부 또는 일부를 점유하고 있는 사람을 의미한다.

④ 상속회복청구의 제척기간 준수 여부는 상속회복청구의 상대방별로 각각 판단하여야 한다.

⑤ 피상속인인 남한주민으로부터 상속을 받지 못한 북한주민의 경우 다른 특별한 사정이 없는 한 상속권이 침해된 날부터 10년이 경과하면 민법 제999조 제2항에 따라 상속회복청구권이 소멸한다.

> **MGI Point** 상속회복청구권 ★★
>
> ■ 상속회복청구권은 그 침해를 안 날부터 3년, 상속권의 침해행위가 있은 날부터 10년을 경과하면 소멸 ⇨ 상속권자 또는 그 법정대리인은 상속회복의 소를 제기 可
> ■ 상속재산의 일부에 대한 상속회복청구의 제소기간 준수 ⇨ 타 상속재산에 관한 소송에 그 기간준수의 효력 ×
> ■ 참칭상속인의 의미
>   ▪ ㉠ 정당한 상속권이 없음에도 불구하고 재산상속인임을 신뢰케 하는 외관을 갖추거나, ㉡ 상속인이라고 참칭하면서 상속재산의 전부 또는 일부를 점유함으로써 진정한 상속인의 재산상속권을 침해하는 자
> ■ 상속회복청구의 소의 제척기간의 준수 여부 ⇨ 상속회복청구의 상대방별로 각각 판단
> ■ 피상속인 남한주민으로부터 상속을 받지 못한 북한주민의 경우 ⇨ 상속권이 침해된 날부터 10년이 경과하면 민법 제999조 제2항에 따라 상속회복청구권 소멸

① (○) 민법 제999조 참조.

> 민법 제999조(상속회복청구권) ① 상속권이 참칭상속권자로 인하여 침해된 때에는 상속권자 또는 그 법정대리인은 상속회복의 소를 제기할 수 있다.
> ② 제1항의 상속회복청구권은 그 침해를 안 날부터 3년, 상속권의 침해행위가 있은 날부터 10년을 경과하면 소멸된다.

② (X) 상속재산의 일부에 대해서만 제소하여 제척기간을 준수하였다 하여 청구의 목적물로 하지 아니한 상속재산에 대해서도 제척기간을 준수한 것으로 볼 수 없다(대판 1980.04.22. 79다2141).

③ (○) 상속회복청구의 상대방이 되는 참칭상속인이라 함은 정당한 상속권이 없음에도 재산상속인임을 신뢰케 하는 외관을 갖추고 있는 자나 상속인이라고 참칭하여 상속재산의 전부 또는 일부를 점유하고 있는 자를 가리키는 것으로서, 상속재산인 부동산에 관하여 공동상속인 중 1인 명의로 소유권이전등기가 경료된 경우 그 등기가 상속을 원인으로 경료된 것이라면 등기명의인의 의사와 무관하게 경료된 것이라는 등의 특별한 사정이 없는 한 그 등기명의인은 재산상속인임을 신뢰케 하는 외관을 갖추고 있는 자로서 참칭상속인에 해당된다(대판 1997.01.21. 96다4688).

④ (○) 민법 제999조 제2항은 "상속회복청구권은 그 침해를 안 날부터 3년, 상속권의 침해행위가 있은 날부터 10년을 경과하면 소멸한다."고 규정하고 있는바, 여기서 그 제척기간의 기산점이 되는 '상속권의 침해행위가 있은 날'이라 함은 참칭상속인이 상속재산의 전부 또는 일부를 점유하거나 상속재산인 부동산에 관하여 소유권이전등기를 마치는 등의 방법에 의하여 진정한 상속인의 상속권을 침해하는 행위를 한 날을 의미한다. 또한, 제척기간의 준수 여부는 상속회복청구의 상대방별로 각각 판단하여야 할 것이어서, 진정한 상속인이 참칭상속인으로부터 상속재산에 관한 권리를 취득한 제3자를 상대로 제척기간 내에 상속회복청구의 소를 제기한 이상 그 제3자에 대하여는 민법 제999조에서 정하는 상속회복청구권의 기간이 준수되었으므로, 참칭상속인에 대하여 그 기간 내에 상속회복청구권을 행사한 일이 없다고 하더라도 그것이 진정한 상속인의 제3자에 대한 권리행사에 장애가 될 수는 없다(대판 2009.10.15. 2009다42321).

⑤ (○) 상속회복청구에 관한 제척기간의 취지, 남북가족특례법의 입법 목적 및 관련 규정들의 내용, 가족관계와 재산적 법률관계의 차이, 법률해석의 한계 및 입법적 처리 필요성 등의 여러 사정을 종합하여 보면, 남북가족특례법 제11조 제1항은 피상속인 남한주민으로부터 상속을 받지 못한 북한주민의 상속회복청구에 관한 법률관계에 관하여도 민법 제999조 제2항의 제척기간이 적용됨을 전제로 한 규정이며, 따라서 남한주민과 마찬가지로 북한주민의 경우에도 다른 특별한 사정이 없는 한 상속권이 침해된 날부터 10년이 경과하면 민법 제999조 제2항에 따라 상속회복청구권이 소멸한다(대판 2016.10.19. 2014다46648(전합)).

정답 ②

문 18

상속회복청구권에 관한 다음 설명 중 가장 옳지 않은 것은? [2018년 16번]

① 진정상속인이 참칭상속인을 상대로 상속재산인 부동산에 관한 등기의 말소 등을 구하는 경우, 그 권리의 귀속원인을 상속으로 주장하고 있는 이상 청구원인 여하에 불구하고 이는 상속회복청구의 소라고 보아야 한다.

② 진정상속인이 참칭상속인으로부터 상속재산을 양수한 제3자를 상대로 등기말소청구를 하는 경우에도 상속회복청구권의 단기의 제척기간이 적용된다.

③ 공동상속인 중 1인이 자신이 단독상속인이라고 주장하였다고 하더라도 상속권의 침해가 없다면 그러한 자를 참칭상속인이라고 할 수는 없다.

④ 진정한 상속인이 참칭상속인으로부터 상속재산에 관한 권리를 취득한 제3자를 상대로 제척기간 내에 상속회복청구의 소를 제기하였다면, 참칭상속인에 대하여 그 기간 내에 상속회복청구권을 행사한 일이 없다고 하더라도 진정한 상속인의 제3자에 대한 권리행사에 장애가 될 수는 없다.

⑤ 동일한 부동산에 관하여 등기명의인을 달리하여 중복된 소유권보존등기가 마쳐져, 선행 보존등기로부터 소유권이전등기를 한 소유자의 상속인이 후행 보존등기나 그에 기하여 순차로 이루어진 소유권이전등기 등 후속등기가 모두 무효라는 이유로 등기의 말소를 구하는 경우, 그 소는 후행 보존등기 자체가 무효임을 이유로 하는 것이므로 상속회복청구의 소에 해당한다.

해설 ★

① (○), ② (○) [1] 진정상속인이 참칭상속인을 상대로 상속재산인 부동산에 관한 등기의 말소 등을 구하는 경우에 그 소유권 또는 지분권 등의 귀속원인을 상속으로 주장하고 있는 이상 청구원인 여하에 불구하고 이는 민법 제999조 소정의 상속회복청구의 소라고 해석하여야 할 것이므로, 동법 제982조 제2항 소정의 제척기간의 적용이 있다. [2] 진정상속인이 참칭상속인으로부터 상속재산을 양수한 제3자를 상대로 등기말소청구를 하는 경우에도 상속회복청구권의 단기의 제척기간이 적용된다(대판 1981.01.27. 79다854(전합)).

③ (○) 재산상속회복청구의 소에 있어서 그 상대방이 되는 참칭상속인이라 함은 재산상속인임을 신뢰하게 하는 외관을 갖추고 있거나 상속인이라고 참칭하여 상속재산의 전부 또는 일부를 점유하는 등의 방법에 의하여 진정한 상속인의 상속권을 침해하는 자를 가리키는 것으로서, 상속인 아닌 자가 자신이 상속인이라고 주장하거나 또는 공동상속인 중 1인이 자신이 단독상속인이라고 주장하였다 하더라도 달리 상속권의 침해가 없다면 그러한 자를 가리켜 상속회복청구의 소에서 말하는 참칭상속인이라고 할 수는 없는 것이다(대판 1994.11.18. 92다33701).

④ (○) 제척기간의 준수 여부는 상속회복청구의 상대방별로 각각 판단하여야 할 것이어서, 진정한 상속인이 참칭상속인으로부터 상속재산에 관한 권리를 취득한 제3자를 상대로 제척기간 내에 상속회복청구의 소를 제기한 이상 그 제3자에 대하여는 민법 제999조에서 정하는 상속회복청구권의 기간이 준수되었으므로, 참칭상속인에 대하여 그 기간 내에 상속회복청구권을 행사한 일이 없다고 하더라도 그것이 진정한 상속인의 제3자에 대한 권리행사에 장애가 될 수는 없다(대판 2009.10.15. 2009다42321).

⑤ (X) 동일한 부동산에 관하여 등기명의인을 달리하여 중복된 소유권보존등기가 마쳐진 경우 먼저 이루어진 소유권보존등기가 원인무효로 되지 않는 한 뒤에 된 소유권보존등기는 그것이 실체관계에 부합하는지를 가릴 것 없이 1부동산 1등기용지주의의 법리에 비추어 무효이므로, 선행 보존등기로부터 소유권이전등기를 한 소유자의 상속인이 후행 보존등기나 그에 기하여 순차로 이루어진 소유권이전등기 등의 후속등기가 모두 무효라는 이유로 등기의 말소를 구하는 소는, 후행 보존등기로부터 이루어진 소유권이전등기가 참칭상속인에

의한 것이어서 무효이고 따라서 후속등기도 무효임을 이유로 하는 것이 아니라 후행 보존등기 자체가 무효임을 이유로 하는 것이므로 상속회복청구의 소에 해당하지 않는다(대판 2011.07.14. 2010다107064).

정답 ⑤

제3관 상속분
제4관 상속재산의 분할

문 19

상속재산 협의분할에 관한 다음 설명 중 가장 옳지 않은 것은? [2022년 3번]

① 상속재산의 협의분할은 공동상속인 간의 일종의 계약으로서 공동상속인 전원이 참여하여야 하고 일부 상속인만으로 한 협의분할은 무효라고 할 것이나, 반드시 한 자리에서 이루어질 필요는 없고 순차적으로 이루어질 수도 있으며, 상속인 중 한 사람이 만든 분할 원안을 다른 상속인이 후에 돌아가며 승인하여도 무방하다.

② 상속의 포기는 상속이 개시된 때에 소급하여 그 효력이 있고(민법 제1042조), 포기자는 처음부터 상속인이 아니었던 것이 된다. 따라서 상속포기의 신고가 아직 행하여지지 아니하거나 법원에 의하여 아직 수리되지 아니하고 있는 동안에 포기자를 제외한 나머지 공동상속인들 사이에 이루어진 상속재산분할협의는 후에 상속포기의 신고가 적법하게 수리되어 상속포기의 효력이 발생하게 됨으로써 공동상속인의 자격을 가지는 사람들 전원이 행한 것이 되어 소급적으로 유효하게 된다. 이는 설사 포기자가 상속재산분할협의에 참여하여 그 당사자가 되었다고 하더라도 그 협의가 그의 상속포기를 전제로 하여서 포기자에게 상속재산에 대한 권리를 인정하지 아니하는 내용인 경우에도 마찬가지이다.

③ 공동상속인 중 1인이 협의분할에 의한 상속을 원인으로 하여 상속부동산에 관한 소유권이전등기를 마친 경우에, 협의분할이 다른 공동상속인의 동의 없이 이루어진 것이어서 무효라는 이유로 다른 공동상속인이 위 등기의 말소를 청구하는 소는 상속회복청구의 소에 해당하지 않으므로, 10년 제척기간의 적용을 받지 않는다.

④ 상속재산 분할협의는 공동상속인들 사이에 이루어지는 일종의 계약으로서, 공동상속인들은 이미 이루어진 상속재산 분할협의의 전부 또는 일부를 전원의 합의에 의하여 해제한 다음 다시 새로운 분할협의를 할 수 있다. 이와 같이 상속재산 분할협의가 합의해제되면 그 협의에 따른 이행으로 변동이 생겼던 물권은 당연히 그 분할협의가 없었던 원상태로 복귀하지만, 민법 제548조 제1항 단서의 규정상 이러한 합의해제를 가지고서는, 그 해제 전의 분할협의로부터 생긴 법률효과를 기초로 하여 새로운 이해관계를 가지게 되고 등기·인도 등으로 완전한 권리를 취득한 제3자의 권리를 해하지 못한다.

⑤ 금전채무와 같이 급부의 내용이 가분인 채무가 공동상속된 경우, 이는 상속 개시와 동시에 당연히 법정상속분에 따라 공동상속인에게 분할되어 귀속되는 것이므로, 상속재산 분할의 대상이 될 여지가 없다고 할 것이다. 위와 같이 상속재산 분할의 대상이 될 수 없는 상속채무에 관하여 공동상속인들 사이에 분할의 협의가 있는 경우라면 이러한 협의는 민법 제1013조에서 말하는 상속재산의 협의분할에 해당하는 것은 아니지만, 위 분할의 협의에 따라 공동상속인 중의 1인이 법정상

속분을 초과하여 채무를 부담하기로 하는 약정은 면책적 채무인수의 실질을 가진다고 할 것이어서, 채권자에 대한 관계에서 위 약정에 의하여 다른 공동상속인이 법정상속분에 따른 채무의 일부 또는 전부를 면하기 위하여는 민법 제454조의 규정에 따른 채권자의 승낙을 필요로 한다고 할 것이다. 여기에 상속재산 분할의 소급효를 규정하고 있는 민법 제1015조가 적용될 여지는 없다.

MGI Point 상속재산 협의분할 ★★

- 상속재산의 협의분할 ⇨ 순차적으로 이루어질 수도 있음
- 상속포기 전에 상속재산분할협의에 참여, 그 후 상속포기의 효력이 발생한 경우 ⇨ 상속재산분할협의는 소급적으로 유효 ○
- 협의분할이 무효라는 이유로 다른 공동상속인이 위 등기의 말소를 청구하는 소 ⇨ 상속회복청구의 소 ○
- 상속재산 분할협의의 해제 ⇨ 민법 제548조 제1항 단서의 제3자 보호규정 적용 ○
- 금전채무의 상속분할협의 ⇨ 인정 ×, 면책적 채무인수의 성질, 채권자 동의 要, 민법 제1015조 적용될 여지 ×

① (○) 상속재산의 협의분할은 공동상속인 간의 일종의 계약으로서 공동상속인 전원이 참여하여야 하고 일부 상속인만으로 한 협의분할은 무효라고 할 것이나, 반드시 한 자리에서 이루어질 필요는 없고 순차적으로 이루어질 수도 있으며, 상속인 중 한사람이 만든 분할 원안을 다른 상속인이 후에 돌아가며 승인하여도 무방하다(대판 2004.10.28. 2003다65438).

② (○) 상속의 포기는 상속이 개시된 때에 소급하여 그 효력이 있고(민법 제1042조), 포기자는 처음부터 상속인이 아니었던 것이 된다. 따라서 상속포기의 신고가 아직 행하여지지 아니하거나 법원에 의하여 아직 수리되지 아니하고 있는 동안에 포기자를 제외한 나머지 공동상속인들 사이에 이루어진 상속재산분할협의는 후에 상속포기의 신고가 적법하게 수리되어 상속포기의 효력이 발생하게 됨으로써 공동상속인의 자격을 가지는 사람들 전원이 행한 것이 되어 소급적으로 유효하게 된다. 이는 설사 포기자가 상속재산분할협의에 참여하여 그 당사자가 되었다고 하더라도 그 협의가 그의 상속포기를 전제로 하여서 포기자에게 상속재산에 대한 권리를 인정하지 아니하는 내용인 경우에는 마찬가지이다(대판 2011.06.09. 2011다29307).

③ (X) 공동상속인 중 1인이 협의분할에 의한 상속을 원인으로 하여 상속부동산에 관한 소유권이전등기를 마친 경우에 그 협의분할이 다른 공동상속인의 동의 없이 이루어진 것으로 무효라는 이유로 다른 공동상속인이 그 등기의 말소를 청구하는 소 역시 상속회복청구의 소에 해당한다. 같은 취지에서 원심이, 이 사건 각 부동산 중 1/4지분에 관하여 협의분할에 의한 상속을 원인으로 하여 이루어진 피고 명의의 소유권이전등기 중 원고의 법정 상속지분에 관하여 말소를 구하는 원고의 이 사건 청구가 상속회복청구에 해당함을 전제로 10년의 제척기간이 경과된 후에 제기되어 부적법하다고 본 것은 정당하다(대판 2011.03.10. 2007다17482).

④ (○) [1] 상속재산 분할협의는 공동상속인들 사이에 이루어지는 일종의 계약으로서, 공동상속인들은 이미 이루어진 상속재산 분할협의의 전부 또는 일부를 전원의 합의에 의하여 해제한 다음 다시 새로운 분할협의를 할 수 있다. [2] 상속재산 분할협의가 합의해제되면 그 협의에 따른 이행으로 변동이 생겼던 물권은 당연히 그 분할협의가 없었던 원상태로 복귀하지만, 민법 제548조 제1항 단서의 규정상 이러한 합의해제를 가지고서는, 그 해제 전의 분할협의로부터 생긴 법률효과를 기초로 하여 새로운 이해관계를 가지게 되고 등기·인도 등으로 완전한 권리를 취득한 제3자의 권리를 해하지 못한다(대판 2004.07.08. 2002다73203).

⑤ (○) 금전채무와 같이 급부의 내용이 가분인 채무가 공동상속된 경우, 이는 상속 개시와 동시에 당연히 법정상속분에 따라 공동상속인에게 분할되어 귀속되는 것이므로, 상속재산 분할의 대상이 될 여지가 없다. 상속재산 분할의 대상이 될 수 없는 상속채무에 관하여 공동상속인들 사이에 분할의 협의가 있는 경우라면 이러한 협의는 민법 제1013조에서 말하는 상속재산의 협의분할에 해당하는 것은 아니지만, 위 분할의 협의에 따라 공동상속인 중의 1인이 법정상속분을 초과하여 채무를 부담하기로 하는 약정은 면책적 채무인수의 실질

을 가진다고 할 것이어서, 채권자에 대한 관계에서 위 약정에 의하여 다른 공동상속인이 법정상속분에 따른 채무의 일부 또는 전부를 면하기 위하여는 민법 제454조의 규정에 따른 채권자의 승낙을 필요로 하고, 여기에 상속재산 분할의 소급효를 규정하고 있는 민법 제1015조가 적용될 여지는 전혀 없다(대판 1997.06.24. 97다8809).

정답 ③

문 20

각 사례에 관한 다음 설명 중 옳지 않은 것을 모두 고른 것은? [2019년 35번]

<사례1>
甲에게는 자녀 乙과 丙이 있고, 乙에게는 자녀 A가 있으며, 丙에게는 자녀 B와 C가 있고, 그 외 다른 상속인은 없다.
ㄱ. 甲이 사망하기 전에 乙과 丙이 모두 사망한 경우, 甲의 재산에 대한 A, B, C의 상속분은 각 1/3, 1/3, 1/3이다.
ㄴ. 甲이 사망하고 乙과 丙이 모두 상속을 포기한 경우, 甲의 재산에 대한 A, B, C의 상속분은 각 1/2, 1/4, 1/4이다.

<사례2>
甲에게는 부친 乙과 자녀 丙이 있고, 丙에게는 배우자 A가 있으며, 그 외 다른 상속인은 없다.
ㄷ. 甲의 사망 후 丙이 사망한 경우, 甲의 재산은 A가 단독 상속한다.
ㄹ. 甲과 丙이 민법 제30조에 의해 동시사망한 것으로 추정되는 경우, 甲의 재산은 A가 단독상속한다.

<사례3>
甲에게는 배우자 乙과 자녀 丙, 丁이 있고, 그 외 다른 상속인은 없다. 甲은 채권자 A에 대한 7천만 원의 금전채무를 남기고 사망하였고, 다른 재산은 없다.
ㅁ. 이 경우 乙은 3천만 원, 丙과 丁은 각 2천만 원의 채무를 상속한다.
ㅂ. 乙, 丙, 丁이 상속재산분할협의를 하여 7천만 원의 채무를 모두 乙이 부담하기로 한 경우, 丙과 丁이 위 약정에 의해 상속채무를 면하기 위해서는 A의 승낙이 필요하다.

① ㄱ   ② ㄴ, ㄷ   ③ ㄱ, ㄴ
④ ㄹ, ㅁ, ㅂ   ⑤ ㄱ, ㄴ, ㄷ

> **MGI Point** **법정상속과 대습상속** ★★★
>
> - 피상속인의 직계비속이 상속개시 전에 전부 사망한 경우 ⇨ 피상속인의 손자녀가 대습상속 ○
> - 1순위 상속인인 배우자와 자녀 전원이 모두 상속포기한 경우 ⇨ 본위상속 ○
> - 동시사망 추정되는 경우 ⇨ 대습상속 ○
> - 금전 채무가 공동상속된 경우
>   - 금전채무와 같은 가분채무가 공동상속된 경우, 상속개시와 동시에 당연히 법정상속분에 따라 공동상속인에게 분할되어 귀속
>   - 상속분할협의 모두 채무부담 ⇨ 면책적채무인수의 성질

ㄱ. (X) 피상속인의 자녀가 상속개시 전에 전부 사망한 경우 피상속인의 손자녀는 본위상속이 아니라 대습상속을 한다(대판 2001.03.09. 99다13157). ▶ 甲이 사망 전에 상속인 자녀 乙, 丙 이 모두 사망 시 손자녀 A, B, C는 대습상속을 하므로 A 1/2, B 1/4, C 1/4 비율로 대습상속한다.

ㄴ. (X) 상속을 포기한 자는 상속개시된 때부터 상속인이 아니었던 것과 같은 지위에 놓이게 되므로, 피상속인의 배우자와 자녀 중 자녀 전부가 상속을 포기한 경우에는 배우자와 피상속인의 손자녀 또는 직계존속이 공동으로 상속인이 되고, 피상속인의 손자녀와 직계존속이 존재하지 아니하면 배우자가 단독으로 상속인이 된다(2015.05.14. 2013다48852). ▶ 甲이 사망 후에 상속인 자녀 乙, 丙 이 모두 상속포기시에는 A, B, C는 본위 상속하므로 A 1/3, B 1/3, C 1/3 비율로 공동으로 본위상속한다.

ㄷ. (X) 민법 제1000조, 제1003조, 제1009조 참조.

> 민법 제1000조(상속의 순위) ① 상속에 있어서는 다음 순위로 상속인이 된다.
>   1. 피상속인의 직계비속
>   2. 피상속인의 직계존속
>   3. 피상속인의 형제자매
>   4. 피상속인의 4촌 이내의 방계혈족
> ② 전항의 경우에 동순위의 상속인이 수인인 때에는 최근친을 선순위로 하고 동친등의 상속인이 수인인 때에는 공동상속인이 된다.
> ③ 태아는 상속순위에 관하여는 이미 출생한 것으로 본다.
> 민법 제1003조(배우자의 상속순위) ① 피상속인의 배우자는 제1000조제1항제1호와 제2호의 규정에 의한 상속인이 있는 경우에는 그 상속인과 동순위로 공동상속인이 되고 그 상속인이 없는 때에는 단독상속인이 된다.
> 민법 제1009조(법정상속분)
> ① 동순위의 상속인이 수인인 때에는 그 상속분은 균분으로 한다.
> ② 피상속인의 배우자의 상속분은 직계비속과 공동으로 상속하는 때에는 직계비속의 상속분의 5할을 가산하고, 직계존속과 공동으로 상속하는 때에는 직계존속의 상속분의 5할을 가산한다.

▶ 甲이 사망한 후 丙이 사망한 경우에는 丙의 직계존속 乙(2/5)과 丙의 배우자 A(3/5)가 공동상속한다.

ㄹ. (○) 원래 대습상속제도는 대습자의 상속에 대한 기대를 보호함으로써 공평을 꾀하고 생존 배우자의 생계를 보장하여 주려는 것이고, 또한 동시사망 추정규정도 자연과학적으로 엄밀한 의미의 동시사망은 상상하기 어려운 것이나 사망의 선후를 입증할 수 없는 경우 동시에 사망한 것으로 다루는 것이 결과에 있어 가장 공평하고 합리적이라는 데에 그 입법 취지가 있는 것인바, 상속인이 될 직계비속이나 형제자매(피대습자)의 직계비속 또는 배우자(대습자)는 피대습자가 상속개시 전에 사망한 경우에는 대습상속을 하고, 피대습자가 상속개시 후에 사망한 경우에는 피대습자를 거쳐 피상속인의 재산을 본위상속을 하므로 두 경우 모두 상속을 하는데, 만일 피대습자가 피상속인의 사망, 즉 상속개시와 동시에 사망한 것으로 추정되는 경우에만 그 직계비속 또는 배우자가 본위상속과 대습상속의 어느 쪽도 하지 못하게 된다면 동시사망 추정 이외의 경우에 비하여 현저히 불공평하고 불합리한 것이라 할 것이고, 이는 앞서 본 대습상속제도 및 동시사망 추정규정의 입법 취지에도 반하는 것이므로, 민법 제1001조의 '상속인이 될 직계비속이 상속개시 전에 사망한 경우'에

는 '상속인이 될 직계비속이 상속개시와 동시에 사망한 것으로 추정되는 경우'도 포함하는 것으로 합목적적으로 해석함이 상당하다(대판 2001.03.09. 99다13157). ▶사망자 丙의 배우자 A가 단독으로 대습상속한다.

ㅁ. (O) 금전채무와 같이 급부의 내용이 가분인 채무가 공동상속된 경우, 이는 상속 개시와 동시에 당연히 법정상속분에 따라 공동상속인에게 분할되어 귀속되는 것이므로, 상속재산 분할의 대상이 될 여지가 없다(대판 1997.06.24. 97다8809). ▶사안의 경우 법정상속비율대로 乙(3/7),丙(2/7),丁(2/7) 공동상속한다.

ㅂ. (O) 상속재산 분할의 대상이 될 수 없는 상속채무에 관하여 공동상속인들 사이에 분할의 협의가 있는 경우라면 이러한 협의는 민법 제1013조에서 말하는 상속재산의 협의분할에 해당하는 것은 아니지만, 위 분할의 협의에 따라 공동상속인 중의 1인이 법정상속분을 초과하여 채무를 부담하기로 하는 약정은 면책적 채무인수의 실질을 가진다고 할 것이어서, 채권자에 대한 관계에서 위 약정에 의하여 다른 공동상속인이 법정상속분에 따른 채무의 일부 또는 전부를 면하기 위하여는 민법 제454조의 규정에 따른 채권자의 승낙을 필요로 하고, 여기에 상속재산 분할의 소급효를 규정하고 있는 민법 제1015조가 적용될 여지는 전혀 없다(대판 1997.06.24. 97다8809).

정답 ⑤

문 21

상속재산의 분할에 관한 다음 설명 중 가장 옳지 않은 것은? [2018년 30번]

① 상속재산분할의 대상이 될 수 없는 상속채무에 관하여 공동상속인들 사이에 분할의 협의가 있는 경우라면 이러한 협의는 민법 제1013조에서 말하는 상속재산의 협의분할에 해당하는 것은 아니지만, 상속재산분할의 소급효를 규정하고 있는 민법 제1015조는 적용될 여지가 있다.

② 피상속인은 유언으로 상속재산의 분할방법을 정할 수는 있지만, 생전행위에 의한 분할방법의 지정은 그 효력이 없어 상속인들이 피상속인의 의사에 구속되지는 않는다.

③ 협의에 의한 상속재산의 분할은 공동상속인 전원의 동의가 있어야 유효하고 공동상속인 중 일부의 동의가 없거나 그 의사표시에 대리권의 흠결이 있다면 분할은 무효이다.

④ 공동상속인인 친권자와 미성년인 수인의 자 사이에 상속재산 분할협의를 하게 되는 경우에는 미성년자 각자마다 특별대리인을 선임하여 그 각 특별대리인이 각 미성년자인 자를 대리하여 상속재산분할의 협의를 하여야 한다.

⑤ 공동상속인은 다른 공동상속인이 분할로 인하여 취득한 재산에 대하여 그 상속분에 응하여 매도인과 같은 담보책임이 있고, 공동상속인은 다른 상속인이 분할로 인하여 취득한 채권에 대하여 분할당시의 채무자의 자력을 담보한다.

해설 ★★

① (X) [1] 금전채무와 같이 급부의 내용이 가분인 채무가 공동상속된 경우, 이는 상속개시와 동시에 당연히 법정상속분에 따라 공동상속인에게 분할되어 귀속되는 것이므로, 상속재산분할의 대상이 될 여지가 없다. [2] 상속재산 분할의 대상이 될 수 없는 상속채무에 관하여 공동상속인들 사이에 분할의 협의가 있는 경우라면 이러한 협의는 민법 제1013조에서 말하는 상속재산의 협의분할에 해당하는 것은 아니지만, 위 분할의 협의에 따라 공동상속인 중의 1인이 법정상속분을 초과하여 채무를 부담하기로 하는 약정은 '면책적 채무인수'의 실질을 가진다고 할 것이어서, 채권자에 대한 관계에서 위 약정에 의하여 다른 공동상속인이 법정상속

분에 따른 채무의 일부 또는 전부를 면하기 위하여는 민법 제454조의 규정에 따른 채권자의 승낙을 필요로 하고, 여기에 상속재산 분할의 소급효를 규정하고 있는 민법 제1015조가 적용될 여지는 전혀 없다(대판 1997.06.24. 97다8809).

② (○) 피상속인은 유언으로 상속재산의 분할방법을 정할 수는 있지만, 생전행위에 의한 분할방법의 지정은 그 효력이 없어 상속인들이 피상속인의 의사에 구속되지는 않는다(대판 2001.06.29. 2001다28299).

③ (○) 협의에 의한 상속재산의 분할은 공동상속인 전원의 동의가 있어야 유효하고, 공동상속인 중 일부의 동의가 없거나 그 의사표시에 대리권의 흠결이 있다면 분할은 무효이다(대판 1987.03.10. 85므80).

④ (○) 상속재산에 대하여 그 소유의 범위를 정하는 내용의 공동상속재산 분할협의는 그 행위의 객관적 성질상 상속인 상호간의 이해의 대립이 생길 우려가 있는 민법 제921조 소정의 이해상반되는 행위에 해당하므로 공동상속인인 친권자와 미성년자 수인의 자 사이에 상속재산분할협의를 하게 되는 경우에는 미성년자 각자마다 특별대리인을 선임하여 그 각 특별대리인이 각 미성년자인 자를 대리하여 상속재산분할의 협의를 하여야 하고, 만약 친권자가 수인의 미성년자의 법정대리인으로서 상속재산 분할협의를 한 것이라면 이는 민법 제921조에 위반된 것으로서 이러한 대리행위에 의하여 성립된 상속재산분할협의는 적법한 추인이 없는 한 무효라고 할 것이다(대판 2001.06.29. 2001다28299).

⑤ (○) 민법 제1016조, 제1017조 참조.

> 민법 제1016조(공동상속인의 담보책임) 공동상속인은 다른 공동상속인이 분할로 인하여 취득한 재산에 대하여 그 상속분에 응하여 매도인과 같은 담보책임이 있다.
> 민법 제1017조(상속채무자의 자력에 대한 담보책임) ① 공동상속인은 다른 상속인이 분할로 인하여 취득한 채권에 대하여 분할당시의 채무자의 자력을 담보한다.
> ② 변제기에 달하지 아니한 채권이나 정지조건 있는 채권에 대하여는 변제를 청구할 수 있는 때의 채무자의 자력을 담보한다.

정답 ①

문 22

다음 설명 중 옳지 않은 것을 모두 고른 것은?(다툼이 있는 경우 판례에 의함) [2016년 28변]

> ㉠ 협의 또는 심판에 의하여 구체화되지 않은 재산분할청구권이라도 채무자가 임의로 포기할 경우 채권자취소권의 대상이 될 수 있다.
> ㉡ 한정승인 상속인이 상속채권자에 대한 변제를 위하여 민법 제1037조에 따라 신청한 형식적 경매절차에서는 일반채권자인 상속채권자가 민사집행법에 따라 배당요구를 하는 것이 허용되지 않는다.
> ㉢ 甲의 사망 후 공동상속인 乙, 丙 사이에 상속재산의 협의분할이 성립하여 상속재산인 A토지에 대하여 乙 명의의 소유권이전등기가 경료된 경우, 협의분할 이전에 丙으로부터 A토지를 매수한 丁은 그 소유권이전등기를 경료하기 전이라도 丙의 상속지분에 한하여는 협의분할의 무효를 주장할 수 있다.
> ㉣ 甲이 사망하여 상속인으로 배우자 乙과, 성년자녀 丙, 미성년자녀 丁이 있을 때, 乙이 자신의 상속을 포기함과 동시에 丁을 대리하여 丁의 상속을 포기하는 행위는 이해상반행위이다.

㊁ A는 상속인으로 자녀 甲, 乙을 두고 사망하였는데, 상속재산으로는 부동산과 丙에 대한 5,000만 원의 채무가 있다. 甲과 乙이 丙에 대한 상속채무에 관하여 甲이 3,000만 원, 乙이 2,000만 원을 부담하기로 상속재산분할협의를 했더라도, 丙의 승낙이 없다면 乙은 2,500만 원을 변제하여야 한다.

① ㉠, ㉡, ㉢ ② ㉢, ㉣, ㉤ ③ ㉠, ㉡, ㉣
④ ㉡, ㉢, ㉤ ⑤ ㉠, ㉢, ㉤

해설 ★★

㉠ (X) 이혼으로 인한 재산분할청구권은 이혼을 한 당사자의 일방이 다른 일방에 대하여 재산분할을 청구할 수 있는 권리로서 이혼이 성립한 때에 그 법적 효과로서 비로소 발생하는 것일 뿐만 아니라, 협의 또는 심판에 의하여 구체적 내용이 형성되기까지는 그 범위 및 내용이 불명확·불확정하기 때문에 구체적으로 권리가 발생하였다고 할 수 없으므로 협의 또는 심판에 의하여 구체화되지 않은 재산분할청구권은 채무자의 책임재산에 해당하지 아니하고, 이를 포기하는 행위 또한 채권자취소권의 대상이 될 수 없다(대판 2013.10.11. 2013다7936).

㉡ (O) 민법 제1037조에 근거하여 민사집행법 제274조에 따라 행하여지는 상속재산에 대한 형식적 경매는 한정승인자가 상속재산을 한도로 상속채권자나 유증받은 자에 대하여 일괄하여 변제하기 위하여 청산을 목적으로 당해 재산을 현금화하는 절차이므로, 제도의 취지와 목적, 관련 민법 규정의 내용, 한정승인자와 상속채권자 등 관련자들의 이해관계 등을 고려할 때 일반채권자인 상속채권자로서는 민사집행법이 아닌 민법 제1034조, 제1035조, 제1036조 등의 규정에 따라 변제받아야 한다고 볼 것이고, 따라서 그 경매에서는 일반채권자의 배당요구가 허용되지 아니한다(대판 2013.09.12. 2012다33709).

㉢ (X) 상속재산협의분할에 의하여 갑 명의의 소유권이전등기가 경료된 경우 협의분할 이전에 피상속인의 장남인 을로부터 토지를 매수하였을 뿐 소유권이전등기를 경료하지 아니한 자나 그 상속인들은 민법 제1015조 단서에서 말하는 "제3자"에 해당하지 아니하여 을의 상속지분에 대한 협의분할을 무효로 주장할 수 없다(대판 1992.11.24. 92다31514).

㉣ (X) 민법 제921조 제2항의 경우 이해상반행위의 당사자는 쌍방이 모두 친권에 복종하는 미성년자일 경우이어야 하고, 이 때에는 친권자가 미성년자 쌍방을 대리할 수는 없는 것이므로 그 어느 미성년자를 위하여 특별대리인을 선임하여야 한다는 것이지 성년이 되어 친권자의 친권에 복종하지 아니하는 자와 친권에 복종하는 미성년자인 자 사이에 이해상반이 되는 경우가 있다 하여도 친권자는 미성년자를 위한 법정대리인으로서 그 고유의 권리를 행사할 수 있으므로 그러한 친권자의 법률행위는 같은 조항 소정의 이해상반행위에 해당한다 할 수 없다(대판 1989.09.12. 88다카28044).

㉤ (O) 상속재산 분할의 대상이 될 수 없는 상속채무에 관하여 공동상속인들 사이에 분할의 협의가 있는 경우라면 이러한 협의는 민법 제1013조에서 말하는 상속재산의 협의분할에 해당하는 것은 아니지만, 위 분할의 협의에 따라 공동상속인 중의 1인이 법정상속분을 초과하여 채무를 부담하기로 하는 약정은 면책적 채무인수의 실질을 가진다고 할 것이어서, 채권자에 대한 관계에서 위 약정에 의하여 다른 공동상속인이 법정상속분에 따른 채무의 일부 또는 전부를 면하기 위하여는 민법 제454조의 규정에 따른 채권자의 승낙을 필요로 하고, 여기에 상속재산 분할의 소급효를 규정하고 있는 민법 제1015조가 적용될 여지는 전혀 없다(대판 1997.06.24. 97다8809).

정답 ③

제5관 상속의 승인 및 포기

문 23

아래의 사례에 관한 다음 설명 중 가장 옳지 않은 것은? [2020년 19번]

> [사실관계]
> ○ 甲은 乙에 대한 4천만 원의 구상금 채무를 변제하지 못한 채로 사망하였다.
> ○ 甲의 유일한 상속인 丙은 한정승인을 하였고, 乙이 丙을 상대로 한 구상금 청구의 소에서 "丙은 甲으로부터 상속받은 재산의 범위 내에서 乙에게 4천만 원을 지급하라."는 판결이 선고되었다.
> ○ 한편, 甲 소유의 X부동산에 관하여 상속을 원인으로 하는 丙 명의의 소유권이전등기가 마쳐졌다.

① 丙에 대하여 무담보의 대여금 채권을 가지고 있는 A는 乙이 X부동산에서 채권의 만족을 얻지 못한 상태에서는 X부동산에 대하여 강제집행을 할 수 없다.
② 丙에 대하여 매매대금 채권을 가지고 있던 B가 丙이 상속받은 X부동산에 관하여 매매대금 채권의 담보로 저당권을 취득하게 되었다면 이후 乙이 신청한 강제경매절차에서 B는 乙보다 우선하여 배당받는다.
③ 丙은 자신의 사업과 관련하여 발생한 부가가치세를 연체하고 있었는데 대한민국은 X부동산에 관한 경매절차에서 이 조세채권으로써 乙보다 우선하여 배당받을 수 있다.
④ X부동산에 관한 경매절차에서 X부동산 자체에 대하여 부과된 조세나 가산금, 즉 당해세는 乙의 구상금채권보다 우선한다.
⑤ 민법은 한정승인을 한 상속인에 관하여 그가 상속재산을 은닉하거나 부정소비한 경우 단순승인을 한 것으로 간주하는 것 외에는 상속재산의 처분행위 자체를 직접적으로 제한하는 규정을 두고 있지 않기 때문에, 丙이 자신의 고유의 채권자에게 담보권을 설정하는 등의 상속재산 처분행위가 당연히 제한된다고 할 수는 없다.

MGI Point **한정승인** ★★

- ■ 상속채권자가 상속재산으로부터 그 채권의 만족을 받지 못한 경우
  - 상속재산에 관해 담보권 없는, 한정승인자의 고유채권자 ⇨ 상속재산에 대하여 강제집행 ×, 상속채권자에게 우선 배당
- ■ 한정승인이 이루어진 경우
  - 한정승인자의 상속재산 처분행위 제한되지 않음
  - 한정승인자로부터 상속재산에 관해 담보권을 취득한 사람과 상속채권자 사이의 우열관계
    ⇨ 상속채권자가 한정승인의 사유만으로 우선적 지위 주장 ×, 민법상의 일반원칙 ○

① (○), ③ (X), ④ (○) 상속채권자가 아닌 한정승인자의 고유채권자가 상속재산에 관하여 저당권 등의 담보권을 취득한 경우, 담보권을 취득한 채권자와 상속채권자 사이의 우열관계는 민법상 일반원칙에 따라야 하고 상속채권자가 우선적 지위를 주장할 수 없다. 그러나 상속재산에 관하여 담보권을 취득하였다는 등 사정이 없는 이상, 한정승인자의 고유채권자는 상속채권자가 상속재산으로부터 채권의 만족을 받지 못한 상태에

서 상속재산을 고유채권에 대한 책임재산으로 삼아 이에 대하여 강제집행을 할 수 없다고 보는 것이 형평의 원칙이나 한정승인제도의 취지에 부합하며, 이는 한정승인자의 고유채무가 조세채무인 경우에도 그것이 상속재산 자체에 대하여 부과된 조세나 가산금, 즉 당해세에 관한 것이 아니라면 마찬가지이다(대판 2016.05.24. 2015다250574).

② (○) 상속채권자가 아닌 한정승인자의 고유채권자가 상속재산에 관하여 저당권 등의 담보권을 취득한 경우, 담보권을 취득한 채권자와 상속채권자 사이의 우열관계는 민법상 일반원칙에 따라야 하고 상속채권자가 우선적 지위를 주장할 수 없다(대판 2016.05.24. 2015다250574). ▶ 일반상속채권자인 乙은 담보권자인 B에 우선할 수 없다.

⑤ (○) 법원이 한정승인신고를 수리하게 되면 피상속인의 채무에 대한 상속인의 책임은 상속재산으로 한정되고, 그 결과 상속채권자는 특별한 사정이 없는 한 상속인의 고유재산에 대하여 강제집행을 할 수 없다. 그런데 민법은 한정승인을 한 상속인(이하 '한정승인자'라 한다)에 관하여 그가 상속재산을 은닉하거나 부정소비한 경우 단순승인을 한 것으로 간주하는 것(제1026조 제3호) 외에는 상속재산의 처분행위 자체를 직접적으로 제한하는 규정을 두고 있지 않기 때문에, 한정승인으로 발생하는 위와 같은 책임제한 효과로 인하여 한정승인자의 상속재산 처분행위가 당연히 제한된다고 할 수는 없다. 또한 민법은 한정승인자가 상속재산으로 상속채권자 등에게 변제하는 절차는 규정하고 있으나(제1032조 이하), 한정승인만으로 상속채권자에게 상속재산에 관하여 한정승인자로부터 물권을 취득한 제3자에 대하여 우선적 지위를 부여하는 규정은 두고 있지 않으며, 민법 제1045조 이하의 재산분리 제도와 달리 한정승인이 이루어진 상속재산임을 등기하여 제3자에 대항할 수 있게 하는 규정도 마련하고 있지 않다. 따라서 한정승인자로부터 상속재산에 관하여 저당권 등의 담보권을 취득한 사람과 상속채권자 사이의 우열관계는 민법상의 일반원칙에 따라야 하고, 상속채권자가 한정승인의 사유만으로 우선적 지위를 주장할 수는 없다. 그리고 이러한 이치는 한정승인자가 그 저당권 등의 피담보채무를 상속개시 전부터 부담하고 있었다고 하여 달리 볼 것이 아니다(대판 2010.03.18. 2007다77781(전합)).

정답 ③

제6관 상속재산의 분리
제7관 상속인의 부존재

제❷절 | 유언
제1관 유언의 방식 및 집행

문 24

유언에 관한 다음 설명 중 가장 옳지 않은 것은?(다툼이 있는 경우 판례에 따르고 전원합의체 판결의 경우 다수의견에 의함) [2017년 25번]

① 자필유언증서의 연월일은 이를 작성한 날로서 유언능력의 유무를 판단하거나 다른 유언증서와 사이에 유언 성립의 선후를 결정하는 기준일이 되므로 그 작성일을 특정할 수 있게 기재하여야 한다. 따라서 연·월만 기재하고 일의 기재가 없는 자필유언증서는 그 작성일을 특정할 수 없으므로 효력이 없다.

② 유언자가 고의로 유언증서 또는 유증의 목적물을 파훼한 때에는 그 파훼한 부분에 관한 유언은 이를 철회한 것으로 본다.
③ 유증의 목적인 권리가 유언자의 사망 당시에 상속재산에 속하지 아니하는 때에는 유증의무자는 원칙적으로 그 권리를 취득하여 수증자에게 이전할 의무가 있으나, 그 권리를 취득할 수 없거나 그 취득에 과다한 비용을 요할 때에는 그 가액으로 변상할 수 있다.
④ 피상속인이 생전행위 또는 유언으로 자신의 유체·유골을 처분하거나 매장장소를 지정한 경우에, 선량한 풍속 기타 사회질서에 반하지 않는 이상 그 의사는 존중되어야 하고 이는 제사주재자로서도 마찬가지이지만, 피상속인의 의사를 존중해야 하는 의무는 도의적인 것에 그치고, 제사주재자가 무조건 이에 구속되어야 하는 법률적 의무까지 부담한다고 볼 수는 없다.
⑤ 포괄적 유증을 받은 자는 법률상 당연히 유증 받은 부동산의 소유권을 취득하게 되나, 특정유증을 받은 자는 유증의무자에게 유증을 이행할 것을 청구할 수 있는 채권을 취득할 뿐이므로, 특정유증을 받은 자는 유증 받은 부동산의 소유권자가 아니어서 직접 진정한 등기명의의 회복을 원인으로 한 소유권이전등기를 구할 수 없다.

해설

① (○) 민법 제1066조 제1항은 "자필증서에 의한 유언은 유언자가 그 전문과 연월일, 주소, 성명을 자서하고 날인하여야 한다"고 규정하고 있으므로, 연월일의 기재가 없는 자필유언증서는 효력이 없다. 그리고 자필유언증서의 연월일은 이를 작성한 날로서 유언능력의 유무를 판단하거나 다른 유언증서와 사이에 유언 성립의 선후를 결정하는 기준일이 되므로 그 작성일을 특정할 수 있게 기재하여야 한다. 따라서 연·월만 기재하고 일의 기재가 없는 자필유언증서는 그 작성일을 특정할 수 없으므로 효력이 없다(대판 2009.05.14. 2009다9768).

② (○) 유언자가 고의로 유언증서 또는 유증의 목적물을 파훼한 때에는 그 파훼한 부분에 관한 유언은 이를 철회한 것으로 본다(민법 제1110조).

③ (X) 민법 제1087조 참조.

> 제1087조(상속재산에 속하지 아니한 권리의 유증) ① 유언의 목적이 된 권리가 유언자의 사망당시에 상속재산에 속하지 아니한 때에는 유언은 그 효력이 없다. 그러나 유언자가 자기의 사망당시에 그 목적물이 상속재산에 속하지 아니한 경우에도 유언의 효력이 있게 할 의사인 때에는 유증의무자는 그 권리를 취득하여 수증자에게 이전할 의무가 있다.
> ② 전항 단서의 경우에 그 권리를 취득할 수 없거나 그 취득에 과다한 비용을 요할 때에는 그 가액으로 변상할 수 있다.

④ (○) 피상속인이 생전행위 또는 유언으로 자신의 유체·유골을 처분하거나 매장장소를 지정한 경우에, 선량한 풍속 기타 사회질서에 반하지 않는 이상 그 의사는 존중되어야 하고 이는 제사주재자로서도 마찬가지이지만, 피상속인의 의사를 존중해야 하는 의무는 도의적인 것에 그치고, 제사주재자가 무조건 이에 구속되어야 하는 법률적 의무까지 부담한다고 볼 수는 없다(대판 2008.11.20. 2007다27670(전합)).

⑤ (○) 포괄적 유증을 받은 자는 민법 제187조에 의하여 법률상 당연히 유증받은 부동산의 소유권을 취득하게 되나, 특정유증을 받은 자는 유증의무자에게 유증을 이행할 것을 청구할 수 있는 채권을 취득할 뿐이므로, 특정유증을 받은 자는 유증받은 부동산의 소유권자가 아니어서 직접 진정한 등기명의의 회복을 원인으로 한 소유권이전등기를 구할 수 없다(대판 2003.05.27. 2000다73445).

정답 ③

제2관 유언의 효력

문 25

유언에 관한 다음 설명 중 옳은 것을 모두 고른 것은? [2019년 34번]

ㄱ. 유증의 목적물이 유언자의 사망 당시에 제3자의 권리의 목적인 경우, 그와 같은 제3자의 권리는 특별한 사정이 없는 한 유증의 목적물이 수증자에게 귀속된 후에도 그대로 존속한다.
ㄴ. 유언집행자가 유언자의 사망 전에 먼저 사망한 경우와 같이 유언의 효력 발생 이전에 지정된 유언집행자가 그 자격을 상실한 경우, 특별한 사정이 없는 한 제1095조가 적용되어 상속인이 유언집행자가 되나, 이러한 경우 상속인의 존재에도 불구하고 이해관계인이 청구하면 법원은 제1096조 제1항에 따라 유언집행자를 선임할 수 있다.
ㄷ. 공증인이 유언자의 의사에 따라 유언의 취지를 작성하고 그 서면에 따라 유언자에게 질문을 하여 유언자의 진의를 확인한 다음, 유언자에게 필기된 서면을 낭독하여 주었고, 유언자가 유언의 취지를 정확히 이해할 의사식별능력이 있고 유언 자체가 유언자의 진정한 의사에 기한 것으로 인정할 수 있는 경우, 민법 제1068조 소정의 '유언취지의 구수' 요건을 갖추었다고 보아야 한다.
ㄹ. 유언자가 자신의 재산 전부 또는 전 재산의 비율적 일부가 아니라 단지 일부 재산을 특정하여 유증한 데 불과한 특정유증의 경우, 유증 목적인 재산은 일단 상속재산으로서 상속인에게 귀속되고 유증을 받은 자는 단지 유증의무자에 대하여 유증을 이행할 것을 청구할 수 있는 채권을 취득하게 될 뿐이다.
ㅁ. 민법 제1066조 제1항의 규정에 의하면 자필증서에 의한 유언은 유언자가 그 전문과 연월일, 주소, 성명을 자서하고 날인하여야 효력이 있으나, 유언자의 특정에 아무런 지장이 없다면 유언자가 주소를 자서하지 않았다고 하더라도 무효라고 볼 것은 아니다.

① ㄱ, ㄴ, ㄷ
② ㄱ, ㄷ, ㄹ
③ ㄱ, ㄷ, ㅁ
④ ㄱ, ㄴ, ㄷ, ㄹ
⑤ ㄱ, ㄴ, ㄹ, ㅁ

MGI Point 유언 ★★

- 유언자의 사망 당시 유증의 목적이 제3자의 권리의 목적인 경우(제1085조) ⇨ 수증자는 유증의무자에게 그 권리의 소멸 청구 ×
- 유언집행자가 유언자의 사망 전에 먼저 사망 ⇨ 상속인이 유언집행자(제1095조)
- 민법 제1068조「유언취지의 구수」요건 ⇨ 공증인이 유언자의 의사에 따라 작성한 유언의 취지가 적혀 있는 서면으로 유언자에게 질문하여 유언자의 진의 확인 후 서면을 낭독 + 유언자가 유언의 취지를 정확히 이해할 의사식별능력이 있고 유언 자체가 유언자의 진정한 의사에 기한 것으로 인정할 수 있는 경우
- 유언자가 미리 작성한 메모를 공증인에게 전달하여 작성 ⇨ 유언자의 답변이 실질적으로 유언의 취지를 진술한 것이나 마찬가지로 보아 공정증서에 의한 유언의 효력 인정 ○
- 유언자가 일부 재산을 특정하여 유증 ⇨ 특정유증, 유증목적인 재산 상속인에게 귀속
- 법정된 요건과 방식에 어긋난 유언 ⇨ 그것이 유언자의 진정한 의사에 합치하더라도 無效

ㄱ. (○) 민법 제1085조 참조.

> 민법 제1085조(제삼자의 권리의 목적인 물건 또는 권리의 유증) 유증의 목적인 물건이나 권리가 유언자의 사망 당시에 제삼자의 권리의 목적인 경우에는 수증자는 유증의무자에 대하여 그 제삼자의 권리를 소멸시킬 것을 청구하지 못한다.

ㄴ. (X) 민법 제1093조는 유언자가 유언으로 유언집행자를 지정할 수 있고 그 지정을 제3자에게 위탁할 수도 있다고 규정하고 있고, 제1094조는 위탁을 받은 제3자가 유언집행자를 지정하는 절차 등에 관하여 규정하고 있다. 제1095조는 제1093조와 제1094조에 의하여 지정된 유언집행자가 없는 때에는 상속인이 유언집행자가 된다고 규정하고 있다. 제1096조 제1항은 유언집행자가 없거나 사망, 결격 기타 사유로 인하여 없게 된 때에는 법원은 이해관계인의 청구에 의하여 유언집행자를 선임하여야 한다고 규정하고 있다. 민법 규정들의 내용 및 그 취지, 유언은 유언자가 사망한 때로부터 그 효력이 생긴다는 점(제1073조 제1항) 등을 종합적으로 고려해 보면, 유언집행자가 유언자의 사망 전에 먼저 사망한 경우와 같이 유언의 효력 발생 이전에 지정된 유언집행자가 그 자격을 상실한 경우에는 '지정된 유언집행자가 없는 때'에 해당하므로, 특별한 사정이 없는 한 제1095조가 적용되어 상속인이 유언집행자가 된다. 이러한 경우 상속인이 존재함에도 불구하고 법원이 제1096조 제1항에 따라 유언집행자를 선임할 수는 없다(대결 2018.03.29. 2014스73).

ㄷ. (○) 민법 제1068조 소정의 '공정증서에 의한 유언'에서 '유언취지의 구수'라고 함은 말로써 유언의 내용을 상대방에게 전달하는 것을 뜻하는 것이므로 이를 엄격하게 제한하여 해석하여야 하지만, 공증인이 유언자의 의사에 따라 유언의 취지를 작성하고 그 서면에 따라 유언자에게 질문을 하여 유언자의 진의를 확인한 다음 유언자에게 필기된 서면을 낭독하여 주었고, 유언자가 유언의 취지를 정확히 이해할 의사식별능력이 있고 유언의 내용이나 유언경위로 보아 유언 자체가 유언자의 진정한 의사에 기한 것으로 인정할 수 있는 경우에는, 위와 같은 '유언취지의 구수' 요건을 갖추었다고 보아야 한다(대판 2007.10.25. 2007다51550).

ㄹ. (○) 유언자가 자신의 재산 전부 또는 전 재산의 비율적 일부가 아니라 단지 일부 재산을 특정하여 유증한 데 불과한 특정유증의 경우에는, 유증 목적인 재산은 일단 상속재산으로서 상속인에게 귀속되고 유증을 받은 자는 단지 유증의무자에 대하여 유증을 이행할 것을 청구할 수 있는 채권을 취득하게 될 뿐이다(대판 2010.12.23. 2007다22859).

ㅁ. (X) 민법 제1060조는 "유언은 본법에 정한 방식에 의하지 아니하면 효력이 생기지 아니한다."고 규정하고 있고, 민법 제1066조 제1항은 "자필증서에 의한 유언은 유언자가 그 전문과 연월일, 주소, 성명을 자서하고 날인하여야 한다.", 제2항은 "전항의 증서에 문자의 삽입, 삭제 또는 변경을 함에는 유언자가 이를 자서하고 날인하여야 한다."고 규정하고 있는바, 민법이 유언의 방식과 그 효력에 있어서 이와 같이 형식적 엄격주의를 취하고 있는 것은 유언은 유언자가 사망한 후에 그 효력이 발생하기 때문에 유언자의 진의를 분명히 하고, 유언에 따른 분쟁과 혼란을 피하기 위한 것이라 할 것이므로 연월일과 주소가 기재되어 있지 않은 유언장은 효력이 없다(대판 1998.06.12. 97다38510).

정답 ②

제❸절 | 유류분

문 39

유류분에 관한 다음 설명 중 가장 옳지 않은 것은? [2023년 16번]

① 유류분의 통상적인 반환방법은 원물반환이므로, 유류분권리자가 원물반환의 방법으로 유류분반환을 청구하고 그와 같은 원물반환이 가능하다면 특별한 사정이 없는 한 법원은 유류분권리자가 청구하는 방법에 따라 원물반환을 명하여야 한다.

② 피상속인의 직계비속 및 배우자의 각 유류분은 그 법정상속분의 2분의 1이다.
③ 공동상속인 중에 피상속인으로부터 재산의 생전 증여로 민법 제1008조의 특별수익을 받은 사람이 있으면 그 증여가 상속개시 1년 이전의 것인지 여부 또는 당사자 쌍방이 유류분권리자에 손해를 가할 것을 알고서 하였는지 여부와 관계없이 증여를 받은 재산이 유류분 산정을 위한 기초재산에 산입된다.
④ 공동상속인이 다른 공동상속인에게 무상으로 자신의 상속분을 양도하는 것은 특별한 사정이 없는 한 유류분에 관한 민법 제1008조의 증여에 해당하므로, 그 상속분은 양도인의 사망으로 인한 상속에서 유류분 산정을 위한 기초재산에 산입된다.
⑤ 유류분 반환청구자가 1977년 민법 개정으로 유류분 제도가 시행되기 전에 피상속인으로부터 재산을 증여받아 이미 이행이 완료된 경우에는 그 재산은 유류분 산정을 위한 기초재산에 포함되지 않는다고 보아야 하고, 유류분 반환청구자의 유류분 부족액 산정 시 특별수익으로 공제되지도 않는다.

> **MGI Point 유류분** ★★★
>
> ■ 유류분권리자가 원물반환의 방법으로 유류분반환을 청구하는 경우에 법원의 조치 ⇨ 특별한 사정이 없는 한 원물반환을 명하여야
> ■ 피상속인의 직계비속 및 배우자의 유류분 ⇨ 법정상속분의 2분의1
> ■ 공동상속인 중에 피상속인으로부터 생전 증여를 받은 자가 있는 경우 ⇨ 상속개시 1년 이전의 것인지 여부 등 따지지 않고 유류분 산정을 위한 기초재산에 산입
> ■ 공동상속인이 다른 공동상속인에게 무상으로 자신의 상속분을 양도하는 것 ⇨ 유류분 산정을 위한 기초재산에 산입
> ■ 유류분 제도 시행되기 전에 피상속인으로부터 재산을 증여받은 경우 ⇨ 유류분 산정을 위한 기초재산에 산입×, BUT 유류분 반환청구자의 유류분 부족액 산정 시 특별수익으로 공제○

① (○) 민법은 유류분의 반환방법에 관하여 별도의 규정을 두고 있지 않다. 그러나 증여 또는 유증대상 재산 그 자체를 반환하는 것이 통상적인 반환방법이므로, 유류분권리자가 원물반환의 방법으로 유류분반환을 청구하고 그와 같은 원물반환이 가능하다면 특별한 사정이 없는 한 법원은 유류분권리자가 청구하는 방법에 따라 원물반환을 명하여야 한다(대법원 2022. 2. 10. 2020다250783).

② (○)

> 민법
> 제1112조(유류분의 권리자와 유류분) 상속인의 유류분은 다음 각호에 의한다.
> 1. 피상속인의 직계비속은 그 법정상속분의 2분의 1
> 2. 피상속인의 배우자는 그 법정상속분의 2분의 1

③ (○) 유류분에 관한 민법 제1118조는 민법 제1008조를 준용하고 있으므로, 공동상속인 중에 피상속인으로부터 재산의 생전 증여로 민법 제1008조의 특별수익을 받은 사람이 있으면 민법 제1114조가 적용되지 않고, 그 증여가 상속개시 1년 이전의 것인지 여부 또는 당사자 쌍방이 유류분권리자에 손해를 가할 것을 알고서 하였는지 여부와 관계없이 증여를 받은 재산이 유류분 산정을 위한 기초재산에 산입된다(대법원 2022. 3. 17. 2020다267620).

④ (○) 상속분 양도는 상속재산분할 전에 적극재산과 소극재산을 모두 포함한 상속재산 전부에 관하여 공동상속인이 가지는 포괄적 상속분, 즉 상속인 지위의 양도를 뜻한다. 공동상속인이 다른 공동상속인에게 무상으로 자신의 상속분을 양도하는 것은 특별한 사정이 없는 한 유류분에 관한 민법 제1008조의 증여에 해당하므

로, 그 상속분은 양도인의 사망으로 인한 상속에서 유류분 산정을 위한 기초재산에 산입된다고 보아야 한다(대법원 2021. 7. 15. 2016다210498).

⑤ (X) 유류분 제도가 생기기 전에 피상속인이 상속인이나 제3자에게 재산을 증여하고 이행을 완료하여 소유권이 수증자에게 이전된 때에는 피상속인이 1977. 12. 31. 법률 제3051호로 개정된 민법(이하 '개정 민법'이라 한다) 시행 이후에 사망하여 상속이 개시되더라도 소급하여 증여재산이 유류분 제도에 의한 반환청구의 대상이 되지는 않는다. 개정 민법의 유류분 규정을 개정 민법 시행 전에 이루어지고 이행이 완료된 증여에까지 적용한다면 수증자의 기득권을 소급입법에 의하여 제한 또는 침해하는 것이 되어 개정 민법 부칙 제2항의 취지에 반하기 때문이다. 개정 민법 시행 전에 이미 법률관계가 확정된 증여재산에 대한 권리관계는 유류분 반환청구자이든 반환의무자이든 동일하여야 하므로, 유류분 반환청구자가 개정 민법 시행 전에 피상속인으로부터 증여받아 이미 이행이 완료된 경우에는 그 재산 역시 유류분산정을 위한 기초재산에 포함되지 아니한다고 보는 것이 타당하다. 그러나 유류분 제도의 취지는 법정상속인의 상속권을 보장하고 상속인 간의 공평을 기하기 위함이고, 민법 제1115조 제1항에서도 '유류분권리자가 피상속인의 증여 및 유증으로 인하여 그 유류분에 부족이 생긴 때에는 부족한 한도 내에서 그 재산의 반환을 청구할 수 있다'고 규정하여 이미 법정 유류분 이상을 특별수익한 공동상속인의 유류분 반환청구권을 부정하고 있다. 이는 개정 민법 시행 전에 증여받은 재산이 법정 유류분을 초과한 경우에도 마찬가지로 보아야 하므로, 개정 민법 시행 전에 증여를 받았다는 이유만으로 이를 특별수익으로도 고려하지 않는 것은 유류분 제도의 취지와 목적에 반한다고 할 것이다. 또한 민법 제1118조에서 제1008조를 준용하고 있는 이상 유류분 부족액 산정을 위한 특별수익에는 그 시기의 제한이 없고, 민법 제1008조는 유류분 제도 신설 이전에 존재하던 규정으로 민법 부칙 제2조와도 관련이 없다().

정답 ⑤

문 26

유류분에 관한 다음 설명 중 가장 옳지 않은 것은? [2022년 32번]

① 유류분반환의 범위는 상속개시 당시 피상속인의 순재산과 문제된 증여재산을 합한 재산을 평가하여 그 재산액에 유류분청구권자의 유류분비율을 곱하여 얻은 유류분액을 기준으로 산정하는데 증여받은 재산의 시가는 상속개시 당시를 기준으로 하여 산정하여야 하므로, 증여 이후 수증자나 수증자로부터 증여재산을 양수받은 자가 자기의 비용으로 증여재산의 성상 등을 변경하여 상속개시 당시 그 가액이 증가되었다면 그와 같이 변경된 성상 등을 기준으로 상속개시 당시의 가액을 산정하여야 한다.

② 유류분반환청구권의 행사에 의하여 반환하여야 할 유증 또는 증여의 목적이 된 재산이 타인에게 양도된 경우, 그 양수인이 양도 당시 유류분권리자를 해함을 안 때에는 양수인에 대하여도 그 재산의 반환을 청구할 수 있다.

③ 민법 제1117조가 규정하는 유류분반환청구권의 단기소멸시효기간의 기산점인 '유류분권리자가 상속의 개시와 반환하여야 할 증여 또는 유증을 한 사실을 안 때'는 유류분권리자가 상속이 개시되었다는 사실과 증여 또는 유증이 있었다는 사실 및 그것이 반환하여야 할 것임을 안 때를 뜻한다.

④ 유류분권리자가 유류분반환청구를 함에 있어 증여 또는 유증을 받은 다른 공동상속인이 수인일 때에는 각자 증여 또는 유증을 받은 재산 등의 가액이 자기 고유의 유류분액을 초과하는 상속인에 대하여 그 유류분액을 초과한 가액의 비율에 따라서 반환을 청구할 수 있고, 공동상속인과 공

동상속인 아닌 제3자가 있는 경우에는 그 제3자에게는 유류분이 없으므로 공동상속인에 대하여는 자기 고유의 유류분액을 초과한 가액을 기준으로 하여, 제3자에 대하여는 그 증여 또는 유증받은 재산의 가액을 기준으로 하여 그 각 가액의 비율에 따라 반환청구를 할 수 있다.
⑤ 유류분반환청구권의 행사는 재판상 또는 재판 외에서 상대방에 대한 의사표시의 방법으로 할 수 있고, 이 경우 그 의사표시는 침해를 받은 유증 또는 증여행위를 지정하여 이에 대한 반환청구의 의사를 표시하면 그것으로 족하며, 그로 인하여 생긴 목적물의 이전등기청구권이나 인도청구권 등을 행사하는 것과는 달리 그 목적물을 구체적으로 특정하여야 하는 것은 아니고, 민법 제1117조에 정한 소멸시효의 진행도 그 의사표시로 중단된다.

> **MGI Point 유류분** ★★
>
> - 증여 이후 수증자의 노력으로 증여재산의 성상 등이 변경된 경우 증여재산의 가액산정 ⇨ 증여 당시의 성상 기준으로 상속개시 당시의 가액을 산정
> - 반환하여야 할 재산이 타인에게 양도된 경우 ⇨ 양수인이 양도 당시 유류분권리자를 해함을 안 때에는 반환 청구 可
> - 유류분반환청구권의 단기소멸시효기간의 기산점의 의미 ⇨ 상속 개시 사실, 증여·유증이 있었다는 사실, 그것이 반환하여야 할 것임을 안 때를 안 날
> - 공동상속인과 공동상속인 아닌 제3자가 있는 경우 유류분반환 방법 ⇨ 제3자에 대하여는 그 증여 또는 유증받은 재산의 가액을 기준으로 하여 그 각 가액의 비율에 따라 반환청구 可
> - 유류분반환청구권의 행사 ⇨ 재판상 또는 재판 외에서 상대방에 대한 의사표시로, 침해를 받은 유증 또는 증여행위를 지정하면 足, 소멸시효의 진행도 그 의사표시로 중단됨

① (X) 유류분반환의 범위는 상속개시 당시 피상속인의 순재산과 문제 된 증여재산을 합한 재산을 평가하여 그 재산액에 유류분청구권자의 유류분비율을 곱하여 얻은 유류분액을 기준으로 산정하는데, 증여받은 재산의 시가는 상속개시 당시를 기준으로 하여 산정하여야 한다. 다만 증여 이후 수증자나 수증자에게서 증여재산을 양수한 사람이 자기 비용으로 증여재산의 성상(性狀)등을 변경하여 상속개시 당시 가액이 증가되어 있는 경우, 변경된 성상 등을 기준으로 상속개시 당시의 가액을 산정하면 유류분권리자에게 부당한 이익을 주게 되므로, 이러한 경우에는 그와 같은 변경을 고려하지 않고 증여 당시의 성상 등을 기준으로 상속개시 당시의 가액을 산정하여야 한다(대판 2015.11.12. 2010다104768).

② (○) 민법 제1115조 제1항은 "유류분권리자가 피상속인의 제1114조에 규정된 증여 및 유증으로 인하여 그 유류분에 부족이 생긴 때에는 부족한 한도에서 그 재산의 반환을 청구할 수 있다."라고 규정하고 있는바, 유류분반환청구권의 행사에 의하여 반환하여야 할 증여 또는 유증의 목적이 된 재산이 타인에게 양도된 경우, 그 양수인이 양도 당시 유류분권리자를 해함을 안 때에는 양수인에 대하여도 그 재산의 반환을 청구할 수 있다(대판 2016.01.28. 2013다75281).

③ (○) 민법 제1117조가 규정하는 유류분반환청구권의 단기소멸시효기간의 기산점인 '유류분권리자가 상속의 개시와 반환하여야 할 증여 또는 유증을 한 사실을 안 때'는 유류분권리자가 상속이 개시되었다는 사실과 증여 또는 유증이 있었다는 사실 및 그것이 반환하여야 할 것임을 안 때를 뜻한다(대판 2006.11.10. 2006다46346).

④ (○) 유류분권리자가 유류분반환청구를 함에 있어 증여 또는 유증을 받은 다른 공동상속인이 수인일 때에는 각자 증여 또는 유증을 받은 재산 등의 가액이 자기 고유의 유류분액을 초과하는 상속인에 대하여 그 유류분액을 초과한 가액의 비율에 따라서 반환을 청구할 수 있고, 공동상속인과 공동상속인 아닌 제3자가 있는 경우에는 그 제3자에게는 유류분이 없으므로 공동상속인에 대하여는 자기 고유의 유류분액을 초과한 가액을 기준으로 하여, 제3자에 대하여는 그 증여 또는 유증받은 재산의 가액을 기준으로 하여 그 각 가액의 비율에 따라 반환청구를 할 수 있다(대판 2006.11.10. 2006다46346).

⑤ (○) 유류분반환청구권의 행사는 재판상 또는 재판 외에서 상대방에 대한 의사표시의 방법으로 할 수 있고,

이 경우 그 의사표시는 침해를 받은 유증 또는 증여행위를 지정하여 이에 대한 반환청구의 의사를 표시하면 그것으로 족하며, 그로 인하여 생긴 목적물의 이전등기청구권이나 인도청구권 등을 행사하는 것과는 달리 그 목적물을 구체적으로 특정하여야 하는 것은 아니고, 민법 제1117조에 정한 소멸시효의 진행도 그 의사표시로 중단된다(대판 2002.04.26. 2000다8878).

정답 ①

문 27

유류분에 관한 다음 설명 중 가장 옳지 않은 것은?(다툼이 있는 경우 판례에 의하고, 전원합의체 판결의 경우 다수의견에 의함. 이하 같음) [2019년 1번]

① 유류분 제도가 생기기 전에 피상속인이 상속인이나 제3자에게 재산을 증여하고 이행을 완료하여 소유권이 수증자에게 이전된 때에는 피상속인이 유류분 제도 시행 이후에 사망하여 상속이 개시되더라도 그 증여재산은 유류분 산정을 위한 기초재산에 포함되지 않는다.
② 유류분권리자가 유류분반환청구권을 행사한 경우 그의 유류분을 침해하는 범위 내에서 유증 또는 증여는 소급적으로 효력을 상실하고, 상대방은 그와 같이 실효된 범위 내에서 유증 또는 증여의 목적물을 반환할 의무를 부담하므로, 유류분반환청구권의 행사로 유류분권리자가 취득하는 목적물에 관한 이전등기청구권 등도 민법 제1117조 소정의 유류분반환청구권에 대한 소멸시효가 적용된다.
③ 유류분반환청구권은 행사상의 일신전속성을 가지는 권리이므로 유류분권리자에게 그 권리행사의 확정적 의사가 있다고 인정되는 경우가 아니라면 채권자대위권의 목적이 될 수 없으나, 유류분권리자의 상속인은 유류분권리자의 유류분반환청구권을 별다른 제한 없이 행사할 수 있다.
④ 피상속인 甲이 사망하기 이전에 甲의 자녀들 중 乙이 먼저 사망하였는데, 甲이 乙사망 전에 乙의 자녀인 丙에게 임야를 증여한 경우, 丙이 甲으로부터 임야를 증여받은 것은 특별수익에 해당하지 아니하므로, 이는 유류분 산정을 위한 기초재산에 포함되지 않는다.
⑤ 유류분반환청구권의 행사로 인하여 생기는 원물반환의무 또는 가액반환의무는 이행기한이 없는 채무이므로, 반환의무자는 그 의무에 대한 이행청구를 받은 때에 비로소 지체책임을 진다.

MGI Point 유류분 ★★

- 유류분제도 시행 전에 피상속인으로부터 재산을 증여받아 이행이 완료된 경우 ⇨ 그 재산은 유류분산정을 위한 기초재산에 포함 ×
- 유류분반환청구권을 행사함으로써 발생하는 목적물의 이전등기청구권 ⇨ 민법 제1117조 소멸시효 적용 ×
- 유류분반환청구권 ⇨ 권리행사의 확정적 의사가 있다고 인정되는 경우가 아니라면 채권자대위권의 목적 ×
- 대습상속인이 대습원인 발생 이전에 피상속인으로부터 증여를 받은 경우 ⇨ 유류분산정을 위한 기초재산에 포함 ×
- 유류분반환청구권 행사로 인한 반환의무는 기한의 정함이 없는 채무 ⇨ 이행을 청구한 때부터 지체책임이 발생

① (○) 유류분 제도가 생기기 전에 피상속인이 상속인이나 제3자에게 재산을 증여하고 이행을 완료하여 소유권이 수증자에게 이전된 때에는 피상속인이 1977. 12. 31. 법률 제3051호로 개정된 민법(이하 '개정 민법'이라 한다) 시행 이후에 사망하여 상속이 개시되더라도 소급하여 증여재산이 유류분 제도에 의한 반환청구의 대상이 되지는 않는다. 개정 민법의 유류분 규정을 개정 민법 시행 전에 이루어지고 이행이 완료된 증여

에까지 적용한다면 수증자의 기득권을 소급입법에 의하여 제한 또는 침해하는 것이 되어 개정 민법 부칙 제2항의 취지에 반하기 때문이다. 개정 민법 시행 전에 이미 법률관계가 확정된 증여재산에 대한 권리관계는 유류분 반환청구자이든 반환의무자이든 동일하여야 하므로, 유류분 반환청구자가 개정 민법 시행 전에 피상속인으로부터 증여받아 이미 이행이 완료된 경우에는 그 재산 역시 유류분산정을 위한 기초재산에 포함되지 아니한다고 보는 것이 타당하다(대판 2018.07.12. 2017다278422).

② (X) 유류분권리자가 유류분반환청구권을 행사한 경우 그의 유류분을 침해하는 범위 내에서 유증 또는 증여는 소급적으로 효력을 상실하고, 상대방은 그와 같이 실효된 범위 내에서 유증 또는 증여의 목적물을 반환할 의무를 부담한다. 유류분반환청구권을 행사함으로써 발생하는 목적물의 이전등기청구권 등은 유류분반환청구권과는 다른 권리이므로, 그 이전등기청구권 등에 대하여는 민법 제1117조 소정의 유류분반환청구권에 대한 소멸시효가 적용될 여지가 없고, 그 권리의 성질과 내용 등에 따라 별도로 소멸시효의 적용 여부와 기간 등을 판단하여야 한다(대판 2015.11.12. 2011다55092).

③ (○) 유류분반환청구권은 그 행사 여부가 유류분권리자의 인격적 이익을 위하여 그의 자유로운 의사결정에 전적으로 맡겨진 권리로서 행사상의 일신전속성을 가진다고 보아야 하므로, 유류분권리자에게 그 권리행사의 확정적 의사가 있다고 인정되는 경우가 아니라면 채권자대위권의 목적이 될 수 없다(대판 2010.05.27. 2009다93992).

> **참조판례** 유류분반환청구권은 그 행사 여부가 유류분권리자의 인격적 이익을 위하여 그의 자유로운 의사결정에 맡겨진 권리로서 행사상의 일신전속성을 가진다고 보아야 하지만, 그렇다고 하여 양도나 상속 등의 승계까지 부정해야 할 아무런 이유가 없으므로 귀속상의 일신전속성까지 가지는 것은 아니라고 할 것이다. 따라서 유류분권리자의 상속인은 포괄승계인으로서 유류분권리자의 유류분반환청구권을 별다른 제한 없이 행사할 수 있다(대판 2013.04.25. 2012다80200).

④ (○) 민법 제1008조는 공동상속인 중에 피상속인으로부터 재산의 증여 또는 유증을 받은 특별수익자가 있는 경우 공동상속인들 사이의 공평을 기하기 위하여 수증재산을 상속분의 선급으로 다루어 구체적인 상속분을 산정함에 있어 이를 참작하도록 하려는 데 취지가 있는 것인바, 대습상속인이 대습원인의 발생 이전에 피상속인으로부터 증여를 받은 경우 이는 상속인의 지위에서 받은 것이 아니므로 상속분의 선급으로 볼 수 없다. 그렇지 않고 이를 상속분의 선급으로 보게 되면, 피대습인이 사망하기 전에 피상속인이 먼저 사망하여 상속이 이루어진 경우에는 특별수익에 해당하지 아니하던 것이 피대습인이 피상속인보다 먼저 사망하였다는 우연한 사정으로 인하여 특별수익으로 되는 불합리한 결과가 생한다(대판 2014.05.29. 2012다31802).
  ▶ 피상속인 甲이 사망하기 이전에 甲의 자녀들 중 乙 등이 먼저 사망하였는데, 甲이 乙 사망 전에 乙의 자녀인 丙에게 임야를 증여한 사안에서, 丙이 甲으로부터 임야를 증여받은 것은 상속인의 지위에서 받은 것이 아니므로 상속분의 선급으로 볼 수 없어 특별수익에 해당하지 아니하여 유류분 산정을 위한 기초재산에 포함되지 않는다고 보아야 함에도, 위 임야가 丙의 특별수익에 해당하므로 유류분 산정을 위한 기초재산에 포함된다고 본 원심판단에 법리오해의 위법이 있다고 한 사례.

⑤ (○) 유류분반환청구권의 행사로 인하여 생기는 원물반환의무 또는 가액반환의무는 이행기한의 정함이 없는 채무이므로, 반환의무자는 그 의무에 대한 이행청구를 받은 때에 비로소 지체책임을 진다(대판 2013.03.14. 2010다42624).

정답 ②

문 28

유류분에 관한 다음 설명 중 가장 옳지 않은 것은? [2018년 14번]

① 공동상속인 중에 피상속인으로부터 재산의 생전 증여에 의하여 특별수익을 한 자가 있는 경우에는 민법 제1114조의 규정은 그 적용이 배제되고, 따라서 그 증여는 상속개시 1년 이전의 것인지 여부, 당사자 쌍방이 손해를 가할 것을 알고서 하였는지 여부에 관계없이 유류분 산정을 위한 기초재산에 산입된다.

② 유류분권리자가 유류분반환청구를 함에 있어 증여 또는 유증을 받은 다른 공동상속인이 수인일 때에는 각자 증여 또는 유증을 받은 재산 등의 가액이 자기 고유의 유류분액을 초과하는 상속인에 대하여 그 유류분액을 초과한 가액의 비율에 따라서 반환을 청구할 수 있고, 공동상속인과 공동상속인 아닌 제3자가 있는 경우에는 그 제3자에게는 유류분이 없으므로 공동상속인에 대하여는 자기 고유의 유류분액을 초과한 가액을 기준으로 하여, 제3자에 대하여는 그 증여 또는 유증받은 재산의 가액을 기준으로 하여 그 각 가액의 비율에 따라 반환청구를 할 수 있다.

③ 공동상속인이 아닌 제3자에 대한 증여는 원칙적으로 상속개시 전의 1년간에 행한 것에 한하여 유류분반환청구를 할 수 있고, 이는 당사자 쌍방이 증여 당시에 유류분권리자에 손해를 가할 것을 알고 증여를 한 때에도 마찬가지이다.

④ 유류분반환범위는 상속개시 당시 피상속인의 순재산과 문제된 증여재산을 합한 재산을 평가하여 그 재산액에 유류분청구권자의 유류분비율을 곱하여 얻은 유류분액을 기준으로 하는 것인바, 그 유류분액을 산정함에 있어 반환의무자가 증여받은 재산의 시가는 상속개시 당시를 기준으로 하여 산정하여야 한다. 따라서 그 증여받은 재산이 금전일 경우에는 그 증여받은 금액을 상속개시 당시의 화폐가치로 환산하여 이를 증여재산의 가액으로 봄이 상당하고, 그러한 화폐가치의 환산은 증여 당시부터 상속개시 당시까지 사이의 물가변동률을 반영하는 방법으로 산정하는 것이 합리적이다.

⑤ 유류분반환청구권의 행사에 의하여 반환되어야 할 유증 또는 증여의 목적이 된 재산이 타인에게 양도된 경우 그 양수인이 양도 당시 유류분권리자를 해함을 안 때에는 양수인에 대하여도 그 재산의 반환을 청구할 수 있다고 보아야 한다.

:: 해설 ★★

① (○) [1] 민법 제1008조의 취지는 공동상속인 중에 피상속인으로부터 재산의 증여 또는 유증을 받은 특별수익자가 있는 경우에, 공동상속인들 사이의 공평을 기하기 위하여 그 수증재산을 상속분의 선급으로 다루어 구체적인 상속분을 산정함에 있어 이를 참작하도록 하려는 데 있다. [2] 공동상속인 중에 피상속인으로부터 재산의 생전 증여에 의하여 특별수익을 한 자가 있는 경우에는 민법 제1114조의 규정은 그 적용이 배제되고, 따라서 그 증여는 상속개시 1년 이전의 것인지 여부, 당사자 쌍방이 손해를 가할 것을 알고서 하였는지 여부에 관계없이 유류분 산정을 위한 기초재산에 산입된다(대판 1996.02.09. 95다17885).

② (○) 유류분권리자가 유류분반환청구를 함에 있어 증여 또는 유증을 받은 다른 공동상속인이 수인일 때에는 민법이 정한 유류분 제도의 목적과 민법 제1115조 제2항의 취지에 비추어 다른 공동상속인들 중 각자 증여받은 재산 등의 가액이 자기 고유의 유류분액을 초과하는 상속인만을 상대로 하여 그 유류분액을 초과한 금액의 비율에 따라서 반환청구를 할 수 있다고 하여야 하고, 공동상속인과 공동상속인이 아닌 제3자가 있는 경우에는 그 제3자에게는 유류분이라는 것이 없으므로 공동상속인은 자기 고유의 유류분액을 초과한 금액을

기준으로 하여, 제3자는 그 수증가액을 기준으로 하여 각 그 금액의 비율에 따라 반환청구를 할 수 있다고 하여야 한다(대판 1996.02.09. 95다17885).

③ (X) 공동상속인이 아닌 제3자에 대한 증여는 원칙적으로 상속개시 전의 1년간에 행한 것에 한하여 유류분반환청구를 할 수 있고, 다만 당사자 쌍방이 증여 당시에 유류분권리자에 손해를 가할 것을 알고 증여를 한 때에는 상속개시 1년 전에 한 것에 대하여도 유류분반환청구가 허용된다. 증여 당시 법정상속분의 2분의 1을 유류분으로 갖는 직계비속들이 공동상속인으로서 유류분권리자가 되리라고 예상할 수 있는 경우에, 제3자에 대한 증여가 유류분권리자에게 손해를 가할 것을 알고 행해진 것이라고 보기 위해서는, 당사자 쌍방이 증여 당시 증여재산의 가액이 증여하고 남은 재산의 가액을 초과한다는 점을 알았던 사정뿐만 아니라, 장래 상속개시일에 이르기까지 피상속인의 재산이 증가하지 않으리라는 점까지 예견하고 증여를 행한 사정이 인정되어야 하고, 이러한 당사자 쌍방의 가해의 인식은 증여 당시를 기준으로 판단하여야 한다(대판 2012.05.24. 2010다50809).

④ (○) 유류분반환범위는 상속개시 당시 피상속인의 순재산과 문제된 증여재산을 합한 재산을 평가하여 그 재산액에 유류분청구권자의 유류분비율을 곱하여 얻은 유류분액을 기준으로 하는 것인바, 그 유류분액을 산정함에 있어 반환의무자가 증여받은 재산의 시가는 상속개시 당시를 기준으로 하여 산정하여야 한다. 따라서 그 증여받은 재산이 금전일 경우에는 그 증여받은 금액을 상속개시 당시의 화폐가치로 환산하여 이를 증여재산의 가액으로 봄이 상당하고, 그러한 화폐가치의 환산은 증여 당시부터 상속개시 당시까지 사이의 물가변동률을 반영하는 방법으로 산정하는 것이 합리적이다(대판 2009.07.23. 2006다28126).

⑤ (○) 민법 제1115조 제1항은 「유류분권리자가 피상속인의 제1114조에 규정된 증여 및 유증으로 인하여 그 유류분에 부족이 생긴 때에는 부족한 한도에서 그 재산의 반환을 청구할 수 있다」라고 규정하고 있는바, 유류분반환청구권의 행사에 의하여 반환하여야 할 증여 또는 유증의 목적이 된 재산이 타인에게 양도된 경우, 그 양수인이 양도 당시 유류분권리자를 해함을 안 때에는 양수인에 대하여도 그 재산의 반환을 청구할 수 있다(대판 2016.1.28. 2013다75281).

정답 ③

문 29

유류분반환청구권에 관한 다음 설명 중 가장 옳지 않은 것은?(다툼이 있는 경우 판례에 의함)
[2017년 31번]

① 공동상속인 중에 피상속인으로부터 재산의 생전 증여에 의하여 특별수익을 한 자가 있는 경우, 그 증여는 상속개시 1년 이전의 것인지 여부, 당사자 쌍방이 손해를 가할 것을 알고서 하였는지 여부에 관계없이 유류분 산정을 위한 기초재산에 산입된다.

② 반환청구의 대상이 되는 증여와 유증이 병존하는 경우, 먼저 증여에 대하여 반환을 청구하고 부족한 부분에 한해 유증에 대하여 반환을 청구하여야 한다.

③ 유류분반환청구권의 행사로 인하여 생기는 원물반환의무 또는 가액반환의무는 이행기한의 정함이 없는 채무이므로, 반환의무자는 그 의무에 대한 이행청구를 받은 때에 비로소 지체책임을 진다.

④ 유류분반환청구권의 행사는 재판상 또는 재판 외에서 상대방에 대한 의사표시의 방법으로 할 수 있고, 이 경우 그 의사표시는 침해를 받은 유증 또는 증여행위를 지정하여 이에 대한 반환청구의 의사를 표시하면 그것으로 족하며, 그로 인하여 생긴 목적물의 이전등기청구권이나 인도청구권 등을 행사하는 것과는 달리 그 목적물을 구체적으로 특정하여야 하는 것은 아니고, 소멸시효의 진행도 그 의사표시로 중단된다.

⑤ 유류분반환청구권의 단기소멸시효기간의 기산점인 '유류분권리자가 상속의 개시와 반환하여야 할 증여 또는 유증을 한 사실을 안 때'는 유류분권리자가 상속이 개시되었다는 사실과 증여 또는 유증이 있었다는 사실 및 그것이 반환하여야 할 것임을 안 때를 뜻한다.

해설

① (○) 민법 제1118조에 의하여 유류분에 준용되는 같은 법 제1008조는 "공동상속인 중에 피상속인으로부터 재산의 증여 또는 유증을 받은 자가 있는 경우에 그 수증재산이 자기의 상속분에 달하지 못한 때에는 그 부족한 부분의 한도에서 상속분이 있다"고 규정하고 있는바, 이는 공동상속인 중에 피상속인으로부터 재산의 증여 또는 유증을 받은 특별수익자가 있는 경우에 공동상속인들 사이의 공평을 기하기 위하여 그 수증재산을 상속분의 선급으로 다루어 구체적인 상속분을 산정함에 있어 이를 참작하도록 하려는 데 그 취지가 있다고 할 것이므로 공동상속인 중에 피상속인으로부터 재산의 증여에 의하여 특별수익을 한 자가 있는 경우에는 민법 제1114조의 규정은 그 적용이 배제된다고 할 것이고, 따라서 그 증여는 상속개시 전의 1년간에 행한 것인지 여부에 관계없이 유류분산정을 위한 기초재산에 산입된다(대판 1995.06.30. 93다11715).

② (X) 유류분반환청구의 목적인 증여나 유증이 병존하고 있는 경우에는 유류분권리자는 먼저 유증을 받은 자를 상대로 유류분침해액의 반환을 구하여야 하고, 그 이후에도 여전히 유류분침해액이 남아 있는 경우에 한하여 증여를 받은 자에 대하여 그 부족분을 청구할 수 있는 것이며, 사인증여의 경우에는 유증의 규정이 준용될 뿐만 아니라 그 실제적 기능도 유증과 달리 볼 필요가 없으므로 유증과 같이 보아야 할 것이다(대판 2001.11.30. 2001다6947).

③ (○) 유류분반환청구권의 행사로 인하여 생기는 원물반환의무 또는 가액반환의무는 이행기한의 정함이 없는 채무이므로, 반환의무자는 그 의무에 대한 이행청구를 받은 때에 비로소 지체책임을 진다(대판 2013.03.14. 2010다42624).

④ (○) 유류분반환청구권의 행사는 재판상 또는 재판 외에서 상대방에 대한 의사표시의 방법으로 할 수 있고, 이 경우 그 의사표시는 침해를 받은 유증 또는 증여행위를 지정하여 이에 대한 반환청구의 의사를 표시하면 그것으로 족하고 그로 인하여 생긴 목적물의 이전등기청구권이나 인도청구권 등을 행사하는 것과는 달리 그 목적물을 구체적으로 특정하여야 하는 것은 아니며, 민법 제1117조 소정의 소멸시효의 진행도 위 의사표시로 중단된다(대판 1995.06.30. 93다11715).

⑤ (○) 민법 제1117조가 규정하는 유류분반환청구권의 단기소멸시효기간의 기산점인 '유류분권리자가 상속의 개시와 반환하여야 할 증여 또는 유증을 한 사실을 안 때'는 유류분권리자가 상속이 개시되었다는 사실과 증여 또는 유증이 있었다는 사실 및 그것이 반환하여야 할 것임을 안 때를 뜻하고, 유류분권리자가 언제 위와 같은 사실을 알았는지에 관한 증명책임은 시효이익을 주장하는 자에게 있다(대판 2015.11.12. 2010다104768).

정답 ②

문 30

유류분에 관한 다음 설명 중 가장 옳은 것은?(다툼이 있는 경우 판례에 의함) [2016년 29번]

① 대습상속인이 대습원인의 발생 이전에 피상속인으로부터 증여를 받은 경우에도 상속분의 선급으로 볼 수 있으므로, 대습상속인의 위와 같은 수익은 유류분 산정에 있어서 특별수익으로 볼 수 있다.

② 증여 또는 유증을 받은 재산 등의 가액이 자기 고유의 유류분액을 초과하는 수인의 공동상속인이 유류분권리자에게 반환하여야 할 재산과 그 범위를 정함에 있어서, 수인의 공동상속인이 유증받은 재산의 총 가액이 유류분권리자의 유류분 부족액을 초과하는 경우에는 그 유류분 부족액의 범위 내에서 각자의 수유재산을 반환하면 된다.

③ 수인의 공동상속인이 유류분권리자의 유류분 부족액을 각자의 수유재산으로 반환함에 있어서 분담하여야 할 액은 각자 증여 또는 유증을 받은 재산 등의 가액이 자기 고유의 유류분액을 초과하는 가액의 비율에 따라 안분하여 정하되, 그중 어느 공동상속인의 수유재산의 가액이 그의 분담액에 미치지 못하여 분담액 부족분이 발생하면 이를 그의 수증재산으로 반환해야 한다.
④ A가 공동상속인 甲, 乙 2명의 자녀를 남기고 사망하면서 자신의 총 재산 6억 원 중 공동상속인이 아닌 B, C에게 각각 4억 원, 1억 원을 유증한 경우에 甲은 B를 상대로 6,000만 원의 유류분반환청구를 할 수 있다.
⑤ 유류분반환청구의 의사표시는 침해를 받은 유증 또는 증여행위를 지정하여 이에 따른 반환의 목적물을 특정하여야 한다.

해설 ★★★

① (X) 대습상속인이 대습원인의 발생 이전에 피상속인으로부터 증여를 받은 경우 이는 상속인의 지위에서 받은 것이 아니므로 상속분의 선급으로 볼 수 없다. 그렇지 않고 이를 상속분의 선급으로 보게 되면, 피대습인이 사망하기 전에 피상속인이 먼저 사망하여 상속이 이루어진 경우에는 특별수익에 해당하지 아니하던 것이 피대습인이 피상속인보다 먼저 사망하였다는 우연한 사정으로 인하여 특별수익으로 되는 불합리한 결과가 발생한다. 따라서 대습상속인의 위와 같은 수익은 특별수익에 해당하지 않는다고 봄이 상당하다(대판 2014.05.29. 2012다31802).

② (○) 증여 또는 유증을 받은 재산 등의 가액이 자기 고유의 유류분액을 초과하는 수인의 공동상속인이 유류분권리자에게 반환하여야 할 재산과 범위를 정할 때에, 수인의 공동상속인이 유증받은 재산의 총 가액이 유류분권리자의 유류분 부족액을 초과하는 경우에는 유류분 부족액의 범위 내에서 각자의 수유재산을 반환하면 되는 것이지 이를 놓아두고 수증재산을 반환할 것은 아니다(대판 2013.03.14. 2010다42624).

③ (X) 수인의 공동상속인이 유류분권리자의 유류분 부족액을 각자의 수유재산으로 반환할 때 분담하여야 할 액은 각자 증여 또는 유증을 받은 재산 등의 가액이 자기 고유의 유류분액을 초과하는 가액의 비율에 따라 안분하여 정하되, 그중 어느 공동상속인의 수유재산의 가액이 그의 분담액에 미치지 못하여 분담액 부족분이 발생하더라도 이를 그의 수증재산으로 반환할 것이 아니라, 자신의 수유재산의 가액이 자신의 분담액을 초과하는 다른 공동상속인들이 위 분담액 부족분을 위 비율에 따라 다시 안분하여 그들의 수유재산으로 반환하여야 한다(대판 2013.03.14. 2010다42624).

④ (X)
  1) 유류분산정의 기초재산
     상속개시시 재산(6억 원) + 증여재산(0원) − 채무(0원) = 6억 원
  2) 甲의 유류분 청구범위
     甲의 유류분액 = 6억 원 × 1/2(甲의 상속분) × 1/2(유류분 비율) = 1.5억 원
     甲의 유류분침해액 = 1.5억 원(유류분액) − 0.5억 원(순상속액) = 1억 원
  3) 甲은 B와 C에게 유증가액의 비율로 반환청구 가능(민법 제1115조 제2항)
     수증가액의 비율이 4:1이므로 B에게는 8천만 원의 유류분 반환청구 가능

⑤ (X) 유류분반환청구권의 행사는 재판상 또는 재판 외에서 상대방에 대한 의사표시의 방법으로 할 수 있고, 이 경우 그 의사표시는 침해를 받은 유증 또는 증여행위를 지정하여 이에 대한 반환청구의 의사를 표시하면 그것으로 족하고 그로 인하여 생긴 목적물의 이전등기청구권이나 인도청구권 등을 행사하는 것과는 달리 그 목적물을 구체적으로 특정하여야 하는 것은 아니며, 민법 제1117조 소정의 소멸시효의 진행도 위 의사표시로 중단된다(대판 1995.06.30. 93다11715).

정답 ②

MEMO

MEMO

MEMO